westermann

Autoren: Jürgen Gratzke, Bernhard Hauser, Ingo Patett

Herausgeber: Jürgen Gratzke

IT-Berufe

Grundstufe 1. Jahr

2. Auflage

Bestellnummer 220001

Die in diesem Produkt gemachten Angaben zu Unternehmen (Namen, Internet- und E-Mail-Adressen, Handelsregistereintragungen, Bankverbindungen, Steuer-, Telefon- und Faxnummern und alle weiteren Angaben) sind i. d. R. fiktiv, d. h., sie stehen in keinem Zusammenhang mit einem real existierenden Unternehmen in der dargestellten oder einer ähnlichen Form. Dies gilt auch für alle Kunden, Lieferanten und sonstigen Geschäftspartner der Unternehmen wie z. B. Kreditinstitute, Versicherungsunternehmen und andere Dienstleistungsunternehmen. Ausschließlich zum Zwecke der Authentizität werden die Namen real existierender Unternehmen und z. B. im Fall von Kreditinstituten auch deren IBANs und BICs verwendet.

Zusatzmaterialien zu IT-Berufe – Grundstufe, Lernfeld 1–5

Für Lehrerinnen und Lehrer

Lösungen zum Schulbuch Download: 978-3-14-220005-7
Lösungen zum Arbeitsheft Download: 978-3-14-220013-2

BiBox Einzellizenz für Lehrer/-innen (Dauerlizenz)
BiBox Klassenlizenz Premium für Lehrer/-innen und bis zu 35 Schüler/-innen (1 Schuljahr)
BiBox Kollegiumslizenz für Lehrer/-innen (Dauerlizenz)
BiBox Kollegiumslizenz für Lehrer/-innen (1 Schuljahr)

Für Schülerinnen und Schüler

Arbeitsheft: 978-3-14-220009-5

BiBox Einzellizenz für Schüler/-innen (1 Schuljahr)
BiBox Einzellizenz für Schüler/-innen (4 Schuljahre)
BiBox Klassensatz PrintPlus (1 Schuljahr)

Zu diesem Produkt sind digitale Zusatzmaterialien kostenlos online für Sie erhältlich. Sie können diese ganz einfach über die Eingabe des nachfolgenden Codes im Suchfeld unter www.westermann.de abrufen.

BVE-220001-002

Sollten Sie zu diesem Produkt bereits eine BiBox mit Material erworben haben, so sind die Zusatzmaterialien selbstverständlich dort bereits integriert.

Druck und Bindung: Westermann Druck GmbH, Georg-Westermann-Allee 66, 38104 Braunschweig

ISBN 978-3-14-220001-9

Vorwort

Dieses Schülerbuch dient insbesondere der Berufsausbildung in der Grundstufe der neu geordneten IT-Berufe. Die Ausbildungsordnung dieser Berufsgruppe ist seit August 2020 in Kraft. Herausgeber und Autoren der Buchreihe haben sich zum Ziel gesetzt, auf der Basis der neuen Ausbildungsordnung und des entsprechenden Rahmenlehrplans handlungs- und kompetenzorientierte Unterrichtsmedien und -hilfen zur Verfügung zu stellen. Darüber hinaus kann diese Buchreihe gut für alle Ausbildungs-, Weiterbildungs- und Studiengänge der Informatik (Technische Informatik, Wirtschaftsinformatik) eingesetzt werden.

Dieser Grundstufenband bezieht sich auf die Lernfelder 1 bis 5 des Rahmenlehrplans, geht aber insbesondere in den Kapiteln des Lernfeldes 1 auch auf die Inhalte des Lernbereiches Politik bzw. WISO (Elemente für den Unterricht in Wirtschafts- und Sozialkunde) ein. Daher kann dieser Grundstufenband gut in Lernfeldern **einschließlich** des Faches Politik eingesetzt werden. Auch für andere Schulformen mit einer IT-Orientierung, z. B. der BFS oder FOS Informatik sowie in der IT-Weiterbildung, kann diese Buchreihe eine handlungs- und praxisnahe Verwendung finden. Trotz der Stofffülle wurde der Stoffkatalog der Prüfung so umfassend wie möglich behandelt. Möglichkeiten der weitergehenden Recherche werden jeweils angegeben.

Wir haben uns entschlossen, entweder genderneutral zu formulieren oder die männliche Form geschlechtsneutral und verallgemeinernd für Schülerinnen und Schüler zu verwenden. Wir bitten um Verständnis.

Alle Bände der Reihe stellen ihre Inhalte handlungsorientiert im Rahmen des Modellunternehmens JIKU IT-Solutions GmbH dar, eines innovativen Systemhauses der IT-Branche. Damit sollen zugleich ein stärkerer Praxisbezug und ein größerer Handlungsbezug erreicht werden.

Da die Ausbildungsordnung einerseits die Auseinandersetzung mit Produkten der IT-Wirtschaft fordert, andererseits innovative Produkte und Verfahren i. d. R. an Unternehmen gebunden sind, lässt sich die Nennung von Produkten und Unternehmen sowie die Darstellung von Geschäftszeichen zur ersten Orientierung nicht vermeiden. Weder eine Herausstellung noch eine Werbung für diese Produkte ist damit beabsichtigt. Wenn möglich, wurden mehrere Produkte und ergänzend passende Informationsportale zum Vergleich und zur weiteren Recherche genannt.

Die digitale Transformation der Geschäftsprozesse bzw. die Digitalisierung und die damit einhergehenden Veränderungen in den Betrieben und im beruflichen Alltag sind das Hauptanliegen in allen IT-Berufen. Daher versuchen wir, neue und bedeutende Einsatzfelder und Entwicklungstrends zu erkennen und zu berücksichtigen.

Um viele Handlungsmöglichkeiten im Sinne der Ausbildungsordnung und des Rahmenlehrplans zu bieten, wird auch in den Schülerbüchern jedes Kapitel und möglichst jeder größere Lernabschnitt durch eine kurze Handlungssituation eingeleitet. Viele Kompetenzübungen sollen im Schülerbuch und im Arbeitsbuch die fachliche Auseinandersetzung und selbstständige Erarbeitung und Reflexion von Kompetenzen fördern. Eine Methodensammlung und Vorlagen im Downloadbereich der Buchreihe sollen die didaktische Jahresplanung und die kompetenzorientierte Lernarbeit unterstützen.

Im Schülerbuch werden wichtige Lerninhalte kompakt in Infoboxen bereitgestellt. Diese sollen eine zügige Orientierung und Bearbeitung der Kompetenzübungen, weitere Recherchen im Internet und das Nachschlagen für weitergehende Aufgaben erleichtern. Trotz gleicher Lernfelder 1 bis 5, können die Nutzer dieser Fachbuchreihe unterschiedliche Schwerpunkte setzen, je nach Beruf, Region und aktueller Situation, Kapitel unterschiedlich weit vertiefen oder auch zeitlich reduziert behandeln.

Insbesondere der Rahmenlehrplan fordert einen Unterricht nach Lernsituationen bzw. Lernarrangements. Um die vorgegebenen Handlungskompetenzen möglichst gut trotz unterschiedlicher Rahmenbedingungen entfalten zu können, wurde zum Schülerbuch passend ein Arbeitsbuch mit Lernsituationen entwickelt.

Ziel ist es hier, kompetenzorientiert und möglichst in vollständigen Handlungen zu arbeiten. Informieren und Planen der Lernsituationen soll über das Schülerbuch erleichtert werden. Daher werden im Arbeitsbuch Hinweise zu passenden Kapiteln im Schülerbuch gegeben. Zusätzliche Materialien im Arbeitsbuch und Dateien im Downloadbereich helfen, die Lernsituationen praxis- und handlungsbezogen zu gestalten. Es werden auch offene Handlungsaufgaben und bei gebundenen Aufgaben Varianten zugelassen, sodass die Lernenden in den Durchführungsphasen eigene Wege beschreiten können.

In der vorliegenden 2. Auflage wurden Fehler korrigiert sowie Ergänzungen und Aktualisierungen vorgenommen. Insbesondere wurden auch neue technologische Entwicklungen berücksichtigt. Änderungen aufgrund von Anpassungen an den neuen Prüfungskatalog und Prüfungserfahrungen in der AP1 wurden berücksichtigt.

Zur leichteren Orientierung wurden folgende Symbole ergänzt:

	Definitionen und Erläuterungen
Kompetenzcheck	Kompetenzübungen zur Kontrolle und Vertiefung
A1	Verweis auf Arbeitsbuch
	Verweis auf kostenlosen Downloadbereich
	Verweis auf kostenlosen Downloadbereich – detaillierte Ansicht der Grafik
Lernsituation 1:	Lernsituation
!	Merksätze und wichtige Hinweise
S	Situationsbeschreibung
	Wissenscontainer

Sie können die kostenlosen Zusatzmaterialien im Downloadbereich ganz einfach über die Eingabe des Codes BVE-220001-002 im Suchfeld unter www.westermann.de abrufen.

Für Lehrkräfte ist zusätzlich ein Löser-Download unter www.westermann.de (Bestell-Nr. 220005) erhältlich. Er enthält Lösungen, Lösungsvorschläge, komplette Lösungsdateien sowie Dateien für die Unterrichtsplanung. Bei offenen Aufgaben sollen insbesondere Selbst- und Reflexionskompetenzen gefördert werden. Hier können wegen des zu hohen Seitenaufwands keine Lösungen angeboten werden.

Das Arbeitsbuch ist unter www.westermann.de (Bestell-Nr. 220009) erhältlich. Auch hierzu werden kostenlose Zusatzmaterialien sowie ein Löser-Download für Lehrkräfte angeboten.

Gerne nehmen wir Anregungen oder Kritik unter service@westermann.de entgegen.

Sommer 2024 — Herausgeber und Autoren

Inhaltsverzeichnis

1 **Das Unternehmen und die eigene Rolle im Betrieb beschreiben** 9

1.1 IT-Ausbildungsberufe und Beteiligte im dualen System vorstellen 10

1.2 Die eigene Rolle im Betrieb beschreiben 21
1.2.1 Rechte und Pflichten aus dem Ausbildungsverhältnis erklären 21
1.2.2 Arbeitsrechte und Mitbestimmungsmöglichkeiten im Betrieb erkunden 27
1.2.3 Selbstverantwortlich die Berufs- und Lebensplanung angehen 34

1.3 Den Ausbildungsbetrieb beschreiben 40
1.3.1 Das Modellunternehmen JIKU IT-Solutions kennenlernen 40
1.3.2 Betriebe und Unternehmen im Umfeld unterscheiden 45
1.3.3 Ziele von Betrieben und Unternehmen erklären 51
1.3.4 Formen der Aufbauorganisation und Unternehmensrechtsformen unterscheiden 65
1.3.5 Wertschöpfungs- und Geschäftsprozesse unterscheiden 80
1.3.6 Betriebliche Produktionsfaktoren, Güterarten und Organisationsmittel unterscheiden 90

1.4 Das Marktumfeld des Ausbildungsbetriebs beschreiben 93
1.4.1 Wirtschaftskreisläufe beschreiben 93
1.4.2 Marktsituationen beschreiben 95

1.5 Den Ausbildungsbetrieb präsentieren 106
1.5.1 Die Präsentation in Teamarbeit vorbereiten 107
1.5.2 Die Präsentation planen 110
1.5.3 Die Präsentationen in Teamarbeit kontrollieren und reflektieren 116

2 **Arbeitsplätze nach Kundenwunsch ausstatten** 117

2.1 Eine Einführung in die IT für Arbeitsplätze geben 118
2.1.1 Eine Einführung in Grundfunktionen des Computers geben 118
2.1.2 Bedeutende Entwicklungsschritte in der Computertechnik aufzeigen 120
2.1.3 Entwicklungstrends präsentieren 124
2.1.4 Komponentenhersteller und Systemarchitekturen präsentieren 124

2.2 Das Leistungsportfolio im Ausbildungsbetrieb präsentieren 128
2.2.1 Arbeitsplätze und Arbeitsumgebungen für IT-Systeme beschreiben 128
2.2.2 Marktgängige IT-Systeme vorstellen 133
2.2.3 Das Leistungsportfolio im IT-Bereich präsentieren 139

2.3 Auswahlkriterien zu IT-Produkten allgemein unterscheiden 140
2.3.1 Qualität und Leistungsfähigkeit von IT-Systemen und IT-Services beschreiben 140
2.3.2 Umweltschutz und Green-IT als wichtige IT-Ziele darstellen 143
2.3.3 Wirtschaftlichkeit von IT-Systemen erläutern 146
2.3.4 IT-Sicherheit von IT-Systemen, Informations- und Datenschutz erläutern 147

2.4 Komponenten eines Arbeitsplatzcomputers unterscheiden 150
2.4.1 Zentraleinheit, Mainboard und Betriebssystem unterscheiden 150
2.4.2 Hauptplatine, Mainboard und die Komponenten beschreiben 152
2.4.3 Prozessoren genauer beschreiben 153
2.4.4 Arbeitsspeicher – RAM-Speicher erläutern und unterscheiden 157
2.4.5 Schnittstellen und Anschlüsse am Mainboard erläutern 160
2.4.6 Netzteile beschreiben und unterscheiden 163
2.4.7 Festplattenarten unterscheiden und erläutern 165
2.4.8 Tastaturen unterscheiden und präsentieren 169
2.4.9 Monitore vergleichen und präsentieren 171
2.4.10 Leistungsmerkmale für Drucker und Zusatzanforderungen erläutern 178
2.4.11 Scanner beschreiben und für den Arbeitsplatz auswählen 185
2.4.12 IT-Zubehör für die Barrierefreiheit und im Aftersales unterscheiden 186

2.4.13 Unternehmenssoftware anbieten und vergleichen ... 189
2.4.14 Marktgängige IT-Systeme und Lösungen anbieten ... 199

2.5 Kundenanforderungen im Leistungsprozess berücksichtigen und Projektmanagement vorbereiten ... 202
2.5.1 Anforderungen zur Kundenzufriedenheit in den Leistungsprozess einbeziehen ... 203
2.5.2 Marketing- und Verkaufsförderungsmaßnahmen unterstützen ... 213
2.5.3 Auftragsbearbeitung mit Projektmanagement unterstützen ... 215

2.6 Bedarfs- und Anforderungsanalysen durchführen ... 222
2.6.1 Den Prozess der Anforderungsanalyse erläutern ... 222
2.6.2 Kundenanforderungen formulieren ... 223
2.6.3 Hardware- und Systemvoraussetzungen prüfen ... 226

2.7 Pflichtenhefte erstellen ... 228
2.7.1 Anforderungsanalysen zu Desktops und Workstations durchführen ... 228
2.7.2 Anforderungsanalysen zu Laptops und Tablets durchführen ... 232
2.7.3 Anforderungsanalysen zu Thin Clients durchführen ... 236
2.7.4 Desktop as a Service, Miete, Finanzierung und Leasing als Dienstleistungen berücksichtigen ... 242

2.8 Angebote und Stundensätze kalkulieren und die Rendite berücksichtigen ... 245
2.8.1 Umsätze, Kosten, Gewinn und Buchführungsarten unterscheiden ... 245
2.8.2 Handelskalkulationen durchführen ... 247
2.8.3 Stundensatzkalkulationen bei Dienstleistungen durchführen ... 251
2.8.4 TCO und ROI sowie Amortisation beachten ... 253

2.9 Angebotsvergleiche bei Beschaffungsmaßnahmen durchführen ... 255
2.9.1 Beschaffungsprozess und Beschaffungsplanung erläutern ... 255
2.9.2 Quantitative Angebotsvergleiche vornehmen ... 258
2.9.3 Nutzwertanalysen durchführen ... 259
2.9.4 Vertragsarten und AGB unterscheiden ... 261

2.10 Lieferung, Installation und Übergabe vornehmen ... 265
2.10.1 Vorbereitung der Abnahme von Produkten und Leistungen ... 266
2.10.2 Arbeitssicherheit und Gesundheitsschutz bei der Arbeit gewährleisten ... 268
2.10.3 Für IT-Sicherheit am Arbeitsplatz eine Risikoanalyse vorbereiten ... 273
2.10.4 Abfall- und Recyclinggesetze beachten ... 275
2.10.5 Systemlieferung, -installation und -übergabe als Prozess präsentieren ... 276

2.11 Kontrolle und Reflexion von Unterricht und betrieblicher Mitarbeit ... 277

3 Clients in Rechnernetzwerke einbinden ... 279

3.1 Eine Einführung in das Netzwerk des Ausbildungsbetriebs geben ... 280

3.2 Hauptbestandteile von Computernetzen unterscheiden ... 283
3.2.1 Computernetzwerke und deren Hauptbestandteile im Überblick unterscheiden ... 283
3.2.2 Netzbereiche im Überblick unterscheiden ... 286
3.2.3 Clients im Überblick unterscheiden ... 290
3.2.4 Servertypen und deren Dienste beschreiben ... 293
3.2.5 Rechenzentren unterscheiden ... 295

3.3 Grundlagen der Datenübertragung in Netzwerken ... 297
3.3.1 Funktionsweise von Rechnernetzen verstehen ... 299
3.3.2 Den Zugriff auf die Netzwerkmedien verstehen ... 304
3.3.3 Ethernet als Netzwerkstandard verwenden ... 306
3.3.4 TCP/IP als Netzwerkstandard verwenden ... 307

3.4 Netzwerkstrukturen, -komponenten, -standards und -modelle unterscheiden ... 309
3.4.1 Netzwerktopologien unterscheiden ... 309
3.4.2 Strukturierte Verkabelung herstellen ... 311

3.4.3 Netzwerkmedien unterscheiden und spezifizieren 317
3.4.4 Schichtenmodelle der Kommunikation unterscheiden 321
3.4.5 Adressen im Netzwerk unterscheiden 330
3.4.6 Netzwerkkomponenten unterscheiden 339
3.4.7 Netzwerkstandards unterscheiden 344

3.5 Selbstständig die Integration von Clients in ein Netzwerk planen und durchführen 346
3.5.1 Anforderungen der Clients und des Netzwerkes untersuchen 346
3.5.2 Cloud-Dienste nutzen 361
3.5.3 Benutzer anmelden 363

3.6 Die Netzwerkfunktion der Clients prüfen und warten 365
3.6.1 Verbindungstest durchführen 365
3.6.2 Namensauflösung prüfen und einen Schnelltest durchführen 368
3.6.3 Management und vorbeugende Wartung 369

3.7 Netzwerkkomponenten auswählen und konfigurieren 371
3.7.1 Netzwerkkarte auswählen 371
3.7.2 Switch auswählen 371
3.7.3 Router auswählen 372
3.7.4 Netzwerkgeräte konfigurieren 376

3.8 Grundlagen der Daten- und Netzwerksicherheit beschreiben 377
3.8.1 RAID-Systeme unterscheiden 379
3.8.2 Backupstrategien unterscheiden 382
3.8.3 Netzwerksicherheit herstellen 385
3.8.4 Verfügbarkeit und Ausfallzeiten von IT-Systemen berechnen 387

3.9 Geräte mit Strom versorgen 389
3.9.1 Stromversorgung allgemein 389
3.9.2 Green-IT in Netzwerken berücksichtigen 397

4 Schutzbedarfsanalyse im eigenen Arbeitsbereich durchführen 401

4.1 Grundlagen zur Informationssicherheit erarbeiten 402
4.1.1 Einführung, Verantwortung, Zuständigkeiten und Sicherheitsbereiche beschreiben .. 403
4.1.2 Gesetze und Standards zur Informationssicherheit unterscheiden 407
4.1.3 IT-Grundschutz, Schutzziele, Gefährdungen, Schadensszenarien unterscheiden 413
4.1.4 Aktuelle Bedrohungen zur IT-Sicherheit von Unternehmen präsentieren 424
4.1.5 Identitätsdiebstahl und Social Engineering begegnen 430

4.2 Technisch-organisatorische Maßnahmen und Beiträge zum Sicherheitskonzept erstellen 437

4.3 Schutzbedarfsfeststellungen anhand eines Beispielunternehmens des BSI vorbereiten 440
4.3.1 Phasen des Sicherheitsprozesses nach dem BSI-Grundschutz beschreiben 440
4.3.2 Den Prozess von der Sicherheitsleitlinie zur Schutzbedarfsfeststellung beschreiben . 441
4.3.3 Elemente der Schutzbedarfsfeststellungen im Beispielunternehmen präsentieren ... 445

4.4 Schutzbedarfsfeststellung in Arbeitsbereichen von JIKU IT-Solutions durchführen 448
4.4.1 Den Schutzbedarf bezüglich der Arbeitsplatzsoftware feststellen 448
4.4.2 Den Schutzbedarf bezüglich der Clients eines Arbeitsplatzes feststellen 456
4.4.3 Den Schutzbedarf bezüglich des Austausches von Daten mithilfe von mobilen Datenträgern feststellen 461

5 Software zur Verwaltung von Daten anpassen 467

5.1 Das Umfeld der Softwareentwicklung analysieren 468
5.1.1 Software und Möglichkeiten der Anpassung unterscheiden 469
5.1.2 Aufgaben und Kompetenzen von Softwareentwicklern beschreiben 472

5.2 Grundlagen zur Verwaltung von Daten in IT-Systemen erläutern ... 474
5.2.1 Informationen und Daten unterscheiden ... 475
5.2.2 Daten hinsichtlich ihrer Art und ihrer Herkunft vergleichen ... 477
5.2.3 Zahlensysteme für die Digitalisierung von Daten beschreiben und umrechnen ... 481
5.2.4 Darstellungsformen von Daten in IT-Systemen beschreiben ... 486
5.2.5 Datenmengen bestimmen ... 498
5.2.6 Daten speichern und Dateiformate unterscheiden ... 500
5.2.7 Aspekte der Informationssicherheit präsentieren ... 505

5.3 Software im Rahmen von Projekten entwickeln ... 507
5.3.1 Das Wesen von Projekten erläutern und Projektphasen differenzieren ... 507
5.3.2 Projektorganisation und Projektmanagement beschreiben ... 509

5.4 Den Prozess der Softwareentwicklung analysieren ... 511
5.4.1 Die Prozessphasen beschreiben ... 512
5.4.2 Vorgehensmodelle unterscheiden ... 514

5.5 Den Prozess der Anforderungsspezifikation und der Softwareplanung beschreiben 519
5.5.1 Anforderungen an eine Software spezifizieren ... 520
5.5.2 Lasten- und Pflichtenheft unterscheiden ... 522
5.5.3 Den Entwurfsprozess beschreiben ... 524
5.5.4 Modellierungssprachen unterscheiden ... 525

5.6 Programmiersprachen und -werkzeuge unterscheiden und auswählen ... 534
5.6.1 Den Aufbau von Programmiersprachen beschreiben ... 534
5.6.2 Programmiersprachen unterscheiden ... 535
5.6.3 Programmiersprachen für ein Projekt auswählen ... 538
5.6.4 Programmierwerkzeuge und Frameworks unterscheiden ... 542

5.7 Einfache Anwendungen in Python implementieren ... 545
5.7.1 Python beschreiben und eine Entwicklungsumgebung auswählen ... 546
5.7.2 Ein erstes Programm implementieren und ausführen ... 547
5.7.3 Syntaktische Grundlagen beschreiben ... 549
5.7.4 Anweisungsfolgen programmieren und Exceptions abfangen ... 555
5.7.5 Verzweigungen und Funktionen implementieren ... 565
5.7.6 Schleifen und Listen implementieren ... 575
5.7.7 Daten in Dateien verwalten ... 582

5.8 Die Verwaltung von Daten mithilfe von Datenbanken planen und umsetzen ... 586
5.8.1 Datenbanksysteme beschreiben ... 586
5.8.2 Daten und deren Beziehungen mithilfe eines ER-Modells beschreiben ... 593
5.8.3 Grundlagen des relationalen Datenmodells erläutern ... 599
5.8.4 ER-Modelle in relationale Datenmodelle überführen ... 608
5.8.5 Die Datenbanksprache SQL anwenden ... 610
5.8.6 Eine SQLite Datenbank mit Python ansprechen ... 622

5.9 Software testen und debuggen ... 625
5.9.1 Den Testprozess beschreiben und Testverfahren, Testarten sowie Teststufen unterscheiden ... 625
5.9.2 Den Prozess des Debuggens von Software analysieren ... 634
5.9.3 Testgetriebene Entwicklung erläutern ... 637

5.10 Software und deren Entwicklung dokumentieren ... 638
5.10.1 Dokumentationsunterlagen unterscheiden ... 638
5.10.2 Kriterien für eine gute Softwaredokumentation beschreiben ... 641
5.10.3 Den Quellcode von Programmen kommentieren ... 643

5.11 Den Prozess der Softwareentwicklung evaluieren ... 645

Sachwortverzeichnis ... 647

Bildquellenverzeichnis ... 657

1 Das Unternehmen und die eigene Rolle im Betrieb beschreiben

In diesem Lernfeld erwerben Sie Wissen und Kompetenzen zu folgenden Themen:

SCHULBUCH

+

ARBEITSBUCH

Passgenau abgestimmt mit den Inhalten des Schulbuchs stehen Ihnen im Arbeitsbuch praxisorientierte Lernsituationen zur Verfügung:

Lernsituation 1: Wir beschreiben unsere Rolle im Betrieb.

Lernsituation 2: Wir beschreiben und präsentieren unseren Ausbildungsbetrieb.

In Lernfeld 1 geht es zunächst darum, mehr über die Ausbildung in den IT-Berufen sowie die Rechte und Pflichten in der Ausbildung zu erfahren. Es wird daran gearbeitet, die eigene Rolle in der Ausbildung zu finden und auch an die Zukunftsplanung heranzugehen. In einem weiteren Schritt soll der Ausbildungsbetrieb präsentiert werden.

Hierzu wird umfangreich betriebliches Grundwissen erarbeitet, um ein besseres Verständnis für das rechtliche und wirtschaftliche Umfeld zu erreichen. Die betriebliche Organisation und die Prozesse des Betriebs, das Marktpotenzial und das Leistungsangebot sowie ein gutes Auskommen mit Kunden, Mitarbeitern und sonstigen Geschäftsbeteiligten werden genauer in den Fokus genommen.

1.1 IT-Ausbildungsberufe und Beteiligte im dualen System vorstellen

S **Sie wollen mehr über die duale Berufsausbildung in den IT-Berufen erfahren.**

(1) Unterscheidung der IT-Berufe

Seit 1969 wird in Berufen der Datenverarbeitung und IT-Berufen ausgebildet. Seit 2020 wird in den **neugeordneten vier IT-Berufen** ausgebildet. Die Ausbildungsdauer wurde bei drei Jahren belassen, Verkürzungen sind je nach Anrechnung anerkannter Bildungsgänge möglich. Auch eine Verlängerung und eine Ausbildung in Teilzeit sind bei besonderer Begründung möglich.

IT-Systemelektroniker werden so ausgebildet, dass sie die IT-Infrastruktur herstellen und betreuen können. Zwei **kaufmännische IT-Berufe** werden insbesondere von ITK-Dienstleistungsunternehmen (ITK: Informations- und Telekommunikation) nachgefragt, um Kundenwünsche zu analysieren, Kunden zu beraten, kundengerecht ITK-Produkte zu liefern, einzuführen und eventuell auch zu betreuen. Am meisten werden die **Fachinformatiker** nachgefragt, da ein hoher Bedarf an Systemintegration, Entwicklern für IT-Anwendungen und Vernetzung besteht. Wegen der vielfältigen Aufgaben und Einsatzbereiche werden **vier Fachrichtungen** unterschieden. Neu sind die Fachrichtungen „Digitale Vernetzung" sowie „Daten- und Prozessanalyse" hinzugekommen, da hier zukünftig hoher Bedarf erwartet wird.

Neue IT-Berufe	
Berufsgruppe IT-Berufe	IT-Systemelektroniker, Kaufleute für IT-Systemmanagement, Kaufleute für Digitalisierungsmanagement und Fachinformatiker bilden die Berufsgruppe „IT-Berufe". Sie erlangen gemeinsame Kernqualifikationen und spezifische Berufsqualifikationen.
Fachrichtungen	Der Fachinformatiker wird in vier Fachrichtungen unterschieden und ausgebildet.
Ausbildungsdauer	3 Jahre, Verkürzung und Verlängerung auf Antrag bei Vorliegen gegebener Voraussetzungen möglich, vgl. §§ 7, 8, 45 BBiG
Prüfungsform der IHK	Gestreckte Prüfung in drei Teilen: Teil 1 schriftlich, etwa nach 15 Monaten, bezogen auf die Lernfelder 1 bis 6 Teil 2 schriftlich, ca. 3 Monate vor Ausbildungsende Teil 3 mündlich, mit Projektarbeit, zum Ausbildungsende
Rechtsgrundlagen	Berufsbildungsgesetz, BBiG, vgl. www.gesetze-im-internet.de Ausbildungsverordnung, siehe www.bibb.de Rahmenlehrpläne, siehe www.kmk.org

Alle IT-Berufe werden zunächst überwiegend in berufsübergreifenden Qualifikationen (grau im folgenden Schaubild, Kernqualifikationen KQ) ausgebildet. Im weiteren Verlauf der Ausbildung werden mit wachsendem Anteil berufsprofilgebende Fachqualifikationen (FQ, hellblau) unterschieden. Im letzten Jahr werden Auszubildende immer selbstständiger in ausgewählten Einsatzgebieten des Ausbildungsbetriebes tätig sein. In diesen Einsatzgebieten werden sie i.d.R. auch ihre Projektaufgaben für die mündliche Prüfung finden.

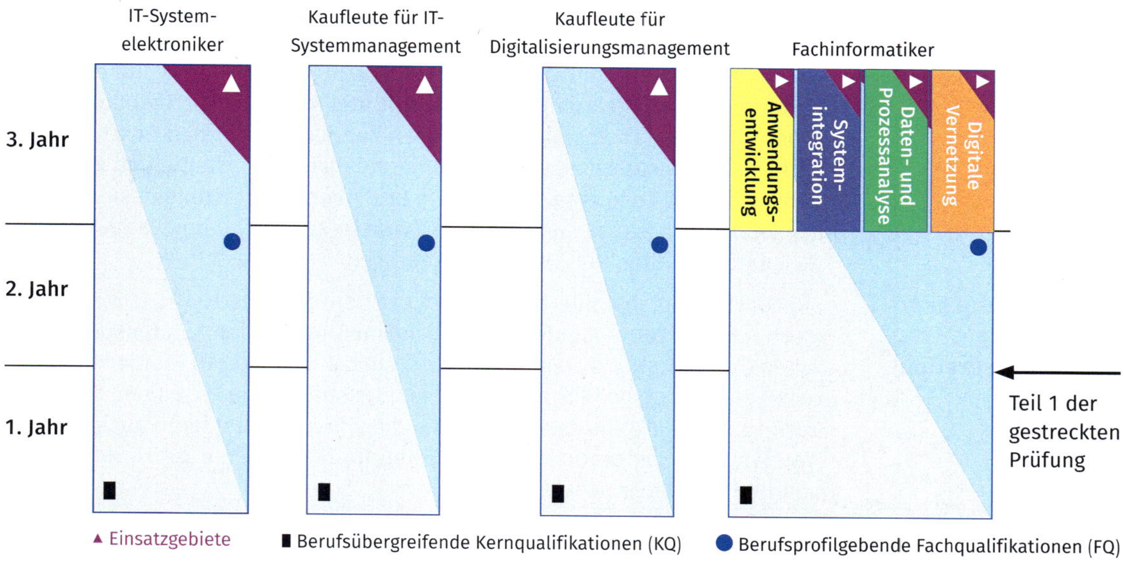

Neuordnung der IT-Berufe seit 2020 (nach Bundesinstitut für Berufsbildung/DIHK e. V.)

Alle vier Berufsgruppen arbeiten in der IT-Branche, in Unternehmen und in nahezu allen Wirtschaftsbereichen sowie Organisationen und im öffentlichen Dienst.

Berufsbilder der IT-Berufe	
IT-Systemelektroniker	Sie finden insbesondere Beschäftigung bei Herstellern und Betreibern von IT-Infrastrukturen und IT-Systemen sowie bei Installationsbetrieben für Sicherheitstechnik. Ihre Tätigkeit umfasst auch elektrotechnische Arbeiten im IT-Bereich. Sie führen Service- und Instandsetzungsarbeiten an IT-Geräten, IT-Systemen und der betrieblichen IT-Infrastruktur durch, prüfen die elektrische Sicherheit, die IT-Sicherheit und den Datenschutz der Systeme und Infrastruktur. Sie informieren und beraten Kunden, beurteilen marktgängige Systeme und kundenspezifische Lösungen, planen in Abstimmung mit kundenspezifischen Geschäfts- und Leistungsprozessen innovative IT-Systeme.
Kaufleute für IT-Systemmanagement	Sie sind Fachkräfte für die Vermarktung und das Anbieten von IT-Dienstleistungen (Hardware, Software, Services). Darüber hinaus managen und administrieren sie IT-Systeme. Sie entwickeln Konzepte für IT-Lösungen und koordinieren deren Umsetzung. Sie sind an Maßnahmen zur IT-Sicherheit und zum Datenschutz beteiligt. Sie beschaffen Hard- und Software sowie IT-Dienstleistungen oder erbringen diese. Zudem betreuen sie IT-Lösungen. Sie sind für das Erstellen von Angeboten und die Auftragsbearbeitung zuständig, wenden Instrumente des Absatzmarketings, des Vertriebs, der wirtschaftlichen Steuerung und Kontrolle an. Sie informieren und beraten Kunden in Abstimmung mit den kundenspezifischen Geschäfts- und Leistungsprozessen zu innovativen IT-Systemen.
Kaufleute für Digitalisierungs-management	Sie sind Fachkräfte im Umgang mit Daten und Prozessen aus einer ökonomisch-betriebswirtschaftlichen Perspektive. Sie machen Informationen und Wissen verfügbar, um aus der zunehmenden Digitalisierung wirtschaftlichen Nutzen zu ziehen. Sie managen die Digitalisierung von Geschäftsprozessen auf der operativen Ebene.

Berufsbilder der IT-Berufe	
Fachinformatiker Fachrichtung „Anwendungsentwicklung“	Sie konzipieren und entwickeln Softwarelösungen für interne und externe Kunden. Sie beachten dabei IT-Sicherheit und Datenschutz. Sie planen Arbeitsaufgaben in Abstimmung mit den kundenspezifischen Geschäfts- und Leistungsprozessen, beurteilen marktgängige IT-Systeme und kundenspezifische Lösungen. Neben dem Erbringen der Leistungen sind sie auch am Auftragsabschluss beteiligt, beraten Kunden zu innovativen Geschäftsmodellen und Geschäftsprozessen.
Fachinformatiker Fachrichtung „Systemintegration“	Sie konzipieren, installieren und administrieren vernetzte IT-Systeme für interne und externe Kunden und in Abstimmung mit den kundenspezifischen Geschäfts- und Leistungsprozessen. Sie informieren Kunden, beurteilen marktgängige IT-Systeme und kundenspezifische Lösungen, sind auch für den Auftragsabschluss zuständig. Sie programmieren auch Softwarelösungen, betreuen IT-Systeme, sind für Maßnahmen zur IT-Sicherheit und zum Datenschutz zuständig.
Fachinformatiker Fachrichtung „Digitale Vernetzung“	Sie analysieren und planen Systeme zur Vernetzung und Automation, insbesondere in Produktionsbetrieben. Sie arbeiten mit der Netzwerkinfrastruktur und den Schnittstellen zwischen Netzwerkkomponenten und cyber-physischen Systemen. Sie vernetzen und optimieren Systeme und Anwendungen auf IT-Ebene. Sie sichern Daten gegen unerlaubte Zugriffe und vermeiden bzw. beheben Systemausfälle. Sie errichten und betreuen vernetzte Systeme, programmieren Softwarelösungen in Abstimmung mit kundenspezifischen Geschäfts- und Leistungsprozessen.
Fachinformatiker Fachrichtung „Daten- und Prozessanalyse“	Sie analysieren Arbeits- und Geschäftsprozesse, Datenquellen und die Bereitstellung von Daten. Dabei setzen sie Anforderungen des Datenschutzes und Schutzziele der Datensicherheit um. Sie stellen die Verfügbarkeit sowie Qualität und Quantität von Daten sicher. Sie nutzen Daten zur Optimierung der analysierten Prozesse sowie zur Optimierung der Geschäftsmodelle. Sie entwickeln IT-Lösungen für digitale Produktions- und Geschäftsprozesse, betreuen IT-Systeme, programmieren Softwarelösungen, beraten Kunden.
Zusätzliche Informationen findet man unter www.arbeitsagentur.de, www.bibb.de, www.kmk.org, www.ihk.de, www.fachinformatiker.de, www.ausbildung.de	

Neben den IT-Berufen gibt es noch mehrere anerkannte Ausbildungsberufe, die sich stark mit Computertechniken und -anwendungen auseinandersetzen. Beispiele sind Elektroniker, Informationselektroniker, Mediengestalter (digital und Print) oder Kaufleute im E-Commerce.

Handbuch „Medien- und IT-Berufe“

Das jährlich neu erscheinende Handbuch „Medien- und IT-Berufe“ der KWB Koordinierungsstelle Weiterbildung und Beschäftigung e. V. (siehe www.talentday.de) ist als kostenfreies E-Paper erhältlich, zeigt Trends und Perspektiven der Medien- und IT-Branche auf und gibt einen sehr guten Überblick über die Vielfalt in den IT- und Medienberufen sowie in der Kreativwirtschaft.

(2) Duales Studium IT-Berufe

Viele Arbeiten in der ITK-Wirtschaft sind sehr komplex und nur mit höheren Bildungsabschlüssen und Ausbildungen zu bewerkstelligen. Viele IT-Mitarbeiter haben daher ein **Fachhoch- oder Hochschulstudium** absolviert. Sie haben Informatik oder angewandte Informatik bzw. Wirtschaftsinformatik studiert oder anwendungsbezogene Informatik als Nebenfach einbezogen. Aufgrund der speziellen Anwendungskenntnisse mussten Mitarbeiter, die während der Ausbildung oder dem Studium weniger mit IT zu tun hatten, IT-Kenntnisse später über **Weiterbildungsmaßnahmen** erwerben oder vertiefen.

Es hat sich gezeigt, dass diejenigen besonders erfolgreich im Berufsleben sind, die nicht nur überwiegend theoretisch ausgebildet wurden, sondern Kenntnisse im praktischen Einsatz oder in praktischen Projekten erwerben konnten. Seit vielen Jahre werden daher **duale Studienmöglichkeiten** angeboten.

Duales Studium

Als duales Studium wird ein Studium an einer Hochschule oder Berufsakademie mit integrierter Berufsausbildung bzw. Praxisphasen in einem Unternehmen bezeichnet. Die beiden Lernorte sind organisatorisch und im Lehrplan eng miteinander verzahnt.

Beim **praxisintegrierenden Modell** wird im sogenannten Blockunterricht meist drei Monate an einer Hochschule studiert und anschließend drei Monate im Unternehmen praktisch gearbeitet. Wird ein **ausbildungsintegrierendes Modell** gewählt, wird das duale Studium zusätzlich zum Studienabschluss mit einem Berufsabschluss, z. B. zum Fachinformatiker, abgeschlossen. Dazu wird zusätzlich zur Prüfung an der Hochschule eine Prüfung vor der Industrie- und Handelskammer (IHK) absolviert (Infos beispielsweise unter www.wegweiser-duales-studium.de, www.studycheck.de oder www.ausbildung.de).

(3) Das duale System der Berufsausbildung

In Deutschland ist die Berufsausbildung staatlich über das Berufsbildungsgesetz (BBiG) geregelt. Die duale Berufsausbildung an zwei Lernorten (Ausbildungsbetrieb und Berufsschule) ist in Deutschland in über 300 staatlich anerkannten Ausbildungsberufen möglich.

Ziel der Berufsbildung nach § 1 BBiG

Die Berufsausbildung hat die für die Ausübung einer qualifizierten beruflichen Tätigkeit in einer sich wandelnden Arbeitswelt notwendigen beruflichen Fertigkeiten, Kenntnisse und Fähigkeiten (berufliche Handlungsfähigkeit) in einem geordneten Ausbildungsgang zu vermitteln. Sie hat ferner den Erwerb der erforderlichen Berufserfahrungen zu ermöglichen.

Für die **praktische Ausbildung** müssen Betriebe bei der zuständigen IHK (Industrie- und Handelskammer als zentrale Organisation der Berufsausbildung) zugelassen sein. Die Betriebe müssen den Ausbildungsvertrag mit den Auszubildenden auf einem Formblatt der IHK erstellen. Sie müssen diesen Vertrag bis zum Beginn der Ausbildung schriftlich geschlossen haben. Darin sind alle wichtigen Vereinbarungen zur Ausbildung vermerkt. Auch muss der Betrieb einen Ausbildungsplan erstellen und bei der zuständigen IHK einreichen (siehe auch Kapitel 1.2.1).

Die **theoretische Begleitung** der beruflichen Ausbildung in beruflichen Lernfeldern und der Unterricht in allgemeinbildenden Fächern findet in der Berufsschule (BBS oder berufsbildende Schulen) statt. Auch in den allgemeinbildenden Fächern werden viele Lernsituationen aus dem beruflichen Umfeld behandelt. So werden im Fach Politik Themenbereiche aus Wirtschaft und Soziales (WISO) behandelt, im Fach Englisch berufliche Themen und im Fach Deutsch sprachliche Anforderungen aus dem Berufsleben. Im Fach Sport geht es auch um die Gesunderhaltung im Berufsleben. Die Schulen erstellen auf der Basis des staatlich verordneten Rahmenlehrplans schulische Jahresplanungen, um den Unterricht auf die Bedingungen und Lernsituationen vor Ort anzupassen. Der Berufsschulunterricht kann je nach Bundesland an ein oder zwei Tagen pro Woche oder auch zusammenhängend in Blöcken stattfinden. Die schulischen Leistungen werden in Berufsschulzeugnissen und im Abschlusszeugnis der Berufsschule festgehalten.

Duales System der Berufsausbildung	
Ausbildung im Betrieb	**Unterricht in der Berufsschule**
Ausbildungsordnung: Auf der Basis des Berufsbildungsgesetzes (BBiG) ist hier für die IT-Berufe die Berufsausbildung im Bereich der Informations- und Telekommunikationstechnik beschrieben (vgl. www.bibb.de). **Ausbildungsplan:** Auf der Basis der Ausbildungsordnung erstellt der Betrieb einen Ausbildungsplan für die betriebliche Ausbildung des Auszubildenden (sachliche, zeitliche Gliederung: Was wird wo von wem und wie vermittelt?) als **Anlage** zum Ausbildungsvertrag. **Berufsausbildungsvertrag:** Er kommt durch Einigung der Vertragsparteien (Auszubildender bzw. gesetzlicher Vertreter, Ausbildender/Betrieb) als privatrechtlicher Vertrag zustande und ist in **schriftlicher Form** (§ 4 Abs. 1 BBiG) zu erstellen. Mindestanforderungen des Ausbildungsvertrages werden in § 11 BBiG geregelt (siehe Kapitel 1.2.1). Ausbildender ist der Ausbildungsbetrieb, Ausbilder ist die mit der Ausbildung beauftragte Person. **Ausbildungsnachweis:** Der Auszubildende hat während der Ausbildungszeit einen schriftlichen Ausbildungsnachweis zu führen, der vom Auszubildenden regelmäßig durchzusehen ist und i. d. R. im Rahmen der Abschlussprüfung dem Prüfungsausschuss vorgelegt wird. **Aufsicht:** Industrie- und Handelskammern (IHK) bzw. Stelle entsprechend BBiG	**Schulisches Curriculum und Jahresplanung:** Der berufliche Unterricht erfolgt entsprechend einer von der Schule erstellten didaktischen Jahresplanung auf der Basis des Rahmenlehrplans mit den beruflichen Lernfeldern. **Lernfelder 1 bis 6** 1 Das Unternehmen und die eigene Rolle im Betrieb beschreiben 2 Arbeitsplätze nach Kundenwunsch ausstatten 3 Clients in Netzwerke einbinden 4 Schutzbedarfsanalyse im eigenen Arbeitsbereich durchführen 5 Software zur Verwaltung von Daten anpassen 6 Serviceanfragen bearbeiten **Lernfelder 7 bis 9** **Technische IT-Berufe:** 7 Cyber-physische Systeme ergänzen 8 Daten systemübergreifend bereitstellen 9 Netzwerke und Dienste bereitstellen **Kaufmännische IT-Berufe:** 7 Softwareprojekte durchführen 8 Beschaffungsprozesse durchführen 9 Netzwerkbasierte IT-Lösungen umsetzen **Lernfelder 10 bis 12 bzw. 13** Sie sind individuell auf die einzelnen Berufe und Fachrichtungen abgestellt. Das Arbeiten in Projekten wird durch die Bearbeitung eines Prüfungsprojektes begleitet. **Aufsicht:** Schulleitung bzw. die obere Schulaufsichtsbehörde
Infos beispielsweise unter www.ihk.de, www.bibb.de, www.aubi-plus.de, www.azubiyo.de	

In der Beschreibung der beruflichen Lernfelder für den Berufsschulunterricht wird deutlich, dass es um **betriebliche Handlungskompetenzen** geht. Die Auszubildenden sollen sich mit den betrieblichen Arbeitsbedingungen auseinandersetzen und ihre Rollen als Auszubildende entsprechend dem Berufsbild finden. In den ersten sechs Lernfeldern sind die Vorgaben für alle IT-Berufe weitgehend gleich, sodass auch eine gemeinsame Beschulung und Vorbereitung auf Teil 1 der gestreckten Prüfung der IHK möglich ist. Ab etwa der Mitte der Ausbildung wird der berufliche Unterricht in den Lernfeldern 7 bis 9 in den kaufmännischen und technischen IT-Berufen unterschiedlich sein. Während es bei den technischen Berufen um die Bereitstellung technischer Systeme und Netze geht, ist es bei den kaufmännischen Berufen die Durchführung und Begleitung von Projekten von der Beschaffung bis hin zur Bereitstellung und Wartung von Lösungen in den vielfältigen IT-Anwendungsbereichen. Ab dem beruflichen Lernfeld 10 bzw. dem dritten Ausbildungsjahr wird die Ausbildung speziell auf die einzelnen IT-Berufe und Fachrichtungen ausgerichtet. Neben einem immer selbstständigeren Arbeitseinsatz im Betrieb ist die Projektarbeit für die Abschlussprüfung der IHK vorzubereiten und durchzuführen.

(4) Ausbildungsbeteiligte und Vorinformationen

Für die praktische Ausbildung müssen Betriebe bei der zuständigen **IHK** (Industrie- und Handelskammer als zentrale Organisation der Berufsausbildung) zugelassen sein. Der Ausbilder im Betrieb muss über die persönliche und fachliche Eignung verfügen. Die IHK ist auch für die Beratung der Ausbildungsbeteiligten und für die Abschlussprüfung zuständig.

Die **Berufsschulen** müssen mit den Auszubildenden einen großen Katalog an Kompetenzen erarbeiten. Darüber hinaus müssen sie Handlungssituationen der Praxis als Lernsituationen schulisch planen, bearbeiten, kontrollieren und reflektieren.

Ausbilder und Mitarbeiter der **Ausbildungsbetriebe** sehen dem Ankommen neuer Auszubildender i. d. R. mit freudiger Erwartung entgegen. Während man in der Schule gewohnt war, Fehler zu machen und daraus zu lernen, wird in den Betrieben in erster Linie erwartet, dass man durch planvolles und behutsames Vorgehen sowie vorangegangene Erkundigungen und Unterweisungen möglichst Fehler vermeidet.

Beteiligte an der Berufsausbildung	
Auszubildende	Auszubildende erlernen nach dem Berufsbildungsgesetz (BBiG) und nach einer bundeseinheitlichen Ausbildungsordnung einen anerkannten Ausbildungsberuf.
Ausbildungsbetrieb	**Ausbildender:** Es ist der Betrieb, der Auszubildende zur Berufsausbildung einstellt. Bei unserem Modellunternehmen wird er durch den Geschäftsführer vertreten. **Ausbilder:** Ausbilden darf nur, wer **persönlich** und **fachlich** geeignet und mindestens **24 Jahre** alt ist. Die Eignung stellt die IHK fest. **Mitarbeiter:** An den einzelnen Ausbildungsplätzen helfen Mitarbeiter gerne, die Arbeitsbereiche kennenzulernen, Auszubildende einzuarbeiten und zu unterstützen.
Berufsschule	**Klassen- und Fachlehrer**, siehe Website der zuständigen Berufsschule (BBS)
IHK	**Ausbildungsberater**, siehe www.ihk.de

Ergeben sich einmal Fehler, sollten Wiederholungen vermieden werden. Daher ist es sehr sinnvoll, gerade zu Anfang und beim Eintritt in neue Ausbildungsbereiche viel zu fragen und sich viele Notizen zu machen.

! Insbesondere zu Anfang sollten nur **Aufgaben nach Anweisung oder Einweisung** und **unter Aufsicht** bearbeitet werden.

Nach § 278 BGB trägt der Betrieb im Außenverhältnis für das Verschulden aller Mitarbeiter und damit auch der Auszubildenden die Verantwortung und muss für den Schaden der „Erfüllungsgehilfen" geradestehen. Kann dem Mitarbeiter jedoch Fahrlässigkeit oder sogar Vorsatz nachgewiesen werden, kann der Betrieb Schadensersatz vom Mitarbeiter fordern. Da Mitarbeiter und Auszubildende bei Kunden Kenntnis von vertraulichen Informationen und Zugang zu nicht öffentlichen Dateien erhalten, wird zu Beginn der Ausbildung häufig auf die Pflichten hinsichtlich Verschwiegenheit, Ehrlichkeit, pflegliche Behandlung fremden Eigentums und die Wahrung von Diskretion hingewiesen.

Damit die Ausbildung gut verläuft, stehen viele Personen den Auszubildenden zur Seite. Im Rahmen der Bewerbung haben Auszubildende i. d. R. schon den Geschäftsführer oder Inhaber des Betriebes kennengelernt. Er hat für den Ausbildungsbetrieb den Ausbildungsvertrag unterzeichnet. Wenn der Geschäftsführer nicht der fachlich zuständige Ausbilder ist, so wird ihm dieser möglichst bald vorgestellt. Er wird i. d. R. schon beim Bewerbungsgespräch dabei gewesen sein.

Tipps für den Einstieg in die Berufsausbildung

Ausbildungsberater der IHK

- Informationen, Beratung und Vermittlung in allen Fragen der Berufsausbildung
- Infos auf www.ihk.de bzw. den Webseiten der regionalen IHK

Recherchen und Vorinformationen

- Über die Webseite oder Social-Media-Seiten des Ausbildungsbetriebs
- Für erste Informationen, um Fragen im Bewerbungsgespräch, bei Vertragsunterzeichnung oder ersten Ausbildungsgesprächen zu formulieren

Checkliste des Auszubildenden

- Betrieb = Ausbildende, Zuständigkeiten?
- Wer ist Ansprechpartner, wer Ausbilder, wen fragen?
- Wie miteinander kommunizieren?
- Arbeitsplatz
- Ausbildungsplan, sonstige Absprachen
- Arbeits- und Ausbildungszeiten, Pausen, Urlaubsregelung, ...
- Zuschüsse, z. B. Kleidung, Ausbildung, ...
- Geheimhaltungspflicht, Vertraulichkeit, ...
- Mitarbeiter, wichtige Kunden, ...
- Unternehmenskultur, Umgangston, Leitbild, Kleiderordnung, No-Gos
- Wichtige Abläufe
- Arbeitssicherheit
- Umgang mit Arbeitsmitteln, Betriebsausstattung
- Typische Arbeitsabläufe
- ...

Auszubildenden hilft es, zu Anfang im Betrieb möglichst viele und auch einfache Fragen zu stellen. Ausbilder haben ihre Erfahrungen und werden mitteilen, was zu Anfang und in verschiedenen Arbeitsbereichen zu beachten ist. Gute Umgangsformen, ein respektvolles Miteinander und Verständnis für die Aufgaben, Pflichten und Probleme der anderen helfen, die Bereitschaft zur Unterstützung und Mitarbeit sicherzustellen.

Kompetenzcheck ✓

1 Was ist richtig, was ist falsch?

a) Die duale Berufsausbildung dauert grundsätzlich zwei Jahre.
b) Rechtsgrundlage der Berufsausbildung ist das BBiG.
c) Ausbilder kann jeder Mitarbeiter im Betrieb auch ohne Eignungsprüfung sein.
d) Im Betrieb muss ein Ausbilder persönlich und fachlich zur Berufsausbildung qualifiziert sein.
e) Lernorte in der dualen Berufsausbildung sind insbesondere der Betrieb und die BBS.
f) Der Ausbildungsvertrag kann auch mündlich zwischen Betrieb und Auszubildenden geschlossen werden.
g) Die IHK steht zur Ausbildungsberatung nur für Betriebe zur Verfügung.
h) Jeder Betrieb hat entsprechend der Ausbildungsordnung einen Ausbildungsplan erstellt.

i) Die BBS muss sich an den Rahmenlehrplan halten und nur berufliche Lernfelder unterrichten.
j) Die Abschlussprüfung der IHK findet am Schluss der Ausbildung in drei Teilen statt.
k) Der Unterricht in den sieben IT-Berufen ist in den ersten vier Lernfeldern identisch.

2 Lernen Sie das Arbeitsbuch mit dem Modellunternehmen und der ersten Lernsituation kennen. Bearbeiten Sie die Aufgabe 1 der Lernsituation 1: Ordnen Sie im Schaubild die Beteiligten der Ausbildung richtig zu, recherchieren Sie danach in Teamarbeit und präsentieren Sie Ihre Ergebnisse. A1

3 Stellen Sie kurz Ihren Ausbildungsberuf und Ihren Ausbildungsbetrieb vor. Sagen Sie kurz in einem Satz, mit welchen Tätigkeiten Sie in Ihrer Ausbildung rechnen. Berichten Sie eventuell auch über Vorkenntnisse zum Ausbildungsberuf. Behandeln Sie alternativ im Arbeitsbuch die Aufgabe 2 der Lernsituation 1. A2

(5) Selbstständiges Handeln und Lernen, Teamarbeit

Die Arbeitslandschaft unterliegt einem fortlaufenden Wandel. Alte Berufe verschwinden und neue Berufsfelder entstehen. Früher hat man oft einen Beruf erlernt und konnte in diesem Berufsfeld bis zum Ruhestand arbeiten. Dieses traditionelle Bild wird zunehmend von einer **modernen Dienstleistungsgesellschaft** abgelöst. Unternehmen müssen schnell und flexibel auf die Wünsche der Kunden reagieren. Routinierte und starre Arbeitsabläufe nehmen dabei stetig ab. Stattdessen müssen **Arbeitsweisen und Geschäftsmodelle** in zunehmend kürzeren Zeiträumen an neue technische Entwicklungen, neue Produkte und veränderte Märkte angepasst werden. Dies erfordert auch von Mitarbeitern ein zunehmendes Maß an **Flexibilität und Lernbereitschaft**.

An die Stelle starrer Personalstrukturen treten immer häufiger projektspezifisch zusammengestellte Teams mit wechselnden Aufgaben und Anforderungen. Immer häufiger stellt sich die Frage an die Mitarbeiter, welche neuen Aufgaben sie übernehmen und wo sie sich im veränderten Umfeld positionieren können. Erfolgreiche Menschen müssen somit bereit sein, sich durch **lebenslanges Lernen** immer wieder neuen Aufgaben zu stellen.

Erfolg im Arbeitsleben basiert nach internationalen Studien zu etwa 50 bis 60 Prozent auf Fachkompetenz. **Soft Skills** – persönliche Eigenschaften und Kompetenzen gewinnen immer mehr an Bedeutung. Von diesem Ansatz ausgehend wird heute von Auszubildenden die Erlangung möglichst vielfältiger **Handlungskompetenzen** erwartet.

Handlungskompetenz

„Handlungskompetenz wird verstanden als die Bereitschaft und Befähigung des Einzelnen, sich in beruflichen, gesellschaftlichen und privaten Situationen sachgerecht durchdacht sowie individuell und sozial verantwortlich zu verhalten. Handlungskompetenz entfaltet sich in den Dimensionen von Fachkompetenz, Selbstkompetenz und Sozialkompetenz. [...] Methodenkompetenz, kommunikative Kompetenz und Lernkompetenz sind immanenter [innewohnender] Bestandteil von Fachkompetenz, Selbstkompetenz und Sozialkompetenz."

Quelle: Sekretariat der Ständigen Konferenz der Kultusminister der Länder in der Bundesrepublik Deutschland (Hrsg.): Handreichung für die Erarbeitung von Rahmenlehrplänen, veröff. am 17.06.2021 unter https://www.kmk.org/fileadmin/veroeffentlichungen_beschluesse/2021/2021_06_17-GEP-Handreichung.pdf, S. 15/16 [22.03.2024]

Die Vermittlung von Handlungskompetenz erfordert schriftliche, mündliche und weitere Lernkontrollen. Mit den Schülerinnen und Schülern sollten zu Beginn der Ausbildung die Grundsätze und Kriterien der Lernkontrollen und Leistungsbewertungen besprochen werden.

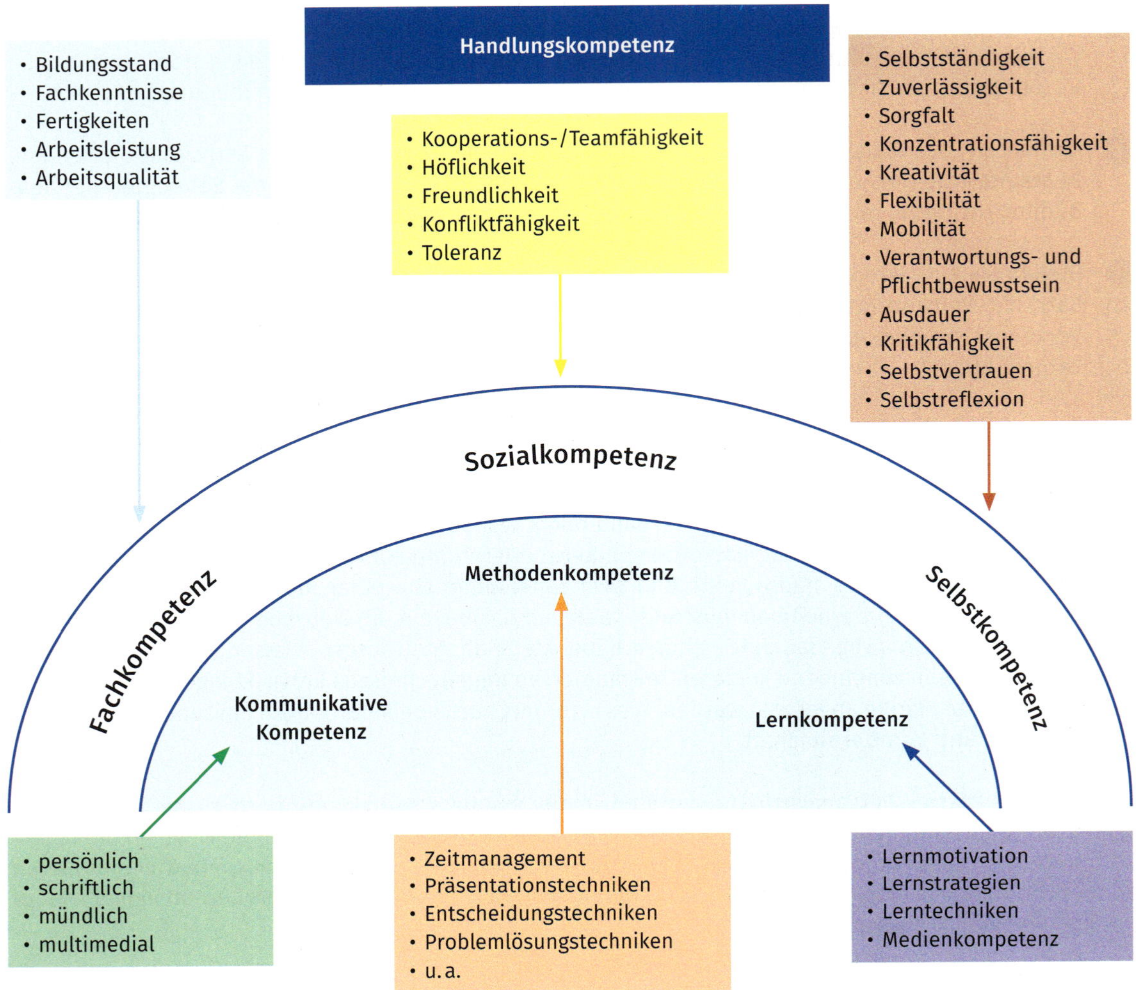

Kompetenzcheck ✓

1 Was ist richtig, was ist falsch?

a) Hat man einmal seinen Beruf erlernt, muss man zukünftig nichts mehr dazulernen.

b) Handlungskompetenz bedeutet vereinfacht, sich in Situationen sachgerecht, durchdacht sowie individuell und sozial verantwortlich zu verhalten.

c) Sozialkompetenz bedeutet u.a. Freundlichkeit, Kooperations-/Teamfähigkeit, Konfliktfähigkeit und Toleranz.

d) Im handlungsorientierten Unterricht wird ausschließlich kleinschrittig mit schriftlichen Prüfungsaufgaben bewertet.

2 Ordnen Sie zu. Welche Kompetenzen werden jeweils angesprochen: Fachkompetenz – Selbstkompetenz – Sozialkompetenz – Methodenkompetenz – kommunikative Kompetenz – Lernkompetenz?

a) Wir wissen, wie ein Programmablauf dargestellt wird.

b) Zu unseren Kunden sind wir stets höflich.

c) Am Arbeitsplatz sind wir konzentriert und sorgfältig.

d) Wir nutzen Hilfsmittel, um die Arbeitsvorgänge zeitlich gut zu planen.

e) Die Namen der aktuellen Kunden und Großkunden sollte man sich besonders gemerkt haben.

f) Ich arbeite so gut ich kann mit allen Mitarbeitern zusammen.

g) Ich möchte mich bei Telefonaten professionell äußern.

h) Fachbegriffe richtig zu verwenden, halte ich für wichtig.

i) Ich erstelle mir jeden Tag eine To-do-Liste.

3 Diskutieren Sie zu der Behauptung: „In IT-Berufen ist überwiegend Fachwissen gefragt."

4 Präsentieren Sie. Rufen Sie die „Methodensammlung" im Downloadbereich der Fachbuchreihe auf und tragen Sie in Teams (siehe auch Kapitel 1.5.1) zu folgenden Themen vor:

1. Schlüsselqualifikationen
2. Methode der vollständigen Handlung
3. Informations- und Informationsbeschaffungsstrategien
4. Gruppenarbeit
5. Ressourcenstrategien
6. Elaborationsstrategien
7. Reflexions- und Regulationsstrategie

(6) Gestreckte Prüfungen und Zeugnisse unterscheiden

In der Prüfung der IHK sollen Auszubildende die Handlungsfähigkeit in der Berufsgruppe der IT-Berufe (übergreifende Kompetenzen) und speziell in ihren Ausbildungsberufen (Fachkompetenzen) nachweisen. Um das selbstständige Informieren, Planen, Durchführen, Kontrollieren und Reflektieren zu prüfen, erhielt einerseits die Projektarbeit ein großes Gewicht, werden andererseits schriftliche Prüfungsaufgaben in betrieblichen Handlungsschritten gestellt.

Die Abschlussprüfung erfolgt gestreckt über ca. eineinhalb Jahre. Etwa in der Mitte der Ausbildung erfolgt der erste Teil der Abschlussprüfung. Mit 20 % geht die Note dieses Teils in die Gesamtnote der Abschlussprüfung ein. Im ersten Teil sollen Auszubildende nachweisen, dass sie ganzheitliche betriebliche Aufgaben aus den ersten sechs Lernfeldern zum Leitthema „Einrichten eines IT-gestützten Arbeitsplatzes" richtig bearbeiten können. Der Schwerpunkt dieser Prüfung wird somit auf dem Lernfeld 2 liegen.

<table>
<tr><th colspan="2">Gestreckte Abschlussprüfung der IHK nach der Ausbildungsordnung</th></tr>
<tr><td colspan="2">Zwei zeitlich auseinanderfallende Prüfungsteile sollen feststellen:
• Berufliche Handlungsfähigkeit
• Beherrschung erforderlicher beruflicher Fertigkeiten
• Berufliche Kenntnisse und Fähigkeiten
• im Berufsschulunterricht zu vermittelnde Kompetenzen</td></tr>
<tr><th colspan="2">Bedeutung der Note (Prozentleistung/Notenschlüssel nach dem IHK-Schema)</th></tr>
<tr><td colspan="2">sehr gut (1): Die Leistung entspricht den Anforderungen in besonderem Maße (ab 92 %)
gut (2): Die Leistung entspricht den Anforderungen voll (ab 81 %).
befriedigend (3): Die Leistung entspricht im Allgemeinen den Anforderungen (ab 67 %).
ausreichend (4): Die Leistung weist zwar Mängel auf, entspricht aber im Ganzen den Anforderungen noch (ab 50 %).
mangelhaft (5): Die Leistung entspricht den Anforderungen nicht, lässt jedoch erkennen, dass die notwendigen Grundkenntnisse vorhanden sind und die Mängel in absehbarer Zeit behoben werden könnten (ab 30 %).
ungenügend (6): Die Leistung entspricht den Anforderungen nicht und selbst die Grundkenntnisse sind so lückenhaft, dass die Mängel in absehbarer Zeit nicht behoben werden könnten (unter 30 %).</td></tr>
<tr><th>Erster Teil</th><th>Zweiter Teil</th></tr>
<tr><td>etwa Mitte des zweiten Ausbildungsjahres, schriftliche Prüfungsaufgaben</td><td>schriftlich und mündlich: fünf Prüfungsbereiche zum Ausbildungsende</td></tr>
<tr><td colspan="2">Die gestreckte Abschlussprüfung ist mit folgenden Leistungen bestanden:
1. Gesamtergebnis Teil 1 und Teil 2 mindestens „ausreichend"
2. Ergebnis Teil 2 mindestens „ausreichend"
3. mindestens zwei Prüfungsbereiche von Teil 2 mindestens „ausreichend"
4. kein Prüfungsbereich von Teil 2 „ungenügend", mindestens „ausreichend" im Prüfungsbereich „Anbindung von Geräten, Systemen und Betriebsmitteln an die Stromversorgung" der Prüfung IT-Systemelektroniker</td></tr>
</table>

Erster Teil (Gewichtung insgesamt 20 %)
Prüfungsbereich 1: schriftliche Fachaufgabe (20 %)
„Einrichten eines IT-gestützten Arbeitsplatzes“ Etwa Mitte des zweiten Ausbildungsjahres werden über die ersten 15 Monate der Ausbildung ganzheitliche schriftliche Prüfungsaufgaben (4 Aufgaben mit Teilaufgaben) gestellt. Die Prüfung ist für alle Berufe gleich, es wird nur in den berufsbildübergreifenden Fertigkeiten, Kenntnissen und Fähigkeiten geprüft, also die Lernfelder 1 bis 6. Dieser Prüfungsbereich hat das Leitthema „Einrichten eines IT-gestützten Arbeitsplatzes“. Die Prüfungszeit beträgt 90 Minuten, die Gewichtung in der Gesamtbewertung 20 %.

Zweiter Teil Schriftliche Prüfungsbereiche und Fachgespräch (Gewichtung insgesamt 80 %)
Teil A
Prüfungsbereich 2: Erstellung einer betrieblichen Projektarbeit (50 %)
In 40 Stunden (FI AE: 80 Stunden) soll ein **betrieblicher Auftrag/Teilauftrag** bearbeitet und mit praxisbezogenen Unterlagen dokumentiert werden. Im Projektantrag ist der IHK bzw. dem Prüfungsausschuss das Thema der Projektarbeit mit einer **Kurzbeschreibung zur Genehmigung** vorzulegen. Bei der Wahl und Ausgestaltung des Projektthemas sollte neben dem Umfang der Anspruch der Projektarbeit beachtet werden, wobei das systematische Planen, Konzipieren, Durchführen und Kontrollieren des Projektes sichtbar werden sollte. Auch Wirtschaftlichkeitsüberlegungen sollten nicht fehlen. Die Projektarbeit wird vor der Prüfung der IHK bzw. dem Prüfungsausschuss zur Prüfung und Vorbereitung auf das Fachgespräch vorgelegt. Am Prüfungstag soll die Projektarbeit dem Prüfungsausschuss in einem **30-minütigen Fachgespräch** präsentiert werden. Auszubildende sollten sich daher auf Nachfragen zum Projekt oder zu Fachfragen aus den Lernfeldern der Ausbildung und der Berufsschule einstellen.
Teil B
Prüfungsbereich 3: berufsspezifische Aufgabe (10 %)
Prüfungsbereich 4: berufsspezifische Aufgabe (10 %)
Dieser Prüfungsteil besteht aus **zwei schriftlichen Prüfungsteilen:** Zwei speziell auf den jeweiligen IT-Beruf abgestellte ganzheitliche Aufgaben nach Handlungsschritten müssen in jeweils 90 Minuten bearbeitet werden.
Prüfungsbereich 5: Wirtschafts- und Sozialkunde bzw. WISO (10 %)
In 60 Minuten werden fallbezogen allgemeine **wirtschaftliche und gesellschaftliche Zusammenhänge der Berufs- und Arbeitswelt** dargestellt und dazu gebundene Fragen gestellt.
Ergänzungsprüfung:
Es besteht die Möglichkeit einer Ergänzungsprüfung von 15 Minuten während der mündlichen Abschlussprüfung, wenn damit ein mit **mangelhaft bewerteter Prüfungsbereich** noch **ausgeglichen** werden kann. Bei der Ermittlung des Ergebnisses für diesen Prüfungsbereich sind das bisherige Ergebnis und das Ergebnis der mündlichen Ergänzungsprüfung im Verhältnis 2 : 1 zu gewichten.
Hinweise: Angaben ohne Gewähr, die IHK berät Ausbilder und Auszubildende, siehe www.ihk.de.

(7) Abschlusszeugnisse: Berufsschule, IHK und Ausbildungsbetrieb

Neben dem Kammerzeugnis der IHK erstellt die Berufsschule ein Abschlusszeugnis bei Erfolg der schulischen Ausbildung. Die Berufsschule führt gesondert keine Abschlussprüfung durch, sondern übernimmt die erhaltenen letzten Noten des Unterrichts je nach Dauer der Ausbildung und Absolvierung der Fächer und Lernfelder in das Abschlusszeugnis.

Berufsschule			IHK	
Abschluss-zeugnis	Abgangs-/ Entlassungs-zeugnis	Bescheinigung	Bescheinigung	Berufsabschluss
Auch ohne erfolgreiche Kammerprüfung, wenn Ausbildung beendet wird und alle Noten mind. ausreichend sind oder schlechtere Noten ausgeglichen werden können.	Auch mit erfolgreicher Kammerprüfung, wenn nicht alle Noten mind. ausreichend und Ausgleichsregelung nicht reicht.	Wenn Schüler vor dem Abschluss-datum ausgeschult werden.	Auszubildende haben Prüfung nicht bestanden	Auszubildende haben Prüfung bestanden
		+ abschließendes **Zeugnis des Ausbildungsbetriebs** nach § 16 BBiG		

Nach § 16 BBiG haben Ausbildende den Auszubildenden nach Beendigung der Ausbildung ein **schriftliches Zeugnis** auszustellen. Es muss Angaben enthalten über Art, Dauer und Ziel der Berufsausbildung sowie über die erworbenen beruflichen Fertigkeiten, Kenntnisse und Fähigkeiten der Auszubildenden. Auf Verlangen des Auszubildenden sind auch Angaben über Verhalten und Leistung aufzunehmen.

1.2 Die eigene Rolle im Betrieb beschreiben

S **Sie sollen möglichst in Teamarbeit klären, welche Rolle Sie im Ausbildungsbetrieb mit Ihren Rechten und Pflichten wahrnehmen, welche Möglichkeiten der Mitbestimmung Sie haben und was Sie für eine berufliche Karriere und eine gute Lebensplanung tun können.**

1.2.1 Rechte und Pflichten aus dem Ausbildungsverhältnis erklären

S **Sie sollen Ihre Rechte als Auszubildende kennen, sollen Mitschülerinnen und Mitschülern bei Fragen zum Ausbildungsvertrag, zum Ausbildungsnachweis und zur Jugendvertretung beraten.**

(1) Rechte und Pflichten nach dem BBiG

Jedes Vertragsverhältnis ist mit gegenseitigen Rechten und Pflichten verbunden. Für die staatlich geregelte Berufsausbildung sind diese Rechte und Pflichten im Berufsbildungsgesetz (BBiG) festgelegt. Mit der Formulierung der Ziele der Berufsausbildung (vgl. Kapitel 1.1) hat der Gesetzgeber in **§ 1 BBiG** eine **übergeordnete Verpflichtung** festgelegt.

Wichtige Rechte und Pflichten im Ausbildungsverhältnis (wenn nicht anders angegeben nach §§ 13 bis 17 BBiG)

Pflichten des Ausbildenden/ Rechte des Auszubildenden	Pflichten des Auszubildenden
Ausbildungspflicht Ausbildende sind verpflichtet, Auszubildende Fertigkeiten, Kenntnisse und Erfahrungen planmäßig zu vermitteln, die zum Erreichen des Ausbildungszieles erforderlich sind. (§ 14)	**Lernpflicht** Auszubildende haben sich zu bemühen, die Fertigkeiten, Kenntnisse und Erfahrungen zu erwerben, die zum Erreichen des Ausbildungszieles erforderlich sind. (§ 13)

Pflichten des Ausbildenden/ Rechte des Auszubildenden	Pflichten des Auszubildenden
Freistellung für Berufsschulunterricht, außerbetriebliche Ausbildung und Prüfungen Ausbildende müssen Auszubildenden zum Besuch anhalten und sie dafür freistellen. (§ 14, 15)	**Teilnahme am Berufsschulunterricht, außerbetriebliche Ausbildung und Prüfungen** Auszubildende haben die Pflicht, an Ausbildungsmaßnahmen teilzunehmen und sich aktiv um den Erwerb der dargebotenen Lernstoffe zu bemühen. (§ 13)
Benennung weisungsberechtigter Personen Ausbildende sind verpflichtet, Auszubildenden die weisungsberechtigten Personen bekanntzumachen.	**Weisungsgebundenheit** Auszubildende sind verpflichtet, den Weisungen weisungsberechtigter Personen zu folgen. (§ 13)
Aufsichtspflicht Ausbildende sind verantwortliche Personen (nach § 13 ArbSchG) und somit verpflichtet, minderjährige Auszubildende und geflüchtete Menschen während der betrieblichen Ausbildung zu beaufsichtigen. (§ 1631 BGB)	**Einhaltung der Ordnung** Auszubildende haben die für die Ausbildungsstätte geltenden Ordnungsvorschriften zu beachten. (§ 13)
Ausbildungsnachweiskontrolle Ausbildende haben Auszubildenden Ausbildungsnachweise kostenfrei auszuhändigen und deren ordnungsgemäße Führung zu überwachen. (§ 14)	**Ausbildungsnachweisführung** Auszubildende sind verpflichtet, die Ausbildungsnachweise ordnungsgemäß schriftlich oder digital zu führen und regelmäßig vorzulegen. (§ 13)
Bereitstellung der Ausbildungsmittel Ausbildende haben Auszubildenden kostenlos die Ausbildungsmittel zur Verfügung zu stellen, die zur Berufsausbildung und zum Ablegen von Prüfungen erforderlich sind. (§ 14)	**Pflegliche Behandlung der Ausbildungsmittel** Auszubildende haben die ihnen zur Verfügung gestellten Ausbildungsmittel und sonstigen Einrichtungen der Ausbildungsstätte pfleglich zu behandeln. (§ 13)
Urlaubsgewährung Auszubildenden ist ein möglichst zusammenhängender Urlaub nach gesetzlichen bzw. tariflichen Bestimmungen zu gewähren. (BurlG, JArbSchG)	**Erholungspflicht** Auszubildende sind verpflichtet, während des Urlaubs jede dem Urlaubszweck widersprechende Erwerbstätigkeit zu unterlassen. (§ 8 BUrlG)
Vergütungspflicht Ausbildende haben Auszubildenden eine angemessene Vergütung spätestens am letzten Arbeitstag des Monats zu zahlen, die jährlich steigt. Sie darf nicht niedriger als die Mindestausbildungsvergütung sein. Besteht eine tarifliche Regelung, so sind diese Sätze maßgebend. Bei Krankheit wird die Vergütung bis zu 6 Wochen weitergezahlt, danach wird Krankengeld gezahlt. (§§ 17, 18)	**Benachrichtigungspflicht** Auszubildende sind verpflichtet, bei Fernbleiben von der betrieblichen Ausbildung, vom Berufsschulunterricht oder von sonstigen Ausbildungsveranstaltungen dem Ausbildenden unter Angabe von Gründen unverzüglich Nachricht zu geben und ihm bei Krankheit oder Unfall spätestens am dritten Tag eine ärztliche Bescheinigung zuzuleiten. (§ 13, siehe auch Anlage zum Vertrag)
Zweckgebundene Übertragung von Aufgaben Ausbildende müssen Auszubildende ausschließlich Aufgaben übertragen, die dem Ausbildungszweck dienen und ihren körperlichen Kräften angemessen sind. Ausbilder haben dafür zu sorgen, dass Auszubildende charakterlich gefördert sowie sittlich und körperlich nicht gefährdet werden. (§ 14)	**Sorgfältige Ausführung von Aufgaben** Auszubildende haben die ihnen im Rahmen ihrer Berufsausbildung aufgetragenen Aufgaben sorgfältig auszuführen, Einrichtungen pfleglich zu behandeln. (§ 13)

Pflichten des Ausbildenden/ Rechte des Auszubildenden	**Pflichten des Auszubildenden**
Zeugnispflicht Der Ausbildende hat dem Auszubildenden bei Beendigung des Ausbildungsverhältnisses ein Zeugnis auszustellen. (§ 16)	**Geheimhaltungspflicht** Auszubildende sind verpflichtet, über Betriebs- und Geschäftsgeheimnisse Stillschweigen zu bewahren. (§ 13)
Sonstige wichtige Regelungen im BBiG **§ 7:** Anrechnung beruflicher Vorbildung auf die Ausbildungszeit **§ 8:** Abkürzung und Verlängerung der Ausbildungszeit **§§ 10, 11, 12, 1:** Vertrag und Ausbilder **§ 20:** Probezeit **§§ 21 und 24:** Beendigung der Ausbildung	
Sonstige wichtige Regelungen: siehe Anlage zum Ausbildungsvertrag und Website der IHK	

(2) Bestandteile des Ausbildungsvertrages

Vor Beginn einer Ausbildung muss zwischen dem Ausbildenden und dem Auszubildenden ein Berufsausbildungsvertrag **schriftlich** geschlossen werden. Dieser ist von den Ausbildenden, den Auszubildenden und deren gesetzlichen Vertretern **vor Beginn der Ausbildung zu unterzeichnen und auszuhändigen**, sowie frühzeitig bei der IHK einzureichen. Das Antragsformular kann im Internet aufgerufen werden. Im **Anhang zum Vertrag** sind wichtige Informationen aufgeführt. Im Ausbildungsvertrag dürfen keine Vereinbarungen getroffen werden, die nicht mit dem Sinn und Zweck der Berufsausbildung übereinstimmen und die den Vorschriften der einschlägigen Gesetze widersprechen.

Das Formular des Berufsausbildungsvertrages ist gleichzeitig mit einem **Antrag des Ausbildenden** für die Eintragung in das Verzeichnis der Berufsausbildungsverhältnisse bei der IHK verknüpft. Dem Antrag hat er einen **Ausbildungsplan** mit der sachlichen und zeitlichen Gliederung der betrieblichen Berufsausbildung entsprechend der Ausbildungsordnung und **weitere Anlagen** (z. B. zur Verkürzung der Ausbildung) beizufügen.

Um Klarheit und frühzeitige Kenntnis über die Rechte und Pflichten zu schaffen, hat der Gesetzgeber in § 11 BBiG **Mindestbestandteile des Ausbildungsvertrags** festgelegt. Die damit verbundenen Rechte und Pflichten sollten gleich von Anfang an im Gespräch um den Ausbildungsvertrag mit Ausbildendem und Bewerber angesprochen werden. In den folgenden Paragrafen (insbesondere den §§ 13 bis 17 BBiG, siehe S. 21 f.) wurden zudem einzeln Rechte und Pflichten genannt.

Recherche zu Rechten und Pflichten

Die IHK hat im Anhang zum Ausbildungsvertrag die im Gesetz aufgeführten Rechte und Pflichten als wichtige Erstinformation ergänzt. Aufgrund ihrer Erfahrungen haben die zuständigen regionalen Kammern auf ihren Webseiten wichtige Hinweise zu Rechten und Pflichten und zu einem guten Auskommen in der Ausbildung veröffentlicht. Daher lohnt sich eine Recherche mit den Suchbegriffen „IHK Ausbildung, Rechte und Pflichten".

Sofern Auszubildenden außerbetriebliche Ergänzungsmaßnahmen, z. B. IT-Kurse, Business-Englisch oder Auslandseinsatz, angeboten werden, sollten diese in den Vertrag – gegebenenfalls auch nachträglich – aufgenommen werden. Auszubildende können während ihrer Ausbildung bis zu einem Viertel der Ausbildungsdauer im Ausland eingesetzt sein. Website- und Kapitelrecherchen (vgl. www.berufsbildung-ohne-grenzen.de, Kapitel 1.2.3) und die IHK informieren darüber.

Bestandteile des Ausbildungsvertrages nach § 11 BBIG

1. Art, sachliche und zeitliche Gliederung sowie Ziel der Berufsausbildung
2. Beginn und Dauer der Berufsausbildung
3. Ausbildungsmaßnahmen außerhalb der Ausbildungsstätte
4. Dauer der regelmäßigen täglichen Ausbildungszeit
5. Dauer der Probezeit
6. Zahlung und Höhe der Vergütung
7. Dauer des Urlaubs
8. Voraussetzungen, unter denen der Berufsausbildungsvertrag gekündigt werden kann
9. Hinweise auf anzuwendende Tarifverträge, Betriebs- oder Dienstvereinbarungen
10. Form des Ausbildungsnachweises (schriftlich, digital)

Die zuständige IHK informiert im Anhang zum Ausbildungsvertrag und im Internet über alle Vorgaben zum Ausbildungsvertrag. Suchbegriffe sind z. B. ärztliche Bescheinigung, Probezeit, Vergütung, Urlaub, Pflichten des Ausbildenden, Pflichten des Auszubildenden, Ausbildungsnachweise, Arbeitszeit und Pausen, Arbeitszeit und Berufsschule, Verkürzung der Ausbildungszeit, Verlängerung der Ausbildungszeit, Prüfungen, Kündigung, Auflösung, Schadensersatz, Schlichtungsausschuss.

Kompetenzcheck ✓

1 Welche der folgenden Angaben müssen laut Berufsbildungsgesetz nicht in den Berufsausbildungsvertrag aufgenommen werden?

a) Die Berufsausbildung beginnt am 01.08.20..
b) Die Dauer der Probezeit beträgt vier Monate.
c) Eine Bescheinigung über die ärztliche Erstuntersuchung liegt vor.
d) Die Ausbildungsvergütung beträgt im ersten Ausbildungsjahr monatlich 850,00 €.
e) Die Berufsausbildung entspricht dem Berufsbildungsgesetz sowie der Ausbildungsordnung.
f) Der Urlaub beträgt jährlich 30 Tage.
g) Im Februar 20.. erfolgt eine einmonatige Ausbildungsmaßnahme bei der IT Meier GmbH.
h) Die regelmäßige tägliche Ausbildungszeit beträgt acht Stunden.
i) Die kalkulierten Kosten der Ausbildung betragen 65 000,00 €.

2 Recherchieren Sie im BBiG zu folgenden Aussagen:

a) Der Ausbildungsvertrag enthält einen Anhang mit Hinweisen zur ärztlichen Untersuchung.
b) Die Probezeit muss mindestens einen Monat und darf höchstens vier Monate betragen.
c) Das Ausbildungsverhältnis kann nach der Probezeit fristlos gekündigt werden, wenn man sich für eine andere Berufsausbildung entscheidet.
d) Der Tätigkeitsnachweis darf nicht in der Ausbildungszeit geführt werden.
e) Vorangegangene Vorbildungen können die Ausbildungszeit verkürzen.
f) Eine Verlängerung der Ausbildung ist jeder Zeit ohne Begründung möglich.
g) Die Ausbildung endet immer genau an dem vertraglich vereinbarten Termin.
h) Auszubildende müssen sich selbst bei der IHK zur Prüfung anmelden.
i) Wenn die Ausbildung beendet ist, dürfen Auszubildende den Betrieb nicht mehr ohne Vertrag betreten.

3 Kontrolle und Reflexion: Sie sollen die Rechte und Pflichten gegenseitig durch eine sog. Kugellagermethode (siehe Methodensammlung im Downloadbereich) überprüfen. Überprüfen Sie mit dieser Methode Ihr Wissen zu den 20 in der Tabelle auf S. 21 ff. angegebenen Rechten und Pflichten gegenseitig. Übernehmen Sie in Ihrer Klasse jeweils eines der Themen (Stichwörter) aus der Tabelle und informieren sich, was darunter zu verstehen ist. In jeder Kugellagerrunde fragen die Gesprächspartner beim Gegenüber die vorher zugewiesenen Rechte und Pflichten der Tabelle ab. Sie geben Rück-

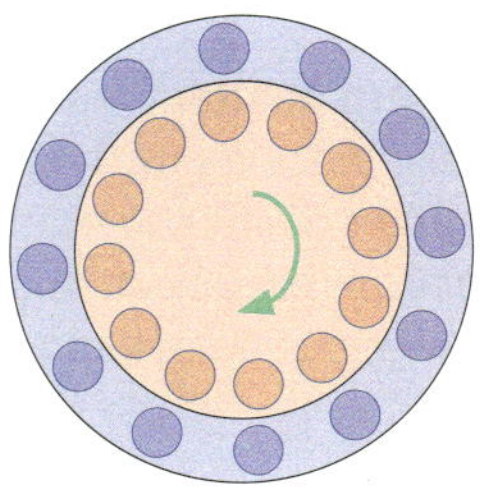

meldung, wenn die Antworten nicht ganz richtig sind. Wenn Sie in der Klasse mehr als 20 sind, wird die Themenliste um entsprechende Kurzthemen ergänzt, z. B. duale Ausbildung, Aufgaben der Kammern, Regelungen in der Berufsschule, Ausbildungszeit, gesetzliche Regelungen.
Ziel der Übung ist es, eine handlungsorientierte Vertiefung und Selbstkontrolle zur Thematik zu erreichen. Reflektieren Sie zum Schluss, ob Ihnen diese Vorgehensweise zusagt.

4 Bearbeiten Sie im Arbeitsbuch die Aufgaben 3 bis 5 der Lernsituation 1, erstellen Sie einen Ausbildungsnachweis, überprüfen Ihr Wissen und den dort aufgeführten Ausbildungsvertrag.

A3
A4
A5

(3) Jugendarbeitsschutzgesetz

Für alle noch **nicht achtzehnjährigen** Personen ist bei einer Berufsausbildung und Dauerbeschäftigung über zwei Monate außerhalb des Familienhaushalts das **Gesetz zum Schutze der arbeitenden Jugend** (**JArbSchG**) zu beachten. Hier sind Regelungen zu Arbeits- und Freizeiten, Verpflichtungen des Arbeitgebers und die gesundheitliche Betreuung festgelegt. Damit sollen Kinder und Jugendliche vor zu hoher Arbeitsbelastung, gefährlichen Arbeiten, schlechten Arbeitsbedingungen, Misshandlung oder sittlicher Gefährdung geschützt werden. Manche Einschränkungen sind nur dann erlaubt, wenn sie für die Berufsausbildung notwendig sind oder in Notfällen, wenn andere Mitarbeiter im Betrieb nicht vorhanden sind (§ 21, 23).

Jugendarbeitsschutzgesetz (JArbSchG)

- Eine Erstuntersuchung bei einem Jugendgesundheitsdienst oder Hausarzt ist für jeden Jugendlichen vor Beginn der Berufsausbildung und bei Jugendlichen nach einem Jahr entsprechend § 32 f. JArbSchG notwendig.
- Bei Jugendlichen ist die Arbeitszeit auf täglich 8 Stunden, in Ausnahmen 8,5 Stunden, 40 Stunden/Woche und 5 Arbeitstage beschränkt. Samstags- und Sonntagsarbeit, Feiertagsarbeit und Nachtarbeit ist bei IT-Betrieben i. d. R. nicht erlaubt. Für den Berufsschulunterricht ist der Auszubildende freizustellen (ganztägig bei über 5 Unterrichtsstunden, einmal in der Woche).
- Beschäftigung ist nur von 6 bis 20 Uhr, in mehrschichtigen Betrieben bis 23 Uhr erlaubt.
- Nach der Arbeitszeit ist mindestens 12 Stunden Freizeit zu gewähren.
- Ruhepausen von mindestens 30 Minuten bei mehr als viereinhalb bis zu sechs Stunden Arbeitszeit, 60 Minuten bei mehr als sechs Stunden Arbeitszeit in Aufenthaltsräumen sind vorzusehen.
- Urlaubstage von Jugendlichen unter 16 Jahre: 30, unter 17 Jahre: 27, unter 18 Jahre: 25
- Urlaub sollte in den Berufsschulferien gegeben werden, ein Berufsschultag während des Urlaubs ist kein Urlaubstag.
- In Notfällen und wenn kein Ersatz möglich ist, in besonderen Fällen, sind Ausnahmen möglich (§§ 21, 23).
- Mehrarbeit ist in den folgenden drei Wochen auszugleichen.
- Eine Freistellung der Jugendlichen hat am Tag vor der schriftlichen Prüfung zu erfolgen.
- In einem Betrieb, für den ein Betriebsarzt oder eine Fachkraft für Arbeitssicherheit verpflichtet ist, ist eine betriebsärztliche oder sicherheitstechnische Betreuung der Jugendlichen sicherzustellen.

Kompetenzcheck

1 Was ist richtig, was ist falsch bei jugendlichen Auszubildenden?
a) Jugendliche müssen nur einmal zur ärztlichen Untersuchung.
b) Eine Probezeit von fünf Monaten ist erlaubt.
c) In der Probezeit kann jeder mit einer Frist von 14 Tagen kündigen.
d) Die Arbeits- bzw. Ausbildungszeit ist auf 40 Stunden/Woche festgeschrieben.
e) Die normale Ausbildungszeit kann auch 8,5 Stunden betragen und damit 42,5 Stunden/Woche.
f) Für einen Berufsschulunterricht von 6 Unterrichtsstunden können einmal pro Woche 8 Zeitstunden gerechnet werden.

g) Bei einem 8-stündigen Ausbildungstag sind mindestens 30 Minuten Pausen hinzuzurechnen.
h) Jugendliche in IT-Betrieben können maximal an einem Tag in der Woche auch samstags, sonntags oder feiertags eingesetzt werden.
i) In Notfällen und bei keinen Alternativen gelten Ausnahmen.
j) Mehrarbeitsstunden werden notiert und am Monatsende ausgeglichen.
k) Jugendliche müssen mindestens an einem von zwei Berufsschultagen anwesend sein.
l) Gibt es im Betrieb eine Sicherheitsfachkraft oder einen Betriebsarzt, so muss er sich besonders um die Jugendlichen kümmern.
m) Urlaub ist nach den betrieblichen Regeln zu nehmen, Familien erhalten in den Ferien Vorrang, Jugendliche außerhalb der Ferien.
n) Ein 17-jähriger Auszubildender erhält 25 Urlaubstage, eine 16-jährige Auszubildende 30 Tage.
o) Auszubildende sind allgemein für den Berufsschulunterricht und die Prüfungstage freizustellen, jugendliche Auszubildende auch einen Tag vor der Prüfung (i. d. R. erster Teil der gestreckten Prüfung).

A6 **2** Erarbeiten Sie im Arbeitsbuch Aufgabe 6 der Lernsituation 1 und beraten Sie Ihr Gegenüber, was nach dem Jugendarbeitsschutzgesetz zu beachten ist.

(4) Ausbildungsvergütung und Teilzeitausbildung

Die Höhe der Ausbildungsvergütung kann vom Ausbildenden und Auszubildenden individuell vereinbart werden, wenn der Betrieb nicht an **Betriebsvereinbarungen** oder **Tarifverträge** gebunden (siehe Kapitel 1.2.2) ist. Vereinbarungen müssen den Gesetzen und als höchstem Gesetz dem Grundgesetz (GG) entsprechen. Für die Ausbildungsvergütung ist eine gesetzliche **Mindestvergütung** festgelegt worden, die für das erste Ausbildungsjahr ab 2024 649,00 € betragen soll. Ausbildungsvergütungen für IT-Berufe liegen i. d. R. wesentlich höher. Nach § 17 BBiG müssen Ausbildungsvergütungen angemessen sein und mindestens jährlich ansteigen, Mehrarbeit ist besonders zu vergüten.

Von der vereinbarten Ausbildungsvergütung (Bruttovergütung) kann **Lohn- und Kirchensteuer sowie Soli (Solidaritätszuschlag)** abgezogen werden, wenn Freigrenzen überschritten werden und eine Kirchenzugehörigkeit besteht. Die Lohnsteuer ist abhängig vom Bruttobetrag und von der Steuerklasse (z. B. I = ledig, III = verheiratet). Der Arbeitgeber überweist die Steuerlast an das jeweilige Finanzamt.

Abgezogen werden auch Beiträge zur **Kranken- und Pflegeversicherung**, zur **Renten- und Arbeitslosenversicherung** (siehe Kapitel 1.2.3). Diese Abzüge sind ebenfalls abhängig vom Bruttobetrag der Ausbildungsvergütung. Hieran ist der Arbeitsgeber auch anteilmäßig zur Beteiligung verpflichtet. Die Abzüge werden vom Arbeitgeber überwiesen. Die Kosten zur **betrieblichen Unfallversicherung** bei der jeweiligen Berufsgenossenschaft trägt der Betrieb allein.

Arbeitnehmer | Arbeitgeber

Ihre zuständige Krankenkasse	Bitte auswählen
Berechnungszeitraum	○ Jahr ◉ Monat Februar
Beschäftigung in der Berufsausbildung	☑
Übergangsregelung	☐ das Beschäftigungsverhältnis bestand bereits vor 2013
Übergangsbereichsregelung anwenden	☑
Beschäftigungsort	Bitte auswählen
Beitragszuschlag zur Pflegeversicherung	○ ja, über 23 Jahre und kinderlos ◉ nein, unter 23 Jahre oder Kinder
Lohnsteuerklasse	◉ I ○ II ○ III ○ IV ○ V ○ VI
Kirchensteuer	keine Kirchensteuer
Geburtsjahr	nach 1957
Bruttogehalt	806,00 €
– *Lohnsteuer*	0,00 €
– *Kirchensteuer*	0,00 €
– *Solidaritätszuschlag*	0,00 €
– Steuern gesamt	0,00 €
– *Rentenversicherung*	63,02 €
– *Arbeitslosenversicherung*	8, 13 €
– *Krankenversicherung*	49,48 €
– *Zusatzbeitrag*	3,13 €
– *Pflegeversicherung*	10,33 €
– Sozialabgaben	134,69 €
Nettogehalt	671,31 €

Beispiel Gehaltsrechner

Die Sozialleistungsträger sind keine staatlichen Einrichtungen, sondern rechtlich selbstständige und vom Staat weitgehend unabhängige Körperschaften des öffentlichen Rechts mit Selbstverwaltung. Ihre Organisation und Verfassung sind im **Sozialgesetzbuch** (SGB III und IV) geregelt. Jeder Mitarbeiter muss daher immer dem Arbeitgeber mitteilen, bei welcher Organisation er krankenversichert ist und bereits Rentenansprüche erworben hat.

Teilzeitausbildung nach § 8 BBIG

Mit **Begründung** ist auch eine Teilzeitausbildung nach § 8 BBIG möglich. Insbesondere Alleinerziehende und junge Eltern können eine Verkürzung der täglichen und wöchentlichen Ausbildungszeit beantragen, ebenso Auszubildende, die innerhalb der Familie einen Pflegefall zu betreuen haben. Die Berufsschule wird in den üblichen Tagen absolviert, die Ausbildungszeit kann auf insgesamt **20 bis 30 Wochenstunden** (BBS und Betrieb) verkürzt werden. Bei unter 25 Wochenstunden inklusive Berufsschule kann man wählen, ob damit verbunden eine Verlängerung der Ausbildungszeit eingeplant werden soll. Ein Antrag muss gemeinsam mit dem Ausbildenden bei der IHK eingereicht werden. Alle weiteren Vereinbarungen wie beispielsweise die wöchentliche Arbeitszeit werden im Ausbildungsvertrag festgehalten. Zur finanziellen Unterstützung kann man bei der Agentur für Arbeit einen Antrag auf **Berufsausbildungsbeihilfe** stellen und evtl. Kindergeld bei der Familienkasse beantragen.

Kompetenzcheck ✓

1. Was ist richtig, was ist falsch bei Auszubildenden?
   a) Der Ausbilder kann die Ausbildungsvergütung immer beliebig festlegen.
   b) Die Ausbildungsvergütung wird brutto vom Ausbildenden ausgezahlt.
   c) Wenn Freibeträge überschritten werden, ist Lohnsteuer fällig.
   d) Der Arbeitgeber behält die Abzüge ein und muss diese überweisen.
   e) Abzüge für Kranken- und Pflegeversicherung werden vom Auszubildenden allein getragen.
   f) Der Ausbildungsbetrieb muss sich an den Beiträgen zur Kranken- und Pflegeversicherung beteiligen.
   g) Die Krankenversicherung zahlt die Leistungen, wenn man zum Arzt muss.
   h) Man zahlt anteilmäßig auch für die betriebliche Unfallversicherung.
   i) Die Zahlungen an die Rentenversicherung sollen später einmal der Rente dienen.
   j) Die Lohnsteuer ist abhängig vom Bruttobetrag und der Steuerklasse.
   k) Eine Teilzeitausbildung ist in beliebigen Prozentsätzen möglich.
   l) Bei Teilzeitausbildung werden jeweils die Zeiten in der Berufsschule und im Betrieb verkürzt.

2. Bearbeiten Sie im Arbeitsbuch Aufgabe 7 der Lernsituation 1 und führen Sie eine Selbstreflexion und eine Teamreflexion durch. Informationen zur Teamreflexion finden Sie auch in Kapitel 1.5.1. A7

1.2.2 Arbeitsrechte und Mitbestimmungsmöglichkeiten im Betrieb erkunden

S **Sie sollen sich über Ansprüche im Arbeitsrecht und der betrieblichen Mitbestimmung gut auskennen.**

(1) Arbeitsrechte der Arbeitnehmer

Grundsätzlich können Vertragspartner ihre Arbeitsverträge individuell und frei gestalten. Damit die Vertragspartner möglichst vergleichbar, fair und vertrauensvoll miteinander Verträge schließen, hat der Staat in der Zuständigkeit des Ministeriums für Arbeit und Soziales (vgl. www.bmas.de) zahlreiche Arbeitsrechte erlassen und muss die Regelungen der Gesetze laufend den Veränderungen auf dem Arbeitsmarkt anpassen. Die Arbeitswelt hat sich insbesondere in den letzten Jahrzehnten immer wieder grundlegend geändert. In den 1950er- bis 1970er-Jahren waren es die großen Aufbauleistungen, z. B. in der Bau-, Energie-, Stahl- und Metallindustrie, heute sind es die Entwicklungen in der Informations- und Kommunikationswirtschaft. Stichworte wie Digitalisierung, Outsourcing, Globalisierung oder flexible Arbeitszeitmodelle sind Entwicklungen, die betriebliches Handeln bestimmen. Damit wird sich bei Arbeitnehmern ändern,

- **was** sie arbeiten (traditionelle oder digital veränderte Tätigkeiten, in traditionellen oder neuen Geschäftsfeldern),
- **wie** sie arbeiten (traditionell und/oder digital unterstützt durch Assistenten, kollaborierende Roboter, 3D-Druck und andere Arbeitsformen, ausgebildet, hoch qualifiziert, angelernt, allein, vernetzt),
- **wo** sie arbeiten (im Betrieb oder von außerhalb und verschiedenen Orten digital kooperierend),
- **womit** sie arbeiten (manuell, maschinell und mit vielen digitalen Assistenten und Unterstützungssystemen),
- **wann** sie arbeiten (in unterschiedlichsten Lebenszeit- und Arbeitszeitmodellen),
- **als was** sie arbeiten (als angestellte Mitarbeiter, Beamte, selbstständig als freie Mitarbeiter, Freelancer, Subunternehmer oder sonstige moderne Tätigkeitsfelder),
- **wofür** sie arbeiten (für Lohn- und Gehaltsentgelte, Beamtenbezüge, nur nach tatsächlicher Leistung als einzelbeschäftigte Subunternehmen, im Rahmen von Werkverträgen, für sonstige Entgelte, Leistungen oder Sachwerte),
- **in welcher Stellung** sie arbeiten (geregelt in Dauerstellung, als Springer flexibel, undefiniert),
- **in welchem Rang** sie arbeiten (zeitweise oder immer nach Tarif, außertariflich, frei vereinbart),
- und nicht zuletzt, wie sie ihre **Mitbestimmung und Mitwirkung** sicherstellen.

Wichtige Regelungen im Arbeitsrecht

Vertragsfreiheit, individuelles und kollektives Vertragsrecht, Günstigkeitsprinzip Grundsätzlich sind einzelvertragliche Regelungen im Arbeitsvertrag oder individuelles Vertragsrecht zulässig. Wenn im Betrieb ein Betriebsrat eingerichtet wurde und Tarifverträge und Betriebsvereinbarungen anzuwenden sind, sind diese als kollektives Vertragsrecht zu beachten. Es gilt immer die Regelung, die für Arbeitnehmer günstiger ist (Günstigkeitsprinzip).
Arbeitszeitgesetz (ArbZG) Es begrenzt die höchstzulässige tägliche Arbeitszeit, bestimmt Mindestruhepausen während der Arbeitszeit und Mindestruhezeiten, regelt Rahmenbedingungen für flexible Arbeitszeiten oder Telearbeit, gilt jedoch nicht für leitende Angestellte oder Beamte. Ein vorhandener Betriebsrat ist zu beteiligen.
Teilzeit- und Befristungsgesetz (TzBfG) Es regelt das Recht der Teilzeitarbeitsverhältnisse und der befristeten Beschäftigung. Ein Arbeitnehmer, dessen Arbeitsverhältnis länger als sechs Monate bestanden hat, kann verlangen, dass seine vertraglich vereinbarte Arbeitszeit verringert wird. Es ist festgelegt, wann ein sachlicher Grund für eine vertragliche Befristung vorliegt.
§ 622 BGB und Kündigungsschutzgesetz Kündigungen müssen schriftlich und terminlich rechtzeitig erfolgen, dabei sind Kündigungsfristen nach § 622 BGB zu beachten (unter zwei Jahren eine Kündigungsfrist von vier Wochen zum Fünfzehnten oder Ende des Monats, darüber gestaffelt längere Kündigungsfristen). Bei mehr als zehn Vollbeschäftigten (Auszubildende werden nicht mitgerechnet, bei Teilzeit zählen Teilzeitfaktoren) gilt das Kündigungsschutzgesetz und erschwert Kündigungen. Sind Arbeitnehmer länger als sechs Monate im Betrieb tätig, sind Kündigungen nur zulässig, wenn betriebsbedingte, personenbedingte oder verhaltensbedingte Gründe nachzuweisen sind. Ein vorhandener Betriebsrat muss angehört werden.

Allgemeines Gleichbehandlungsgesetz (AGG) Ziel ist, Benachteiligungen aus Gründen der Rasse oder wegen der ethnischen Herkunft, des Geschlechts, der Religion oder Weltanschauung, einer Behinderung, des Alters oder der sexuellen Identität zu verhindern oder zu beseitigen. Darauf ist insbesondere bei Einstellungen, betrieblichen Umbesetzungen und Kündigungen zu achten.
Mindestlohngesetz (MiLoG) Eine Mindestlohnkommission legt nach dem Gesetz den gültigen Mindestlohn als kleinstes rechtlich zulässiges Arbeitsentgelt fest. Auch für die Ausbildungsvergütung wird eine Mindestvergütung festgelegt (vgl. Mindestlohn-Rechner auf www.bmas.de).
Entgeltfortzahlungsgesetz (EntgFG) Alle Arbeitnehmer und Auszubildenden, auch kurzfristig und geringfügig Beschäftigte, die dem Betrieb mehr als fünf Wochen angehören, haben bei unverschuldeter Arbeitsunfähigkeit nach dem Entgeltfortzahlungsgesetz Anspruch auf Fortzahlung ihres zustehenden Arbeitsentgeltes bis zu einer Dauer von sechs Wochen. Geregelt ist, wie beispielsweise im Krankheitsfall oder bei Feiertagen zu verfahren ist, welche Pflichten Arbeitnehmer haben und wie hoch das Entgelt ist.
Betriebseingliederungsmanagement (BEM) nach SGB IX, § 84, Abs. 2 Ein BEM ist nach dem Sozialgesetzbuch erforderlich und schreibt nach wiederholter oder länger als sechs Wochen ununterbrochener Erkrankung die Prüfung vor, wie die Arbeitsunfähigkeit möglichst überwunden, mit welchen Leistungen und Hilfen erneuter Arbeitsunfähigkeit vorgebeugt und wie der Arbeitsplatz erhalten werden kann.
Bundesurlaubsgesetz (BurlG) Der Mindesturlaubsanspruch beträgt nach dem BurlG 24 Werktage, bei 5 Arbeitstagen/Woche 20 Werktage, es sind hier Teilurlaub, Resturlaub (bis 31. März) und besondere Fälle geregelt. Krankheitstage gelten nicht als Urlaubstage. Für Jugendliche (JArbSchG) und Betriebe mit anwendbaren Tarifverträgen und Betriebsvereinbarungen gelten i. d. R. höhere Ansprüche.
Mutterschutzgesetz (MuSchG) Werdende Mütter besitzen während ihrer Schwangerschaft und nach der Entbindung einen besonderen Kündigungsschutz. Die Schutzfrist beginnt sechs Wochen vor der Entbindung und endet im Normalfall nach acht Wochen. Während des Mutterschutzes haben Frauen Anspruch auf Mutterschaftsgeld der Krankenkassen. Der Arbeitgeber hat dieses bis zur Höhe des Netto-Arbeitsentgelts aufzustocken.
Bundeseltern- und Elternzeitgesetz (BEEG) Jeder Elternteil hat einen Anspruch auf Elternzeit zur Betreuung und Erziehung seines Kindes bis maximal zur Vollendung des dritten Lebensjahres. Während der Elternzeit ruhen die Hauptpflichten des Arbeitsverhältnisses. Jedoch bleibt das Arbeitsverhältnis bestehen und nach Ablauf der Elternzeit besteht ein Anspruch auf Rückkehr zur früheren Arbeit. Dass BEEG regelt genau die Rechte und Pflichten sowie Elterngeld, Elterngeldplus sowie Partnerbonus.
Schwerbehindertengesetz (SchwbG bzw. SGB IX) Arbeitgeber sind verpflichtet zu prüfen, freie Arbeitsplätze mit schwerbehinderten Menschen, insbesondere über die Agentur für Arbeit, zu besetzen. Private und öffentliche Arbeitgeber mit jahresdurchschnittlich monatlich mindestens 20 Arbeitsplätzen müssen wenigstens 5 % dieser Arbeitsplätze mit schwerbehinderten Menschen besetzen, zahlen ansonsten eine Ausgleichsabgabe. Schwerbehinderte haben Anspruch auf behinderungsgerechte Einrichtungen, Arbeitshilfen, zusätzlichen Urlaub und besonderen Kündigungsschutz (vgl. SGB IX).
Kurzarbeit Kurzarbeit mit entsprechender Lohnminderung, z. B. bei Auftragsmangel, darf der Arbeitgeber nicht einseitig anordnen. Ist die Kurzarbeit beim Arbeitsamt angezeigt, so bezahlt die Bundesanstalt für Arbeit 67 % oder 60 % des wegen Kurzarbeit ausgefallenen (pauschalierten) Nettoarbeitsentgelts, abhängig vom Kinderfreibetrag, laufende Anpassungen möglich.

Personalakte
Die Personalakte ist eine Sammlung von Dokumenten (in Papierform oder elektronisch), die vom Unternehmen über jeden Mitarbeiter angelegt wird. Unterlagen, mit denen der Mitarbeiter nicht rechnen kann und die zweifelhaft sind, dürfen nicht in die Personalakte. Jeder Mitarbeiter darf seine komplette Akte einschließlich aller Nebenakten einsehen, ansonsten vollständig allein nur der Arbeitgeber. Es gilt Schweigepflicht. Es besteht Anspruch darauf, dass unrichtige Angaben aus der Akte entfernt werden, es können vom Mitarbeiter Stellungnahmen und Klarstellungen beigefügt werden.

Aushangpflichtige Gesetze
Nach dem Arbeitsschutzgesetz in Deutschland müssen alle Mitarbeiter in einem Betrieb jederzeit Zugriff auf die aushangpflichtigen Gesetze haben. Wenn alle Mitarbeiter Zugang zum Intranet haben, ist die Bekanntmachung auch online möglich.

Fachkräftemangel führt dazu, dass den Mitarbeitern betrieblich nicht selten mehr Rechte als gesetzlich vorgeschrieben gewährt werden. Insbesondere Fachkräfte der ITK-Wirtschaft sind sich der besonderen Stellung im Arbeitskräftemarkt bewusst, werden daher von Unternehmen mit freiwilligen Leistungen umworben.

Entgeltformen

- **Zeitentgelt**
  - **Lohn** für Arbeiter abhängig von den geleisteten Stunden
  - **Gehalt** für Angestellte für einen Zeitraum, z. B. Monat
- **Leistungsentgelt**
  - Akkordlohn: z. B. Stückakkord, Zeitakkord
  - Provisionen, z. B. Umsatzprovisionen, Abschlussprovision
  - Prämien, z. B. Qualitäts-, Einspar-, Anerkennungsprämien
- **Zulagen**
  - Erschwernis-, Sonntags-, Feiertags-, Nachtzulagen etc.
  - Leistungszulagen für besondere Leistungen
  - Funktionszulagen für z. B. Übernahme für Sicherheitsbeauftragten
  - Sozialzulagen (z. B. Familien-, Kinder-, Orts- und Haushaltszulagen)
- **Beteiligungen**
  - Umsatz- und Gewinnbeteiligung
  - Kapitalbeteiligung z. B. über Aktienoptionen
- **Zusatzleistungen**
  - Vermögenswirksame Leistungen, z. B. Zuschuss zum Bausparvertag
  - Beitrag zur betrieblichen Altersvorsorge
  - Sachbezüge, z. B. Firmenwagen, Arbeitskleidung, Betriebsverpflegung, Werkswohnung

(2) Mitbestimmungsgesetze, Betriebsrat und Betriebsvereinbarungen

Arbeitsleistung ist für Unternehmen, Organisationen und Behörden als Arbeitgeber mit großen Kosten verbunden, für Arbeitnehmer sind die Einkommen aus ihrer Arbeitsleistung die Grundlage für den Lebensunterhalt und aller weiteren Verpflichtungen. Um Interessenkonflikte daraus möglichst einvernehmlich zu lösen, hat der Staat im Grundgesetz (GG) Art. 9 für einen Interessenausgleich gesorgt und zahlreiche Arbeits- und Mitbestimmungsgesetze beschlossen. Das Grundgesetz lässt zu, dass sich Interessenvertretungen der Arbeitnehmer als Gewerkschaften und Interessenvertretungen der Arbeitgeber als Arbeitgeberverbände bilden können.

Mitbestimmungsgesetze

Das Betriebsverfassungsgesetz (BetrVG) regelt die Zusammenarbeit zwischen Arbeitgeber und Betriebsrat sowie die Stellung der Gewerkschaften und Arbeitgeberverbände für ein vertrauensvolles Zusammenwirken zum Wohle der Arbeitnehmer und Betriebe. Hier ist festgelegt, wie ein Betriebsrat tätig werden kann, welche Informationspflichten, Zustimmungs- und Mitbestimmungsrechte beachtet werden sollen, wie im Streitfall grundlegend zu verfahren ist. Dazu sollen regelmäßige Betriebsversammlungen des Betriebsrates mindestens einmal im Vierteljahr, die Möglichkeit einer Einigungsstelle oder Betriebsvereinbarungen (siehe www.imu-boeckler.de) zwischen Betriebsrat und Geschäftsleitung beitragen. Im öffentlichen Dienst gibt es dafür je nach Zuständigkeit Personalvertretungsgesetze. Zusätzlich regelt das Mitbestimmungsgesetz (MitbestG) die Arbeitnehmervertretung in den Aufsichtsräten großer Unternehmen.

Das Betriebsverfassungsgesetz lässt zu, dass Arbeitnehmer sich durch **Betriebsräte** vertreten lassen können. Insbesondere in größeren Betrieben (in etwa 70 % der Betriebe ab 100 Mitarbeitern, in etwa 90 % der Betriebe ab 300 Mitarbeitern) wurden Betriebsräte eingerichtet, um eine kollektive Organisation der Mitbestimmung der Mitarbeiter vorzuhalten, in kleineren Betrieben bis ca. 20 Mitarbeitern nur ca. 5 %. Ohne einen Betriebsrat müssen die Mitarbeiter ihre Arbeitsprobleme individuell mit dem Arbeitgeber klären.

Um bei unterschiedlichen Positionen zu einer Einigung zu kommen, hat das Betriebsverfassungsgesetz die Möglichkeit der Einrichtung einer **Einigungsstelle** und die Regelung in Betriebs- bzw. Dienstvereinbarungen vorgesehen. Allerdings muss dazu ein Betriebsrat vorhanden sein und beide (Betriebsrat und Unternehmensleitung) dies wollen. Gegenstand von Regelungen können die Arbeitsbedingungen im Betrieb oder auch Arbeitsentgelte sein, soweit diese nicht durch Tarifverträge geregelt sind.

Betriebsrat

Der Betriebsrat ist die Interessenvertretung der Arbeitnehmer im Betrieb. Wahlen finden alle vier Jahre statt. Er ist auch für die Auszubildenden und Jugendlichen zuständig. In der Regel arbeitet er eng mit der Jugend- und Auszubildendenvertretung (JAV) zusammen (siehe Abschnitt (4), S. 33). Der Betriebsrat hat einmal in jedem Kalendervierteljahr eine Betriebsversammlung einzuberufen und in ihr einen Tätigkeitsbericht zu erstatten (§ 43 BetrVG).

In jedem Betrieb mit mindestens fünf Beschäftigten einschließlich Auszubildenden und Aushilfen, die mindestens 18 Jahre alt sind, kann (muss aber nicht) nach dem Betriebsverfassungsgesetz ein

Betriebsrat gewählt werden. Der Betriebsrat verhandelt mit dem Arbeitgeber über Fragen wie Arbeitszeit, Lohn und Gehalt, Urlaubsregelungen, Arbeitsbedingungen oder die Berufsausbildung. Bei bestimmten Maßnahmen (z. B. Kündigungen oder Neueinstellungen) hat der Betriebsrat ein Mitbestimmungsrecht, d. h. der Unternehmer muss den Betriebsrat vor der Maßnahme informieren und dessen Stellungnahme einholen.

Die Größe des Betriebsrates richtet sich nach der Mitarbeiterzahl: 5 bis 20 Mitarbeiter = 1 Person, 21 bis 50 Mitarbeiter = 3 Mitglieder, 51 bis 150 Mitarbeiter = 5 Mitglieder usw.

Die Amtszeit des Betriebsrates beträgt vier Jahre. Betriebsratsmitglieder selbst haben noch bis 12 Monate nach der Amtszeit besonderen Kündigungsschutz.

(3) Tarifvertrag und Streik

Die Arbeits- und Einkommensbedingungen etwa der Hälfte der abhängig Beschäftigten werden in der Bundesrepublik durch Tarifverträge geregelt. Von den über 80 000 als gültig in das Tarifregister eingetragenen Tarifverträgen werden ca. 460 als allgemeinverbindlich geführt. Tarifverträge werden nach dem verfassungsrechtlichen Grundsatz der Tarifautonomie (Art. 9 Abs. 3 GG) zwischen den zuständigen Arbeitgeberverbänden oder einzelnen Unternehmen und den zuständigen Gewerkschaften als Tarifvertragsparteien geschlossen. Sie gelten zunächst für die jeweiligen Mitglieder. Nicht tarifgebundene Unternehmen orientieren sich häufig an Tarifverträgen, müssen bei allgemeinverbindlichen Tarifverträgen ebenfalls die Vereinbarungen berücksichtigen.

Tarifvertrag

Die Arbeits- und Einkommensbedingungen der Mehrheit der Beschäftigten werden durch Tarifverträge geregelt. Sie werden zwischen den zuständigen Gewerkschaften und den Arbeitgeberverbänden bzw. einzelnen Unternehmen als Tarifparteien abgeschlossen. Es wird zwischen dem **Rahmentarifvertrag** für die Lohn- und Gehaltstarife und dem **Manteltarifvertrag** für die sonstigen Arbeitsbedingungen unterschieden.

Tarifverträge gelten grundsätzlich nur für die tarifgebundenen Arbeitgeber und Beschäftigten. Tarifgebunden sind die Mitglieder der Tarifvertragsparteien und die Arbeitgeber, die selbst Partei eines Tarifvertrages sind. Tarifverträge können jedoch vom Bundesministerium für Arbeit und Soziales laut § 5 Tarifvertragsgesetz im Einvernehmen mit dem Tarifausschuss auf Antrag einer Tarifpartei für allgemeinverbindlich erklärt werden. Sie erlangen dadurch Gültigkeit auch für alle nicht tarifgebundenen Arbeitgeber und Beschäftigten des tariflichen Geltungsbereichs.

Mit einem Arbeitgeberverband kann für einen bestimmten räumlichen Geltungsbereich eines Wirtschaftszweiges („Fläche") ein **Flächentarifvertrag** abgeschlossen werden.

Weitere Informationen z. B. unter www.tarifvertrag.de, www.arbeitgeber.de oder www.bmas.de

Zur Durchsetzung kollektiver Forderungen steht nach dem Art. 9 GG allen Arbeitnehmern, ausgenommen Beamten, ein kollektives Streikrecht zu.

Streik und Aussperrung

Arbeitskampfmaßnahmen Vier Wochen nach Ende des Tarifvertrages endet die Friedenspflicht. Erklärt eine oder erklären beide Tarifparteien das Scheitern der Verhandlungen, kann entweder das Schlichtungsverfahren eingeleitet werden oder in einer Urabstimmung (mit 75 % der Stimmen der zuständigen Gewerkschaftsmitglieder) der Streik beschlossen werden. Aber auch die Arbeitgeber können im Arbeitskampf Druck ausüben. Sie können für eine bestimmte Zeit die Betriebstore schließen und niemanden zur Arbeit lassen (Aussperrung). Streiken einzelne oder Gruppen von Arbeitnehmern „spontan“ oder „wild“, sind sie gesamtschuldnerisch haftbar. Arbeitskämpfe müssen den Grundsatz der Verhältnismäßigkeit beachten. Auch vor und während des Streiks ist noch eine Schlichtung möglich. Der neue Tarifvertrag wird von den Tarifvertragsparteien unterzeichnet.
Streikparteien Streikparteien sind Gewerkschaften und Arbeitgeber. Die Beteiligung an einem nicht von einer Gewerkschaft durchgeführten Streik kann Schadensersatzforderungen auslösen und/oder als Kündigungsgrund dienen.
Ansprüche Streikende haben für den Zeitraum ihrer Beteiligung keinen Anspruch auf Lohn oder Gehalt. Gewerkschaftsmitglieder erhalten in dieser Zeit Streikgeld. Arbeitgeber können auf Streiks mit Aussperrung und Stilllegung antworten. Bei unrechtmäßigem Streik sind Abmahnungen und Kündigungen möglich.
Streikarten Arbeitseinstellung, Schwerpunktstreik, Dienst nach Vorschrift, Warnstreik, wilder Streik etc. Streiks dürfen keine politischen Ziele verfolgen und nur von Gewerkschaften durchgeführt werden.
Streikverbot Streikverbot besteht während einer tariflich festgelegten Friedenspflicht. Während Tarifverhandlungen kann es zu Warnstreiks kommen.

(4) Mitbestimmung für Jugendliche und Auszubildende (JAV)

Für Jugendliche und Auszubildende kann mit der JAV zusätzlich zum Betriebsrat eine eigene Interessenvertretung im Betrieb eingerichtet werden. Sie vertritt in erster Linie die Interessen der Jugendlichen und Auszubildenden und achtet auf die Einhaltung der Regelungen und Gesetze rund um die Ausbildung (z. B. Tarifverträge, Jugendarbeitsschutzgesetz, Berufsbildungsgesetz).

Jugend- und Auszubildendenvertretung (JAV)

Die Jugend- und Auszubildendenvertretung ist die gewählte Interessenvertretung aller Jugendlichen und Auszubildenden im Betrieb. Wahlberechtigt sind alle unter 18-Jährigen und alle Auszubildenden bis zum 25. Lebensjahr. Voraussetzung für die Einrichtung sind mindestens fünf wahlberechtigte Jugendliche oder Auszubildende im Betrieb. Wählbar sind alle, die das 25. Lebensjahr noch nicht vollendet haben.

Die JAV kümmert sich entsprechend § 70 BetrVfG (Betriebsverfassungsgesetz) um die Probleme der Auszubildenden. Die JAV überwacht, ob Gesetze, z. B. das Berufsbildungsgesetz (BBiG), das Jugendarbeitsschutzgesetz (JArbSchG), oder Betriebsvereinbarungen eingehalten werden. Sie kontrolliert die Einhaltung der Tarifverträge.

Die JAV arbeitet eng mit dem Betriebsrat und der zuständigen Gewerkschaft im Deutschen Gewerkschaftsbund (DGB) zusammen. Über den Betriebsrat reicht sie Vorschläge zur Verbesserung der Ausbildung oder Beschwerden an den Arbeitgeber weiter, wacht über die Gleichstellung männlicher und weiblicher Auszubildenden und die Integration ausländischer Auszubildenden. Gemeinsam mit dem Betriebsrat verhandelt sie mit dem Arbeitgeber über Verbesserungen der Ausbildungssituation.

Die JAV setzt sich auch für die Verbesserung der Ausbildungsinhalte ein sowie für die Übernahme der Auszubildenden nach abgeschlossener Ausbildung. Erachtet die Mehrheit der JAV-Vertreter einen Beschluss des Betriebsrats als erhebliche Beeinträchtigung wichtiger Interessen jugendlicher Arbeitnehmer und Auszubildender, so ist auf ihren Antrag hin der Beschluss für eine Woche auszusetzen (§ 66 Abs. 2 BetrVG), damit in dieser Zeit versucht werden kann, eine Verständigung zu erreichen.

Versammlungen der JAV können während der Arbeitszeit vor oder nach jeder Betriebsversammlung im Einvernehmen mit dem Betriebsrat einberufen werden, zu anderen Zeiten im Einvernehmen mit Betriebsrat und Arbeitgeber.

Eine besondere Schutzregelung gilt für die Mitglieder der JAV. Sie haben nach Beendigung des Berufsausbildungsverhältnisses ein Recht auf Übernahme in ein Arbeitsverhältnis auf unbestimmte Zeit (§ 78 a BetrVG).

Kompetenzcheck ✓

A8 A9 A10

1. Erarbeiten Sie sich zu den folgenden Kapiteln Kompetenzen zum Arbeitsrecht, zur Mitbestimmung und zur JAV, indem Sie parallel die Aufgaben 8 bis 10 der Lernsituation 1 im Arbeitsbuch zu dem Kapitel bearbeiten. Überprüfen Sie damit auch das in den folgenden Kapiteln erarbeitete Wissen.

1.2.3 Selbstverantwortlich die Berufs- und Lebensplanung angehen

S Sie wollen erfolgsorientiert handeln und zielgerichtet Ihre Karriere und Lebensplanung angehen.

(1) Grundzüge des sozialen Sicherungssystems

Der Staat ist bemüht, möglichst gute und gleiche Lebensverhältnisse für die Bürger zu erreichen. Der Staat fühlt sich der sozialen Marktwirtschaft, dem Solidaritätsprinzip und der europäischen Sozialcharta verpflichtet.

Etwa **eine Billion Euro** werden für **Soziales** zur Verfügung gestellt. Die Sozialleistungsquote (Sozialausgaben im Verhältnis zum Bruttoinlandsprodukt) liegt bei etwa 30 %. Die Arbeitnehmer selbst tragen mit ihren Zahlungen etwa 25 % bei, Arbeitgeber und Staat teilen sich in etwa die restlichen 75 %.

Für die Sicherstellung staatlicher sozialer Sicherheit sind **Sozialversicherungsträger** zuständig. Ihre Aufgaben wurden im Sozialgesetzbuch festgelegt. Damit Regelungen möglichst bürgernah und von den Betroffenen mitbestimmt gestaltet werden, gilt das Subsidiaritätsprinzip.

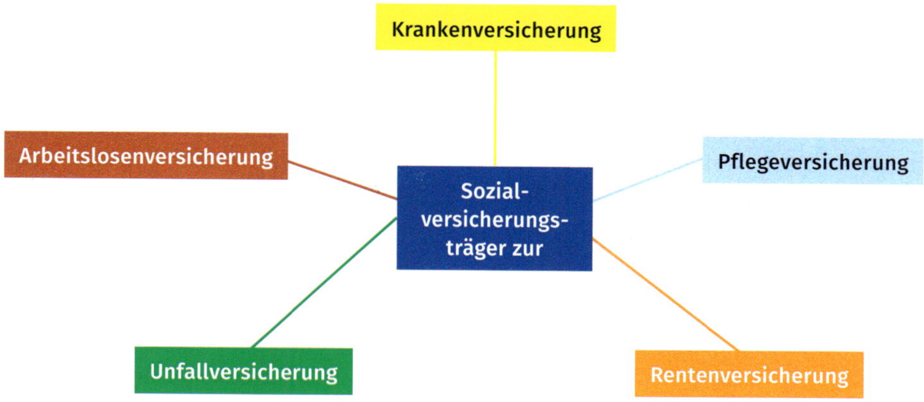

Damit der Staat den Verpflichtungen nachkommen kann, benötigt er Steuereinnahmen. Um diese sozialverträglich zu gestalten, wurden Steuerfreibeträge und Steuerklassen eingeführt. Über einen Antrag auf **Steuerjahresausgleich** können nachträglich zu viel gezahlte Steuern zurückgefordert werden. Wer sich sozial ungerecht behandelt sieht, kann den Rechtsweg über die Sozialgerichte einschlagen.

Da die o.a. Kostenträger nicht alle sozialen Risiken und Lasten der Menschen übernehmen können, müssen die Bürger selbst Verantwortung übernehmen und Risiken außerhalb einer festgelegten Grundsicherung selbst tragen. Risiken wie Privatinsolvenz, Alterung, Pkw- und Haushaltsunfälle, zusätzliche Krankheitskosten, Verlust des Lebensstandards müssen Bürgerinnen und Bürger selbst absichern. Dazu müssen sie gezielt ihre Lebensplanung angehen und zur Absicherung ihres Lebensstandards Reserven anlegen und Risiken durch Privatversicherungen und Rücklagen absichern.

Grundzüge des sozialen Sicherungssystems	
Soziale Marktwirtschaft	In dieser Gesellschaftsform soll die Freiheit der Wirtschaft und ein funktionierender Wettbewerb zum Wohle der Gesellschaft sowie eine hohe soziale Sicherheit im Land gefördert und gewährleistet werden. Chancengleichheit soll durch sozialen Ausgleich, angemessene Steuerbelastung und solidarische Hilfe gewährleistet werden.
Europäische Sozialcharta	Verbindliches Völkerabkommen, das der Bevölkerung Europas soziale Rechte garantiert, vgl. www.sozialcharta.eu.
Grundprinzipien der Sozialversicherung und der sozialen Marktwirtschaft sowie Zielkonflikte	• **Solidarität:** Die Lasten der gesetzlichen Sozialversicherung sollen auf viele Schultern verteilt werden, bessergestellte Mitglieder der Gesellschaft einen höheren Beitrag dazu leisten. • **Subsidiarität:** Was der Einzelne, die Familie oder Gruppen und Körperschaften aus eigener Kraft und Eigenverantwortung tun können, darf weder von einer übergeordneten Instanz noch vom Staat an sich gezogen werden. Damit soll Mitwirkung und Verantwortung von der Basis her gestärkt werden. • **Nachhaltigkeit:** Verpflichtung zur Schonung endlicher Ressourcen, gegen Verschwendung von Ressourcen und Beachtung ökologischer Grenzen des Wirtschaftens. • **Zielkonflikte:** Wie viel soll sozial umverteilt werden, an wen, wofür? • **Soziale Sicherung:** vgl. www.bmas.de

Grundzüge des sozialen Sicherungssystems	
Lohn- und Einkommensteuer und Steuerjahresausgleich bei schwankenden Einkommen und später beantragten Sonderausgaben	Je nach Höhe des Bruttoeinkommens müssen Steuerpflichtige Lohnsteuer (Einkünfte aus unselbstständiger Beschäftigung) und Einkommensteuer (Einkommen aus selbstständiger Tätigkeit u.Ä.) an das Finanzamt entrichten. Lohnsteuer wird direkt vom Arbeitgeber überwiesen, der Arbeitnehmer erhält nur das Nettoentgelt. Bei der Berechnung werden Freibeträge berücksichtigt, die Steuersätze erhöhen sich progressiv je nach Höhe des zu versteuernden Einkommens bis zu einer Höchstgrenze. Durch Steuerklassen können unterschiedliche Freibeträge vorab berücksichtigt werden. Vorab können zusätzliche Steuerfreibeträge, z. B. für Sonderausgaben, beantragt und Steuererklärungen eingereicht werden (elektronisch über ELSTER). Durch einen nachträglichen Antrag auf Lohnsteuerjahresausgleich können zu viel gezahlte Steuern erstattet werden, vgl. z. B. www.bmf.de, www.bmf-steuerrechner.de, www.elster.de, www.steuern.de.
Sozialpartner, Sozialversicherung nach Sozialgesetzbuch (SGB I bis IX)	• Gesetzliche Krankenkassen: gesetzliche Krankenversicherung • Krankenkassen: gesetzliche Pflegeversicherung • Rentenversicherungsträger: gesetzliche Rentenversicherung • Bundesagentur für Arbeit: Arbeitslosenversicherung • Berufsgenossenschaften: betriebliche Unfallversicherung (zu 100 % vom AG) In den Büchern des SGB sind alle Sozialgesetze zusammengefasst. Beiträge sind Pflicht und werden abhängig vom Bruttoeinkommen bis zu gesetzlich festgelegten Beitragsbemessungsgrenzen (siehe z. B. www.aok.de) erhoben. Die Beiträge der o. a. vier Pflichtversicherungen teilen sich in etwa zur Hälfte Arbeitgeber (AG) und Arbeitnehmer (AN). Die Arbeitgeber müssen die Beiträge überweisen. Einkommensbezieher über dieser Grenze und Selbstständige können wählen und freiwillig Mitglied werden. Siehe auch Suchbegriff: Sozialpartner
Private Versicherungen (von Versicherungsgesellschaften)	• Krankenversicherung (ca. 9 Mio. Versicherte, 28 Mio. Zusatzversicherungen) • Haftpflichtversicherung (bei Personen-, Sach- oder Vermögensschaden) • Unfallversicherung (Folgen bleibender Unfallschäden, Invalidität, Tod) • Berufsunfähigkeitsversicherung (Rente, wenn mindestens 50 % berufsunfähig) • Risikolebensversicherungen (Todesfallabsicherung) • Siehe auch Suchbegriffe: wichtigste Versicherungen, top Versicherungen • Beiträge werden privat, freiwillig und je nach Angebot der Gesellschaft sowie gewünschten Leistungen gezahlt, vgl. www.bundesgesundheitsministerium.de, www.test.de, verschiedene Vergleichsportale, www.verbraucherzentrale.de, verschiedene Versicherungsportale.
Sozialgerichtsbarkeit	Die Sozialgerichtsbarkeit ist für alle Streitigkeiten der Sozialversicherung (z. B. für Auseinandersetzungen zwischen Versicherten und Krankenkassen, Vertragsärzten, Krankenhäusern) zuständig. Die Verfahren in den drei Rechtszügen „Sozialgericht", „Landessozialgericht" und „Bundessozialgericht" sind für Versicherte, die klagen, grundsätzlich kostenfrei (Info unter www.sozialgerichtsbarkeit.de).

Kompetenzcheck ✓

A11 **1** Erarbeiten und prüfen Sie Ihr Wissen zur sozialen Sicherheit im Betrieb mit der Aufgabe 11 der Lernsituation 1 im Arbeitsbuch.

A12 **2** Vertiefen Sie Ihre Kenntnisse zur Ausbildungsvergütung und Entgeltabrechnung mit Aufgabe 12 der Lernsituation 1 im Arbeitsbuch.

(2) Nachhaltige Existenzsicherung

Für eine nachhaltige Existenzsicherung müssen Rollenerwartungen, die Wandlung unserer Umwelt und zur Verfügung stehende Maßnahmen in die Analyse einbezogen werden.

Der Staat und das Europäische Parlament fördern Mobilität und Flexibilität durch neue Gesetze und Fördermaßnahmen. Für die Berufsausbildung mit Auslandsaufenthalten sind insbesondere das **Erasmus-Programm** und die Vorteile durch den **Europass** zu prüfen.

Über den Europass werden erworbene Qualifikationen und Kompetenzen umfassend in verschiedenen Sprachen ausgestellt, Zeugniserläuterungen erstellt und die im Ausland gesammelten Lern- und Arbeitserfahrungen international dokumentiert. Darüber hinaus werden von Organisationen viele Fördermaßnahmen zur Verbesserung der Kenntnisse und Fähigkeiten in der Digitalisierung bereitgestellt. **Ausbildungsbegleitende Hilfen (abH)** in der Berufsausbildung werden von der Arbeitsagentur angeboten und helfen bei Lernschwierigkeiten. Nicht zuletzt werden je nach Land Fördergelder für eine Existenzgründung oder Start-ups zur Verfügung gestellt. Die IHK, Wirtschaftsfördergesellschaften vor Ort sowie Förderbanken beraten dazu.

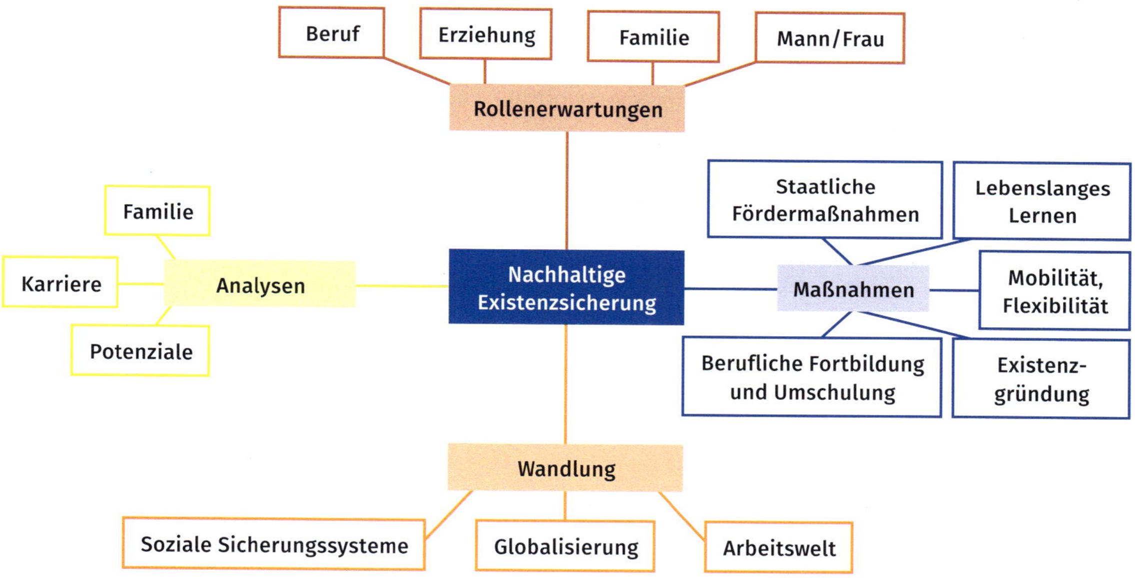

Lebensplanung, Flexibilität und Mobilität, lebenslanges Lernen und Existenzsicherung	
Individuelle Lebensplanung	• **Potenzialanalyse:** zur Erfassung der Stärken und Schwächen • **Familienplanung:** z. B. Prüfung des Haushaltseinkommens und Sparpotenzials • **Karriereplanung:** eigene Karriere sollte nicht nur dem Zufall überlassen werden, sondern Prüfung von Erfolgsfaktoren, Unternehmensbewertungen und Karrierepläne, vgl. www.karrierebibel.de, www.yourfirm.de, www.t3n.de, www.kununu.com • **Selbstständigkeit:** Insbesondere im ITK-Sektor ist der Wunsch nach einer Selbstständigkeit (allein oder mit Partnern) eine Alternative. Staatliche Fördermaßnahmen unterstützen Selbstständige und Start-ups (siehe S. 38).

Lebensplanung, Flexibilität und Mobilität, lebenslanges Lernen und Existenzsicherung	
Mobilität und Flexibilität	Mobilität und Flexibilität tragen erheblich zu einer erfolgreichen Lebensplanung bei und sollten vielfältig geprüft werden. • **Mobilitätsprogramme in der Ausbildung:** Erasmusplus – Aktionsprogramm der EU zum Leben und Zusammenarbeiten in Europa, siehe www.erasmusplus.de Erasmus+ Enriching lives, opening minds. • **Europass:** Das europäische Karrieremanagement-Portal mit zahlreichen Funktionen – datensicher, werbefrei und mehrsprachig. www.europass.eu europass • **Flexibler Arbeitsort:** fester Arbeitsplatz, mobiler Arbeitsplatz, Homeoffice • **Jobrotation (Arbeitsplatzwechsel):** systematischer Arbeitsplatzwechsel zur Vertiefung von Fachkenntnissen und Erfahrungen sowie Vermeidung von Arbeitsmonotonie und einseitiger Belastung • **Jobenlargement (Arbeitserweiterung):** Aufhebung einer vorhandenen Arbeitsteilung und Übernahme anderer ähnlicher Aufgaben. Die Aufgaben weisen den gleichen Schwierigkeitsgrad auf. Die Arbeitserweiterung zielt ebenfalls auf eine abwechslungsreichere Arbeitsplatzgestaltung zur Erhöhung der Motivation und des Fachwissens ab. • **Jobenrichment (Arbeitsbereicherung):** Erhöhung von Entscheidungs- und Kontrollspielraum (Verantwortung) zur Förderung der Arbeitsmotivation und -zufriedenheit • **Flexible Arbeitszeitmodelle:** z. B. Gleitzeit, Schichtarbeit, Teilzeitarbeit, Jobsharing, Arbeitszeitkonten, Vertrauensarbeitszeit, Telearbeit, Homeoffice • **Stellenbewerbungen:** über Tageszeitungen, Jobportale, https://jobboerse.arbeitsagentur.de • **Initiativbewerbungen:** ohne Stellenangebot, Anfrage bei Unternehmen stellen
Berufliche Fort- und Weiterbildung, Umschulung für ein lebenslanges Lernen	• **Fördermaßnahmen:** siehe www.bmas.de, www.arbeitsagentur.de, www.fortbildung.net, www.ratgeber-umschulung.de, www.weiterbildung.de • **Fortbildungsarten** als Teil der Berufsbildung laut BBiG: Erhaltungsfortbildung, Anpassungsfortbildung, Aufstiegsfortbildung, innerbetriebliche Fortbildung, überbetriebliche Fortbildung • **Weiterbildung** vertieft oder erweitert eine vorhandene berufliche Vorbildung • **Umschulung** als Aus- bzw. Weiterbildung für eine andere als die vorher ausgeübte oder erlernte Tätigkeit
Private Altersversorgung	Wichtig, um nach der aktiven Arbeitszeit finanzielle Reserven und Zusatzrenten zur Erhaltung des Lebensstandards zu haben, z. B. durch Immobilienvermögen, Kapitalvermögen (Aktien, Fonds u. Ä.) und Zusatzrenten (Betriebsrenten, Privatrenten) sowie Erbschaften.
Existenzgründung und Businessplan oder als Partner/Nachfolger für ein bestehendes Unternehmen	Nach der Idee für eine Unternehmensgründung oder ein Start-up sollte man einen Businessplan erstellen, der die Geschäftsidee, das besondere Angebot, mögliche Kunden, Markt und Wettbewerb, Finanzierung, Organisation, Chancen und Risiken etc. beschreibt. Banken und Geldgeber verlangen diesen Plan, er dient aber auch zur kritischen Reflexion der Geschäftsidee. Informationen beispielsweise über www.existenzgruender.de, www.gruenderszene.de, www.deutschland-startet.de, www.nachfolge-in-deutschland.de, Suche im Internet und YouTube über die Suchbegriffe „Start-up", „Unternehmen gründen", „Unternehmensnachfolge".

Kompetenzcheck ✓

A13 **1** Entwickeln Sie im Arbeitsbuch mit der Aufgabe 13 der Lernsituation 1 Vorstellungen zur Lebensplanung und Existenzsicherung.

(3) Hinweise für Stellenbewerbungen

Heute ist es völlig normal, dass im Verlauf des Lebens mehrmals der Wohnort, die Arbeitsposition, das Arbeitsfeld und die Art zu arbeiten geändert wird. Daher ist es wichtig, den Wechsel möglichst erfolgreich zu gestalten. Um eine bessere Arbeitsstelle zu erhalten, sollte man sich gut auf die neuen Anforderungen und Bewerbungsverfahren vorbereiten.

Hinweise für Stellenbewerbungen

Bewerbungsarten und Stellenanzeigen
Interne oder externe Stellenanzeigen: siehe Intranet und Aushänge im Betrieb, Zeitungen, Fachzeitschriften
Arbeitsagentur: siehe www.arbeitsagentur.de/jobsuche/
Online-Portale: Jobportale, siehe z. B. www.deutschlandsbestejobportale.de
Initiativbewerbung: Bewerbung ohne Stellenanzeige für eine Anstellung im Wunschunternehmen

Bewerbungsunterlagen, Zeugnisse und Zeugnisbewertungen
Bewerbung: Mindestens Anschreiben (Motivation), Lebenslauf, Zeugniskopien, eventuell Hinweis auf Arbeitsleistungen/-proben
Zeugnisarten: Staatliche Zeugnisse, Arbeitszeugnisse: Zwischenzeugnisse, einfaches Zeugnis (Arbeitsbescheinigung), qualifiziertes Zeugnis, zusätzlich Angaben über eigene Leistung und Verhalten im Arbeitsverhältnis
Zeugnisbewertungen von Arbeitszeugnissen: dürfen nicht negativ sein, daher sind Bewertungen „verschlüsselt" angegeben, z. B. bedeutet „zu unserer Zufriedenheit" eine ausreichende Beurteilung

Auswahlverfahren
Vorprüfung der Bewerbungsunterlagen (online, Papierform)
Telefoninterview: Anruf zur persönlichen Vorprüfung des Bewerbers
Vorstellungsgespräche: ein oder mehrere Gespräche des Bewerbers mit den Entscheidern
Assessment: zeitlich länger dauerndes Personalauswahlverfahren zur Prüfung der Soft Skills (schwer beurteilbare, weiche Kriterien, z. B. Persönlichkeitsfaktoren, Teamfähigkeit)
Arbeitsproben/Praktika: z. B. selbsterstellte Software oder Probearbeiten

Mögliche Fragen der Auswählenden im Vorstellungsgespräch
Beispiele: Im Lebenslauf sind keine Angaben zum Jahr 20.. zu finden? Was haben Sie in der Zeit gemacht? Was hat Sie motiviert, sich gerade auf diese Stelle zu bewerben? Welche Ziele haben Sie? Was wissen Sie über unser Unternehmen? Wo haben Sie sich noch beworben? Was sind Ihre beruflichen Wünsche und Vorstellungen? Was machen Sie in der Freizeit? Wie gehen Sie mit Stress um? Was sind Ihre Stärken und Schwächen? Wie würden Sie unseren Anforderungen gerecht werden wollen? Wie urteilen Sie über Ihr eigenes Arbeits-, Sozial- und Kommunikationsverhalten? Können Sie die genannten Vertragsbedingungen mit Ihrer Familie vereinbaren? Wo sehen Sie sich in fünf Jahren? Haben Sie noch Fragen an uns?

Mögliche Fragen des Bewerbers
Beispiele: Wem werde ich unterstellt sein? Erhalte ich einen unbefristeten Vertrag? Wie sehen die Arbeitszeiten aus? Wie lange dauert die Probezeit? Welche Entwicklungschancen könnten sich bei guter Mitarbeit ergeben? Wie hoch ist die Vergütung? Wie kann ich mich vorab schon einmal auf die Tätigkeit vorbereiten?

Unangenehme, unzulässige Fragen
Nicht alle Fragen müssen beantwortet werden (Einschränkung durch das allgemeine Persönlichkeitsrecht und Gleichstellungsgesetz), z. B. Partei-/Religionszugehörigkeit, Krankheiten (wenn sie nicht die Berufsausübung beeinträchtigt), Vereins-/Verbands-/Gewerkschaftsmitgliedschaften, bevorstehende Heirat, Familienplanung, Schwangerschaft, Kündigungsgründe im vorherigen Betrieb.

Kompetenzcheck ✓

A14 **1** Erarbeiten Sie im Arbeitsbuch mit Aufgabe 14 der Lernsituation 1 Tipps für Stellenbewerbungen.

1.3 Den Ausbildungsbetrieb beschreiben

S **Sie sollen Ihren Ausbildungsbetrieb in einer Präsentation vorstellen.**

1.3.1 Das Modellunternehmen JIKU IT-Solutions kennenlernen

JIKU IT-Solutions

Die Auszubildenden des ersten Jahrgangs des Modellunternehmens JIKU IT-Solutions sind zum Ausbildungsunterricht zusammengekommen. Ein Auszubildender des zweiten Jahrgangs erhält den Auftrag, für diese Sitzung den Ausbildungsbetrieb vorzustellen.

(1) Unternehmensbeschreibung

Systemhaus | Ausbildung | Portfolio | Social Responsibility | JIKU

Wir sind 10 Systemhäuser

- Verbund von 10 Systemhäusern
- 16 Standorte
- insgesamt 480 Mitarbeiter
- an diesem Standort 52 Mitarbeiter, davon 8 Auszubildende
- eigene Rechenzentren
- Anspruch: Exzellenz in IT-Solutions
- insgesamt 96 Auszubildende

Zum 10. Mal auf dem Siegertreppchen

Systemhaus des Jahres

Ein IT-Systemhaus bietet IT-Beratung, IT-Infrastruktur und IT-Dienste als Mittler zwischen Endkunden, i.d.R. Unternehmen, Behörden, Organisationen, und den zahlreichen IT-Herstellern an. Es entwickelt auf der Basis von Bestandsaufnahmen vor Ort und Kundenvorstellungen Lösungen, beschafft die erforderlichen Produkte und richtet diese beim Kunden ein. Auch danach kümmert es sich meist weiterhin um die Wartung der Systeme seiner Kunden und sorgt dafür, dass deren Funktionalität gesichert ist, damit es nicht zu einem teuren Systemausfall kommt.

Ein IT-Systemhaus arbeitet per Fernwartung sowie vor Ort. Die Fernwartung macht es möglich, dass die Techniker sich im Falle einer Fehlermeldung direkt auf die Systeme des Kunden aufschalten und so schnell wie möglich mit der Problemlösung beginnen können. Vor-Ort-Termine sind wichtig für persönliche Beratungsgespräche, wenn sich ein Problem nicht per Fernwartung lösen lässt, sowie für die Implementierung neuer Komponenten. Immer mehr haben Kunden keine oder nur noch eine kleine IT-Abteilung und geben IT-Aufgaben an ein Systemhaus ab. Der IT-Dienstleister kümmert sich dann um die ausgelagerte IT-Infrastruktur.

Aufgrund der technologischen Entwicklung in der Digitalisierung bieten Systemhäuser heute Beratungsleistungen zu vielen IT-Lösungsbereichen an. Um ein breites Leistungsangebot vorhalten zu können, schließen sich kleinere Systemhäuser zu größeren Einheiten zusammen oder kooperieren miteinander.

Das Modellunternehmen JIKU ist mit 10 Systemhäusern an 16 Standorten in Deutschland vertreten. Durch den Verbund erhalten einzelne Systemhäuser Schwerpunktaufgaben. Das JIKU Systemhaus in Hamburg ist eines der größten Systemhäuser im Verbund. Rechtlich ist jedes Systemhaus selbstständig. Zusätzlich sind alle Systemhäuser mit unterschiedlichen Anteilen an einem Gemeinschaftsunternehmen beteiligt, das z. B. zentrale Dienste anbietet.

Die ITK-Wirtschaft allgemein wächst seit Jahren und wird auch aufgrund der Veränderungen durch die Digitalisierung vieler Geschäftsprozesse weiter dynamisch wachsen. Daher haben auch Systemhäuser wie JIKU gute Chancen, immer größer zu werden.

(2) Ausbildungsplan

Ein betrieblicher Ausbildungsplan ist entsprechend dem Ausbildungsrahmenplan und seiner sachlichen und zeitlichen Gliederung zu erstellen. Er ist auf die speziellen betrieblichen Gegebenheiten abzustimmen. Er ist bei der Einreichung des Ausbildungsvertrages an die zuständige IHK als Anlage beizufügen.

Die Auszubildenden der IT-Berufe durchlaufen die einzelnen Arbeitsbereiche von JIKU nach Schwerpunktbereichen im Ausbildungsplan. Es hat sich bewährt, dass die Auszubildenden in den ersten beiden Jahren möglichst alle drei Monate den Ausbildungsplatz wechseln. So lernen sie möglichst viele Bereiche des Unternehmens kennen, wobei je nach Ausbildungsberuf besondere Aufgabenbereiche vertieft werden.

Das erste Jahr der Ausbildung dient insbesondere der Einarbeitung in verschiedene Aufgabenbereiche. Im zweiten Ausbildungsjahr erhalten die Auszubildenden schon mehr Eigenverantwortung. Ende des zweiten Ausbildungsjahres und im dritten Jahr sollen die Auszubildenden schon möglichst selbstständig Aufgabenbereiche wahrnehmen und an größeren Kundenprojekten teilnehmen.

Systemhaus | **Ausbildung** | Portfolio | Social Responsibility — JIKU

Ausbildungsplan

Schwerpunktbereiche				
Monat	**IT-Systemelektroniker/in**	**Kfl. IT-Systemm.**	**Fachinformatiker/in**	
1–3	Werkstatt	Lager, Einkauf, Werkstatt	Internetshop, Lager	Einarbeitung
4–6	Lager, Werkstatt	Helpdesk, Außendienst	Softwarevertrieb	↓
7–9	Helpdesk, Außendienst	Werkstatt, Lager, Einkauf	Entwicklung	
10–12	Werkstatt, Außendienst	Internetshop, Verkauf	Helpdesk, Support	
1–3	Außendienst	Helpdesk, Werkstatt	Helpdesk, Support	Höhere Eigenverantwortlichkeit
4–6	Werkstatt	Rechnungswesen	Vertrieb Frankfurt	
7–9	Werkstatt, Außendienst	Vertrieb Frankfurt	Entwicklung	↓
10–12	Werkstatt, Außendienst	Helpdesk, Außendienst	Entwicklung, Vertrieb	
1–3	Helpdesk, Außendienst	Helpdesk, Außendienst	Entwicklung, Vertrieb	Mitarbeit in größeren Kundenprojekten
4–6	RZ, Außendienst	Helpdesk, Außendienst	Entwicklung, Vertrieb	
7–9	Helpdesk, Außendienst	RZ, Außendienst	Entwicklung, Vertrieb	
10–12	RZ, Außendienst	Helpdesk, Außendienst	Entwicklung, Vertrieb	

(3) Leistungsportfolio

Aufgrund der Größe des Systemhauses sowie des Systemhausverbundes kann JIKU ein großes Angebot an geschäftlichen Leistungen bieten. Der IT-Service umfasst alle Leistungsbereiche von der Beratung über die Beschaffung, das Management, Betreuung und Unterstützung (**Support**) bis hin zur Weiterverwertung nicht mehr benötigter Einheiten (**Remarketing**). IT-Infrastrukturen vom Einzelplatz bis hin zu komplexen Servern und Netzwerken werden betreut. Immer mehr werden Server nicht mehr in Unternehmen selbst betrieben, sondern als Dienstleistungen von Rechenzentren über das Internet (**Cloud-Hosting**) nachgefragt. Dafür übernehmen Systemhäuser die Umstellung (**Migration**) und das laufende Management. JIKU hat ein eigenes Rechenzentrum, kann daher neben den Diensten großer Cloud-Hosting-Anbieter auch eigenes Cloud-Hosting oder die Betreuung von Unternehmens-Servern im JIKU-Rechenzentrum (**Housing und Colocation**) anbieten.

In der Systemhausgruppe möchte man ein breites Angebot an IT-Lösungen vorhalten. Insbesondere in den Unternehmen (Business) und öffentlichen Verwaltungen (Public) werden Lösungen nachgefragt, wie man die digitale Transformation gut umsetzen kann. Die Industrie ist daran interessiert, möglichst intelligente Fertigungsverfahren einzuführen, um schnell und automatisch gesteuert, individuell vom Kunden konfigurierte Erzeugnisse herstellen zu können. **Industrie 4.0** und **Smart Factory** sind Stichworte dieser Zielrichtung. Da Hardware sehr unflexibel ist, werden, soweit es geht, Hardwarekomponenten durch Softwarekomponenten als virtuelle Systeme ersetzt. Ziel ist es dann, dass alle Komponenten im Netzwerk möglichst gut aufeinander abgestimmt sind und eine Einheit bilden (**Hyperkonvergenz**).

Systemhaus | Ausbildung | **Portfolio** | Social Responsibility — JIKU

Leistungsportfolio

IT-Service
- IT-Service vor Ort in Unternehmen
- IT-Betreuung für Unternehmen
- IT-Management
- IT-Outsourcing
- IT Vertrieb & IT Beschaffung
- Helpdesk und IT-Support

Cloud-Hosting
- Cloud-Migration als Service
- Businesshosting/Serverhosting
- Managed-Hosting
- Office für Ihr Unternehmen
- Hosting für Unternehmen
- Hosted-Infrastrukturen
- Rechenzentrum Server Housing & Colocation
- Cloud-Backup-Speicher für Ihr Unternehmen

Server und Storage
- Optimierte Serversysteme und IT-Konzepte
- Virtualisierte Server und Storage
- Virtual Desktop Infrastructure VDI
- Hyperkonvergente Serversysteme

IT-Infrastrukturen
- Server- und Storage-Systeme
- Standortvernetzung (VPN)
- Telefonanlagen & IP-Telefonie
- Virtualisierung

IT-Beratung
- IT-Beratung Mittelstand
- IT-Security Beratung und Management
- IT-Innovationsberatung

IT-Solutions und Expertise in der Systemhausgruppe
- Business-IT-Solutions
- Public-IT-Solutions
- Industrial-4.0-IT-Solution (Smart Factory)
- Digital Workplace-Solution
- DevOps-Solutions
- Communication & Collaboration Solutions
- Financial Solutions
- Remarketing-Solutions

Kleines Glossar zu zehn Fachbegriffen im Geschäftsportfolio	
Sourcing	Beschaffungsquellen oder auch Ausdruck für verschiedene Beschaffungsstrategien, z. B. Outsourcing (Auslagerung an externe Beschaffungsquellen) oder Local Sourcing (Beschaffung vor Ort)
Backup	Bezeichnet das Kopieren von Daten in der Absicht, diese im Fall eines Datenverlustes zurückkopieren zu können (engl. für Datensicherung)
Cloud Computing	IT-Infrastruktur, die beispielsweise über das Internet oder ein anderes Netzwerk verfügbar gemacht wird
Digital Workplace	Digitaler Arbeitsplatz als zentrale digitale Arbeitsplattform, die Informationen, Tools und Services ortsungebunden zur Verfügung stellt
Helpdesk	Ist eine zentrale Anlaufstelle (Informations- und Support-Management) für Hilfe- und Serviceleistungen; auch Servicedesk genannt, vgl. Lernfeld 6
Portfolio	(franz. *Portefeuille*: Brieftasche), Geschäftsbereich, Bestand, Sortiment
Remarketing	Wiedervermarktung oder erneuter Verkauf von gebrauchten Gegenständen nach Instandsetzung und Reinigung

Kleines Glossar zu zehn Fachbegriffen im Geschäftsportfolio	
Server und Storage	Zentralrechner oder auf einem Computer laufende Serveranwendungen, die Netzanwendungen und Dienste sowie als Storage zentralen Datenspeicher bereitstellen
Virtual Private Network (VPN)	„Virtuelles privates Netzwerk", um Teilnehmer eines bestehenden Kommunikationsnetzes an ein anderes Netz zu binden oder als Web-basierendes VPN für eine verschlüsselte Netzverbindung
Webhosting	Bereitstellung von Webspace sowie die Unterbringung (Hosting) von Websites auf dem Webserver eines Internet Service Providers (ISP, Internetdienstanbieter)

(4) Wertschätzung und Nachhaltigkeit

Der Geschäftsleitung und den Mitarbeitern ist es wichtig, sich gegenüber anderen Beschäftigten und Geschäftspartnern wertschätzend zu verhalten und gegenüber der Gesellschaft Verantwortung (Responsibility) für ein nachhaltiges, ressourcenschonendes Wirtschaften zu übernehmen. Auch ist ihnen wichtig, etwas für das Wohlbefinden der Beschäftigten zu tun und sich in der Nachwuchsförderung zu engagieren.

Systemhaus | Ausbildung | Portfolio | **Social Responsibility**

JIKU

Wertschätzung für nachhaltiges Handeln!

- Corporate Social Responsibility bedeutet für uns gelebte Wertschätzung für verantwortungsvolles und nachhaltiges Handeln.
- An erster Stelle stehen daher Werte wie Vertrauen und Respekt, Offenheit und Transparenz.
- Diese Grundsätze fließen seit Jahren in die Beziehungen zu unseren Kunden, unsere Technologien, unsere Partnerschaften, die Weiterbildung unserer Mitarbeiter und die Entscheidungen für Investitionen in unser Unternehmen ein.

Work Life Balance der Mitarbeiter

Kleine Auswahl unserer Angebote:
- Flexible Arbeitszeiten
- Homeoffice
- Gesunde Ernährung
- Betriebssport
- Kooperation mit Fitness-Studios
- Betriebliches Eingliederungsmanagement
- Betriebsarzt
- Fahrradleasing
- Sabbaticals

IT-Nachwuchsförderung

Wir unterstützen
- Vorträge zur Berufsorientierung
- Teilnahme an Infotagen zur Berufswahl
- Workshops zur beruflichen Orientierung
- Bewerbungstrainings
- Ferienaktionen rund um die IT
- Veranstaltungen wie Girls Day
- Aktion: LEGO MINDSTORM-Sets an Schulen
- Sponsoring
- Übernahme von Stipendien
- Sponsoring von Hackathons/ Programmierwettbewerben

Kompetenzcheck ✓

1. Besprechen Sie die Kurzvorstellung von JIKU. Welche Informationen würden Sie ergänzen oder welche weglassen?
2. Erstellen Sie für Ihren Ausbildungsbetrieb ein Glossar der Top-Ten-Fachbegriffe aus dem Leistungsportfolio.

3 Bearbeiten Sie im Arbeitsbuch die Aufgaben 1 und 2 der Lernsituation 2, geben Sie ein Blitzlicht über Ihre Ausbildungsbetriebe und prüfen Sie, ob Sie die Fachbegriffe aus der JIKU-Präsentation verstanden haben.

A1
A2

1.3.2 Betriebe und Unternehmen im Umfeld unterscheiden

S Sie wollen die Arbeitsteilung von Unternehmen besser verstehen und Unternehmen nach verschiedenen Kriterien unterscheiden.

In Deutschland gibt es fast 4 Millionen Unternehmen. Weit über 95 % der Unternehmen werden zu den kleinen und mittleren Unternehmen (**KMU**) gerechnet.

Vier Zahlen zum Mittelstand

54 Prozent aller abhängig Beschäftigten arbeiten in kleinen und mittleren Unternehmen	99,3 Prozent aller deutschen Unternehmen zählen zum Mittelstand	33 Prozent des Gesamtumsatzes in Deutschland erwirtschaftet der Mittelstand	71 Prozent der Auszubildenden in Deutschland sind in kleinen und mittleren Unternehmen beschäftigt

Quelle: Bundesministerium für Wirtschaft und Klimaschutz: Aktionsplan „Mittelstand, Klimaschutz und Transformation"; abgerufen unter https://www.bmwk.de/Redaktion/DE/Dossier/politik-fuer-den-mittelstand.html [03.04.2024]

Innerhalb der Selbstständigen stellen die **freien Berufe**, die rechtlich und steuerlich als Unternehmen betrachtet werden, mit etwa 1,4 Mio. eine besondere Gruppe dar.

Produziert wird auf mehreren Leistungsstufen (z. B. **primär** in der Urerzeugung, **sekundär** in der Produktion und Weiterverarbeitung und **tertiär** über Dienstleistungen). Es hat sich gezeigt, dass ein einzelnes Unternehmen nicht alle Leistungen in allen Leistungsstufen anbieten kann.

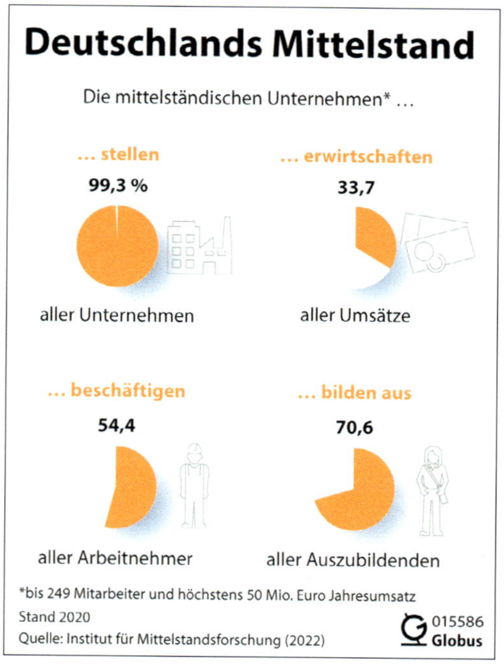

(1) Volkswirtschaftliche Arbeitsteilung und Globalisierung

Eine arbeitsteilige Vorgehensweise sowohl in den Betrieben als auch in den Volkswirtschaften und global in der Welt hat sich durchgesetzt. Durch Arbeitsteilung ergibt sich zwar i. d. R. das beste Preis-Leistungsergebnis, allerdings ist dies mit großem Transport- und Logistikeinsatz verbunden.

Die Leistungskraft der deutschen Unternehmen wird weltweit bewundert, die Exportquote liegt in manchen Geschäftsbereichen (z. B. Automobile, Maschinen, Anlagen) über 50 %. Bei IT-Produkten (Hard- und Software, Cloud-Systeme, Rechenzentren) wird weit mehr aus dem Ausland (insbesondere den USA und Asien) importiert als exportiert.

Die ITK-Wirtschaft muss weltweit und regional gut zusammenarbeiten, um die schwierigen technologischen Anforderungen umzusetzen, die Kommunikationsanforderungen zu erfüllen und der hohen Innovationsleistung einzelner Innovatoren standzuhalten. Im starken Wettbewerb stehende Unternehmen müssen aufpassen, dass sie in den Märkten ihre Position halten und möglichst ausbauen. Wettbewerbsorganisationen müssen aufpassen, dass die Märkte so reguliert werden, dass Wettbewerbsstreitigkeiten möglichst einvernehmlich geschlichtet werden.

Volkswirtschaftliche Arbeitsteilung und Globalisierung

Volkswirtschaftliche Arbeitsteilung
Arbeitsteilung bedeutet vereinfacht, dass jedes Unternehmen das herstellt und anbietet, was es am besten kann. Viele Unternehmen konzentrieren sich in ihrem Leistungsangebot daher auf ihre Kernkompetenzen. Das steigert die Produktivität. Unternehmen unterschiedlicher Leistungsstufen kooperieren miteinander. Sie bieten Teilerzeugnisse und Leistungen an, die andere für ihre Leistungen und Wertschöpfung verwenden. Bei gutem Wettbewerb werden damit die Leistungen insgesamt besser und preislich günstiger für den Abnehmer.

Globalisierung
Globalisierung bezeichnet allgemein den Vorgang, dass weltweite Verflechtungen in vielen Bereichen (Wirtschaft, Politik, Kultur, Umwelt, Kommunikation) zunehmen. Für Unternehmen bedeutet dies eine verstärkte internationale und weltweite, globale Arbeitsteilung durch mehr freien Handel, weniger Zölle und Handelsbeschränkungen.
Vorteile: Produkte und Leistungen werden dort bevorzugt erzeugt, wo sie günstiger sind, die Lebensverhältnisse der Entwicklungsländer können sich durch Förderung und Austausch angleichen, ein größeres Verständnis für andere Länder erreicht werden.
Nachteile: Transporte und Logistik und damit Umweltbelastungen nehmen erheblich zu, Länder können Wettbewerbsvorteile ausnutzen, es kann im Wettbewerb zu internationalen Streitigkeiten, Auseinandersetzungen und sogar zu Kriegen kommen.

(2) Unterscheidung von Betrieben und Unternehmen

Steuerrechtlich ist jede selbstständige Tätigkeit eine unternehmerische Tätigkeit und damit ein Unternehmen. Daher gibt es sehr viele Kleinstunternehmen ohne Beschäftigte. Ein Unternehmen kann als **Gewerbebetrieb** oder als **freiberufliche Tätigkeit** gegründet werden. Typische freie Berufe als Unternehmer sind selbstständige Ärzte, studierte Berater oder Ingenieure, wenn sie selbstständig sind. Wenn eine freiberufliche Tätigkeit dem Finanzamt nicht nachgewiesen wird, gilt das Unternehmen als Gewerbebetrieb und muss Gewerbesteuer zahlen, sich als Pflichtmitglied bei der örtlichen Kammer (z. B. IHK) anmelden.

Start-up-Unternehmen sind i. d. R. Kleinst- oder Kleinunternehmen mit neuen Ideen und Geschäftsmodellen, sorgen insbesondere im IT-Bereich für die Gründung neuer Unternehmen. Betrieb und Unternehmen werden häufig synonym verwendet, der Begriff „Betrieb“ bezeichnet jedoch mehr die organisatorisch-technische Einheit im Unternehmen. Ein Unternehmen kann daher mehrere Betriebe haben.

Die **ITK-Branche** zählt mit über 1 Mio. Arbeitskräften in den Unternehmen als eine der größten Branchen. Arbeitsteilig haben sich eine Vielzahl von Unternehmens- bzw. Betriebstypen in der ITK-Wirtschaft herausgebildet.

Unterscheidung von Betrieben und Unternehmen	
Selbstständigkeit, Unternehmen	Rechtliche Wirtschaftseinheit mit andauernder Tätigkeit und Gewinnabsicht, die über ihre Geschäfte Bücher führen und eine Steuererklärung abgeben muss. Grundsätzlich unterscheidet man: • **Erwerbswirtschaftliches Unternehmen:** Privatunternehmen arbeiten auf eigene Rechnung und Verantwortung und nach dem erwerbswirtschaftlichen Prinzip, d. h. es sind Betriebe, die den Markt mit Gütern und Dienstleistungen versorgen, weil sie einen Gewinn bzw. Gewinnmaximierung anstreben. Der Gewinn fließt dem Inhaber, den Gesellschaftern bzw. Kapitalgebern des Unternehmens zu. • **Gemeinwirtschaftliches Unternehmen:** Insbesondere staatliche Betriebe arbeiten häufig nach dem gemeinwirtschaftlichen Prinzip oder Kostendeckungsbetrieb. Ihr Ziel ist es, möglichst die Selbstkosten zu decken und keine Zuschüsse, z. B. der öffentlichen Hand, zu erhalten, Beispiele sind Versorgungsbetriebe, Theater oder gemeinnützige Wohnungsbaugesellschaften. Sozialunternehmen sind Unternehmen, für die das soziale oder gesellschaftliche, gemeinnützige Ziel Sinn und Zweck ihrer Geschäftstätigkeit darstellt, und deren Gewinne i. d. R. nicht ausgeschüttet werden.
Betrieb	Organisatorisch-technische Wirtschaftseinheit, die Güter und Dienstleistungen, beschafft, erstellt, anbietet und verkauft, z. B. Handelsbetrieb, Herstellungsbetrieb, Rechenzentrumsbetrieb, IT-Betrieb.
Selbstständigkeit als Gewerbe oder Freiberuflichkeit	• **Gewerbe:** jede selbstständige Tätigkeit (s. o.) mit Ausnahme freiberuflicher oder landwirtschaftlicher Tätigkeit • **Freiberufliche Tätigkeit:** Selbstständigkeit in einer Dienstleistung mit besonders hoher geistiger und kreativer Tätigkeit, z. B. Arzt-, Anwalts-, Ingenieurleistungen, auch planende Softwareentwickler, siehe § 18 EStG
Größe	Groß-, Mittel-, Klein-, Kleinstbetriebe oder -unternehmen, z. B. KMU, Start-up-Unternehmen (Unternehmensgründung mit einer innovativen Geschäftsidee und hohem Wachstumspotenzial, vgl. www.deutsche-startups.de, www.fuer-gruender.de, www.t3n.de), Konzern (zusammengeschlossene Unternehmen)
Zweck oder Leistungserstellung	Handwerksbetriebe (führen Handwerksleistungen aus), Industriebetriebe (produzieren Sachgüter), Handelsbetriebe (stellen Warensortimente bereit), Dienstleistungsbetriebe (bieten Dienste an), Holding (Dach-/Beteiligungsgesellschaft)
Wirtschaftszweig	• **Primärer Sektor:** Unternehmen der Urproduktion (z. B. Rohstoffgewinnung) • **Sekundärer Sektor:** Produktions-, Ver- und Bearbeitungsunternehmen • **Tertiärer Sektor:** Dienstleistungsunternehmen, Handelsunternehmen
Betriebs- und Unternehmenstypen in der ITK-Branche	Unternehmen der Informationswirtschaft, IT-Hersteller, z. B. Chip-Hersteller, Games-/Software-Hersteller, Medienunternehmen, Rechenzentrum, Systemhaus, IT-Berater, IT-Entwickler, E-Business-Unternehmen (E-Commerce-Unternehmen = Online-Handelsunternehmen), Telekommunikationsunternehmen, Provider (Kommunikationsdienstleister), B2B-Unternehmen (Unternehmen/Business leisten an Unternehmen/Business), B2C (Unternehmen/Business bieten Leistungen Verbrauchern/Consumer an), B2A (Unternehmen/Business leisten an Organisationen und Behörden/Administration)
ITK-Verbände	Siehe z. B. www.bitkom.org, www.bevh.org, www.bitmi.de, www.bvdw.org, www.game.de, www.eco.de, www.teletrust.de, https://vaf.de/
Betriebstypen	Nach Wirtschaftsbereichen, Gewinnverwendung oder Leistungen
Ort des Angebots	Online-Unternehmen, stationäre Unternehmen, Versandhandel
Rechtsform	Einzelunternehmen, Kapitalgesellschaften, Personengesellschaften, vgl. Kapitel 1.3.4 (6)

Kompetenzcheck

1 Was ist richtig, was ist falsch?

a) Betrieb bedeutet die technisch-organisatorische Einheit des Unternehmens.
b) Gewerbebetrieb ist jedes IT-Unternehmen, das nicht freiberuflich anerkannt ist.
c) Unternehmen des tertiären Wirtschaftsbereichs sind Dienstleistungsunternehmen.
d) KMU sind Kommunikations- und Medienunternehmen.
e) ITK-Unternehmen sind Unternehmen der Informations- und Telekommunikationsbranche.
f) B2B bedeutet Unternehmen handeln mit Unternehmen.
g) B2C bedeutet, Verbraucher bieten Unternehmen etwas an.
h) Erwerbswirtschaftliche Unternehmen dürfen keinen Gewinn machen, nur Umsätze.
i) Gemeinwirtschaftliche Unternehmen sind in erster Linie kostendeckend ausgerichtet.

A3 **2** Bearbeiten Sie die Aufgabe 3 der Lernsituation 2 im Arbeitsbuch und testen Sie Ihr Wissen über Arbeitsteilung, Globalisierung, Betriebe und Unternehmen.

(3) Wirtschaftliche Verflechtungen

Insbesondere die ITK-Branche ist wegen der hohen Komplexität der Systeme und der schnellen Entwicklung der Technologien und Anwendungen darauf angewiesen, viele **Allianzen, Partnerschaften und Kooperationen** zu bilden. Nur große Unternehmen und Konzerne oder große Allianzen können häufig richtungsweisende Technologien entwickeln und mit hohen Anfangskosten in den Markt einführen. Es besteht dadurch aber auch die Gefahr, dass wettbewerbsrechtlich marktbeherrschende Verflechtungen entstehen, die andere und kleinere innovative Initiativen und Marktteilnehmer unterdrücken. Schaut man auf die Webseiten der ITK-Unternehmen, so werden dort häufig als Leistungsvorteil die Partnerschaften mit anderen Unternehmen angezeigt.

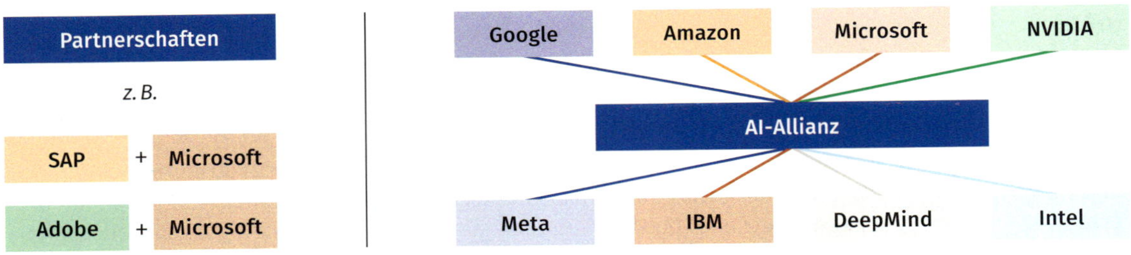

Auswahl von Firmen der Non-Profit-Organisation namens „Partnership on Artificial Intelligence to Benefit People and Society" kurz „Partnership on AI"

Große ITK-Konzerne wachsen häufig in der Weise, dass sie junge innovative Unternehmen, mit denen sie eine Partnerschaft verbindet, übernehmen. Größere Unternehmen gehen, um eine Marktführerschaft zu erreichen oder zu erhalten, mit anderen Unternehmen eine **Fusion** ein. Damit sich technische Standards im Markt durchsetzen, sprechen sich Unternehmen in **Konsortien** ab oder arbeiten in Arbeitsgemeinschaften an neuen Systemen und Verfahren.

Wirtschaftliche Verflechtungen	
Zusammenschluss	• horizontal: dieselbe Leistungsstufe, z. B. mehrere Rechenzentren • vertikal: mehrere Leistungsstufen, z. B. Lithium-Gewinnung und Batteriehersteller • diagonal/anorganisch: ohne Bezug zur Leistungsstufe, zur Risikominimierung
Konzern	Zusammenschluss größerer rechtlich selbstständiger Unternehmen zu einer großen wirtschaftlichen Einheit unter einer Leitung. Das übergeordnete Unternehmen wird häufig Holding genannt.

Wirtschaftliche Verflechtungen	
Kartell	Vertraglicher Zusammenschluss rechtlich selbstständiger Unternehmen, um Wettbewerbsvorteile zu erlangen. Preis- oder Gebietskartelle u. Ä. sind verboten, Entwicklungs- oder Normenkartelle können vom Kartellamt (s. u.) genehmigt werden.
Fusion/ Merger	Zusammenschluss rechtlich selbstständiger Unternehmen zu einer wirtschaftlichen Einheit und rechtlichen Einheit, wobei entweder das eine Unternehmen das andere eingliedert oder ein neues gemeinsames Unternehmen entsteht.
Partnerschaft	Partnerschaften und Allianzen mit anderen Unternehmen und Kunden, um Geschäfte zu unterstützen, z. B. mit Zertifikaten Produktkompetenzen zu belegen wie Gold-Partner etc.
Allianzen	Allianzen oder Partnerschaften, um gemeinsam mit einem Partner oder mehreren gemeinsam definierte Ziele zu verfolgen.
Konsortium	Vorübergehender Zusammenschluss von Unternehmen, zur gemeinsamen Durchführung eines größeren Geschäfts-, Standardisierungsvorhabens, z. B. www.confidentialcomputing.io
ARGE	Zusammenschluss als Arbeits- oder Interessengemeinschaft, arbeitet befristet auf gemeinsame Rechnung und Gefahr.
Interessengemeinschaft	Mündlicher oder vertraglicher Zusammenschluss (z. B. als Verein oder Unternehmen) mehrerer Personen, Gruppen oder Unternehmen zur Wahrung oder Förderung gemeinsamer Interessen.
Franchise	Geschäftsmodell, wobei der Franchisegeber den rechtlich und finanziell selbstständigen Franchisenehmern ein Geschäftskonzept nach seinen Vorgaben zur entgeltlichen Nutzung überlässt, bestimmte Leistungen mit Vorgaben dazu verpflichtend gegen Entgelt anbietet, Produktmarke und gemeinsames Marketing bietet. Info z. B. unter www.franchiseportal.de.
Kartell- oder Wettbewerbsrecht	Das Bundeskartellamt prüft und erlaubt nur Zusammenschlüsse, wenn dadurch kein marktbeherrschendes Unternehmen entstehen kann, vgl. www.bundeskartellamt.de.

(4) Zusammenarbeit mit Behörden, Organisationen und Stakeholdern

Unternehmen müssen nicht nur mit anderen Unternehmen in den Leistungsprozessen zusammenarbeiten, sondern auch auf die Ansprüche bestimmter Anspruchsgruppen (Stakeholder) achten.

Stakeholder

Viele Anspruchsgruppen halten für ein Unternehmen den Stab (engl. stake). Sie haben Erwartungen und Ansprüche (engl. *stake*) an ein Unternehmen. Sie kooperieren mit dem Unternehmen, da sie auch von ihm profitieren, z. B. Kapitalgeber (durch Erträge, Zinsen), Mitarbeiter (durch Arbeitsplätze, Löhne und Gehälter, Zulagen), Lieferanten (durch Absatz ihrer Produkte und Dienstleistungen), Kunden (durch Nutzen der Produkte und Leistungen), Kommunen und Behörden (durch Steuereinnahmen, Verbesserung der Beschäftigungslage, Sozialleistungen, Unterstützung des Gemeinwohls), Mitbewerber (durch Kooperationen, Gemeinschaftsaktionen) oder Wirtschaftsorganisationen.

Unternehmen werden heute von der Öffentlichkeit genau beobachtet, ob sie sich den Gesetzen und aktuellen gesellschaftlichen Anforderungen entsprechend verhalten. Diese Anforderungen an die Unternehmen werden als Compliance (Regeltreue) bezeichnet. Viele Unternehmen haben mittlerweile Stellen zur Sicherstellung von Compliance geschaffen.

Zusammenarbeit mit Behörden und Organisationen	
Compliance	Umschreibung für die Regeltreue (auch Regelkonformität) von Unternehmen.
Gewerbe-/ Ordnungsämter	Diese Ämter sind in den Rathäusern angesiedelt und für die Gewerbean- und -ummeldungen sowie die öffentliche Ordnung, z. B. bei Unternehmen für Plakatieren und Infostände oder Veranstaltungen der Werbegemeinschaften, zuständig.
Gewerbeaufsichts-behörden	Sie sind für die Einhaltung von Vorschriften des Arbeits-, Umwelt- und Verbraucherschutzes zuständig. Wegen der häufig schwierigen Thematik müssen Unternehmen mit den Ämtern vor Ort gut zusammenarbeiten. Sie sind für die Überwachung und Erteilung von Genehmigungen der ihr zugewiesenen Vorschriften zuständig. Sie werden auch als Amt für Arbeitsschutz oder als staatliches Umweltamt bezeichnet.
Berufsgenossen-schaften	Die gewerblichen Berufsgenossenschaften sind Träger der gesetzlichen Unfallversicherung für die Unternehmen der deutschen Privatwirtschaft und deren Beschäftigte. Sie werden zu 100 % von Beiträgen der Unternehmen finanziert, die in der Höhe von der Gefahreneinschätzung und den in der Vergangenheit angemeldeten Betriebsunfällen abhängig sind, vgl. www.dguv.de.
Finanzbehörden	Das Finanzamt ist die unterste Ebene der Finanzverwaltung. Es setzt nach den eingereichten Unterlagen und Prüfung die Steuern fest, verwaltet sie und treibt sie ein. Dies gilt auch für Gewerbetreibende oder Unternehmen, die von der Gewerbe- oder Umsatzsteuer betroffen sind. Das Betriebsstättenfinanzamt ist für die Bearbeitung der Lohnsteuererklärung der Arbeitsstätte zuständig. Für die Gewerbesteuer ist i. d. R. die Gemeinde zuständig.
Sozialversiche-rungsträger	An die gesetzlichen Sozialversicherungsträger müssen Betriebe die Beiträge entrichten und Auflagen erfüllen. Daher sind sie mit diesen in laufendem Geschäftskontakt (vgl. auch Kapitel 1.2.3 (1)).
Wettbewerbs-behörde	Das Wettbewerbsrecht dient der Regulierung des Wettbewerbs zwischen den Marktteilnehmern, um den freien und fairen Leistungswettbewerb zu gewährleisten. Das Wettbewerbsrecht wird insbesondere im Gesetz gegen den unlauteren Wettbewerb (UWG) und im Kartellrecht, dessen Regelungen sich im Gesetz gegen Wettbewerbsbeschränkungen (GWB) finden, geregelt.
Wirtschafts-verbände	Unternehmen haben zur Unterstützung Arbeitgeberorganisationen wie Arbeitgeberverbände, die Kammern der IHK und Wirtschaftsverbände gebildet.
Gewerkschaften	Betriebsräte und Mitarbeiter von Unternehmen halten Kontakt zu den zugehörigen Gewerkschaften als Interessenvertretung.

Kompetenzcheck ✓

1 Was ist richtig, was ist falsch?

a) Mitarbeiter sind auch Stakeholder eines Unternehmens.

b) Unternehmen fusionieren zu einem Unternehmen, Konzerne sind mehrere rechtlich verbundene Unternehmen, die eine Holding als übergeordnetes Unternehmen haben können.

c) Bei einer horizontalen Unternehmensverflechtung haben die Unternehmen ein ähnliches Geschäftsmodell.

d) Wettbewerbsbehörden achten darauf, dass keine marktbeherrschenden Verflechtungen entstehen.

e) Compliance bedeutet, sich gegen staatliche Rechte zu verhalten.

A4 A5 **2** Bearbeiten Sie die Aufgaben 4 und 5 der Lernsituation 2 im Arbeitsbuch, prüfen Sie vertieft Ihr Wissen zu wirtschaftlichen Verflechtungen.

1.3.3 Ziele von Betrieben und Unternehmen erklären

S Sie sollen über das Leitbild von JIKU IT-Solutions und die Ziele Ihres Ausbildungsbetriebes diskutieren, allgemein Ziele von Unternehmen der ITK-Branche abstimmen und priorisieren.

Die Festlegung des Geschäftsmodells (Unternehmenszweck, -konzept) und von Unternehmenszielen ist für Unternehmen wichtig und entscheidet nicht zuletzt über Erfolg und Misserfolg des Unternehmens.

Berühmte Zitate zur Bedeutung von Zielen

Wer nicht weiß, wohin er will, der darf sich nicht wundern, wenn er ganz woanders ankommt.
(Mark Twain, 1835–1910)

Der Langsamste, der sein Ziel nicht aus den Augen verliert, geht immer noch geschwinder als der, der ziellos umherirrt.
(Gotthold Ephraim Lessing, 1729–1781)

Nur wer sein Ziel kennt, findet den Weg.
(Laotse, 6. Jh. v. Chr.)

Am Ziel deiner Wünsche wirst du jedenfalls eines vermissen: dein Wandern zum Ziel.
(Marie von Ebner-Eschenbach, 1830–1916)

Es ist besser, mit drei Sprüngen zum Ziel zu kommen, als sich mit einem das Bein zu brechen.
(Afrikanisches Sprichwort)

Der Weg ist das Ziel.
(Konfuzius, 551–479 v. Chr.)

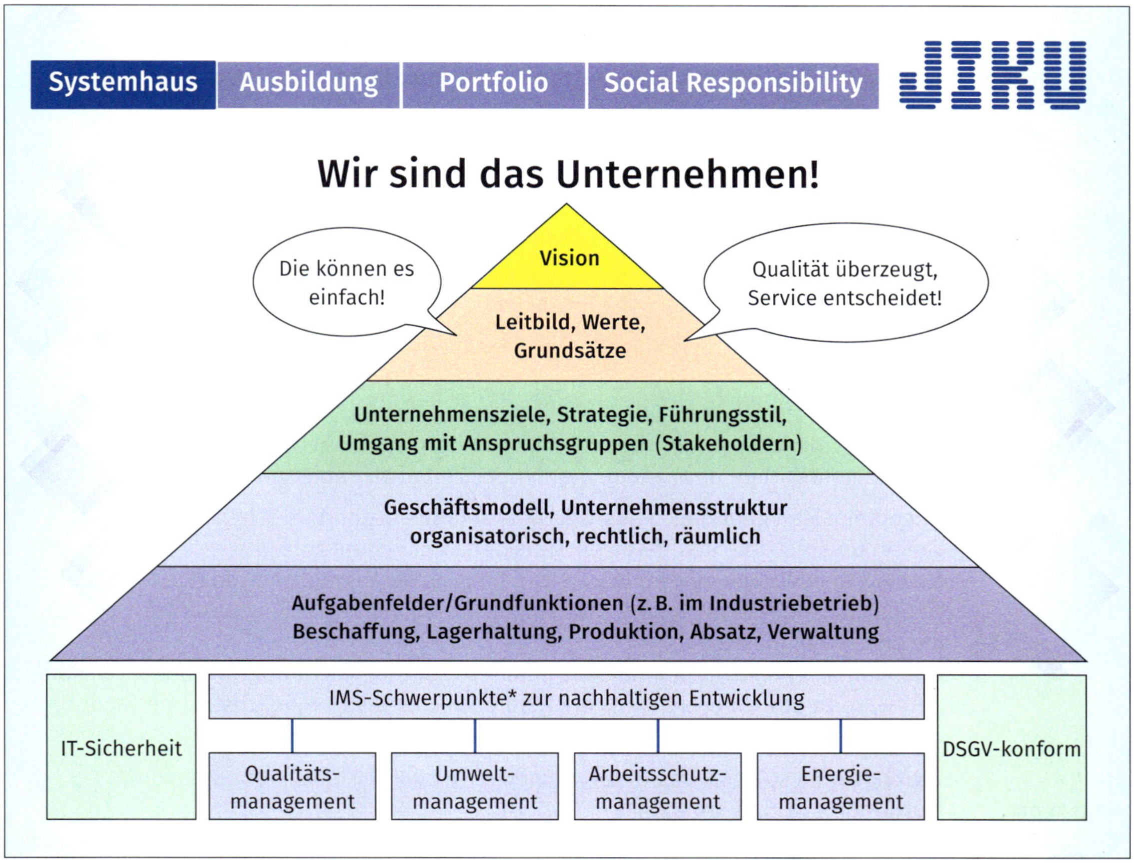

*Folie zur Präsentation des Leitbildes und der Unternehmensziele. *IMS = Integriertes Managementsystem*

(1) Vision und Leitbild

Um das Wachstum und die Veränderungen kontrolliert und zielgerichtet anzugehen, haben sich die Geschäftsleitungen und Mitarbeiter der Systemhäuser zusammen ein Leitbild gegeben. Mit der Vision und dem Leitbild sollen sowohl nach außen gegenüber Kunden und Geschäftspartnern als auch nach innen gegenüber den Mitarbeitern Werte herausgestellt werden, die JIKU IT-Solutions wichtig sind.

Unternehmensleitbild der JIKU IT-Solutions Systemhäuser
Unsere Vision ist, dass wir immer das beste IT-Systemhaus unserer Region sind und diesen Status halten.
Unsere Mission ist, dass alle unsere Handlungen wirtschaftlich, kompetent, sozial nachhaltig und umweltfreundlich ausgeführt werden und unsere Kunden dies als Alleinstellungsmerkmale mit dem Motto „Die können es einfach!“ schätzen.
Unsere Werte sind für uns insbesondere: **Kundenorientierung und vertrauensvolle Zusammenarbeit:** Größtmögliche Kundenorientierung ist unser oberstes Ziel. Wir wollen Kunden langfristig an uns binden und streben eine hundertprozentige Kundenzufriedenheit an. Wir wollen fair und vertrauensvoll mit unseren Geschäftspartnern zusammenarbeiten. **Kompetenz:** Wir wollen Profis in unserem Handeln sein und streben nach Exzellenz. Wir sind motiviert und ständig auf dem Laufenden, was gut und besser ist und streben anspruchsvolle Verbesserungen auf dem optimalen Weg an. Insbesondere in den folgenden Bereichen wollen wir die Marktbesten sein: IT-Consulting, IT-Services, IT-Infrastructure, Cloud Computing, IT-Security und IT-Datenschutz. **Wirtschaftlichkeit:** Wir wollen möglichst wirtschaftlich handeln und unseren Stakeholdern, insbesondere unseren Kunden, die besten Angebote im Wettbewerb offerieren. **Nachhaltigkeit:** Wir verpflichten uns zu einer nachhaltigen Geschäftspolitik, wollen dazu ökonomische, ökologische und soziale Aspekte im Ganzen betrachten, auswerten und wenn möglich Verbesserungen erreichen.

Unternehmensleitbild	
Begriff	In einem Unternehmensleitbild beschreibt das Unternehmen bzw. die Geschäftsleitung das Selbstverständnis und die Grundsätze eines Unternehmens. Das Leitbild wird schriftlich fixiert und richtet sich an die Mitarbeiter, Kunden und an die Öffentlichkeit. Es ist daher möglichst einfach formuliert und so, dass sich die Adressaten besonders angesprochen fühlen.
Ersteller	Möglichst gemeinsam mit engagierten Mitarbeitern sollte die Geschäftsleitung das Unternehmensleitbild entwickeln und mit der Zeit auch anpassen.
Ziele	• **Allgemein:** Man geht davon aus, als Unternehmen besonders erfolgreich sein zu wollen und die Ziele langfristig entsprechend ausrichten zu müssen. • **Nach außen:** Aufbau eines einzigartigen Images zur Abgrenzung von den Mitbewerbern. Insbesondere die Kunden sollen die Aussagen überzeugen, das Unternehmen als erste Wahl einzuschätzen. • **Nach innen:** Mitarbeiter eines Unternehmens sollen die Orientierung auf die besonderen Werte des Unternehmens erkennen. Sie sollen sich möglichst damit identifizieren und alle Leistungen, Ressourcen und Prozesse daran ausrichten.
Hauptaussagen	• **Vision:** Wohin soll sich das Unternehmen entwickeln? Klares Bild der Zukunft, z. B. Marktführer in ..., führend in ... • **Mission:** Was macht das Unternehmen? Zweck, Aufgaben, Kernkompetenzen, z. B. „Wir wollen unsere Kunden so unterstützen, dass ihre IT-Infrastruktur zuverlässig läuft, sie planvoll, smart und wirtschaftlich weiterentwickelt wird und Mitarbeiter sie lieben.“ • **Werte und Verhaltensweisen:** z. B. Kundenorientierung, Wirtschaftlichkeit, Zuverlässigkeit, Nachhaltigkeit

Unternehmensleitbild	
Beschreibungen der Werte	Häufig werden Unternehmensgrundsätze und Werte genannt und durch wenige Sätze zusätzlich bezogen auf das Unternehmen bzw. das Geschäftsmodell umschrieben bzw. erläutert.

(2) Übersicht der Unternehmensziele und Zielkonflikte

Die Formulierung von Unternehmenszielen ist wegen der Vielzahl der Zielvorstellungen und der schnellen Entwicklung in den Märkten nicht einfach und einem laufenden Wandel unterworfen. Unternehmen wie auch Individuen haben i. d. R. die Zielvorstellung, ein gutes Dasein mit einem guten Lebensstandard zu realisieren. Ziele nehmen Bezug auf das Leitbild des Unternehmens. Nach dem Zeithorizont sind **strategische** und **operative Ziele** zu unterscheiden. Auf der strategischen Ebene werden mehr Formalziele formuliert und auf der operativen Ebene mehr Sachziele. Vielen Unternehmen ist aktuell das Streben nach **Nachhaltigkeit** wichtig. Eine nachhaltige Zielformulierung fordert eine Ausrichtung der ökonomischen, sozialen und ökologischen Ziele so, dass möglichst wenig natürliche Ressourcen verbraucht werden und die Umwelt geschützt wird.

Auf der untersten Ebene stehen die **Grundfunktionen** des Unternehmens, der gute Ablauf der Geschäftsprozesse sowie die Produkte und Leistungen im Fokus der Zielvorstellungen. Eine besondere Bedeutung in IT-Unternehmen und IT-Abteilungen haben Ziele, die mit IT-Funktionen zu tun haben. Hierbei sind aktuell insbesondere Ziele der IT-Sicherheit und des IT-Informationsschutzes zu nennen.

Bei der Wahl der Ziele ist zu berücksichtigen, dass es nicht nur höherwertige und untergeordnete Ziele gibt, sondern dass diese sich auch zu anderen Zielen **unterstützend** (komplementär) oder **konkurrierend** verhalten können. Nach der Bestimmung der für das Unternehmen oder Arbeitsgebiet wichtigen Ziele ist daher immer eine **Priorisierung** (Rangfolge) vorzunehmen. Da Ziele i. d. R. nur dann sinnvoll sind, wenn der Grad der Zielerreichung auch überprüft werden kann, sollen Ziele realistisch und erreichbar formuliert werden. Ein einfaches Hilfsmittel, um Ziele überprüfbar zu formulieren, ist die sog. **SMART-Formel** (siehe Tabelle, S. 54).

Wirtschaft	Qualität	Sicherheit	Nachhaltigkeit
Absatz, Umsatz, Wachstum, Wertschöpfung, Marktführerschaft, Wirtschaftlichkeit, Produktivität, Rentabilität (Verzinsung des Kapitals), Risikovorsorge, Innovation	Infrastruktur, Anlagen, Maschinen, Systeme, Geräte, Teile, sonst. Produkte, Produktionsstoffe, Verbrauchsmaterial, Arbeitsprozesse, Management, Dienstleistung, Nutzung	Infrastruktursicherheit, Anlagensicherheit, Arbeitsschutz, Arbeitssicherheit, IT-Sicherheit, Datenschutz	Gesundheit, Verbraucherschutz, Umweltschutz, Tierschutz, Klimaschutz, Meeresschutz, Ressourcensparsamkeit, Recycling/Renaturierung
Bei der Umsetzung zu berücksichtigen:			
Gesetze, Stakeholder, Wettbewerbsrecht, Minimum-/Maximum-Prinzip, Pareto-Prinzip, Arbeitsteilung, SMART, Freie Presse, Marken	Gesetze, Normen, TQM, KVP, Qualitätsmanagement, Zertifizierung, Handbuch, Aufsicht, Prüfinstitute, Freie Presse, Bewertung	Gesetze, Normen, Stufen, Kategorien, Sicherheitsmanagement, Zertifizierung, Leitfaden, Aufsicht, Prüfinstitute, Freie Presse, Bewertung	Gesetze, Normen, Prüfinstitute, Verbände, Umweltmanagement, Zertifizierung, Aufsicht, Proteste, Freie Presse

Bewertung von Zielen	
Geschäftsmodell (Business Model)	Es umschreibt mit einem Hauptbegriff Kernkompetenzen und Zweck eines Unternehmens, z. B. Cloud-Providing, IT-Services, IT-Sourcing.
Leitbild, Vision	Oberste ausformulierte Zielvorstellungen, vgl. Leitbild JIKU
Zielformulierung SMART	Ziele sollten überprüfbar und damit SMART formuliert sein, Akronym für „Specific – Measurable – Accepted – Realistic – Time-bound“: **S** = spezifisch: Ziele sind eindeutig und präzise, nicht vage zu formulieren. **M** = messbar: Ziele müssen messbar sein. **A** = ausführbar (erreichbar): Ziele müssen akzeptiert sein (angemessen, attraktiv). **R** = realistisch: Ziele müssen möglich sein. **T** = terminiert: Zielen müssen klare Terminvorgaben gesetzt sein.
Sach- bzw. Leistungsziele	Sie beziehen sich auf das **konkrete Handeln** eines Betriebes bei der Leistungserstellung, d. h. auf die Art, Menge, Qualität, den Ort und die Zeit der produzierten Güter oder erstellten Dienstleistung; z. B. Herstellung von 5 000 Computern, mehr Online-Kommunikation in der Verwaltung, weniger Arbeitsunfälle.
Formalziele	Sie sollen **allgemein** den Erfolg des unternehmerischen Handelns vorgeben, werden daher i. d. R. vor den konkreten Sachzielen formuliert, z. B. Steigerung von Umsatz, Absatz, Marktanteil, Produktivität, Gewinn, Senkung von Überstunden oder Schulden.
Strategische und operative Ziele	• strategisch = langfristig: i. d. R. von Unternehmensleitung festgelegt, z. B. Gewinnmaximierung, Technologieführerschaft • operativ = mittel- bzw. kurzfristig: i. d. R. von Abteilungs- oder Teamleitung festgelegt, z. B. Absatzmaximierung, Kostenminimierung
Interessen der Stakeholder	• Mitarbeiter: hohes Einkommen, Arbeitsplatzsicherheit, guter Arbeitsplatz • Kapitalgeber: hohe Rendite, Kapitalsicherheit, Sonderausschüttungen, Tilgungen • Lieferanten: Zahlungsfähigkeit, hoher Umsatz, Kundentreue, Vertrauen • Kunden: niedriger Preis, guter und persönlicher Service, hohe Qualität, hoher Nutzen, schnelle und gute Mängelregulierung, bevorzugte Bedienung • Staat: hohe Steuereinnahmen, viele Arbeitsplätze, großes Ansehen (Image) • Mitbewerber (Konkurrenz): fairer Wettbewerb, Kooperation, Innovation
Zielkonflikte	Aufgrund unterschiedlicher Zielvorstellungen der Anspruchsgruppen bzw. Entscheider und konkurrierender Zielvorstellungen kommt es zu Zielkonflikten.
Neutrale und komplementäre Ziele	Ziele verhalten sich neutral zueinander oder ergänzen bzw. verstärken sich, z. B. höhere Energieeffizienz und Kosteneinsparung oder bessere Kundenzufriedenheit und höherer Umsatz oder höherer Umsatz und bessere Produktbekanntheit.
Konkurrierende Ziele	Ziele behindern sich, bewirken Gegenteiliges, z. B. das Ziel „Mehr Innovationen“ wirkt wegen der höheren Kosten dem Ziel „Kostensenkung“ entgegen.
Priorisierung von Zielen	Die Ziele sollten nicht alle gleichwertig angegangen werden, sondern die Ziele mit dem größten Wirkungsgrad für das Gesamtziel in der Reihe höher priorisiert werden.

Der Gesetzgeber hat mit **Gesetzen** und Verordnungen Rahmenbedingungen für unternehmerisches Handeln festgelegt. Institute haben auf der operativen Ebene dazu **Standards** bzw. **Normen** (DIN, ISO etc.) festgelegt, die zu erfüllen sind. Um öffentlich zu dokumentieren, dass Unternehmen diese Normen erfüllen, lassen sie sich zertifizieren.

ISO-Zertifizierung der Unternehmen

Nach ISO 9001 zertifizierte Unternehmen weisen ihren Qualitätsstandard und ihr Qualitätsmanagement mit einer Zertifizierung nach, die von **speziellen externen Prüforganisationen** (z. B. TÜV, DEKRA) in Zusammenarbeit mit firmeneigenen Qualitätsbeauftragten (internen Auditoren) durchgeführt wird. Zertifizierte Unternehmen haben im Wettbewerb größere Chancen, geringere Qualitätsdefizite, bessere Kunden- und Mitarbeiterzufriedenheit sowie Kostenkontrolle.

Audits sind systematische Inspektionen, um festzustellen, ob die qualitätsbezogenen Verfahren und die damit zusammenhängenden Ergebnisse den geplanten Anforderungen entsprechen. Grundlage des Audits und der Zertifizierung ist ein auf das Unternehmen und dessen Prozesse abgestimmtes Qualitätshandbuch bzw. das integrierte Managementsystem (IMS). Ein **integriertes Managementsystem (IMS)** ist ein Organisations- und Regelsystem in Unternehmen, um verschiedene gesetzliche Auflagen umzusetzen und zu überwachen. Dies soll eine gute Unternehmensführung (Governance) unterstützen. Für den Aufbau eines IMS sowie Richtlinien- und Risikomanagements bieten Berater und Softwareanbieter Unterstützung an.

Qualitätsmanagement	DIN EN ISO 9001:2015
Energiemanagement	DIN EN ISO 50001:2018
Umweltmanagement	DIN EN ISO 14001:2015; EMAS (Eco-Management and Audit Scheme)
IT-Grundschutz/-Sicherheit	ISO/IEC 27001
Arbeits- und Gesundheitsschutz	DIN ISO 45001
Datenschutz-Informations-Management-System	ISO/IEC 27701

(3) Wirtschaftliche Ziele

Erwerbswirtschaftliche Unternehmen müssen möglichst viel **Gewinn** erzielen, wenn sie größere **Risiken** eingehen und sehr innovativ sind. Sie müssen zur Risikovorsorge Gewinne in Rücklagen einstellen. Für viele Unternehmen und insbesondere Unternehmen der ITK-Branche sind das Erreichen einer Marktführerschaft oder einer Technologieführerschaft besonders erstrebenswerte Ziele. Damit sind besondere Privilegien wie bessere Beschaffungspreise, ein besseres Image und eine bessere Durchsetzung von Innovationen im Markt verbunden.

Marktführerschaft

Eine Marktführerschaft bedeutet den größten Marktanteil im Vergleich zu Marktteilnehmern zu haben.

Technologieführerschaft

Technologieführerschaft bedeutet, dass andere Unternehmen die Innovationen des Unternehmens beobachten und diesem Trend folgen.

Unternehmen, die mit Verlust oder vergleichsweise niedriger **Rendite** arbeiten, haben es schwerer, im Markt zu bestehen, können mit ihrer geringeren **Wertschöpfung** die Ansprüche der Stakeholder nicht so gut bedienen wie andere, verlieren dadurch z. B. gute Fachkräfte und günstige Kapitalgeber.

Wirtschaftliche bzw. ökonomische Ziele (langfristig, strategisch)	
Hoher Absatz	Absatz = verkaufte Stückzahlen, in der Dienstleistung Anzahl beim Kunden verkaufter und berechneter Arbeitsstunden
Hoher Umsatz (netto)	Nettoumsatz = Umsatz ohne Umsatzsteuer, Umsatz = Stück · Preis, in der Dienstleistung Anzahl berechneter Stunden · Stundensatz
Wertschöpfung	Wertsteigerung bei der Leistungserbringung, Differenz der erstellten Leistung (Wert für Absatz oder Lager) – Wert der eingesetzten Vorleistungen (von anderen Unternehmen dazu bezogene Mittel). Von der Wertschöpfung eines Unternehmens müssen Löhne und Gehälter, Steuern, Bankzinsen und Gewinne (Verzinsung des Eigenkapitals) u. Ä. getragen werden.
Gewinn	Erträge (Umsatzerlöse + sonstige Erträge) – Aufwendungen (Kosten + zusätzliche Aufwendungen); Eigenkapitalrentabilität (%) = $\frac{\text{Gewinn} \cdot 100}{\text{EK}}$
Wachstum, Marktführerschaft	Wachstum im Absatz und Umsatz können besondere Ziele sein, um bessere Beschaffungskonditionen oder Vorteile einer Marktführerschaft zu erreichen.
Wirtschaftlichkeit	Kennzahl für Effizienz: Erträge/Aufwendungen, z. B. wenn Erträge > Aufwendungen, Erlöse > Kosten, Kennzahl: Erlöse/Kosten (als Prozentzahl · 100)
Produktivität	Kennzahl für das Verhältnis von Output zu Input: Output/Input oder Ausbringungsmenge/Einsatzmenge, z. B. hergestellte Stücke/Stunde, abgerechnete Stundenerlöse gesamt/Anzahl eingesetzter Stunden
Rentabilität, Rendite	Rentabilität ist eine Erfolgsbetrachtung einer Anlage oder einer Investition, Rendite = Verzinsung des eingesetzten Kapitals in %, z. B. $\frac{\text{Jahresüberschuss} \cdot 100}{\text{Kapital}}$
Risikoabsicherung	Die Minimierung großer Unternehmensrisiken kann zur Vermeidung von Insolvenz und totalem Kapitalverlust ein wichtiges strategisches Ziel sein.
Liquidität	Zahlungsfähigkeit ist ein wichtiges Ziel, da Illiquidität zur Insolvenz führen kann.

Kompetenzcheck ✓

1 Welche Aussage ist richtig?

a) Ein Leitbild gibt die Grundsätze und Wertvorstellungen der Unternehmensleitung an.
b) Strategische Ziele sind kurzfristig, operative Ziele langfristig ausgerichtet.
c) Ziele sollten SMART und damit möglichst kurz in einem Wort angegeben werden.
d) Sachziele werden auf der obersten Ebene für allgemeine Ziele formuliert.
e) Stakeholder haben kein Interesse am Unternehmen.
f) Die Erhöhung der Gehälter und Kosteneinsparung sind komplementäre Ziele.
g) Priorisierung von Zielen bedeutet, die Ziele nach der Wichtigkeit in eine Rangfolge zu bringen.
h) Wertschöpfung im Unternehmen wird dadurch erreicht, dass man Geld bei der Bank in Kleingeld eintauscht.
i) Unternehmen lassen sich zertifizieren, damit sie eine externe Bestätigung fachkundiger Experten erhalten, dass sie Normen und Richtlinien einhalten.
j) Wenn ein Unternehmen am Tag 10 000,00 € ohne Umsatzsteuer eingenommen hat, insgesamt Aufwendungen der Geschäftstätigkeit für diesen Tag von 8 500,00 € hatte, so hat es 1 500,00 € Gewinn oder eine Umsatzrendite von 1,5 % erzielt.
k) Wenn ein Unternehmen am ersten Tag 400 Stück in 8 Stunden und am zweiten Tag 300 Stück in 5 Stunden bearbeitet hat, war es am ersten Tag produktiver.

A6 A7

2 Setzen Sie mit Aufgabe 6 im Arbeitsbuch einen weiteren Kompetenzcheck zu wirtschaftlichen Zielen und diskutieren Sie mit Aufgabe 7 der Lernsituation 2 ein Schaubild zu Unternehmenszielen.

(4) Qualitätsmanagement

Wir kennen den Qualitätsbegriff als Einschätzung, wie gut oder schlecht Leistungen (Grundstoffe, Erzeugnisse, Dienstleistungen) sind. Schaut man sich den Begriff genauer an, kann er mehr bedeuten als die Güte der Leistungen selbst. Er bezieht auch weitergehend alle Objekte, ihre Systeme und Prozesse ein. Für Unternehmen sind in erster Linie Normen und Rechtsvorschriften von Bedeutung und zu beachten. Damit entwickeln Geschäftsleitungen Werthaltungen bezogen auf das Unternehmen und richten darauf ihr Unternehmensleitbild ab. Ganz oben bei den Qualitätszielen steht die Kundenzufriedenheit in Unternehmen.

Qualität

Qualität (lat. *qualitas*: Beschaffenheit, Merkmal, Eigenschaft, Zustand) bezeichnet die Güte aller Eigenschaften eines Objektes, Systems oder Prozesses sowie die den Handlungen und deren Ergebnissen vorgelagerten individuellen Werthaltungen.

Kundenzufriedenheit

Qualität überzeugt, Service entscheidet!

oder

Qualität ist, wenn der Kunde zurück kommt und nicht das Produkt!

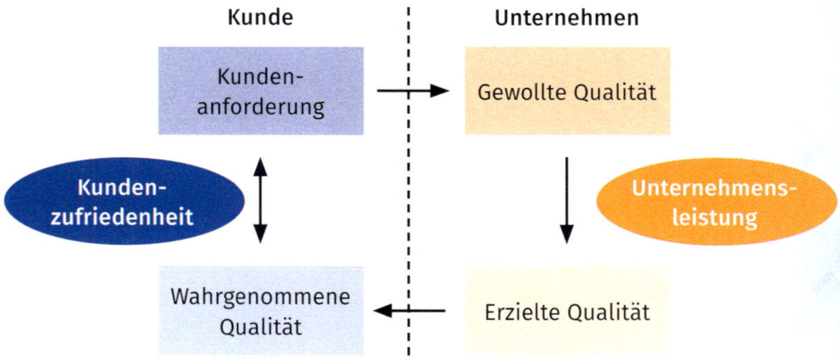

Aussagen in der Werbung (Beispiele):

- *Das sichere Gefühl für gute Qualität!*
- *100 % Qualität, 100 % Service, 100 % Kompetenz!*
- *Service macht den Unterschied!*
- *Mehr Vielfalt! Mehr Qualität! Mehr Service!*
- *Qualität zum kleinen Preis!*

Identifizierte Schwachstellen aus Kunden- und Mitarbeiterbefragungen: z. B.

- zu lange Bearbeitungszeiten
- zu große Anzahl der Prozessschritte
- Systembrüche, Doppelarbeiten
- zu wenig Information
- zu hohe Fehlerquote, zu geringe Qualität
- zu geringe Mitarbeitermotivation
- keine eindeutigen Verantwortlichkeiten

Qualität versuchen Unternehmen durch Qualitätsbeauftragte, Qualitätszirkel und Qualitätsmanagementsysteme nach dem TQM-Prinzip sicherzustellen. Im Zusammenhang mit dem Qualitätsmanagement wird häufig das Innovationsmanagement genannt, das innovative Verbesserungen in den Fokus nimmt.

Merkmale von TQM

T = Total (allumfassendes) – **Q** = Quality (Qualitäts-) – **M** = Management
Null-Fehler-Prinzip Nur einwandfreie Produkte/Leistungen werden in die nächste Bearbeitungsstufe übergeben.
Methode der „Fünf Warum" Bei einer Analyse der Fehler werden Begründungen immer weiter mit „Warum?" hinterfragt, z. B.: Warum ist der Computer ausgefallen? Kein Strom! Warum gab es keinen Strom? Die Hausleitung war überlastet! Warum war die ...
Kaizen Ein aus Japan übernommenes methodisches Konzept, das mittels eines ständigen Verbesserungsprozesses die Leistungen verbessern soll.

Qualitätszirkel

Mitarbeiter treffen sich in kleineren, innerbetrieblichen Arbeitskreisen mehr oder weniger regelmäßig, um den eigenen Arbeitsbereich mit Unterstützung eines Moderators, z. B. dem Beauftragten für das Qualitätsmanagement, zu analysieren. Schwachstellen in den Produkten, Leistungen und Geschäftsprozessen sollen aufgedeckt, Vorschläge möglichst selbst umgesetzt und gemeinsam kontrolliert werden.

PDCA-Qualitätsmanagementzyklus

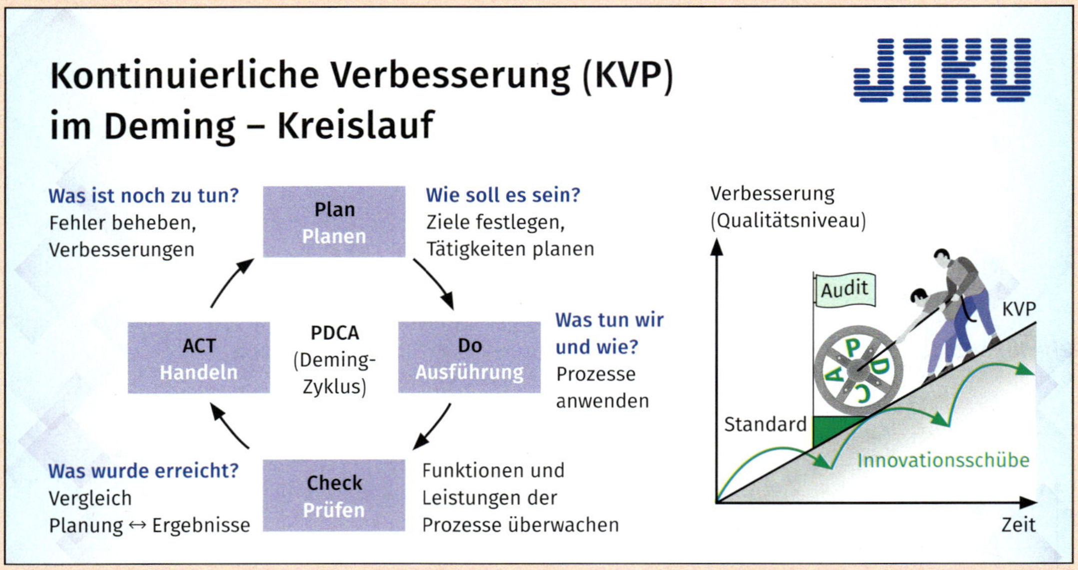

Um einen kontinuierlichen Prozess der Geschäftsprozessoptimierung einzurichten, wird i. d. R. auf den PDCA-Qualitätsmanagementzyklus von W. Edward Deming Bezug genommen. Wie im Kreis der vollständigen Handlung regelt er in vier Schritten die Verbesserung der Geschäftsprozesse. Wie die Folie zeigt, erhöhen die Mitarbeiter durch ständige Verbesserung der Geschäftsprozesse die Qualität über die vorgegebenen Standards. Aufgaben im Qualitätszirkel sind: QM-Handbuch/-System aufbauen (manuell oder digital), Mitarbeiter passend über Normen informieren, Umsetzung über KVP organisieren und entwickeln, Prozesse und Leistungen verbessern, vernetzte Zusammenarbeit und Zertifizierung erreichen etc.

Verbesserungs- und Ideenmanagement		
	KVP	**Innovationsmanagement**
Ziel	Ständige Verbesserung und Optimierung aller Geschäftsprozesse in kleinen Schritten	Notwendig für das Bestehen in einem Wettbewerb stark innovativer Märkte, Verbesserungsvorschläge können auch ein Indikator für das Betriebsklima sein
Zeitlich	Stetig, laufend	Sprunghaft, spontan
Objekte	Alle Prozessbeschreibungen, Verfahrensanweisungen und Arbeitsanweisungen sowie in der Aufbauorganisation auch Leitungssystem und Stellenbeschreibungen	Technologieinnovationen, Produktinnovationen, (Fertigungs- oder) Prozessinnovationen, Dienstleistungsinnovationen, Organisationsinnovationen (Strukturen, Kulturen, Schnittstellen), Geschäftsmodell-Innovationen (aufgrund der Änderung der Marktstrukturen und Bedürfnisse im Markt)
Grundlage	IMS/QM-System mit internen und externen Audits und Zertifizierungen	Betriebliches Vorschlagswesen (z. B. Ideenbriefkasten), Problemlösungs- oder Innovationsmanagement
Beteiligte	Möglichst viele Mitarbeiter in Arbeitskreisen	Spezialisten, Innovatoren und ausgewählte Mitarbeiter in Innovationsworkshops o. Ä.
Vorteile	Alle Mitarbeiter werden eingebunden und können sich in kleinen Schritten zur Verbesserung der Prozesse einbringen, werden beachtet. Durch kleine Schritte sind die Veränderungen auch leichter nachvollziehbar.	Die große Bedeutung von Innovationen wird mehr beachtet. Methoden und Maßnahmen können begrenzt umgesetzt werden. Die Arbeit an Ideen fördert die Motivation und die Bindung der Mitarbeiter an das Unternehmen, Mitarbeiter werden für Ideen belohnt.
Nachteile	Mitarbeiter müssen ihre Arbeit unterbrechen, was Zeit kostet und nicht von allen akzeptiert wird. Gespräche über Schwachstellen und Verantwortlichkeiten können zur Demotivation führen. Ein IMS mit Zertifizierung ist kostenaufwendig.	Ohne Belohnung wenig Motivation. Kreativ zu denken, ist für viele Mitarbeiter schwierig. Werden Ideen nicht umgesetzt oder honoriert, sinkt die Arbeitsmotivation. Widersprüche müssen beachtet werden: Mitarbeiter wünschen sich Kreativität, lehnen sie aber zugleich ab. Kunden wollen Innovationen, mögen aber keine Überraschungen.

7-Phasen-Modell im Veränderungsprozess/Changemanagement nach Streich

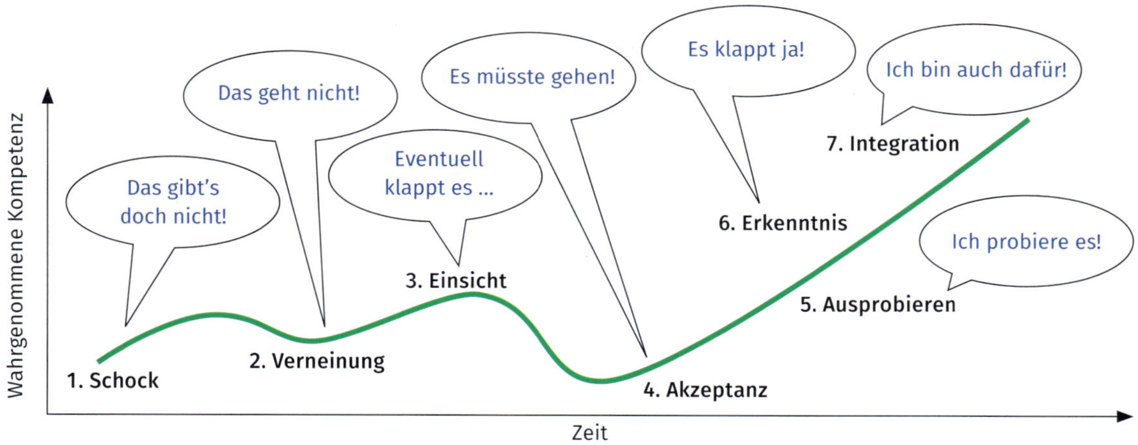

Schlüssel zum Erfolg: insb. Information, Transparenz, Kommunikation, Training, Coaching verbessern!

In Lernfeld 2 wird das Thema „Qualität" in Bezug auf Qualität von IT-Systemen und IT-Services, in Lernfeld 3 in Bezug auf Netzwerke und in Lernfeld 5 in Bezug auf Software und Softwareentwicklung weitergehend untersucht.

Kompetenzcheck ✓

1. Welche Aussage ist richtig?
   a) Qualität ist ausschließlich ein Merkmal, wie gut oder schlecht Produkte von Unternehmen sind.
   b) Gewollte Qualität entspricht immer der erzielten Qualität.
   c) TQM bedeutet im Qualitätsmanagement, dass nur das Ergebnis zählt.
   d) Ein Qualitätszirkel ist eine Gruppe von Consultants, die ausschließlich von extern Qualität prüfen.
   e) Der Deming-Zyklus ist PDCA.
   f) Ein Audit ist im Qualitätsmanagement eine Videokonferenz mit Vorgesetzten.

2. Diskutieren Sie die Behauptung, dass im ITK-Sektor KVP durch Innovationsmanagement oder das 7 Phasen-Modell Changemanagement nach Streich ersetzt werden sollte.

A8
3. Bearbeiten Sie die Aufgabe 8 der Lernsituation 2 im Arbeitsbuch und stellen Sie Qualitätsprobleme heraus.

(5) Informationssicherheit und Datenschutz

Die Gewährleistung von IT-Sicherheit, Datenschutz und Datensicherheit bzw. das übergreifende Ziel Informationssicherheit sind für jedes Unternehmen existenznotwendig, will man nicht Risiken eingehen, die ein Unternehmen durch hohe Kosten oder Schäden ruinieren. Daher wird auf die Erstellung einer Sicherheitsrichtlinie in Lernfeld 4 sowie die technische Prüfung von Datensicherheit und Datenschutz in den Lernfeldern 2 und 3 vertieft eingegangen.

Sicherheit im Unternehmen

Unternehmenssicherheit

Arbeitsschutz-/-sicherheit u.a.	Infrastruktur- und IT-Sicherheit	Datenschutz und -sicherheit
	Informationssicherheit	

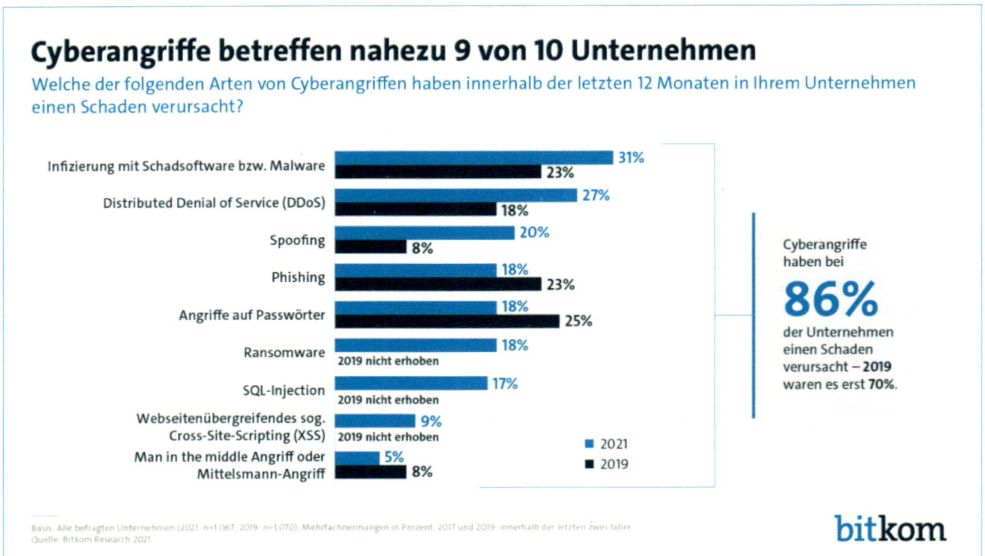

Drei Viertel der Wirtschaft sind betroffen

Von welchen der folgenden digitalen oder analogen Arten von Datendiebstahl, Industriespionage oder Sabotage war Ihr Unternehmen innerhalb der letzten zwei Jahre betroffen bzw. vermutlich betroffen?

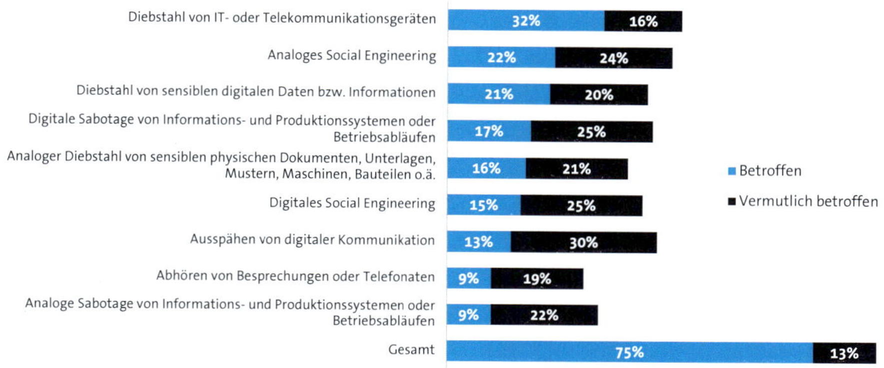

Beispiele für Maßnahmen für bessere Datensicherheit	
Technische Maßnahmen	Brandschutzeinrichtungen (feuerfeste Räume, Rauchmelder, Sprinkleranlagen, Feuerlöscher), Blitzschutzanlagen, Notstromaggregat, Türsicherungen, Alarmanlagen
Organisatorische Maßnahmen	Polizeiliches Führungszeugnis für bestimmte Nutzer, Schulungen, Zutrittskontrollen, Benutzer-ID, Passwortschutz, Ausweise, Anwesenheitsprotokolle/-buch, Taschenkontrolle, Rauchverbot, Sicherungskopien von Programmen und Daten im Tresor, Überwachung durch Datenschutzbeauftragten, Erstellung eines Katastrophenhandbuchs, Bestimmung eines Ausweichrechenzentrums
Softwaremäßige Maßnahmen	Zusätzliche Prüfziffern oder Plausibilitätsüberprüfungen stellen sicher, dass schon bei der Erfassung der Daten Eingabefehler erkannt werden, Verschlüsselung der Daten (Kryptografie) verhindert Datennutzung, Antivirenschutz schützt vor Computerviren

Ursachen für Datenverlust

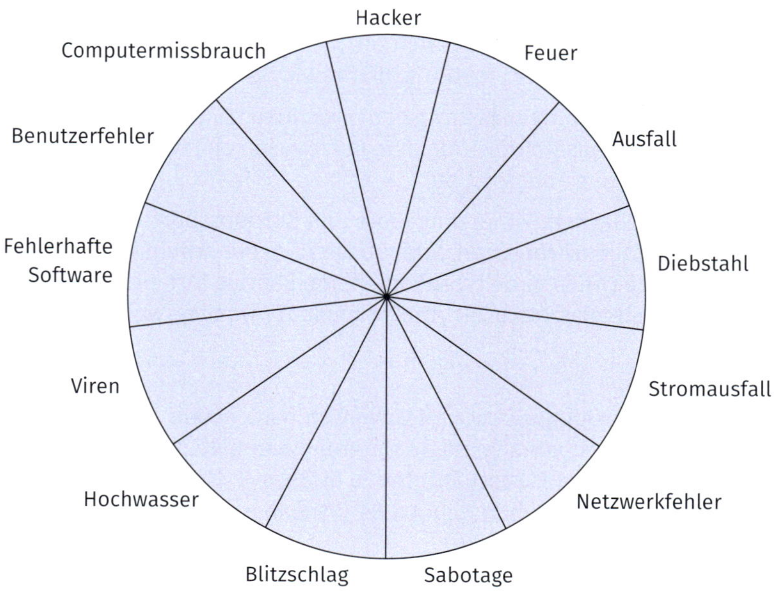

1 IT-Monitoringsystem
2 Netzwerk Management System (NMS)
3 Power Distribution Units (PDU's)
4 Videoüberwachung
5 Zutrittskontrolle mit Türsensor
6 Sensorgestützte Schranküberwachung
7 Intelligente Sensoren für Rack-Monitoring
8 Power-Monitoring
9 Überwachung Luftzirkulation
10 Sensor Temperatur und Luftfeuchtigkeit
11 Wasser-Bereichs-sensor (Doppelboden)
12 Sensor-Hub
13 Rauchmelder
14 Sirene

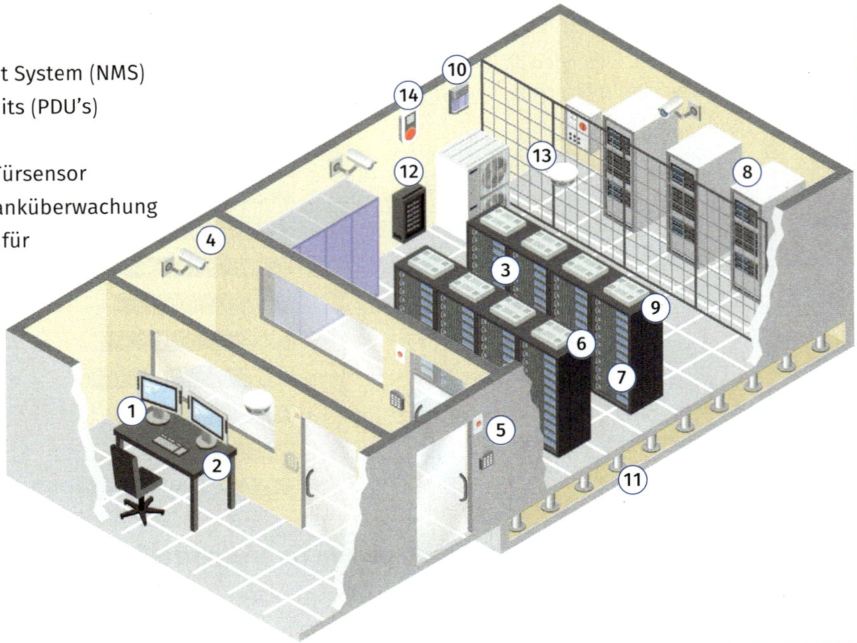

Bereiche und Systeme eines Rechenzentrums

(6) Arbeitssicherheit und Gesundheitsschutz

Ziele zur Arbeitssicherheit und zum Gesundheitsschutz sind den Unternehmen sehr wichtig. Sie wurden bereits im Zusammenhang mit der **betrieblichen Unfallversicherung** erwähnt, werden weitergehend im Kapitel 2.10.2 von Lernfeld 2 behandelt. An dieser Stelle soll das Ziel der persönlichen Gesundheitsförderung herausgestellt werden.

Gesundheitsförderung	
Nutzen für Unternehmen	Rückgang des Krankenstandes und der Fluktuation/Kündigungen, Erhöhung der Produktivität, Verbesserung der Kooperation untereinander und des Images
Nutzen für Beschäftigte	Reduzierung von Beschwerden, Steigerung des Wohlbefindens, Verbesserung der Beziehungen, mehr Gesundheitswissen
Betriebliche und individuelle Maßnahmen	Stressbewältigungsstrategien anwenden, Zufriedenheitserlebnisse schaffen, Bewegungsarmut vermeiden, Kurzpausen einlegen, Suchtprävention nutzen, Ernährung anpassen etc.
Wichtige Work-Life-Balance-Maßnahmen	Teilzeitarbeit, Fitnessangebote und Betriebssport, Gesundheitscheck, Vertrauensarbeitszeit, Sabbaticals/längere Arbeitsunterbrechung, Telearbeit/Home Office, Arbeitszeitkonten, Job Sharing (Arbeitsplatzteilung), Jobrotation (Arbeitsplatzwechsel), Job Enrichment (Arbeitserweiterung), Kinderbetreuung u. a.

Unter dem Stichwort „**Work-Life-Balance**" wird der Wunsch nach einem ausgeglichenen Verhältnis von Arbeit und Erholung zum Ausdruck gebracht. Viele Unternehmen bieten familien- und freizeitfördernde Maßnahmen an, um die Gesundheit der Beschäftigten zu fördern. Ein betriebliches **Gesundheitsmanagementsystem** ergänzt den klassischen Arbeitsschutz. Berufsgenossenschaften, Krankenkassen und andere Institutionen bieten hierzu Fortbildungen an.

Das **Arbeitszeitgesetz** sorgt für einen gesetzlichen Rahmen, Ruhepausen und Erholung als wichtigen Bestandteil der Arbeit einzuplanen. Besonderer Schonung bedürfen werdende Mütter und Mütter nach der Geburt, sodass durch das **Mutterschutzgesetz** wichtige Regelungen gesetzlich festgelegt sind. Zudem ist es besser, Mitarbeiter nach einer Krankphase schonend wieder einzugliedern.

Kompetenzcheck ✓

1. Diskutieren Sie über das Thema „Gesundheitsförderung" und die Behauptung, dass sie aktuell immer weiter reduziert wird, da seitens der Mitarbeiter kein großes Interesse daran besteht.

2. Prüfen Sie im Inhaltsverzeichnis, in welchen Kapiteln des Schülerbuches Gesundheitsschutz und Gesundheitsvorsorge angesprochen werden.

(7) Umweltschutz und Nachhaltigkeit sowie Istaufnahmetechniken

Seit einigen Jahren bemühen sich IT-Unternehmen wie das Modellunternehmen JIKU IT-Solutions, alle Umweltschutzauflagen zu erfüllen und möglichst nachhaltig zu wirtschaften. Dazu werden in den Unternehmen u.a. neue Stabsstellen wie die Beauftragten für Nachhaltigkeit geschaffen und eingesetzt. Auch können jährlich spezifische Nachhaltigkeitsberichte erstellt werden. In enger Zusammenarbeit mit dem Qualitätsmanagement wird an der Optimierung im Umweltmanagement und den Nachhaltigkeitsberichten gearbeitet. Um die angestrebten Ziele zu erreichen, müssen Kriterien erstellt werden, die die Prüfung der Zielerreichung ermöglichen.

Wie das folgende Beispiel im Schaubild zeigt, erfolgt diese Prüfung im Modellunternehmen JIKU IT-Solutions anhand von drei Stufen: Risikopotenzial, gesetzliche Forderungen und wirtschaftliche Notwendigkeit. Die gesetzlichen Vorgaben sollen zudem im Intranet für alle transparent gemacht werden. Der QM-Beauftragte bei JIKU-IT-Solutions stellt eine Liste mit möglichen Analysen zur Diskussion.

Optimierung im Umweltmanagement

Bericht: Nachhaltigkeitsbericht
Bewertungskriterien: A (Risikopotenzial), B (Gesetzliche Forderungen), C (Wirtschaftliche Notwendigkeit)
Relevanz: stark (3 Punkte), mittel (2 Punkte), schwach (1 Punkt)
Gesetzliche Anforderungen: auf der Basis einer Intranet-basierten Gesetzesdokumentation
Analysen:
- Zertifizierungen im Vergleich
- Energieverbrauch
- Erzeugung Wärmeenergie
- Energiemix in der Stromerzeugung
- Entwicklung ökologischer Dienstleistungen
- Sonstiger Abfall
- Gefährliche Abfälle
- Kraftstoffverbrauch Fahrzeuge
- Nachhaltigkeit im Einkauf/in der Beschaffung
- Nachhaltigkeit im Versand
- Nachhaltigkeit in der Entsorgung und Recycling
- Remarketing von Altsystemen
- Erfüllung ökologischer und sozialer Programme der letzten Jahre

Wenn Kriterien für Umweltschutz und Nachhaltigkeit im Unternehmen mithilfe von Istaufnahmetechniken erstellt werden, können überprüfbare Daten und Ereignisse in einer **Primärerhebung** und einer **Sekundärerhebung** ermittelt werden. Da Daten der Sekundärerhebung bereits vorliegen, wäre es sinnvoll, zunächst zu prüfen, welche Daten und Statistiken dazu bereits geeignet sind. Darüber hinaus wäre zu prüfen, welche Möglichkeiten von Primärerhebungen zusätzlich ergriffen werden sollten.

Istaufnahmetechniken

JIKU

Primär-/Ersterhebung: Für ein Untersuchungsziel werden gezielt Daten im Schaubild erhoben

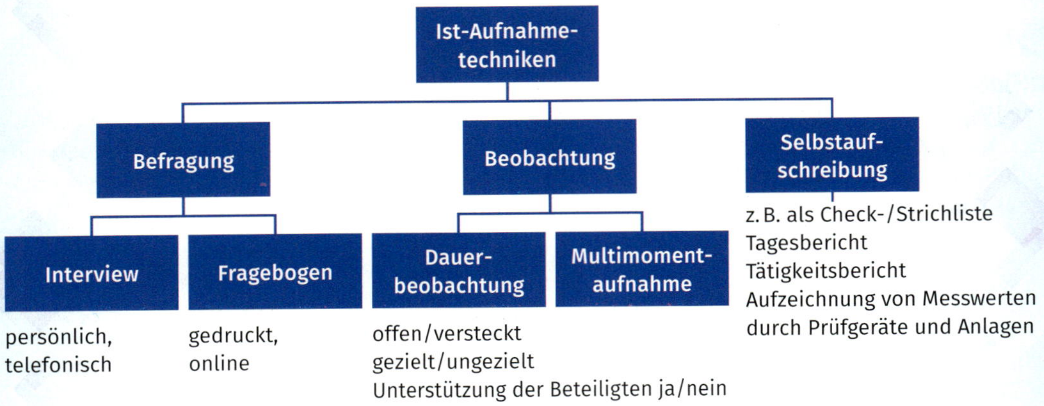

Sekundärerhebung: Für ein Untersuchungsziel werden schon vorhandene Daten und Statistiken (erneut) ausgewertet

Insbesondere Daten aus dem EDV-System (ERP-System) werden verwendet.

Hinweis: Ist-Aufnahmen benötigen vorab der Zustimmung der Mitarbeiter bzw. des Betriebsrates, wenn Persönlichkeitsrechte verletzt werden, vgl. auch BDSG und BetrVG

Kompetenzcheck ✓

1. Diskutieren Sie über Ziele und Analysen zum Umweltschutz und zur Nachhaltigkeit sowie über Möglichkeiten, Istaufnahmen durch Primär- und Sekundäranalysen vorzunehmen.

2. Prüfen Sie im Inhaltsverzeichnis, in welchen Kapiteln des Schülerbuches die Themen „Umweltschutz“ und „Nachhaltigkeit“ angesprochen werden.

3. Recherchieren Sie im Internet nach dem Stichwort „Nachhaltigkeitsbericht“.

A9

4. Bearbeiten Sie im Arbeitsbuch mit der Aufgabe 9 der Lernsituation 2 einen Abschlusstest zum Thema „Unternehmensziele“.

1.3.4 Formen der Aufbauorganisation und Unternehmensrechtsformen unterscheiden

S **Sie sollen die Organisation Ihres Ausbildungsbetriebes präsentieren.**

Das Organigramm des Systemhauses JIKU IT-Solutions sieht wie folgt aus:

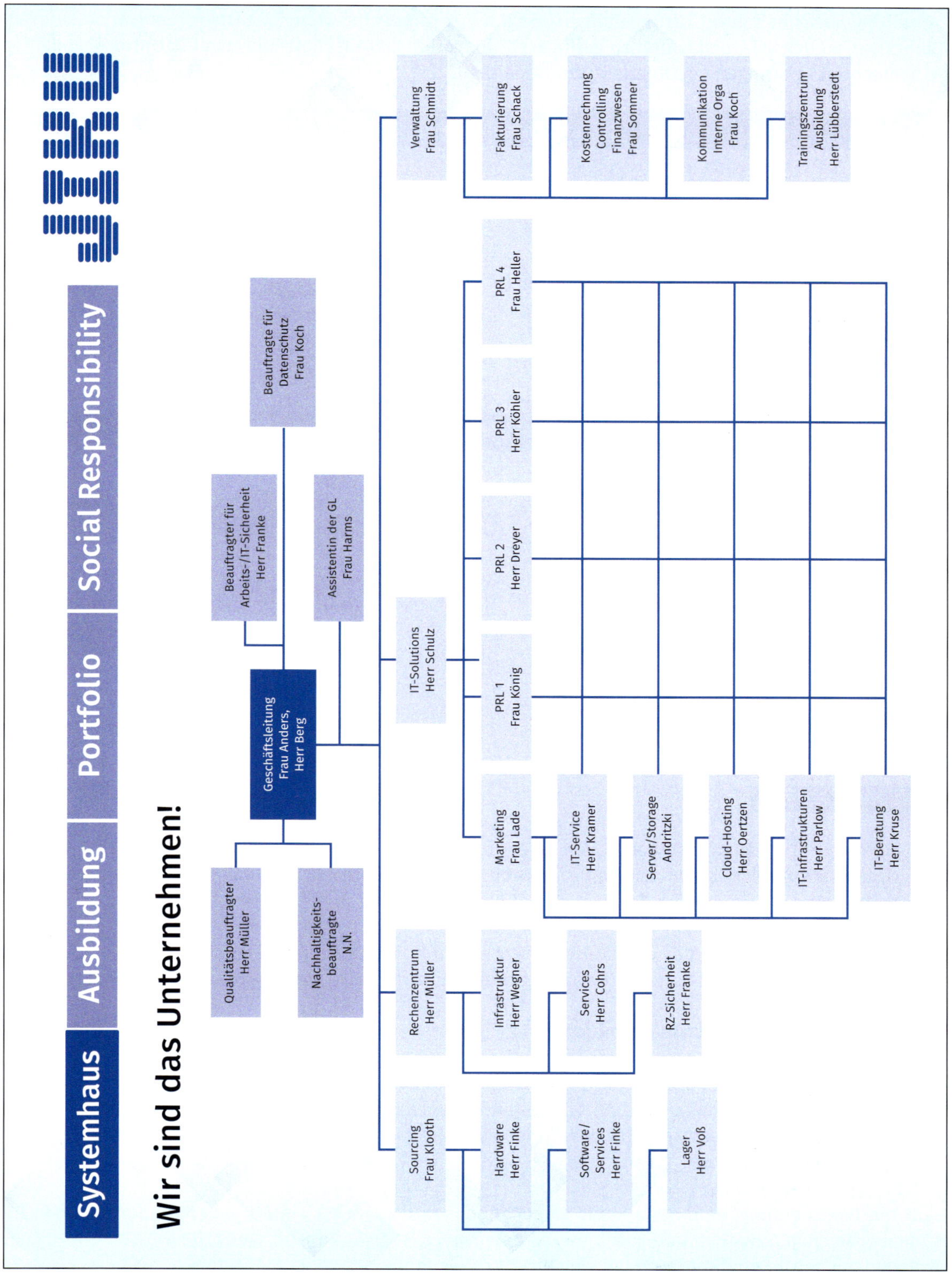

(1) Grundbegriffe der Organisation und Stellenbildung

Die betriebliche Organisation unterscheidet die **Aufbau- und Ablauforganisation**. Die Ablauforganisation wird im Kapitel 1.3.5 und im 2. Ausbildungsjahr vertieft behandelt.

Organisation unterscheidet sich von **Disposition** und **Improvisation**. Unternehmen müssen das richtige Verhältnis zwischen fallweisen Regelungen und Dauerregelungen finden. Eine Überorganisation kann zur Demotivation der Mitarbeiter und zu geringerer Innovationsbereitschaft führen, eine Unterorganisation zu schlechten Leistungen und Kundenunzufriedenheit.

Bereiche betrieblicher Organisation

Aufbauorganisation	Ablauforganisation
• Gliederung des Betriebes in funktionsfähige Einheiten • Übertragung von Aufgaben, Kompetenzen und Verantwortung auf die Mitarbeiter • Festlegung eines Systems von Informations- und Anweisungswegen • Entwicklung von Führungsformen und -techniken	regelt den • funktionalen Arbeitsablauf • zeitlichen Arbeitsablauf • räumlichen Arbeitsablauf und dient dem optimalen Einsatz vorhandener Kapazitäten an Mitarbeitern und Betriebsmitteln

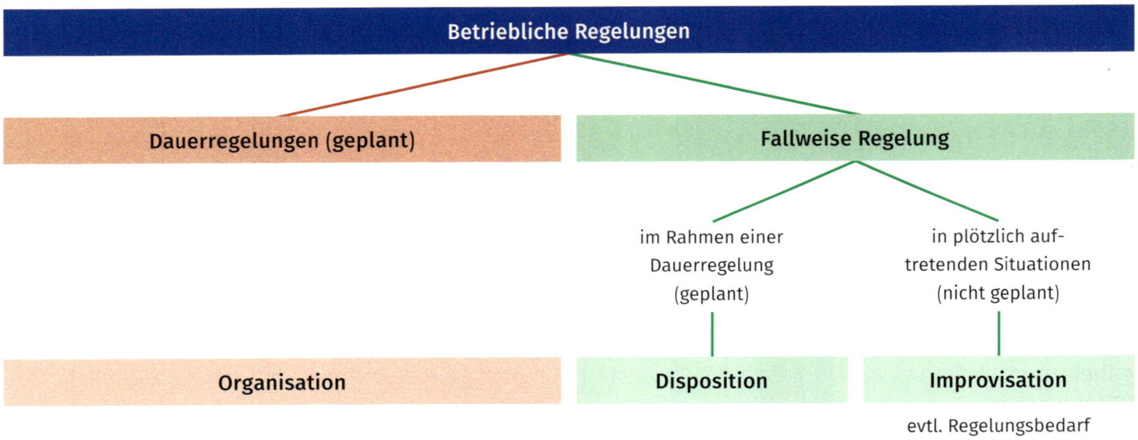

Kompetenzcheck ✓

1. Herr Hein vom Support berichtet von einer großen Überlastung seiner Funktion. Das Verhältnis von Organisation, Disposition und Improvisation beträgt 20 % zu 30 % zu 50 %. Beurteilen Sie dieses Verhältnis.

2. Wie hoch schätzen Sie das Verhältnis von Organisation, Disposition und Improvisation bei folgenden Einheiten (gering, mittel, hoch): Finanzbehörden, Autowerkstatt, Werbeagentur, Fußballteam?

(2) Aufgabenanalyse und Stellenbildung

Da sich die Arbeitsbereiche in Unternehmen schnell ändern können und auch neue Arbeitsbereiche entstehen, müssen Geschäfts- und Abteilungsleitung entscheiden, ob neue Stellen geschaffen, andere Mitarbeiter mit einer Zusatzaufgabe beauftragt oder die Aufgaben an externe Unternehmen vergeben werden sollen (Outsourcing).

Fällt die Entscheidung, eine neue Stelle zu schaffen, sollte zunächst ein **Aufgabengliederungsplan** erstellt werden, um Aufgaben und Zuschnitt festzulegen. Es ist zu klären, ob die Stelle eine leitende Stelle (Instanz) mit Leitungsvollmachten ist, eine ausführende Stelle oder eine Stabsstelle.

Aufgabengliederungsplan eines IT-Mitarbeiters (Ausschnitt)		
Hauptaufgabe	**Teilaufgaben**	**Einzelaufgaben**
Betreuung der EDV	Beschaffung	• Bedarfsanalyse • Angebote einholen • Angebote vergleichen • Bestellung, Abnahme
	Installation	• Anschluss der Anlagen • Netzwerkerweiterung • Softwareinstallation • Kommunikation und Datenaustausch, IT-Sicherheit und Datenschutz sicherstellen • Mitarbeiter in Handhabung einführen und beraten
	Wartung	• Computersysteme und Computernetz warten und funktionsfähig halten • Verbrauchsmaterial bereitstellen
	Fortbildung und Beratung	Eigene Fortbildung, Beratung und Fortbildung der Mitarbeiterinnen und Mitarbeiter

Beispiel für einen Aufgabengliederungsplan

Stellenarten		
Instanz	**Stabsstelle**	**Ausführende Stelle**
besitzt Anordnungs- und Entscheidungsbefugnis gegenüber rangniederen Stellen	• Hilfsstelle einer Instanz ohne Anordnungs- und Entscheidungsbefugnis • beratungs- und entscheidungsvorbereitende Funktion	ohne Leitungs- und Entscheidungsbefugnis

Viele Unternehmen führen einen **Stellenplan**, in dem alle genehmigten Stellen aufgelistet sind. Für jede genehmigte Stelle wird eine Stellenbeschreibung erstellt, die unabhängig vom Stelleninhaber alle Aufgaben, Zuständigkeiten, die Besoldungseinordnung, Vollmachten und vorausgesetzte Kompetenzen (Bildungsvoraussetzungen und praktische Erfahrungen) für die Besetzung der Stelle enthält.

Grundprinzipien der Stellenbildung

Arbeitsteilung
Eine hoch spezialisierte Industriegesellschaft erfordert i. d. R. eine arbeitsteilige Aufgabenerledigung. Besonders wichtig ist es, zu prüfen, ob Aufgaben durch externe Mitarbeiter oder Fremdfirmen (Outsourcing) besser und kostengünstiger erledigt werden können. Die Vor- und Nachteile einer Arbeitsteilung müssen in die Überlegungen einbezogen werden.

Überschaubarkeit
Die Aufgaben und Tätigkeiten dürfen den Stelleninhaber nicht überfordern (zeitlicher Umfang der Erledigung, sachlicher Umfang, Abhängigkeiten zu anderen Stellen und Dritten).

Angemessenheit
Die Aufgaben müssen der Leistungsfähigkeit vorgesehener Stelleninhaber, eventuell unter Hinzuziehung von Qualifizierungsmaßnahmen, entsprechen.

Genderkonformität
Stellenausschreibungen bzw. Stellenanzeigen müssen nach dem Allgemeinen Gleichbehandlungsgesetz (AGG) geschlechtsneutral erfolgen bzw. neben der Bezeichnung (m/w) die Bezeichnung „i“ für intersexuell oder „d“ für divers enthalten.

Beauftragte im Unternehmen
Betriebe müssen aufgrund gesetzlicher Bestimmungen für einzelne Themen Beauftragte benennen. Darüber hinaus werden Beauftragte zur Entlastung von Leitungsstellen benannt. Externe Mitarbeiter, Mitarbeiter in Voll- und Teilzeit oder Mitarbeiter mit zeitweiser Freistellung werden dafür vorgesehen: z. B. als Arbeitssicherheitsbeauftragte, Behindertenbeauftragte, Betriebsärzte, Brandschutzbeauftragte, Datenschutzbeauftragte, Entsorgungsbeauftragte, Ersthelfer, Gleichstellungsbeauftragte, Laserschutzbeauftragte, Sicherheitsbeauftragte, Qualitätsmanagementbeauftragte, Umweltbeauftragte.

Insbesondere in Unternehmen mit internationalen Partnern setzen sich folgende amerikanische Leitungsbezeichnungen durch. In größeren Unternehmen wird die Bedeutung des IT-Leiters mit einer Herausstellung als CIO unterstrichen.

Leitende Unternehmensposten und Instanzen international nach amerikanischem Vorbild (m, w, d)	
CEO	**Chief Executive Officer:** US-amerikanische Bezeichnung für das geschäftsführende Vorstandsmitglied, Geschäftsführer, abhängig von der Rechtsform und Größe des Unternehmens, Vorgesetzt sein kann ein President (Company President).
CFO Head of ...	**Chief Financial Officer:** Vorstandsmitglied oder Hauptverantwortlicher Geschäftsführer, Direktor für Finanzen, in KMU Leiter Finanzen
CTO COO	**Chief Technology Officer:** Vorstandsmitglied oder Hauptverantwortlicher Geschäftsführer, Direktor für den technischen Bereich, in KMU Technischer Leiter (Manager)
CIO Head of ...	**Chief Information Officer:** Vorstandsmitglied oder Hauptverantwortlicher Geschäftsführer, Direktor für den IT-Bereich (Head of IT), in KMU IT-Leiter (Manager) bzw. IT-Leiter für die strategische und operative Führung des Bereichs „Informationstechnik“
CDO	**Chief Digital Officer:** Position in der obersten Führungsebene von Unternehmen, die für die Planung und Steuerung der Digitalen Transformation verantwortlich ist.

Kompetenzcheck ✓

1. Sie sollen sich in der Diskussion zur Stellenbildung einer Stabsstelle für Nachhaltigkeit beteiligen. Erstellen Sie dazu in arbeitsgleichen Gruppen je eine Folie zum Thema „Stellenbildung Beauftragte/-r für Nachhaltigkeit“. Präsentieren und diskutieren Sie die Ergebnisse.

A10

2. Entwerfen Sie als Aufgabe 10 der Lernsituation 2 nach der Vorlage im Arbeitsbuch eine Stellenbeschreibung für die auszuschreibende Stelle „Beauftragte/-r für Nachhaltigkeit“, vergleichen und besprechen Sie Ihre Entwürfe. Welcher Vorschlag sollte an Ihren Ausbilder weitergegeben werden?

(3) Hierarchien und Führungsstile im Unternehmen

Unternehmen müssen genau prüfen, wie viele Hierarchieebenen unter der Geschäftsleitung eingerichtet werden. Je flacher die Hierarchie eines Unternehmens ist, desto besser ist seine Innovationsleistung und umso motivierter sind die Mitarbeiter. Eine flache Hierarchie sorgt für schnelle Entscheidungs- und Informationswege und führt zu mehr Selbstverantwortung.

Obwohl mittlere und größere Unternehmen oft privat und von Familien geführt werden, sind reine autoritäre Führungsstile eher selten anzutreffen. Ein kooperativer Führungsstil der Leitenden motiviert die Mitarbeiter mehr und bringt dadurch auch bessere Arbeitsergebnisse, verlangt von den Mitarbeitern aber auch mehr Verantwortung, Flexibilität und Einsatz.

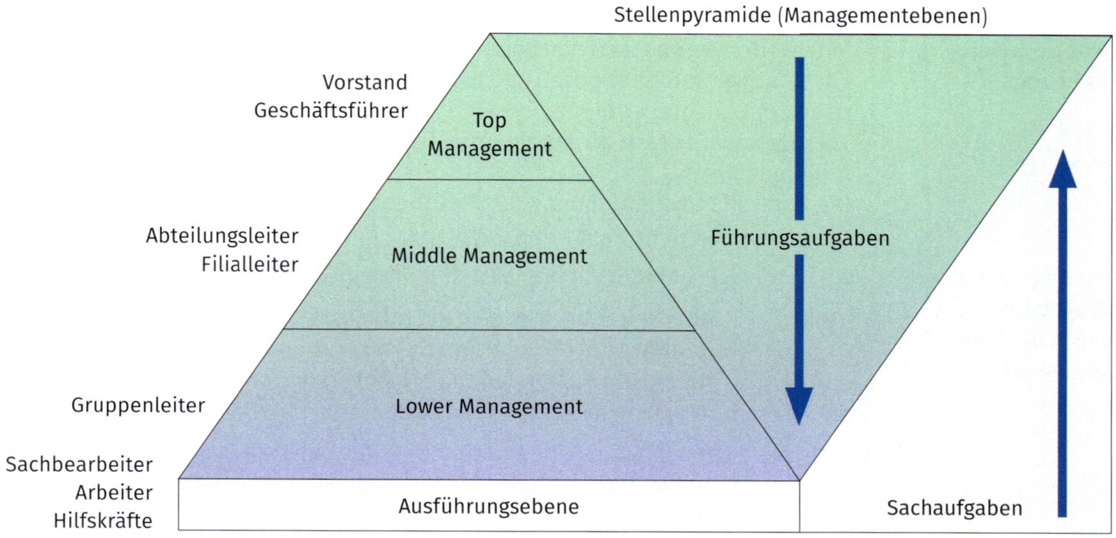

Managementebenen

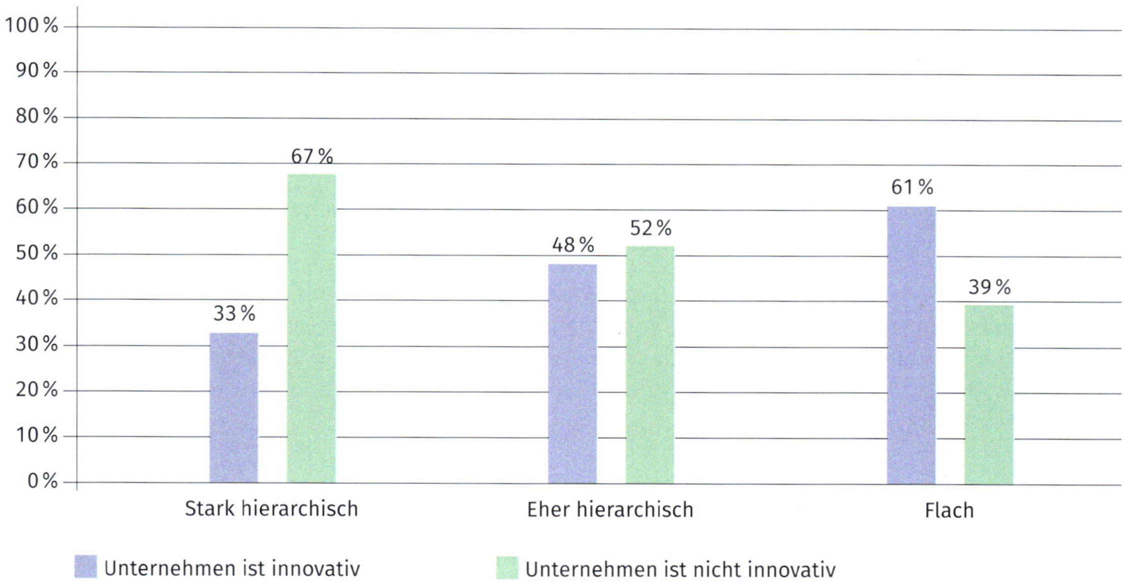

Zusammenhang zwischen Innovationsleistung und Hierarchie

Führungsstile	
Autoritärer Führungsstil	• Vorgesetzte treffen alle Entscheidungen allein. • Mitarbeiter arbeiten mittels Weisungen und Einzelanordnungen. • Aktivitäten und Leistungen der Mitarbeiter werden laufend überprüft. • Die Höhe der Arbeitsentgelte und Zusatzleistungen ist stark vom Vorgesetzten abhängig.
Kooperativer Führungsstil	• Mitarbeiter werden am Entscheidungsprozess beteiligt. • Ein ständiger Informationsaustausch (Anregungen, Meinungen, Stellungnahmen, Berichte) erfolgt zwischen Vorgesetzten und Mitarbeitern. • Von den Mitarbeitern wird ein partnerschaftliches und eigenverantwortliches Arbeiten erwartet. • Die Kontrolle und Entlohnung der Mitarbeiter beziehen sich in erster Linie auf die Ergebnisse der Arbeit.
Management by Objectives (Führen durch Zielvereinbarung)	Ziele werden zusammen mit den Mitarbeitern einer Abteilung vereinbart. Vorteile: • Mitarbeiter bringen sich am Arbeitsplatz besser ein. • Verantwortlichkeiten sind besser und überprüfbar geregelt. • Pflichtgefühl, Motivation und Mitwirkung sind größer. • Das Management wird entlastet. Nachteile: • Vereinbarung und Überprüfung von Zielen kann zeitaufwendig sein. • Durch Streben nach Zielerreichung können andere Aufgaben aus dem Blickfeld geraten. Wichtig: Überprüfung und Konsequenzen bei Nichterreichung sind wichtig.
Management by Delegation (Harzburger Modell)	Verantwortung wird an Mitarbeiter durch Kompetenzen (in Stellenbeschreibungen) abgegeben (delegiert) Vorteile: • Pflichtgefühl, Motivation und Mitwirkung sind größer. • Das Management wird entlastet. Nachteile: • Geringe Flexibilität und Innovationsfreude, wenn Mitarbeiter Angst vor Veränderungen haben oder mit ihrem bisherigen Status zufrieden sind. • Unzufriedenheit bei Mitarbeitern, wenn sich keine Verbesserungen einstellen.

! **Modernes Management** zeichnet sich durch flache Hierarchien, interessante und verantwortungsvolle Stellen, Beteiligung durch Gruppen- und Projektarbeit und ein integriertes Managementsystem aus, das für Transparenz, einheitliche Verfahrensweisen, Zertifizierung und ein gutes Berichtswesen sorgt.

Modernes Management	
Flache Hierarchien, Lean Management, Lean Production	Schlankes Management und schlanke Produktion durch den Einsatz von möglichst wenig Ressourcen (Mitarbeiter, Maschinen, IT, KI); Straffung des Managements durch möglichst wenige Hierarchiestufen im Management und Stärkung der Eigenverantwortung jedes Mitarbeiters.
Job Enrichment, Job Enlargement, Jobrotation	Durch Anreicherung (Enrichment) mit zusätzlichen, andersgearteten Arbeiten, durch zusätzliche Arbeiten bei Vergrößerung des Arbeitsgebietes (Enlargement) oder durch einen gezielten Wechsel der Arbeitsstellen sollen die Arbeitsfreude und der Erfahrungsschatz erhöht werden.
Gruppenarbeit, Projektmanagement	Nicht die Einzelarbeit, sondern die eigenverantwortliche Organisation der Arbeit in Arbeitsgruppen, Arbeitskreisen, Arbeitszirkeln und in Projekten soll die Qualität der Arbeit und der Leistungserstellung insgesamt verbessern.

Modernes Management	
Integriertes Managementsystem	Ein integriertes Managementsystem (IMS, i. d. R. per Software) unterstützt die Arbeit des Qualitätsmanagements, des Arbeitssicherheitsmanagements, Energiemanagements, Umweltmanagements, Risikomanagements, Datensicherheits- und Datenschutzmanagements etc. von speziellen Managementstellen bzw. -beauftragten geführt (siehe Beauftragte, S. 55 und 68).

Kompetenzcheck ✓

1. Beziehen Sie in einer Diskussionsrunde eine Position zu der Behauptung, dass bei IT-Unternehmen ein autoritärer Führungsstil in einem familiengeführten ITK-Unternehmen für Mitarbeiter und gute Organisation vorzuziehen ist (wenn möglich als Rollenspiel).

2. Begründen Sie, warum Unternehmen mit flacher Hierarchie innovativer sind.

3. Stimmen Sie ab, ob Sie Management by Objectives oder Management by Delegation vorziehen und besprechen Sie das Ergebnis der Abstimmung.

4. Recherchieren Sie nach dem Stichwort „Integriertes Managementsystem" und verfassen Sie eine Kurzerläuterung des Stichwortes.

(4) Leitungssysteme

Zur Darstellung des Leitungssystems wird bei vielen **Leitungsstellen** oder **Instanzen** gerne ein **Organigramm** (Schaubild des Leitungssystems) erstellt. **Organigramme** unterscheiden sich zunächst darin, ob sie ihr Leitungssystem eher funktional, divisional als Spartenorganisation oder in Matrixorganisation für mehr Projektarbeit aufbauen. Untersuchungen haben gezeigt, dass der Unternehmenserfolg auch vom Leitungssystem abhängt und **agile** (flexible, kreative, offene, eigenverantwortliche, transparente u. a.) **Führung** mehr zum Erfolg beiträgt. In Kap. 5.3.3 (4) sowie in Band 2 dieser Buchreihe wird auf agile Rahmenbedingungen, Werte, Methoden und Projektmanagement intensiv eingegangen. Wenn möglich, richten Unternehmen Stellen für **Produktmanager** und **Account-Manager** ein oder bilden **Profitcenter** oder **Costcenter**, um Selbstverantwortung und Ergebnisorientierung zu stärken.

Funktionale Organisation

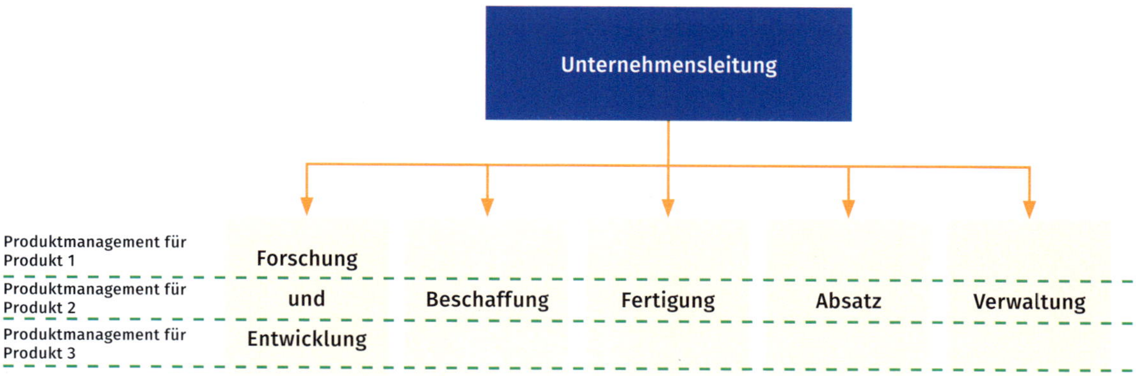

Typisch: Aufteilung der Unternehmenseinheiten in der zweiten Hierarchiestufe nach **betrieblichen Funktionen**. Koordination, Steuerung, Kontrolle, Entlohnung erfolgt nach Abteilungen. Funktionskompetenzen sind wichtig. Es kann zusätzlich eine Verantwortungsteilung nach Produkten durch **Produktmanagement** erfolgen, wenn die Ziele in den Produktbereichen eigene Verantwortung erhalten sollen.

Spartenorganisation oder divisionale Organisation

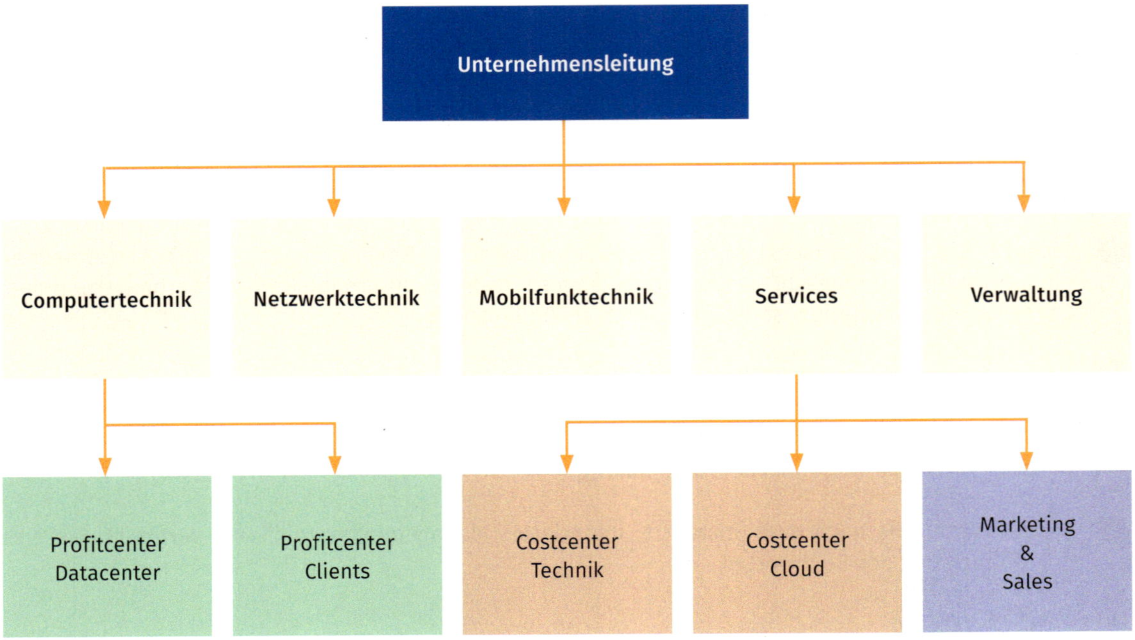

Typisch: Aufteilung der Unternehmenseinheiten in der zweiten Hierarchiestufe nach **Sparten** (Geschäftszweigen) oder **Divisionen**, wenn die Sparten besondere Kompetenzen und eigene Verantwortung haben. Möglich ist eine weitere Einteilung nach **Profitcentern** (haben eigene Ziele und Gewinn-/Profitverantwortung) oder **Costcentern** (haben eigene Ziele und Kostenverantwortung, Gewinnfunktionen sind in eigenen Verantwortungsbereich ausgelagert).

Zur Entscheidung können die folgenden vier **Leitungssysteme** stehen. Im **Einliniensystem** hat jede Stelle nur eine überstellte Instanz (Vorgesetzten). **Stabliniensysteme** haben Stabsstellen eingerichtet, die Leitungsstellen fachkundig entlasten und beraten sollen, selbst aber keine Leitungskompetenzen haben. JIKU hat nach dem Organigramm einige Stabsstellen. Im **Mehrliniensystem** haben untere Stellen oder Instanzen mehrere Vorgesetzte, was Vor- und Nachteile hat. Die Geschäftsleitung von JIKU hat sich entschlossen, eine Kombination aus Stabliniensystem und Matrixorganisation einzurichten (vgl. S. 65). In den kundennahen IT-Solutions-Bereichen wird viel im Projektmanagement gearbeitet, sodass hier aufgrund der unterschiedlichen Kompetenzen und Kundenprojekte eine Matrixorganisation am besten passt.

Leitungssysteme

Einliniensystem
Jede untergeordnete Stelle hat nur eine übergeordnete Instanz.

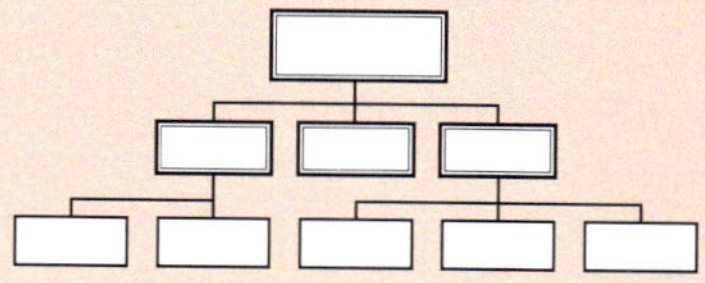

Stärken:
- Klare Zuständigkeiten
- Überschaubarkeit, einfache Beziehungsstruktur

Schwächen:
- Lange Informations- und Weisungswege
- Überlastung höherer Instanzen möglich
- Zahlreiche Schnittstellen und häufig Übermittlungsfehler
- Mangelnde Flexibilität

Stabliniensystem
Liniensystem mit zusätzlichen Stabsstellen (ohne Weisungsbefugnis). Stabsstellen sollen (als Leitungshilfsstellen) Instanzen entlasten und haben grundsätzlich nur eine Beratungsfunktion, jedoch keine Weisungsfunktion. Stabsstellen besitzen normalerweise ein Informationsrecht aus allen Linienstellen und sollen Leitungsstellen entlasten.

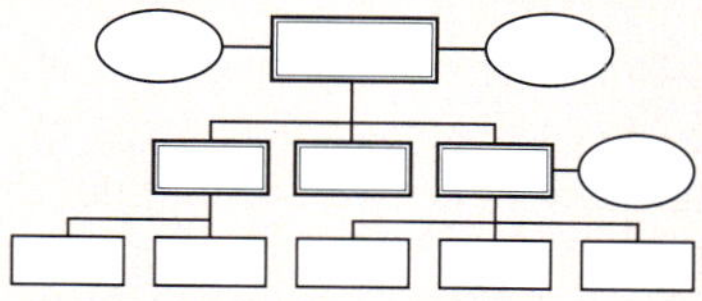

Beispiele: Assistent/-in der Geschäftsleitung, Orgaleiter/-in, Qualitätsmanager/-in, Sicherheitsbeauftragte/-r, Syndicus (Rechtsanwalt/-anwältin im Angestelltenverhältnis)

Stärken:
- Vorteile der Linienorganisation
- Entlastung und bessere Beratung der Instanzen mit Stabsstellen

Schwächen:
- Lange Informations- und Weisungswege
- Kompetenzkonflikte der Stabsstellen mit anderen Instanzen möglich

Mehrlinienorganisation
Eine untergeordnete Stelle kann von mehreren Instanzen Weisungen erhalten (auch Funktionsmeistersystem genannt).

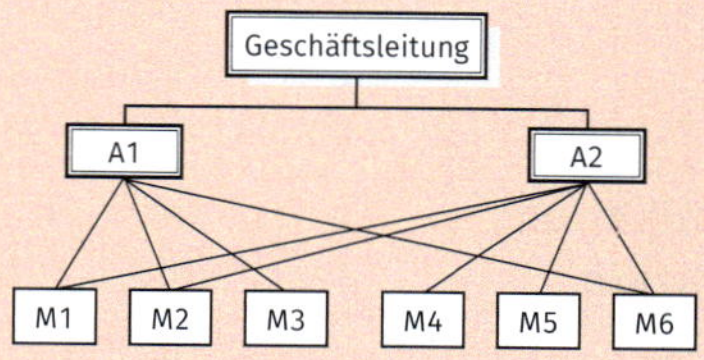

Stärken:
- Mitarbeiter können flexibel eingesetzt werden.
- Spezialisierung durch Funktionsteilung möglich
- Betonung der Fachautorität

Schwächen:
- Problem der Abgrenzung von Zuständigkeiten
- Mitarbeiter können überfordert werden.

Matrixorganisation
Als Weiterentwicklung des Mehrliniensystems zu sehen, wobei jede Stelle von zwei gleichberechtigten Instanzen geführt wird. Die ausführenden Stellen werden von zwei unterschiedlichen Fachspezialisten (z. B. produktorientiert, funktionsorientiert) geleitet.

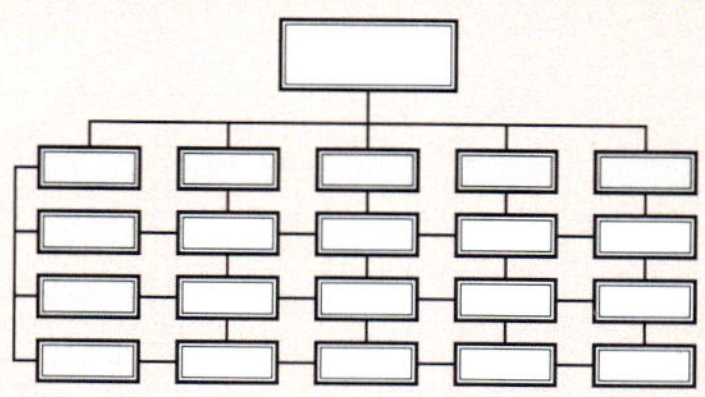

Stärken:
- Ergebnis wird durch zwei Kernkompetenzen verbessert
- Teamarbeit wird gefördert
- Organisationsform unterstützt Produkt- und Geschäftsprozessorientierung

Schwächen:
- Streitigkeiten in den Zuständigkeiten und zum Einsatz der Mitarbeiter möglich
- Gleichverteilung der Aufgaben in der Matrix i. d. R. nicht gegeben (Arbeitsbelastung, Aufgabenzuordnung prüfen)

Kompetenzcheck ✓

1. Vertreten Sie in einer Diskussionsrunde eine Position zu der Behauptung, dass in kleinen Unternehmen ein Mehrliniensystem keine Seltenheit ist und ITK-Unternehmen mehr funktional organisiert sind (auch als Rollenspiel möglich).

2. Geben Sie je ein Beispiel, wann ein Liniensystem, ein Matrixsystem und ein System nach „Divisions" sinnvoll ist und wie man diese agiler organisieren kann.

A11
A12

3. Erstellen Sie im Arbeitsbuch als Aufgabe 11 in arbeitsgleichen Gruppen verschiedene Organigramme mit Kurzpräsentationen. Prüfen Sie mit Aufgabe 12 der Lernsituation 2 Ihre Kompetenzen zum Thema.

(5) Firma, Prokura und Handlungsvollmachten

Jedes Unternehmen muss auch seine **rechtlichen Rahmenbedingungen** festlegen. Mit der Firma ist der Name des Unternehmens gemeint. Nur Unternehmen, die in das Handelsregister eingetragen sind, können eine Firma wählen. Mit der Entscheidung für eine Rechtsform sind rechtlich Pflichten und Rechte der Inhaber und Gesellschafter verbunden. Unternehmen ab einer bestimmten Größe (vgl. § 141 AO) müssen steuerlich eine **doppelte Buchführung** einrichten und wenn sie einen in kaufmännischer Weise eingerichteten Betrieb haben, sich in das **Handelsregister** eintragen. Damit erlangen diese Betriebe automatisch die **Kaufmannseigenschaft**, müssen allerdings auch Rechte und Pflichten eines **kaufmännischen Betriebs** beachten, also neben dem **BGB** (Bürgerliches Gesetzbuch) das **HGB** (Handelsgesetzbuch).

Handelsregister beim Amtsgericht	
Zweck	Das Handelsregister ist eine der wichtigsten Informationsquellen für die Wirtschaft. Es dient der Offenlegung der wesentlichen Rechtsverhältnisse der eingetragenen Einzelkaufleute, Personen- und Kapitalgesellschaften sowie von Geschäftsdaten im begrenzten Rahmen. Durch die Eintragung in das Handelsregister erlangt die Firma die Kaufmannseigenschaft und muss das HGB einhalten.
Publikationsfunktion	Jeder kann zu Informationszwecken Einsicht nehmen. Abschriften, Nachweise oder Bescheinigungen können erstellt werden. Veröffentlichungen erfolgen auch im Bundesanzeiger und der Tageszeitung.
Schutzfunktion	Schutz der Betroffenen (z. B. Kunden, Lieferanten) durch die Bekanntmachung
Abteilungen	Abteilung A: insbesondere für Einzelkaufleute und Personengesellschaften (OHG, KG) Abteilung B: insbesondere für Kapitalgesellschaften (GmbH, AG)
Info	www.handelsregister.de

Firma einer Unternehmung	
Bedeutung	Die Firma eines Kaufmanns ist der **Name**, unter dem er seine Geschäfte betreibt und die Unterschrift abgibt. Kaufleute können unter ihrer **Firma klagen** und **verklagt werden** (§ 17 HGB). Nur Kaufleute sind berechtigt, eine Firma zu führen. Kleingewerbetreibende, die nicht im Handelsregister eingetragen sind, dürfen lediglich eine sog. „Geschäftsbezeichnung" verwenden, z. B. „IT-Service112", ansonsten müssen sie im Geschäftsleben immer mit Vor- und Zunamen auftreten, bei einer BGB-Gesellschaft immer mit den Vor- und Zunamen aller Gesellschafter.
Möglichkeiten (nach § 19 HGB)	**Personenfirma:** Name des Firmeninhabers (Familienname genügt), z. B. Lasse Müller e. Kfm. **Sachfirma:** Gegenstand der unternehmerischen Tätigkeit, z. B. IT-Sander e. K., Sporti Games e. Kffr., Sporti GmbH, Sporti AG **Fantasiefirma**: Jegliche Namensgestaltung, z. B. Sysygy e. Kfm., IT-2000 e. Kffr., IT-2000 GmbH
Grundsätze	**Firmenausschließlichkeit (Unterscheidbarkeit):** Geprüft wird die ausschließliche Führung des Namens am Ort. Hierbei wird nicht nur auf eine sprachliche Übereinstimmung, sondern auch auf allgemeine Ähnlichkeiten geprüft. Wichtig ist somit, einen regionalen Bezug in der Firma herzustellen, z. B. Viva Deutschland GmbH. Da eine Firma später Konflikte wegen der Namensgebung mit einer anderen Firma an einem anderen Ort haben kann, sollten vorab weitreichende Recherchen zur Firma vorgenommen werden. **Firmenwahrheit:** Hierbei ist insbesondere das Irreführungsverbot zu beachten (§ 18 Abs. 2 HGB). So darf man nicht durch die Angaben in der Firma über die geschäftlichen Verhältnisse täuschen. **Firmenbeständigkeit:** Der Schutz der Firma ist durch verschiedene Gesetze gewährleistet, z. B. § 12 BGB, § 37 HGB, § 15 Markengesetz. Die Firmenfortführung ist auch bei Inhaberwechsel gesichert: Man darf die Firma einer Unternehmung veräußern, z. B. die Firma „Prof. Müller IT-Orga e. Kffr." (Irreführungsverbot beachten).
Beratung	Kammern (IHK, Handwerkskammer), Recherche beim Markenregister des Deutschen Patent- und Markenamtes (DPMA)

Ein im Handelsregister eingetragenes Unternehmen hat eine **Firma**, also einen rechtlichen „Geschäftsnamen", unter dem das Unternehmen seine Rechtsgeschäfte nach dem HGB tätigt.

Handlungsvollmachten und Prokura

Nur im Handelsregister eingetragene Unternehmen können Handlungsvollmachten und Prokura nach dem HGB vergeben. Mitarbeiter, denen eine bestimmte Gesamtvollmacht oder Prokura vom Inhaber oder Geschäftsführer erteilt wurde, werden dies durch einen Zeichnungsvermerk bei ihrer Unterschrift kenntlich machen. Grundsätzlich können Vollmachten diejenigen mit höherer Vollmacht vergeben, also Einzelvollmachten alle diejenigen mit Artvollmacht und höher, Artvollmachten alle mit Gesamtvollmacht und höher. Mit den Vollmachten sind bestimmte Rechte verbunden, aber auch Einschränkungen zu beachten. Prokura kann nur durch Veröffentlichung und Eintragung im Handelsregister erteilt werden. Handlungsvollmachten können schriftlich, mündlich oder durch fortlaufende Duldung erteilt werden. Auszubildende erhalten zu Anfang Einzelvollmachten durch die Vergabe von Einzelaufträgen.

Vollmachten

	Prokura §§ 48 bis 53 HGB	Handlungsvollmachten §§ 54 bis 58 HGB		
Arten	Alle gewöhnlichen <u>und</u> außergewöhnlichen Geschäfte und Rechtshandlungen	Gesamtvollmacht (allgemeine Handlungsvollmacht)	Artvollmacht	Einzelvollmacht
Umfang	• Einzelprokura: allein, Filialprokura: nur für Filiale • Gesamtprokura: gemeinschaftlich	Alle gewöhnlichen Geschäfte und Rechtshandlungen, z. B. Filialleiter	Bestimmte Art von wiederkehrenden Geschäften, z. B. Einkäufer, Kassierer	Einzelnes Rechtsgeschäft, z. B. Geld zur Bank bringen
Zeichnung	Mit Zusatz pp. oder ppa. (per procura), z. B. ACI GmbH ppa. *Gaud*	Mit Zusatz „i. V." (in Vollmacht) oder „i. A." (im Auftrag), z. B. ACI GmbH i. V. *Pelz*		In der Regel mit Zusatz „i. A.", z. B. ACI GmbH i. A. *Schulze*
Nicht zulässig	Bilanz und Steuererklärung unterschreiben, Eintragung im Handelsregister vornehmen, Eid für das Unternehmen leisten, Aufnahme von Gesellschaftern, Prokura erteilen und entziehen, Rechtsgeschäfte zur Änderung und Beendigung des Unternehmens			
Mit besonderer Ermächtigung	Grundstücke verkaufen und belasten nach § 49 Abs. 2 HGB	Grundstücke verkaufen und belasten, Darlehen aufnehmen, Wechselverbindlichkeiten eingehen, Prozesse für das Unternehmen führen	Alle nicht zu der bestimmten Art gehörenden Geschäfte	Alle sonstigen Rechtsgeschäfte
Beschränkung	Im Innenverhältnis möglich, nicht im Außenverhältnis	Grundsätzlich möglich, jedoch sind Dritte geschützt, wenn sie davon keine Kenntnis hatten		
Beginn der Vollmacht	Mit der Erteilung, Eintragung der Prokura in das Handelsregister nur deklaratorisch	Mit der Erteilung		
Erteilung	Nur durch Kaufmann (Inhaber, Geschäftsführer) mündlich, schriftlich, Eintragung in das Handelsregister vorgeschrieben	Formlos, mündlich, schriftlich, konkludentes (ausdrückliches) Verhalten; keine Eintragung in das Handelsregister möglich Regel: Die höhere Vollmacht kann die niedrigere Vollmacht erteilen, z. B. allgemeine Handlungsvollmacht wird durch Geschäftsführer oder Prokurist erteilt, Einzelvollmacht kann von Artbevollmächtigten dieses Rechtsgeschäfts erteilt werden.		
Widerruf	Jederzeit möglich (auch wenn durch Anstellungsvertrag erteilt)			

Kompetenzcheck ✓

1 Prüfen Sie im Arbeitsbuch mit Aufgabe 13 der Lernsituation 2 Ihre Kompetenzen zu Firma, Prokura und Handlungsvollmachten. A13

(6) Rechtsformen

Je nach Unternehmensbeteiligung, Haftungsbedingungen, Festlegungen für die Leitung und anderer Kriterien müssen alle im Handelsregister eingetragenen Unternehmen eine bestimmte Rechtsform haben.

Entscheidungskriterien für die Wahl der Rechtsform des Unternehmens

1. Rechtsgestaltung, insbesondere die Haftung
2. Leitungsbefugnis (Vertretung nach außen, Geschäftsführung, Mitbestimmung)
3. Gewinn- und Verlustbeteiligung, sowie Entnahmerechte
4. Kapitalbedarf und Finanzierungsmöglichkeiten mit Eigen- und Fremdkapital
5. Flexibilität bei der Änderung von Beteiligungsverhältnissen und bei Eintritt und Ausscheiden von Gesellschaftern
6. Steuerbelastung
7. Gesetzliche Vorschriften über Umfang, Inhalt, Prüfung, Offenlegung des Jahresabschlusses
8. Aufwendungen der Rechtsform (z. B. Gründungs- und Kapitalerhöhungskosten, besondere Aufwendungen für die Rechnungslegung)
9. Verkauf des Unternehmens oder Nachfolgeregelung

Während Einzelunternehmen und Personengesellschaften selbst Rechts- und Steuersubjekt sind, was steuerlich vorteilhaft sein kann, sind Kapitalgesellschaften als juristische Person selbst rechtsfähig.

Rechtsformen

Einzelunternehmen	Gesellschaften				
	Personengesellschaften			Kapitalgesellschaften	Sonstige Gesellschaften
	Keine Personenhandelsgesellschaften		Personenhandelsgesellschaften	AG	Eingetragene Genossenschaft (eG)
z. B. e. K., e. Kffr., e. Kfm.	Gesellschaft des bürgerlichen Rechts (GbR)	Partnergesellschaft (z. B. für Steuerberater)	OHG KG GmbH & Co. KG	GmbH, UG	Versicherungsverein auf Gegenseitigkeit (VVaG)

Jeder Einzelne ist selbst Rechts- und Steuersubjekt. Für Verbindlichkeiten haftet jeder mit seinem gesamten Vermögen gesamtschuldnerisch (jeder für die gesamten Schulden). Jeder Einzelne wird mit seinem anteiligen Gewinn oder Verlust zur Einkommensbesteuerung herangezogen. Das Unternehmen muss nicht in das Handelsregister eingetragen werden, wenn es keinen größeren ökonomischen Umfang hat. Bei Eintragung in das Handelsregister muss die Einzelunternehmung den Zusatz „e. K.", „e. Kffr." oder „e. Kfm.", die GbR den Zusatz OHG (oder vergleichbar) führen und dann die Pflichten und Rechte des HGB bzw. eines Kaufmanns beachten.

Die Gesellschaft ist als juristische Person rechtsfähig: Sie ist selbst Rechts- und Steuersubjekt, kann selbst haftbar gemacht werden, d. h., für Verbindlichkeiten der Gesellschaft haftet diese mit ihrem eigenen Vermögen und wird selbst mit ihrem Gewinn zur Körperschaftsteuer herangezogen.

Ertragsbesteuerung

Einkommensteuer jeder Person (§§ 15 und 18 EStG)	Körperschaftsteuer der Gesellschaft (§ 1 KStG)

Die folgenden Übersichten sollen die Unterschiede wichtiger Rechtsformen aufzeigen. In der Praxis gibt es auch **Kombinationen von Rechtsformen**, z. B. GmbH & Co. KG, um Vorteile einer kombinierten Rechtsform (hier z. B. Haftungsbeschränkung und steuerliche Vorteile) zu nutzen.

Kleinstunternehmen und damit die größte Zahl der Unternehmen sind nicht im Handelsregister eingetragen und damit nur dem BGB und den Steuergesetzen, nicht dem HGB verpflichtet. Die meisten im Handelsregister eingetragenen Unternehmen haben die **Rechtsform der GmbH**. Sie ist bekannt, einfach zu gründen, beschränkt die Haftung der Gesellschafter, man kann die Geschäftsführung auch extern besetzen. Unter Start-ups ist wegen der geringen Gründungskosten und der Haftungsbeschränkung die Unternehmergesellschaft (**UG**) oder „kleine GmbH" beliebt. Die **Stille Gesellschaft** ist eine Möglichkeit, sich an einem Unternehmen ohne öffentliche Bekanntgabe zu beteiligen. Stark wachsende IT-Unternehmen wählen gerne die **AG**, um möglichst einfach externe und interne Kapitalgeber (Aktionäre) zu beteiligen und Mitarbeiter zu motivieren.

Merkmale	**Rechtsform**		
	Einzelunternehmen	**Gesellschaft bürgerlichen Rechts (GbR)**	**Offene Handelsgesellschaft (OHG)**
Zweck	Jegliches gesetzlich zulässige Unternehmen	Einfachste Form einer Mehrpersonengesellschaft	Betrieb eines Handelsgewerbes
Name der Firma	Vor- und Zuname des Inhabers; bei Eintragung in das Handelsregister Name frei wählbar mit dem Zusatz „e. K.", „e. Kffr." oder „e. Kfm."	Keine Firma; Namen der Gesellschafter, evtl. mit Zusatz „GbR"; wird durch Eintragung in das Handelsregister zur OHG	Name frei wählbar mit Zusatz „OHG" oder „& Co."
Anzahl der Gründer	Ein Inhaber	Mindestens zwei Gesellschafter	Mindestens zwei Gesellschafter; auch eine juristische Person möglich
Mindestkapital	Keine Untergrenze	Keine Untergrenze	Keine Untergrenze
Haftung nach außen	Persönlich und unbeschränkt	Persönlich und unbeschränkt, solidarisch	Persönlich und unbeschränkt, solidarisch
Geschäftsführung und Organe	Inhaber/Einzelkaufmann allein	alle Gesellschafter verpflichtet, im Innenverhältnis Beschränkungen möglich	jeder Gesellschafter
Gewinnverteilung	Einzelkaufleute erhalten Gewinn allein	Gewinn-/Verlustverteilung nach Köpfen, so weit nicht näher bestimmt (§ 722 BGB)	Soweit keine vertragliche Regelung: 4 % der Kapitaleinlage, Rest nach Köpfen
Rechtsgrundlage	§ 14 BGB, § 19 HGB	§ 705 ff. BGB	§ 19, 105 ff. HGB
Gründungskosten*)	ca. 30,00 €	ca. 30,00 € je Gesellschafter	ca. 500,00 €
Vorteile	Einfach, überschaubar, geringe Rechtsformkosten, durch Privathaftung evtl. eher kreditwürdig, alleinige Geschäftsführung	Unkompliziert, per Vertrag (auch mündlich) geschlossen	Durch Privathaftung eher kreditwürdig
Nachteile	Ohne Eintragung in das Handelsregister keine Firma und Prokura, riskant, Leitung nur durch Inhaber	Keine eigene Firma, keine Prokuraerteilung möglich bei Gewerbebetrieb nur für Kleingewerbe	Hohes Risiko durch Privathaftung

**) Notar-, Gerichts- und Veröffentlichungskosten für Gewerbeanmeldung und Handelsregistereintragung, ohne Beratungskosten; bei Einzelunternehmen als Kleingewerbetreibender gerechnet*

Merkmale	Rechtsform		
	Kommanditgesellschaft (KG)	**Gesellschaft mit beschränkter Haftung (GmbH)**	**Aktiengesellschaft (AG)**
Zweck	Betrieb eines Handelsgewerbes	Nicht auf ein Handelsgewerbe festgelegt	Nicht auf ein Handelsgewerbe festgelegt
Name der Firma	Mindestens Familiennamen eines Vollhafters und „KG“	Name frei wählbar mit Zusatz „GmbH“	Name frei wählbar mit Zusatz „AG“
Anzahl der Gründer	Mindestens einen Vollhafter (Komplementär), auch juristische Person, Teilhafter (Kommanditist)	Mindestens ein Gesellschafter	Mindestens ein Aktionär
Mindestkapital	Keine Untergrenze	Mindestens 25 000,00 € Stammkapital, 50 % sofort, Nennbetrag jedes Anteils auf volle Euro	50 000,00 € Grundkapital
Haftung nach außen	Komplementär wie bei der OHG, Kommanditist mit Einlage	Nur die Gesellschaft haftet ab der Veröffentlichung	Nur die Gesellschaft haftet
Geschäftsführung und Organe	nur Komplementäre, für Kommanditisten nur Kontrollrecht, bei ungewöhnlichen Rechtsgeschäften Zustimmung notwendig	Geschäftsführer, notariell beurkundet; bei großer GmbH auch Aufsichtsrat	Hauptversammlung der Aktionäre, gewählter Aufsichtsrat, bestellter Vorstand
Gewinnverteilung	Soweit keine vertragliche Regelung: 4 % der Kapitaleinlage, Rest in angemessenem Verhältnis	Im Verhältnis der Geschäftsanteile	Dividende im Verhältnis der Aktienanteile
Rechtsgrundlage	§ 161 ff. HGB	GmbH-Gesetz	Aktiengesetz
Gründungskosten*)	ca. 500,00 €	ca. 1 250,00 €	ca. 1 500,00 €
Vorteile	Gut, wenn Teilhafter, nicht in der Geschäftsführung, die Haftung einschränken will	Haftungsbeschränkung, freie Wahl eines Geschäftsführers, nur ein Gesellschafter notwendig	Einfacher bezüglich Mitarbeiterbeteiligung am Unternehmen, Kapitalbeschaffung
Nachteile	Vollhafter haftet mit Privatvermögen (gut für Teilhafter)	Steuerlich benachteiligt gegenüber Personengesellschaft, Gründungs- und Verwaltungsaufwand höher	Aufwendige Rechtsform (Organe, Mitbestimmung, Veröffentlichung, Wirtschaftsprüfung)

**) Notar-, Gerichts- und Veröffentlichungskosten für Gewerbeanmeldung und Handelsregistereintragung, ohne Beratungskosten; bei Einzelunternehmen als Kleingewerbetreibender gerechnet*

Besondere Rechtsformen	
Stille Gesellschaft	Personengesellschaft zur Beteiligung an einem Handelsgewerbe, ohne dass dies öffentlich bekannt wird. Die Haftung des stillen Gesellschafters ist beschränkt auf die Einlage, beinhaltet keine Geschäftsführung des stillen Gesellschafters. Die Gewinnverteilung erfolgt als angemessener Anteil, vgl. §§ 230 bis 236 HGB.
Unternehmergesellschaft/UG (haftungsbeschränkt) nach § 5 a GmbHG	Ein Kernanliegen der GmbH-Novelle war die Erleichterung und Beschleunigung von Unternehmensgründungen sowie die Bekämpfung von Missbräuchen im GmbH-Recht (Gesetz: MoMiG). Für kostengünstige Standardgründungen (Voraussetzungen u. a. Bargründung, höchstens drei Gesellschafter, ein Geschäftsführer) werden zwei beurkundungspflichtige Musterprotokolle zur Verfügung gestellt (vgl. MoMiG). 1,00 € als Stammkapital reicht bei der Gründung aus. Sacheinlagen sind dafür ausgeschlossen. Die Gesellschaft ist verpflichtet, 25 % des Jahresgewinns als Rücklage einzustellen, bis das Stammkapital von 25.000,00 € erreicht ist. Zum besseren Gläubigerschutz muss die Gesellschaft mit dem Zusatz Unternehmergesellschaft bzw. UG (haftungsbeschränkt) firmieren. Zu beachten ist, dass bei geringem Stammkapital schnell Insolvenzgefahr durch Insolvenzantragspflicht bei Unterkapitalisierung besteht.

Kompetenzcheck

A14 **1** Prüfen Sie im Arbeitsbuch mit Aufgabe 14 der Lernsituation 2 Ihre Kompetenzen zu Unternehmensformen.

1.3.5 Wertschöpfungs- und Geschäftsprozesse unterscheiden

S **Sie sollen Wertschöpfungs- und Geschäftsprozesse von Unternehmen unterscheiden können.**

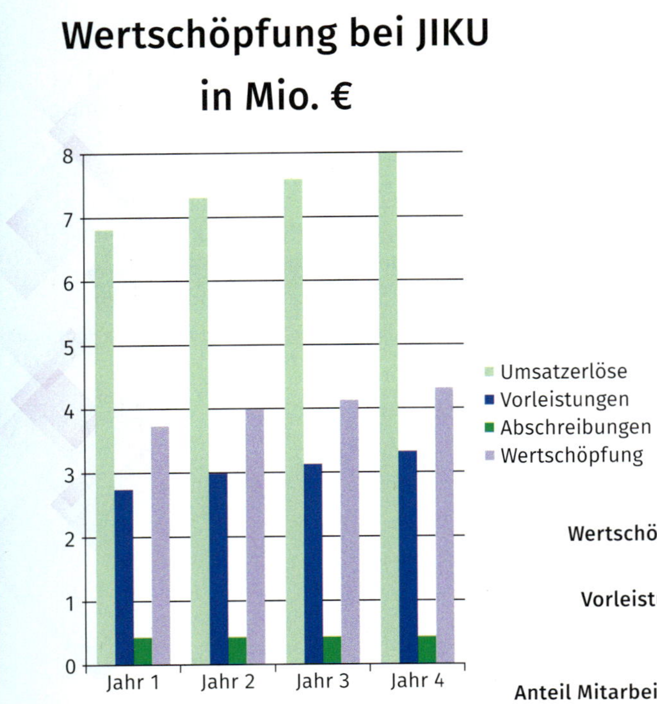

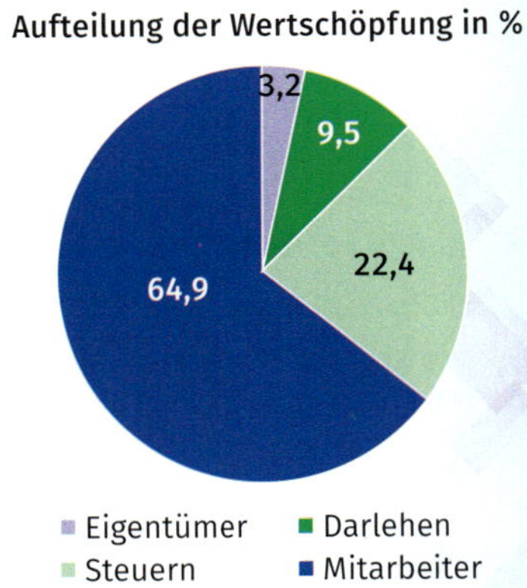

Wertschöpfung = Umsatzerlöse – Vorleistungen – Abschreibungen

Vorleistungen = Input, Aufwendungen gegen Rechnung (ohne Löhne, Gehälter, Zinsaufwendungen, Steuern)

Anteil Mitarbeiter an Wertschöpfung = Löhne/Gehälter, Soziale Abgaben, Leistungsprämien etc.

In einer Betriebsversammlung bei JIKU wurde o. a. Präsentation gezeigt.

Die Geschäftsleitung präsentierte die Planung für die Wertschöpfung im vierten Jahr. Es sollen ca. 8 Mio. € Umsatzerlöse (netto, ohne Umsatzsteuer) angestrebt werden. Daraus soll sich abzüglich der Vorleistungen und Abschreibungen (Wertminderungen an Vermögen) eine Wertschöpfung von ca. mehr als 4 Mio. € ergeben. Dank der hohen Wertschöpfung können Kapitaldienste (Zinsen und Tilgungen für Darlehen), Steuern und gute Gehälter sowie Boni an Mitarbeiter gezahlt werden.

(1) Wertschöpfung und digitale Transformation

Wertschöpfungsketten in klassischen Branchen

Ziel jedes Unternehmens ist es, zwischen Input und Output von Leistungen im Unternehmen eine möglichst große Wertschöpfung aus der Leistungserbringung zu erzielen. Wertschöpfungsintensiv sind insbesondere die Tätigkeiten in der Wertschöpfungskette, die direkt etwas mit der Leistungserstellung zu tun haben, möglichst kundennah sind und zu den Kernkompetenzen gehören.

Industriebetriebe

Handelsbetriebe

Dienstleistungsbetriebe

Im Schaubild sind die Wertschöpfungsbereiche je nach Branche in der Wertschöpfungskette aufgeführt. Verwaltende Tätigkeiten außerhalb der gezeigten Wertschöpfungskette (z. B. Personal-, Rechnungswesen, IT) zählen nicht dazu.

! Jedes Unternehmen versucht, im Laufe der Zeit Leistungen der Wertschöpfungskette anzupassen, um eine möglichst hohe Wertschöpfung zu erzielen.

Leistungen und Wertschöpfung nach Geschäftstätigkeitsbereichen (Branchen)	
Branchen	**Beispiele von Leistungen im Leistungsportfolio**
Produktion	Roh-, Hilfs-, Betriebsstoffe, Bauteile, Aggregate, Maschinen, Anlagen, Systeme, Fahrzeuge, Immobilien (Gebäude jeglicher Art), Gebrauchserzeugnisse und Verbrauchsmaterialien, sonstige Mobilien, Waren für Verbraucher etc.
Handel	Handel jeglicher Immobilien, materieller und immaterielle Mobilien (z. B. Fahrzeuge jeglicher Fertigungsprodukte, Waren an Verbraucher, Rechte, Zinszertifikate etc.)

Leistungen und Wertschöpfung nach Geschäftstätigkeitsbereichen (Branchen)	
Dienstleistungen	Beratung, Entwicklung, Lieferung und Logistik, IT-Leistungen (Beratung, Wartung, Reparatur, Pflege, Providing/Bereitstellung von IT-Leistungen wie Hosting oder Cloud-Services), Bürodienstleistungen, Vermittlungen, Handel, sonstige Services
Kombinationen	daraus z. B. Handel und Dienstleistung
Neue Geschäftsmodelle	Fokus auf Kunde, neue Kundenbedürfnisse, verändertes Ausgabeverhalten, Möglichkeiten durch Digitalisierung (bessere Kundenkommunikation, niedrigere Kosten durch effizientere, schnellere Reaktion auf Kundenwünsche u. a.) nutzen

Das Diagrammbeispiel (siehe S. 80) von JIKU zeigt, dass die Wertschöpfung nicht nur für die Eigentümer des Unternehmens von großer Bedeutung ist, sondern auch für Mitarbeiter, Fremdkapitalgeber und den Staat. Sinkt die Wertschöpfung, können diese Stakeholder nicht mehr mit den vorangegangenen Beteiligungen rechnen, es kommt eventuell zu Verteilungsauseinandersetzungen.

Die folgende Auflistung zeigt, wie die Wertschöpfung (vereinfacht) berechnet wird, wobei bei den Unternehmen von ausschließlich betrieblichen Erlösen ausgegangen wird. Geschäftsleitung und Mitarbeiter können durch ihre Entscheidungen und Tätigkeiten die Wertschöpfung positiv und negativ beeinflussen. Daher ist es wichtig, Kennzahlen wie die Wertschöpfung der Mitarbeiter und die Wertschöpfungstiefe zu ermitteln und mit vergangenen Jahren oder Branchendaten zu vergleichen.

Wertschöpfung in Unternehmen

Begriff (Mehrwertschöpfung)
Wertschöpfung = Outputleistungen – Inputleistungen – Wertminderungen
Wertschöpfung = Verkaufte Leistungen netto +/- Lagerveränderung abzgl. eingekaufte Vorleistungen – Abschreibungen (Wertminderungen auf Anlage- und Umlaufvermögen)
Vorleistungen: Einkauf jeglicher Vorprodukte oder Dienstleistungen für den unternehmerischen Zweck; Anlagevermögen: Gebäude, Maschinen, Systeme, Fahrzeuge u. Ä.; Umlaufvermögen: Stoffe, Teile, Handelsware u. Ä.
netto: ohne Umsatzsteuer (Mehrwertsteuer), derzeit i. d. R. 19 %

Positive Wertschöpfungsfaktoren
Faktoren, die die Outputleistung im Vergleich zur Inputleistung im Wert steigen lassen: Be- und Verarbeitung, Wertsteigerung durch Lagerung, Installation und Beratung, besseres Marketing, Qualitätsmarken, bessere Kundenansprache, mehr Service, Kundenwünsche werden bedarfsgerechter und schneller erfüllt, Frische, Qualität der Produkt- und Leistungsübergabe, bessere Aftersales-Leistungen, bessere Kundenbindung, besseres Image, kostengünstigere Inputleistungen, geringere Wertminderungen (Abschreibungen) etc.

Negative Wertschöpfungsfaktoren
Wenn der Input wertmäßig dauerhaft den Output übersteigt, spricht man von negativer Wertschöpfung. Faktoren können sein: Schlechtes, nicht mehr zeitgemäßes Produkt- und Leistungsangebot, Preisminderungen ohne Ausgleich durch zusätzlichen Absatz, schlechtes Marketing, schlechtes Image, Wertminderungen der Produkte von Input zu Output, geringere beim Kunden berechnete Leistungen der Mitarbeiter wegen Krankheit etc., viel Reklamationsbearbeitung, Retouren von Produkten, Leerlauf, Konjunktur-, Saisonschwäche, schlechtere Kundenbindung, höhere Wertminderungen (Abschreibungen) etc.

Wertschöpfungsnutznießer
Die Wertschöpfung kommt Mitarbeitern (z. B. durch Löhne und Gehälter), Fremdkapitalgebern (z. B. Zinsen für Darlehen), Staat (z. B. Steuern) und Eigenkapitalgebern (z. B. Gewinne als Verzinsung für das eingesetzte Kapital, als Risikoprämie und Investitionskapital für Innovationen) zugute.

Beispiele		
Industriebetrieb	Verkauf von Industrieprodukten an Kunden auf Rechnung netto:	4,7 Mio. €
	Erhöhung Lagerbestand:	300 000,00 €
	Abschreibungen auf Sachanlagen:	0,4 Mio. €
	Einkauf Vorprodukte und Vorleistungen für das Unternehmen auf Rechnung:	1,6 Mio. €
	Wertschöpfung:	3,0 Mio. €
	Nutznießer der Wertschöpfung, z. B.:	Mitarbeiter: 1,8 Mio. €, Banken 0,8 Mio. €., Staat: 0,8 Mio. €, Eigenkapitalgeber (Rest): 0,6 Mio. €
Handelsbetrieb	Verkauf von Handelsprodukten an Kunden auf Rechnung netto:	3,1 Mio. €
	Verminderung Lagerbestand:	100 000,00 €
	Abschreibungen auf Sachanlagen:	0,2 Mio. €
	Einkauf Waren und sonstige Vorleistungen für das Unternehmen auf Rechnung:	1,2 Mio. €
	Wertschöpfung:	1,6 Mio. €
	Nutznießer, z. B.:	Mitarbeiter: 0,6 Mio. €, Banken 0,4 Mio. €., Staat: 0,4 Mio. €, Eigenkapitalgeber (Rest): 0,2 Mio. €
Dienstleistungsbetrieb	Verkauf von Dienstleistungen an Kunden auf Rechnung netto:	1,6 Mio. €
	Abschreibungen auf Sachanlagen:	0,1 Mio. €
	Einkauf Vorleistungen für das Unternehmen auf Rechnung:	0,4 Mio. €
	Wertschöpfung:	1,1 Mio. €
	Nutznießer, z. B.:	Mitarbeiter: 0,5 Mio. €, Banken 0,1 Mio. €., Staat: 0,3 Mio. €, Eigenkapitalgeber (Rest): 0,2 Mio. €

Kennzahlen
Wertschöpfung pro Mitarbeiter (im Vergleich zur Bewertung der Produktivität) = Wertschöpfung/M
Wertschöpfungstiefe = Wertschöpfung/Gesamtleistung (Output)

Beispiel:
Jahr 1: Wertschöpfung 600 000,00 €, 6 Mitarbeiter, Gesamtleistung 1,2 Mio. €
Ergebnis: W/M= 100 000,00 €, W/G = 0,50
Jahr 2: Wertschöpfung 700 000,00 €, 8 Mitarbeiter, Gesamtleistung 1,3 Mio. €
Ergebnis: W/M= 87 500,00 €, W/G = 0,54

Klassische Wertschöpfungsketten werden inhouse digitalisiert

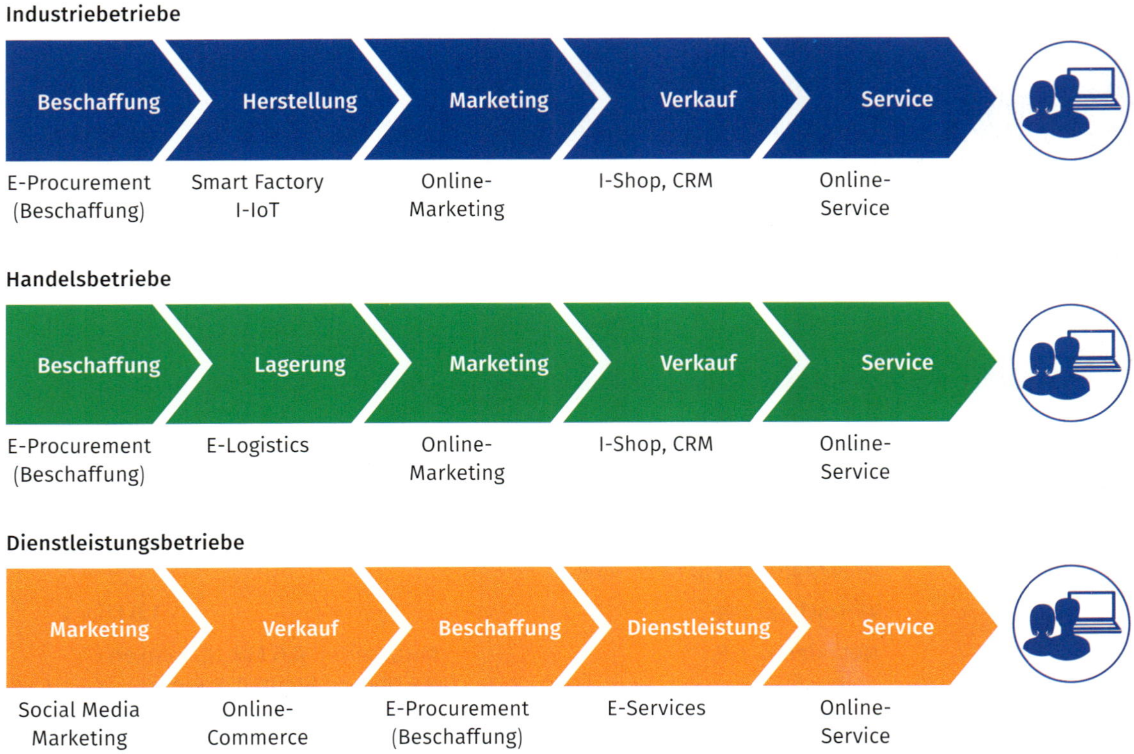

Einen wesentlichen Einfluss auf die Gestaltung von Wertschöpfungsprozessen und damit auch die Geschäftsmodelle haben Veränderungen im Unternehmen durch **Digitalisierung**. Dies geschieht durch **digitale Transformation** und durch digitale **Disruption**.

Viele Unternehmen versuchen in erster Linie durch Digitalisierung und **digitale Transformation** eine gute Kundenbindung und Wertschöpfung zu erreichen. Sie stellen digital auf Applikationen um, die entlang der Wertschöpfungskette elektronische Prozessketten ermöglichen. Mehr Kundenbindung wird durch Social-Media-Anwendungen und CRM (S. 89 f. u. Kap. 2.4.13) in Marketing, Verkauf und Service erreicht.

Größere Veränderungen in den wertschöpfungsbezogenen Geschäftsprozessen stehen an, wenn externe Unternehmen, die **Intranet- oder Internetplattformen** anbieten, in die Wertschöpfungskette eingebunden werden. Es lassen sich dann eventuell zusätzlich andere Märkte erschließen und ganz andere Leistungen und Geschäftsmodelle durch **digitale Disruption** realisieren.

Veränderung von Geschäftsmodellen durch verschiedene Digitalisierungsstufen	
Digitalisierung	Damit wird der Veränderungsprozess bezeichnet, vorher analoge Prozesse und Daten im Unternehmen zukünftig digital zu bearbeiten.
Digitale Transformation	Im engeren Sinne werden damit veränderte Wertschöpfungs- und Geschäftsprozesse eines Unternehmens bezeichnet, die durch digitale Technologien oder auf darauf beruhenden Kundenerwartungen entstanden sind.
Digitale Disruption	Disruption geht viel weiter als Digitalisierung und digitale Transformation. Sie löst ein bestehendes Kundenproblem auf eine komplett neue Art und schafft damit ganz andere Geschäftsmodelle.

Online-Plattformen verändern als Kooperationspartner Wertschöpfungsketten

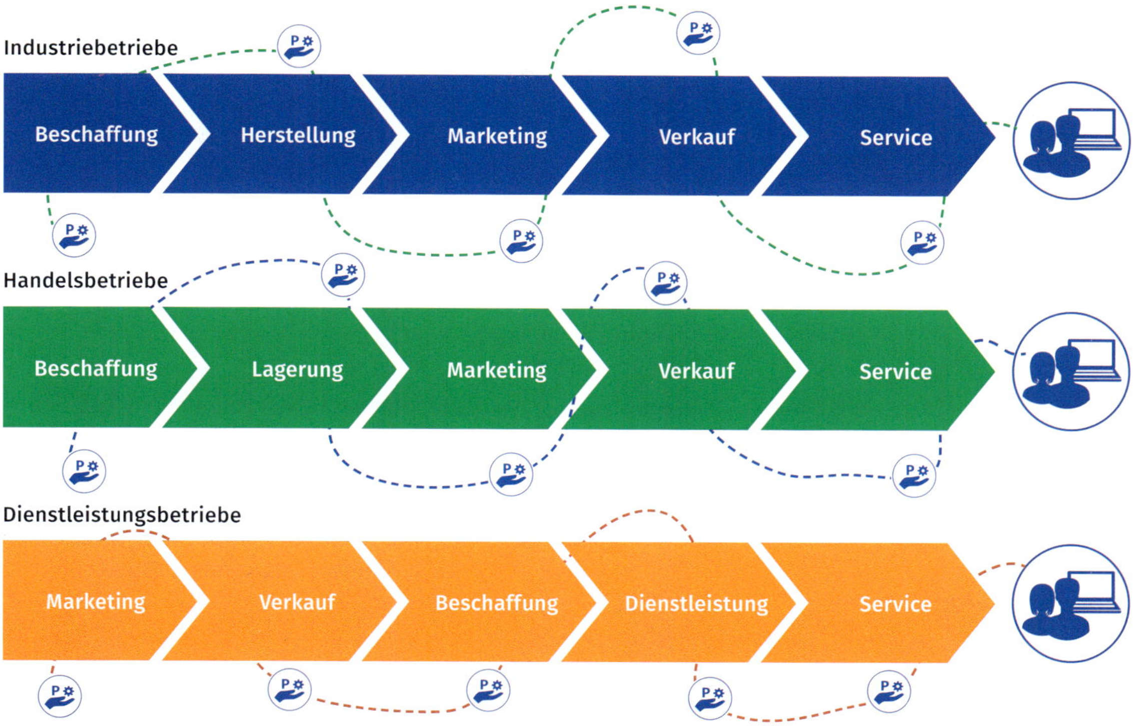

Wie im Schaubild gezeigt wird, werden durch Digitalisierung die Wertschöpfungsketten verändert. Da die Einbindung fremder **Plattformen** und **Unternehmen** die Wertschöpfung positiv und negativ beeinflussen können, sind derartige Veränderungen in der Wertschöpfungskette genau zu planen. Andererseits wird die positive Disruption von Wertschöpfungsketten dazu führen, dass eventuell neue Start-ups oder Mitbewerber frühzeitig umsteigen und sich damit im Markt besser behaupten können. Die folgende Übersicht zeigt Beispiele, welche Möglichkeiten bestehen, eigene oder fremde **Plattformen** elektronisch in die Wertschöpfungskette einzubinden.

Digitale Plattformen (eigene Unternehmen)		
Leistungen/Arten	**Erlöse**	**Angebote (Beispiele)**
Informationsplattformen	Datennutzung Premiumangebote	Infos, Videos, Webinare, E-Learning, E-Konferenzen, KI-Informationen
Kostenlose Digitalprodukte	Datennutzung Premiumangebote	Bilder, Grafiken, Videos, Software, Zeichnungen
Kostenlose Social-Media-Plattformen	Datennutzung Zusatzerlöse	Teilen von Bildern, Nachrichten, Tipps
Kooperations- und Projektmanagementportale	Datennutzung Premium	Kostenlose Kooperationen und Projektmanagement
Kostenlose Anwendungen, Tools, Basic	Datennutzung Premium	Portale für Grafik- und Diagrammerstellung
Dienstleistungsplattformen	Datennutzung Premium, Abo u. a.	Kfz-Vermittlung, Reisevermittlung, Vergleichsportale
Internetshops B2C, B2B	Datennutzung Vermittlerprovision	über 30 000 Shops in Deutschland

Digitale Plattformen (eigene Unternehmen)		
Leistungen/Arten	**Erlöse**	**Angebote (Beispiele)**
Marktplätze, B2C, B2B, B2A	Datennutzung Vermittlerprovision Mitgliedschaft	B2C/C2C wie Ebay, B2B z. B. für Automobilindustrie
Logistik, Service-Providing	Partnererlöse nutzungsabhängig	E-Organisation von Transporten
Lernplattformen	Datennutzung Premium, Abo u. a.	Plattformen für alle Lernebenen und -bereiche
Online-Gamingportale	Datennutzung Premium, Abo u. a. Verkauf Extras	Gaming, Erlebnisse
Sharing-/Vermietungs-Angebote	Datennutzung Premium, Abo u. a. Verkauf Extras	Immobilien, Ferienwohnungen, Mobilien (Fahrzeuge, Maschinen)
Cloud-Providing: Hosting	nutzungsabhängig	Große Cloud-Provider wie Amazon AWS, Microsoft Azure, Telekom, Google GCP u. v. a. kleinere und größere Cloud-anbieter
Cloud-Providing: Infrastruktur	nutzungsabhängig	
Cloud-Providing: Plattform	nutzungsabhängig	
Cloud-Providing: SaaS	nutzungsabhängig	
Cloud-Providing: Services	nutzungsabhängig	

(2) Digitale Plattform-Ökosysteme (Digital Ecosystems)

Der Begriff „Ökosystem“ wurde aus der Biologie entnommen und bezeichnet eine Gemeinschaft von Organismen mehrerer Arten, die in ihrem Zusammenleben in einem Lebensraum miteinander verflochten sind. Die bekanntesten Beispiele für digitale Ökosysteme findet man bei den großen internationalen IT-Playern. Ziel dieser Konzerne und ihrer eigenen Ökosysteme ist es, möglichst viele potenzielle Kunden mit den wichtigsten Dienstleistungen an sich zu binden und damit eine Machtstellung und Vorrangstellung im Wettbewerb zu erhalten. Immer mehr Unternehmen versuchen, diesen Beispielen zu folgen und digitale Ökosysteme verschiedenster Größen aufzubauen.

Die Entwicklung **digitaler Plattform-Ökosysteme** wurde durch digitale Technologieführer wie Google, Amazon, Facebook oder Apple vorangetrieben. Seitdem haben andere Technologieführer digitale Ökosysteme in vielen Branchen etabliert, weitere sind im Aufbau. Unternehmen haben sich zusammengeschlossen, um in **Kooperation** solche digitalen Ökosysteme aufzubauen. Viele Partner können dann ihre Stärken einbringen und gemeinsam ein innovatives Ökosystem betreiben. Wichtig sind die Faktoren Partnerauswahl, Kundendialog und Entwicklungsgeschwindigkeit. Unternehmen können in den Märkten schnell mit Ökosystemen eine marktführende Stellung erreichen. Ökosystem-Plattformen können als geschlossene Systeme (Walled Garden) wie bei Großkonzernen (z. B. Apple) oder als offene Plattform mit API-Schnittstellen (Application Programm Interface), SDK (Software Development Kit) und Cloud-Technologien betrieben werden.

- **Technologien:** Digitale Ökosysteme können geschlossen als „Walled Garden“ oder offen mit API-Schnittstellen betrieben werden.
- **Vorteile:** Erhebliche Wettbewerbsvorteile, langfristige hohe Marktanteile und Erlöse sowie Kundenbindung:
- **Nachteile:** Hohe Entwicklungskosten, hoher Zeitaufwand und langer Vorlauf, hohes Risiko
- **Wettbewerbspolitik:** Behörden und Politik müssen darauf achten, dass keine marktbeherrschenden Ökosysteme entstehen, die jeden anderen Wettbewerb unterdrücken.

Beispiele von digitalen Plattform-Ökosystemen				
	Google	**Amazon**	**Facebook**	**Apple**
IT und Infrastruktur	Google Fiber, Google Cloud Platform	Amazon Web Services, Amazon FBA	Aquila	Apple Sim
Künstliche Intelligenz	Google Assistant	Amazon Alexa	Jarvis	Siri
Hardware Devices	Google Nest	Amazon Fire, Amazon Kindle, Amazon Echo	Oculus	iPhone, Apple Watch, iPad, Apple Home Pod
Kommunikation und Messaging	Google Chromecast, Google+ (bis 2019), Google Allo (bis 2019)	Amazon Chime, Amazon Anytime	WhatsApp, Facebook, Facebook Messenger, Workplace	iMessage
Digital Media und Entertainment	Google Play, YouTube	Amazon Prime, Amazon Music	Facebook.com/gaming	iTunes, Apple Music, Apple TV
Connected Car und E-Mobilität	Android Auto	Amazon Alexa Integration	Facebook Messenger-Integration (Transportation)	Apple CarPlay
E-Commerce und Retail	Google Shopping	Amazon.com, Amazon Prime Now	Facebook „Buy-Button“	iBeacon, Apple Store
Finanztechnologie und Zahlsysteme	Google Pay Send, Google Pay	Amazon Pay	Facebook Messenger-Integration (Friend-to-Friend-Payment)	Apple Pay
Navigation und Location Services	Google Maps	Amazon Maps API	Here-Integration	Apple Maps
Werben (Advertising)	Google AdWords, DoubleClick Ad Exchange	Amazon Associates, Amazon Advertising	Facebook Business, Instagram Business	Apple Search Ads
Health Care	Verily	Lab1492	Genes for Good	Health Kit

Plattform-Ökosysteme der „Digital Giants“

Kompetenzcheck ✓

1. Erarbeiten Sie in Teamarbeit Präsentationen zu den Zielsetzungen Digitalisierung, digitale Transformation, Disruption und Ökosystemen. Zu Teambildung werden weitergehende Informationen in Kapitel 1.5.1 gegeben.

2. Liefern Sie mit Aufgabe 15 der Lernsituation 2 im Arbeitsbuch Fachbeiträge zum Thema „Digitalisierung“. Zeigen Sie, dass Sie sich an Gesprächen zu Wertschöpfungsketten, digitaler Transformation und Disruption sowie digitalen Ökosystemen fachlich beteiligen können. A15

3. Bearbeiten Sie mit der Aufgabe 16 der Lernsituation 2 englische Texte zu digitalen Ökosystemen. A16

(3) **Geschäftsprozesse im Betrieb**

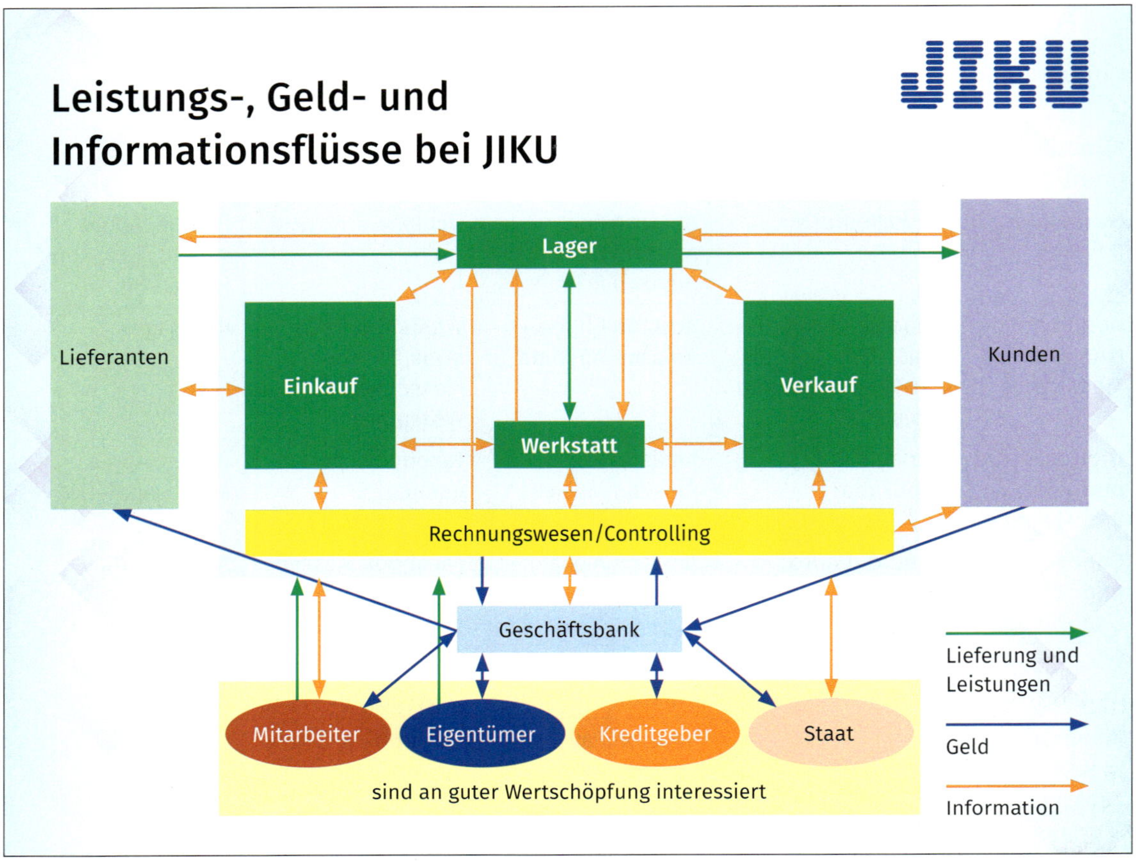

An einem vereinfachten Schaubild der Leistungs-, Geld- und Informationsflüsse (siehe Downloadbereich) kann man nachvollziehen, dass sehr viele Einzelprozesse im Unternehmen stattfinden müssen, um Produkte zu beschaffen, zu verkaufen und an die Kunden auszuliefern. Viele dieser Einzelprozesse lassen sich auch digital ausführen. Neben den wertschöpfungsintensiven Prozessen oder Kernprozessen sind dazu auch Supportprozesse notwendig. Unterteilt man Geschäftsprozesse weiter in einzelne Prozesse, so spricht man auch von Sub- und Unterprozessen und auf der untersten Detaillierungsebene von Workflows.

Prozessarten im Unternehmen	
Geschäftsprozess	Bezeichnet eine zeitliche und sachlogische Abfolge von Unternehmensaktivitäten, die festgelegte Unternehmensziele verfolgen und zur Bearbeitung auf Unternehmensressourcen (Organisationseinheiten, Betriebsmittel, Daten) zurückgreifen. Der Begriff „Geschäftsprozess" bezieht sich auf die gesamte Prozesskette eines Aufgabenbereichs (z. B. Einkauf von Zubehörteilen), kann jedoch auch aus vielen Sub- oder Unterprozessen bestehen, z. B. Angebotsanfrage, Angebotsvergleich, Bestelldurchführung, Warenannahme.
Kernprozesse (Wertschöpfungsprozesse)	Dies sind die Geschäftsprozesse, die kundennah und für das Unternehmen besonders wertschöpfungsintensiv sind. Für die Kernprozesse weist das Unternehmen besondere Kernkompetenzen nach (z. B. Aufbau komplexer IT-Systeme oder Entwicklung von E-Business-Anwendungen, Serviceleistungen im IT-Bereich, Auftragsabwicklung, Lieferlogistik).

Prozessarten im Unternehmen	
Supportprozesse	Dies sind Geschäftsprozesse, die nicht wertschöpfend sind, jedoch unterstützend notwendig sind, um die Kernprozesse umzusetzen (z. B. Buchhaltung, Lohn- und Gehaltsabrechnung, Controlling).
Workflows	Dies sind Arbeitsabläufe bzw. Teilprozesse, die rechnergestützt und damit weitgehend automatisiert ablaufen. Gesteuert werden diese Teilprozesse durch ein Workflowmanagementsystem.

Kompetenzcheck ✓

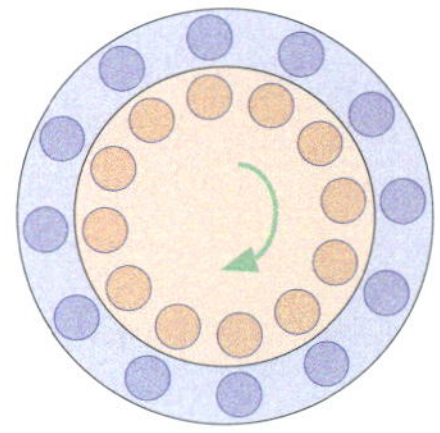

1. Erstellen Sie eine Liste wichtiger Begriffe aus dem o. a. Kapitel und tauschen Sie Ihr Wissen mit der Kugellagermethode, siehe Methodensammlung, aus.
2. Bearbeiten Sie die Aufgaben 17 und 18 der Lernsituation 2 im Arbeitsbuch zu Geschäftsprozessen. Verwenden Sie die Präsentation zu Leistungs-, Geld- und Informationsflüssen aus dem Downloadbereich.

A17
A18

(4) Integrierte Anwendungssysteme im Betrieb

Entlang der Wertschöpfungskette werden integrierte Softwaresysteme angeboten. Ganzheitlich können für das Unternehmen Systeme zur Verwaltung und Analyse aller Informationen und Dokumente eingesetzt werden. Unternehmensweit und übergreifend werden Projektmanagementsysteme genutzt.

Integrierte Unternehmenssoftware in der Wertschöpfungskette

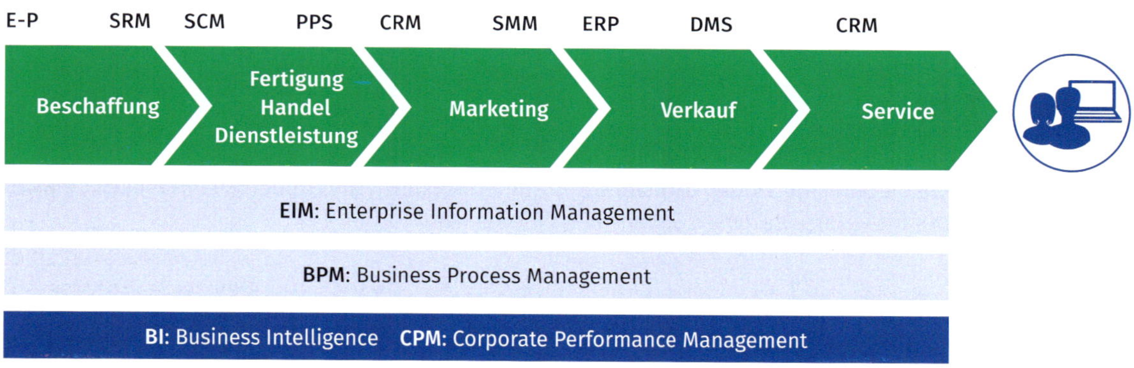

Vereinfachte Darstellung

Integrierte Unternehmenssoftware für Managementaufgaben	
E-P	**E-Procurement** bedeutet „Elektronische Beschaffung" bzw. Einkauf und Beschaffung von Gütern über das Internet und besondere Beschaffungsplattformen.
SRM	**Supplier-Relationship-Management** ist das Lieferantenbeziehungsmanagement.
SCM	**Supply-Chain-Management** dient zur Verwaltung integrierter Logistikketten (Material- und Informationsflüsse) über den gesamten Wertschöpfungsprozess, ausgehend von der Rohstoffgewinnung über die Veredelungsstufen bis hin zum Endverbraucher.
PPS	Ein **PPS-System** unterstützt die Produktionsplanung und -steuerung.
CRM	**Customer-Relationship-Management** dient der konsequenten Ausrichtung des Unternehmens auf die Kunden und die systematische Gestaltung der Kundenbeziehungsprozesse.
SMM	**Social-Media-Marketing** oder Online-Marketing, das über soziale Medien mit Kunden kommuniziert, damit Kundenbindung und Absatz steigert, ergänzend zur klassischen Werbung.

Integrierte Unternehmenssoftware für Managementaufgaben	
ERP	**Enterprise-Ressource-Planning** ist ein System zur Verwaltung der Unternehmensressourcen, z. B. zur Lagerhaltung, Auftragsbearbeitung, Gehaltsabrechnung und zum Rechnungswesen.
DMS	**Dokumentenmanagement** dient der datenbankgestützten Verwaltung elektronischer Dokumente.
EIM	**Information-Management** dient zur ganzheitlichen und strukturierten Verwaltung und Organisation von Informationen im Unternehmen, für Big-Data und Analysen.
BPM	**Business-Process-Management** wird genutzt, um Geschäftsprozesse zu steuern und zu optimieren.
BI	**Business-Intelligence-Software** verwendet entscheidungsrelevante Unternehmensdaten, um automatisierte Reports an Entscheidungsträger weiterzuleiten, z. B. für Einkaufsentscheidungen. Weitere Stichworte dazu: Data Mining, Data Warehouse.
CPM	**Kollaboratives Projektmanagement** ist eine Methode zur Planung, Koordination, Steuerung und Kontrolle verteilter und komplexer Projekte.

Kompetenzcheck ✓

1 Recherchieren Sie zu den integrierten und ganzheitlichen Softwaresystemen in Gruppen und Teams (zur Teamarbeit siehe auch Kapitel 1.5.1). Erstellen Sie in Teams Plakate oder nutzen andere Präsentationsformen.

2 Nennen Sie die richtige integrierte Software für den Aufgabenbereich.
a) Produktion
b) Beschaffung
c) Auftragsbearbeitung
d) Data Mining
e) Kundenbeziehungen

A19 **3** Bearbeiten Sie die Aufgabe 19 der Lernsituation 2 im Arbeitsbuch und finden Sie im englischen Text heraus, welche integrierte Software jeweils beschrieben wird.

1.3.6 Betriebliche Produktionsfaktoren, Güterarten und Organisationsmittel unterscheiden

S **Sie sollen Produktionsfaktoren, Güterarten und Organisationsmittel unterscheiden.**

(1) Betriebliche Produktionsfaktoren

! Produktionsfaktoren

Unter Produktionsfaktoren (auch Inputfaktoren genannt) versteht man alle materiellen und immateriellen Mittel und Leistungen, die an der Bereitstellung von Gütern mitwirken.

Dabei wird zwischen einer volkswirtschaftlichen und betriebswirtschaftlichen Betrachtung unterschieden, hier wird die betriebswirtschaftliche Variante erläutert. Als **betriebswirtschaftliche Produktionsfaktoren** wurden von dem Wirtschaftswissenschaftler Erich Gutenberg (1897–1984) Werkstoffe, Betriebsmittel und ausführende Arbeit als Elementarfaktoren benannt.

Werkstoffe sind alle Güter, die zur Erstellung eines Produktes notwendig sind, **Betriebsmittel** sind technische Ausstattungen (wie Betriebsgebäude oder Maschinen), **ausführende Arbeit** die menschliche Arbeitsleistung, die nicht für leitende, planende, organisierende und kontrollierende Tätigkeit verwendet wird. Gutenberg hatte sein Modell auf Überlegungen zur Produktion bzw. Industrie ausgerichtet, im **Handel** würde man andere Faktoren mit in die Überlegung einbeziehen, z. B. den Faktor **Zeit** (Lieferzeit).

Der **dispositive Faktor** bzw. die Geschäftsleitung ergänzt die Elementarfaktoren laut Gutenberg zu einer produktiven Einheit. Zur Erreichung der Unternehmensziele wird die optimale Kombination der Elementarfaktoren in Art, Güte und Menge sowie die Bereitstellung rechtzeitig und am richtigen Ort angestrebt.

Betriebswirtschaftliche Produktionsfaktoren

Dispositiver Faktor + Elementarfaktoren → **Endprodukt**

Geschäftsleitung
- Leitung
- Planung
- Organisation
- Kontrolle

Werkstoffe
- Rohstoffe
- Hilfsstoffe
- Betriebsstoffe
- Fertigteile

+ Betriebsmittel

+ ausführende Arbeit

Zusätzlicher Produktionsfaktor:
Information (Info, Wissen, Rechte)

Gutenberg hat sich bei der Bestimmung der Produktionsfaktoren auf Produktionsbetriebe bezogen, damit weder Handelsbetriebe noch Betriebe der Informationswirtschaft einbezogen. In den letzten Jahrzehnten entstand mit der Informationswirtschaft ein bedeutender Wirtschaftszweig, sodass zunehmend ein zusätzlicher **Produktionsfaktor „Information“** (auch als „Wissen“ oder „Rechte“ bezeichnet) ergänzt und bei der Faktorkombination explizit berücksichtigt werden sollte. Zur Festlegung von Input und Output werden folgende ökonomische Prinzipien beachtet:

Ökonomische Prinzipien		
Prinzip	**Erläuterung/Ziel**	**Beispiel**
Maximumprinzip	Mit gegebenen Mitteln (Einsatz) maximalen Erfolg erzielen.	Mit 50,00 € Taschengeld möglichst lange auskommen.
Minimumprinzip	Einen bestimmten (festgelegten) Erfolg mit minimalen Mitteln (Einsatz) erzielen.	Eine bestimmte Werbemitteilung mit minimalen Mitteln kommunizieren.
Optimumprinzip (Extremumprinzip)	Wenn sowohl das Ergebnis als auch der Einsatz variabel ist, dann ist die optimale Kombination zu bestimmen.	Stehen zwei Angebote zum Vergleich, so ist das Angebot mit dem niedrigeren Wert Output/Input zu wählen, z. B. Terrabyte/Kosten.

(2) Güterarten

Unternehmen produzieren oder bieten Güter an, für die Wirtschaftssubjekte (private und öffentliche Haushalte, privatwirtschaftliche und öffentliche Unternehmen) bereit sind, genügend Geld auszugeben.

Güter lassen sich nach verschiedenen Kriterien unterschiedlichen Güterarten zuordnen:

Güterarten (Güter sind Mittel zur Bedürfnisbefriedigung)			
Kriterium	**Güterarten**		**Beispiele**
Beschaffenheit	Materielle Güter		Gebäude, Auto, Computer, Schokolade
	Immaterielle Güter		Dienstleistungen, Informationen, Rechte
Ort und Zweck	Konsumgüter:	Verbrauchsgüter	Druckerpapier, Strom, Telefondienste
		Gebrauchsgüter	Maschinen, Regale, Werkzeuge, Autos, Bücher
	Investitionsgüter:	Betriebsmittel	Gebäude, Maschinen, Werkzeuge, Testgeräte
		Werkstoffe	Rohstoffe, Hilfsstoffe, Betriebsstoffe
		Erzeugnisse, Waren	Hergestellte Produkte, Handelswaren
Beziehung zueinander	Komplementäre Güter		Drucker und Toner
	Substitutive Güter		Tintenstrahl- zu Laserdrucker, Auto zu Bahn
	Unverbundene Güter		Lebensmittel und PC, Blumen und Zigaretten
Knappheit	Freie Güter		Atemluft, Naturerlebnisse, Sonnenschein
	Wirtschaftliche Güter		Sauerstoff, Musik-Dienst, Sonnenbank, Buch
Ausschließbarkeit	Private Güter		Kinovorstellung, Computer, Pauschalreise
	Öffentliche Güter*)		Stadtfest, Parkanlage, Leuchtturm, Ratssitzung

**) Öffentliche Güter stehen allen zur Verfügung, können gemeinsam genutzt werden und keiner ist ausgeschlossen.*

Aus der Sicht des Einkaufs der Unternehmen und damit zur Erstellung von Leistungen könnte man Güter wie folgt unterscheiden:

Güter zur Leistungserstellung	
Einkauf	**Erläuterung**
Rohstoffe	Hauptbestandteile eines Erzeugnisses, z. B. Eisen für Gehäuse
Hilfsstoffe	Nebenbestandteile eines Erzeugnisses, z. B. Farbe, Klebstoff, Heftklammern
Betriebsstoffe	Nicht direkt einem Erzeugnis zuzurechnen, z. B. Schmieröle, Brennstoffe
Einbaubauteile	Komponenten, die für die Herstellung eines Produktes verwendet werden (wenn nicht als Rohstoffe oder Hilfsstoffe angesehen)
Handelswaren	Güter, die an den Endverbraucher weiterverkauft werden
Dienstleistungen	Fremdleistungen (Dienste), die zur Leistungserstellung notwendig sind
Lizenzen, Rechte	Markenrechte, Softwarenutzungsrechte, Patente und Urheberrechte, die bei der Leistungserstellung zu berücksichtigen sind

(3) Organisationsmittel

Unter Organisationsmitteln werden in der Aufbau- und Ablauforganisation sowohl Arbeitsmittel als auch formale Gestaltungsmittel verstanden. Mit dem Ziel der Digitalisierung stehen hier große Veränderungen an.

Organisationsmittel		
Klassisches Büro, klassische Organisationsmittel	**Arbeitsmittel**	Computer, Büromaschinen, Maschinen, technische Anlagen oder Werkzeuge. Büromaterial, Ordner, Hefter, Register, Mappen
	Gestaltungsmittel	Arbeitsanweisungen, Formular- und Vordruckwesen, Kontenplan, Kontenrahmen, Organigramm, Stellenbeschreibung, Stellenplan oder Tagesordnungen für Verhandlungen
Papierloses Büro, digitale Organisationsmittel	**Arbeitsmittel**	Computer und vernetzte Peripheriegeräte mit Kommunikationsschnittstellen, Office- und Organisationssoftware, Dokumenten-/Informationsmanagementsystem
	Digitale Gestaltungsmittel	Alle Gestaltungsmittel stehen digital zur Verfügung, z. B. als Organisationspläne, Ordner, Verzeichnisse, Formulare
	Kollaboration	Gestaltungsmittel können kommuniziert, initiiert, gemeinsam bearbeitet, abgestimmt und organisiert werden, KVP, Innovations- und Projektmanagement werden ganzheitlich integriert

Kompetenzcheck

1. Erarbeiten Sie in Gruppen bzw. Teams (zur Teamarbeit siehe Kapitel 1.5.1) Präsentationen, z. B. als Mindmap (siehe Methodensammlung im Downloadbereich), als Plakate oder digital zum Thema „Digitale Arbeits- und Gestaltungsmittel“ sowie gemeinsam ein Glossar.
2. Überprüfen Sie mit Aufgabe 20 der Lernsituation 2 im Arbeitsbuch Ihr Wissen zu Produktionsfaktoren und Güterarten. A20
3. Erstellen Sie mit Aufgabe 21 der Lernsituation 2 im Arbeitsbuch Beiträge für die Unternehmenspräsentation. A21

1.4 Das Marktumfeld des Ausbildungsbetriebs beschreiben

Um das Marktumfeld und insbesondere die Marktsituationen des Ausbildungsbetriebs und der Unternehmen im Umfeld (Kunden, Lieferanten) besser beschreiben zu können, sollen zunächst verschiedene Wirtschaftskreisläufe modellhaft betrachtet werden.

1.4.1 Wirtschaftskreisläufe beschreiben

S **Sie sollen einfache und erweiterte Geldkreisläufe in einer Volkswirtschaft modellhaft beschreiben.**

(1) Einfacher Wirtschaftskreislauf

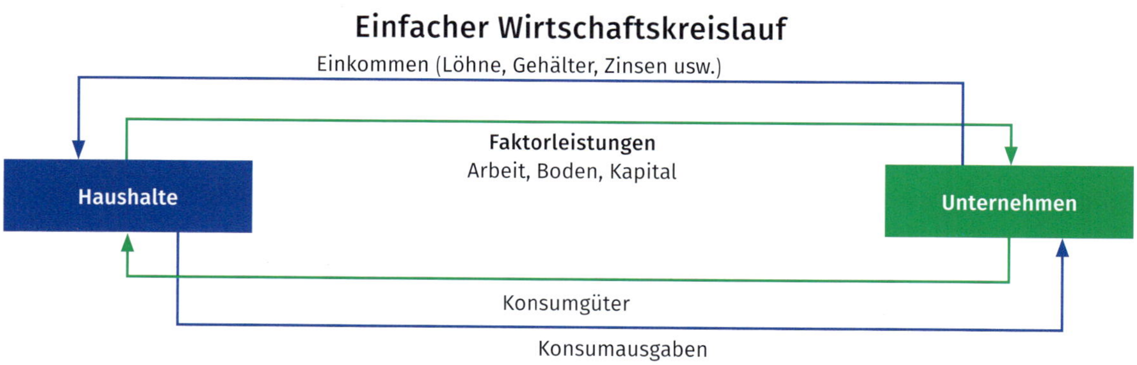

Das Schaubild der Vorseite zeigt, dass die Haushalte (Endverbraucher) die volkswirtschaftlichen Faktorleistungen **Arbeit** (durch ihre Bereitschaft, für Geld zu arbeiten), **Kapital** (z. B. Geld) und **Boden** (z. B. Grundstücke) den Unternehmen zur Verfügung stellen, damit diese sie einsetzen, um Konsumgüter zu erstellen. Die Unternehmen produzieren Konsumgüter, die wieder die Haushalte kaufen. Das Geld, das die Haushalte für die Konsumgüter als Konsumausgaben zu zahlen haben, erhalten die Unternehmen. Die Unternehmen können dafür Löhne, Gehälter, Miete, Pacht oder Zinsen zahlen.

(2) Erweiterter Wirtschaftskreislauf

Die volkswirtschaftliche Betrachtung in Abschnitt (1) ist reduziert auf die Wirtschaftssubjekte Haushalte und Unternehmen. Andere Subjekte wurden ausgenommen. Da die wirtschaftlichen Zusammenhänge wesentlich komplizierter sind, soll ein erweiterter Wirtschaftskreislauf mit Banken, dem Staat und dem Ausland als weitere agierende Wirtschaftssubjekte betrachtet werden.

Erweiterter Wirtschaftskreislauf des Geldes

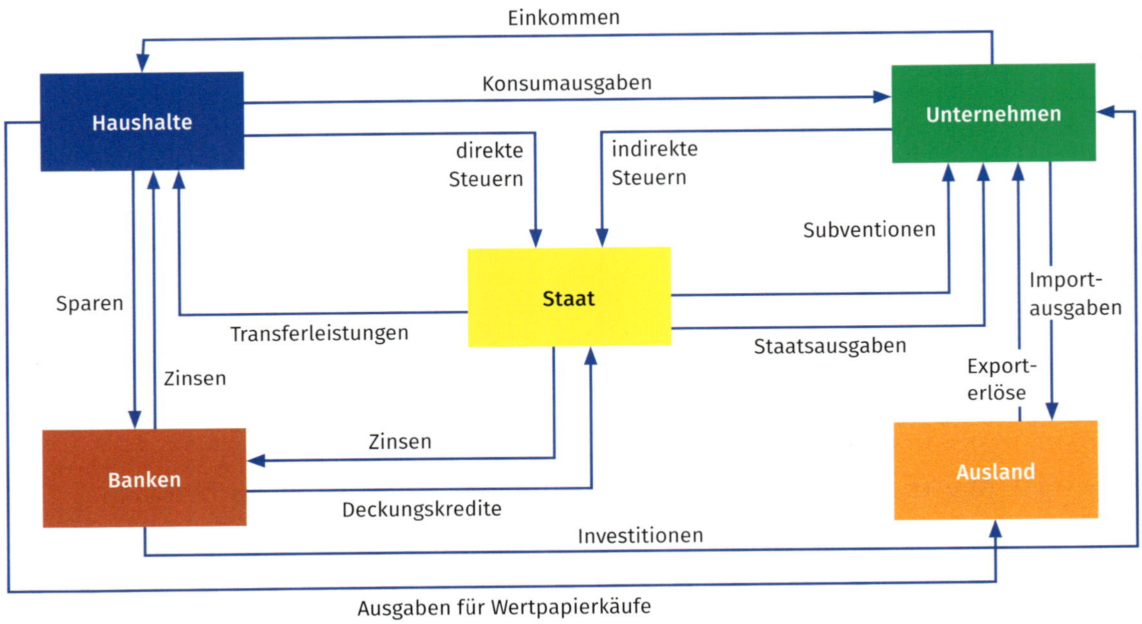

Eine große Rolle im wirtschaftlichen Geldkreislauf nehmen die **Banken** ein. Haushalte verfügen heute zum Teil über erhebliche Ersparnisse, die sie versuchen, für eine hohe Rendite oder Verzinsung anzulegen. Andererseits sind Unternehmen und Haushalte heute zum Teil stark verschuldet oder sind bereit, sich zu verschulden, was auch einen großen Einfluss auf den Wirtschaftskreislauf des Geldes hat.

Der **Staat** nimmt heute einen erheblichen Einfluss auf den Wirtschaftskreislauf. Je nach politischer Ausrichtung der Regierung werden Gesetze verabschiedet, um eine ihrer Meinung nach sozial gerechte Politik zu verfolgen. Durch direkte Steuern von den Haushalten (z. B. Grundsteuer, Kfz-Steuer) oder indirekte Steuern, vereinnahmt durch die Unternehmen (z. B. die Umsatz-, Mineralöl-, Tabak- oder Lohn- und Einkommensteuer) erhält der Staat einen Teil des Einkommens (Staatsquote). Mit den Staatseinnahmen muss er die Staatsausgaben für seine gesetzlichen Aufgaben (z. B. Bildung, Verkehrsinfrastruktur, Verteidigung oder Sicherheit) decken, kann den Haushalten **Transferzahlen** (z. B. Kindergeld, Sparzulage, Sozialhilfe) ermöglichen oder den Unternehmen **Subventionen** (z. B. zur Investitionsförderung oder zur Arbeitsplatzschaffung) zahlen.

In unsere Betrachtungen des Wirtschaftskreislaufs des Geldes wird zuletzt das **Ausland** einbezogen. Im Zuge der **Globalisierung** und damit der Öffnung der Weltmärkte nimmt das Ausland eine wichtige Rolle ein. Deutschland ist einerseits relativ „Exportweltmeister", wodurch viel Geld aus dem Ausland nach

Deutschland fließt, andererseits auch „Reiseweltmeister“, wodurch die Deutschen viel Geld ins Ausland bringen. Durch das weltweite Bankennetz ist es heute möglich, in nur wenigen Sekunden Geld von einer Seite der Erde zur anderen Seite zu transferieren. Die Haushalte verfügen insgesamt gesehen über riesige Sparvermögen. Sie wollen dafür hohe Zinsen erhalten, sind auch bereit, für gute Renditen riskante Wertpapiere zu kaufen. Sehr genau vergleichen Deutsche daher die Renditen für die angelegten Ersparnisse und sind zunehmend auch bereit, ihre Ersparnisse im Ausland zu investieren. Dadurch wird zunächst Geld dem deutschen Geldkreislauf entzogen. Erhalten die Haushalte jedoch hohe Renditen, kommt auch Geld wieder zurück, was dann auch in Konsumausgaben umgesetzt wird und die Wirtschaft stärkt. Auch ausländische Haushalte könnten sich für Wertpapiere deutscher Unternehmen oder Banken interessieren und ihr Geld nach Deutschland transferieren, was dem deutschen Geldmarkt besonderen Schwung verleihen könnte. Es ist somit schnell möglich, diesem Schaubild noch weitere Geldströme hinzuzufügen und die Folgen für den deutschen Geldkreislauf zu diskutieren.

Kompetenzcheck ✓

1 Ordnen Sie die mit Ziffern bezeichneten Geldströme den Zahlungsvorgängen von a) bis l) richtig zu.

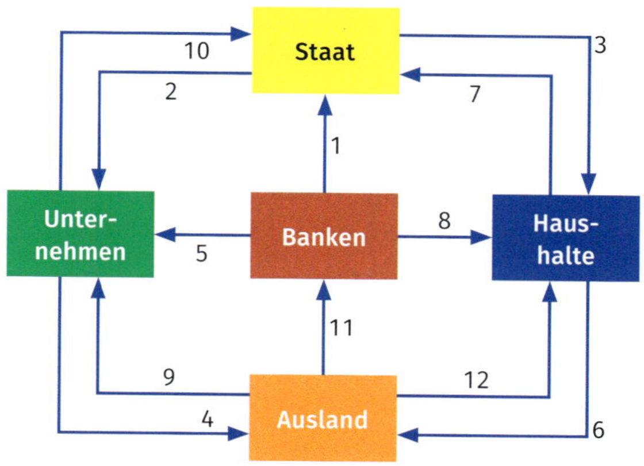

a) Ein japanisches Unternehmen überweist deutschen Aktionären ihre Dividende aus den Unternehmensaktien.
b) JIKU erhält einen Kredit von der Bank gutgeschrieben.
c) Das Kindergeld wird ausgezahlt.
d) Jedes Jahr schreiben Banken Milliarden Euro an Zinsen Privatleuten gut.
e) Ausländer legen ihr Geld wegen hoher Zinsen in Deutschland an.
f) Ein US-amerikanischer IT-Konzern mit Sitz in Deutschland kauft Computer in China.
g) Deutsche kaufen verstärkt Aktien asiatischer und osteuropäischer Unternehmen.
h) Der Staat nimmt Kredite auf dem Geldmarkt auf.
i) Von einem Privatkonto bucht das Finanzamt die Kfz-Steuer ab.
j) Das deutsche Unternehmen XY-Games AG hat seine Tochterfirma in Frankreich an die Mitarbeiter verkauft.
k) Unternehmen sollen Investitionszulagen erhalten.
l) Viele Kommunen (Gemeinden, Städte) buchen die Gewerbesteuer.

2 Überprüfen Sie mit Aufgabe 22 der Lernsituation 2 im Arbeitsbuch Ihre Kompetenzen zu Wirtschaftskreisläufen.

A22

1.4.2 Marktsituationen beschreiben

S **Sie sollen die Marktsituation Ihres Ausbildungsbetriebes und von Lieferanten und Kunden beschreiben.**

(1) Marktarten, Transformationsbereiche und Marktformen

Für Unternehmen ist es wichtig festzulegen, in welchen Märkten sie aktiv sein wollen. Allgemein lassen sich Märkte in folgenden Marktarten unterscheiden:

Marktarten		
Marktart	**Erläuterung**	**Beispiel**
Freier Markt	Jeder hat Zugang zum Markt.	Automarkt, Lebensmittelmarkt
Geschlossener Markt	Nicht jeder hat Zugang zum Markt.	Waffenmarkt, Großhandelsmarkt
Gütermarkt (Konsumgütermarkt, Investitionsgütermarkt)	Verbrauch oder Gebrauch durch Endverbraucher oder Investoren/Unternehmen	Automarkt, Textilmarkt, Gemüsemarkt, IT-Markt, Maschinenmarkt, Büroflächenmarkt
Faktorenmarkt (Boden, Arbeit, Kapital)	Märkte je nach Produktionsfaktoren	Immobilienmarkt Köln, Arbeitsmarkt, Finanzmärkte
Vollkommener Markt	Kriterien (weitgehend) erfüllt	Lebensmittelmarkt (Butter, Milch)
Unvollkommener Markt	Kriterien nicht erfüllt	Benzinmarkt, Schmuckmarkt

Im ITK-Bereich ist es üblich, Marktteilnehmer nach Marktbeziehungen oder **Transaktionsbereiche** zu unterscheiden. Die derzeit bedeutendsten E-Commerce-Anwendungen finden zwischen Unternehmen (Business-to-Business oder kurz B2B) sowie zwischen Unternehmen und Verbrauchern (Business-to-Consumer oder kurz B2C) statt. Auch Behörden und Verwaltungen und damit der Administrationsbereich versuchen verstärkt, mithilfe von E-Commerce-Anwendungen Dienstleistungen besser und kostengünstiger anzubieten und zu verwalten. Bei staatlichen Einrichtungen fällt in diesem Zusammenhang der Begriff **E-Government** oder „Elektronisches Rathaus".

Markt- und Transaktionsbereiche im E-Commerce			
	Consumer	Business	Administration
Consumer	**C2C:** z. B. Verbraucher verkaufen oder vermieten im Internet an Verbraucher (Autos, Gebrauchtteile, Apartments etc.)	**C2B:** z. B. Verbraucher bieten Jobs und Leistungen an Unternehmen oder vermitteln gegen Provision Kunden	**C2A:** z. B. Verbraucher fragen Leistungen bei Behörden über das Internet ab oder regeln Behördengänge über das Internet
Business	**B2C:** z. B. Unternehmen bieten über Internetshops, E-Mail oder Newsletter Verbrauchern Produkte und Leistungen an	**B2B:** z. B. Unternehmen handeln mit Unternehmen über das Internet	**B2A:** z. B. Unternehmen informieren sich bei Behörden und erstellen Steuerklärungen online
Administration	**A2C:** z. B. Behörden bieten Verbrauchern ihre Leistungen über das Internet an oder verwalten Bürgerdaten online	**A2B:** z. B. Ausschreibungen der Behörden an Unternehmen über das Internet	**A2A:** z. B. Zusammenarbeit oder Datenaustausch von Behörden über das Internet

Bestimmungsfaktoren für Verhalten der Marktteilnehmer	
Anbieter	**Nachfrager**
• Preis des Gutes • Kosten des Leistungsangebots/Gutes • Gewinnstreben • Konkurrenz/Mitbewerber • Zukunftserwartungen	• Preis des Gutes • Preis vergleichbarer Güter • Dringlichkeit des Bedürfnisses nach dem Gut • Verfügbares Einkommen • Zukunftserwartungen

Um im Markt einen möglichst guten Wettbewerb zu ermöglichen, müssen die Bedingungen in den Märkten **vollkommen** sein und damit die Bedingungen folgender Tabelle erfüllen:

Bedingungen des vollkommenen Marktes	
Bedingung	**Erläuterung**
Vollkommene Konkurrenz	Viele Anbieter und Nachfrager treffen sich auf dem Markt.
Güterhomogenität	Es werden nur gleichartige Güter angeboten.
Markttransparenz/-überblick	Marktteilnehmer haben den Überblick über Anbieter und Preise.
Präferenzlosigkeit	Nachfrager haben keine besonderen Vorlieben.
Anpassungsfähigkeit	Die Marktteilnehmer passen ihr Verhalten sofort dem Preis an.

Die **vollständige Konkurrenz** in einem Markt und damit die Marktsituation eines **Polypols** sind für Volkswirtschaftler und Politik anzustreben, um einen möglichst großen Nutzen der Käufer und eine möglichst aktive und innovative Entwicklung der Wirtschaft zu erreichen. In unvollkommenen Märkten können sich **Monopole** oder **Oligopole** bilden und damit ihre **Marktmacht** ausnutzen.

Marktformen

Klassifizierung der Märkte nach der Anzahl der Marktteilnehmer und deren Einfluss auf die Preisbildung

Anbieter / Nachfrage	Einer	Wenige	Viele
Einer	**Zweiseitiges Monopol** (z.B. Staat und Alleinanbieter/Abnehmer)	**Beschränktes Nachfragemonopol** (z. B. Bahn und Spezialausstatter)	**Nachfragemonopol** (z.B. die Bahn)
Wenige	**Beschränktes Angebotsmonopol** (z.B. Patentiertes Produkt Alleinanbieter im Nischenmarkt	**Zweiseitiges Oligopol** (z.B. Flugzeugmarkt)	**Nachfrageoligopol** (z.B. Drucker, Betriebssysteme)
Viele	**Angebotsmonopol** (Alleinhersteller)	**Angebotsoligopol** (z.B. Chipmarkt, Fahrzeugmarkt)	**Polypol** (z.B. Lebensmittelmärkte)

Monopol
Ein Monopol ist eine Marktform, in der für ein Wirtschaftsgut nur ein Anbieter (Angebotsmonopol), ein Nachfrager (Nachfragemonopol) oder zweiseitiges Monopol vorhanden ist. Der Monopolist kann seine Situation ausnutzen und den Preis bestimmen. Unternehmen versuchen auch in polypolistischen Märkten, Eigenschaften eines Monopolisten (Quasimonopol) zu erhalten, indem Angebote einzigartig gestaltet werden, z.B. durch Diversifikation, Exklusivität und Imagebildung, Innovation, Mitbewerberübernahme, Ausnutzung natürlicher Wettbewerbsvorteile.

Oligopol
Das Angebotsoligopol ist eine Marktform, in der vielen Nachfragern wenige Anbieter gegenüberstehen. Beispiele sind im Strom-, Mineralöl-, Mobilfunk-, Rolltreppen- oder Spielkonsolenmarkt zu finden.

Polypol
Das Polypol ist die vom Staat bevorzugte oder angestrebte Marktform (zur Erreichung eines vollkommenen Marktes), bei der einer Vielzahl von Anbietern eine Vielzahl von Nachfragern gegenübersteht. Durch das Konkurrenzverhalten entsteht der Marktpreis durch Angebot und Nachfrage und ist optimal für die Kunden.

Nach dem **Gesetz gegen Wettbewerbsbeschränkungen** wird eine marktbeherrschende Stellung vermutet, wenn ein Unternehmen mindestens 40 % Marktanteil hat (vgl. § 18 Abs. 4 GWB). Das Bundeskartellamt muss dann tätig werden und überprüfen, ob Maßnahmen gegen den Missbrauch zu ergreifen sind.

> § 19 **GWB – Missbrauch einer marktbeherrschenden Stellung (Kartellgesetz)**
> (1) Die missbräuchliche Ausnutzung einer marktbeherrschenden Stellung durch ein oder mehrere Unternehmen ist verboten.
> (2) Ein Unternehmen ist marktbeherrschend, soweit es als Anbieter oder Nachfrager einer bestimmten Art von Waren oder gewerblichen Leistungen auf dem sachlich und räumlich relevanten Markt [...] ohne Wettbewerber ist oder keinem wesentlichen Wettbewerb ausgesetzt ist. [...]

Kompetenzcheck ✓

1 Ordnen Sie die Transaktionsbereiche (B2B, B2C, A2B, C2C, A2A) richtig zu:
a) Behörden tauschen ihre Daten aus.
b) Verbraucher verkaufen etwas online an eine Privatperson.
c) Unternehmen handeln untereinander.
d) Behörden schreiben in einer Plattform Aufträge aus.
e) Banken bieten einer Privatperson Wertpapiere an.

2 Ordnen Sie den Aussagen Marktformen passend zu.

Marktformen, z. B.	Polypol
	Oligopol
	Monopol

a) Das Unternehmen hat viele Kunden, aber keine Mitbewerber für das Angebot.
b) Viele Menschen suchen ein Grundstück und haben häufig keinen Erfolg.
c) Auf dem Wochenmarkt wird so viel Ware von vielen Händlern angeboten, dass auch die vielen Marktbesucher den Markt nicht leerkaufen können.
d) Auf dem örtlichen Benzinmarkt kann man nur zwischen drei Anbietern wählen.
e) Auf dem Lande gibt es im Umkreis von 20 km nur einen einzigen Lebensmittelmarkt mit großem Angebot und Frischeprodukten.

3 Diskutieren Sie über Fälle im ITK-Markt, wo sich Oligopole oder sogar Monopole gebildet haben können bzw. sich Unternehmen so verhalten.

(2) Preisbildung am Markt und durch Ausschreibung

Im folgenden Schaubild wird eine besondere Marktsituation dargestellt, in der sich die Marktteilnehmer nur am Marktpreis orientieren. Das Schaubild zeigt, wie sich die Nachfrage der Kunden und gleichzeitig die Angebotsmenge der Anbieter bei Änderung des Preises verändern.

Gleichgewichtspreis

Preis in €	Nachfrage	Angebot
700	5	1400
650	80	1200
600	180	1050
550	250	900
500	400	750
450	650	650
400	950	550
350	1100	330
300	1400	200
250	1600	130
200	1800	100

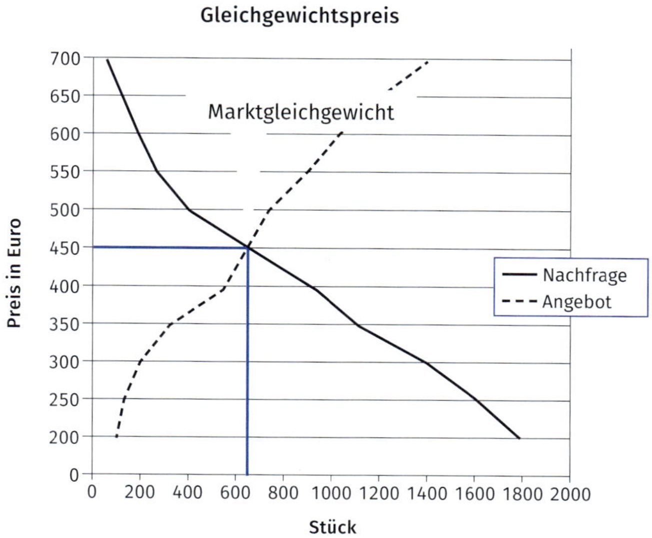

Annahmen

1. homogenes Produkt, z. B. Pentium 2800, 512 MB RAM, 180 GB Festplatte, Grafikkarte ZX7, Brenner
2. Marktnachfrage 2 000 Stück
3. Markttransparenz, d. h. völliger Überblick über alle Preise, Produkte
4. einfacher Marktzugang
5. besonderer Bedarf nicht gegeben
6. Markenbewusstsein nicht gegeben
7. Änderungen von Einkommen, Vermögen und Preisen anderer Güter ohne Einfluss auf Nachfrage
8. nur der Preis bestimmt die Menge des Anbieters

Sobald sich der Preis erhöht, werden die Anbieter ihre Angebotsmenge erhöhen und die Kunden insgesamt ihre Nachfragemenge vermindern. Die Marktteilnehmer werden beim Gleichgewichtspreis ihre Menge nicht weiter anpassen. Im Beispiel oben ist bei einem Preis von 450,00 € der Gleichgewichtspreis und bei 650 Stück die Gleichgewichtsmenge erreicht.

Bezieht man andere Faktoren ein, so kann sich die Nachfrage oder die Angebotskurve insgesamt verschieben und sich damit ein anderer Gleichgewichtspreis einstellen. Erhalten Kunden beispielsweise mehr Geld und sind bereit, mehr zu konsumieren, dann verschiebt sich die Nachfragekurve von N0 nach N1. Müssen Anbieter ihre Preise erhöhen, z. B. weil sich ihre Kosten erhöht haben, so verschiebt sich die Angebotskurve von A0 nach A1.

Verschiebungen der Nachfrage- und Angebotskurve

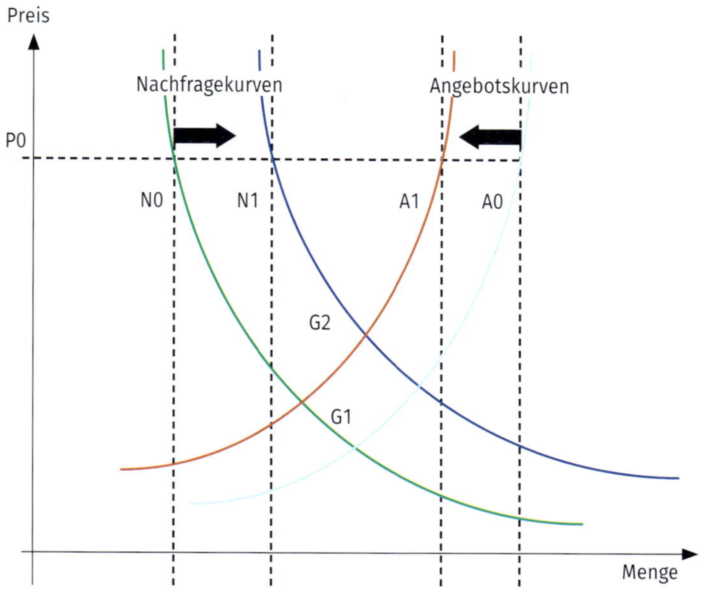

Verschiebung der Nachfragekurve von N0 nach N1: *Nachfrageerhöhung, z. B. durch Einkommenserhöhung, Steuersenkung*

Verschiebung der Angebotskurve von A0 nach A1: *Angebotssenkung, z. B. durch schlechte Konjunkturaussichten oder höhere Produktionskosten*

Bei diesen Betrachtungen geht man davon aus, dass keine anderen Faktoren Angebot und Nachfrage beeinflussen, z. B. die angebotenen Produkte homogen (alle gleich) sind, die Marktteilnehmer sofort auf Veränderungen im Preis reagieren und die Marktteilnehmer auch sonst keine besonderen Faktoren beachten.

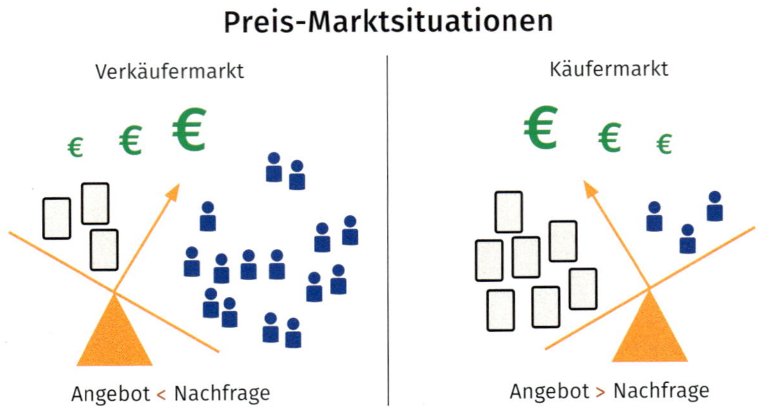

Wenn die am Markt angebotene Nachfrage größer ist als die am Markt angebotene Menge, so spricht man von einem **Verkäufermarkt**. Dies kann in der ITK-Branche beispielsweise der Fall sein, wenn es Engpässe im Chip-Markt gibt und bestimmte Chips nicht in der Menge angeboten werden können, wie sie nachgefragt werden. Bei einem Verkäufermarkt erhöht der Verkäufer den Preis soweit er kann. Anders sieht es bei einem **Käufermarkt** aus. Hier ist das Angebot größer als die Nachfrage. Der Verkäufer wird dann versuchen, mit geringeren Preisen seine Produkte abzusetzen.

Kompetenzcheck ✓

1 Verkäufermarkt oder Käufermarkt?

a) Zur Abwehr eines Supervirus wird dringend die Software „Supisec" benötigt.
b) Auf dem Gebraucht-PC-Markt gibt es viel zu viele Anbieter und Computer.
c) In Hamburg werden dringend Grundstücke in guter Lage gesucht.
d) Ein Konjunktureinbruch brachte ein reichhaltiges Angebot an Speicherbausteinen (RAM).

2 In einem vollkommenen Markt bieten drei Chip-Hersteller ihre Speicherbausteine zu den Preisen A, B oder C an. In der Tendenz besteht eher Preisdruck auf die Chip-Preise. Bezeichnen Sie die Kurven. Welche Anbieter müssten ihre Preise senken, um nicht vom Markt verdrängt zu werden?

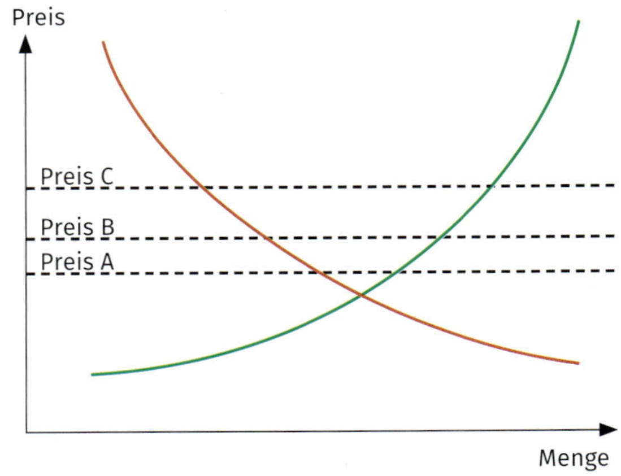

3 Bezeichnen Sie die Kurven und geben Sie an, welche der folgenden Aussagen die dargestellte Situation zutreffend beschreiben.

a) Die abgesetzte Menge hat sich nicht verändert.
b) Das Preisniveau hat sich erhöht.
c) Das Preisniveau hat sich gesenkt.
d) Das Angebot hat sich erhöht.
e) Die Nachfrage hat sich vermindert.
f) Durch die höheren Preise sind weitere Anbieter auf den Markt gekommen.

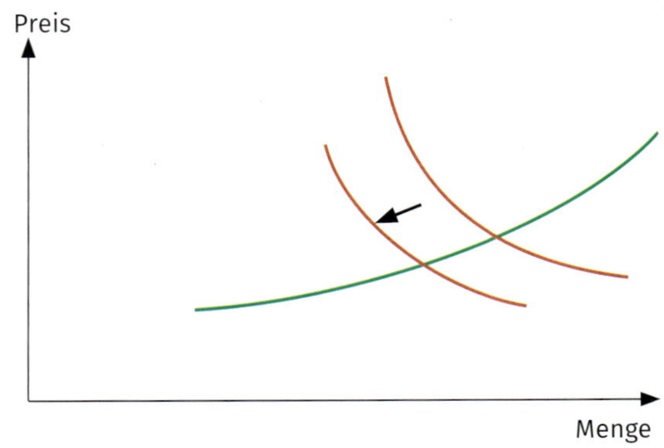

A23 **4** Bearbeiten Sie im Arbeitsbuch die Aufgabe 23 der Lernsituation 2 zur Preisbildung.

(3) Marktsituationen in IT-Bereichen

Die Marktsituation in jedem der vielen Teilmärkte wird bestimmt von den Kunden, den Lieferanten und den Rahmenbedingungen. Bei den Kunden sind es unterschiedliche Faktoren, die ihr Kaufverhalten im Markt bestimmen (siehe S. 102). Anbieter müssen daher die Marktstruktur genau untersuchen und sich auf die Kundensegmente einstellen, die für sie am meisten Absatz zu besten Preisen sicherstellen. Ist das Kundensegment festgelegt, muss darauf das Leistungsangebot zusammengestellt werden. Hierbei ist auch zu beachten, welches Leistungsangebot Mitbewerber im Markt bereitstellen. Weiterhin muss mit Marketingmaßnahmen ein höherer Absatz angestrebt werden (vgl. Lernfeld 2 und Jahrgang 2). Wie sich Marktteilnehmer entscheiden, ist jedoch auch von den Rahmenbedingungen abhängig, in denen sich die Marktteilnehmer befinden. Hierbei sind insbesondere konjunkturelle, saisonale und strukturelle Veränderungen zu berücksichtigen (siehe Abschnitt (4), S. 105).

Analyse der Marktsituation

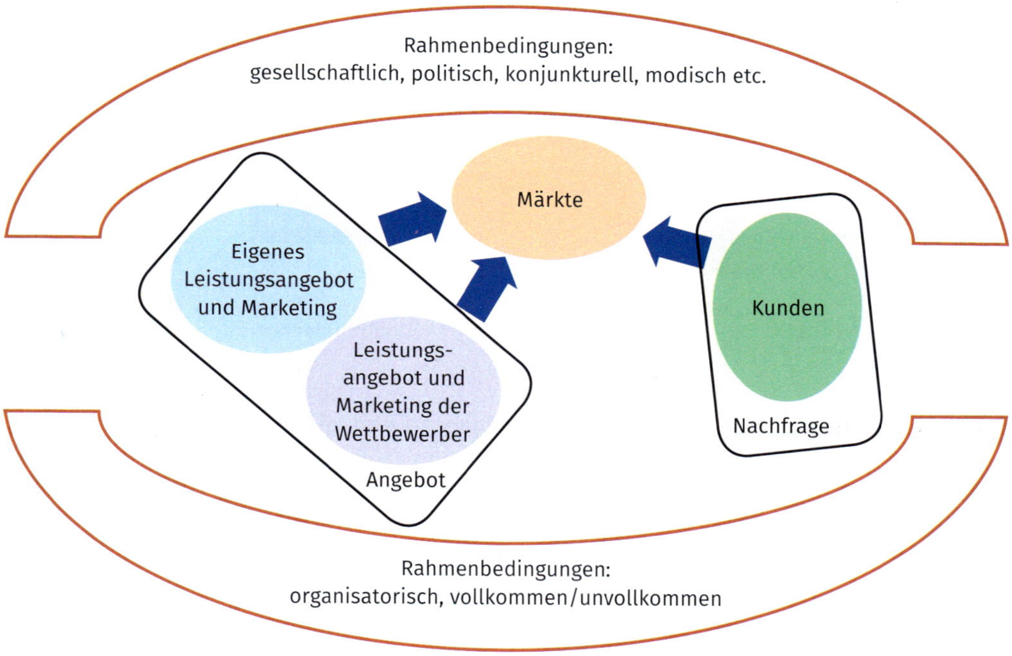

Bei der Analyse der Kundenstruktur sind sehr viele Unterschiede abhängig vom jeweiligen Markt zu berücksichtigen.

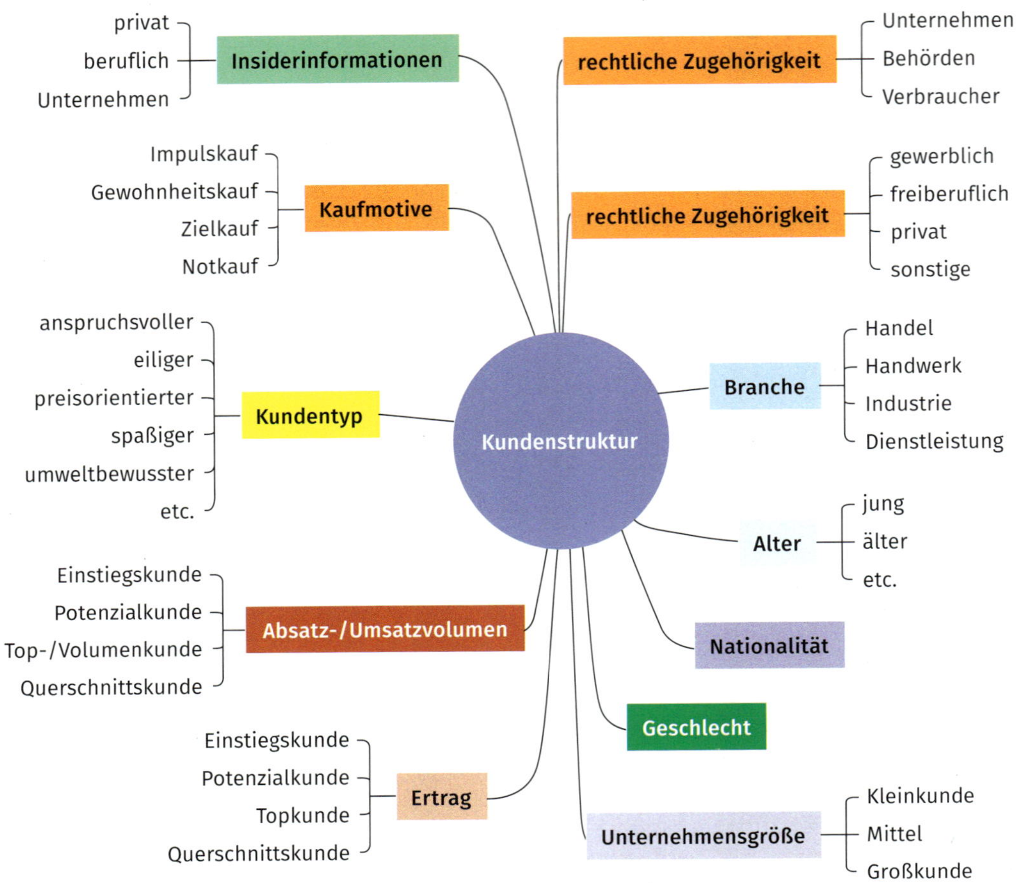

Die Kunden haben auch unterschiedlichste **Bestimmungsgründe**, die ihr Marktverhalten beeinflussen. Für den Anbieter ist es z. B. sehr wichtig, ob er es mit einem Bestandskunden oder mit einem Neukunden zu tun hat. Bestandskunden sind einfacher zu bewerben als Neukunden, müssen daher möglichst gebunden werden. Bei den Neukunden kann es sich um lukrative A- oder B-Kunden handeln, die bevorzugt gewonnen werden sollten.

Analyse der Kundenstruktur und Bestimmungsgründe

Bestandskunden
Dies sind Kunden, die im Kundenstamm geführt werden. Hierbei kann es sich auch um aktive Kunden handeln, die laufend oder gelegentlich bestellen, oder inaktive Kunden. Von Bestandskunden liegen i. d. R. aussagekräftige Daten vor, sodass man diese Kunden danach beispielsweise gut als **ABC-Kunden** bewerten kann. Auch lassen sich aufgrund der Daten gezielte und damit effiziente Marketingmaßnahmen planen.

Neukunden Es sind alle die Kunden, die in einem bestimmten Zeitraum (z. B. im letzten halben Jahr) neu in den Kundenstamm aufgenommen wurden. Bei Neukunden ist es wichtig, dass man sich schnell eine sichere Meinung verschafft, ob es sich hierbei um **B-Kunden**, also Kunden mit Potenzial handelt und wie schnell diese zu Topkunden werden können.

A-B-C-Kundenanalyse	
A	Sie weisen den größten Umsatz, das größte Gewinnpotenzial und das größte Loyalitätslevel auf (Topkunden). Es sind ca. 20 % der Kunden, die ca. 75 bis 80 % des gesamten Umsatzes generieren.
B	Sie tätigen einen durchschnittlichen Umsatz mit durchschnittlichem Gewinnpotenzial, realisieren eventuell höheren Umsatz und Gewinn erst in einigen Jahren (mittelwichtig; Wachstumskunden, Potenzialkunden). Die Gruppe der B-Kunden betrifft im Unternehmen ca. 30 bis 35 % der Kunden mit einem Umsatzanteil von nur ca. 20 %.
C	Die Gruppe der C-Kunden ist zahlenmäßig mit ca. 45 % die größte Kundengruppe, tätigt aber nur ca. 5 % des Gesamtumsatzes, häufig mit geringem Gewinnpotenzial. Sie wechseln häufig auch gern den Anbieter. Für diesen Kundenkreis müssen Lösungen gefunden werden, die mit wenig Aufwand zu erreichen sind (z. B. Verkauf über einen anderen Vertriebsweg, z. B. Online-Beratung, Online-Handel, Fernwartung).

Es ist ökonomisch sinnvoller, sich auf bestimmte Marktsegmente auszurichten und das Leistungsportfolio bevorzugt auf diese Segmente auszurichten. Damit setzt man sich auch besser im Markt und von Mitbewerbern ab.

Marktsegmentierung nach Zielgruppen

Begriff der Marktsegmentierung Aufteilung des Gesamtmarktes in Teilmärkte, um den Marketingmix gezielter auf Kundengruppen abzustimmen, Streuverluste zu reduzieren **Streukreis:** Wer sind meine Kunden? (z. B. nach Alter oder Geschlecht) **Streugebiet:** Wo befinden sich meine Kunden?
Kriterien der Marktsegmentierung Geografisch, demografisch (z. B. Alter, Geschlecht, Familienstand, Haushaltsgröße), sozioökonomisch (z. B. nach Einkommen, Beruf), verhaltensbezogene Merkmale (z. B. Kundentypen, Wertvorstellungen/Vorlieben)

Steht das Marktsegment fest, so kann eine quantitative Marktanalyse ergänzt werden, mit der eigene mögliche Marktanteile und das mögliche Absatzvolumen bestimmt bzw. eingeschätzt werden können.

Quantitative Marktanalyse

Ziele Erfassung der mengen- und wertmäßigen Größen des relevanten Marktes sowie die Prognose seiner Entwicklung in der Zukunft.
Marktgrößen • **Marktpotenzial:** die maximal mögliche Absatzmenge durch alle Marktteilnehmer • **Marktvolumen:** die von allen Marktteilnehmern tatsächlich erzielte Absatzmenge • **Absatzpotenzial:** die maximal mögliche Absatzmenge eines bestimmten Unternehmens • **Absatzvolumen:** die tatsächlich erzielte Absatzmenge eines bestimmten Unternehmens • **Marktanteil:** Prozentsatz des Absatzvolumens am Marktvolumen

Auf das festgelegte Markt- oder Kundensegment kann man sein Leistungsangebot festlegen. Hierbei sind folgende Aspekte zu berücksichtigen. Im Arbeitsbuch sind Fragebögen zur Feststellung der Kundenstruktur und zur Bestimmung des Leistungsangebots aufgeführt.

Erläuterungen zur Analyse des Leistungsangebots	
Kriterien	**Erläuterungen**
Angebotene Leistungen Angebotsbreite/-tiefe	**Angebotsbreite** = Anzahl oder Vielfalt der Produkte und Leistungen relativ zur Branche, z. B. Hinweise, ob es ein Grund-, Kern- und Randangebot gibt oder besondere Premium- oder Markenprodukte angeboten werden **Angebotstiefe** = Anzahl der Varianten einer Warengruppen, z. B. Varianten von Notebooks
Innovationkraft	Gemessen am Angebot neuester Produkte, Geräte und Leistungen (Beratung, Herstellung, Verkauf, Service)
Serviceleistungen	Alle kostenlos gewährten Leistungen an die Kunden, eventuell in den Hinweisen stichwortartig anzugeben
Lieferzeiten	Durchschnittliche Lieferzeiten gemessen von der Auftragserteilung an
Qualität der Leistungen	Produkt- und Leistungsqualität, Pünktlichkeit, Zuverlässigkeit, Anzahl der Reklamationen und Qualität der Reklamationsbearbeitung, Servicequalität
Alleinstellungsmerkmale	Abgrenzung gegenüber Wettbewerbern durch viele Merkmale möglich, z. B. Preis, Design, Service, Image, Exklusivvertrieb bestimmter Produkte, Spezialbearbeitung, sehr hochwertige Leistungen, zentraler Betriebsstandort, 24-Stunden-7-Tage-Dienst
Bewertungen	Bewertungen von Kunden oder Bewertungsportalen, z. B. www.ciao.de, www.golocal.de, www.kundentests.com, www.holidaycheck.de, www.shopauskunft.de
Bekanntheit	Bekanntheit des Unternehmens, der Produkte, Leistungen, Marken bei den Kunden
Image	Gesamteindruck oder Ruf des Unternehmens und der eigenen Produkte
Stammkundenanteil	Anteil an Kunden, die schon länger in der Kundendatei geführt werden und immer wieder im Unternehmen bestellen
Standort	Bewertung von Standortnachteil oder Standortvorteil, relativ zu Mitbewerbern gesehen
Geschäftsgröße	Größe des Unternehmens relativ in der Branche zu Mitbewerbern gesehen
Geschäftsausstattung	Geschäftsausstattung im Empfinden für den Kunden, z. B. des Ladens, der Ausstellungsräume, der Konferenzräume, des Lagers und anderer kundennaher Räume

Kompetenzcheck ✓

A24

1. Bearbeiten Sie mit Aufgabe 24 der Lernsituation 2 im Arbeitsbuch Fragebögen zur Kunden- und Marktstruktur.

(4) Marktwirtschaftliche Rahmenbedingungen und Verhalten in Marktsituationen

Die marktwirtschaftlichen Rahmenbedingungen sind insbesondere durch konjunkturelle, saisonale und strukturelle Veränderungen geprägt.

Zunächst sind es saisonale Schwankungen wie Wetterbedingungen, Jahreszeiten oder nach dem Kalender besondere Tage, die die Nachfrage bestimmen können. Darüber hinaus sind es auch strukturelle Veränderungen, die zu einem veränderten Angebots- oder Nachfrageverhalten führen. Wird etwa eine neue Systemversion bekannt gemacht, kann die Nachfrage nach Altgeräten zurückgehen. Auch gesetzliche und politische Änderungen oder auch allgemein Änderungen in den Wertvorstellungen wirken sich im Markt aus.

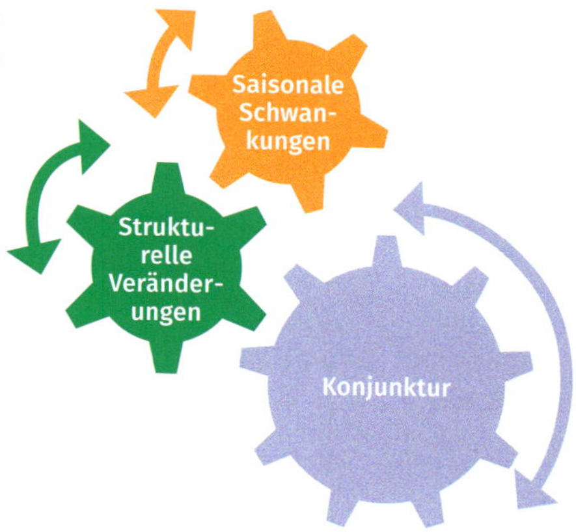

Saisonale Schwankungen		
Wetter	**Jahreszeit**	**Kalender**
z. B. im Hoch-/Tiefbau, Garten-/Landschaftsbau, Tourismus, Gastronomie	z. B. durch Frühlings-, Sommer-, Herbst-, Winterartikel	z. b. durch Feiertage, Ferienzeiten, Urlaubszeiten, Fastenzeiten

Strukturelle Veränderungen		
Neue Technologien/Verfahren	**Gesetze**	**Einstellungen der Menschen**
z. B. IT-Technologien, Fahrzeugtechnik, Heizungstechnik	z. B. Umweltgesetze, Steuergesetze, Subventionen	z. B. zu mehr Freizeit, mehr Naturprodukten, weniger eigener Pkw

Global wirken sich internationale und regionale Schwankungen in der **Wirtschaftskonjunktur** allgemein oder auf bestimmte Branchen aus. Das statistische Bundesamt ermittelt laufend, wie sich das Bruttoinlandsprodukt (BIP) als die Summe der abgesetzten Waren und Dienstleistungen verändert. Die **Konjunkturpolitik** versucht, größere Schwankungen durch staatliche Maßnahmen zu vermeiden, insgesamt einen Wachstumspfad sicherzustellen. Allgemein verläuft die Konjunktur in Wellen vom **Aufschwung** zum **Boom** über die **Rezession** (Abschwung) zur **Depression** (Tief) und wieder zum Aufschwung. Die Marktteilnehmer sollten sich möglichst rechtzeitig auf die Veränderungen der Rahmenbedingungen einstellen.

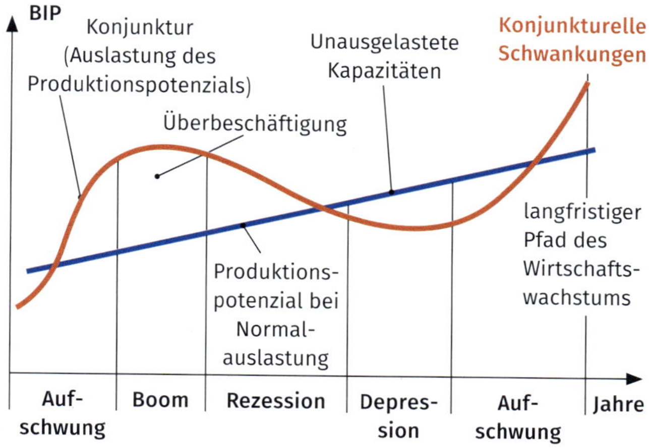

Phasen	Verhalten in Marktsituationen (Konjunkturphasen)	
	Konkurrenten (Wettbewerber)	**Kunden**
Aufschwung (mehr Nachfrage, Umsatz)	**Geschäftsklima und Verbrauchervertrauen in die Zukunft wachsen.**	
	Werbeanstrengungen steigen, Lagerbestände werden erhöht, neue Produkte werden angeboten, höhere Preise angestrebt, Investitionsbereitschaft steigt, Neueinstellungen erfolgen.	Höhere Nachfrage nach Gütern, mehr Freizeitausgaben, Nachfrage nach teureren Gütern und Luxusartikeln/-leistungen, Preiswettbewerb sinkt, Sparen wird reduziert, mehr Kredite genommen.
Hochphase (Boom) ca. 100 % Auslastung	**Die Stimmung bei Geschäftsleuten und Verbrauchern ist bestens, kluge Marktteilnehmer bereiten sich evtl. schon auf den kommenden Abschwung vor.**	
	Hohe Preise werden verlangt, viele Marketingaktionen für hochwertige Güter durchgeführt, es existiert kaum Konkurrenzkampf, Gewinne werden in Rücklagen eingestellt, Investitionen sind auf hohem Niveau.	Konsum und Investitionen auf hohem Niveau, Kauf hochwertiger Produkte, sie lassen sich zu neuen Anschaffungen schnell überzeugen, Service ist wichtig, Preise weniger bedeutend, hohe Kreditbereitschaft.
Abschwung (Rezession) (Nachfrage, Umsatz sinken)	**Der Geschäftsklimaindex und das Verbrauchervertrauen sinken.**	
	Kosten werden zunehmend auf das Notwendigste reduziert, Werbung zunehmend auf Kundenbindung bezogen, Gewinne in Rücklagen eingestellt, Lagerbestände reduziert, Neueinstellungen reduziert, Investitions- und Kreditbereitschaft sinken, der Konkurrenzkampf wird härter.	Die Nachfrage nach Gütern sinkt, Freizeitausgaben werden reduziert, Kauf zunehmend nur notwendiger Güter, auf niedrige Preise und Konditionen wird geachtet, die Sparleistung (Rücklage) wird erhöht, Lagerbestände werden reduziert, neue Produkte und Leistungen werden kritischer geprüft.
Tiefphase-(Depression) (Kunden haben Nachfrage auf Notwendiges minimiert)	**Das Geschäftsklima und das Verbrauchervertrauen sind auf einem Tiefpunkt.**	
	Lagerbestände werden niedrig gehalten, niedrige Preise und harte Konditionen sowie starker Wettbewerb um jeden Auftrag, Kosteneinsparungen wo es nur geht, es werden nur die wichtigsten Mitarbeiter behalten, Kooperationen verstärkt, eventuell auch mit Wettbewerbern.	Es werden beste Konditionen zu bestem Service verlangt, sonst Lieferanten gewechselt, Kauf nur notwendigster Güter, Rückstellung aller nicht sofort notwendigen Investitionen und Ausgaben, Vermeidung der Zahlungsunfähigkeit durch Entnahme aus Rücklagen.

Kompetenzcheck ✓

A25

1 Überprüfen Sie im Arbeitsbuch mit Aufgabe 25 der Lernsituation 2 Ihre Kompetenzen zu Marktformen und zu Konjunkturverläufen.

1.5 Den Ausbildungsbetrieb präsentieren

S Sie sollen den Ausbildungsbetrieb präsentieren.

Es gibt unterschiedliche Anlässe, den Ausbildungsbetrieb zu präsentieren. Die Art der Präsentation hängt davon ab, unter welchen Rahmenbedingungen, vor welcher Zielgruppe und zu welchem Anlass die Präsentation zu planen, durchzuführen, zu kontrollieren und zu reflektieren ist.

Planung und Präsentation des Ausbildungsbetriebes

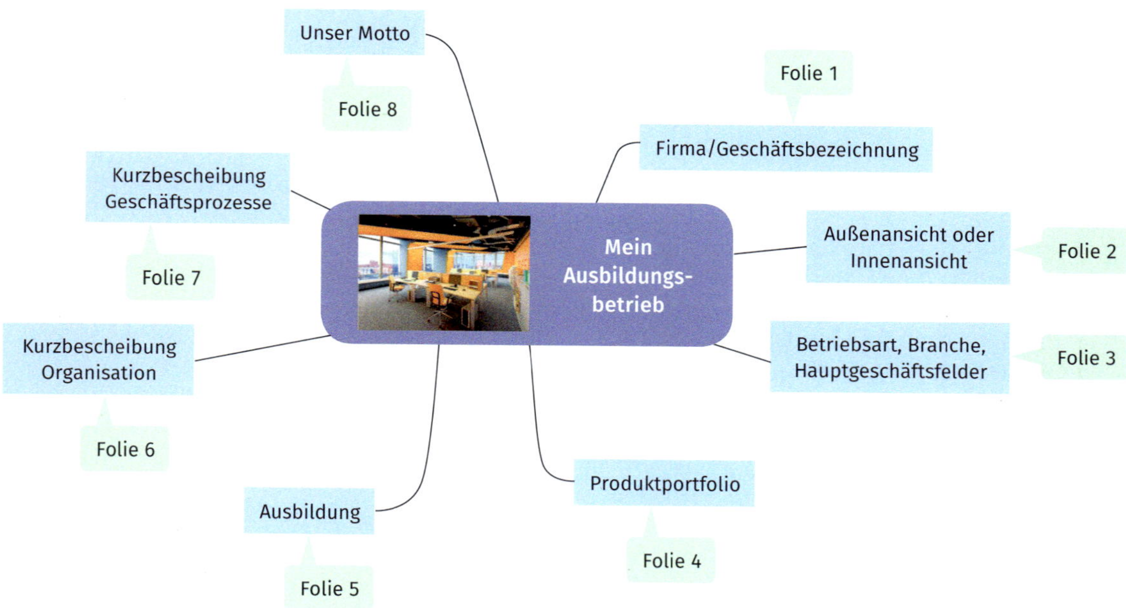

Beispiele zur Planung von Inhalt und Gliederung der Präsentation eines Ausbildungsbetriebs

1.5.1 Die Präsentation in Teamarbeit vorbereiten

S **Sie sollen den Ausbildungsbetrieb präsentieren.**

Es ist wichtig, dass Sie lernen, in Gruppen- und Teamarbeit miteinander zu arbeiten, zu kommunizieren und zu organisieren, damit Sie diese Soft Skills oder persönlichen Kompetenzen verbessern. Im zweiten Ausbildungsjahr erhalten Sie weitergehend eine ausführliche Einführung in das Projektmanagement und seine Methoden. Versuchen Sie jetzt schon, in Teams, die Projektgruppen vergleichbar sind, noch mehr zusammenzuarbeiten und sich stärker auszutauschen. Bei der Teamarbeit sollte die **IPERKA-Methode** beachtet werden (siehe auch im Folgenden und die Methodensammlung im Downloadbereich sowie das Arbeitsbuch).

Bei der Gruppenarbeit wird gemeinschaftlich an einer Aufgabe bzw. Ziel gearbeitet und wenig arbeitsteilig. Bei der Projektarbeit sind Personen mit unterschiedlichen Kompetenzen und Aufgaben eingebunden, sodass der Projekterfolg mit viel Interaktion und Einsatz einer Projektleitung erreicht wird.

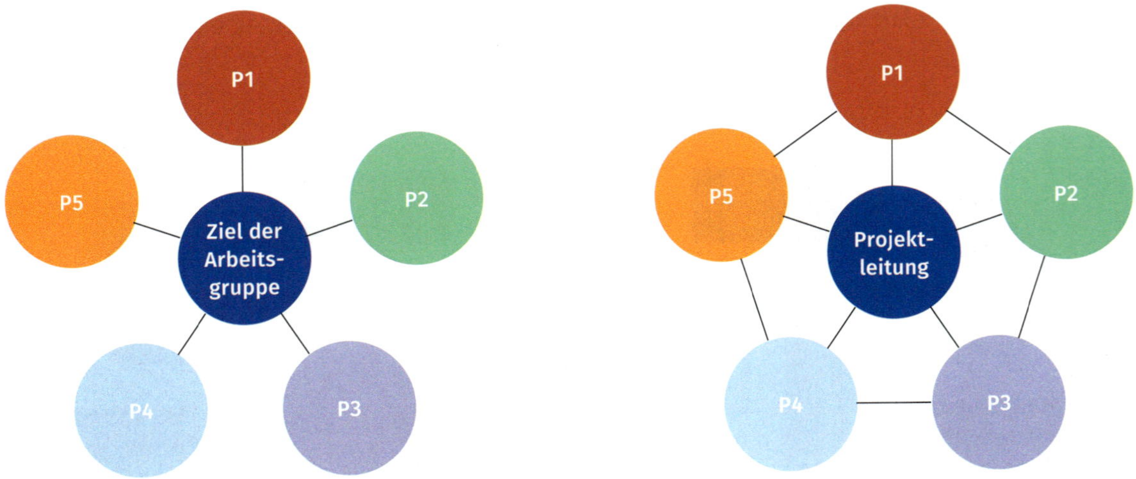

IPERKA (6-Phasen-Methode/Methode der vollständigen Handlung)

Als Methode der vollständigen Handlung werden zur Bearbeitung eines Problems/einer Aufgabe **sechs Phasen** durchlaufen.

Informationen beschaffen: um die Aufgabe zu verstehen, Informationen recherchieren oder erfragen.

Planen, indem Arbeitsschritte auf dem Weg zum Ziel im Arbeits- und Maßnahmenplan festgehalten werden, der Zeitbedarf geschätzt, die Hilfsmittel und Teams mit den Teilzielen bestimmt, Handlungsprodukte mit Terminsetzung geplant, Sitzungen für Zwischenberichte und den Abschluss erarbeitet werden, Alternativen zugeordnet, Kosten geschätzt werden.

Entscheiden, ob die Planungen und mit welchem Arbeits- und Maßnahmenplan umgesetzt werden, welche Alternativen besser sind, wann die Ergebnisse vorliegen müssen, wer die Leitung (Federführung) übernimmt.

Realisieren: den Arbeits- und Maßnahmenplan möglichst wie vereinbart umsetzen.

Kontrollieren: die ausgeführten Arbeiten, bevor sie an den Auftraggeber gehen, prüfen. Hierbei wird mit dem Auftrag und den Planungen/Entscheidungen verglichen. Neben einer Selbstkontrolle während der Realisierung sollte die Nachkontrolle von externen, neutralen und fachkundigen Personen erfolgen, möglichst anhand eines Kriterienkatalogs oder Kontrollbogens.

Auswerten: bedeutet auch **Reflektieren**; zusammen mit dem Auftraggeber wird noch einmal besprochen, was gut gelaufen ist und wo Verbesserungspotenziale liegen, was auf keinen Fall erneut passieren darf und welche Konsequenzen dies hätte.

Teambildung und Teamentwicklung

Projektteam

Ein Projektteam ist eine Arbeitsgruppe, deren Zusammenarbeit befristet ist und die kooperativ einen besonderen Auftrag umsetzt. Zur Erfüllung des besonderen Auftrags sollte ein besonderes Gemeinschaftsgefühl vorhanden sein.

Fünf Erfolgsfaktoren für ein gutes Team

1. Ein klares Ziel: Damit alle an einem Strang ziehen, wird eine Richtung benötigt, ein verständliches und konkretes Ziel. Es ist daher wichtig, insbesondere der Zielformulierung viel Aufmerksamkeit und Zeit zu widmen.
2. Die richtige Teamgröße: Als Teamgröße werden fünf bis acht Personen als optimal für eine kreative und intensive Arbeit angesehen. Bei dieser Größe soll es die wenigsten Reibungsverluste und die schnellsten Einigungen bzw. Entscheidungen geben. Bei größeren Projekten sollten somit Teilprojekte gebildet werden.
3. Unterschiedliche Teampersönlichkeiten: Die Teamzusammensetzung kann von unterschiedlichen internen und externen Bedingungen begleitet sein. Der Auftraggeber und/oder der Projektleiter können Wert darauf legen, dass bestimmte Personen im Team mitarbeiten. Wichtig ist, dass Teammitglieder fachlich und charakterlich nicht zu homogen/gleich sind. In homogenen Teams gibt es zwar weniger Reibungspunkte, doch es entstehen auch keine neuen Ideen. Aufgrund des besonderen und komplexen Arbeitsauftrags ist es wichtig, dass unterschiedliche fachliche und persönliche Qualifikationen in das Team eingebracht werden. Projektleiter könnten z. B. die möglichen Teammitglieder danach einschätzen, ob sie, bezogen auf den Projektauftrag, Qualifikationen als „Analytiker“, „Querdenker“, „Kreative“, „Innovatoren“, „Pragmatiker“, „Macher“, „Teamer“, „Organisatoren“ u. a. mitbringen und nach den Erfordernissen das Team zusammenstellen.
4. Akzeptierte Projektleitung: Das Team muss den Projektleiter akzeptieren. Daher sollte derjenige die Position eines Projektleiters erhalten, der Verantwortung übernehmen, das große Ganze im Blick behalten, besonnen und gerecht agieren, moderieren und das Team führen kann.
5. Funktionierende Kommunikation: Ein leistungsfähiges Team muss ständig in Kontakt miteinander stehen und Informationen austauschen können. Der Projektleiter sollte dafür Sorge tragen, dass alle Projektbeteiligten gut informiert sind, selbst gut informiert sein und rechtzeitig die richtigen Maßnahmen abstimmen.

Teamkonflikte

Der Projektleiter sollte auf die Gruppenphänomene des sozialen Faulenzens und des Trittbrettfahrens achten (siehe auch Hinweise zur Gruppenarbeit in der Methodensammlung). Wird das Ausruhen auf Kosten anderer von den Teammitgliedern erkannt und bleibt es ohne Folgen, so reduzieren Leistungsträger häufig ebenfalls ihr Engagement, der Projekterfolg gerät in Gefahr. Daher sollten Kooperationsbereitschaft und Teamgeist gefördert werden sowie feste Regeln vereinbart werden, um die Arbeitseffizienz des Teams zu steigern. Zu Konfliktsituationen vgl. auch folgendes Kapitel.

Phasenmodell der Teamentwicklung
Der US-amerikanische Psychologe Bruce Tuckman entwickelte 1965 folgendes Phasenmodell für die Teamentwicklung. Projektleiter sollten sich darauf einstellen, dass sich die Teammitglieder im Verlauf des Projektes unterschiedlich verhalten und entsprechend durch Vorgespräche, Regeln und/oder Feedbacksitzungen auf die Entwicklungen im Team eingehen und Maßnahmen für eine innovative, konstruktive und zielgerichtete Arbeit ergreifen.

Phasenmodell der Teamentwicklung nach Bruce Tuckman

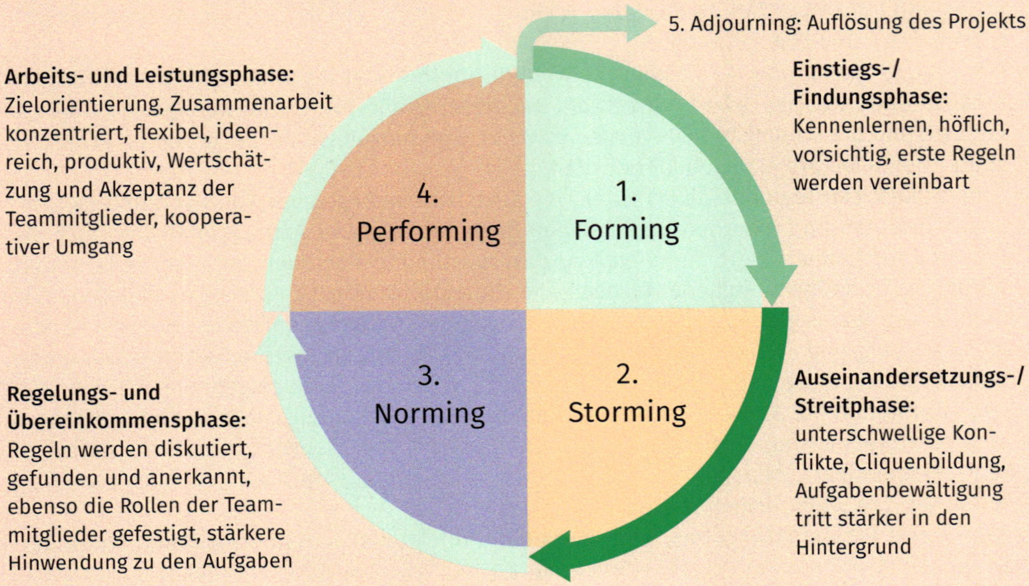

Methoden für die Teamarbeit stehen mit der Methodensammlung vielfältig zur Verfügung und können je nach Bedarf und Rahmenbedingungen ausgewählt werden.

Kompetenzcheck ✓

1 Organisieren Sie Ihre Teamarbeit. Verwenden Sie auch Methoden der Methodensammlung im Downloadbereich.

1.5.2 Die Präsentation planen

S **Sie sollen die Präsentation vorbereiten und planen.**

Es ist sinnvoll, sich zunächst einmal das Ziel, die Zielgruppe, die Rahmenbedingungen und eventuell vorhandenen Bewertungskriterien für die Präsentation zu verinnerlichen. Lassen Sie sich Tipps für eine gute Präsentationsvorbereitung und Durchführung geben.

(1) Präsentationsbewertung

Bei größeren Vorträgen und Schulungsveranstaltungen ist es häufig üblich, dass die Teilnehmer am Ende der Veranstaltung eine schriftliche oder mündliche Bewertung abgeben, damit die Auftraggeber eine Rückmeldung über den Erfolg der Veranstaltung und die Referenten eine Rückmeldung zur **Selbstreflexion** erhalten.

Die beiden folgenden Teilansichten der **Bewertungsbögen** (vollständig siehe Arbeitsbuch, Aufgabe 26 der Lernsituation 2) zeigen, dass Bewertungsbögen unterschiedlich aufgebaut und unterschiedlich Bewertungen vorgenommen werden können (z. B. mit Zeichen oder Punkten).

Präsentationsbewertung

Bewertungsbogen 1

Kriterien	+	–
Inhalt		
fachlich korrekt		
Wesentliches dargestellt		
Umfang und Tiefe angemessen		
verständliche Darstellung		
kompetente Reaktion auf Fragen		
Aufbau		
klar strukturiert, „roter Faden“ erkennbar		
Einleitung in das Thema und Abschluss gelungen		
Zeitvorgaben eingehalten		
Sprache		
weitgehend freier Vortrag		
Lautstärke		
Sprechweise		
Fachsprache		
Körpersprache		
Blickkontakt und Bezug zum Publikum		
Mimik, Gestik, Körperhaltung		
Sicherheit		
Äußeres Erscheinungsbild		
Lebendigkeit des Vortrags		
Visualisierung		
Gestaltung der Medien		
angemessene Medienwahl, Medienwechsel		
Technik des Medieneinsatzes		
Beitrag zum besseren Verständnis		
Materialien für die Teilnehmer		
Gesamteindruck		

Bewertungsbogen 2

1. Interaktion	max.	
Interesse wecken, Spannung halten	3	
Gestik, Auftreten, Körperhaltung	2	
Blickkontakt	2	
2. Inhalt		
Sachwissen	6	
Themenbezug	4	
Bezug zu Hörerkreis	4	
3. Darstellung		
Aufbau	5	
Sprache (Tempo, Betonung, Verständlichkeit)	4	
Handlung	4	
4. Medien		
Inhalt	5	
Gestaltung	4	
Medieneinsatz-/-wechsel	4	
5. Reflexion		
Selbsteinschätzung	4	
Schülereinschätzung	4	
Lehrereinschätzung	5	
Summe	60	

Für die Bewertung der Präsentation in der mündlichen Abschlussprüfung wurde folgender Kriterienkatalog (hier Auszug) verwendet, der eine Bewertung der Präsentation mit max. 10 Punkten je Bewertungsbereich, insgesamt max. 30 Punkten vorsieht.

Kriterien für die Bewertung der Präsentation in der Prüfung IT-Berufe						
	10	9	8–7	6–5	4–3	2–0
Aufbau und inhaltliche Struktur (sachliche Gliederung, Logik, Zielorientierung)	dem Thema optimal angepasste Gliederung und logisch richtige Darstellung, streng zielorientiert	zweckmäßige Gliederung und logisch richtige Darstellung, zielorientiert	sinnvolle, jedoch nicht optimale Gliederung, Darstellung im Allgemeinen logisch, Zielorientierung vorhanden	umständlich, leichte Fehler in der logischen Darstellung, Zielorientierung erkennbar	sinnvolle Gliederung kaum erkennbar, teilweise logische Fehler, Zielorientierung kaum erkennbar	unsystematisch, unlogisch, zufällige Aneinanderreihung von Fakten, keine Zielorientierung
Sprachliche Gestaltung (Ausdrucksweise, Satzbau, Stil)	Ausdrucksweise, Satzbau und Stil vorbildlich	einwandfreie Ausdrucksweise, guter Satzbau und Stil	Ausdrucksweise weitgehend passend, meist richtiger Satzbau, flüssiger Stil	leichte Schwächen in der Ausdrucksweise, Satzbau teilweise fehlerhaft, teilweise stilistische Fehler	erhebliche Schwächen in der Ausdrucksweise, grobe Fehler im Satzbau, erhebliche stilistische Fehler	unverständliche Ausdrucksweise, grobe Fehler im Satzbau, geringer Wortschatz
Zielgruppengerechte Darstellung (Medieneinsatz, Visualisierung, Körpersprache)	durchgängig situationsgerecht, prägnant, immer optimal zum Inhalt passend	situationsgerecht, dem Inhalt angemessen	überwiegend situationsgerecht, meist passend zum Inhalt	im Allgemeinen nicht situationsgerecht oder schlecht zum Inhalt passend, aber trotzdem verständlich	im Allgemeinen nicht situationsgerecht oder schlecht zum Inhalt passend, sodass die Verständlichkeit leidet	Medieneinsatz und Visualisierung falsch oder fehlend, verwirrende, unangemessene Darstellung

Hinweis: Maximal 10 zu vergebende Punkte, ohne Gewähr

Quelle: IHK Region Stuttgart: Kriterien für die Bewertung der Präsentation, veröff. o. J. unter www.ihk.de/stuttgart/blueprint/servlet/resource/blob/688484/a300c2c9b29e9f19f89cc10251c91ae2/kriterien-bewertung-praes-data.pdf [22.03.2024]

Kompetenzcheck ✓

1 Stellen Sie fest, welche Anforderungen an Ihre Präsentation gestellt werden und erstellen Sie eine persönliche Checkliste als Vorgabe und zur Überprüfung.

(2) Rahmenbedingungen

In der Planungsphase jeder Präsentation sollten die Rahmenbedingungen geprüft und zu diesen der Veranstalter befragt werden.

Rahmenbedingungen in der Planungsphase einer Präsentation
Kosten
Wie hoch ist mein Budget für die Präsentation?
Zeit
Wie viel Zeit steht für die Präsentation einschließlich Aufbau, Einleitung und Schlussgespräch zur Verfügung? Wie viel Zeit steht für die Vorbereitung zur Verfügung? Zu welcher Tageszeit findet der Vortrag statt?
Vorkentnisse
Über welche Vorkenntnisse verfügen die Teilnehmer? Werden die Teilnehmer eventuell über andere Vorträge ähnlich informiert (Gefahr von Überschneidungen oder Langeweile durch ähnliche Informationen)?
Interessen
Welche Erwartungen haben die Teilnehmer (z. B. eher inhaltlich tief oder eher inhaltlich breit angelegter Vortrag)? Wie hoch ist der zeitliche Anteil für Diskussionen oder für die Beantwortung von Fragen aus dem Teilnehmerkreis?
Raum
In welchem Raum findet die Präsentation statt? Wie ist die Ausstattung des Raumes mit Strom, Präsentationsflächen und Medien, wie sind Akustik und Sichtverhältnisse für die Teilnehmer beschaffen?
Unterlagen
Welche Unterlagen sind zur Verfügung zu stellen, z. B. Teilnehmerliste, Handout, Dateien, Feedbackbogen. Wird ein Protokoll gewünscht? Erhalten die Teilnehmer vorab Informationen?

Kompetenzcheck

1. Stellen Sie fest, welche Rahmenbedingungen gegeben sind und erstellen Sie eine persönliche Checkliste als Vorgabe und zur Überprüfung.

(3) Informationsbeschaffung, Informationsaufbereitung, Aufbau und Ablauf

Anhand des folgenden Schaubildes ist schon zu erkennen, dass bei der Wahl der richtigen Inhalte und der richtigen Gliederung viele Aspekte zu berücksichtigen sind. Zur Informationssammlung und Recherche verwenden Sie die Methodensammlung im Downloadbereich.

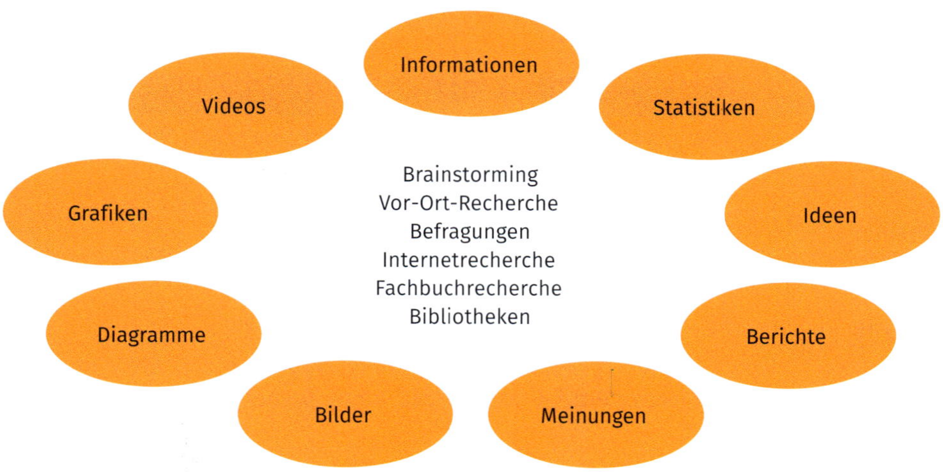

Leitfragen für die Stoffauswahl könnten sein:

- Passend zum Thema?
- Wichtig für das Ziel?
- Interessant für die Teilnehmer?
- Beispiele gefunden?
- Zeitprobleme?
- Können Fakten reduziert werden?

Aufbau	Prinzipien
Interessanten Einstieg wählen, Spannungsbogen auch im Verlauf halten, sachlogisch vorgehen, verständlicher Aufbau	Vom Problem zur Problemlösung Vom Allgemeinen zum Besonderen Vom Leichten zum Schweren Vom Bekannten zum Unbekannten

! Folgende Regeln werden bei der Stoffauswahl gerne zitiert:
KISS: Keep It Short and Simple (Halte es kurz und einfach!)
10-20-30-Regel: Nicht mehr als 10 Folien, in nicht mehr als 20 Minuten, keine Schrift kleiner als 30 Punkt.

Kompetenzcheck ✓

1. Erstellen Sie eine Stoffsammlung, wählen Sie wichtige Inhalte passend zur Zielsetzung aus und gliedern Sie den ausgewählten Stoff.

(4) Medienwahl und -erstellung

Überraschen Sie mit einer guten Medienwahl, setzen Sie aber nicht zu viele unterschiedliche Medien ein. Klären Sie vorher, welche Medien eingesetzt werden können und welche Rahmenbedingungen bestehen.

Visualisierungsmöglichkeiten	
Flächen/Träger	Flip-Chart, Stell-/Pinnwand, Plakate, Tafel, Whiteboard, OHP-Folien, Beamer-Präsentation, Fernsehdarstellung
Objekte	Karten mit Texten, Zeichnungen, Bilder, Diagramme, Videos, Symbole
Präsentationsutensilien	Kreide, Heftnadeln, Stifte, Marker, Zeigestock, Pointer, Moderatorenkoffer
Vortragsextras	Handout, Skript, Rollenspiel, Rundgang, Vorführung
Multimedia-Tools	Folien-/Slide-Präsentationen, z. B. Microsoft PowerPoint, WPS Office, Open Office Impress, Prezi, Google Slides, Apple Keynote, Emaze, Haiku Deck, PowToon

Kompetenzcheck

1. Erstellen Sie eine Auswahlliste der Medien, bewerten Sie diese bezogen auf die Zielsetzung und wählen Sie passende Medien aus. Beachten Sie das Copyright.

(5) Tipps zur Präsentationsart und Gesprächsführung

Es hat sich gezeigt, dass es am besten ist, alle Sinne anzusprechen und möglichst in der Zeit, in der die Leistungsbereitschaft der Zuhörer am größten ist.

Behaltensquote

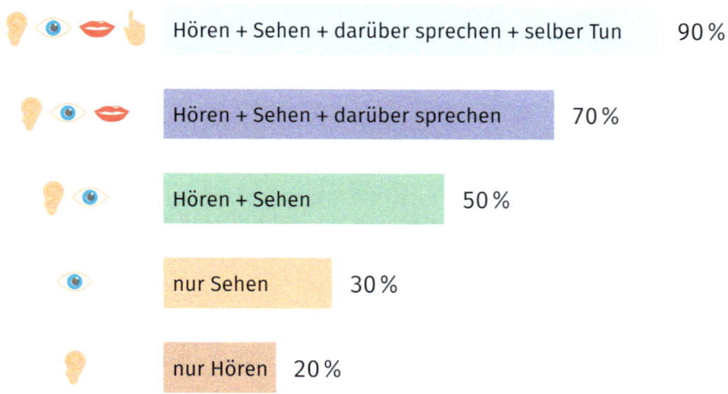

Schema der physiologischen Leistungsbereitschaft im Tagesverlauf

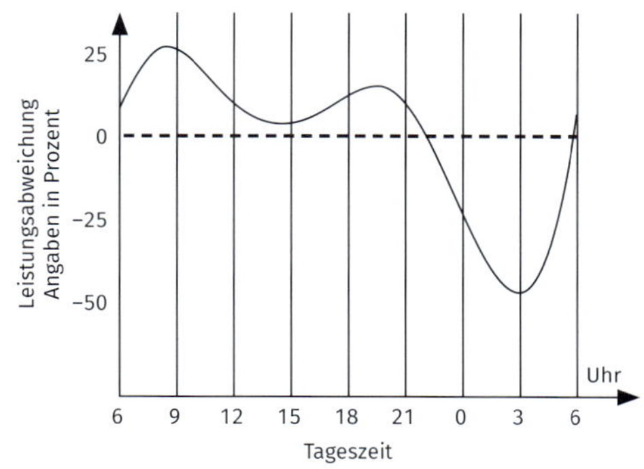

(6) Tipps zur Beachtung von Präsentationsregeln

Sprache im Vortrag

- Frei, anschaulich und lebendig
- Natürlich und deutlich
- Zum Publikum gerichtet
- In angemessener Lautstärke
- Mit normaler Sprechgeschwindigkeit
- Stimmlage und Tonlage variieren, um Wichtiges zu betonen und Aufmerksamkeit zu erhöhen

Oft reichen schon kleine Bewegungen, Gesten und Blicke, um einen Vortrag mit Körpersprache zu unterstützen und das Publikum für sich zu gewinnen. Wichtig ist, dass man nicht aufgesetzt wirkt, sondern bei aufrechter Körperhaltung natürlich auftritt und die Zuhörer einbezieht. Um seine Nervosität abzulegen, sollte man alle möglichen „Stolpersteine" vorher beseitigen, dafür sorgen, dass es einem selbst beim Vortrag gut geht, ein angemessenes Aussehen wählen, seine innere Haltung zum Publikum und zum Vortragsziel positiv einstellen und sich auf den Vortrag freuen. So sinkt automatisch die Anfangsnervosität. Falls nicht, einmal tief einatmen, vier Sekunden die Luft anhalten und zur Beruhigung langsam ausatmen. Nehmen Sie Blickkontakt zum Publikum auf und versuchen Sie in netter Art, auf den Beginn des Vortrags aufmerksam zu machen. Mit dem Vortrag sollte man laut und deutlich beginnen und das Publikum schnell mit einem interessanten Einstieg oder einer direkten Ansprache gewinnen. Die ersten und letzten Sätze sollten gut gewählt sein, denn i. d. R. bleiben sie beim Publikum am längsten in Erinnerung.

Vortragende sollten daran denken, die angekündigte **Vortragsdauer** nicht zu überschreiten, andererseits den Vortrag auch nicht zu schnell und überhastet zu halten. Kurze Sätze, veranschaulichende Beispiele, kurze Wiederholungen und Sprechpausen sind für Zuhörer wichtig, um den Vortrag besser zu verstehen und das Interesse am Vortrag zu behalten.

Kompetenzcheck ✓

1. Erstellen Sie eine Liste mit Tipps für die Gesprächsführung und die Präsentation bezogen auf die Zielsetzung, die zu beachten sind, und erstellen Sie eine Checkliste.

1.5.3 Die Präsentationen in Teamarbeit kontrollieren und reflektieren

S Sie sollen die durchgeführte Präsentation im Team kontrollieren und reflektieren.

In Kapitel 1.5.2 (1) wurden **Bewertungsbögen** für Präsentationen gezeigt (siehe auch Arbeitsbuch). In der Planungsphase sollten Sie sich für einen Bewertungsbogen entschieden haben. Die Reflexion der Teamarbeit kann mit Reflexionsmethoden der Methodensammlung im Downloadbereich durchgeführt werden.

Strategien zur Reflexion und Regulation		
Strategie	**Aufgaben**	**Werkzeuge, Methoden**
Reflexions-strategie	Die eigene Arbeit selbstständig und selbstkritisch hinterfragen, konstruktiv bewerten, Defizite erkennen	Alternativen oder Lösungsvorschläge vergleichen, Punktabfrage, Stimmungsbarometer, Spinnennetz, Fragebogen, Interview, Befragung, Ergebnisse von Tests, Klassenarbeiten, Bewertung von Handlungsprodukten und Vorträgen nachvollziehen und nachbereiten, Blitzlicht, Feedback, Diskussion, Protokoll, Lerntagebuch einsetzen
Regulations-strategie	Konsequenzen ziehen, Defizite beheben bzw. Kompetenzen weiter verbessern	Lösungen, Korrekturen erstellen, roter Faden, Lernstrategie finden und zur Orientierung hinzuziehen, Zielvereinbarungen, Lernlisten erstellen

Kompetenzcheck ✓

1. Beobachten, kontrollieren und reflektieren Sie die erfolgte Präsentation im Team. Verwenden Sie passende Methoden aus der Methodensammlung im Downloadbereich.

A26

2. Präsentieren Sie den Ausbildungsbetrieb mit Aufgabe 26 der Lernsituation 2 im Arbeitsbuch entsprechend Ihrer Planung.

2 Arbeitsplätze nach Kundenwunsch ausstatten

In diesem Lernfeld erwerben Sie Wissen und Kompetenzen zu folgenden Themen:

SCHULBUCH

+

Passgenau abgestimmt mit den Inhalten des Schulbuchs stehen Ihnen im Arbeitsbuch praxisorientierte Lernsituationen zur Verfügung:

Lernsituation 1: Wir erkunden das Leistungsportfolio im Ausbildungsbetrieb.

Lernsituation 2: Wir unterscheiden Auswahlkriterien und technische Merkmale von IT-Arbeitsplatzkomponenten.

Lernsituation 3: Wir führen Anforderungsanalysen durch.

Lernsituation 4: Wir führen Beschaffungsvorgänge durch.

Lernsituation 5: Wir liefern, installieren und übergeben unsere Produkte und Leistungen.

ARBEITSBUCH

In Lernfeld 2 werden mithilfe des Leistungsportfolios eines Systemhauses wie der JIKU IT-Solutions GmbH IT-Spezifikationen detaillierter in den Blick genommen. Aufgrund der schnellen technischen Entwicklung ändern sich Details und Voraussetzungen zu IT-Systemen und IT-Zubehör rasant.

Die angegebenen Informationen, Hinweise und Spezifikationen dienen dazu, sich ein vergleichendes Bewusstsein zu erarbeiten und nach aktuellen Entwicklungen zu recherchieren. Um Kundenaufträge sorgfältig bearbeiten zu können, werden in diesem Lernfeld die verschiedenen Komponenten der Arbeitsplatzcomputer unterschieden, bevor das Vorgehen bei Bedarfs- und Anforderungsanalysen eingehend betrachtet wird.

2.1 Eine Einführung in die IT für Arbeitsplätze geben

S **Sie sollen in unterschiedlichen Teams eine Einführung in die IT zur Ausstattung von Arbeitsplätzen geben.**

IT-Kenntnisse für den beruflichen Einsatz in den IT-Berufen sind nicht nur auf technische Aspekte begrenzt. Viele unterschiedliche Unternehmen sind daran beteiligt, IT-Systeme, Anwendungen und Dienstleistungen für den Computereinsatz zu entwickeln, zu vermarkten, zu beschaffen, zu installieren, einzusetzen und zu schulen. Mitarbeiter in IT-Abteilungen werden somit sowohl mit technischen Aufgaben betraut als auch an organisatorischen und kaufmännischen Vorgängen beteiligt. Mitarbeiter der IT-Berufe müssen unterschiedliche Anforderungen an IT-Systeme beachten. Dazu gehören nicht nur technische Spezifikationen und die Konfiguration anforderungsgerechter Systeme. Zudem müssen Mitarbeiter organisatorische, wirtschaftliche, ergonomische und gesundheitliche sowie sicherheitsrelevante Aspekte beachten und berücksichtigen.

2.1.1 Eine Einführung in Grundfunktionen des Computers geben

S **Sie sollen die Ziele der Datenverarbeitung und das Grundprinzip der Datenverarbeitung angeben und erläutern.**

Datenverarbeitung und IT-Systeme sind in den meisten Arbeitsbereichen nicht mehr wegzudenken. Man stelle sich einmal vor, in den Betrieben würden die IT-Systeme komplett oder teilweise ausfallen. Betriebe sind heute bestrebt und sogar aus unterschiedlichen Gründen (Wirtschaftlichkeit, Wettbewerb, neue Produkte und Dienstleistungen, siehe Lernfeld 1) gezwungen, immer mehr und bessere IT-Systeme einzusetzen.

Ziele der Datenverarbeitung

1. Schnelle Verarbeitung großer Datenmengen
2. Beseitigung monotoner Routinetätigkeiten
3. Verbesserung und Automatisierung der Arbeitsabläufe
4. Bessere Individualisierung und Automatisierung durch Entscheidungssysteme, autonome und intelligente Unterstützungssysteme
5. Mehr und schnellere Informationen über Vorgänge (besseres Informationssystem)
6. Bessere Kommunikation durch die Integration und Vernetzung von Aufgaben und Funktionen
7. Höhere Wirtschaftlichkeit durch geringere Personal- und Sachkosten
8. Assistenten und Funktionen mit künstlicher Intelligenz unterstützen in allen Bereichen

Computer sind heute in der Lage, unvorstellbare große Datenmengen (**Big Data**) in kurzer Zeit zu verarbeiten und als Ergebnis für Entscheidungen an Systeme und Menschen auszugeben.
Bei der Arbeit mit dem Computer geht es darum, Daten über eine Eingabeeinheit zu erfassen, diese Daten entsprechend einem Programm (Software) zu verarbeiten und die verarbeiteten Daten über eine Ausgabeeinheit (z. B. Bildschirm, Drucker, Netzwerk) auszugeben.

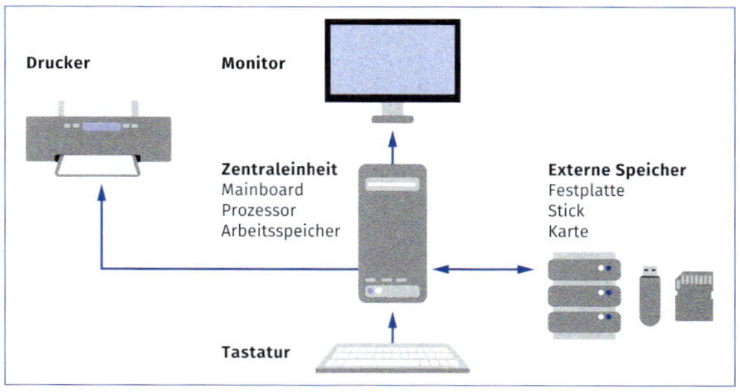

> Das Grundprinzip der Datenverarbeitung wird umschrieben mit:
> **E** (Eingabe) – **V** (Verarbeitung) – **A** (Ausgabe)

Zur Verarbeitung der Daten benötigt jeder Computer eine **Zentraleinheit**. Die Leistungsfähigkeit der Zentraleinheit des Computers entscheidet wesentlich über die Leistungsfähigkeit des Computersystems. Die Geräte zur Eingabe, Ausgabe und Speicherung der Daten werden als **Peripheriegeräte** (Peripherie = Umgebung, *hier:* zur Zentraleinheit) bezeichnet. Für die Funktion eines Computers werden die Zentraleinheit und mindestens zwei Peripheriegeräte (eine Eingabe- und eine Ausgabeeinheit) benötigt.

Hauptbestandteile der Zentraleinheit sind die **CPU** (Central Processing Unit, auch: Prozessor) und der **Arbeitsspeicher**. Ein (möglichst großer) Arbeitsspeicher steht für die Zwischenspeicherung der Programme und Daten zur Verfügung. Ein häufig genutztes Eingabegerät ist die Tastatur. **Externe Speichereinheiten** wie die Festplatte, ein USB-Speicherstick oder eine Speicherkarte dienen der Speicherung (Sicherung) von EDV-Programmen (Software) und Daten. Der Computer wird für viele verschiedene Aufgaben und Anwendungen eingesetzt. Jede Anwendung erfordert eine bestimmte Hardware. Ein Computersystem (Gerätezusammenstellung mit Betriebssystem und Anwendungssoftware) für ein ganz bestimmtes Anwendungsgebiet bezeichnet man als **Konfiguration**. Je nach Anwendung werden Geräte und Komponenten ausgewählt und zur „maßgeschneiderten" Konfiguration zusammengestellt. In den folgenden Kapiteln werden viele Geräte und Komponenten näher erläutert.

Konfiguration

Konfiguration bezeichnet die Zusammenstellung, Einstellungen und Abstimmungen von Komponenten, Geräten und Programmen in Bezug auf die Anwendungen.

Kompetenzcheck

1. Geben Sie mit eigenen Worten Beispiele, warum die Erreichung der Ziele der Datenverarbeitung wichtig sind.

2. Was ist richtig?
   a) Ein Computer funktioniert auch mit nur einer Eingabeeinheit und einer Ausgabeeinheit.
   b) Ein Computer funktioniert auch mit nur einer Eingabeeinheit und der Zentraleinheit.
   c) Sind nur Einheiten der Eingabe und der Verarbeitung vorhanden, ist die Verarbeitung wertlos, da beim Ausschalten der Verarbeitungseinheit die Daten gelöscht werden und es keine Ausgabe gab.
   d) In der Datenverarbeitung ist statt dem EVA-Prinzip auch ein AVE-Prinzip möglich.
   e) Die CPU ist ein Peripheriegerät.
   f) Die Festplatte ist ein Peripheriegerät.
   g) Konfiguration bedeutet die Zusammenstellung von Komponenten.

3. Bearbeiten Sie im Arbeitsbuch die Aufgabe 1 der Lernsituation 1.

A1

2.1.2 Bedeutende Entwicklungsschritte in der Computertechnik aufzeigen

S **Sie sollen über besondere Entwicklungsschritte in der Computertechnik diskutieren und diese mit eigenen Worten beschreiben oder präsentieren.**

Die Computertechnik hat insbesondere seit den 1980er-Jahren mit der Entwicklung der Mikrocomputer eine rasante Entwicklung genommen. Alle mit Entwicklung, Handel, Beratung und Support von IT unmittelbar beschäftigten Menschen mussten sich laufend mit neuen Entwicklungen auseinandersetzen und prüfen, ob diese auch langfristig Bestand haben werden. Viele Pioniere und Start-up-Unternehmen haben in der Vergangenheit diese Entwicklung erst möglich gemacht. Viele neue Pioniere und Start-ups werden diese heute und zukünftig fortsetzen.

Für Deutschland sind nicht nur die Gründer des größten Softwareunternehmens SAP besonders herauszustellen, sondern z. B. auch der Lüneburger Marco Börries. Ihn hat mit 16 Jahren die Begeisterung um die Entwicklung von Software derart ergriffen, dass er so jung eines der besonderen Softwareunternehmen der Welt gründete. Er machte Microsoft Konkurrenz, entwickelt wie Microsoft Office-Programme und eine bekannte Finanzsoftware. Er verkaufte sein Unternehmen weiter und ermöglichte so, dass die Office-Programme heute als Open-Office vielen Anwendern kostenlos zu Diensten sind.

Pioniere der IT

- Bill Gates
- Dietmar Hopp
- Hasso Plattner
- Edgar F. Codd
- Jack Kilby
- Jack Ma
- James Gosling
- Jeff Bezos
- Konrad Zuse
- Larry Ellison
- Larry Page
- Marc Benioff
- Andy v. Bechtolsheim
- Marissa Mayer
- Marco Börries (Foto)

- Ray Noorda
- Marc Zuckerberg
- Sergey Brin
- Steven Jobs
- John von Neumann

Das folgende Schaubild soll aufzeigen, dass diese Entwicklung von einer großen Leistungssteigerung der Computertechnik und einem großen Preisverfall pro Leistungseinheit befördert wurde. Seit den 1980er-Jahren konnte die Schnelligkeit der Computersysteme in etwa um das Viertausendfache gesteigert werden. Die Speicherkapazität des Arbeitsspeichers wurde etwa um den Faktor 1 Million erhöht. Es wurden die ersten Quantencomputer getestet und lassen einen weiteren großen Leistungsschritt erwarten. Auf der anderen Seite ging die Entwicklung mit einer großen Senkung der Hardware-, Speicher- und Kommunikationspreise und -kosten einher, was für die Anwender den Kauf neuerer Systeme beförderte, aber für Hersteller und Anbieter auch besondere Herausforderungen waren.

Die Geschichte der Künstlichen Intelligenz (KI bzw. AI = Artificial Intelligence)

- 1956: Wissenschaftler treffen sich am Dartmouth College im US-Bundesstatt New Hampshire, um Aspekte des Lernens und der menschlichen Intelligenz von Maschinen zu diskutieren. Der Programmierer John McCarthy schlägt dafür den Begriff „Künstliche Intelligenz“ vor. Während der Konferenz wird das erste KI-Programm der Welt geschrieben.
- 1972: KI gelangt mit dem ersten Expertensystem zur Behandlung von Krankheiten in die Medizin.
- 1986: Mit „NETtalk“ entsteht der erste Sprachassistent, der Wörter lesen und korrekt aussprechen sowie das Gelernte auf ihm unbekannte Wörter anwenden kann.
- 1997: Mit dem Programm „Deep Blue“ von IBM bezwingt ein Computer den amtierenden Schachweltmeister Garry Kasparov in einem Turnier.
- 2011: Durch leistungsstarke Prozessoren und Grafikkarten kommen Assistenten wie Apples „Siri“ oder 2015 Amazons „Echo“ auf dem Markt. Das Computerprogramm „Watson“ gewinnt in einer amerikanischen Quizshow.
- 2015 Wissenschaftler wie Stephen Hawking äußern Befürchtungen, dass künstliche Intelligenz eines Tages die Fähigkeit erlangen könnte, sich selbst zu verbessern.

- OpenAI Inc. beginnt mit der Erforschung der künstlichen Intelligenz (AI).
- 2018: Google präsentiert die KI „Duplex“, die lustig plaudern und Termine vereinbaren kann.
- Laut PWC wird die KI das weltweite Bruttoinlandsprodukt bis ins Jahr 2030 um 14 Prozent erhöhen auf 15,7 Billionen US-Dollar.
- 2017: Universitäten stellen Programme vor, die künstlerische Gemälde herstellen.
- 2021: KI wird zur Tötungsoptimierung bei Kriegswaffen eingesetzt.
- 2022: Der KI-Chatbot ChatGPT 3.5 wurde freigeschaltet und binnen weniger Tage von mehr als 100 Millionen Usern weltweit genutzt.
- 2023: GPT-4 Turbo ermöglicht Usern, eigene Chatbots zu entwickeln.

Vgl.: https://www.bosch.com/de/stories/geschichte-der-kuenstlichen-intelligenz und https://openai.com

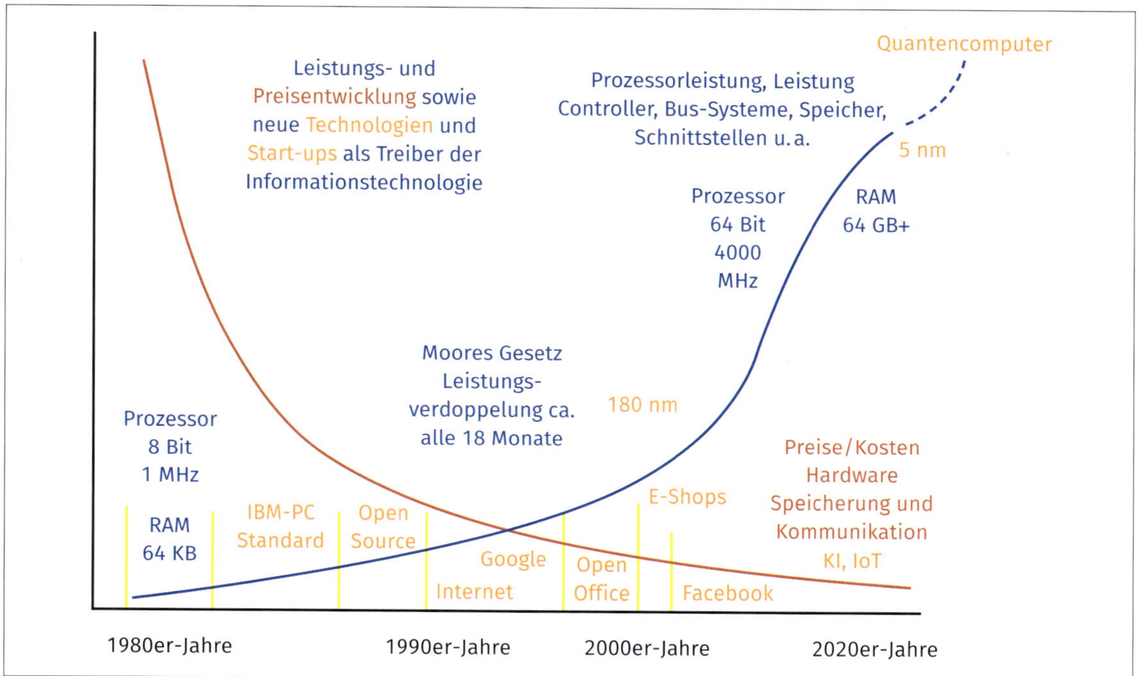

Technologietreiber in der IT – Informationstechnologie

Konrad Zuse und Von-Neumann-Rechner-Architektur

Von Neumann entwickelte in den 1940er-Jahren das Referenzmodell einer Architektur für Computer, wonach ein gemeinsamer Speicher sowohl Computerprogrammbefehle als auch Daten hält. Mit der „Von-Neumann-Architektur“ war es möglich, Änderungen an Programmen sehr schnell und ohne Änderungen an der Hardware durchzuführen. Komponenten wie Rechenwerk für Berechnungen und logische Verknüpfungen, ein Steuerwerk für die Programmverarbeitung, ein Arbeitsspeicher für Programm und Daten, ein Bus-System für die Kommunikation sowie ein Input/Output-System für die externe Datenkommunikation (Tastatur, Monitor) bestimmten die Architektur, die bis heute Prozessorarchitekten berücksichtigen. Konrad Zuse hatte ähnliche Überlegungen angestellt, sich patentieren lassen und 1941 den ersten funktionsfähigen Digitalrechner der Welt gebaut.

IBM

Das Unternehmen IBM (International Business Machines Corporation) hatte weltweit bis zur Marktdurchsetzung der Mikrocomputer eine marktbeherrschende Stellung bei Computern allgemein, ist heute in der Hochtechnologie noch einer der Technologieführer. Zurück ging das

Unternehmen auf Hermann Hollerith, der Ende des 18. Jahrhunderts mit der Erfassung und Auswertung von Lochkarten große Rechenaufgaben wie Volkszählungen löste. Anfang 1960 wurden die ersten transistorbasierten und speicherprogrammierbaren Rechner sowie elektrischen Schreibmaschinen auf den Markt gebracht, ab 1965 Großrechner und mittlere Rechner (Minicomputer) als Mehrplatzcomputer mit Anschluss von nicht intelligenten Terminals. Bei Minicomputern konnten auch andere Unternehmen wie DEC kleinere Marktanteile gewinnen. Der Bedarf an diesen Geräten sicherte IBM die Marktstellung mit der berühmten AS/400 und Folgesystemen bis in die 2000er-Jahre. In dieser Zeit konnte sich die Mikrocomputertechnologie auch bei vernetzten Systemen immer weiter durchsetzen. IBM hat wegen des großen Preisverfalls und der damit einhergehenden geringen Margen mittlerweile seine Mikrocomputersparte an Lenovo verkauft, heute aber bei Hochleistungsrechnern mit den leistungsstärksten Prozessoren (z. B. 384 Cores) oder einem Arbeitsspeicher von 64 TB sowie bei der Umsetzung leistungsstarker Anwendungen und IT-Projekte immer noch eine herausragende Technologiestellung.
Mikroprozessoren in Mikrocomputern und Personal Computern Anfang der 1980er-Jahre haben Start-ups (z. B. Apple, Commodore) den großen Bedarf nach kleineren Personal Computern für einen vielseitigen Einsatz erkannt und eine große Erfolgsgeschichte der Mikrocomputer in Gang gesetzt, die vom damaligen Computermarktführer IBM zunächst unterschätzt wurde. Mit dem Markteintritt von IBM und der Möglichkeit, einen Standardmikrocomputer (mit Intel-Chip und Microsoft-Betriebssystem) auf den Markt zu bringen, wurden von vielen Firmen solche immer preiswerter angeboten und nach Moores Gesetz etwa alle 18 Monate in ihrer Leistung verdoppelt. Andere Unternehmen wie Apple konnten, zunächst im Nischenbereich, ein anderes Marktsegment (z. B. bei Apple in der Bildbearbeitung, in Design und Bedienung) ansprechen. Insbesondere in den USA kamen Apples benutzerfreundliche Computer mit eigenem Betriebssystem und passender Software schon sehr früh gut an, in Europa mehr Microsoft-Produkte, getragen als Standard von vielen unterschiedlichen Herstellern und Entwicklern. Entsprechend der rasanten Entwicklung mussten alle Komponenten und Geräte weiterentwickelt werden. Durch bessere Technik konnten neue Anwendungen entwickelt werden oder umgekehrt aufgrund neuer Anforderungen (bessere Grafik und Windows-Oberfläche, Druckertechnologien, Internet etc.) Technologien verbessert werden. Es entwickelte sich eine große Start-up-Initiative, die bis heute anhält. Durch die Server-Client-Technologie konnte sich Mikrocomputertechnik auch in großen Rechnernetzen und selbst in Rechenzentren durchsetzen. Durch Cloud-Technologien kommen neben Microsoft auch neue Marktteilnehmer, z. B. Google, dazu, eigene Computer im ganz neuen Technikdesign zu entwickeln.
Chipherstellung und CPU-Anbieter Silicium hat sich bis heute als Basismaterial für die Herstellung von Chips bewährt. Indem es gelang, Transistoren mit ihrer Architektur immer dichter auf Chips aufzubringen, konnte die Leistung der CPU einschließlich weiterer steigernder Maßnahmen bis heute um mehr als das 4 000-fache gesteigert werden, die Strukturdichte der Chips im Nanobereich (nm) z. B. in den letzten 20 Jahren um fast das 40-fache verkleinert werden. Durch den harten Wettbewerb haben sich bei Prozessoren nur noch Intel und AMD als federführend erhalten. Die anderen Prozessorhersteller konnten sich als Lizenzanbieter und für Zusatzkomponenten, z. B. Grafikkarten, etablieren. Mit der Leistungssteigerung der Chips und Prozessoren gingen die Leistungsverbesserungen in der Architektur, in den Controllern, Speichermodulen und Schnittstellen einher. Intel als größter Prozessorhersteller und AMD als kleiner und wendiger Mitbewerber machen sich mit unterschiedlichen Architekturen und der Schaffung neuer Standards die Technologieführerschaft streitig, siehe Kapitel 2.1.3.
Neuerungen in Software und Softwareentwicklung Immer schnellere Computer forderten auch immer komplexere und schnellere Betriebssysteme. Benutzerfreundliche Software mit immer mehr Funktionen konnte nur mit immer komplexeren und größeren Programmen laufen. Besonders beeindruckend ist, dass sich freie und in Gemeinschaft entwickelte Open-Source-Software seit den 1980er-Jahren durchsetzen konnte. Der Druck nach schnellerer Softwareentwicklung immer bedienungsfreundlicherer Software führte zum Rapid Prototyping, zur Low-Code-Programmierung, zur Modularisierung, zur objekt-

orientierten Programmierung, zum Projektmanagement und zur agilen Softwareentwicklung. Große Entwicklungsschritte in der Vergangenheit wurden durch die Entwicklung von besonderen Softwareanwendungen wie Datenbankprogramme (z.B. Oracle, MySQL), ERP oder CRM geschaffen. Virtuelle Realitäten, 3D-Anwendungen und künstliche Intelligenz sind aktuelle Anforderungen, die Softwareentwickler zu neuen Techniken und Methoden führen.

Internet- und Cloud-Technologien sowie mobile Techniken verändern die IT
Internettechnologien und mobile Technologien haben seit den 1990er-Jahren dynamisch die Informationstechnologien verändert. Dies war u.a. dadurch möglich, dass Nutzer neue Technologien immer günstiger kaufen konnten, Technologien immer benutzerfreundlicher wurden, Suchtechnologien von Google oder soziale Medien und Portale so gut akzeptiert und benutzt wurden. Dazu kam, dass im E-Commerce das breite Angebot von Internetshops und anderen E-Business-Anwendungen relativ schnell den Markt eroberten. Kleine Unternehmen erkannten, dass sie sich durch das Internet in nur wenigen Jahren zu Unternehmen von weltweiter Größe und Bedeutung entwickeln oder skalieren können. Es zeigte sich schnell, z.B. am Beispiel von Amazon, dass Größe und Marktführerschaft im Internet der vielen Mitbewerber wichtiger sind als schneller Gewinn. Die Forderungen nach Mobilität, Vernetzung und Kommunikation haben Cloud-Technologien gefördert. Immer mehr werden Plattformen, Anwendungen und Daten in die Cloud und an den Rand des Internets (Edge) verlagert und damit auch ganz andere Möglichkeiten der Zusammenarbeit geschaffen.

Künstliche Intelligenz (KI), Artificial Intelligence (AI)
Autonomes Fahren, intelligente Assistenten in allen Lebens- und Arbeitsbereichen als eingebettete Systeme oder IoT (Internet of Things, vernetzte computergesteuerte Teile), automatisierte Produktion, weltweite Logistik, Forschung auf der Basis großer Datenmengen sowie ganz neue Produkte und Verfahren, die heute noch nicht erdacht oder erst im Planungsstadium sind, können durch künstliche Intelligenz der IT ermöglicht werden. Da damit auch disruptive Veränderungen (Abkehr von geläufigen Verfahren) anstehen, muss die Politik dafür Sorge tragen, dass diese Techniken unter größter Einhaltung der Menschenrechte umgesetzt werden. Da sich damit auch vorhandene Arbeits- und Lebensumgebungen der Menschen ändern, müssen rechtzeitig Maßnahmen zum Ausgleich, zur Anpassung und Mitnahme entwickelt werden. Ein Verzicht auf diese Technologien wird keine reale Option sein.

Zukunft voraus
Unsere Welt wird sich durch neue Technologien in den nächsten Jahren sehr verändern. Google hat mit seinem Quantencomputer für Furore gesorgt, als damit nach eigenen Meldungen ein Problem in 200 Sekunden gelöst wurde, für das der schnellste Superrechner der Welt ca. 10000 Jahre benötigt hätte. Quantencomputer können mit QBits nicht nur die Werte 0 oder 1 annehmen, sondern durch Überlagerung von Quantenzuständen auch jede beliebige Kombination aus 0 und 1. Quantencomputer sollen Dank ihrer extremen Rechengeschwindigkeit überall dort zum Einsatz kommen, wo daten- und rechenintensive Aufgaben warten, etwa in der Medizin, der Materialforschung oder bei logistischen Planungen im Handel. Durch neue technische Entwicklungen werden in den nächsten Jahren und Jahrzehnten viele neue elektronische Dienste, Assistenten, Plattformen und Systeme auf den Markt kommen, die unser Leben und Zusammenleben erheblich verändern werden.

Kompetenzcheck ✓

1. Geben Sie an, welche besonderen Leistungen Pioniere der IT berühmt gemacht haben.
2. Beschreiben Sie das Schaubild auf S. 121 mit eigenen Worten.
3. Erstellen Sie in Partnerarbeit je zwei Folien zu neuen Entwicklungen, präsentieren und diskutieren Sie dazu.
4. Bearbeiten Sie im Arbeitsbuch die Aufgabe 2 der Lernsituation 1.

A2

2.1.3 Entwicklungstrends präsentieren

S Sie sollen nach Entwicklungstrends in der IT recherchieren und diese präsentieren.

Der Markt der IT-Systeme, Produkte und Dienstleistungen ist sehr vielfältig. Fast täglich kommen neue Produkte auf den Markt und Internetportale von IT-Verbänden, Informations- und Medienplattformen und Portale zur Information der Unternehmer berichten über die neuesten Trends.

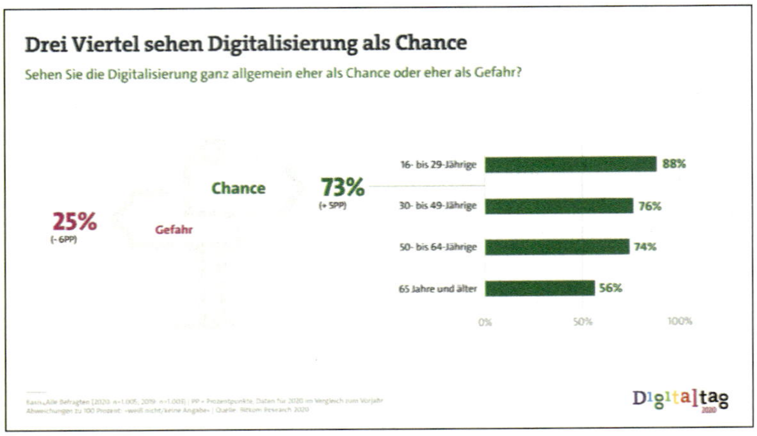

Kompetenzcheck

1. Recherchieren Sie nach IT-Trends und präsentieren Sie diese. Geeignete Quellen sind z. B. www.bitkom.org, www.com-magazin.de, www.computerworld.com, www.innovative-trends.de, www.it-business.de, www.it-zoom.de, www.softselect.de oder www.zdnet.de

2.1.4 Komponentenhersteller und Systemarchitekturen präsentieren

S Sie sollen die wichtigsten Komponentenhersteller angeben und erläutern, warum diese Partnerschaften und „digitale Ökosysteme" (Ecosystems) bilden.

Auch IT-Unternehmen wie Apple, Microsoft, Intel, AMD, Google, SAP und viele mehr sind als große Unternehmen gezwungen, Partnerschaften zu bilden, sich an Industriestandards zu halten und gemeinsam neue Standards zu entwickeln. Nicht wenige große Unternehmen gehen dabei sehr professionell vor und bilden „digitale Ökosysteme" (siehe Kapitel 1.3.5), um im IT-Markt besser zu bestehen und schneller neue IT-Produkte zu entwickeln.

Technische und wirtschaftliche Ökosysteme von IT-Herstellern
z. B. in der Prozessortechnik kooperieren zusammen: • Prozessor- und Architekturentwickler • Hersteller von Platinen und Steckkarten in Lizenz • Systemintegratoren: Unternehmen der IT-Branche, die Software- und Hardware-Produkte anderer Hersteller vertreiben, anpassen, erweitern und in die IT-Landschaft ihrer Kunden integrieren, z. B. T-Systems • Original Equipment Manufacturer (OEM) sind Erstausrüster, die ihre Produkte an andere Hersteller zum Einbau als Komponenten verkaufen • Original Design Manufacturer (ODM) sind Unternehmen, die für andere Unternehmen Auftragsfertigungen in großem Volumen übernehmen • Komponentenhersteller/Toolanbieter • Softwareentwickler • Sonstiges: z. B. Trainings- und Schulungspartner, IT-Presse, IT-Berater, Vertriebspartner, Distributoren, Service-Provider

Kompatibilität

Kompatibilität bezeichnet die Verträglichkeit von Komponenten (Schnittstellen, Funktionen, Fehlerfreiheit).
Aufwärtskompatibilität = Vorgängerversionen funktionieren mit Nachfolgeversionen
Abwärtskompatibilität = neuere Komponenten funktionieren mit Vorgängerversionen

Nur wenn die Systeme untereinander kompatibel sind, lassen sie sich auf dem Markt flexibel und in großem Umfang einsetzen. Unternehmen können nicht jedem alle Produkte und Leistungen anbieten. Die folgende Kurzdarstellung soll an den Beispielen der Unternehmen Apple, Intel, Microsoft, AMD und ARM deutlich machen, wie Unternehmen bemüht sind, unterschiedlichen Ansprüchen gerecht zu werden und Marktsegmente für ihre Produkte festzulegen.

IT-Hersteller und Technologieanspruch

Apple
Unternehmensphilosophie ist, Computer mit möglichst hoher Leistung, großem Bedienungskomfort, bester Hard- und Softwareergonomie, hohem Sicherheitsanspruch, schönem und schlankem Design für den mobilen Einsatz in unterschiedlichen Leistungstypen und -klassen, anzubieten. Diese sollen möglichst im eigenen Ecosystem mit Partnern hergestellt werden. Sie sollen in gehobenem Preissegment angeboten werden (Premiumanbieter). Im Segment der Bild- und Videobearbeitung haben Apple-Systeme einen sehr hohen Marktanteil errungen und auch bei mobilen Systemen eine herausragende Bedeutung.
Wichtige Leistungsspezifikationen bei Apple: Viel Prozessorleistung, z.B. bisher Intel XEON Prozessor mit 28 Cores, 4,5 GHz Turbo Boost, leistungsstarke Arbeitsspeicher, (2933 MHz DDR 4 ECC), bis zu 66,5 MB Cache, bis 32 GB Speichervolumen, leistungsstarke Super SSD-Speicher (Solid-State-Drive). Apple hat 2020 angekündigt, zukünftig eigene Prozessoren zu entwickeln und diese zukünftig auf die ARM-Risk-Architektur (s.u.) auszurichten. Die CPU soll neben neuem Power-Management und einem abgesicherten Speicherbereich „Secure Enclave“ auch eine eigene GPU-Einheit enthalten.
Eine weitere Partnerschaft wurde bereits mit ARM (siehe folgende Seiten) gepflegt. Der Wettbewerb im Prozessorbereich wird dadurch erhöht. Passend dazu ein leistungsstarkes Soundsystem für dynamischen Raumklang, mehrere eingebaute Mikrophone für klare und authentische Aufnahmen oder selbst als Retina bezeichnete Displays mit so hoher Punktdichte, dass einzelne Punkte nicht zu erkennen sind, mit einer schnellen und hohen Grafikleistung durch eine eigenständige Pro GPU und 4 GB DDR5 Grafikspeichern. Das Fingerprint-System unterstützt den Sicherheitsanspruch durch die Sicherheitssperre über die Tastatur.
Da MacOS speziell für Apple-Computer entwickelt wurde, harmonieren Hardware, Betriebssystem und Anwendersoftware weitgehend miteinander. Dies führt zu weniger Abstürzen und weniger Malwareangriffen. Das Betriebssystem sorgt für einen schnellen und sehr benutzerfreundlichen Betrieb, eigene Apps und speziell für das Betriebssystem entwickelte Software ermöglichen eine intuitive Bedienung. Mit „Siri“ steht ein KI-System zur Verfügung, dass laufend ausgebaut wird.
Herausragende Leistungskomponenten (s.o.) überzeugen Anwender, ein eigener App-Store bietet Apps und Services für iPhone, iPad, Mac, Apple TV und Apple Watch. Der Systempreis liegt allerdings wesentlich höher als bei anderen Systemen. Da das System nur begrenzt offen ist, gibt es daher im Vergleich zu Windows-Betriebssystemen wesentlich weniger Auswahl an Software und Apps. Eigenentwicklungen sind durch Systemeinschränkungen begrenzt. Zubehör und sonstige Extras können nur verwendet werden, wenn Kompatibilität besteht. Mit der Entscheidung für Apple ist die Bindung an den Hersteller groß. Andererseits kann auch Microsoft Windows für Mac installiert werden oder eine Virtualisierung vorgenommen werden.

Intel
Intel ist mit einem hohen Marktanteil bei Prozessoren ein Marktführer und hat in Koexistenz mit wichtigen Partnern ein leistungsstarkes Ecosystem, insbesondere mit Microsoft, aufgebaut. Intel ist daher auch Technologieführer, der schnell die passenden Betriebssysteme und Anwenderprogramme durch Partner im Ecosystem bereitstellen kann. Das Unternehmen lässt viele Komponenten auch in Lizenz fertigen und damit günstig anbieten, bietet eigene Produkte mit hohem Kompatibilitäts- und Sicherheitsanspruch an und ist als Technologieführer immer weit vorne. Intel bietet Prozessoren auch für Apple an. Für das Betriebssystem Microsoft Windows wurden weltweit die meisten Programme angeboten, sodass der Anwender auf eine große Vielfalt zurückgreifen kann. Er kann sicherer als bei anderen Systemen sein, dass Systeme, Komponenten und Apps weiterentwickelt werden. Die relativ offene Architektur erlaubt es besser als bei Applesystemen, Eigenentwicklungen umzusetzen. Durch die Vielfalt an Motherboards, Prozessoren, Speicher und sonstige Komponenten können viele Leistungs- und -preisstufen bedient werden. Offenheit bedeutet aber auch vermehrt Sicherheitslücken, sodass dem Sicherheitsbedarf entsprechend ein höherer Aufwand an Zusatzkomponenten eingeplant werden muss. Bei Betriebssystemen und Prozessoren ist von Bedeutung, ob diese auf 32 Bit oder 64 Bit und mehr ausgelegt sind. Die Speicherkapazität, auf die ein Betriebssystem zugreifen kann, liegt bei 32 Bit auf 4 GB (232), bei 64 Bit sind es 512 GB (264). Bei Einsatz von 64 Bit-Komponenten ist darauf zu achten, dass andere Komponenten kompatibel sind und es passende Treiber gibt.

Microsoft
Microsoft hat mit Windows viele Ideen des Apple-Betriebssystems aufgegriffen und eigene Lösungen für eine gute und schnelle Benutzerführung entwickelt. Windows 10 bietet neben der bekannten Desktop-Ansicht einen Tablet-Modus, der für den Einsatz mit Touchscreens geschaffen ist. Zum bedienerfreundlichen Anspruch gehören ebenfalls vielfältige Features und Individualisierungsmöglichkeiten, ein moderner Look, die Sprachsteuerung Cortana und der neue Browser Microsoft Edge, der den altbekannten Internet Explorer ablöste. Passend lassen sich die weltweit eingesetzten und beliebten Office-Programme nutzen. Für diese Programme sind die meisten Mitarbeiter gut geschult, es gibt viele Profianwender und eine gute Entwickler-Community. Je nach Version (Windows 11, Windows 11 Pro und Windows Pro for Workstation) werden zusätzliche Funktionen für Sicherheit, Virtualisierung, Dateimanagement und Fehlertoleranz geboten. Diese Vielfalt in den Möglichkeiten, z. B. als Homeversion, Online-365-Version, Enterprise, Pro- oder Serverversion, dem möglichen Zubehör, den Komponenten und in verschiedenen Lizenzen (z. B. Full Packaged, Retail), erfordert Beratung.

AMD-Rechner
AMD und Intel ringen um die Technologieführerschaft bei Prozessoren, obwohl es AMD als kleinerer Hersteller wesentlich schwerer hat und sich daher attraktive Nischen bzw. Marktsegmente suchen muss. So bietet AMD in etwa gleich schnelle CPU häufig günstiger an. Während ein integrierter Grafikchip bei Intel eher Standard ist, ist er bei AMD die Ausnahme und den Gamern oder Bildbearbeitern geschuldet, die hier individuell ausstatten möchten. AMD bietet selbst die Radeon-Grafikkarten an. AMD ist im leistungsstärkeren Workstation-Bereich der Spiele- und Multimedianutzer eine Alternative. Auch bei Allround-PC hat AMD sein Marktsegment gefunden und bietet hier ein gutes Preis-Leistungsverhältnis. Die aktuellen Ryzen-7 000er-Chips sind für Gamer und verschiedene Nutzergruppen im Multimediabereich attraktiv. Bei AMD heißen die Desktop-CPU-Familien Ryzen (Sockel AM4) und Ryzen Threadripper (Sockel TR4) mit bis zu 32 Rechenkernen und AI-Engine-Technologie. Für Standard-Apps und Spiele sind High-End-CPU mit mehr als zehn Rechenkernen allerdings völlig überdimensioniert.

NVIDIA
Das Unternehmen ist einer der größten Entwickler von Grafikprozessoren und Chipsätzen für Personal Computer, Server und Spielekonsolen sowie Cloud-Technologien. NVIDIA ist führend in Chiptechnologien für das 3D-Internet sowie KI/AI und Metaverse. Mit NIVIDIA Inception werden Startups unterstützt.

ARM-Systeme
Das in Großbritannien ansässige Unternehmen hat sich mit seinen RISK-Prozessoren (Reduced Instruction Set Computer) seit Jahrzehnten behaupten können, wird in Lizenz bei Apple verbaut und auch von AMD und Intel lizensiert. Die Architektur zeichnet sich durch einen effizienten Befehlssatz aus, erlaubt eine kompakte Implementierung in einem ASIC-Design und ist gut für Optimierungen im Bereich der Ausführungsgeschwindigkeit und der Stromaufnahme geeignet. Aufgrund ihrer geringen Leistungsaufnahme kommen ARM-Prozessoren vor allem in eingebetteten Systemen wie Mobiltelefonen, PDA und Routern zum Einsatz. Besondere Bedeutung hat die Architektur bei Smartphones, da sie von allen verbreiteten mobilen Betriebssystemen unterstützt wird. Bei tragbaren Spielkonsolen besteht eine ähnliche Verbreitung. Ebenfalls findet man die CPU in stationären Geräten der Unterhaltungselektronik oder beim Ein-Chip-System Raspberry Pi. ARM-basierte Laptops mit Windows 11 ARM oder Chrome OS sind schon verfügbar, allerdings müssen Einschränkungen in Kauf genommen werden, wenn Treiber nicht verfügbar sind. Auch im Serverbereich werden ARM-Systeme angeboten.

Lizenzvergleiche
Eine Softwarelizenz ist ein Schutz- und Rechtsinstrument des Herstellers für die Verwendung oder Weitergabe von Software. Nach dem US-amerikanischen Urheberrecht ist jede Software sowohl in Quellcode- als auch in Objektcodeform urheberrechtlich geschützt. Ein Endbenutzer-Lizenzvertrag, auch Endbenutzer-Lizenzvereinbarung, abgekürzt EULA (End User License Agreement) ist eine spezielle Lizenzvereinbarung, welche die Benutzung von Software regeln soll. Texte mit einer EULA werden oftmals zu Beginn der Installation der Software angezeigt, siehe auch Kapitel 2.2.2 (2).
Unterschieden werden beispielsweise Home-Anwender und Unternehmen. Es werden z. B. Benutzerlizenzen, Einzellizenzen, Volumenlizenzen oder Abonnementlizenzen angeboten. Allgemein kann man unterscheiden:

- Rechnergebundene Lizenz (Nodelocked License): Die Software wird für einen bestimmten Rechner lizensiert und ist an diesen mittels einer Hardware-ID gebunden, z. B. Anzahl: 1 · Produktschlüssel, für einen PC, Gültigkeit: dauerhaft, updatefähig
- Benutzergebundene Lizenz (Named User License): Die Software ist an einen bestimmten Benutzernamen gebunden und kann von jedem beliebigen Rechner von genau diesem Benutzer genutzt werden.
- Netzwerklizenz (Floating License, Concurrent Use License): Die Software wird für eine bestimmte Anzahl gleichzeitiger Aufrufe lizenziert. Die Art des Rechners/Betriebssystems ist dabei i. d. R. nicht festgelegt.

Weiterhin sind Marken- und Urheberrechte sowie Patentrechte zu beachten.
Infos: z. B. www.apple.com, www.lizenzstar.de, www.lizensio.de, www.microsoft.com, www.relicense.com

Kompetenzcheck ✓

1. Geben Sie an, warum IT-Unternehmen sich zu „digitalen Ökosystemen" zusammenschließen.
2. Nennen Sie andere Unternehmen, die in den IT-Märkten eine besondere, herausgehobene Stellung haben, Technologieführer sind und erläutern Sie dies.
3. Bearbeiten Sie im Arbeitsbuch mit Aufgabe 3 der Lernsituation 1 ein Kreuzworträtsel.

A3

2.2 Das Leistungsportfolio im Ausbildungsbetrieb präsentieren

S Sie sollen das Leistungsportfolio des Ausbildungsbetriebes kennenlernen.

IT-Systemhäuser wie die JIKU IT-Solutions GmbH (kurz JIKU) statten Arbeitsplätze aller Art mit Informations-, Daten- und Kommunikationstechnik aus. Im Lernfeld 1 werden unterschiedliche Branchen und Unternehmenstypen in Wirtschaft und Verwaltung unterschieden. Datenverarbeitung und Informationstechnik sind für alle Unternehmen wichtig, um die eigenen Geschäftsprozesse technisch und wirtschaftlich zu verwalten sowie möglichst zeitnah mit Geschäftspartnern zu kommunizieren.

Durch die immer weiter fortschreitende Digitalisierung müssen Systemhäuser auf dem neuesten Stand sein, was die Ausstattung von Arbeitsplätzen mit IT-Technik anbelangt. Unternehmen müssen sich angesichts des Fachkräftemangels und dem Wunsch nach flexiblen Arbeitsplätzen auf neuartige Arbeitsplätze ausrichten, um alle Kundenwünsche zu bedienen. JIKU gehört zu den innovativsten IT-Systemhäusern und will Kunden gut beraten.

JIKU hat für die unterschiedlichsten Einsatzbereiche Arbeitsplätze mit IT-Solutions ausgestattet. Auszubildende können aus den typischen Kundenaufträgen lernen, sollen daher zunächst das Leistungsangebot bzw. -portfolio kennenlernen. Im weiteren Vorgehen werden die einzelnen Systemkomponenten näher betrachtet und in ihren Leistungsmöglichkeiten bewertet. Die Aufgaben der Lernsituation 1 im Arbeitsbuch unterstützen die Auszubildenden dabei.

2.2.1 Arbeitsplätze und Arbeitsumgebungen für IT-Systeme beschreiben

S Sie sollen typische und moderne Arbeitsplätze kennenlernen und unterscheiden.

Die Arbeitsplätze in Unternehmen, Organisationen und Behörden können sehr vielfältig sein, entsprechend unterschiedlich sind die Anforderungen an die IT-Ausstattung. Um einen ersten Eindruck dazu zu erhalten, soll zunächst ein Überblick über unterschiedliche Arbeitsbereiche mit IT-Technik gewährt werden. Als marktgängige IT-Systeme werden einschränkend danach insbesondere Arbeitsplätze in Büroumgebungen und Standardausstattungen näher betrachtet und unterschieden.

(1) Einsatzbereiche der IT-Systeme

IT-Systeme sind kaum aus unserem Privat- und Arbeitsleben wegzudenken. In den 2010er-Jahren waren in erster Linie grundlegende Computeranwendungen in Unternehmen für Office-Tätigkeiten, Auftragsbearbeitung, Rechnungswesen und Lagerhaltung wichtig. Heute werden laufend neue mobile und vernetzte Anwendungen beworben, die unser Arbeitsleben und die Kommunikation miteinander verbessern sollen. Büros werden entsprechend nach neuesten Bürokonzepten umgestaltet, Möglichkeiten für das Arbeiten zu Hause im Homeoffice oder unterwegs geschaffen. Eine schnelle Erreichbarkeit der Teammitglieder, Projektmanagement und virtuelle Teambesprechungen sind heute ganz normal.

Viel wird heute in der Industrie im Zusammenhang mit der Digitalisierung von der **Generation 4.0** gesprochen. Industrieunternehmen müssen ihre Anlagen digitalisieren und vernetzen, um entsprechend den Zielvorstellungen von **Industrie 4.0** eine sog. **Smart Factory** einzurichten. Arbeitsplätze werden mit intelligenten IT-Systemen und kollaborierenden Robotern ausgestattet. In Maschinen, Anlagen und Einrichtungen werden IT-Systeme integriert, sog. „Embedded Systems", **cyber-physische Systeme** entwickelt. Im Privatbereich sind Smart-Home-Anwendungen auf dem Vormarsch.

Generationenwechsel in der Technisierung

Bereich/ Phase	Generation 1.0	Generation 2.0	Generation 3.0	Generation 4.0
Industrie	**Mechanisierung** Dampfmaschine, mechanischer Webstuhl, ab ca. 1790	**Massenproduktion** Elektrisierung, Industrialisierung, ab ca. 1870	**Automatisierung** Elektronik, E-Steuerung, IT-Systeme, ab ca. 1970	**Cyber-physische Systeme** IoT, Netzwerke, Smart Factory, ab ca. 2017

IT-Einsatzbereiche in der Industrie	
Cyber-physische Systeme	Verbund informatischer, softwaretechnischer Komponenten mit mechanischen und elektronischen Teilen, die mit IT-Systemen vernetzt kommunizieren
Smart Factory	Weitgehend digital vernetzte und gesteuerte Fabrik
Smart Home	Weitgehend digital vernetzte und gesteuerte Gebäudetechnik
Kollaborierende Roboter	Industrieroboter, die mit Menschen gemeinsam arbeiten und im Produktionsprozess nicht durch Schutzeinrichtungen von diesen getrennt sind
Embedded Systems	Computer, die zur Steuerung, Verwaltung und Kommunikation in andere Systeme, Maschinen, Anlagen, Einrichtungen etc. integriert sind

Anbieter von IT-Systemen müssen sich auf diese Entwicklungen einstellen, Kunden beraten, die richtigen Systeme zusammenstellen und einrichten (konfigurieren). Wurden Unternehmen früher fast ausschließlich von eigenen IT-Systemen und Rechenzentren unterstützt, so werden heute vermehrt IT-Systemdienstleistungen von extern angefordert, z. B. von sog. Cloud-Providern und Internethosting-Dienstleistern (siehe Lernfeld 3).

Einsatzbereiche IT-Systeme

Das Schaubild soll einen Eindruck davon geben, wie vielfältig die Einsatzbereiche von IT-Systemen sind. In Unternehmen sind die Anforderungen unterschiedlich, wenn die Arbeitsplätze mit IT-Systemen fest oder mobil ausgestattet werden sollen. Unterschiede gibt es auch je nach Branchen und Arbeitsschwerpunkten, ob Arbeitsgänge häufig oder eher selten ausgeführt werden. Einzubeziehen ist, welche Arbeitswege zu überwinden sind und welche Kommunikationsmöglichkeiten unterstützt werden sollen. Rechtliche Anforderungen des Staats und anderer Anspruchsberechtigte (z.B. Lieferanten, Kunden, Banken, Gesellschafter, Aktionäre, Mitarbeiter) sind zu beachten. Qualitätssicherung, Umweltschutz, Risikomanagement, Rechtssicherheit, Datenschutz, Dokumentation aller Vorgänge, Planung und Zertifizierung der Arbeitsprozesse sind heute wichtige Zielvorstellungen, die bei der Einsatzplanung von IT-Systemen eine größere Bedeutung als früher haben (siehe auch Lernfelder 1 und 4).

Einsatzbereiche der IT-Systeme in Wirtschaft und Verwaltung	
Unterscheidung in/nach	**Einsatzbereiche**
Arbeitsplätze (Working Places) von Unternehmen	In Unternehmensräumen (fest oder flexibel), im Außendienst oder als Heimarbeitsplatz (Homeoffice), in Infrastrukturbereichen (z.B. IT-Abteilung, Rechenzentrum) oder Anwendungsbereichen (Fachabteilungen)
Organisationen	Staatliche und nicht staatliche Einrichtungen, Behörden, Ämter, Organisationen
Branchen	Handel, Industrie, Handwerk, Dienstleistung, Gesundheit und Soziales u.a.
Erzeugnissen integriert (Embedded System)	Anlagen, Maschinen und Fahrzeuge, Produkte/Systeme mit IT-Komponenten (Datenerfassungs-, Steuerungs-, Verwaltungs-, Kommunikationssysteme), IoT (Internet of Things)
Informationen	• Suchmaschinen wie z.B. www.google.de, www.metager.de, www.startpage.com, www.zapmeta.de, https://duckduckgo.com, https://search.creativecommons.org, https://paperball.news • Enzyklopädien, z.B. www.enzyklopaedie-der-wirtschaftsinformatik.de, www.wikipedia.de, Fachportale der Branchen und technologieführenden Unternehmen

Telearbeit und mobiles Arbeiten

Telearbeit ist lt. **Arbeitsstättenverordnung** (ArbStättV) das Ausführen beruflicher Tätigkeiten an einem eingerichteten Bildschirmarbeitsplatz im Privatbereich der Arbeitnehmer. Arbeitgeber sind verpflichtet, Telearbeitsplätze nach Arbeitsvertrag oder einer Dienstvereinbarung (inklusive Mobiliar, Kommunikationseinrichtung und weiterer Arbeitsmittel) einzurichten. Homeoffice, mobile Arbeit, Remote Work und Mobile Office hat keine gesetzliche Definition und ist somit auch nicht näher geregelt. Für alle Arbeitsformen gilt das **Arbeitszeitgesetz** (ArbZG) sowie das **Arbeitsschutzgesetz** (ArbSchG). Mobiles Arbeiten ist nicht an ein Büro oder einen häuslichen Arbeitsplatz gebunden, findet auf Geschäftsreisen, im Außendienst, im Nachbarschaftsbüro (Unternehmen teilen sich Büroräume), in Televillages oder Co-Working-Spaces statt (vgl. z.B. www.dekom.com, www.hamburgerding.de, www.bundesverband-coworking.de).

(2) Kommunikative und agile Büroumgebungen

Veränderungen in den Bereichen „Gesellschaft", „Wirtschaft" und „Technologie" führen zu einem stetigen Wandel in der Arbeits- und Bürowelt. Insbesondere neue Technologien und die Forderung nach flexiblen Arbeitsformen haben zu **neuen Bürokonzepten** geführt. Bei der Analyse der Arbeitsinfrastruktur müssen diese neuen Anforderungen an Arbeitsplätzen und Arbeitsformen sowie Gesundheitsziele berücksichtigt werden. Für bürowirtschaftliche Arbeitsprozesse sind hierbei insbesondere ergonomische, ökologische und gesundheitliche Anforderungen zu berücksichtigen. Elektrisch verstellbare Tische, Arbeitsplätze mit zwei Monitoren und Dockingstationen für Laptops, Plätze zum realen Kommunizieren und zum Vernetzen sind wichtig, siehe z.B. im Online-Rundgang https://crash.immo/ oder https://getaround360.de/.

Kommunikative und agile Büroumgebungen

Büros werden heute zu kombinierbaren **Bürolandschaften** umgebaut, um flexibel den unterschiedlichen Bedürfnissen der Mitarbeiter zu entsprechen. An die Arbeitsraumgestaltung werden höhere Anforderungen gestellt, um die Gesundheit der Menschen zu erhalten.

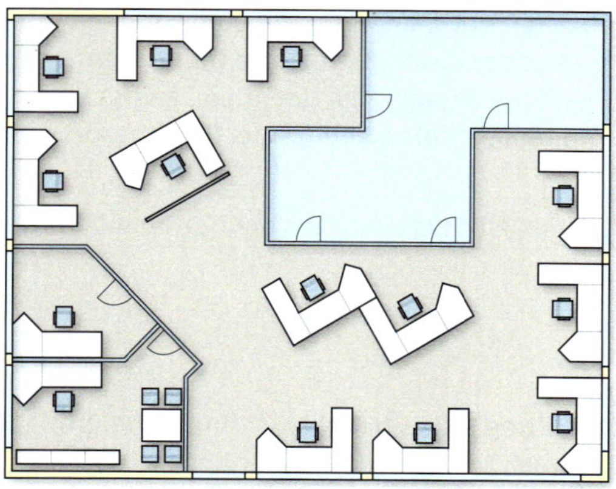

Gruppenbüro (für 3–25 Arbeitsplätze)

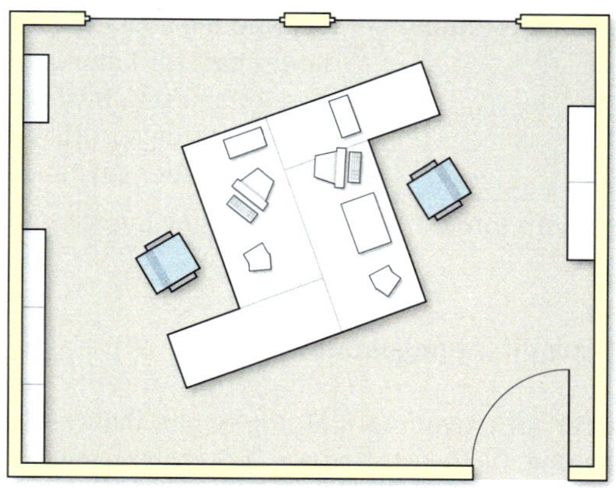

2-Personen-Büro

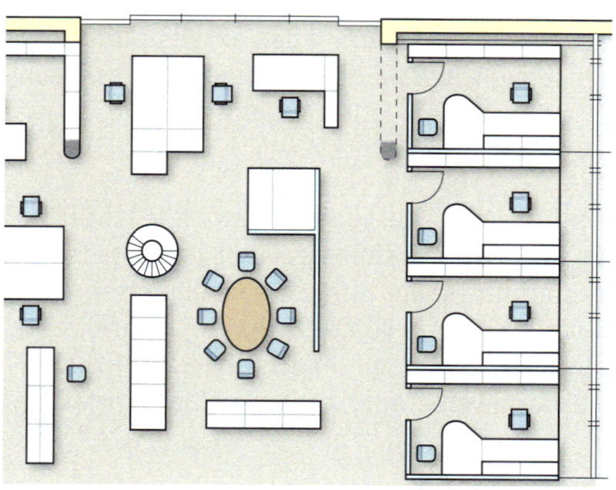

Kombibüro: Gemeinschaftsraum kombiniert mit Arbeitskojen

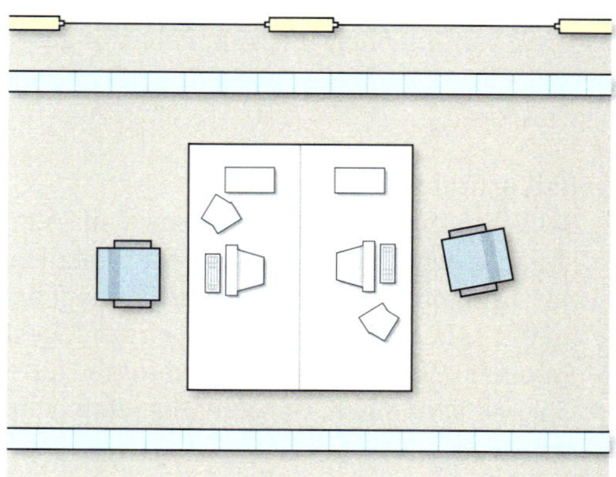

Bildschirm, Fenster und Lichtbänder

Bürokonzepte	
Neben dem Raumangebot (Lage, Größe, Ausstattung) und wirtschaftlichen Aspekten für Mitarbeiter wichtig: Repräsentanz, Kommunikation, Konzentration und Entspannung	
Zellenbüros	In deutschen Büros sind Büroräume wie Zellen entlang an einem Flur als Ein- oder Mehrpersonenbüros am meisten vertreten.
Großraumbüro	Sie brauchen weniger Platz als Zellenbüros, eine Raumgliederung ist flexibel möglich; Lärm, Beleuchtung und Belüftung sind eventuell problematisch; heute sind sie Open-Space-Büros mit Bürolandschaften.
Kombibüro	Sie bestehen aus Einzelbüros entlang der Fassade, dazwischen liegendem Gemeinschaftsraum sowie Aufenthalts- und Ruhezonen.
Reversibles Büro	„Reversibel" heißt „rückgängig zu machen"; *bedeutet hier*: flexible Nutzung für unterschiedliche Büroformen und die schnelle Änderung bei Bedarf. Dazu tragen spezielle, leicht umzubauende Raumgliederungs- und Trennwandsysteme und leichte und flexible Büromöbel bei.
Non-territoriales Büro	Büroarbeit an unterschiedlichen Arbeitsorten (beim Kunden, in der Bahn u. a.), reduzierte Anwesenheit der Mitarbeiter im Büro, insgesamt weniger Arbeitsplätze als Mitarbeiter nötig und damit Einsparung von Kosten. Mitarbeiter können einen geeigneten Arbeitsplatz nach Bedarf wählen. Die Aufbewahrung der Unterlagen und Arbeitsmittel erfolgt in leicht zu transportierenden, persönlich zugeordneten Rollcontainern oder Schränken. Die Zuordnung der Mitarbeiter zu den Arbeitsplätzen erfolgt durch Organisationsmittel (z. B. digitale Belegungspläne).
Business-Club	Verbindung von Kombibüro und non-territorialem Büro mit einer offenen Bürolandschaft für Kommunikation und Kooperation, es gibt Orte für Konzentration und Ruhearbeit. Business-Center sind als Anlaufstelle (Empfang, Poststation, Aufbewahrungsort für Rollcontainer) eingerichtet, Lounge als Rückzugsort und für informellen Austausch.
Weitere Infos: z. B. https://planung.bueroforum.net, www.designfunktion.de, www.ergotopia.de	

(3) Arbeitsraumgestaltung

In der Arbeitsraumgestaltung haben insbesondere **Beleuchtung** und **Lärmentwicklung** eine große Bedeutung. Die Ausstatter von IT-Systemen sollten darauf achten.

Arbeitsraumgestaltung

Arbeitszufriedenheit und Arbeitsleistung werden durch bessere Gestaltung des Arbeitsraumes und damit durch optimale Beleuchtung, Lärmreduzierung, behagliches Raumklima und Farbgestaltung erhöht.

Beleuchtung
Sehverhältnisse optimal angepasst an Sehaufgaben, mindestens 500 Lux (Licht) an Beleuchtungsstärke vorgeschrieben, Tageslicht effektiv nutzen. Die Beleuchtung sollte parallel zum Fenster an der Raumdecke in optimaler Höhe angebracht sein und mit einem integrierten Dimmer ausgestattet sein, um die Intensität je nach Tageslichteinfall anpassen zu können. Direkte und indirekte Beleuchtung einsetzen. Blendungen durch Sonneneinstrahlungen, Spiegelungen auf hellen Flächen vermeiden. Gleichmäßige Beleuchtung durch warmweiße oder neutralweiße Lichtfarben erreichen.

Lärmentwicklung
Jedes Geräusch, dass der Mensch als unerwünscht laut empfindet, wird als Lärm bezeichnet. Der Schalldruckpegel wird in Dezibel (dB) gemessen. Der Zusatz (A) zeigt an, dass die Messung auf das menschliche Gehör bezogen ist. Schallpegel bis 30 dB (A) sind optimal, bis 40 dB (A) sehr gut, bis 45 dB (A) gut, **über 55 dB (A) zu hoch**. Geräte (Rechner, Drucker, Kopierer, Faxgeräte) mit einer möglichst geringen Geräuschentwicklung einsetzen. Von mehreren Beschäftigten benutzte Geräte möglichst an einem zentralen Ort in einem separaten Raum aufstellen.

Weitere Infos: www.baua.de, www.ergotopia.de, www.bghm.de, www.vbg.de (insbesondere die Informationen BGI 650 „Bildschirm- und Büroarbeitsplätze", BGI 5001 „Büroarbeit – sicher, gesund und erfolgreich", BGI 5128 „Arbeitsstätten sicher planen und gestalten", BGI 5050 „Büroräume planen")

Bei der Gestaltung der Arbeitsmittel und Arbeitsprozesse sind insbesondere ergonomische, ökologische und gesundheitliche Anforderungen zu berücksichtigen (siehe auch die Kapitel 2.3.2 ff.).

Kompetenzcheck ✓

1. Geben Sie Beispiele, wie heute moderne Büroumgebungen eingerichtet werden.
2. Nennen Sie Beispiele, in welchen Fällen Anforderungen zur Arbeitsplatzgestaltung besonders untersucht werden sollten.
3. Bearbeiten Sie im Arbeitsbuch Aufgabe 4 der Lernsituation 1 und geben Sie Veränderungen zu den Arbeitsplatzumgebungen an. A4

2.2.2 Marktgängige IT-Systeme vorstellen

S **Sie sollen moderne marktübliche IT-Systeme beschreiben oder präsentieren.**

IT-Systeme für den Endverbraucher und Standardsysteme werden heute überwiegend über Discountfachmärkte und Internetportale angeboten. Für den Fachhandel sind die Handelsspannen (Differenz zwischen Einstandspreis und Verkaufspreis) so gering, dass häufig nur Geschäfts- und Profikunden beworben werden. Auch Behörden und Organisationen erhalten ihre Ausstattung i. d. R. von Fachhändlern und IT-Systemhäusern sowie auf diese Kunden spezialisierte Internetanbieter. Aufgrund der Vielfalt der möglichen Dienstleistungen haben Anbieter häufig unterschiedliche Schwerpunkte im beratungsintensiven IT-System-Geschäft gesetzt. Für Kunden oder Auftraggeber ist es daher eine Herausforderung, möglichst den kompetentesten Anbieter mit dem besten Preis-Leistungsverhältnis zu finden. Für spezielle IT-Anwendungen und für größere IT-Systeme müssen entsprechend den Anforderungen der Auftraggeber **IT-Systeme speziell konfiguriert** werden. Hierzu sind i. d. R. gute Kenntnisse über das Umfeld und die Arbeitsgebiete des Auftraggebers notwendig.

Konfiguration

Konfiguration ist die Zusammenstellung, Einstellungen und Abstimmungen von Komponenten, Geräten und Programmen in Bezug auf die Anwendungen – je nach Verwendung als Feststellung des Istzustands (Ist-Konfiguration) bzw. des gewünschten Sollzustands nach der Zielsetzung des Auftraggebers (Soll-Konfiguration).

Das Angebot an IT-Systemen und Komponenten (Hard- und Software) ist so groß, dass große Spezialmessen veranstaltet werden müssen, um Fachbesucher zu erreichen. Spezielle Vergleichsportale im

Internet informieren über das vielfältige Angebot. Es wird geschätzt, dass weit über 10 000 unterschiedliche Anwenderprogramme im IT-Markt angeboten werden.

Datenverarbeitung dient der Verarbeitung erfasster oder gespeicherter Daten. Diesem sog. **E-V-A-Prinzip** (Eingabe – Verarbeitung – Ausgabe) folgend kann man Komponenten der IT-Systeme zuordnen. Die Verarbeitung übernimmt die Zentraleinheit (CPU) mit ihren Prozessoren, internen Arbeitsspeichern, Steuer- und Kommunikationseinheiten (siehe Kapitel 2.1 und Kapitel 2.3).

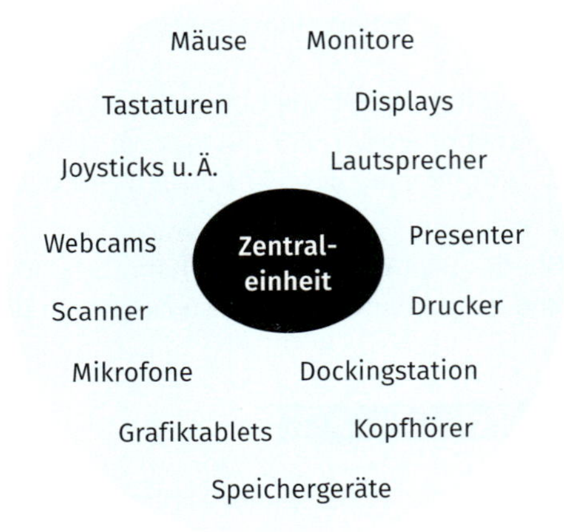

Eine Betriebssoftware, Betriebssystem genannt, steuert die Verarbeitung und Bereitstellung der Daten intern und extern. Die Geräte zur Eingabe, Ausgabe und externen Speicherung werden im Sammelbegriff als Peripheriegeräte (in der Umgebung zum Zentrum) bezeichnet. Bevor Daten verarbeitet werden können, müssen sie über eine Eingabeeinheit erfasst werden. Die Ergebnisse der Datenverarbeitung werden in vielfältiger Weise über externe Ausgabeeinheiten ausgegeben. Externe Speichereinheiten dienen der längerfristigen Speicherung von Daten und sind daher sowohl Eingabe- als auch Ausgabeeinheiten (siehe Kapitel 2.4 ff.).

(1) Bauformen und Spezifikationen von Arbeitsplatzcomputern

Aufgrund der unterschiedlichen Wünsche der Anwender an den Arbeitsplätzen haben sich sehr viele **Bauformen** entwickelt. Laufend passen sich Hersteller an den Bedarf an. Folgende Bauformen werden je nach Einsatzbereich gesucht und müssen daher von Fachberatern zielgenau gewählt und konfiguriert werden. In den folgenden Kapiteln werden **Spezifikationen** angegeben.

Bauformen für Arbeitsplatzcomputer und Smart Devices am Arbeitsplatz								
Serververnetzung möglich						Serververnetzung notwendig		Kommunikationsnetz/ notwendig/sinnvoll
Mini-PC, Stick-PC	Desktop-PC, Mini-Tower	Tower-PC (big, midi)	All-in-one-PC	Notebook	Tablet-PC, Convertible	Zero-Client	Thin-Client	Smart Tablets, Smartphone, Smart Devices

Stand-Alone PC haben nicht nur eine CPU, sondern können auch die Anwenderprogramme selbstständig ausführen. Je nach Ausstattung vom Stick-PC bis zum Big-Tower-PC sind sie selbstständig leistungsfähig. In der Leistungsfähigkeit wird bei Tower-PC zwischen Desktop-PC (Standard) und Workstation unterschieden.

PC-Vergleich		
	Desktop-PC, Laptops	**Workstation**
CPU	normal bis schnell	viele Kerne, hoch getaktet
Speicher	4 bis 8 GB	groß mit > 8 GB
Grafikkarte	onboard (preiswert, Standardleistung)	zertifiziert, leistungsstark
Einsatz	Office und Geschäftsprogramme Standardlizenzkosten	Multimedia/Design, Bildbearbeitung, Gaming; hohe Lizenzkosten CAD, Videobearbeitung

Stick-PC können mit portablem Betriebssystem und portablen Apps flexibel überall für kurze Zeit einen eigenen Rechner mit Anwendungen bieten. **Mini-PCs** können i.d.R. auch an Daten- und Kommunikationsnetze angeschlossen und damit auch wie ein Rechner im Netzwerk eingesetzt werden.

Thin Clients und **Zero Clients** sind eine besondere Betriebssystemanwendung, die einen Server benötigt und von dort Anwendungen bereitgestellt bekommt. Durch diesen Systemansatz können sehr einfache Rechner und auch ansonsten nicht mehr einsetzbare Altgeräte verwendet werden. Thin Clients haben als Geräte eingeschränkte Speichermöglichkeiten. Dies zwingt Anwender, Daten zentral auf Servern abzulegen. Dadurch sind Datenschutz, Datensicherheit und Systemzuverlässigkeit besser, Wartungskosten sind niedriger (vgl. Kapitel 2.7). Bei einem Zero Client handelt es sich um eine besonders schlanke Form eines Thin Clients. Er ist zur Bereitstellung seiner Funktionen vollständig von einem Server abhängig und besitzt keinen lokalen Anwenderspeicher. Nachteil ist, dass Clientanwendungen offline (ohne Netzanbindung) nicht verfügbar und Latenzzeiten (Verzögerungszeiten) durch Netzbelastungen möglich sind.

Mit Apps auf Smartphones, Smart-Home-Anwendungen sowie in Smart Factories werden immer mehr **Smart Devices** (digital vernetzte Einheiten) eingesetzt. Damit werden Kleinst-Computer als kleine intelligente Systeme in Maschinen, Werkzeugen und Anlagen eingebaut, die vernetzt mit Computersystemen interagieren, die Arbeit an Arbeitsplätzen digital unterstützen. Arbeitsplatzsysteme unterscheiden sich in der Leistungsfähigkeit der Zentraleinheit und den angeschlossenen externen Geräten.

Für IT-Hardware sind allgemein vielfältige Kriterien bzw. Spezifikationen zu prüfen. In den folgenden Kapiteln wird jeweils zu den Komponenten genauer darauf eingegangen, zu Netzwerkprodukten in Lernfeld 3, zur IT-Sicherheit in Lernfeld 4, zur Servicequalität in Lernfeld 6.

Hardwarespezifikationen und -kriterien	
Quantitative Größen (messbare, objektive Größen)	Volumen, Kapazität, Gewicht, Sparsamkeit in den Ressourcen, Energiesparsamkeit, Geräuschentwicklung, Temperatur und Wärmeentwicklung, Schnelligkeit, Geschwindigkeit, Performance, Stabilität
Qualitative Größen (schwer messbare, subjektive Größen)	Passende Formate, Formfaktor, Kompatibilität, Erweiterbarkeit, Design, Ergebnisqualität, z.B. Druckqualität beim Drucker, Robustheit, Latenzzeit
Vergleiche	Testergebnisse, Benchmark-Ergebnisse (Vergleiche mit gleichwertigen Produkten), Stresstests, Last-Tests, Worst-Case-Tests, Ranglisten

Für die Zufriedenheit des Anwenders ist neben der Auswahl der richtigen **Hardware-Komponenten** die Wahl der richtigen **Anwenderprogramme** (Software) von Bedeutung. Bei mehreren zehntausend verschiedenen Softwareangeboten ist die Wahl schwer und nur bei gezielter Recherche und eingegrenztem Vergleich zeitnah durchzuführen.

Kompetenzcheck ✓

1. Recherchieren Sie nach den verschiedenen Bauformen und präsentieren Sie die Ergebnisse.

2. Verteilen Sie im Bewerbungsverfahren die oben angegebenen Fachbegriffe und lassen Sie diese Fachbegriffe dann reihum von den ausgewählten Personen mit eigenen Worten kurz erläutern.

(2) Übersicht marktgängiger IT-Systeme

Die folgende Tabelle soll eine erste Übersicht über marktgängige oder marktübliche IT-Systeme und IT-Komponenten sowie Unterscheidungsmerkmale geben. In den folgenden Kapiteln wird auf einzelne Komponenten (z. B. Hauptplatine, Prozessor, Festplatte, Monitor, Tastatur, Drucker, Scanner) genauer eingegangen.

Marktgängige IT-Systeme	
Kriterium	**Unterscheidungen, Varianten**
Konfiguration	Standardsysteme (für einen gewöhnlichen Gebrauch erstellt, Standardkonfiguration); speziell konfigurierte Systeme (für einen speziellen oder besonderen Gebrauch erstellt und eingestellt)
Aufgaben	Desktopsysteme, Laptops und Notebooks als Standardsysteme und leistungsstarke Workstation (leistungsstarke Arbeitsplatzsysteme), Server (Dienstleistungssysteme in der Vernetzung), Embedded Systems (in Maschinen und Anlage eingebettete IT-Systeme) und IoT (Internet of Things)
Einsatz privat	Office-Anwendungen, IT-Kommunikation, Hobbybereiche, z. B. elektronische Spiele und Vereinsanwendungen, Smart-Home-Anwendungen
Einsatz in Unternehmen	Office und Management, Einsatz nach Unternehmensbereichen (z. B. Systeme für Forschung und Entwicklung, Beschaffung, Produktion, Handel und Vertrieb, Lagerhaltung und Logistik, Service, Personalwesen/Human-Resources, Schulung/Training, Dienstleistung, Verwaltung, allgemeine Infrastruktur, für Gebäudemanagement und IT)
Bestandteile des IT-Systems	• Hardware (Zentraleinheit, Speichereinheiten, Kommunikationseinheiten, Peripherieeinheiten) • Firmware (BIOS fest eingebaut, Systemsoftware, Utilities, Programmiersprachen) • Software (Standardsoftware, Anwendungssoftware und Apps, Branchensoftware, Individualsoftware)
Funktionen	Betriebssysteme, Anwendungssysteme, Informationssysteme, Kommunikationssysteme, Verwaltungssysteme, Steuerungssysteme, Datenverwaltungssysteme, Sicherheitssysteme u. a.
Konfiguration	Standardsysteme (für gewöhnlichen Gebrauch erstellte Standardkonfiguration), speziell konfigurierte Systeme
Größe	Mikrocomputersysteme, Großrechner bzw. eine Großrechenanlage (Mainframe Computer), Hochleistungssysteme (Supercomputer)
Vernetzung	Einfache Systeme, Einplatzsysteme (eventuell vernetzt über WLAN oder Bluetooth), vernetzte Systeme und Mehrplatzsysteme verkabelt im LAN (Local Area Network), online über WLAN
Ausdehnung des Netzwerkes	Bei einem großen Computernetzwerk über Länder und Kontinente spricht man von einem Wide Area Network (WAN), bei einem Netzwerk über Städte und Regionen von einem Metropolitan Area Network (MAN). Eine Vernetzung von IT-Systemen beschränkt auf einen lokalen Bereich vor Ort (Betrieb, Behörde, Einrichtung, Haushalt o. Ä.) wird als Local Area Network (LAN) bezeichnet. Im LAN können jedoch auch 1 000 angeschlossene Systeme vernetzt sein, es kann kabelbasiert oder kabellos realisiert werden. Ein WLAN (Wireless Local Area Network) ist ein Funknetzwerk mit einem speziellen Funknetzstandard (der Normierungsreihe IEEE-802.11x). Es ermöglicht den einfachen Netzzugang für mobile Endgeräte wie z. B. Notebooks, Tablets oder Smartphones (im Ausland als Wi-Fi = Wireless Fidelity bezeichnet).

Marktgängige IT-Systeme	
Kriterium	**Unterscheidungen, Varianten**
Nach Nutzungs-/ Lizenzmodell allgemein	• **On-Premises (On-Prem):** Installation, Lizensierung, Anwendung und Management des Rechenzentrums (Servers) oder Computers vor Ort • **Cloud:** Vernetzung mit Rechenzentren und Diensten über das Internet – Installation, Lizensierung und Management über ferne Dienstleister (Cloud-Anbieter)
Software-lizenzen	• **Proprietäre Software:** kommerzielle Software, Nutzungslizenz muss individuell erworben werden, Änderung und Weiterverbreitung verboten. Zur Werbezwecken ergänzende Versionen der proprietären Software sind Freeware, Shareware und Demoversionen • **Freeware:** häufig kommerzielle Software, deren Weiterverbreitung erlaubt ist, nicht jedoch die Veränderung (Quellcode nicht verfügbar), enthält häufig eingeschränkte Funktionen • **Shareware:** eine i. d. R. kommerzielle Software, die die Erlaubnis erteilt, sie weiterzuverbreiten, jedoch häufig mit der Bedingung verknüpft wird, sich bei längerfristiger Benutzung zu registrieren und somit Lizenzgelder zu entrichten, Quellcode nicht verfügbar • **Open-Source-Software:** Software unter dieser Lizenz hat einen offenen Quellcode, der verändert genutzt und weitergegeben werden kann. Geld wird insbesondere mit Beratung, Unterstützung und ergänzende Auftragsprogrammierung verdient, gute Entwickler arbeiten freiwillig und kostenlos in der Community mit und entwickeln die Basissoftware gemeinsam weiter. • **Public-Domain-Software:** Urheberrechtsfreie oder gemeinfreie Software darf von jedermann ohne jegliche Restriktionen genutzt werden. Der Quellcode ist eventuell nicht verfügbar.
Spezielle Systeme	Cloud-Systeme, KI-Systeme (künstliche Intelligenz bzw. AI für Artificial Intelligence), Big-Data-Systeme, ERP-Systeme, Datenbanksysteme, Datenschutz- und IT-Sicherheitssysteme, Hochverfügbarkeitssysteme, Lernsysteme, Datensicherungssysteme u. a.
Infos	• Vergleichsportale, z. B. www.capterra.com.de, www.it-bestenliste.de, www.suitapp.de, www.trusted.de • IT-Anbieter, z. B. Systemhäuser, größere Systemanbieter für Hard- und Software, z. B. Dell, HP, Lenovo • Fachportale, z. B. www.administrator.de, www.fachinformatiker.de, www.giga.de, www.golem.de, www.ip-insider.de, www.it-administrator.de, www.bigdata-insider.de, www.bitkom.de • Fachverlage mit Praxistipps, z. B. www.fachzeitungen.de

Kompetenzcheck ✓

1 Was ist richtig?

a) Ein Desktop-PC ist i. d. R. leistungsstärker als eine Workstation.
b) Ein Thin-Client ist in einem großen Tower-Gehäuse untergebracht.
c) Bei Embedded Systems sind Computer in Anlagen und Teilen integriert.
d) IoT bedeutet Internet of Things.
e) BIOS ist eine kleine Betriebssoftware.
f) Ein LAN ist ein weltweites Netzwerk.
g) On-Premises bedeutet Anwendung in einer Cloud
h) Proprietäre Software ist kommerzielle Software mit Lizenz.

(3) Fachportale und Recherchen

Wie bereits in den vorherigen Kapiteln betont wurde, ist es wichtig, sich mittels Recherchen auf den neuesten Stand zu bringen. Aktuell geeignete Fachportale für Computer und IT-Systemtechnik sind beispielsweise unter www.golem.de/ticker, www.beliebte-foren.de, www.userbenchmark.com oder www.channelpartner.de zu finden. Eine Auswahl haben wir in der Tabelle zusammengestellt.

Information und Recherche	Beispiele (Stand: 31.08.2024)
Fachportale, Blogs, Zeitschriften, Test, Foren, Verbände, IT-Werbung	www.beliebte-foren.de, www.bitkom.org, www.bitmi.de, www.channnelpartner.de, www.cio.de, www.computerbase.de, www.drwindows.de, www.expertentesten.de, www.fachinformatiker.de, www.fachzeitschriften.de, www.golem.de, www.giga.de, www.hardwareluxx.de, www.techwatch.de, www.heise.de, www.informatikerboard.de, www.it-business.de, www.it-zoom.de, www.it-service.network, www.pc-erfahrung.de, www.pcgameshardware.de, www.softguide.de, www.softwarecheck.de, www.tecchannel.de, www.tweakpc.de
Hardware-Test- und Diagnosetools	Diagnoseprogramme und Check- und Monitoringsysteme zum Testen von Hardware-Komponenten, z. B. CPU-Leistung, Energieverbrauch, z. B. hwinfo, pc-wizard, speccy, vgl. z. B. www.wintotal.de

Kompetenzcheck

1. Diskutieren Sie über die oben angegebenen Informationsportale, recherchieren Sie selbst dazu und erstellen Sie gemeinsam eine Prioritätenliste der TOP 10.

A5
2. Erläutern Sie im Arbeitsbuch mit Aufgabe 5 der Lernsituation 1 marktgängige Systeme mit einem passenden Begriff.

2.2.3 Das Leistungsportfolio im IT-Bereich präsentieren

S **Sie sollen das Leistungsportfolio des Ausbildungsbetriebes präsentieren.**

Systemhaus | Ausbildung | **Portfolio** | Social Responsibility

Leistungsportfolio

IT-Service
- IT-Service vor Ort in Unternehmen
- IT-Betreuung für Unternehmen
- IT-Management
- IT-Outsourcing
- IT Vertrieb & IT Beschaffung
- Helpdesk und IT-Support

Cloud-Hosting
- Cloud-Migration als Service
- Businesshosting/Serverhosting
- Managed-Hosting
- Office für Ihr Unternehmen
- Hosting für Unternehmen
- Hosted-Infrastrukturen
- Rechenzentrum Server Housing & Colocation
- Cloud-Backup-Speicher für Ihr Unternehmen

Server und Storage
- Optimierte Serversysteme und IT-Konzepte
- Virtualisierte Server und Storage
- Virtual Desktop Infrastructure VDI
- Hyperkonvergente Serversysteme

IT-Infrastrukturen
- Server- und Storage-Systeme
- Standortvernetzung (VPN)
- Telefonanlagen & IP-Telefonie
- Virtualisierung

IT-Beratung
- IT-Beratung Mittelstand
- IT-Security Beratung und Management
- IT-Innovationsberatung

IT-Solutions und Expertise in der Systemhausgruppe
- Business-IT-Solutions
- Public-IT-Solutions
- Industrial-4.0-IT-Solution (Smart Factory)
- Digital Workplace-Solution
- DevOps-Solutions
- Communication & Collaboration Solutions
- Financial Solutions
- Remarketing-Solutions

Im Systemhaus JIKU besteht das Leistungsportfolio ausschließlich aus IT-Produkten und IT-Dienstleistungen. In Unternehmen mit IT-Abteilungen sind die Mitarbeiter der IT-Abteilung Dienstleister der anderen Abteilungen und deren Mitarbeiter. Die Mitarbeiter sind dann **interne Kunden der IT-Abteilung**. Daher sind viele Anforderungen an IT-Mitarbeiter ähnlich zu betrachten.

Das gezeigte Leistungsportfolio des Systemhauses JIKU enthält viele Fachbegriffe, die zunächst genauer erfragt oder recherchiert werden müssen. Bereits nach kurzer Zeit werden diese Fachbegriffe geläufig sein, da sie im beruflichen Alltag häufiger genannt werden.

Kompetenzcheck ✓

1. Diskutieren Sie über das Leistungsportfolio von JIKU. Von welchen Kunden und Abteilungen werden aufgezeigte Leistungen benötigt?

2. Bereiten Sie die Präsentation des Leistungsportfolios Ihres Ausbildungsbetriebes vor und bearbeiten Sie die Aufgabe 6 der Lernsituation 1 im Arbeitsbuch.

A6

2.3 Auswahlkriterien zu IT-Produkten allgemein unterscheiden

S Sie sollen zunächst Auswahlkriterien für IT-Produkte und -leistungen allgemein unterscheiden.

2.3.1 Qualität und Leistungsfähigkeit von IT-Systemen und IT-Services beschreiben

S Sie sollen mit Beispielen die Ziele nach Qualität und Leistungsfähigkeit allgemein erläutern.

Über das Qualitätsziel allgemein in Unternehmen werden Kompetenzen in Lernfeld 1 und Kapitel 1.3.3 vermittelt. In diesem Lernfeld wird bezogen auf die Beschaffung von IT-Systemen für Arbeitsplätze insbesondere in den Kapiteln 2.3.2 sowie im Kapitel 2.9.3 weitergehend eingegangen. Inwieweit ein Qualitätsanspruch durchgesetzt werden kann, ist auch von der vertraglichen Vereinbarung abhängig (siehe Kapitel 2.9.4).

Funktioniert die IT nicht, geht häufig in vielen Unternehmensbereichen nichts mehr. Mit zunehmender Digitalisierung werden IT-Ausfälle in Zukunft noch gravierendere Folgen haben. Für Unternehmen und Organisationen ist es daher wichtig, ein hohes Qualitätsniveau und ein gutes Qualitätsmanagement sicherzustellen. Der Qualitätsanspruch bezieht sich nicht nur auf die Leistungen (Produkte, Dienstleistungen), sondern auf alle Prozesse zur Leistungserstellung. Was allerdings Qualität ist, hängt nicht selten vom Betrachter ab. Qualität ist ein relativer Anspruch an die Erfüllung von Spezifikationen der Produkte und Leistungen, abhängig von den zugrunde liegenden Gesetzen, Normen und Vereinbarungen. Ein Mangel liegt daher nur dann vor, wenn die Lieferung und Leistung nicht wie vereinbart erfolgen bzw. ohne konkrete Spezifikation im Vertrag nicht für die gewöhnliche Verwendung geeignet sind.

Mängelarten, Mängel und nicht erfüllte Anforderungen

Qualitätsbegriff

1. Beschaffenheit, Merkmal, Eigenschaft, Zustand (lat. *qualitas*)
2. Güte aller Eigenschaften eines Objektes, Systems oder Prozesses
3. Zweckangemessenheit eines Produkts (Produktqualität), einer Dienstleistung (Servicequalität) oder eines Prozesses (Prozessqualität)

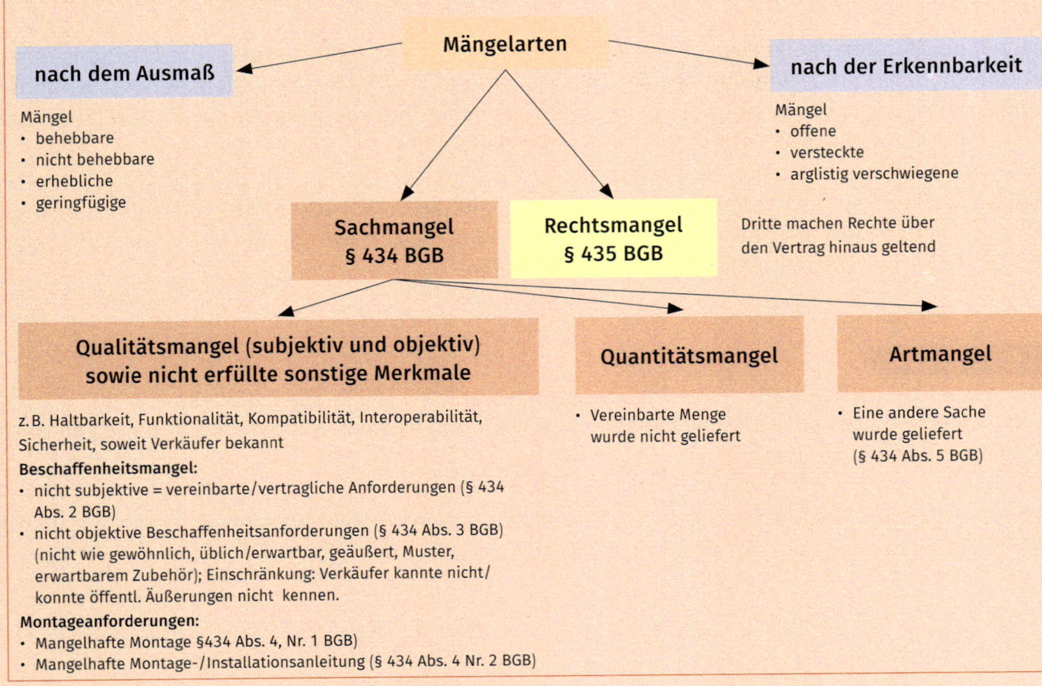

Sach- und Rechtsmangel **§ 433 BGB:** Verpflichtung des Verkäufers, die verkaufte Sache frei von Sach- und Rechtsmängeln zum Zeitpunkt des Gefahrenübergangs zu übergeben (Gewährleistungspflicht) **§ 434 BGB:** Sachmangelbegriff (vgl. Schaubild, S. 140) **§ 435 BGB:** Rechtsmangelbegriff: Die Sache ist frei von Rechtsmängeln, wenn Dritte in Bezug auf die Sache keine oder nur die im Kaufvertrag übernommenen Rechte gegen den Käufer geltend machen können. Einem Rechtsmangel steht es gleich, wenn im Grundbuch ein Recht eingetragen ist, das nicht besteht. **§ 327 BGB** zu digitalen Produkten: Der Unternehmer hat digitale Produkte (digitale Inhalte oder digitale Dienstleistungen) frei von Produkt- und Rechtsmängeln im Sinne der §§ 327e bis 327g BGB bereitzustellen.
Mangelausschluss • Den Montageanforderungen wird entsprochen, wenn die Montage sachgemäß durchgeführt worden ist. Entsprochen wird auch, wenn sie unsachgemäß durchgeführt worden ist, dies jedoch weder auf einer unsachgemäßen Montage durch den Verkäufer noch auf einem Mangel in der vom Verkäufer übergebenen Anleitung beruht (§ 434, Absatz 4 BGB). • Der Verkäufer kannte die Äußerungen aus der Werbung u.Ä. zur Beschaffenheit nicht und musste sie auch nicht kennen oder sie waren im Zeitpunkt des Vertragsschlusses in gleichwertiger Weise berichtigt oder sie konnten die Kaufentscheidung nicht beeinflussen (§ 434 BGB). • Der Käufer kannte den Mangel bereits bei Abschluss des Kaufvertrages (§ 442 BGB). • Der Mangel blieb dem Käufer aufgrund grober Fahrlässigkeit des Käufers verborgen (§ 442 I S. 2 BGB), es sei denn, eine Garantie wurde gegeben oder arglistige Täuschung des Verkäufers liegt vor.
Leistungsausschluss Der Anspruch auf Leistung ist ausgeschlossen oder kann vom Schuldner verweigert werden, • soweit dieser für den Schuldner oder für jedermann unmöglich ist. • einen Aufwand erfordert, der unter Beachtung des Inhalts des Schuldverhältnisses und der Gebote von Treu und Glauben in einem groben Missverhältnis zu dem Leistungsinteresse des Gläubigers steht. Bei der Bestimmung der dem Schuldner zuzumutenden Anstrengungen ist auch zu berücksichtigen, ob der Schuldner das Leistungshindernis zu vertreten hat. • wenn er die Leistung persönlich zu erbringen hat und sie ihm unter Abwägung des seiner Leistung entgegenstehenden Hindernisses mit dem Leistungsinteresse des Gläubigers nicht zugemutet werden kann (§ 275 BGB).

In diesem Lernfeld ist der Qualitätsanspruch konkret auf die Produkte und Leistungen ausgerichtet.

Im BGB ist festgelegt, was Sach- oder Rechtsmängel sind und wann man Mängel nicht reklamieren kann. Bei den Qualitätsmängeln ist besonders zu beachten, dass genau darauf geachtet werden muss, welche Vereinbarungen hinsichtlich der Funktionalität und Qualität getroffen wurden. Der Gesetzgeber unterscheidet subjektive, objektive und sonstige Anforderungen (siehe Schaubild, S. 140).

Bei **digitalen Produkten** ist der Unternehmer gegenüber **Verbrauchern** zur Einhaltung besonderer Regelungen nach § 327ff. BGB verpflichtet. Dabei werden auch sogen. Paketverträge (Waren mit digitalen Produkten) und mit digitalen Produkten verbundene Sachen eingeschlossen. Ist keine Leistungszeit vereinbart, ist die Leistung unverzüglich zu liefern bzw. bereitzustellen.

Rechte des Kunden bei **Vertragsstörungen** werden in Lernfeld 8 (Kap. 3.8) und Lernfeld 12 (Kap. 3.4) behandelt.

Für Produkt- und Leistungsqualität sind insbesondere Standards, Normen und Marken von Bedeutung. Unternehmen werben damit, dass sie Industriestandards berücksichtigen, sich an nationale und internationale Normen halten. Durch Zertifikate werden Nachweise für hohe Produkt- und Leistungsqualität erbracht. Wenn sie sich durch ihre Produktleistungen und -qualität von Mitbewerbern stark unterscheiden, versuchen Unternehmen, sich im Markt durch Produktmarken von anderen abzugrenzen.

Standards, Normen und Marken

Normen
Normen werden als technische Vorgaben von Organisationen festgelegt. Verbindlichkeit erlangen sie, wenn sie in Verträgen und Zertifikaten, Gesetzen und Verordnungen verbindlich als Vorgabe genannt werden. Die Bezugnahme in Gesetzen und Verordnungen entlastet den Staat und die Bürger von rechtlichen Detailregelungen.

Beispiele:
ISO 9000 Qualitätsmanagement
ISO 9241 Ergonomie der Mensch-System-Interaktion
ISO 14000 Umweltmanagement
ISO/IEC 25010 Softwarequalität
DIN ISO/IEC 27001 Informationssicherheit

Abkürzungen:
DIN – Deutsches Institut für Normung, vgl. www.din.de
ISO – Internationale Organisation für Normung, vgl. www.iso.org
IEC – Internationale Elektrotechnische Normung, vgl. www.iec.ch
EN – Normen Europäischer Komitees (EN)
Infos: z. B. unter www.tuvit.de

Zertifizierungen
Es sind Prüfdokumente, die von anerkannten Zertifizierungsstellen nach einer Prüfung von Produkten, Verfahren oder Leistungen ausgestellt werden und i. d. R. die Einhaltung von bestimmten Normen bestätigen.

Formfaktoren
Konstruktionsvorgaben für bestimmte Größen, Formen und Anschlüsse bei Computern, Gehäusen, Geräten, Platinen, Modulen, Einsteckkarten, Komponenten oder Steckern, die sich am Markt durchgesetzt haben.

Marken (engl. *brand*)
Marken sind Schutzzeichen, registriert beim Patent- und Markenamt (www.dpma.de), die Unternehmen für Zeichen, Wörter, Bilder und sogar Töne als Unterscheidungskennzeichen erlangen können. Unternehmen versuchen, gute Leistungen und Erfolge mit einer Marke zu verbinden und mit dem Markennamen einen Marktvorteil zu erhalten. Marken haben daher auch einen Marktwert. Amazon, Apple und Google gehören weltweit zu den wertvollsten Marken, SAP gilt als eine der besten deutschen Marken.

Für Softwareentwickler ist die Norm ISO 25010 zur Sicherstellung einer hohen Softwarequalität von besonderer Bedeutung (vgl. Lernfeld 5).

Acht Qualitätskriterien der Softwareentwicklung nach ISO 25010 und Anforderungen aus Kundensicht

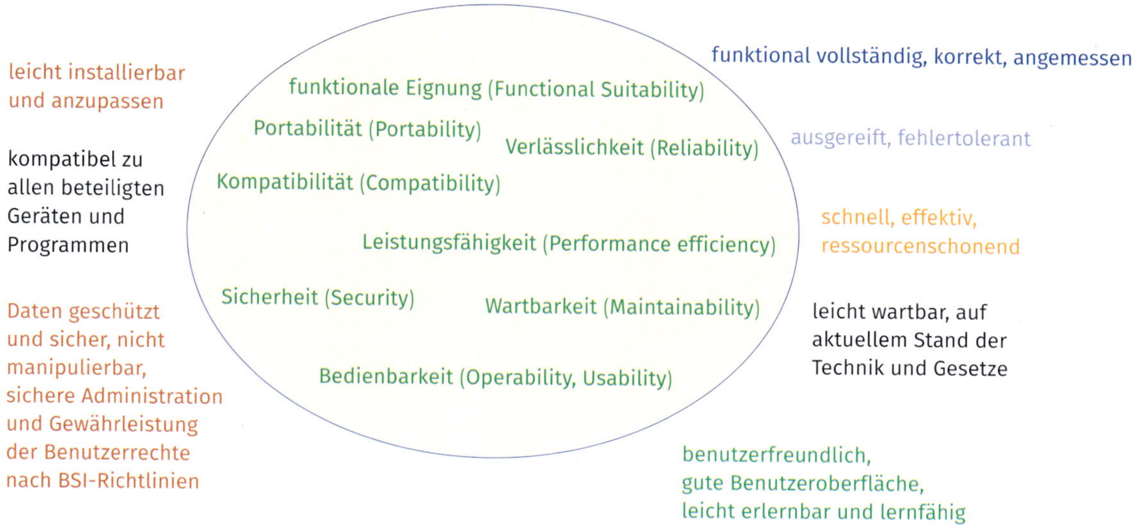

Kompetenzcheck ✓

1. Diskutieren Sie an Beispielen der IT, was man unter Qualität versteht.

2. Was ist richtig?
   a) Ein Mangel ist vorhanden, wenn dem Kunden das Produkt nicht gefällt.
   b) Ein Qualitätsmangel schließt den Quantitätsmangel ein.
   c) Es ist schon ein Mangel, wenn die Benutzeranleitungen mangelhaft sind.
   d) Wenn keine Spezifikation vertraglich vereinbart ist, kann auch kein Mangel festgestellt werden.
   e) Wenn nicht genau das gewünschte Gerät, aber ein ähnliches Gerät geliefert wurde, ist das kein Mangel.
   f) Wenn im Vertrag ISO-Normen oder Formfaktoren als Spezifikationen angegeben sind, muss man sich daran halten, ansonsten kann der Auftraggeber einen Mangel feststellen.
   g) Ein Anbieter muss im Nachhinein nicht alles möglich machen, was ein Kunde erwartet hat.

3. Bearbeiten Sie im Arbeitsbuch Aufgabe 1 der Lernsituation 2 zu Kundenreklamationen. A1

2.3.2 Umweltschutz und Green-IT als wichtige IT-Ziele darstellen

S **Sie sollen die Ziele von Green-IT und die speziellen Anforderungen mithilfe von Beispielen beschreiben.**

Allgemein werden in Lernfeld 1 und Kapitel 1.3.3 Basiskompetenzen zu Green-IT vermittelt. In diesem Lernfeld wird bezogen auf die Beschaffung von IT-Systemen für Arbeitsplätze insbesondere im Kapitel 2.3.2 weitergehend darauf eingegangen.

Der Energiebedarf für die zahlreichen Rechenzentren, Server, Arbeitsplatzsysteme und Peripheriegeräte ist riesig. Sie sollen im erzeugten CO_2-Vergleich insgesamt in etwa so hoch wie die Emissionen des gesamten Flugverkehrs liegen. Große Ziele bei der Entwicklung neuer IT-Systeme, der Beschaffung und dem Einsatz CO_2-schonender IT-Systeme sind insbesondere die Einsparung von Energie und die Reduzierung weiterer Umweltbelastungen. Die zunehmende Digitalisierung erhöht zwar weiter den Energiebedarf, ermöglicht aber auch die Einrichtung effizienterer und ressourcenschonender Systeme und Anlagen. In der Bilanzierung ist daher darauf zu achten, hier eine positive Entwicklung zu unterstützen, die insgesamt die Umwelt- und Klimaziele erreicht.

Umwelt- und Prüfzeichen

Viele Umweltinitiativen und -verbände prüfen Produkte und Leistungen auf die Berücksichtigung neuester Umweltanforderungen. Hierbei sind u.a. die folgenden Umwelt- und Prüfzeichen zu beachten.

Der **Energy Star** ist ein amerikanisches Umweltzeichen, das in Europa übernommen wurde und von Herstellern freiwillig bei der Erfüllung der gesetzlichen Normen verwendet werden kann. Eine Prüfung erfolgt extern nicht, die Verpflichtung richtet sich aber insbesondere auf besondere Energiesparfunktionen (Schlafmodus von Komponenten, Standby-Modus, Bildschirmschoner etc.), vgl. www.energystar.gov.

Dieses umfassende Qualitätszeichen des **TÜV Rheinland** bestätigt auf der Basis eines Berichts durch ein unabhängiges Prüfinstitut die Einhaltung ökologischer Standards im Büro, z.B. bezüglich Verbraucherinformationen, Lärmgrenzwerten, Recyclingfähigkeit, Langlebigkeit, Schadstoffe und Energieverbrauch.

Das **Europäische Umweltzeichen EU Ecolabel** wurde von der Europäischen Kommission ins Leben gerufen und zertifiziert Produkte und Dienstleistungen, die sich durch die Umweltverträglichkeit und geringe Gesundheitsbelastung im Vergleich zu anderen Produkten auszeichnen.

TCO Certified ist eine Nachhaltigkeitszertifizierung für IT-Produkte wie Computer, Mobilgeräte, bildgebende Geräte und mehr. Die Kriterien sollen die soziale und ökologische Verantwortung während des gesamten Produktlebenszyklus fördern. Alle Kriterien sind obligatorisch und die Einhaltung wird von akkreditierten Experten unabhängig überprüft.

Umweltinitiativen sehen unter dem Stichwort **„Green-IT“** die Chance, den Hardwareeinsatz um bis zu 70 % und den Energiebedarf der Systeme um bis zu 60 % zu reduzieren. Zielsetzungen wie das „papierlose Büro“, die Schaffung digitaler und ortsunabhängiger, flexibler Arbeitsplätze und der weitgehende Verzicht auf Dienstreisen und Präsenzveranstaltungen durch intelligente Vernetzung und Videokonferenzen dienen dazu, Umweltbelastungen zu reduzieren.

Green-IT

Green-IT ist ein Leitbegriff zur Schaffung einer Unternehmenskultur, die IT möglichst umweltschonend beschafft und einsetzt. Entscheidender Grundgedanke der Green-IT ist eine ganzheitliche Betrachtungsweise.
Umfang: Beschaffung, Nutzung, Verwertung und Entsorgung von IT werden als Teile eines zusammenhängenden Kreislaufes verstanden. Zielsetzung ist, in allen Teilen des Kreislaufes mit möglichst wenig Ressourcen auszukommen.
Überprüfung: Nachhaltigkeitsrichtlinien, Nachhaltigkeitskonzepte und jährliche Nachhaltigkeitsberichte des Unternehmens erstellen, ein Umwelt- bzw. Nachhaltigkeitsmanagementsystem installieren.

Maßnahmenkatalog Green-IT	
Bedarfsgerechter Einsatz von Hardware und Software prüfen	Es sollte überprüft werden, ob PC und Peripheriegeräte überdimensioniert sind. Dazu ist zu prüfen, welche Geräte und Komponenten von wem, wann und wie oft benötigt werden und welche Arbeitsplätze Ressourcen gemeinsam nutzen können. Viele Energiesparmaßnahmen lassen sich durch Umstrukturierung und verbesserte Arbeitsabläufe umsetzen. Fragen sind beispielsweise: Benötigt jedes Zweier-Büro einen eigenen Drucker? Müssen alle Arbeitsplätze der Abteilung über vollwertige Desktop-PCs verfügen oder wären Laptops oder Mini-PC auch ausreichend? Lässt sich das WLAN außerhalb der Geschäftszeiten deaktivieren? Wie lässt sich das Update-Management für die Client-PCs am sinnvollsten realisieren?
Einsparung Energie und Energiekosten durch effiziente IT-Lösungen	Mit einem effizienteren Einsatz von Hardware sollten Ressourcen geschont werden, bei Neuanschaffungen und Ersatz von Geräten und Komponenten sollte der Einsatz besonders energiesparender Systeme und damit Energiewerte geprüft werden. Schlanke IT-Architektur, gut aufeinander abgestimmte Hard- und Softwarekomponenten sowie Virtualisierung können dazu beitragen, mit weniger IT-Ressourcen für Speicher- und Rechenkapazität auszukommen.
Beratung, den Lebenszyklus der Geräte zu verlängern, Kosten zu senken, Refurbished IT einzusetzen	Herstellung, Lieferung und Recycling von IT-Geräten belasten grundsätzlich die Umwelt, sodass ein größeres Bewusstsein geschaffen werden sollte, Geräte und Komponenten mit längerer Nutzungsdauer einzusetzen, auf die Möglichkeit der Auf- und Nachrüstung (z. B. Prozessor, Speicher, Grafikkarte) bei bestimmten Geräten zu achten, den Einsatz von Geräten mit Minimalausstattung für bestimmte Arbeitsplätze zu berücksichtigen, Sharing-Arbeitsplätze für gemeinsame Nutzung zu schaffen, Mitarbeitern Zuschüsse für mobil zu verwendende Geräte zu gewähren, wenn sie diese Systeme sowohl privat als auch betrieblich nutzen (Bring Your Own Device – BYOD). Nicht mehr geeignete IT-Systeme können häufig an anderen Arbeitsplätzen, eventuell mit Aufrüstung, gut einsetzbar sein, nicht mehr einsetzbare IT sollte für den IT-Gebrauchtmarkt zur Verfügung gestellt werden (Refurbished IT).
Bedarfsgerechter Betrieb der IT anstelle eines durchlaufenden Betriebs	Alle Systeme und Geräte müssen nicht rund um die Uhr aktiv sein. WLAN-Router, Drucksysteme und Faxgeräten können bei Nichtgebrauch abgeschaltet werden. Datensicherungen sollten außerhalb des laufenden Geschäftsbetriebs durchgeführt werden oder wenn die Systeme gerade nicht genutzt werden. Über ein besseres Systemmanagement können Systeme energieeffizient verwaltet werden. Systemhäuser bieten solche Systeme an oder leisten Managementdienstleistungen über Fernwartung. In diesem Zusammenhang wird immer auch die Umstellung auf Cloud-Anwendungen diskutiert und damit die Auslagerung von Rechenzentrumsleistungen an Cloud-Anbieter. Diese sind in der Lage, die Ressourcen energieeffizient einzusetzen und so zu skalieren, dass immer nur so viel Leistung zur Verfügung gestellt wird wie nötig. Im Zusammenhang mit sog. Fog- oder Edge-Anwendungen (vgl. Lernfeld 3) können große Datenmengen vor Ort verarbeitet und damit Umweltbelastungen in der Datenkommunikation reduziert werden.
Energie und Kosten sparen durch Virtualisierung	Durch Virtualisierung kann auf die Beschaffung und den Betrieb gelegentlich oder wenig verwendeter Systeme verzichtet werden, diese können besser verwaltet werden. Statt mehrere physische Server parallel zu betreiben, lassen sich Geräteeinheiten auch virtualisiert auf einem einzigen Server zusammenführen. Ein nachhaltiges E-Mail- und Dokumenten-Management kann erheblich zur Einsparung von Speicher-, Kommunikations- und Energiekosten beitragen.

Maßnahmenkatalog Green-IT	
Einsatz umweltschonender Verbrauchsmaterialien	So weit wie möglich sollte das papierlose Büro umgesetzt werden, Papier eingespart, das Dokumentenmanagement verbessert werden. Der Einsatz ökologischer Verbrauchsmaterialien (z. B. bei Farbbehältern, Papiersorten, Reinigungsmitteln) sollte geprüft werden, Verpackungsmaterialien reduziert werden.
Software auf Nachhaltigkeit prüfen, eventuell Open-Source-Software vorziehen	Bei Software ist zu prüfen, welche Hardware-Kapazitäten vorgehalten werden müssen und wie viel elektrische Energie in Endgeräten, Netzwerken und Rechenzentren verbraucht wird. Es sollte Software danach bewertet werden, ob sie nicht so hohe Anforderungen an die Hardware stellt und somit auch auf älteren oder schlank gestalteten Systemen lauffähig ist. Open-Source-Software kann anders als sog. proprietäre Systeme beliebig verändert und damit eventuell besser an die Bedingungen vor Ort angepasst werden, was Energiekosten und Neubeschaffungen vermeiden kann."
Mitarbeiter auffordern, umweltfreundlich zu kommunizieren	Es sollten E-Mail-, Internet- und Social-Media-Varianten gewählt werden, die nicht so viele Marketingaktivitäten verursachen und damit die CO_2-Umweltbilanz weniger belasten. Werbefreie Intranet-Lösungen und lokale Kommunikationssysteme sollten bevorzugt werden. Möglichkeiten von Online-Konferenzen sollten soweit möglich Dienstreisen vorgezogen werden.
Infos: www.bmu.de, www.lifeverde.de, https://zukunftsmacher.cool, https://gruene-startups.de	

Kompetenzcheck ✓

1. Erläutern Sie mit eigenen Worten, was man unter Green-IT versteht.
2. Recherchieren Sie nach Unternehmen und Organisationen, die sich besonders für Green-IT einsetzen und präsentieren Sie diese.
3. Rufen Sie die Website www.nager-it.de auf und diskutieren Sie über die Initiative.
4. Bearbeiten Sie mit Aufgabe 2 der Lernsituation 2 im Arbeitsbuch Kundenanfragen zu Green-IT. A2

2.3.3 Wirtschaftlichkeit von IT-Systemen erläutern

S Sie sollen die Wirtschaftlichkeit der IT-Systeme und Dienstleistungen berücksichtigen.

Unternehmen, Behörden und Organisationen müssen wirtschaftlich arbeiten. Daher sind alle Mitarbeiter der IT-Abteilungen und der IT-Unternehmen aufgefordert, auf Wirtschaftlichkeit zu achten.

Nicht das billigste oder preislich günstigste Angebot ist häufig auch das wirtschaftlichste Angebot. Um wirtschaftlich vorzugehen, sind viele Aspekte zu beachten. Hier sollen zum Einstieg einige Anforderungen dazu genannt werden. In den Kapiteln 2.8 und 2.9 wird weitergehend auf Anforderungen eingegangen, die zur Wirtschaftlichkeit beitragen.

Wirtschaftlichkeitsbetrachtung	
Preisvergleiche	Kostenbestandteil ist zunächst der Nettopreis = Bruttopreis abzgl. Umsatzsteuer (MwSt., i. d. R. 19 %) = Bruttopreis/1,19. Weiterhin müssen alle Rabatte und sonstigen Preisnachlässe und sonstigen Konditionen (z. B. Barzahlungsrabatte oder Skonto) berücksichtigt werden.

Wirtschaftlichkeitsbetrachtung	
Anschaffungs- und Zusatzkosten	Für Maschinen, Systeme und Anlagen sind Bezugskosten (Lieferkosten, Zölle, Versicherungen), Installationskosten, Schulungskosten, Einarbeitungsaufwand u.a. zusätzlich in den Vergleich mit aufzunehmen.
Folgekosten	Beschaffte Güter können sich in den Folgekosten (Verbrauchskosten, Reparatur-, Wartungskosten u.a.) unterscheiden.
Restwerte	Im Verlauf der Nutzung ist aus unterschiedlichen Gründen mit Wertverlust der beschafften Güter zu rechnen, sodass diese Aspekte ebenfalls in die Wirtschaftlichkeitsbetrachtung einzubeziehen sind.
Sonstige Kriterien	Im Rahmen von qualitativen Angebotsvergleichen wird auf weitere, nicht quantitativ bewertbare Beschaffungsgründe eingegangen, z.B. Lieferantenqualität, siehe Kapitel 2.9.3.

Kompetenzcheck

1. Was ist richtig?
   a) Bei einem Bruttopreis von 1000,00 € und 19% Umsatzsteuer beträgt der Nettopreis (Kosten) 881,00 €.
   b) Wenn auf 500,00 € die MwSt. von 19% aufgeschlagen werden soll, so sind das 95,00 €.
   c) Das billigste Angebot ist immer das wirtschaftlichste Angebot.
   d) Folgekosten gibt es nur außerhalb der Gewährleistung.
   e) Anschaffungskosten sind nur die reinen Gerätekosten.

2. Nennen Sie jeweils Beispiele für Anschaffungs- und Folgekosten im IT-Bereich.

2.3.4 IT-Sicherheit von IT-Systemen, Informations- und Datenschutz erläutern

S **Sie sollen IT-Sicherheit, Informations- und Datenschutz als wichtige IT-Ziele erläutern und begründen.**

Für die Aufrechterhaltung des Unternehmensbetriebs sind nicht nur qualitativ hochwertige Betriebsmittel notwendig, sondern auch ein effizientes IT-Sicherheitssystem. In Lernfeld 1 wird dazu in Hinblick auf die Zielsetzungen des Unternehmens (Lernfeld 1, Kapitel 1.3.3) eingegangen. Lernfeld 3 berücksichtigt Fragen zur IT-Sicherheit in Netzwerken. In Lernfeld 4 werden Schutzbedarfsanalysen zur IT-Sicherheit in Arbeitsbereichen durchgeführt.

Schutzziele im Vergleich	
Datenschutz	Unter diesem Begriff wird der Schutz der privaten, personenbezogenen Daten eines jeden Menschen verstanden. Bürgern wird das Recht auf informationelle Selbstbestimmung gewährt, der Gesetzgeber hat mit dem BDSG und weiteren Datenschutzgesetzen weitreichende Rechte für Betroffene und Pflichten bei der Datenspeicherung und Verwendung festgelegt (siehe Lernfeld 4).
Datensicherheit	Im Unterschied zum Datenschutz befasst sich die Datensicherheit mit dem Schutz aller Daten in Unternehmen, unabhängig davon, ob diese einen Sachbezug oder einen Personenbezug haben, ob digital oder analog. Das Bundesamt für Sicherheit in der Informationstechnik (BSI) ist als obere Bundesbehörde für Fragen und Regelungen zur Datensicherheit zuständig (vgl. Lernfeld 1, Kapitel 1.3.3 und Lernfeld 4)

Schutzziele im Vergleich	
IT-Sicherheit	Sie bezieht sich allgemein auf den Einsatz von Informationstechnik und gewährleistet, dass die Vertraulichkeit, Integrität und Verfügbarkeit von Informationen und Informationstechnik durch angemessene Maßnahmen geschützt sind.
Informationssicherheit	Dieser Begriff zielt auf den Schutz aller Informationen (digital/analog), wird in den IT-Grundschutzkatalogen des BSI oder in der ISO 27001 genauer eingegrenzt. Teilweise werden Datenschutz und Datensicherheit als Teilbereiche der Informationssicherheit angesehen.
Gemeinsame Anforderungen für Daten und der Systeme (vgl. Lernfeld 4): • Vertraulichkeit (nur für befugte Personen zugänglich) • Integrität (keine Verfälschung, Korrektheit) • Verfügbarkeit	

Cyberkriminelle richten allein in Deutschland jährlich Schäden von über 50 Milliarden € an. Etwa jedes zweite Unternehmen hat jährlich mit einem ernsthaften Sicherheitsvorfall zu tun. Cyberkriminelle stehlen Nutzerdaten und nutzen sie zu weiteren kriminellen Vorhaben, versuchen Zugang zu wertvollen Daten zu bekommen, sich mit Erpressung zu bereichern. Dadurch sind auch betriebliche Stillstände und erhebliche Umsatzeinbußen zu verzeichnen. Die folgende Übersicht gibt einen Eindruck, wie vielfältig Kriminelle vorgehen. Der Staat als Ordnungsgeber hat mit verschiedenen Gesetzen (siehe Lernfeld 4) und dem BSI als besondere Aufsichtsbehörde alle, die nicht privat Daten speichern, in die Pflicht genommen, alles Notwendige für IT- und Informationssicherheit zu tun.

IT-Sicherheit, Informationssicherheit und Datenschutz

Sicherheitsvorfälle

Phishing: aus „Password" und „Fishing" oder „nach Passwörtern angeln"; manipulierte Webseiten und Websites/E-Mails mit Links zu Anmelde- oder Prüfseiten, mit denen Passwörter und Login-Daten abgegriffen werden.

Keylogger: Hard- oder Software zum Mitschneiden von Tastatureingaben

Nicknapping: Cyber-Angriff, bei dem der Angreifer unter einem bekannten Namen oder Pseudonym auftritt.

Scareware: Angstsoftware, die der Nutzer selbst auf seinem System installiert, weil ihm ein Schaden vorausgesagt wird.

Malware (Malicious Software): Schadprogramme, die wie Viren, Würmer oder Trojanische Pferde IT-Systeme befallen, auch weitere Schadmodule nachladen können oder unbefugten Zugang („Hintertür", Backdoor) zu Systemen ermöglichen.

Ramsomware: Schadprogramme, die den Zugriff auf Daten und Systeme einschränken oder verhindern und diese Ressourcen nur gegen Zahlung eines Lösegeldes (engl. *ransom*) wieder freigeben (z. B. Troldesh, WannaCry, Cryptomix Clop).

Botnetz: Ein Verbund von Rechnern (Systemen), die unbemerkt von einem fernsteuerbaren Schadprogramm (Bot) befallen sind (z. B. Echobot, Emotet, Gamut, Mirai, Necurs, Reaper oder IoTroop).

DoS (Denial of Service): Verweigerung des Dienstes, z. B. durch gekaperte Computer, die Webserver durch Massenanfragen zusammenbrechen lassen.

CEO-Fraud oder „Cheftrick": Methode der Angreifer, „Chefmails" an Mitarbeiter, insbesondere des Rechnungswesens, zu senden, um damit Betrügereien zu unternehmen.

Stationäre IT-Infrastruktur			Mobile Einheiten		Menschliches Verhalten
Datacenter, RZ/IT-Abteilung, Server	Arbeitsplätze, Client, Endpoint	Netze, Gateways, Kommunikation	Mobile Geräte	Mobile Datenträger	

Maßnahmen allgemein im Unternehmen
- Verantwortung durch speziell ausgebildete Sicherheitsbeauftragte und -verantwortliche, Datenschutzbeauftragte
- Zusammenarbeit mit BSI und anderen Sicherheitsbehörden und Einrichtungen, Sicherheitsunternehmen
- Beachtung von Orientierungshilfen des BSI, Gesetzesvorgaben und Richtlinien, z. B. IT-Sicherheitsgesetz IT-SiG, BSI-KritisV, BDSG, DS-GVO, EU DS-GVO
- Bedrohungsszenarien und Schadenspotenziale erkennen und bewerten
- Schutzbedarfsanalysen, Sicherheitsleitlinien, Sicherheitsrichtlinien, Sicherheitskonzept
- Information Security Management Systems (ISMS), Sicherheitsmanagementsystem, Unified Threat Management (UTM), Operation Center
- Schulung und Sensibilisierung der Mitarbeiter, Selbsteinschätzungen
- Protokollierung der Sicherheitsvorfälle, Backup-Strategie
- Simulation von Notfallsituationen, Notfallhandbuch, Vorfallreaktionsplan (Incident-Response-Plan)

Maßnahmen am Arbeitsplatz
Einsatz von Anti-Schadsoftware, Einrichtung der Authentifizierung entsprechend den Richtlinien, Unterrichtung und Einweisung des Mitarbeiters in das Sicherheitskonzept des Arbeitsplatzsystems (für Firewall und Backup-Systeme vgl. Lernfeld 3, für Sicherheitsmanagementsysteme, Penetrationstests (simulierte Angriffsversuche), Schutzbedarfsanalysen u. a. vgl. Lernfeld 4)

In diesem Lernfeld ist die stationäre und mobile IT-Infrastruktur auch auf sicherheitsrelevante Anforderungen zu überprüfen. Daher sind insbesondere Maßnahmen am Arbeitsplatz zu berücksichtigen.

Kompetenzcheck ✓

1 Erläutern Sie mit eigenen Worten die o. a. Schutzziele Vertraulichkeit, Integrität und Verfügbarkeit.

2 Was ist richtig?
   a) Beim Datenschutz wird im Unternehmen ausschließlich an den Schutz der Unternehmensdaten gedacht.
   b) Offiziell informiert das BSI zur IT-Sicherheit.
   c) Informationssicherheit ist im IT-Grundschutzkompendium des BSI oder in der ISO 9000 beschrieben.
   d) Integrität der Daten bedeutet Korrektheit der Daten.
   e) Beim Phishing werden durch Tricks Logindaten unrechtmäßig erlangt.
   f) Echotet ist ein Botnetzvirus.

3 Nennen Sie Beispiele für Malware.

2.4 Komponenten eines Arbeitsplatzcomputers unterscheiden

S **Sie sollen die einzelnen Komponenten eines Arbeitsplatzcomputers, ihre Spezifikationen und Leistungskriterien unterscheiden und präsentieren können.**

Alle erhältlichen Komponenten und unterschiedlichen Varianten in diesem Buch zu beschreiben, ist nicht möglich. Mitarbeiter der IT-Berufe können nicht Informationen zu allen Komponenten ständig abrufbereit halten. Sie müssen wissen, wo und wie man sich aktuelle Informationen besorgt und lernen, diese kritisch zu hinterfragen und zu vergleichen. In diesem Buch werden viele Informationsquellen angegeben, wohl wissend, dass es noch viel mehr und immer wieder neue, bessere und aktuellere Informationsquellen gibt.

2.4.1 Zentraleinheit, Mainboard und Betriebssystem unterscheiden

S **Sie sollen die Komponenten der Zentraleinheit vereinfacht und den Einsatz des Betriebssystems allgemein beschreiben.**

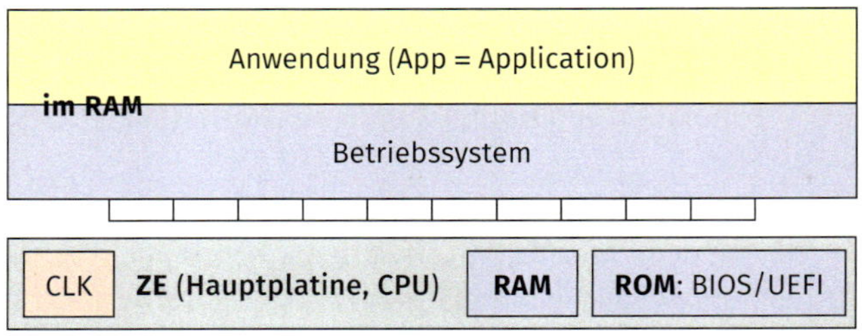

Auf die Grundkonfiguration des Computers wurde bereits in Kapitel 2.1 eingegangen. Die **Zentraleinheit** des Computers ist im engeren Sinne die **Hauptplatine** (Mainboard, Motherboard) des Computers mit seinen direkt darauf bestückten Komponenten. Die wichtigste Komponente ist der **Prozessor** (CPU, Central Processing Unit), der die Daten anhand des Programms (App = Application, Software, Anwendung) verarbeitet. Daten und Programm werden während des Computerbetriebs im **Arbeitsspeicher** (RAM = Random Access Memory, Direktzugriffsspeicher) gehalten, auf den die CPU direkt zugreifen kann. Die RAM-Speichermodule sind fest auf der Hauptplatine verlötet oder als Speicherkarte aufgesteckt. Alle Daten werden bei Ausschalten des Computers automatisch gelöscht, der RAM wird daher auch als **flüchtiger Speicher** bezeichnet. Damit der Computer einen Startvorgang ausführen kann, dient ein **ROM** (Read-Only-Memory = Nur-Lesespeicher) auf dem Motherboard, der dauerhaft ein Grundprogramm als Grundbetriebssystem oder **BIOS** (Basic-Input-Output-System, auch **UEFI** genannt, siehe folgende Seite) speichert. Dieses Basic-Programm führt den Startvorgang aus und ruft das auf dem externen Speicher (Festplatte) gespeicherte **Betriebsprogramm** (auch: Betriebssystem, Operating System) auf und führt es aus. Damit wird auch die **Bedieneroberfläche** (GUI = Graphical User Interface) verfügbar. Damit der Prozessor die Programme konfliktfrei bearbeiten kann, werden die Programmbefehle im Takt bearbeitet. Dazu dient ein auf dem Motherboard installierter **Taktgeber** (Prozessoruhr, Clock, CLK, Quarzmodul).

Als **Betriebssysteme** (Operating System) für Arbeitsplatzsysteme werden häufig Microsoft Windows, Apple OS, Linux oder vermehrt Google Android eingesetzt. Sie unterscheiden sich in der Bedieneroberfläche, in den Funktionen, im Sicherheitsmanagement und in den dafür entwickelten Anwenderprogrammen (Apps).

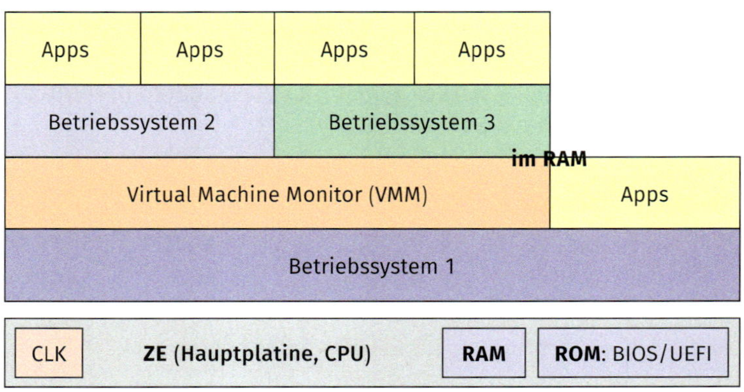

Da Programme und Apps selten für alle Betriebssysteme entwickelt werden, besteht bei Anwendern der Wunsch, mehrere Betriebssysteme auf einem Computer laufen zu lassen und damit jeweils auch die dazu kompatiblen (passenden) Programme. Es wurde daher ein zusätzliches Betriebsprogramm entwickelt, dass als sog. **VMM** (**Virtual Machine Monitor**) zwischen dem Basis- oder Hostbetriebssystem (z. B. Apple OS, *hier:* Betriebssystem 1) und weiteren Gastbetriebssystemen (z. B. Windows, Linux, *hier:* Betriebssysteme 2 und 3) vermittelt. Der VMM ermöglicht, dass die Gastbetriebssysteme virtuell alle Hardwareressourcen zur Verfügung gestellt bekommen. Für jede virtuell laufende Maschine kann der Bedarf an Hardwareressourcen individuell festgelegt werden. Man spricht daher bei jedem Gastbetriebssystem von einer **virtuellen Maschine**. Ein weiterer Vorteil von virtuellen Maschinen ist, dass die Betriebssysteme in einem gesicherten Raum laufen und beim Absturz die Anwendungen der anderen Betriebssysteme nicht abstürzen lassen.

Betriebssystem-Virtualisierung

Um eine Betriebssystem-Virtualisierung ausführen zu können, muss i. d. R. eine Virtualisierungssoftware Hypervisor (griech. „Aufseher") oder ein Virtual Machine Monitor (VMM) installiert werden (z. B. Parallels Desktop für MacOS, VirtualBox, VMware Workstation). Unter Windows 11 kann ohne die Installation einer Virtualisierungssoftware ein Windows-Subsystem für Linux, kurz WSL, aufgerufen werden.
In einer Controllerschicht verwaltet der VMM Hardware, Schnittstellen und Gastbetriebssysteme und sorgt dafür, dass Betriebssysteme und Apps nicht in Konflikt kommen. Bei der System-Virtualisierung wird ein System oder werden mehrere vollständige Systeme nachgebildet, worauf beliebige Betriebssysteme ausführbar sind. Die Systeme orientieren sich an echter Hardware, lassen sich bedarfsgerecht und virtuell an die Erfordernisse anpassen bzw. bedarfsgerecht auf unterschiedliche virtuelle Maschinen verteilen.

Um mehr über die System- und Starteigenschaften des Computers zu erfahren, kann man das BIOS bzw. UEFI aufrufen.

BIOS oder UEFI	
Begriffe	**BIOS** steht für **B**asic-**I**nput-**O**utput-**S**ystem und ist auf einem EPROM auf dem Motherboard installiert. Darin sind das Basic-Betriebssystem (Firmware) für den Startvorgang und die grundlegende Steuerung der Hardware-Komponenten gespeichert. Es startet das eigentliche, auf der Festplatte installierte Betriebssystem, führt zunächst einen Selbsttest verschiedener Hardware-Komponenten durch. BIOS wird durch das schnellere, leistungsfähigere und mit besserer GUI laufende **UEFI** (**U**nified **E**xtensible **F**irmware **I**nterface) abgelöst. UEFI ist im Gegensatz zu BIOS ein eigenes Betriebssystem für 64-Bit-Systeme, sodass Updates geladen werden können. UEFI verwendet die GPT-Partitionierung für bis zu 128 Partitionen statt 4 und bis 18 Exabyte Speichervolumen.
Aufruf	Während des Startvorgangs kann man über Tasten Entf., F1, F2, F8, F10, ESC oder die Kombination STRG+ALT+ESC (vgl. jeweils das Computerhandbuch) je nach Hersteller die BIOS-Einstellungen aufrufen. Um UEFI-BIOS in Windwos 11 zu starten, drückt man Windowstaste + i, um in die Einstellungen zu gelangen. Dort wählt man Update und Sicherheit > Wiederherstellung und klickt auf „Jetzt neu starten". Für MacOS: siehe https://support.apple.com.

Systeminformationen lassen sich über die Benutzeroberfläche des Computers aufrufen.

CPU-Infos bei:

Windows:	Suchbegriff „Systeminfo" in Status-/Taskleiste unten eingeben
MacOS:	im Apfel-Menü mit der linken Taste auf „Über diesen Mac" klicken
Linux:	Shelleingabe: cat /proc/cpuinfo

Kompetenzcheck ✓

1. Erläutern Sie mit eigenen Worten, was man unter ZE, CPU, BIOS, CLK, Betriebssystem, VMM, Apps versteht.

2. Was ist richtig? Wer hat die schnellste Antwort?
   a) CPU ist das Motherboard insgesamt.
   b) CLK bedeutet Central Large Canceling.
   c) UEVI ist ein anderes Wort für BIOS.
   d) Mit einer VMM können mehrere Betriebssysteme mit entsprechenden Programmen gleichzeitig laufen.
   e) RAM bedeutet Read and Write Memory.
   f) Systeminformationen eines PC erhält man über das Office-Programm.

3. Rufen Sie die Systeminformationen und das BIOS eines PC auf und erläutern Sie die Angaben.

A3

4. Bearbeiten Sie im Arbeitsbuch die Aufgabe 3 der Lernsituation 2 und geben Sie passende Begriffe zur Zentraleinheit an.

2.4.2 Hauptplatine, Mainboard und die Komponenten beschreiben

S Sie sollen die Komponenten des Mainboards genauer beschreiben.

Das **Mainboard** (Motherboard oder Systemplatine) ist die Hauptplatine des Computers. Alle Hardware-Komponenten sind auf dem Mainboard aufgebracht oder mit dem Mainboard verbunden. Das **BIOS** ist für den Startvorgang des Computers zuständig, enthält in einem **EPROM** ein Basisbetriebssystem. Wichtigster Bestandteil des Mainboards ist der **Chipsatz**, der für die Kommunikation unter allen Hardware-Komponenten sorgt, die Ausstattung und die Leistung des Mainboards maßgeblich mitbestimmt. Die Herstellung der Mainboards wird i. d. R. von lizensierten Partnern der großen Chip- und Prozessorhersteller Intel und AMD übernommen (z. B. ASUS, ASRock, EVGA, Gigabyte und MSI). Die Architekten und Mainboard-Hersteller haben sich auf unterschiedliche **Formfaktoren** (Größen) von Mainboards geeinigt und viele Standards abgesprochen, damit alle Komponenten einwandfrei miteinander kommunizieren können. Bekannte Formfaktoren sind die **ATX-Formate** oder die **ITX-Formate**.

Beim Kauf eines Mainboards muss auf eine entsprechende **Kompatibilität** von Chipsatz, Prozessor und Sockel (Socket) geachtet werden. Der **Sockel** ist die physikalische Verbindung von Mainboard und Prozessor. Weiterhin unterscheiden sich die Mainboards in den **Peripherie-Anschlüssen** und vielen anderen Leistungsspezifikationen. Nahe bei der CPU sind die **Steckplätze** für RAM-Speicherkarten angebracht, da viel Datenverkehr zwischen diesen Komponenten erfolgt. **Cachespeicher** wurden als Zwischenspeicher zur Vermeidung von Datenstaus integriert. Der **Chipsatz** mit seinen Controllern muss die Daten zum **Input/Output-Controller** bringen, damit dieser wieder die unterschiedlichen Stecker der Peripheriegeräte versorgen kann. Diese werden in den folgenden Kapiteln näher betrachtet.

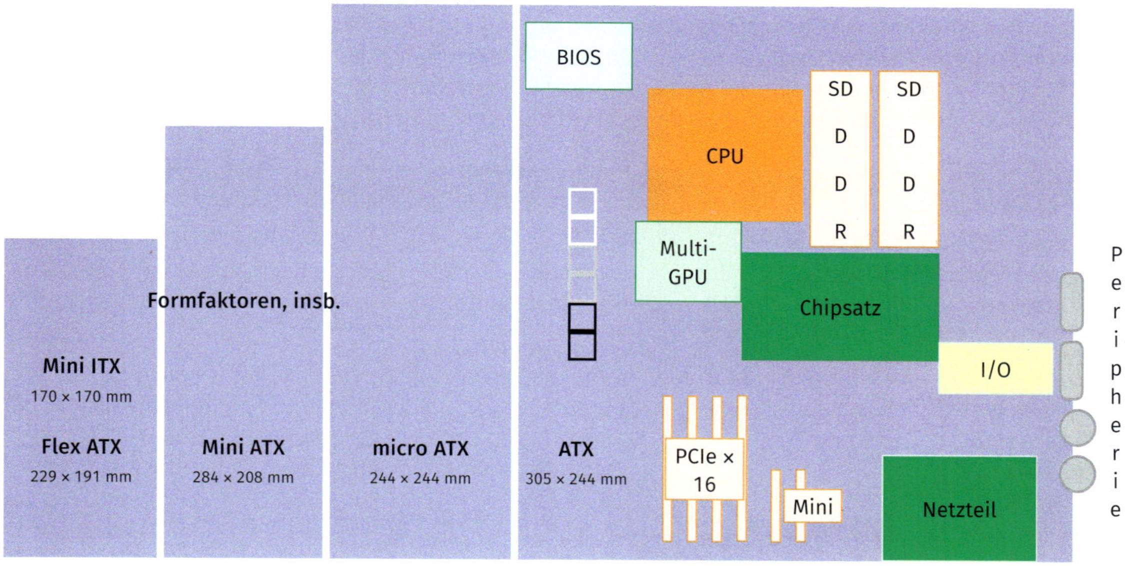

Da die Monitordarstellung heutzutage möglichst in Echtdarstellung und ohne Latenz erfolgen soll, muss bei Multimediarechnern ein **GPU-Prozessor** die Bilddatenverarbeitung unterstützen. **PCIe-Steckplätze** verschiedener Länge sind für interne Anschlüsse von Peripheriegeräten zuständig. Auch **SATA-Anschlüsse** und **M.2-Anschlüsse** können mehrfach vorhanden sein, wenn mehrere Festplatten angeschlossen werden sollen. Damit alle Komponenten mit Strom versorgt werden und es keine Spannungsprobleme gibt, ist ein **Netzteil** wichtig. Bei Notebooks und ähnlich kleinen Geräten wird es extern angeschlossen und versorgt i.d.R. auch einen internen Akku. Bei Desktop- und Tower-Geräten wird es intern ins Gehäuse eingebaut und an das Mainboard angeschlossen.

Kompetenzcheck ✓

1. Erläutern Sie mit eigenen Worten, was man vereinfacht unter Formfaktor des Mainboards, Chipsatz, Sockel, Prozessor, Steckplatz, GPU, Cache versteht.

2. Bearbeiten Sie im Arbeitsbuch die Aufgabe 4 der Lernsituation 2 und erläutern Sie das Motherboard.

A4

2.4.3 Prozessoren genauer beschreiben

S **Sie sollen Prozessoren für Arbeitsplatzcomputer vergleichen und genauer beschreiben.**

Der Mikroprozessor (CPU) ist die wichtigste Komponente im Computer bezogen auf die Leistung in der Verarbeitung der Daten. Er ist wie oben dargestellt fest auf der Hauptplatine verlötet oder auf einen Sockel gesteckt. Der Prozessor ist jedoch nur so leistungsstark wie die schwächste direkt mit ihm verbundene Komponente bzw. der Chipsatz auf dem Mainboard. Die Prozessorhersteller sind im ständigen Wettbewerb um das leistungsstärkste System. Die folgenden Faktoren bestimmen die Leistung der Prozessoren.

! **Prozessoren mit vier oder weniger Kernen:** ausreichend bei Standardanwendungen (Office, Standardkommunikation, Sicherheitsprogramme, einfache Bildbearbeitung u.Ä.)
Multi-Core-Prozessoren: möglichst ab 8 Kerne bei häufiger Videobearbeitung, 3D-Rendering, CAD, professionelle Audio- und Bildbearbeitung, evtl. mit KI-Beschleunigung

Im Folgenden ist ein stark verkürzter und vereinfachter Vergleich der Prozessorarten von AMD und Intel aufgeführt, um einen ersten Eindruck zu erhalten, dass Prozessorhersteller einerseits im Wettbewerb miteinander stehen, aber andererseits versuchen, je nach Leistungsanforderungen passende Prozessorarten anzubieten. Als Arbeitsauftrag soll dieser Vergleich aktualisiert, verbessert und erweitert werden.

Intel- und AMD-Prozessoren im Vergleich		
	AMD	**Intel**
Prozessoren für Desktops und Notebooks	AMD Ryzen 3 bis 9, für KI mit RyzenAI	Intel Core i3, i5, i7, i9 etc. je nach Anzahl der Cores, für KI zukünftig mit Intel-NPU
Prozessoren für leistungsstärkere und robustere Workstation	AMD Ryzen Threadripper, Ryzen 8000, zukünftig Zen5 und Zen6	Intel XEON-Prozessoren in den Performance-Stufen Bronze, Silver, Gold und Platinum, unterschiedlich in ihren Cores und Erweiterungsmöglichkeiten wegen vielfältiger Einsatzmöglichkeiten, zukünftig Richtung Next Lake
Basis	Andere Hauptplatine, CPU-Sockel und Chipsätze	
Vergleich	Flexiblere Möglichkeiten des Leistungseinsatzes, z. B. durch Autotaktung; günstiger im Preis; auf Standardanwendungen ausgelegt	In der Regel mehr Cores als einfache Core-Prozessoren; mehr Hauptspeicherzugriff; mehr Cache; integrierte Grafikkarte (GPU) fehlt i. d. R.; Übertaktungsmöglichkeiten geringer; Multiprozessortechnik möglich; mehr PCIe-Lanes; größerer Befehlsumfang (z. B. zu Fehlermeldungen); Error Correcting Code Memory (ECC-Speicher), um Fehler im Speicher zu korrigieren; niedrigere Thermal Design Power (TDP): Sie verbrauchen i. d. R. etwas weniger Energie und produzieren weniger Abwärme; teurer durch bessere Kühlsysteme und Netzteile sowie externe Grafikkarten je nach Anforderungen

Die folgende Auflistung soll in einer Kurzübersicht wichtige Spezifikationen und Leistungskriterien aufzeigen und einen Vergleich von Prozessoren erleichtern.

Mikroprozessor (CPU) – Leistungskomponenten

Begriff
Der Mikroprozessor (Central Processing Unit – CPU, Hauptprozessor oder zentrale Verarbeitungseinheit im Computer) holt aus dem Speicher nacheinander die Befehle und veranlasst die Informationsverarbeitung, Steuerung und Kontrolle der Systeme. Neben dem Hauptprozessor gibt es weitere Prozessoren zur Entlastung für Spezialaufgaben, z. B. den Grafikprozessor (GPU) für grafische Berechnungen. Als Mikrocontroller verfügt der Prozessor über zusätzliche analoge und digitale Ein- und Ausgänge, übernimmt Steuerungsaufgaben, wird viel in Embedded-Systems (IoT) eingesetzt.

Bestandteile der CPU
- Rechenwerk (Arithmetic Logic Unit, ALU)
- Steuereinheit (Control Unit, CU)
- Speichermanager (Memory Management Unit, MMU)
- Zwischenspeicher (CPU-Cache)

CPU-Prozessorarchitekturen
Sie erhalten Codenamen wie z. B. bei Intel: Ice Lake: Nachfolger: Tiger Lake, bei AMD: Zen 3, Nachfolger: Zen 4 oder bei ARM Prozessoren mit RISC-Architektur (Reduced Instruction Set Computer) mit verschiedenen Cortex-Architekturen.

Leistungsfaktoren des Prozessors (CPU)

Strukturgröße
Chip-Hersteller wetteifern um die geringste Strukturgröße (Flächennutzung) in Nanometern (nm) bei Chips. Bei Intel werden 7-nm-Chips anvisiert, bei AMD, TSMC und Samsung bereits 5-nm-Designgrößen realisiert. Je kleiner die nm-Angabe ist, desto leistungsstärker (durch höhere Taktraten und mehr Kerne) und energieeffizienter ist der Chip. Dabei ist 1 nm etwa 50 000-mal dünner als ein Menschenhaar. Die Firmenangaben sind allerdings nicht mit gleichen Maßstäben berechnet, sodass eher innerhalb der Hersteller zu vergleichen ist.

Prozessorleistung
Sie wurde in der Vergangenheit immer weiter optimiert, indem man immer mehr Transistoren auf dieselbe Fläche eines Chips brachte und somit die Zugriffszeiten verkürzte, den internen Rechneraufbau optimierte, die Betriebsspannung senkte, sodass man die Taktfrequenz erhöhen konnte. Nun ist man an der technisch möglichen Taktfrequenz angekommen.
Weiterhin wurden Erweiterungskarten eingeführt, Funktionsblöcke im Prozessor mehrfach integriert, Speichercontroller, Grafikausgabe und Chipsätze eingeführt, Betriebssysteme so optimiert, dass heute ein Ein-Kern-Prozessor ca. 5 000-mal schneller ist als ein Prozessor der ersten Generationen. Da man nun an den physikalischen Grenzen des derzeitig eingesetzten Materials angekommen ist, ist es nicht mehr möglich – wie früher nach Moores Gesetz –, alle 18 Monate die Taktfrequenz zu verdoppeln.
In der Funktionalität geht es auch darum, welche Speicher (z. B. DDR5-XXXX) und Schnittstellen (z. B. PCI Express X.0, USB 3.X, Gen 2 und Wi-Fi 6) unterstützt werden. Da die wichtigen Prozessoranbieter (Intel, AMD) eigene Spezifikationen vorhalten, ist die Abhängigkeit im Systemverbund (Mainboard, Sockets etc.) groß.

Garantie der Prozessorleistung
Für anspruchsvolle Rechnersysteme ist die Gewährleistung einer Dauerbelastung und hohen Taktstabilität wichtig, sodass einige Anbieter bei ausgewählten Prozessortypen eine zusätzliche Garantie über die Herstellergarantie hinaus, z. B. als vorgetestet (pretested), geben.

Cache
Wichtiger Bestandteil des Prozessors ist der Cache oder Zwischenspeicher, ein besonders schneller Speicher, der direkt mit der CPU verbunden ist und den Prozessor durch Zwischenspeicherung wartender Prozesse und Daten entlastet und beschleunigt. Es sind daher die Größen der Cachespeicher (L1, L2, L3, siehe folgendes Kapitel) bei Anwendungen mit großem Cachebedarf zu beachten.

Chipsatz
Der Chipsatz auf dem Mainboard ist der Hauptcontroller zwischen den einzelnen Komponenten eines Computers. Er ist ein Halbleiterbaustein, der viele Controller in sich vereint. Sie sorgen für die Anbindung von Hauptprozessor (CPU), Bus-Systemen, Arbeitsspeicher, Laufwerken, Erweiterungskarten und anderen Geräten über die Schnittstellen. Die Wahl des Chipsatzes hat großen Einfluss auf die Gesamtleistung des Computersystems, sie werden vom Prozessorhersteller selbst und von unabhängigen Herstellern angeboten. Der Chipsatz wird über die Einstellungen im BIOS konfiguriert. Bausteine, die im Chipsatz fehlen, kann der Mainboard-Hersteller zusätzlich auf dem Mainboard einbauen. Beispielsweise für USB, SATA, Ethernet, HD Audio, I2C (SM-Bus), SPI oder Low-Pin-Count (LPC) für einen Super-I/O-Chip, der alte Schnittstellen unterstützt. Wenn das nicht ausreicht, lässt sich ein System nur durch Erweiterungskarten aufrüsten. Die Verbindung zwischen Hauptprozessor und Chipsatz ist oft ein abgewandelter PCI Express (PCIe).

Erhöhung der Taktfrequenz
Für Prozessorhersteller war es bisher nicht möglich, die Taktfrequenz der Prozessoren dauerhaft auf über 5 GHz zu erhöhen. Daher versucht man durch intelligentere Ausnutzung der CPU und zeitweise Übertaktung die Rechnerleistung insgesamt zu erhöhen. Die Erhöhung der Taktfrequenz hat auch Nachteile, z. B. einen höheren Energieverbrauch, höhere Wärmeentwicklung und lautere Computer durch aktive Kühlung.

Parallelisierung
Die Entwickler von Prozessoren haben im Laufe der Zeit festgestellt, dass sich die Geschwindigkeit eines Prozessors nicht nur durch die Erhöhung der Taktrate beschleunigen lässt. Man hat daher versucht, den Prozessor effizienter zu nutzen. Da es bei der Abarbeitung des Programmcodes immer wieder zu Verzögerungen kommt, z.B. durch Speicher- und Peripheriezugriffe, kann man die Wartezeit intelligenter nutzen und andere Programmcodes ausführen. Folgende Möglichkeiten der Parallelverarbeitung werden genutzt:

1. **Multi-Threading:** Mehrere Programmabläufe (Threads) und Funktionen werden parallel verwaltet und abwechselnd je nach Beanspruchung zugeschaltet, z.B. bis zu 32. Bei SMT laufen mehrere Threads simultan. Hyper-Threading stellt dem Betriebssystem Funktionen weiterer Prozessorkerne bereit. Nicht alle Programme können diese Möglichkeiten nutzen. Programmierer/-innen sollten bei zeitkritischen Programmen für die Möglichkeiten dieser Optimierung ausgebildet sein.
2. **Pipelining:** Befehlsausführung parallel in mehreren Stufen und Phasen
3. **Coprozessor:** Spezieller Prozessor, der den Hauptprozessor um bestimmte Funktionen erweitert und ihn bei bestimmten Rechenaufgaben entlastet.
4. **Multi-Prozessor:** Mehrere Prozessoren werden überwiegend in sehr leistungsstarken Großrechnern, Supercomputern und Servern eingebaut, weniger in Personal Computern.
5. **Multi-Core-Prozessor:** In einem Prozessor sind mehrere Rechenkerne (Cores) zusammengeschaltet, sodass das Betriebssystem mehrere Recheneinheiten verwalten kann. Derzeit werden nicht nur Dual-Core für zwei Rechenkerne oder Quad-Core für vier Rechenkerne angeboten, sondern die Anzahl der Prozessoren auf ein Vielfaches hin zu Many-Core-CPUs mit 256 oder sogar 1 024 Rechenkernen pro Prozessor gesteigert. Intel bezeichnet seine Prozessoren, die insbesondere in Desktops und Notebooks verbaut werden, je nach Anzahl der Cores mit z.B. i5, i7 oder i9. In Servern und leistungsstärkeren Workstation kommen XEON-Prozessoren zum Einsatz.

Turbo Boost (Intel) und Precision Boost (AMD)
Bei Multi-Core-CPU wird eine **automatische Übertaktung** zur schnelleren Bearbeitung von Ein-Kern-Programmen, zur Energieeinsparung und Wärmeoptimierung bis zur TDP-Grenze und bei genügender Kühlung sogar darüber hinaus (Super-Turbo, Overdrive) eingebaut. Kerne werden nur dann zugeschaltet, wenn ein Kern auch mit Übertaktung nicht ausreicht und zu heiß wird. Anwendungen, die nicht alle Kerne eines Mehrkern-Prozessors auslasten, werden beschleunigt, indem einzelne Kerne des Prozessors höher getaktet werden und die anderen Kerne in den Wartezustand gelegt werden.

Multimedia-Erweiterungen
Prozessorhersteller stellten mit MMX, XMM und SEE Befehlssätze für Entwickler auf der Basis von 64 und 128 Bit zur Verfügung, um den hohen Anforderungen von Multimedia- und Spielsoftware zu entsprechen.

Thermal Design Power (TDP)
Als wichtiger Parameter eines Prozessors gibt die TDP die maximal abgegebene Wärmeleistung (Kernspannung und Temperatur) eines Prozessors an, sie liegt etwas unterhalb der maximalen elektrischen Leistungsaufnahme. Die TDP-Parameter werden je nach Hersteller etwas anders berechnet.
Kühler: Kühler schützen den Prozessor (CPU) vor Überhitzung und Ausfall. Es gibt Luftkühler, Wasserkühler und All-in-one-Wasserkühlungen. Kühler sollten eine deutlich höhere TDP als der Prozessor besitzen. All-in-one-Wasserkühlungen (CLC-Kühler) mit geschlossenem Kreislauf kombinieren die besten Aspekte von Luft- und Wasserkühlern für den Prozessor (CPU). Sie sind einfach wie ein Luftkühler zu montieren und dennoch mit der guten Kühlleistung einer Wasserkühlung gesegnet, besonders beliebt bei Gaming-PCs.

GPGPU
GPGPU (General Purpose Computation on Graphics Processing Unit) ist eine Programmier-Schnittstelle mit der Möglichkeit, allgemeine Berechnungen vom Grafikprozessor (GPU) auf der Grafikkarte ausführen zu lassen. GPGPU wird bei Hochleistungscomputern mit sehr leistungsstarken Grafikprozessoren genutzt. Grafikkarten sind hier auf GPGPU-Eigenschaft zu prüfen.

Kompetenzcheck

1. Erläutern Sie mit eigenen Worten, was man vereinfacht unter nm, Multi Core, Kühler, Parallelisierung, Taktfrequenz, MHz, Multi-Threading, Turbo Boost, GPGPU versteht.

2. Bearbeiten Sie im Arbeitsbuch Aufgabe 5 zum Prozessorvergleich sowie mit Aufgabe 6 der Lernsituation 2 einen Zwischentest zu den bisher behandelten Themen und Fachbegriffen.

A5
A6

2.4.4 Arbeitsspeicher – RAM-Speicher erläutern und unterscheiden

S **Sie sollen verschiedene RAM-Speicher für Arbeitsplatzcomputer vergleichen und genauer beschreiben.**

Sobald ein Programm gestartet oder eine Datei geladen wird, werden die Daten von der Festplatte (SSD) in den Arbeitsspeicher oder in den schnellen Zwischenspeicher (Cache) geladen. Dort greift die CPU auf die Daten zu, benutzt mehrere Programme und Daten gleichzeitig, wenn diese parallel laufen. Entsprechend wird mehr oder weniger **Speicher** oder **RAM** benötigt. Der RAM-Speicher wird als **Lese- und Schreibspeicher** beim Herunterfahren des Personal Computers gelöscht.

Intel Optane SSD

DIMM

Arbeitsspeicher werden je nach Art des Rechners fest auf der Hauptplatine verbaut oder über Steckplätze ergänzt. Die maximale Größe ist daher von der Anzahl der vorhandenen Steckplätze begrenzt. Als Baugröße der Steckplätze werden unterschiedliche Formate angeboten. In Desktop-PCs und Servern kommt üblicherweise das sog. **DIMM** (**D**ual **I**n Line **M**emory **M**odul) zum Einsatz, bei Laptops und Notebooks wird meistens **SO-DIMM** (**S**mall **O**utline DIMM) eingesetzt.

Je mehr Hauptspeicher zur Verfügung steht, desto schneller können Programme verarbeitet werden. Auf eine passende Hauptspeichergröße ist daher zu achten. Je neuer bzw. aktueller die Speichertechnik ist, desto weniger Energie verbraucht sie.

Um Daten dem Prozessor trotz großem Geschwindigkeitsunterschied zwischen schnellem Prozessor und langsamen RAM-Speicher optimal zur Verfügung zu stellen, werden **Zwischenspeicher (Cache-Speicher)** hierarchisch mit unterschiedlicher Leistung und Größe (Level 1/2/3) verwendet. Ein Level-1-Cache für häufig verwendete Befehle und Daten ist möglichst so schnell wie der Prozessor, der L2-Cache größer und langsamer, jedoch schneller als RAM-Speicher. Der L3-Cache dient dem Datenabgleich der Caches und der Cores.

Hauptspeicher Arbeitsspeicher RAM

RAM
RAM steht für „Random Access Memory". Je größer der Arbeitsspeicher, desto besser, da dann das System schneller arbeiten und mehr aktive Daten verwenden kann. Die Leistungsfähigkeit ist auch von der unterstützten Geschwindigkeit des RAM-Moduls in Megatransfers pro Sekunde (MT/s) abhängig. Daneben ist auch die Bandbreite wichtig, d. h. die Gesamtdatenmenge, die das Speichermodul auf einmal verarbeiten kann. Damit das beste Leistungsverhältnis der Komponenten realisiert wird, müssen Prozessor, Mainboard mit Chipsatz, Cachespeicher und Arbeitsspeicher gut aufeinander abgestimmt sein.

Anforderungen
Für Windows 11 als 64-Bit-System (Home und Professional Version) empfiehlt Microsoft mindestens 4 GB RAM Arbeitsspeicher. Der Prozessor muss wenigstens 1 GHz leisten und mind. 2 Kerne haben. Als Speicher sollten 64 GB oder mehr verfügbar sein. Vorausgesetzt werden UEFI Systemfirmware und TPM 2.0 (Trusted Platform Module), ein Internetzugang sowie ein Microsoft-Konto.

JEDEC (Joint Electronic Device Engineering Council)
Diese Organisation legt die Spezifikation für die elektrischen und zeitlichen Parameter der Speicher-Controller und der Speicherchips fest. Die JEDEC schreibt ganz bestimmte Chip-Kombinationen vor. So wird sichergestellt, dass die Chips mit unterschiedlicher Kapazität und von verschiedenen Herstellern kompatibel sind.

Speichererweiterungen
Je nach Art des Computers ist er fertig konfiguriert und/oder lässt Erweiterungen über Steckplätze (Slots) zu. Die Anzahl der freien Speicherbänke auf der Hauptplatine bestimmt die Möglichkeiten des Speicherausbaus, soweit Speicherbänke nicht durch andere Komponenten (z. B. Lüfter) bedeckt sind. RAM wird in Riegeln unterschiedlicher Größe angeboten. Typische Größen sind 1, ... 8, 16 und 32 GB pro Riegel. DIMM-Riegel (DIMM für Dual Inline Memory Module) sind Arbeitsspeichermodule für Desktop-Systeme. RAM-Speicher im SO-DIMM-Format wird in Laptops und oft in Mini-PCs (häufig fest) verbaut.

Formfaktoren
UDIMM oder das ungepufferte Dual-Inline-Speichermodul ist der häufigste Formfaktor des Arbeitsspeichers, den Desktops verwenden. Laptops oder andere kleine Systeme verwenden SO-DIMMs oder Small Outline DIMMs, die weniger Pins haben (goldfarbige Steckkanten auf der Unterseite des Moduls) und physikalisch kürzer sind als UDIMMs. Für Server sind andere Formfaktoren vorgesehen.

DRAM (Dynamic Random Access Memory)
Hier wird jedes Datenbit auf einem separaten Kondensator gespeichert. Es handelt es sich um die häufigste Art von Arbeitsspeichern.

SDRAM (Synchronous Dynamic Random Access Memory)
Synchrones DRAM ist eine getaktete DRAM-Technologie, die Daten synchron zum Speicher-Bus überträgt. Der Takt wird durch den System-Bus vorgegeben, ggf. auch durch einen separaten, am System-Bus angeschlossenen Speicher-Bus. Low Power SDRAM ist für mobile Geräte eine eigene Spezifikation.

DDR-RAM (Double Data Rate)
Es ist eine Art Speichertechnologie, die Daten doppelt so schnell übertragen kann wie SDRAM. Die Zahl nach DDR steht für die Generation der Technologie, mit der das Modul hergestellt wurde. Hier werden je Taktzyklus zwei Datentransfers durchgeführt. Auf die Entwicklung von DDR-RAM folgten später DDR2, 3, und 4 und zuletzt DDR5. Allerdings sind die verschiedenen RAM-Generationen untereinander nicht kompatibel. Derzeit werden DDR4 und DDR5 mit max. 192 GByte verbaut.

SO-DIMM	DDR	DDR2	DDR3	DDR4	DDR5
Dichte	512 MB, 1 GB	512 MB, 1 GB, 2 GB, 4 GB	1 GB, 2 GB, 4 GB, 8 GB, 16 GB	4 GB, 8 GB, 16 GB, 32 GB	8–128 GB etc.
Geschwindigkeit	333 MT/s, 400 MT/s	667 MT/s, 800 MT/s	1.600 MT/s, 1.866 MT/s	2.133 MT/s, 2.400 MT/s, 2.666 MT/s, 3.200 MT/s	4.800 MT/s
Spannung	2,5 V	1,8 V	1,35 V[2]	1,2 V	1,1 V
Pin-Anzahl	200 Pins	200, 240 Pins	204, 240 Pins	260, 288 Pins	288 Pins

DDR-SDRAM
DDR-SDRAM (Double Data Rate Synchronous Dynamic Random Access Memory): DDR-SDRAM stellt die Weiterentwicklung der SDRAM-Technologie dar. Verwendet wird sie hauptsächlich für Speichermodule des DIMM- und SO-DIMM-Standards als Arbeitsspeicher in PCs und Laptops.

SSD-RAM (Solid State RAM)
Es sind flash-basierte Speicher, deren Daten im Speicher auch dann gesichert bleiben, wenn die Stromzufuhr unterbrochen ist. SSD werden damit als Festplatten eingesetzt. Da bei geringem RAM-Speicher Daten auf die Festplatte ausgelagert werden, ist zu prüfen, ob besser in eine RAM-Erweiterung oder in SSD-RAM investiert werden soll.
QLC (Quad-Level-Zellen): Die neueste Technologie in der Flash-Speicherarchitektur ist QLC. QLC speichert vier Datenbits in jeder Speicherzelle. QLC bietet größere Dichten auf kleinerem Raum.

FSB (Frontsidebus)
Er befindet sich auf dem Mainboard und ist der Hauptpfad für Daten im Computer. Er verbindet Prozessor, Chipsatz, DRAM und Grafikcontroller. Der FSB wird durch seine Breite (in Bits) und seine Geschwindigkeit (in Megahertz) beschrieben.

Latenz
Es ist die Zeit, die der Speicher benötigt, um auf einen Befehl zu reagieren. Generell gilt: Je geringer die Verzögerung (Latenz), desto schneller das Gerät. Bei zunehmender Geschwindigkeit kann die höhere Gesamtgeschwindigkeit jedoch schneller sein, selbst wenn die Latenz höher ist.

ECC (Error Correcting Code)
RAM, das in gängigen Desktop-PCs und Notebooks zum Einsatz kommt, ist „unbuffered", „unregistered" und ohne ECC. Hingegen steckt das teurere „fully buffered, registered ECC RAM" häufig in hochwertigen Servern und Workstations, wo es dabei hilft, Speicherfehler zu minimieren bzw. selbstständig zu korrigieren.

Diagnose
Mithilfe kostenloser Diagnosesoftware wie CPU-Z lässt sich ermitteln, welche Art von RAM im PC bisher verbaut ist und ob noch Steckplätze („Bänke") frei sind.

Kompetenzcheck ✓

1. Erläutern Sie mit eigenen Worten, was man vereinfacht unter RAM, FSB, ECC, DIMM, SDRAM, MT, Latenz versteht.

2. Was ist richtig?
   a) Die Geschwindigkeit des RAM wird in MT/s gemessen.
   b) SO-RAM sind für Desktopsysteme.
   c) Derzeit ist das DDR4 das RAM mit dem höchsten Energieverbrauch.
   d) Mit DDR3 können 32 GB erreicht werden.
   e) DDR3 gibt es nur in 2-GB-, 4-GB- und 8-GB-Riegeln.
   f) SSD sind magnetische Flashspeicher.
   g) Latenz bedeutet Reaktionsgeschwindigkeit (des Speichers).

3 Rufen Sie über den Taskmanager (Rechtsklick auf Taskleiste, Taskmanager, Leistung) Informationen zum Arbeitsspeicher auf. Rufen Sie über die Systeminfo und BIOS, CPU-Z oder ähnliche Tools Informationen zum Speicher des PC auf.

A7

4 Bearbeiten Sie im Arbeitsbuch die Aufgabe 7 der Lernsituation 2 zum Speichervergleich.

2.4.5 Schnittstellen und Anschlüsse am Mainboard erläutern

S **Sie sollen verschiedene Schnittstellen und Anschlüsse für Arbeitsplatzcomputer zuordnen und erläutern.**

Beim Zusammenbau eines Computers müssen verschiedene Komponenten im Gehäuse mit dem Mainboard verbunden werden. Der Prozessor wird auf einen Prozessorsockel gesteckt, RAM-Riegel und Steckkarten werden entsprechend auf den zugehörigen Steckplätzen aufgebracht.

Anschlüsse am Mainboard

Sockel
Der Prozessor wird, wenn er bei kleineren Systemen und Notebooks nicht fest verlötet ist, auf einem Sockel platziert und mithilfe eines Aluminiumbügels fixiert. Die Sockel unterscheiden sich je nach Chipsatz des Mainboards des Herstellers.

RAM-Steckplätze
Der Arbeitsspeicher (RAM: Random Access Memory) passt in die gleichnamigen Steckplätze (Slots). Sie gibt es in unterschiedlichen Größen und Versionen. Der schnelle DDR3-RAM ist mittlerweile Standard, DDR4-RAM aktuell.

PCI-Steckplätze
PCI und PCIe sind Standards zur Verbindung von Peripheriegeräten mit dem Chipsatz eines Hauptprozessors. Sie sind hot-plug-fähig, sodass das Ein- und Ausbauen von Zusatzkarten im laufenden Betrieb möglich sind, sofern die Hardware und auch das Betriebssystem dies unterstützen. PCI Express (Peripheral Component Interconnect Express, abgekürzt PCIe) ist der Nachfolger von PCI, PCI-X und AGP und bietet im Vergleich zu seinen Vorgängern eine höhere Datenübertragungsrate pro Pin. Ein PCI-Express-Steckplatz kann das daran angeschlossene Gerät mit Strom versorgen.
Über diese Steckplätze können Zusatzkarten, insbesondere eine Grafikkarte, aber auch eine Sound-Karte, ein TV-Tuner, Thunderbolt-Karte oder RAID-Controller (für sichere Datenspeicherung) angeschlossen werden. Es gibt für PCIe verschiedene Slots bzw. Steckplätze auf dem Motherboard. Für aufwendigere Programme oder Spiele wird eventuell eine zusätzliche Grafiksteckkarte benötigt, die in einen PCI-Steckplatz je nach Anforderung passend gesteckt wird. Mittlerweile sind die sog. PCI-Express-Steckplätze mit Transferraten von bis zu 32 GByte/s zum Standard geworden. Für die Geschwindigkeit spielt vor allem die Anzahl der Lanes (×1 bis ×32) eine große Rolle. Typisch sind die langen ×16-Slots für Grafikkarten und die kurzen ×1-Slots für unterschiedliche Erweiterungskarten. Manche Motherboards verfügen auch über ×4- und

×8-Slots. Grundsätzlich funktionieren kurze Karten auch in langen Slots. Die Bezeichnung ×1, ×4, ×8 und ×16 sagt aus, wie viele PCIe-Lanes in dem Slot kaskadiert (aneinandergereiht) sind.

PCIe	Bandbreite pro Lane	PCIe ×1	PCIe ×4	PCIe ×8	PCIe ×16
1.0	2,5 GBit/s	250 MByte/s	1 GByte/s	2 GByte/s	4 GByte/s
2.0	5 GBit/s	500 MByte/s	2 GByte/s	4 GByte/s	8 GByte/s
3.0	8 GBit/s	ca. 1 GByte/s	ca. 4 GByte/s	ca. 8 GByte/s	ca. 16 GByte/s
4.0	16 GBit/s	ca. 2 GByte/s	ca. 8 GByte/s	ca. 16 GByte/s	ca. 32 GByte/s
5.0	32 GBit/s	3,9 GByte/s	15,8 GByte/s	31,5 GByte/s	63 GByte/s

SATA-Anschlüsse

Über die SATA-Anschlüsse werden die Festplatten, SSD-Laufwerke und optischen Laufwerke verbunden.

Blaue SATA-Buchsen: Diese Anschlüsse sind für den mit 6 GBit/s derzeit schnellsten SATA-Standard vorgesehen. Wegen der Abwärtskompatibilität kann man damit zwar auch Festplatten anschließen, die diese Geschwindigkeit nicht beherrschen, jedoch ohne einen Geschwindigkeitsvorteil.

Schwarze und rote SATA-Buchsen: Hier gibt es leider je nach Mainboard-Hersteller verschiedene Bedeutungen. Generell sollen die Farben die RAID-Fähigkeit (Möglichkeit, Festplatten zur Ausfallsicherheit zusammenzuschließen; muss über BIOS eingeschaltet sein) unterscheiden.

USB-Anschlüsse

Bereits am Mainboard befinden sich Anschlüsse für USB-Geräte. Hier werden allerdings meistens nur die Schnittstellen verbunden, die sich dann über die Gehäuserückwand anschließen lassen. USB 4, Thunderbolt (Blitz) 4 f. und Display-Port haben USB C-Anschlüsse.

Anschlusstypen			
	Anschlusstyp	**Datentransferrate**	**Datenrate**
USB	USB 2.0	480 Mbit/s	60 MB/s
	USB 3.0	4,8 Gbit/s	600 MB/s
	USB 3.2	20 Gbit/s	2 GB/s
	USB 4.0 V 2	bis 80 Gbit/s	bis 10 GB/s
Firewire u.Ä.	eSATA /MSATA	2,4 Gbit/s	300 MB/s
	Express Card	2 Gbit/s	250 MB/s
	Firewire 400	400 Mbit /s	50 MB/s
	Firewire 800	800 Mbit /s	100 MB/s
Thunderbolt	Thunderbolt	10 Gbit/s	1,2 GB/s
	Thunderbolt 2	20 Gbit/s	2,4 GB/s
	Thunderbolt 3	40 Gbit/s	4,8 GB/s
	Thunderbolt 4 und 5	bis 120 Gbit/s	bis 15 GB/s
Theoretische Werte, die in der Praxis ca. 30 bis 40 % niedriger sind			

USB-C-Kabel können in jede Richtung in den Steckplatz gesetzt werden, was das „Verdreh-Problem“ der älteren USB-Technik beseitigt, ab Ende 24 für alle Consumer-Geräte vorgeschrieben.

M.2-Port
Eine M.2-Karte wird in den passenden Port der Platine gesteckt und mit einer Befestigungsschraube fixiert. Komponenten können auf beiden Seiten der Karte angebracht sein. Die Spezifikation wurde entworfen, um mSATA abzulösen. Aufgrund der kleineren und flexibleren Abmessungen in Verbindung mit erweiterten Funktionen ist M.2 besser für den Anschluss von SSD geeignet, insbesondere in kompakten Geräten wie Ultrabooks oder Tablets. Der M.2-Standard erlaubt Steckkarten mit Breiten von 12, 16, 22 oder 30 mm und Längen 16 bis 110 mm. Die derzeit gebräuchlichen M.2-SSD sind 22 mm breit und 42, 60 oder 80 mm lang.

Lüfteranschluss
Der Lüfter muss mit Strom versorgt werden. Das geschieht über kleine 3-Pin-Anschlüsse.

Stromanschluss
Über einen 24-poligen Anschluss wird das Mainboard mit Strom versorgt. Bei älteren Modellen kann der Anschluss auch nur 20-polig sein. Zusätzlich befindet sich oft in der Nähe der CPU ein kleiner, 8-poliger Anschluss, der den Prozessor mit Strom versorgt.

Computer sind je nach Leistungsklasse und Spezifikation mit unterschiedlich vielen Anschlüssen auf der Rückseite ausgestattet. Über Zusatzkarten können Erweiterungen vorgenommen werden. In der Anforderungsanalyse ist zu prüfen, welche und wie viele Anschlüsse vorhanden sein sollen.

Anschlüsse/Schnittstellen an der Rückseite am Mainboard

Monitoranschlüsse
Die Schnittstellen HDMI, VGA und DVI transportieren die Bilddaten zum Monitor. Die neueren Standards HDMI und DisplayPort übertragen sogar Ton.

USB-Ports
Sie können externe Festplatten, USB-Sticks, Mikrofone, Smartphones und vieles mehr anschließen. USB4 ist der neueste Standard, der ausschließlich den USB-C-Anschluss verwendet, der Datenübertragungen bis zu 40 Gbit/s erlaubt, Stromversorgung bis 100 Watt, 240 Watt erweitert und mehrere Protokolle wie Thunderbolt, Daisy Chaining/Geräteverkettung unterstützt.

P/S2-Port
Über den veralteten P/S2-Port werden ältere Mäuse und Tastaturen mit den breiten, runden Steckern angeschlossen.

LAN Über den LAN-Port werden Rechner mit dem LAN verbunden.
Klinkenanschlüsse Die farblichen Anschlüsse übertragen den Ton bzw. Sound, z. B. grün für Ton-Ausgang. Auch HDMI und Display Port können digitale Audiosignale übertragen.

Kompetenzcheck ✓

1. Erstellen Sie in Teams Präsentationen zur Erläuterung der Steckplätze auf dem Motherboard sowie der Anschlüsse auf der Rückseite und präsentieren Sie diese.

2. Was ist richtig?
   a) PCIe-Steckplätze sind für RAM-Karten und RAM-Riegel zu verwenden.
   b) Bei DIMMS ist beim Einbau auf die Einkerbungen zu achten.
   c) SATA-Anschlüsse sind für Festplatten vorgesehen.
   d) Je mehr Lanes, desto geringer ist die Datenrate/s.
   e) Der M.2-Port löst den SATA-Port ab.
   f) Die Datentransferrate wird in GB/s gemessen.
   g) USB-Anschlüsse gibt es bis zur Spezifikation 2.0.

3. Rufen Sie über den Taskmanager (Rechtsklick auf Taskleiste, Taskmanager, Leistung) Informationen zum Arbeitsspeicher auf.

4. Bearbeiten Sie im Arbeitsbuch die Aufgabe 8 und geben Sie Steckplätze und Anschlüsse korrekt an.

A8

2.4.6 Netzteile beschreiben und unterscheiden

S **Sie sollen die Bedeutung des Netzteils für den Arbeitsplatzcomputer erläutern.**

Das Netzteil (Power Supply Unit – PSU) versorgt Komponenten des Computers mit Strom und ist damit für eine dauerhafte Funktion eine der wichtigsten Bauteile. Es wandelt den Wechselstrom in die vom Computer benötigten niedrigen Gleichspannungen um und sorgt bei aktiven Netzteilen zusätzlich für eine lüftende Kühlung des Gehäuses. So werden die üblichen Netzspannungen von 230 Volt in die Spannungen der Komponenten umgewandelt. Bei den meisten PCs sind die Netzteile im Gehäuse bereits verbaut. Laptops und einige Miniatur-Computer benötigen eventuell externe Netzteile.

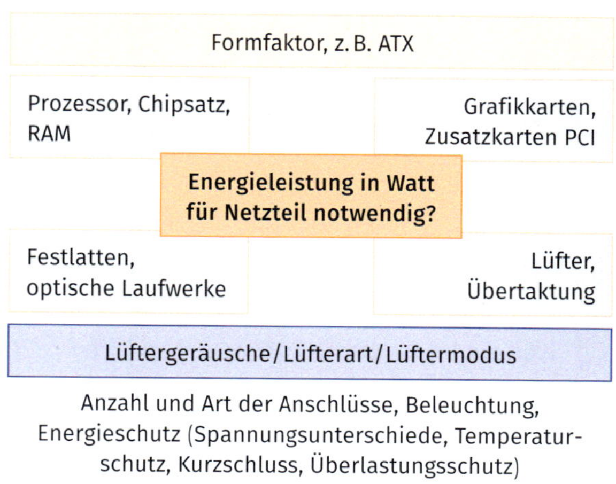

Netzteile werden passend zum Formfaktor des Motherboards angeboten. In der Größe haben sich das ATX-Format mit den Abmessungen 15 × 8,6 × 14 cm und das kleinere SFX-Format etabliert, es werden aber auch TFX oder ITX-Netzteile verbaut. Für Server werden besondere Netzteile angeboten, um hohe Verfügbarkeit, Dauereinsatz und Swap-Austausch der Module im laufenden Betrieb zu ermöglichen.

Bezogen auf die Leistungsanforderungen (PC, Server, Komponentenanforderungen und Anschlüsse) werden Netzteile von ca. 120 Watt bis 1 800 Watt (Leistung in Watt = Volt [Spannung] · Ampere [Stromstärke]) angeboten. Standardrechner benötigen lediglich Netzteile mit einer Leistung von 300 Watt, einfache

Gaming-Computer aufgrund einer leistungsstarken Grafikkarte mindestens 400 Watt und Profirechner benötigen auch schon einmal über 1 000 Watt.

Ein minderwertiges Netzteil kann den Computer beschädigen und auch einen Totalschaden verursachen. Der Käufer oder Nutzer sollte mindestens überprüfen, ob individuelle energetische Anforderungen erfüllt wurden und ob bei evtl. Ausbau des Rechners das Netzteil nach dem Ausbau ausreichend dimensioniert ist. Hat das Netzteil zu wenig Watt und können die Komponenten nicht mit genügend Strom versorgt werden, kann der PC bei hoher Auslastung abstürzen und wichtige Daten können verloren gehen. Die geforderte Leistung des Netzteils hängt davon ab, welche Leistung die einzelnen eingebauten Komponenten benötigen und wie stark der Computer beansprucht wird.

Mit verschiedenen „Watt-Rechnern" kann die Wattleistung nach Auswahl wichtiger Komponenten online berechnet werden. Einfacher geht es, wenn die Netzteile bereits ein Zertifikat, z. B. der nordamerikanischen Initiative 80 Plus, erhalten haben. Angesichts der Forderung nach Green-IT sollte darauf geachtet werden, welchen Stromverbrauch das Motherboard, z. B. auch im Standby-Modus (z. B. 0,14 Watt), hat.

80-Plus-Initiative für Energieeffizienz bei Netzteilen

80 Plus ist eine nordamerikanische Organisation (Initiative) zur Förderung von energiesparsamen PC-Netzteilen. Sie stellt ein Zertifikat aus, wenn die Tests einen Wirkungsgrad über 80 % nachweisen. Dabei wird bei verschiedenen Auslastungen gemessen. Je nach Ergebnissen können neben dem 80-Plus-Zertifikat auch solche in Bronze, Silber, Gold, Platin und Titan vergeben werden.

Wirkungsgrad bei 230V EU				**Zertifikat**
10 %	**20 %**	**50 %**	**100 %**	
–	82 %	85 % PFC ≥ 0.90	82 %	80 PLUS Standard
–	85 %	88 % PFC ≥ 0.90	85 %	80 PLUS Bronze
–	87 %	90 % PFC ≥ 0.90	87 %	80 PLUS Silver
–	90 %	92 % PFC ≥ 0.90	89 %	80 PLUS Gold
–	92 %	94 % PFC ≥ 0.95	90 %	80 PLUS Platinum
90 %	94 % PFC ≥ 0.95	96 %	91 %	80 PLUS Titanium
Weitere Infos: https://www.clearesult.com/80plus/				

Um Netzteile zu kühlen, gibt es aktiv gekühlte Netzteile mit Lüftern, die andauernd laufen oder erst bei einer bestimmten Auslastung (z. B. 40 %) anspringen. Bei leisen Netzteilen muss man grundsätzlich zwischen **aktiv** und **passiv gekühlten** Modellen unterscheiden. Netzteile mit passiver Kühlung arbeiten geräuschlos, sind allerdings nicht mit sehr hohen Wattleistungen zu haben. Beachten sollte man, dass eine hohe Auslastung des Netzteils auch mehr Lärm bedeutet. Man sollte dann eher Netzteile einbauen, die relativ zu ihrer möglichen Leistung weniger beansprucht werden und damit leiser sind. Die Wärmebelastung hängt auch davon ab, ob Luftauslässe gut geöffnet sind und wie groß und aufgeräumt das Computergehäuse ist, damit Wärme sich besser verteilen kann.

Kompetenzcheck

1. Nennen Sie die wichtigsten Entscheidungsgründe für die Wahl des Netzteils und erläutern Sie Ihre Entscheidung.

2. Prüfen Sie, ob viele Netzteile eine 80-Plus-Zertifizierung haben.

3. Bearbeiten Sie im Arbeitsbuch die Aufgabe 9 zur Auswahl des richtigen Netzteils. A9

2.4.7 Festplattenarten unterscheiden und erläutern

S Sie sollen Festplattenarten unterscheiden und Spezifikationen erläutern.

Der Arbeitsspeicher (RAM) wird automatisch gelöscht, wenn der Computer heruntergefahren wird. Dauerhaft genutzte Programme und Daten müssen daher auf einem externen Speicher gespeichert werden. Die klassische **Festplatte** oder **HDD** (Hard Disk Drive) gibt es für Mikrocomputer seit den 1980er-Jahren. Die ersten Speichergeräte hatten ein Speichervolumen von 5 MB und kosteten ca. 2 500,00 €. Durch ständige Verbesserung der Technologien sind HDD heute immer noch aktuell, können jedoch über 5 TB und damit mehr als das Millionenfache als damals speichern. Dies schaffen sie bei sehr viel schnelleren Transfer- und Datenraten und einem Zehntel des Preises. Festplatten unterscheiden sich heute technologisch in den Arten und Verwendungszwecken. Für den Arbeitsplatzeinsatz ist genau zu prüfen, welche Festplattenspezifikationen besonders geeignet sind. Da während der Datenverarbeitung laufend auf Festplatten zugegriffen wird, müssen Festplatten in ihrer Leistungsfähigkeit den anderen Komponenten (Mainboard, CPU, RAM) angemessen sein, sonst bremst die Festplatte die Verarbeitungsgeschwindigkeit des Systems. Festplatten werden immer mehr auch in vernetzten Systemen genutzt. Soweit hier für den Einsatz in kleinen Teams notwendig, wird auch auf NAS- und ähnliche Systeme zum vernetzten Zugriff hingewiesen. Zum Einsatz in Serversystemen wird auf Lernfeld 3 hingewiesen.

Dateivolumen bei 1 TB Speicherkapazität (Durchschnittswerte)	
Textdateien	ca. 5 Mio. Seiten
Fotos	ca. 250 000
Videos	ca. 170 Stunden
MP3/Apple Songs	ca. 200 000/50 000

Die meisten Festplatten werden heute bereits **formatiert** (Einrichten von Spuren, Sektoren und Inhaltsverzeichnis/Dateisystem) ausgeliefert. Da Windows in seinen Versionen das häufigste Betriebssystem weltweit ist und NTFS das darauf primär genutzte Dateisystem darstellt, sind viele externe Festplatten auch mit NTFS vorformatiert im Handel zu finden. Käufer, die auf Apple-Geräte und mit MacOS setzen, finden im Handel ebenfalls Festplatten, die entsprechend mit APFS oder HFS+ vorformatiert sind. Ansonsten ist auf Kompatibilität zu anderen Systemen zu achten. Im Verkauf angebotene externe Festplatten sind i.d.R. als reines Datenarchiv gedacht und lassen sich nicht formatieren.

Aus energetischen Gründen sind SSD-Festplatten vorzuziehen. Bei den HDD ist darauf zu achten, dass ein Energiesparmanagement berücksichtigt ist, Computer und Festplatten ohne Nutzung nicht andauernd in Betrieb sind.

Arten und Spezifikationen von Festplatten

Arten nach Einsatzbereichen
Interne Festplatten, externe Festplatten, Laptop-Festplatten, NAS- und WLAN-Festplatten, USB-Sticks, Festplattengehäuse

HDD (Hard Disk Drive): Dieser Typ ist Namensgeber der Festplatte und damit die ältere Technologie. Sie weist aber bis heute noch wichtige Vorzüge auf. Bei HDD werden Daten auf sich drehenden, magnetischen Metallscheiben durch bewegliche Schreib-Leseköpfe (Heads) gespeichert. Es gibt HDD üblicherweise in 2,5 (insbesondere für Notebooks und kleine Rechner) und 3,5 Zoll und mit bis zu 16 TB Speicherplatz. Wegen der beweglichen Teile und der Umdrehungsgeschwindigkeit bis 10000 Umdrehungen pro Minute können auch kleinere Stöße eine HDD beschädigen. HDD-Platten sind im Vergleich zu SDD langsamer in der Lese- und Schreibgeschwindigkeit und in der Startphase. HDD haben wegen der mechanischen Teile eine geringere Lebensdauer, jedoch werden sie mit größeren Speicherkapazitäten angeboten. Sie sind günstiger, insbesondere im Preis pro Speichereinheit.

SSD (Solid State Drive): Die Bezeichnung steht für einen unbeweglichen Block als Flash-Speicher. Eine ähnliche Technik findet man in USB-Sticks, Speicherkarten und Geräten mit fest verbautem Speicher. SSD sind sehr schnell (etwa dreimal so schnell wie die schnellsten HDD-Festplatten). Die Geräte sind sehr leicht, haben keinerlei beweglichen Teile und sind i.d.R. ebenfalls 2,5 Zoll oder 3,5 Zoll groß. Wegen der Schnelligkeit sind der Bootvorgang des Rechners und auch die Zugriffszeit auf Programme und Daten wesentlich schneller. Sie sind besser für den mobilen Einsatz geeignet, robuster, unempfindlich gegenüber Magnetismus und gegenüber hohen oder niedrigen Umgebungstemperaturen, geräuschlos und tendenziell deutlich länger haltbar. Sie haben kaum Wärmeentwicklung und benötigen keine Defragmentierung.

Mit einem SATA-zu-USB-Adapter lassen sich ausgediente SSD als externe Laufwerke nutzen. Nicht alle SSD-PCI-Modelle sind startfähig, sodass man sich informieren muss, ob das System von der SSD gestartet werden kann.

Hybrid-Laufwerke (SSHD): Hier liegen die eigentlichen Daten auf einer HDD und die aktuell vom System genutzten Daten werden auf einen zusätzlichen Flash-Speicher zwischengespeichert, um den Datentransfer zu beschleunigen. Im Vergleich zu mechanischen Festplatten sind sie bis zu fünfmal schneller und daher besonders für Gaming, Multimedia und rechenintensive Programme geeignet. Hybridspeicher sind eine preiswerte Lösung, wenn nur ein Festplattenslot zur Verfügung steht, großes Datenvolumen und der Geschwindigkeitsgewinn des Flashspeichers genutzt werden sollen. Sie sind daher auch in Laptops zu finden, die nur einen Datenträger aufnehmen können.

USB-Sticks: USB-Massenspeicher nutzen schnellen Flash-Speicher zur Speicherung der Daten. Sie sind klein, leise, mobil und speichern bis 256 GB und z.B. 1000/900 MB/s Lese-/Schreibtransfer. Es gibt sie als Bardesign, Fit Stick oder One-to-Go (OTG) für den Austausch zwischen Rechner, Smartphone, Tablet und als Connect für drahtlose Datenkommunikation.

Fachbegriffe und Spezifikationen

Bauform Zoll für HDD: 1,8 Zoll oder 2,5 (8,9 cm) für Notebooks, sonst 3,5 (8,9 cm)

Externe Festplatten: z. T. sehr dünn, i. d. R. als SSD und in verschiedenen Farben

M.2-Format: Es ist deutlich kleiner und erinnert mehr an einen Speicherriegel (Länge 40 oder 80 mm) als an eine Festplatte. Je nach verfügbarem Festplattenslot und Anschlussart ist ein Einbaurahmen notwendig, um eine interne SSD in den Rechner einzubauen, bei einem PC beispielsweise als 3,5-Zoll-Rahmen.

Festplattenperformance: Sie ist abhängig von der mittleren Zugriffszeit, der Datentransferrate und der Leistung der Schnittstellen. Neben der Umdrehungsgeschwindigkeit der Magnetplatten sind die Schnelligkeit des Spurwechsels des Magnetkopfes und die Latenzzeit (Sektorlesbarkeit in Abhängigkeit von der Umdrehungsgeschwindigkeit) von Bedeutung.

Umdrehungsgeschwindigkeit: HDD gibt es mit 5400 rpm (Rounds per Minute), 7200 rpm und 10000 rpm.

Datentransferrate: Hierfür ist der interne Anschluss entscheidend. Der heutige Standard ist SATA, M.2 der Nachfolgestandard. Das Kabel ist schmal und platzsparend. SATA HDD brauchen zudem weniger Strom. SATA-Übertragungsraten reichen von 150 MB/s (SATA) bis 600 MB/s (SATA 6). In älteren Rechnern findet man eventuell noch den langsameren IDE-Anschluss mit Transferraten von 130 MB/s.

SATA-Bandbreite	Bandbreite PCIe	PCIe ×4	PCIe ×8	PCIe ×16
SATA 3 = 300 MB/s	3.0: 8 Gbit/s	ca. 4 GByte/s	ca. 4 GByte/s	ca. 4 GByte/s
SATA 6 = 600 MB/s	4.0: 16 Gbit/s	ca. 8 GByte/s	ca. 8 GByte/s	ca. 8 GByte/s

Cache: Je größer der Cache (Zwischenspeicher) der Festplatte, desto schneller arbeitet sie bei Vorgängen wie dem Entpacken von Daten, dem Kopieren, Verschieben und Duplizieren von Daten auf demselben Laufwerk. Bei Standardfestplatten wird ein Cache von 16 MB bis 64 MB empfohlen, bei rechenintensiven Programmen und Gaming sollten es 64 MB bis 128 MB sein.

Festplattenpartitionierung: Der Speicherplatz eines Speicherlaufwerks wird in separate Datenbereiche eingeteilt, den sog. Partitionen.

NAND-Technologien: NAND bezieht sich auf Flashspeicher und unterscheidet die NAND-Arten:
- **SLC (Single Level Cell):** Jede Zelle kann nur ein Bit speichern, daher ist die Kapazität niedriger. Die Zugriffszeiten sind schneller, durch geringere Datendichte sind sie zuverlässiger und die Lebensdauer länger, der Preis ist höher, z. B. für Server.
- **MLC (Multi Level Cell):** Jede Zelle kann zwei Bit-Zustände speichern und sie haben daher mehr Kapazität. Das Auslesen dauert dadurch etwas länger, die Zellen nutzen sich schneller ab. Sie sind daher aber günstiger als solche mit SLC-Verfahren, z. B. für Spielerechner.
- **TLC (Triple Level Cell):** Jede Zelle kann drei Bits speichern, daher noch mehr Kapazität, günstiger, aber auch langsamer, für Standardrechner.
- **QLC (Quadruple Level Cells):** Sie können vier Bits pro Speicherzelle speichern, daher ist der Speicher noch größer und günstiger. Die Lebensdauer ist wie bei TLC. Sie sind gut für große Speicher mit weniger Zugriffen.

Mit einem **NAS (Network Attached Storage-System)** kann man eine eigene Fileserverlösung schaffen und vor Ort Daten mehreren Geräten zur Verfügung stellen. Im NAS können je nach Größe auch mehrere Festplatten eingebaut werden. Neben der oder den Festpatten sorgen Prozessor, Arbeitsspeicher und ein Betriebssystem mit Datei- und Multimediaeigenschaften für die Servereigenschaften. NAS-Systeme können daher auch als Mediaplayer oder am Router zum Betrieb eines eigenen Webservers bzw. einer Private Cloud dienen. NAS sind daher für Teams oder für den eigenen Arbeitsplatz bei Zugriff über mehrere Devices (Smartphones, Tablets, Notebook, PC) interessant. Die Kompatibilität mit Mac und PC sorgen dafür, dass Daten unabhängig vom Betriebssystem zur Verfügung stehen. Aktualisierte Daten stehen automatisch immer auf allen Endgeräten bereit. NAS-Systeme werden hauptsächlich im Privatbereich, in Teams und in kleinen Unternehmen und Organisationen eingesetzt (siehe Lernfeld 3).

Alternativ zu einem NAS sollte auch die Einrichtung eines **Cloud-Systems** bei einem Online-Provider geprüft werden, da diese dann für die Sicherung, Sicherheit und Bereitstellung der Daten und die allgemeine Systempflege zuständig sind.

WLAN-Festplatten (Festplatten mit eingebautem WLAN) lassen sich dank eines eingebauten Akkus auch unabhängig von einem Computer und ohne zusätzliche Stromversorgung betreiben. Mehreren Benutzern kann so flexibel Zugriff auf die Speicher gewährt werden, wenn sonst kein WLAN zur Verfügung steht.

NAS-Systeme können je nach Anforderungsanalyse sehr unterschiedlich dimensioniert werden, müssen bei Internetanbindung auf Dauerbetrieb ausgerichtet sein. Sollen mehrere Platten in einem Gehäuse arbeiten, sollten NAS-Festplatten weniger Hitze entwickeln und robust sein.

Mechanische Festplatten für NAS-Systeme sind im Unterschied zu herkömmlichen HDD auf Dauernutzung und hohe Performance ausgelegt. Daher werden spezielle Festplatten für den Einsatz im NAS angeboten. Wer wichtige Daten nicht permanent manuell sichern möchte, kann bei NAS-Systemen mit mehr als einem Laufwerk einen sog. RAID-Verbund einrichten und Daten sichern (siehe Lernfeld 3).

NAS-System im Vergleich zu SAN und DAS	
Network Attached Storage (NAS)	Ein NAS ist ein eigenständiger Fileserver, um in einem Netzwerk Speicherplatz zur Verfügung zu stellen. Spezifikationen des NAS sind beispielsweise die Anzahl der Laufwerksschächte, die maximal unterstützte Speicherkapazität, Schnittstellen, CPU, RAM, Datentransferraten, Netzwerkprotokolle, Lüfter und Kühlung, unterstützte RAID-Level, Software, Betriebsbedingungen (siehe Lernfelder 3 und 9).
Storage Area Network (SAN)	Ein SAN ist ein Speichernetzwerk, um mehrere Speicher verschiedener Orte zusammenzufassen. Ziel eines SAN ist die Zusammenfassung der einzelnen Festplatten mehrerer Server zu einer Speichereinheit, die von allen Servern über das Speichernetz gemeinsam genutzt werden. In einem SAN lässt sich freier Speicherplatz flexibler den einzelnen Servern zuweisen.
Direct Attached Storage (DAS)	Ein DAS ist ein Speicher bzw. ein Speicher-Laufwerk, der bzw. das direkt und exklusiv mit einem Rechner, z. B. Server, verbunden ist. Das DAS bietet hohe Datentransferleistung und kurze Zugriffszeiten.

Kompetenzcheck ✓

1. Nennen Sie die wichtigsten Entscheidungsgründe für die Wahl der richtigen Festplatte für Arbeitsplatzrechner und erläutern Sie die Entscheidung.

2. Was ist richtig?
   a) Die SSD ist magnetisch, die HHD ein Flash-Speicher.
   b) Latenzzeit und Umdrehungsgeschwindigkeit haben bei SSD keinen Einfluss auf die Datenübertragungsrate.
   c) Es gibt PCI-Steckplätze mit einer Datenrate von theoretisch ca. 8 GByte/s.
   d) NAND-Technologien beziehen sich auf SSD, QLC speichert jeweils 4 Bits.
   e) NAS-Systeme sind Festplattenspeicher, die als Fileserver arbeiten.

A10 A11

3. Bearbeiten Sie im Arbeitsbuch die Aufgabe 10 zur Auswahl der richtigen Festplatte und mit Aufgabe 11 der Lernsituation 2 den Zwischentest zu Speichereinheiten.

2.4.8 Tastaturen unterscheiden und präsentieren

S **Sie sollen aus den vielen Tastaturvarianten die richtige Wahl für Arbeitsplatzcomputer treffen und die Entscheidung begründen.**

Die Tastatur ist häufig das wichtigste Eingabegerät für den Benutzer. Die richtige Wahl trägt daher viel zur Benutzerzufriedenheit bei. Arbeitgeber sollten Mitarbeitern die Wahl der richtigen Tastatur lassen.

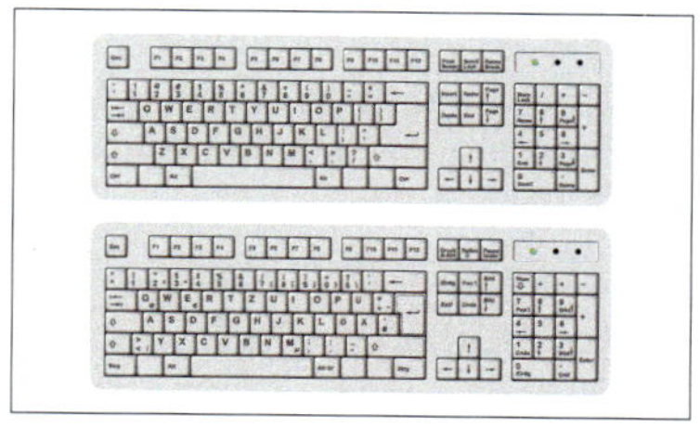

Bei vielen Geräten wie Smartphone oder Tablet wird sie als **virtuelle Tastatur** oder per Touch bedient. Am festen Arbeitsplatz ist eine echte und angemessene Tastatur wichtig. Deutsche Tastaturen sind an den ersten **QWERTZ-Tasten** zu erkennen.

Tastaturen müssen an Arbeitsplätzen nicht nur belastbar und ergonomisch geformt sein, sondern auch je nach Arbeitseinsatz unterschiedlich ausgestattet sein. So gibt es einmal den normalen Büroeinsatz, den besonderen Büroeinsatz und Multimedia mit der häufigen Nutzung bestimmter Tasten. Entwickler wollen evtl. Sondertasten und Tasten für Makros (automatische Tastaturabfolgen).

Die normale Computer-Tastatur ist meistens kabelgebunden und verfügt über **78** bis **104 Tasten**. Es gibt klassische Tastaturen in unterschiedlichen Höhen und mit gesondertem **Zahlenblock** zum schnellen Erfassen von Daten.

Funktastaturen bieten beim Arbeiten am Schreibtisch zusätzliche Bewegungsfreiheit und sind geeignete Eingabegeräte für PCs, auch als Zusatztastaturen für Notebooks, Tablets und Smartphones. Sie kommen ohne Kabel aus und werden über Funk oder Bluetooth mit einem beliebigen Endgerät verbunden. Die folgende Übersicht stellt wichtige Unterschiede heraus.

Besonders **ergonomisch geformte Tastaturen** (V-Form), **Handballenauflagen** und **Tastaturständer** (ermöglichen eine Tastaturneigung von 15 Grad) tragen erheblich zu einer verbesserten Ergonomie bei. Die Arbeit am PC wird dadurch bequemer und Verspannungen im Rücken werden so vermindert.

Arten und Spezifikationen von Tastaturen

Tastaturarten
virtuell, integriert, extern kabelgebunden oder per Funk (verschiedene Standards)

Externe Tastaturen
Für Büro, Office-Programme, E-Mails, Surfen im Internet werden **Rubberdome-Modelle** als preisgünstige Variante angeboten. Die Haltbarkeit liegt bei ca. 5 Mio. Anschlägen und damit nur bei 10 % und weniger der mechanischen Tastaturen. Die Tasten lösen per Kontaktfolien auf einer Gummimatte aus, daher leiser Anschlag.
Sie sind einfach und funktional gestaltet, enge Zwischenräume ermöglichen zügiges und genaues Schreiben, guter Druckpunkt, relativ leiser Tastenanschlag, i.d.R. angenehme Handballenauflage.

Mechanische Tastaturen
Jede einzelne Taste ist mit einem eigenen Schalter ausgestattet, kann einen linearen/durchgehenden Anschlag oder einen taktilen Anschlag haben. Sie sind auch schon im sehr preiswerten Segment zu haben und leicht zu reinigen. Im Vergleich zu Rubberdome-Modellen halten mechanische bis zu zehnmal länger. Sie bieten über die gesamte Verwendung ein nahezu unverändertes Anschlagverhalten.

- **Lineare mechanische Tastatur:** Sie hat durchgehend gleiches Druckgefühl, ist im Umschaltpunkt nicht spürbar, der Schaltweg ist kürzer (unter 2 mm), lässt sich in schneller Abfolge betätigen, daher auch gut für Gaming.
- **Taktile mechanische Tastatur:** Sie hat einen definierten Schaltpunkt, ein spürbares Klickgeräusch, eventuell einstellbar per Switch oder mit Gummiringen dämmbar, der Schaltweg ist länger (über 2 mm), sie ist besser für Büroarbeit.

Funktastaturen: Sie bieten beim Arbeiten am Schreibtisch zusätzliche Bewegungsfreiheit. Aber auch zu Hause auf dem Sofa, wenn es um das Surfen auf dem Smart-TV geht, sorgen Funktastaturen für Komfort. Funktastaturen sind geeignete Eingabegeräte für PC, Smart-TV, Tablet und Smartphone. Sie kommen ohne Kabel aus und werden über Funk oder Bluetooth mit einem beliebigen Endgerät verbunden.

Funk- oder Bluetooth-Tastaturen: Sie haben kein Kabel und können in flexibler Entfernung (ca. 10–15 m) zum Signalnehmer oder Smart-TV aufgestellt werden. Sie werden per USB-Stick oder USB-Adapter angeschlossen, bei Bluetooth wird kein USB-Slot am Rechner besetzt. Bei Batterien muss regelmäßig erneuert bzw. für Akkuaufladung gesorgt werden.

Zusatz-Tastatur als externes Keyboard: Für Tablets werden Zusatztastaturen angeboten, Kommunikation erfolgt insbesondere über Bluetooth, mit Akku oder Batterien, auch mit Touchpad und/oder Trackball, eventuell zusammenfaltbar, rutschfest, verschiedene Abmessungen und Gewichte, eventuell Tasche.

Für Tablets werden auch **andockbare Tastaturen**, z.B. über mechanische oder magnetische Verbindungen, angeboten. Sie erlauben, das Tablet als Klappständer offen, als Laptop oder zusammengeklappt als Tablet zu verwenden.

Signatur-Keyboard: Unterschriften und elektronische Signaturen sind über Signaturfelder, Signaturpads oder bei Tablets über Touchscreen möglich.

Klappbare Tastaturen für unterwegs und auch mit Tasche werden angeboten.

Ersatzkappen und Ersatztastaturen für Notebooks u.Ä.: Abgebrochene, nicht mehr lesbare oder klemmende Tasten, falsche/internationale Tasten statt deutscher Tastatur, diese Probleme lassen sich häufig mit Ersatztastaturen im schnellen Austausch beheben. Es gibt Klicksysteme, Schraubsysteme und kombinierte Systeme. Bei mechanischen Tastaturen kann man bei Ersatzbedarf Tastenkappen extra beschaffen und einbauen.

Leistungskriterien
- Haltbarkeit: max. Tastaturanschläge, z. B. zwischen 50 Mio. (Standard) und 100 Mio.
- Schaltpunkte: z. B. 1,5–2 mm. Es gilt: Je kürzer desto besser.
- Anzahl Tasten: z. B. 78 bis 121 (zusätzlich z. B. Sonderzeichen, Nummernblock, FN-Funktionstasten, Makro-/programmierbare Tasten, Multimediatasten)
- Anzahl gleichzeitig drückbare Tasten (N-Key-Roller): z. B. 10, 26, alle
- Programmierbare Tasten: z. B. 9
- Zahlen-/Nummernblock: für schnelle Zahlenerfassung
- Kompatibilität: zu Apple, Windows etc.
- Schnittstellen: Kabel, WLAN, USB (früher PS/2-Anschluss), Bluetooth, extra USB-Anschluss, Mikrofonanschluss, Kopfhöreranschluss
- Trackpad/Trackpoint (Joystick): für eine präzise Steuerung und Navigation des Mauszeigers
- Beleuchtung: auch programmierbar
- Handballenauflage oder -anschluss
- Unterschiedliche Designvarianten: je nach Ergonomieanforderungen
- Reinigungs-/Hygieneeigenschaften

Weitere Infos: in Hersteller- und Vergleichsportalen, z. B. vergleich.org

Kompetenzcheck

1. Nennen Sie die wichtigsten Entscheidungsgründe für die Wahl der Tastatur und präsentieren Sie eine Auswahl von Tastaturen für den unterschiedlichen Einsatz an Arbeitsplätzen.

2. Bearbeiten Sie im Arbeitsbuch Aufgabe 12 der Lernsituation 2 zur Auswahl der richtigen Tastatur. A12

2.4.9 Monitore vergleichen und präsentieren

S **Sie sollen Monitore für unterschiedliche Arbeitsplätze vorschlagen und die Auswahl begründen.**

Heute werden Bildschirme als Liquid-Crystal-Displays (**LCD**) angeboten. Sie werden flach gebaut, haben eventuell sogar nur einen Minirand (ca. 6 mm). Hersteller setzen bei LCD-Monitoren auf LED-Technik, da sie sehr energiesparend ist und mit LED Hintergrundbeleuchtung ermöglicht. Immer häufiger werden gekrümmte Monitore eingesetzt, da sie ein entspannteres Arbeiten ermöglichen.

Standardmonitore in guter Qualität sind heute im 27 Zoll-Format mit guter Qualität in Full-HD, einer guten Reaktionszeit von 2 ms und mit und ohne Krümmung des Monitors (curved) schon für etwas über 100,00 € erhältlich. Daher fällt die Entscheidung für Arbeitsplätze mit zwei Monitoren leichter. An vielen Arbeitsplätzen laufen nicht selten mehrere Anwendungen parallel. Wichtige Voraussetzung ist, dass PC oder Notebook zwei entsprechende Anschlussmöglichkeiten (beispielsweise HDMI und DVI) zur Verfügung haben bzw. diesen über eine externe USB-Grafikkarte erhalten. Ein **UHD-Monitor** mit **4-K-Technologie** ermöglicht das Arbeiten mit großer Bildfläche, zeigt kontrast- und detailreiche Bilder. Als Technologieführer in Bildschirmqualität betont Apple seinen Anspruch mit der Bezeichnung „Retina Display".

Monitore gibt es heute in vielen **Größen**, als **tragbare Displays** oder als **Zusatzdisplays** für Tablets. Sie lassen sich für ein gesünderes Arbeiten in der Höhe verstellen, drehen und schwenken, lassen sich über einen **VESA-Anschluss** an die Wand oder an Monitorständern montieren.

Gamer bevorzugen Monitore mit superschnellen **TN-Panels.** Im professionellen Umfeld am Arbeitsplatz (CAD, Desktop-Publishing) werden meist MVA-, PVA- oder IPS-Panels eingesetzt, da es weniger auf Geschwindigkeit als vielmehr auf Kontrast, Betrachtungswinkel, Farbtreue und Farbstabilität ankommt. High-End-Panels unterstützen die Darstellung von bis zu 16,7 Mio. Farben.

Multitouch-Monitore sind innovative und moderne Arbeitstools und in Größen von 7 bis 87 Zoll und in zahlreichen Bereichen einsetzbar, z. B. für Schulungen, zur Information in Krankenhäusern oder Ausstellungen. Per Finger oder Stift können Bestätigungen oder Eingaben schnell erfasst werden.

Aufgrund der sehr vielen Optionen ist zunächst genau der Einsatzbereich festzustellen (siehe Kapitel 2.7.1 ff.).

Bildschirm- bzw. Monitortechnologien

Bildschirmarten

PC-Monitor: typisch 24 oder 27 Zoll, Auflösung 1 920 × 1 080 Pixel, Reaktionszeit 1–5 ms, um 4 kg schwer

PC-Monitor mit TV-Funktion: 4-K-Monitor, fließendes Full-HD- oder Ultra-HD-Erlebnis, zwischen 24 und 34 Zoll, Seitenverhältnis 16:9 oder 21:9, 8 K

Touchscreen-Monitor: mit berührungssensitiver Bildschirmoberfläche, kann gleichzeitig mehrere und unterschiedliche Berührungen erkennen: in vielen Größen als Infopoint oder bei Tablets ohne großes Zubehör verwendbar.

Gaming-Monitor: mit möglichst schneller Darstellung und guter Bilddarstellung

Multimedia-Monitor: mit sehr guter Bilddarstellung

Curved-Monitor: Gewölbter, gekrümmter Monitor für natürlichere, räumlich tiefere Bilder

LCD-Technologie

Die Liquid-Crystal-Display-Technologie (LCD-Technologie) ist die derzeitige Bautechnologie von Monitoren, die spezielle Verarbeitungsart Thin-Film-Transistor-Technologie (TFT-Technologie) bei LCD-Monitoren liegt auch LCD-Fernsehern zugrunde.

Flüssigkristalle eines LCD-Monitors bilden die einzelnen Bildpunkte (Pixel) des Monitors. Ein Pixel besteht aus drei Farbfiltern (RGB-Subpixel: Rot, Grün und Blau), die rückseitig beleuchtet werden. Die Art der Lichtpolarisation durch die Kristalle unterscheidet sich jedoch nach den Panel-Typen (Display-Typen):

- **TN:** preisgünstig, schnelle Reaktionszeit, unterschiedliche Bildqualität je nach Blickwinkel, energiesparend
- **VA:** gute Bildqualität, etwas geringere Reaktionszeit
- **IPS:** sehr gute Bildqualität aus größtem Blickwinkel 178 Grad, höhere Anschaffungskosten
- **MVA, PVA:** ein hoher Blickwinkel von mindestens 160 Grad horizontal und vertikal (LED, LCD und OLED, s. S. 175)

Größen

Anwender sollten ungefähr das 1,6-fache der Bildschirmdiagonale entfernt vom Monitor sitzen. Bei einem PC-Monitor von 24 Zoll Bildschirmdiagonale bedeutet dies einen Sitzabstand von knapp 97 Zentimetern und bei 27 Zoll einen Sitzabstand von 110 Zentimetern.

Ergonomieeigenschaften

- **Curved Screen:** Er ist in etwa der Rundung des Auges nachempfunden, das Sichtfeld wird zu den Seiten hin erweitert, wodurch ein räumlicheres Erlebnis vor dem Rechner entsteht.
- **Tilt:** horizontale Neigung des Bildschirms nach oben und unten
- **Swivel:** vertikale Drehbarkeit des Monitors
- **Pivot:** höherverstellbar und horizontale Drehbarkeit des Monitors

Energieeffizienz

Monitore sind heute auch als Fernseher, d. h. TV-Monitore anzusehen, wofür die Angabe der Effizienzklasse vorgeschrieben ist.

Das Energy-Star-Kennzeichnungsprogramm für effiziente Geräte gilt in Europa für Bürogeräte. Den **Energy Star** erhalten Computer, Monitore, Scanner und Drucker, die einen Mindeststandard an Energieeffizienz erfüllen. Das **Umweltzeichen Blauer Engel** wird an umweltfreundliche Produkte vergeben, die einen besonders optimierten Energieverbrauch haben. Das **TCO-Siegel** zertifiziert Notebooks, Monitore, Computer und Beamer, zählt zu den renommiertesten Siegeln der Branche und für Green-IT. **TCO Certified Edge** ist eine ergänzende Zertifizierung zu **TCO Certified.** Sie ist den besten Produkten vorbehalten, die den modernsten Nachhaltigkeitskriterien entsprechen.

ACM

Die Adaptive-Contrast-Management-Funktion sorgt für Energieökonomie und optimale Bildwiedergabe, indem sie das Kontrastverhältnis für verbesserte Farbabstufung in sehr hellen oder dunklen Szenen automatisch anpasst.

Spezifikationen und Leistungsgrößen von Bildschirmen	
Gewicht	von ca. 3 kg bis 10 kg
Leistungsaufnahme in Watt (Betrieb und Standby)	z. B. 24 und 0,5
Bildschirmdiagonale in Zoll	z. B. 19 (Diagonale ca. 48 cm), 24, 34 (86 cm), 43 bis 49 (124 cm) Bildschirmgröße in cm, Randbreite
Bildverhältnis/Seitenformat	16:9 häufig, auch 16:10 und 5:4 (gut für Office-Programme), Ultrawide-Formate 21:9 oder 32:9 (Doppeltes 16:9) häufiger
TCO-Standard	z. B. TCO 6.0, TCO 7.0, Generation 10 oder TCO Edge
Horizontaler Betrachtungswinkel	170 bis 178, z. B. max. 178/178 Grad
Reaktionszeit in ms	1 bis 15
Auflösung Breite · Höhe in Pixel	bei 60 Hz: z. B. 1920 · 1080 (Full HD für Videos u. Ä.), 1920 · 1200, 2560 · 1440 (QHD), 3440 · 1440 (WQHD), 3840 · 2160 (QFHD/4 K UHD), höhere Bildwiederholraten (75 bis 244 Hz) für Multitasking und flüssigere Darstellung, Auflösung z. B. 5120 · 1440 (Super Ultra-Wide),
Bildhelligkeit in Candela cd/m²	z. B. 250 bis 370 (SDR), HDR (mehr Farbtiefe/Kontrast) >= 600
Kontrastverhältnis (x : 1)	z. B. statisch: 1000, 3000 dynamisch: 12000000, 20000000, 50000000, 100000000
Horizontale Frequenz in kHz	zwischen 83 und 140
Bildwiederholfrequenz in Hz	zwischen 60 und 240 (vgl. S. 177)
Panel-Technologie	TN, VA, IPS, MVA (siehe S. 175 ff.)
GPU-Synchronisation	AMD FreeSync
Anschlüsse	HDMI, DVI (Kabellänge bis ca. 10 m), USB 2.0/3.0, USB-C als Multianschluss (USB 4.0, Thunderbolt-, Displayport-, HDMI-, MHL- sowie Audio- und Video-Signale, liefert Strom), Displayport für sehr hohe Datenrate, auch Tonübertragung und Signale von Touchscreens; bei Apple wird über Thunderbolt angeschlossen
MHL-Schnittstelle	MHL-Port (Mobile High-Definition Link) ermöglicht die Wiedergabe von High-Definition-Inhalten direkt von dem kompatiblen Smartphone oder Tablet-PC aus.
Besonderheiten im Design	z. B. drehbarer Bildschirm, höhenverstellbar, Curved Design, 3D-ready
Extras	z. B. Standfuß, VESA-Wandhalterung, integrierte Kamera, integriertes Mikrofon
Besondere Funktionen der Hersteller zur Verbesserung der Bilddarstellung und Ergonomie	z. B. AMD-FreeSync-Technologie, Flicker Free, Game Mode, MagicBright, MagicUpscale, Picture-by-Picture-Modus, Comfy-View-Funktion, Eye-Care-Technologie oder die Anti-Blue-Ray-PET-Displayschutzfolie

Monitore werden als Multimedia- und Infodisplay nicht selten an die Wand montiert. Arbeitsplätze werden häufig mit mehreren Monitoren ausgestattet, die mit unterschiedlichen **Monitorhalterungen** angebracht werden. Monitore sind damit in der Höhe verstellbar, dreh- und schwenkbar. Monitorarme oder -ständer verbessern den ergonomischen Komfort und reduzieren das Risiko haltungsbedingter Gesundheitsprobleme. Hals-, Schulter- und Rückenschmerzen werden durch die Verbesserung der Körperhaltung vermieden oder reduziert. Man kann auch im Stehen arbeiten und sich den Monitor flexibel positionieren. Ebenfalls wird Platz geschaffen für Tastatur, Laptop und andere Dinge. So gibt es preisgünstig Halterungen für ein bis drei Monitore und für spezielle Anwendungen auch bis zu neun Monitore. Montiert werden die Halterungen beispielsweise per Tischklemme oder über Schreibtische mit Durchbohrloch. Geprüft werden müssen die Anforderungen im Gewicht.

Bei den Monitoren bzw. Displays unterscheidet man allgemein unterschiedliche Displaytechnologien. Je nach Formfaktor und Nutzung (vom kleinen Display zum großen Monitor oder von der Office-Anwendung zu VR-Anwendungen und Videobearbeitung) werden ganz andere Spezifikationen gefordert (siehe oben). Sehr wichtig ist ein persönlicher Test des Monitors unter Anwendungsbedingungen.

Displayarten, Panels und Begriffe

Vorinformation über Spezifikationen von Monitoren, Displays und Panels
siehe, S. 176

LEDs (Light Emitting Diodes/Leuchtdioden)
LEDs wandeln Strom in Licht um, die Helligkeit ist proportional zur Stromstärke, die LEDs können direkt ein farbiges Bild in Rot, Grün und Blau erzeugen. Durch Überlagerung werden alle anderen Farben gebildet. LEDs sind meist als Hintergrundbeleuchtung von LCDs im Einsatz.

LCDs (Liquid Crystal Displays)
Flüssigkristalle produzieren selbst kein Licht. Als Lichtquelle dient eine Hintergrundbeleuchtung. Hier gibt es zwei Varianten:

1. Bei Edge-LED sitzen die LEDs im Rahmen des Monitors und werden ebenfalls von einer Folie nach vorn reflektiert.
2. Bei Direct-LED sitzen die LEDs hingegen direkt hinter dem Panel und leuchten ohne Umlenkung nach vorn, schwarz wird dadurch dunkler.

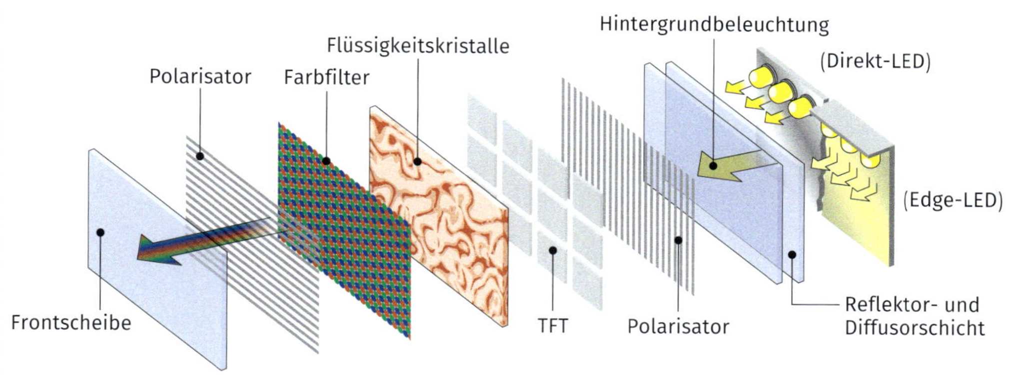

Das Licht der Hintergrundbeleuchtung hinterleuchtet das Pixel-Panel aus Flüssigkristallen (Pixel in den Farben Rot, Grün und Blau). Wegen der Hintergrundbeleuchtung und den vielen Filtern sind dünnere Displays schwierig herzustellen.

+ Die Lebensdauer (Betriebszeit ca. 100 000 Stunden) ist wesentlich höher als bei OLEDs (ca. 20 000 Stunden)
+ LCD-Display derzeit noch preislich günstiger
+ Nachteile der OLEDs sind Vorteile der LCDs.
- Bei Edge-LCD-Monitoren kann es zur ungleichmäßigen Ausleuchtung des Bildes kommen.
- LCDs sind bautypisch dicker als OLEDs.
- Hintergrundbeleuchtete LCDs haben eine geringere Maximalhelligkeit.
- Schwarze Bereiche erscheinen wegen der Hintergrundbeleuchtung leicht gräulich.

OLED (Organic Light Emitting Diodes) oder **organische Leuchtdioden** sind eine eigene Lichtquelle und benötigen keine Hintergrundbeleuchtung. Dadurch ist der Aufbau wesentlich flacher. Zwischen den Elektroden, von denen eine transparent ist, befinden sich verschiedene organische Halbleiterschichten. Wird Strom durch die Elektroden geschickt, leuchten die Halbleiterschichten. Die Stromstärke reguliert die Helligkeit.

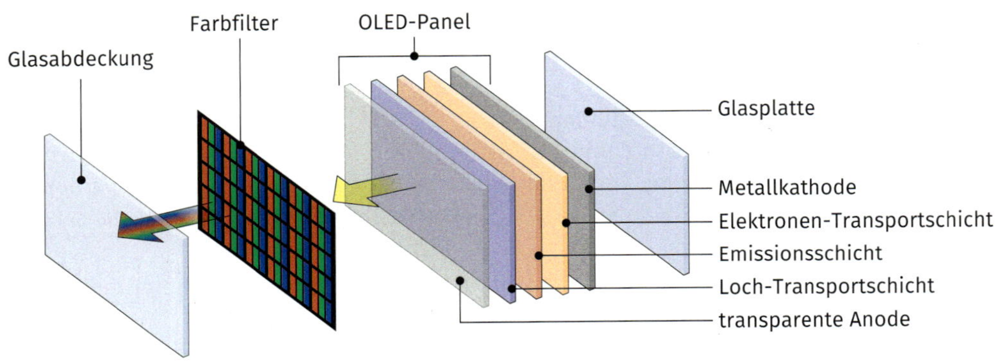

Durch die kleine Größe der einzelnen Pixel sind eine wesentlich höhere Auflösung, Pixeldichte (um 0,2 mm) und damit Bildqualität möglich.

+ Sehr schnelle Reaktionszeiten
+ Flacher Formfaktor
+ Höhere Auflösung und bessere Bildqualität, schlechtere Textschärfe als LCD
+ Vielfältige Einsatzbereiche/Formfaktoren/biegsame Displays
+ Sehr hoher Kontrast, perfekte Kanten und tiefes Schwarz möglich
- relativ teuer und Lebensdauer gering, Helligkeit sinkt

LED-Panel (LED-Flächenleuchte) und TN-Panel (Twisted Nematic Panel)

+ Sehr verbreitet und preiswerter
+ Schnelle Reaktionszeiten bis 1 ms, gute Bildwiederholungsfrequenz
- schlechtere Bildqualität, schlechterer Kontrast und schlechtere Farbwiedergabe
- Betrachtungswinkel geringer (besser mit bildverbesserndem Film: TN + Film)

VA-Panel (Vertical Alignment)

+ Gute Kontrastwerte und gute, natürliche Bilddarstellung
- höhere Anschaffungskosten
- Reaktionszeiten, Bildwiederholungsrate geringer
- Sättigungsverluste am Rand

IPS-Panel (In-Plane Switching)
+ Sehr gute Bildqualität und Farbgenauigkeit, guter Kontrast, gute Textschärfe
+ Sehr hoher Betrachtungswinkel, fast blickwinkelunabhängige Sicht
- Langsamere Reaktionszeit, wird aber besser
- Höherer Stromverbrauch, teurer

Begriffe

Bildwiederholfrequenz: Anzahl der Bilder pro Sekunde. Bei einem Bildschirm liegt sie z. B. bei 60, 120, 144, 240 Hz (Hertz). Bei einer Wiederholrate von 144 Hz = 144 Vollbilder/Sekunde oder alle sieben Millisekunden wird ein neues Bild angezeigt. Grafikkarte, Monitor und Anschluss müssen kompatibel sein. Bei höheren Hertzzahlen kann es zu Nebeneffekten (Screen Tearing, Ruckeln, zerrissene Bilder) kommen, dann ist auf Freesync- und G-Sync-Techniken zu achten. HDMI-Kabel bieten je nach Modell maximal 120/144 Hz an, DVI und Displayport-Kabel unterstützen mehr.

Anschluss	HDMI 1.4b	HDMI 2.0	HDMI 2.0a	HDMI 2.1/Ultra	Display Port 1.4	Display Port 2.1a
Maximale Auflösung	4K	4K	4K	4K/8K	8K	8K
Maximale Bildwiederholrate bei 8/4K	30 Hz	60 Hz	60 Hz	60 Hz, 120 Hz	240 Hz	240 Hz
Maximale Bandbreite	10,2 Gbit/s	18 Gbit/s	18 Gbit/s	48 Gbit/s	25,92 Gbit/s	54 Gbit/s

Helligkeit: Candela (cd) bezieht sich auf die Lichtstärke (Lichtkerze hat 1 cd), wird als Einheit cd/m² angegeben. Die aktuellen Displays sind mit ca. 200 bis ca. 600 cd/m² ausgestattet. Für unser Auge ist ein Wert von 250 bis 300 cd/m² optimal. Kabellänge: HDMI 4K/8K bis 15/5m.

Kompetenzcheck ✓

1. Welche Eigenschaften zeichnen einen ergonomischen Monitor aus? Welche Vorteile haben Monitorhalterungen?

2. Nennen Sie die wichtigsten Entscheidungsgründe für die Wahl des Monitors und präsentieren Sie eine Auswahl von Tastaturen für den unterschiedlichen Einsatz an Arbeitsplätzen

3. Was ist richtig?
   a) Die Standardgröße ist derzeit 19 Zoll.
   b) Curved Monitore sind heute günstig zu kaufen.
   c) Monitore mit TN-Panel sind preisgünstig mit schlechterem Blickwinkel.
   d) Monitore mit IPS-Panel sind teurer, aber besser im Bild und im Blickwinkel.
   e) Eine Reaktionszeit von 8 ms ist sehr gut.
   f) Um auf Energiesparen zu achten, ist auf die Label TCO, Energy Star und das TN-Panel zu achten.

4. Erstellen Sie eine Marktübersicht von unterschiedlich starken Monitoren/Displays und prüfen Sie für folgende Panelwerte, ob diese aktuell noch häufig angeboten werden.

Displaypanel im Vergleich				
	TN	**VA**	**IPS**	**OLED**
Reaktionszeit	1–5 ms	4–8 ms	4–6 ms	< 1 ms
Kontrast	1 000 : 1	3 000 : 1	1 000 : 1	unendlich
Helligkeit (cd/m²)	200–370	300+	300+	300+
Blickwinkel horizontal/vertikal (Grad)	170/160	178/178	178/178	bestens

5 Bearbeiten Sie im Arbeitsbuch die Aufgabe 13 der Lernsituation 2, vergleichen und empfehlen Sie Monitore, beraten Sie zu Monitoren und zu Bildschirmarbeitsplätzen.

2.4.10 Leistungsmerkmale für Drucker und Zusatzanforderungen erläutern

S **Sie sollen Drucker für unterschiedliche Arbeitsplätze vorschlagen und die Auswahl begründen.**

Drucker gehören nach den Notebooks zu den meisten am IT-Markt nachgefragten Produkten. Drucker werden mit unterschiedlichen Drucksystemen und Zusatzausstattungen (z. B. Papierbehälter, Netzwerkanschluss, Kartenleser, Scanner) angeboten. Daher muss vor der Anschaffung geklärt werden, welche Anforderungen an einen Drucker gestellt werden.

Fragen zur Anforderungsanalyse bei Druckern

- Für welche Aufgaben wird der Drucker überwiegend eingesetzt (Korrespondenz, Fakturierung, Statistiken, Arbeitspläne, Berichte, Grafiken, Werbung, Bildberichte usw.)?
- Welche Druckqualität wird verlangt (Korrespondenzqualität, Qualität für Grafiken mit hoher Auflösung und in Farbe, Barcode-Aufdruck, betriebsinterne Formulare und Listen)?
- Welches Volumen soll der Drucker täglich oder zu bestimmten Spitzenzeiten bewältigen (z. B. Anzahl A4-Seiten)?
- Wie viele Mitarbeiter mit gleichen/unterschiedlichen Anforderungen nutzen den Drucker?
- Welches EDV-System soll den Drucker ansteuern?

(1) Druckerarten

Druckmanagement

Arbeitsplatz-/ Desktop-Drucker	Abteilungsdrucker	Hochleistungs-drucksysteme	Mobile Drucker

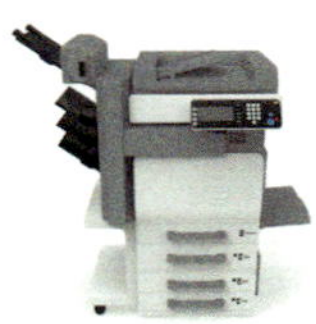
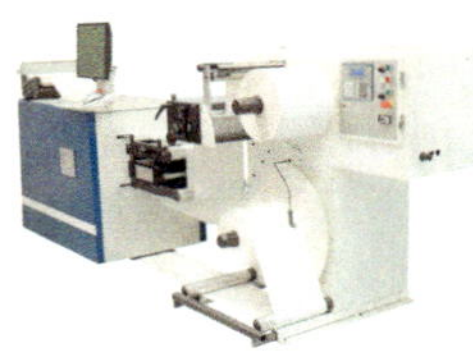

Für den geschäftlichen Einsatz werden unterschiedliche Druckerarten verwendet. Im Geschäftsbereich wünschen sich die meisten Mitarbeiter einen eigenen Arbeitsplatzdrucker. Damit werden Wege und Zeit gespart. Sehr beliebt sind hier **multifunktionale Drucker**, da man mit diesen Geräten sowohl drucken als auch scannen, kopieren und faxen kann.

Für größere Druckvolumen oder Spezialanwendungen (z. B. Belegdruck) gibt es **Abteilungsdrucker**, die auf mehrere 10000 Ausdrucke im Monat ausgelegt sind und schnell und günstig drucken. Dazu bieten sie häufig zusätzliche Funktionen, z. B. den **Duplexdruck** (das beiderseitige Bedrucken). **Hochleistungsdrucksysteme** sind auf große Druckvolumen ausgelegt, können auf gespeicherte Vorlagen zugreifen und erfüllen häufig einen noch größeren Funktionsumfang. Die Autorisierung für die Nutzung des Systems kann per Code oder Karte erfolgen. Bei Außendienstmitarbeitern sind kleinere und mobile Drucker beliebt, da diese häufig ihren Kunden vor Ort z. B. Gesprächsprotokolle oder Angebote ausdrucken wollen oder müssen.

Für den Privat- und betrieblichen Bereich gibt es **Tintenstrahldrucker** und **Laserdrucker** in unterschiedlichen Größen und Preisklassen. Tintenstrahldrucker sind häufig in der Anschaffung preiswerter und bieten i.d.R. den Farbdruck oder sogar den Farbfotodruck auf Spezialpapier an. Als Druckverfahren wird zum einen die **Bubble-Technik** verwendet, bei der für den Druck Tintenblasen durch Erhitzung erzeugt werden. Zum anderen kommt das **Piezo-Verfahren** zum Einsatz, wobei die Tinte durch einen feinen Piezokanal beschleunigt wird. Bei Druckern mit Bubble-Technik wird der Druckkopf jeweils mit der Tintenpatrone ausgetauscht. Für Vieldruck gibt es Tintendrucker mit Tintentank, die sich kostengünstig befüllen lassen. Nachteile der Tintenstrahldrucker sind, falls sie selten verwendet werden, dass die Tinte eintrocknet. Das führt zu einem erhöhten Tintenverbrauch durch Reinigungsvorgänge. Die Standardtinte ist nicht archivfest (wasserlöslich, nicht lichtecht). Bei hohem Druckvolumen sind die Verbrauchskosten häufig zu hoch.

Bei einem größeren Druckvolumen (viele Textseiten) bietet sich auch der Schwarz-Weiß-Laserdrucker an, da damit die Seitendruckkosten niedrig ausfallen und – abgesehen von einer notwendigen Aufwärmzeit – Ausdrucke schnell erstellt werden. Auch Farblaserdrucker sind kostengünstig zu haben und immer beliebter, stehen aber bei Ausdruck von Fotos den Fotodruckern auf Tintenbasis noch nach.

Bei Unternehmen und Behörden sind i.d.R. mehrere Druckerarten im Einsatz. Um den unterschiedlichen Anforderungen an das Druckersystem Rechnung zu tragen, wird i.d.R. ein **Druckerkonzept** erstellt.

Systemvergleich: Drucktechnologie		
Tinten- oder Inkjet-Drucker	Thermische oder Bubblejet-Drucker erzeugen winzige Tintentropfen mithilfe eines Heizelements, welches die Tinte erhitzt und sie explosionsartig aus der Düse presst. Im Piezo-Druckverfahren wird die Druckertinte über spezielle Piezokristalle beschleunigt und auf das Papier befördert. Tintenstrahldrucker sollten regelmäßig gebraucht werden, da die Tinte schnell eintrocknet. Automatisch führen die Geräte Reinigungszyklen durch, die den Verbrauch der Tinte erhöhen.	
	Vorteile	+ hohe Qualität und Leuchtkraft der Druckfarben + bessere Darstellung von Zwischentönen, Mischfarben und Farbverläufen + je nach Gerät sehr leise im Druck, ohne Lüfter + durch einfache Technik als preiswerte Drucker erhältlich
	Nachteile	– je nach Farbdeckung dauert der Ausdruck länger und kann bei hoher Deckung das Papier wellen – Druckkosten im Farbdruck häufig höher als beim Laserdrucker – viele Farben (Standarddruckertinte) nicht wasserfest, lichtecht und archivfest – Farbe ist kratzempfindlich
Laserdrucker	Der Laserdrucker arbeitet wie ein Fotokopierer. Im Technikvergleich ist der Laserdrucker wesentlich komplexer als der Tintendrucker aufgebaut. Mithilfe eines rotierenden Umlenkspiegels bringt ein Laserstrahl ein unsichtbares Abbild des zu druckenden Bildes auf eine beschichtete und negativ aufgeladene Bildtrommel und entlädt diese Stellen. Der negativ geladene Toner wird von der Trommel an diesen Stellen angezogen. Im nächsten Schritt presst die Bildtrommel das Tonerbild auf das elektrostatisch aufgeladene Papier. Zuletzt wird das Blatt mit dem Toner über die Fixierwalzen geführt und der Toner mittels sehr hoher Hitze fixiert. Werden keine Kopien erstellt, wird die Bildtrommel durch die Reinigungseinheit entladen und der überschüssige Toner entfernt. Bei den LED-Druckern werden anstelle des Lasers LED eingesetzt, die preiswerter und stoßunempfindlicher sind. Farblaserdrucker arbeiten prinzipiell wie die S/W-Drucker, nur dass hier vier Druckwerke hintereinander arbeiten.	

Systemvergleich: Drucktechnologie		
Laserdrucker	Vorteile	+ hohe Druckgeschwindigkeit; über 100 Seiten/Minute + schnell insbesondere auch bei Seiten mit hohem Farbanteil + relativ leiser Ausdruck + sehr gutes Schrift- und Abbild + preiswerter Druck, insbesondere bei großen Druckvolumen + Schrift wisch- und kratzfest + keine Probleme mit eingetrockneter Tinte, da Toner im Einsatz + gute bis sehr gute Farbqualität + Anschaffungskosten (auch Farblaserdrucker) günstig, aber teurer als Tintenstrahldrucker + wegen großer Tonerkartuschen muss nicht so oft Farbstoff nachgefüllt werden + robuste, wartungsarme Technik
	Nachteile	– Aufwärmzeit durch die Heizelemente notwendig (schnell < 20 Sekunden) – Ozon-Produktion bei der Fixierung des Toners, i. d. R. in ungefährlichen Mengen; auch ozonfreie Geräte erhältlich – Ultrafeinstaub-Emissionen durch Toner möglich, i. d. R. in ungefährlichen Mengen; auch Feinstaubfilter erhältlich
Matrix-/ Nadeldrucker	Ein Nadel- oder Matrixdrucker ist ein Impact- oder Anschlagdrucker und daher immer dort im Einsatz, wo Durchschläge gefragt sind, Staub anfällt, Wärmetechnologie eher ungünstig oder eine robuste Technologie gefragt ist. Da der Druck über angesteuerte Nadeln in Matrixanordnung auf Farbband erfolgt, ist er laut sowie im Druckbild nicht brillant und daher für Bilder nicht geeignet.	
	Vorteile	+ robuster, wartungsarmer Drucker + Erstellung von Durchschlägen + Endlospapier möglich + Druck dokumentenecht und wasserfest + relativ geringe Verbrauchskosten
	Nachteile	– Lärmemissionen durch lauten Druck – eher geringe und auch von Technologie und vom Farbband abhängige Druckqualität – relativ geringe Druckgeschwindigkeit – nicht für Bilder geeignet – abhörbar
Multifunktions-drucker	Diese Druckersysteme sind als Arbeitsplatz- und Abteilungsdrucker mit zusätzlicher Kopier-, Scan- und Faxfunktion konzipiert. Als Arbeitsplatzdrucker sind sie kompakt und benötigen wenig Platz und sind gegenüber der alternativen Nutzung von Einzelgeräten wesentlich preiswerter. Multifunktionsdrucker sind als Tintendrucker oder als Laser- bzw. LED-Drucker erhältlich.	
Sonstige Drucker/ Spezialdrucker	Für Spezialfälle gibt es unterschiedliche Spezialdrucker, z. B. • Thermosublimationsdrucker für hochwertigen Fotodruck • Thermotransferdrucker für das Bedrucken von Stoffen oder Bildfolien bzw. als Etikettendrucker • Flachbett-Nadeldrucker für das dokumentenechte und verfälschungssichere Bedrucken von Einzeldokumenten, • kleine und mobile Drucker für den Einsatz im Außendienst, Großformat- oder A0-Drucker für Zeichnungen	

Fragenkatalog zur Leistungsfähigkeit von Druckern

Welche **Papiersorten** können bedruckt werden? (z. B. Normalpapier, Spezialpapier)
Welche **Papiergrößen** sind möglich? (A3, A4, A5, B5, Legal, Letter, Bannerdruck)
Welches **Papiergewicht** ist möglich? (64–300 g/m^2)
Wie hoch ist die **Druckgeschwindigkeit** s/w (Farbe)? (z. B.15 Seiten/min)
Hohe **Zuverlässigkeit** auch bei hohem Druckvolumen gegeben?
Welche **Druckmodi** sind möglich? (Textdruck, Duplexdruck, randloser Druck, Fotodruck)
Zusätzliche **Papierkassetten** und automatischer Wechsel des Einzugs möglich?
Wie groß ist das **Fassungsvermögen** der Papiereinheit?
Welche **Kosten** für Gerät und Farbpatronen oder Farbkartuschen fallen an?
Sind eine hohe **Umweltverträglichkeit** durch niedrigen Energieverbrauch, Ozon- und Feinstaubemissionen, effizientes Tonerrecycling und Funktionen zur Ressourcenschonung gegeben?
Wie hoch ist der **Stromverbrauch im Standby**? (z. B. 4 Watt)
Wie hoch ist der **Stromverbrauch in Betrieb**? (z. B. 16 Watt)
Welche **Anschlüsse** sind möglich? (WLAN, Netzwerkanschluss, Kartenleser, USB)
Ist die **Druckeransteuerung** auch per Smartphone möglich?
Wie umfangreich ist die **Kopierfunktion**? (Kopierzeit bis zur ersten Kopie < 5 Sekunden, Zoomfunktion, diverse Kopierermodi wie Text, Text/Foto, Foto, benutzerdefiniert)
Wie umfangreich ist die **Faxfunktion?** (automatische Wahlwiederholung, Schnellwahl, Fax mit Super G3, zweite Leitung optional, hoher Speicher für Senden/Empfangen, Fax-Weiterleitungsoptionen)
Ist **Scanfunktion** u. Ä. vorhanden? (Flachbettauflage, Dokumenteneinzug, Lautstärke des Geräts im Betrieb, Duplexscan, hochauflösender Farbscan, z. B. bei 600 dpi Auflösung, 48 Bit Farbtiefe, A4/A3-Format, hohe Scan-Geschwindigkeit zur digitalen Bearbeitung von Dokumenten, z. B. 20 Seiten/in ... sec, Bildoptimierung, Visitenkartenscan, mitgelieferte Scansoftware, Anschlüsse)
Sind flexible **Endverarbeitungsmöglichkeiten** zum Erstellen professioneller Dokumente vorhanden? (Lochen, Falten, Heften, Zuschießeinheit für zusätzliche Blätter, Broschürenerstellung)
Ist ein **Gerätemanagementsystem** zur Verwaltung von Dokumentenserver, Print on Demand (Drucken gespeicherter Vorlagen auf Abruf), Benutzerverwaltung, Datensicherheit vorhanden?
Sonstige wichtige Fragen: Geräteabmessungen, Gerätegewicht, Card-Readertyp, Displaytyp, kompatible Betriebssysteme, verwendbare Patronen, Lieferumfang

Kompetenzcheck

1. Recherchieren Sie im Internet nach den neuesten Druckerarten und vergleichen Sie die Angaben mit einer Kurzübersicht.

2. Geben Sie für folgende Angaben eine passende Druckerart an:
   a) Verbraucht Toner
   b) Verbraucht Tinte mit hoher Hitze
   c) Verbraucht Tinte mit Druck
   d) Ermöglicht Durchschläge
   e) Kann auch scannen und faxen
   f) Anfertigung sehr guter Farbausdrucke
   g) Besonders für den Außendienst geeignet

h) Ozon- und Feinstaubentwicklung möglich
i) Schrift ist kratz- und schmierfest
j) Farbdrucke mit hohem Deckungsgrad als Massenausdruck teuer

A14 **3** Bearbeiten Sie im Arbeitsbuch mit Aufgabe 14 der Lernsituation 2 die Anfrage eines Kunden und bereiten Sie Kundengespräche, ein Druckerkonzept und eine Empfehlung vor.

(2) Druckkostenvergleich

Die folgenden Übersichten zeigen, dass sowohl die Geräte als auch die Verbrauchskosten je nach Gerätetyp sehr unterschiedlich sein können. So lassen sich selbst bei den Tintenstrahldruckern Seitendruckkosten z. B. für s/w zwischen 0,3 und 3 Cent und mit Farbtinte von 0,4 bis über 50 Cent feststellen. Im Vergleich der Geräte- und Verbrauchskosten eines Gerätetyps sind die Kostenspannen ebenfalls sehr groß. Dies kann daran liegen, dass
- Geräte mit höherer Robustheit und mehr Funktionen teurer sind,
- teure Geräte niedrigere Verbrauchskosten haben.

Beispiel:

Drucker – Einzelgeräte			
Technologie	**Tintendrucker**	**S/W-Laserdrucker**	**Farblaserdrucker**
Gerätepreise	40–350 €	110–400 €	210–1 600 €
Verbrauchskosten pro Seite	1,3–18 ct	1,1–3,9 ct	3,0–12,8 ct

Verbrauchskosten ohne Papier

Multifunktionsgeräte			
Technologie	**Tintendrucker**	**S/W-Laserdrucker**	**Farblaserdrucker**
Gerätepreise	80–450 €	140–600 €	280–1 000 €
Verbrauchskosten pro Seite	2,9–14,6 ct	0,4–5,7 ct	4,1–23 ct

Verbrauchskosten ohne Papier

Kostenkalkulation Farbdrucker				
System	**Gerätekosten**	**Anzahl Patronenwechsel**	**Anzahl Papierfüllungen**	**Verbrauchskosten pro Seite in Cent**
A	160 €	69	50	7,7
B	190 €	75	40	9,3
C	200 €	82	60	10,0
D	210 €	52	30	8,1
E	280 €	37	30	6,1
F	350 €	20	15	5,7

Hinweise:
- Testberechnung für 15 000 Seiten (Blätter)
- Zeitkalkulation für einen Patronenwechsel: 5 Minuten
- Zeitkalkulation für eine Papierfüllung: 3 Minuten
- Personalkostenkalkulationssatz/Stunde: 28 €

Kompetenzcheck

1. Erläutern Sie die Angaben in den Tabellen und prüfen Sie die Angaben auf aktuelle Preise.

2. Berechnen Sie auf gesondertem Blatt oder mithilfe der Vorlage im Downloadbereich in zusätzlichen Spalten der angegebenen Tabelle je System (Drucker)
   a) die Verbrauchskosten für den gesamten Testzeitraum,
   b) die Summe der Geräte- und Verbrauchskosten,
   c) die Personalkosten PW (Patronenwechsel),
   d) die Personalkosten PF (Papierauffüllung),
   e) die Gesamtkosten.

3. Bearbeiten Sie im Arbeitsbuch die Aufgabe 15 der Lernsituation 2 und führen Sie einen zusätzlichen Druckkostenvergleich durch und erstellen Sie eine Checkliste für das Kundengespräch.

A15

(3) Nachhaltige Drucker- und Kopierernutzung

In vielen Betrieben sollen Geräte mit möglichst geringer Schadstoffemission und aus nachhaltiger Produktion beschafft werden. Die Öffentlichkeit beschäftigt sich immer wieder mit möglichen Gefährdungen der Büromitarbeiter durch Emissionen von Druckern und Kopierern. Die Bundesanstalt für Arbeitsschutz und Arbeitsmedizin (BAuA) und andere Institute nehmen ständig Bewertungen möglicher Gesundheitsgefährdungen in Büroarbeitsbereichen vor und stellen heraus, dass bei neueren Geräten, **sachgemäßer Handhabung** und **geeigneten Maßnahmen** im Büro kein Anlass zur Besorgnis besteht.

Gesundheit

- Keine krebserregenden Stoffe
- Keine Ozonemissionen
- Keine Feinstaubemissionen
- Wenig Geräuschemissionen

Nachhaltigkeit

- Recyclingfähige Produktkomponenten
- Nachwachsende Rohstoffe
- Lange Lebensdauer der Produkte
- Wiederverwendung der recycelten Produkte
- Schonender Umgang mit Geräten/Materialien

Gefährdungen und Abhilfemaßnahmen		
Gefährdungen	**Erläuterung**	**Abhilfemaßnahmen**
Krebserregende Stoffe	insbesondere in Kunststoffteilen können krebserregende Stoffe enthalten sein	nicht zu alte Geräte verwenden, Geräte mit entsprechenden Unbedenklichkeitszertifikaten einsetzen
Ozonbelastungen	Ozon kann durch Laserdrucker beim Kopiervorgang entstehen	Laserdrucker ohne Ozongefährdung anschaffen, Ozonfilter ergänzen; Räume mit Geräten gut belüften

Gefährdungen und Abhilfemaßnahmen		
Gefährdungen	**Erläuterung**	**Abhilfemaßnahmen**
Feinstaubemissionen	Feinstaub als Toner- und Papierstaub kann zu erheblichen Gesundheitsgefährdungen führen. Auf Hinweise in den Bedienungs- und Wartungsanleitungen ist zu achten	Geräte mit entsprechenden Unbedenklichkeits-Zertifikaten verwenden, Räume mit Geräten stets gut belüften, Geräte auf leicht zu reinigenden Untergrund stellen, um unnötige Staubansammlungen zu vermeiden, verschüttetes Tonerpulver mit einem feuchten Tuch beseitigen, staubarmes Kopier- und Druckpapier beschaffen, beim Kopieren Deckel geschlossen halten, um unnötigen Tonerverbrauch zu reduzieren
Geräuschemissionen	Aufmerksamkeit und Reaktionszeit sinken, Denkvorgänge laufen langsamer ab; ist es sehr laut, kann das Gehör geschädigt werden	lärmarme Geräte verwenden (≤ 55 dB), für Schallschutz sorgen, besondere Räume wählen, Abstand zu Geräten halten, lärmdämmende Materialien einsetzen

Kompetenzcheck ✓

1. Recherchieren Sie zur nachhaltigen Drucker- und Kopiernutzung, präsentieren Sie Ihre Ergebnisse.

A16
2. Bearbeiten Sie im Arbeitsbuch die Aufgabe 16 der Lernsituation 2 zur Erstellung von Präsentationen zur nachhaltigen Druckernutzung.

(4) IT-Sicherheit bei Multifunktionsdruckern

Da Drucker in nahezu jedem Betrieb auch für den Ausdruck von vertraulichen Dokumenten verwendet werden, ist insbesondere der Schutz der Druckdaten eine wichtige Anforderung.

Maßnahmen für Datenschutz bei Druckern
• Drucker so aufstellen, dass sie öffentlich nicht erreichbar sind • Betriebssysteme und Software so einstellen, das sicherheitsrelevante Anforderungen beachtet werden • Benutzung nur per Passwort oder Karte • Festplatte im Drucker verschließen • Daten verschlüsselt speichern • Zwischenspeicher und nicht mehr benötigte Daten regelmäßig löschen • Datensicherheits-Kit (DSK) u. a. aktivieren

Unternehmen müssen nach der Datenschutzgrundverordnung (DSGVO), nach dem Bundesdatenschutzgesetz (BDSG) und sonstigen Normen (z. B. GeschGehG) für angemessene Maßnahmen sorgen, um personenbezogene Daten und Geschäftsgeheimnisse zu schützen. Bei Multifunktionsdruckern und Abteilungsdruckern müssen in der Anforderungsanalyse sicherheitsrelevante Aspekte überprüft werden.

Kompetenzcheck ✓

1. Recherchieren Sie zu Sicherheitsaspekten bei Druckern und präsentieren Sie Ihre Ergebnisse.

A17
2. Bearbeiten Sie im Arbeitsbuch die Aufgabe 17 der Lernsituation 2 zur Erstellung von Präsentationen zur IT-Sicherheit bei Druckern.

2.4.11 Scanner beschreiben und für den Arbeitsplatz auswählen

S **Sie sollen Scanner für unterschiedliche Arbeitsplätze vorschlagen und die Auswahl begründen.**

Betriebe haben unterschiedlichen Scanbedarf. Daher werden Scanner angeboten, die bis zu 60 000 Blatt an Dokumenten täglich einscannen können.

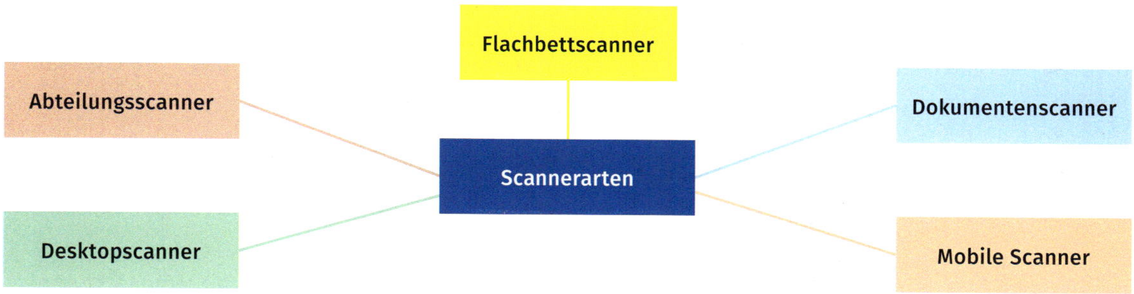

Für das Digitalisieren und Archivieren vieler Schriftstücke unterschiedlicher Papierformate, die zudem mehrseitig und beidseitig bedruckt sind, sind einfache Flachbettscanner nicht immer die erste Wahl. Zwar kann über eine ergänzbare automatische Dokumentenzufuhr die Scangeschwindigkeit erhöht werden. Allerdings sind für diesen Zweck spezielle Dokumentenscanner mit zweiter Scanzeile für die Rückseite und sicherer Papierzufuhr besser geeignet. Für den mobilen Einsatz im Außendienst sind kleine Scanner mit geringerer Scanleistung/Minute und weniger Funktionen sinnvoll.

Mobiler Scanner

Flachbettscanner

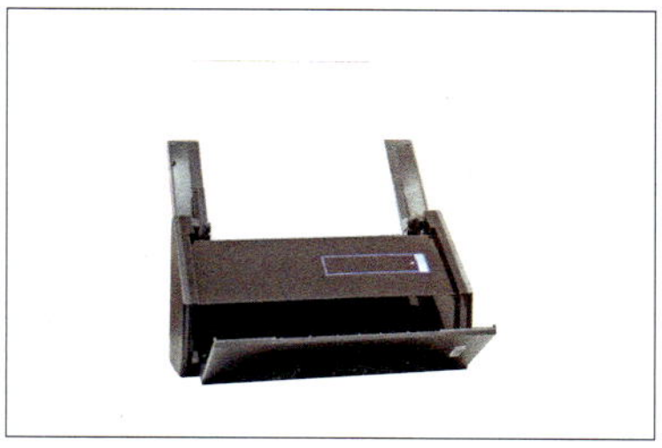

Dokumentenscanner

Neben der Option auf automatischen Einzug unterscheiden sich die Scanner in der Scanleistung und in der Scanqualität, die häufig auch durch die Software bestimmt wird. Ebenso sind Bearbeitungsfunktionen von der Software abhängig, bei größeren Scannern von der Netzwerkfähigkeit. Für Mitarbeiter, die mit einem Scanner arbeiten, ist einfache Bedienung des Geräts wichtig.

Kompetenzcheck ✓

1. Erstellen Sie eine kleine Übersicht der Scanner, die in Ihrem Ausbildungsbetrieb zur Verfügung stehen.

2. Unterscheiden Sie mit Aufgabe 18 der Lernsituation 2 im Arbeitsbuch Scannerarten und erstellen Sie Präsentationen zu Scannern im betrieblichen Einsatz.

A18

2.4.12 IT-Zubehör für die Barrierefreiheit und im Aftersales unterscheiden

S **Sie sollen Vorschläge für besonderes Zubehör in Kundengesprächen präsentieren und Vorschläge unterbreiten, wie Sie in Ihrem Beruf zur Barrierefreiheit am Arbeitsplatz beitragen können.**

Die Fülle von Zubehör für marktgängige IT-Systeme ist vielfältig. In diesem Kapitel wird Zubehör vorgestellt, das der Gesunderhaltung am Arbeitsplatz dient oder für eine gute Arbeitsplatzausstattung im Trend ist. Bei Auftragsbesprechungen sollte auf sog. Aftersales-Geschäfte (Zusatzumsätze nach dem Auftrag) geachtet und Kunden auf Zusatzartikel oder Randartikel angesprochen werden. Häufig haben diese Artikel auch höhere Handelsspannen (Preisunterschied zwischen Beschaffungs- und Verkaufspreis).

Zubehör zur Gesunderhaltung, für Trends und Aftersales	
Laptopzubehör	Rucksack, Taschen, Akkus, Lapdesks, Zusatztastaturen, Halterungen, Handyständer etc.
Bildschirm-, Tastaturhalter	Verstellbare Halter ermöglichen auch für Desktopsysteme ein ergonomisches und dem Arbeitsplatznutzer angepasstes Arbeiten
Datenschutzfilter, Displayfilter, Anti-Spy-Folien, Blaulichtfolien	Einsatz von Filtern zum Schutz vor dem Ausspähen von geschäftlichen oder privaten Daten oder für besseres Sehen; sichtbares blau-violettes Licht soll reduziert und unsichtbare UV-Strahlung minimiert werden; soll vor Risiken wie erhöhter Schlaflosigkeit, Augenbelastung, Kopfschmerzen, trockenen Augen und verschwommenem Sehen schützen
Blaulichtfilter und Computerbildschirmbrillen	Dienen zum Schutz vor zu viel Blaulicht der Displays und störenden Lichtreflektionen; als spezielle Mehrbereichsgläser entspannen sie Augen, sind angenehmer beim konzentrierten Arbeiten am Bildschirm
Mobile (externe) Stecker, Adapter, Verteiler, Hubs	Adapter werden zum Koppeln und Anschließen von Geräten eingesetzt; Hubs stellen als Block (als Steckteil/Dock oder per Kabelanschluss) viele Anschlüsse/Ports zur Verfügung, z. B. USB, HDMI, Kartenleser und über USB-C oder Stromstecker einen Stromanschluss
Schutzhüllen	Für Displays, Notebooks etc.
Verbrauchsmaterial	Tonerkartuschen, Tintenpatronen etc.
Infos	z. B. www.ab-nrw.de, https://ergonomie-am-arbeitsplatz.de/

In Deutschland leben etwa 160 000 Blinde und schätzungsweise eine Million sehbehinderte Menschen. Rot- und Grünsehschwäche kommt am häufigsten vor. Allein in Nordrhein-Westfalen leben ca. 1,8 Mio. schwerbehinderte Menschen, von denen ca. 20 000 in der Landesverwaltung beschäftigt sind.

Braillezeilen

Vorlese- und Abspielgerät als Brillenaufsatz

Brailletastatur mit -Zeile

Brailledrucker

Die steigende Zahl der Homeoffice-Arbeitsplätze ermöglicht es, heute besser als früher, Menschen mit Einschränkungen einen vertrauten und angepassten Arbeitsplatz zu ermöglichen. Viele Gesetze und Verordnungen verpflichten Hersteller und Arbeitgeber, barrierefreie Informationstechnik bereitzustellen. Betriebsärzte haben die Aufgabe, den Arbeitgeber beim Arbeitsschutz und bei der Unfallverhütung in allen Fragen des Gesundheitsschutzes zu unterstützen.

Barrierefreiheit (Accessibility) in der Informationstechnik

Barrierefreie Informationstechnik verfolgt das Ziel, digital zur Verfügung stehende Anwendungen und Informationsangebote für alle Menschen nutzbar zu machen, z.B. durch integrierte Zusatzprogramme im Betriebssystem, barrierefreie Betriebssystem- und Softwarenutzung. Andere funktionale Einschränkungen erfordern den Einsatz von individuell angepassten Hilfsmitteln, z.B. eine andere Art der Mauszeigerbedienung oder ein Bildschirmvorleseprogramm.

Anforderungen und Zubehör unter dem Aspekt der Barrierefreiheit und Gesundheit

Ergonomische Fußstützen bzw. -auflagen Füße sollten beim Sitzen nicht in der Luft hängen. Fußstützen dienen dem Ausgleich zwischen Tischhöhe und Fußboden. Die Fußauflage wirkt präventiv gegen Durchblutungsstörungen, Gefäßerkrankungen sowie allgemeines Unwohlsein. Fußstützen mit Wipp- und Schaukelmechanik fördern und fordern die Beinbewegung ein, sie können als kleiner Bewegungstrainer genutzt werden. Es gibt auch Fußstützen für Stehtische, um ein dynamisches Stehen zu unterstützen. Sie sind nach Arbeitsstättenverordnung bei Bedarf vorgeschrieben.
Ergonomische Geräte am PC-Arbeitsplatz Es werden vielfältige ergonomische Geräte angeboten (Ergonomie = dem Menschen angepasst), z.B. ergonomische Mäuse, ergonomische Mauspads, Tastaturen, Handballenauflage, Handgelenkauflagen, Tastaturhalter, Laptopständer, Laptophalter, Lapdesks, ergonomische Bildschirme.
Blaulichtfilterbrillen, Computerbrillen, Bildschirmarbeitsplatzbrillen LED-Flachbildschirme können eine aggressive Blaulichtstrahlung haben. Störungen im Hormonhaushalt oder Schlafstörungen können sich ergeben, die durch eine Filterfolie oder Blaulichtfilterbrille behoben werden können.

Sehhilfen am Bildschirmarbeitsplatz (Bildschirmarbeitsbrille) Spezielle Sehhilfen für die Arbeit an Bildschirmgeräten werden gewährt, wenn spezielle Sehhilfen notwendig und normale Sehhilfen nicht geeignet sind, Tests: z. B. Fehlsichtigkeitstests, Kontrasttests, Skalierungs- und DPI-Tests
Zusatzsoftware und -funktionen für Smartphones Sehbehinderte können das Smartphone auch zum Vorlesen und als Einkaufshilfe einsetzen, z. B. mithilfe von Tools wie Android Accessibility Suite, Talkback Screenreader oder Nuance Accessibility Suite .
Betriebssystemhilfen im Betriebssystem Windows 10 oder Apple OS bieten viele Einstellmöglichkeiten, um Menschen mit Einschränkungen zu unterstützen, z. B. die Lupenfunktion.
Hilfen für Blinde am Arbeitsplatz Blindenlese-/Braillezeilen und Notizgeräte, Vorlese- und Abspielgeräte, z. B. tragbare Mini-Kamerasysteme oder Drucker für Blinden-/Brailleschrift.
Softwareergonomie und Barrierefreiheit Unter diesen Stichworten sind viele gesetzliche Anforderungen, Maßnahmen und Funktionen in Software und Softwareentwicklung zu finden, siehe auch Lernfeld 5 und Lernfelder des Jahrgangbands 2.
Kategorien der Anforderungen in der Barrierefreiheit (Accessibility) der Informationstechnik 1. **Wahrnehmbarkeit:** Informationen und Bestandteile der Benutzerschnittstelle müssen den Benutzern so präsentiert werden, dass sie sie wahrnehmen können. 2. **Bedienbarkeit:** Bestandteile der Benutzerschnittstelle und Navigation müssen bedienbar sein, z. B. Tastatur. 3. **Verständlichkeit:** Informationen und Bedienung der Benutzerschnittstelle müssen verständlich sein. 4. **Robustheit:** Inhalte müssen zuverlässig nutzbar sein.
Gesetzliche Grundlagen zu Forderungen nach barrierefreien Arbeitsplätzen und Informationstechnik Grundgesetz (GG), Arbeitsstättenverordnung (vgl. § 3 a ArbStättV), Allgemeines Gleichstellungsgesetz (AGG), Behindertengleichstellungsgesetz (BGG), Bundesteilhabegesetz (BTHG), Neuntes Sozialgesetzbuch (§ 81 SGB IX), Barrierefreie-Informationstechnik-Verordnung (BITV 2.0), Accessibility Requirements for ICT Products and Services (EU-Norm EN 301 549), Web Content Accessibility Guidelines (WCAG 2.1)
Weitere Infos: z. B. www.bundesfachstelle-barrierefreiheit.de, www.bitvtest.de, www.bit-inklusiv.de, www.arbeitsschutz-portal.de; www.dguv.de (insbesondere DGUV-Information 250-008 „Sehhilfen am Bildschirmarbeitsplatz“)

Kompetenzcheck ✓

1. Prüfen Sie einmal, wer in Ihrem Umfeld eine Sehschwäche hat.

2. Diskutieren Sie, welche Ausstattungen für ein barrierefreies Arbeiten den Kunden für die Arbeitsplatzausstattung angeboten werden sollten.

3. Prüfen Sie Möglichkeiten, in Betriebssystemprogrammen (Windows, Apple OS) und Office-Programmen Einstellungen zur Barrierefreiheit vorzunehmen und erstellen Sie ein Kundenangebot dazu.

A19

4. Bearbeiten Sie im Arbeitsbuch die Aufgabe 19 der Lernsituation 2 und beraten Sie zu IT-Zubehör im Aftersales-Gespräch. Berücksichtigen Sie insbesondere Zubehör zur Verbesserung der Barrierefreiheit.

2.4.13 Unternehmenssoftware anbieten und vergleichen

S **Sie sollen Unternehmenssoftware unterscheiden und prüfen, welche in den Ausbildungsbetrieben eingesetzt wird.**

(1) Einführung in Unternehmenssoftware

Geschätzt bieten Softwareanbieter über 100 000 verschiedene Programme und Apps an (Softwarekategorien siehe Kapitel 1.3.5 (4), 2.2.2 (2) und 5.1.2). In Deutschland gibt es über 20 Mio. Computerarbeitsplätze mit den unterschiedlichsten Anforderungen und Ausstattungen. Da kein Unternehmen ohne Aufträge existieren kann, gehören Programme zur Auftragsbearbeitung neben gängigen Office-Programmen zu den am meisten genutzten Programmen in Unternehmen.

Vielfalt des Softwarekatalogs	
Funktionsbereiche	Branchen und Einsatzbereiche
Einkauf, Lagerhaltung, Produktion, Handel, Verkauf, Logistik, Beratung, Verwaltung, Kunden- und Lieferantenbetreuung, Marketing, E-Commerce und E-Business etc.	Handwerk, Handel, Industrie, Logistik, Verkehr, Behörden, Dienstleistungen, Organisationen, Verwaltungen, Bildungseinrichtungen etc.

In Kleinunternehmen werden einfachere Auftragsbearbeitungsprogramme angeboten. Im abgebildeten Beispiel lassen sich über eine Eingabemaske die Kundendaten mit Zusatzangaben als Stammdaten erfassen.

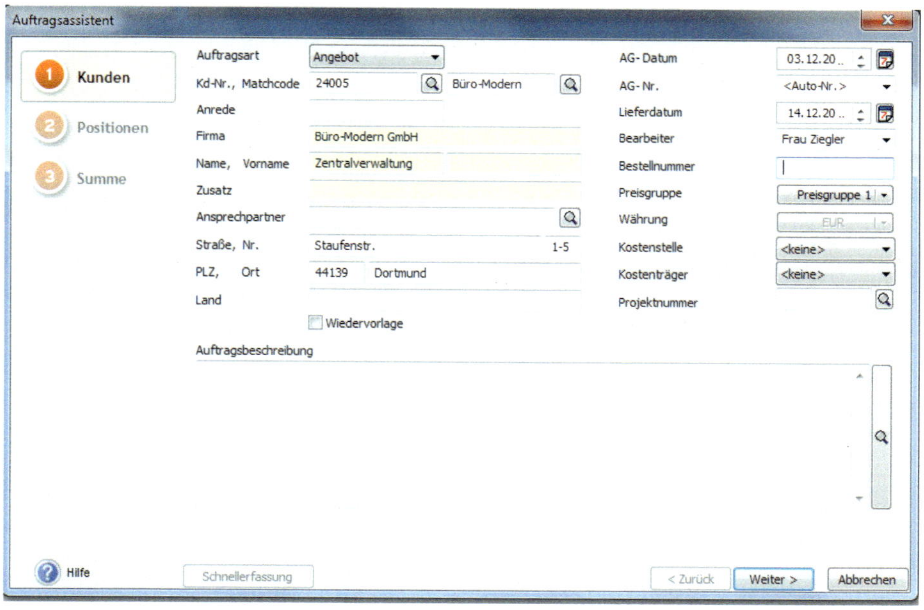

Dazu können der im Auftragserstellungsprozess aktuelle Bearbeitungsschritt (hier: Angebot) gewählt und die Daten erfasst bzw. abgerufen werden.

Die einzelnen Artikelpositionen werden über eine weitere Eingabemaske erfasst. Hierbei werden als **Stammdaten** schon vorhandene Artikeldaten über die Artikel-Nr. aufgerufen und mit individuellen **Bewegungsdaten** (z. B. Menge und Rabatt) ergänzt sowie mit **Rechendaten** (z. B. Gesamt) angezeigt.

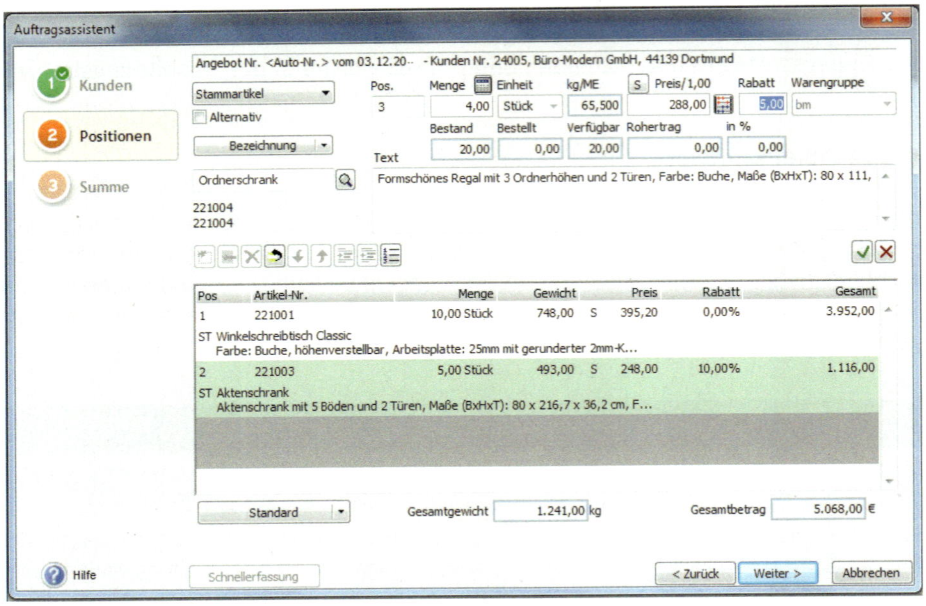

Datenarten	
Stammdaten	Ändern sich selten, z. B. Name
Bewegungsdaten	Ändern sich laufend, z. B. Menge
Rechendaten	Werden i. d. R. durch Programmcode angezeigt, z. B. Gesamtpreis

Im Beispiel werden in einer weiteren Erfassungsmaske die aufsummierten Rechnungsbeträge mit den bisher erfassten Konditionen angezeigt. Über **Textfelder** können individuell Zusatzangaben erfasst und in den Belegen angezeigt werden.

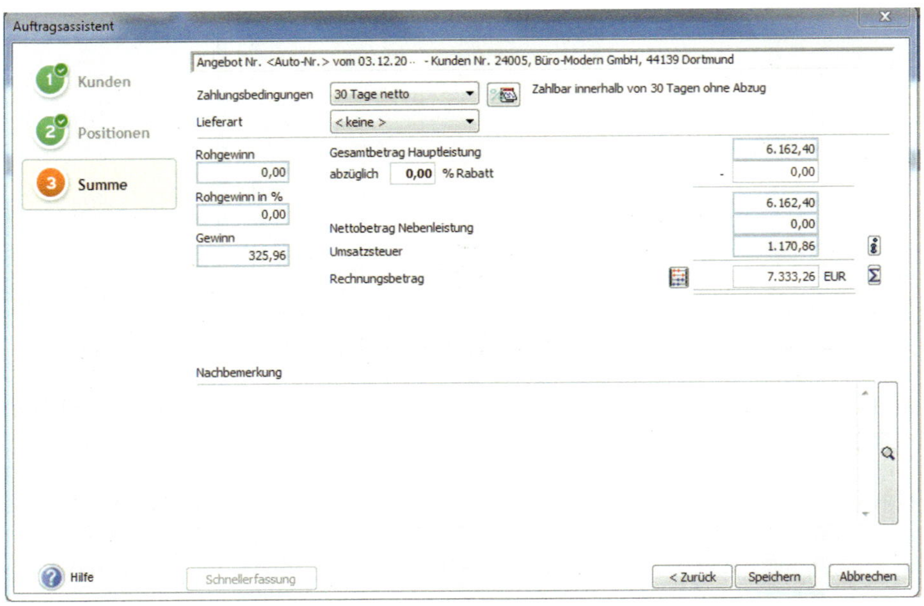

Die folgende Übersicht listet unterschiedliche Softwarearten auf, die in der betrieblichen Verwaltung und Büroorganisation eingesetzt werden.

Software für Auftragsbearbeitung und betriebliche Betriebsmittelverwaltung

Betriebliche Anwenderprogramme Betriebliche Anwenderprogramme sind universell für betriebliche Belange erstellt worden, z. B. Auftragsbearbeitung, Warenwirtschaft mit Bestellwesen und Lagerhaltung, Lohn- und Gehaltsabrechnung und Finanzbuchhaltung. Diese Programme werden als integrierte Programme auch unter dem Sammelbegriff ERP (Enterprise Resource Planning) geführt (siehe folgenden Abschnitt (1), Kapitel 1.3.5, Abschnitt 4).
Branchenprogramme Für fast alle Branchen werden spezielle Programme für kaufmännische, organisatorische und technische Belange angeboten.
Office-Programme Office-Programme sind Standardprogramme, die grundlegende Büroanwendungen wie Textverarbeitung, Tabellenkalkulation, Teamarbeit oder Präsentationen professionell ermöglichen.
Universelle Standardprogramme Hierzu zählen die Office-Programme und alle universell (allgemein) einsetzbaren Programme, z. B. für Textverarbeitung, Tabellenkalkulation, Geschäftsgrafik, Datenbanken, Bildbearbeitung oder Zeichnen.
Apps (Applications) Apps sind kleinere Programme, die nicht selten kostenlos Anwendungen zur Verfügung stellen, z. B. Wetter-App, Taschenrechner-App.
Individualprogramme Für besondere Funktionen und Anwendungen lassen Unternehmen individuell Anwendungsprogramme entwickeln.
Softwarevergleichsportale Vergleichsportale für Software bieten häufig kostenlose Empfehlungen und Tipps, um die passende Businesssoftware für das Unternehmen zu finden (Suche: Software Vergleich).
Tipps Plattformen prüfen, die portable Anwendungen sammeln und zum Download anbieten oder Tipps geben, z. B. www.softguide.de/software-tipps/ oder https://sourceforge.net/ Informationen zu Trends, z. B. unter www.it-business.de, https://business-services.heise.de

(2) Content-Management-System (CMS)

Ein Content-Management-System (CMS) wird als Software, Cloudanwendung oder Homepage-Baukasten angeboten, um ohne Programmierkenntnisse Websites mit den Inhalten (Content) zu Unternehmenspräsentationen, Informations- und Kommunikationsportalen, Blogs, Shops, Service-Webseiten etc. bereitzustellen. Je nach Endgerät werden die Webseiten im Design automatisch (reponsiv) angepasst. Da allein in Deutschland mehrere hunderttausende Websites existieren, sind leicht zu bedienende CMS-Systeme gefragt. Sehr bekannt sind WordPress, TYPO3, Joomla!, Drupal, Magento, Contao oder WIX, Ghost u. v. m., vgl. omr.de, capterra.com oder blog.hubspot.de. Website-Hoster und Webprovider bieten die häufigsten CMS standardmäßig mit an. Ohne Programmierkenntnisse kann das Design und die Content-Bereitstellung über Templates leicht erfolgen. Viele Funktionen wie z. B. zu SEO oder KI-Unterstützung stehen je nach CMS zur Verfügung.

(3) Enterprise Resource Planning (ERP)

ERP steht für Enterprise Resource Planning (wörtlich: Unternehmens-Mittel-Planung) und umfasst Softwareanwendungen, die Unternehmen und ihre Mitarbeiter dabei unterstützen, wichtige Unternehmensaufgaben, z. B. Auftragsbearbeitung (Verkauf), Lagerhaltung, Einkauf, Finanzbuchhaltung oder Lohn- und Gehaltsabrechnung, zu erledigen. Das System dient nicht nur dazu, unternehmensrelevante Daten zu verwalten und darüber zu informieren, sondern auch alle notwendigen Belege und Auswertungen zu erstellen. Die Integration aller Daten in ein Unternehmenssystem hat den Vorteil, dass nur unbedingt notwendige Doppelspeicherungen vorkommen und mit der Berechtigung von jedem Arbeitsplatz, bei webbasierten ERP-Systemen von jedem Arbeitsplatz der Welt mit Internetanschluss, auf die im ERP-System gespeicherten Daten zugegriffen werden kann. Die Mitarbeiter müssen die Funktionen, Abläufe und Möglichkeiten der Programme gut kennen, damit sie das Unternehmen mithilfe der ERP-Systeme optimal verwalten und steuern können.

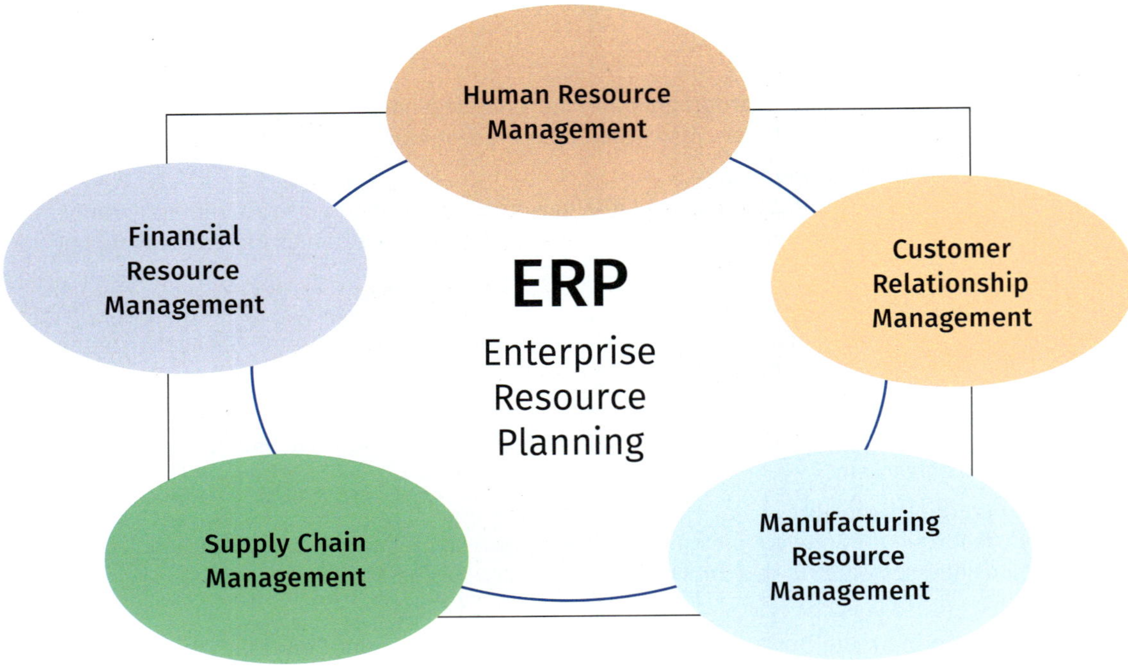

Da Unternehmen sich je nach Branche in ihren Ressourcen, Leistungen und Prozessen erheblich unterscheiden und daher die Anforderungen an ein ERP-System sehr unterschiedlich sind, gibt es auch entsprechend viele Anbieter von ERP-Programmen (derzeit über 800). Zu den größten ERP-Software-Anbietern zählen SAP, Oracle, Microsoft oder Infor für größere Unternehmen sowie Lexware oder Sage für kleinere bis mittlere Unternehmen. Ein ERP-Programm oder Softwaresystem kann aber nur ein Hilfsmittel oder Werkzeug sein, damit Mitarbeiter im Unternehmen die Prozesse optimal bearbeiten, steuern oder managen können. Ein ERP-System führt daher insbesondere fünf große Managementbereiche des Unternehmens zusammen und ermöglicht ihre Zusammenarbeit:

Managementbereiche im Unternehmen mit Unterstützung von ERP-Unternehmenssoftware		
Bereiche allgemein	**ERP-System**	**Erläuterungen**
Human Resource Management (HRM)	Lohn und Gehalt	Das HRM ist besser bekannt unter den Begriffen „Personalmanagement“ oder „Personalwesen“ und wird normalerweise von der Personalabteilung wahrgenommen. Handlungsfelder in Zusammenarbeit mit den Fachabteilungen sind z. B. Personalplanung, Personalrekrutierung, Personalführung und Personalentwicklung, Entgeltgestaltung und Personalverwaltung. Das HRM ist nicht zuletzt für ein gutes Arbeitsklima und eine gute Personalkommunikation zuständig. Als Human Resources bezeichnet man die Ressourcen, die ein Unternehmen durch seine Mitarbeiter an Wissen, Fähigkeiten und Motivation hat.

Managementbereiche im Unternehmen mit Unterstützung von ERP-Unternehmenssoftware		
Bereiche allgemein	**ERP-System**	**Erläuterungen**
Customer Relationship Management (CRM)	Verkauf	CRM (Kundenbeziehungsmanagement oder Kundenpflege) bezeichnet die konsequente Ausrichtung einer Unternehmung auf ihre Kunden und die systematische Gestaltung der Kundenbeziehungsprozesse. Die dazugehörende Dokumentation und Verwaltung von Kundenbeziehungen ist ein wichtiger Baustein und ermöglicht ein vertieftes Beziehungsmarketing.
Manufacturing Resource Planning (MRP)	Produktion	Hier findet die Fertigungsprozessplanung statt, auch Produktionsplanung und -steuerung (PPS-System) genannt, weshalb dieser Bereich in Produktionsunternehmen benötigt wird. Auch hier werden unterschiedliche Ausbauvarianten bereitgestellt, damit die Fertigung schnell und flexibel auf unterschiedliche Auftragssituationen reagieren kann. Erweiterte MRP-Programme beziehen auch Kapazitätsplanungen ein, damit rechtzeitig Planungsdaten und Simulationsmöglichkeiten (Was wäre, wenn?) vorliegen.
Supply Chain Management (SCM)	Lager, Ein- und Verkauf	SCM wird auch Lieferkettenmanagement genannt und dient der Planung, Steuerung, logistischen Verzahnung und Optimierung aller Ressourcen und Informationen über den gesamten Wertschöpfungsprozess, die zur Produktion und zum Absatz der Produkte beitragen; inner- und auch außerbetrieblich vernetzt, insbesondere bei laufend wechselnden Bestell- und Produktionsmengen und Just-in-Time-Produktion.
Financial Resource Management (FRM)	Finanzmanagement	FRM umfasst die Verwaltung, Planung, Steuerung und Kontrolle aller finanziellen Ressourcen (Finanzmittel), im engeren Sinne die Finanzbuchhaltung und die Anlagenbuchhaltung, im weiteren Sinne beinhaltet es ein noch stärker auf Rendite, Analysen und Entscheidungen ausgelegtes System.
Sonstige		Häufig werden ergänzend Module oder Funktionalitäten für Projektmanagement, Dokumentenmanagement, Forschung und Entwicklung in das ERP-System integriert oder damit verbunden.

(4) Smart Factory

Die Anforderungen an Produktionsunternehmen verändern sich rasant. Aufgrund des starken Verdrängungswettbewerbs müssen die Stückkosten gesenkt werden. Kunden verlangen laufend neue Produktdesigns und Spezifikationen, eine hohe Produktvielfalt, so weit wie möglich individualisierte Produkte bis hin zur Losgröße 1 (keine Herstellung von tausenden gleichartiger Produkte, sondern jedes Produkt einzigartig).

Kunden erwarten möglichst kurze Lieferzeiten und dass der Kunde auch noch nach der Bestellung Änderungen in den Spezifikationen vornehmen kann. Kunden sollen taggenau erfahren, wann sie die Lieferung erreicht, und verfolgen können, wo sich das Produkt in der Herstellungs- und Lieferphase gerade befindet.

Insellösungen an Softwareanwendungen sind daher nicht mehr anforderungsgerecht. Herstellungsunternehmen benötigen möglichst ganzheitliche und **voll integrierte Softwarelösungen** mit Datenschnittstellen vom Point of Sale (Verkaufsstelle) bis hin zur Produktionsstätte und logistisch und rechnerisch zurück zum Kunden (siehe Schaubild folgende Seite).

Das Ziel bei Produktionsunternehmen ist eine **Smart Factory**, d. h. eine voll datenintegrierte und „intelligente" Fabrik. Die Zielstellung wird als **Industrie 4.0** bezeichnet (vgl. Kapitel 2.2.1). Auf jeder Stufe der Datenannahme, Datenverarbeitung und Datenweitergabe sollen „intelligente" Softwarelösungen die Flexibilität und Effizienz der Produktion sicherstellen, Vorhersagen erstellen und Produktionspläne optimieren. Damit soll die Fabrik transparent ständig alle Informationen bereitstellen. Sie soll schnell auf neue Anforderungen reagieren können. Sie soll funktional vernetzt sein und sich durch die IT so weit wie möglich selbst regeln können.

Smart Factory

„Intelligente Fabrik"
Stufe 1: transparent – Stufe 2: reaktionsfähig – Stufe 3: selbst regelnd – Stufe 4: funktional vernetzt

Vorteile in der Prozesskette
- Aktuelle Informationen (Transparenz)
- Schnelligkeit und Flexibilität
- Liefersicherheit, kurze Lagerhaltung
- Individualprodukte, Variantenvielfalt
- Automatisierte, intelligente Prozesse
- Optimale, niedrige Kosten

Maschinen, Lager- und Transportsysteme mit ihren Steuerungen, Prüfmitteln und der Betriebstechnik sind vollständig in ihren Datensystemen vernetzt. **Sensoren** dienen zur Erfassung von Qualitäts- und Prozessdaten. **Aktoren** steuern physisch Maschinen und Anlagen. Die Online-Verbindung zu Kunden, Lieferanten und Geschäftspartnern hält alle Prozessbeteiligten laufend informiert.

Bei einer vollintegrierten Vernetzung in Unternehmen mit KI-Anwendungen fließen sehr viele Daten. Wenn die Rechnersysteme in die Cloud verlegt wurden, wird vor Ort sogenanntes **Edge-Computing** (dezentrale Serverunterstützung vor Ort) installiert. Damit können Daten schon vor Ort verarbeitet werden und werden nur in das Cloud-Rechenzentrum gesendet, wenn dies erforderlich ist.

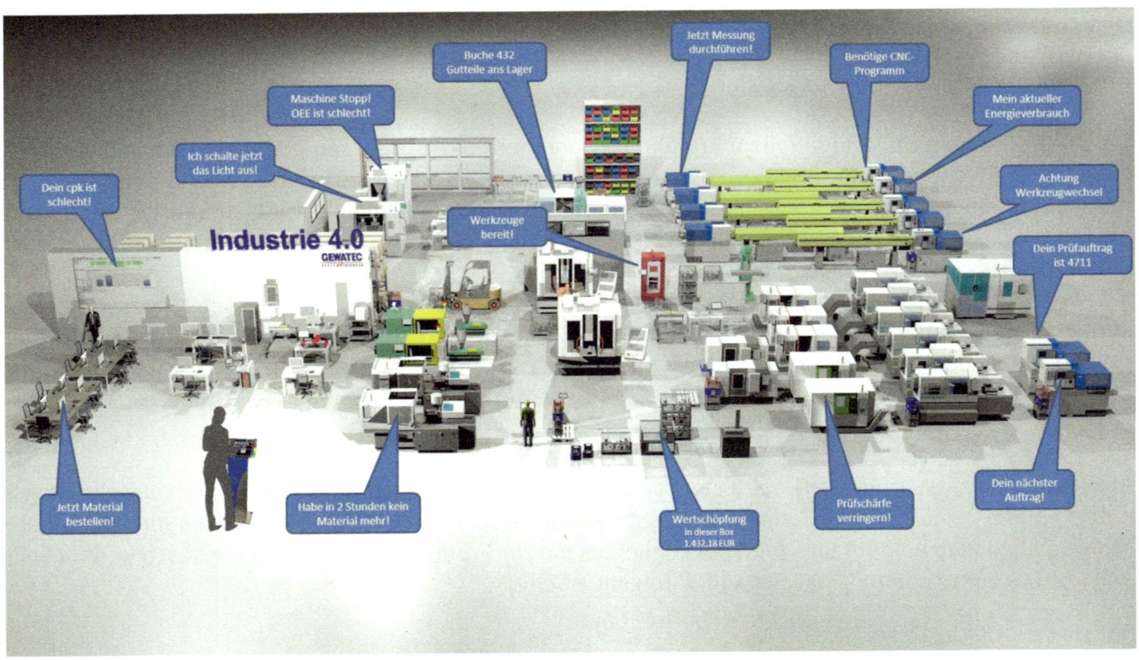

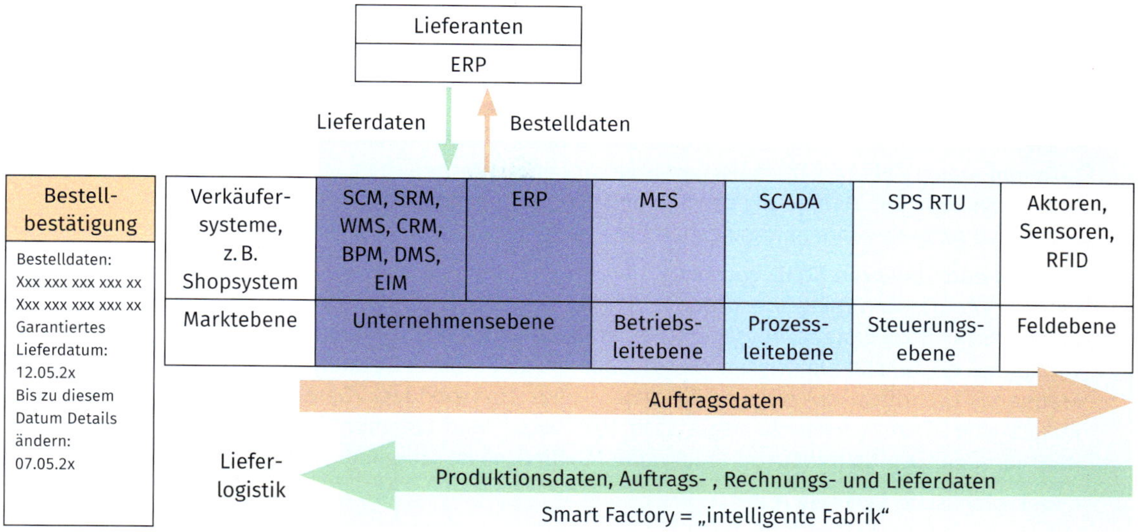

Auf Unternehmens- und Betriebsebene müssen alle Programme voll funktional und datenintegriert zusammenarbeiten. Das **SCM** (Supply Chain Management) muss das Material auf der gesamten Produktionskette verwalten und optimieren. Es muss sich mit dem **WMS** (Warehouse Management System) abstimmen, das die vielen großen und kleinen Lager sowie Transportsysteme verwaltet und optimiert. Das **SRM** (Supplier Relationship Management) hält die Datenverbindung zu den Lieferanten, das **CRM** (Customer Relationschip Management) die Verbindung zu den Kunden (siehe Kapitel 1.3.5, Abschnitt [4]). Das **BPM** (Business Process Management) verwaltet und optimiert alle Prozesse. Das **EIM** (Enterprise Information Management) sorgt dafür, dass die vielen Daten (Big Data) „intelligent" genutzt werden. Das **DMS** (Data- und Dokumentmanagement) sorgt für Transparenz aller Daten und Dokumente im Unternehmen. Das klassische **ERP-System** ist für Auftragsbearbeitung, Buchführung, Kostenrechnung, Lohn- und Gehaltsabrechnung zuständig. Es wird immer mehr mit den anderen Management- und KI-Systemen verschmelzen und zu **voll integrierten Systemen** werden.

Auf Betriebsebene stellen Produktionsbetriebe und damit die Maschinen- und Anlagenhersteller immer mehr auf voll integrierte und automatisierte Systeme um. Anstelle einer Betriebsdatenerfassung mit **PPS-System** (Produktion-Planung-Steuerung) werden **voll integrierte** und **intelligente MES** (Manufacturing Execution Systems) als Produktionsleitsysteme eingesetzt. Sie sind mit **SCADA-Leitsystemen** der Maschinen- und Anlagensteuerungen gekoppelt, die ihre Daten über **Sensoren** oder **RFID** erhalten oder über **Aktoren** in Aktion umsetzen.

Softwaresysteme und Informationssysteme im Produktionsbereich

MES
Manufacturing Execution Systems (MES) bezeichnet ein Softwaresystem für digitale Produktionsleitsysteme, das teil- bis vollintegriert als Bindeglied zwischen Produktionsebene und ERP-Systemen eingesetzt wird. Es erfasst, sammelt, verwaltet und analysiert Maschinen- und Betriebsdaten und optimiert die Produktionsprozesse.

SCADA
Supervisory Control And Data Acquisition (SCADA) bezeichnet die übergeordnete Prozessleitebene zur Datenerfassung, Steuerung und Überwachung technischer Prozesse. Ein SCADA-System hat i. d. R. einen oder mehrere SCADA-Server. Die Kommunikation innerhalb von SCADA-Systemen erfolgt einerseits über TCP-basierte Internettechniken, andererseits in Verbindung mit „intelligenten" Komponenten wie SPS und/oder RTU. Der Grad der Vernetzung ist abhängig von Protokollen und Standards, die berücksichtigt werden (siehe Lernfeld 3 und Jahrgangsband 2).

SPS und RTU
Die Speicher-Programmierbare Steuerung (SPS; engl. PLC – Programmable Logic Controller) ist ein Gerät, das zur Steuerung oder Regelung einer Maschine oder Anlage eingesetzt und auf digitaler Basis programmiert wird. Ebenso wird dazu eine RTU (Remote Terminal Unit, entfernte Terminaleinheit) als regeltechnisches bzw. steuerungstechnisches Instrument zur Fernsteuerung eingesetzt. Die Anbindung der SPS bzw. RTU an die Maschine bzw. Anlage erfolgt mit Sensoren und Aktoren (siehe Jahrgangsband 2)

Aktoren und Sensoren (RFID und NFC)
Aktoren (Aktuatoren) sind meist antriebstechnische Baueinheiten, die elektrische Signale in mechanische Bewegungen, physikalische Daten wie Druck oder Temperatur umsetzen. Sensoren wandeln i.d.R. nicht elektrische Messgrößen in elektrische Signale um. Durch RFID (Radio Frequency Identification) werden die Daten eines Transponders (Datenträger, z.B. Chip oder Etikett) von einem Lesegerät erfasst. Mit NFC (Near Field Communication) ist eine drahtlose RFID-Kommunikation mit kurzer Reichweite möglich (siehe Jahrgangsbände 2 und 3).

Cyber-physische Systeme (CPS)
Cyber-physische Systeme (CPS) bestehen aus drei Teilen: 1. mechanische Komponenten, 2. Software und 3. intelligente Informationstechnik. In verschiedenen Betriebsarten (Modbus ASCII, Modbus TCP, Modbus RTU) können die Komponenten miteinander kommunizieren (siehe technischen Jahrgangsband 2).

Weitere Infos: Hersteller für MES, Steuerungs- und Kommunikationstechnologien, je nach Produkten und Branchen unterschiedlich

(5) Cloud-Technologien

Die globale Vernetzung der Unternehmen und aller Funktionsbereiche in den Liefer-, Produktions- und Absatzketten hat dazu geführt, dass heute immer mehr Softwareanwendungen in der Cloud bzw. online als Application oder Software as a Service (SaaS) aufrufbar werden. Viele Unternehmen haben ihr Rechenzentrum komplett in die Cloud verlagert. Die meisten Softwareanbieter sind dabei, ihre Anwendungsprogramme als Online-Versionen über die Cloud anzubieten.

Cloud Computing

Beschreibung und Eigenschaften
IT-Ressourcen (Infrastrukturen, Plattformen und Anwendungen) werden über Internettechnologien ortsunabhängig, virtualisiert und abstrahiert (vom Nutzer nur in der Web-Benutzeroberfläche erkennbar) als Services zur Selbstbedienung mit nutzerbasierter Abrechnung bereitgestellt.
Eigenschaften:

- Vordefinierte und abstrahierte IT-Infrastruktur und umfassende Virtualisierung
- Erkennung der Front-End-Geräte (z.B. Desktop, Tablet-PC, Smartphones) und automatische Anpassung der Benutzeroberfläche (GUI)
- Skalierbarkeit der Leistungen je nach Anforderung und Abrechnung nach Verbrauch
- Mandantenfähige Anwendungen (Verarbeitung mehrerer Unternehmen oder Betriebsstätten)

Arten

Public Cloud: Infrastruktur und Dienste werden jedem (der breiten Öffentlichkeit) über das Internet, i. d. R. bei nutzerbasierter Bezahlung, zur Verfügung gestellt. Die Cloud ist Eigentum des Betreibers und Dienstleisters (i. d. R. Hosting-Service-Provider, Telekommunikationsunternehmen, Internetunternehmen).

Private Cloud: Infrastruktur und Dienste werden in geschlossenen Bereichen (für Unternehmen, Organisationen, Behörden) zum eigenen Gebrauch für Berechtigte (z. B. Mitarbeiter, Geschäftspartner, Kunden), i. d. R. Zugriff über Intranet, zur Verfügung gestellt. Die Cloud ist Eigentum des Anbieters, Kontrolle, Sicherheit und Anpassungen der Dienste besser regelbar.

Hybrid Cloud: Kombination von Public Cloud, Private Cloud und traditioneller IT-Umgebung nach den Bedürfnissen der Nutzer. Vertrauliche Daten werden in der Private Cloud, andere in der Public Cloud gespeichert und bearbeitet (siehe Lernfeld 3).

Dienste

Infrastructure as a Service (IaaS): Angebote von Providern für On-Demand-Infrastruktur (Server, Speicher, Netze, Archivierungs- und Backup-Systeme, Softwarekomponenten für das Management der Systeme), die von Nutzern eigenverantwortlich eingerichtet und administriert werden.

Platform as a Service (PaaS): Dieser Begriff ist weiter gefasst als IaaS. PaaS-Provider stellen komplette Plattformen bereit. Sie bieten Hardware- und Softwareleistungen als Service. Diese Plattform können Anwender nutzen, um eigene SaaS-Lösungen zu entwickeln und zu betreiben oder um SaaS-Dienste mit traditionellen Softwareanwendungen zu integrieren.

Software as a Service (SaaS): Der Provider stellt On-Demand-Software für Betriebssysteme, Anwendungen, Middleware, Management- und Entwicklungs-Tools über das Internet bereit, verantwortet die Wartung und die Administration. Der Kunde nutzt die Anwendungen über das Internet, ohne sie zu besitzen, bezahlt für die Nutzung der Anwendung.

Cloud-Integration und Consulting: Internetunternehmen beraten, planen, integrieren Cloud-Systeme und -Anwendungen nach Anforderungen.

Anforderungen in der Vertragsgestaltung mit Providern

- Server in Deutschland
- Einfache Abrechnungsmodelle
- Beschreibung der Service-Level klar und verständlich
- Garantierte Performance
- Skalierbarkeit
- Verfügbarkeit und Verlässlichkeit
- Flexibilität bei Wechsel der Leistungspakete
- Hohe Sicherheitsstandards im Datenschutz und in der Datensicherheit
- Kostentransparenz
- Integrität der Mitarbeiter
- 24-Stunden-Support

Bezahlmodelle

- **Server:** Je nach Leistungsinstanzen für Rechnerzeit in Stunden
- **Speicher:** nach Speicherkapazität in GB oder TB und Anzahl Transaktionen
- **Netze:** Datentransfer in GB und Anzahl Transaktionen
- **Datenbanken:** Speichervolumen in GB und Anzahl Transaktionen
- **Public Cloud:** häufig Abonnementmodelle und Paketpreise für vordefinierte Leistungen pro Monat

Weitere Infos zu Providern siehe die jeweiligen Unternehmenswebseiten, z. B. Amazon Webservices, Apple iCloud, Google App Engine, Microsoft Azure.

Cloud Computing	
Vorteile für den Nutzer	**Nachteile für den Nutzer**
• Geringere finanzielle Investitionskosten • Kostenvorteile (insbesondere Fixkostenreduktion), da nur der Dienst bezahlt wird, der auch beansprucht wird, und minimale Infrastruktur (Internetanschluss und webfähige, smarte Endgeräte); weniger Verbrauchskosten sowie IT-Personal notwendig • Nutzung professioneller IT-Ressourcen • Skalierung der Systeme erfolgt flexibel nach Bedarf vom Dienstanbieter • Hohe Sicherheitsstandards für Verfügbarkeit und Datensicherheit • Ermöglichung neuer Geschäftsmodelle • Konzentration der Unternehmen auf ihr Kerngeschäft möglich • Vereinfachungen, Virtualisierungen, Kooperationen und Kosteneinsparungen in der Wertschöpfungskette • Nutzung angebotener Dienste weltweit ohne Installationsaufwand • Keine Kosten und Kenntnisse der Cloud-Nutzer zur Installation und Migration der Infrastruktur nötig • Effizienzsteigerungen der Mitarbeiter	• Anwendungen funktionieren i. d. R. nur, wenn Systeme online und hoch verfügbar sind • Technologische, rechtliche und wirtschaftliche Abhängigkeit vom Provider • Rechtsklarheit evtl. nicht sichergestellt; Angebotsvergleiche schwierig • Da in Cloud-Systemen die Daten verteilt auf verschiedenen Servern in mehreren Ländern gespeichert werden können, ist sicherzustellen, dass der Provider zu jeder Zeit nachweisen kann, wo die Daten gespeichert sind. • Ggf. können Provider hohe Zertifizierungs- und Sicherheitsstandards nicht erfüllen • Beeinträchtigung der Funktionstüchtigkeit der Systeme durch Insolvenzen von Providern • Vernichtung und Ausspähung von Daten durch Cyberattacken; Rechnersysteme können ggf. ihre Leistungen nicht mehr erbringen

Kompetenzcheck ✓

1. Führen Sie eine Befragung zu Unternehmensprogrammen in Ihren Ausbildungsbetrieben durch und präsentieren Sie Ihre Ergebnisse.

2. Erstellen Sie arbeitsteilig eine Übersicht zu Unternehmensprogrammen ausgewählter Branchen, recherchieren Sie dazu in Softwarevergleichsportalen.

3. Erläutern Sie mit eigenen Worten, was man unter einer Smart Factory versteht.

4. Erläutern Sie mit eigenen Worten die folgenden Begriffe und nennen Sie eine zentrale Aufgabe dazu: ERP – SCM – WMS – CRM – BPM – DMS – EIMMES – SCADA – SPS – Aktoren – Sensoren – RFID

5. Nennen Sie Unterschiede von Industrie 4.0 zu Vorgenerationen.

6. Erläutern Sie, was man unter Cloud Computing versteht.

7. Erläutern Sie mit eigenen Worten die Begriffe und nennen Sie eine zentrale Aufgabe dazu: Public Cloud – Private Cloud – Hybrid Cloud – SaaS – PaaS – IaaS

A20
A21

8. Bearbeiten Sie im Arbeitsbuch die Aufgabe 20 und unterscheiden Sie Anwendersoftware sowie die Aufgabe 21 der Lernsituation 2 und erläutern Sie eine Smart Factory und die damit verbundenen Technologien.

2.4.14 Marktgängige IT-Systeme und Lösungen anbieten

S Sie sollen marktgängige IT-Systeme unterscheiden und Lösungen für unterschiedliche Anforderungen anbieten.

Das Systemhaus JIKU stellt auf der unternehmenseigenen Webseite sein großes Leistungsportfolio heraus (siehe Kapitel 1.3.1). Als **360-Grad-Service** werden IT-Leistungen im Vollservice zu jeder Zeit und flexibel angeboten. Auch andere Ausbildungsbetriebe präsentieren ihr Leistungsportfolio (siehe Kapitel 2.2.3). In diesem Kapitel sollen Kundenaufträge zur Ausstattung von marktgängigen IT-Systemen bearbeitet werden.

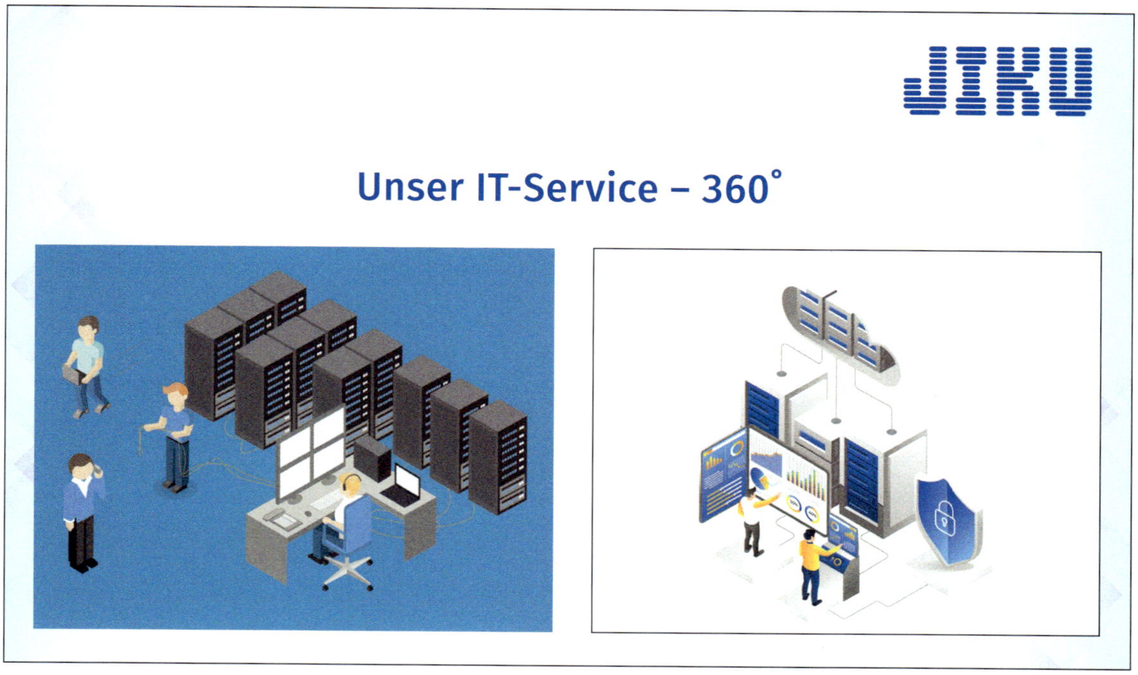

In der folgenden Übersicht wurde von den Auszubildenden des Systemhauses JIKU eine Eingrenzung auf typische Leistungen vorgenommen. Dabei wurden zunächst unabhängig von Zielgruppen (z. B. verschieden große Unternehmen unterschiedlicher Branchen, Behörden, siehe Kapitel 2.2.2 und 2.6.2) zwei Arten von Arbeitsplatzsystemen unterschieden. Während bei Standardarbeitsplätzen Leistungen auch pauschal angeboten werden können, werden bei Arbeitsplätzen mit leistungsstarken Anwendungen eine Anforderungsanalyse und detaillierte Angebotskalkulation durchgeführt.

Thin Clients (vgl. Kapitel 2.2.2) sind in das Kernportfolio von JIKU aufgenommen worden, da sie dem Kunden durch die einfache Systemadministration, die schnelle Betriebsbereitschaft, geringe Betriebskosten und geringen Energieverbrauch besondere Vorteile bieten. Ältere Systeme können sich zum Thin-Client-System umrüsten lassen und damit der Forderung nach Green-IT (vgl. Kapitel 2.3.2) entsprechen.

Marktgängige IT-Systeme und Lösungen

Hardware IT-Solution „Marktgängige IT-Systeme“

1. Sourcing „Full Service“:
   Anforderungsanalyse, Beschaffung, Konfiguration, Installation Betriebssystem und Anwendersoftware, Nutzeranpassung Betriebssystem und Bedieneroberfläche (GUI), Einweisung und Abnahme
   a) Standardsysteme (pauschal und nach Komponenten, Spezifikationen und Aufwand)
   b) Workstation-Systeme (nach Komponenten, Spezifikationen und Aufwand)
   c) Thin-Client-Systeme: Beschaffung oder Umrüstung von Altsystemen (je nach Komponenten, Spezifikationen und Aufwand)
2. Einzelne Solutions:
   a) Anforderungsanalyse
   b) Green-IT
   c) Beschaffung
   d) Installation Komponenten, Anschluss, Grundeinweisung
   e) Schulungen
   f) Spezielle Solutions nach Anforderungsanalyse

Siehe auch Kapitel 2.2.2, 2.3, 2.4 und folgende Kapitel sowie in Lernfeld 3 Kapitel 3.4 und 3.5 sowie entsprechende Aufgaben im Arbeitsbuch

Technische IT-Solution „Konfiguration und Installation“

1. Aufbau, Anschluss, Installation, Einweisung und Abnahme von Arbeitsplatzsystemen
   a) Standardsysteme pauschal
   b) Workstation-Systeme nach Aufwand
2. Umbau vorhandener Workstation zu Thin Clients, Serverinstallation, Softwareinstallation, Test
3. Anschluss Arbeitsplatzrechner an Netzwerke, Einweisung und Abnahme (WLAN, Cloud, LAN, Cyber-physische Systeme) nach Kundenanforderung und Aufwand

Siehe auch Kapitel 2.2.2, 2.3, 2.4 und folgende Kapitel und Lernfeld 3: insbesondere Kapitel 3.4 und 3.5 sowie entsprechende Aufgaben im Arbeitsbuch

Software IT-Solutions

1. Einrichtung des Betriebssystems nach Anforderungen des Mitarbeiters am Arbeitsplatz mit Einweisung und Abnahme
   a) Standardsysteme pauschal
   b) Entsprechend den Kundenanforderungen nach Aufwand
2. Anpassung von Software am Arbeitsplatz mit Einweisung und Abnahme:
   a) Verbesserung der Bedienung
   b) Einfache Anpassung der Parameter
   c) Customizing (erweiterte Anpassung)
   d) Nutzung von Zusatz-Apps, nach Kundenanforderung und Aufwand

Siehe Kapitel 2.2.2, 2.11.2 sowie Lernfeld 5 und entsprechende Aufgaben im Arbeitsbuch

IT-Solutions zu IT-Sicherheit und Datenschutz

1. Mitarbeiterschulungen
   a) Grundschulung IT-Sicherheit
   b) Grundschulung Datenschutz
   c) IT-Sicherheit vor Ort (nach Kundenanforderung)
   d) Datenschutz vor Ort (nach Kundenanforderung)
2. Prüfen einzelner Arbeitsplätze auf Anforderungen der IT-Sicherheit und Einweisung der Mitarbeiter
   a) Standardanforderungen: pauschal
   b) Spezialanforderungen nach Anforderungsanalyse oder Lasten-/Pflichtenheft
3. Prüfen einzelner Arbeitsplätze auf Anforderungen des Datenschutzes und Einweisung der Mitarbeiter
   a) Standardanforderungen: pauschal
   b) Spezialanforderungen nach Anforderungsanalyse oder Lasten-/Pflichtenheft

Siehe Kapitel 1.3.3, 2.3.4, 2.11.2, in Lernfeld 3 Kapitel 3.7, Lernfeld 4 sowie entsprechende Aufgaben im Arbeitsbuch

Managed-IT-Services

als 360-Grad-Services zu jeder Zeit 24/7, flexibel und soweit es geht im Vollservice:
   a) Vor-Ort-Service
   b) IT-Betreuung
   c) Helpdesk-Services
   d) Sourcing-Services
   e) Cloud-Services
   f) Data-Center-Services
   g) Update-Services
   h) Security-Services
   i) Backup-Services
   j) u. v. m.

24/7 (Stunden/Wochentage)

Siehe Kapitel 1.3.3, 2.3.4, 2.11.2, Lernfeld 3, Lernfeld 4, Lernfeld 6 der Jahrgangsstufe 2 sowie entsprechende Aufgaben im Arbeitsbuch

Etwa die Hälfte aller IT-Leistungen in Unternehmen werden mittlerweile im Rahmen von **Managed-IT-Services** an Dienstanbieter (Provider, Systemhäuser u.a.) vergeben. Sie werden daher nicht von den Unternehmen selbst erledigt. In vielen Unternehmen laufen die zugehörigen Server in externen Rechenzentren oder bei Cloud-Providern. Die Arbeitsplätze sind dann insbesondere über das Intranet mit diesen Netzen verbunden. Unterschiedliche Anwendungen und Leistungen werden als Services angeboten. Da im Rahmen der Digitalisierungsmaßnahmen Spezialwissen gefragt ist, werden Services von Systemhäusern, Providern und Spezialdienstleistern in Anspruch genommen. IT-Abteilungen der Unternehmen können so immer mehr im Personal reduziert werden und das Problem des Fachkräftemangels vermindern. Sonderaufgaben, z.B. für die Installation neuer Komponenten, die Anpassung der Systeme auf die Arbeitsplätze und Nutzer, für den Helpdesk oder die Umstellung (Upgrade, Update, Migration) werden als Dienstleistungen extern beschafft. Dienstleistungen können so wenn nötig 24 Stunden am Tag und 7 Tage die Woche über **Fernwartungssysteme** angeboten werden.

IT-Dienstleistungen	
IT-Sourcing	Unter IT-Sourcing (IT-Beschaffung) wird die externe Fremdbeschaffung von IT-Dienstleistungen und IT-Services verstanden, aber auch die Strategie zur Auslagerung von IT-Diensten verstanden. Beim sog. Multi-Vendor-Sourcing sind mehrere Dienstleister beteiligt.
IT-Outsourcing	Outsourcing bedeutet „von außerhalb beziehen“ oder „Nutzung externer Ressourcen“ (Outside Resource Using). Beim Outsourcing geht es um die unbefristete Auslagerung i.d.R. umfangreicher IT-Aufgaben, -Abteilungen oder -Bereiche an ein externes Unternehmen in eigener Verantwortung, jedoch mit Vertragsbindung. Dabei gehen häufig Systeme und Personal auf den Dienstleister über, werden Partnerschaften wie Joint Ventures (siehe Lernfeld 1, Kapitel 1.3.2 (2)) vereinbart. Beim „Selective Outsourcing“ werden i.d.R. einzelne Tätigkeitsbereiche ausgelagert, wo besondere Fachkenntnisse nur zeitweise in Anspruch genommen werden.
Managed-Services	Managed-Services sind IT-Dienstleistungen, die ein Service-Provider oder ein IT-Systemhaus für ein Unternehmen oder für eine Organisation befristet per SLA (Service-Level-Agreement) bzw. Rahmenvertrag (siehe Kapitel 2.9.1) erbringt. Die Leistungen können je nach Vertrag nach Bedarf abgerufen oder abbestellt werden. Es handelt sich um wiederkehrende Services, die in Umfang und Verfügbarkeit durch SLAs (s.u.) definiert werden, z.B. zur Server- und Netzwerkbetreuung, Helpdesk-Betreuung oder Cloud-Services (siehe Lernfeld 6).
Desktop-Services	Bereitstellung, Erneuerung und Wartung der Arbeitsplatzumgebung, d.h. von Hard- und Software (siehe Lernfeld 6).
User-Helpdesk	Betreuung der Anwender im Unternehmen, z.B. im Rahmen des Desktop-Service (siehe Lernfeld 6).
Cloud-Services	Beim Cloud Computing werden im geschlossenen Netz (private), im öffentlichen Netz (public) oder gemischt (hybrid) Dienstleistungen vom Provider bereitgestellt nach Cloud-Servicemodellen (siehe S. 194): • Infrastructure as a Service (IaaS): Hardware • Platform as a Service (PaaS): Laufzeit-/Entwicklungsumgebung • Software as a Service (SaaS): Software nach Bedarf (on demand)
Application Service Providing	Anwendungsdienstleistung (ASP) durch einen Dienstleister: Über eine Datenleitung vernetzt werden dem Unternehmen Anwendungen (z.B. ein ERP-System) mit entsprechenden Dienstleistungen, i.d.R. über einen Mietvertrag, bereitgestellt.

IT-Dienstleistungen	
On-Site-Management	Beim On-Site-Management handelt es sich um die Übernahme von Funktionen eines Betriebsteils des Kundenbetriebes in den Räumen des Kunden durch einen externen Dienstleister. Dabei verwendet er teilweise oder vollständig die vorhandenen Betriebsmittel.
Service Level Agreements (SLAs)	Umfang, Art und Qualität der zu erbringenden Leistungen werden im Vorfeld mithilfe von Service Level Agreements (SLAs) zwischen dem Unternehmen und Dienstleister festgelegt und abgestimmt. SLAs sind Vertragsbestandteil und Grundlage zur Überwachung und Bewertung der Leistungserbringung einer Dienstleistung (siehe Lernfeld 6).

Kompetenzcheck ✓

1 Schlagen Sie Lösungen für folgende Arbeitsplätze vor:
a) Sechs Büroarbeitsplätze eines Dienstleistungsunternehmen sollen neu mit Office-Programmen und Programmen für Office, Fakturierung, Finanzbuchhaltung und Projektmanagement ausgestattet werden.
b) Ein CAD-Arbeitsplatz bei einer Architektin soll neu beschafft werden.
c) Ein Callcenter möchte für die neu einzurichtenden 20 PC-Arbeitsplätze keinen IT-Administrator.
d) In einem Trainingscenter soll an 18 Plätzen laufend neue Software geschult werden.
e) Ein Industriebetrieb hat in seiner Auftragsbearbeitung sechs ältere PCs, die mit neuer Software ausgestattet werden sollen und keine extern nutzbare Datenschnittstelle (z. B. USB, Speicherkarte) haben sollen.
f) Für die Arbeitsplätze eines Unternehmens sollen zukünftig Anwendungsprogramme, z. B. Office-Programme, nur noch über einen Webbrowser aufrufbar sein.
g) Ein Unternehmen möchte für seine 50 PC-Arbeitsplätze keinen IT-Administrator als Angestellten beschäftigen, sondern für durchschnittlich ca. zwei bis vier Stunden pro Tag Dienstleistungen eines Systemhauses in Auftrag geben.

A22
2 Bearbeiten Sie im Arbeitsbuch die Aufgabe 22 der Lernsituation 2 und unterscheiden Sie marktgängige Systeme.

2.5 Kundenanforderungen im Leistungsprozess berücksichtigen und Projektmanagement vorbereiten

S Sie sollen den Leistungsprozess beschreiben, Kundenanforderungen allgemein und nach Zielgruppen unterscheiden sowie die Projektarbeit im Leistungsprozess erläutern.

Anforderungen der Kunden im Leistungsprozess sind sehr vielfältig und vielschichtig. Mit den vorangegangenen Kapiteln wurden viele informationstechnische Anforderungen und Spezifikationen herausgestellt, die bei der Ausstattung von vernetzten Arbeitsplätzen und bei den folgenden Kundenanfragen zu beachten sind. Anbieter und Kunden müssen jedoch auch professionell in den Ausstattungsprozessen miteinander umgehen. Daher ist es wichtig, verschiedene Zielgruppen und Kundenanforderungen im Leistungsprozess aus rechtlichen und organisatorischen Gründen kennenzulernen. In diesem Kapitel soll ein Schwerpunkt in diesem Zusammenhang auf Kundenkommunikation und Zusammenarbeit gelegt werden. Weitere kaufmännische Anforderungen werden in den folgenden Kapiteln bei der Behandlung einzelner Prozessschritte vertieft. Technische Aspekte werden zum Schluss bei der Konfiguration, Installation und Kundenübergabe stärker berücksichtigt.

2.5.1 Anforderungen zur Kundenzufriedenheit in den Leistungsprozess einbeziehen

S Sie sollen den Leistungsprozess beschreiben sowie Kundenanforderungen und Kommunikationsregeln präsentieren.

(1) Leistungsprozess aus rechtlicher Sicht

Aus rechtlicher Sicht gliedert sich der Leistungsprozess bei Lieferung von Gütern in vier Phasen. Der Leistungsprozess reiner Dienstleistung ist entsprechend verkürzt. Hingewiesen wird hierbei auch auf die verschiedenen Vertragsarten Kaufvertrag, Werksvertrag und Dienstleistungsvertrag, der angepasst auch zu anderen Prozessen führt (siehe Kapitel 2.9.4).

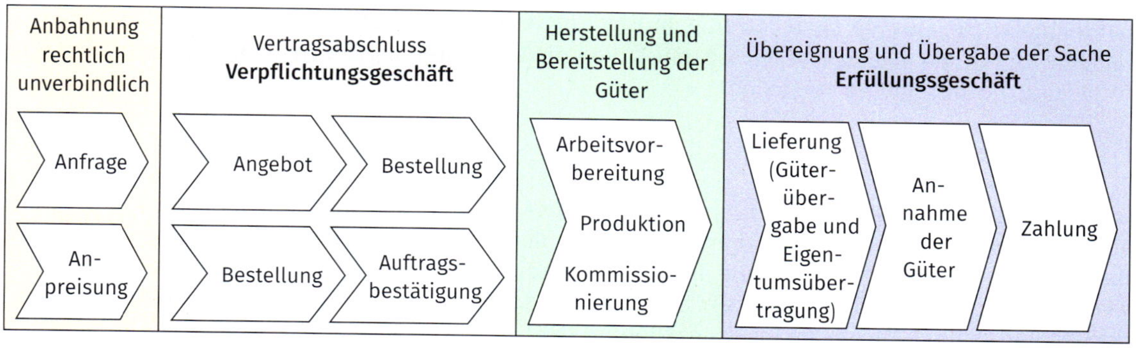

Geschäftsanbahnung

Kunden kennen die Anbieter durch ihre bisherigen Geschäfte, durch Werbemaßnahmen, Besuche der Vertriebsmitarbeiter oder die Internetpräsenz. Wenn ein Unternehmen seine Werbung an die allgemeine Öffentlichkeit richtet (z.B. durch ein Inserat) und nicht an einen bestimmten Adressaten direkt, so liegt kein konkretes und rechtlich verbindliches Angebot vor. Man spricht in diesem Fall von einer **Anpreisung.** Gegenüber Verbrauchern müssen Unternehmen jedoch das Gesetz gegen den unlauteren Wettbewerb (UWG) beachten.

Fragen zur Überprüfung der Realisierbarkeit eines Auftrags

Lieferfähigkeit
- Nachgefragte Auftragsmenge bis zur genannten Lieferfrist lieferbar?
- Personal und sonstige Ressourcen für Abwicklung des Auftrags vorhanden?

Lieferwilligkeit
- Bonität (Zahlungsfähigkeit) des Kunden gegeben?
- Liquidität des Unternehmens für die Abwicklung des Auftrags gegeben?
- Preiserwartungen und Konditionen des Kunden erfüllbar?

Kunden stellen Anfragen an Unternehmen und bitten um **Angebote**, wenn sie bisher noch keine konkreten Informationen über das Waren- und Dienstleistungsangebot vorliegen haben oder individuell ein Angebot haben möchten. Liegen den Kunden schon konkrete Informationen vor, geben sie häufig ohne weitere Angebotsabfrage eine Bestellung auf. Anbietende Unternehmen müssen prüfen, ob sie lieferfähig und lieferwillig sind.

Vertragsabschluss

Ein Kaufvertrag kommt durch **zwei übereinstimmende Willenserklärungen** zustande. Erhält der Kunde ein Angebot und bestätigt er ohne Änderungen durch eine Bestellung, so kommt der Kaufvertrag zustande. Ebenso wird der Vertrag geschlossen, wenn die Bestellung des Kunden durch eine entsprechende Auftragsbestätigung bewilligt wird. Mit diesem Vertragsabschluss gehen die Vertragspartner (Käufer und Verkäufer) ein Verpflichtungsgeschäft ein. Nach BGB ist die schriftliche Form nicht vorgeschrieben, in der Praxis jedoch unbedingt zu empfehlen (zu Vertragsarten siehe auch Kapitel 2.9.4).

Herstellung und Bereitstellung der Güter

Der Verkäufer hat sich zur pünktlichen und mangelfreien Lieferung der Sache verpflichtet. Handelt es sich um Handelsware, muss er sie rechtzeitig im Lager bereithalten und per Lieferschein kommissionieren. Handelt es sich um eigene Erzeugnisse, muss die Arbeitsvorbereitung die Herstellung vorbereiten und rechtzeitig die Erzeugnisse herstellen.

Erfüllungsgeschäft

Durch Abschluss des Kaufvertrages verpflichtet sich der Verkäufer zur Übergabe der mangelfreien Ware am vereinbarten Ort und zur vereinbarten Zeit sowie der Kunde zur Abnahme und Bezahlung der Ware. Bevor jedoch ein Angebot erstellt wird, muss zunächst die Machbarkeit des eventuellen Auftrags geprüft werden. Ein größerer Auftrag kann ein Unternehmen schnell in Handlungs- und Liquiditätsprobleme bringen und eventuell sogar zur Insolvenz führen.

Anpreisung, Anfrage und Angebot

Anpreisung
Ein **unverlangtes Angebot**, das sich nicht an eine konkrete Person oder Firma richtet, z. B. über Inserate, Zeitungsbeilagen, Schaufensterauslagen oder Plakate, ist eine Anpreisung, d. h. eine Aufforderung an die Allgemeinheit, eine Bestellung abzugeben. Im rechtlichen Sinne ist die Anpreisung unverbindlich. Die Bestellung muss daher nicht zum Kaufvertrag führen. Das Gesetz gegen den unlauteren Wettbewerb (UWG) ist zu beachten.

Anfrage
Die Anfrage ist rechtlich unverbindlich, dient zur Geschäftsanbahnung und fordert den Lieferanten auf, ein Angebot abzugeben (**verlangtes Angebot**). Varianten sind die allgemeine Anfrage (z. B. mit Bezug: Nennung der Verwendung), spezielle/gezielte Anfrage, mündliche/telefonische Anfrage, schriftliche Anfrage (Brief, Fax, E-Mail) oder die Internet-Shop-Abfrage.

Unverbindliches Angebot
Der Anbieter hat durch Freizeichnungsklauseln im Angebot (z. B. durch Zusatz „Wir bieten unverbindlich an", „ohne Gewähr", „freibleibend", „solange der Vorrat reicht", „Preis freibleibend", „Zwischenverkauf vorbehalten". „Druckfehler und Irrtum vorbehalten") das Angebot für **unverbindlich erklärt.**

Verbindliches Angebot
Der Anbieter hat das Angebot nicht für unverbindlich erklärt und ist daher innerhalb bestimmter Fristen an das Angebot gebunden:
a) unter Anwesenden solange die Unterredung dauert,
b) unter Abwesenden solange unter verkehrsüblichen Umständen eine Antwort erwartet werden kann,
c) entsprechend der von ihm gesetzten Frist.
Ein **Widerruf** des Verkäufers ist möglich, wenn der Widerruf spätestens gleichzeitig mit dem Angebot beim Empfänger eintrifft.

(2) Zielgruppen und Kundenanforderungen

Zielgruppen für Arbeitsplatzausstattungen können sehr unterschiedlich sein. In der Ausbildung der IT-Berufe werden **externe** und **interne Kunden** entschieden. Auszubildende der IT-Berufe haben eventuell nur mit einer Kundengruppe zu tun und eventuell mit beiden Gruppen. Auch wenn Auszubildende der IT-Abteilungen nur mit internen Kunden unmittelbar zu tun haben, müssen sie ein Verständnis zu Anforderungen externer Kunden entwickeln. Sie können zeitweise in Projekte mit externen Kunden eingebunden werden.

Zielgruppen	
Externe Kunden	**Interne Kunden der IT-Abteilung**
• Verbraucher • Freiberuflich Selbstständige • KMU-Unternehmen • Großunternehmen • Bestimmte Branchen • Behörden, Organisationen • Sonstige	• Geschäftsleitung • Projektleitungen • Fachabteilungen

Bei IT-Beschaffung/Angeboten zu beachten	
Verbraucher, Privatkunden, Kleinstunternehmen	Verbrauchergesetze
E-Commerce	Fernabsatzgesetze
Unternehmen und Organisationen mit größerem Einkaufsvolumen	Einkaufsrichtlinien, Rahmenverträge, siehe Kapitel 2.9.1
Behörden, Organisationen, staatliche Einrichtungen	Vergaberichtlinien, insbesondere EVB-IT, BVB, VOL/B
Sonstige Vorgaben	Leitbild/Wertvorstellungen des Unternehmens, Förderbedingungen, Terminbindung, Zuverlässigkeit

Bei den externen Zielgruppen sind sehr viele unterschiedliche Zielgruppen als Kunden zu unterscheiden. Viele größere Unternehmen arbeiten in Kooperation mit Kleinstunternehmen und nebenberuflich Tätigen, sodass auch **Verbrauchergesetze** zu beachten sind. Unternehmen habe je nach Branche sehr unterschiedliche Kernkompetenzen, Leistungen und Produkte, die sich auf die IT-Ausstattung der Arbeitsplätze auswirken.

Wenn Unternehmen über E-Commerce einkaufen oder verkaufen, sind **Fernabsatzgesetze** zu beachten. Großunternehmen haben i. d. R. **Einkaufs- und Beschaffungsrichtlinien oder Leitbilder**, die zu beachten sind. Staatliche Einrichtungen, Behörden und Organisationen müssen **Einkaufsverordnungen und Vergaberichtlinien** beachten.

Großunternehmen sind viel stärker vernetzt, stellen daher besondere Anforderungen an eine einheitliche, konsolidierte Ausstattung entsprechend ihrer Ausstattungsstrategie und Ausstattungsrichtlinien. Sowohl interne als auch externe Kunden und Auftragnehmer müssen diese kennen und beachten, wenn es nicht zu Störungen im Bearbeitungsablauf kommen soll.

! Auszubildende sollten wissen, dass Unternehmen aus wirtschaftlichen Gründen verschiedene Kundenarten unterscheiden und je nach Kundenart unterschiedliche Leistungen anbieten müssen.

Kundenarten

Stamm- oder Bestandskunden
Dies sind Kunden, die im Kundenstamm der Auftragsbearbeitung geführt werden. Hierbei kann es sich um aktive Kunden handeln, die laufend oder gelegentlich bestellen, oder um inaktive Kunden, sog. „Schläferkunden", die länger (z. B. seit zwei Jahren) nicht mehr bestellt haben. Von Bestandskunden liegen i. d. R. aussagekräftige Daten vor, sodass man diese Kunden danach beispielsweise gut als ABC-Kunden (s. u.) bewerten kann. Auch lassen sich aufgrund der Daten gezielte und damit effiziente Marketingmaßnahmen planen.

ABC-Kunden
A-Kunden oder TOP-Kunden: ca. 20 % der Kunden machen etwa 75 bis 80 % des Umsatzes, sind daher besonders wichtig und besonders zu betreuen.
B-Kunden, Potenzialkunden oder Wachstumskunden: Sie tätigen einen durchschnittlichen Umsatz mit durchschnittlichem Gewinnpotenzial, bringen eventuell zukünftig höheren Umsatz. Sie sind mittelwichtig, es sind ca. 30 bis 35 % der Kunden mit einem Umsatzanteil von ca. 15 bis 20 %.
C-Kunden sind Kleinkunden: Sie machen ca. 45 % des Kundenstamms aus, jedoch nur 5 % des Umsatzes, oft mit geringem Gewinnpotenzial. Sie wechseln häufig auch gern den Anbieter. Für diesen Kundenkreis sollten Lösungen gefunden werden, die mit wenig Aufwand zu erreichen sind (z. B. Verkauf über einen anderen Vertriebsweg).

Neukunden
Neukunden sind alle die Kunden, die in einem bestimmten Zeitraum (z. B. im letzten halben Jahr) neu in den Kundenstamm aufgenommen wurden. Bei Neukunden ist es wichtig, dass man sich schnell eine sichere Meinung verschafft, ob es sich hierbei um B-Kunden, also Kunden mit Potenzial, handelt und wie schnell diese zu Topkunden werden können. Solche Neukunden sind für das Unternehmen sehr wichtig, sodass gleich von Anfang an für diese Kunden alle notwendigen Unterstützungsmaßnahmen aktiv ergriffen werden sollten.

Informationsquellen zur Kundenstruktur des Betriebes
- Kundenliste der Unternehmenssoftware (ERP-System)
- Ordner der erstellten Angebote oder Aufträge
- Kundenstatistiken
- Beobachtungen im Verkaufsgeschehen
- Befragungen der Verkaufsmitarbeiter

(3) Allgemeine Bestimmungsgründe zur Kundenzufriedenheit

Allgemein tragen viele Bestimmungsgründe im Zusammenhang mit der Leistungserbringung zum Erfolg des Beschaffungsprojektes bei. Sowohl interne als auch externe Kunden wünschen sich im Verlauf des gesamten Beschaffungs- und Installationsprozesses eine gute, zuverlässige, störungsfreie, transparente und freundliche Zusammenarbeit.

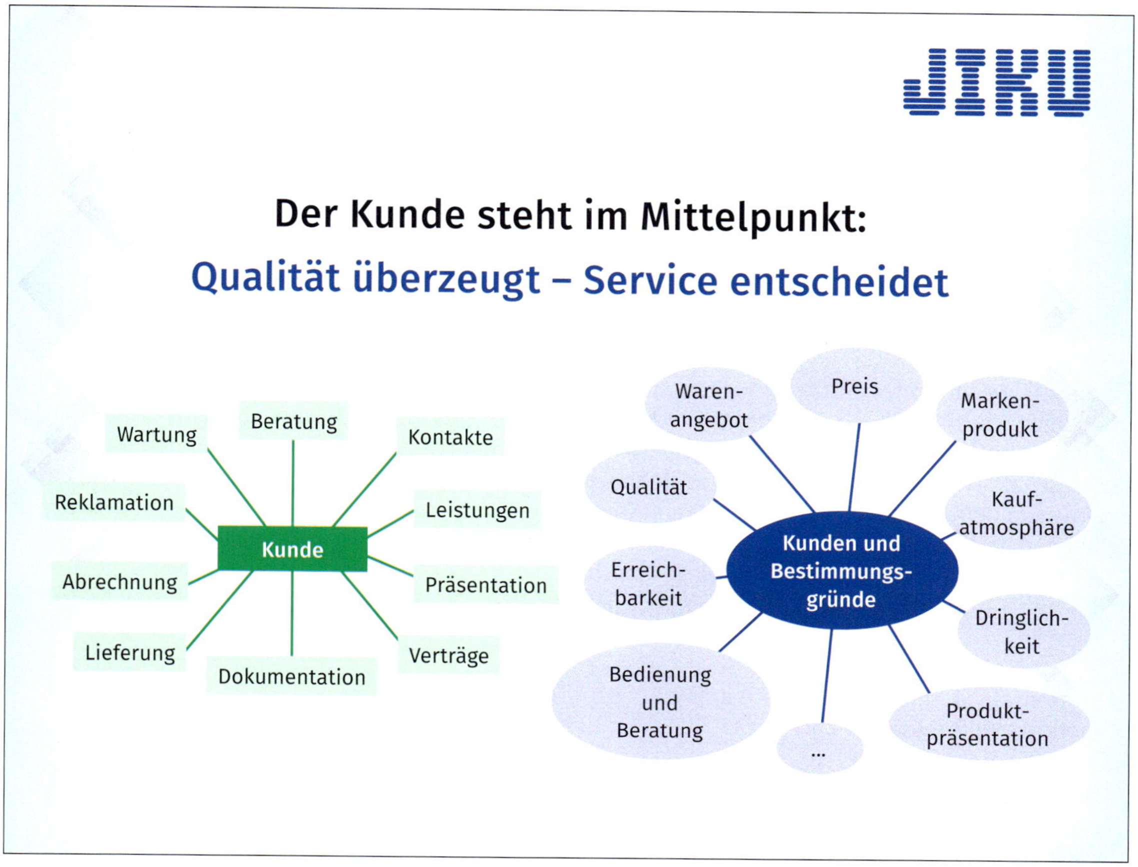

Die Mitarbeiter des Unternehmens als Produkt- und Leistungsanbieter müssen bei der kundengerechten Kommunikation das Leitbild und die Unternehmensziele berücksichtigen, neue Kunden gewinnen, vorhandene Kunden weiter an das Unternehmen binden und natürlich auch Aufträge abschließen. Die Kunden, ob nun Unternehmen, Behörden oder Privatkunden, müssen entsprechend ihren Wünschen und Bedürfnissen angesprochen werden. Das Kundenverhalten ist dabei von unterschiedlichen Bedingungen abhängig.

Gefühle, Wertvorstellungen und die Einkaufsstimmung können die Kaufbereitschaft und die Kaufentscheidung erheblich beeinflussen. Auf Wertvorstellungen und Kundentypen sollte der Verkäufer gezielt eingehen können. Die große Kunst ist, den Kundentyp und seine Wertvorstellungen möglichst schnell und unauffällig in Erfahrung zu bringen, um die Kundenansprache und die Gesprächsführung kundengerecht zu wählen.

- **Der Kunde ist König:** stets höfliche, nicht aufdringliche, kompetente Bedienung ist angesagt (siehe Abschnitt (5), S. 209)
- Der **Stammkunde** wünscht eine persönliche Bedienung, z. B. Ansprache mit Namen, Kenntnis des Geschäftsbereichs und eventuell der Wünsche/Wertvorstellungen; eventuell Rückfrage, ob bisher gekaufte Artikel zur Zufriedenheit funktionieren.
- Ein **neuer Kunde** sollte möglichst noch während des Gesprächs die Entscheidung fällen, das Unternehmen zukünftig als Erstlieferant zu wählen.

(4) Beratungs- und Angebotsgespräche

In den unterschiedlichen Phasen der Beratungs- und Angebotsgespräche sind sowohl bei externen als auch bei internen Kunden unterschiedliche Aspekte zu berücksichtigen und zu reflektieren.

Phasen eines Beratungs- und Angebotsgesprächs

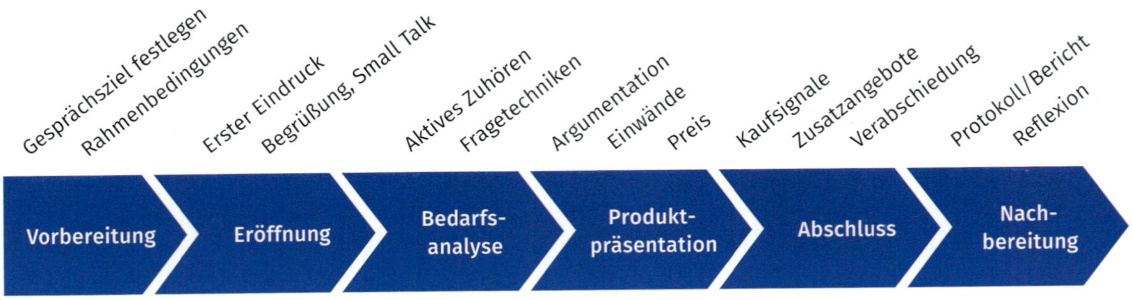

Zu diesen Phasen sollen Hinweise zur Vorbereitung gegeben werden. Im Marketing wird abschluss- und erfolgsorientiert häufig das **AIDA-Prinzip** eingebracht, unter besonderer Berücksichtigung einer längerfristigen Kundenbindung das **AIDCA-Prinzip**. Nicht selten besteht auch bei internen Kunden der Wunsch der Geschäftsleitung, eine neue IT-Strategie umzusetzen. Andererseits sollten sowohl interne als auch externe Kunden beachten, dass Vertriebsmitarbeiter auch abschlussorientiert vorgehen und sich entsprechend vorbereiten.

Abschlussorientiertes Phasenkonzept im Vertrieb	
AIDA-Prinzip	**AIDCA-Prinzip**
A – Attention (Aufmerksamkeit) **I** – Interest (Interesse) **D** – Desire (Besitzwunsch) **A** – Action (Abschlusshandlung)	**A** – Attention (Aufmerksamkeit) **I** – Interest (Interesse) **D** – Desire (Besitzwunsch) **C** – Confidence (Vertrauen) **A** – Action (Abschlusshandlung)
Kundenreaktion	
„Oh, was für ein IT-System!“ „Was das alles kann!“ „Müssen wir einsetzen!“ „Wir reagieren sofort!“	„Oh, was für ein IT-System!“ „Was das alles kann!“ „Müssen wir einsetzen!“ „Wir haben ein gutes Gefühl!“ „Wir reagieren sofort!“

Beratungs- und Verkaufsgespräche	
Phasen	**Vorbereitung, Hinweise**
Vorbereitung	Besprechungsort, Datum und Zeitrahmen, Besprechungspunkte, Informationen über Kunden einholen, Motive, Produktpräsentationen vorbereiten, Argumente.
Eröffnung	Angenehme Gesprächsatmosphäre, der erste Eindruck ist wichtig, Begrüßung freundlich und vertrauensvoll, kulturspezifische Umgangsformen beachten, mit Small Talk positiv zur Anreise, zu Aktuellem oder Umfeld, Tabuthemen und negativ belastete Themen vermeiden
Bedarfs-analyse	Kaufmotive, Kundenanforderungen, Wünsche durch Fragetechniken und aktives Zuhören und gezielte Fragestellungen erkunden; **möglichst offene Fragen stellen,** nicht nach dem Warum und Wieso fragen; mit Alternativfragen oder Bestätigungsfragen Details und Spezifikationen ermitteln (Wunschermittlung).

Beratungs- und Verkaufsgespräche	
Phasen	**Vorbereitung, Hinweise**
Produkt-präsentation	Es werden passend zur Wunschermittlung Produkte und Dienstleistungen präsentiert, überschaubares Angebot, nicht zu viele Alternativen, bei Präsentation alle Sinne ansprechen, realitätsnah, eventuell Zusatz-/Ergänzungsangebote (z. B. Kartuschen für Drucker), Kunde muss langfristig gut zufrieden sein. Merkmal-Vorteil-Nutzen-Argumentation, d. h., es werden zu einem Merkmal Vorteile und Nutzen genannt.
Abschluss	Die Stufen AIDA und Erweiterungen s. o. beachten, die sog. Methode der **Einwandbehandlung** (Einwandvorwegnahme und Entkräftung, Zurückstellungsmethode, Rückfragemethode, Bumerang- oder Umdeutungsmethode, Minus-Plus-Methode) und **Preisnennung** (z. B. Vergleichsmethode mit teurem Modell, Verkleinerungsmethode „Jetzt zum Tiefstpreis" oder Preisverhandlung, z. B. durch Nachteil-Argumentation (des anderen Produkts), Vorteil-Argumentation (des bevorzugten Produkts), Nachlass mit Gegenleistung (z. B. Rabatt, wenn auch Verbrauchsmaterial zusätzlich gekauft wird), beachten. Wenn Gesprächspartner, auch indirekt, äußern, dass Kaufbereitschaft oder Bereitschaft zum Vertragsabschluss besteht, sollte die Kaufentscheidung herbeigeführt werden, z. B. durch passende Argumentation („Produkte kurzfristig lieferbar", „Mitarbeiter verfügbar", „aktuell gut, weil ..."). Nach Entscheidung eventuell Zusatzleistungen anbieten, Hinweise auf Garantien oder sonstige Vorteile geben. Auf guten Abschluss (Zeit für zusätzliche Bestätigung, freundlicher Gesprächsabschluss) achten.
Nachbereitung	Wesentliche Eindrücke, Kundentyp und persönlich gegebene Infos nach dem Gespräch in der Kundendatei oder einem Gedächtnisprotokoll festhalten.

(5) Kommunikationsregeln

Über Recherchen im Internet werden viele Tipps und Regeln für eine gute und angemessene Kundenansprache gegeben.

Kommunikationsregeln im Kundengespräch

Tipp 1: Der erste Eindruck ist wichtig, freundlich und persönlich mit Namen ansprechen, zeigen, dass man sich persönlich engagiert.
Tipp 2: Vermeiden Sie Worte, die Widerspruch, Protest oder Ablehnung hervorrufen!
Tipp 3: Kundenbeiträge positiv aufnehmen, z. B. „Gut, dass Sie das ansprechen!"

8 Kommunikationsregeln für eine gute Gesprächsführung

1. Seien Sie präsent. Bleiben Sie bewusst im jetzigen Moment. Nicht abschweifen!
2. Seien Sie nicht arrogant.
3. Seien Sie nicht allwissend.
4. Stellen Sie offene Fragen.
5. Bleiben Sie im Gesprächsfluss.
6. Verlieren Sie sich nicht in Details.
7. Wiederholen Sie sich nicht.
8. Stellen Sie sich nicht mit Ihrem Gesprächspartner gleich.

9 Kommunikationsregeln für eine gute Gesprächsführung

1. Kundenkommunikation muss individuell, persönlich sein.
2. Kundenkommunikation muss wirken, mit angemessener Ansprache und Freundlichkeit.
3. Der Kunde muss König sein.
4. Kundenkommunikation muss proaktiv sein, vorzeitig und offen informieren.
5. Weniger ist mehr, nur Relevantes, nicht Kunden „zutexten".

6. Setzen Sie auf verständliche, ehrliche, angemessene Kommunikation.
7. Ziehen Sie Kundenkommunikation im Dialog vor.
8. Kundenkommunikation sollte schnell und direkt sein, möglichst online oder telefonisch, bei Briefantworten innerhalb von zwei Tagen.
9. Achten Sie auf die richtige Form, angemessen der Form des Kunden.

(6) Teambesprechungen und Konfliktsituationen

Da die Teammitglieder in ihrer Art sehr unterschiedlich sind, müssen sich Auftragsverantwortliche oder Projektleiter individuell auf jede Situation einstellen und dafür Sorge tragen, dass das **Arbeitsklima** gut und konstruktiv bleibt (zur Teamentwicklung siehe Kapitel 1.5.3).

Zur Konfliktbewältigung sind zunächst die **Konfliktursachen** herauszufinden. Der Auftragsverantwortliche oder Projektleiter sollte als Moderator fungieren. Wenn er selbst Teil des Konfliktes ist, einen externen Moderator hinzubitten. Insbesondere können gemeinsam erstellte Regeln und eine gute Gesprächsführung zur Konfliktbewältigung beitragen.

Gestaltung von Teambesprechungen			
Ebenen	**Beginn des Projektes**	**Umgang mit Störungen**	**Motivation**
Beziehungsebene	Positive Atmosphäre schaffen	Meinungen und Vorschläge entpersonalisieren	Selbstwertgefühl der Mitglieder erhöhen
Sachebene	Ziele und Ablauf bekanntgeben	Für gleichen Informationsstand der Teilnehmer sorgen, Gruppe bei der Lösung von Störungen einbeziehen	Erstrebenswerte Ziele festlegen, alle Teilnehmer gleich informieren
Geschäftsordnung	Spielregeln vereinbaren	Auf Vereinbarungen hinweisen	Bedeutung von Regeln herausstellen

(7) Online-Kommunikationsmittel

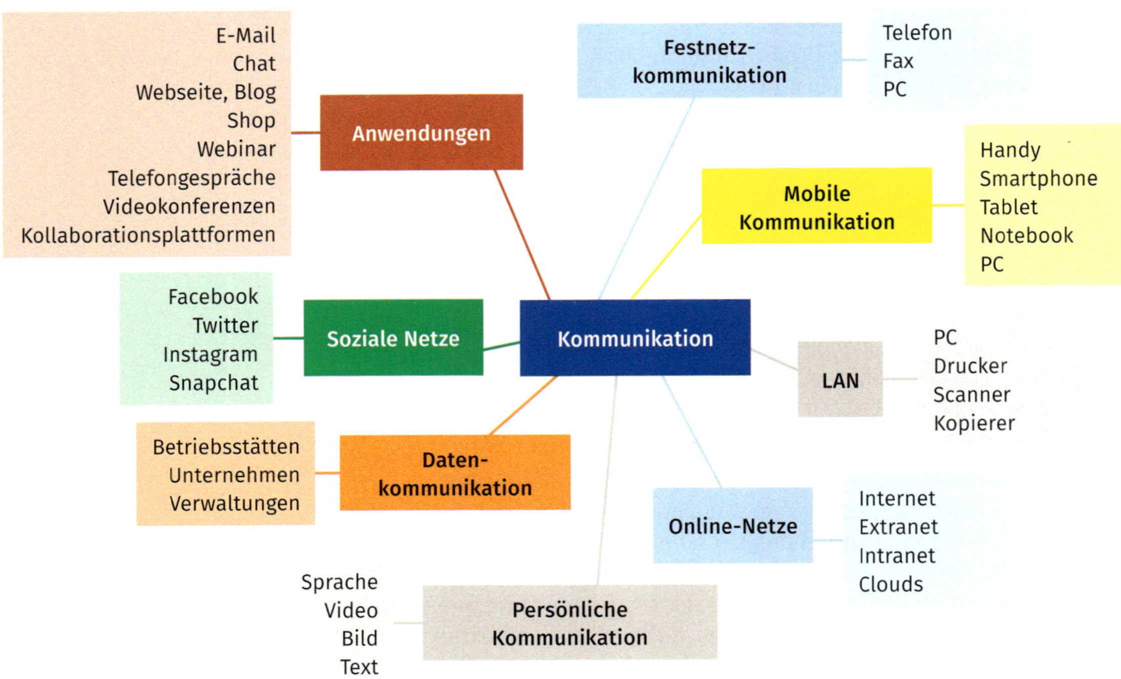

Online-Kommunikationsmittel sind für Unternehmen von großer Bedeutung, um Mitarbeiter, Kunden und Geschäftspartner schnell zu erreichen und sich auszutauschen. Unternehmen müssen heute unterschiedliche Kommunikationsmöglichkeiten prüfen und vorhalten.

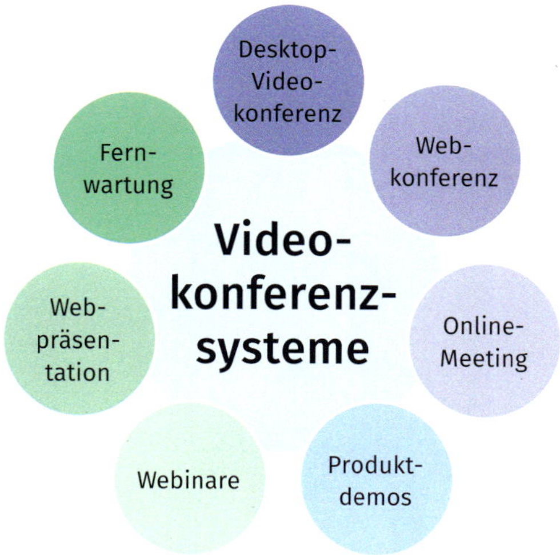

Online-Kommunikation in der Auftragsbearbeitung

- E-Mail
- Social Media im Intranet oder Internet
- Online-Kollaboration
- Service-/Helpdesk-Systeme, CRM-Systeme
- Videokonferenzsysteme

In der Auftragsbearbeitung der IT-Abteilungen mit internen Kunden und externen Auftragnehmern werden verschiedene Online-Kommunikationsmittel eingesetzt. **E-Mails** haben als Geschäftsbriefersatz und wegen der Möglichkeiten eines Pendelschriftverkehrs und der Beifügung von Links und Anlagen große Bedeutung. Über **Social-Media-Netzwerke** können sich viele Projektbeteiligte unkonventionell austauschen, was heutzutage in agilen (schnellen und offenen) Arbeitsformen gefragt ist. Kundendialog, Feedback und Initiativen sind offen und emanzipiert möglich. Wegen der Vertraulichkeit von Geschäftsgeheimnissen werden heute solche Angebote auch gruppenbegrenzt oder im Intranet angeboten. Wegen des hohen Bedarfs der Organisation von Projekten und Zusammenarbeitsformen (Kollaboration) werden **Portale und Programme** für Projektmanagement und Kollaboration nachgefragt (siehe z. B. Bitrix24, Jira, Microsoft Teams, Slack oder Softwareportale). Viele Unternehmen haben im Servicebereich Callcenter eingerichtet, IT-Abteilungen und Unternehmen, die IT-Produkte und IT-Services bereitstellen, haben Service- und Helpdesk-Systeme installiert (siehe Lernfeld 6).

Videokonferenzsysteme sind in der Projekt- und Auftragskommunikation eine wirtschaftliche und einfach zu organisierende Besprechungsform. Teammitglieder müssen keinen Aufwand für Reisen betreiben, können sich schnell wieder ihrer laufenden Arbeit zuwenden. Örtlich flexibel und anpassungsfähig in den Endsystemen (Desktop, Laptop, Tablet, Smartphone) können Teammitglieder miteinander Besprechungen durchführen, chatten, Texte mitteilen, abstimmen, über Kamera oder Screenrecorder im Schaufenster eigene Dokumente und Produkte zeigen. Auch weitere mit diesen Systemen mögliche Kommunikationsformen sind heute sehr gefragt und lassen sich in IT-Projekten flexibel nutzen.

Auch bei JIKU finden in Beschaffungsprojekten viele Videokonferenzen statt. In der Abbildung ist beispielhaft dargestellt, wie ein Team gerade über die marktgängigen Systeme diskutiert, ein Teammitglied online das Angebot vorstellt.

JIKU

Marktgängige IT-Systeme und Lösungen	
Hardware IT-Solution „Marktgängige IT-Systeme“	**Technische IT-Solution „Konfiguration und Installation“**
Anforderungsanalyse, Beschaffung, Konfiguration, Installation Betriebssystem und Anwendersoftware, Nutzeranpassung Betriebssystem und Bedieneroberfläche (GUI), Einweisung und Abnahme a) Standardsysteme (pauschal und nach Komponenten, Spezifikationen und Aufwand) b) Workstation-Systeme (nach Komponenten, Spezifikationen und Aufwand) c) Thin-Client-Systeme: Beschaffung oder Umrüstung von Altsystemen (je nach Komponenten, Spezifikationen und Aufwand) 2. Einzelne Solutions: a) Anforderungsanalyse b) Green-IT c) Beschaffung d) Installation Komponenten, Anschluss, Grundeinweisung e) Schulungen f) Spezial-Solutions nach Anforderungsanalyse	1. Aufbau, Anschluss, Installation, Einweisung und Abnahme von Arbeitsplatzsystemen a) Standardsysteme pauschal b) Workstation-Systeme nach Aufwand 2. Umbau vorhandener Workstation zu Thin Clients, Serverinstallation, Softwareinstallation, Test 3. Anschluss Arbeitsplatzrechner an Netzwerke, Einweisung und Abnahme (WLAN, Cloud, LAN, Cyber-physische Systeme) nach Kundenanforderung und Aufwand
	Software IT-Solutions
	1. Einrichtung des Betriebssystems nach Anforderungen des Mitarbeiters am Arbeitsplatz mit Einweisung und Abnahme a) Standardsysteme pauschal b) Entsprechend den Kundenanforderungen nach Aufwand 2. Anpassung von Software am Arbeitsplatz mit Einweisung und Abnahme: a) Verbesserung der Bedienung b) Einfache Anpassung der Parameter c) Customizing (erweiterte Anpassung) d) Nutzung von Zusatz-Apps, nach Kundenanforderung und Aufwand
IT-Solutions zu IT-Sicherheit und Datenschutz	**Managed-IT-Services**
1. Mitarbeiterschulungen a) Grundschulung IT-Sicherheit b) Grundschulung Datenschutz c) IT-Sicherheit vor Ort (nach Kundenanforderung) d) Datenschutz vor Ort (nach Kundenanforderung) 2. Prüfen einzelner Arbeitsplätze auf Anforderungen der IT-Sicherheit und Einweisung der Mitarbeiter a) Standardanforderungen: pauschal b) Spezialanforderungen nach Anforderungsanalyse oder Lasten-/Pflichtenheft 3. Prüfen einzelner Arbeitsplätze auf Anforderungen des Datenschutzes und Einweisung der Mitarbeiter a) Standardanforderungen: pauschal b) Spezialanforderungen nach Anforderungsanalyse oder Lasten-/Pflichtenheft	a) Vor-Ort-Service b) IT-Betreuung c) Helpdesk-Services d) Sourcing-Services e) Cloud-Services f) Data-Center-Services g) Update-Services h) Security-Services i) Backup-Services j) u. v. m. 24/7 (Stunden/Wochentage)

Kompetenzcheck

1 Erstellen Sie aus den bisherigen Erfahrungen und Einschätzungen in verschiedenen Teams Statusbilder der Zielgruppen von Kunden (extern, intern) und deren Erwartungen, z. B. als Mindmap.

2 Was ist richtig?
a) Ein Industriebetrieb ist ein interner Kunde eines Handelsbetriebs.
b) „Schläferkunden“ sind aus der Kundendatei zu entfernen.
c) Allen Kunden sollte gleich viel Zeit gewidmet werden.
d) Der Verlust eines A-Kunden kann ein Unternehmen in wirtschaftliche Schwierigkeiten bringen.
e) Neukunden sollte man immer skeptisch begegnen.
f) In C-Kunden sollte man viel Zeit investieren, da sie i. d. R. sehr freundlich sind.
g) B-Kunden können viel Potenzial haben und werden daher besonders aufmerksam beraten.
h) ABC-Kunden sollte man unterschiedlich freundlich beraten.

A1
3 Bearbeiten Sie im Arbeitsbuch Aufgabe 1 der Lernsituation 3 und erläutern Sie den Leistungsprozess und Zielgruppen zu Arbeitsplatzsystemen.

A2
4 Bilden Sie vier Klassenteams und bereiten Sie mit Aufgabe 2 im Arbeitsbuch Beratungsgespräche vor, Berücksichtigen Sie auch die Aufgabe 3 im Arbeitsbuch (jeweils Parallelgruppen zur Zusammenarbeit mit internen und externen Kunden), präsentieren und diskutieren Sie dazu.

A3
5 Bearbeiten Sie im Arbeitsbuch Aufgabe 3 und wählen Sie passende Kommunikationsmittel aus.

6 Stellen Sie in einer Übersicht zusammen, welche Kommunikationsmittel in Ihren Ausbildungsbetrieben zum Einsatz kommen.

2.5.2 Marketing- und Verkaufsförderungsmaßnahmen unterstützen

S **Sie sollen die Marketingabteilung bei der Marktbeobachtung und verschiedenen Marketingmaßnahmen unterstützen.**

(1) Einführung in das Absatzmarketing

Die meisten Unternehmen in den 1950er- und 1960er-Jahren mussten sich wenig Sorgen um Mitbewerber und Konkurrenzprodukte machen. Die Nachfrage nach Produkten war groß und das Angebot relativ klein. Die Unternehmen waren überwiegend mit der Erforschung, Entwicklung und der Herstellung neuer Produkte beschäftigt. Wer die Produkte zuerst entwickelt hatte und auch in genügender Zahl herstellen konnte, war im Vorteil. Der Wandel vom Verkäufer- zum Käufermarkt vollzog sich spätestens in den 1970er-Jahren, als das Angebot größer als die Nachfrage wurde. Nun mussten Unternehmen sich anstrengen, gute Leistungen und gute Preise zu bieten, die Beziehungen zu Kunden pflegen und mehr Geld in Werbung und die Darstellung des Unternehmens investieren. Marketing war eine wichtige unternehmerische Aufgabe von Unternehmen geworden. Wer heute keine marktgerechten Leistungen anbieten und sich und seine Produkte im Markt nicht richtig darstellen kann, hat kaum eine Chance auf den hart umkämpften Märkten.

Marketing (Absatzmarketing)

Begriff: engl. „Markt machen", einen Markt für die eigenen Produkte „erobern" und sichern.
Aufgabe: Ausrichtung des Unternehmens auf den Kunden und die Märkte.
Umfang: Alle Maßnahmen einer Unternehmung, die darauf ausgerichtet sind, den Absatz (Verkauf in Stück) zu fördern bzw. die absatzpolitischen Unternehmensziele zu erreichen.
Zuständigkeiten: Chefsache in kleineren Unternehmen, Marketing-Abteilung und Key-Account-Manager

Aufgabenbereiche des Marketings (Absatzmarketings)	
Aufgabenbereiche	**Aufgaben**
Marktuntersuchungen	Verkaufsmitarbeiter beobachten den Markt und teilen ihre Erfahrungen durch Reise- und Marktberichte sowie in Marketingbesprechungen mit. Marktforschungsinstitute werden von Zeit zu Zeit beauftragt, systematisch die Stellung und die Leistungen der Betriebe im Markt zu untersuchen, Markttrends und zukünftige Absatzchancen zu ermitteln und das Marktverhalten von Kunden und Mitbewerbern zu beobachten.
Produkt- und Sortimentspolitik	• **Produktpolitik:** Welche Produkte mit welcher Ausgestaltung (z. B. Art der Produkte, Qualität, Verpackung, Service) sind angemessen? • **Sortimentspolitik:** Welche Waren und Dienstleistungen sollen angeboten werden, z. B. preiswert, billig, hochwertig, einfach, frisch, nur Kernsortiment, auch Randsortiment, Vollsortiment, Spezialsortiment?
Preispolitik, (Kontrahierungspolitik)	Welche Preise und Konditionen sollen den Kunden angeboten werden, z. B. Listenpreise mit Rabatten, Skonto (Barzahlungsrabatt), nur Barzahlungspreise, Aktionspreise, Preise nach Mengenstaffeln, Preisgruppen für Kunden, Zwischenhandel mit Großhandelspreisen, Verkauf über Handelsvertreter mit Vertreterprovision, besondere Liefer- und Zahlungskonditionen?

Aufgabenbereiche des Marketings (Absatzmarketings)	
Aufgabenbereiche	**Aufgaben**
Kommunikations-politik	• Werbung für bestimmte Produkte und Leistungen, z. B. durch **Inboundmarketing** (Social-Media-Marketing, SEO, CRM etc.) oder **Outboundmarketing** (Einsatz von Inseraten, Werbeanschreiben, Flyern, Akquise per Telefon oder E-Mail) • **Verkaufsförderung (Sales Promotion):** Verkaufsunterstützende Maßnahmen wie Verbraucherpromotion (z. B. Gewinnspiele, Aktionen, Social Media), Außendienst-Promotion (z. B. Messen), Händler-Promotion (z. B. Road-Shows, Verkaufswettbewerbe) • **Öffentlichkeitsarbeit (Public Relations):** z. B. Corporate Identity (Unternehmensdarstellung), Tage der offenen Tür, soziale Einrichtungen für Mitarbeiter schaffen und der Öffentlichkeit mitteilen, Prominente und Fachleute zu pressewirksamen Gesprächen einladen • **Sponsoring:** Menschen und Organisationen mit gutem Ruf durch Geld und Dienstleistungen unterstützen, damit sie sich für das Unternehmen einsetzen • **Product Placement:** Produkte des Unternehmens für öffentlichkeitswirksame Veranstaltungen, Filme etc. zur Verfügung stellen und eventuell dafür bezahlen, damit man indirekt die Produkte bekanntmacht • **Direktverkauf (Personal Selling):** Kundenkontakt herstellen, Kundengespräche mit Erfolg führen, Kunden an das Unternehmen binden
Distributions-politik	Verteilung und Wege der Ware vom Unternehmen zu den Kunden müssen festgelegt werden, z. B. über verschiedene **Absatzkanäle** (Großhandel, Versandhäuser, Einzelhandel direkt, Kunden direkt, Internet u. a.), **Absatzmittler** (Reisende = Angestellte, Handelsvertreter = selbstständig, Kommissionär = ohne Absatzrisiko u. a.), **Vertriebssysteme** (z. B. Alleinvertrieb, Vertragshändlersystem, Franchisesystem als selbstständige/-r Kauffrau/Kaufmann vertraglich an ein Konzept gebunden), **Transportlogistik** (z. B. über eigene Lkw, Paket- und Transportdienste, über dezentrale oder zentrale Lager, Eigen- oder Fremdlager)

(2) Marktbeobachtung

Im Vergleich zu früher müssen Produkte und Leistungsbeschreibungen viel schneller aktuellen Anforderungen angepasst und laufend neue Angebote entwickelt werden. Gerade im IT-Markt gibt es viele Neuheiten und es wird über bessere Komponenten, das digitale Büro, Cloud-Technologien, Ergonomie und Nachhaltigkeit diskutiert. Mitarbeiter sind angehalten, ihre Märkte zu beobachten.

Mitarbeiter des Marketings benötigen Unterstützung von IT-Spezialisten, um ihre Marketingmaßnahmen kompetent zu wählen und umzusetzen. Die Marketingabteilung ist häufig für die Produktstrategie zuständig. Als Fachleute für Marketing benötigen sie daher fachliche IT-Kompetenzen, die häufig in Teamsitzungen mit IT-Spezialisten eingebracht werden.

Kunden erwarten, dass gute Unternehmen und ihre Mitarbeiter sie schon frühzeitig über neue Produkte und Produktinnovationen informieren und Kunden, insbesondere ihre Fachhändler, auf neue Entwicklungen hinweisen. Auch sollen IT-Spezialisten in Marketingsitzungen berichten, wenn sich das Kundenverhalten ändert, neue Trends deutlich werden oder Mitbewerber ihr Verhalten ändern. Da eigene Marktforschung für Kleinunternehmen i. d. R. zu kostenaufwendig ist, können sich spezielle oder aufwendig angelegte Marktanalysen häufig nur größere Unternehmen leisten. Für kleinere Unternehmen sind Informationen über neue Produkte und Markttrends durch Messebesuche sowie über Fachzeitschriften, Fachverbände oder Pressemitteilungen von Marktforschungseinrichtungen zu erhalten.

Markterkundung und Marktbeobachtung

Maßnahmen		Erläuterung	Beispiele
Markterkundung	betriebsintern	Unsystematische, gelegentliche Untersuchung der eigenen Informationen und Daten der Abteilungen Einkauf, Produktion und Verkauf	Mitarbeiter bringen ihre Erkenntnisse anhand von Reise- und Marktberichten oder durch Stellungnahmen in Besprechungen oder CRM-Portalen ein.
Marktforschung nach dem Umfang der Untersuchung	Marktbeobachtung	Systematische, zeitraumbezogene Untersuchung	Ein Marktforschungsinstitut wird beauftragt, systematisch einen Monat lang die Reaktion des Marktes auf verschiedene Produktinserate zu untersuchen.
	Marktanalyse	Systematische, zeitpunktbezogene Untersuchung	Es soll systematisch an einem Tag eine Kundenbefragung durchgeführt und ausgewertet werden.

Weitere Infos: z. B. in Informationsportalen über Markttrends, Bewertungsportalen, als Webmonitoring (als Softwaretools oder Webanwendungen) oder Mitmach- und Empfehlungsmarketing

Kompetenzcheck

1. Im Rahmen einer Kopfstandmethode (siehe Methodensammlung im Downloadbereich) wurde die Behauptung geäußert, dass Mitarbeiter der IT-Berufe sich an Marketingmaßnahmen nicht beteiligen sollten, da sie dazu weder Lust noch Kenntnisse haben. Diskutieren Sie dazu.

2. Bearbeiten Sie im Arbeitsbuch Aufgabe 4 der Lernsituation 3 und unterstützen Sie das Marketing. A4

2.5.3 Auftragsbearbeitung mit Projektmanagement unterstützen

S **Sie sollen in einem Projekt mitarbeiten und sich über Gespräche zu Projektmerkmalen, Projektgrundsätzen und Projekthilfsmitteln beteiligen.**

(1) Ablauf, Projektmerkmale, Grundsätze und Hilfsmittel

Jedes Projekt ist zeitlich befristet und häufig jeweils neu mit anderen Teammitgliedern zusammengesetzt. Bis zur Feinplanung im Projekt ist folgender Ablauf vorgesehen. Teammitglieder müssen sich daher schnell mit Ablauf, Merkmalen, Grundsätzen und Hilfsmitteln vertraut machen. Typische Projekte werden bei JIKU umgesetzt und hier die Ausbildungsinfos gezeigt.

Projektstart und Projektplanung

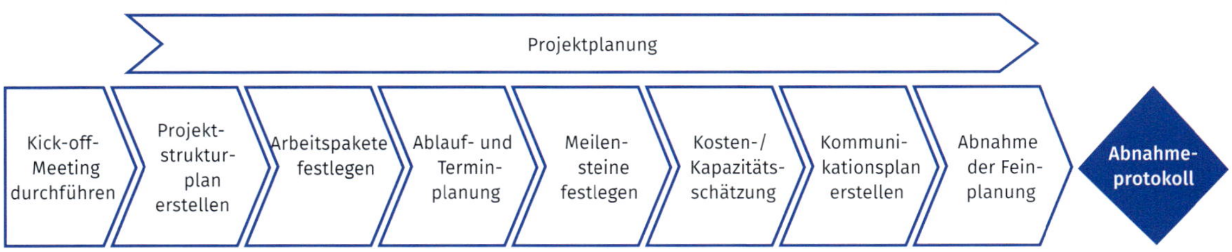

Projekt

Projekt nach DIN 69901: Als Projekt wird jedes **Einzelvorhaben** mit einem definierbaren **Anfang** und **Ende** bezeichnet, das im Wesentlichen durch die **Einmaligkeit der Bedingungen** in ihrer Gesamtheit gekennzeichnet ist, z. B. bezüglich Zielvorgaben, zeitlicher, finanzieller, personeller oder organisatorischer Rahmenbedingungen (insbesondere einer Projektorganisation mit Teammitgliedern aus unterschiedlichen Fachbereichen).

Projektmerkmale

Grundsätze und Erfolgsfaktoren des Projektmanagements

- Der Projektauftrag muss Ziele (SMART, siehe S. 54) angeben, nachträglich sollten möglichst keine Änderungen im Projektauftrag vorgenommen werden.
- Die Mitarbeiter im Team müssen fachliche und soziale Kompetenzen mitbringen.
- Mindestens einige Mitarbeiter sollten projekterfahren sein.
- Das Team darf nicht zu homogen zusammengestellt sein, sollte aus verschiedenen Teamtypen mit verschiedenen Teilkompetenzen bestehen.
- Die Rollen müssen klar verteilt sein.
- Die Motivation muss gut, ziel- und ergebnisorientiert sein.
- Der Projektleiter muss im Team akzeptiert sein, Projektziele verfolgen und seine Aufgaben gut erfüllen.
- Die Vorgesetzten der Fachabteilungen und Auftraggeber müssen sich für das Projekt einsetzen und es positiv unterstützen.
- Die Rahmenbedingungen müssen stimmen, notwendige Hilfsmittel müssen zur Verfügung stehen.

Meilenstein im Projektablauf

Ein Meilenstein ist nach DIN 69900 „ein Ereignis besonderer Bedeutung, i. d. R. die Fertigstellung eines Projektabschnitts oder Teilprojekts“. Als Handlungsprodukte der Meilensteintermine können Präsentationen von Ergebnissen des Projektabschnitts, Abnahmeprotokolle, Gutachten eines Fachausschusses o. Ä. dienen. Ein Meilenstein ist immer auch ein Termin, in dem die Erfolgsaussichten des gesamten Projekts zur Sprache kommen können und der Abbruch des Projekts beschlossen werden kann.

Projektarten und Beispiele

Es gibt Projekte unterschiedlicher **Größe.** Man kann Projekte nach dem **Projektträger** in private Projekte (z. B. Hausbauprojekt, Vereinsprojekt), Unternehmensprojekte (z B. Organisationsprojekt, IT-Projekt, Kundenprojekt), Non-Profit-Projekte von Organisationen und öffentlichen Einrichtungen (z. B. Schulprojekt, Forschungsprojekt) unterscheiden, nach der zu erstellenden **Leistung,** z. B. Investitionsprojekte, Forschungs- und Entwicklungsprojekte, Organisationsprojekte, Kundenprojekte, oder in interne und externe Projekte.

Zur Organisation und Verwaltung der Projekte wurde bei JIKU eine Formularsammlung angelegt, die Projektleiter bei Bedarf einsetzen können oder als Grundlage für eigene Formulare nehmen können.

Vorlagenmappe für Projekte und Leistungserbringung		
Angebots- und Auftragserschließung	**Planung**	**Durchführung und Abschluss**
Lastenheft, Anforderungskatalog Pflichtenheft, Briefing Projektsteckbrief Angebotsschreiben an Auftraggeber Projektbeschreibung Projektauftrag Arbeitspaketbeschreibung	Vorgangsliste Meilensteine und -berichte Benötigte Ressourcen Projektstrukturplan Ablaufplan, Balkendiagramm Projektjournal (Projekttagebuch) Wochenberichte	Protokoll Phasenabschluss Statusbericht Kostenübersicht Kosten-/Leistungsvergleich Projektbewertung und -reflexion

In vielen wirtschaftlichen Projekten erstellt der Auftraggeber zunächst ein Lastenheft. In diesem beschreibt er mit seinen Worten, was er mit dem Projekt erreichen will und wofür er die Ergebnisse einsetzen will. Ähnlich ausgelegt ist der Anforderungskatalog. Er ist eine systematische, strukturierte und ggf. priorisierte Liste von Anforderungen an eine IT-Lösung. Das Sammeln, Formulieren und Bewerten von Anforderungen ist der wichtigste Schritt, um den zu erbringenden Leistungsumfang spezifizieren zu können. Der Auftragnehmer erstellt dann auf der Basis des Lastenheftes oder des Anforderungskatalogs ein Pflichtenheft, d.h. eine fachliche Spezifikation, in der er fachlich genau beschreibt, wie er die Anforderungen des Lastenheftes erfüllen will und mit welchen Mitteln. Der Projektauftrag kann sich dann auf das Pflichtenheft beziehen und muss darüber hinaus nur noch die Vereinbarungen erhalten, die nicht im Pflichtenheft stehen.

Der Auftragnehmer kann seine Pflichten auch in einem **Angebotsschreiben** an den Auftraggeber formulieren (siehe Beispielformular im Downloadbereich). Bei einem **Projektsteckbrief** handelt es sich um eine übersichtliche Vorstellung eines Projektes. Anstelle des Projektsteckbriefes kann auch ein **Projektauftrag**, eine **Projektbeschreibung** o.Ä. gefordert werden (siehe Vorlagenmappe).

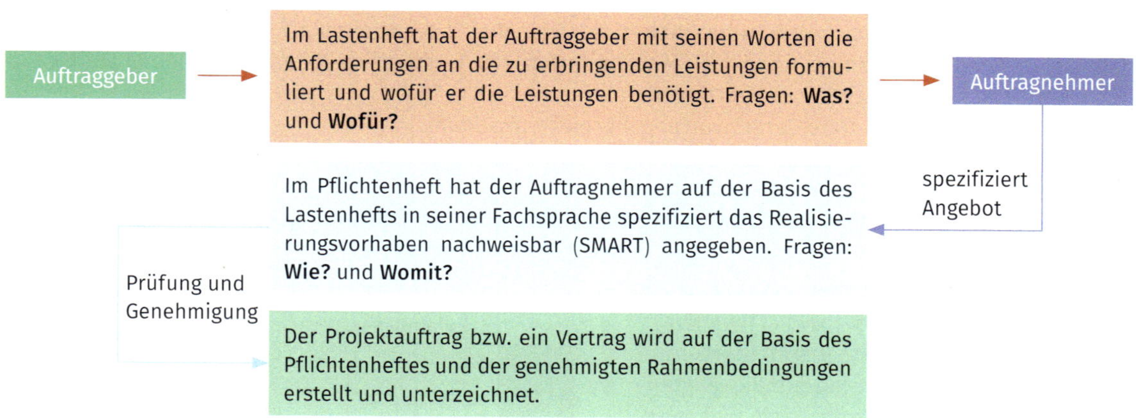

(2) Projektstrukturplan und Projektablaufplan

In der Projektplanungsphase muss zunächst ein **Projektstrukturplan** erstellt werden.

Projektstrukturplan

Projektstrukturplan (PSP) „Ausstattung Homeoffice-Arbeitsplatz“
Mit einem Projektstrukturplan (PSP) wird die Gesamtaufgabe in Hauptaufgaben und Teilaufgaben gegliedert, für die Teilaufgaben werden Arbeitspakete festgelegt. Der PSP ist die Grundlage für den später zu erstellenden Projektablaufplan.

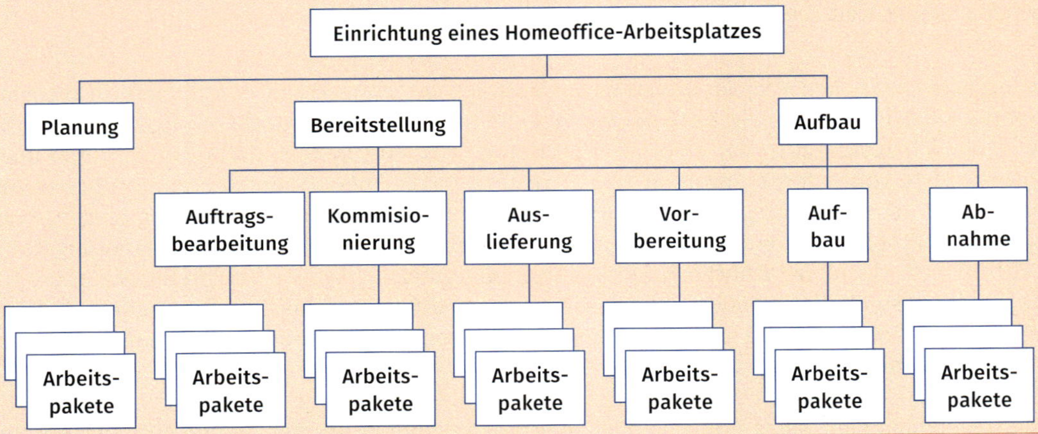

Aufteilung
Die Aufteilung kann nach verschiedenen Kriterien erfolgen:

- **Funktionsorientiert** nach den Funktionen im Unternehmen, z. B. Entwicklung, Produktion, Marketing, Vertrieb, Kommissionierung/Artikelzusammenstellung für Auftrag, Auslieferung, Verwaltung
  Vorteil: Zuordnung der Projektverantwortlichen zu den Arbeitspaketen leichter möglich
- **Objektorientiert** nach den zu bearbeitenden Objekten: z. B. Arbeitsplatz-PC, Peripheriegeräte, Netzwerkkomponenten; oder nach Mitarbeitertyp, z. B. Homeoffice-Mitarbeiter, Mobile Office-Reisende; oder nach Kundenaufträgen etc.
  Vorteil: Es werden klare Verantwortungsbereiche bestimmt.
- **Phasenorientiert** nach den Entwicklungsphasen: z. B. Vorbereitung, Durchführung, Nachbereitung
  Vorteil: Insbesondere bei Entwicklungsprojekten wird die Bedeutung einer systematischen Entwicklung betont.

Die Arbeitspakete werden verantwortlich einem Teammitglied (bzw. Teamleiter) zugeordnet und mit einem Start- und Endtermin versehen, damit die Zuständigkeiten für ein Controlling klar sind. Wie im Beispiel können Farben (grün: unproblematisch, rot: problematisch, schwarz: fertig) eine schnelle Orientierung geben.

Nr.	Kurzbezeichnung AP	
	Start:	Verantwortung
	Ende:	Aktualisierungsstand:
	Fertigstellung: %	

1.3	Erstellung Auftragsbeschreibung	
	Start: 01.04.20..	Verantwortung: Tim Zander
	Ende: 15.05.20..	Aktualisierungsstand: 04.05.20..
	Fertigstellung: 80 %	

Arbeitspaketbeschreibungen

In Arbeitspaketbeschreibungen werden auch notwendige Ressourcen, Kosten und zu erwartende Teilergebnisse vorgegeben. Es liegen unterschiedliche Formulare vor, um Arbeitspakete zu beschreiben, z. B. „Verzeichnis der Vorgänge und Arbeitspakete", „Arbeitspaketbeschreibung", „Aktionsplan".

Team:		
noch zu tun (to-do)!	**läuft gerade (doing)!**	**fertig (done)!**
Arbeitspaket 6, Arbeitspaket 7, Arbeitspaket 8	Arbeitspaket 2, Arbeitspaket 3	Arbeitspaket 1
Arbeitspaket 9, Arbeitspaket 10		
Arbeitspaket 11	Arbeitspaket 4, Arbeitspaket 5	
Arbeitspaket 12		

Tafel oder Infowand

Mit einer Tafel oder Infowand, auf dem eventuell der PSP und die Arbeitspakete auf Karten visualisiert werden, ist schnell für alle der Arbeitsstand sichtbar. Ein Vorteil dieser Tafellösung ist, dass kurzfristig auch Aufgabenpakete reflektiert und ergänzt werden können und somit eine flexible Projektorganisation unterstützt werden kann.

Im folgenden einfachen Beispiel sind für das Projekt „Einrichtung eines Home-Working-Place" die Arbeitsschritte (Planung, Beschaffung, Bereitstellung und Aufbau, Installation) mit den zugehörigen Arbeitspaketen dargestellt. Insbesondere in komplexeren Projekten bietet sich die Aufstellung eines Projektstrukturplans mit den Arbeitspaketen an.

Beispiel:

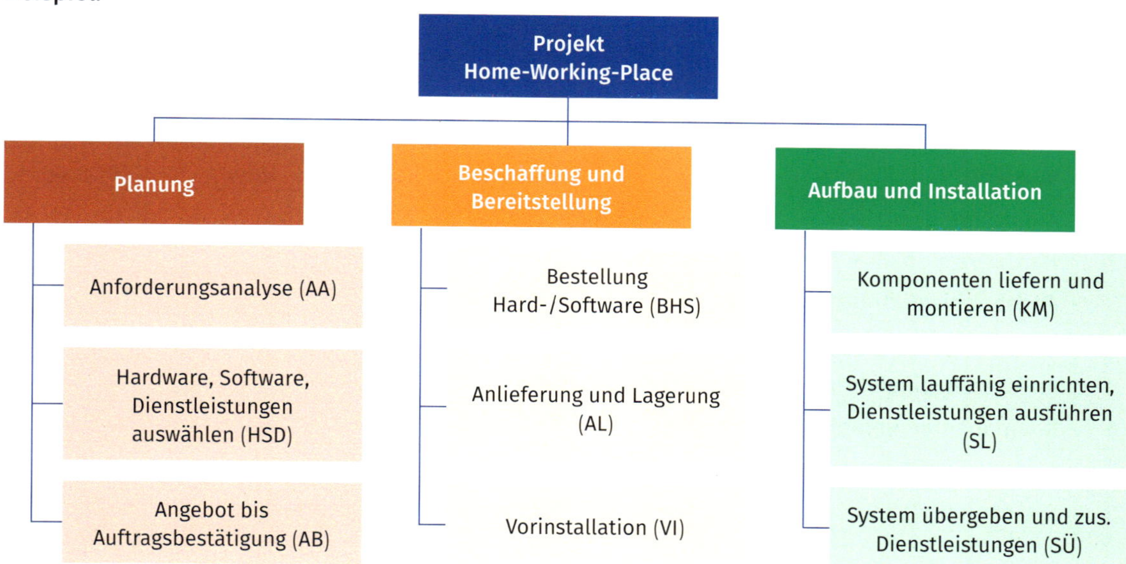

Projektstrukturplan: Einrichtung eines Home-Working-Place

Zur Terminplanung und -kontrolle wird auf der Basis des Projektstrukturplans ein Projektablaufplan erstellt. Alternativ kann auch eine Vorgangsliste oder eine Meilensteinübersicht erstellt werden. Darin sind übersichtlich die Vorgänge bzw. Arbeitspakete mit den Terminen vermerkt und mit einem Zeitbalken (Balken-, Ganttdiagramm) versehen. Als Formulare für den Projektablauf werden in der Vorlagenmappe der oben gezeigte „Projektablaufplan“ und das ähnliche Formular „Balkendiagramm“ angeboten.

Projektablaufplan

Projekt: IT-Ausstattung bei der Gallus AG   Team: Projektteam 2, PL Stefan Dreyer

JIKU IT-Solutions		Monat	06	06	06	06	07	07	07	07
		Woche (KW)	28	29	30	30	31	32	33	33
		Dat. von/bis	11/14	18/22	25/26	28/28	03/05	08/11	16/17	17/18
Nr.	Arbeitspaket/Vorgang	Beginn								
1.1	Istanalyse Gallus AG	10:00 Uhr	■							
1.2	Feinplanung Ausstattung	08:00 Uhr		■						
1.3	Terminplanung	08:00 Uhr		■	■					
1.4	Genehmigung Feinplanung	16:00 Uhr				■				
2.1	Herstellung Ausstattung	08:00 Uhr					■	■		
2.2	Lieferung Ausstattung	08:00 Uhr							■	
2.3	Montage Ausstattung	14:00 Uhr								■

(3) Netzplantechnik

Als Alternative zu Balken- oder Ganttdiagrammen kann auch ein Netzplan erstellt werden. Insbesondere für große Aufträge und Projekte haben Netzpläne den Vorteil, dass sie jeden Vorgang als Vorgangsknoten mit den entsprechenden Daten anzeigen. Auch geben die Programme den zeitkritischen Pfad (im folgenden Beispiel die roten Knoten mit den roten Pfeilen) an, d.h. die Vorgänge, die sich auf keinen Fall verschieben dürfen.

Beispiel:
Für jeden Knoten (Nr., Vorgang) werden die Dauer und die Vorgängerknoten (Nr.) in einer Vorgangsliste genannt. Daraus wird zunächst die Anordnung der Knoten festgelegt.

Projekt „Home Working Place“				
Nr.	**Vorgang**	**Kürzel**	**Dauer**	**Vorgänger**
1	Anforderungsanalyse	AA	1	
2	Hardware, Software Dienstleistungen auswählen	HSD	1	1
3	Angebot bis Auftragsbestätigung	AB	3	1
4	Bestellung Hard-/Software	BHS	3	2, 3
5	Anlieferung und Vorinstallation	AL, VI	2	4
6	Komponenten liefern und montieren	KM	1	5
7	System lauffähig einrichten	SL	2	5
8	System übergeben	SÜ	1	6, 7

Der früheste Anfangszeitpunkt (FEZ) des ersten Vorgangs muss genannt werden, um daraus die anderen Daten berechnen zu können. So wird entweder mit einem konkreten Datum oder z. B. mit einer „0“ für Tag 0 (abends am Vortag) in Vorgang 1 begonnen und dann für den FEZ nur die Dauer hinzugerechnet. Der folgende FAZ wird vom FEZ des Vorgängers übernommen. In einer Vorwärtsrechnung sind somit in allen

Knoten die FAZ, D und FEZ eingetragen. Im letzten Knoten wird der SEZ vom FEZ übernommen und dann in der Rückwärtsrechnung wieder die Dauer zurückgerechnet. Aufpassen muss man in der Rückwärtsrechnung, dass die Vorgänger (SEZ) immer den kleinsten SAZ des Nachfolgers übernehmen müssen.

Zusätzlich kann man noch den freien Puffer (FP) und den Gesamtpuffer ausrechnen. Auf dem kritischen Pfad sind die FP und GP logischerweise immer 0, da diese Knoten zeitkritisch sind und keinen Zeitpuffer haben. Knoten 2 hat beispielsweise einen FP (und GP) von zwei Tagen, da der kritische Knoten 3 zwei Tage mehr Zeit benötigt. Gesamtpuffer (GP) und freier Puffer (FP) sind nur dann unterschiedlich, wenn es im nicht kritischen Pfad hintereinander mehrere Knoten gäbe und diese Knoten sich den Gesamtpuffer teilen.

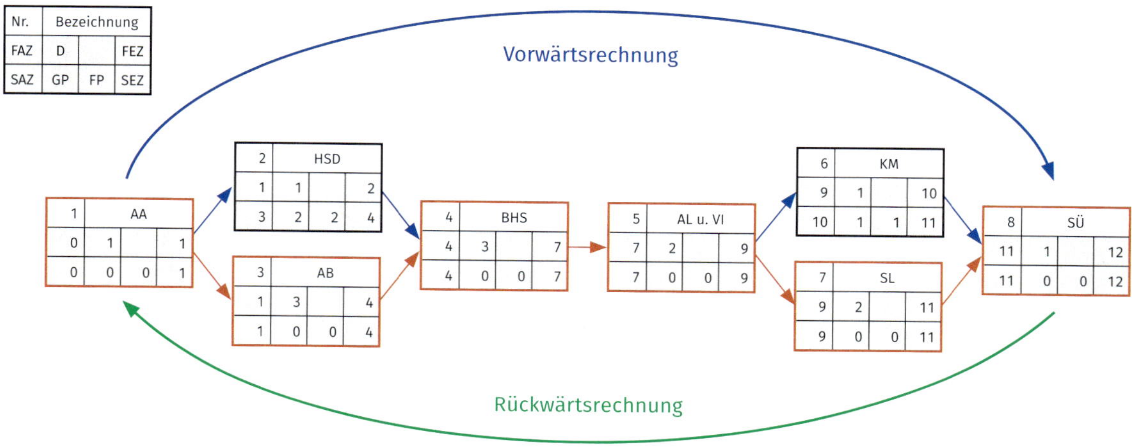

FAZ = Vortag abends (Start bei 0), FEZ = Endetag abends, Dauer in Tagen
Puffer in Tagen (hier alle Tage Werktage)

Notation

FAZ FEZ

Vorgang	Beschreibung	
Dauer	GP	FP

SAZ SEZ

FAZ = frühester Anfangszeitpunkt

FEZ = frühester Endzeitpunkt

SAZ = spätester Anfangszeitpunkt

SEZ = spätester Endzeitpunkt

GP = Gesamtpuffer = SAZ – FAZ oder SEZ – FEZ

FP = freier Puffer = FAZ (Nachfolger) – FEZ

Auch zur Erstellung von Netzplänen wird Software käuflich und als Freeware zum Download angeboten. Bei größeren Projekten kann der Projektleiter zu Anfang und bei Änderungen aktuelle Netzpläne automatisch erstellen lassen und betroffenen Teammitgliedern (auch auszugsweise) per E-Mail zusenden, sodass alle Teammitglieder über die aktuellen Terminsetzungen immer informiert sind und das Projekt im besten Fall zum frühestmöglichen Termin beendet werden kann. Für schulische Zwecke kann auch ein Tabellenblatt, z. B. mit der Tabellenkalkulation, verwendet werden, um Vorgangsknoten zu erstellen, zu vervielfältigen, anzuordnen und mit Pfeilen zu versehen.

Kompetenzcheck ✓

1. Erstellen Sie eine Übersicht der Projektmanagementhilfsmittel Ihrer Ausbildungsbetriebe.

2. Erstellen Sie in Teams Projektstrukurpläne als Entwürfe für ein Projekt a) Softwareentwicklung b) Ausstattung eines Klassenraum neu mit vernetzten PC, c) Einrichtung einer Smart-Home-Alarmanlage für ein Büro, d) Unterstützung eines Festivals mit Online-Marketing, Unterstützung eines Fußballclubs mit einem Online-Shop.

3. Erläutern Sie mit eigenen Worten die Vorwärts- und Rückwärtsrechnung des Netzplanbeispiels, geben Sie den kritischen Pfad an und erläutern Sie diesen.

A5
A6

4. Bearbeiten Sie im Arbeitsbuch Aufgabe 5 und unterstützen Sie das Projektmanagement mit Vorträgen sowie Aufgabe 6 der Lernsituation 3 und erstellen Sie einen Netzplan.

2.6 Bedarfs- und Anforderungsanalysen durchführen

S **Sie sollen Bedarfs- und Anforderungsanalysen beschreiben und durchführen.**

Es ist nicht sinnvoll, Beschaffungsmaßnahmen schnell und ohne eine genaue Ist-Analyse durchzuführen. Die meisten Beschaffungsmaßnahmen im IT-Bereich erfordern eine genaue Feststellung der Ziele des Unternehmens und der vorhandenen Infrastruktur. Es hat sich gezeigt, dass leicht Fehlentscheidungen getroffen werden, die in der Folge große Probleme und Folgekosten verursachen können. Da die IT-Infrastruktur zu den systemrelevanten Technologien im Unternehmen zählt, kann mit Fehlentscheidungen sogar die Existenz eines Unternehmens gefährdet werden.

2.6.1 Den Prozess der Anforderungsanalyse erläutern

S **Sie sollen den Prozess der Anforderungsanalyse beschreiben.**

Mitarbeiter von IT-Abteilungen haben als Supportabteilung interne Kunden. Sie müssen die Leistungsfähigkeit der Arbeitsplatz-IT zu jeder Zeit sicherstellen und die IT-Infrastruktur neuen Anforderungen anpassen. Mitarbeiter von IT-Unternehmen haben es in erster Linie mit externen Kunden zu tun. Der folgende Prozess zeigt, welche Aspekte bei der Anforderungsanalyse allgemein zu beachten sind. In den folgenden Kapiteln wird auf einzelne Prozessschritte genauer eingegangen.

Prozess der Anforderungsanalyse

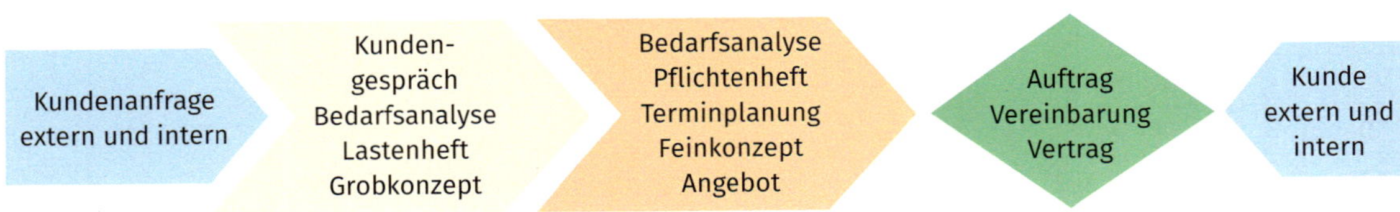

Externe Kunden:
- über Helpdesk
- telefonisch
- E-Mail, Social Media
- Internetportal
- Briefanfrage
- Ausschreibung
- Kundendienst u.a.

Interne Kunden:
- ähnlich externe Kunden
- Besprechungen
- Umsetzung IT-Strategie
- Anfragen an IT-Abteilung
- Anweisung der Leitung

Wo?
- telefonisch
- vor Ort
- Systemhaus/IT-Abteilung
- Videokonferenz u.Ä.

Was? Vorbereitung
- Ist-Analyse/Eigenleistung
- Vertragsbedingungen
- Anbieter/Kunde
- Ziele/Soll/Lastenheft

Wann? Grobplanung
- Beschaffungsplanung
- Bereitstellungsplanung
- Installationsplanung

Ergebnis Ist-Analyse
- verbleibende IT, Eigenleistung
- Neu-/Ersatzbeschaffung
- Lieferwilligkeit/-fähigkeit

Pflichtenheft Arbeitsplatz-IT
- Desktop, Workstation
- Laptops u.Ä.
- Thin Clients u.Ä.
- Software, Peripherie, Zubehör

Angebotsbedingungen
- Kauf oder Miete
- Dienstleistungen
- AGB u.Ä.
- Kundenbestätigung

Kompetenzcheck ✓

1. Diskutieren Sie über die einzelnen Prozessbestandteile und stimmen Sie ab, ob dies im Vergleich eher weniger relevant (+), relevanter (++), relevant (+++) oder sehr relevant (++++) in der Praxis ist.

2.6.2 Kundenanforderungen formulieren

S Sie sollen Kundenanforderungen für IT-Arbeitsplätze ermitteln und beschreiben.

In den vorangegangenen Kapiteln wurden immer wieder einzelne Komponenten angesprochen und unterschieden. In diesem Kapitel sollen diese konkreter auf einzelne Arbeitsplatztypen und zu wichtigen Spezifikationen beschrieben werden.

(1) Arbeitsplatztypen

In Kapitel 2.3 wurden allgemein Auswahlkriterien zu IT-Produkten unterschieden. Nun sollen konkreter Anforderungen und Auswahlkriterien für IT-Ausstattungen von Arbeitsplätzen unterschieden und formuliert werden.

Die folgende Aufstellung listet 14 Arbeitsplatztypen auf, die bei Anfragen zu IT-Ausstattungen einbezogen werden können. Andere Typen sind denkbar. Diese Arbeitsplatztypen unterscheiden sich beispielsweise in den Anforderungen der Benutzer. Auch hier sind typische Anforderungen zu erkennen. Es sind aber auch sehr individuelle Vorstellungen der Benutzer denkbar. Für den Typ 1 wurde einmal eine Einschätzung vorgenommen. Man erkennt schon, dass selbst bei sehr pauschalen Einschätzungen unterschiedliche Vorstellungen möglich sind.

	Arbeitsplatztypen
1	Standardarbeitsplatz leitend fest im Raum
2	Standardarbeitsplatz Büro, mehrere fest im Raum
3	Arbeitsplatz Workstation (hohe Leistung) fest im Raum
4	Standardarbeitsplatz leitend Großraum
5	Standardarbeitsplatz Büro, mehrere fest im Großraum
6	Arbeitsplatz Workstation (hohe Leistung) fest im Großraum
7	Standardarbeitsplatz leitend mobil
8	Standardarbeitsplatz Büro, mehrere mobil im Großraum
9	Arbeitsplatz Workstation (hohe Leistung) mobil im Großraum
10	Arbeitsplatz Home fest vom Arbeitgeber ausgestattet
11	Arbeitsplatz Reisender kaufmännisch, mobil unterwegs fest vom Arbeitgeber ausgestattet
12	Arbeitsplatz Reisender nicht kaufmännisch mobil unterwegs, fest vom Arbeitgeber ausgestattet
13	Konferenz-/Tagungsraum Arbeitsplätze
14	Öffentlicher Arbeitsplatz z. B. Empfang, Wartezimmer, Showroom

Beispiel:

Arbeitsplatztyp 1	
Design	++s
Leistung	+
Robustheit	+
Gesundheit	+
Umwelt	+
Sicherheit	++s

Bedeutung: + und ++; speziell: s

Das folgende Schaubild soll zeigen, dass eine systematische Vorgehensweise wichtig ist. Im Fall der Ausstattung von Arbeitsplätzen mit IT können unterschiedliche Arten von Arbeitsplatzrechnern unterschieden werden. Unter den hier genannten Typen sind wiederum sehr unterschiedliche Untertypen und Varianten im Markt erhältlich. Auch in der Art der Beschaffung der Komponenten kann der Kunde wählen. Die Virtualisierung von Hardware und der dazugehörigen Services wird im weiteren Verlauf eine große Bedeutung haben.

Ausstattung von Arbeitsplätzen mit IT				
Kauf				Miete
Desktops	Workstation	Laptops	Thin Clients	Hardware und Software
Peripheriegeräte, Installationskomponenten, Netzkomponenten, Zubehör, Dienstleistungen				

(2) Lastenheft und Pflichtenheft

Fast täglich berichten Medien über **Fehlplanungen** und Investitionsvorhaben, die scheitern oder für Investoren bzw. Kunden oder Auftraggeber teuer werden. Bei einer Internetrecherche mit den Stichworten „Fehlplanungen Beispiele" werden aktuell diskutierte Fälle aufgelistet. Auch IT-Projekte bzw. IT-Investitionsvorhaben sind von Fehlentscheidungen und -entwicklungen nicht ausgenommen.

Immer häufiger wird vermieden, etwas auszuformulieren, eher mündliche Absprachen zu treffen oder Pauschalanfragen und -angebote zu erstellen. Später sind unterschiedliche Vorstellungen über die Ziele und Erwartungen der Auftraggeber und Auftragnehmer Anlass für Fehlplanungen. Bei ungenauen Spezifikationen besteht auch kein Zwang zur Lieferung einer nachträglich vorgetragenen Spezifikation durch den Auftraggeber. Um hier größere Einigkeit zu erzielen, sollten vom Auftraggeber gewissenhaft ein **Lastenheft** und darauf abgestellt vom Auftragnehmer (Anbieter) ein spezialisiertes **Pflichtenheft** erstellt und abgestimmt werden. Dabei sollte schon das Lastenheft so weit wie möglich ausformuliert werden. Dabei kann auch der Auftragnehmer helfen. Hilfreich sind, Textbausteine, Listen und Vorlagen zu verwenden, die für konkrete Anwendungsfälle angepasst werden können.

! Hinweise: Bezogen auf die Formulierung von Zielen wird auf das Lernfeld 1, Kapitel 1.3.3 hingewiesen und auf die Forderung, Ziele „SMART" zu formulieren. Auch wird hier auf Zielkonflikte und die Notwendigkeit eingegangen, Ziele zu priorisieren. Aus Kapitel 2.3 sollten die Auswahlkriterien hinzugezogen werden. In den folgenden Kapiteln werden bezogen auf die IT-Arbeitsplatzausstattung viele Spezifikationen genannt, die für die Aufstellung von Lasten- und Pflichtenheften bzw. Anforderungskatalogen hilfreich sind.

Anforderungsbeschreibung	Lastenheft	Pflichtenheft
Ersteller	Auftraggeber	Auftragnehmer
Definition DIN 69905 bzw. DIN 69901-5 VDI-Richtlinien	Gesamtheit der Forderungen an Lieferungen und Leistungen eines Auftragnehmers	Vom Auftragnehmer erarbeitete Realisierungsvorgaben auf Basis des Lastenheftes
Fragestellung	**Was? und Wofür?**	**Wie? und Womit?**
Detaillierungsgrad	Ergebnisorientiert, allgemein verständlich	Genau, spezifiziert, verständlich
Alternative Bezeichnungen	Anforderungsspezifikation; Anforderungskatalog, Kundenspezifikation oder requirements specification, Anwenderspezifikation, Fachkonzept, Ausstattungsskizzen	Fachliche Spezifikation, fachliches Feinkonzept, Sollkonzept, funktionelle Spezifikation, Feature specification

Die folgenden Gliederungen beschreiben allgemein Punkte, die von den Gesprächs- und Vertragspartnern möglichst genau und verständlich abgestimmt werden sollten. Dabei sollte im Lastenheft die Beschreibung vom Auftraggeber so detailliert erfolgen, dass der Auftragnehmer für die Feinplanung bzw.

das Pflichtenheft möglichst viele Anhaltspunkte hat. Mindestens im Pflichtenheft sollten die Ziele „SMART“ und mit technischen Spezifikationen so erfolgen, dass später eine Abnahmeerklärung detailliert erfolgen kann.

Beispiel für mögliche Gliederungen	
Lastenheft	**Pflichtenheft**
1 Ausgangssituation **2 Zielsetzungen** **3 Produkteinsatz bzw. betroffene Arbeitsplätze und Schnittstellen** **4 Funktionale Anforderungen** **5 Nicht funktionale Anforderungen** **6 Lieferumfang** **7 Phasenplanung, Meilensteine** **8 Offene noch zu klärende Punkte** **9 Abnahmekriterien und Qualitätsanforderungen** **10 Zuständigkeiten für dieses Projekt**	**1 Zielbestimmung** 1.1 Muss-Kriterien 1.2 Wunschkriterien 1.3 Abgrenzungskriterien **2 Produkteinsatz** 2.1 Anwendungsbereiche 2.2 Zielgruppen 2.3 Betriebsbedingungen **3 Produktbedingungen** 3.1 Software 3.2 Hardware 3.3 Orgware 3.4 Produktschnittstellen **4 Produktfunktionen** **5 Produktleistungen** **6 Benutzerschnittstellen** **7 Qualitätsbestimmungen** **8 Globale Testfälle, Referenzen** **9 Ergänzungen**

Kompetenzcheck ✓

1 Was ist richtig?
a) Das Pflichtenheft kommt vom Kunden.
b) Das Lastenheft beschreibt alle Anforderungen sehr genau.
c) Das Lastenheft beschreibt das Was und Womit.
d) Das Feinkonzept gehört zum Lastenheft.
e) Ziele sollen möglichst „SMART“ formuliert werden.

2 Geben Sie Beispiele, wie man im Lastenheft und im Pflichtenheft Ziele „SMART“ formuliert.

3 Geben Sie wie im Beispiel oben zu den 14 Arbeitsplatztypen und den genannten Kriterien eine Bewertung ab. Präsentieren Sie die Ergebnisse und diskutieren Sie darüber.

4 Im Zweierteam sollen Sie das folgende Lastenheft verwenden:
a) Recherchieren Sie entsprechend nach einer geeigneten Grafiksoftware im Internet.
b) Das folgende Lastenheft ist unzureichend formuliert. Welche Stolpersteine, Probleme zeigen sich bei der Verwendung des Lastenheftes? Wie könnte das Lastenheft anforderungsgerechter erstellt werden?

Lastenheft

1 **Ausgangssituation**
Schüler benötigen kostenlose Grafiksoftware

2 **Zielsetzungen**
Beschaffung geeigneter Software inklusive Anleitungen und Hilfesystem

3 **Produkteinsatz bzw. betroffene Arbeitsplätze und Schnittstellen**
Für Unterrichtsprojekte in Schule und zu Hause

4 **Funktionale Anforderungen**
Aus-/Zuschneiden, Skalieren, Drehen von Objekten in mehreren Ebenen, Farbfunktionen, Kontexthilfe, Speicherung in gängige Dateiformate

5 **Nicht funktionale Anforderungen**
Einfache Benutzung, fehlerfreie Software, deutsche Beschreibungen

6 **Lieferumfang**
Kostenloser Download von Programm und Anleitungen

7 **Phasenplanung, Meilensteine**
a) Recherche mit Auflistung der Angebote
b) Erstellung einer Vergleichsübersicht
c) Entscheidung für eine Software

8 **Offene noch zu klärende Punkte**
Freeware, Shareware, Bedeutung im Markt

9 **Abnahmekriterien und Qualitätsanforderungen**
Schülergerecht

10 **Zuständigkeiten für dieses Projekt**
...

A7 **5** Im Arbeitsbuch sind Kundenanfragen zu den verschiedenen Arbeitsplatztypen formuliert. Erarbeiten Sie Lastenhefte im Arbeitsbuch mit Aufgabe 7 der Lernsituation 3.

2.6.3 Hardware- und Systemvoraussetzungen prüfen

S Sie sollen die Hardware- und Systemvoraussetzungen für die Neubeschaffung besprechen.

Im Rahmen einer Ist-Analyse ist zu unterscheiden, welche Voraussetzungen beim Auftraggeber bzw. Kunden vorliegen und welche Aspekte bei der Neubeschaffung zu berücksichtigen sind.

Hardware- und Systemvoraussetzungen prüfen	
Besprechungspunkte	**Klärungsbedarf**
Leistungsanforderungen	• Rechtliches, Unternehmensleitbild, Richtlinien • Hard-, Software, Zubehör, Verbrauchsmaterial, Vernetzung • Admin-Management, IT-Support • Benutzerfreundlichkeit, Barrierefreiheit, Energieeinsparung, Informationssicherheit (IT-Sicherheit, Datenschutz)
Abgleich mit aktueller Infrastruktur	• Hard- und Softwarestatus • Technologischer Status • Softwareversionen, Lizenzen • Administrationsaufwand, Wartungsaufwand, Folgekosten • Anstehende Ersatzbeschaffungen feststellen

Hardware- und Systemvoraussetzungen prüfen	
Besprechungspunkte	**Klärungsbedarf**
Abgleich der alternativen Vorgehensweisen	Auf-/Umrüstung, Zusatzbeschaffung, Vereinfachung, Teilumstellung, Totalumstellung auf neue Technologie unter Abwägung des Zusatznutzens, Risiken, Akzeptanz, Wirtschaftlichkeit
Ersatzbeschaffung	Vergleichbare Technologie oder Verbesserung, Kompatibilität
Neubeschaffung	Passend zur IT-Strategie, bedarfsorientiert, Kompatibilität, Technologieentwicklung berücksichtigen, Mitarbeiter in den Prozess einbinden
Erweiterungsbeschaffung und Aufrüstung	Umrüstung der Arbeitsplätze sinnvoll, erforderlich, Aufrüstung durch Zusatzkomponenten möglich, Computer durch Servicemaßnahmen beschleunigen (z. B. Festplattenspeicher Desktop und Start optimieren, Autostart deaktivieren, Prozessor und RAM aufrüsten, aktuelle Treiber installieren)
IT-Refurbishing und IT-Remarketing	IT-Refurbishing bedeutet Überholung, Instandsetzung. IT-Remarketing bezeichnet die Wiederverwendung und -vermarktung. Es gibt viele Unternehmen unter diesen Suchbegriffen, die gebrauchte IT-Geräte kaufen und verkaufen. Wenn es um zuverlässige Geräte geht, kann die Wahl auch schnell auf viel nachgefragte, zuverlässige und noch leistungsgerechte, generalüberholte Gebrauchtgeräte fallen. Auch können dabei bis zu 80 % gegenüber einer Neubeschaffung gespart werden.
IT-Recycling und IT-Rollback	IT-Recycling ist die E-Schrott-Verwertung und IT-Rollback bedeutet das Zurückführen (z. B. für Remarketing, Refurbishing, Alternativnutzung). Vorgaben können beispielsweise sein: BDSG, BSI-konform, DIN 66399, DIN 15713 Elektrogesetz (ElektroG), ISO 14001 (zertifiziertes Umweltmanagement), Kreislaufwirtschafts- und Abfallgesetz. Abbau, Abholung, Sicherheitstransport, Entsorgung, Datenlöschung, Datenträgervernichtung nach gesetzlichen Vorschriften: DIN 66399, Schutzklasse 3 (höchster Schutzbedarf), Sicherheitsstufe H5, Softwaretechnische Datenlöschung: BSI Standard (drei Durchläufe, einmal Verifizieren) oder BSI/VS-ITR (siebenmal Schreiben, einmal Verifizieren), z. B. sämtliche Laufwerke und SIM-Schächte durch Gehäuseöffnung überprüfen, Drucker-Papierfächer leeren, Menüs resetten, Transporttaschen u. Ä. überprüfen, Anonymisierung 100 % revisionssicher und EU-DSGVO konform (Entfernen von Produktmerkmalen/Unternehmenszeichen von Geräten, um Rückschlüsse auf das Unternehmen zu vermeiden), Reporting/Tracking (für bessere Transparenz)
Weitere Infos: www.elektrogesetz.de, www.bsi.de	

Kompetenzcheck ✓

1 Diskutieren Sie mit der Kopfstandmethode folgende Behauptungen:

a) Bei einer IT-Beschaffung gilt „Ersatz mit neu gegen alt“, andere Abteilungen oder Geschäftsleitung spielen eine sehr untergeordnete Rolle in den Entscheidungen.

b) Eine Ist-Analyse kann weitgehend unterbleiben, da man i. d. R. weiß, was sinnvoll ist.

c) Wenn der interne oder externe Kunde eine Anfrage stellt, bekommt er eine Antwort. Wenn er seinen bisherigen Status nicht beschreibt, ist es sein Problem.

d) IT-Aufrüstung, Recycling und Remarketing sind heute out, da Hardware sehr billig und der personelle Aufwand zu hoch sind.

2 Erstellen Sie Fragenlisten zur Prüfung von IT-Aufrüstungs-, Recycling- und Remarketingmaßnahmen.

2.7 Pflichtenhefte erstellen

S Sie sollen die Pflichtenhefterstellung unterstützen und Kurzpflichtenhefte erstellen.

Es liegen von den Kunden bzw. Auftraggebern erstellte Lastenhefte zu den o.a. einzelnen Arbeitsplätzen vor. Die folgenden Kapitel sollen bei der Pflichtenhefterstellung helfen. Es wird jedoch erwartet, dass aufgrund neuerer Techniken und Spezifikationen sowie hier noch unzureichend dargelegter Technologien zusätzliche Recherchen (z.B. über das Internet) erfolgen.

! Viele Spezifikationen zu IT-Komponenten wurden im Kapitel 2.4 genauer beschrieben, sodass ergänzend diese Kapitel hinzugezogen werden sollten. Insbesondere zu Peripheriegeräten und Zubehör wird hier darauf allgemein verwiesen.

Die Vernetzung der Arbeitsplätze mit den Anwendungs-, Daten- und Kommunikationsservern kann auf sehr unterschiedliche Arten erfolgen. In Lernfeld 3 werden die Grundlagen für die Vernetzungsarten, Topologien, Techniken, Aufgaben, Anwendungsbereiche, Anforderungen und Spezifikationen gelegt und Vergleiche zu unterschiedlichen Vernetzungen von Arbeitsplätzen angestellt. Als Arbeitsplatzcomputer werden Desktops, Workstations, Laptops und Thin Clients sowie ähnliche Rechnerarten unterschieden.

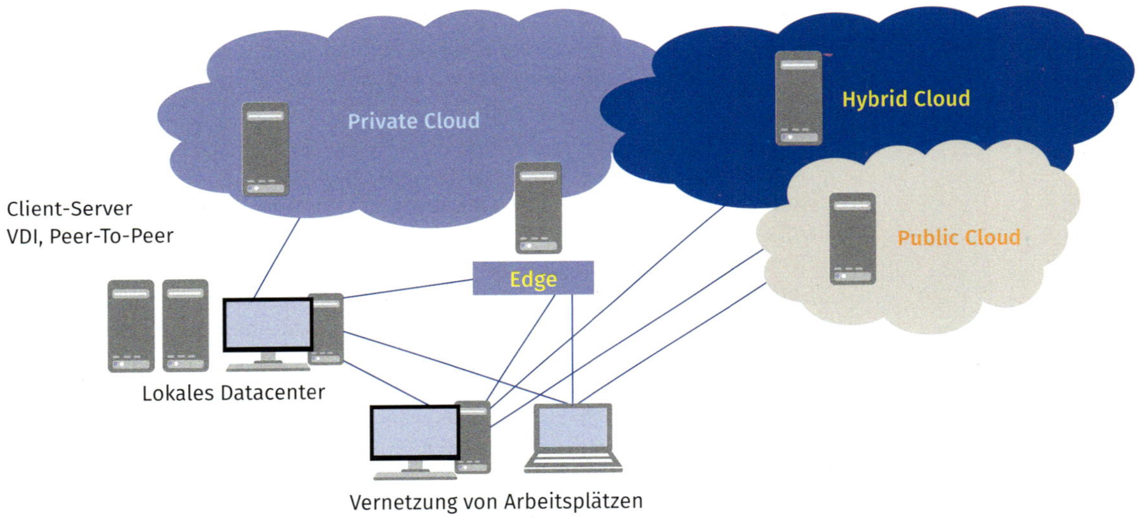

2.7.1 Anforderungsanalysen zu Desktops und Workstations durchführen

S Sie sollen eine Vorlage zur Anforderungsanalyse überarbeiten und Kurzpflichtenhefte für Anfragen erstellen.

Desktops und Workstations sind die am häufigsten verwendeten Begriffe für nicht mobile bzw. stationäre Mikrocomputer (Fat Clients oder Thick Clients) am Arbeitsplatz. Es gibt viele unterschiedliche Arten von Arbeitsplatzrechnern. Je nach Art haben sich gewisse Standards bzw. Bündel von Spezifikationen durchgesetzt. Hersteller können mit Standardisierungen größere Mengen günstiger fertigen und sich damit besser in einem Marktsegment behaupten. Die zahlreichen Hersteller unterscheiden sich in ihrem Angebot bestimmter Rechnerarten, aber auch im Preis als Massen- oder Premiumanbieter. Für Arbeitsplätze mit höheren und speziellen Leistungsanforderungen könnten Barebone-Rechner ausgebaut werden. Bei Standardrechnern oder Workstations kann die Ausbaufähigkeit wichtig sein.

Clients – Mikrocomputer lokal oder stationär am Arbeitsplatz		
Art	**Erläuterung**	**Einsatz**
Client-Mikrocomputer	Clients sind – im Gegensatz zum Server – Arbeitsplatzcomputer. Man unterscheidet je nach Funktionalität und Leistungsressourcen zwischen Thin Clients (Basisrechner), Fat Clients oder Thick Clients (Desktops, Workstations mit ausreichenden und höheren Leistungsressourcen). Bei den Fat Clients werden Programme und Daten im Wesentlichen auf dem Client-Rechner verarbeitet. Bei den Thin Clients erfolgt die Verarbeitung i. d. R. auf den Servern (siehe auch S. 240 f.).	
PC als Desktop oder Tower	PC auf oder am Schreibtisch als Standard-Arbeitsplatzrechner	Standardarbeitsplatz
All-in-one-PC	Der Rechner ist i. d. R. im Monitorgehäuse untergebracht, daher sind die Monitore i. d. R. auch größer (ca. 21–27 Zoll), häufig auch mit Touchscreen, z. B. für die einfache Nutzung als Infopoint oder durch wechselnde Nutzer.	Standardarbeitsplatz mit geringerem Platzbedarf und größerem Monitor, evtl. Bedarf eines Touchscreens
Mini-PC	Hier gibt es die unterschiedlichsten Gerätegrößen vom Mini-Tower bis zum kleinsten Format, kompakt, günstig, leise, da ohne Lüfter, für Standardanwendungen oder speziell ausgestattet.	Standardarbeitsplatz oder Spezialarbeitsplatz bei wenig Platz
Barebone als Mini-PC oder ausbaubar	Barebone (engl. bare bone = blanker Knochen) ist ein ausbaufähiger Basisrechner, i. d. R. sind Netzteil, Mainboard, Kabel und das spezielle Kühlsystem bereits in einem gewünschten Gehäuse je nach Bedarf und unterschiedlichen Bauformen vormontiert.	PC-Arbeitsplatz, der entweder wenig anspruchsvoll ist oder über Ausbau speziell ausgerichtet werden soll oder einen sehr kleinen Mini-PC benötigt.
Workstation als Desktop oder Tower	Deutsch „Arbeitsstation"; weist auf einen leistungsfähigen Arbeitsplatzcomputer für technisch-wissenschaftliche Zwecke oder Multimedia-Bearbeitung hin.	Arbeitsplätze, die Software mit erhöhten Leistungsanforderungen benötigen, sehr häufige Nutzung
Multimedia-PC	Für den Verbraucher konzipierter PC als Multimedia-Center, Internet und gelegentliche Spiele	Günstige Alternative eventuell zur Workstation
Gaming-PC	Für Spieleenthusiasten mit viel Leistung für 3-D-Spiele und Reality-Spiele; da stark nachgefragt relativ günstig	Günstige Alternative eventuell zur Workstation

Die Auszubildenden von JIKU haben eine Vorlage für Kundengespräche erstellt, die sie aktualisieren und ausbauen wollen. Für das Kundengespräch sind unterschiedliche Varianten (z. B. Standard, erhöhte und hohe Anforderungen) als Ausgangslage gegeben. Damit sollen die Kundenwünsche und Anforderungen im Gespräch leichter erarbeitet werden.

! Viele Spezifikationen sind hier nicht mehr genau erläutert. Auf die erarbeiteten Kompetenzen in den Kapiteln 2.3 und 2.4 sollte daher jeweils Bezug genommen werden.

Die folgende Tabelle stellt im Gespräch auf eine Orientierung zunächst im Standardbereich ab und geht danach auf leistungssteigernde Komponenten und Extras ein. Im Gespräch kann man auch beide Teile gemeinsam verwenden.

Vorlage für die Anforderungsanalyse

im Kundengespräch: PC/Desktop/Workstation

JIKU IT-Solutions

Anforderungskriterien	Bewertungs-/Beratungshinweise, vergleichsweise, für das Kundengespräch
Preiskategorie	☐ niedrig < 500 ☐ mittel dazwischen ☐ höher
Design und Marke	☐ unwichtig ☐ schön, gut ☐ sehr schön, Premium
Apple-Design/OS	☐ nein ☐ ältere Generation ☐ neueste Generation
2-in-One/All-in-One	☐ ja (Monitorgröße 21–40) ☐ nein
Mobilität	☐ nein ☐ gelegentlich ☐ ja, viel
Einsatzgebiete	Büroarbeitsplatz Office + einfache ERP o. Ä.
Schwerpunkte	Büroarbeitsplatz + etwas anspruchsvollere Anwendungen
	Browser-/Internetanwendungen (Android o. Ä.)
	Ausschließlich Open-Source, individuelle Anpassung
	Anspruchsvoller PC/anspruchsvolle Workstation, siehe Workstation
	Mobile Rechner: siehe Laptop
Betriebssystem Basis	z. B. Android, Apple macOS, MS Windows, Linux (z. B. Ubuntu, Debian)
Gehäuse	☐ Desktop normal ☐ schmal ☐ Tower klein ☐ nach Formfaktoren SFF (Small), USFF (Ultra Small) etc. ☐ Tower groß
Anschlüsse extern	☐ Standard ☐ Extras, siehe unten
Lüfter	☐ nein, passiv (leise) ☐ ja, nicht regelnd ☐ ja, regelnd
Erweiterbarkeit möglich	RAM: ☐ Standard ☐ x GB/TB, siehe unten
	Steckplätze zusätzlich zum Standard: siehe unten
	Gehäusemöglichkeiten: ☐ kaum Platz ☐ viel Platz
	Sonstige:
Festplatte	☐ eMMC: sehr preiswert, Datenzugriff wie SSD, aber langsamerer Datentransfer, geringerer Max.-Speicher ☐ HDD: Standardmassenspeicher, Geräusche, weniger schnell, höherer Stromverbrauch (Leistungsabnahme) ☐ SSD: teuer, leise, schnelles Booten, schneller Datentransfer ☐ Hot-Swap-Wechsel möglich
Festplattengröße	☐ < 500 GB ☐ ≦ 1 TB ☐ > 1 TB
Tastatur	☐ Gerätestandard ☐ hochwertig ☐ Extra-Verwendung ☐ kabellos
Displaygröße	☐ klein < 15 ☐ mittel < 18 ☐ groß > 17 ☐ Rahmen schmal
Bildqualität	☐ HD ☐ HD+ ☐ UHD ☐ UHD+/HDR
Wölbung/-Form	☐ nicht gekrümmt ☐ curved ☐ breit/wide
Webcam, Speaker	☐ Webcam integriert ☐ Lautsprecher integriert, Soundkarte oder onboard
Energieverbrauch	☐ Energieeffizienz, z. B. A ☐ Zertifikate (Energy Star, TCO, Blauer Engel) ☐ Netzteil: 80 Plus und besser oder konkrete Werte

Komponenten	Über Standard, Extras, leistungsstärkerer PC oder leistungsstärkere Workstation
Mainboard	Hochwertig mit leistungsfähigem Chipsatz und Erweiterungsmöglichkeiten (Größe, Aktualität, z. B. PCI-Steckplätze, I/O-Anschlüsse)
Prozessor Core GHZ	z. B. max. 24 x 6 GHz Intel Core i9-14900K, 8 x ,2 GHz AMD Ryzen 9-6900HS, Angabe ohne (3,3 GHz)/mit Turbo-Boost (4,9 GHz)
Grafikarte, Grafikspeicher	Anstelle integrierter IGP (Integrated Graphics Prozessor) zusätzliche, dedizierte Grafikkarte, Angabe Videospeichergröße (VRAM), z. B. Nvidia GeForce RTX 5000 DDR6 mit 32 GB VRAM für max. Rendering, KI, Grafik, Rechen-Workloads
Arbeitsspeicher	RAM z. B. 32 GB, DDR5-4800 MHz
Displaygröße	☐ groß z. B. x Zoll ☐ breites Display ☐ curved
Displayqualität	Erhöht, z. B: UHD+, 4 K, 5 K, QHD (4 x HD), WQHD Wide (sehr breit), Format z. B. 16 : 9 (Format von Smartphones und Phablets/XL-Smartphones)
Touchscreen	☐ Singletouch ☐ Multitouch
Kommunikation	LAN Gigabit-Ethernet, WLAN, Bluetooth, SD-Kartenleser u. a.
Anschlüsse	USB z. B. 1 x DP, 1 x USB C, 2 x HDMI, 1 x 3,5-mm-Audioanschluss, davon x hinten/vorne
	Displays und Anschluss mehrerer Displays: Anzahl USB C, DVI, HDMI, DisplayPort
Audio	z. B. 3,5-mm-Klinke, Cinch, Ausgänge: 6,3 mm, 3,5 mm, Cinch, optisch S/PDIF
Gehäuse	Formfaktor nach Wunsch, z. B. ATX, Micro-ATX, Mini-ITX
	Anzahl Einbauschächte in Zoll
	Laufwerke einfach zu montieren
	Besonderes Kabelmanagement
Zusatzelemente	Zusätzlicher Lüfter oder Wasserkühlung
Erweiterungen	Seitenfenster
	Beleuchtung
	Besondere Geräuschdämmung
	Netzteil mit erhöhter, ausreichender Wattzahl
	Ist ein Barebone als Grundgerät interessant?
	Zusatzlaufwerke SSD über 1 TB, HDD 4 000 GB
	Optisches Laufwerk, DVD-Brenner, Blue-Ray-Player
Lautsprecher	Besondere, z. B. Soundsystem 5.1, bietet mit fünf Boxen und einem Subwoofer einen Rundum-Sound wie im Kino
Kamera	☐ sehr gute Webcam ☐ Konferenzsystem
Extra Mouse	Mouse-Stick, Pad etc.
Zusätzlich	Mehrere Betriebssysteme per Emulatoren, Virtualisierung
Business-Extras	Anbindung einer Dockingstation für einen schnell Anschluss an Peripheriegeräte und LAN (Umstecken von Kabeln entfällt, großzügigen Schnittstellenausstattung)
	Zusatzakku für > 11 Stunden, Videokonferenz-Profi-Komponenten, LTE-Modem
	Touchstiftunterstützung oder Mousestick/Trackpoint als Joystick zwischen Tasten G und H
	Sicherheitselemente: TPM-Chip zur Verschlüsselung von Daten, einen Bewegungssensor, der die Festplatte beim Sturz schützt, Kensington-Schloss
	Bis 5 Jahre Garantie
	„Vor-Ort-Support“

Kompetenzcheck ✓

1 Ordnen Sie die passenden Computerbegriffe zu:
a) Rechnergehäuse mit viel Platz
b) Rechner mit Basiskomponenten zum Ausbau
c) Rechner im großen Monitor
d) Leistungsstarker Arbeitsplatzrechner
e) Rechner mit einem Open-Source-Betriebssystem
f) Leise Festplatte

2 Geben Sie Spezifikationen passend an.
a) Spezifikationen eines leistungsstarken Prozessors
b) RAM-Empfehlung eines Standard-Büro-Computers
c) Gängige Displaygröße bei Standardarbeitsplatzcomputern
d) Vier besondere Spezifikationen für einen Super-Arbeitsplatzmonitor
e) Vier Extras, die man gerne für den Arbeitsplatz angeboten bekommt.

3 Bilden Sie Vierergruppen, teilen Sie jede Gruppe in zwei Kunden und zwei Anbieter ein. Bereiten Sie kurz im Team das Kundengespräch vor. Der Kunde möchte einen bestimmten Arbeitsplatz ausstatten. Führen Sie Kundengespräche anhand der Vorlage durch. Erstellen Sie ein kurzes Ergebnisprotokoll.

A8
A9

4 Bearbeiten Sie im Arbeitsbuch Aufgabe 8 der Lernsituation 3 und bearbeiten Sie Vorlagen für Kundengespräche. Erstellen Sie entsprechend Aufgabe 9 im Arbeitsbuch Kurzpflichtenhefte nach verschiedenen Anforderungen Kurzpflichtenhefte.

2.7.2 Anforderungsanalysen zu Laptops und Tablets durchführen

S **Sie sollen Pflichtenhefte zu Arbeitsplätzen mit Laptops und Tablets erstellen.**

Für mobile Mikrocomputer gab es nach ihrer Einführung schnell Bedarf. **Laptop** wird heute im Deutschen als Oberbegriff für tragbare Computer verwendet. Schnell haben sich unterschiedliche Bedürfnisse der Anwender bei den Laptops gezeigt, sodass man schnell kleine Laptops nachfragte, die ein Notizbuch ersetzen konnten (**Notebook**). Mit höherer Leistung kam man zu „Pro-Books", zum **Ultrabook** und zum AI-PC (AI everywhere). Zur Herausstellung besonderer Leistungsmerkmale haben die einzelnen Hersteller wie Acer, Apple, Asus, Dell, HP, Lenovo, Microsoft oder Vaio **eigene Warenzeichen** eingeführt. Für mobile Internetfans fand schnell das **Netbook** Käufer. Aktuell bietet der Markt für den flexiblen Einsatz diverse Varianten des **Tablets** an, preiswert oder teuer und entsprechend hochwertig. Mit Touchscreen oder den Tastaturvarianten **Convertible** oder **Detachable** ist man bei den Tablets auch für flüssige Textarbeit vorbereitet. Für den flexiblen Einsatz an Arbeitsplätzen werden **Dockingstationen** angeboten, um mobile Rechner schnell zu professionellen IT-Arbeitsplätzen mit schönem Arbeitsplatzmonitor, Profitastatur und LAN-Anschluss zu verwandeln. Mit einem Laptop, Notebook oder Tablet kann man nicht nur im Büro arbeiten, sondern auch bei Meetings, Vorträgen, Tagungen oder Konferenzen sein Arbeitsequipment dabeihaben. Man kann mobil auf Dateien und Programme zugreifen, über Netzwerke präsentieren und zusammenarbeiten.

Wegen der vielen unterschiedlichen Anforderungen und der unterschiedlichen Nutzung sollten weitgehend anforderungsgemäße Geräte beschafft werden. Da sich Techniken und Spezifikationen laufend ändern, ist für eine professionelle Beschaffung fachliche Beratung nötig.

Mobile Arbeitsplatzrechner		
Art	**Erläuterung**	**Zielgruppe**
Notebook	Sie sind dicker und etwas schwerer und für den mobilen Einsatz etwas schlechter als Ultrabooks geeignet, vergleichsweise günstig, bieten viele Anschlüsse, evtl. auch vollwertige Grafikkarten und gute Tastaturen meist mit Nummernblock. Sie werden mit unterschiedlichen Displays, insbesondere 15, 16 oder 17 Zoll angeboten. Der Verzicht auf energieintensive Komponenten verringert die Lautstärke. Workstation-Notebooks sind leistungsstärker.	Gelegentlich mobile Nutzer, die flexibel zu Hause oder am Arbeitsplatz arbeiten, nicht ständig auf Reise mobil sind, klassisch mit Tastatur und Anschlüssen
High-end-Notebooks, Ultrabooks, Athenabooks u. Ä.	Leichter und flacher („ultradünn" < 1,3 cm) als Notebooks, mit besseren Akkulaufzeiten, i. d. R. besseren Displays (HD) sind High-End-Notebooks den klassischen Notebooks i. d. R. überlegen, Schnellstart-/Reaktivierungsfunktionen, schnelle Reaktionsfähigkeit, weniger Anschlüsse, Display insbesondere 13 und 14 Zoll, enthält i. d. R. keine Komponenten, die geringem Gewicht und Flachheit entgegenstehen. Der Verzicht auf energieintensive Komponenten verringert die Lautstärke.	Reisemobile, aktive Nutzer, die einen leistungsstarken Computer wünschen, klassisch mit Tastatur und guter Mausnutzung
Convertible, Detachable	Sie lassen sich als Ultrabook und Tablet nutzen: Convertible (Bildschirm lässt sich um bis zu 360 Grad nach hinten drehen) und Detachable (Tastatur lässt sich vollständig abnehmen). Sie haben eventuell auch einen Touchscreen. Der Verzicht auf energieintensive Komponenten verringert die Lautstärke.	Alle, die ihren Rechner sowohl wie ein Ultrabook als auch wie ein Tablet nutzen wollen.
Netbooks, Chromebooks	Sie sind eher klein (insbesondere 10 Zoll), kompakt, leichter und auf die Browser- und App-Nutzung spezialisiert, gute Akkus, günstig, Bedienkomfort auf Surfen ausgerichtet, Chromebooks (Betriebssystem Chrome OS) besonders für die Nutzung von Google-Webanwendungen, Betriebssysteme Chrome OS, Android 6.0/7.0, Audio-Anschluss, Displayport o. Ä., eventuell Convertible-Technik, Connect: WLAN, Bluetooth, Multiscreen, 3G (Surfen)	Für Zweit-/Drittgerätenutzer mit viel mobilem Einsatz im Internet, App-Nutzung
Tablet	Es hat grundsätzlich ein virtuelles Keyboard auf dem Touchscreen und einen kleineren Speicher, ist leicht, handlich, wird von günstig bis leistungsstark als Detachable oder Convertible oder mit Anschlussmöglichkeit einer Zusatztastatur genutzt. Unterschiede in Prozessor und Speicher, Bildqualität, Größe (10–15 Zoll), Akkulaufzeit bis ca. 16 Stunden	Nutzer, die weniger Text erfassen, mehr multimedial, kommunikativ und internetaktiv unterwegs sind.
Phablet	Sog. Phablets (aus Phone und Tablet) sind Smartphones XXL mit Displaygrößen von 6–7 Zoll, die bedienerfreundlich das kleine Office bieten, kommunikativ als hochwertiges Smartphone, z. B. Apple iPhone 11 Pro Max, Samsung Galaxy Note 10+	Viel-Reisende (Manager), die bei vielfältigen Kontakten schnell antworten möchten.

Mobile Arbeitsplatzrechner		
Art	**Erläuterung**	**Zielgruppe**
Sonstige	Subnotebooks	Mobiler Einsatz, besser als Netbook, max. 2 kg Gewicht
	Office-Notebooks	Hoher Bedienkomfort im Office, bessere Akkus
	Business-Notebook	Gute Komponenten und eventuell Fingerabdruckscanner, Smartcard-Lesegeräte, Kensington-Schlösser, Anbindung Dockingstation oder Zusatzakkus, Zusatzlaufwerk, Anschlüsse, besserer Service
	Outdoor-Notebook	Toughbook, extreme Nutzung, für Außeneinsatz, z. B. Baustellen, sehr robust, Feuchtigkeits-/Hitzeschutz, schwerer, gute Akkus, Sicherheitsfunktionen
	Multimedia-Notebooks	Besonders für Multimedia, Bild-, Videobearbeitung geeignet
	Gaming-Notebooks	Hochleistungsnotebooks im Prozessor und Display für Spiele
	Workstation-Notebooks	Leistungsstärkere Notebooks für anspruchsvolle Software
	Dockingstation	Andockstation; tragbare Geräte lassen sich damit schnell an Netze und mit Peripheriegeräten verbinden

Die folgende Vorlage zur Anforderungsanalyse ist auf Komponenten für den mobilen Einsatz aus Platzgründen reduziert. Auch die hier genannten Spezifikationen unterliegen der laufenden Anpassung an die technischen und preislichen Entwicklungen sowie Trends in den Kundenwünschen. Für eine Diskussionsrunde und die handlungsorientierte Erarbeitung von Kompetenzen ist sie gut geeignet.

Vorlage für die Anforderungsanalyse

im Kundengespräch: Laptops, Tablets u. Ä.

JIKU IT-Solutions

Anforderungskriterien	Bewertungs-/Beratungshinweise, vergleichsweise, für das Kundengespräch
Preiskategorie	☐ niedrig < 500 ☐ mittel dazwischen ☐ höher > 1 000
Bauhöhe	☐ > 2,5 cm ☐ mittel ☐ ultradünn
Gehäusequalität	☐ eher gering ☐ mittel ☐ gut und besser Materialien wie Magnesium, Aluminium und Carbon, Verwindungssteifigkeit, Businesstastatur, Art und Qualität der Scharniere hochwertig
Design und Marke	☐ unwichtig ☐ schön, gut ☐ sehr schön, Premium
Apple-Design	☐ nein ☐ ältere Generation ☐ neueste Generation
Displaygröße	☐ klein (10–12 Zoll) ☐ mittel (13–15 Zoll) ☐ groß > 15 Zoll
Mobilität	☐ nein ☐ gelegentlich ☐ ja, viel
Gewicht	☐ > 2 kg ☐ < 2 kg ☐ < 1,3 kg
Synchronisation der Daten	Ist schnelle Synchronisation mit anderen Geräten gewünscht, z. B. wie bei Apple-Geräten? ☐ ja ☐ nein
Webcam, Speaker	☐ Webcam integriert ☐ Lautsprecher integriert
Gehäuse	☐ Notebook ☐ flaches Ultrabook ☐ Convertible ☐ Tablet u. Ä.
Akku	Laufzeit: ☐ gering (< 3 Std.) ☐ mittel ☐ gut (> 8 Std.) Ladezeit: ☐ langsam ☐ Schnellladefunktion
Energieverbrauch	☐ hoch ☐ mittel ☐ niedrig
Erweiterbarkeit, Bauteile wechseln	☐ Verlötung von Prozessor, RAM etc. ☐ Stecksockel für Arbeitsspeicher und SSD
Festplatte	☐ eMMC: sehr preiswert, Datenzugriff wie SSD, aber langsamerer Datentransfer, geringerer Max.-Speicher ☐ HDD: Standardmassenspeicher, Geräusche, weniger schnell, höherer Stromverbrauch (SSD: teuer, leise, schnelles Booten, schneller Datentransfer)
Festplattengröße	☐ ≦ 250 GB ☐ ≦ 500 GB ☐ > 500 GB
Tastatur	☐ fest ☐ abnehmbar ☐ drehbar ☐ Standardbelegung ☐ Extras, z. B. NUM ☐ hochwertig ☐ integrierter Fingerprintsensor ☐ Mouse-Stick ☐ Hintergrundbeleuchtung ☐ Funktatstatur
Touchpad	☐ nein ☐ normal ☐ Multitouch-Funktion
Komponenten	Extras leistungsstärkere Laptops
Zusatzmonitor	Bei Wunsch nach kleinerem Format, Ergänzung eines separaten Bildschirms prüfen. Ordentliche 24-Zoll-Displays bereits für etwa 100,00 € erhältlich.

Kompetenzcheck

1. Erstellen Sie in Gruppen Mindmaps zu den Themen „Desktops- und Workstations" und „Laptops", in denen Sie die Unterschiede herausstellen. Präsentieren Sie diese und diskutieren Sie dazu.

A10 A11

2. Bearbeiten Sie im Arbeitsbuch die Aufgabe 10 der Lernsituation 3 und bearbeiten Sie den Vorlagenbogen für Kundengespräche entsprechend. Erstellen Sie entsprechend Aufgabe 11 im Arbeitsbuch nach verschiedenen Anforderungen Kurzpflichtenhefte.

2.7.3 Anforderungsanalysen zu Thin Clients durchführen

S Sie sollen eine Präsentation halten und Kurzpflichtenhefte über die Ausstattung der Arbeitsplätze mit Thin Clients erstellen.

Die Arbeitsplätze befinden sich auf dem Betriebsgelände und müssen auch entfernt (remote) für Außendienstmitarbeiter und als Homeoffice bereitgestellt werden. Im Gegensatz zum klassischen **Client-Server-Ansatz** (siehe Lernfeld 3) wird im Schaubild ein **Remote-Desktop-Service** mit einer Anbindung „remote" (fern) an das **Datacenter** vor Ort über LAN und VPN oder „remote" über ein entferntes **Cloud-Datacenter** dargestellt.

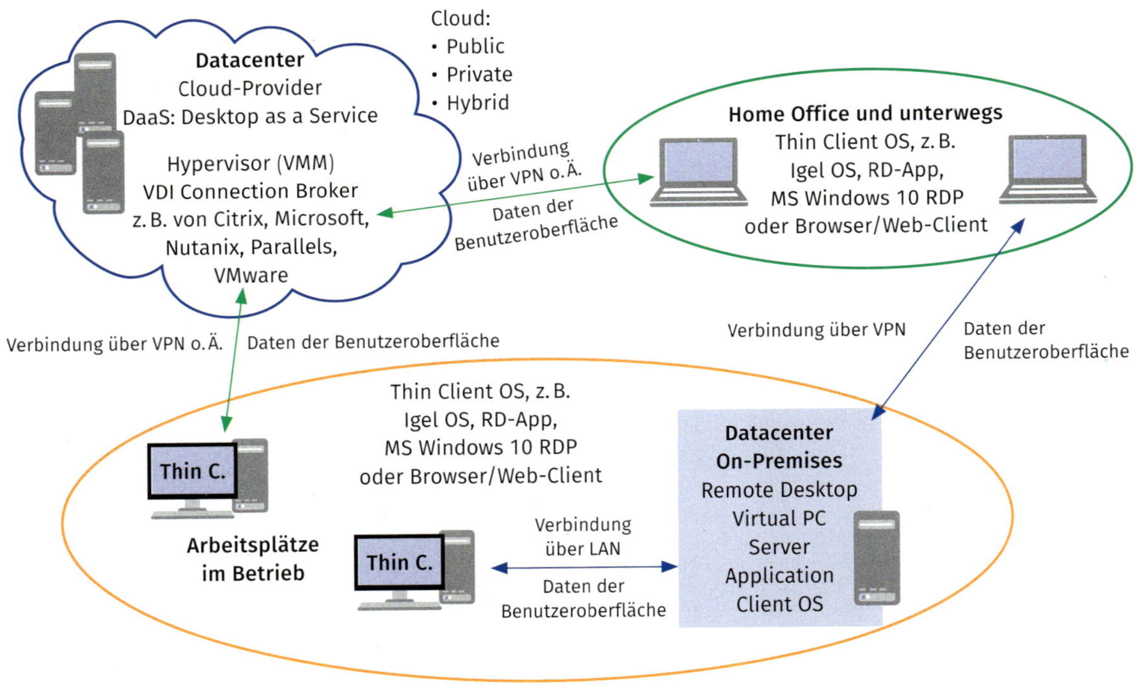

Da alle Daten, Programme und Rechneraktivitäten auf den Servern laufen, müssen die RDS-Arbeitsplatzrechner nur die Daten der **Benutzeroberfläche** anzeigen. Auf der anderen Seite müssen zur Verarbeitung auf den zentralen Servern alle Daten hochgeladen werden (Upload). Der Admin kann den auf den Servern laufenden Clients aus seiner Image-Galerie eine passende Arbeitsplatzkonfiguration zuordnen. Virtuell werden alle Ressourcen (virtuell ersetzbare Hardware, Programme, Daten, Vernetzung) auf dem Server bereitgestellt und die laufende Client-Bildschirmbenutzeroberfläche (GUI) auf den Desktop über eine verschlüsselte Netzverbindung übertragen. Daher werden an die Arbeitsplatz- oder Clientrechner nur reduzierte Rechneranforderungen (**Thin**) gestellt. In vielen Anwendungsfällen sind sogar keine Computertechnologien (**Zero**) über die einfachste Basistechnologie hinaus notwendig (siehe S. 240).

Bei diesen Remote-Desktop-Anwendungen gibt es zwei unterschiedliche Technologien. Einmal kann die Verbindung zum Server im Desktop-Rechner über ein **Minimal-Thin-Client-OS** (Operating-System) hergestellt werden. Eine andere Möglichkeit ist, dass der Mitarbeiter sich über den **Browser** (HTML5) als **Web Client** anmeldet und danach vom Server über den Browser die interaktive Benutzeroberfläche erhält. Beiden Verfahren ist gemeinsam, dass die Programme mit den Daten nur auf dem Server ausgeführt werden. Bricht die Netzverbindung zusammen, hat der Desktop für diese Zeit keinen Zugang zum Server und erhält nach erneuter Netzverbindung das laufende, interaktive Benutzerbild erneut.

Da die Server alle Leistungsanforderungen sicherstellen müssen, sind schnell skalierbare (in der Leistung regelbare) Server notwendig. Es hat sich gezeigt, dass Datacenter von **Cloud-Providern** dies i. d. R. besser als Datacenter On-Premises vor Ort leisten können. Voraussetzung ist allerdings, dass die geforderte Bandbreite (Upload, Download) im Netz immer mit der gewünschten Zuverlässigkeit bereitgestellt werden kann. Auch müssen Unternehmen vorab prüfen, ob die genutzten Anwendungsprogramme als SaaS (Software as a Service) oder DaaS (Desktop as a Service) angeboten werden. Viele Unternehmen haben ihre Server in externe Datacenter und in Clouds (Privat, Hybrid) verlagert oder prüfen dies (siehe Lernfeld 3, Kapitel 3.2.3).

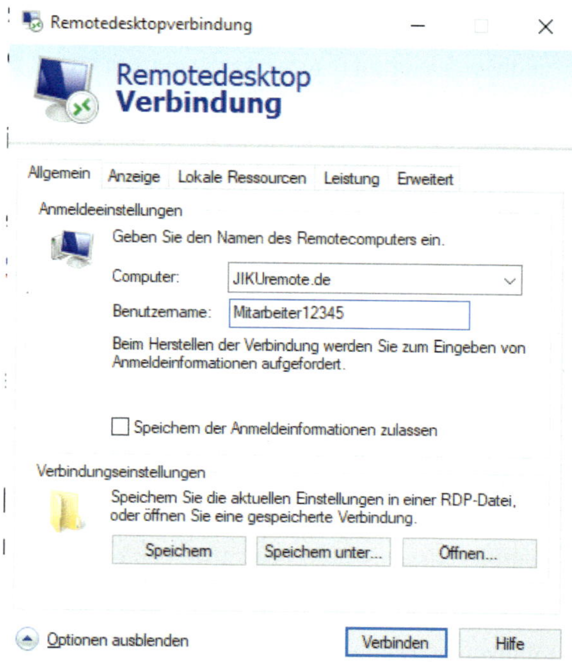

Anmeldung Browser Web-Client

Desktop as a Service (DaaS)

Es bezeichnet das Bereitstellen eines Arbeitsplatzes digital als Dienstleistung. Von jedem beliebigen Ort und auf einem beliebigen Endgerät kann man dann über eine gesicherte Verbindung die gewohnte Arbeitsumgebung virtuell aufrufen. Grundsätzlich ist bei den virtuellen Desktops jede Konfiguration möglich. Über ein Online-Administrationsportal kann der Administrator virtuelle Desktops hinzufügen oder anders ausstatten. Hier können auch Zugriffs- oder Nutzerrechte definiert und Sicherungen durchgeführt werden.

Desktop as a Service (DaaS)	
Vorteile	**Nachteile**
• Bring-Your-Own-Device wird unterstützt, es können flexibel Arbeitsplatz-Devices am Arbeitsplatz oder mobil und je nach Anforderungen des Arbeitsplatznutzers individuell eingebunden werden. • Durch die Virtualisierungstechniken werden Hardwarekosten, Lizenzkosten, Kommunikations- und Energiekosten sowie Wartungskosten reduziert. • Es ist einfacher, einen standardisierten oder individualisierten IT-Arbeitsplatz einzurichten und zu managen. Die IT-Administration wird allgemein erleichtert und verbessert, kann outgesourct werden. • IT-Risiken (Ausfall, IT-Sicherheit, Informationssicherheit, Diebstahl, Datenschutz, Compliance etc.) werden reduziert, transparenter und kontrollierbar. • Thin Clients haben standardmäßig keine beschreibbaren Festplatten und können so nicht von Viren, Würmern und Trojanern befallen werden. • Der Wettbewerb im Markt der DaaS ist stark und so lassen sich gute Preis-/Leistungsverhältnisse herstellen. • Da Daten und Programme zentral verwaltet werden, lassen sich besser konvergente IT-Infrastrukturen aufbauen. • Benutzer haben immer die neuesten Anwendungen und Tools, die sie für ihre Arbeit benötigen. • Wegen der Virtualisierung können alle IT-Ressourcen nach Bedarf skaliert und optimal angepasst sowie stabiler und ausfallsicherer bereitgestellt werden. • Die Geräte (Devices) sind i. d. R. kompakter, geräuschloser und energiesparender. • Es werden immer mehr und bessere Virtualisierungstechniken angeboten, sodass hier besonders mit neuen und leistungsstarken IT-Technologien zu rechnen ist.	• Desktop-Virtualisierung ist nur möglich, wenn mit einer sehr hohen Zuverlässigkeit ausreichend Bandbreite im Netz zur Verfügung steht, sonst können die Anwendungen auf den Clients nicht genutzt werden. Dabei müssen jederzeit auch genügend schnell sowohl der Upload als auch der Download der Daten sichergestellt sein. • Der Anwender hat bei einer reinen Remotenutzung nicht alle Freiheiten, die er auf einem PC hat, sondern ist auf die Einschränkungen des Administrators begrenzt. • Die Softwarekompatibilität und das Lizenzmodell des Anbieters müssen passen, eventuell wird nicht jede Software angeboten oder nur weniger gefragte mit erhöhtem Aufwand oder Lizenzkosten. • Da die Entscheidung zu virtuellen Desktops von grundlegender Bedeutung ist, ist der Aufwand der Ist-Analyse, Strategie- und Konzeptentwicklung, Auswahl, Beschaffung, Installation, Einführung und Mitarbeiterschulung je nach Vielfalt der IT-Infrastruktur erheblich. • Aufgrund der vielen und speziellen Entscheidungspunkte ist fachliche Beratung bzw. Expertise notwendig. • Die Abhängigkeit vom Anbieter und Vertragspartner ist größer als bei On-Premises-Lösungen.

Desktop-Virtualisierung

Virtual Desktop Infrastructure (VDI)
Jeder Arbeitsplatzrechner wird als Client bzw. Desktop-Image in einem virtuellen Rechner remote (entfernt) auf einem Server ausgeführt. Nur die Benutzeroberfläche wird über das Netzwerk (verschlüsselt) auf dem Client zur Verfügung gestellt. Vom Anwender werden nur die Tastatur- und Mausdaten an den Server zurückgesendet. Dafür muss der Client-Rechner i. d. R. nur wie ein Thin Client oder Zero Client ausgestattet sein. Es kann fast jeder Rechner (z. B. x86- und ARM-basierte Endgeräte) dafür eingesetzt werden (s. u.). Wenn Unified Communications (UC) hinzukommt, kann die VDI-Umgebung klassische Kommunikationstechnologien wie Telefonie, Videokonferenzen, E-Mail, Voice-Mail und Instant Messaging ersetzen. Es gibt verschiedene VDI-Implementierungen, z. B. als sog. Hypervisor- oder Communication-Broker-Anwendung oder als Web-Client-Lösung über den Browser. Die Remote-Anbindungen können „dauerhaft", „nicht dauerhaft" und als „Desktopsitzung" im Vollbildschirm oder im Fenster erfolgen.

Windows Virtual Desktop (WVD)
Der Cloud-Service ermöglicht Unternehmen den Einsatz von Windows 11 Multi-Session.

Remote-Desktop-Dienste (Remote Desktop Services, RDS)
RDS-Komponenten sind der Remote Desktop Web Access (RDWA) zum Start auf dem Client über einen Browser oder das Startmenü, das Remote Desktop Gateway für die Anbindung an das Netzwerk, der Verbindungsmakler (Connection Broker), der die Verbindung zwischen Client und Servern herstellt, die Remote-Desktop-Lizensierung, die die Lizenz für die RDS-Bereitstellung prüft und der Remote Virtualization Host (RDVH) als Server, der den virtuellen Desktop hostet.

Hyper-Converged Infrastructure oder hyperkonvergente Infrastruktur (HCI)
Traditionelle Rechenzentrumsinfrastrukturen haben eine Drei-Schichten-Architektur (Three-Tier-Architektur) aus „Computer", „Storage" und „Network". Skalieren der drei Ressourcen ist hardwaremäßig nicht so vielfältig, nicht so leicht verwaltbar und in der Leistungsskalierung nicht so flexibel und wirtschaftlich möglich wie mit virtuellen Konfigurationen. Durch eine weitgehende HCI-Virtualisierung werden flexible Software-Defined Data Center (SDDC) vorgehalten, die sich in ihren Ressourcen flexibel anpassen lassen (siehe Lernfeld 9).

VDI Connection Broker Software (VDI-Verbindungskomponente)
Beispiele für solche Software sind z. B. Amazon WorkSpaces und Linux KVM, Citrix XenDesktop und XenApp mit HDX-Unterstützung, Ericom Connect, VMware Horizon und Horizon 7 mit PCoIP-Unterstützung, Microsoft RDP mit RemoteFX-Unterstützung, Teradici PCoIP, Parallels Virtuozzo, Oracle VM oder Red Hat KVM.
Mit Citrix HDX wird beispielsweise ein universelles „high-definition"-Protokoll für alle Devices und alle Netze entwickelt. Citrix HDX 3D Pro richtet sich gezielt an Anwender, die rechenintensive 3D-Applikationen verwenden. HDX Mobile unterstützt als weitere HDX-Untergruppe Windows-Apps und virtuelle Desktops auf mobilen Endgeräten.

Beispiele für Client-Betriebssysteme
Client-Betriebssysteme sind z. B. Linux, Windows 11 IOT, BSD (MacOS) und Applikationen: z. B. SAP und DATEV. Thin-Client-Betriebssysteme sind beispielsweise Dell Wyse ThinOS, HP Zero Client, Igel OS.

Browser-Client-Lösung mit HTML5
Bei einem HTML5-Ansatz läuft der Zugriff über den Browser ab. Der Benutzer muss hier nichts installieren, er kann direkt die bereits etablierten Systemelemente nutzen. Es ist auch keine kleine Thin-Client-Software nötig, was das Sicherheitsrisiko und den Wartungsaufwand vor Ort vermindert. Microsoft liefert neben den nativen RDP-Clients für Windows, MacOS und Android auch einen Web Client mit. Auch bei Citrix ist mit HDX ein Streben nach einem universellen HTML5-Browser-Client-Protokoll festzustellen.

Beispiel:
Citrix bietet mit seiner Apps-Gallery im Marketplace eine der branchenweit umfangreichsten App-Sammlungen speziell für Unternehmen.

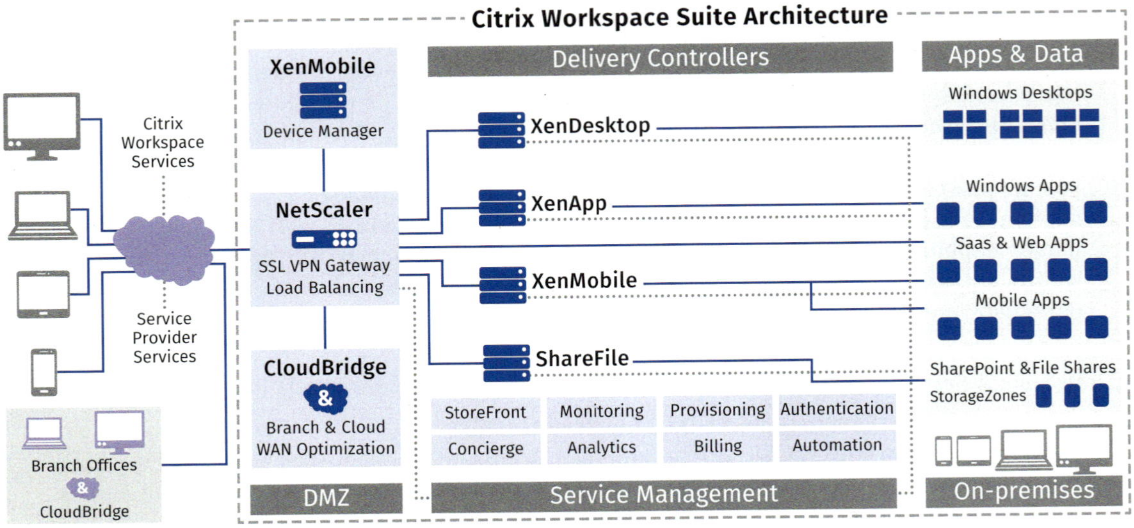

Mithilfe des Endpoint Managements (Mobile Device Management, MDM) und des Managements mobiler Anwendungen (Mobile Application Management, MAM) lassen sich in einem Managementsystem alle Endpoint-Dienste, egal auf welchem Device, aufrufen und nutzen. Voraussetzung ist nur, dass eine Netzverbindung und genügend Bandbreite im Netz zur Verfügung stehen.

Thin Clients, Zero Clients, Cloud Clients als Arbeitsplatzrechner	
Art	**Erläuterung**
Thin Client	Eine Art kleiner Computer, der Programme und Programmdaten nicht selber verarbeitet, sondern vom verarbeitenden Server nur die Benutzeroberfläche als Dienst zur Verfügung gestellt bekommt. Dies steht im Gegensatz zum Fat Client („fetter“ Client) oder Full Client (vollwertiger Client), dessen Hard- und Software so gebaut ist, dass er Programme und Programmdaten selbst verarbeiten kann. Auf dem Thin Client selbst läuft nur die Software, die für den Zugriff auf zentral betriebene Anwendungen erforderlich ist. Es ist aber ein kleinerer lokaler externer Speicher vorhanden.
Zero Client	Ein Zero Client ist ein abgespeckter Thin Client. Eine Definition ist schwierig, da viele Hersteller verschiedene Systeme damit bezeichnen. Im Allgemeinen kann gesagt werden, dass Zero Clients lokal keinen Speicherplatz haben, nicht für lokale Firmware und auch nicht, um einen Driver, Browser oder Ähnliches zu installieren.
Cloud Client	Hierbei ist jeder Client-Rechner gemeint, der DaaS nutzt. Dies können im Grunde alle Formen von Rechnern sein vom Zero Client bis hin zur leistungsstarken Workstation, die zusätzlich auch als Cloud Clients genutzt werden.
All-in-one-PC	Als All-in-one-PC werden alle Thin Clients und Zero Clients bezeichnet, die in einen Bildschirm integriert sind und als kompakter Bildschirmrechner mit i. d. R. großem Display laufen.

Thin Clients, Zero Clients, Cloud Clients als Arbeitsplatzrechner	
Art	**Erläuterung**
Mini-PC, Mini-Tower, Mikro-Tower, NUC	Kleine kompakte, günstige, stromsparende PCs, die nach Anforderung als Thin Client und Kompakt-PC leistungsmäßig ausgestattet unter diesen Begriffen angeboten werden. Mit NUC (NUC7CJYS, Next Unit of Computing) hat Intel einen kleinen Formfaktor (Small-Form-Factor) für Thin-Client-Devices definiert. Mit P2T wird als PC-to-Thin Client eine Converter-Software bezeichnet, mit deren Hilfe alte Geräte einfach in Thin Clients umgewandelt bzw. mit einer Managementsoftware ausgestattet werden.
Barebone als Mini-PC	Barebone ist ein ausbaufähiger Basisrechner (siehe S. 229).
PC-Sticks, P2T (PC to Thin-Client-Converter)	Mit einem PC-HDMI-Stick kann man jedes Display oder TV-Gerät über einen HDMI-Anschluss in einen voll funktionsfähigen Computer verwandeln, z. B. für kurzfristiges Streaming, Office-Arbeiten oder Spiel. Er läuft i. d. R. auf dem Betriebssystem Windows 11 oder Linux, hat z. B. einen Intel Atom, einen integrierten Grafikchip, 4 GB RAM, 64 GB eMMC Flash Festplatte, MicroSD-Kartenslot zur Speichererweiterung, mehrere USB-Anschlüsse und Bluetooth und ist sofort betriebsbereit. Es gibt auch P2T-Converter-USB-Sticks, mit denen man vom vorhandenen PC auf Cloud-Dienste, serverbasierte Applikationen oder virtuelle Desktops zugreifen kann.
Raspberry Pi	Kleiner Rechner zum vielfältigen Einsatz und als Bausystem sehr bekannt, etwa als Steuergerät. Er kann auch als Thin Client genutzt werden. Auf der Basis des Raspberry Pi 4 oder Pi 4 mit 64-Bit-Broadcom-Prozessor, vier Kernen und 2,4 GHz, 8 GByte RAM, Bluetooth 4.2, WLAN mit 2,4 und 5 Gigahertz, Ethernet, vier USB-Ports sowie HDMI- und Stereoausgang ist ein Thin Client unter 50,00 € erhältlich.
Smartphones	Optimiert z. B. für Citrix Endpoint Management (XenMobile), z. B. unterstützt die Citrix Workspace-App für Android 23.8.0 Android 14.
Client-Drucker, Abteilungsdrucker	Integrierte Cloud-Printing-Funktionalität bietet den Druck direkt am lokal angeschlossenen Drucker. Besteht eine VPN-Verbindung zum Unternehmensnetzwerk, kann auch auf Netzwerkdruckern im Büro ausgedruckt werden. Damit die Ausdrucke nicht sehr langsam erfolgen, ist ein Druckkonzept mit der Wahl der richtigen Treiber und Protokolle zu erstellen, z. B. Drucker im Citrix Marketplace.

Kompetenzcheck ✓

1 Geben Sie die Kurzantwort.

a) Eine Infrastruktur, die auf dem Server ausgeführt und auf dem Client angezeigt wird
b) Kleinstrechnerstandard von Intel in Small-Form-Factor-Gehäuse
c) Dienste, die entfernt für den Arbeitsplatzrechner ausgeführt werden
d) Basisrechner ohne externen Speicher
e) Verbindungskomponente zwischen der virtuellen Maschine im RZ (DataCenter) und Client-Rechner
f) Kleinster Baukasten-Rechner
g) Eine in der Leistung sehr anpassungsfähige IT-Infrastruktur
h) Mobiler Basis-/Kleinstrechner mit einem HDMI-Anschluss
i) Eine Bezeichnung für Dienstleistungskomponenten, die die Verbindungen zu den virtuellen Anwendungen herstellen

2 Diskutieren Sie die Vor- und Nachteile des Einsatzes von Thin Clients in Partner- oder Gruppenarbeit, erstellen Sie dazu eine Präsentation.

A12 **3** Bearbeiten Sie Aufgabe 12 der Lernsituation 3 im Arbeitsbuch und arbeiten Sie für Kundenanfragen alternative Vorschläge durch die Berücksichtigung von Thin Clients u.Ä. vor.

2.7.4 Desktop as a Service, Miete, Finanzierung und Leasing als Dienstleistungen berücksichtigen

S **Sie sollen als Alternativen zum Kauf Desktop as a Service (DaaS), Miete, Finanzierung und Leasing prüfen.**

Grundsätzlich sollte immer die wirtschaftlichste Variante gewählt werden. Bezüglich der Entscheidung zwischen Kauf für das eigene Datacenter und die Entscheidung für eine Cloud-Lösung werden wirtschaftlich betrachtet unterschiedliche Ansichten vertreten. Die Anbieter jeweils behaupten, ihre Variante (Kauf oder Miete bzw. DaaS) sei die günstigste. Kunden haben evtl. andere Vorstellungen und setzen andere Prioritäten oder Präferenzen. Die Entscheidung hängt somit vom Einzelfall ab und muss konkret durchgerechnet werden. Zu einer quantitativen Betrachtung müssen ergänzend Risiken und weitere Entscheidungskriterien in einer qualitativen Betrachtung hinzugezogen werden (vgl. Kapitel 2.9.3).

Preise, selbst für Standardarbeitsplätze als DaaS, sind als Monatsangebote sehr unterschiedlich (z.B. zwischen 4,00 und 70,00 € pro Arbeitsplatz und Monat). Daher ist schon bei Standardarbeitsplatzapplikationen eine breite Angebotsprüfung notwendig. Die Preise sind davon abhängig, wie viele Arbeitsplätze angeschlossen werden sollen, welche Standardanwendungen (z.B. Office) inklusive sind, welche CPU-Leistungen (Anzahl Cores), wie viel GB RAM (z.B. 8 GB), wie viel GB HDD (z.B. 80 GB) und welcher monatliche Traffic (z.B. 20 GB Traffic) inklusive sind und was zusätzlicher Traffic (z.B. 0,18 €/GB) kostet. Für besondere Anwendungen muss entsprechend mehr bezahlt werden. Aufgrund des großen Marktinteresses einerseits und des starken Wettbewerbs andererseits sind jedoch auch gute Angebote zu erwarten. Auf die Vermeidung der Bindung an einen bestimmten Anbieter ist zu achten.

Angebotseinholung, Miete, Aufbauservice

Angebotseinholung für DaaS
Die Ist-Analyse, Angebotseinholung, Vertragsgestaltung und Umsetzung ist so komplex, dass die Einbindung von externer Unterstützung, i.d.R. über die Systemhäuser vor Ort, angebracht ist. Zur Vorinformation und zur Recherche können Webseiten der Systemhäuser vor Ort und eine Internetrecherche helfen. Geeignete Suchbegriffe sind beispielsweise „DaaS Workspaces“, „DaaS Marketplace“, „DaaS Anbieter“, „VDI Marketplace“, „VDI Communiation Broker“.

Miete von Thin Clients und DaaS
Neben dem Kauf von Hardware und die Dienstleistung/Lizenzen von DaaS ist auch die komplette Miete von Hardware und DaaS-Dienstleistung zu prüfen.

Aufbauservice und Rollout (hier: Einrichtung, Upgrade neuer Software und Hardware)
1. Anlieferung
2. Gerätevorkonfiguration
3. Altgeräteabbau/Deinstallation
4. Neugeräteinstallation/Upgrade
5. Neugerätetest
6. Neugeräteabnahme
7. Altgeräterecycling oder -remarketing

Da IT-Investitionen für Unternehmen hohe Ausgaben bedeuten können, bieten Systemhäuser häufig auch Finanzierung und Leasing über spezielle Finanzinstitute an.

Darlehensarten	
Fälligkeitsdarlehen, Festdarlehen, endfälliges Darlehen	Hierbei wird der gesamte Darlehensbetrag erst am Ende der Darlehenslaufzeit fällig. Gründe dieser Wahl können a) Rückzahlung am Ende durch andere Auszahlungen (z. B. Lebensversicherungen, Verkauf), b) steuerliche Motive (Schuldzinsen absetzbar) oder c) Zinsdifferenzgeschäfte sein (mögliche Tilgungsbeträge werden anders mit höherer Rendite angelegt).
Ratendarlehen, Tilgungsdarlehen, Abzahlungsdarlehen	Bei dieser Darlehensart wird eine gleichbleibende (lineare) Tilgung vereinbart, sodass durch sinkende Restschuld die Zinsen und damit Tilgung + Zinsen = Kreditrate im Verlauf sinken. Außerhalb der Immobilienfinanzierung wird diese Kreditform häufig gewählt, da mit den Tilgungen erfolgte Abschreibungen (kalkulatorische Abschreibungen) regelmäßig berücksichtigt werden.
Annuitätendarlehen	Während der vereinbarten Darlehenslaufzeit bleibt die jährliche Belastung bei einem Annuitätendarlehen gleich, sodass aufgrund der Tilgungen die Zinsen sinken und die Differenz zur Annuität zu weiteren Tilgungen und weiterer Senkung der Zinsen führt, was zu einer erheblich schnelleren Rückzahlungslaufzeit führen kann, je nach Höhe der Tilgungsrate. Die letzte Annuitätenzahlung muss entsprechend der Restschuld angepasst werden.
Leasing	In Deutschland ist Leasing eine Gebrauchsüberlassung eines Gebrauchsgutes auf Zeit, gegen Entgelt im Rahmen eines „besonderen Vertrages". Im Gegensatz zur Miete übernimmt der Leasingnehmer i. d. R. alle üblichen Eigentümerpflichten wie Unterhalt, Wartung und Instandhaltung, Risiken des Verlustes u. Ä. Für Leasingverträge im steuerrechtlichen Sinne hat die Finanzverwaltung Vorgaben erlassen. So darf die Grundlaufzeit nicht weniger als 40 % der regulären Nutzungs-/Abschreibungsdauer sein. Die Finanzierung über Leasing übernehmen grundsätzlich Leasinggesellschaften, sodass der Auftragnehmer den Rechnungspreis vom Leasinggeber bezahlt bekommt. 

Vor- und Nachteile sowie Unterschiede zwischen Darlehensfinanzierung und Leasing	
Darlehen (Finanzierung)	**Leasing (Miete)**
+ IT-Anlage kann bilanziert werden + Besitzer ist auch Eigentümer, kann mit Wirtschaftsgut freier umgehen – Bilanziert wird jedoch auch das Darlehen – Kreditsicherheiten erforderlich – Hohe Zahlungen immer zum Jahresende – Aufwendungen durch Abschreibungen (bilanzielle Wertminderung des Anlageguts)	– Wird nicht bilanziert – Besitzer ist nicht Eigentümer + Keine Kreditsicherheiten erforderlich + Regelmäßige monatliche Zahlungen, Kosten – Restwertzahlung zum Schluss – Leasingraten müssen erwirtschaftet werden + Leasinggeber bietet laufende Erneuerung an + Steuerliche Vorteile

Beispiele:

Fälligkeitsdarlehen/Festdarlehen					
Jahr	**Schuld Anfang d. J.**	**Zinsen 7 %, p. a.**	**Tilgung Ende d. J.**	**Kreditrate**	**Restschuld Ende d. J.**
1	15 000,00 €	1 050,00 €	0,00 €	1 050,00 €	15 000,00 €
2	15 000,00 €	1 050,00 €	0,00 €	1 050,00 €	15 000,00 €
3	15 000,00 €	1 050,00 €	15 000,00 €	16 050,00 €	0,00 €
Kosten gesamt:		3 150,00 €	15 000,00 €	18 150,00 €	

Ratendarlehen/Tilgungsdarlehen					
Jahr	**Schuld Anfang d. J.**	**Zinsen 7 %, p. a.**	**Tilgung Ende d. J.**	**Kreditrate**	**Restschuld Ende d. J.**
1	15 000,00 €	1 050,00 €	5 000,00 €	6 050,00 €	10 000,00 €
2	10 000,00 €	700,00 €	5 000,00 €	5 700,00 €	5 000,00 €
3	5 000,00 €	350,00 €	5 000,00 €	5 350,00 €	0,00 €
Kosten gesamt:		2 100,00 €	15 000,00 €	17 100,00 €	

Annuitätendarlehen					
Jahr	**Schuld Anfang d. J.**	**Zinsen 7 %, p. a.**	**Tilgung Ende d. J.**	**Kreditrate**	**Restschuld Ende d. J.**
1	15 000,00 €	1 050,00 €	4 700,00 €	5 750,00 €	10 300,00 €
2	10 300,00 €	721,00 €	5 029,00 €	5 750,00 €	5 271,00 €
3	5 271,00 €	368,97 €	5 271,00 €	5 639,97 €	0,00 €
Kosten gesamt:		2 139,97 €	15 000,00 €	17 139,97 €	

Hinweis: vereinfachte Zinsberechnung zum Ende des Jahres, Annahme hier: Restwert = 0 €

Leasingkosten eines Anlagegutes	
Investitionskosten netto: Monatliche Leasingrate:	15 000,00 €, Annahme Restwert = 0 nach 3 Jahren 500,00 € netto
Kosten insgesamt	= 36 · Leasingraten – Restschuld = 36 · 500 = 18 000,00 €

Kompetenzcheck ✓

1. Recherchieren Sie Mietangebote und Zusatzservices in Partnerarbeit, präsentieren und diskutieren Sie die Ergebnisse.

2. Erläutern Sie die Beispiele der Darlehensvarianten oben und erfassen Sie diese Beispiele mit einem Tabellenkalkulationsprogramm. Eine Vorlage finden Sie im Downloadbereich.

3. Sie sollen Fälligkeits-, Raten- und Annuitätendarlehen wie oben für drei Jahre vergleichen und die Unterschiede im Ergebnis beschreiben.
Darlehensnennbetrag ist 12 000,00 €, Zinssatz 8 % p. a. Beim Annuitätendarlehen wurde für zwei Jahre eine Annuität von 5 000,00 € vereinbart, der Restwert und die Restschuld sollen zum Ende des dritten Jahres 500,00 € betragen.
Vergleichen Sie die Gesamtkosten mit einem Leasingangebot, wobei drei Jahre monatliche Leasingraten von 450,00 € zu zahlen sind und noch ein Restwert von 500,00 € berücksichtigt wird.

A13

4. Bearbeiten Sie die Aufgabe 13 der Lernsituation 3 im Arbeitsbuch und beantworten Sie Fragen zur Finanzierung von Arbeitsplatzrechnern.

2.8 Angebote und Stundensätze kalkulieren und die Rendite berücksichtigen

S **Sie sollen Angebote kalkulieren und Auswahlentscheidungen begründen.**

Bevor Angebotsvergleiche angestellt werden, werden Handlungskosten festgestellt und ihre Darstellung in der Buchführung beschrieben.

2.8.1 Umsätze, Kosten, Gewinn und Buchführungsarten unterscheiden

S **Sie sollen die Dokumentation der Handlungskosten in der Buchführung vorstellen.**

Die meisten Unternehmen in Deutschland sind nur zu einer einfachen Buchführung bzw. zur Erstellung einer Einnahmen-Überschussrechnung gegenüber dem Finanzamt verpflichtet.

Einfache Buchführung

Einnahmen-Überschussrechnung (EÜR)
Die Einnahmen-Überschussrechnung (EÜR) wird vom Finanzamt als vereinfachte Gewinnermittlungsmethode von Kleinst- und Kleinunternehmen gefordert, die nicht zur doppelten Buchführung (Bilanz und GuV-/Gewinn- und Verlustrechnung) nach (§ 4 Abs. 3 EStG) verpflichtet sind.
Umsatzerlöse (Umsatz) sind die verkauften Lieferungen und Leistungen in Euro netto ohne Umsatzsteuer (MwSt.). Rabatte und sonstige Erlösschmälerungen wurden abgezogen. Die Feststellung des Umsatzes erfolgt i. d. R. und zunächst bei Buchung der Ausgangsrechnungen (Sollbesteuerung). Betriebsausgaben sind – steuerrechtlich betrachtet – Aufwendungen, die durch den Betrieb veranlasst sind (§ 4 Abs. 4 EStG).

Einnahmen-Überschussrechnung 20.. **nach § 4 Abs. 3 EstG** *Computerhandel Janz, Frankfurt*		
Betriebseinnahmen		
Umsatzerlöse netto lt. Ausgangsrechnungen	16 300,00 €	
AR1–AR22		16 300,00 €
Betriebsausgaben		
Computer und Computerzubehör (Wareneinsatz)	8 000,00 €	
+ Raumkosten	1 380,20 €	
+ Werbungskosten	450,00 €	
+ Kraftfahrzeugkosten	950,00 €	
+ Porto, Telefon, Büromaterial	325,10 €	
+ Sonstige Betriebsausgaben	320,70 €	
		11 426,00 €
Gewinn (Betriebseinnahmen – Betriebsausgaben)		**4 874,00 €**

In der Preiskalkulation wird der Anbieter zunächst auf seinen Warenbezugspreis anteilig seine Handlungskosten kalkulieren. Das Ergebnis davon sind die Selbstkosten. Darauf kalkuliert er seinen im Markt möglichen oder gewünschten Gewinn im Handelsgeschäft. Je nach Warenart liegen die im Markt realisierten Gewinnaufschläge durchschnittlich zwischen 1 und ca. 10 %. Es ist gesetzlich nicht vorgeschrieben, Preise zu kalkulieren. Man könnte den Preis auch entsprechend dem Mitbewerber festsetzen. Langfristig ist dasjenige Unternehmen am Markt erfolgreich, das mit einem möglichst guten Preis-/Leistungsverhältnis auftritt, damit möglichst geringe Kosten verursacht und einen angemessenen Gewinn aufschlägt. Auf den Barpreis muss noch die Umsatzsteuer (bzw. Mehrwertsteuer) von i. d. R. 19 % aufgeschlagen werden (7 % bei Büchern und z. B. Grundlebensmitteln, vgl. § 12 UStG).

Handlungskosten im Warenhandel

Alle Kosten (betriebliche Aufwendungen), die aufgrund von Handelsleistungen (Umsatzerlöse aus Handelsgeschäften) entstanden sind (Wareneinsatz nicht mitgerechnet) und in die Preise einkalkuliert werden sollen. Im Beispiel der EÜR oben Handlungskosten 3 426,00 €.

Handlungskostensatz (HKS) = Handlungskosten · 100 ÷ Wareneinsatz = HKS in %

Beispiel 1
Warenpreiskalkulation unter der Voraussetzung, dass alle Erlöse aus dem Warenhandel entstanden; Bezugspreis ist der Einkaufspreis abzüglich aller Nachlässe und zuzüglich der Lieferkosten.

Handlungskosten = 8 300,00 €, Wareneinsatz = 8 000,00 €
HKS = 8 300,00 · 100 ÷ 8 000,00 = 103,8 %

Bezugspreis	300,00 €
+ HKS-Aufschlag 103,8 %	311,40 €
= Selbstkosten	611,40 €
+ Gewinnaufschlag 10 %	61,14 €
= Barpreis	672,54 € (netto, ohne MwSt.)

Beispiel 2
Nur 40 % der Eingangsrechnungen (8 300,00 € · 0,4) sind durch das Warengeschäft, der Rest durch Dienstleistungen zustande gekommen. Für die Warenpreiskalkulation sollen daher die Handlungskosten anteilig einbezogen werden.

Handlungskosten = 8 300,00 €, 40 % = 3 320,00 €
Wareneinsatz = 8 000,00 €
HKS = 3 320,00 · 100 ÷ 8 000,00 = 41,5 %

Bezugspreis	300,00 €
+ HKS-Aufschlag 41,50 %	124,50 €
= Selbstkosten	424,50 €
+ Gewinnaufschlag 10 %	42,45 €
= Barpreis	466,95 € (netto, ohne MwSt.)

Doppelte Buchführung

Bilanz und Gewinn- und Verlustrechnung (GuV)
Größere Unternehmen (nach § 141 AO) und im Handelsregister eingetragene Unternehmen sind zur doppelten Buchführung nach § 238 HGB verpflichtet. Sie müssen einerseits jährlich mit einer Bilanz die Herkunft des eingesetzten Kapitals und die Verwendung als Anlage- und Umlaufvermögen nachweisen. Andererseits müssen sie in einer GuV-Rechnung die Jahreserträge (hier ausschließlich Umsätze) den Aufwendungen (hier ausschließlich betriebliche Aufwendungen) gegenüberstellen. Als Differenz kann ein Verlust oder Gewinn ausgewiesen werden. Banken und Gläubigern dienen diese Unterlagen zur Kreditprüfung. Alle betrieblichen Aufwendungen im Handel ohne den Wareneinsatz sind Handlungskosten.

Mittelverwendung / Mittelherkunft

Aktiva	Bilanz		Passiva
Anlagevermögen:		Eigenkapital	89.000,00
Betriebs-/Geschäftsausstattung	80.000,00	Langfr. Fremdkapital	50.000,00
Fahrzeuge	32.000,00	Kurzfr. Fremdkapital	6.000,00
Umlaufvermögen:			
Waren	7.000,00		
Kasse	1.000,00		
Bank	25.000,00		
	145.000,00		145.000,00

Aufwendungen + Gewinn / Erträge + Verlust

Soll	GuV		Haben
Wareneinsatz	430.000,00	Umsatzerlöse	920.000,00
Löhne und Gehälter	230.000,00		
Sozialabgaben	35.000,00		
Abschreibungen	31.000,00		
Beratungskosten	7.000,00		
Bürobedarf	4.000,00		
Kommunikationskosten	13.000,00		
Werbung	45.000,00		
Versicherungen	17.000,00		
Betriebliche Zinsaufwendungen	21.000,00		
Sonst. betriebl. Aufwendungen	15.000,00		
Gewinn	72.000,00		
	920.000,00		920.000,00

Kompetenzcheck ✓

1 Beschreiben Sie die Unterschiede zwischen der einfachen und der doppelten Buchführung.

2 Geben Sie jeweils an, ob diese Positionen als Handlungskosten einzubeziehen sind:

a) Miete (Raumkosten Betriebsräume)
b) Kasse
c) Werbungskosten
d) Fremdkapital
e) Wareneinsatz
f) Umsatzsteuer
g) Löhne und Gehälter
h) Umsatzerlöse

3 Berechnen Sie im Plan-/Istkostenvergleich die prozentuale Veränderung:

Plankosten:	Istkosten:
a) 15.000 €	a) 18.000 €
b) 40.000 €	b) 38.000 €

4 Bearbeiten Sie Aufgabe 14 der Lernsituation 3 im Arbeitsbuch und ermitteln Sie Handlungskosten.

A14

2.8.2 Handelskalkulationen durchführen

S **Sie sollen Preiskalkulationen für eine Ware im Handelskauf durchführen.**

(1) Zuschlagskalkulation im Handel

Das Tabellenblatt unten zeigt die Zuschlagskalkulation vom Listeneinkaufspreis bis zum Listenverkaufspreis (jeweils netto, ohne Umsatzsteuer) am Beispiel auf. Damit wird die **Bezugskalkulation** bis zum Bezugspreis und die **Verkaufskalkulation** vom Bezugspreis bis zum Listenverkaufspreis in einem Kalkulationsschema zusammengefasst.

In Spalte F wurde ein Bild ergänzt, welches die Formeln der Zellen in Spalte D aufzeigt. Zu beachten ist, dass in der Spalte B vor den Rechenzeichen ein Leerzeichen gesetzt wird, damit das Programm diese Zelle als Textfeld erkennt. In der Spalte A wurde durch Pfeilspitzen (Formen eingefügt) angezeigt, wo jeweils bezogen auf die Zelle der Grundwert (100-Prozent-Wert) steht. So steht beispielsweise für den Liefererrabatt (Zelle D5) der Grundwert in Zelle D4. Daher ist zur Berechnung der Grundwert D4 mit dem Prozentwert (Zelle C5) zu multiplizieren. Wichtig ist auch, dass in der Tabellenkalkulation der angezeigte Prozentwert von Zelle C5 zwar 20 % (20/100) ist, jedoch mit dem Prozentwert 0,2 gerechnet wird. Bei eingerechneten Zahlenfolgen muss man bedenken, dass in der Tabellenkalkulation sehr genau gerechnet wird, wenn man nicht die Funktion RUNDEN verwendet.

	A	B	C	D	E	F
1		**Zuschlagskalkulation im Handel**				
2		**auf Basis des Listeneinkaufspreises**				Anzeige Bearbeitungsleiste
3			Eingabe	Ausgabe		für Zellen Spalte D
4		Listeneinkaufspreis	100	100,00 €		= C4
5		- Liefererrabatt	20%	20,00 €		= D4*C5
6		= Zieleinkaufspreis		80,00 €		= D4-D5
7		- Lieferskonto	3%	2,40 €		= D6*C7
8		= Bareinkaufspreis		77,60 €		= D6-D7
9		+ Bezugskosten	5 €	5,00 €		= C9
10		= Bezugspreis		82,60 €		= D8+D9
11		+ Handlungskosten	40%	33,04 €		= D10*C11
12		= Selbstkosten		115,64 €		= D10 + D11
13		+ Gewinnzuschlag	10%	11,56 €		= D12*C13
14		= Barverkaufspreis		127,20 €		= D12+D13
15		+ Kundenskonto	3%	4,15 €		= D14*C15/(1-C15-C16)
16		+ Vertreterprovision	5%	6,91 €		= D14*C16/(1-C15-C16)
17		=Zielverkaufspreis		138,27 €		= D14 + D15 + D16
18		+ Kundenrabatt	10%	15,36 €		= D17*C18/(1-C18)
19		=Listenverkaufspreis		153,63 €		= D17+D18
20		+ Umsatzsteuer	19%	29,19 €		= D19*C20
21		= Listen-VK incl. MWSt		182,82 €		= D19+D20
22		Hinweis: %-Format bedeutet /100				

Für die Berechnung in der Zuschlagskalkulation wird es beispielsweise für den Kundenskonto komplizierter, da der Grundwert dafür in Zelle D17 (Zielverkaufswert) steht. Da dieser Wert in der Berechnung 100 % beträgt, hat der Barverkaufswert nur einen Wert von 92 % (abzüglich 3 % für Kundenskonto und 5 % für die Vertreterprovision) des Zielverkaufspreises.Begründet ist dies daran, dass der Kunde vom Zielverkaufspreis den Kundenskonto und die Vertreterprovision abzieht und nicht vom Barverkaufspreis. Es wäre also falsch, den Prozentsatz jeweils vom Barverkaufspreis zu berechnen. Ebenso berechnet der Kunde den Kundenrabatt vom Angebotspreis. Daher ist dieser der Grundwert und somit gleich 100 % zu setzen. Wenn der Angebotspreis 100 % beträgt und der Kundenrabatt mit 10 % eingerechnet wird, so müssen für den Zielverkaufspreis 90 % des Angebotspreises veranschlagt werden.

Hinweise zur Zuschlagskalkulation

Kalkulationshilfe Preiskalkulationen mittels Zuschlagskalkulation dienen als Kalkulationshilfe. Preise bilden sich im Markt durch unterschiedliche Marktmechanismen, Marktsituationen, Mischkalkulation und Preisstrategien.
Liefererrabatt/Lieferantenrabatt Diesen Preisnachlass gewährt der Lieferer als Mengen- oder Sonderrabatt auf seinen Listenpreis.
Liefererskonto/Lieferantenskonto Für die rechtzeitige Begleichung der Rechnung innerhalb einer Skontofrist kann ein Lieferer einen nachträglichen Preisnachlass gewähren, der i. d. R. 2 bis 3 % beträgt.
Bezugskosten Unter Bezugskosten werden Transportkosten beim Einkauf von Waren wie Verpackungskosten, Frachten, Einfuhrzölle, zu bezahlende Transportversicherungen etc. gerechnet.
Bezugspreis Einkaufspreis unter Berücksichtigung aller Abzüge und zuzüglich der Bezugskosten, z. B. Verpackungskosten, Fracht, Einfuhrzölle.
Handlungskosten Prozentualer Aufschlag zur Abdeckung aller Kosten eines Handelsunternehmens, ohne den Wareneinsatz (Bezugskosten), z. B. Geschäftsmiete, Personalkosten, Verwaltungskosten, Werbungskosten.
Gewinnaufschlag Der Gewinnaufschlag soll mindestens das allgemeine Geschäftsrisiko und die Zukunftsvorsorge abdecken. Die Eigenkapitalverzinsung wird in den Handlungskosten durch die kalkulatorischen Kosten berücksichtigt.
Kundenskonto Er wird auch als Bar- oder Frühzahlungsrabatt bezeichnet, in Prozent für die vorzeitige Zahlung in einer bestimmten Zeitspanne gewährt und von vornherein vom Lieferanten einkalkuliert, wenn in der Branche Kundenskonti üblich sind. Kundenskonti sind auf das Jahr gerechnet hohe Prozentsätze.
Vertreterprovision Erhalten selbstständige Handelsvertreter eine Provision, so kann diese in die Kalkulation einbezogen werden.
Kundenrabatt Er kann als Mengen- oder Sonderrabatt einkalkuliert werden.

(2) Rückwärtskalkulation im Handel

Die Rückwärtskalkulation wird dann eingesetzt, wenn vom Kunden der Verkaufspreis vorgegeben wird und man prüfen will, zu welchem Einkaufspreis man die Waren einkaufen muss, wenn die Ware mit normalen Kalkulationssätzen kalkuliert wird. Im Beispiel sollte die Ware zum Listeneinkaufspreis von 100,00 € beschafft werden, wenn man die üblichen Kalkulationsbedingungen einhalten will.

Für die Rückwärtskalkulation gibt man also den Kundenpreis als Listenverkaufspreis ein und kalkuliert rückwärts bis zum Listeneinkaufspreis. Aufgrund der anderen Kalkulationsrichtung müssen nun andere Formeln in das Tabellenblatt eingegeben werden.

Da zunächst die Grundwerte (100-Prozent-Werte, siehe Pfeilspitzen) gegeben sind, ist es nun zu Anfang einfacher. Da der Listenpreis der Grundwert (100-Prozent-Wert) ist, kann für die Ermittlung des Kundenrabattwertes einfach der Listenpreis mit dem Prozentwert des Kundenrabatts multipliziert werden.

	A	B	C	D	E	F
1		**Rückwärtskalkulation im Handel**				
2		**auf Basis des Listenverkaufspreises**				Anzeige Bearbeitungsleiste
3			Eingabe	Ausgabe		für Zellen Spalte D
4		Listeneinkaufspreis		100,00 €		= D6+D5
5		- Liefererrabatt	20%	20,00 €		= D6/(1-C5)*C5
6		= Zieleinkaufspreis		80,00 €		= D8+D7
7		- Liefererskonto	3%	2,40 €		= D8/(1-C7)*C7
8		= Bareinkaufspreis		77,60 €		= D10-D9
9		+ Bezugskosten	5 €	5,00 €		= C9
10		= Bezugspreis		82,60 €		= D12-D11
11		+ Handlungskosten	40%	33,04 €		= D12/(1+C11)*C11
12		= Selbstkosten		115,64 €		= D14-D13
13		+ Gewinnzuschlag	10%	11,56 €		= D14/(1+C13)*C13
14		= Barverkaufspreis		127,21 €		= D17-D16-D15
15		+ Kundenskonto	3%	4,15 €		= D17*C15
16		+ Vertreterprovision	5%	6,91 €		= D17*C16
17		=Zielverkaufspreis		138,27 €		= D19-D18
18		+ Kundenrabatt	10%	15,36 €		= D19*C18
19		=Listenverkaufspreis		153,63 €		= D21-D20
20		+ Umsatzsteuer	19%	29,19 €		= D21/1,19*C20
21		= Listen-VK incl. MWSt	182,82	182,82 €		= C21
22		Hinweis: %-Format bedeutet /100				

Beachten Sie, dass in Zelle C18 anstelle des Prozentsatzes von 10 % der Prozentwert von 0,1 steht. Ab Zeile 13 muss jedoch vom vermehrten Prozentwert gerechnet werden, was bedeutet, dass für die Gewinnberechnung die Selbstkosten der Grundwert = 100 % sind und somit bei 10 % Gewinn der Barverkaufswert 110 % der Selbstkosten ist. Ab Zeile 7 wird vom verminderten Grundwert gerechnet, sodass beispielsweise der Zielverkaufswert der Grundwert ist (100 %) und der Bareinkaufspreis somit der verminderte Grundwert von 97 %. Ebenso ist der Zieleinkaufspreis in der Berechnung des Lieferrabattes der verminderte Grundwert von 80 %.

(3) Differenz- oder Gewinnkalkulation

Auftragnehmer kalkulieren den Gewinn im Handelsgeschäft, wenn sie die vereinbarten Konditionen mit dem Kunden (Verkaufspreis, Rabatte, Skonto) kennen und diese mit den Lieferkonditionen abstimmen. Als Differenz ergibt sich der Gewinn. Ist der Gewinn für den Auftragnehmer angemessen, wird er das Geschäft eingehen. Als Kalkulationsschema in Spalte B dient die Zuschlagskalkulation.

Im folgenden Kalkulationsblatt sind wieder im Kalkulationsschema Beträge und Formeln aufgeführt. Es wird davon ausgegangen, dass der Kunde mit einem Preis von 182,82 € inklusive MwSt. bzw. USt. sowie 10 % Kundenrabatt und 3 % Skonto einverstanden ist. Zusätzlich sind 5 % für Vermittlerprovision zu zahlen. Durch Rückwärtskalkulation ergibt sich ein Barverkaufspreis von 127,21 €. Die Einkaufskonditionen beinhalten 5,00 € (netto) Lieferkosten, 20 % Mengenrabatt und 3 % Lieferskonto. Bei einem Listeneinkaufspreis von 100,00 € ergeben sich Selbstkosten von 115,64 € durch Zuschlagskalkulation.

	A	B	C	D	E	F
1		**Gewinnkalkulation im Handel**				
2		**auf Basis des Listenein-/verkaufspreises**				Anzeige Bearbeitungsleiste
3			Eingabe	Ausgabe		für Zellen Spalte D
4		Listeneinkaufspreis	100	100,00 €		= C4
5		- Liefererrabatt	20%	20,00 €		= D4*C5
6		= Zieleinkaufspreis		80,00 €		= D4 - D5
7		- Liefererskonto	3%	2,40 €		= D6*C7
8		= Bareinkaufspreis		77,60 €		= D6-D7
9		+ Bezugskosten	5 €	5,00 €		= C9
10		= Bezugspreis		82,60 €		= D8+D9
11		+ Handlungskosten	40%	33,04 €		= D10*C11
12		= Selbstkosten		115,64 €		= D10 + D11
13		+ Gewinnzuschlag	10%	11,57 €		= D14-D12
14		= Barverkaufspreis		127,21 €		= D17-D16-D15
15		+ Kundenskonto	3%	4,15 €		= D17*C15
16		+ Vertreterprovision	5%	6,91 €		= D17*C16
17		=Zielverkaufspreis		138,27 €		= D19-D18
18		+ Kundenrabatt	10%	15,36 €		= D19*C18
19		=Listenverkaufspreis		153,63 €		= D21-D20
20		+ Umsatzsteuer	19%	29,19 €		= D21/1,19*C20
21		= Listen-VK incl. MWSt	182,82	182,82 €		= C21
22		Hinweis: %-Format bedeutet /100				

Die Differenz von Selbstkosten und Barverkaufspreis werden berechnet. Anhand des Gewinns in Euro und der Selbstkosten lässt sich der Gewinnzuschlag in Prozent berechnen. Bei dem errechneten Gewinnaufschlag wird der Auftragnehmer den Auftrag sicherlich annehmen, da der Gewinnaufschlag relativ hoch ist.

(4) Zuschlagsfaktor und Handelsspanne

Der Kalkulationszuschlag dient zur schnellen Berechnung des Verkaufspreises als Aufschlag auf den Bezugspreis. Die Handelspanne, oder auch Marge genannt, wird dagegen ermittelt, um auf einfache Weise aus dem Verkaufspreis den Bezugspreis der Ware zu berechnen.

Bezeichnung	Beschreibung	Formel
Kalkulations-zuschlag	Dient dazu, aus dem Bezugspreis schnell den Verkaufspreis zu berechnen. Bezugspreis (BP) ↓ Kalkulationszuschlag Verkaufspreis (VP)	Differenz zwischen Verkaufspreis (netto) und Einstandspreis bzw. Bezugspreis (netto) als Zuschlagsatz auf den Bezugspreis, in Prozent: (VP – BP) · 100 ÷ BP Beispiel: (200 – 120) · 100 ÷ 120 = 66,7 %
Handelsspanne oder Marge	Gibt den Kalkulationsabschlag an, wenn man aus dem Verkaufspreis den Bezugspreis errechnen will. Bezugspreis (BP) ↑ Handelsspanne/Marge Verkaufspreis (VP)	Differenz zwischen Verkaufspreis (netto) und Einstandspreis bzw. Bezugspreis (netto), in Prozent: (VP – BP) · 100 ÷ VP Beispiel: (200 – 120) · 100 ÷ 200 = 40 %

Kompetenzcheck ✓

1. Erläutern Sie das Beispiel auf S. 247 und erfassen Sie die Tabelle mit den Formeln im Kalkulationsprogramm.

2. Kalkulieren Sie mit dem Taschenrechner oder einem Tabellenkalkulationsprogramm folgende Artikel und Aufträge. Eine Vorlage finden Sie im Downloadbereich.
   a) Kalkulieren Sie den Barverkaufspreis eines Artikels, wenn folgende Angaben vorliegen: Listeneinkaufspreis: 30,00 €, Liefererrabatt: 20 %, Liefererskonto: 3 %, Frachtkosten: 3,00 €, Handlungskostenzuschlagsatz: 70 %, Gewinnaufschlag: 8 %.
   b) Kalkulieren Sie den Listenverkaufspreis eines Artikels, wenn folgende Angaben vorliegen: Listeneinkaufspreis: 40,00 €, Liefererrabatt: 20 %, Liefererskonto: 2 %, Frachtkosten: 7,00 €, Handlungskostenzuschlagsatz: 75 %, Gewinnaufschlag: 10 %, Kundenskonto: 3 %, Kundenrabatt: 20 %.

3. Sind folgende Aussagen korrekt? Korrigieren Sie, wenn nötig.
   a) Die Zuschlagskalkulation wird als Vorkalkulation durchgeführt, um den Listenangebotspreis zu ermitteln.
   b) Die Rückwärtskalkulation wird durchgeführt, wenn der Kunde einen Preis vorgibt.
   c) Die Gewinnkalkulation führt der Auftraggeber durch, um seinen Gewinn zu berechnen.
   d) Der Gewinn in Prozent errechnet sich durch Gewinn in Euro durch Selbstkosten in Euro.

4. Erstellen Sie das auf S. 249 oben abgebildete Kalkulationsblatt (Spalten B, C, D).

5. Kalkulieren Sie die Listeneinkaufspreise und die Bezugspreise, wenn Ihnen folgende Angaben vom Kunden vorgegeben wurden und die genannten Kalkulationssätze aus der Kostenrechnung zu berücksichtigen sind (Angebotspreis incl. 19 % MWSt.). Eine Vorlage finden Sie im Downloadbereich.
   a) Ein Kunde fordert als Angebotspreis 198,00 €, 20 % Kundenrabatt sowie 3 % Kundenskonto. Aus der Kostenrechnung entnehmen Sie 12 % Gewinnaufschlag, einen Handlungskostensatz von 50 %. Sie berücksichtigen 8,00 € Lieferfracht sowie 15 % Rabatt und 3 % Skonto vom Lieferer.

b) Ein Kunde nennt einen Preis von 220,00 € und möchte auch 10 % Kundenrabatt und 2 % Kundenskonto. Sie müssen einem Handelsvertreter eine Provision von 5 % zahlen. Sie kalkulieren mit Handlungskosten von 40 % und einem Gewinnaufschlag von 8 %. Der Lieferer hat Ihnen 10 % Rabatt und 2 % Skonto zugesagt. Als Versandkosten sollen Sie 6,00 € zahlen.

6 Erstellen Sie das auf S. 249 unten abgebildete Kalkulationsblatt einer Gewinnkalkulation (Spalten B, C, D) mit den dazu passenden Formeln. Eine Vorlage finden Sie im Downloadbereich.

7 Kalkulieren Sie den Gewinn in Euro und Prozent eines Artikels, wenn folgende Angaben vorliegen: Listeneinkaufspreis: 30,00 €, Liefererrabatt: 20 %, Liefererskonto: 3 %, Frachtkosten: 3,00 €, Handlungskostenzuschlagsatz: 45 % sowie mit dem Kunden vereinbarter Listenverkaufspreis von 55,00 €, Kundenrabatt: 15,00 %, Kundenskonto: 2 %, Vertreterprovision: 3 %.

8 Die Verkaufsleiterin gibt Ihnen den Auftrag, für eine neue Warenlieferung die Barverkaufspreise ohne Umsatzsteuer und zuzüglich 19 % Umsatzsteuer zu berechnen. Folgende von der Verkaufsleitung festgelegten Zuschlagssätze sollen berücksichtigt werden: Einsteigersysteme: 50 %, Profisysteme: 60 %, Peripheriegeräte: 65 %.

a) PC Privat:	Bezugspreis	260,00 €
b) Laserdrucker:	Bezugspreis	180,00 €
c) PC-Server-High-Performance:	Bezugspreis	1 380,00 €
d) Notebook Standard:	Bezugspreis	750,00 €

Eine Vorlage finden Sie im Downloadbereich.

9 Sie wollen Restposten und Auslaufartikel günstig abverkaufen und zum Bezugspreis anbieten. Welchen Preis würden Sie nennen, wenn Ihnen die folgenden Handelsspannen im Unternehmen bekannt sind: Peripheriegeräte 50 %, Erweiterungsbedarf 60 %?

a) Tintenstrahldrucker:	Verkaufspreis	280,00 €
b) Speicherbausteine DDR 254:	Verkaufspreis	99,00 €
c) Bluetooth-Adapter:	Verkaufspreis	28,00 €

Eine Vorlage finden Sie im Downloadbereich.

10 Führen Sie im Arbeitsbuch mit Aufgabe 15 der Lernsituation 3 Handelskalkulationen durch. A15

2.8.3 Stundensatzkalkulationen bei Dienstleistungen durchführen

S **Sie sollen eine Stundensatzkalkulation für Dienstleistungen erstellen.**

Dienstleistungen werden i. d. R. nach Einsatzstunden abgerechnet. Dazu können noch Sondereinzelkosten wie Fahrt- und Reisekosten oder Fremdleistungen anderer Unternehmen abgerechnet werden. Der Dienstleister rechnet seine Leistungen entweder nach Aufwand mit einem Stundenverrechnungssatz ab oder er kalkuliert den Aufwand und gibt ein Pauschalangebot je nach Beschäftigungslage ab.

Um den **Stundensatz** zu berechnen, wird zunächst festgestellt, wie viele Stunden ein Mitarbeiter durchschnittlich „produktiv" bzw. abrechenbar für den Kunden zur Verfügung steht. Hierbei müssen beispielsweise Urlaubs- und durchschnittlich angenommene Krankheits- und Fortbildungstage herausgerechnet werden. Auch ist eine **Akquise-, Warte-, Rüst- und Verteilzeit** anzunehmen und abzuziehen, da selbst bei Vollbeschäftigung nicht alle sonstigen Tage im Jahr beim Auftragnehmer abgerechnet werden können. So muss Zeit aufgewendet werden, um sich für Aufträge zu bewerben (**Akquise**). Nicht wenige Bewerbungen bleiben erfolglos. Die Mitarbeiter erhalten aber auch in dieser Zeit Gehalt und auch die anderen Kosten entstehen in auftragsloser Zeit. Eventuell muss man sich auch auf eine Besprechung beim Auftragnehmer vorbereiten (Rüstzeit), ohne dass man diese Vorbereitungszeit bezahlt bekommt. Mitarbeiter arbeiten unterschiedlich schnell, sodass auch eine sog. **Verteilzeit** eingeplant werden kann. In der Beispielkalkulation unten kann ein Mitarbeiter im Jahr produktiv, das bedeutet zur Abrechnung für Aufträge, durchschnittlich 1 512 Arbeitsstunden eingesetzt werden.

In der Stundensatzkalkulation müssen die produktiv arbeitenden Mitarbeiter, d. h. die Mitarbeiter, die Leistungen beim Kunden über Rechnungen abrechnen können, auch die anderen laufenden Kosten (**Gemeinkosten**) tragen. Der Auftrag ist in diesem Fall der Kostenträger, der alle Kosten des Unternehmens zuzüglich eines Gewinnaufschlages tragen muss. Gemeinkosten bzw. Kosten, die mit dem Auftraggeber direkt nicht abgerechnet werden können, sind z. B. Gehälter und Gehaltsanteile für Mitarbeiter. Dazu kommen Raumkosten, Sozialabgaben des Arbeitgebers, Versicherungen oder sonstige allgemeine Verwaltungskosten. Im Dienstleistungsbereich ist es nicht selten, dass den am Auftrag arbeitenden Mitarbeitern zusätzlich zum Jahresgehalt noch **Boni** oder sonstige **freiwillige Leistungen** wie Weihnachts- oder Urlaubsgeld gezahlt werden. Nicht gerechnet werden dazu Fahrt- und Reisekosten, wenn sie beim Auftraggeber direkt abgerechnet werden können (Sondereinzelkosten).

Im Beispiel wird angenommen, dass der Dienstleistungsbetrieb fünf Mitarbeiter voll einsetzen kann, um abrechenbare Leistungen bei Kunden zu erbringen. Diese erhalten je im Durchschnitt 50 000,00 € Bruttobezüge im Jahr. Die Gemeinkosten des Geschäftsbetriebs, also die Kosten, die über die Abrechnung von Leistungen beim Kunden nicht direkt abgerechnet werden können, betragen insgesamt 180 000 € im Jahr. Damit ergeben sich Selbstkosten insgesamt für den Dienstleistungsbetrieb von 430 000 € im Jahr. Wenn diese Selbstkosten über die 7 560 produktiven Arbeitsstunden bzw. beim Auftraggeber abrechenbaren Stunden getragen werden sollen, ergibt sich durch Division der Selbstkosten durch die Summe der produktiven Arbeitsstunden der Selbstkostensatz pro Stunde. Auf diesen Selbstkostensatz muss nun noch ein marktorientierter und leistungsgerechter Gewinnaufschlag hinzugerechnet werden.

	A	B	C
1	**Stundensatzkalkulation in Dienstleistungsbetrieben / (-bereichen)**		
2			
3	**Berechnung der im Durchschnitt einkalkulierten/verrechneten Arbeitsstunden:**		
4	Anzahl Kalendertage im Jahr	365	
5	- Wochenenden (Samstage und Sonntage)	104	
6	- Feiertage an Werktagen (hier angenommen)	12	
7	- Urlaubstage (im Durchschnitt hier angenommen pro Mitarbeiter/in)	28	
8	- Krankheitstage (im Durchschnitt hier angenommen pro Mitarbeiter/in)	5	
9	- Anzahl Tage für eigene Fortbildung im Jahr	7	
10	- Anzahl Tage als Akquisezeit, Wartezeit, Rüstzeit, Verteilzeit u. ä. im Jahr	20	
11	= Verrechnete Arbeitstage je Mitarbeiter/in im Durchschnitt im Jahr	189	
12	* Tarifstunden im Durchschnitt pro Arbeitstag	8	
13	**= Verfügbare Arbeitsstunden je Mitarbeiter/in im Durchschnitt pro Jahr**	**1512**	
14			
15			
16	**Stundensatzkalkulation**	**Eingabe**	**Kalkulation**
17	Anzahl Mitarbeiter, die direkt an Kundenaufträgen mitarbeiten, diese über Rechnungen an Kunden ansetzen	5	5
18	Jahreskosten eines ("direkt/mit Abrechnung" an Aufträgen arbeitenden) Mitarbeiters durchschnittlich: Bruttolöhne incl. Boni, Weihnachtsgeld, Urlaubsgeld und sonstige Zulagen	50.000,00 €	50.000,00 €
19	Gemeinkosten insgesamt (z.B. "nicht direkt über Ausgangsrechnungen verrechnete Stunden" der Gehälter o.ä., Raumkosten, Sozialabgaben des Arbeitgebers, Versicherungen, Verwaltungskosten, nicht als Sondereinzelkosten verrechnete Fahrzeug- und Reisekosten, kalkul. Wagniskosten)	180.000,00 €	180.000,00 €
20	**Selbstkosten insgesamt** (ohne Sondereinzelkosten)		**430.000,00 €**
21	Direkt über Ausgangsrechnungen verrechenbare Arbeitszeit im Jahr pro Mitarbeiter	1512	1512
22	Direkt über Ausgangsrechnungen verechenbare Arbeitszeit im Jahr der o.a. Mitarbeiter		7560
23	**Selbstkostenstundensatz**		**56,88 €**
24	Gewinnaufschlag	14%	7,96 €
25	**Netto-Stundensatz**		**64,84 €**
26	**Stundensatz incl. MWSt**	19%	**77,16 €**

Das Angebot von Kundenskonto und Kundenrabatt ist im Dienstleistungsbereich eher seltener anzutreffen. Sollte dies in der Branche üblich sein, so müsste man auf den Netto-Stundensatz noch einen Kundenskonto und einen Kundenrabatt hinzukalkulieren, um dann einen Listenstundensatz zu erhalten.

Stundensatzberechnung

Selbstkostensatz = Selbstkosten ÷ Produktive (verrechenbare) Arbeitsstunden
Netto-Stundensatz = Selbstkostensatz + Gewinnaufschlag
Stundensatz inkl. 19 % MwSt. (bzw. Bruttostundensatz) = Netto-Stundensatz · 1,19

Kompetenzcheck

1. Erläutern Sie das Beispiel oben und geben Sie die Formeln bei den Berechnungen an.
   Sie sollen bei der Präsentation eines Projektes den Stundenverrechnungssatz nennen und begründen, wie dieser zustande kommt, siehe auch Vorlage im Downloadbereich.

A16
2. Führen Sie mit Aufgabe 16 der Lernsituation 3 im Arbeitsbuch Stundensatzkalkulationen durch.

2.8.4 TCO und ROI sowie Amortisation beachten

S **Sie sollen die TCO und den ROI bei Investitionen berücksichtigen.**

Insbesondere bei IT-Investitionen sind nicht nur die Angebotspreise allein für die Entscheidungsfindung zu vergleichen. Nach dem HGB ist festgelegt, dass in die Anschaffungskosten auch alle Kosten einzubeziehen sind, bis die Investition installiert und betriebsbereit ist.

Anschaffungskosten

Anschaffungskosten sind nach § 255 HGB alle Aufwendungen, die geleistet werden, um einen Vermögensgegenstand zu erwerben und ihn in einen betriebsbereiten Zustand zu versetzen. Dazu gehören also auch Nebenkosten wie die Installations- und Einweisungsaufwendungen.

Mit der Berechnung des TCO geht man noch weiter und bezieht alle Kosten während des gesamten Betriebs ein. Da dies Zahlen der Zukunft sind, können diese nur in einer Kalkulationsrechnung abgeschätzt werden. Ziel ist es, bekannte Kostentreiber oder auch versteckte Kosten schon im Vorfeld einer Investitionsentscheidung zu identifizieren und in die Investitionsentscheidung einzubeziehen. Wichtigste Grundlage für das weitere Verständnis der TCO ist die Unterscheidung zwischen direkten und indirekten Kosten.

Die Berechnung des ROI geht noch weiter und bezieht nicht nur die Kosten ein, sondern auch die Rückflüsse oder den Erfolg bzw. Gewinn durch die Investition. Es kann festgestellt werden, in welcher Zeit die Investitionskosten durch die Investition wieder hereingeholt wurden (Amorisation: Tilgungsdauer, Abzahlungsdauer).

(1) Total Costs of Ownership (TCO)

Beim TCO werden in die Investitionsentscheidung nicht nur die Anschaffungskosten einbezogen, sondern möglichst alle weiteren direkten und indirekten Kosten (Total Costs), z. B. Energie-, Reparatur- und Wartungskosten, Organisations- und sonstige Schulungskosten, zusätzlicher Verwaltungsaufwand, Entschädigung für entgangene Geschäfte etc. Diese Definition ist beim Angebotsvergleich zu berücksichtigen. Sehr schwierig ist häufig die exakte Kostenermittlung. Es gibt unterschiedliche Ansätze, die TCO zu berechnen (z. B. des VDI), wie folgendes Beispiel verdeutlichen soll.

Vereinfachtes Beispiel:
Ein Einzelhändler prüft, ob er für 120 000,00 € ein Update seines schon eingesetzten Warenwirtschaftssystems beschaffen soll oder für 90 000,00 € eine vergleichbare Software eines anderen Softwareanbieters. Er lässt den TCO feststellen.

Zusätzliche Kosten:

Update:	Direkte zusätzliche Kosten durch Schulung und Umstellung: 5 000,00 €, indirekte Kosten durch Umstellungsprobleme und Entschädigung für entgangene Geschäfte 4 000,00 €.
Neue Software:	Direkte zusätzliche Kosten durch Schulung und Umstellung: 18 000,00 €, indirekte Kosten durch Umstellungsprobleme und Entschädigung für entgangene Geschäfte 32 000,00 €.
TCO-Vergleich:	Update < neue Software (Update: 129 000,00 € < neue Software: 140 000,00 €)

(2) Return on Investment (ROI)

ROI-Kennzahlen werden vielfältig berechnet, um die **Rendite einer Investition** zu berechnen. In diesem Zusammenhang wird der ROI zur **Beurteilung von Einzelinvestitionen** hinzugezogen. Voraussetzung ist, dass sich Rückflüsse ergeben und ermitteln lassen und diese innerhalb der Nutzungsdauer erfolgen. Formeln für eine ROI-Berechnung sind beispielsweise folgende:

$$\text{ROI} = \frac{\text{Totalerfolg}}{\text{Investitionskosten}} \quad \textit{oder} \quad \text{ROI} = \frac{\text{Rückflüsse}}{\text{Investitionskosten}}$$

Damit der ROI positiv ist, muss der Totalerfolg größer sein als die Investitionskosten oder die Rückflüsse größer als die Investitionskosten innerhalb der Nutzungsdauer des beschafften Systems. Da die mittlere Nutzungsdauer von Hard- und Softwareprodukte mit etwa drei Jahren relativ gering ist, müssen die Rückflüsse schon erheblich sein. Schwierig ist auch hier die Ermittlung der Rückflüsse. Folgendes Beispiel soll diesen Zusammenhang verdeutlichen:

Vereinfachtes Beispiel:
Durch die Beschaffung eines neuen Warenwirtschaftssystems von 100 000,00 € sollen jährlich Personalkosten in Höhe von 12 000,00 €, Lagerhaltungskosten von 8 000,00 €, Zinsen für das Lager in Höhe von 40 000,00 € und weitere Logistikkosten von 7 000,00 € eingespart werden. Berechnen Sie den ROI bei einer Nutzungsdauer von drei Jahren.

$$\text{ROI} = \frac{67\,000{,}00\,€ \cdot 3}{100\,000} = 2{,}01 \qquad \text{Amortisation} = \frac{36}{2{,}01} = 17{,}9 \text{ Monate}$$

Kompetenzcheck ✓

1. Geben Sie mit eigenen Worten wieder, was folgende Aussagen bedeuten:
   a) Wenn ein Unternehmen zu der neuen Software eines anderen Anbieters wechselt, ist nicht nur der Kaufpreis der Software zu berücksichtigen, sondern auch die gesamten Anschaffungskosten und der TCO im Vergleich zum Update der bisher im Unternehmen eingesetzten Software.
   b) Wenn der ROI 2 beträgt und die Amortisation 18 Monate, ist dies sehr positiv zu werten, da die Investition sich schon nach 18 Monaten ausgezahlt hat.

2. Ein Rathaus lässt den ROI und die Amortisationszeit für ein neues Archivierungssystem prüfen. Das neue System würde Hard- und Softwarekosten von 160 000,00 €, Beratungskosten von 20 000,00 €, Schulungskosten von 16 000,00 € und Umstellungskosten von 5 000,00 € bringen. Dieses System würde allerdings pro Monat 300 Stunden Personal zu einem Kostensatz von 32,00 €/Stunde einsparen. Auch entfallen Leasingkosten für das alte System in Höhe von 5 000,00 €/Monat. Die voraussichtliche Nutzungszeit des Systems beträgt vier Jahre.

3. Stellen Sie die Kosten vom Neusystem den Kosten des Altsystems gegenüber und berechnen Sie den prozentualen Unterschied:
   Altsystem: a) 200 000 € b) 60 000 € Neusystem: a) 150 000 € b) 40 000 €

A17
4. Führen Sie mit Aufgabe 17 der Lernsituation 3 im Arbeitsbuch einen Zwischentest durch.

2.9 Angebotsvergleiche bei Beschaffungsmaßnahmen durchführen

S **Sie sollen den Beschaffungsprozess beschreiben und Angebotsvergleiche durchführen.**

In diesem Kapitel werden grundlegende Themen der Beschaffung behandelt. Eine Vertiefung im Beschaffungsbereich erfolgt bei den kaufmännische IT-Berufen im Jahrgangsband 2.

2.9.1 Beschaffungsprozess und Beschaffungsplanung erläutern

S **Sie sollen Aufgaben im Beschaffungsprozess unterstützen.**

Bei Warenlieferungen von IT-Produkten ist folgender Leistungsprozess zu beachten. Sollten die bestellten IT-Produkte nicht auf Lager sein, ist ein Beschaffungsprozess zu bearbeiten.

Leistungsprozess der Anfrage und Auftragsbearbeitung mit Handelswaren

! In diesem Kapitel wird nur ein Einblick gegeben. Vertieft werden einzelne Prozessschritte im Lernfeld 8 der Ausbildung der kaufmännischen IT-Berufe.

Angebotseinholung bis Auftragsvergabe

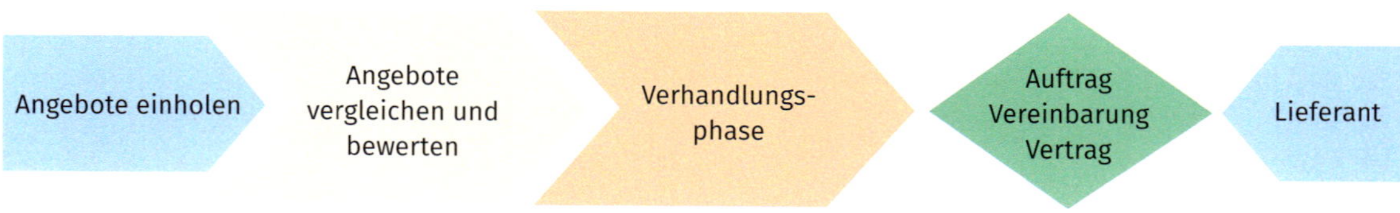

Angebote einholen:
- Stammlieferanten mit/ohne Rahmenvertrag, Sonderkonditionen
- Neue Lieferanten über:
  - Recherchen
  - Marketplaces
  - Hersteller
  - Großhandel etc.
- Über E-Procurement
- Über ERP-System
- Schriftliche oder mündliche Anfrage

Angebote vergleichen und bewerten:
- Erfüllungsmatrix/-checkliste/-übersicht, Soll/Ist-Vergleich
- ABC-Analyse
- Quantitativer Vergleich: Vergleich der Preise und Preiskonditionen
- Qualitativer Vergleich: Vergleich nicht quantitativ bewertbarer Kriterien

Verhandlungsphase:
- Offene Fragen klären
- Rechtliche Fragen, insbesondere Vertragsart und Abnahme klären
- Preise und Konditionen verhandeln (z. B. Einwände einbringen, Preisnennung, Extras und Zusatzkonditionen verhandeln)
- Finales Angebot einholen

Auftrag/Vereinbarung/Vertrag:
- Kaufvertrag
- AGB u. Ä.
- Werkvertrag
- Dienstvertrag

Die Beschaffung von Gütern und Dienstleistungen ist in den Betrieben unterschiedlich geregelt. Gelegentlich werden Mitarbeiter beauftragt, unabhängig vom organisatorischen Regelfall Beschaffungen zu übernehmen, weil diese qualifiziert für die Beschaffung sind oder gerade Zeit für den Beschaffungsvorgang haben.

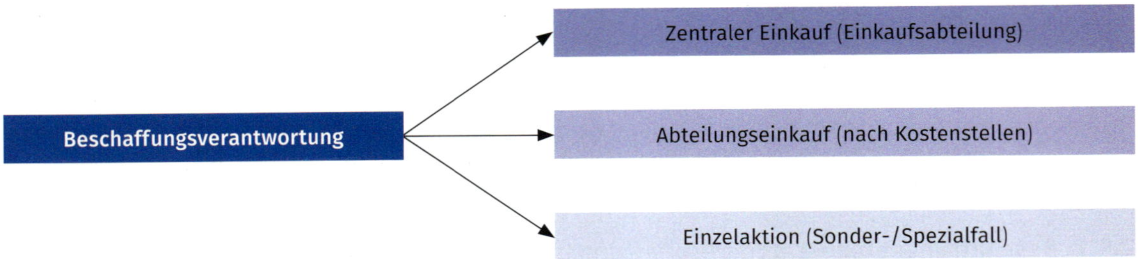

Für große Unternehmen und Behörden ist es i.d.R. eine Selbstverständlichkeit, Rahmenverträge (z.B. Jahresverträge) mit Lieferanten von Gütern und Dienstleistungen aller Art zu schließen. Behörden haben Beschaffungsvorschriften (siehe Kapitel 2.5.1, Abschnitt (2), S. 205).

Am wichtigsten ist beim Einkauf der Preis. Rechnet man zum Einkaufspreis **abzüglich** Nachlässe die Bezugskosten (z.B. Frachtkosten, Transportversicherung, Zölle) hinzu, so spricht man vom **Bezugspreis** oder **Einstandspreis**.

Aufgaben der Beschaffungsplanung	
Was soll beschafft werden?	Siehe Anforderungsanalyse der Kapitel 2.5 und 2.6, vgl. vertiefend Lernfeld 8 der kaufmännischen IT-Berufe
Wie viel soll beschafft werden? (Mengenplanung)	Abhängig von • Beschaffungsart (Einzelbeschaffung oder Vorratsbeschaffung) • Bestellvorschlägen des ERP-Systems • Artikelart (ABC-Artikel) • Lagerkapazität • zu erwartendem Absatz und Verbrauch • Preiskonditionen und Preisschwankungen • sonstigen Bedingungen (z.B. wirtschaftliche Lage, Einkaufsgrenzen, Sicherheitsbestände)
Wann soll beschafft werden? (Zeitplanung)	**Einzelbeschaffung** (zum Bedarfszeitpunkt) oder **Vorratsbeschaffung** (abhängig von z.B. Meldebestand, Sichtkontrolle, Beschaffungsdauer, Lagerfähigkeit der Artikel, Preisentwicklung am Markt)
Wo soll beschafft werden? (Bezugsquellen-ermittlung)	Abhängig von • Einkaufs-/Beschaffungsrichtlinien, Vergaberecht bei Behörden • Rahmenverträgen • Dringlichkeit • Artikelart (ABC-Artikel)
Vertiefung	Siehe Lernfeld 8 der kaufmännische IT-Berufe

Viele Hersteller bieten Unternehmen ohne Zwischenhandel direkten Zugang zu ihren Produkten (z.B. Dell, HP, Lenovo). Für die Beschaffung von Bürobedarf sind die Einzelhändler oder Bürofachhändler gut mit den Unternehmen verbunden. Die Geschäfte der Fachhändler sind regional schnell erreichbar, haben einen guten Lieferservice und bieten Unternehmen Rahmenverträge an. Durch Mitgliedschaft in **Einkaufsverbünden** können sie günstige Preise und Konditionen bieten. Online gewinnen die **Online-Shops** und **B2C-Marktplätze** immer größere Bedeutung. Online-Shops gibt es für Privatkunden und Geschäftskunden (**B2B-Shops**). Im **ERP-System** des Unternehmens sind i.d.R. alle Lieferanten erfasst, die in die Auftragsabwicklung mit Kunden eingebunden sind. In großen Unternehmen und Behörden sowie Einkaufsabteilungen können auch **Einkaufsplattformen/-systeme** für das elektronische Beschaffungswesen (E-Procurement) eingerichtet sein.

E-Procurement (elektronische Beschaffung)

Begriff Beschaffung von Gütern und Dienstleistungen unter Nutzung des Internets sowie spezieller Informations- und Kommunikationssysteme.
E-Shop Lieferanten bieten ihren gewerblichen Kunden Zugang zu ihrem gewerblichen Shop, in dem sie wie in einem Internetshop für Verbraucher bestellen können. Darüber hinaus können auch elektronische Kataloge für die gewerblichen Kunden eingerichtet werden, in denen die bereits gewählten Produkte der Kunden mit den verhandelten Preisen hinterlegt sind. Auch wird bei solchen Shops auf einen Datenaustausch über Datenaustauschformate wie EDI oder XML zu dem ERP-System des Kunden Wert gelegt, sodass die Datenübernahme in das ERP-System und von dem ERP-System automatisch erfolgt.
Eigene E-Procurement-Systeme Große Unternehmen haben eigene elektronische Beschaffungssysteme eingerichtet. Die Lieferanten werden aufgefordert, dort ihre Angebote einzugeben, sodass Einkäufer mit diesem System schnell das richtige Angebot auswählen und den Bestellvorgang bearbeiten können.
Marktplatzsysteme (Marketplaces) Kleine und mittlere Unternehmen beschaffen ihren Bedarf auf elektronischen Marktplätzen. Hier können Hersteller (z. B. Reifenhersteller) ihre Angebote eintragen, registrierte Kunden (z. B. Reifenfachhändler) sich das richtige Angebot heraussuchen und bestellen. Auch ist es möglich, dass Kunden Angebote einstellen und Lieferanten sich um den Auftrag bemühen.

Die ABC-Analyse geht von der Forderung aus, dass man nicht alle Artikel mit gleich viel Aufwand behandeln sollte, wenn man die Wirtschaftlichkeit der Beschaffung insgesamt erhöhen will. Das Beschaffungswesen unterscheidet daher drei Kategorien von Artikeln: A-, B- und C-Artikel. Für die wertmäßigen Hauptartikel einer Firma (A- und B-Artikel) ist es sehr wichtig, intensiv nach dem günstigsten Lieferanten zu suchen und enge Partnerschaften einzugehen.

IT-Einkaufsrichtlinien eines Unternehmens nach ABC-Artikeln		
A-Artikel	Artikel, die mit einem meist geringen Mengenanteil einen hohen Wertanteil am Lager einnehmen, z. B. Server, PC, Notebooks	• Intensive Beschaffungsmarktanalyse • Preise und Konditionen für den Jahresverbrauch mit A-Lieferanten intensiv aushandeln • Wenn möglich für Einzelaufträge genaue Menge (VE) beschaffen, eventuell jeweils Angebotsvergleich durchführen • Häufige Bestandsüberwachung • Optimale Bestellmenge ermitteln
B-Artikel	zwischen A- und C-Artikel	• Prüfen, ob Vorgehensweise wie bei A- oder C-Artikeln günstiger • Regel: Je höher der Lagerwert, desto eher lohnt sich der Einkauf in mehreren Teilmengen
C-Artikel	Artikel, die mit einem meist großen Mengenanteil nur einen kleinen Wertanteil am Lager einnehmen, z. B. USB-Sticks	• Vereinfachte Bestellabwicklung, z. B. über Internet, per Fax, Telefon • Konditionen vereinfacht aushandeln • Einfache Bestellüberwachung • Nur einmal bestellen bzw. wenige Bestellungen im Jahr • Vorratshaltung kein Problem, da geringe Lagerkosten

Neben der Verhandlung und Vereinbarung von Rahmenverträgen kann es auch vorteilhaft sein, mit Anbietern in eine Verhandlungsphase einzutreten. So können nicht nur Unklarheiten beseitigt werden, sondern auch Verhandlungsspielräume geklärt werden. Kaufmännisch hat sich gezeigt, dass es häufig besser ist, anstelle eines kurzfristigen Verkaufserfolges eine langfristige Geschäftsbeziehung als A- oder B-Kunde zu erreichen. Zu den unterschiedlichen Verhandlungsstrategien siehe auch Kapitel 2.5.1, Abschnitt (3) bis (6) und die folgenden Aufgaben.

Kompetenzcheck ✓

1. Prüfen Sie, ob Ihr Ausbildungsbetrieb Beschaffungsrichtlinien aufgestellt hat oder Rahmenverträge mit Lieferanten existieren. Recherchieren Sie zu Rahmenverträgen und zu unterschiedlichen Beschaffungsstrategien durch Unterscheidung in ABC-Artikeln, präsentieren Sie dazu.

2. Diskutieren Sie über Möglichkeiten, eine Erfüllungsmatrix zu erstellen und dann mit Einwänden, Preisnennungen und Zusatzvereinbarungen die Preisverhandlungen zu führen. Stellen Sie fest, was für oder gegen einen harten Verhandlungskurs spricht.

3. Bearbeiten Sie Aufgabe 1 der Lernsituation 4 im Arbeitsbuch und unterstützen Sie Beschaffungsmaßnahmen. A1

2.9.2 Quantitative Angebotsvergleiche vornehmen

S Sie sollen Angebote zum Notebook ZX1 preislich vergleichen.

Einem Unternehmen liegen folgende Angebote vor:

PC Sander GmbH	PC-Markt AG
Notebook Superbook ZX1, 20 Stück je 350,00 €, 5 % Mengenrabatt, 3 % Skonto auf den Warenwert bei Zahlung innerhalb von 7 Tagen, für Verpackung, Fracht, Transportversicherung 20,00 €, zzgl. 19 % USt.	Notebook Superbook ZX1, Preis je 400,00 €, bei 20 Stück 20 % Mengenrabatt, 2 % Skonto bei Zahlung innerhalb 7 Tagen auf den Warenwert, Versandkostenpauschale 50,00 € inkl. Transportversicherung, zzgl. 19 % USt.

Fachlich hat man sich für das Notebook ZX1 entschieden. Ausschlusskriterien aus der Analyse der technischen und fachlichen Spezifikationen wurden daher bereits vorab geprüft. Als quantitative Größen (Geldwerte) müssen häufig weitere berechenbare Konditionen wie Rabatte, Skonto oder Bezugskosten hinzugezogen werden. Bei einem quantitativen Angebotsvergleich werden die Bezugspreise bzw. Einstandspreise der einzelnen Anbieter berechnet und vergleichend gegenübergestellt. Hierzu werden ausgehend vom Listeneinkaufspreis der Lieferrabatt und der Lieferskonto abgezogen, eventuell noch hinzukommende Bezugskosten addiert. Der Vergleich der Einstandspreise ergibt dann, wer im Preisvergleich der günstigste Anbieter ist.

! Mithilfe von Tabellenkalkulationsprogrammen kann man schnell ein Ergebnis ermitteln. In die Kalkulation wird die Umsatzsteuer nicht einbezogen, da sie kein Kostenbestandteil ist.

Kompetenzcheck ✓

1 Geben Sie die Formeln des Angebotsvergleichs in der Tabellenkalkulation an und überprüfen Sie diese Kalkulation mit einem Tabellenkalkulationsprogramm.

	A	B	C	D	E	F
1	**Angebotsvergleich**					
2	**Workstationbeschaffung**		**desktop.com**		**it-market.de**	
3	**Kalkulation**		**Eingabe % / €**	**Ausgabe**	**Eingabe % / €**	**Ausgabe**
4	Listeneinkaufspreis Stück:		570,00 €	570,00 €	540,00 €	540,00 €
5	- Liefererrabatt		10%	57,00 €	15%	81,00 €
6	= Zieleinkaufspreis			513,00 €		459,00 €
7	- Liefererskonto		3%	15,39 €	2%	9,18 €
8	= Bareinkaufspreis			497,61 €		449,82 €
9	+ Bezugskosten		8,00 €	8,00 €	10,00 €	10,00 €
10	= Bezugspreis (Einstandspreis)			**505,61 €**		**459,82 €**
11	Differenz in € und in %:				45,79 €	9,1%

2 Erstellen Sie einen Angebotsvergleich zu den oben angegebenen Notebooks. Verwenden Sie eventuell die Vorlage im Downloadbereich

3 Sie erhalten drei Angebote für den Kauf eines Personal Computers. Führen Sie einen quantitativen Angebotsvergleich durch. Verwenden Sie die Vorlage im Downloadbereich oder ein Tabellenkalkulationsprogramm. Skonto auf den Rechnungsbetrag ohne Bezugskosten, alle Preise hier netto ohne Umsatzsteuer.

Computex: 499,00 €, Versandkosten 20,00 €, 7 % Rabatt, 3 % Skonto
IT Delly: 548,00 €, Lieferpauschale 40,00 €, 10 % Rabatt, 2 % Skonto
PC-Versand: 485,00 €, Frachtpauschale 30,00 €, 5 % Rabatt

2.9.3 Nutzwertanalysen durchführen

S Sie sollen in Angebotsvergleiche auch nicht quantifizierbare Kriterien einbeziehen.

Häufig wird der Preis nicht als einziges Kriterium für die Entscheidung im Angebotsvergleich angesehen. Die Wahl für ein anderes und teureres Produkt kann vorteilhafter sein, wenn es beispielsweise in der Qualität, Funktionalität oder in den Folgekosten besser ist. Auch kann ein teurerer Anbieter besser sein, da er z. B. in Service und Logistik, in der Beratung oder im Kulanzverhalten besser als ein preisgünstiger Anbieter ist. Daher wird auch bei öffentlichen Betrieben und Behörden nicht das preisgünstigste, sondern das **wirtschaftlichste Angebot** ausgewählt.

Wenn eine Beurteilung auf Basis mehrerer quantitativer und qualitativer Kriterien, Zielen oder Bedingungen getroffen werden soll, findet die **Nutzwertanalyse** Anwendung. Während harte, quantitative Faktoren wie Preis und Bezugskosten einfach zu berechnen sind, müssen für weiche,

	A	B	C	D	E	F
1	**Angebotsvergleich**					
2	**Workstationbeschaffung**		**desktop.com**		**it-market.de**	
3	**Kalkulation**		**Eingabe % / €**	**Ausgabe**	**Eingabe % / €**	**Ausgabe**
4	Listeneinkaufspreis Stück:		570,00 €	570,00 €	540,00 €	540,00 €
5	- Liefererrabatt		10%	57,00 €	15%	81,00 €
6	= Zieleinkaufspreis			513,00 €		459,00 €
7	- Liefererskonto		3%	15,39 €	2%	9,18 €
8	= Bareinkaufspreis			497,61 €		449,82 €
9	+ Bezugskosten		8,00 €	8,00 €	10,00 €	10,00 €
10	= Bezugspreis (Einstandspreis)			**505,61 €**		**459,82 €**
11	Differenz in € und in %:				45,79 €	9,1%
12						
13	**Lieferantenbewertung:**		**desktop.com = (x)**		**it-market.de = (y)**	
14	**Vorgabekriterien**	**schlechter 1: -**		**mittel 2: O**	**besser 3: +**	**bester 4: ++**
15	**Leistung, Qualität**				(y)	(x)
16	**Ökologie**	(y)				(x)
17	**Kulanz**			(y)	(x)	
18	Preis: Bester = 4	Abzug je höherer Preis bis 5 % 1 P., bis 10 % 2 P, bis 15 % 3 P.				
19						
20	**Nutzwerttabelle**					
21	**Bewertung: quantitativer/qualitativer Vergleich**					
22			**desktop.com**		**it-market.de**	
23	Entscheidungskriterien	**Gewichtung in %**	**Punkte**	**Gewichtete Punkte**	**Punkte**	**Gewichtete Punkte**
24	**Preis**	40	2	80	4	160
25	**Leistung, Qualität**	30	4	120	3	90
26	**Ökologie**	20	4	80	1	20
27	**Kulanz**	10	3	30	2	20
28	Summe	100		**310**		**290**
29						
30	Ergebnis:	Das Angebot von desktop.de erwartet den höchsten Nutzen				

qualitative Faktoren nachvollziehbare Gründe genannt werden, wenn sie einbezogen werden sollen. Bei sog. weichen Kriterien ist es mehr oder weniger nur subjektiv möglich, eine Bewertung durchzuführen. Häufig erfolgt diese daher in einem Gremium nach fachlicher Diskussion der genannten Spezifikationen. Behörden und Unternehmen des öffentlichen Sektors müssen das Gesetz gegen Wettbewerbsbeschränkungen (GWB) und Vergabeordnungen (VOB, VOF, VOL) genau beachten.

Im Beispiel der Vorseite wurden vom Gremium das Verhältnis Preis zu sonstigen Kriterien mit 4:6 festgelegt und für die Nutzwertentscheidung drei Kriterien ergänzt. Im Gremium wurden vier Bewertungsstufen (Erfüllungsgrade) festgelegt und die beiden Angebote danach eingeschätzt (bewertet). Für die Bewertung des Preises wurde eine besondere Regelung vereinbart.

Quantitativer und qualitativer Angebotsvergleich (Nutzwertanalyse)

Neben dem Einstandspreis sind weitere Bewertungsaspekte im Angebotsvergleich zu berücksichtigen. Sie können wegen eventuell eintretender Folgeschäden (Verlust des Kunden, Auftragsschaden) höher zu werten sein als der Preisvorteil im Einkauf.
Nicht das Angebot mit dem niedrigsten Einstandspreis, sondern das **wirtschaftlichste** Angebot unter Berücksichtigung aller Unternehmensziele ist im Angebotsvergleich auszuwählen.
Da durch die Bewertung der einzelnen Auswahlfaktoren der Gesamtnutzen festgestellt wird, spricht man beim qualitativen Angebotsvergleich auch von **Nutzwertanalyse**. Subjektiv und schwierig sind Festlegung und Gewichtung der Kriterien. Die Kriterien sollten gut voneinander abgegrenzt sein und sich nicht gegenseitig bedingen.
Auf sachliche und nachvollziehbare Argumentation ist zu achten!

Beispiele für qualitative Bewertungskriterien
- Qualität und Funktionen des angebotenen Produkts
- Verbrauchskosten, Energiekosten, Folgekosten
- Liefermenge, Mindestabnahmemenge
- Besonderes Design und Aktualität des Produkts
- Schnelle und zuverlässige Lieferung
- Kompetenz des Lieferanten (Mitarbeiter)
- Verhalten des Lieferanten bei Reklamationen
- Kundendienst des Lieferanten
- Verhalten des Lieferanten in besonderen Situationen (Notsituationen)
- Beteiligung des Lieferanten an Marketingmaßnahmen
- Gutes Image des Lieferanten
- Gutes Schulungs- und Fortbildungsprogramm
- Verkaufsförderungsmaßnahmen des Lieferanten
- Erreichbarkeit des Lieferanten
- Beachtung umweltgerechter Methoden und Verfahren
- Einfache Logistik
- Soziales Engagement in der Gemeinde oder Region
- Mitgliedschaft in gemeinsamen Kooperationen/Partnerschaften
- Persönliche Kenntnis der Lieferanten und Vertrauen
- Besondere Konditionen: Ratenzahlung, verlängerte Zahlungsfristen, Zuschüsse bei Aktionen und Investitionen, Bereitstellung von Mitarbeitern zur Aushilfe und Unterstützung

Hinweis: Anstelle von Liefererrabatt wird auch Lieferantenrabatt und anstelle von Liefererskonto Lieferantenskonto verwendet.

Kompetenzcheck ✓

1. Erläutern Sie die Nutzwertanalyse, die Formeln der Tabellenkalkulation und das Ergebnis auf S. 259.

2. Erweitern Sie den Angebotsvergleich für die Notebooks mit einer Nutzwertanalyse mit den Bewertungsstufen 1 (schlecht) bis 5 (gut und besser). Geben Sie dem billigsten Anbieter über den Preis (40 %) die Bewertung 5, dem teureren Anbieter eine Note schlechter. Ergänzen Sie die folgenden Kriterien, wobei die Anbieter nach einvernehmlicher Protokollnotiz folgende Bewertung von 1 (schlecht) bis 5 (gut und besser) erhalten haben:

Kriterien	PC Sander GmbH	PC-Markt AG
Kompetenz (30 %)	4	2
Bisherige Zusammenarbeit (30 %)	4	3

Verwenden Sie die Vorlage aus Aufgabe 3 der Lernsituation 4 des Arbeitsbuches oder der Tabellenkalkulation. Ermitteln und bewerten Sie das Ergebnis kritisch. A3

3. Erweitern Sie den Angebotsvergleich der PC-Beschaffung (siehe Aufgabe 3, S. 259) mit einer qualitativen Analyse bzw. Nutzwertanalyse, indem Sie folgende Bewertung abgeben:

Kriterien	Computex	IT Delly	PC-Versand
Preis (40 %)	4	3	5
Produktqualität (10 %)	4	5	3
Kompetenz (10 %)	4	3	2
Verhalten bei Reklamationen (15 %)	4	4	2
Service u. Support (10 %)	4	2	1
Bisherige Zusammenarbeit (15 %)	4	4	2

Verwenden Sie die Vorlage aus Aufgabe 3 der Lernsituation 4 im Arbeitsbuch oder der Tabellenkalkulation. Diskutieren Sie darüber, ob eine Notenskala von 1–15 besser wäre. A3
Halten Sie die angegebene Gewichtung für angemessen?

2.9.4 Vertragsarten und AGB unterscheiden

S Sie sollen rechtliche Angebotsbestandteile prüfen.

Vertragliche Regelungen sind im BGB und bei Unternehmen auch von Regelungen des HGB abhängig. Grundsätzlich kommen Verträge durch zwei übereinstimmende Willenserklärungen zustande. Daraus ergeben sich ein Verpflichtungs- und ein Erfüllungsgeschäft (siehe auch Kapitel 2.5.1, Abschnitt [1], S. 203).

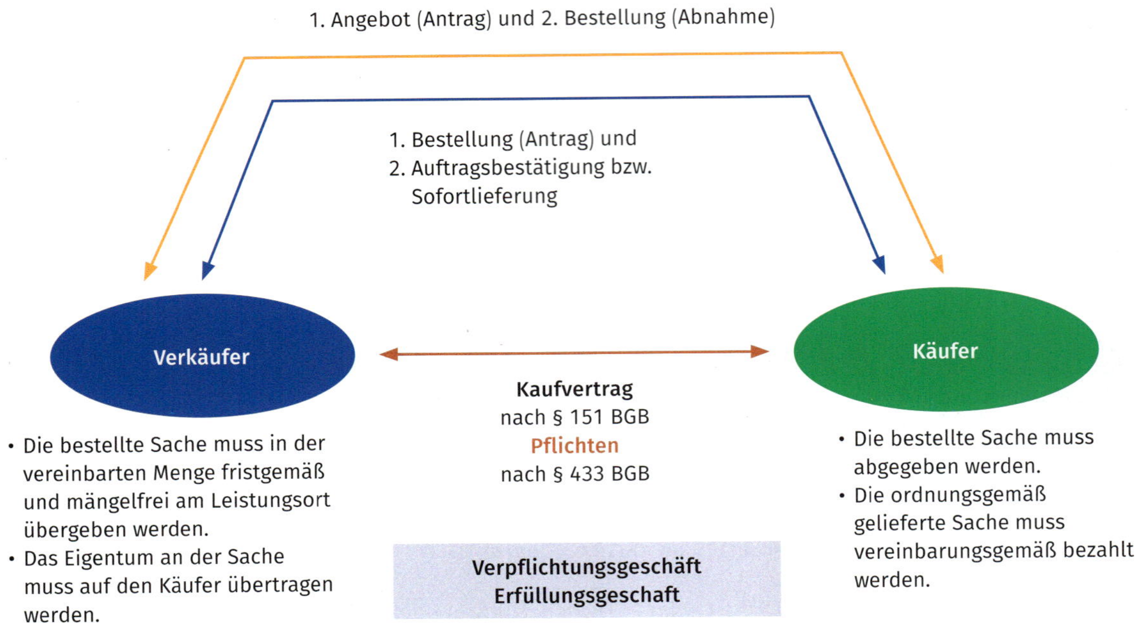

Unsere Rechtsordnung unterscheidet verschiedene Vertragsarten, für die auch spezielle gesetzliche Regelungen getroffen wurden. Bei Bestellungen sollten daher verschiedene Vertragsarten unterschieden und besondere rechtliche Regelungen beachtet werden. In Lernfeld 8 (kaufmännische IT-Berufe) wird dieses Thema ausführlich behandelt, hier für alle IT-Berufe wesentliche Unterscheidungsfälle.

Unternehmen können grundsätzlich selbsterstellte Erzeugnisse, Dienstleistungen oder Handelswaren anbieten. Das Leistungsangebot des Ausbildungsbetriebes kann man durch Befragungen der Mitarbeiter und die Analyse von eigenen Preislisten, Werbeaktionen oder Angeboten des Betriebes ableiten. So kann man feststellen, welche Erzeugnisse, Dienstleistungen und Handelswaren der Betrieb anbietet. Viele Betriebe bieten nicht nur Waren oder Produkte entsprechend einer Waren- oder Produktbeschreibung über einen Kaufvertrag an, sondern auch Werkstücke oder Dienstleistungen. Bei einem Werk(stück) werden ganz bestimmte Werkleistungen vereinbart. Dies ist bei dem Modellunternehmen JIKU IT-Solutions bei der individuellen Erstellung eines IT-Systems aus Komponenten der Fall. Für diese Produkte oder Leistungen gilt normalerweise das Werkvertragsrecht. Der Verkäufer kann die Leistung aber auch über das Kaufvertragsrecht anbieten. Für die standardmäßig hergestellten Produkte (Serienprodukte) gilt das Kaufvertragsrecht. Auch Dienstleistungen bietet JIKU an. Wenn dazu eine Stundenlohnvereinbarung getroffen und nicht ein bestimmtes Ergebnis vereinbart wurde, kann man im Vertragsrecht von einem Dienstleistungsvertrag ausgehen. Erfolgt eine Dienstleistung im Zusammenhang mit der Erstellung eines Werkes und wird damit ein bestimmtes Arbeitsergebnis geschuldet, so kann man von der Anwendung des Werkvertragsrechts ausgehen. Beim Dienstvertrag wird nur eine Arbeitsleistung im „üblichen Bemühen“ erwartet. Somit erfolgt beim Dienstvertrag rechtlich keine Abnahme. Die Rechnungsprüfung bezieht sich somit nur auf die in Rechnung gestellte Dienstleistungszeit und das vereinbarte Dienstleistungsentgelt. Beanstandungen wären nur erfolgsversprechend, wenn dem Dienstleister eine fahrlässige bzw. im hohen Maße nicht gewöhnliche Dienstleistung nachgewiesen werden kann.

Wichtige Vertragsarten nach dem BGB		
Arten	**Inhalt**	**Gesetze**
Kaufvertrag	Verkauf von Sachen und Rechten gegen Entgelt (siehe oben in Abgrenzung zum Werkvertrag)	§ 433 ff. BGB, § 651 BGB
Verbrauchsgüter-kauf	Verkauf von beweglichen Sachen gegen Entgelt von Unternehmen an Verbraucher; hierbei gilt insbesondere die Beweislastumkehr im ersten Jahr bei Mängeln nach § 477 BGB.	§§ 474–479 BGB
Fernabsatzvertrag	Fernabsatzverträge sind Verträge über die Lieferung von Waren oder über die Erbringung von Dienstleistungen, die zwischen einem Unternehmer und einem Verbraucher unter ausschließlicher Verwendung von Fernkommunika-tionsmitteln (z. B. dem Internet) abgeschlossen werden.	§§ 312 b–d, 355–357 BGB (Telemedien-gesetz)
Dienstvertrag	Bei einem Dienstvertrag wird das bloße Wirken, die Arbeits-leistung (das Bemühen) als solche geschuldet, aber kein Erfolg. Unter die Regelungen zum Dienstvertrag im BGB (§§ 611 bis 630) fallen selbstständige oder nicht selbststän-dige, abhängige, eigenbestimmte oder fremdbestimmte Dienstleistungen. Auch der Arbeitsvertrag ist ein Dienst-vertrag.	§ 611 ff. BGB
Werkvertrag	Als Werkvertrag gilt die Herstellung eines versprochenen Werkes (Herstellung oder Veränderung einer Sache bzw. durch Arbeit oder Dienstleistung herbeizuführender Erfolg) gegen Entgelt. Das Kaufvertragsrecht findet nach § 651 BGB allerdings bei Lieferung und Herstellung vertretbarer beweglicher Sachen (auch wenn nicht der Hersteller, sondern der Besteller den verarbeiteten Stoff geliefert hat) Anwendung.	§ 631 f. BGB § 651 BGB § 91 BGB

<table>
<tr><th colspan="4">Wichtige Vertragsarten nach dem BGB</th></tr>
<tr><th>Arten</th><th colspan="2">Inhalt</th><th>Gesetze</th></tr>
<tr><td>Sonstige Arten (je nach Vereinbarung im Vertrag)</td><td colspan="2">• Nach dem Ort: Platzkauf und Versendungskauf
• Nach Art und Güte: Kauf nach Probe, zur Probe, auf Probe, mit Umtauschrecht, Ramschkauf, Bestimmungskauf
• Überlassung: Miete bzw. Leasing statt Kauf
• Terminierung: Sofortkauf, Terminkauf, Fixkauf, Kauf auf Abruf, Teillieferungskauf
• Zahlungsweise: Barkauf, mit Vorauszahlung, Ziel-/Kreditkauf (Kauf auf Rechnung)</td><td>§§ 269, 323, 375, 446–448, 454, §§ 535 ff., §474 BGB, § 376 HGB</td></tr>
<tr><td>Nichtige Verträge (von vornherein ungültig)</td><td colspan="3">• Verträge mit Geschäftsunfähigen, § 105 BGB
• Vertreter verweigert Zustimmung bei beschränkt Geschäftsfähigen, § 108 BGB
• Verträge, die nur zum Schein abgeschlossen wurden (Scheingeschäfte), § 117 BGB
• Nicht ernst gemeinte Verträge (Scherzgeschäfte), § 118 BGB
• Vertragserfüllung verstößt gegen geltendes Recht und Gesetz, § 134 BGB
• Verträge verstoßen gegen gute Sitten, z. B. bei Wucher (§ 138 BGB)
• Verstoß gegen Formvorschriften: Schriftform, notarielle Beurkundung, öffentliche Beglaubigung (§ 125 BGB)</td></tr>
<tr><td rowspan="5">Anfechtbare Verträge</td><td>Erklärungsirrtum
§ 119 Abs. 1 BGB</td><td colspan="2">Vertragsbestandteil wird unwissentlich falsch erklärt oder falsch geäußert (Verschreiben, Versprechen).</td></tr>
<tr><td>Übermittlungsirrtum
§ 120 BGB</td><td colspan="2">Unbewusste Falschübermittlung durch einen Dritten</td></tr>
<tr><td>Eigenschaftsirrtum
§ 119 Abs. 2 BGB</td><td colspan="2">Irrtum über eine wesentliche Eigenschaft in der Sache oder in der Person</td></tr>
<tr><td>Arglistige Täuschung
§ 123 Abs. 1 BGB</td><td colspan="2">Es kann durch Tatsachen nachgewiesen werden, dass ein Vertragspartner arglistig (mit Vorsatz) getäuscht hat.</td></tr>
<tr><td>Widerrechtliche Drohung
§ 123 Abs. 2 BGB</td><td colspan="2">Die Willenserklärung wurde durch Androhung eines Übels erzwungen.</td></tr>
</table>

Annahmefristen einen Angebots (Rechtsgeschäfts)	
Allgemein nach § 147 Abs. 2 BGB	Solange wie der Anbieter unter regelmäßigen Umständen mit dem Eingang der Antwort rechnen kann
Unter Anwesenden bzw. fernmündlich	Sofort, d. h. solange das Gespräch dauert, vgl. § 147, Abs. 1 BGB
Bei Briefangebot ohne Fristsetzung	Ca. fünf bis sieben Tage: vier Tage für Briefe-Versand, einen Tag Bearbeitung
Bei E-Mail-/Fax-Angebot	Ca. ein bis zwei Tage: für Bearbeitung und Antwortfax/-Mail
Bei Briefangebot mit Fristsetzung	Die Bestellung muss bis zur gesetzten Frist zugegangen sein.

Mit **allgemeinen Geschäftsbedingungen (AGB)** regeln Unternehmen die grundsätzliche Ausgestaltung der Verträge. Vorteil der AGB ist somit, dass weitgehende Klarheit über die Festlegung der einzelnen Vertragsbestandteile geschaffen wird und der Käufer sich in Kürze über die wichtigsten Vertragsbestandteile genauer informieren kann. Durch **Einzelvereinbarungen** werden die betreffenden Vereinbarungen der AGB hinfällig. Da Privatkunden durch Verbrauchergesetze geschützt sind, wird bei AGB häufig auch zwischen Privatkunden (Verbrauchern) und Geschäftskunden unterschieden.

Allgemeine Geschäftsbedingungen (AGB)

AGB sind vorformulierte Vertragsbedingungen für eine Vielzahl von Verträgen eines Unternehmens, die eine Vertragspartei (Verwender) der anderen Vertragspartei bei Abschluss eines Vertrags stellt. Sie sollen die Vertragsgestaltung vereinfachen und einen schnellen Überblick ermöglichen (§ 305 BGB).

Allgemeine Geschäftsbedingungen (AGB)	
Vorteile	**Nachteile**
• Die Vertragsgestaltung wird vereinfacht, da Vertragsinhalte nicht jedes Mal neu ausgehandelt und aufgeführt werden müssen (Kosten- und Zeitersparnis). • Der Vertragspartner erhält schnell einen Überblick über wichtige Vertragsbestandteile, die für die damit verbundenen Geschäfte von besonderer Bedeutung sind. • Potenzielle Kunden können sich vorab über die AGB informieren. • Verwender können Vertragsbestandteile einmalig auf Rechtssicherheit prüfen und dann vielfach verwenden. • Durch Vereinheitlichung der Vertragsbestandteile ist die Prüfung bei jeder Vertragsgestaltung entbehrlich oder vereinfacht.	• Soweit gesetzlich möglich werden Risiken auf den Vertragspartner verlagert. • Verbraucher müssen als Vertragspartner in besonderer Weise auf AGB hingewiesen werden und in zumutbarer Weise vom Inhalt Kenntnis erlangen, was zusätzlichen Aufwand kostet. • Vertragspartner müssen i. d. R. AGB akzeptieren, um zum Kaufabschluss zu kommen.

Kompetenzcheck

1. Entscheiden Sie jeweils, welche Vertragsart und welche Vertragsrechte vorliegen.
   a) JIKU verkauft einen Standard-PC an einen Auszubildenden.
   b) JIKU verkauft zehn Notebooks an die Wunder AG.
   c) JIKU hat den Auftrag, bei einem Kunden alle Rechner zu überprüfen und Speicher zu optimieren.
   d) JIKU erhält den Auftrag eines Kunden, ein spezielles Serversystem zu erstellen.
   e) JIKU stellt zwei IT-Systemkaufleute für den neuen Solutionsbereich Unternehmenssicherheit ein.
   f) Die Auszubildende Elena bestellt sich ein Raspberry Pi im Online-Shop.
   g) JIKU bestellt Verbrauchsmaterial bei der Büro Sander GmbH.

2. Präsentieren Sie im Team und nach Fachrichtungen Beispiele von oben angegebenen Verträgen sowie nichtigen und anfechtbaren Verträge.

3. Bearbeiten Sie im Arbeitsbuch 4 die Aufgabe 4 und prüfen Sie rechtliche Entscheidungen.

A4

2.10 Lieferung, Installation und Übergabe vornehmen

S **Sie sollen in Teamarbeit Aufgaben zur Systemlieferung, -installation und Übergabe vorbereiten und präsentieren.**

Zum Ende dieses Lernfeldes sollen möglichst selbstständig und in Teamarbeit je nach zur Verfügung stehender Zeit Handlungsprodukte erstellt werden. Ausgewählte Themenbereiche zur Lieferung, Installation und Übergabe von IT-Komponenten der Arbeitsplatzausstattung werden behandelt.

In den folgenden Kapiteln werden vier Themenkomplexe (Abnahme der Leistungen, Arbeitssicherheit, Risikoanalyse IT-Sicherheit, Abfall- und Recyclinggesetze beachten) besonders vertieft.

2.10.1 Vorbereitung der Abnahme von Produkten und Leistungen

S Sie sollen die Abnahme von Waren und Leistungen vornehmen und dazu präsentieren.

Die Abnahme von Geräten, IT-Systemen, Software und Dienstleistungen gehört zum Abschluss des Beschaffungsprozesses als Auftragnehmer und des Leistungsprozesses als Auftraggeber. Die Prozessschritte wurden vielfältig bearbeitet und dazu Kompetenzen entwickelt. Diese Kompetenzen sind bei der Abnahme wertvoll und sollten einbezogen werden (siehe Kapitel 1.3.3, Kapitel 2.3.1, Kapitel 2.4, Kapitel 2.5, Kapitel 2.6, Kapitel 2.9). Auf **Prozessstörungen** wie verspätete Lieferung oder Nicht-Lieferung soll an dieser Stelle nicht eingegangen werden. Hierfür sind die Lernfelder 8 und 12 der kaufmännischen IT-Berufe vorgesehen.

Mängelanzeige	JIKU IT-Solutions	
Nr.	Lieferdatum:	Prüfdatum:
Lieferant:		
Bestell-/ Rechnungsnummer		vgl. Anlage: [ ]
Frachtführer:		
Prüfergebnis:		
Verpackungsschaden:		
Artmangel/Fehllieferung:		
Quantitätsmangel/ falsche Menge:		
Qualitätsmangel:		
Sonstiges:		
Entscheidung:		
Name/Unterschrift:		

Ist die Warenlieferung im Eingangslager angekommen, wird sie geprüft, mit den Lieferpapieren verglichen und der **Lagereingang** im Computersystem erfasst. Durch elektronische Datenerfassung und Datenübertragung (EDI) werden die Lieferdaten von den Lieferpapieren oder Verpackungen schnell aufgenommen, abgeglichen und dokumentiert. Bei einem Mangel wird eine **Mängelanzeige** im System oder auf Formular erstellt, die Art des Mangels beschrieben (siehe auch Kapitel 2.3.1).

Ist alles in Ordnung, wird die Lieferung im Vorratslager an den richtigen Platz gebracht, ansonsten häufig ein Platz in einem **Zwischenlager** gesucht.

Ein weiterer wichtiger Arbeitsbereich im Lager ist das Ausgangs- oder **Kommissionierungslager.** Hier werden entsprechend dem Lieferschein oder Auftrag die Waren für den Kunden zusammengestellt, die verschiedenen Packstücke zu einer Ladeeinheit zusammengefasst und mit den Lieferpapieren für Kunden bestückt. Wenn die Lieferung vom Lieferanten schon für die Weiterlieferung an den Kunden verpackt wurde (Cross Docking), wird sie gleich in das Ausgangs- oder Kommissionierungslager gebracht.

Bei der Warenannahme wird i. d. R. in **zwei Schritten** vorgegangen. Einmal erfolgt in Anwesenheit des Überbringers (Frachtführers) eine äußerliche Sichtkontrolle der Lieferung, andererseits später ohne Anwesenheit des Überbringers eine **genauere Kontrolle** der Lieferung. Unternehmen müssen Material- und Warenlieferungen unverzüglich überprüfen, sonst können spätere Mängelansprüche vom Lieferer abgelehnt werden.

Maßnahmen zur Bestellverfolgung und bei der Warenannahme

Bestellverfolgung
- Erfassung der Bestellung im Material- und Warenwirtschaftssystem und rechtzeitige Überprüfung, z. B. über Wiedervorlage, ob eine Bestätigung angekommen ist.
- Tracking: Sendeverfolgung des Material- und Warentransportes im Trackingsystem (Internet) des Transportunternehmens (Spedition, Frachtführers)

Material- und Warenannahme
- In Anwesenheit des Überbringers (Frachtführers) wird die Verpackung auf äußere Schäden kontrolliert, die Lieferung mit den Lieferdokumenten verglichen, wenn möglich Art, Menge, Wert und Anschrift der Lieferung kontrolliert, bei Beanstandungen eventuell die Annahme verweigert.
- Nach Annahme der Ware erfolgt ein Abgleich der Lieferung und der Lieferdokumente mit der Bestellung und der Auftragsbestätigung: Inhalt hinsichtlich Menge, Art und Qualität. Rechtlich ist bei größeren Mengen eine angemessene Stichprobe ausreichend.
- Qualitätsprüfung: Bei bestimmten Gütern ist eine spezielle Waren- und Qualitätsprüfung, z. B. durch eine Laboranalyse, notwendig.
- Erfassung der Lieferscheindaten im ERP-System
- Weiterleitung der Lieferdokumente (Lieferschein oder Rechnung) mit den Eingangsvermerken an den Einkauf und/oder die Buchhaltung

Bei der Prüfung der Ware ist entscheidend, ob der Kunde ein Unternehmen oder ein Verbraucher ist. Bei Unternehmen und insbesondere Unternehmen mit kaufmännischem Betrieb (Eintragung ins Handelsregister) werden besondere Anforderungen gestellt:

Überprüfung gelieferter Ware (beweglicher Sachen)	
Einseitiger Handelskauf oder Verbrauchsgüterkauf (Unternehmer an Verbraucher)	**Zweiseitiger Handelskauf** (Unternehmer an Unternehmer)
Prüfpflicht/Anzeigefristen: Nicht unverzüglich • Innerhalb der Gewährleistungszeit von 2 Jahren können somit Mängel angezeigt werden. • Innerhalb von 12 Monaten nach Lieferung muss der Verkäufer nachweisen, dass die Ware bei Übergabe ohne Mangel war (Beweislastumkehr).	**Prüfpflicht:** Unverzüglich (d. h. ohne schuldhaftes Zögern) auf Art, Menge und Güte • Werden Mängel bei der Übergabe festgestellt, so kann die Abnahme verweigert werden. • Der Kunde kann sich auch die Rechte aus der Mängelrüge vorbehalten. **Anzeigefristen:** • Offene Mängel unverzüglich nach der Prüfung • Versteckte Mängel unverzüglich nach der Entdeckung, ansonsten gilt die Ware auch in Ansehung des Mangels als genehmigt (§ 377 HGB, § 434 BGB)

Bei Dienstverträgen wird im Gegensatz zum Werkvertrag kein bestimmtes Arbeitsergebnis (ein Erfolg), sondern die vereinbarte Arbeitsleistung an sich geschuldet (siehe Kapitel 2.9). Gegenstand eines Werkvertrags kann sowohl die Herstellung oder Veränderung einer Sache als auch ein anderer durch Arbeit oder Dienstleistung herbeizuführender Erfolg sein (vgl. § 631 BGB). Daher ist rechtlich von besonderer Bedeutung, ob ein Dienst- oder Werkvertrag abgeschlossen wurde.

Abnahme Dienst- und Werkleistungen

Abnahmeerklärung
Eine Abnahme bezeichnet allgemein eine Erklärung, dass eine Sache oder ein Zustand bestimmten Kriterien entspricht. In der Abnahmeerklärung erklärt der Auftraggeber sein Einverständnis mit der vom Auftragnehmer erbrachten (Teil-)Lieferung oder ihre Ablehnung.

Leistungen aus einem Werkvertrag
Die Abnahme ist in § 640 BGB geregelt. Sie ist die Erklärung des Bestellers, dass er das Werk akzeptiert. Das Unternehmen hat Anspruch auf die Abnahme, wenn das Werk – abgesehen von unwesentlichen Mängeln – vertragsgemäß hergestellt ist. Ein wesentlicher Mangel kann dann vorliegen, wenn entweder die Gebrauchs- oder Funktionsfähigkeit des Werks wesentlich beeinträchtigt ist oder die Beseitigung des Mangels erhebliche finanzielle Aufwendungen zu seiner Beseitigung erfordert. In der Praxis erfolgt aber häufig nur eine stillschweigende Abnahme, die z. B. in der Regel in einer vollständigen Bezahlung der Werkleistung gesehen werden kann. Außerdem tritt die Abnahme ohne Erklärung des Bestellers ein (fiktive Abnahme), wenn der Besteller zur Abnahme verpflichtet ist und er die Abnahme trotz Fristsetzung des Unternehmers nicht erklärt. Nimmt der Besteller das Werk in Kenntnis des Mangels ab, sollte er sich seine Rechte wegen des Mangels bei der Abnahme vorbehalten.
Folgen der Abnahme:
- Die Vergütung für die Werkleistung wird fällig (§ 641 BGB).
- Die Gefahr der zufälligen Verschlechterung geht auf den Besteller über (§ 644 BGB).
- Rechte aus solchen Mängeln, die bei Abnahme bekannt waren, jedoch nicht vorbehalten wurden, können nicht mehr beansprucht werden (§§ 640, 341 BGB).
- Die Verjährungsfristen für Mängelansprüche beginnen zu laufen (§ 634a BGB).

Leistungen aus einem Dienstvertrag
Bei einem Dienstvertrag nach § 611 BGB wird das bloße Wirken, die Arbeitsleistung (das Bemühen) als solche geschuldet, aber kein Erfolg. Eine Abnahmeerklärung ist rechtlich nicht vorgesehen. Daher ist es wichtig, dass man sich schon bei Vertragsabschluss von der fachlichen Eignung (z. B. durch entsprechende Nachweise, Zeugnisse oder Referenzen) und der persönlichen Eignung (z. B. durch ein Führungszeugnis, Probearbeiten) überzeugt hat. Auch sollten die Arbeiten schon während der Verrichtung der Dienstleistungen kontrolliert und eventuell Abmahnungen und Kündigungen ausgesprochen werden, wenn sich eine schlechtere Arbeitsleistung als geschuldet zeigt.

Kompetenzcheck

A1 **1** Bearbeiten Sie im Arbeitsbuch Aufgabe 1 der Lernsituation 5 und bereiten Sie die Abnahme der Produkte und Leistungen vor.

2.10.2 Arbeitssicherheit und Gesundheitsschutz bei der Arbeit gewährleisten

S **Sie sollen sich über Gefährdungen im Betrieb, Rechtsvorschriften und Schutzmaßnahmen informieren.**

Ein Großteil der ca. 40 Millionen Arbeitnehmer arbeitet an Computerarbeitsplätzen. In Deutschland passieren jährlich über 20 Arbeitsunfälle je 1 000 Mitarbeiter. Nach Auskunft der AOK kosten krankheitsbedingte Fehlzeiten die deutsche Wirtschaft jährlich über 50 Mrd. Euro. Das Arbeitsschutzgesetz „Zusammenarbeit mehrerer Arbeitgeber“ (§ 8 ArbSchG) verpflichtet Auftraggeber und Fremdfirmen (die Arbeitgeber der Auftragnehmer) dazu, zur Gewährleistung von Sicherheit und Gesundheitsschutz zusammenzuarbeiten und sich über die ausgehenden Gefahren zu informieren. Grundlegende Arbeitsschutzmaßnahmen werden im **Sicherheitshandbuch** für Fremdfirmen festgelegt. Hier sind spezifische Gefährdungen beim Fremdfirmeneinsatz aufgeführt und entsprechende Schutzmaßnahmen vereinbart. Der Auftraggeber muss Fremdfirmenmitarbeiter, i.d.R. nicht unterweisen, sondern nur informieren.

Ungefähr 30 000 Leiterunfälle werden jährlich in Deutschland aufgrund ungeeigneter Leitern, falschem Aufstellen der Leiter, falschem Begehen der Leiter oder unsachgemäßer Arbeit auf der Leiter verzeichnet.

Verantwortliche Stellen für Arbeitssicherheit	
Bundesministerium für Arbeit und Soziales	Zuständig für Gesetzesentwürfe, Verordnungen, Erlasse, Aufsicht, Dialoge, Information zu Arbeit und Soziales. **Weitere Infos:** www.bmas.de
Bundesanstalt für Arbeitsschutz und Arbeitsmedizin (BAuA)	Berät und unterstützt das Bundesministerium für Arbeit und Soziales sowie andere Ressorts, erfüllt hoheitliche Aufgaben, forscht und entwickelt Praxislösungen für eine sichere, gesunde und wettbewerbsfähige Arbeitswelt. **Weitere Infos:** www.baua.de
Länderausschuss für Arbeitsschutz und Sicherheitstechnik (LASI)	Deutsches Informationsnetzwerk für Sicherheit und Gesundheitsschutz am Arbeitsplatz, koordiniert, erstellt Leitlinien, informiert über Internationales. **Weitere Infos:** https://lasi-info.com, https://osha.europa.eu/de/
Ämter für Arbeitsschutz und Sicherheitstechnik (ehem. Gewerbeaufsichtsämter)	Stellen als Landesämter sicher, dass Vorschriften des Arbeits-, Umwelt- und Verbraucherschutzes eingehalten werden, prüft die Betriebe. **Weitere Infos:** jeweils regional
Berufsgenossenschaften	Sie sind gesetzlich Sozialversicherungsträger der betrieblichen Unfallversicherung, haben die Aufgabe, Arbeitsunfälle, Berufskrankheiten sowie arbeitsbedingte Gesundheitsgefahren zu verhüten, bei Unfällen auf Arbeitswegen und bei der Arbeit medizinisch, beruflich und sozial zu rehabilitieren, finanziell zu entschädigen oder bei erheblichen Einschränkungen Renten zu zahlen. **Weitere Infos:** www.dguv.de, www.vbg.de
Unternehmen und Geschäftsleitungen sowie von ihnen beauftragte Personen	Geschäftsführer und Vorstände sind an oberster Stelle verantwortlich sowie die Sicherheitsbeauftragten, Betriebsärzte, Fachkräfte für Arbeitssicherheit

Zentrale Säule des Arbeitsschutzes ist die Pflicht des Arbeitgebers zur Durchführung einer **Gefährdungsbeurteilung**. Die Gefährdungsbeurteilung dient dazu, sich über die vorhandenen Gefährdungen klar zu werden, damit die „richtigen" Schutzmaßnahmen getroffen werden können.

Gefährdungsbeurteilung in IT-Bereichen

- Elektrische Gefährdungen
- Brand- und Explosionsgefährdungen
- Gefährdungen durch Arbeitsumgebungen, hier insbesondere Klima, Beleuchtung/Licht, unzureichende Fluchtwege, Mensch-Maschine/Rechner-Schnittstelle (Hardware/Software)

(festgestellt durch Art und Wirkung der Gefährdungsfaktoren, Grenzwerte und Beurteilungskriterien, Arbeitsschutzmaßnahmen, weitere Hinweise)

Alle Auszubildenden und Mitarbeiter des Betriebs sind verpflichtet, sich über die vom Betrieb ausgehängten bzw. bereitliegenden Unfallverhütungsvorschriften und Betriebsanweisungen zu informieren, Maßnahmen zur Vermeidung anzuwenden sowie in Unfallsituationen richtige Sicherungs- und Rettungsmaßnahmen zu ergreifen.

Wichtige Rechtsvorschriften zu Arbeitsschutz und Arbeitssicherheit

Anweisung
Mitarbeiter zu sicherheitsgerechtem Verhalten anweisen:
- bei Neueinstellung
- mindestens einmal jährlich
- bei einem Wechsel in einen anderen Tätigkeitsbereich

Aushangpflichtige Gesetze
Arbeitgeber müssen für den Betrieb wichtige Arbeitsgesetze am Schwarzen Brett oder beim Personalbüro aushängen.

Unfallverhütungsvorschriften (UVV)
Die Berufsgenossenschaften als Träger der gesetzlichen Unfallversicherung erlassen Vorschriften (DGUV-Vorschriften), die für die Betriebe verbindlich sind. Sie dienen der Verhütung von Arbeitsunfällen, Berufskrankheiten und arbeitsbedingten Gesundheitsgefahren und für eine wirksame Erste Hilfe.

Arbeitsschutzgesetz (ArbSchG)
Das Gesetz zur Verbesserung der Sicherheit und des Gesundheitsschutzes der Beschäftigten bei der Arbeit legt den Handlungsrahmen mit Rechten und Pflichten. Details werden in der Arbeitsstättenverordnung (ArbStättV) und den darin erhaltenen Regelungen der früheren Bildschirmarbeitsverordnung (BildscharbV) geregelt.

Arbeitsstättenverordnung (ArbStättV)
Die Arbeitsstättenverordnung (ArbStättV) enthält Gefährdungsbeurteilungen, Anforderungen und Vorschriften zur Einrichtung und Betreiben von Arbeitsstätten.

Arbeitssicherheitsgesetz (ASiG)
Je nach Unternehmensgröße sind Arbeitgeber verpflichtet, Betriebsärztinnen/-ärzte und Fachkräfte für Arbeitssicherheit zu bestellen und bei mehr als 20 Beschäftigten einen Arbeitsschutzausschüsse zu bilden, der mindestens vierteljährlich tagt.

Produktsicherheitsgesetz (ProdSG)
Anforderungen, Sicherheitszeichen und -vorschriften für Geräte, Produkte und Anlagen zur Bereitstellung auf dem Markt

Telearbeitsgesetz
Es enthält u.a. Verpflichtungen in Verbindung mit dem Arbeitsschutz, z.B. sichere Mittel der Informationstechnologie bzw. Arbeitsausrüstung, Verpflichtung zu Arbeitsschutzunterweisungen für Telearbeiter und im Homeoffice.

> **!** Zu einzelnen Anforderungen an Geräten und Komponenten sind insbesondere Kapitel 1.3.3 zu beachten. Weiterhin enthält Kapitel 2.4.12 wichtige Informationen zur Verbesserung der Barrierefreiheit.

Nicht jeder Mitarbeiter darf Arbeiten an elektrischen Anlagen vornehmen.

Arbeiten an elektrischen Anlagen

§ 3 Abs. 1 der DGUV Vorschrift 3 „Elektrische Anlagen und Betriebsmittel"
Der Unternehmer hat dafür zu sorgen, dass elektrische Anlagen und Betriebsmittel nur von einer Elektrofachkraft oder unter Leitung und Aufsicht einer Elektrofachkraft den elektrotechnischen Regeln entsprechend errichtet, geändert und instand gehalten werden (siehe Kapitel 3.4.6).

Sicherheitsregeln
Bei Arbeiten an elektrischen Anlagen gelten zur Vermeidung von Stromunfällen in vielen Ländern bestimmte Regeln, die im Kern in fünf Sicherheitsregeln zusammengefasst sind.

Fünf Sicherheitsregeln beim Umgang mit elektrischen Anlagen und Betriebsmitteln
(nach VDE 0105,VBG 4)

1. Freischalten (Trennen der Anlage vom Strom)
2. Gegen Wiedereinschalten sichern (z. B. Entnahme der Sicherungen, Schild aufstellen)
3. Spannungsfreiheit feststellen (mittels Spannungsprüfer)
4. Erden und Kurzschließen
5. Benachbarte, unter Spannung stehende Teile abdecken oder abschranken

Es wird am Stromnetz gearbeitet!
Ort: Bereich Werkstatt
Entfernen des Schildes nur durch: Herr Fuchs, Elektro-Müller KG

Das Anbringen von **Sicherheitskennzeichen** dient insbesondere der Unfallverhütung und dem Gesundheitsschutz am Arbeitsplatz (Arbeitsschutz bzw. Arbeitssicherheit). In Deutschland ist die Sicherheitskennzeichnung in den Berufsgenossenschaftlichen Vorschriften und DIN-Normen geregelt. Sicherheitskennzeichen sollen einerseits den Betrachter über Gefahren (**Warnzeichen**) informieren. Mitarbeiter sollen bestimmte Verhaltensweisen unterlassen (**Verbotszeichen**) bzw. bestimmtes Verhalten zeigen (**Gebotszeichen**). Auch zeigen sie Wege zur Rettung (**Rettungszeichen**) aus Gefahrenbereichen auf. Sicherheitskennzeichen sind oftmals als Piktogramme gestaltet und sollen möglichst selbsterklärend sein.

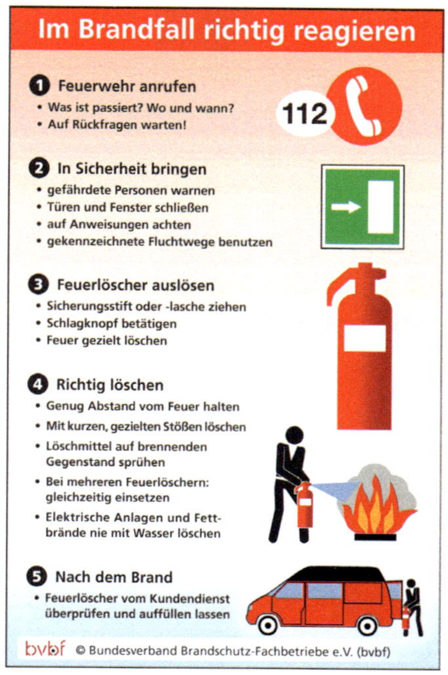

Die Ausbildung der Betriebe sieht eine betriebsbezogene Aufklärung von Brandschutzmaßnahmen und des Brandschutzkonzeptes vor.

Schäden durch Brandgase oder Feuer können auch in einem Rechenzentrum vorkommen. Brände können dann nicht nur den Serverraum, sondern das gesamte Unternehmen in seinem Fortbestand gefährden. Für IT-Räume und Rechenzentren gibt es Brandvermeidungsanlagen. Kompakte Brandschutzanlagen können z. B. im 19"-Schrank integriert werden. Mithilfe von Druckluft und einer Gastrennungsmembran wird bei einem Brand der Umgebungsluft Sauerstoff kurzzeitig entzogen. Oder es wird Stickstoff zugeführt und damit ein Brand aktiv vermieden.

Ansonsten sind die allgemeinen Regelungen des Brandschutzes zu beachten.

Verbots-, Warn- und Hinweisschilder

Bedeutung der Formen und Sicherheitsfarben				
Farbe	**Form**	**Bedeutung**	**Anwendungsbeispiel**	**Beispiel-zeichen**
Rot		Halt Verbot	Notausschalteinrichtungen Verbotszeichen, hier: „Eingeschaltete Mobiltelefone verboten“	
		Brandschutz	Kennzeichnung von Material, Gegenständen und sonstigen Anlagen zur Feuerbekämpfung, hier: Brandmelder	
Gelb	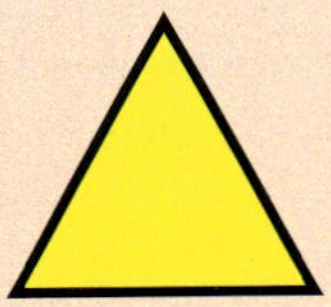	Warnung Vorsicht! Mögliche Gefahr	Hinweis auf Gefahren (Feuer, Explosion, Strahlen, chemische Einwirkungen usw.) Kennzeichnung von Schwellen, gefährlichen Durchlässen, Hindernissen, hier: Warnung vor magnetischem Feld	
Grün		Gefahrlosigkeit Rettung Erste Hilfe	Kennzeichnung von Rettungs-wegen und Notausgängen, Rettungsduschen, Erste Hilfe und Rettungsstationen, hier: Rettungszeichen „Rettungsweg/Notausgang (rechts)“	
Blau		Gebot Hinweise	Besonderes Verhalten oder Tätigkeit, z. B. Verpflichtung zum Tragen persönlicher Schutzaus-rüstung, hier: „Vor Wartung oder Reparatur freischalten“	

Kompetenzcheck ✓

1. Informieren Sie sich über sicherheitsrelevante Schilder an Arbeitsplätzen und die Zeichenart (z. B. Verbotszeichen). Stellen Sie fest, welche Zeichen in Ihren Arbeitsbereichen vorkommen und berichten Sie darüber.

2. Erstellen Sie für die Ausbildung als IT-Systemelektroniker/-in bzw. für Berufe anderer Fachrichtungen jeweils eine Präsentation, was zur Arbeitssicherheit in den besonderen Fachrichtungen besonders zu beachten ist.

3. Bearbeiten Sie im Arbeitsbuch die Lernsituation 5 und Aufgabe 2 zur Arbeitssicherheit.

A2

2.10.3 Für IT-Sicherheit am Arbeitsplatz eine Risikoanalyse vorbereiten

S **Sie sollen für die IT-Sicherheit am Arbeitsplatz eine Risikoanalyse vorbereiten und das folgende Formular verwenden.**

IT-Sicherheitsrichtlinie: Risikoanalyse

Risikomatrix im IT-Grundschutz

Auswirkungen/Schadenshöhe ↓ / Eintrittshäufigkeit →	selten	mittel	häufig	sehr häufig
existenzbedrohend	mittel	hoch	sehr hoch	sehr hoch
beträchtlich	mittel	mittel	hoch	sehr hoch
begrenzt	gering	gering	mittel	hoch
vernachlässigbar	gering	gering	gering	gering

Klassifikation von Schadensauswirkungen

Klassifikation von Schadensauswirkungen	
Schadenshöhe	**Schadensauswirkungen**
vernachlässigbar (vb)	Die Schadensauswirkungen sind gering und können vernachlässigt werden.
begrenzt (bg)	Die Schadensauswirkungen sind begrenzt und überschaubar.
beträchtlich (bt)	Die Schadensauswirkungen können beträchtlich sein.
existenzbedrohend (ex)	Die Schadensauswirkungen können existenziell bedrohliches, katastrophales Ausmaß annehmen.

Klassifikation von Häufigkeiten	
Eintrittshäufigkeit	**Bescheibung**
selten (s)	Das Ereignis könnte nach heutigem Kenntnisstand höchstens alle fünf Jahre auftreten.
mittel (m)	Das Ereignis tritt einmal alle fünf Jahre bis einmal im Jahr ein.
häufig (h)	Das Ereignis tritt einmal im Jahr bis einmal im Monat ein.
sehr häufig (sh)	Das Ereignis tritt mehrmals im Monat ein.

Grundwerte werden durch **„C“** (Confidentiality, Vertraulichkeit), ein **„I“** (Integrity, Integrität) und ein **„A“** (Availability, Verfügbarkeit) gekennzeichnet.

Risikoanalyse						
Bezeichnung der Bedrohung	**Grund-wert**	**Bedrohtes Objekt (Zielobjekte bzw. Objektgruppe)**	**Schadens-höhe**	**Häufigkeit**	**Risikoklasse**	**Verfahrens-maßnahmen**
Unbefugtes Eindringen		Gebäude				V1
		Serverraum				V2
		Client-Devices				V3
Fehlplanung, Fehlfunktionen		Geräte, Systeme				V4
		Software				V5
Fehlerhafte Nutzung oder Administration von Geräten und Systemen		Geräte, Systeme				V6
Fehlerhafte Nutzung		Software				V7
Unerlaubter Einblick		Software				V8
		Dokumentationen				V9
Ausfall		Server, Netzwerk				V10
		Client				V11
		Sonstiges				V12
Diebstahl und Verlust von Geräten, Datenträgern oder Dokumenten		Geräte, Systeme				V13
		Datenträger				V14
		Daten				V15
		Dokumenten				V16
		Sonstiges				V17
Beschädigung, Manipulation		Hardware				V18
		Software				V19
		Informationen				V20
Unberechtigte Verwendung		Geräte (Devices)				V21
		Software, Informationen				V22
Missbrauch personenbezogender Daten		Datenträger, Datenbanken, Dateien				V23

! IT-Sicherheit wurde in Lernfeld 1, Kapiteln 1.3.3, Abschnitt (5), Lernfeld 2, Kapitel 2.3.4, Lernfeld 3, Kapitel 3.8 und Lernfeld 4 eingehend behandelt.
Weitere Auskünfte finden sich im Informationsportal des Bundesamts für Sicherheit in der Informationstechnik (BSI) zur Grundschutzanalyse (www.bsi.bund.de).

Speziell für die Risikoanalyse wurde von JIKU-Auszubildenden ein Besprechungsformular zur Risikoanalyse mit dem Kunden entworfen. Dass Formular wurde weitgehend selbsterklärend entworfen. Eintragungen können mithilfe der Kürzel zu Grundwerten, Schadenshöhe, Eintrittshäufigkeit und Risikoklasse (gering = g, mittel = m, hoch = h, sehr hoch = s) erfolgen. Zu den vorzuschlagenden Verfahrensmaßnahmen könnte ein Stichwort (z. B. V1 = Eintrittskontrolle) oder ein Verweis auf einen Anhang verfasst werden.

Kompetenzcheck ✓

1. Diskutieren Sie zunächst über Schadensfälle, die im Zusammenhang mit der Lieferung und Installation von IT-Systemen bei Fremdfirmen passieren können. Wie können diese abgestellt werden?

A3

2. Bearbeiten Sie im Arbeitsbuch die Aufgabe 3 der Lernsituation 5 zum Risikoanalyseformular.

2.10.4 Abfall- und Recyclinggesetze beachten

S Sie sollen Maßnahmen zur Beachtung des Umweltschutzes bei der Lieferung und dem Austausch von Geräten aufzählen.

Auf Umweltschutz und Nachhaltigkeit zu achten, ist nicht nur gesetzlich vorgeschrieben, sondern wird auch von vielen Menschen genau beobachtet. Insbesondere bei der Lieferung und den Austausch von Geräten sind viele Regeln zu beachten. Viele wurden bereits in vorangegangenen Kapiteln behandelt. Unternehmen sind aufgefordert, das Verpackungsgesetz (VerpackG) zu befolgen (siehe auch Kapitel 1.3.3, Abschnitt (7), Kapitel 2.3.2)

Verpackungsgesetz (VerpackG)

Wozu das Verpackungsgesetz?
Europaweit gilt für Verpackungen, dass Hersteller eines Produkts auch für die Verpackung die Produktverantwortung im Sinne von Vermeidung, Wiederverwendung und Verwertung übernehmen müssen. Die Umsetzung in Deutschland erfolgt über das Verpackungsgesetz (VerpackG).
Über www.verpackungsregister.org, der Webseite der Stiftung Zentrale Stelle Verpackungsregister, kann jedes Unternehmen schnell überprüfen, ob es sich im System registrieren muss. Auch Kleinbetriebe, die Einkünfte aus Gewerbebetrieb, selbstständiger Arbeit oder Land- und Forstwirtschaft mit Gewinnerzielungsabsicht erwirtschaften, müssen sich hier registrieren und ihre Verpackungsmengen anmelden und entsprechend Gebühren zahlen. Es wird zwischen Verkaufs-, Um- und Versandverpackungen unterschieden. Es drohen hohe Bußgelder, wenn Unternehmen gegen dieses Gesetz verstoßen.
Als duales Recyclingsystem wird beispielsweise über den „Grünen Punkt" Verpackungsmüll entgegengenommen und für eine möglichst weitgehende Wiederverwertung gesorgt.

Wer muss sich registrieren, Mengen melden?
Alle Produzenten und Unternehmen, die eine Verpackung erstmalig mit Ware befüllen oder erstmalig befüllt in Deutschland in Verkehr bringen (Importeure) und diese Verpackung typischerweise beim privaten Endverbraucher als Abfall anfällt, sind dabei. Damit müssen sich auch kleine Betriebe registrieren. Eine Kleinmengenregelung gibt es nicht. Endverbraucher sind auch Gaststätten oder Krankenhäuser. Entscheidend ist hier stets, dass die Verpackungen im Handel verbleiben. Unternehmen, die an andere Hersteller (z. B. Material, Teile) liefern, sind vom Verpackungsgesetz nicht betroffen.

Ziele
- **Verpackungsvermeidung**, sodass sich Hersteller für Verbrauchsprodukte nicht der Verantwortung für Verpackungsvermeidung entziehen können
- **Hohe Wiederverwertung** und hochwertiges Recycling
- **Hohe Verwertungsquoten**

Infos zu einer effizienten Kreislaufwirtschaft
www.verpackungsregister.org, Webseiten der Systembetreiber, z. B. www.bellandvision.com, www.gruener-punkt.de, www.noventiz.de, www.zentek.de

Kompetenzcheck ✓

1 Stellen Sie sich in einer Reihe vor der Tafel auf und schreiben Sie jeweils eine andere Maßnahme zur Verbesserung des Umweltschutzes bei der Gerätelieferung und dem Geräteaustausch auf.

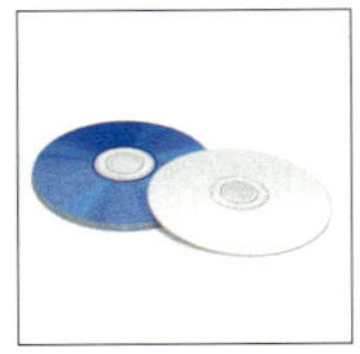

A4 **2** Bearbeiten Sie im Arbeitsbuch Aufgabe 4 der Lernsituation 5 und schlagen Sie Abfall- und Recyclingmaßnahmen vor.

2.10.5 Systemlieferung, -installation und -übergabe als Prozess präsentieren

S **Sie sollen entsprechend dem Prozess der Leistungserstellung und -abnahme Aufgaben und Handlungsprodukte zur Umsetzung präsentieren.**

Folgender Prozess der Leistungserstellung und -übergabe für IT-Arbeitsplätze soll abschließend auf wichtige Arbeiten hinweisen. Je nach zur Verfügung stehender Zeit können einzelne Arbeitsschritte vertieft werden.

Prozess der Systemlieferung, -installation und -übergabe

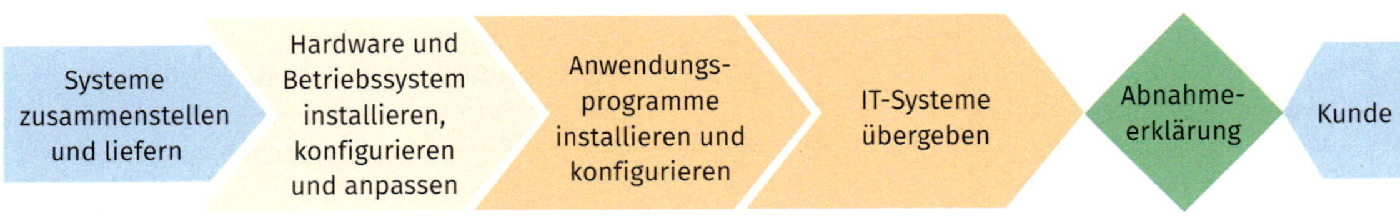

Systeme zusammenstellen und liefern

- Mengen, Spezifikationen und Leistungsmerkmale der zu liefernden Produkte vorprüfen und konfektionieren
- Systemübergabe und Dienstleistungen planen (mit den beteiligten Organisationseinheiten sowie Kunden) abstimmen
- Ausfallsicherheit, Arbeitssicherheit, IT-Sicherheit und Datenschutz besonders vorprüfen
- Hardware, Firm-, Software liefern bzw. bereitstellen
- Sonstige Komponenten liefern bzw. bereitstellen
- Dienstleistungen bereitstellen

Hardware und Betriebssystem installieren, konfigurieren und anpassen

- Anmeldung, Einweisung beim Kunden
- Komponenten, Spezifikationen und Leistungsmerkmale mit Kompatibilitätsliste abstimmen
- Vorhandene Daten sichern
- Komponenten auswechseln, montieren und anschließen
- Anbindungen an die Stromversorgung prüfen, durchführen oder veranlassen
- IT-Geräte und Komponenten in bestehende Netze und Infrastrukturen integrieren
- Betriebssystem installieren und konfigurieren
- Datenübernahmen planen und durchführen

Anwendungsprogramme installieren und konfigurieren

- Systemvoraussetzungen und Spezifikationen prüfen
- Installationsprozedur durchführen
- Standardeinstellungen vornehmen
- Datenbestände migrieren und ggf. anpassen
- Software testen und Testprotokolle erstellen
- Mit Kunden Wiederverwendung, Recycling bzw. fachgerechte Entsorgung von Altteilen und Verpackungen klären

IT-Systeme übergeben

- IT-Systeme
- Benutzerhandbücher und Zubehör sowie eigene Nutzerhilfen bereitstellen
- Adressatengerechte Einweisung und Übergabe vornehmen
- Schulung und Unterstützung in der Administrierung anbieten oder vornehmen
- Vorbeugende Wartungsvorprüfung durchführen bzw. über mögliche Risiken informieren
- Dienstleistungen liefern, übergeben oder anbieten
- Aftersales-Betreuung anbieten
- Abnahmeerklärung erläutern und abnehmen

Wenn genügend Zeit besteht, sollten Themen in Teams bearbeitet werden. Auf die vielen bereits erarbeiteten Kompetenzen und Kapitel zur Team- und Projektarbeit (z. B. 1.5.1 ff., 2.5.3, 5.1.4, 5.3) sowie zu fachlichen Kompetenzen (z. B. 2.3, 2.4.12 ff., 2.5, 3.4.6, 3.5 und 3.6, 3.8, 4.2, 4.4) wird hingewiesen. Sie sollten von den Teams geprüft und einbezogen werden. Für die vereinbarten Themen sollten Handlungsprodukte erstellt werden, z. B. Präsentationen, Checklisten, Listen von Kurzanweisungen, Handlungsanweisungen, Schaubilder wie Mindmaps oder Diagramme, Fragebögen, Abnahmeerklärungen, Ergebnisprotokollvorlagen und sonstige Vorlagen.

Kompetenzcheck ✓

1. Bearbeiten Sie mit Aufgabe 5 im Arbeitsbuch Teilaufgaben zur Aufrüstung von PCs und erarbeiten Sie Präsentationen zur Systemlieferung, -installation und -übergabe. A5

2.11 Kontrolle und Reflexion von Unterricht und betrieblicher Mitarbeit

S Sie sollen Ihre erworbenen Kompetenzen und die Mitarbeit reflektieren.

Unternehmen müssen mit Mitarbeitern vertrauensvoll umgehen. Viele haben daher gemeinsam eine Unternehmenskultur entwickelt, um langfristig gut und partnerschaftlich zusammenzuarbeiten. Unstimmigkeiten und Potentiale werden über Feedbacks und Lessons-Learned-Besprechungen aufgelöst. Häufig werden regelmäßig Mitarbeiterbefragungen durchgeführt. Dazu setzen Personalabteilungen verschiedene Tools ein, Qualitätsverbesserungen werden z. B. über Kaizen, Arbeitszirkel und Projektbesprechungen erreicht.

Das folgende Schaubild zeigt, wie sich Arbeits- und Lernkompetenzen in vollständigen Handlungen ausbauen lassen. Im Arbeitsleben sollen alle Mitarbeiter sich insgesamt verantwortlich fühlen und in Teams gesamtverantwortlich handeln. Dazu ist es wichtig, dass Sie sich in allen Phasen des Arbeitsprozesses Kompetenzen erarbeiten und diese einbringen.

In vollständigen Handlungen lernen

Arbeitsprozess | **Lernprozess** | **kombiniert**

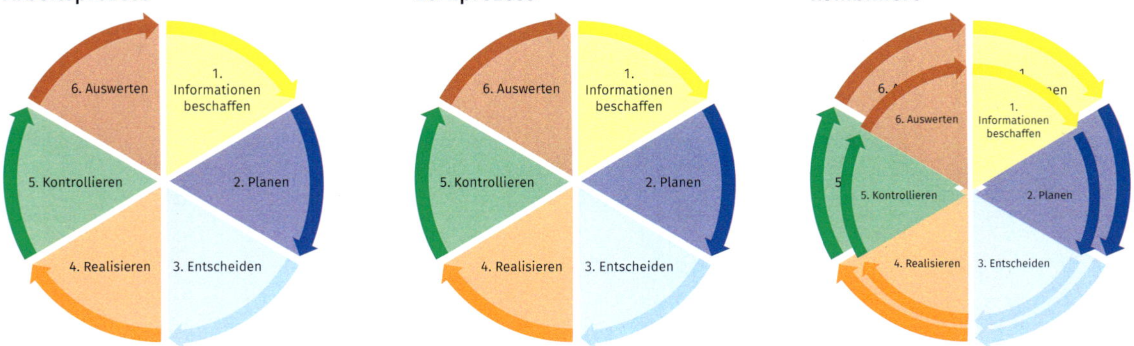

Arbeitsprozess: z. B.: Wir statten einen Arbeitsplatz nach Kundenwunsch aus.

Lernprozess: z. B.: Wir lernen die Ausstattung eines Arbeitsplatzes nach Kundenwunsch kennen.

kombiniert: z. B.: Lernen begleitet am Arbeitsplatz oder im Rahmen eines realistischen Praxisprojektes in der BBS.

Reflexionsmethoden im Ausbildungsbetrieb	
Feedback-Kultur	Als Teil moderner Unternehmenskultur werden gemeinsame Denkweisen, Normen und Werte entwickelt und danach regelmäßig gegenseitig und hierarchieübergreifend Rückmeldungen über Leistung, Verhalten und Fremdwahrnehmung gegeben. Sow werden Potentiale gefördert. Voraussetzung sind gegenseitiges Vertrauen, Offenheit und gute Kommunikation. Über einen Erfahrungsbericht, eine Feedbackrunde oder ein 360-Grad-Feedback werden Erfahrungen in einem Arbeitsabschnitt besprochen.
Lessons-Learned	Insbesondere nach Arbeits-/Lernphasen oder Projekten sollte zum Abschluss eine „Lessons-Learned-Runde" ergänzt werden, um gewonnen Erkenntnisse, Lösungswege, neues Wissen oder Erfahrungen festzuhalten. Besprochen werden sollte auch, wie diese Erkenntnisse festgehalten (z. B. als Erfahrungsbericht, Erfahrungsprotokoll, im Mitarbeiterportal) und für die Zukunft nutzbar gemacht werden.
Umfragen, Feedbackbogen, Befragungen	Über Tools, Fragebogen oder in Besprechungen werden Punkte wie z. B. Zusammenarbeit mit anderen, Zusammenhalt im Team oder Ablauf der Kommunikation (z. B. klar, transparent, schleppend, nur aufs Nötigste, negativ, nicht) festgehalten.
Kaizen, KVP, TQM, Qualitätszirkel	Kaizen ist eine japanische Lebens- und Arbeitsphilosophie, bei der versucht wird, durch ständige Besprechung der Qualität die Leistungen und das Arbeitsumfeld zu verbessern. Durch Innovationsmanagement lassen sich Prozesse spontan und sprunghaft verbessern, vgl. S. 57 f.
Feedback-Tools einsetzen	Feedback-, Analyse-, Bewertungs- und Reporting-Tools werden insbesondere von HR-/Personalabteilungen nachgefragt, sind aber auch für Projekt- und Teamarbeit hilfreich; vgl.: omt.de, t3n.de, getapp.de, hr-software-vergleich.de, capterra.com

Kompetenzcheck ✓

1. Reflektieren Sie im Plenum, welche Kompetenzen Sie in Lernfeld 2 erworben haben und welche Verhaltensänderungen Sie im nächsten Jahr vornehmen wollen. Die Methodensammlung und Kapitel 1.5.3 werden dabei helfen. Diskutieren Sie die o. a. Reflexionsmethoden.

3 Clients in Rechnernetzwerke einbinden

In diesem Lernfeld erwerben Sie Wissen und Kompetenzen zu folgenden Themen:

Passgenau abgestimmt mit den Inhalten des Schulbuchs stehen Ihnen im Arbeitsbuch praxisorientierte Lernsituationen zur Verfügung:

Lernsituation 1: Wir erarbeiten uns einen Überblick über Computernetzwerke, überprüfen und reflektieren unsere Kompetenzen.

Lernsituation 2: Wir erarbeiten uns die Grundlagen zur Arbeit in Netzwerken, überprüfen und reflektieren unsere Kompetenzen.

Lernsituation 3: Wir verbinden Arbeitsplätze an ein LAN im Betrieb über Leitungen und über Funk (WLAN).

Lernsituation 4: Wir wählen Netzwerkgeräte für verschiedene Einsatzfälle aus, prüfen und reflektieren unsere Kompetenzen.

Lernsituation 5: Wir sichern unsere Daten gegen Datenverlust, prüfen und reflektieren unsere Kompetenzen.

Lernsituation 6: Wir berechnen den Leistungsbedarf der IT-Ausrüstung, sorgen für unterbrechungsfreien Betrieb - auch bei Ausfall der Netzstromversorgung. Wir prüfen und reflektieren unsere Kompetenzen.

Während Ihrer Ausbildung in den IT-Berufen lernen Sie, die Netzinfrastruktur zu analysieren und Computer, Drucker und andere Geräte (Devices) als Clients (Client = „Kunde“ eines Servers) an bestehende Netzwerke anzuschließen (zu integrieren). Dieses Lernfeld 3 informiert Sie zunächst über die Strukturen und Komponenten von Netzwerken. Im weiteren Verlauf werden die Grundlagen der Rechnervernetzung erarbeitet, Topologien und Netzwerkmedien unterschieden und die verschiedenen Netzwerkgeräte und deren Einsatz verglichen. Die Grundlagen der Adressierung im Netz und die Konfiguration der Rechner und Geräte werden betrachtet, Einstellungen überprüft und Tests durchgeführt.

3.1 Eine Einführung in das Netzwerk des Ausbildungsbetriebs geben

S **Sie erhalten eine Einführung in das Netzwerk des Ausbildungsbetriebs, das Modellunternehmen JIKU IT-Solutions. Sie sollen kurz über verschiedene Einsatzbereiche und Komponenten des Netzwerkes berichten.**

Zunächst wird Ihnen das Netzwerk des IT-Systemhauses JIKU (siehe Kapitel 1.3.1) anhand des folgenden Schaubildes und eines Rundganges erläutert.

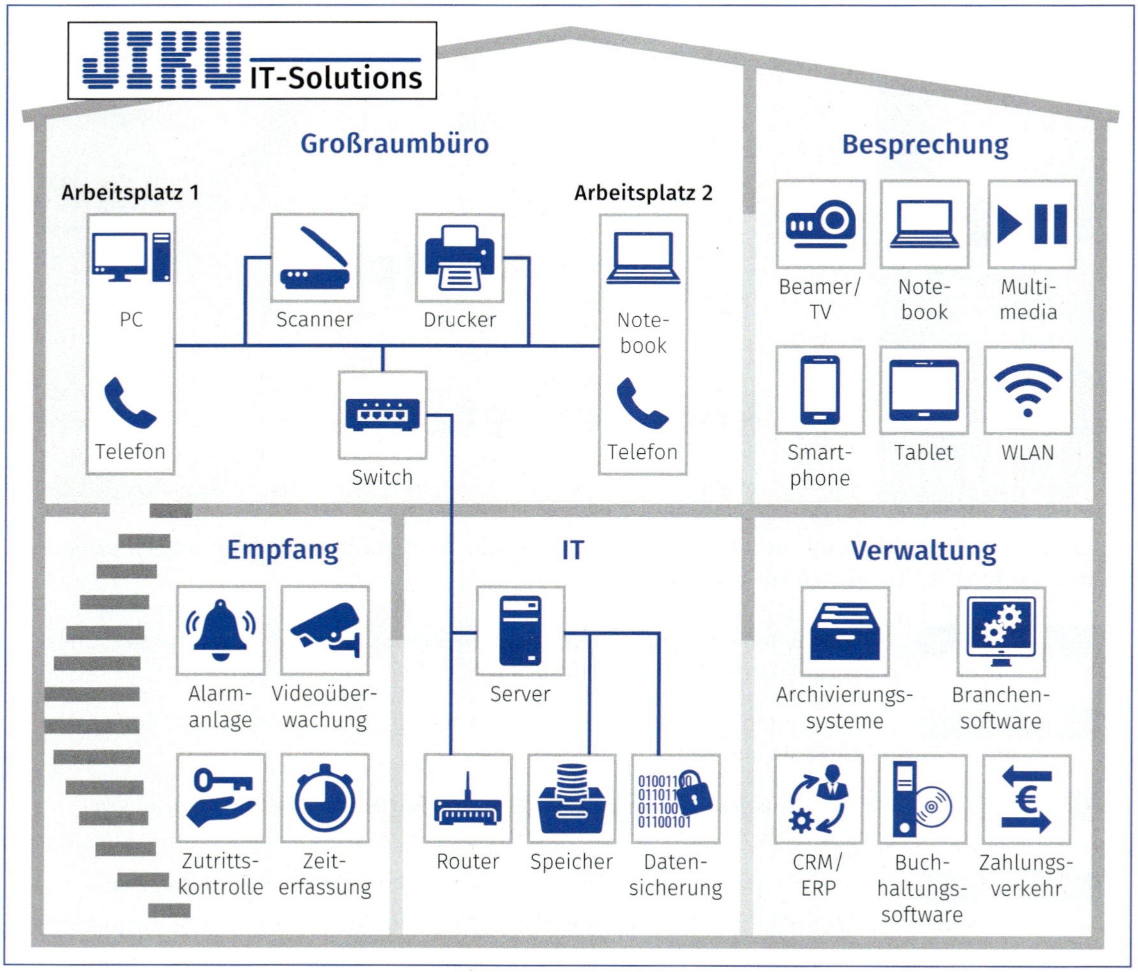

Schon beim Betreten des Gebäudes werden Sie am Empfang auf Anlagen aufmerksam gemacht, die Daten erfassen und weitergeben, z. B. die Zutrittskontrolle und Zeiterfassung sowie die Gefahrenmeldeanlage, Alarmanlage und Videoüberwachung. In der Verwaltung sind Programme im Einsatz, mit denen die Mitarbeiter Aufträge erfassen und bearbeiten, Buchhaltung betreiben, Belege scannen und die Daten in digitaler Form in Archiven speichern. Diese Daten werden über das Netzwerk zentral gespeichert.

Alle **Geräte bzw. Devices** sind mit **IP-Adressen** versehen, über die jedes Gerät angesprochen (adressiert) werden kann. Alle Rechner im Netzwerk (z. B. Arbeitsplatzrechner, Tablets, Laptops) können über das **LAN** (Local Area Network, lokales Netzwerk) oder das **WLAN** (Wireless LAN, drahtloses Netzwerk) auf die zentralen Daten zugreifen. Im Besprechungsraum können Dateien über Beamer oder Großbildschirm gezeigt werden. Die Anbindung von jedem Device (auch Drucker oder Scanner) geschieht über die Netzwerkverkabelung. In den Stockwerks- und im Gebäudeverteiler befinden sich **Switches**, die die Daten zielgerichtet weiterleiten. Die Telefone sind sog. **IP-Telefone**, die ebenfalls über das Netzwerk angeschlossen sind. Die Telefonanlage (TK-Anlage) ist ein Server, der den Telefondienst versieht. Die in der IT-Abteilung aufgestellten zentralen **Server** sind leistungsstarke Rechner, die spezielle Dienste im LAN zur Verfügung stellen. Server und Netzwerkdienste können auch in entfernte Rechenzentren ausgelagert werden. Der Zugriff erfolgt dann über das Internet. Die **Systemadministratoren** der IT-Abteilung betreuen das Netzwerk und die Devices. Der Anschluss des LANS an das Internet regelt ein **Router**.

Fachbegriffe zum betrieblichen Netzwerk eines Dienstleistungsunternehmens	
Alarmanlage	Teil der Gefahrenmeldeanlage, löst bei Eintreten von bestimmten Ereignissen Alarm aus
Archivierungs-system	Auch Dokumentenmanagementsystem genannt; dient dazu, den aktuellen Stand der Daten innerhalb einer Anwendung zu sichern, unabhängig von der Datensicherung im Datacenter (Rechenzentrum, Rechnerraum, IT-Bereich)
Anwendungs-software	Programme für bestimmte Anwendungen, z. B. CAD (Computer Aided Design)
Datacenter	Rechenzentrum, abgeschlossener Raum, in dem Server, Netzwerkspeicher und andere zentrale IT-Einrichtungen untergebracht sind
Datenendgerät	Erstes Gerät im Netzwerk (erzeugt und sendet Daten ins Netz) und letztes Gerät im Netzwerk (empfängt Daten), z. B. Rechner, Server, Drucker
Datensicherung	Regelmäßiges Sichern der Daten auf Magnetbänder zum Schutz vor Datenverlust
Drucker	Drucker direkt an einzelnen Arbeitsplätzen und Drucker an zentralen Punkten als Arbeitsgruppendrucker
Gefahren-meldeanlage	Können Gefahren erkennen, Benachrichtigungen verschicken, Alarme auslösen, Schutzmaßnahmen einleiten, z. B. Melder (Tür- und Fensterkontakte), Bewegungsmelder, Brandmelder, Wassermelder
Host	Als Hosts oder Datenendgeräte (s. o.) werden die letzten Geräte im Netz bezeichnet, die Daten empfangen oder erzeugen.
IP-Adresse	Jedes Gerät im LAN hat eine eindeutige IP-Adresse. Das IP (Internet Protocol) als „Verfahrensvorschrift" transportiert die Daten im Netzwerk von einem Rechner an einen anderen, jeweils adressiert durch eine IP-Adresse.
Kopierer	Kopierer verfügen fast immer über Netzwerkanschluss und werden als leistungsfähige Drucker und auch als Scanner verwendet.
LAN	Local Area Network, lokal begrenztes Netzwerk, in der Regel auf ein Betriebsgelände begrenzt, Ausdehnung bis mehrere Kilometer.
Scanner	Bringen Dokumente von Papier in Dateiformat
Network Devices	Netzwerkgeräte, Netzwerkkomponenten; physische Geräte, die die Datenpakete im Netzwerk weiterleiten. Endgeräte sind an Switches angeschlossen, Mobilgeräte verbinden sich mit Access Points, Router verbinden mehrere Netzwerke (z. B. LAN und Internet).
PC-Arbeitsplätze	Mit unterschiedlichen PCs und Laptops zum Erledigen der täglichen Arbeit
Router	Network Device zum Verbinden mehrerer Netzwerke

Fachbegriffe zum betrieblichen Netzwerk eines Dienstleistungsunternehmens	
Rechenzentrum	Abgeschlossener Raum, in dem Server, Netzwerkspeicher und andere zentrale IT-Einrichtungen untergebracht sind.
Paket	Daten werden immer in Datenpaketen übertragen, nicht als kontinuierlicher Datenstrom.
Server	Leistungsfähige Rechner im Datacenter (Rechenzentrum, Rechnerraum), die Dienste (Services) im Netzwerk anbieten, sie befinden sich im Rechenzentrum
Speicher	Zentraler Datenspeicher im Datacenter
Switch	Network Device zum Anschluss von Endgeräten
Telefone	Gerätetelefonie intern und nach außen, auch weltweit
TK-Anlage	Telefonanlage, verbindet Telefone intern und über Internet oder über öffentliche Telefonnetze auch extern
Videoüberwachung	Eingangsbereich und sonstige wichtige Bereiche werden gefilmt und mit Zeitstempel gespeichert.
WLAN/Wi-Fi	Wireless LAN, drahtloses Netzwerk für Mobilgeräte
Zahlungsverkehr	Arbeitsplatz zum Bearbeiten des elektronischen, sicheren Zahlungsverkehrs mit Kunden und Lieferanten
Zeiterfassung	Anwesenheitszeiten, Arbeits- und Pausenzeiten werden erfasst
Zutrittskontrolle	Terminal zur Ausweiskontrolle, Bilderkennung, Fingerabdruckscanner, Irisscanner (Augenerkennung); gewährt oder verhindert Zutritt zu Gebäuden oder sicherheitsrelevanten Gebäudeteilen

Ein Datennetzwerk im Betrieb ist vielfältig und hat viele wichtige Aufgaben zu bewältigen.

Aufgaben eines lokalen Datennetzwerkes	
Aufgaben	**Erläuterung**
Kommunikationsverbund	Schnelle Kommunikation mit allen Arbeitsplätzen (Text, Bild, Video, Ton, Signale, sonstige Daten)
Datenverbund	Zugriff auf verteilte und zentrale Datenbestände von jedem Arbeitsplatz
Funktionsverbund	Nutzung von Funktionen und Softwareanwendungen anderer Arbeitsplätze, Steuerung von Abläufen
Ressourcenverbund	Nutzung von Betriebsmitteln (z. B. Drucker) anderer Arbeitsplätze oder zur gemeinsamen Verwendung
Last- und Leistungsverbund	Verteilung von Lasten (z. B. aufwendige Datenauswertungen) auf wenig genutzte Arbeitsplätze oder Systeme; erreicht wird daher auch eine Verbesserung der Antwort- und Transaktionszeiten. Aufgrund von großen Schwankungen in der Netzauslastung ist die Skalierbarkeit (Leistungsanpassung) des Netzwerkes wichtig.
Sicherheits- und Verfügbarkeitsverbund	Reserven bei Ausfall einzelner Komponenten und zur sicheren Datenspeicherung

Von jedem Arbeitsplatz kann mit den anderen vernetzten Arbeitsplätzen und Servern kommuniziert werden. Das Rechnernetz stellt die Verbindung von räumlich getrennten Datenbeständen her – zum Zwecke des Austausches, der Speicherung oder der Zusammenarbeit. Durch die zentrale Speicherung der Daten an einem einzigen Ort wird die **Konsistenz der Daten** sichergestellt. Es kommt nicht durch Mehrfachspeicherung auf mehreren Rechnern zu inkonsistenten (uneinheitlichen) Datenbeständen. Das Sichern der Daten auf geeignete Datenträger wird wesentlich vereinfacht, wenn alle Daten zentral gespeichert werden. Die Wartung der Systeme wird vereinfacht und die Sicherheit erhöht.

Die zur Verfügung stehenden **Ressourcen** können in einem Netzwerk **besser genutzt** werden. Beispielsweise ist ein leistungsfähiger Laserdrucker im Netzwerk kosteneffizienter als mehrere einfache Drucker an jedem Einzelrechner.

! Die Sicherheit und Verfügbarkeit der Daten kann erhöht werden, wenn wichtige Teile mehrfach ausgelegt werden. Man nennt dies Redundanz (lat.: redundare = im Überfluss vorhanden sein)

Kompetenzcheck

1. Erläutern Sie mit eigenen Worten das Schaubild auf S. 280.
2. Erläutern Sie kurz, was unter inkonsistenten Daten zu verstehen ist.
3. Wahr oder falsch?
   a) Ein PC speichert die wichtigen Daten nur lokal auf seiner Festplatte.
   b) Ein Datacenter ist ein Datenspeicher auf einem Arbeitsplatzrechner.
   c) Ein LAN kann mehrere Kilometer Ausdehnung haben.
   d) Ein LAN ist auf ein Betriebsgelände beschränkt.
   e) Alle Netzwerkdrucker und PC (außer WLAN-Geräte) sind über Leitungen mit einem Switch verbunden.
4. Prüfen Sie im Arbeitsbuch mit Aufgabe 1 der Lernsituation 1 Ihr Wissen mit einem Kreuzworträtsel als Eingangstest. A1
5. Prüfen Sie im Arbeitsbuch mit Aufgabe 2 Ihr Wissen zur Netzwerktechnik mit einer Checkliste. A2
6. Tragen Sie im Arbeitsbuch Komponenten passend in die Liste der Aufgabe 3 ein. A3

3.2 Hauptbestandteile von Computernetzen unterscheiden

S **Sie sollen die verschiedenen Netztypen und die Bestandteile der Computernetze kennen und unterscheiden können.**

Computernetz

Ein Computernetz oder Rechnernetz(-werk) ist die Menge an Verbindungen, von selbständigen Rechnern unterschiedlichster Bauform, Funktion und Leistungsfähigkeit, welches den Datenaustausch der Geräte untereinander ermöglicht. Dies umfasst neben normalen PCs und Servern auch Messwertaufnehmer/Sensoren, Stellglieder/Aktoren, Ausgabegeräte wie z. B. Drucker oder Eingabegeräte wie Scanner.

3.2.1 Computernetzwerke und deren Hauptbestandteile im Überblick unterscheiden

S **Sie sollen die wichtigsten Bezeichnungen und Abkürzungen kennen und unterscheiden können.**

Im Beispiel des Modellunternehmens JIKU wurde nur die Vernetzung innerhalb des Unternehmens aufgezeigt. Heutzutage ist jedoch die gesamte Welt miteinander vernetzt. Weltweit sind über 5 Milliarden Menschen über das Internet vernetzt, und es gibt etwa 20 Milliarden vernetzte Geräte weltweit. Die folgenden Schaubilder sollen einen Eindruck vermitteln, mit welcher Vielfalt an Netzen Datenaustausch und Kommunikation erfolgen.

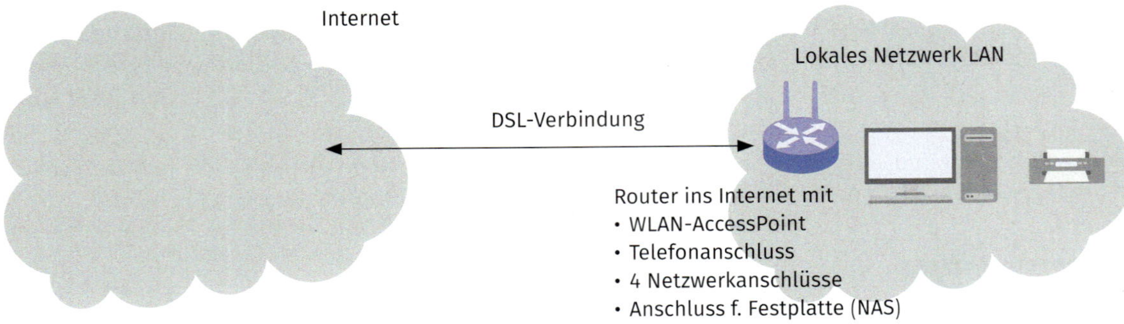

Das erste Schaubild zeigt einen **Kleinstbetrieb** oder ein einfaches Heimnetz. Über einen kleinen Router, der alle notwendigen Dienste und Module enthält, ist das LAN über eine DSL-Leitung mit dem Netz des Internetproviders verbunden. Der Internetprovider (der Dienstleister) stellt die Verbindung mit dem Internet zur Verfügung. Der lokale SoHo-Router (Small Office Home Office) stellt die Verbindung vom privaten Netzwerk zum Internet her. Er verfügt über einen WLAN-Access-Point, einen Telefonanschluss und bis zu vier Netzwerkanschlüsse zum direkten Anschluss von PC, Laptop, Drucker, IP-Telefon etc. Oft verfügt dieser Router auch über einen USB-Anschluss zum direkten Anschließen einer externen Festplatte. Diese Festplatte kann als Netzwerkspeicher (NAS, Network Attached Storage) für alle Rechner im Netz benutzt werden. Dies kann aber in keinem Fall empfohlen werden. Die Sicherheit der hier abgelegten Daten ist nicht ausreichend!

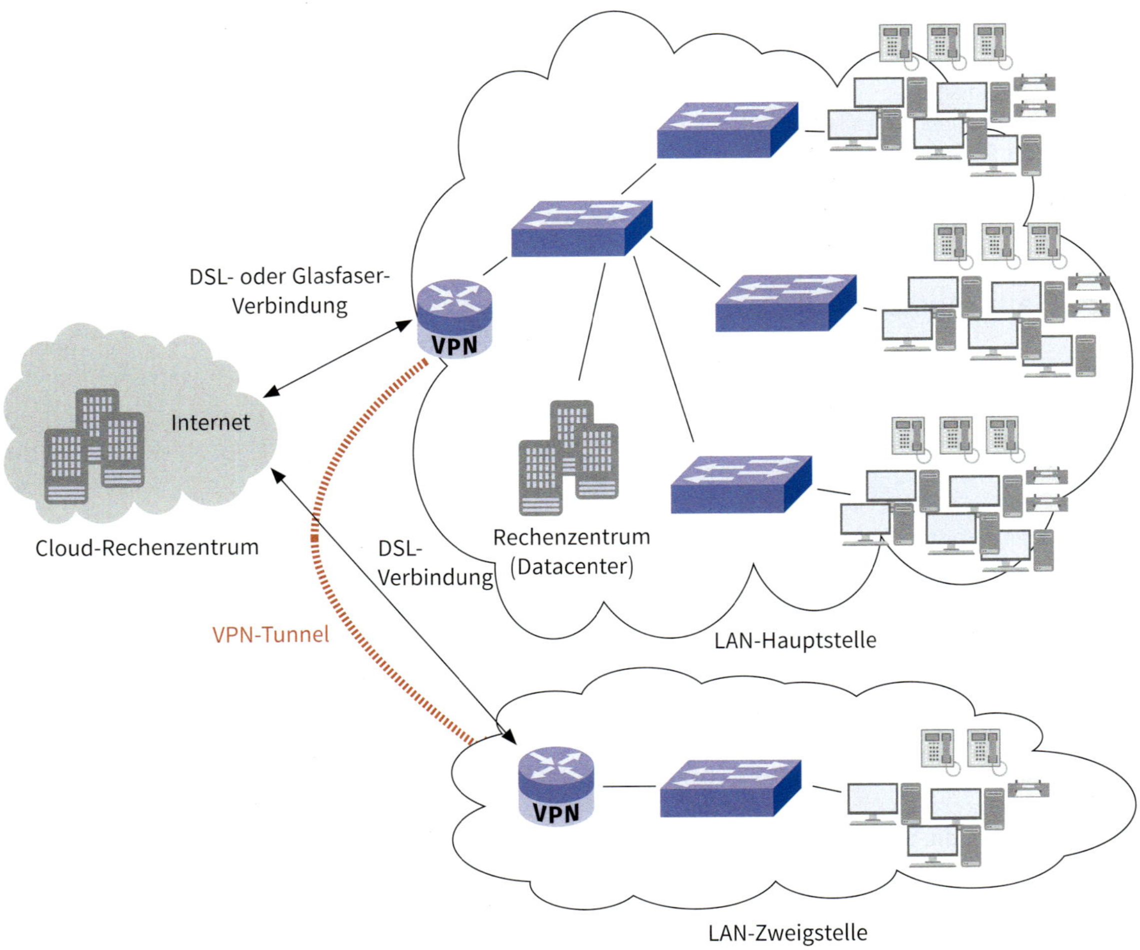

Das zweite Schaubild zeigt das Netz eines **mittelgroßen Unternehmens** mit einer kleineren Zweigstelle. Die Verkabelung ist als strukturierte, diensteneutrale Netzwerkverkabelung ausgeführt. Das gesamte Netzwerk ist mit Switches ausgestattet. In der Hauptstelle befindet sich ein kleines Rechenzentrum. Des weiteren werden Cloud-Dienste eines Anbieters aus dem Internet genutzt. Die Zweigstelle ist per VPN-Tunnel mit der Hauptstelle verbunden.

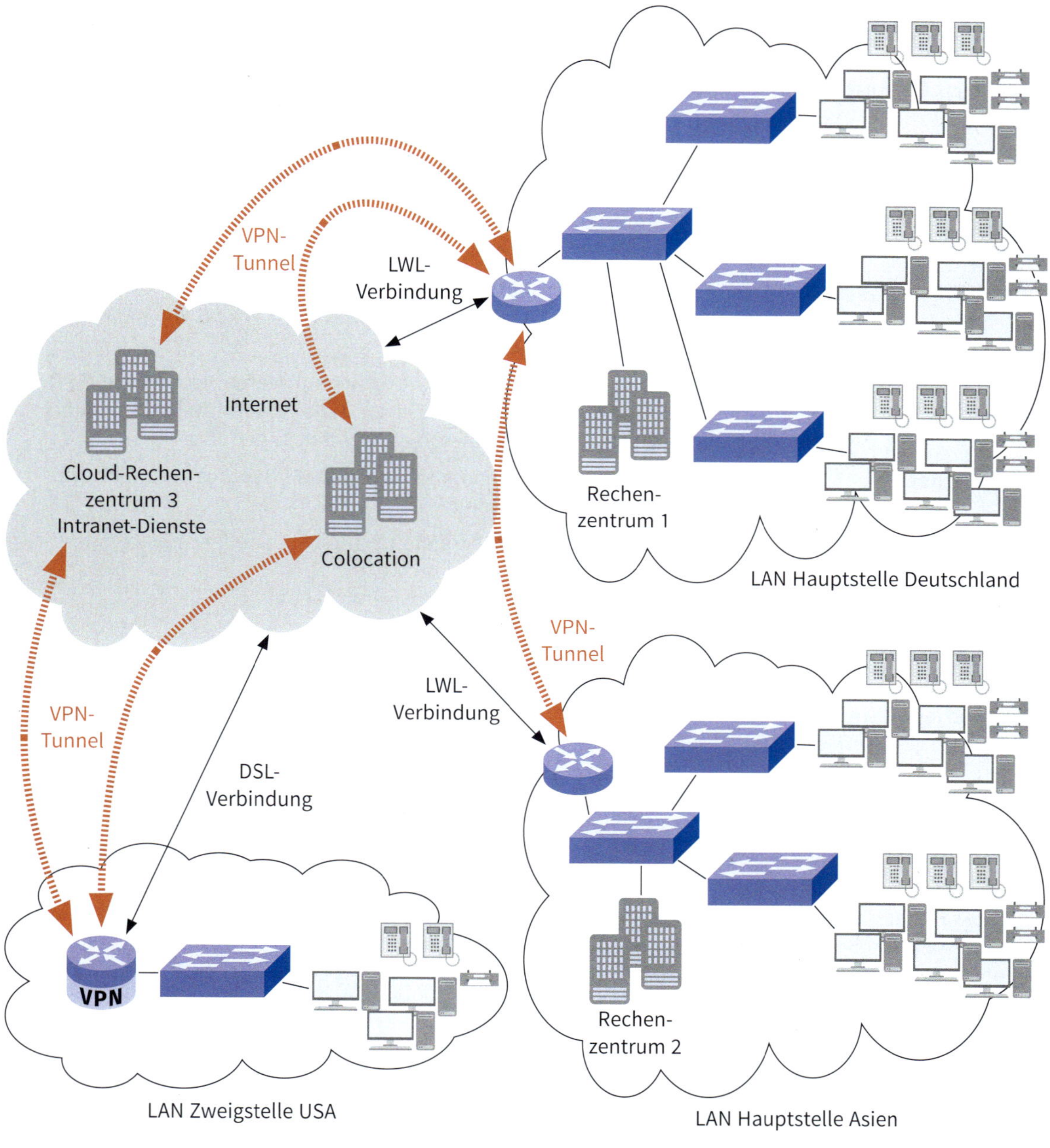

Das dritte Schaubild zeigt ein großes, internationales Unternehmen mit mehreren Betriebsstätten. Das Unternehmen besitzt eigene lokale Datacenter und hat eigene Server in einem Rechenzentrum eines großen Providers im Internet untergebracht (Colocation). Des weiteren werden Cloud-Dienste im Internet genutzt (Cloud-Rechenzentrum 3). In diesem Rechenzentrum laufen auch einige Server für webbasierte Dienste innerhalb des Unternehmensnetzes (Intranet). Die Niederlassungen sind über VPN-Tunnel miteinander verbunden.

VPN-Tunnel gewährleisten sichere Verbindungen auch über das unsichere Internet. Die in Netzwerken zu übertragenden Daten werden in einzelne Datenpakete gepackt und mit einem Header versehen, der die

Ziel-IP-Adresse und die Absender-IP-Adresse enthält. Anhand der Zieladresse werden die einzelnen Pakete durch die Netze hindurch transportiert. Der Dateninhalt eines Paketes ist begrenzt. Sind mehr Daten zu übertragen, als in ein Paket passen, werden die Originaldaten in viele Pakete zerlegt, nacheinander versendet und beim Empfänger wieder zusammengesetzt. Daten werden im VPN-Tunnel verschlüsselt übertragen und sind daher sicher vor Abhören und Manipulation. Jedes Unternehmen, jede Behörde und fast jeder Privathaushalt verfügt heute über ein LAN, ein Local Area Network. Dies kann mehrere tausend Rechner umfassen oder auch nur einen Router und einen einzelnen PC. Die verwendete Technologie ist LAN-intern dieselbe. Ethernet ist der weltweite Standard für LANs. Im LAN wird heute fast ausschließlich Ethernet verwendet. Alle anderen Protokolle, wie IP, nutzen Ethernet als Basis und bauen darauf auf.

Computernetze unterscheiden	
Internet	Weltweites Datennetz, paketvermittelt (Daten werden paketweise übertragen), Internetdienst mit Webbrowsern als Benutzerschnittstelle
Intranet	Unternehmensweites abgeschottetes Netzwerk, das aus mehreren über sichere Verbindungen verbundene LANs bestehen kann; Zugriff erfolgt wie im Internet über Webbrowser als Benutzerschnittstelle
Telefonnetz	Analoger Telefondienst, auch PSTN (Public Switched Telefon Network) und POTS (Plain Old Telephone Service); weltweites Netz, leitungsvermittelt, d. h. dauerhafte Verbindung von Telefon zu Telefon während des Telefonats
Providernetz	Zugangsnetz der Internetprovider, um Unternehmen-, Behörden- und Privatnetze mit dem Internet zu verbinden
Firmen-LAN	LAN von Unternehmen und Privatpersonen, mit eigenem oder ohne eigenes Rechenzentrum

Kompetenzcheck

A4 **1** Bearbeiten Sie im Arbeitsbuch die Aufgabe 4 und beantworten Sie die Fragen zu Computernetzen.

3.2.2 Netzbereiche im Überblick unterscheiden

S Sie sollen die wichtigsten Bezeichnungen und Abkürzungen kennen und unterscheiden können.

Netzwerke lassen sich in zwei Bereichen einteilen: die privaten Netze und die öffentlichen Netze. Private Netze werden von Behörden, Betrieben, Schulen, Privathaushalten usw. genutzt und verwaltet. Sie liegen in der Verantwortung des jeweiligen Betreibers und sind lokal begrenzt. Öffentlichen Netze werden von Internetprovidern und Dienstleistungsunternehmen betrieben, die Großkunden und Providern Zugang zu überregionalen Datendiensten ermöglichen.

Netzbereiche – private und öffentliche Netze			
	Abkürzung	**Bezeichnung**	**Bemerkungen/Beispiel**
Private Netze	• Sie nutzen IP-Adressen aus den privaten-IP-Adressbereichen; Pakete mit privaten IP-Adressen werden nicht im Internet weitergeleitet (siehe Kapitel 3.3.8). • Sie werden von Unternehmen, Behörden, Schulen, Hochschulen, Privathaushalten usw. intern benutzt; Betreiber sind für ihre privaten Netzwerke selbst verantwortlich.		
	LAN	Local Area Network, lokales Netzwerk	Auf ein Betriebsgelände begrenztes Netzwerk, Ethernet mit TCP/IP, aber auch kleinste „Heim-Netze“ für Privatleute

Netzbereiche – private und öffentliche Netze			
	Abkürzung	**Bezeichnung**	**Bemerkungen/Beispiel**
Private Netze	WLAN	Wireless LAN	Drahtloses, in ein LAN eingebundenes Funknetz, für LAN-Zugang mobiler Rechner
	VLAN	Virtuelles LAN	Aufteilen von LANs in abgetrennte virtuelle LANs auf einer gemeinsamen LAN-Verkabelung
	VPN	Virtual Private Network	Sichere (LAN-)Verbindungen durch ein unsicheres Netzwerk (Internet oder LAN)
	SAN	Storage Area Network, Speichernetz	Verbindungsnetz für Massenspeicher (in Rechenzentren)
	PAN	Personal Area Network, persönliches Netz, Piconet	Netz mit geringer Reichweite, das von Kleingeräten wie PDAs oder Mobiltelefonen ad hoc auf- und abgebaut werden kann, z. B. Bluetooth, NFC
Öffentliche Netze	• Sie sind hierarchisch aufgebaut, nutzen öffentliche IP-Adressen zum Adressieren von Netzen und Rechnern im Netz. • Sie werden betrieben von Providern (Dienstanbieter, Versorger) und Carriern (Träger, Betreiber). • Sie verbinden einzelne Stationen mit einem Netzwerk, z. B. Kabelnetzbetreiber. • Sie verbinden LANs auch über große Distanzen miteinander.		
	WAN	Wide Area Network, Weitverkehrsnetz	Öffentliche Netze über große Distanzen, Provider-Netze, DSL, Kabelmodem
	LPWAN	Low Power WAN	Funknetzwerk für batteriebetriebene Endgeräte zum Anschluss ans Netzwerk
	MAN	Metropolitan Area Network, Stadtnetz	Von lokalen Providern betrieben (in Deutschland eher unüblich)
	GAN	Global Area Network, globales Netz	Internet, Telefonnetz usw.

Virtuelle Netze sind besonders geschützte Netzbereiche.

(1) Einfaches LAN

Ein einfaches Computer-Netzwerk, wie es im Heimbereich verwendet wird, besteht aus dem Router, dem Switch und einigen Endgeräten wie Desktop-PC, Laptop, Drucker und Telefon. Der Router stellt die Verbindung zum Internet her. Sein „WAN"-Anschluss ist die Leitung zum Internet. Diese kann auf verschiedene Weise hergestellt werden, beispielsweise über die Telefonleitung (DSL-Anschluss), das Kabelfernsehnetz oder über Glasfaser. In einigen Fällen wird der WAN-Anschluss auch über Mobilfunk hergestellt. Für jede dieser Möglichkeiten gibt es entsprechende Router. Auf dieser Verbindung wird eine andere Technik verwendet als im LAN (WAN- oder Weitverkehrstechnik).

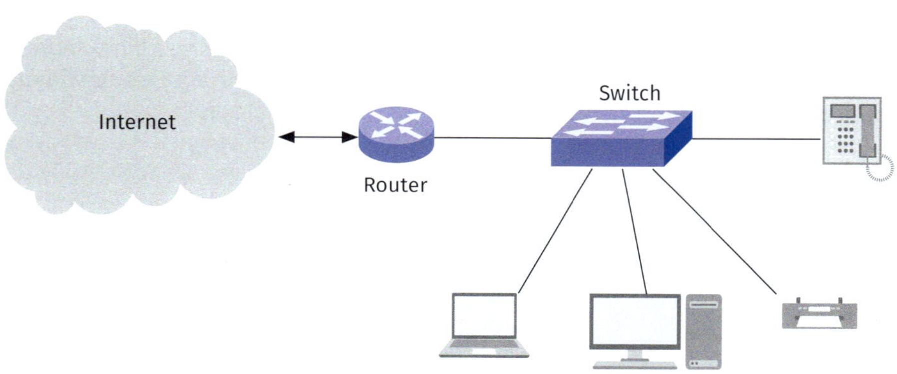

Der zweite Anschluss des Routers ist der LAN-Anschluss. Hier wird ein Switch angeschlossen. Oft ist dieser auch bereits im Router integriert. Die Endgeräte werden mit dem Switch verbunden. Das LAN kann erweitert werden, indem weitere Switches an den ersten Switch angeschlossen werden. Ein WLAN-Accesspoint, oft im Router bereits mit verbaut, erlaubt den Anschluss von Mobilgeräten. Daten werden im LAN über Ethernet versendet. Weitere Protokolle benutzen Ethernet als Basis, bauen darauf auf.

(2) VLAN (virtuelles LAN)

In größeren Netzen möchte man häufig eine klare Trennung von Arbeitsgruppen oder Abteilungen. Um aber nicht separate Verkabelungen für jede Gruppe zu erstellen, wird auf der gemeinsamen LAN-Verkabelung eine Auftrennung in verschiedene VLANs gemacht. Daten werden zum Transport über ein Netzwerk in kleine Datenpakete, die Frames, verpackt. Diese Frames werden entsprechend der VLAN-Zugehörigkeit gekennzeichnet.

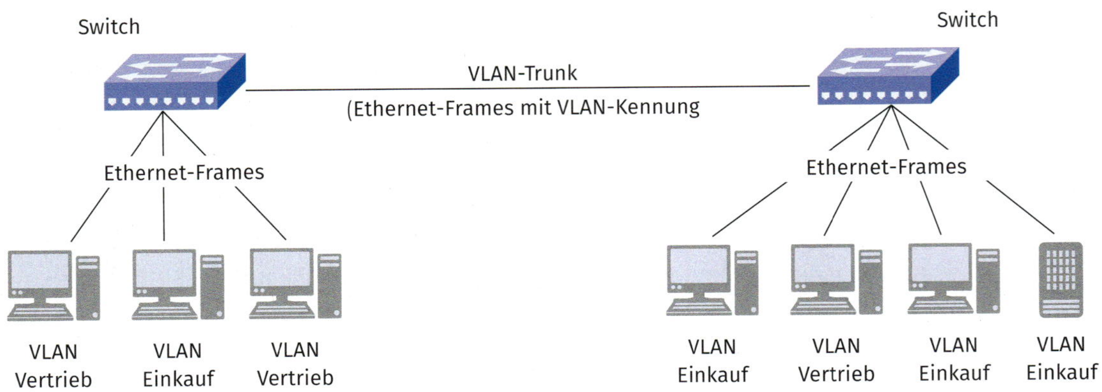

VLAN (Virtual Local Area Network)

Der Standard ist das Ethernet-Protokoll mit einer Paketgröße von maximal 1 500 Byte Nutzdaten. Diesen Nutzdaten wird ein Header mit der Ziel- und der Quell-(Absender-)Adresse der Netzwerkkarten vorangestellt. Diese Ethernet-Datagramme werden bei VLAN Einsatz um 4 Byte vergrößert. In den Ethernet-Header wird eine zusätzliche Information eingeschoben, der **VLAN-TAG** oder das **VLAN-Kennzeichen**. Er beinhaltet eine 12-Bit-Zahl zum Unterscheiden der VLANs. Damit sind also 2^{12} VLANs unterscheidbar (siehe auch Kapitel 3.3.3, Seite 302).

Die Verbindungsleitungen zwischen den Switches müssen diese VLAN-Kennung mit übertragen. Eine solche Leitung nennt man **VLAN-Trunk**. Die Leitungen zwischen PC und Switch transportieren die ursprünglichen Ethernet-Datagramme ohne VLAN-Tag (untagged ethernet frames). Die Switches erweitern die Frames um den VLAN-Tag (tagged ethernet frames).

(3) VPN (Virtual Private Network)

Ein privates Netzwerk ist lokal durch das Betriebsgelände begrenzt und es werden IP-Adressen aus den privaten Adressbereichen benutzt. Ein VPN überwindet die lokale Begrenzung. Es nutzt öffentliche Netze, wie z. B. das Internet, und erweitert das private Netz.

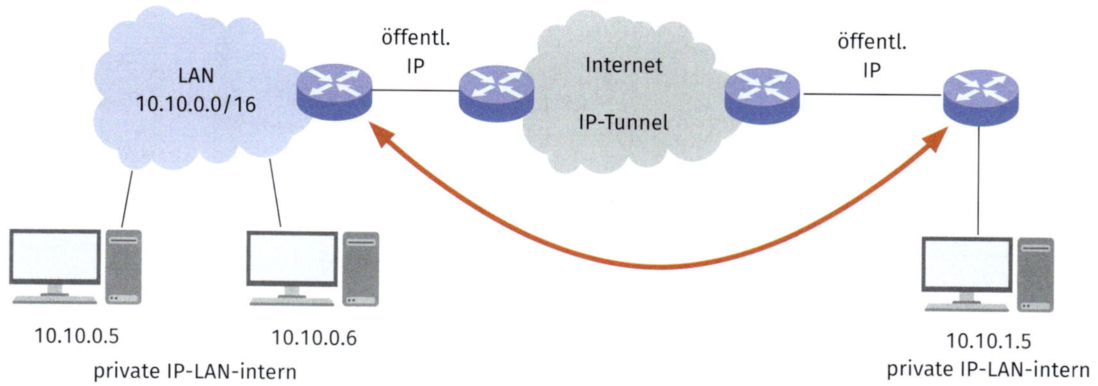

End-to-Site-VPN

Im einfachsten Fall wird aus einem Unternehmensnetz ein einzelner Rechner nach außen verlagert. Für den Arbeitnehmer sieht es aus, als ob er sich im Netzwerk im Betrieb befinden würde. Er befindet sich aber zuhause (Heimarbeitsplatz) oder unterwegs beim Kunden (mobiler Arbeitsplatz, z. B. im Vertrieb). Diesen Anwendungsfall nennt man End-to-Site-VPN, da hier eine Endstelle mit dem Betriebsnetz (Site) verbunden ist.

Ebenso wie ein einzelner Arbeitsplatz ausgelagert werden kann, kann man auch ganze Arbeitsgruppen oder Abteilungen auslagern. Man nennt dies Site-to-Site-VPN.

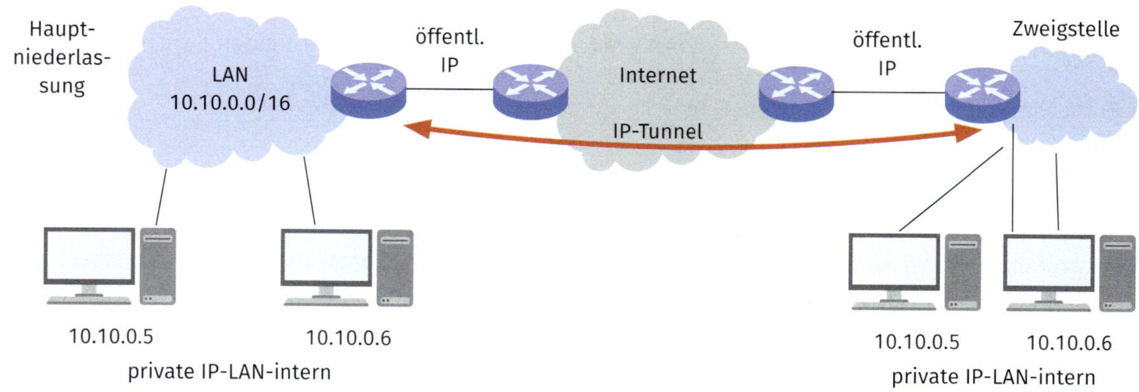

Site-to-Site-VPN

Die IP-Datenpakete, die intern im LAN verschickt werden, werden bei der VPN-Technik zusätzlich in IP-Pakete für das Internet verpackt. Vorher werden sie verschlüsselt. Die verschlüsselten Pakete erreichen über das Internet als Transportmedium ihr Ziel. Dort werden die Internet-Pakete wieder entpackt und entschlüsselt. Heraus kommen die LAN-internen IP-Pakete, die jetzt im entfernten Rechner oder im entfernten Netz bearbeitet werden können. Diese Technik der Verschlüsselung von IP-Paketen und nochmaliges Verpacken in IP-Pakete des (unsicheren) Internets nennt man **IP-Tunneling**. Die Internetverbindung nennt man VPN-Tunnel.

Wird nur ein einzelner Rechner ausgelagert, spricht man von **End-to-Site-VPN**. Dies sind die typischen Heimarbeitsplätze (Homeoffice). Wird ein ganzes Niederlassungsnetz ausgelagert, so spricht man von einem **Site-to-Site-VPN**. Das Netz in der Zweigniederlassung ist ein Teil des Netzes der Hauptniederlassung. Es können auf diese Weise viele Niederlassungen miteinander verbunden werden. Eine dritte Variante ist das sichere Verbinden von zwei Rechnern, z. B. zwei Gaming-PCs. Man nennt dies dann **End-to-End-VPN**.

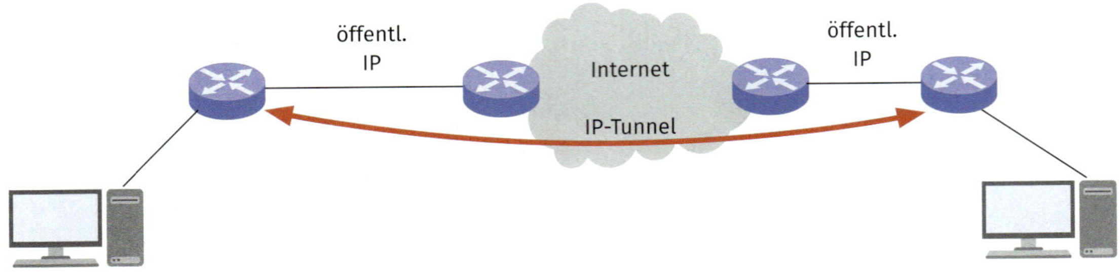

End-to-End-VPN

Kompetenzcheck ✓

1. Wahr oder falsch?
   a) VPN-Verbindungen sind sicher gegen Abhören und Verändern von Daten.
   b) Ein VLAN ermöglicht den Zugang vom Internet zu einem Server im LAN.
   c) Der Zugang vom Internet zu einem LAN-internen Server geschieht über VPN.
   d) IP-Adressen adressieren Rechner im Internet oder LAN.
   e) VPN und Tunneling sind zwei Begriffe für dieselbe Technik.
   f) VPN kann einzelne Rechner sicher miteinander verbinden.
   g) VPN kann mehrere Standortnetze sicher miteinander verbinden.
   h) Trunk ist ein anderer Ausdruck für Cloud.
   i) In einem Peer-to-Peer-Netz können sich mehrere Server befinden.
   j) Ein Homeoffice-Arbeitsplatz ist in der Regel ein Site-to-Site-VPN.
   k) Bei Peer-to-Peer sind zwei PCs direkt über ein Kabel miteinander verbunden.

2. In wie viele VLANs kann man ein Netzwerk aufteilen? Begründen Sie Ihre Antwort.

3. Auf welchen Teilstrecken zwischen zwei Rechnern eines VLANs werden getaggte und auf welchen werden ungetaggte Frames übertragen?

A5
4. Prüfen Sie Ihr Wissen zu Computernetzen mit der Aufgabe 5 der Lernsituation 1 im Arbeitsbuch.

A6
5. Beantworten Sie die Fragen zu dem englischen Text in Aufgabe 6 im Arbeitsbuch.

3.2.3 Clients im Überblick unterscheiden

S **Sie sollen alle Arten von Netzwerk-Clients einordnen und verschaffen sich einen Überblick.**

Ein Client im Allgemeinen, ist ein Kunde oder ein Klient (engl. Client). In der IT ist ein Client ein Rechner, der Daten und Dienste von einem anderen Rechner (Server) anfordert und erhält. Der Client nutzt die Dienste (Services) anderer Rechner. Die Bauformen von Clients sind vielfältig. So vielfältig wie deren Aufgaben. Dabei sind Clients sowohl typische Arbeitsplatzrechner als auch „versteckte" Rechner im Netzwerk, denen man Ihre Aufgabe nicht ohne weiteres ansieht (siehe auch Lernfeld 2, Kapitel 2.2.2 und 2.7).

Netzwerk-Clients

Tower

Tablet

Laptop

Fat Client

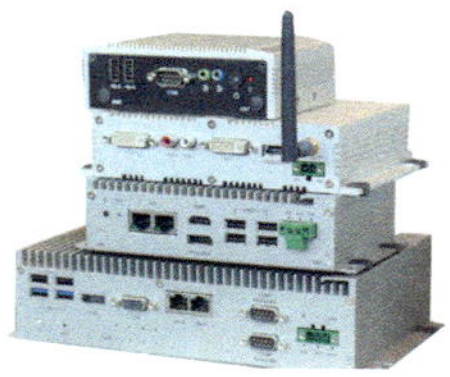

Embedded-PC

Rackmount-PC

Smartphone

Sensor/Aktor

Thin Client

Clients und Endgeräte in LAN und Internet (Auszug)	
Desktop-PC	Arbeitsplatzrechner auf dem Tisch
Tower-PC	Arbeitsplatzrechner hochkant, auf oder unter dem Tisch meist besser ausgestattet und leistungsfähiger als Desktop-PCs
Smartphone	Allzweckrechner mit drahtloser Netzverbindung (WLAN, Bluetooth oder Mobilfunk), mit Telefoniefunktion
Embedded System	Kleiner, teilweise sehr leistungsfähiger Rechner mit Sensoren, Aktoren, Netzanbindung oder per Kabel oder WLAN
Tablet-PC	In eine Anzeige integrierter, leistungsfähiger Kleinrechner mit Touchscreen-Bedienung, Netzanbindung per WLAN oder Mobilfunk
Netzwerk- Drucker	Zum Ausdrucken der Daten auf Papier; ist ins LAN eingebunden und kann von vielen PCs benutzt werden.
IP-Telefon	Zum Austauschen von Sprachdaten, Digitaltelefonie über LAN und Internet (ist heute Standard)
Fat Client	Leistungsstarker Rechner im Netzwerk, alle Applikationen laufen lokal auf diesem PC; nutzt außerdem Netzwerkdienste wie z. B. Speicher und Drucker
Thin Client	Kleiner, leistungsschwacher Rechner, meist ohne Massenspeicher
BYOD	Abkürzung für „Bring Your Own Device"; Mitarbeiter bringen ihre eigenen Geräte mit zur Arbeit und werden in das LAN integriert
Cyber Physical System	Elektrisch-mechanisches System in der Produktion mit Netzwerkanbindung, Rackmount-PCs als Steuerungsrechner

> Jedes Gerät mit Netzwerkschnittstelle, welches in ein Netzwerk eingebunden wird, ist ein Netzwerk-Client.

„Normale" PCs, also Arbeitsplatzrechner, Workstations, Laptops usw., sind voll ausgestattete Rechner und verfügen über alles, damit sie eigenständig und autonom arbeiten können. Sie booten ihr Betriebssystem von einem Massenspeicher und führen Anwendungsprogramme aus. Diese Rechner werden als **Fat Clients** bezeichnet. Die Anbindung ans Netzwerk geschieht meist über eine LAN-Leitung.

Thin Clients hingegen sind abgespeckte Rechner, die teilweise gar nicht über Massenspeicher verfügen und ihr Betriebssystem über das Netzwerk beziehen (Diskless Workstations). Man nennt sie auch Slim Clients oder Lean Clients. Sie verfügen über wenig Rechenleistung und sind i.d.R. nicht in der Lage, Anwendungsprogramme lokal auszuführen. Sie dienen als „Datensichtgeräte", d.h. als Terminals. Tastatur- und Mauseingaben werden über das Netzwerk an einen Terminal-Server übertragen. Auf diesem Terminal-Server laufen mehrere virtuelle Maschinen als Desktop-Rechner. Der Thin Client verbindet sich mit einer virtuellen Maschine. Alle Anwendungsprogramme, die an diesem Arbeitsplatz benötigt werden, werden auf der virtuellen Maschine ausgeführt. Das Ergebnis, also die Bildschirmanzeige, wird über das Netzwerk zum Thin Client übertragen und dort angezeigt (siehe auch Lernfeld 2, Kap. 2.7.3). Die Anbindung ans Netzwerk geschieht meist über eine LAN-Leitung.

Durch die Minimalausstattung des Thin Clients ist auch der Energiebedarf sehr gering. Oft finden diese Rechner im Monitor oder in der Tastatur Platz. Das Fehlen von Schnittstellen für externe Festplatten und USB-Speicher macht diese Systeme auch sicher gegen das Einschleusen von Schadsoftware. Der Datenverkehr von Servern zum Client findet innerhalb des Rechenzentrums statt. Hierbei handelt es sich um einen horizontalen Datenfluss, da der Client eine virtuelle Maschine auf dem Terminalserver ist. Zwischen Thin Client und Terminalserver wird nur der Bildschirminhalt (Server → Client) sowie Tastatureingaben und Mausbewegungen (Client → Server) übertragen. Das heißt, dass das Datenvolumen auf der Netzwerkleitung des Thin Clients sehr gering ist. Dies macht wiederum Homeoffice-Plätze möglich, auch wenn kein schnelles Internet zur Verfügung steht. Ältere und leistungsschwache PCs und Laptops lassen sich sehr gut mit einem abgespeckten Betriebssystem und einem Client-Programm als Thin Clients weiter benutzen.

BYOD ist eine große Herausforderung für alle Administratoren. Die Mitarbeiter bringen ihre eigenen Geräte, meist Laptops oder Tablet-PCs, von zu Hause mit zur Arbeit. Sie verbinden sich mit dem Unternehmensnetz und müssen auf alle Systemressourcen Zugriff haben wie normale Arbeitsplätze. Aus Sicht der Administratoren ist jedes dieser Geräte eine Sicherheitslücke. Oftmals werden den Mitarbeitern vom Arbeitgeber aber auch mobile Rechner zur Verfügung gestellt, die die Mitarbeiter auch zu Hause benutzen dürfen. Diese Rechner werden so eingerichtet, dass ein sicheres Arbeiten möglich ist. Die Anbindung ans Netzwerk geschieht meist über WLAN, da es sich um mobile Geräte handelt. Werden im Betrieb Dockingstation (mit großen Bildschirm, Maus und Tastatur) verwendet, in die man die Mobilgeräte einsteckt, erfolgt die Netzanbindung über eine LAN-Leitung.

Cyber-physische Systeme (CPS) sind Maschinen und Roboter, die mechanische Arbeiten verrichten und von Rechnern gesteuert werden. Dies können Industrie-PCs in Rack-Bauweise, Embedded Systems oder herkömmliche speicherprogrammierbare Steuerungen (SPS) sein. Diese Module werden über Netzwerke verbunden und können sowohl untereinander als auch mit darüberliegenden Schichten bis hinauf zur Produktionsplanung, Auftragsabwicklung und Entwicklung miteinander kommunizieren. Durch die intelligente

Vernetzung von Maschinen und Abläufen in der Industrie 4.0 mit Hilfe von Informations- und Kommunikationstechnologie, wird eine flexible Produktion ermöglicht, da die Auslastung der Maschinen besser geplant und Produktionsprozesse besser abgestimmt werden können. Kaufmännische IT-System und produktionstechnische Systeme arbeiten eng zusammen. Die Netzanbindung erfordert keine besondere Datenübertragungsrate, da sich das Datenvolumen in Grenzen hält. Die Latenzzeiten im Netz müssen aber sehr gering sein. Oftmals ist es nicht möglich, die Maschine an ein Kabelnetz oder per WLAN anzuschließen. Hier kommt die neue Mobilfunkgeneration 5.0 zum Einsatz, die mit geringer Sendeleistung in Werkshallen eingesetzt werden kann und so die Maschine, Sensoren und Aktoren mit den darüberliegenden Ebenen verbindet.

Kompetenzcheck ✓

1 Was ist richtig, was ist falsch?
- a) Fat Clients werden immer über WLAN mit dem Netzwerk verbunden.
- b) Jedes Gerät im Netzwerk, welches Dienste von anderen Rechnern nutzt, ist ein Client.
- c) Ein Thin Client braucht zwingend einen Netzwerkanschluss.
- d) Ein Thin Client verfügt über eine hohe Rechenleistung.
- e) BYOD bringt dem Admin viele Probleme ins Haus.
- f) BYOD lohnt sich für den Betrieb, da die Mitarbeiter ihre eigenen Geräte zur Arbeit mitbringen.
- g) CPS können sehr komplexe Strukturen annehmen.
- h) Embedded Systems werden nicht als Arbeitsplatzrechner verwendet.
- i) Ein Embedded PC wird auch als Arbeitsplatzrechner verwendet.

2 Wie nennt man ein Rechenzentrum, welches sich nicht im Unternehmen-LAN befindet?

3 Füllen Sie im Arbeitsbuch die Tabelle der Aufgabe 9 der Lernsituation 1 aus und beschreiben Sie die Anwendungsfälle. A9

4 Bearbeiten Sie die Aufgabe 10 im Arbeitsbuch und ordnen Sie Anforderungen und Rechner einander zu. A10

3.2.4 Servertypen und deren Dienste beschreiben

S Sie sollen die wichtigsten Servertypen unterscheiden

Ein Arbeitsplatz-PC, egal ob Tower, Desktop oder Laptop, arbeitet mit seinen lokalen Ressourcen. Greift er auf Dienste eines anderen Rechners zu, ist er ein Client (= Kunde). Ein Rechner, der im Netzwerk Dienste für andere anbietet, ist ein Server (= Diener, Dienstleister). Lokale Freigaben auf Dateiebene oder Druckerfreigaben machen aus einem PC einen File-Server oder Printserver.

Grundsätzlich unterscheidet man zwischen Peer-to-Peer-Netz und Client-Server-Netz.

Peer-to-Peer-Netz

Ein Rechner kann gleichzeitig Client (= Kunde) und Server (= Diener) sein. Er kann Dienste von anderen nutzen und ist daher Client. Er kann aber auch selbst Dienste anbieten, dann ist er Server. Ein Netzwerk, in dem Rechner gleichzeitig Client und Server sein können, nennt man Peer-to-Peer-Netz.

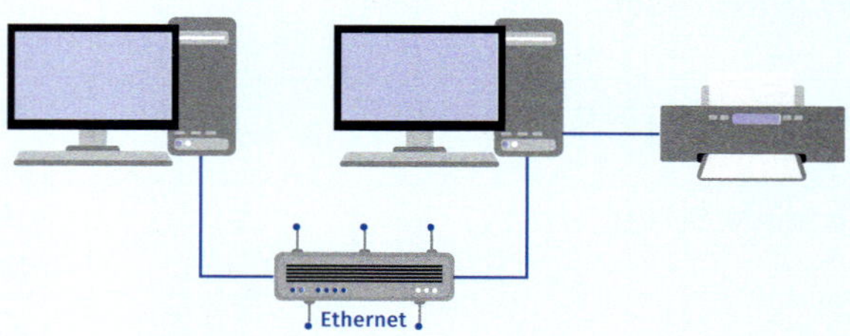

Peer-to-Peer-Netz mit lokalem Drucker am PC

Client-Server-Netz

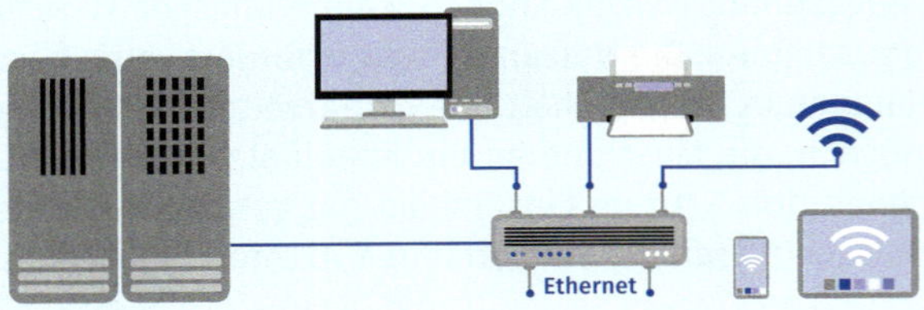

Client-Server-Netz

In größeren Netzen werden separate, dedizierte Rechner als Server eingesetzt. Jeder Client nutzt nur die Dienste dieser zentralen Server. Ein solches Netz nennt man Client-Server-Netz.

In der IT-Praxis findet man in professionellen Netzen immer Client-Server-Netze mit zentralen Servern. Daneben können einzelne Arbeitsplatzrechner Freigaben einzelner Ressourcen für andere Clients einrichten und damit gleichzeitig zusätzliche Peer-to-Peer-Netze aufbauen. Häufig findet man dies bei selten genutzten und teuren Peripheriegeräten wie speziellen Druckern, die nur an einzelnen Arbeitsplätzen lokal angeschlossen werden.

Server sind spezielle Rechner, die leistungsfähiger und zuverlässiger sind als normale Arbeitsplatzrechner. Sie müssen viele Zugriffe von Clients gleichzeitig in möglichst kurzer Zeit bedienen können. Meist sind Server in 19-Zoll-Gehäusen untergebracht und in Serverschränken verbaut (siehe hierzu auch Kapitel 3.7). Häufig sind sie auch als Tower- oder Desktop-Rechner ausgeführt. Um ausfallsicher zu arbeiten, verfügen sie oft über zwei Netzteile, großzügig dimensionierte Lüfter und ausreichend Platz für Festplatten.

Bietet ein Server Dateidienste an, also das Speichern und das Zurverfügungstellen von Dateien, dann nennt man dies einen File-Server oder Datenserver. Ein Rechner, der Druckdienste anbietet, ist ein Print-Server.

Die folgende Liste zeigt einige der möglichen Serverdienste.

Liste einiger Serverdienste	
Servername	**Aufgabe**
File-Server	stellt Dateidienste zur Verfügung (z. B. FTP, SMB)
Print-Server	stellt Druckdienste zur Verfügung
Mail-Server	stellt E-Mail-Dienste zur Verfügung
DNS-Server	stellt Namensauflösungsdienste zur Verfügung
Web-Server	stellt Web-Dienste (browserfähige Inhalte) zur Verfügung
Anwendungsserver	stellt Anwendungen, z. B. Warenwirtschaftssysteme, zurVerfügung
Network Attached Storage (NAS)	Netzwerkspeicher; stellt Speicherplatz zur Verfügung
Terminal-Server	stellt virtuelle Arbeitsplatzrechner zum Anschließen von Thin Clients zur Verfügung
...	...

Kompetenzcheck ✓

1 Wahr oder falsch?

a) In einem Client-Servernetz kann jeder Rechner sowohl Client als auch Server sein
b) Ein Game-Server stellt Spiele im Netzwerk oder Internet zur Verfügung
c) Ein Server ist ein sehr sicherer Büro-Arbeitsplatz
d) Server sind immer im 19-Zoll-Maß
e) Um Drucker in einem Netzwerk zur Verfügung zu stellen, werden sie an Arbeitsplatz-PCs angeschlossen und im Netz freigegeben
f) Um Drucker in einem Netz zur Verfügung zu stellen, verwendet man Drucker mit Netzwerkanschluss und Printserver

3.2.5 Rechenzentren unterscheiden

S Sie sollen Rechenzentren unterschieden können.

(1) Lokales Rechenzentrum (On-Premises)

Oftmals werden die Server eines Netzwerkes in geeigneten, abschließbaren und klimatisierten Räumen in einem Gebäude auf dem Betriebsgelände untergebracht. Handelt es sich um wenige Server, so spricht man auch vom Serverraum. Größere Unternehmen mit entsprechend mehr Servern und höherer Rechenleistung betreiben ein Rechenzentrum (RZ), auch Datacenter (DC) genannt (vgl. S. 62).

Wichtige Voraussetzungen für den Betrieb sind eine sichere Stromversorgung, die Klimatisierung und die Anbindung an LAN und Internet. Da die elektrische Leistung, die ein Rechenzentrum verbraucht, als Wärme freigesetzt wird und Erwärmung den Rechnerbetrieb stören kann, muss diese Wärme mittels Klimatisierung auch wieder abgeführt werden.

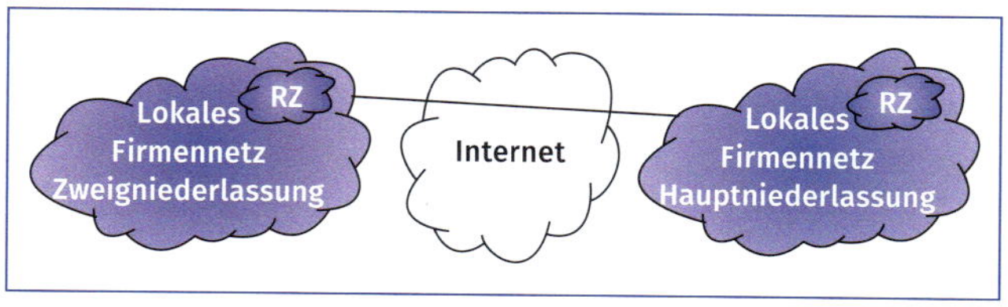

Werden mehrere Niederlassungen eines Unternehmens miteinander verbunden, kann ein einzelnes Rechenzentrum alle Niederlassungsnetze über VPN-Verbindungen versorgen. Auch angemietete Leitungen (Kupfer oder Lichtwellenleiter) können zum Einsatz kommen. Aus Sicherheits- und Performancegründen ist dies jedoch nicht zu empfehlen. Besser ist es, wenn jede große Niederlassung über ein eigenes Rechenzentrum verfügt. Die Daten können zwischen den Rechenzentren gespiegelt (also doppelt gespeichert) werden. So schafft man eine große Sicherheit gegen Datenverlust. Bei Ausfall eines Rechenzentrums kann das verbleibende die Dienste übernehmen.

(2) Externes Rechenzentrum (Off-Premises)

Ein Rechenzentrum muss nicht zwingend im eigenen LAN stehen. Über schnelle Datenleitungen (Lichtwellenleiter) können auch weit entfernte Rechenzentren ohne Performanceverluste genutzt werden. Dabei kann das externe Rechenzentrum ein eigenständiges Netz außerhalb des Internets sein oder sich ebenfalls in einem großen Rechenzentrum im Internet befinden.

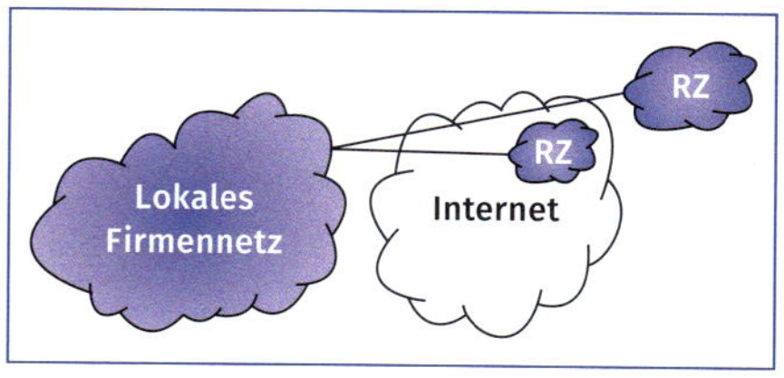

Wird das Rechenzentrum nicht selbst betrieben, kümmern sich RZ-Profis darum. Sie bieten je nach Bedarf eine IT-Rechenzentrums- und Serverinfrastruktur an. Dazu stehen viele Dienstleistungen je nach Wunsch des Unternehmens zur Verfügung, z.B. die Bereitstellung aktueller Anwenderprogramme oder laufende Datensicherungen. Die Betreiber des Rechenzentrums kümmern sich außerdem um die Stromversorgung, Datensicherung und Klimatisierung. Diese bedarfsgerecht angemieteten Cloud-Systeme stehen für alle Niederlassungen bereit und benötigen weniger administrativen Aufwand als lokale Rechenzentren.

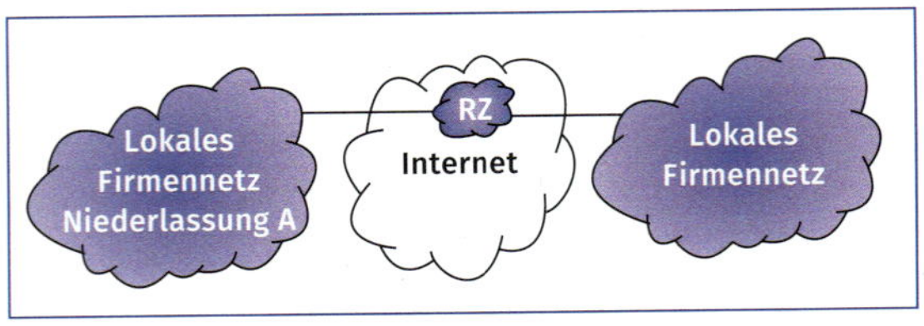

(3) Colocation

Internetprovider und Carrier verfügen über eigene Rechenzentren, die sehr gut vernetzt sind. Meist haben sie direkten Anschluss an die hochbitratigen Provider-Backbone-Leitungen.

In diesen Rechenzentren werden oftmals Stellplätze für Racks oder auch nur Einschubplätze in den Racks vermietet. Kunden können ihre eigenen Server hier unterbringen oder hinzufügen. Damit werden Rechenleistung und Speicherplatz vom eigenen lokalen Rechenzentrum nach außen verlagert. Man verfügt aber weiterhin über die Daten und Hardware. Hochsensible Daten aus der Entwicklung oder Buchhaltung bleiben so besser geschützt, da sie nicht an andere (Cloud-Betreiber) weitergegeben werden. Der Colocation-Anbieter kümmert sich um die allgemeinen Sicherheitsanforderungen im Rechenzentrum, d.h. um die Anforderungen vom Brandschutz bis zur Zutrittsberechtigung, um sichere, redundante Stromversorgung und um sichere, schnelle (hochbitratige) Anbindung ans Internet zu erfüllen.

Vorteile einer Colocation-Lösung in einem fremden Datacenter

- Eigene Hardware, Daten bleiben auf eigenen Rechnern
- Sehr gute Anbindung ans Internet
- Redundante Stromversorgung vom Vermieter
- Kühlung/Klimatisierung vom Vermieter
- Zutrittskontrolle, Brandschutz etc. vom Vermieter

Kompetenzcheck

1. Wahr oder falsch?
   a) On-Premises Datacenter werden von IT-Dienstleistungsunternehmen bereitgestellt.
   b) Off-Premises Datacenter sind in einem Nebengebäude untergebracht.
   c) Wenn man den eigenen Server bei einem großen Rechenzentrumsbetreiber in dessen Rechenzentrum einstellt, nennt man dies Colocation.
   d) Ein Webserver liefert Inhalte zum Abrufen mit einem Webbrowser.
   e) Ein Daten-Server liefert Inhalte zum Abrufen mit einem Webbrowser.
   f) Nutzt man Server in einem Off-Prem-Rechenzentrum, dann ist man selbst für die Stromversorgung und Klimatisierung verantwortlich.
   g) Bei einem On-Prem-Rechenzentrum hat man eine optimale Anbindung ans Internet.

2. Mit welchen Datenraten greifen Sie auf die verschieden Rechenzentren (On-Prem, Off-Prem, Colocation) zu?

3. Welchen Typ von Rechenzentrum würden Sie empfehlen, wenn ein Betrieb im ländlichen Raum mit sehr schlechter Internetanbindung seine Umsätze hauptsächlich mit seinem Online-Shop macht?

A8
5. Erklären Sie im Arbeitsbuch mit Aufgabe 8 die Vor- und Nachteile der verschiedenen Rechenzentren.

3.3 Grundlagen der Datenübertragung in Netzwerken

S **Sie lernen die Grundlagen der Datenübertragung und Netzwerktechnik, um Clients in ein bestehendes Netzwerk einzubinden.**

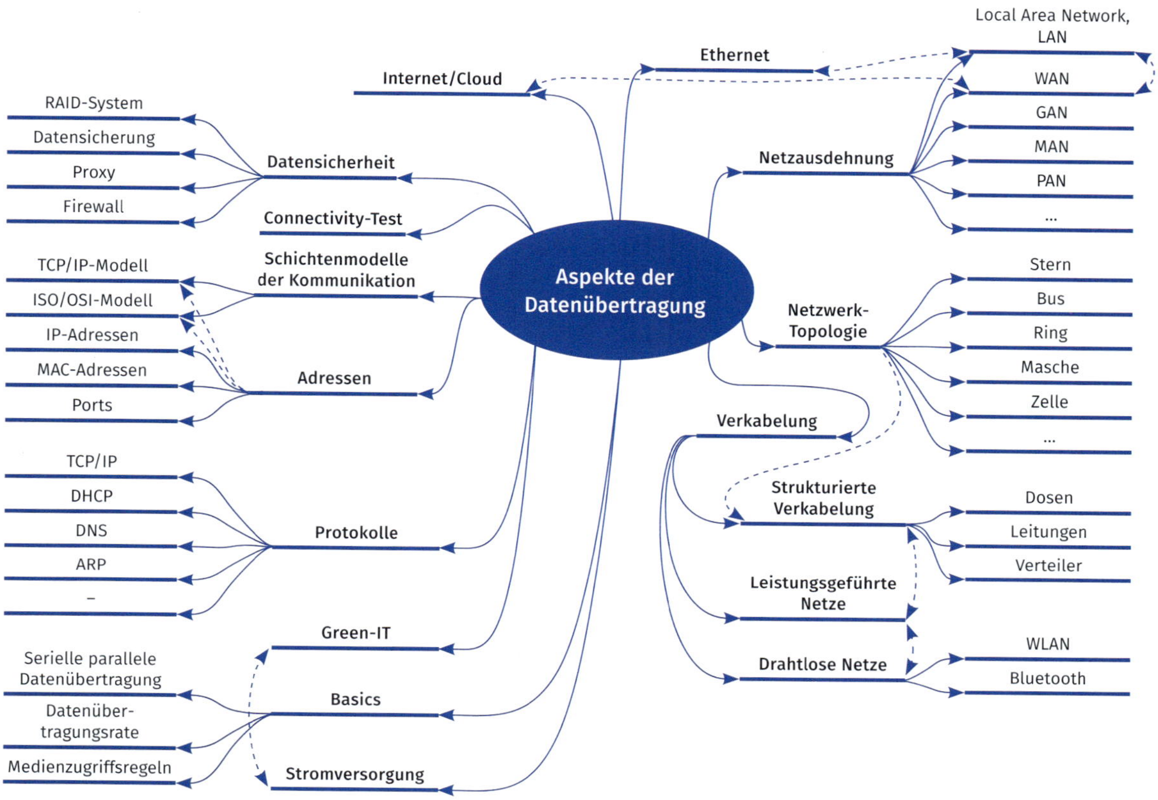

Ein Computernetz besteht aus einer Vielzahl von Komponenten und Informationen. Nicht nur Hardware, auch Software und Einstellungen (z. B. Adressen) gehören dazu. Wir machen gedanklich einen Rundgang durch das Netz der JIKU-IT Solutions und betrachten uns dabei das komplette Computernetz. Einiges, was wir finden, ist in folgender Tabelle zusammengefasst:

Computernetzwerk, Local Area Network (LAN)			
Netzwerkknoten (Network-Nodes)	Clients, Server, Drucker, Telefon, Router, Switches, ...	Netzwerkknoten sind alle Endpunkte in einem Netz, an dem Datenpakete gesendet, empfangen oder weitergeleitet werden.	
Netzwerkgeräte	Netzwerkkarte Switch Router Access Point	Sorgen für den Transport und das Weiterleiten der Daten vom Sender zum Empfänger – über Leitungen und Funk	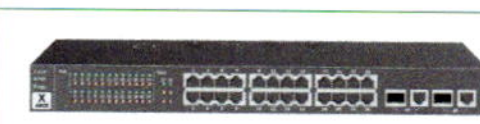

Computernetzwerk, Local Area Network (LAN)			
Adressen im Netzwerk	Host im Netzwerk	48-Bit MAC-Adresse (Interface-Adr.)	
	Interface am Host (z. B. Ethernet 1, WLAN)	32-Bit IPv4-Adresse 128-Bit IPv6-Adresse 32-Bit Subnetzmaske (trennt Netz- und Host-Anteil einer IP-Adresse)	
	Applikation auf dem Host (z. B. Webservice, E-Mail-Service)	16-Bit Portnummer	
Strukturierte Verkabelung	Verteiler Anschlussdosen Leitungen	Verteilerschränke mit 19 Zoll Breite zum Anschluss von Rechnern, Telefonen, Druckern und zum Verbinden von Verteilern, Dosen, Geräten	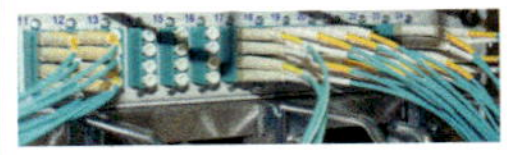
Netzwerk-Medien	Kupferleitungen Glasfaserleitungen Funk	Kabel verbinden Verteiler und Anschlussdosen; Leitungen bzw. Schnüre[1] zum Anschließen von Endgeräten und zum Patchen im Verteiler	
Topologie	„Landkarte" des Netzwerks; die Topologie beschreibt, wie die Leitungen verlegt werden und welchen Weg die Daten nehmen		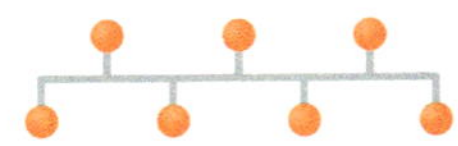
Netzwerk-Protokolle	TCP/IP, ARP UDP, DNS IP, DHCP etc.	Regeln zum Versenden und Empfangen von Daten	
Cloud Computing	Über das Netz (Internet) bereitgestellte IT-Infrastruktur wie Speicher, Rechenleistung, Anwendungsprogramme		

Kompetenzcheck ✓

1. Überlegen Sie in Partnerarbeit und erstellen Sie eine Sammlung von möglichen Nodes mit einer Beschreibung der Funktion im Netzwerk (Stichwortsammlung – die Lehrkraft sammelt die Vorschläge).

1 *Schnüre sind flexible Leitungen*

3.3.1 Funktionsweise von Rechnernetzen verstehen

S **Sie sollen die grundlegende Funktionsweise von Computernetzwerken und Datenaustausch verstehen, um darauf aufbauen zu können.**

(1) Datenübertragung und deren Kenngrößen

Die Informatik erzeugt und nutzt eine Unmenge an Daten – und laufend werden es mehr. Wir wollen auf Daten zurückgreifen, die nicht auf unserem Rechner gespeichert sind, wollen aber dazu keine langen Wartezeiten in Kauf nehmen. Daten, die am anderen Ende der Welt gespeichert sind, wollen wir nutzen, als ob sie lokal vorhanden wären. Diese Daten werden nicht auf Datenträgern, USB-Sticks oder DVDs per Post verschickt. Sie werden Bit für Bit nacheinander als physikalische Signale über Netzwerkmedien übertragen. Zusammen bilden sie ein Rechnernetzwerk.

Kenngrößen in der Datenübertragungstechnik		
Bezeichnung	**Einheit**	**Formel, Wert, Bemerkung**
Datenmenge D	Bit, Byte	Dateigröße
Zeit t	s, Sekunde	t
Datenübertragungsrate im Netzwerk C	Bit/s, bps oder Byte/s, B/s	$C = \text{Datenmenge pro Zeit} = \frac{D}{t}$
Geschwindigkeit v	km/h	$V = \text{Strecke pro Zeit} = \frac{s}{t}$
Signalgeschwindigkeit c	m/s, km/s	$c = \text{Übertragungsstrecke pro Zeit} = \frac{s}{t}$

! Ein Bit ist die kleinste Informationseinheit der IT. Es kann die Werte 0 und 1 enthalten. Das Formelzeichen ist Bit, bit oder b (z. B.: bit/s oder b/s oder bps jeweils für Bit pro Sekunde oder kb für kilobit, kib für kilo-binary). Ein Byte besteht aus 8 Bit (z. B.: 0101 1010).

Vorsicht!

Die Datenmenge wird meist als Binärpräfix mit 2-er-Potenz angegeben und nicht als Dezimalpräfix. Diese Bezeichnungen haben sich ergeben, da 2^{10} etwa dasselbe ergibt wie 10^3, was als Kilo eingeführt ist. Die 2-er-Potenzen sind immer etwas größer, sodass sich daraus eine Differenz zu den Dezimalpräfixen ergibt. Zur Unterscheidung wurden die Symbole und Namen angepasst. Sie heißen Kilobinary (kibi), Megabinary (mebi) usw.
Die folgende Tabelle stellt Binär und Dezimalpräfixe gegenüber.

Binärpräfix (Basis 2)				Dezimalpräfixe			
Symbol	**Name**	**Potenz**	**Wert**	**Symbol**	**Name**	**Potenz**	**Wert**
Ki	kibi	2^{10}	1.024	k	kilo	10^3	1.000
Mi	mebi	2^{20}	1.048.576	M	Mega	10^6	1.000.000
Gi	gibi	2^{30}	1.073.741.824	G	Giga	10^9	1.000.000.000
Ti	tebi	2^{40}	1.099.511.627.776	T	Terra	10^{12}	1.000.000.000.000

Signale auf Netzwerkmedien

Zur Datenübertragung werden verwendet:
- Elektrische Signale über Kupferleitungen
- Lichtsignale über Glasfaserleitungen
- Elektromagnetische Wellen (Strahlung) bei Drahtlosnetzwerken (z. B. WLAN/Wi-Fi, Bluetooth)

Jedes Haus und jede Wohnung verfügt heute über ein lokales Netzwerk (LAN, Local Area Network) mit Anschluss ans Internet. Unternehmen sind ohne LAN und Internet nicht mehr arbeitsfähig. Dieser Technik kommt also eine zentrale Bedeutung zu.

Rechnernetzwerke sind heute überall in unserem Leben vorhanden. Sie und durchdringen unser gesamtes Leben in (fast) allen Lebensbereichen – oft ohne unser Wissen. Das Netzwerk, welches alle LANs verbindet – und so praktisch alle Rechner der Welt miteinander verbindet –, ist das **Internet**.

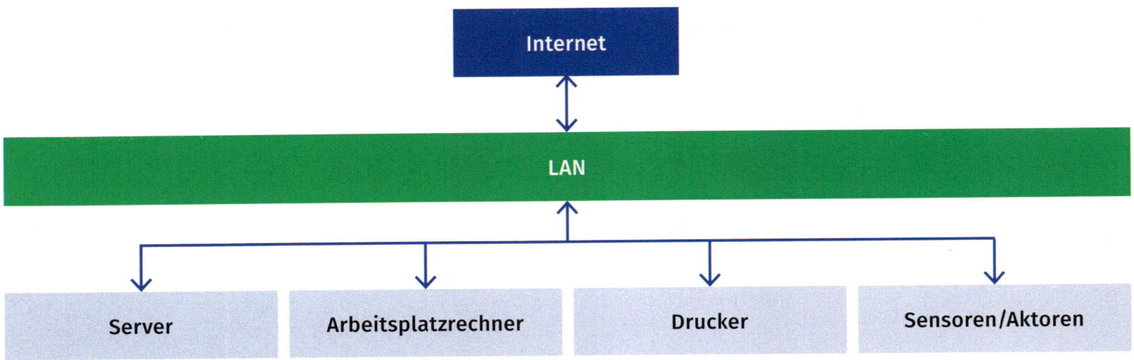

Rechner im Netzwerk sind nicht nur Arbeitsplatzrechner, Server oder Smartphones. Auch Sensoren (z. B. zum Messen von Temperatur, Füllstand) und Aktoren (z. B. zum Steuern von Rollladenantrieb, Pumpe, Lüftung) sind sog. Nodes (Knoten). Ein Netzwerkknoten ist jeder Teilnehmer am Rechnernetz, der Daten ins Netz sendet oder über das Netz abruft.

Datenübertragungsrate C berechnen

Wichtig für ein Übertragungsmedium ist der Durchsatz, ähnlich wie bei Autos pro Stunde auf einer Straße oder Litern pro Minute in einer Rohrleitung. Die Geschwindigkeit ist ebenfalls wichtig, ist aber nicht mit der Übertragungsrate zu verwechseln.

Der Durchsatz an Fahrzeugen hängt nicht nur vom Fahrzeug, sondern auch von der Straße ab.

Daten werden, wenn sie über ein Übertragungsmedium geschickt werden (Kupferleitung, Funk, Lichtwellenleiter etc.) codiert. Damit erreicht man ein Maximum an Datendurchsatz. Ein Beispiel aus der Personenbeförderung soll dies verdeutlichen. Man will 20 Menschen von A nach B befördern. Die Fahrzeit beträgt, unabhängig vom Fahrzeug, 10 Minuten. Ein Formel-1-Sportwagen kann nur eine Person befördern. Um 20 Personen zu befördern, würde man somit 20 Sportwagen benötigen, also 20 mal 10 Minuten. Ein Pkw kann fünf Personen zur gleichen Zeit transportieren.

Nach 4 Fuhren wären alle Personen am Ziel, also schon nach 40 Minuten. Ein Omnibus kann mit einer Fuhre alle Personen von A nach B transportieren. Damit wären nach 10 Minuten alle Personen am Ziel angekommen.

Dieses „Beförderungsvolumen pro Fahrt“ wird in der IT **Spektrale Effizienz** genannt. Diese gibt an, wie viele Bits pro Hertz Übertragungsbandbreite übertragen werden können. Die Codierung der Daten entspricht einem Vehikel zum Transport von Daten.

Die Begriffe „Datenrate“, „Bitrate“, „Datenübertragungsrate“, „Übertragungsrate“, „Datendurchsatz“, „Durchsatz (Throughput)“ oder „Kanalkapazität (Channel Capacity)“ werden synonym verwendet. In der Computertechnik ist das die Datenmenge D, die in einer bestimmten Zeit t über ein Medium transportiert werden kann. Das Formelzeichen für die Datendurchsatzrate ist C (das C steht für Capacity, also die Leitungsübertragungskapazität). Dabei ist es egal, ob es sich um den Datendurchsatz eines Festplatten-Interfaces handelt, eines Druckers oder eines Netzwerk-Interfaces. Besondere Vorsicht ist geboten, damit Bits und Bytes nicht verwechselt werden.

Datenübertragungsrate C

$$\text{Datenübertragungsrate } C = \frac{\text{Datenmenge}}{\text{Zeit}} = \frac{D}{t}$$ *in Bits pro Sekunde oder bit/s oder b/s oder bps, bzw. Byte/s oder B/s*

$$\text{Übertragungszeit } t = \frac{\text{Datenmenge}}{\text{Datenübertragungsrate}} = \frac{D}{C}$$ *in Sekunden*

Beispiel

Ein Film mit 1 GB Größe soll über eine Leitung mit C = 50 Mbit/s übertragen werden.
Wie lange dauert die Übertragung? Vorsicht: Bit und Byte sind zweierlei! 1 Byte sind 8 Bit!
Lösung: $D = 1\text{ GB} = 8\text{ Gbit} = 8 \cdot 10^9\text{ Bit}$
$C = 50\text{ MBit/s} = 50 \cdot 10^6\text{ b/s}$

Überschlagsrechnung (mit Dezimalpräfix):

$$t = \frac{D}{C} = \frac{8 \cdot 10^9\text{ b}}{50 \cdot 10^6\text{ b/s}} = \frac{8 \cdot 10^3}{50}\text{ s} = 160\text{ s (2 Minuten und 40 Sekunden)}$$

Korrekt mit Binärpräfix berechnet ergibt sich

$$t = \frac{8 \cdot 2^{23}\text{ b}}{50 \cdot 10^6\text{ b/s}} = 172\text{ s}$$

Die **Datenübertragungsrate** wird aber immer als **Dezimalpräfix** angegeben. 1 MBit/s sind wirklich 1 Million Bits pro Sekunde.

! Häufig spricht man in der IT von „Geschwindigkeit“, oft auch von „Bandbreite“, meint damit aber die Datenübertragungsrate. Um Missverständnisse zu vermeiden, muss man sich korrekt ausdrücken!

In der IT bezeichnet die Geschwindigkeit die Laufzeit, die ein Signal braucht, um eine bestimmte Strecke zurückzulegen. Diese Datenausbreitungsgeschwindigkeit (oder Signalgeschwindigkeit) liegt bei etwa zwei Drittel der Lichtgeschwindigkeit in Vakuum. Und das ist bei Glasfaser- und bei Kupferleitungen etwa gleich. Glasfaserleitungen haben keine höhere Signalgeschwindigkeit als Kupferleitungen, wohl aber eine höhere Datenübertragungsrate.

Heute sind in lokalen Netzen Datenübertragungsraten von 10 Mbit/s bis 100 Gbit/s verfügbar. „Normale“ Büroverkabelung erlaubt oft in älteren Installationen noch Übertragungsraten von 100 Mbit/s. Neuere

Verkabelung wird mit 1 Gbit/s oder 10 Gbit/s ausgelegt. Datenraten von 40 Gbit/s und 100 Gbit/s werden überwiegend in Rechenzentren eingesetzt. Verkabelung mit 10 Mbit/s ist nur noch sehr selten anzutreffen.

Datenübertragungsraten üblicher Schnittstellen		
Schnittstelle	**Übertragungsrate**	**Bemerkungen**
USB	12 Mbit/s bis 40 Gbit/s	von USB 1.0 bis USB 4.0
Thunderbolt	20 Gbit/s bis 40 Gbit/s	
ATA-1 bis ATA-7 (alte Bezeichnung IDE)	8,3 Mbyte/s bis 133 Mbyte/s	Paralleler Festplattenanschluss (veraltet)
SATA Express	8 Gbit/s, 16 Gbit/s	Serieller Festplattenanschluss
eSATA	6 Gbit/s	External SATA
Small Computer System Interface (SCSI)	5 Mbyte/s bis 320 Mbyte/s	Paralleler Bus für Massenspeicher und Peripheriegeräte
Serial Attached SCSI (SAS)	3 Gbit/s bis 22,5 Gbit/s	Serielle SCSI-Schnittstelle, Sternverkabelung
iSCSI (Internet SCSI)	Abhängig von der LAN-Technik	SCSI über Ethernet und ICP/IP, ermöglicht Blockzugriff (wie auf lokale Festplatten) auf entfernte Festplatten im lokalen Netzwerk oder im Internet.
FireWire	100 Mbit/s bis 3,2 Gbit/s	Externer Bus für Peripheriegeräte (veraltet), IEEE 1394
Fibre Channel (FC)	Bis 32 Gbit/s	Glasfaserverbindung zum Aufbau von Speichernetzwerken
Fibre Channel over Ethernet (FCoE)	Abhängig von der LAN-Technik	Fibre-Channel-Protokoll wird über Ethernet übertragen.
Ethernet/LAN	**10 Mbit/s bis 800 Gbit/s**	**Gängige Netzwerktechnologie (siehe Kapitel 3.3.3)**
DSL	384 kbit/s bis 250 Mbit/s	WAN-Anbindung über Telefon- oder Kabelfernsehnetz
V.24/RS232	Max. 115 kbit/s, typisch 9,6 kbit/s	Serielle PC-Schnittstelle

Die Tabelle zeigt die Datenübertragungsrate an der Schnittstelle. Durch Protokoll-Overhead, oder das Verwenden von entsprechenden Leitungscodes liegt die tatsächliche Übertragungsrate zum Teil wesentlich niedriger. Vorsicht: Manche Schnittstellen sind mit Bit/s, andere mit Byte/s (8 Bit = 1 Byte) angegeben.

(2) Übertragungsarten

Die Art und Weise, wie die Daten übertragen werden, ob in eine Richtung (nur Senden) oder in beide Richtungen (Senden und Empfangen), ob die Bits gleichzeitig über mehrere Leitungen oder nacheinander auf einer Leitung übertragen werden, fasst die folgende Tabelle kurz zusammen.

Übertragungsarten		
Typ	**Beschreibung**	**Bemerkungen/ Beispiel**
Seriell	Bits werden nacheinander übertragen	V.24-Schnittstelle, USB, SATA
Parallel	Mehrere Bits (z. B. 8, 16, 32) werden gleichzeitig übertragen	Druckerschnittstelle, PC-System-Busse

Übertragungsarten		
Typ	**Beschreibung**	**Bemerkungen/ Beispiel**
Simplex	Datenübertragung nur in eine Richtung	Rundfunk
Duplex	Datenübertragung in beide Richtungen	Websurfing
Halbduplex	Richtungsumschaltung, Übertragung immer nur in eine Richtung	Walkie-Talkie
Vollduplex	Datenübertragung in beide Richtungen gleichzeitig	Telefon
Multiplex	Mehrere Übertragungskanäle nutzen dasselbe Übertragungsmedium, dieselbe Leitung. Die wichtigsten Techniken sind: 1. Zeitmultiplex: Kanäle werden zu unterschiedlichen Zeiten das Medium 2. Frequenzmultiplex: Kanäle benutzen unterschiedliche Frequenzen zur selben Zeit 3. Wellenlängenmultiplex: LWL-Kanäle benutzen unterschiedliche Wellenlängen (Farben) zur selben Zeit	Mehrfachausnutzung von Netzwerkressourcen, mehrere Datenverbindungen nutzen gleichzeitig dasselbe Übertragungsmedium

(3) Adressierungsarten im Netzwerk

Wie ein Redner zu einem Einzelnen, zu einer Gruppe oder gar zu allen Anwesenden sprechen kann, so werden auch in der Netzwerktechnik mehrere Adressierungsarten unterschieden. Die folgende Tabelle fasst die vier Adressierungsarten zusammen.

Adressierungsarten im Netzwerk		
Typ	**Beschreibung**	**Bemerkungen/Beispiel**
Unicast	Ein Sender adressiert einen einzigen Empfänger.	Einzelansprache
Multicast	Ein Sender adressiert eine Menge (eine Gruppe) von Empfängern.	Sendung „an alle Router“, „an alle Mitglieder der Gruppe XY“
Broadcast	Ein Sender adressiert alle Stationen im gesamten Netz, Spezialfall von Multicast.	„an alle Stationen im Netz: wer hat die IP-Adresse 1.2.3.4 ?“
Anycast	Ein Sender adressiert einen unbestimmten Empfänger einer bestimmten Gruppe.	Wird unter anderem bei Lastverteilung angewendet – derjenige Server mit den meisten freien Kapazitäten beantwortet die Anfrage

Kompetenzcheck ✓

1 Was ist richtig, was ist falsch?
a) Datenübertragung über Kupferleitungen und Glasfaserleitungen sind etwa gleich schnell.
b) Die Datenrate bei Glasfaserleitungen ist teilweise wesentlich höher als bei Kupferleitungen.
c) Daten breiten sich auf einer Kupferleitung mit Lichtgeschwindigkeit aus.
d) Broadcast-Adressierung ist ein Spezialfall von Multicast-Adressierung.
e) Bei Anycast ist nicht klar, welcher Rechner wirklich angesprochen wird und antwortet.

2 Diskussion in Plenum: Wie hängen die Geschwindigkeit und der Durchsatz zusammen? Ist die Geschwindigkeit einer Netzwerkleitung zu beeinflussen? Wie unterscheiden sich bei diesen Überlegungen die Straßen und die Datenleitungen?

3 Wie groß ist der gesamte Datendurchsatz, wenn eine 100-Mbit/s-Verbindung mit Vollduplex oder Halbduplex verwendet wird?

4 Sie wollen eine 1 GByte große Datei auf Ihrer Festplatte speichern.
a) Wie lange dauert das Speichern, wenn die Datenrate der Festplatte 150 MByte/s beträgt?
b) Wie lange dauert das Speichern, wenn die Datenrate der SSD-Festplatte 450 MByte/s beträgt?
c) Wie lange dauert das Speichern dieser Datei auf verschiedene USB-Speicher (USB 2.0: 40 Mbit/s, 3.0: 300 Mbit/s)?

A1
5 Machen Sie in Aufgabe 1 der Lernsituation 2 den Laufzeit-Versuch aus dem Arbeitsbuch und dokumentieren Sie Ihre Beobachtungen.

A2
7 Führen Sie in Aufgabe 2 verschiedene Berechnungen für den Datentransfer durch.

3.3.2 Den Zugriff auf die Netzwerkmedien verstehen

S **Sie wollen wissen, wie der Zugriff auf das Netzwerkmedium geregelt wird, damit sich die Stationen nicht gegenseitig stören.**

Ein Netzwerkmedium dient zum Übertragen von Daten über gewisse Distanzen. Es befindet sich als „Träger" der Daten zwischen Sender und Empfänger. Geräte, die senden und empfangen können, werden Transceiver genannt.

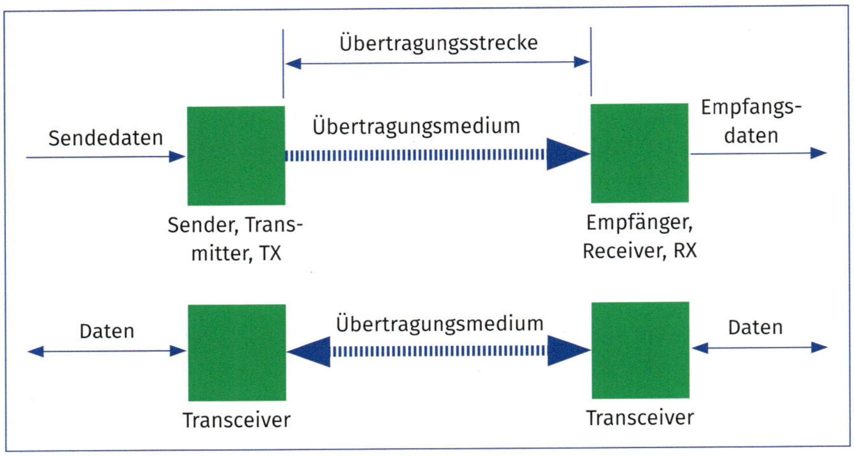

Einteilung der Netzwerkmedien	
Leitungsgebunden	• Kupferleitung • Lichtwellenleiter (LWL)
Nicht leitungsgebunden	• Funk (WLAN, Richtfunk,...) • Optische Übertragung (infrarot, LiFi)

Wenn zwei Stationen gleichzeitig ihre Daten auf ein Netzwerkmedium schicken, dann überlagern sich diese und werden für alle Stationen unverständlich. Man nennt dies eine **Kollision**. Es gibt mehrere Möglichkeiten, den Zugriff so zu regeln, dass immer nur eine Station sendet.

! Eine zentrale Grundregel beim Medienzugriff bei Ethernet lautet: Listen Before Talk (LBT) – Erst hören – dann sprechen!

Medienzugriffsverfahren	
Verfahren	**Beschreibung**
Zentrale Steuerung	Zentrale Station erteilt Sendeerlaubnis an die angeschlossenen Stationen → Einsatz in Funknetzen (WLAN) durch RTS/CTS-Pakete (RTS = Request to Send = Sendeanfrage und CTS = Clear to Send = Sendeerlaubnis)

<table>
<tr><th colspan="3">Medienzugriffsverfahren</th></tr>
<tr><th colspan="2">Verfahren</th><th>Beschreibung</th></tr>
<tr><td rowspan="3">Dezentrale Steuerung</td><td>Carrier Sense Multiple Access/Collision Detection (CSMA/CD)</td><td>
<ul>
<li>Carrier Sense (Trägererkennung) bedeutet, das Abhören des Mediums, ob es frei ist</li>
<li>Multiple Access (Mehrfachzugriff) bedeutet, dass mehrere auf dieses Medium zugreifen können</li>
<li>Collision Detection (Kollisionserkennung); dabei wird während des Sendens überprüft, ob eine andere Station dazwischen sendet und es damit eine (Daten-)Kollision gibt.</li>
</ul>
→ Einsatz bei Ethernet
Wenn das Medium frei ist, wird die Mindestzeit zwischen zwei Frames (IFS = Inter Frame Space) abgewartet. Dann wird das Senden gestartet. Dabei wird laufend auf Kollisionen kontrolliert. Bei Kollision wird die Sendung abgebrochen und der Vorgang startet neu.
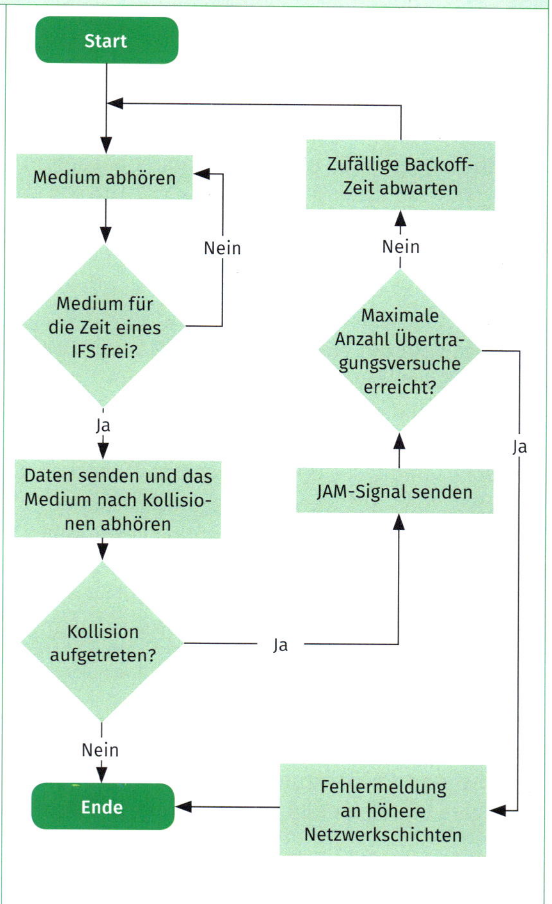

</td></tr>
<tr><td>Carrier Sense Multiple Access/Collision Avoidance (CSMA/CA)</td><td>Kollisionsverhinderung durch Abhören des Mediums und anschließendes Abwarten einer bestimmten Zeit vor dem Senden
→ Einsatz in Funknetzen (WLAN)</td></tr>
<tr><td>Token Passing</td><td>Der Token ist die Sendeerlaubnis. Diejenige Station, die den Token hat, darf <u>ein einzelnes</u> Paket verschicken und muss den Token anschließend an eine andere Station weitergeben. Sie bekommt den Sendetoken erst wieder, wenn jede andere Station den Token hatte.
→ Einsatz bei Tokenring (veraltet) und Glasfaserringen</td></tr>
</table>

Kompetenzcheck ✓

1. Wie heißt das heute allgemein übliche Verfahren des Medienzugriffs bei LAN und wie bei WLAN? Nennen Sie die Abkürzung und die ausgeschriebene Bezeichnung. Welcher Grundsatz liegt beiden zugrunde?

2. Bearbeiten Sie Aufgabe 3 der Lernsituation 2 zum Medienzugriff im Arbeitsbuch.

A3

3.3.3 Ethernet als Netzwerkstandard verwenden

S Sie sollen die Grundlagen von Ethernet verstehen, um es zu verwenden.

Die heute vorherrschende Technologie in lokalen Netzwerken ist das Ethernet. Es hat sich wegen seiner Einfachheit gegenüber anderen Techniken durchgesetzt und diese vollständig vom Markt verdrängt. Ethernet ist skalierbar und abwärtskompatibel. Das heißt, dass neuere Geräte auch mit älteren Ethernet-Verkabelungen und -Geräten zusammenarbeiten.

Die ersten Ethernet-Implementierungen waren als Bus-Topologie mit Koaxialleitungen und 10 MBit/s realisiert. Diese waren fast 20 Jahre im Einsatz, sind aber seit der Jahrtausendwende durch Twisted-Pair-Leitungen (TP) ersetzt worden.

Ethernet geht auf eine Entwicklung an der Universität von Hawaii zurück (Aloha-Net) und wurde erstmals 1980 in der Version 1 definiert. Es war ursprünglich ein LAN-Standard mit anfänglich 1 Mbit/s Übertragungsrate. Ethernet umfasst die Software (Netzwerkprotokolle) sowie Hardware (Leitungen, Steckverbinder, Netzwerkkarten und -geräte). Es ist die Basis, auf der andere Netzwerktechniken aufsetzen. Das bekannte TCP/IP basiert in LANs auf dem Ethernet-Standard.

Heutige übliche Übertragungsraten reichen von 10 MBit/s bis 100 Gbit/s. Neuere Entwicklungen definieren Datenraten von bis zu 400 Gbit/s. Standard in heutigen Verkabelungen sind 1 Gbit/s oder 10 Gbit/s über Twisted-Pair-Leitungen aus Kupfer. Für die meisten Datenraten gibt es Lichtwellenleiter und Kupferlösungen. Die maximale Leitungslänge bei Kupferleitungen beträgt in der Regel 100 m.

Ethernet definiert die hardwarenahe Kommunikation (siehe Kapitel 3.4.7) auf den OSI-Schichten 1 und 2.

(1) Ethernet-Frame-Aufbau

Daten, die über ein Netzwerk verschickt werden, werden nicht als kontinuierlicher Datenstrom (so wie eine Radiosendung) übertragen. Eine gewisse Anzahl von Daten wird zusammengefasst und als Datenpaket verschickt. Die Daten, die über ein Ethernet verschickt werden, werden in einen Frame, einen Rahmen, eingepackt. Der Frame wird Bit für Bit, seriell, von links nach rechts, über die Leitung übertragen. Der Frame startet mit einem Synchronisationssignal, der Preamble. Die Empfänger stellen sich dadurch auf die Übertragungsrate ein, sodass sie jedes Bit zeitgenau einlesen können.

Takt/ Synchronisation	Ziel-Interface-Adresse	Absender-Interface-Adresse	Typ/ Länge	Nutzdaten (min. 46 Byte, max. 1 500 Byte)	Prüfsumme
8 Byte	6 Byte	6 Byte	2 Byte	46 Byte ... 1 500 Byte	4 Byte

Nach der Synchronisation wird die Adresse des Interfaces übertragen, welches die Daten empfangen soll (siehe hierzu Kapitel 3.4.6). Dies ist die Adresse der Netzwerkkarte des Zielrechners. Nach der Zieladresse folgt die Absenderadresse. Im Typ-Feld wird angegeben, von welchem Typ die folgenden Nutzdaten sind. Wird als Nutzdaten beispielsweise ein IPv4-Paket übertragen, so steht hier die Kennung 0x0800[1], bei IPv6 steht hier 0x86dd. Die Nutzdaten müssen mindestens 46 Byte groß sein. Die maximale Größe beträgt

1 *Es handelt sich hier um eine Hexadezimalzahl, gekennzeichnet mit dem vorangestellten 0x, alternative Schreibweise 0800$_{hex}$, entsprechend dem Bitmuster 0000‘1000‘0000‘0000*

1 500 Byte. Die maximale Nutzdatengröße wird als Maximum Transmission Unit (MTU) bezeichnet. Eine Prüfsumme „rahmt" die Daten ein und bildet das Ende des Frames. Die Prüfsumme dient dem Erkennen von Übertragungsfehlern.

Die Interface-Adresse wird MAC-Adresse genannt (für Media Access Control) und besteht aus 48 Bit, bzw. 6 Byte (siehe auch Kapitel 3.4.7).

Interfaceadressen und Type bilden den Protokollkopf oder Header. Zusammen mit der Prüfsumme werden 18 Byte als „Protokolloverhead" beansprucht. Die aktuelle Version ist **Ethernet II** und stammt aus dem Jahr 1982. Das Feld „Typ" gibt an, welches Protokoll mit Ethernet verschickt wird. Der kleinste Wert ist 0x0800. Es gibt noch eine andere Ethernetnorm: **Ethernet 802.3.** Bei diesen Frames wird das Typfeld als Längenfeld interpretiert.

(2) Ethernet-Frame-Aufbau mit VLAN-Erweiterung

Werden VLANs eingesetzt, so wird der Frame um den VLAN-Tag erweitert.

Takt/ Synchronisation	Ziel-Interface-Adresse	Absender-Interface-Adresse	VLAN-Tag	Typ	Nutzdaten (min. 46 Byte, max. 1 500 Byte)	Prüfsumme
8 Byte	6 Byte	6 Byte	4 Byte	2 Byte	46 Byte ... 1 500 Byte	4 Byte

VLAN-Tag			
TPID	**Prio**	**CF/DEI**	**VLAN-ID**
2 Byte Inhalt 0x8100	3 Bit	1 B	12 Bit
1000'0001'0000'0000	PPP	1	xxxx'xxxx'xxxx

Der VLAN-Tag beginnt mit der Zahlenfolge 0x8100. Dies ist sozusagen der „Spezialtyp" für VLANs. Die VLANs können unterschiedlich priorisiert werden. Sprachdaten von einem Telefon-VLAN können beispielsweise bevorzugt transportiert werden, wogegen E-Mails eine niedrige Priorität bekommen können. Das CF (Cannonical Flag) wurde früher bei Tokenring-Netzwerken benutzt. Da es keine Tokenringe mehr gibt, wird das Bit nun als Drop Eligible Indicator (DEI) verwendet. Es kann in Verbindung mit der Priorität als Kennzeichen benutzt werden, um bei Datenstau Frames zu verwerfen (to drop = fallen lassen). Die 12-Bit große VLAN-ID ist die eigentliche Zuweisung eines Frames zu einem VLAN. Damit sind 2^{12} VLANs unterscheidbar.

Kompetenzcheck ✓

1. Wie viele Prioritätsstufen sind bei VLAN möglich?
2. Bearbeiten Sie Aufgabe 4 der Lernsituation 2 im Arbeitsbuch zum Thema „Ethernet" (auch in Gruppenarbeit möglich). A4

3.3.4 TCP/IP als Netzwerkstandard verwenden

S Sie sollen die Grundzüge des heutigen Standards TCP/IP verstehen.

TCP/IP ist eine Protokollsuite – eine Sammlung mehrerer Netzwerkprotokolle. Die wichtigsten sind Transmission Control Protocol (TCP) und Internet Protocol (IP). Diese Protokolle nutzen das darunter liegende Ethernet. Anders ausgedrückt, Ethernet transportiert als Nutzdaten die TCP/IP-Protokolle.

TCP/IP-Protokolle	
Internet-Protocol (IP)	• IP-Adressen adressieren Netzwerke und Rechner, IP-Pakete werden anhand der IP-Adresse durch Netzwerke geroutet. • IP ist unabhängig von der verwendeten Übertragungstechnik. • IP ist verbindungslos, ohne Quittung oder Rückmeldung.
Transmission Control Protocol (TCP)	• TCP-Adressen (TCP-Ports) adressieren Applikationen. • TCP ist unabhängig von der verwendeten Übertragungstechnik. • TCP ist verbindungsorientiert, vor der Datenübertragung wird eine Verbindung zwischen den Kommunikationspartnern aufgebaut und gehalten. • TCP-Übertragung ist sicher – Zustellung wird überprüft und quittiert, fehlende Datensegmente nachgeliefert. • TCP steuert den Datenfluss, greift zur Stauverhinderung (Congestion Control) ein.
User Datagram Protocol (UDP)	• UDP-Adressen (UDP-Ports) adressieren Applikationen. • UDP-Übertragung ist unsicher – Zustellung wird nicht überprüft, nicht quittiert, fehlende Datensegmente nicht nachgeliefert. • UDP-Daten werden als Datenstrom gesendet. • UDP-Header ist kleiner, einfacher als der TCP-Header → weniger Protokolloverhead und schnellere Auslieferung. • Anwendung bei Multicast. • UDP machte keine Datenflusssteuerung, keine Stauverhinderung (Congestion Control) • UDP ist unabhängig von der verwendeten Übertragungstechnik • UDP ist verbindungslos

Mit einer IP-Adresse und einem TCP- oder UDP-Port wird ein Rechner und eine darauf laufende Applikation weltweit eindeutig adressiert. Dieses Paar von Adressen bezeichnet man als **Socket**.

Bei einer Kommunikation zweier Rechner sendet der Absender seine Quell-IP und den Quell-Port seiner Anwendung an die Ziel-IP und den Ziel-Port des Zielrechners. Es sind also zwei Sockets für eine Kommunikation notwendig.

Bei den Ports handelt es sich um eine 16 Bit große Zahl. Die ersten 1 024 Ports (0 bis 1 023) nennt man die „Well-known Ports". Port-Adressen zwischen 1 024 und 49 151 sind „Registered Ports". Diesen Ports sind bereits Anwendungen zugeordnet. Die Ports darüber sind frei verwendbar.

Bekannte Portnummern sind z. B. Port 80 für Webanwendungen mit HTTP oder Port 443 für HTTPs. Eine ausführlichere Liste findet sich in Kapitel 3.4.7 (4).

Kompetenzcheck ✓

1. Was ist richtig, was ist falsch?
   a) Ports adressieren Anwendungen auf einem Rechner.
   b) IP-Adressen adressieren einen Rechner.
   c) IP-Adressen adressieren ein Netzwerk.
   d) Datenübertragung über TCP ist sicher gegen Datenverlust und Übertragungsfehler.
   e) UDP sichert die Datenübertragung.

2. Um was für eine Art der Datenübertragung handelt es sich, wenn TCP-Port 80 verwendet wird?

3. Erstellen Sie eine Liste von Netzwerkanwendungen und suchen Sie die TCP- oder UDP-Ports, die hierbei verwendet werden.

A5
4. Bearbeiten Sie die Liste der Netzanwendungen in Aufgabe 5 der Lernsituation 2 im Arbeitsbuch.

3.4 Netzwerkstrukturen, -komponenten, -standards und -modelle unterscheiden

S **Sie erhalten einen Überblick über die Strukturen im Netzwerk. Sie lernen die Komponenten kennen und unterscheiden die wichtigsten Standards, die in Netzwerken angewendet werden.**

Man verschafft sich am einfachsten einen Überblick über das Netzwerk, wenn man das Netzwerk besichtigt. Dabei können Sie an Ihrem Arbeitsplatz beginnen und Netzwerk-Anschlussdosen, Leitungen und die Verteilerschränke suchen.

3.4.1 Netzwerktopologien unterscheiden

S **Sie wollen wissen, welche Netzwerktopologien es gibt und welche heute gebräuchlich sind.**

Topologie

Unter Topologie versteht man in der Netzwerktechnik die Art und Weise, wie Leitungen physisch verlegt werden. Topologie ist die „Landkarte" des Netzes.

Man unterscheidet zwischen physischer (oder physikalischer) und logischer Topologie.
- Die **physische Topologie** ist die Art und Weise, wie die Leitungen liegen und miteinander verschaltet sind.
- Die **logische Topologie** betrachtet den tatsächlichen Datenfluss zwischen den Geräten.

Netzwerktopologien		
Stern (Star)	Von einem Sternmittelpunkt aus gehen sternförmig die Leitungen zu den Endpunkten.	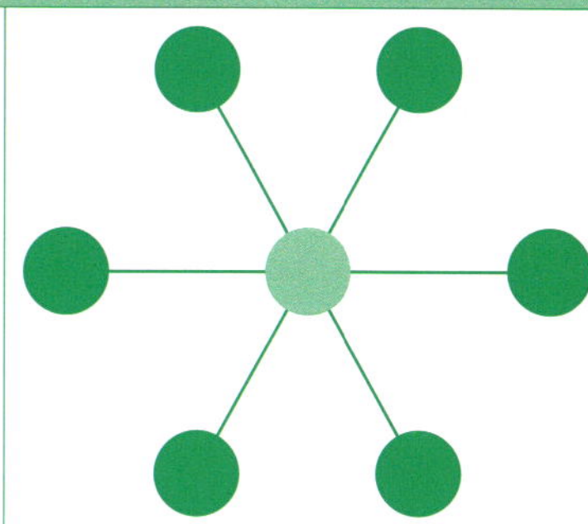
Erweiterter Stern (Extended Star) oder auch Baum	Der Endpunkt eines Sterns ist wiederum Mittelpunkt eines weiteren Sterns; üblich sind bei LANs drei Ebenen. **Standard in heutigen Verkabelungen!**	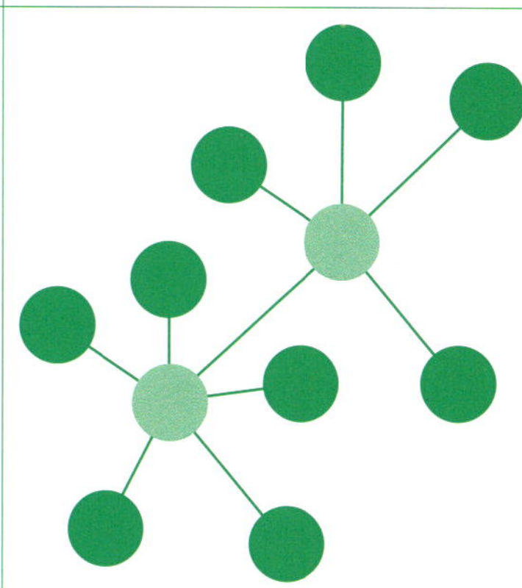

Netzwerktopologien		
Vollständige Masche (Complete Mesh)	Jede Station ist mit jeder anderen verbunden; sehr hohe Ausfallsicherheit durch sehr hohe Redundanz[1], aber sehr aufwendig.	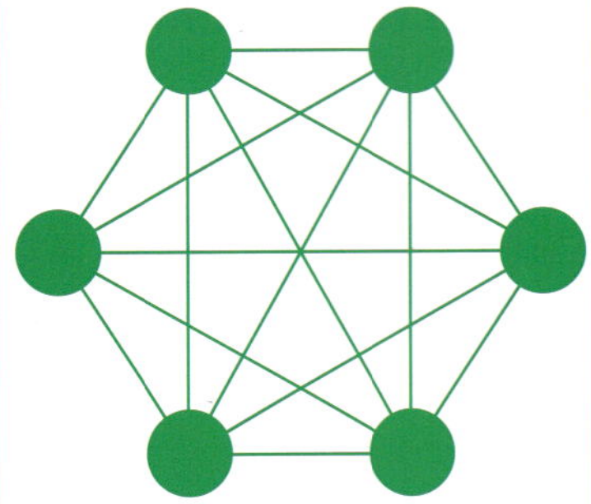
Unvollständige Masche (Incomplete Mesh)	Alle wichtigen Stationen sind mehrfach mit anderen Stationen verbunden; ausfallsichere Netze durch Redundanz; erweiterter Stern mit Querverbindungen ergibt unvollständige Masche.	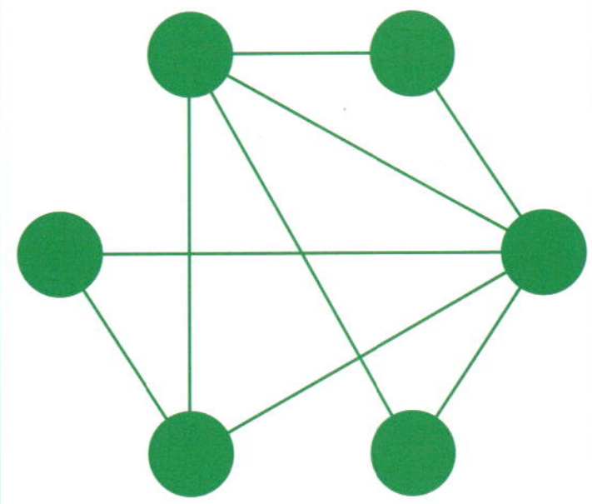
Zelle (Cell)	Funkzellen decken bestimmte Bereiche mit Funkwellen ab, z. B. WLAN, Bluetooth, Mobilfunk.	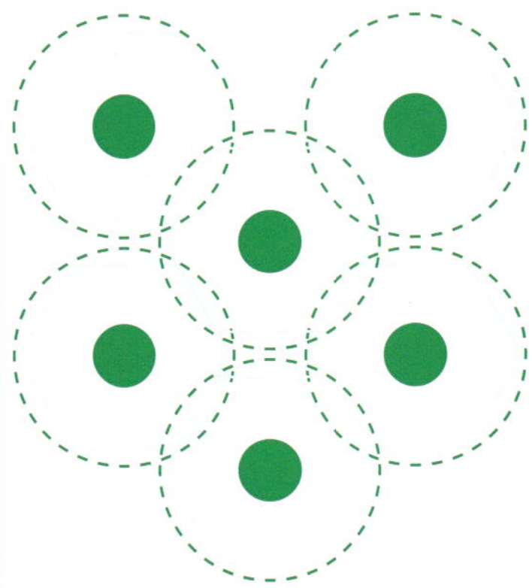
Punkt-zu-Punkt (Point-to-Point, P2P)	Verbindung von nur zwei Stationen.	
Bus	Alle Stationen sind parallel auf einer gemeinsamen Leitung. In LANs nicht mehr üblich.	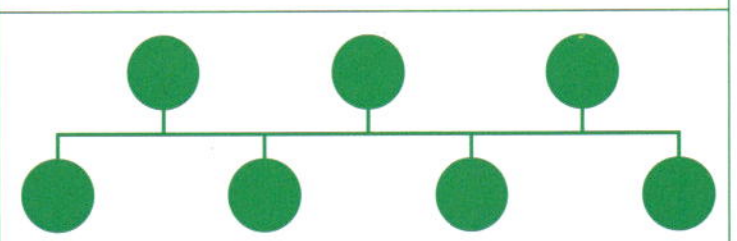
Ring	Jede Station hat eine Vorgängerstation und eine Nachfolgerstation. Daten werden nur in einer Richtung verschickt; Vorteil: sichere Datenübertragung, berechenbare Wartezeit, bis gesendet werden darf; Nachteil: etwas schwieriger Aufbau und schwierige Fehlersuche.	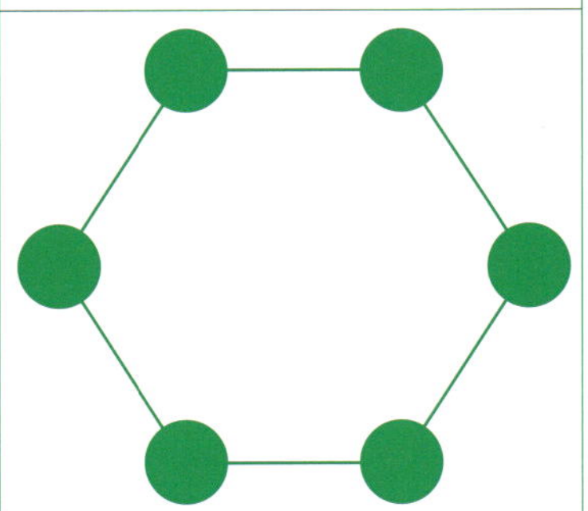

1 *Redundanz von redundare = mehrfach vorhanden sein*

Kompetenzcheck ✓

1. Was ist richtig, was ist falsch?
   a) Der Ring ist die vorherrschende Topologie im LAN.
   b) Die Fehlersuche ist bei der Bus-Topologie besonders leicht.
   c) Aus Gründen der Ausfallsicherheit ist eine Maschentopologie am besten.
   d) Die Fehlersuche ist bei der Sterntopologie besonders leicht.
   e) Bus-Verkabelungen trifft man in bestehenden Verkabelungen an.
   f) In Zellnetzen ist die Fehlersuche sehr einfach.
   g) Der Stern ist die vorherrschende Topologie im LAN.

2. Analysieren Sie mit Aufgabe 6 der Lernsituation 2 im Arbeitsbuch die zeitgemäßen Netzwerktopologien.

A6

3.4.2 Strukturierte Verkabelung herstellen

S Sie sollen wissen, wie eine strukturierte Verkabelung aufgebaut ist.

Eine universelle Gebäudeverkabelung, auch anwendungsneutrale Kommunikationsverkabelung oder strukturierte Verkabelung genannt, gliedert sich in drei Bereiche. Nach jahrzehntelangem „Wildwuchs" bei der Telefonverkabelung in großen Gebäuden von Unternehmen, Behörden, Hotels oder Krankenhäusern hat man gelernt, dass man dies bei der Netzwerkverkabelung besser machen muss. Klare Strukturen helfen, sich in einer Verkabelung zurechtzufinden. Des Weiteren ist aufgefallen, dass mehrere Verkabelungen (z. B. Telefon, Feuer-/Rauchmelder, Rundfunk/Fernsehen) teilweise deckungsgleich übereinander liegen. Also ist es sinnvoll, mehrere Leitungsdienste zusammenzulegen.

Schematischer Verkabelungsplan eines Betriebsgeländes

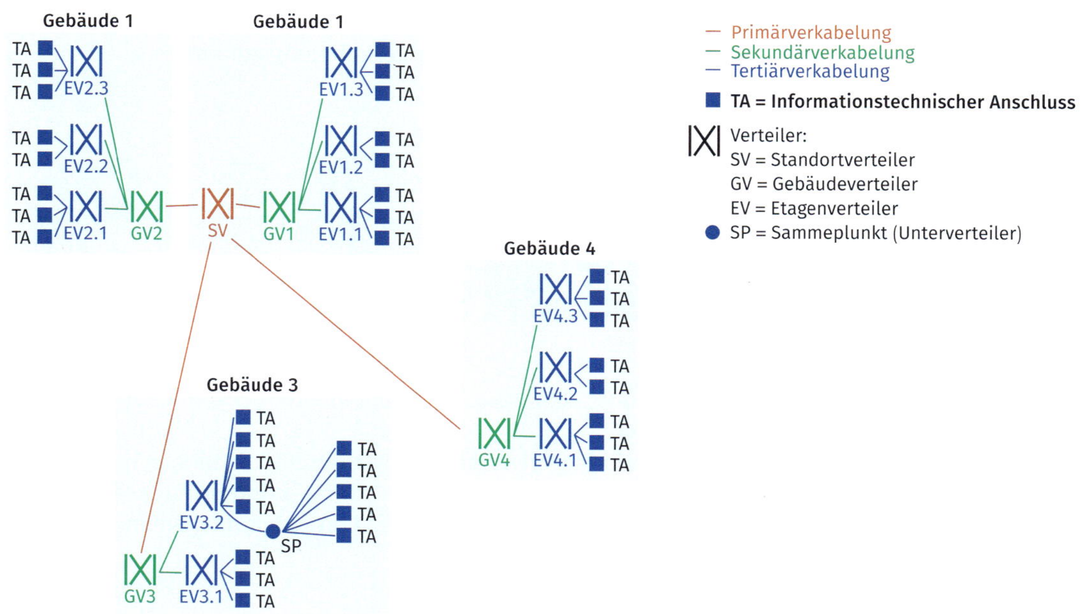

Heraus kam eine Norm zur „strukturierten dienstneutralen Gebäudeverkabelung", die universelle Gebäudeverkabelung (UGV). Das heißt, über eine einzige Verkabelung wird telefoniert, ferngesehen und werden Daten ausgetauscht. Diese Verkabelung ist in mehreren Normen festgelegt: der EU-Norm EN 50173 („Anwendungsneutrale Kommunikationskabelanlage"), ISO/IEC 11801 und der US-Norm TIA 568A/B.

Kommunikationskabelanlage

Primärverkabelung (erste Verkabelungsebene, auch Flächenverkabelung genannt)
Im Zentrum befindet sich der Standortverteiler (SV). Von hier aus gehen sternförmig die Leitungen in alle anderen Gebäude auf dem Betriebsgelände. Sie enden am Gebäudeverteiler (GV) eines jeden Gebäudes. Hier werden zumeist Lichtwellenleiter verwendet, da diese einen hohen Datendurchsatz aufweisen und größere Distanzen überbrückt werden können.
Leitungen gehen sternförmig vom Standortverteiler zu den Gebäudeverteilern.

Standortverteiler (SV)

Sekundärverkabelung (zweite Verkabelungsebene, auch Vertikalverkabelung oder Steigleitungsbereich genannt)
Ausgehend vom Gebäudeverteiler eines jeden Gebäudes gehen sternförmig die Leitungen in alle Stockwerke oder Gebäudeteile einer Ebene. Sie enden jeweils am Etagenverteiler (EV). Hier werden meist Lichtwellenleiter und Kupferleitungen verwendet. Leitungen gehen sternförmig von jedem Gebäudeverteiler zu den Etagenverteilern.

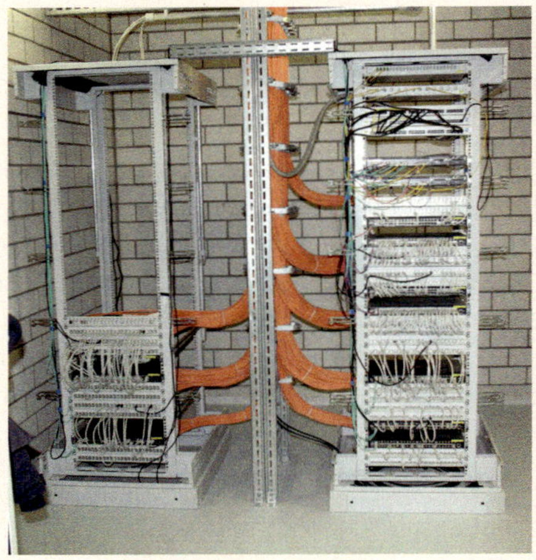

Gebäudeverteiler mit Etagenverteiler

Tertiärverkabelung (dritte Verkabelungsebene, Horizontalverkabelung genannt)
Ausgehend von jedem Etagenverteiler EV gehen die Leitungen sternförmig in alle Zimmer der Etage und enden dort am informationstechnischen Anschluss (TA), also der Wanddose. Hier werden zumeist Kupferleitung verwendet.

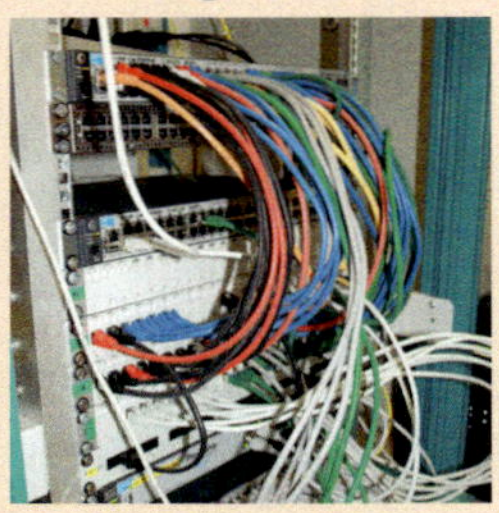

Etagenverteiler

Netzwerk-Anschlussdose, TA

In Fällen, bei denen ein sehr hoher Datendurchsatz erforderlich ist, kann auch Lichtwellenleiter bis zum Endgerät verwendet werden (FTTD, Fibre to the Desk).
Faustformel: Pro 1 000 m² Fläche wird ein Etagenverteiler verwendet. Es können auch mehrere Etagen an einen Etagenverteiler angeschlossen werden, wenn wenige **informationstechnische Anschlüsse anzuschließen sind.** Leitungen gehen sternförmig von jedem Etagentverteiler zu den technischen Anschlüssen (TA).

Dieses Verkabelungsschema beschreibt die passive Verkabelung eines Netzes, also nicht die aktiven Komponenten. Switches, Router usw. zählen nicht zur Verkabelung. Diese Bauteile werden in die Verteilerschränke eingebaut und bei Bedarf auch ersetzt. Sie zählen nicht zur Verkabelung. Insgesamt ergibt sich also die Gesamttopologie als erweiterter Stern (Extended Star) über drei Ebenen.

> **!** Als Ausfallsicherung werden zusätzlich Querverbindungen auf derselben Ebene eingebaut. Sowohl Gebäude als auch Etagen werden untereinander zusätzlich verbunden. Als Gesamttopologie ergibt sich damit eine unvollständige Masche (Incomplete Mesh), da jeder Verteiler mehrfach angefahren wird.

Die meisten Verteiler sind 19-Zoll-Schränke[1]. Darin sind Patchpanels verbaut. An jeder Buchse eines Patchpanels endet eine Leitung. Die 19-Zoll-Verteilerschränke bieten genügend Platz, um die aktiven Komponenten fürs Netzwerk, aber auch Telefonanlagen und andere Geräte unterzubringen.

Mit Patch-Schnüren (Patch-Leitungen) wird die Verbindung von einem Switchport (oder Router) auf eine Netzwerkdose hergestellt. Dieses Verbinden von Anschlüssen nennt man rangieren oder „patchen".

Unterverteiler sind nach Norm nicht vorgesehen. Eine Ausnahme ist laut Norm erlaubt: Auf der dritten Ebene darf ein informationstechnischer Anschluss (TA) als Sammelpunkt fungieren. An diesen werden dann innerhalb des Raumes weitere informationstechnische Anschlüsse angeschlossen. Dies wird gemacht, wenn beispielsweise in einem Schulungsraum sehr viele Rechner stehen und man nicht für jeden Rechner eine Leitung zum Etagenverteiler verlegen möchte. Dann wird der Raum nur mit wenigen informationstechnischen Anschlüssen angefahren.

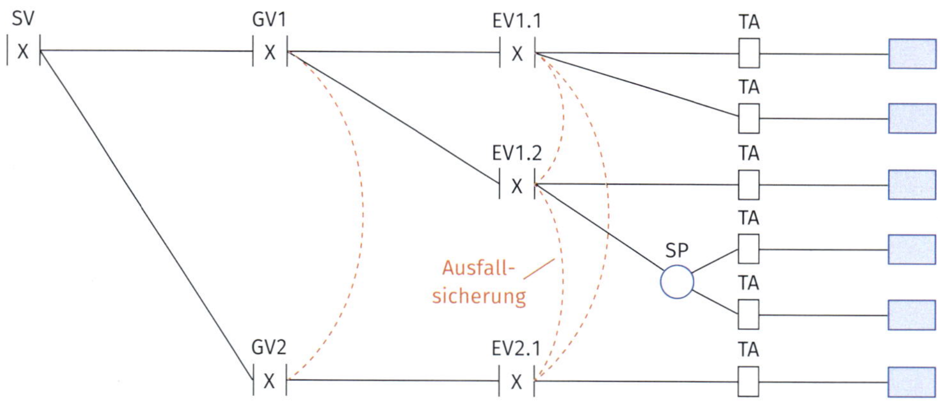

3-stufige Verkabelungshierarchie

Die Festverkabelung zwischen Verteiler-Patchfeld und informationstechnischem Anschluss (TA) wird Permanent Link genannt. Die gesamte Strecke vom Switch bis zum Endgerät nennt man Channel Link. Dieser umfasst auch die Anschlussschnüre vom Switch zum Patchfeld und von der Anschlussdose (TA) zum Endgerät. Die Leitungslänge für den Channel Link darf 100 m nicht überschreiten. Die maximale Leitungslänge für den Permanent Link ist mit 90 m definiert.

In kleinen bis normal großen Zimmern sind die Dosen meist an der Wand installiert. In Großraumbüros werden die Anschlüsse im Boden versenkt (sog. Bodentanks).

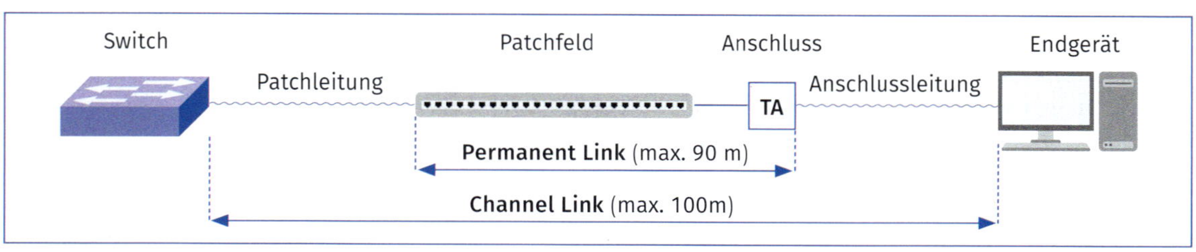

1 *19 Zoll entsprechen 48,3 cm, dies ist das Standardmaß für die Breite von Schaltschaltschränken (Racks) aller Art. 1 Zoll oder 1 inch entspricht 25,4 mm.*

! Doppel- oder Dreifachdosen sind Einfachdosen vorzuziehen, da der Installationsaufwand geringer ist.

(1) Beschriftung von Dosen und Verteilern

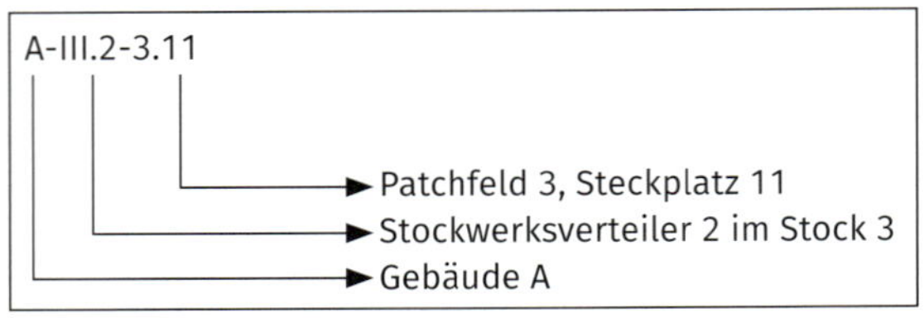

Um sich in einer Verkabelung zurechtzufinden, ist eine Dokumentation notwendig. Dazu zeichnet man in Lagepläne der Gebäude möglichst genau die Lage der Dosen, der Leitungen und Verteiler ein.

Je nach Größe des Unternehmens bzw. des Betriebsgeländes werden alle Gebäude eindeutig gekennzeichnet. Oft nimmt man dazu Buchstaben. Die Stockwerke in jedem Gebäude werden auch eindeutig gekennzeichnet. Am besten beginnt man mit 0 im Erdgeschoss. Das erste Obergeschoss bekommt dann die Nummer 1. Dies verhindert Fehler beim Durchzählen, die entstehen können, wenn man im Erdgeschoss mit 1 beginnen würde. Sind mehrere Verteiler in einem Stockwerk vorhanden, so werden sie indiziert. III.2 bedeutet dann: dritter Stock, zweiter Verteiler. Diese Nummern werden an den Dosen angebracht. Man sieht der Dose somit an, an welchem Verteiler und an welchem Patchfeld diese Dose aufgelegt ist. Am Verteiler gibt es meist keine Kennzeichnung, wo die Dosen des Patch-Feldes enden. Hier hilft nur eine Liste mit Patchfeld bzw. Portnummer und Zimmernummer. Wenn verschiedene Leitungen bei der Installation verwendet wurden, ist es hilfreich, wenn der Leitungstyp auch vermerkt ist.

! Grundrisspläne mit nummerierten Zimmern, in die Leitungen, Dosen und Verteiler eingezeichnet sind, gehören in jeden Verteiler. Ein Schnellhefter mit diesen Plänen und den Listen sollte Standard sein.

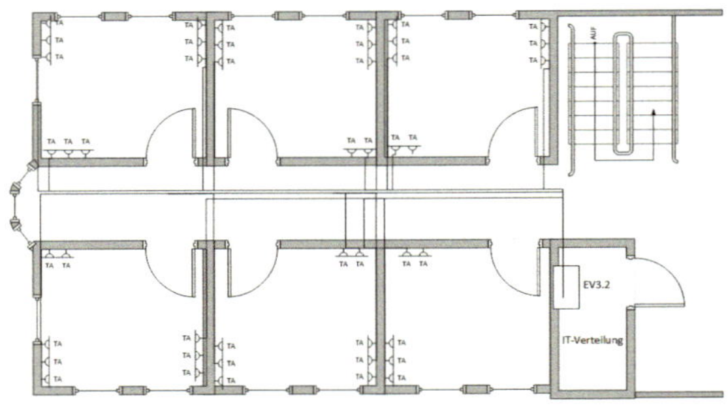

Netzwerk-Dokumentation Verteiler A-III		
Patchpanel-Nr. und Port-Nr.	**Leitungstyp**	**Zimmer**
3.1	CAT6	12
3.2	CAT6	12
3.3	CAT5e	12
3.4	CAT5e	12
3.5	CAT6a	13
...		...

(2) Netzwerkmedien

Als Medien werden überwiegend Kupferleitungen als verdrillte Adernpaare und Lichtwellenleiter verwendet. Genau genommen kann man Funkwellen wie beispielsweise von Bluetooth und WLAN auch als Medium bezeichnen. Funkwellen benötigen keine Leitung, sie breiten sich frei im Raum aus (siehe hierzu auch Kapitel 3.7.2).

(3) Komponentenkategorien und Verkabelungsklassen

Netzwerkkomponenten (Leitungen, Dosen, Patchpanels) sind in Kategorien eingeteilt. Je nach Kategorie lassen sich unterschiedliche Datenübertragungsraten realisieren. Die Kategorie bestimmt die Bandbreite des Signals, welches übertragen werden kann. Je höher die übertragbare Frequenz, desto höher die Datendurchsatzrate.

Netzwerkkategorien und Klassen			
Kategorie (nach ISO/IEC)	**Bandbreite**	**Verkabelungsklasse (nach ISO/IEC)**	**Einsatzgebiete**
Kategorie 5	bis 100 MHz	Klasse D	für Datenraten bis 100 Mbit/s
Kategorie 5e	bis 100 MHz	Klasse D	für Datenraten bis 1 Gbit/s
Kategorie 6	bis 250 MHz	Klasse E	für Datenraten bis 10 Gbit/s
Kategorie 6_A	bis 500 MHz	Klasse E_A	für Datenraten bis 10 Gbit/s
Kategorie 7	bis 600 MHz	Klasse F	für Multimedia-Anwendungen
Kategorie 7_A	bis 1000 MHz	Klasse F_A	für Multimedia-Anwendungen
Kategorie 8	bis 2000 MHz	Klasse G	25 GBase-T und 40 GBase-T

Um die Qualität einer Verkabelung qualitativ zu bestimmen, wird jede einzelne Leitung nach Fertigstellung der Verkabelung vermessen. Netzwerkverkabelungen werden in Klassen eingetragen. Damit wird gewährleistet, dass die gewünschten Übertragungsraten auch realisierbar sind. Auch wenn nur Bauteile der für eine Klasse erforderlichen Kategorie verwendet werden, kann es sein, dass durch schlampige und fehlerhafte Verarbeitung/Verlegung die gewünschte Netzwerkklasse nicht erreicht wird.

(4) Funk, elektromagnetische Wellen

Der Tertiärbereich einer strukturierten Verkabelung stellt „die letzten Meter" zum Anschluss eines Endgerätes dar. Funktechnik verwendet zwar keine Leitungen, aber sie wird hier ebenso zum Anschluss für Endgeräte verwendet.

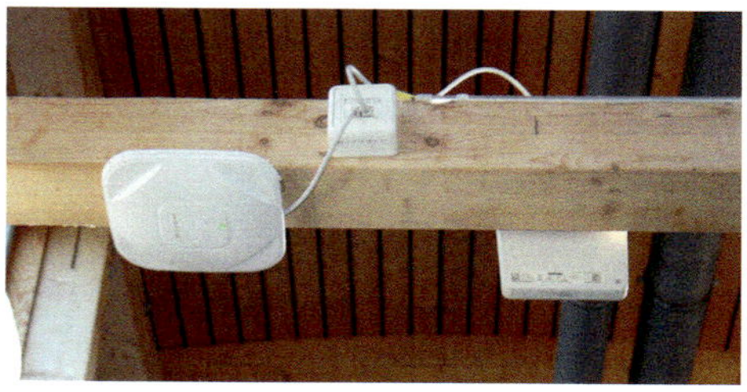

WLAN-Access-Point und DECT-Basisstation mit PoE-Stromversorgung

Funknetze, in Deutschland Wireless LAN (WLAN) genannt, sind heute allgegenwärtig. In anderen Ländern nennt sich diese Technik Wi-Fi. WLAN-Access-Points werden an Informationstechnische Anschlüsse angeschlossen. Sie verlängern dadurch die Teritiärverkabelung.

In fast jedem Haus befindet sich ein WLAN-Zugangspunkt. Mit WLAN sind Übertragungsraten von einigen Mbit/s bis zu knapp 1 Gbit/s möglich. Allerdings teilen sich die Teilnehmer die zur Verfügung stehende Bandbreite, sodass der Datendurchsatz mit steigender Zahl der Teilnehmer merklich zurückgeht.

(5) Gängige Netzwerkbezeichnungen

Gängige Netzwerkbezeichnungen sind althergebracht. Sie haben die Form 10 Base-X, wobei die vordere Zahl die Datenrate in Mbit/s angibt. Base steht für Basisband und bedeutet, dass keine Trägerfrequenzen wie beim Rundfunk verwendet werden. Oft wird dieses „Base" auch nur mit B abgekürzt. Alles was in der Bezeichnung danach folgt, bezeichnet den Leitungstyp und ist nicht einheitlich. In der folgenden Tabelle sind die wichtigsten Bezeichnungen und deren Charakteristiken aufgelistet.

Ethernet-Bezeichnungen			
Bezeichnung	**Datenrate C**	**Leitungstyp**	**Max. Segmentlänge/ Bemerkungen**
10Base5	10 Mbit/s	Koax RG8 (Yellow Cable)	500 m (nicht mehr gebräuchlich)

Ethernet-Bezeichnungen			
Bezeichnung	**Datenrate C**	**Leitungstyp**	**Max. Segmentlänge/ Bemerkungen**
10Base2	10 Mbit/s	Koax RG58 (Thin Ethernet)	185 m (nicht mehr gebräuchlich
10Base-T	10 Mbit/s	Twisted Pair Cat3	100 m (nicht mehr gebräuchlich
100Base-T (Fast Ethernet)	100 Mbit/s	Twisted Pair Cat5	100 m
100Base-T1	100 Mbit/s	Twisted Pair ungeschirmt	15 m (40 m; IoT, Industrie 4.0, Kfz)
100Base-FX	100 Mbit/s	LWL Monomode	400 m
1000Base-T (Gigabit-Ethernet)	1 Gbit/s	Twisted Pair Cat5e	100 m
1000Base-T1	1 Gbit/s	Twisted Pair geschirmt	15 m (40 m; IoT, Industrie 4.0, Kfz)
1000Base-SX 1000Base-LX 1 GbitE (Gigabit-Ethernet)	1 Gbit/s	LWL	bis 550 m
2,5GBase-T, 2,5GBE	2,5 Gbit/s	Cat6A	100 m
5GBase-T, 5GBE	5 Gbit/s	Cat6A	100 m
10GbaseT 10 GbitE	10 Gbit/s	Twisted Pair Cat7	100 m
10GBaseFX 10 GbitE	10 Gbit/s	LWL	bis 100 m
25GBase-T, 25GBE	25 Gbit/s	Cat8.1	100 m
40GBaseCR4 40 GbitE	40 Gbit/s	Kupfer-Twinax	10 m
40GBaseSR4 40 GbitE	40 Gbit/s	Multimode-LWL mit 4 Kanälen	100 m
40GBaseLR4 40 GbitE	40 Gbit/s	Singlemode-LWL mit 4 Kanälen	10 km
100GBaseCR10 100 GbitE	100 Gbit/s	Kupfer-Twinax	10 m
100GBaseSR10 100 GbitE	100 Gbit/s	Multimode-LWL mit 10 Kanälen	100 m
100GBaseLR10 100 GbitE	100 Gbit/s	Singlemode-LWL mit 10 Kanälen	10 km
100GBaseER4 100 GbitE	100 Gbit/s	Singlemode-LWL mit 4 Kanälen	40 km

Die alten Leitungen mit 10 Mbit/s mit Twisted Pair findet man vereinzelt noch in alten Verkabelungen. Diese genügen aber unseren heutigen Ansprüchen nicht mehr. Koaxialleitungen sind so gut wie verschwunden und durch TP-Leitungen ersetzt worden. Neu sind die äußerst schnellen Verbindungen mit 40 Gbit/s und 100 Gbit/s. Sie werden vereinzelt schon eingesetzt, allerdings überwiegend in Rechenzentren und nicht in der Fläche.

Zwei weitere Neuerungen sind die 100Base-T1 und 1GBase-T1 Normen mit Datenraten von 100 Mbit/s und 1 000 Mbit/s. Dabei handelt es sich um Verbindungen über ein einziges verdrilltes Adernpaar. Die langsamere Variante benutzt ein ungeschirmtes Paar, die schnelle ein Paar mit Abschirmung. Diese ist eine Entwicklung aus der Kfz-Technik, da dort künftig große Datenmengen erzeugt und verarbeitet werden müssen. Diese Technik lässt sich dann auch in der Gebäudeautomation (Stichwort „Smart Home“) einsetzen.

Kompetenzcheck ✓

1. Was ist richtig, was ist falsch?
   a) Durch Querverbindungen der Verteiler in einer strukturierten Verkabelung ergibt sich eine unvollständige Masche.
   b) Der Permanent-Link einer LAN-Verkabelung darf maximal 100 m betragen.
   c) Eine strukturierte Netzwerkverkabelung ist selbsterklärend und braucht keine weitere Dokumentation.
   d) Eine bestehende Netzwerkdokumentation wird nach Beendigung der Arbeiten aktualisiert.
   e) Die Netzwerkdokumentation gehört dem Ersteller und darf nicht beim Kunden gelassen werden.

2. Zur Diskussion in der Klasse: Warum werden in Netzen im Auto große Datenmengen transportiert? Wo und wozu werden diese Daten erzeugt?

3. Wie verhält sich eine Verkabelung von Patchfeld über Leitungen bis zur Anschlussdose, wenn jeweils ein Bauteil der Kategorie 5, 6 und 7 verwendet wird?

4. Eine neue Netzwerkverkabelung wurde fertiggestellt und ohne Beanstandungen abgenommen. Als ein Büromitarbeiter in ein anderes Büro umzieht, macht er die Patch-Verbindung im Etagenverteiler selbst. Später beklagt er sich, in seinem neuen Büro sei „das Netzwerk zu langsam“, weitaus langsamer als im alten Büro. Was kann die Ursache sein?

5. Wie lange darf der Permanent Link einer Netzwerkverkabelung und der Channel Link sein?

6. Planen Sie mit Aufgabe 7 der Lernsituation 2 im Arbeitsbuch die Verkabelung eines Betriebsgeländes. A7

7. Erarbeiten Sie sich in Aufgabe 8 im Arbeitsbuch grundlegende Kenntnisse zu 19-Zoll-Geräten und Schränken. A8

8. Üben Sie in der Aufgabe 9 im Arbeitsbuch das korrekte Beschriften und Dokumentieren von TAs und Verteilern. A9

3.4.3 Netzwerkmedien unterscheiden und spezifizieren

S **Sie sollen Netzwerkmedien kennen und unterscheiden können.**

Netzwerkmedien						
leitungsgebunden				nicht leitungsgebunden		
Elektrische Signale (Kupferleitung)		Optische Signale (Lichtwellenleiter)		Funkübertragung		Optische Übertragung
Twisted-Pair-Leitung	Koaxial-Leitung	Multi-mode-Faser	Single-mode-Faser	WLAN/ Wi-Fi	Richtfunk	Laserlink

(1) Kupferleitungen

Kupferleitungen bestehen aus verdrillten Adernpaaren (Twisted Pairs). Gelegentlich findet man auch noch die alte Bezeichnung „Doppelader". Jede Kupferader ist mit einem Plastikmantel isoliert. Es gibt große Unterschiede im Leitungsaufbau. Dementsprechend gibt es auch unterschiedliche Qualitäten. Ein Standard-Netzwerkkabel hat vier Adernpaare. Übliche Drahtdurchmesser sind AWG22 bis AWG24 (American Wire Gauge).

Amerikanisches Drahtmaß	Aderndurchmesser in mm
AWG 22	0,644
AWG 23	0,572
AWG 24	0,511

Ein weiterer wichtiger Unterschied besteht in der Schirmung. Beim aufwendigsten Kabelaufbau werden die Adernpaare einzeln mit einer Schirmfolie eingewickelt. Dies kann eine dünne Metallfolie sein oder auch nur eine metallbeschichtete Plastikfolie. Um den Verbund von allen vier geschirmten Paaren wird noch ein gemeinsamer Schirm als Drahtgeflecht gelegt. Der einfachste Kabelaufbau enthält nur die vier Adernpaare ohne jegliche Abschirmung.

Das **Verdrillen** der Adernpaare verhindert das Aussenden von magnetischer Störstrahlung beim Betrieb der Leitung. Ebenso heben sich die Störungen bei von außen eingestrahlten Störungen gegenseitig auf.

Kupferdatenleitungen (Twisted Pair) werden nach dem Aufbau des Kabelschirmes unterschieden:

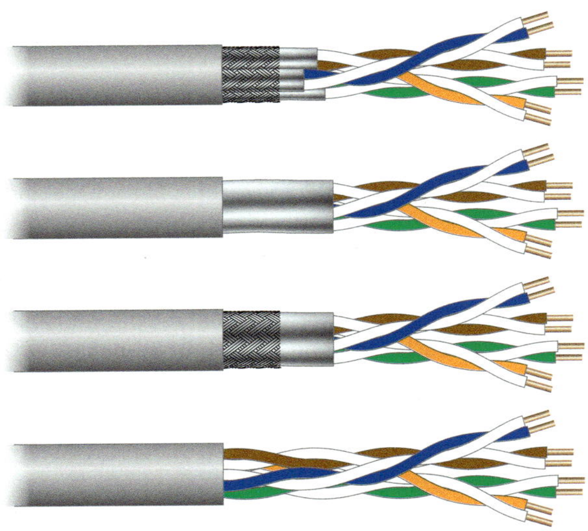

S/FTP
gemeinsamer Geflechtschirm (S), einzelne Paare jeweils von einem Folienschirm umgeben (FTP)

F/UTP
gemeinsamer Folienschirm (F), einzelne Paare ungeschirmt (UTP)

SF/UTP
gemeinsamer Schirm aus Geflecht und Folie (SF), einzelne Paare ungeschirmt (UTP)

U/UTP
kein gemeinsamer Schirm (U), einzelne Paare ungeschirmt (UTP)

Leitungstypen (Kupfer)

Das Umwickeln mit einer leitfähigen Folie oder Schirmgeflecht (Abschirmung) verhindert das Aussenden von elektrischer Störstrahlung und verhindert ebenso, dass sich die Leitung durch äußere E-Felder stören lässt.

(2) Lichtwellenleiter

Lichtwellenleiter werden zuallermeist aus Glas hergestellt, die Glasfasern. Durch ihre geringe Dämpfung lassen sich sehr große Distanzen überbrücken. Für kurze Distanzen werden gelegentlich auch Kunststofffasern eingesetzt, die polymeroptischen Fasern (POF). Das Funktionsprinzip der Lichtwellenleiter ist die

Totalreflexion. Ein in einen Faserkern längs eingespeister Lichtstrahl wird an der Grenzschicht von Kern zum Mantel vollständig reflektiert.

Es werden zwei Typen von Glasfasern unterschieden:

Multimode-Kabel; Faserkern 50,0 bzw. 62,5 µm

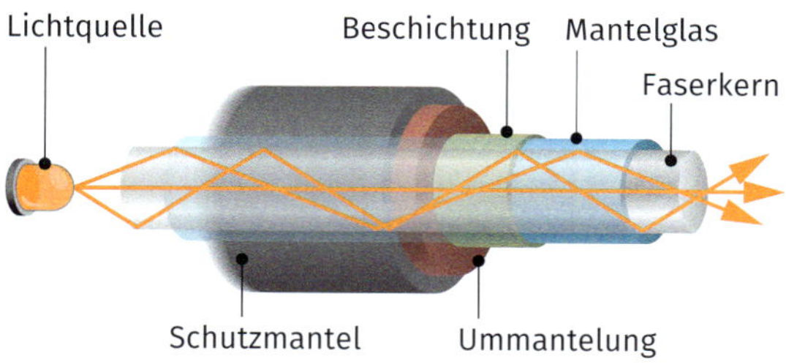

Singlemode-Kabel; Faserkern 9,0 µm

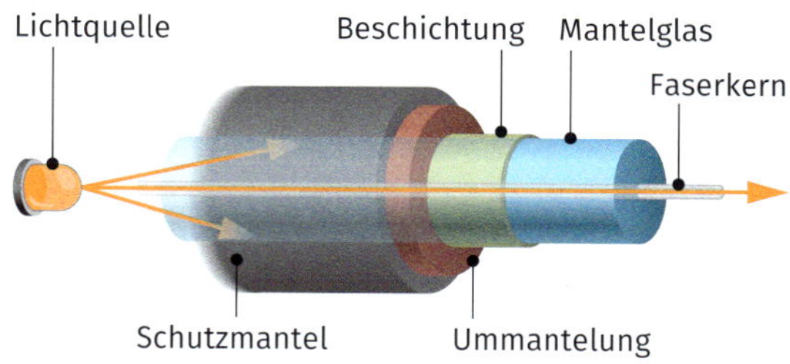

Multimode-Fasern haben einen Kerndurchmesser von 50 µm oder 62,5 µm. Das Licht kann in verschiedenen Winkeln durch die Faser wandern, was Laufzeitprobleme verursacht und die Länge der Faserstrecke begrenzt. Dieser Grenzwert wird als „modale Bandbreite“ oder „Bandbreiten-Längenprodukt“ bezeichnet.

Multimode-Fasern werden in fünf verschiedene Leistungsklassen eingeteilt: OM1 bis OM5. Singlemode-Fasern werden in zwei Klassen eingeteilt: OS1 und OS2.

Die Singlemode-Fasern haben einen relativ kleinen Kerndurchmesser von ca. 9 µm. Das Licht nimmt immer den „geraden“ Weg im Faserkern. Laufzeitprobleme gibt es daher nicht. Nur die Dämpfung begrenzt die Länge der Faserstrecke. Weitverkehrsleitungen sind immer Singlemode-Fasern.

Faser-typ	Faser-Kenn-zeichnungs-farbe	Fasertyp (Kerndurchmesser/ Faserdurchmesser in µm)	Minimale modale Bandbreite B' in MHz · km	
			850 nm Wellenlänge	**1 300 nm Wellenlänge**
OM1	Orange	50/125 oder 62,5/125	200 MHz km	500 MHz km
OM2	Orange	50/125	500 MHz km	500 MHz km
OM3	Aqua	50/125	1 500 MHz km	500 MHz km
OM4	Violett	50/125	3 500 MHz km	500 MHz km
OM5	Lime	50/125	3 500 MHz km	500 MHz km
OS1	Gelb	9/125	-	-
OS2	Gelb	9/125	-	-

Das Hauptkriterium zum Bewerten von Lichtwellenleitern ist die „modale Bandbreite“, auch „Bandbreiten – Längenprodukt B‘ “ genannt. Diese Kennzahl gibt an, über welche Strecke (Faserlänge) welche Bandbreite benutzt werden kann.

$B' = B \cdot l$

Je höher die Bandbreite, desto geringer die Faserlänge.

Rechenbeispiel: Eine Multimode-Faser OM2 mit einem Bandbreitenlängenprodukt von 500 MHz · km soll verlegt werden. Die Gesamtlänge der verlegten Faser beträgt 2,5 km. Die übertragbare Bandbreite beträgt dann

$$B = \frac{B'}{l} = \frac{500\ MHz \cdot km}{2{,}5\ km} = 200\ MHz$$

Maximale Dämpfungswerte von Standardfasern			
Dämpfung	**Wellenlänge**		
	850 nm	**1 300 nm**	**1 550 nm**
OM1, OM2	3,5 dB/km	1,5 dB/km	–
OM3, OM4, OM5	3,0 dB/km	1,5 dB/km	–
OS1	–	1,0 dB/km	1,0 dB/km
OS2	–	0,4 dB/km	0,4 dB/km

(3) Funk, WLAN/Wi-Fi

Funknetzwerke basieren auf elektromagnetischer Strahlung in unterschiedlichen Frequenzbereichen. Im Weitverkehrsbereich werden Funknetze als Richtfunkstrecken eingesetzt, wenn keine Kupferleitungen verfügbar sind.

Funknetzwerke

Wireless LAN, WLAN, Wi-Fi, IEEE 802.11
Zwei Betriebsarten sind möglich:
- Ad-hoc-Netz, „Sofort-Netz", bei dem sich zwei oder mehrere Netzteilnehmer gleichberechtigt zu einem Netzwerk miteinander verbinden
- Infrastructure, Mobilgeräte verbinden sich mit einem zentralen Punkt, dem Access Point. Anmeldung am Access Point oder einem Anmeldeserver erforderlich.

Mehrere Normen mit verschiedenen Frequenzbereichen und unterschiedlichen Datendurchsatzraten existieren:

Norm-Bezeichn.	Neue Bezeichn.	Bemerkungen
802.11		2,4-GHz-Band, bis 2 Mbit/s
802.11a		5-GHz-Band, bis 54 Mbit/s
802.11b		2,4-GHz-Band, bis 11 Mbit/s
802.11g		2,4-GHz-Band, bis 54 Mbit/s
802.11h		5-GHz-Band, bis 54 Mbit/s, Erweiterung des 802.11a-Standards für Europa mit erhöhter Sendeleistung
802.11n	Wi-Fi 4	2,4-GHz- und 5 GHz-Band, bis 150 Mbit/s (Standard)
802.11ac	Wi-Fi 5	5 GHz-Band, bis 867 Mbit/s, theoretisch bis 6 936 Mbit/s
802.11ad	Wi-Fi 6	60-GHz-Band, „Gigabit-WLAN, bis 6 930 Mbit/s,
802.11ax	Wi-Fi6 Wi-Fi6E	2,4 GHz und 5 GHz-Band Zusätzlich 6 GHz, bis 4,8 Gbit/s
802.11be	Wi-Fi7 Wireless Gigabit, WGIG, MGWS Multiple Gigabit	geplant, bis 46 Gbit/s 60-GHz-Band, hohe Übertragungsrate
802.11ad	Wireless Systems	mit geringer Reichweite
802.11ay	WGIG2 Weiterentwicklung von WGIG	

Wireless PAN, WPAN
Einsatzzweck ist das Abschaffen von Leitungen und Kabelgewirr, z. B. an Maus, Keyboard oder Kopfhörer.
Mehrere Technologien sind verfügbar:

Bezeichnung	Frequenz	Bemerkungen
Bluetooth	2,4 GHz	Reichweite je nach Klasse ca. 1 m bis 100 m
ZigBee	868 MHz, 915 MHz und 2,4 GHz	Wird häufig in der Heim-Automatisierung eingesetzt, z. B. intelligente Lampen und Schalter, Tür-/Fensterkontakte.

Wireless WAN, WWAN
Zum drahtlosen Weitverkehrsnetz zählen alle Mobilfunkstandards (GMS, GPRS, LTE, UMTS, 5G) und Richtfunkstrecken der Telekommunikationsunternehmen.

Kompetenzcheck ✓

1 Studieren Sie die Datenblätter der Aufgabe 10 im Arbeitsbuch und beantworten Sie die Fragen.

A10

3.4.4 Schichtenmodelle der Kommunikation unterscheiden

S Sie sollen die beiden gängigen Netzwerkschichtensysteme verstehen.

Um komplizierte Sachverhalte zu veranschaulichen, werden oft Schichtenmodelle verwendet. Die ersten Verbindungen von Rechnern waren proprietär, d. h., dass jeder Hersteller etwas anderes gemacht hat und unterschiedliche Systeme nicht kompatibel waren. Eine Norm schaffte hier Abhilfe.

Es entstand das **ISO/OSI-Schichtenmodell** der Datenkommunikation (herausgegeben von der ISO[1]). Es definiert sieben Schichten. Ganz oben befindet sich die Anwendungsschicht, mit der die Anwendungen (z. B. Browser, E-Mail-Client, Warenwirtschaftssystem-Eingabefenster) kommunizieren. Ganz unten ist die physikalische Schicht, auf der der physische Datentransport definiert wird (z. B. Strom/Spannung, Lichtsignale, Funksignale).

(1) Schichtenmodelle in der IT

Etwa zeitgleich wurde das TCP/IP-Modell entwickelt. Es verfügt über vier Schichten, statt sieben Schichten im ISO/OSI-Modell. Die folgende Tabelle stellt die beiden Modelle gegenüber.

1 *OSI = Open Systems Interconnection; ISO = International Organisation for Standardisation, Internationale Standardisierungsorganisation*

ISO/OSI-Schichtenmodell und TCP/IP-Modell in Gegenüberstellung				
OSI-Layer	**TCP/IP-Layer**	**Adressen**	**Bemerkungen**	**Netzwerkgerät**
7 Application, Anwendung	4 Application		Schnittstelle zu Anwendungen	
6 Presentation, Darstellung			Einheitliche Darstellung von Daten	
5 Session, Sitzung			Sitzungssteuerung	
4 Transport	3 Transport	Ports	Adressieren von Anwendungen und Prozessen	
3 Network, Netzwerk	2 Internet, Internetwork, Host-toHost	IP-Adressen	Adressieren von Rechnern und Netzen	
2 Datalink, Datensicherung	1 Network-Access, Netzzugangsschicht	MAC-Adressen	Adressieren von Interfaces	
1 Physical, Bitübertragung			Anpassen der Daten an das Übertragungsmedium	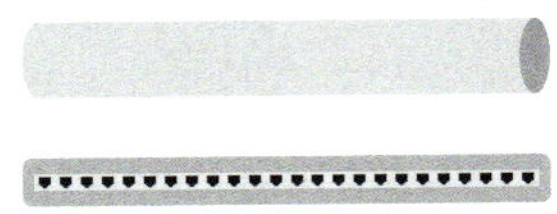

Das folgende Diagramm zeigt den Datenfluss von einem PC über einen Switch, einen Router, einen weiteren Switch zu einem Server.

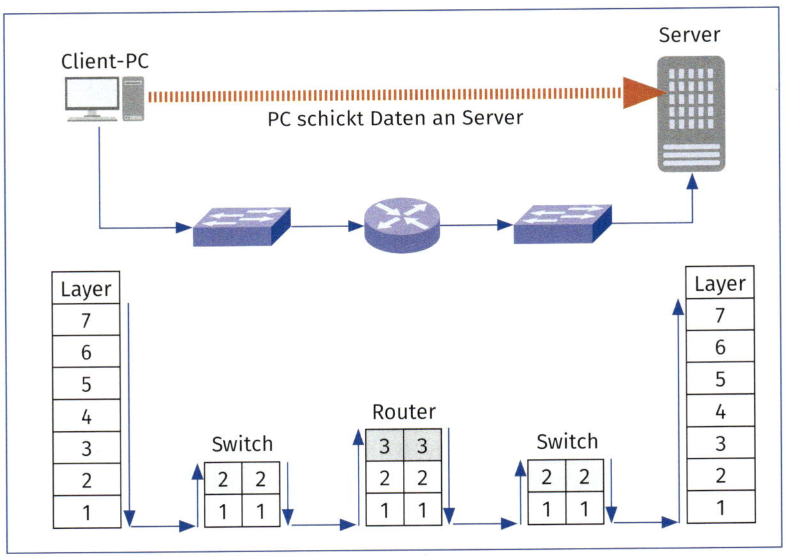

Die Daten der Anwendung werden von der obersten Ebene des Schichtenmodells nach unten durchgereicht. Auf der Bitübertragungsschicht werden die Signale an den Switch übertragen. Hier werden die Daten empfangen und bis auf Schicht 2 ausgepackt. Der Switch trifft seine Weiterleitungsentscheidung und reicht die Daten von Schicht 2 auf Schicht 1 nach unten weiter. Von hier gelangen die Signale an den Router, der die Daten bis auf Schicht 3 auspackt und am entsprechenden Anschluss weiter schickt. Über den zweiten Switch gelangen die Daten an das Ziel, den Server. Dieser empfängt die Daten, und gibt sie Schicht für Schicht weiter nach oben bis auch Schicht 7 die Anwendungsdaten an die Anwendung übergeben werden.

Die Funktion der einzelnen Schichten:

Layer 7 – Application-Layer
Hier befinden sich die Schnittstellen der Anwendungsprogramme (z. B. Browser und Webserver, E-Mail-Client und E-Mail-Server, Datenbank-Client und Datenbank-Server).

Layer 6 – Presentation-Layer Die Darstellung von Zahlen, Zeichen, Buchstaben wird hier vereinheitlicht, damit unterschiedliche Systeme Daten austauschen können. Die Zeichen werden immer in einem einheitlichen Format ausgetauscht.
Layer 5 – Session-Layer Hier bauen zwei Kommunikationspartner eine Sitzung auf, vergleichbar einem Telefongespräch, bei dem auch zu Beginn durch Nennen der Namen sichergestellt wird, dass man miteinander reden möchte.
Layer 4 – Transport-Layer Diese Schicht ist für den sicheren Datenaustausch verantwortlich. Hier werden die Daten überprüft, ob sie korrekt angekommen sind. Fehlen Daten oder sind sie fehlerhaft, dann werden sie auf dieser Schicht erneut angefordert. **Anwendungen** werden mit **Ports** (Port-Adressen) adressiert.
Layer 3 – Network-Layer Auf der Netzwerkschicht werden **Netzwerke** adressiert und Pakete von einem Netzwerk in ein anderes geroutet. Router arbeiten auf diesem Layer. Üblicherweise werden hier **IP-Adressen** verwendet. IP-Adressen beinhalten einen Netzanteil und einen Host-Anteil, sodass ein Zielrechner und sein Netz genau definiert sind.
Layer 2 – Data Link-Layer Beim Senden wird aus den Sendedaten ein Bit-Strom erstellt bzw. beim Empfänger werden aus einem Bit-Strom wieder die Originaldaten hergestellt. Die Bits werden in logische Einheiten zu 8 Bit (ein Oktett) zusammengefasst. **MAC-Adressen** befinden sich auf dieser Schicht. Mit ihnen werden die **Netzwerk-Interfaces** adressiert.
Layer 1 – Physical-Layer Auf der Bit-Übertragungsschicht wird mit Leitungscodes definiert, wie Bits oder Bit-Muster auf dem Medium übertragen werden. Ein High kann beispielsweise 5 V und ein Low –5 V haben. Es können aber auch Bit-Muster (mehrere Bits gleichzeitig) in verschiedenen Spannungen dargestellt werden.

In der Realität finden wir immer das TCP/IP, teilweise mit Unterschichten ergänzt. Es ist wichtig, beide Modelle zu kennen, denn die Bezeichnung der Geräte basiert auf dem OSI-Modell.

(2) Netzwerkprotokollstapel

Beim Versenden von Daten über ein Netzwerk werden auf der Applikationsschicht Daten zum Versenden vorbereitet. Dies kann der Inhalt einer E-Mail sein, eine Anfrage des Browsers an einen Webserver oder auch Telefonsprachdaten. Diese Nutzdaten werden im Schichtenmodell an die darunterliegende Schicht übergeben. Jede Schicht hängt vor die Daten ihren eigenen Protokollkopf (Header) und gibt das neue, größere Paket weiter nach unten. Auf der physikalischen Schicht werden diese Daten ohne weitere Veränderung in elektrische und eventuell optische Signale umgewandelt und auf dem Netzwerkmedium ausgegeben.

Layer 7	Application-Layer	Data				App.-Header	App.-Nutzdaten	
Layer 4	Transport-Layer	Segment			TCP-Header	App.-Header	App.-Nutzdaten	
Layer 3	Internet-Layer	Paket		IP-Header	TCP-Header	App.-Header	App.-Nutzdaten	
Layer 2	Data-Link-Layer	Frame	Ethernet-H.	IP-Header	TCP-Header	App.-Header	App.-Nutzdaten	Eth.-Trailer
Layer 1	Physical-Layer	Bits	0101010101010101010101010101010101010101010101010101010101010101010101 ...					

Beim Versenden von Daten werden die Schichten von oben nach unten durchlaufen und Header angefügt. Die Nutzdaten werden **„verkapselt"**. Beim Empfangen von Daten läuft der Prozess rückwärts ab. Die empfangenen Daten werden nach oben weitergereicht bis zu derjenigen Anwendung, an die diese Daten adressiert wurde. Die Nutzdaten werden ausgepackt, die Header entfernt. Man nennt dies **Entkapselung**. Das Einpacken der Daten nennt man Encapsulation (Verkapselung, Einkapselung), das Auspacken Decapsulation (Entkapselung).

(3) Die wichtigsten Netzwerkprotokolle

Wir betrachten zu Beginn einen alltäglichen Vorgang, das Surfen im Internet. Ein Client-PC hat ein Browserfenster geöffnet und in die Adresszeile wird die Adresse eines Servers eingegeben. Der Browser erzeugt daraus eine Abfrage, die als HTTP-Datenpaket zum Server geschickt werden muss. Durch Anklicken von Links werden weitere Inhalte angefragt.

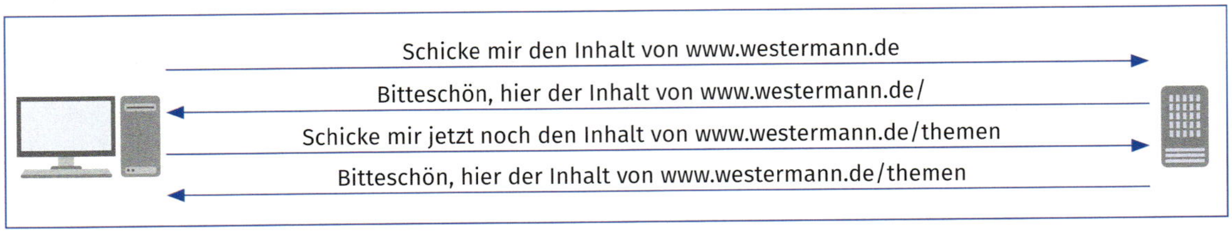

Beispiel: Der Client schickt eine Nachricht (hier einen Seitenaufruf) an einen Webserver. Dabei werden die folgenden Schritte von oben (Layer 7) nach unten (Layer 1) durchlaufen.

Layer 7	Browser erzeugt eine HTTP-Message mit Anfrage
Layer 4	Die HTTP-Message wird in eine TCP-Message eingepackt. Der Quellport ist die Adresse der Anwendung, hier also der Browser. An diesen Port kann der Server seine Antwort zurückschicken. Der Zielport adressiert die Anwendung auf dem Server, hier also den Webserver. In der Regel ist dies beim Surfen der Port 80.
Layer 3	Die TCP-Message mit der darin befindlichen HTTP-Message wird in ein IP-Paket verpackt. Die Quell-IP-Adresse ist die Adresse des PCs, an die der Server die Antwort adressiert. Die Ziel-IP ist die Adresse des Servers.
Layer 2	Das komplette IP-Paket wird in einen Ethernet-Frame eingepackt. Der Frame enthält nun die Hardware-Adressen der Interfaces. Die Quell-MAC-Adresse ist die Interface-Adresse des PCs. Die Ziel-IP-Adresse ist die Adresse des Interfaces, an welches der Frame geschickt wird. Dies ist das Netzwerkinterface des Routers, der die Daten ins Internet zum Server weiterleiten muss.
Layer 1	Der zu versendende Frame wird codiert. Die Codierung hängt vom verwendeten Medium ab. Die Daten werden dann als elektrische, optische oder elektromagnetische Signale ausgegeben.

Beim Empfänger werden die Empfangssignale decodiert und Schicht für Schicht von unten nach oben weitergereicht. Auf Layer 7 kann die empfangene Originalnachricht an den Webserverdienst zum Bearbeiten übergeben werden.

Wichtige Protokolle zur Datenübertragung		
Layer 7 Datenübertragung	HTTP Hyper Text Transfer Protocol	Übertragung von Nachrichten zwischen Webserver und Client in Klartext; der Client stellt Anfragen (engl. Requests) und der Server liefert Antworten (engl. Response)
	HTTPS Hyper Text Transfer Protocol Secure	Wie HTTP, aber mit verschlüsselter Übertragung
	SMB Server Message Block	Dateiaustausch in Windows-Netzwerken für Verzeichnis und Druckerfreigaben

Wichtige Protokolle zur Datenübertragung		
	FTP File Transfer Protocol	Dateiaustausch allgemein im LAN und Internet
	SFTP und FTPs	Wie FTP, aber mit verschlüsselter Übertragung
Layer 7 E-Mail Übertragung	SMTP Simple Mail Transfer Protocol	Zum Versenden von E-Mails zwischen E-Mail-Client und E-Mail-Server
	POP3 Post Office Protocol	zum Auflisten, Abholen und Löschen von E-Mails vom E-Mail-Server
	IMAP Internet Message Access Protocol	zum Versenden und Empfangen von E-Mails
Layer 5 Verschlüsselung	TLS Transport Layer Security	TLS verschlüsselt die oberen Schichten und übergibt die chiffrierten Daten an die Transportschicht Layer 4 zum Versenden.
Layer 4 Transport der Daten von höheren Schichten von Prozess zu Prozess	TCP Transmission Control Protocol	Überträgt die Nachrichten der Anwendungsschicht, sichert deren korrektes Ausliefern und überträgt fehlende oder fehlerhafte Nachrichten erneut. Stellt durch Ports (Adresse für die Anwendung) viele sichere Übertragungskanäle über eine einzige IP-Verbindung her
	UDP User Data Protocol	Überträgt die Nachrichten der Anwendungsschicht, einfacher aufgebaut als TCP, ist daher wesentlich schneller. Sichert **nicht** deren korrektes Ausliefern und überträgt fehlende oder fehlerhafte Nachrichten **nicht** erneut
	QUIC Quick UDP Internet Connections	Überträgt Nachrichten von Layer 7 (HTTP/3) verschlüsselt und abgesichert über eine potentiell unsichere UDP-Verbindung. Wird oft auch zur Namensauflösung als DNS über QUIC verwendet. Typische TCP-Aufgaben wie die Verbindungssteuerung werden von QUIC übernommen. QUIC ist das Standardprotokoll bei Google. Es nutzt TLS1.3.
Layer 3 Vermittlung der Datenpakete von Rechner zu Rechner	IP Internet Protocol	Überträgt Datenpakete von Rechner zu Rechner, die durch die IP-Adresse adressiert werden, IPv4 und IPv6 werden parallel eingesetzt, stellt eine Verbindung zwischen zwei Rechnern her
	IPsec IP Secure	Die Schutzziele Authentizität, Integrität und Vertraulichkeit werden mit diesem Protokoll hergestellt. 2 Modi sind möglich: Transportmodus und Tunnelmodus.
Layer 2	Ethernet	Überträgt die Pakete von Layer 3 von Netzwerkschnittstelle zu Netzwerkschnittstelle
	WLAN, Wi-Fi	Überträgt die Pakete von Layer 3 von Funk-Schnittstelle zu Funk-Schnittstelle über Funkwellen (elektromagnetische Wellen).
	Älere Protokolle: Token Ring, Token Bus, VG-Anylan u.v.m	Werden nicht mehr eingesetzt

Außer den Protokollen zum Übertragen von Nachrichten werden im Netzwerk auch Dienstprotokolle verwendet. Diese sind notwendig um Übertragungsdienste überhaupt betreiben zu können. Die folgende Tabelle zeigt die drei wichtigsten Dienstprotokolle für Netzwerke.

Dienstprotokolle im Netzwerk		
Layer 2 und 3	ARP Address Resolution Protocol	Löst IP-Adressen in MAC-Adressen auf, speichert lokal aufgelöste Adresspaare (IP-Adresse – MAC-Adresse) wie z. B. 192.168.0.1 – a4:ee:57:1b:40:1f
Layer 3 und 7	DNS Domain Name Service	Löst Domänennamen in IP-Adressen auf (Domain – IPAddress) wie z. B. www.google.de – 216.58.209.67
Layer 3	DHCP Dynamic Host Configuration Protocol	Verteilt IP-Konfigurationen an Rechner im Netz, die IP-Einstellungen werden vom DHCP-Server jedem Rechner im Netz zugewiesen
Layer 3	ICMP Internet Control Message Protocol	Versendet Fehlermeldungen im LAN und Internet, z. B. bei nicht zustellbaren Paketen, nicht erreichbaren Netzen; Ping basiert ebenfalls auf ICMP
Layer 7	SNMP Simple Network Management Protocol	Einfaches Netzwerkverwaltungsprotokoll zum Austausch von Zustandsinformationen, z. B. „Toner leer" bei Druckern, CPU-Takt, CPU-Temperatur, etc. Es nutzt UDP und IP und dient zum Fernsteuern von Netzwerkgeräten, zum Senden von Fehlermeldungen und zum Überwachen von Netzwerkkomponenten

ARP Adressauflösung

Bevor ein Rechner Daten verschicken kann, muss er die MAC-Adresse (die Interface-Adresse) seines Kommunikationspartners kennen. Dazu wird das **ARP** verwendet. Möchte ein Rechner mit einem externen Rechner kommunizieren, so benötigt er die MAC-Adresse des Routers, der seine Anfrage weiterleitet. Jeder Rechner baut sich eine ARP-Tabelle, in der die bereits benötigten IP-Adressen und die dazugehörigen MAC-Adressen aufgelistet sind. Die Einträge werden nach einer gewissen Zeit wieder aus der Liste gelöscht.

Der folgende Mitschnitt zeigt eine ARP-Adressauflösung.

Source	Destination	Time to Li	Protocol	Info
a4:ee:57:1b:40:1f	ff:ff:ff:ff:ff:ff		ARP	Who has 192.168.1.218? Tell 192.168.1.243
54:ee:75:d1:52:92	a4:ee:57:1b:40:1f		ARP	192.168.1.218 is at 54:ee:75:d1:52:92

Der Rechner, der eine Nachricht an eine unbekannte IP-Adresse schicken möchte, schickt eine Broadcast-Message ins Netz, den **ARP-Request** („Wer hat die IP-Adresse 192.168.1.218? Sag es 192.168.1.243").

Ist der gesuchte Rechner vorhanden, so antwortet er mit einem **ARP-Reply** („ 192.168.1.218 ist auf 54:ee:75:d1:52:92").

Mit dem Konsolenbefehl *arp -a* lässt sich die aktuelle ARP-Tabelle anzeigen.

```
C:\Users\uri>arp -a
Schnittstelle: 192.168.83.1 --- 0x3
   Internetadresse       Physische Adresse     Typ
   192.168.83.254        00-50-56-e7-48-5e     dynamisch
   192.168.83.254        ff-ff-ff-ff-ff-ff     statisch
```

DNS Namensauflösung

Rechner haben sprechende, symbolische Namen, wie bspw. www.westermann.de. Um eine Nachricht an einen Rechner zu schicken, dessen IP-Adresse unbekannt an, muss vorher noch die IP-Adresse ermittelt werden. Dies wird mit dem Domain Name System und dem **DNS**-Protokoll bewerkstelligt. Das DNS ist eine verteilte Datenbank, die über viele Datenbankserver verfügt. Mit dem Konsolenbefehl nslookup *<domänenname>* lässt sich der Prozess der Namensauflösung durchführen. Das Ergebnis wird angezeigt.

```
C:\Users\uri> nslookup westermann.de
Server:                 127.0.0.53
Address:         127.0.0.53#53

Non-authoritative answer:
Name:                   westermann.de
Address:         217.13.73.82
```

Der Rechner, der eine Nachricht an einen Rechner schicken möchte, dessen Namen bekannt ist, bspw. „westermann.de", fragt denjenigen DNS-Server an, der ihm in seiner IP-Konfiguration mitgeteilt wurde. Er verschickt eine DNS-Anfrage (**DNS Standard query**). Verfügt der Rechner über Dual-Stack mit IPv4 und IPv6 parallel, so werden zwei Anfragen verschickt – für jedes IP-Protokoll eine. Sie unterscheiden sich durch den Typ „A", für eine 32-Bit IPv4-Adresse und den Typ „AAAA", für die viermal so große 128-Bit große IPv6 Adresse.

Der Server antwortet auf jede Anfrage mit einer **DNS Standard query response**.

Der folgende Mitschnitt zeigt eine typische DNS-Namensauflösung.

No.	Time	Source	Destination	Time to Li	Protocol	Info
29	13.976040767	uri-TP-T560.local	212.230.135.2	64	DNS	Standard query 0x1f86 A westermann.de OPT
30	13.976692213	uri-TP-T560.local	212.230.135.2	64	DNS	Standard query 0x26ea AAAA westermann.de OPT
31	14.045021572	212.230.135.2	uri-TP-T560.local	251	DNS	Standard query response 0x26ea AAAA westermann.de SOA ns.westermann.de OPT
32	14.085494530	212.230.135.2	uri-TP-T560.local	251	DNS	Standard query response 0x1f86 A westermann.de A 217.13.73.82 OPT

DHCP Dynamic Host Configuration Protocol

Über diesen Dienst, bzw. dieses Protokoll, weist ein DHCP-Server den Rechnern im Netz ihre Netzwerk-Konfiguration zu. Die Zuweisung erfolgt in 4 Schritten:

1. DHCP Discover
2. DHCP Offer
3. DHCP Request
4. DHCP Acknowledge

Der folgende Protokollmitschnitt zeigt das Freigeben einer IP-Konfiguration (bspw. mit dem Befehl *ipconfig/release*), gefolgt von einer Neuzuweisung über die vier o.g. Schritte (bspw. über den Befehl *ipconfic/renew*)

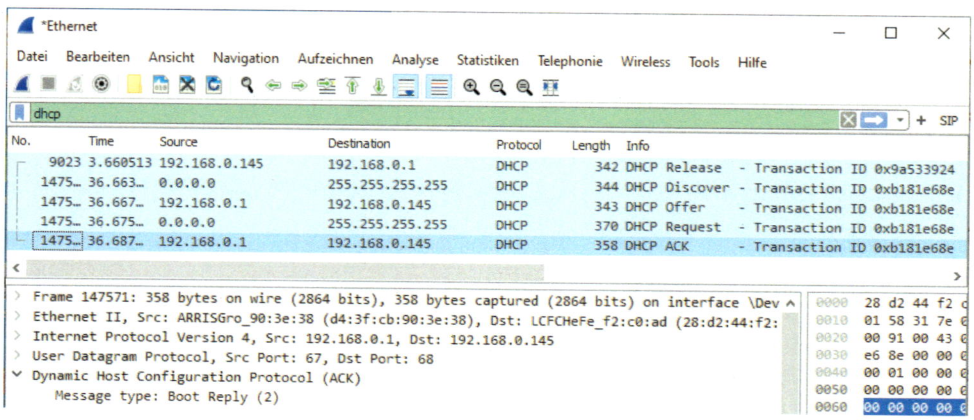

(3) Verschlüsselung

Die Sicherheit im Netz, LAN und Internet, ist von immenser Bedeutung (siehe auch Lernfeld 4, Schutzbedarfsanalyse). Datennetze wurde ursprünglich entwickelt, um Informationen im Klartext zu übertragen. Mit der explosionsartigen Ausdehnung des Internets ist das sichere Übertragen der Daten zu einem großen Thema geworden.

Es muss gewährleistet werden, dass Daten unverändert bei Empfänger ankommen. Es muss gewährleistet werden, dass die Daten nicht von Dritten abgegriffen und mitgelesen werden können.

Um dies zu realisieren wurden neue Netzwerk-Protokolle eingeführt. Die Daten werden vor der Übertragung beim Sender verschlüsselt und nach der Übertragung beim Empfänger wieder entschlüsselt. Somit gibt es zwischen den beiden Kommunikationspartnern nur verschlüsselte Daten, entschlüsselt liegen sie nur in den Endgeräten vor. Zum Verschlüsslen kommen verschiedene Techniken zu Einsatz:

Verfahren	Beschreibung	Vor-/Nachteile
Symmetrische Verschlüsselung	es existiert ein gemeinsamer Schlüssel zum Verschlüsseln und zum Entschlüsseln der Daten, Sender und Empfänger muss der Schlüssel vor der Übertragung bekannt sein	Benötigt wenig Rechenleistung, ist sehr schnell
Asymmetrische Verschlüsselung	es wird ein Schlüsselpaar verwendet, welsches aus Öffentlichem Schlüssel (public Key) und Privatem Schlüssel (private Key) besteht	Benötigt viel Rechenleistung, ist sehr langsam
Hybride Verschlüsselung	Es werden beide Verschlüsselungsarten verwendet. Zuerst wird eine Asymmetrische Verschlüsselung aufgebaut und damit der Schlüssel für die Symmetrische Verschlüsselung übertragen. Die eigentliche Datenübertragung kann dann symmetrisch verschlüsselt übertragen werden.	Verbindet die Vorteile beider Verfahren

TLS, Transport Layer Security verschlüsselt die Daten auf der Transportschicht (OSI-Layer 4). Aktuell werden TLS1.2 und TLS1.3 eingesetzt. Die früheren Versionen SSL 1.0 bis SSL 3.0, sowie TLS 1.0 und TLS 1.1 werden nicht mehr verwendet.

TLS macht zu Beginn einer Übertragung mit dem TLS-Handshake einen Schlüsselaustausch mit dem Kommunikationspartner. Danach erfolgt in den TLS-Records der verschlüsselte Datenaustausch.

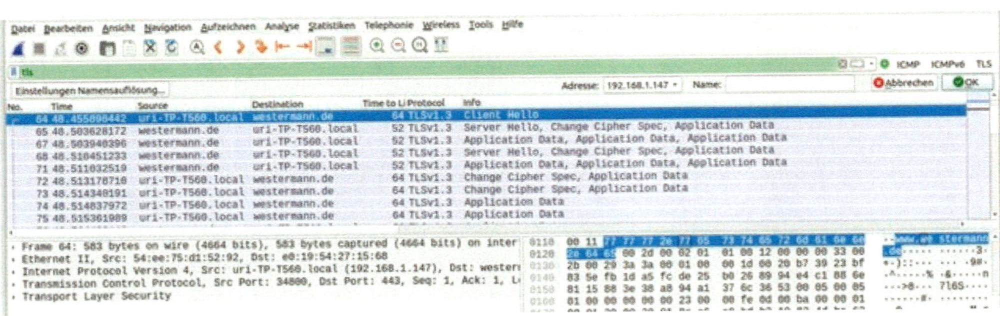

Das Bildschirmfoto zeigt einen Mitschnitt eines Verbindungsaufbaus. Jede Zeile stellt ein Datenpaket dar. Zeile 64 bis 73 zeigen den TLS-Handshake mit dem Schlüsselaustausch. Ab Zeile 74 werden Daten in den TLS-Records übertragen. Das Mitschneiden des Datenverkehrs ist zwar möglich, aber der Inhalt der Daten ist verschlüsselt. Somit bleiben die ausgetauschten Daten geheim.

TSL wird standardmäßig als Erweiterung für alle Standard-Protokolle eingesetzt. Dies wird durch das Anhängen des Buchstabens „S" an die Protokollbezeichnung dargestellt.

Beispiele: HTTPS, SMTPS, POP3S, X...

Auch Dienstprotokolle können mit TSL verschlüsselt werden. DNS over TLS, DNS over HTTPS sind Umsetzungen für eine sichere Namensauflösung.

IPsec, das sichere Internet Protocol wurde mit IPv6 zusammen entwickelt und anschließend auch auf IPv4 portiert.

Transport Mode:

Tunnel Mode:

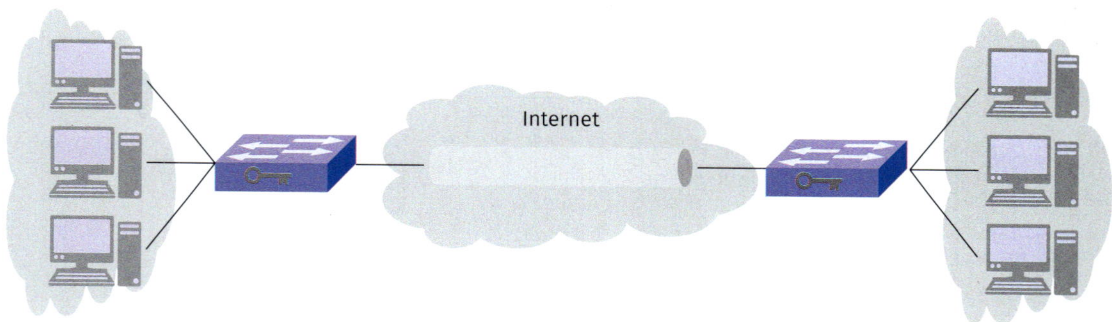

Der Transportmode verbindet zwei Endgeräte über einen sicheren, verschlüsselten Kanal.

Im **Tunnelmode** werden ganze Netzwerke (bspw. Niederlassungen) über einen sicheren Kanal verbunden.

AH im Transportmodus

IP-Header	AH-Header	TCP-/UDP-Header	Daten

authentifiziert

AH im Tunnelmodus

äußerer IP-Header	AH-Header	innerer IP-Header	TCP-/UDP-Header	Daten

authentifiziert

Im **Transportmode** wird zwischen IP-Header und TCP-Header von IPsec ein zusätzlicher Authentication Header (AH) zum Identifizieren des Senders eingefügt. Dadurch wird die Integrität der Daten und die Authentizität des Senders hergestellt. Die Daten sind dabei nicht verschlüsselt.

Im Tunnelmodus wird vor das ursprüngliche IP-Paket der Authentication Header (AH) vorangestellt. Davor kommt ein äußerer IP-Header mit öffentlichen IP-Adressen.

Um die Daten vor dem Abhören zu schützen, kann die Nutzlast zusätzlich mit **Encapsulation Security Payload (ESP)** verschlüsselt werden. Dadurch wird das Schutzziel der Vertraulichkeit erreicht.

ESP im Transportmodus

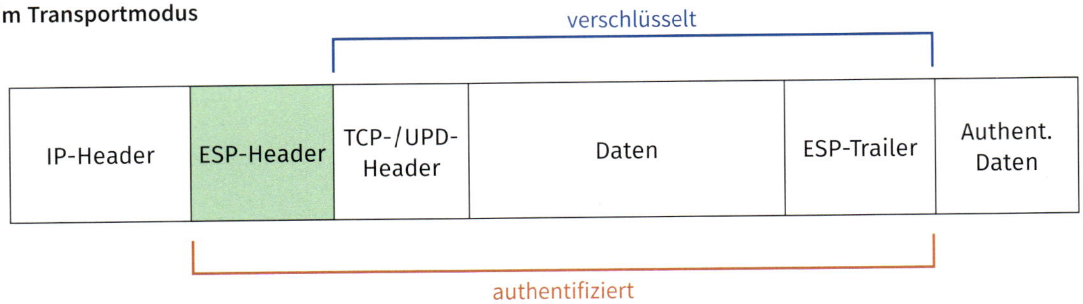

ESP im Transportmodus

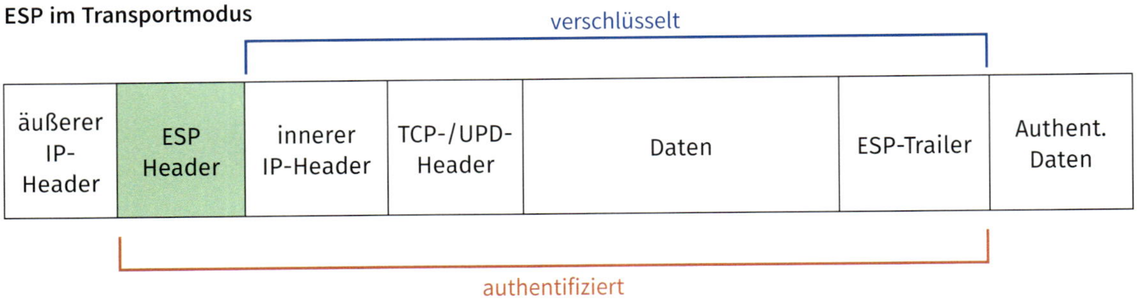

Kompetenzcheck ✓

1. Auf welcher OSI-Schicht arbeiten Switches, auf welcher Router?
2. A15 Stellen Sie mit Aufgabe 15 im Arbeitsbuch die beiden geläufigsten Schichtenmodelle gegenüber.
3. A16 Überprüfen Siemit Aufgabe 16 Ihr Wissen über Dienstprotokolle im Arbeitsbuch.
4. A17 Um Adressen, Prüfsummen, usw. zu berechnen, werden Grundfunktionen der Logik benötigt. Überprüfen Sie Ihre Logik-Kenntnisse in der Aufgabe 17 im Arbeitsbuch

3.4.5 Adressen im Netzwerk unterscheiden

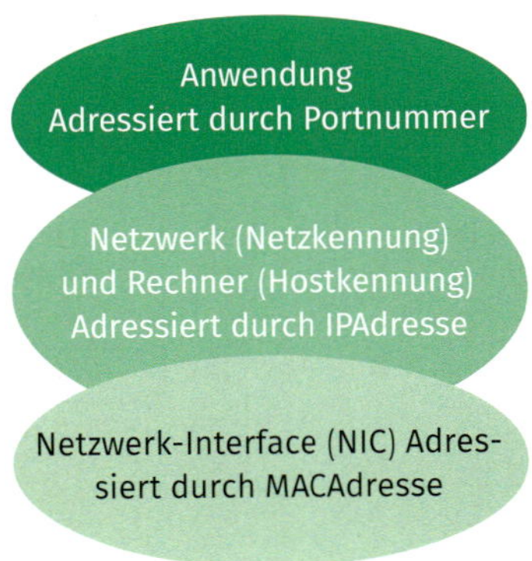

S **Sie sollen Adressen im Netzwerk unterscheiden.**

In einem Computernetz müssen einzelne Rechner, Interfaces (Netzwerkkarten) und Anwendungen auf Rechnern und Servern adressiert werden. Daher werden drei verschiedene Adressen verwendet. Ganze Netzwerke werden von Routern adressiert. Internetprotokoll-Adressen (IP-Adressen) sind zweigeteilt. Sie beinhalten die Netzkennung und die Host-Kennung.

Adresse	Adressaufbau	Bemerkungen
MAC-Adresse (Layer 2)	48 Bit, Schreibweise *hexadezimal* mit Trennzeichen zwischen den Bytes Beispiel: AA-BB-CC-DD-EE-FF	Jedes Netzwerk-Interface hat eine eigene, eindeutige physikalische Interface-Adresse
IP-Adresse Version 4 (Layer 3)	32 Bit, Schreibweise byteweise als *Dezimalzahl* mit Punkt als Trennzeichen zwischen den Bytes (Dotted Decimals) Beispiel: 10.255.0.1	Jeder Knoten im Netzwerk hat eine (oder mehrere) IP-Adresse(n).
IP-Adresse Version 6 (Layer 3)	128 Bit, Schreibweise: acht Wörter zu je 16 Bit in *hexadezimal* mit Doppelpunkt als Trennzeichen zwischen den Worten Beispiel: 2001:0123:5678:9ABC:DEF0:1234:5678:9ABC	
Ports (Layer 4)	16 Bit, Schreibweise als *Dezimalzahl* Beispiel: 30123	TCP- und UDP-Ports adressieren Applikationen, Port 80 = http, Webserver, Browser.

(1) Aufbau von MAC-Adressen

Jedes Netzwerk-Interface hat eine eigene MAC-Adresse. MAC-Adressen bestehen aus 6 Oktetten (48 Bits). Die Adressen sind zweigeteilt in Herstellerkennung (Vendor-ID oder Organisationally Unique Identifier – OUI) und fortlaufende Nummer des Herstellers. Große Interface-Hersteller besitzen mehrere Vendor-IDs.

Die Schreibweise für MAC-Adressen ist byteweise hexadezimal, meist mit Bindestrichen oder Doppelpunkten zwischen den Bytes.

Beispiel: 24-65-11-12-5e-ce; wobei 24-65-11 für den Hersteller AVM, Berlin, steht.

Das erste Oktett der MAC-Adresse hat zwei Bits mit besonderer Funktion: Bit 0 = Unicast- oder Multicast-Adressierung und Bit 1 geben an, ob die Adresse global oder nur im LAN einzigartig (unique) ist. Multicast-Adressen adressieren beispielsweise alle Router im LAN oder alle Switches usw. Die MAC-Broadcast-Adresse lautet ff-ff-ff-ff-ff-ff. Mit dieser Zieladresse werden alle Interfaces im gesamten Netz angesprochen.

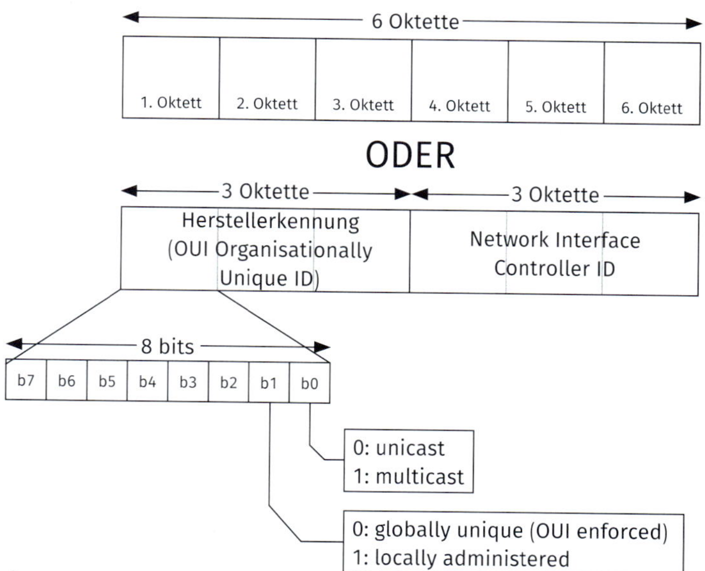

(2) Aufbau und Einteilung von IPv4-Adressen

IP-Adressen sind zweigeteilt in einen Netzwerkanteil und einen Host-Anteil. Um die beiden Anteile voneinander trennen zu können, benutzt man die Subnetzmaske. Dies ist vergleichbar mit einer Telefonnummer, die sich auch in ein Ortsnetz und eine Anschlussnummer aufteilt. Die Telefonnummer 0301234567890 teilen wir in Gedanken immer auf. Ein Teil ergibt das Ortsnetz Berlin 030 und der Rest ergibt die Anschlussnummer 1234567890. Dieselbe Anschlussnummer könnte auch in Hamburg vergeben sein. Allerdings würde sie sich durch den Netzanteil unterscheiden: 0401234567890. Große Netze haben kleine Netznummern und damit viele Stellen für die Anschlussnummer. Kleine Telefonnetze haben mehr Ziffern für die Netznummer, beispielsweise 0747612345678 und weniger für den Anschluss. In diesem Beispiel ist der Netzanteil 07476. Die Grenze zwischen beiden Anteilen kann man wissen – oder nicht.

Net-ID ◄——	——► Host-ID	IP-Adresse
1111'1111.1111'1111.	0000'0000.0000'0000.	Subnetzmaske

Anders ist es bei den IP-Adressen. Die Subnetzmaske gibt die Grenze an zwischen Host- und Netzanteil. Eine IP-Adresse besteht aus 32 Bits. Jedes Bit kann 0 oder 1 sein. Der besseren Lesbarkeit halber werden IP-Adressen byteweise geschrieben. Jeder 8-Bit-Block wird als Dezimalzahl geschrieben und kann daher Werte von 0 bis 255 enthalten. Die Blöcke werden mit Punkten voneinander getrennt, z. B. 12.13.14.15.

IP-Adresse und Subnetzmaske werden bitweise UND-verknüpft. Das heißt, das erste Bit der IP-Adresse wird mit dem ersten Bit der Subnetzmaske verundet (UND-verknüpft), das zweite Bit der IP-Adresse mit dem zweiten Bit der Subnetzmaske usw.

Als Resultat bleiben die Bits der IP-Adresse stehen, an deren Stelle die Subnetzmaske Einsen enthält. Die Bits der IP-Adressen, an deren Stelle Nullen stehen, werden zu Null. Das Resultat dieser Operation ist die Netzadresse des gesamten Netzes. Setzt man alle Hostbits auf 1, erhält man die Broadcast-Adresse.

Es gibt zwei Schreibweisen für die Subnetzmaske:

1. **CIDR[1]-Schreibweise**, VLSM[2]-Notation oder Slash-Notation: Die neuere und einfachere Schreibweise gibt an, wie viele Bits der Adresse den Netzanteil darstellen. Dazu wird diese Zahl als Präfix hinter die IP-Adresse geschrieben. **12.13.14.15/16** bedeutet, dass die ersten 16 Bits der Netzanteil sind. Also ist die Netzadresse 12.13.0.0; der Hostanteil ist damit 0.0.14.15. Die Subnetzmaske gibt also die Größe des Netzwerkes an.
2. **Dotted-Decimal-Notation:** Dies ist die althergebrachte Schreibweise, die leider immer noch üblich ist. Sie wird besonders bei Microsoft-Betriebssystemen verwendet. Dabei wird die Subnetzmaske wie eine IP-Adresse geschrieben. Links stehen Einsen, rechts Nullen. Die Stellen, an denen eine Eins steht, ist eine Netzstelle. Nullen in der Subnetzmaske repräsentieren den Host-Anteil.

Das obige Beispiel in alter Schreibweise lautet: IP: 12.13.14.15, SN 255.255.0.0. Schreibt man beides als Binärzahl auf, wird schnell klar, wie das funktioniert:

IP: 0000 1100 . 0000 1101 . 0000 1110 . 0000 1111
(Binärschreibweise von 12.13.14.15)

SN: 1111 1111 . 1111 1111 . 0000 0000 . 0000 0000
(Binärschreibweise von 255.255.0.0)

Netz: 0000 1100 . 0000 1101 . 0000 0000 . 0000 0000
→ Netzadresse = 12.13.0.0

Broadcast: 0000 1100.0000 1101.1111 1111.1111 1111
→ Broadcastadresse = 12.13.255.255

Die Standard-Subnetzmasken in einfacherer Schreibweise (CIDR-Notation) sehen wie folgt aus:

255.0.0.0	oder /8	die ersten 8 Bit der IP-Adresse adressieren das Netzwerk
255.255.0.0	oder /16	die ersten 16 Bit der IP-Adresse adressieren das Netzwerk
255.255.255.0	oder /24	die ersten 24 Bit der IP-Adresse adressieren das Netzwerk

Diese Standard-Subnetzmasken stammen aus der Einteilung der IP-Adressen in Klassen (siehe Tabelle, S. 329 ff.). Es sind aber auch andere Subnetzmasken möglich. Man kann diese Grenze von 1 auf 0 bitweise

1 *CIDR = Classless Inter Domain Routing*
2 *VLSM = Variable Length Subnet Mask*

nach rechts verschieben. Dadurch verkleinert sich der Hostanteil und es entstehen Subnetze im ursprünglichen Netz.

IP: 0000 1100 . 0000 1101 . 0000 1110 . 0000 1111
(Binärschreibweise von 12.13.14.15)

SN: 1111 1111 . 1111 1100 . 0000 0000 . 0000 0000
(Binärschreibweise von 255.252.0.0 oder /14)

Netz: 0000 1100 . 0000 1100 . 0000 0000 . 0000 0000
→ Netzadresse = 12.12.0.0

Die Größe eines Netzes kann man einfach aus der Anzahl der Netz-Bits ableiten. 32 Bit hat die IP-Adresse insgesamt. Bei einem /16-Netz bleiben 32 – 16 = 16 Host-Bits übrig. Also sind 2^{16} Host-Adressen möglich. Bei einem /14-Netz (wie oben) sind 32 – 14 = 18 Host-Bits übrig. Das ergibt somit ein vierfach größeres Netz mit 2^{18} Hostadressen.

! Bei jedem Netz ist die erste Adresse (alle Host-Bits auf Null) die Netzkennung. Die jeweils letzte Adresse (alle Host-Bits auf Eins) ist die Broadcast-Adresse. Diese Adressen sind als Hostadressen nicht zu verwenden. Die Anzahl der nutzbaren IP-Adressen ist daher $2^H - 2$ (H = Anzahl der Hostbits).

Einteilen der IP-Adressen in Adressklassen (historisch)
In den Anfängen des Internets wurde der zur Verfügung stehende, damals unvorstellbar große, Adressraum in 3 Klassen eingeteilt. Auf diesen Klassen beruht heute noch die Standard-Subnetzmaske der IP-Konfiguration.

Die Klassen sind zwar seit vielen Jahren abgeschafft, eignen sich aber hervorragend um das Subnetting zu verstehen. Deshalb werden sie hier kurz erwähnt.

Einteilung in IP-Adressklassen (historisch)				
Klasse	**Adressbereich (N = Netz-Bits, H = Host-Bits)**	**Subnetzmaske (CIDR-Schreibw.)**	**Anzahl Netzbits**	**Bemerkungen**
A	0.0.0.0 bis 127.255.255.255 IP: **0**NNN'NNNN.HHHH'HHHH.HHHH'HHHH.HHHH'HHHH SN: 1111'1111.0000'0000.0000'0000.0000'0000	255.0.0.0 /8	8	Ursprünglich für Netze von Großkonzernen
B	128.0.0.0 bis 191.255.255.255 IP: **10**NN'NNNN.NNNN'NNNN.HHHH'HHHH.HHHH'HHHH SN: 1111'1111 . 1111'1111 . 0000'0000 . 0000'0000	255.255.0.0 /16	16	Ursprünglich für Netze von Konzernen
C	192.0.0.0 bis 223.255.255.255 IP: **110**N'NNNN.NNNN'NNNN. NNNN'NNNN.HHHH'HHHH SN: 1111'1111 . 1111'1111 . 1111'1111 . 0000'0000	255.255.255.0 /24	24	Ursprünglich für Netze von kleinen Unternehmen
D	224.0.0.0 bis 239.255.255.255 IP: **1110**'XXXX.XXXX'XXXX. XXXX'XXXX. XXXX'XXXX	-		Multicast-Adressen
E	240.0.0.0 bis 255.255.255.255 IP: **1111**'XXXX'XXXX'XXXX. XXXX'XXXX. XXXX'XXXX	-		Reserviert für Forschungszwecke

Die ersten 4 Bit einer Adresse geben die Adressklasse an (in der Tabelle fett gedruckt).

IP-Spezialadressen

Bezeichnung	Adresse	Beschreibung
Localhost oder Loopback	IP 127.0.0.0/8	Adresse auf sich selbst; ein Ping auf eine Adresse aus diesem Bereich spricht den eigenen Rechner an.
Net-ID, Netzkennung	Alle Host-Bits sind 0.	Net-ID von 10.1.2.3 /8 ist 10.0.0.0
Host-ID, Hostkennung	Alle Net-Bits sind 0.	Host-ID von 10.1.2.3 /8 ist 0.1.2.3
Broadcast-ID	Alle Host-Bits sind 1.	Sendung „an alle in diesem Netz" Broadcast-ID von 10.1.2.3 /8 ist 10.255.255.255
jede lokale Adresse	Alle Bits sind null 0.0.0.0	Unbekannte eigene IP-Adresse (vor dem Zuteilen einer IP-Konfiguration) und als Routereintrag für Standard-Gateway, Default-Route

Private IP-Adressbereiche

Private IP-Adressbereiche					
Klasse	**Adressbereich**	**Subnetzmaske**	**Anzahl Host-Bits**	**Anzahl Hosts pro (Sub-)Netz**	**Anzahl vordefinierte Subnetze**
Class A	10.0.0.0. bis 10.255.255.255	255.0.0.0	24	$2^{24} - 2$	0
Class B	172.16.0.0 bis 172.31.255.255	255.255.0.0	16	$2^{16} - 2$	16
Class C	192.168.0.0 bis 192.168.255.255	255.255.255.0	8	$2^{8} - 2$	256

IP-Adressen aus einem privaten Adressbereich werden in LANs verwendet. Sie können in größeren LANs mit internen Subnetzen auch intern geroutet werden. Im Internet werden Pakete mit privaten IP-Adressen jedoch nicht geroutet. Die Pakete werden verworfen.

! Private IP-Adressen werden im Internet **nicht** geroutet. Empfängt ein Router im Internet ein Paket mit einer privaten IP-Adresse, so wird das Paket gelöscht und nicht weitergeschickt. Für nähere Informationen siehe auch Seite 4 in: rfc-editor.org/rfc/rfc1918

(3) IPv6, IP-Version 6

Bereits früh erkannte man, dass mit dem Boom und der Verbreitung des Internets, der bisherige IP-Adressraum nicht mehr auseichen würde. So wurde mit dem IPv6 ein Nachfolger für das bisherige IPv4 entwickelt, welches diverse Schwächen des alten Protokolls nicht mehr hat. Die auffälligste Änderung ist der Adressaufbau. Die neuen IP-Adressen sind mit 128 Bit wesentlich größer. Sie werden als Hexadezimalzahlen (0....9, A...F) 16-Bit-weise geschrieben und durch Doppelpunkte getrennt.

! IPv6-Adressen teilen sich in einen Netzanteil und einen Interfaceanteil.

20 01:0db8:1234:5678:	9ABC:CABA:AFFE:0010
64 Bit Netzpräfix	64 Bit Interface-Identifier

Die Regional Internet Registry, RIR, ist die Organisation, welche die IP-Adressbereiche an die Internetprovider vergibt. Diese bekommen in der Regel einen Bereich von 32 Netzbits. Der Provider teilt diesen Bereich in viele Subnetze auf. Üblicherweise bekommt ein Kunde ein Netz mit 48 Netzbits oder mit 56 Netzbits zugewiesen.

Aufteilung der IP-Adresse bei einem 48-er Netz:

2001 : 0db8 32 Bit Providernetz	:	1234 16 Bit Kunden-netz	:	5678 16 Bit Kunden-Subnetz	:	9ABC : CABA : AFFE : 0010 /48 Interface-Adresse

Aufteilung der IP-Adresse bei einem 56-er Netz:

2001 : 0db8 32 Bit Providernetz	:	1234 : 56 24 Bit Kundennetz		78 8 Bit SN	:	9ABC : CABA : AFFE : 0010 /56 Interface-Adresse

Da der Interface-Anteil immer 64 Bit beträgt, hat der Kunde die Netzbits zwischen der zugewiesenen Netzadresse und 64 Bit als seinem Bereich für Subnetting zur Verfügung. Bei einem /48-Netz stehen 64 Bit – 48 Bit = 16 Bit für Subnetbildung zur Verfügung.

Vergleich IPv4 und IPv6			
	IPv4	**IPv6**	**Bemerkungen**
Adressgröße	32 Bit	128 Bit	
Adressraum	2^{32}	2^{128}	2^{96} mal mehr Adressen
Fragmentierung großer Pakete	Ja	Nein	Fragmentierung kostet im Router Zeit und Rechenleistung
Größe des IP-Headers	20 Byte plus evtl. Erweiterungen	40 Byte fest, keine Zusatzheader	
Broadcast-Adressierung	Ja, alle Host-Bits auf 1	Nein, keine Broadcast-Adresse möglich, nur Multicast	Broadcastmeldungen würden bei Version 6 an zu viele Adressen geschickt
Schreibweise	Byteweise als Dezimalzahl, mit Punkten getrennt, vier 8-Bit-Blöcke; Beispiel: 12.13.250.254	Wortweise als Hexadezimalzahl, mit Doppelpunkten getrennt, acht 16-Bit-Blöcke Beispiel: 2001:4567:89ab:cbef:4500:0400:0002:0001	

Vereinfachen der Adressen

- durch Weglassen von führenden Nullen in jedem Block
  2001:0db8:83a3:0001:0012:0000:0000:0001 wird zu
  2001:db8:83a3:1:12:0:0:1
- durch Zusammenfassen von zusammenhängenden Folgen von Nullen in doppelte Doppelpunkte:
  2001:db8:83a3:1:12:0:0:1 wird zu
  2001:db8:83a3:1:12::1
  Bei mehreren Null-Blöcken kann nur einer auf diese Weise abgekürzt werden!

Sonderschreibweise für IPv4-Adressen, die in IPv6 eingebettet werden:

- ::ffff:a.b.c.d
  Dabei repräsentieren die letzten 4 Byte eine komplette IPv4-Adresse in der üblichen Dezimalschreibweise mit Punkten.
- Die bei IPv4 übliche Loopback-Adresse 127.0.0.1
  (als Binärzahl 0111‘1111.0000‘0000.0000‘0000.0000‘0001

oder als Hexadezimalzahl 7f00 0001
ergibt als in IPv6-eingebettete IPv4-Adresse:
::ffff:7f00:1

URI-Notation von IPv6-Adressen
Die Eingabe einer IP-Adresse mit angehängter Portnummer, z. B. http://217.13.73.82:80, kontaktiert den Webserver (Port 80) auf dieser Adresse. Hierbei wird der Port von der IP-Adresse durch einen Doppelpunkt getrennt. IPv6 benutzt aber den Doppelpunkt als Trennzeichen zwischen den Adressblöcken. Daher muss die IP-Adresse hier in eckige Klammern gesetzt werden.

http://[2001:0db8:83a3:0001:0012:0000:0000:0001]:80/.

Durch die Klammer wird die IP-Adresse von der Portnummer getrennt.

IPv6-Subnetting
Die von IPv4 bekannte Subnetzmaske gibt es bei IPv6 nicht mehr. Hier wird ausschließlich die Slash-Notation verwendet, bei der die Anzahl der Netzbits nach einem „/" an die IP-Adresse angehängt wird.
Die Angabe

2001:0db8:83a3:0001:0012::/48

bedeutet, dass die ersten 48 Bits dieser Adresse das Netz adressieren. Der Rest ist Subnet- und Host-Anteil. In diesem Fall ist die Netzadresse *2001:0db8:83a3::*. Der Adressbereich erstreckt sich von *2001:0db8:83a3:0000:0000:0000:0000:0000 bis 2001:0db8:83a3:ffff.ffff.ffff.ffff.ffff.*

IPv6-Adresstypen		
Adresstyp	**Bedeutung**	**Beispiel/Erläuterung**
Global Unicast-Adressen	Weltweit einmalige Adressen, die im Internet geroutet werden	2000::/3 Derzeit werden Adressen aus dem Bereich 2001 an Provider vergeben, z. B. 2001:0db8:83a3:1:2:3:4:5
Link-Local-Adressen oder Link-Local-Unicast	Im LAN einmalige Adressen, die nicht geroutet werden, auch nicht im eigenen Netz. Sie enden am nächsten Router und können in anderen Netzen ebenfalls vorkommen	FE80::/10
Unique Local Unicast	Eindeutige lokale Adressen, vergleichbar mit den privaten Adressen bei IPv4; werden nicht im Internet geroutet	FC00::/7 Derzeit ist nur FD00::/ für lokale Adressen vorgesehen.
Site Local Unicast	Standortlokale Adressen, vergleichbar mit Privaten IPv4-Adressen	FEC0::/10 Wird nicht mehr verwendet!
Multicast Adressen	Adressen, die eine Gruppe von Knoten adressieren	FF::/8 Beispiele: FF01::1 – alle Knoten FF01::2 – alle Router
Loopback-Adresse	Die „eigene" Adresse, entsprechend 127.0.0.1 bei IPv4	0.0.0.0.0.0.0.1/128 Kurzschreibweise ::1/128
nicht spezifizierte Adresse	::/128	Zeigt das Fehlen einer Adresse an, z. B. vor dem Zuweisen einer IP-Konfiguration; entspricht 0.0.0.0/32 bei IPv4

IPv6-Adresstypen		
Adresstyp	**Bedeutung**	**Beispiel/Erläuterung**
Standardroute, Default-Route	::/0	In Routing-Tabellen der letzte Eintrag, wenn keine Route gefunden wird.

Das Zuweisen einer IP-Adresse geschieht über **Stateless Address Autoconfiguration, SLAAC**. Dazu kommuniziert der Client mit dem zuständigen Router, erhält so sein Adresspräfix und erzeugt daraus seine eigen IP-Adresse. Da bei dieser Prozedur nur die IP-Adresse festgelegt wird, nicht aber weitere IP-Komponenten, wie Router-Adresse, DNS-Adresse usw., kommt auch bei IPv6 meist DHCP zum Einsatz.

(4) Port-Nummern

Mit Ports werden einzelne Applikationen und Prozesse adressiert. Auf einem Rechner laufen teilweise sehr viele Prozesse gleichzeitig. Mit der IP-Adresse wird z. B. ein Server adressiert. Auf diesem Server kann ein Webserver laufen sowie ein E-Mail-Server. Durch die Portnummern können die verschiedenen Dienste unterschieden werden.

Beispiel: 221.223.21.30:80 adressiert den Webserver. 221.223.21.30:143 adressiert den IMAP-Server auf demselben Host.

Die Portnummer ist eine 16-stellige Binärzahl. Dies entspricht dem Zahlenbereich 0 bis 65535 (oder in hexadezimaler Schreibweise 0x0000 bis 0xffff.

! Um einen Dienst auf einem Rechner zu adressieren, wird die IP-Adresse mit angehängter Portnummer verwendet. IP und Port sind durch einen Doppelpunkt getrennt.
<IP-Adresse>:<Port> Man nennt dies einen **Socket**.

Die beiden Transportprotokolle TCP und UDP benutzen Ports. In den TCP- und UDP-Protokollköpfen steht der Zielport und der Quellport. Zusammen mit der IP-Adresse von Layer 3 ergibt sich ein Ziel-Socket und ein Quell-Socket.

Liste einiger wichtiger Portnummern	
Standardisierte Ports, well known Ports (wohlbekannte Ports) (0 bis 1023)	
20, 21	FTP-Daten und -Verbindungssteuerung
22	SSH, Secure Shell, für verschlüsselte Fernsteuerung und Datenübertragung
23	Telnet, Fernsteuerung von Rechnern ähnlich SSH, aber unverschlüsselt
25	SMTP, Simple Mail Transfer Protocol
42	WINS, Windows Internet Name Service
53	DNS, Domain Name Service
67, 68	Bootstap Protocol, wird auch von DHCP benutzt
69	TFTP, Trivial FTP, vereinfachte FTP-Version
80	HTTP, Hyper Text Transfer Protocol
110	POP3, Post Office Protocol 3
143, 220	IMAP, Internet Message Transfer Protocol und IMAP-Version 3
161, 162	SNMP, Simple Network Management Protocol
443	HTTPS, Hyper Text Transfer Protocol over SSL/TLS
445	Microsoft DS Active Directory

Liste einiger wichtiger Portnummern	
Standardisierte Ports, well known Ports (wohlbekannte Ports) (0 bis 1023)	
445	Microsoft DS SMB-Freigaben
546, 547	DHCPv6-Client und -Server
631	IPP, Internet Printing Protocol und CUPS, Common UNIX Printing System
989, 990	FTP over TLS/SSL, Data und Control

Registrierte Ports (1024 bis 49151)	
1194	OpenVPN
1234	VLC Media Player
1293	IPsec, Internet Protocol Security
1677	Novell GroupWise
1723	PPTP, Point-to-Point Tunneling Protocol
1812, 1813	RADIUS Authentication und Zugang
2049	NFS, Network File System
3225	FCIP, Fibre Channel over Internet Protocol
5060, 5061	SIP, Session Initiation Protocol und SIP over TLS, Internettelefonie
8080	HTTP, alternativer Port
17500	Dropbox LanSync Protocol und LanSync Discovery
Dynamische Portnummern	
49152 bis 65535	Die Ports von C000hex bis FFFFhex sind laut RFC 6335 dynamische Ports und können von den Anwendungen frei benutzt werden.

Kompetenzcheck ✓

1 Wahr oder falsch?

a) Jedes Interface muss eine eigene MAC-Adresse haben.
b) Jeder Rechner darf nur eine MAC-Adresse haben.
c) Ein Rechner bezieht nach dem Einschalten seine MAC-Adresse von einem Server.
d) MAC-Adressen haben 32 Bit.
e) IP-Adressen haben 32 Bit.
f) IP-Adressen haben 128 Bit.
g) Der linke Teil einer IP-Adresse ist die Netzwerk-Adresse.
h) Bei einer IP-Broadcast-Adresse werden alle Host-Bits auf Eins gesetzt.

2 Was ist richtig, was ist falsch in Bezug auf IP-Adressen?

a) 1.2.3.4 ist eine korrekte IP-Adresse.
b) 10.20.30.40. ist eine korrekte IP-Adresse.
c) 10.200.300.400. ist eine korrekte IP-Adresse.
d) Netzanteil der IP 10.20.30.40 / 16 ist 10.20.0.0.
e) Netzanteil der IP 10.20.30.40 / 24 ist 10.20.30.0.
f) Die Subnetzmaske 255.255.0.0 entspricht dem Präfix /16.
g) Die Subnetzmaske 255.255.128.0 entspricht dem Präfix /17.

A18

3 Bearbeiten Sie die Aufgabe 18 der Lernsituation 2 im Arbeitsbuch und erklären Sie die unterschiedlichen Adresstypen im Netz.

4 a) Berechnen Sie die drei Broadcast-Adressen der privaten IP-Adressbereiche der Klassen A, B und C.
b) Berechnen Sie die Broadcastadresse bei folgenden IP-Konfigurationen.

IP-Adresse	Subnetmask	BC-Adresse
10.1.2.3	255.255.240.0	....
20.1.0.8	255.255.255.252	....

5 Überprüfen Sie Ihre Kenntnisse zu logischen Verknüpfungen und üben Sie mit Standard-Operationen umzugehen mit der Aufgabe 17 im Arbeitsbuch. A17

6 Führen Sie Adressberechnungen zu IPv4 mit Aufgabe 19 des Arbeitsheftes durch. A19

3.4.6 Netzwerkkomponenten unterscheiden

S **Sie sollen die üblichen Netzwerkgeräte kennen und unterscheiden können.**

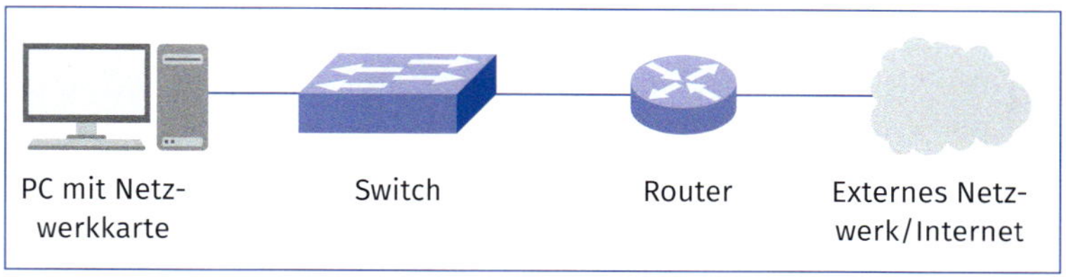

Netzwerkgeräte sind aktive Geräte, die in den Verteilern eingesetzt werden und durch Netzwerkleitungen verbunden sind. Zu den Netzwerkgeräten gehören auch die Netzwerkkarten in Rechnern, Druckern, IP-Telefonen und mehr. Heute übliche Netzwerkgeräte sind Switch und Router. Zum besseren Verständnis werden in der Tabelle auch die älteren, nicht mehr gebräuchlichen Geräte erklärt.

Die Verkabelung ist passiv. Dazu gehören alle Leitungen, Anschlussdosen (TAs) und Patchfelder.

Netzwerkgeräte

Netzwerkkarte, NIC (Network Interface Card)
Die Netzwerkkarte eines Rechners, Servers, Druckers usw. ist meist auf der Systemplatine untergebracht. NICs sind auch als Erweiterungskarten, z. B. zur Reparatur oder zum Aufrüsten von Rechnern verfügbar.

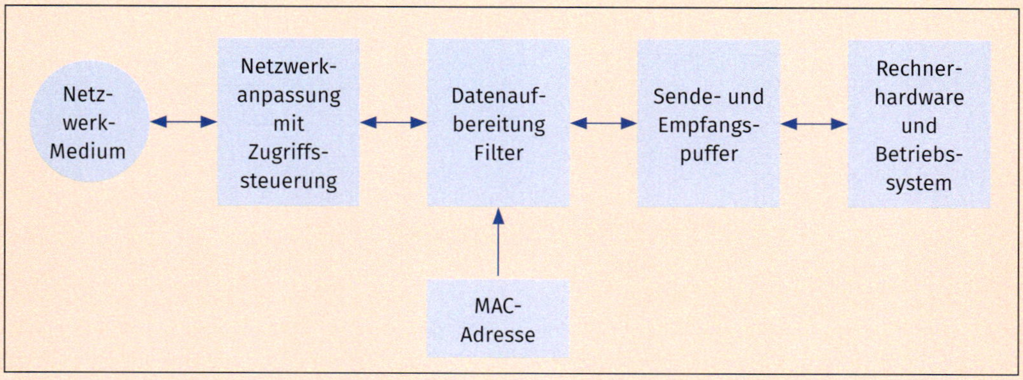

Das Schaubild zeigt den schematischen Aufbau einer Netzwerkkarte. Links ist der Anschluss des Netzwerkmediums. Es folgt die Elektronik für die Netzanpassung, die Datenaufbereitung und die Datenpuffern. Über die Datenpuffer erfolgt der Austausch der Netzwerkdaten mit dem Betriebssystem.

Repeater und Hub

Ein **Hub** ist ein bidirektionaler Verstärker. Er verstärkt die Signale. Aus einem schwachen Signal wird wieder ein Signal mit vollem Pegel hergestellt. Er arbeitet auf OSI-Layer 1, der Bitübertragungsschicht oder Physical Layer. Ein Hub mit nur zwei Anschlüssen ist ein **Repeater**.

Hub-Symbol

Hubs wurden in Sternverkabelungen eingesetzt. In der Mitte, im Sternmittelpunkt, befindet sich der Hub. Da von diesem die Leitungen sternförmig nach außen gehen, so wie die Speichen eines Rades, nennt man dieses Bauteil Hub (Nabe).
Repeater oder Hub werten keine Adressen aus. Sie arbeiten auf OSI-Layer 1.

Bridge und Switch

Die **Netzwerkbrücke (Bridge)** verbindet zwei Netzsegmente. Jedes Netzsegment kann mehrere Geräte mit jeweils eigener Hardware-Adresse (MAC-Adresse = Media-Access-Control-Adresse) enthalten. Sie leitet ankommende Frames nur weiter, wenn sich der Zielrechner an dem anderen Bridge Port befindet. Dadurch wird unnötiger Netzwerkverkehr herausgefiltert. Eine Bridge „lernt" nach dem Einschalten, welche MAC-Adressen sich an welchem Port befinden, und bildet eine Weiterleitungstabelle (Bridge Table).

Bridge-Symbol

Mehrere Brücken in einem Gerät ergeben eine Multiport Bridge, den **Switch**. Der Switch ist das wichtigste aktive Bauteil eines zeitgemäßen Rechnernetzes. Ein Switch „lernt", welche Knoten an welchem seiner Anschlüsse angeschlossen sind. Er baut daraus seine Weiterleitungstabelle (Forwarding Table). Man nennt diese Tabelle auch Switching Table oder Bridge Table.

Switch-Symbol

Ankommende Datenframes werden auf **OSI-Layer 2** inspiziert und die im Header befindlichen MAC-Adressen ausgelesen. Neue Absender-MAC-Adressen werden in die Weiterleitungstabelle eingetragen. Bei ankommenden Paketen werden die Ziel-MAC-Adressen gelesen und mit der Weiterleitungstabelle verglichen. Findet sich ein Anschluss, an dem sich der Knoten mit dieser Adresse befindet, dann wird das Datagramm an diesem Anschluss weitergeschickt. Ein Switch arbeitet auf OSI-Layer 2.

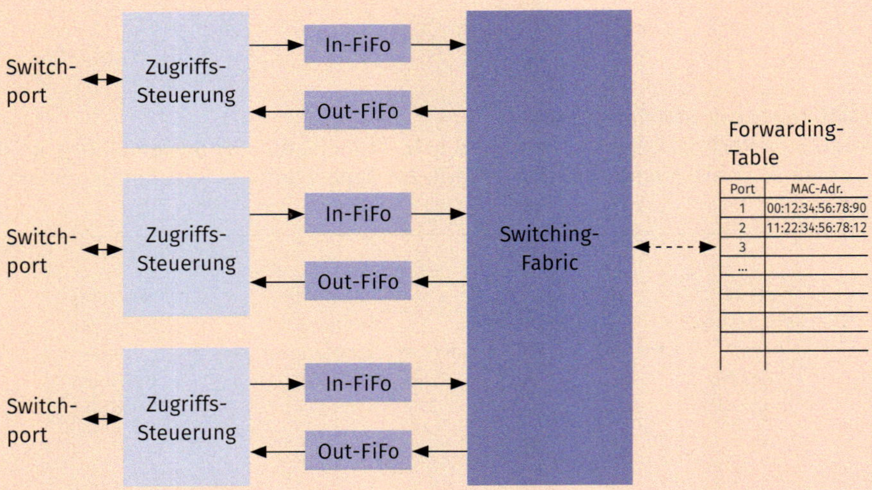

Switch-Prinzipaufbau

Jeder Switchport verfügt über einen Eingangspuffer, den Input-FIFO. FIFO bedeutet First In – First Out. Die Daten, die zuerst hineingeschoben werden, werden hinten auch zuerst wieder herausgeschoben. Ebenso hat jeder Switchport einen Ausgangspuffer, in dem die Daten auf das Senden warten. Zwischen den beiden Pufferspeichern und dem Anschluss befindet sich die Zugriffssteuerung. Diese sorgt dafür, dass keine Datenkollisionen auftreten, wenn beispielsweise gesendet werden soll, während Daten hereinkommen.

Die Switching Fabric sorgt für das Weiterleiten von empfangenen Daten an den entsprechenden Ausgangsport. Sie greift dazu auf die Forwarding Table zu.
Je nach angeschlossenem Gerät kann ein Switchport die Datenübertragungsrate entsprechend einstellen. Beispielsweise kann an einem Port ein Gerät mit 10 Gbit/s kommunizieren und an einem anderen Port mit 10 Mbit/s. Die Fabric funktioniert wie ein sehr schnelles internes Netzwerk. Die Daten landen in Hochgeschwindigkeit im Ausgangspuffer des Ausgangsports. Schickt nun ein Gerät seine Daten mit hoher Übertragungsrate an ein Gerät mit geringerer Datenrate, dann landen diese Daten zwar sehr schnell im Ausgangspuffer des Ausgangsports. Von dort werden sie dann aber mit der geringeren Datenrate gesendet.
Fehler können auftreten, wenn sehr schnell viele Daten an einem Port ankommen und der Pufferspeicher überläuft. Sowohl der Eingangs- als auch der Ausgangs-FIFO-Speicher können überlaufen. Es gibt keine Datenflusssteuerung. Wenn ein Puffer voll ist, dann gehen alle weiteren Daten, die in den Puffer geschoben werden, verloren. Diese Fehler müssen von den Endgeräten behoben werden. Switches sind nur für das Weiterleiten zuständig.

Router

Ein Router verbindet zwei oder mehrere Netze miteinander (siehe auch Kapitel 3.4.7). Dazu wertet er den Netzwerk-Anteil der IP-Adresse aus. Router verfügen über Routing-Tabellen, Weiterleitungstabellen, in denen nicht einzelne Adressen hinterlegt sind, sondern ganze Adressbereiche, die Netzkennungen. Für jeden einzelnen Routerport werden die darüber erreichbaren Netzwerke hinterlegt.

Router-Symbol

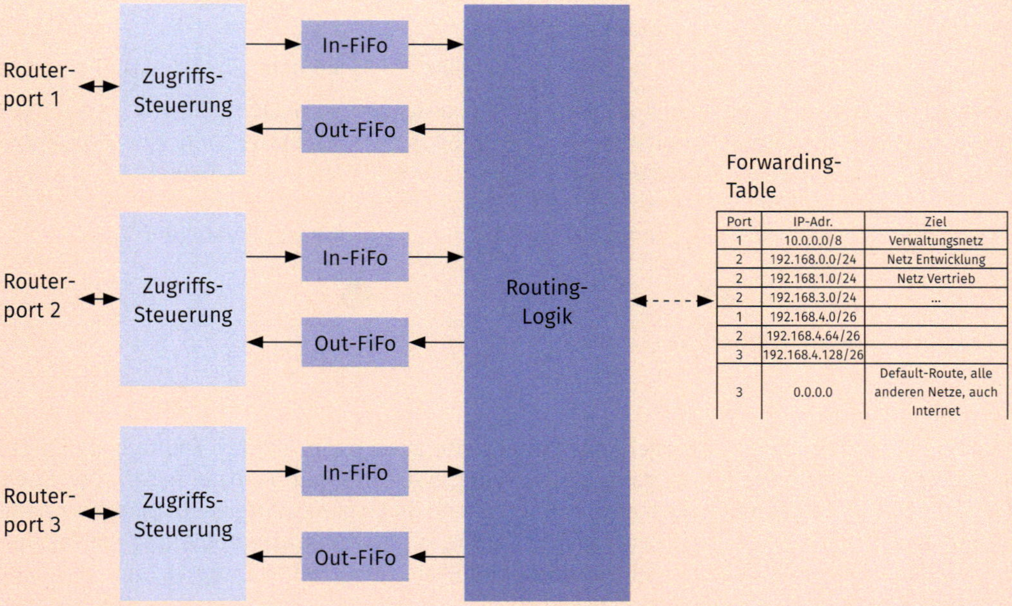

Port	IP-Adr.	Ziel
1	10.0.0.0/8	Verwaltungsnetz
2	192.168.0.0/24	Netz Entwicklung
2	192.168.1.0/24	Netz Vertrieb
2	192.168.3.0/24	...
1	192.168.4.0/26	
2	192.168.4.64/26	
3	192.168.4.128/26	
3	0.0.0.0	Default-Route, alle anderen Netze, auch Internet

Routing-Logik

Große Netzwerke können durch Subnetting in kleinere Netze unterteilt werden. Ein Router kann damit auch ein großes Netz in mehrere kleine Subnetze aufteilen. Router werten die Netzwerk-Adressen auf **OSI-Layer 3** aus. Im LAN sind dies die IP-Adressen.

WLAN-Access-Point, Wi-Fi-Access-Point, Hotspot

Ein Access Point bildet den Mittelpunkt einer Funkzelle, die mit dem LAN verbunden ist. Mobilgeräte (z. B. Laptops, Smartphones) können sich mit dieser Funkzelle verbinden und sind somit Teil des lokalen Netzwerkes.

Access Point

(1) Switchtypen

Wenn ein Switch an einem Port Daten empfängt, muss er den Empfänger ermitteln und die Daten an dem Port ausgeben, über den der Zielrechner erreichbar ist. Je nach Funktionsweise des Switches dauert dieser Vorgang unterschiedlich lang. Wir betrachten dazu zunächst einmal den Frameaufbau von Ethernet. Die zu übertragenden Nutzdaten werden in den Ethernet-Frame (= Rahmen) zwischen Header und Trailer eingebettet. Als erstes wird die Präambel gesendet (Synchronisierungsbits ohne Informationsgehalt). Im Anschluss daran kommt der Ethernet-Header. Dann folgen die Nutzdaten. Am Ende wird eine Rahmenprüfsumme übertragen (FCS = Frame Check Sequence). Die Verweildauer der Daten im Switch wird als Latenzzeit bezeichnet. Sie sollte möglichst kurz sein.

Die ersten 6 Bytes im Header sind die Ziel-MAC-Adresse.

Der 2-Byte-Wert des Typ-Feldes gibt an, was für Nutzdaten in diesem Frame transportiert werden.

Im Bild oben sind die drei möglichen Zeitpunkte für das Weiterleiten der Daten eingezeichnet.

Die wichtigsten Typ-Kennungen	
0x0800	IPv4
0x0806	ARP
0x809b	AppleTalk
0x8100	VLAN
0x86dd	IPv6
0x8870	Jumbo Frames
0x888e	802.1X

Präambel	**Ethernet-Header**			**Daten**	**Trailer**
1010101010 ... 011	Ziel-MAC-Adr.	Quell-MAC-Adr.	Typ	Nutzdaten	FCS
8 Byte	6 Byte	6 Byte	2 Byte	46 Byte ... 1 500 Byte	4 Byte
Synchronisation	adressiert das nächste Interface auf dem Weg zum Ziel	Adresse des Interfaces, welches den Frame gesendet hat	gibt an, welcher Typ Daten in den Nutzdaten transportiert wird	maximal 1500 Byte Nutzdaten, mindestens aber 46 Byte (wenn weniger, wird mit Nullen aufgefüllt)	Rahmenprüfsumme
	1		3		2

Ethernet-Frame und Durchschaltzeitpunkte von Switches

1 Cut-Through-Switch

Der frühestmögliche Zeitpunkt, um eingehende Daten weiterzuschicken, ist nach Empfang der Zieladresse. Die Verzögerungszeit zwischen Eingang und Ausgang beträgt somit 14-Byte-Zeiten. Der Speicherbedarf ist sehr gering, da bei freiem Ausgangsport nur 6 Byte im Eingangspuffer sind. Dieser schnelle und verzögerungsarme Switch ist der sog. Fast Forward Switch, in der vorherigen Abbildung der Zeitpunkt 1. Wenn während der Übertragung Fehler auftreten oder ein Frame gar unvollständig ist, dann werden diese Frames trotzdem mit diesem Switch weitergeschickt.

2 Store-and-Forward-Switch

Um nur fehlerfreie Frames weiterzuleiten, muss der Switch den kompletten Frame empfangen und am Ende die Rahmenprüfsumme (FCS) überprüfen. Fehlerhafte Frames werden dann aus dem Pufferspeicher gelöscht und nicht weitergeschickt. Dadurch reduziert sich das Datenaufkommen auf den Leitungen, da defekte Frames aussortiert werden. Die Latenzzeit beträgt hier eine ganze Rahmenzeit, somit maximal 1 518-Byte-Zeiten plus 8-Byte-Zeiten Präambel. Der Speicherbedarf ist enorm. Dies ist in der vorherigen Abbildung der Typ 2.

3 Fast-Forward-Switch oder auch Fragment-free-Switch

Diese beiden zuvor genannten Typen sind die Extreme. Es hat sich gezeigt, dass abgebrochene Frames sehr kurz sind. Es kommt sehr selten vor, dass ein Frame kurz vor Ende der Übertragung abbricht, meist wird am Anfang abgebrochen. Der Mittelweg ist nun, dass ein Switch den Anfang der Datenübertragung abwartet und erst dann schaltet. Dies ist in vorherigen Abbildung der Typ 3. Dieser Typ schaltet nach 64 empfangenen Bytes durch. Dies ist etwas mehr als die 46-Byte-Mindestgröße der Ethernet-Nutzlast plus Ethernet-Header. In diesen 64 Byte sind die IP-Header und TCP/UDP-Header enthalten. Er hat somit eine geringe Latenzzeit und wenig Speicherbedarf.

(2) Managebare Switches

Einfache Switches sind Plug and Play („einstecken und abspielen"). Sie sind preiswert und für einfache Heimnetze und Kleinunternehmen ausreichend. Bessere und teurere Switches verfügen über Konfigurationsmöglichkeiten. Sie sind managebar. Dazu verfügen sie meist über eine Web-Oberfläche. Von einem PC im selben Netz kann man einen solchen Switch konfigurieren. Grundvoraussetzung, um ein Gerät im Netzwerk ansprechen zu können, ist, dass das Gerät über eine IP-Adresse verfügt. Über die Web-Oberfläche kann man jeden einzelnen Port ein- und ausschalten und individuell die Datenübertragungsraten festlegen. Auch lassen sich Statistiken über die Verkehrsaufkommen an jedem Port erstellen. Auch ist es bei einigen Typen möglich, sog. Mirrorports einzurichten. Datenverkehr auf ausgesuchten Ports kann auf die Mirrorports gespiegelt werden. Dort können dann Analysetools wie Wireshark-Rechner (für Netzwerkprotokollanalyse) oder Intrusion-Detection-Systeme (IDS) zum Aufspüren von Eindringlingen angeschlossen werden.

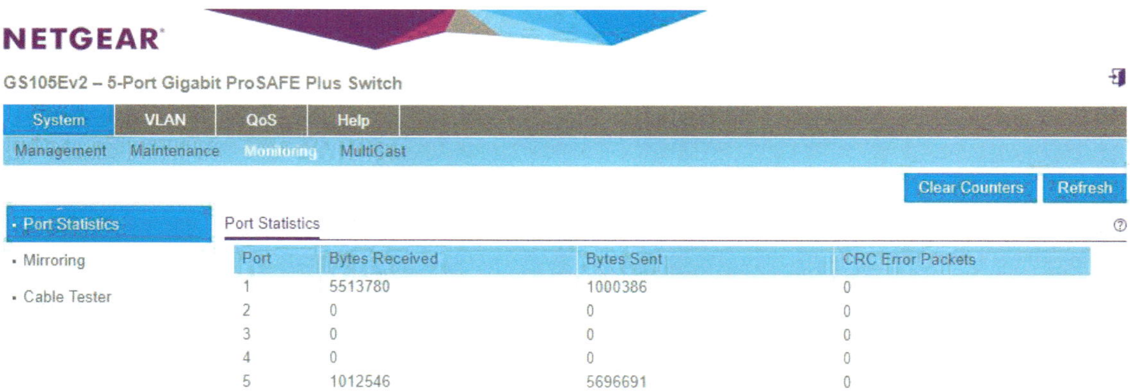

Web-Oberfläche eines Netgear-Switches

(3) Die Arbeitsweise von Routern verstehen

Routing wird ausführlich in Lernfeld 9 behandelt. Hier wird daher nur die grundlegende Arbeitsweise erklärt.

Unter Routing versteht man das Weiterleiten von Datenpaketen von einem Netzwerk in ein anderes, das Finden eines Pfades für die Daten von einem Rechner zu einem anderen. Dabei wird die Netzadresse (OSI-Layer 3) ausgewertet.

Ein Router verbindet somit mehrere Netzwerke. Zu jedem Routerport ist eine Tabelle der Netzkennungen hinterlegt, die über diesen Anschluss erreichbar sind. Subnetze werden wie separate Netze betrachtet. Ein Router kann mehrere Subnetze zu einem größeren Netzwerk zusammenfassen (siehe Fachstufenband, Lernfeld 9).

Jedes ankommende Datenpaket wird geprüft und dabei die Adresse des Zielrechners und der Wert des Feldes TTL (Time to Life) ausgelesen. Das TTL-Feld ist ein 8-Bit-Wert und wird um eins dekrementiert. Wenn das Ergebnis null ist, dann wird das Paket verworfen und eine Fehlermeldung „Ziel nicht erreichbar" zurückgeschickt.

Im Normalfall wird in der Weiterleitungstabelle (Routing Table) nachgesehen, ob bekannt ist, über welchen Port das Zielnetz erreichbar ist. Hier wird dann das Paket wieder ausgegeben. Ist das Zielnetz nicht in der Routing Table enthalten, wird das Paket an das Default Gateway des Routers weitergeschickt. Ist keine Default-Route bekannt, so kann das Paket nicht weiter transportiert werden. Es wird eine Fehlermeldung erzeugt und an den Absender geschickt.

Ein kleiner Heim-Router hat zwei Anschlüsse: einen internen LAN-Port, an dem sich meist auch das WLAN-Interface befindet, und den externen Internet-Port. Die Weiterleitungstabelle sieht folgendermaßen aus:

Routerport	Netzwerkadressbereich	Bemerkungen
LAN	192.168.1.0/24	Internes Netzwerk
WLAN	192.168.2.0/24	Internes Funknetz
WAN	0.0.0.0	Alle anderen Netze (Internet), Default-Route

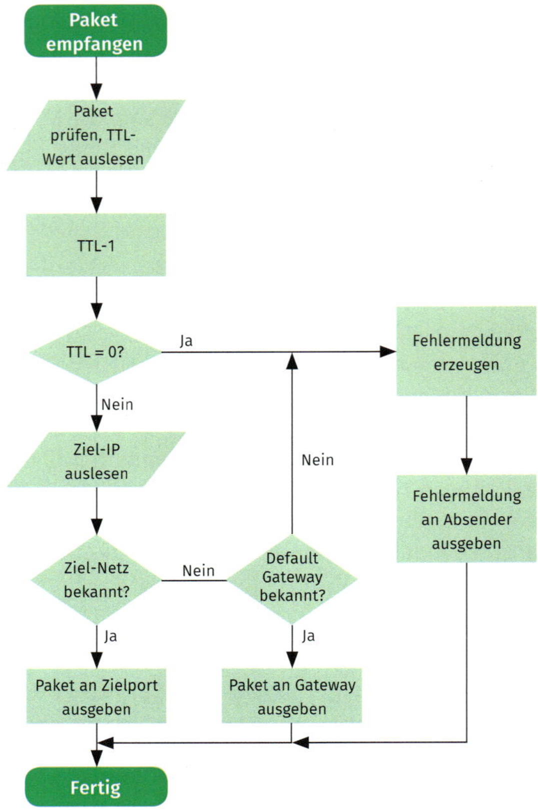

Kompetenzcheck ✓

A12 **1** Suchen Sie im Arbeitsbuch mit Aufgabe 12 der Lernsituation 2 die passenden Geräte für die jeweiligen Anwendungsfälle aus.

A13 **2** Bearbeiten Sie die Aufgabe 13 im Arbeitsbuch zum Thema „Router" und „Switches".

3.4.7 Netzwerkstandards unterscheiden

S Sie wollen wissen, welche Normen und Standards die Netzwerktechnik regeln.

Zahlreiche Normungsgremien und Organisationen befassen sich mit der IT- und Netzwerktechnik. Die folgende Tabelle zeigt die wichtigsten davon.

Normungsgremien und Organisationen		
Name	**Beschreibung**	
International Organization for Standardization	Internationales Normungsgremium mit Sitz in Genf/Schweiz; erarbeitet Normen auf allen Gebieten außer Elektrotechnik	ISO
International Electrotechnical Commission	Internationale Normungsorganisation für den Bereich Elektrotechnik/Elektronik mit Sitz in Genf/Schweiz	IEC

Normungsgremien und Organisationen		
Name	**Beschreibung**	
International Telecommunication Union (Internationale Fernmelde-union)	Erarbeitet unter anderem Empfehlungen zu technischen Themen der Telekommunikation; erst durch die Übernahme dieser Empfehlungen durch nationale Regulierungsbehörden wie z. B. der Bundesnetzagentur bekommen die Empfehlungen den Charakter von Normen	
Institute of Electrical and Electronics Engineers	Weltweiter Berufsverband von Ingenieurinnen und Ingenieuren, Sitz in New York	
Internet Engineering Task Force	Die Internet-Technik-Arbeitsgruppe befasst sich mit der Weiterentwicklung des Internets und der Internet-Protokolle; Sitz ist Fermont/USA	
National Institute of Standards and Technology	Zuständig für Verschlüsselungsverfahren (AES, DES)	
American National Standards Institute	Privates Normungsinstitut mit Sitz in Washington D. C./USA	
Deutsches Institut für Normung e. V.	Nationales Normungsinstitut mit Sitz in Berlin	

Europäische Normen (EN) werden von einem der drei europäischen Komitees für Standardisierung verabschiedet:
- CEN – Europäisches Komitee für Normung,
- CENELEC – Europäisches Komitee für elektrotechnische Normung und
- ETSI – Europäisches Komitee für Telekommunikationsnormen.

Europäische Normen bestehen aus den Buchstaben EN und einer Zahl. Internationale Normen können als Europäische Normen übernommen werden.

Wichtige Netzwerknormen	
IEEE 802	Netzwerkstandards auf OSI-Layer 1 und 2
IEEE 802.3	Ethernet
IEEE 802.3u	Fast Ethernet
IEEE 802.3z	Gigabit-Ethernet
IEEE 802.3ae	10-Gigabit-Ethernet
IEEE 802.3an	10-Gigabit-Ethernet mit Twisted Pair
IEEE 802.3af und IEEE 802.3at	Power over Ethernet
IEEE 802.11	Wireless LAN
IEEE 802.15.1	Wireless PAN (z. B. Bluetooth, ZigBee)
IEEE 1394	FireWire
OSI/IEC 7498-1	Open Systems Interconnection: Basic Reference Model
DIN EN 50173	anwendungsneutrale Kommunikationskabelanlagen

Kompetenzcheck

1. Ordnen Sie mit Aufgabe 14 der Lernsituation 2 im Arbeitsbuch Datenraten den jeweiligen Standards zu. A14

3.5 Selbstständig die Integration von Clients in ein Netzwerk planen und durchführen

S Sie sollen selbstständig die Integration von Clients in ein Netzwerk planen und durchführen.

Beim Einbinden eines neuen Rechners in ein bestehendes Netzwerk genügt es nicht, den Rechner mit der passenden Netzwerkdose zu verbinden. Damit alles funktioniert, muss einiges überprüft werden und es sind eventuell einige Einstellungen notwendig.

Die Anforderungen der Clients bestimmen das Netzwerk. Wenn die Anforderungen geklärt sind, wird geprüft, ob der Ist-Zustand des Netzwerkes damit übereinstimmt. Ist der aktuelle Zustand des Netzwerkes nicht bekannt und dokumentiert, muss zuerst der Ist-Zustand des Netzes aufgenommen und protokolliert werden.

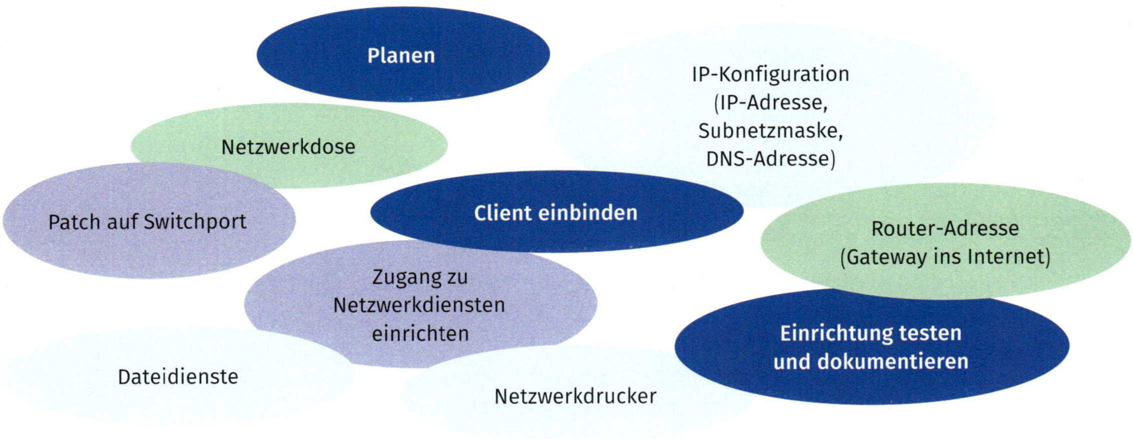

3.5.1 Anforderungen der Clients und des Netzwerkes untersuchen

S Sie sollen die Anforderungen der Clients und des Netzwerks prüfen. Sie sollen eine Ist-Aufnahme durchführen und den Ist-Zusatnd dokumentieren. Sie sollen selbstständig neue Clients in ein Netz einbinden und verstehen, was dabei zu tun ist, sowohl leitungsgebunden als auch über WLAN. Dabei sollen Sie die IP-Konfiguration in Grundzügen verstehen, die Clients entsprechend einrichten.

Im Vorfeld müssen einige Dinge bedacht werden, damit die Integration von Clients problemlos vonstattengeht. Folgende Punkte sind zu beachten:
- notwendige Datenübertragungsrate abschätzen/berechnen,
- IP-Konfiguration festlegen,
- Material und Werkzeug bereitlegen.

Welche **Datenübertragungsrate** benötigt wird, ist abhängig von den Anwendungen, die an diesem Arbeitsplatz, auf diesem Rechner laufen. Es ist zu überlegen, welche Menge an Daten wie oft und in welchen Zeitabständen übertragen werden muss. Lange Ladezeiten beim Nachladen von Daten während der Arbeit sind nicht akzeptabel. Lange Speicherzeiten auf dem Netz, während und auch am Ende der Arbeit, dürfen ebenfalls nicht sein. Das Netzwerk muss die Daten in angemessener Zeit transportieren. Eine CAD-Workstation, die mit servergestützten Daten arbeitet, verursacht beispielsweise regelmäßig eine große Netzwerklast. Ein Bürorechner zum Schreiben der Geschäftskorrespondenz produziert nur geringe Netzwerklast. Ein Streaming-Server, der permanent Videos ins Netz sendet, produziert Dauerlast auf dem Netzwerk. Man prüft daher vor der Installation des Rechners, wie groß die zu erwartende Netzwerklast sein wird.

Um den Durchsatz an Daten zu ermitteln, stellt jedes Betriebssystem einfache Tools bereit. Bei Windows kann man sich einen Überblick über die Netzwerklast mit dem Ressourcenmonitor verschaffen.

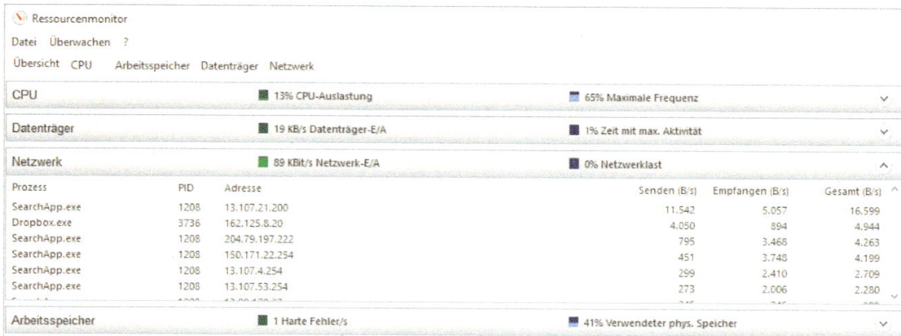

Bei Linux kann man sich über die Systemüberwachung die Ressourcennutzung des Netzwerkes anzeigen lassen.

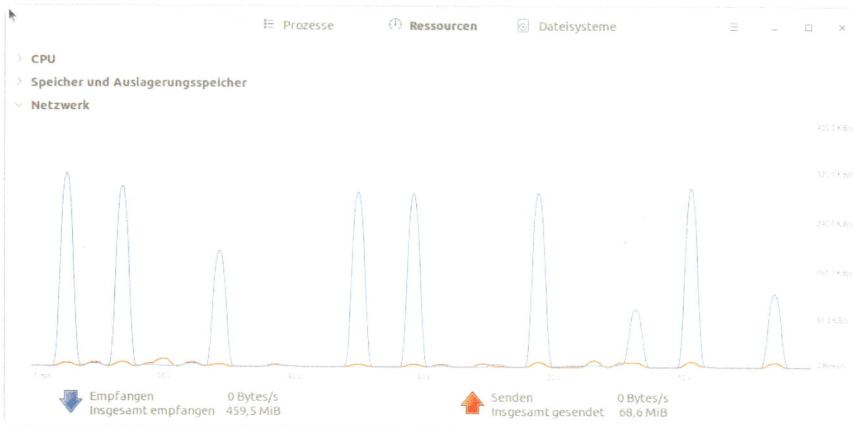

Angezeigt werden hier Bytes pro Sekunde, nicht Bits pro Sekunde! Das Bild oben zeigt Spitzenwerte bis etwa 300 kByte/s. Als Überschlagsrechnung kann man 1 Byte mit 8 Bit gleichsetzen, was somit 2,4 Mbit/s ergibt. Gelegentlich auftretende Lastspitzen dürfen dabei bis an die maximale Übertragungsrate der Leitung reichen. Der mittlere Datendurchsatz ist im obigen Beispiel wesentlich geringer. Geht man von davon aus, dass die 2,4 Mbit/s dauerhaft fließen würden, dann könnte man über eine 100BaseT-Leitung etwa 40 solcher Rechner anschließen. Eine Gigabitleitung könnte 400 von diesen Stationen problemlos bewältigen.

Vorsicht ist geboten bei den Angaben der Datenmengen. Diese werden meist mit Binärpräfix (z. B. 1 MiByte) angegeben. Bei den Datenübertragungsraten werden aber immer die Dezimalpräfixe verwendet (z. B. 1 GBit/s).

Ein wichtiges Tool in der Netzwerktechnik ist **Wireshark**, ein OpenSource-Netzwerksniffer. Die genauen Netzwerkdurchsätze können hiermit auch für einzelne Anwendungen ermittelt werden.

Abschätzen der Netzwerklast und aktuelle Netzwerktechnologie

Welche Netzwerktechnologie mit welcher Datenrate ist aktuell installiert?	→	Wenn nicht bekannt, dann muss dies in Erfahrung gebracht werden!
Schätzen Sie ab, welche Datenmenge zum Start geladen werden muss.	→	Wie lange ist die Ladezeit bei verschiedenen Netzwerkstandards? Servergestützte Profile müssen nach dem Anmelden geladen werden.

Schätzen Sie ab, welche Datenmenge zum Beenden übertragen werden muss.	→	Wie lange ist die Speicherzeit beim Beenden bei verschiedenen Netzwerkstandards? Offene Anwendungen müssen beim Beenden gespeichert werden, servergestützte Profile müssen gespeichert werden.
Schätzen Sie ab, welche Datenmenge während der Arbeit übertragen werden muss und wie oft dies geschieht.	→	Wie lange sind die Speicherzeiten bei verschiedenen Netzwerkstandards?
Welche Netzwerktechnologie mit welcher Datenrate ist aktuell installiert?	→	Wenn nicht bekannt, dann muss dies in Erfahrung gebracht werden!

Die **IP-Konfiguration** ist das Wichtigste, damit die Client-Integration auch logisch funktioniert.

IP-Konfiguration

Welche Netzkennung (Net-ID) hat das Netzwerk? Wie groß ist der Adressbereich?	→	Der Adressbereich kann aus Net-ID und Subnetzmaske berechnet werden.
Welche IP hat der Router (Default Gateway)?	→	Meist ist der Router die erste oder die letzte Adresse in einem Netzwerk.
Welche IP hat der DNS-Server?	→	Oft übernimmt der Router auch den Name-Service, es kann aber auch ein separater Server – auch außerhalb des LANs – sein.
Ist ein DHCP-Server vorhanden?	→	Meist ist ein DHCP-Server vorhanden. Wenn nicht, müssen die IP-Einstellungen von Hand vorgenommen werden.
Sind Subnetze im LAN vorhanden?	→	Zur Überprüfung kann der Subnetz-Plan eingesehen werden.

(1) Ist-Aufnahme durchführen

Leitungen und Anschlussdosen

Als erstes verschafft man sich einen Überblick über den aktuellen **LAN-Ausbau**. Beginnen Sie mit der Dokumentation des Netzes. Überprüfen Sie, ob die Unterlagen mit der Realität übereinstimmen. Eine Netzwerkdokumentation muss laufend aktualisiert werden.

LAN-Ausbau

Ist die Lage von Dosen und Verteilern bekannt?	→	Ist die Dokumentation auf dem neusten Stand?
Wie sind Dosen und Verteiler bezeichnet?	→	Ist die Dokumentation auf dem neusten Stand?
Sind Leitungen dokumentiert?	→	Welche Kategorie haben die verwendeten Bauteile? Welche Verkabelungsklasse wird erreicht? Sind Messprotokolle vorhanden?
Sind Patch-Pläne bekannt?	→	Die Patches in den Verteilern müssen dokumentiert sein.

Direkt vor Ort wird überprüft, ob die Gegebenheiten so sind, wie sie dokumentiert sind. Um zu prüfen, ob alle Leitungen und Dosen vorhanden sind, die man zum Anschluss der Clients braucht, ist eine Ortsbesichtigung meistens absolut notwendig.

Fortgefahren wird mit der Dokumentation der Verteiler. Am Verteiler wird der Anschluss gesucht der zum TA gehört. Ist eine Patchleitung eingesteckt, wird geprüft, ob diese Verbindung korrekt dokumentiert ist (siehe Beispielabbildungen, S. 309).

WLAN-Anschlussmöglichkeiten prüfen und suchen

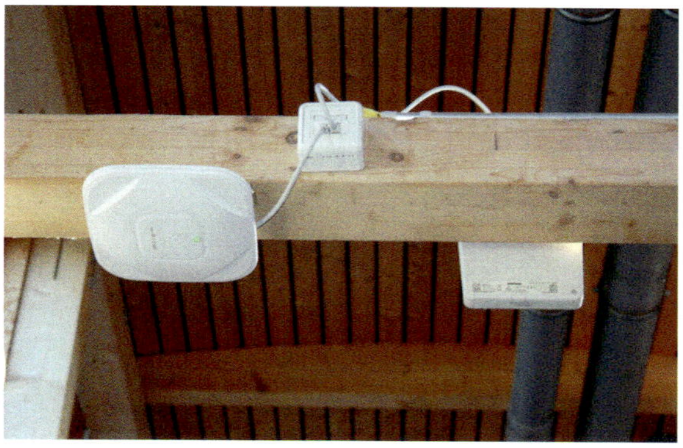

Sichtbarer WLAN-Access Point (links)

Schwer auffindbar: Access Points hinter Wand- und Deckenverkleidungen, nur die Antennen sind sichtbar

Um die WLAN-Anschlussmöglichkeiten zu prüfen, verschafft man sich auch hier zuerst einen Überblick mithilfe der Dokumentation: Gibt es mehrere WLANs? Wie ist die Lage der Access Points? Ist der Arbeitsbereich der Mobilstation funkmäßig gut ausgeleuchtet?

Manche Access Points sind einfach zu finden. Die Anschlussdose ist dann gut sichtbar und auch die Beschriftung ist lesbar. Andere Access Points sind schwerer zu finden. Sie können beispielsweise hinter Wand- und Deckenverkleidungen versteckt sein.

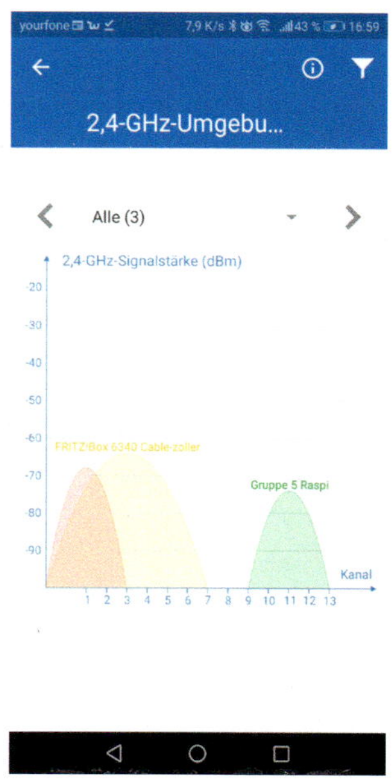

Verfügbare Funknetze auf Smartphone (Screenshot)

Netzabdeckung

Um Access Points und Funknetze zu finden, gibt es Messgeräte, die die Sender aufspüren und die Funkfeldstärke messen. Diese Werte sollten in einem Lageplan eingetragen sein.

Für den schnellen Überblick kann man sich auch mit einem Smartphone behelfen. WLAN-Analyse-Apps gibt es zum Teil kostenlos als Download. Der nebenstehende Screenshot des Smartphones zeigt, welche Funknetze aktuell verfügbar sind. Man sieht die Feldstärke (y-Achse) und die Sendekanäle (x-Achse). Eventuell vorhandene Störquellen können auch erfasst und angezeigt werden. Dies sind beispielsweise Bluetooth-Geräte oder Mikrowellenherde.

IP-Konfiguration

Die korrekte IP-Konfiguration ist für jedes Netzwerkgerät notwendig. Jedes Netzwerkgerät braucht:

- eine eindeutige IP-Adresse (für Netzwerk- und Hostadresse)
- eine Subnetzmaske
- die Adresse des Routers (Default Gateway) für die Kommunikation nach außen
- die Adresse des DNS-Servers für die Auflösung von Domänennamen

Üblicherweise fordert ein startender Rechner beim Hochfahren des Betriebssystems von einem DHCP-Server seine IP-Konfiguration an.

Mit dem Konsolenbefehl *„ipconfig"* kann man sich bei Windows-Rechnern die aktuelle IPKonfiguration anzeigen lassen.

```
C:\> ipconfig
Windows-IP-Konfiguration

Ethernet-Adapter Ethernet:
  Verbindungsspezifisches DNS-Suffix:
  Verbindungslokale IPv6-Adresse: fe80::c024:482f:2307:c04c%6
  IPv4-Adresse . . . . . . . . . . : 192.168.1.193
  Subnetzmaske . . . . . . . . . . : 255.255.255.0
  Standardgateway . . . . . . . . : 192.168.1.1

Drahtlos-LAN-Adapter WLAN:

  Verbindungsspezifisches DNS-Suffix:
  Verbindungslokale IPv6-Adresse: fe80::67d6:f857:bd2f:dd05%25
  IPv4-Adresse . . . . . . . . . . . : 192.168.1.164
  Subnetzmaske . . . . . . . . . . . : 255.255.255.0
  Standardgateway . . . . . . . . . : 192.168.1.1

C:\>
```

In diesem Beispiel sieht man, dass ein Ethernet-Interface und ein WLAN-Interface vorhanden sind. Jedes Interface hat eine IP-Adresse, eine Subnetzmaske (Standard-Subnetzmaske der Klasse C) und es ist eine Adresse für den Router (Standardgateway) vorhanden. Der Befehl „ipconfig /all" liefert weitergehende Informationen zur Konfiguration. Hierbei wird auch die Adresse oder der Name des DNS-Servers für das Auflösen der Internet-Namen in IP-Adressen angezeigt und Informationen zum DHCP-Server.

Bei Linux-Rechnern kann man sich die Interface-Einstellungen mit dem ip-Befehl anzeigen lassen. Der ip-Befehl ist sehr mächtig. Um die IP-Konfiguration anzuzeigen, verwendet man die Parameter *address* und *route*.

```
uri@pc-home:~$ ip address
1: lo: <LOOPBACK,UP,LOWER_UP> mtu 65536 qdisc noqueue state UNKNOWN group de-
fault qlen 1000
  link/loopback 00:00:00:00:00:00 brd 00:00:00:00:00:00
  inet 127.0.0.1/8 scope host lo
    valid_lft forever preferred_lft forever
  inet6 ::1/128 scope host
    valid_lft forever preferred_lft forever
2: enp0s31f6: <BROADCAST,MULTICAST,UP,LOWER_UP> mtu 1500 qdisc fq_codel state
UP group default qlen 1000
  link/ether 54:ee:75:d1:52:92 brd ff:ff:ff:ff:ff:ff
```

```
  inet 192.168.1.147/24 brd 192.168.1.255 scope global dynamic noprefixroute
  enp0s31f6
    valid_lft 85673sec preferred_lft 85673sec
  inet6 fe80::c1d9:a7eb:cafd:c009/64 scope link noprefixroute
    valid_lft forever preferred_lft forever
3: wlp4s0: <BROADCAST,MULTICAST,UP,LOWER_UP> mtu 1500 qdisc noqueue state UP
group default qlen 1000
  link/ether 14:ab:c5:8b:f8:53 brd ff:ff:ff:ff:ff:ff
  inet 192.168.1.166/24 brd 192.168.1.255 scope global dynamic noprefixroute
  wlp4s0
    valid_lft 58905sec preferred_lft 58905sec
  inet6 fe80::b576:6be1:8096:3920/64 scope link noprefixroute
    valid_lft forever preferred_lft forever

uri@pc-home:~$ ip route
default via 192.168.1.1 dev enp0s31f6 proto dhcp metric 100
default via 192.168.1.1 dev wlp4s0 proto dhcp metric 600
192.168.1.0/24 dev enp0s31f6 proto kernel scope link src 192.168.1.147 metric
100
192.168.1.0/24 dev wlp4s0 proto kernel scope link src 192.168.1.166 metric 600
uri@pc-home:~$
```

In der dargestellten Bildschirmausgabe sieht man die Antwort auf den Befehl „ip address". Es werden drei Interfaces gelistet, das Loopback-Interface, die Ethernet-Netzwerkkarte und das WLAN-Interface. Man sieht jeweils die IP-Adressen, die Netzwerkgröße in CIDR-Schreibweise (/24) und einige weitere Parameter.

Der Befehl „ip route" liefert die aktuellen Routen. Der Router (Eintrag „default via <IP>") ist über Ethernet und über WLAN erreichbar. An der Metric ist erkennbar, dass die beiden Routen nicht gleichwertig sind. Die Metric ist vergleichbar mit einer Maut; Ethernet wird hier mit einer Metric von 100 gegenüber dem WLAN mit einer Metric von 600 bevorzugt.

(2) Das Netzwerk dokumentieren

Ein Netzwerk muss genaustens dokumentiert sein – zu jeder Zeit! Diese Dokumentation ist Eigentum des Netzwerkbetreibers und bleibt beim Betreiber. Das heißt, dass Änderungen am Netz laufend in die Dokumentation eingepflegt werden. Jeder, der das Netzwerk verändert, hat dies zu dokumentieren. Zur Dokumentation kann man eine einfache Textdatei (MS-Word, Writer) verwenden.

Zur Dokumentation von Netzwerken gibt es professionelle Hilfsmittel. Mache erlauben auch das Scannen des Netzwerkes nach neuen Netzwerkgeräten. Es kann aber auch mit alltäglichen Programmen dokumentiert werden.

Was wird dokumentiert?	Womit wird dokumentiert?
Lagepläne	z. B. MS Visio, Dia, NetworkNotepad
Listen	Textverarbeitung (z. B. MS Word, Writer), eventuell Tabellenkalkulation (z. B. MS Excel, LibreOffice Calc)
Messprotokolle	Tabellenkalkulation
Netzwerkpläne	z. B. MS Visio, Dia, NetworkNotepad, jNetMap (Scannen und Struktur dokumentieren)
IP-Adressbereiche und IP-Subnetze	Tabellenkalkulation, Textverarbeitung
fest zugeordnete IP-Adressen	Tabellenkalkulation, Textverarbeitung

Ein PC-Erfassungsbogen kann folgendermaßen aussehen:

Bestandserfassung IT-Ausstattung – Rechner														
Lfd. Nr.	**Standort (Gebäude, Zimmernr., Arbeits-platz)**	**Rechner (Herstel-ler, Typ)**	**Bauart (z. B. Desktop, Tower, Laptop)**	**Jahr der Inbe-trieb-nahme**	**Betriebs-system**	**Monitor (Typ, Diagonale/ Auflösung)**	**CPU-Typ**	**CPU-Takt (GHz)**	**RAM (GiB)**	**HDD/ SSD (GiB)**	**Netzwerk (max. Datenrate)**		**IP-Adresse**	**Bemerkungen**
											Kabel	**Wi-Fi**		
Bsp.	*H1*	*Lenovo Think-pad T440P*	*Laptop*	*2017*	*Windows 10*	*NEC 30 1360x768*	*i5 vPro*	*2,2*	*16*	*SSD 450*	*1 000*	*Wi-Fi4*		*Office-PC mit Dockingstation*
1														
2														
...														

Zum Erfassen der installierten Drucker kann man eine Tabelle wie die folgende erstellen:

Bestandserfassung IT-Ausstattung – Drucker											
Lfd. Nr.	**Standort (Gebäude, Zimmernr., Arbeitsplatz)**	**Drucker (Hersteller, Typ)**	**Bauart (z. B. Laser SW, Laser color, Tintenstrahl)**	**Jahr der Inbetrieb-nahme**	**Papier-vorrat (Blatt)**	**Interface: USB, Parallel, Netzwerk (IP-Adresse**	**Sonstiges**	**Netzwerk (max. Datenrate)**		**IP-Adresse**	**Bemerkungen**
								Kabel	**Wi-Fi**		
Bsp.	*H1*	*Samsung CLP415N*	*Farblaser-drucker*	*2017*	*500*	*10.1.0.200*		*1 000*	*Wi-Fi4*		*Arbeitsgrup-pendrucker mit Sortiereinrich-tung*
1											
2											
...											

Im Downloadbereich befinden sich die obigen Beispiele sowie ein Textdokument als Vorlage für eine Netzwerkdokumentation.

Für jede einzelne Netzwerkleitung muss ein Messprotokoll erstellt werden – vom Verteiler zur Dose in der tertiären Verkabelung und von Verteiler zu Verteiler in der Primär- und Sekundärverkabelung. Dabei werden eine Reihe von elektrisch-physikalischen Parametern gemessen und festgehalten. Unter anderem wird gemessen: Leitungslänge, Verdrahtung (Pinbelegung), Leitungsdämpfung, Übersprechdämpfung von einem Leitungspaar zu einem anderen, Signallaufzeit, Laufzeitunterschiede der Paare und einige mehr.

Jede Leitung muss die Prüfung nach geltenden Normen bestehen. Auf dem Messprotokoll wird das Bestehen der Prüfung mit PASS oder FAIL angegeben. Diese Messprotokolle werden vom Ersteller der Verkabelung angefertigt und bei Übergabe der Verkabelungsanlage dem Betreiber überreicht.

Die Lage der WLAN-Access-Points muss auch in die Lagepläne aufgenommen werden. Feldstärkemessungen (die sog. Funkabdeckung oder -ausleuchtung) sind an repräsentativen Punkten im Gebäude und gegebenenfalls auch außerhalb zu messen und in die Pläne einzutragen.

Es gibt viele Programme, um eine Netzwerkdokumentation zu erstellen. **jNetMap** von rakudave.ch ist ein sehr einfaches und nützliches Tool. Man kann einen IP-Adress-Scan in einem bestimmten Adressbereich ausführen. In einer Liste werden alle Adressen gezeigt, die im LAN erreichbar sind. Die Geräte zu diesen Adressen werden anschließend auf der Karte platziert. Das Programm stellt alle Geräte in der linken oberen Ecke dar. Man zieht die einzelnen Geräte heraus und platziert sie auf der Karte. Durch Rechtsklick auf ein Gerät kann man seine Eigenschaften einstellen. Man kann jedes Gerät auf offene Ports scannen, Telnet oder SSH-Sitzungen aufbauen und vieles mehr. Für jedes Gerät können Eigenschaften angegeben werden wie Standort, Modell usw. In beschränktem Umfang kann mit diesem Programm auch das Netzwerk überwacht werden.

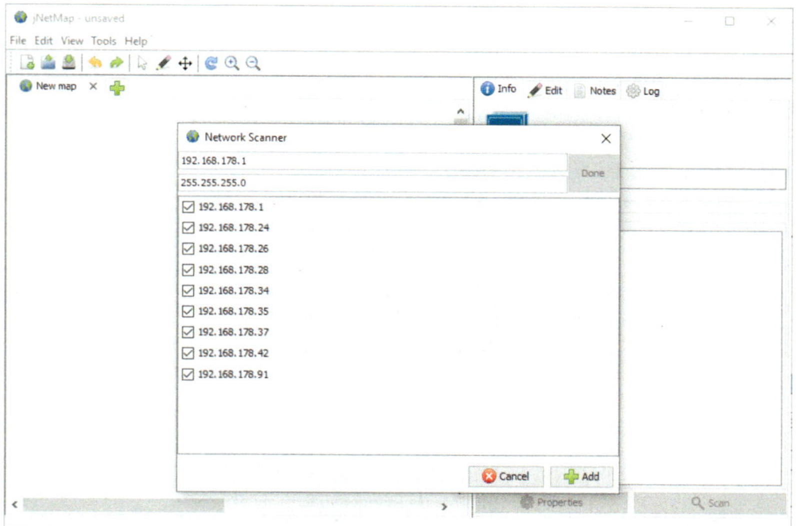

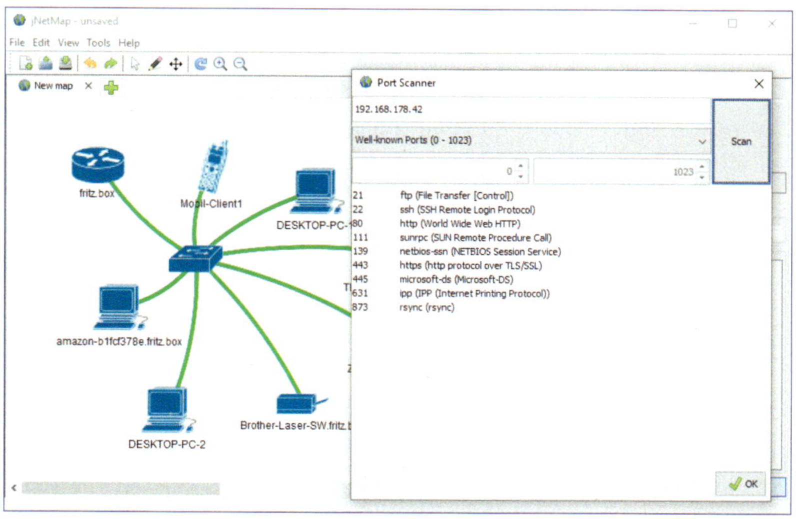

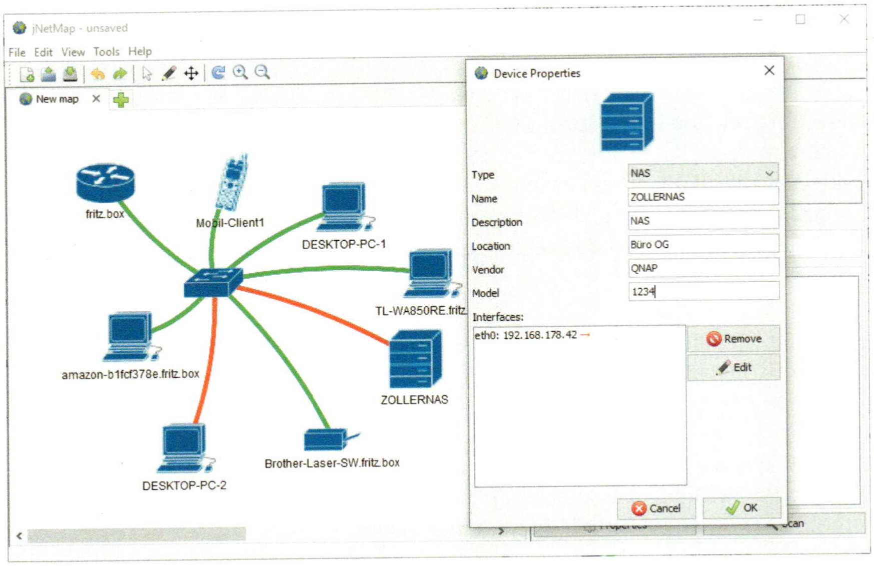

Es gibt auch eine Reihe von professionellen Netzwerkmanagement-Tools. Mit diesen lässt sich oft die komplette Dokumentation inklusive Lageplänen erstellen. Proprietäre Lösungen sind ebenso verfügbar wie Open-Source-Lösungen. Für alle Lösungen muss aber der Support teuer erkauft werden.

(3) Clients ins Netz einbinden

Bevor man Clients ins Netz einbindet, ist im Vorfeld einiges zu beachten. Die folgende Tabelle zeigt die wichtigsten Schritte [siehe hierzu auch Kapitel 3.5.1 (1)].

Rechner aufstellen und anschließen

Hardwareanschluss herstellen	→	Verbindungen herstellen (patchen): • Rechner – Anschlussdose • Switchport – Anschlussbuchse im Verteiler
Anschluss logisch herstellen	→	Rechner hochfahren und testen: • Hat der Rechner seine IP-Konfiguration bekommen? • Wenn nicht, am PC die Netzwerkeinstellungen auf „IP automatisch beziehen“ einstellen • Sind die Server erreichbar? • Ist das Internet erreichbar?
Testen und dokumentieren	→	Ping auf eine Internetseite • Prüft die Namensauflösung (DNS) • Prüft Erreichbarkeit des Routers • Prüft den Zugang zum Internet
	→	Konsolenbefehl *ipconfig* zeigt die aktuelle IP-Konfiguration an • Stimmt die IP-Adresse?
	→	Rechnername mit Nummer der Anschlussdose, IP-Adresse, Betriebssystem, ... notieren/dokumentieren

Clients beziehen ihre Netzwerkeinstellungen immer automatisch. Einstellungen von Hand sind zu fehleranfällig und werden vermieden. Beim Einrichten eines Netzwerks wird ein DHCP-Server eingerichtet. Dieser verfügt über einen Pool von IP-Adressen, die an die angeschlossenen Rechner automatisch verteilt werden (siehe hierzu S. 344).

Drucker auf Clients einrichten

Um mit einem neu eingerichteten Rechner drucken zu können, muss man einen oder mehrere Drucker dem PC bekannt machen. Über *Drucker & Scanner* in den Systemeinstellungen kann man das Netzwerk nach verfügbaren Druckern absuchen. Eine Liste von neu gefundenen Druckern erscheint. Man wählt den oder die Drucker aus, die man benötigt. Danach werden vom Betriebssystem die Druckertreiber installiert. Nach erfolgter Installation wird ein Testausdruck gemacht. Durch Anklicken eines Druckers kann man seine Warteschlange öffnen und bearbeiten. Der Verwalten-Button öffnet das Fenster, um weitere Einstellungen vorzunehmen und um die Testseite zu drucken.

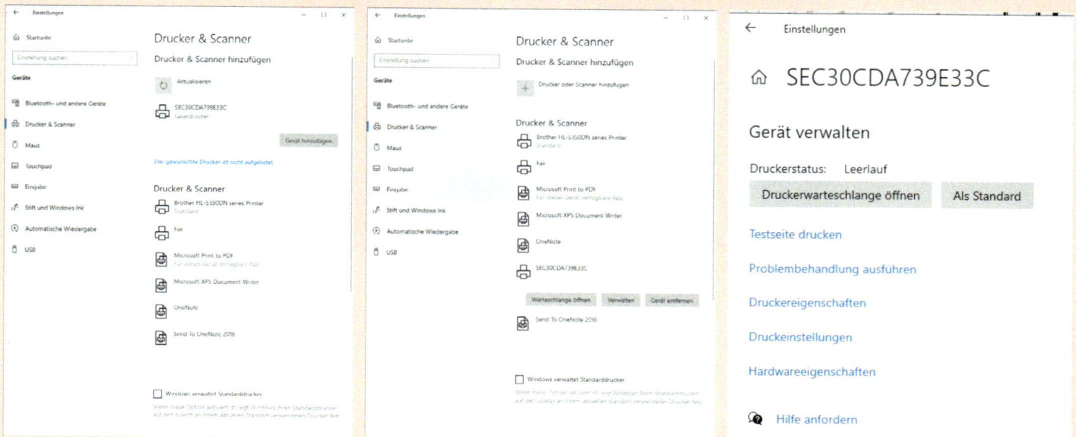

(4) Clients mit einem WLAN verbinden

Mobile Clients spielen eine immer größere Rolle in Unternehmensnetzwerken. Um flexibel arbeiten zu können, im Betrieb ebenso wie zuhause oder unterwegs, werden immer mehr Laptops und immer weniger Desktop-PCs eingesetzt. Wenn möglich, werden diese per LAN-Leitung mit dem Netzwerk verbunden. Praktischer ist aber das Verbinden über WLAN.

Am rechten unteren Rand des Windows-Bildschirms kann man den Internetzugriff einstellen. Ein Klick öffnet das Popup-Window mit den verfügbaren Netzwerken, Funknetze und Festnetze.

Client mit WLAN verbinden

Bei Ethernet verbindet sich der Rechner direkt mit dem Netzwerk. Anschließend meldet man sich im Netzwerk an. Im WLAN gibt es mehrere Möglichkeiten:
Im privaten Umfeld und in kleinen Betrieben kommt das PSK-Verfahren (PSK = Pre Shared Key) zum Einsatz. Hierbei muss der Schlüssel zum Funknetz vorher bekannt sein. Nach dem Anmelden am Funknetz erfolgt das Anmelden im eigentlichen Netzwerk.
Bei größeren Unternehmen gibt es spezielle Anmeldeserver. Durch das Anmelden am Authentifizierungsserver (z. B. RADIUS-Server[1] werden alle Zugänge zu Netzwerkressourcen und zum WLAN geregelt. Die Access Points müssen dabei so konfiguriert werden, dass sie 802.1X (WPA Enterprise) zur Authentifizierung verwenden.

1 *RADIUS = Remote Authentication Dial-in Server Protocol, RFC 2058 und RFC 2059*

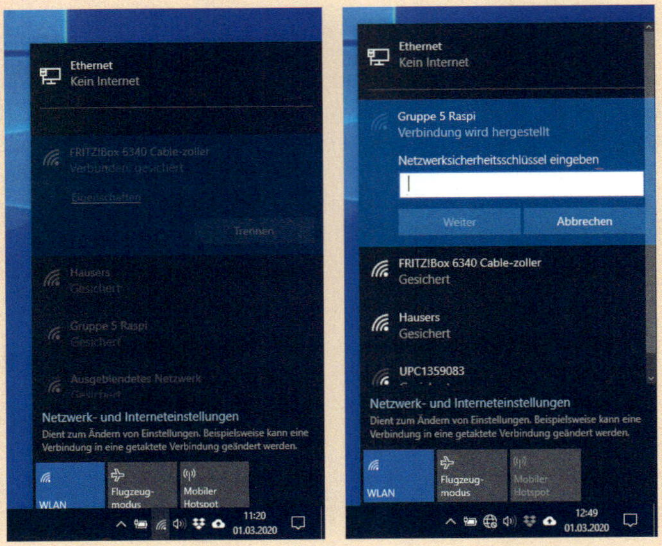

(5) IP-Konfiguration einstellen und überprüfen (Windows und Linux)

Windows

Zur Fehlersuche oder Prüfung der eigenen IP-Einstellungen ist es am einfachsten, die IP-Einstellungen von der Konsole aus abzurufen, wie weiter vorne bereits gezeigt.

```
C:\>ipconfig /all

Windows-IP-Konfiguration
  Hostname. . . . . . . . . . . . . : Uris-LaptopT440
  Primäres DNS-Suffix . . . . . . . :
  Knotentyp . . . . . . . . . . . . : Hybrid
  IP-Routing aktiviert. . . . . . . : Nein
  WINS-Proxy aktiviert. . . . . . . : Nein
  DNS-Suffixsuchliste . . . . . . . : speedport.ip

Ethernet-Adapter Ethernet:
  Verbindungsspezifisches DNS-Suffix: speedport.ip
  Beschreibung. . . . . . . . . . . : Intel(R) Ethernet Connection I217-LM
  Physische Adresse . . . . . . . . : 28-D2-44-F2-C2-AD
  DHCP aktiviert. . . . . . . . . . : Ja
  Autokonfiguration aktiviert . . . : Ja
  IPv6-Adresse. . . . . . . . . . . : 2003:c3:4f05:2d56:de38:8fbe:9fe4:2e39(B
                                      evorzugt)
  Temporäre IPv6-Adresse. . . . . . : 2003:c3:4f05:2d56:f5c2:3df0:b7ab:7f67(B
                                      evorzugt)
  Verbindungslokale IPv6-Adresse. . : fe80::c024:482f:2307:c04c%5(Bevorzugt)
  IPv4-Adresse. . . . . . . . . . . : 192.168.2.41(Bevorzugt)
  Subnetzmaske. . . . . . . . . . . : 255.255.255.0
  Lease erhalten. . . . . . . . . . : Freitag, 12. Januar 2024 15:36:28
  Lease läuft ab. . . . . . . . . . : Sonntag, 4. Februar 2024 19:39:09
  Standardgateway . . . . . . . . . : fe80::1%5
                                      192.168.2.1
  DHCP-Server . . . . . . . . . . . : 192.168.2.1
```

```
   DNS-Server. . . . . . . . . . . . : fe80::1%5
                                       192.168.2.1
                                       fe80::1%5

Drahtlos-LAN-Adapter WLAN:
   Medienstatus. . . . . . . . . . . : Medium getrennt
   Verbindungsspezifisches DNS-Suffix: speedport.ip
   Beschreibung. . . . . . . . . . . : Intel(R) Dual Band Wireless-AC 7260
   Physische Adresse . . . . . . . . : E8-B1-FC-03-2D-0C
   DHCP aktiviert. . . . . . . . . . : Ja
   Autokonfiguration aktiviert.. . . : Ja

C:>
```

Die Ausgabe des Befehls „ipconfig /all" liefert eine Menge Informationen. Man erkennt in der obigen Darstellung, dass die IP-Adressen des DHCP-Servers und des DNS-Servers ausgegeben werden. Außerdem werden die MAC-Adesssen der Interfaces ausgegeben, der Zeitpunkt, an dem die IP-Adresse zugewiesen wurde, und die Leasingdauer (Ablauf der IP-Adresse).

! Mit dem ***„ipconfig"*** kann man die aktuelle Konfiguration von Windows-Rechnern anschauen. Man kann sie nicht verändern. Dazu verwendet man die graphische Oberfläche, den Netshell-Befehl „netsh" an der Konsole oder die Powershell.

Um Netzwerkeinstellungen über die graphische Oberfläche von Windows vorzunehmen bzw. zu ändern, begibt man sich in das *Netzwerk- und Freigabecenter* (über *Systemsteuerung – Netzwerk und Internet*). Man wählt die Schnittstelle (hier *Ethernet*), dann *Eigenschaften*. Im sich öffnenden Fenster *Eigenschaften von Ethernet* wählt man *Internetprotokoll* aus. Es öffnet sich das Fenster Eigenschaften von Internetprotokoll. Hier kann man nun die IP-Konfiguration eintragen oder die Konfiguration automatisch vom DHCP-Server auswählen. An dieser Stelle werden auch die Einstellungen für die Namensauflösung mit DNS vorgenommen.

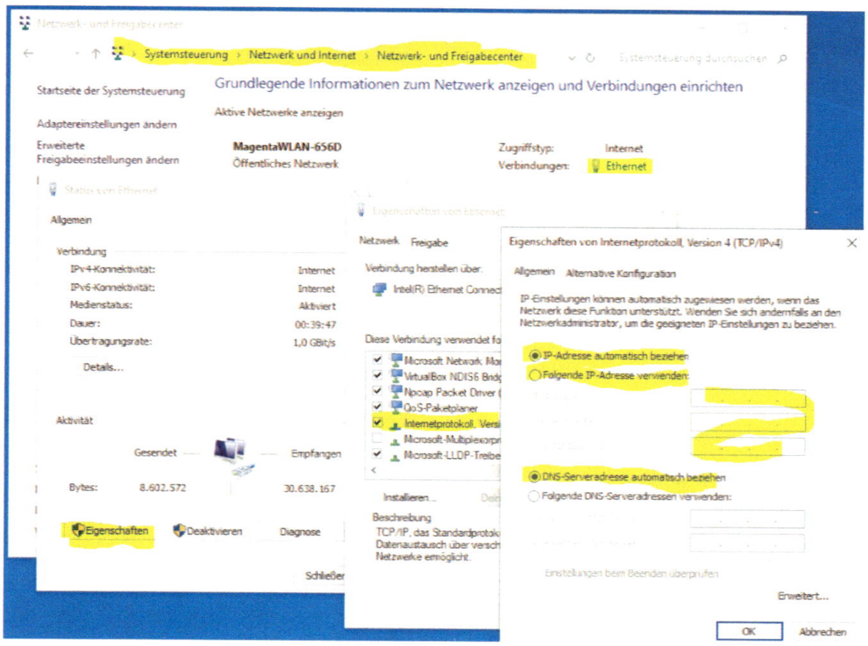

Netzwerkeinstellungen unter Windows

Linux

Auch unter Linux stehen diese Informationen zur Verfügung. Es gibt viele verschiedene Linux-Distributionen, die teilweise sehr unterschiedlich aussehen. Im Screenshot werden die IP-Einstellungen für das verbreitete Linux Ubuntu gezeigt.

Über die Einstellungen gelangt man zu den Netzwerkeinstellungen. In der Abbildung sieht man, dass die eigene IP-Adresse die 192.168.42.105 ist. Der Router hat die IP 192.168.42.129, hier Vorgabestrecke genannt (für Default Gateway). Des Weiteren sieht man die IPv6-Adresse und die Adresse des DNS-Servers. Die Adresse des DNS-Servers ist hier identisch mit der Router-Adresse. Das bedeutet, dass alle DNS-Anfragen an den Router geschickt werden und dieser die Anfrage ins Internet weiterleitet. Über die Konsole bekommt man hier ebenfalls eine schnelle Antwort, allerdings mit wesentlich mehr Infos.

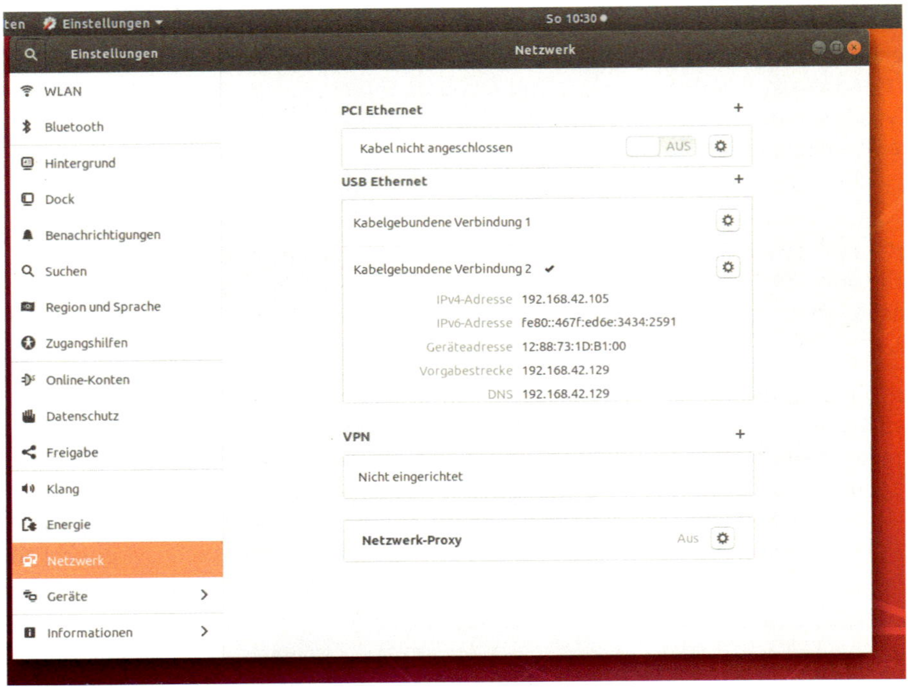

Netzwerkeinstellungen Linux Ubuntu

Der Befehl *„ip"* liefert viele Infos rund um das Netzwerk. Mit *„ip address"* bekommt man eine Liste von allen Netzwerk-Interfaces des Rechners. Der Screenshot zeigt vier Interfaces. Interface 1 ist die loopback-Schnittstelle *lo* mit der IP 127.0.0.1. Interface 2 ist die Ethernet-Schnittstelle, die momentan nicht benutzt wird und daher keine IP-Adresse hat. Interface 3 ist das WLAN-Interface. Momentan auch nicht aktiv und daher auch ohne IP. Das Interface 6 ist die aktive Netzwerkverbindung. Es handelt sich hier um eine USB-Verbindung mit einem Smartphone, sog. Tethering. Man sieht die IP-Adressen Version 4 und Version 6 (vgl. mit der Ausgabe der graphischen Oberfläche). Der Befehl *„ip route"* zeigt die eingerichteten Routen an – man sieht die Einstellung für das Gateway, den Router ins Internet.

```
uri@uri-TP-T560:~$ ip address
1: lo: <LOOPBACK,UP,LOWER_UP> mtu 65536 qdisc noqueue state UNKNOWN group
default qlen 1000
  link/loopback 00:00:00:00:00:00 brd 00:00:00:00:00:00
  inet 127.0.0.1/8 scope host lo
    valid_lft forever preferred_lft forever
  inet6 ::1/128 scope host
    valid_lft forever preferred_lft forever
```

```
2: enp0s31f6: <BROADCAST,MULTICAST,UP,LOWER_UP> mtu 1500 qdisc fq_codel
state UP group default qlen 1000
    link/ether 54:ee:75:d1:52:92 brd ff:ff:ff:ff:ff:ff
    inet 192.168.2.31/24 brd 192.168.2.255 scope global dynamic noprefixroute
    enp0s31f6
       valid_lft 1805610sec preferred_lft 1805610sec
    inet6 2003:c3:4f05:2d56:dd1b:c9fa:a851:95f6/64 scope global temporary
    dynamic
       valid_lft 172757sec preferred_lft 81944sec
    inet6 2003:c3:4f05:2d56:c812:2135:a771:314a/64 scope global dynamic
    mngtmpaddr noprefixroute
       valid_lft 172757sec preferred_lft 86357sec
    inet6 2003:c3:4f05:2d61:d338:9d22:8610:e2fd/64 scope global temporary
    deprecated dynamic
       valid_lft 17656sec preferred_lft 0sec
    inet6 2003:c3:4f05:2d61:cba0:d0be:14a8:7945/64 scope global deprecated
    dynamic mngtmpaddr noprefixroute
       valid_lft 17656sec preferred_lft 0sec
    inet6 fe80::c1d9:a7eb:cafd:c009/64 scope link noprefixroute
       valid_lft forever preferred_lft forever

uri@uri-TP-T560:~$ ip route
default via 192.168.2.1 dev enp0s31f6 proto dhcp metric 100
192.168.2.0/24 dev enp0s31f6 proto kernel scope link src 192.168.2.31 metric
100
uri@uri-TP-T560:~$
```

Die Darstellung zeigt die Ausgabe der Befehle „ip address" (oben) und „ip route" (unten). Man erkennt die IP-Adressen, die an das Interface enp0s31f6 gebunden sind, und die Adresse des Routers unter „default via".

(6) Statische und dynamische IP-Adressen / Dynamic Host Configuration Protocol DHCP-Protocol

IP-Konfigurationen können statisch oder dynamisch sein. Statische IP-Konfigurationen werden von Hand eingetragen. Sie bleiben auch beim Ausschalten eines Rechners erhalten. Dies ist unabhängig von irgendwelchen Änderungen im Netz. Das Einrichten erfordert große Sorgfalt. Fehlkonfiguration durch mehrfach vergebene IP-Adressen, falsch eingestellte Subnetzmasken, Gatewayadressen, DNS-Serveradressen usw. haben gravierende Fehlfunktionen zur Folge.

Dynamische IP-Konfigurationen werden automatisch vom DHCP-Server über das DHCP-Protokoll verteilt. Beim Einrichten des DHCP-Servers muss man das Netzwerk genau kennen und die Einstellungen sorgsam vornehmen. Durch Fehler beim DHCP-Server können ganze Netzwerke stillgelegt werden. Ist der Server richtig konfiguriert, dann holen sich alle Rechner beim Hochfahren ihre korrekte IP-Konfiguration. Der DHCP-Server vergibt IP-Adressen aus einem IP-Adresspool. In großen Netzen kommt statische Konfiguration wegen des großen Aufwandes und der Fehleranfälligkeit nicht zum Einsatz.

!

IP-Konfigurationssarten	
Statische IP-Konfiguration	Für Server und ständig verfügbare Netzwerkdienste, in Kleinstnetzen evtl. auch für Clients
Dynamische IP-Konfiguration	Alle Client-Rechner werden immer von einem DHCP-Server dynamisch konfiguriert

DHCP-Ablauf

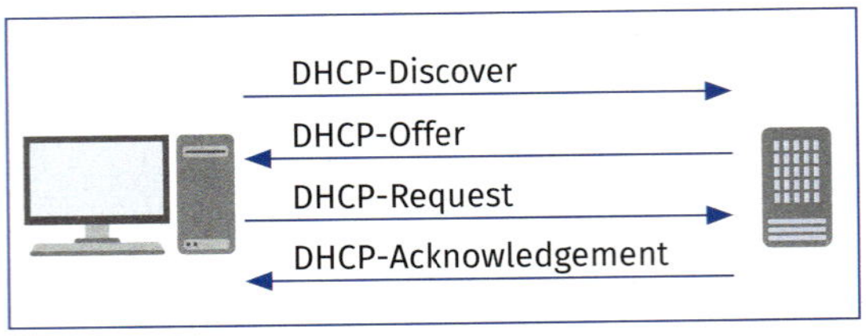

Den Ablauf der dynamischen Konfiguration zeigt nebenstehendes Bild. Beim Hochfahren des Rechners sendet dieser eine Broadcast-Message DHCP-Discover ins Netz und fragt nach einer IP-Konfiguration. Ein DHCP-Server antwortet mit seinem Angebot, DHCP-Offer. Im dritten Schritt fragt der Client den Server an, ob er eine bestimmte Konfiguration bekommen kann (DHCP-Request). Im vierten und letzten Schritt quittiert der Server diesen Request mit der Bestätigung DHCP-Acknowledgement.

Statisches DHCP

In der Konfiguration des DHCP-Servers kann man bestimmte IP-Konfigurationen an MAC-Adressen knüpfen. Solche IP-Adressen stehen nicht dem Adresspool zur Verfügung. Diese vordefinierten IP-Adressen werden dann vergeben, wenn ein Client sich mit der eingestellten MAC-Adresse meldet. So können „feste" IP-Adressen z. B. den Servern zugeordnet werden, ohne am Server die IP-Konfiguration von Hand vornehmen zu müssen.

Leasingdauer

Eine dynamisch zugewiesene IP-Konfiguration bleibt für eine gewisse Zeit für diesen Client reserviert. Ist ein Client lange am Netz, so wird nach der Hälfte der Leasingzeit die Leasingdauer wieder erneuert. Beim Hochfahren eines Clients schickt dieser in der DHCP-Discover-Message seine alte IP-Konfiguration mit. In der Regel wird ihm diese vom DHCP-Server dann wieder zugeteilt, wenn sie nicht zwischenzeitlich einem anderen Client zugewiesen wurde.

! Die Dokumentation eines Netzes und der verwendeten IP-Adressen und Konfigurationen über DHCP ist von essenzieller Wichtigkeit. So können auch Kollegen und Kolleginnen ohne Administratorberechtigungen im Bedarfsfall die Konfiguration einsehen.

Kompetenzcheck ✓

1 Sie möchten überprüfen, ob Ihr Rechner in demselben Subnetz ist wie der Router. „ipconfig" liefert Ihnen folgende Angaben:

```
IP-Address    192.168.1.210
SN            255.255.255.128
Default-GW    192.168.1.1
```

Sind beide in demselben Subnetz? Wird ein Ping funktionieren?

2 Sie bekommen folgenden Screenshot eines Rechners, nach dem Ausführen des Befehls „ipconfig / all".

```
Drahtlos-LAN-Adapter WLAN:
Verbindungsspezifisches DNS-Suffix .    : fritz.box
Beschreibung .......................    : Intel(R) Dual Band Wireless-AC 7260
Physische Adresse ..................    : E8-B1-FC-03-2D-0C
DHCP aktiviert .....................    : Ja
Autokonfiguration aktiviert ........    : Ja
IPv6-Adresse .......................    : 2a02:8070:88b0:ba00:d534:566b:8c8a:13ef(Bevorzugt)
```

```
Temporäre IPv6-Adresse ............ : 2a02:8070:88b0:ba00:ecbe:71e7:801:e881(Bevorzugt)
Verbindungslokale IPv6-Adresse ..... : fe80::d534:566b:8c8a:13ef%32(Bevorzugt)
IPv4-Adresse ...................... : 192.168.178.27(Bevorzugt)
Subnetzmaske ...................... : 255.255.255.0
Lease erhalten .................... : Sonntag, 1. März 2020 14:42:09
Lease läuft ab .................... : Mittwoch, 11. März 2020 14:42:06
Standardgateway ................... : fe80::2665:11ff:fe12:5ece%32
                                      192.168.178.1
DHCP-Server ....................... : 192.168.178.1
DHCPv6-IAID ....................... : 334017020
DHCPv6-Client-DUID ................ : 00-01-00-01-25-0C-19-AF-28-D2-44-F2-C0-AD
DNS-Server ........................ : fd00::2665:11ff:fe12:5ece
                                      192.168.178.1
NetBIOS über TCP/IP ............... : Aktiviert
```

a) Welche Aussagen können Sie treffen?
b) Welche IP-Adresse hat der Rechner, welche der Router, welche das Gateway?
c) Wie lautet die MAC-Adresse des Rechner-Interfaces?
d) Wie lange ist die Gültigkeitsdauer von IP-Adressen?

3 Wie verhält sich ein Rechner, wenn er die korrekte IP des DNS-Servers nicht kennt? Wie verhält sich ein Rechner, wenn er die IP des Routers-Servers nicht kennt?

4 Führen Sie im Arbeitsbuch mit Aufgabe 1 der Lernsituation 3 eine IST-Analyse Ihres Netzwerkes durch. A1

5 Erstellen Sie nach den Vorgaben der Aufgabe 2 des Arbeitsbuches einen Netzwerkplan. A2

6 Bearbeiten Sie die Aufgabe 3 im Arbeitsbuch zum Erweitern eines bestehenden Netzwerkes. A3

7 Bearbeiten Sie die Aufgabe 4 im Arbeitsbuch zum Thema DHCP. A4

8 Bearbeiten Sie Aufgabe 5 im Arbeitsbuch und üben Sie dabei das Einstellen von IP-Konfigurationen von Hand. A5

3.5.2 Cloud-Dienste nutzen

S **Sie sollen lernen, wie Cloud-Dienste von einem Client genutzt werden können.**

(1) Anbieter von Cloud-Services

Es gibt sehr viele Anbieter von Cloud-Lösungen, wenige große und viele kleine. Der größte Anbieter ist zurzeit Amazon Web Service (AWS). Weitere große Cloud-Anbieter sind Microsoft Azure und Google Cloud Plattform (GCP). Viele Dienste können kostenlos getestet werden.

Zahlreiche Großbetriebe nutzen Cloud-Dienste. Und auch viele Kleinbetriebe verzichten auf ein eigenes Datacenter und nutzen stattdessen Infrastructure as a Service (IaaS). Die Preise hängen dabei direkt von den benötigten Diensten ab, sodass man dynamisch die Dienste den Anforderungen anpasst und nur das in Anspruch genommene bezahlt. Lastspitzen können so durch zeitweises Hochfahren der Dienste abgefangen werden, ohne dauerhaft hohe Systemleistungen vorhalten zu müssen.

(2) Speicher in der Cloud nutzen

Viele Anbieter bieten Festplattenplatz in der Cloud an (Web Storage). Durch Dateitransferprogramme wie FTP (File Transfer Protocol) lassen sich Dateien vom lokalen Rechner in die Cloud hoch- oder herunterladen. Elegantere Lösungen integrieren den Cloud-Speicher in das lokale Dateisystem, sie erscheinen wie lokale Festplatten.

Vorteile sind:
- Dateien werden lokal gespeichert und nach dem Speichern im Hintergrund mit dem Cloud-Speicher synchronisiert.
- Mehrere Computer können sich mit dem Cloud-Speicher verbinden und werden automatisch synchronisiert. Beispielsweise kann man zu Hause am Desktop-PC arbeiten und anschließend unterwegs am Laptop mit dem aktuellen Datenstand weiterarbeiten. Im Büro werden die Dateien ebenso abgeglichen, sodass man dort direkt mit denselben Daten weiterarbeiten kann.
- Viele Systeme verfügen über eine Versionsverwaltung. Das heißt, dass frühere Datenstände gespeichert bleiben und man bei Bedarf auf ältere Daten oder auch gelöschte Dateien zugreifen kann.

! Vorsicht: Bei vielen Anbietern ist nicht klar, in welchem Land der Erde die Daten wirklich gespeichert sind. Für das Speichern von Daten gelten die Gesetze des Landes, in dem die Daten physisch liegen. Daten, die in den USA liegen, sind daher potenziell nicht sicher. Selbstverständlich sollten Daten verschlüsselt übertragen werden und auch verschlüsselt abgespeichert werden. Am besten ist es, die Daten werden bereits lokal verschlüsselt abgespeichert. Dies erschwert allerdings die Zusammenarbeit im Team mit Teamkollegen. Die Datenschutzgrundverordnung ist dabei immer zu berücksichtigen.

Beispiele für Anbieter von Web Storage:
- Dropbox
- Google Drive
- Microsoft OneDrive
- Apple iCloud
- Amazon Speicher S3
- Strato HiDrive (Hosting in Deutschland)

Die beste Lösung ist das Einrichten einer eigenen Cloud, beispielsweise OwnCloud oder Next-Cloud. Diese kann auf einem Cloud-Server eingerichtet werden oder auch im LAN. Bei der Installation auf einem eigenen Server im LAN ist der Speicher für interne Rechner erreichbar. Durch Öffnen von Routerports und Dynamischem DNS (DynDNS) kann auch vom Internet aus auf den privaten Cloud-Speicher zugegriffen werden.

(3) Büroanwendungen in der Cloud nutzen

Standardanwendungen im Büro werden seit einigen Jahren als Cloud-Dienste angeboten. Um Textverarbeitung, Tabellenkalkulation oder Präsentationssoftware zu nutzen, muss man keine Software mehr lokal installieren. Es genügt, eine entsprechende Anwendung im Internet zu buchen. Die meisten Office-Dienste in der Cloud beinhalten nicht nur die Nutzung der Programme auf Servern im Internet, sondern auch Speicherplatz zum Ablegen der Dateien.

Vorteile gegenüber einer lokalen Installation:
- Eine Installation auf dem Rechner ist nicht notwendig.
- Die Software ist immer auf dem aktuellen Stand.
- Mehrere Nutzer können auf dieselben Daten zugreifen (Teamarbeit).
- Die Nutzung ist unabhängig vom Rechner, der Zugang zu einem internetfähigen Rechner genügt.

Nachteile:
- Datenschutz ist möglicherweise nicht gewährleistet. Es gelten die Gesetze des Landes, in dem der Server steht. DSGVO gilt nur in Deutschland.
- Man hat nicht die volle Kontrolle über die Daten, wenn diese irgendwo im Internet gehostet sind.
- Es ist zu jeder Zeit eine funktionierende Internetverbindung nötig.
- Daten werden über das Internet in ein fremdes Netz übertragen. Dies ist möglicherweise ein Sicherheitsrisiko.

Beispiele für Anbieter:
- Google Docs
- Microsoft OnlineOffice
- Colabora Office
- Apple iWork für iCloud
- OnlyOffice
- Private Cloud mit entspechenden Programmen

Idealerweise kann man auch seine eigene Private Cloud mit den benötigten Applikationen auf einem Server im Internet installieren.

Kompetenzcheck ✓

1 Was ist richtig, was ist falsch?

a) Daten werden in Cloud-Speichern grundsätzlich verschlüsselt gespeichert. Deshalb ist es egal, in welchem Land die Daten liegen.

b) Dateien können vor dem Übertragen zu Cloud-Speichern verschlüsselt werden, um sie verschlüsselt zu übertragen und verschlüsselt in der Cloud zu speichern.

c) Office-Anwendungen müssen immer lokal installiert werden.

d) Bei der Buchung von Cloud-Servern bezahlt man auch die Server, die bereitstehen, aber nicht benutzt werden.

3.5.3 Benutzer anmelden

Um sich an einem PC anmelden zu können, benötigt man ein Benutzerkonto. Privatpersonen und -haushalte haben in der Regel ein Benutzerkonto für jeden Benutzer auf jedem Rechner. Diese Konten werden lokal an diesem Rechner verwaltet. In Unternehmensnetzwerken müssen die Benutzer zentral verwaltet werden. Man muss Zugriffe auf Netzwerkressourcen gewähren oder verbieten.

(1) Lokalen Benutzer erstellen

Um einen lokalen Benutzer unter Windows anzulegen, geht man in den Einstellungen auf „Familie und andere Benutzer“. Dies eignet sich aber nur für Einzel-PCs oder sehr kleine Netzwerke.

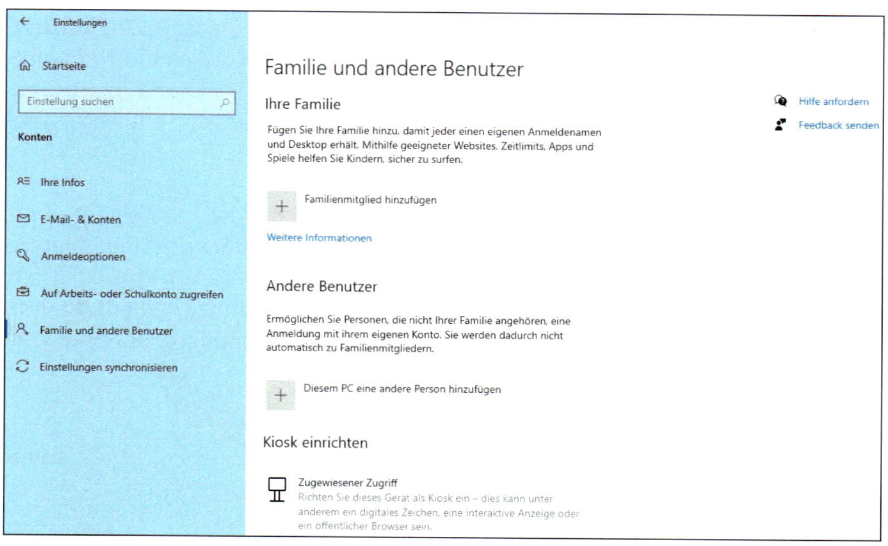

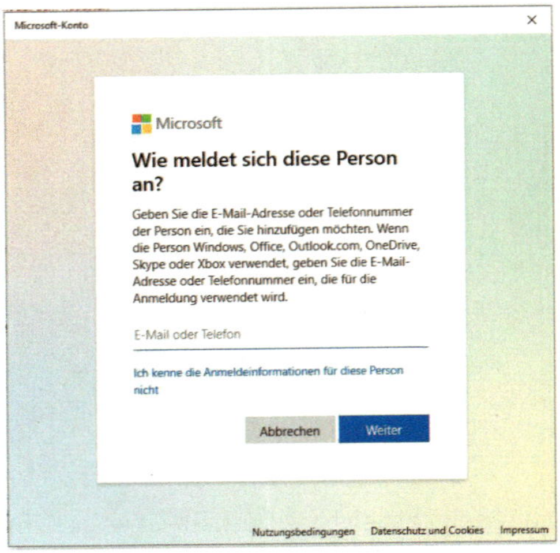

Es öffnet sich ein neues Fenster. Hier kann man die E-Mail-Adresse des neuen Benutzers angeben, wenn der Benutzer bereits über ein Microsoft-Konto verfügt. Zum Anlegen eines neuen Benutzers ohne bestehendes Microsoft-Konto wählt man „Ich kenne die Anmeldeinformationen für diese Person nicht“ aus.

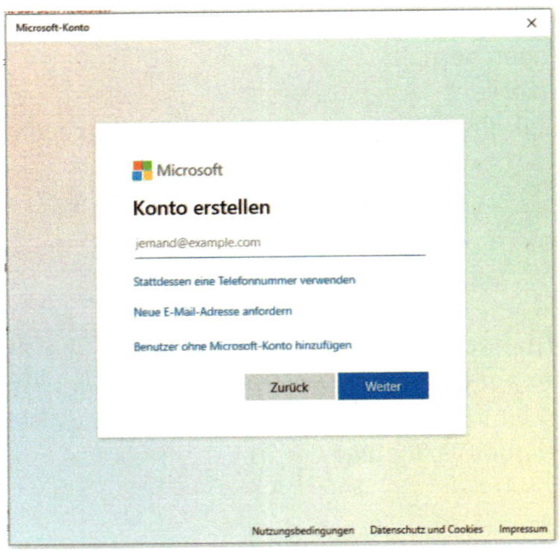

Anschließend kann man ein neues Microsoft-Konto erstellen oder den neuen Benutzer nur lokal anlegen. Man wählt hier „Benutzer ohne Microsoft-Konto hinzufügen“ und gibt anschließend den Namen des neuen Benutzers und das Startpasswort ein.

(2) Netzwerkbenutzer

Benutzer, die sich am Netzwerk anmelden sollen, werden auf einem System auf einem oder mehreren Servern eingerichtet. Netzwerk-User werden über das Netzwerk bei dem Anmeldedienst authentifiziert. Von diesem Dienst werden die Berechtigungen zugeteilt, die festlegen, in welcher Weise auf Netzwerkressourcen zugegriffen werden kann.

Bei Windows-Netzwerken ist dies das Active Directory (AD).

Ein System, das ausschließlich die Benutzerverwaltung übernimmt ist RADIUS. Dieses System ist plattformübergreifend verfügbar. **RADIUS** steht für „**R**emote **A**uthentication **D**ial-**I**n **U**ser **S**ervice“ (auf deutsch „Authentifizierungsdienst für sich einwählende Benutzer“). RADIUS ist ein Client-Server-Protokoll, das zur Authentifizierung, Autorisierung und zum Accounting (Triple-A-System) von Benutzern dient. RADIUS ist der De-facto-Standard bei der zentralen Authentifizierung von Einwahlverbindungen über Modem, ISDN, VPN, WLAN (IEEE 802.1X) und DSL.

Der RADIUS-Server übernimmt den AAA-Dienst:

Authentifizierung	Service zum Überprüfen von Benutzername und Kennwort
Autorisierung	Berechtigungen für den Zugriff auf Netzwerkressourcen wie Daten, Drucker, ...
Accounting	Abrechnung der IT-Nutzung nach Benutzung der IT

Kompetenzcheck

1. Wofür steht der Begriff AAA-Dienst?

2. Was versteht man unter Authentifizierung und was unter Autorisierung?

3. Automatisieren Sie mit Aufgabe 6 im Arbeitsbuch das Anlegen neuer Benutzer mit Windows- und Linux-Rechnern. A6

3.6 Die Netzwerkfunktion der Clients prüfen und warten

S **Sie sollen die korrekte Funktion eines Clients überprüfen.**

```
C:\Users\uri>ping 1.2.3.4

Ping wird ausgeführt für 1.2.3.4 mit
21 Bytes Daten:
Zeitüberschreitung der Anforderung
Zeitüberschreitung der Anforderung
Zeitüberschreitung der Anforderung
Zeitüberschreitung der Anforderung

Ping-Statistik für 1.2.3.4:
   Pakete: Gesendet = 4, Empfangen =
   0, Verloren = 4 (100% Verlust),
```

Kein Internet

Versuchen Sie Folgendes.
- Netzwerkkabel, Modem und Router prüfen
- WLAN-Verbindung erneut herstellen
- Windows-Netzwerkdiagnose ausführen

DNS_PROBE_FINISHED_NO_INTERNET

Nachdem ein Rechner installiert ist und mit dem Netzwerk verbunden, müssen die Netzwerkkonfiguration überprüft und die Verbindung mit dem Netz getestet werden. Die Einstellungen überprüft man mit dem Konsolenbefehl *„ipconfig“* (siehe Kapitel 3.5.1, S. 341). Wenn die IP-Konfiguration stimmt, kann mit dem Connectivity-Test weitergemacht werden. Andernfalls müssen die Einstellungen wiederholt werden.

3.6.1 Verbindungstest durchführen

S **Sie sollen einen Verbindungstest durchführen.**

Beim Verbindungstest (Connectivity-Test) geht es darum, sehr schnell herauszufinden, ob alle Funktionen im Netzwerk korrekt arbeiten. Man „pingt“ den Router an und eine Adresse im Internet. Man testet, ob der DNS-Server erreichbar ist.

(1) Ping-Befehl

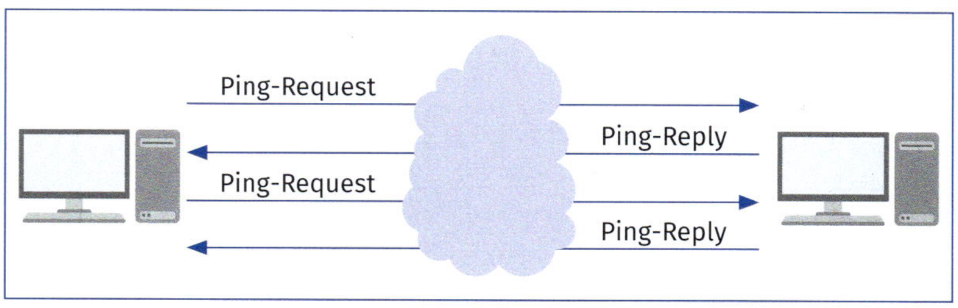

Der Ping-Befehl läuft auf jedem System mit TCP/IP. Der Befehl schickt ein Datenpaket zu der angegebenen Adresse (ping-Request). Der Zielrechner schickt das Paket unverzüglich wieder an den Absender zurück (ping-Reply). Die Ping-Zeit vom Absenden des Paketes bis zum Ankommen der Antwort ist die Signallaufzeit über die Leitung und alle zwischen Sender und Empfänger befindlichen Netzwerkgeräte. Man nennt diese Zeit die Round Trip Time (RTT), also die Rundlaufzeit. Je größer die RTT, desto langsamer die Netzverbindung.

`~$ ping <IP-Adresse>` „pingt“ die angegebene IP-Adresse an, z. B. ping 120.1.2.3.

Setzt man die IP-Adresse des Routers ein (oft 192.168.0.1, 192.168.1.1 oder 192.168.178.1), wird die Erreichbarkeit des Routers geprüft. Gibt man anstatt der IP-Adresse einen Domain-Namen (FQDN, Fully Qualified Domain Name) an, so wird dieser Server im Internet angesprochen.

Bei Windows ist der ping-Befehl so voreingestellt, dass er vier Pakete mit jeweils 32 Byte Daten verschickt. Für jedes Paket wird die Zeit gemessen, bis die Antwort eintrifft. Dies ist die RTT. Am Ende wird noch angezeigt, wie viele Pakete angekommen oder verloren gegangen sind, wie die kürzeste, die längste Ping-Antwortzeit war und der Durchschnitt der Antwortzeit.

```
C:\Users\uri>ping 192.168.178.1

Ping wird ausgeführt für 192.168.178.1 mit 32 Bytes Daten:
Antwort von 192.168.178.1: Bytes=32 Zeit=6ms TTL=64
Antwort von 192.168.178.1: Bytes=32 Zeit=3ms TTL=64
Antwort von 192.168.178.1: Bytes=32 Zeit=20ms TTL=64
Antwort von 192.168.178.1: Bytes=32 Zeit=2ms TTL=64

Ping-Statistik für 192.168.178.1:
  Pakete: Gesendet = 4, Empfangen = 4, Verloren = 0
  (0% Verlust),
Ca. Zeitangeben in Millisek.:
  Minimum = 2ms, Maximum = 20ms, Mittelwert = 7ms
C:\Users\uri>
```

`~$ ping www.google.de` „pingt“ den Rechner mit der angegebenen URL, hier: google.de, an

Hier wird die Internetadresse google.de „angepingt“. Man sieht, dass in Wirklichkeit der Rechner 2a00:1450:4001:821::2003 „angepingt“ wird. DNS hat den Namen in diese IPv6-Adresse aufgelöst.

```
C:\Users\uri>ping google.de

Ping wird ausgeführt für google.de [2a00:1450:4001:821::2003] mit 32 Bytes Daten:
Antwort von 2a00:1450:4001:821::2003 Zeit=20ms
Antwort von 2a00:1450:4001:821::2003 Zeit=38ms
Antwort von 2a00:1450:4001:821::2003 Zeit=23ms
Antwort von 2a00:1450:4001:821::2003 Zeit=25ms

Ping-Statistik für 2a00:1450:4001:821::2003:
  Pakete: Gesendet = 4, Empfangen = 4, Verloren = 0 (0% Verlust),
Ca. Zeitangeben in Millisek.:
  Minimum = 20ms, Maximum = 38ms, Mittelwert = 26ms
```

Der Parameter –4 in diesem Beispiel gibt an, dass der Ping mit IP-Version 4 ausgeführt werden soll. Man sieht, dass in Wirklichkeit der Rechner 172.217.18.3 „angepingt“ wird. DNS hat den Namen in diese IP aufgelöst. Bei Geräten, die beide IP-Versionen beherrschen, wird vorzugsweise Version 6 benutzt.

```
C:\Users\uri>ping google.de -4

Ping wird ausgeführt für google.de [172.217.18.3] mit 32 Bytes Daten:
Antwort von 172.217.18.3: Bytes=32 Zeit=19ms TTL=55
Antwort von 172.217.18.3: Bytes=32 Zeit=43ms TTL=55
Antwort von 172.217.18.3: Bytes=32 Zeit=38ms TTL=55
Antwort von 172.217.18.3: Bytes=32 Zeit=17ms TTL=55

Ping-Statistik für 172.217.18.3:
  Pakete: Gesendet = 4, Empfangen = 4, Verloren = 0 (0% Verlust),
```

```
Ca. Zeitangeben in Millisek.:
  Minimum = 17ms, Maximum = 43ms, Mittelwert = 29ms

C:\Users\uri>
```

! Wenn ein Ping nicht funktioniert, muss das nicht unter allen Umständen heißen, dass der „angepingte" Rechner nicht erreichbar ist. Gegebenenfalls wird der Ping von der Firewall des Zielsystems geblockt.

```
C:\Users\uri>ping bundestag.de

Ping wird ausgeführt für bundestag.de [46.243.122.48] mit 32 Bytes Daten:
Zeitüberschreitung der Anforderung
Zeitüberschreitung der Anforderung
Zeitüberschreitung der Anforderung
Zeitüberschreitung der Anforderung

Ping-Statistik für 172.217.18.3:
  Pakete: Gesendet = 4, Empfangen = 0, Verloren = 4 (100% Verlust),
```

(2) Traceroute

Um zu verhindern, dass unzustellbare IP-Pakete im Internet umherirren, sind sie mit einer Lebensdauer (TTL, *Time to live*), versehen. Jeder Router verringert das TTL-Feld des IP-Paketes um eins. Der Router, der auf null zählt, verwirft das Paket und schickt eine Meldung zurück zum Absender.

Diese Funktion macht sich die Traceroute-Funktion zunutze. Es werden, ähnlich der Ping-Funktion, Datenpakete an einen Zielrechner geschickt. Das erste Paket wird mit einem TTL-Wert von eins losgeschickt. Der erste Router verringert diese Zahl, zählt auf null und schickt eine Fehlermeldung zum Absender zurück. Das nächste Paket wird mit einem TTL von zwei losgeschickt. Der erste Router erniedrigt auf eins, der zweite Router auf null – und schickt eine Fehlermeldung zurück. So geht es weiter, bis das Ziel erreicht ist. Und jeder Router unterwegs hat eine Fehlermeldung geschickt, sodass man eine Liste von Routern erhält, die zwischen Absender und Ziel liegen.

```
C:\Users\admin>tracert google.de

Routenverfolgung zu google.de [172.217.22.99] über maximal 30 Hops:

  1     1 ms     1 ms    <1 ms   192.168.2.1
  2     4 ms     1 ms     1 ms   192.168.178.1
  3    20 ms    18 ms    15 ms   81.210.141.53
  4    26 ms    19 ms    26 ms   de-fra01b-rc1-ae37-0.aorta.net [84.116.191.173]
  5    23 ms    28 ms    16 ms   de-fra01b-rc1-ae37-0.aorta.net [84.116.132.178]
  6    17 ms    17 ms    19 ms   213.46.177.42
  7    25 ms    24 ms    24 ms   108.170.252.1
  8    34 ms    18 ms    32 ms   72.14.234.113
  9    20 ms    17 ms    19 ms   fra15s18-in-f99.1e100.net [172.217.22.99]

Ablaufverfolgung beendet
```

Traceroute zu www.google.de

Die obige Abbildung zeigt ein Beispiel für eine Routenverfolgung zu einem Rechner von www.google.de. Den Traceroute-Befehl gibt es für jedes Betriebssystem, welches TCP/IP beherrscht. Es kann, je nach Betriebssystem, einen anderen Namen haben, beispielsweise *„tracert“* (bei Windows) und *„tracepath“* (bei Linux Ubuntu).

Kompetenzcheck

A7 **1** Prüfen Sie im Arbeitsbuch mit Aufgabe 7 der Lernsituation 3 das Netz mit einem Ping.

A8 **2** Installieren Sie nach Vorgabe der Aufgabe 8 der Lernsituation 3 im Arbeitsbuch eine virtuelle Maschine und dokumentieren Sie Ihre Arbeit.

A9 **3** Schneiden Sie anhand der Aufgabe 9 der Lernsituation 3 im Arbeitsbuch Datenverkehr auf der Netzwerkleitung mit und analysieren Sie ihn.

3.6.2 Namensauflösung prüfen und einen Schnelltest durchführen

S Sie sollen prüfen, ob Internetnamen in IP-Adressen aufgelöst werden.

(1) Namensauflösung des Domain Name Systems (DNS) testen

```
C:\>nslookup www.westermann.de
Server:   Unknown
Address:  212.230.135.2

Nicht autorisierende Antwort:
Name:     westermann.de
Address:  217.13.73.82
Aliases:  www.westermann.de

C:\>
```

Im Internet werden symbolischen Namen für Rechner verwendet (z. B.: www8.hp.com). Diese müssen in IP-Adressen umgewandelt werden. Diese Aufgabe übernimmt das DNS). Wenn die Namensauflösung nicht funktioniert, dann sind andere Rechner nur mit ihrer IP-Adresse erreichbar, nicht aber mit ihrem symbolischen Namen. Der Befehl *„nameserverlookup“* schlägt im weltweiten Internet-Adressbuch die angefragte Adresse nach und liefert die IP-Adresse der angefragten URL. Der ***nslookup*-Befehl** ist auf den meisten Betriebssystemen mit TCP/IP verfügbar. Eine ähnliche Funktion hat der Befehl *„dig“* (auf Linux-Systemen).

Im Beispiel: Der PC ermittelt über den lokalen Internetrouter die IP-Adresse der Webadresse www.westermann.de. Der Router liefert die korrekte IP-Adresse zurück. Bei großen Internetauftritten werden an dieser Stelle auch mehrere IP-Adressen zurückgeliefert.

```
C:\>nslookup www.westermann.de 8.8.8.8
Server:   dns.google
Address:  8.8.8.8

Nicht autorisierende Antwort:
Name:     westermann.de
Address:  217.13.73.82
Aliases:  www.westermann.de

C:\>
```

Man kann dem *nslookup* auch die Adresse eines bestimmten DNS-Servers mitgeben. Dann wird die Namensauflösung von diesem Server angefordert. Im Beispiel wurde der sehr leistungsstarke und über sehr viele Einträge verfügende DNS-Server von Google angefragt (IP-Adresse 8.8.8.8). Man erkennt, dass die Adresse 8.8.8.8 rückwärts aufgelöst wird und der Servername *dns.google* angezeigt wird. In diesem Beispiel werden von diesem Server vier IP-Adressen zurückgeliefert.

(2) Schnelltest durchführen

Bevor alles einzeln getestet wird, kann man mit nur einem einzelnen Ping auf ein Ziel außerhalb des eigenen Netzes fast alles auf einmal kontrollieren.

```
C:\>ping google.de
```

> ! Gelingt dies, so stimmt die IP-Konfiguration. Das Default Gateway und auch die Namensauflösung funktioniern über den voreingestellten DNS-Server.

Wenn ein Rechner oder ein anderes Gerät oder auch eine ganze Verkabelung oder ein Rechenzentrum in Betrieb genommen wurde, dann erfolgt am Ende eine Abnahme bzw. eine Übergabe an den Kunden. Dies muss ordnungsgemäß protokolliert werden. Das Begleichen der Rechnung wird meist von einem Abnahmeprotokoll abhängig gemacht. Daher ist die korrekte Funktion des Systems zu belegen. Hier helfen neben Messprotokollen (soweit möglich) auch Fotos und Screenshots.

Kompetenzcheck ✓

1. Wahr oder falsch?
   a) Mit „nslookup" kann man die Namensauflösung von einem bestimmten DNS-.Server testen.
   b) „dig" ist bei Windows-Rechnern ein Befehl ähnlich wie „nslookup".
   c) Die Funktion des DNS testet man durch „Anpingen" von dns.de.
   d) „nslookup" ist auf den meisten Netzwerkrechnern zu finden.

2. Überlegen Sie zusammen in Kleingruppen: Woran kann es liegen, dass ein Rechner keine Verbindung ins Internet hat, lokal aber normal arbeiten kann? Diskutieren Sie Ihre Vorschläge.

3. Testen und analysieren Sie die Namensauflösung mit mit Aufgabe 10 im Arbeitsbuch. A10

3.6.3 Management und vorbeugende Wartung

S Sie sollen Grundlagen des Netzwerkmanagements und der vorbeugenden Wartung kennen.

Ein Netzwerk soll nicht nur nach der Installation funktionieren. Es muss langfristig performant seinen Dienst verrichten. Das geht nicht ohne Wartung und Management.

(1) Agieren oder Reagieren

Reaktives Management	Proaktives Management
Man reagiert auf auftretende Probleme und Fehler. Fehler müssen schnellstens behoben werden, damit ein System funktionsfähig wird oder bleibt. Fehlerbehandlung duldet keinen Aufschub.	Man agiert im Voraus, sodass Probleme oder gar Ausfälle erst gar nicht auftreten. Das System wird laufend überwacht und bei Überschreiten der selbst gesetzten Grenzwerte wird agiert. Man macht präventive Wartung.
Fall 1: Jeden Tag wird eine Menge Daten produziert und auf dem Server gespeichert. Plötzlich ist der Festplattenplatz eines Servers voll. Man kann nichts mehr auf dem Server speichern. Eventuell stürzt dabei sogar der Server ab. Schnellstmöglich muss eine weitere Platte eingebaut werden und das System wieder zum Laufen gebracht werden. Das Ganze während der Hauptgeschäftszeit. Wie ist es mit Datenverlust und Datensicherung? Welche Kosten werden dadurch verursacht (Beschaffung und Reparatur, Umsatz-/Verdienstausfälle,...)?	*Fall 2:* Jeden Tag wird eine bestimmte Menge Daten produziert und auf dem Server gespeichert. Der freie Plattenplatz wird laufend beobachtet. Rechtzeitig bevor der freie Platz zu Ende geht, wird eine neue Platte beschafft und ins System eingebaut. Die IT-Nutzer bemerken von der Sache gar nichts. Welche Kosten werden verursacht?

(2) Systemüberwachung mit Bordmitteln

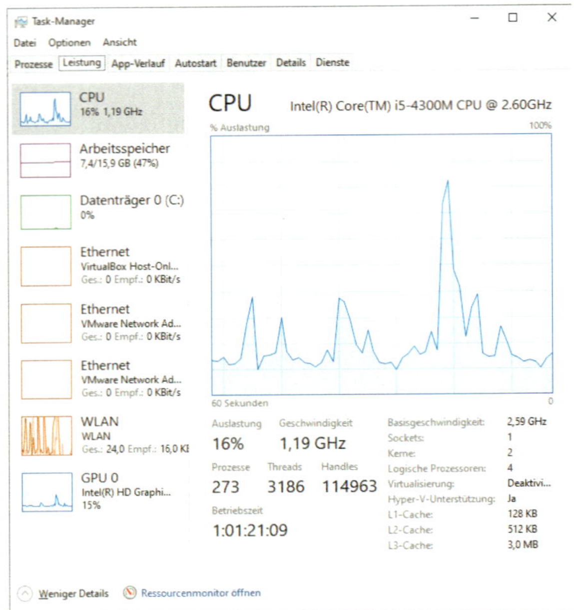

Um rechtzeitig im Voraus agieren zu können, muss ein System laufend überwacht werden. Auffälligkeiten wie schnelle Änderungen, müssen erkannt und die Ursache ermittelt werden. Rechnersysteme kann man mit speziellen Management-Tools überwachen. Für den Anfang reichen auch Systemwerkzeuge wie der Task-Manager bei Windows. Man startet den Windows-Task-Manager mit der Tastenkombination [Strg] + [Shift] + [ESC]. Hier kann man sich schnell einen Überblick über die Auslastung eines Rechners oder Servers verschaffen. Derartige Tools bringen alle gängigen Betriebssysteme mit. Wichtig beim Auswerten von Systemkennzahlen ist, dass man die Normalwerte kennt. Dies sind die Werte, die im Normalbetrieb erreicht werden. Diese Normalwerte nennt man Grundlinie oder Baseline. Zu einer Baseline gehören beispielsweise die durchschnittliche CPU-Last, die RAM-Auslastung, die Datenübertragungsrate und natürlich auch die RTT zu den wichtigsten Servern und Zielen (siehe Kapitel 3.6.1).

Die zu Linux gehörigen Tools sind vergleichbar mit denen von Windows. Die Systemüberwachung liefert eine Menge an systemrelevanten Daten. Über den Reiter Ressourcen werden CPUAuslastung, Speicherbelegung und das Netzwerkaufkommen grafisch dargestellt.

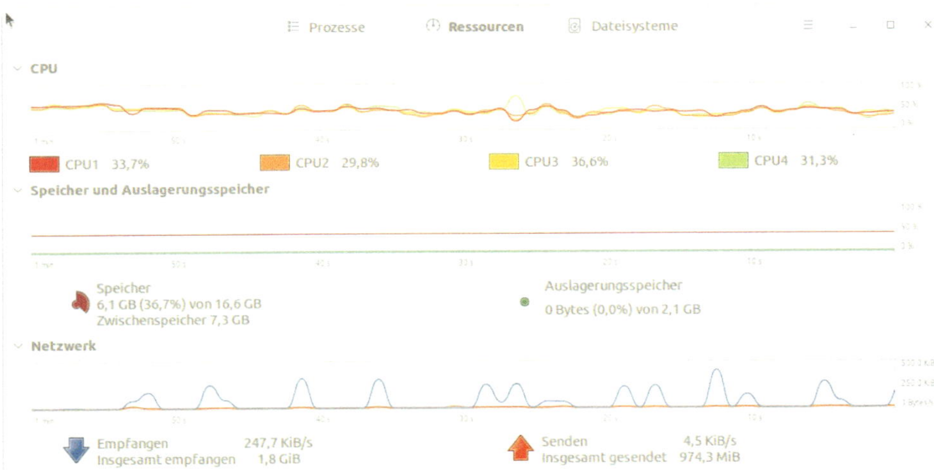

Über den Reiter Prozesse lassen sich die laufenden Prozesse auflisten und auch beenden. Der Reiter Dateisysteme zeigt die Belegung des Festplattenspeichers bzw. den freien Speicherplatz.

Kompetenzcheck ✓

1. Welche Art von IT-Management ist effizienter, proaktives oder reaktives IT-Management?
2. A11 Erkunden Sie mit Aufgabe 11 im Arbeitsbuch die aktuelle Systemauslastung.
3. A12 Überprüfen Sie mit Aufgabe 12 im Arbeitsbuch die Systemauslastung bei künstlich erzeugter Last.

3.7 Netzwerkkomponenten auswählen und konfigurieren

S Sie sollen die wichtigsten Parameter für Netzwerkgeräte ermitteln.

Als Grundlage für das Verständnis der Netzwerkgeräte müssen wir uns die beiden gängigen Schichtenmodelle der Kommunikation ansehen. Denn für das Verständnis, wie die einzelnen Geräte arbeiten, sollte man wissen, was auf den einzelnen Schichten geschieht. Ebenso ist es elementar zu wissen, welche Adressen in Rechnernetzen verwendet werden und was damit adressiert wird.

3.7.1 Netzwerkkarte auswählen

Die Netzwerkkarte muss zu den Anforderungen passen, auch wenn sie auf dem Motherboard fest verbaut ist. Notfalls wird zusätzlich eine separate Netzwerkkarte eingebaut.

Überprüfung Eckdaten der Netzwerkkarte	
bei Interface auf dem Motherboard	
Netzwerkinterface	→ Welcher Netzwerkstandard wird verwendet? → Wie hoch ist die Datenübertragungsrate? → Welches Netzwerkmedium wird verwendet (TP-Leitung, Lichtwellenleiter, WLAN)?
bei externer Karte zusätzlich	
Größe/Bauform	→ Wie viel Platz ist im Rechner? Bauhöhe der Karte? Ggf. nachmessen und/oder Datenblätter zu Hilfe nehmen
Systeminterface	→ Welches Bus-Interface wird systemseitig verwendet – PCIe?
Netzwerkinterface	→ Wie viele Interfaces werden benötigt, wie viele hat die Karte? → Müssen mehrere Karten verbaut werden?

Das Standard-Netzwerkmedium ist die TP-Leitung. Hier ist auf die Klasse der Verkabelung zu achten, damit die maximale Datenübertragungsrate erreicht werden kann (siehe Kapitel (3.4.2 (3)).

3.7.2 Switch auswählen

Um den richtigen Switch einzusetzen, werden einige Eckdaten des Switches kontrolliert. Dazu muss man überprüfen, wie hoch das zu erwartende Datenaufkommen der Clients ist. Die Fähigkeiten eines Switches bestimmen auch seinen Preis.

Überprüfung Eckdaten des Switches

Größe/Bauform	→	Welche Bauform soll der Switch haben? • 19“ Rack-Montage (bis 48 oder mehr Switchports) • 10“ Rack-Montage (für Mini-Racks, mit bis zu 10 Switchports) • Tisch-/Wand-Gehäuse (mit 4 bis 8 Switchports)
Betriebsart	→	Switching-Funktion (Cut Through, Fragment Free, Store and Forward) einstellbar?

Datenrate	→	Welche Datenrate muss der Switch unterstützen? Wie viele Ports mit welcher Datenrate (100 Mbit/s bis 10 Gbit/s)?
PoE-Speisung	→	Muss der Switch Strom liefern für angeschlossene Geräte wie Telefone und Access Points (PSE = Power Sourcing Equipment)? Wie viele Ports müssen Speisung bringen? Welche Leistungen werden verlangt?
Managementfunktion	→	Managebare Switches sind über ein Web-Interface oder über Konsolenbefehle mittels SSH oder *telnet* konfigurierbar. Einstellbar ist u. a.: • VLAN-Einstellung • Port-Datenrate und halb-/vollduplex-Betriebsart • Spanning Tree (in größeren Netzen) • Mirroring (Spiegelung einzelner Ports auf einen Monitor-Port zur Fehlersuche und Netzwerküberwachung)
Größe des ARP-Speichers	→	Wie viele MAC-Adressen pro Port kann der Switch speichern (abhängig von der Größe des Netzes bzw. der Anzahl der Hosts, die an jedem Port angeschlossen werden können)?
Größe der Input- und Output- Speicher	→	Wie viel Datenverkehr ist zu erwarten? Wie viele Pakete müssen gespeichert werden, bevor sie weitergeleitet werden können?

Kompetenzcheck ✓

1. Welche Daten werden im RAM eines Switches gespeichert?

2. Wozu werden PoE-fähige Switches benötigt?

A1 3. Kontrollieren Sie in Aufgabe 1 der Lernsituation 4 im Arbeitsbuch Ihr Wissen über Rechner-Hardware.

A2 4. Wählen Sie einen Switch aus für die Einsatzbereiche, die in Aufgabe 2 im Arbeitsbuch beschrieben sind.

A3 5. Suchen Sie im Arbeitsbuch für einen speziellen Anwendungsfall das geeignetste Gerät anhand der vorgegebenen Daten in Aufgabe 3 aus.

A4 6. Suchen Sie im Arbeitsbuch in Aufgabe 4 für einen bestimmten Anwendungsfall den geeignetsten Switch aus einer Liste aus.

3.7.3 Router auswählen

S Sie sollen den passenden Router auswählen können.

Im privaten Bereich und bei kleinen Betrieben kommt es sehr auf die eingebauten Dienste der Router an. Die sog. SoHo-Router (Small Office – Home Office) stellen nicht nur die Verbindung vom LAN zum Internet her. Viele Dienste und Funktionen sind integriert.

Anschlüsse und Funktionen eines SoHo-Routers	
WAN-Anschluss	DSL-, Kabel- oder LWL-Interface zum Internetprovider
Switchports	Zwei bis vier Ethernet-Anschlüsse für internes LAN
WLAN-Access-Point	Funknetz für Mobilgeräte (internes LAN)

Anschlüsse und Funktionen eines SoHo-Routers	
DHCP-Server	Verteilt IP-Konfiguration an Clients im LAN und WLAN
TK-Anlage	Stellt Telefonanschlüsse für Internettelefonie bereit
USB-Anschluss	Zum Anschluss von USB-Massenspeicher zum Bereitstellen von Netzwerkspeicher (NAS, Network Attached Storage) für alle Rechner im LAN
Kindersicherung bzw. Sperrlisten	Proxy-Sperrliste kann verwaltet werden für Internetseiten, die nicht angezeigt werden sollen und das Internet kann zeitlich begrenzt freigegeben und gesperrt werden
DynDNS	Anmelden des Routers bei einem Namensauflösungsdienst, damit vom Internet aus auf den LAN-interne Ressourcen (bspw. Fileserver) zugegriffen werden kann
VPN	Tunnel-Endpunkt am SoHo-Router für sicheren Zugriff auf das LAN von mobilen Stationen im Internet

Ein USB-Laufwerk als NAS ist im betrieblichen Umfeld auch in Kleinstbetrieben nicht geeignet.

(1) SoHo-Router (Small office / Home office)

Jeder „normale" Internet-Router für Privathaushalte und kleine Unternehmen hat heute eine WLAN-Funktion.

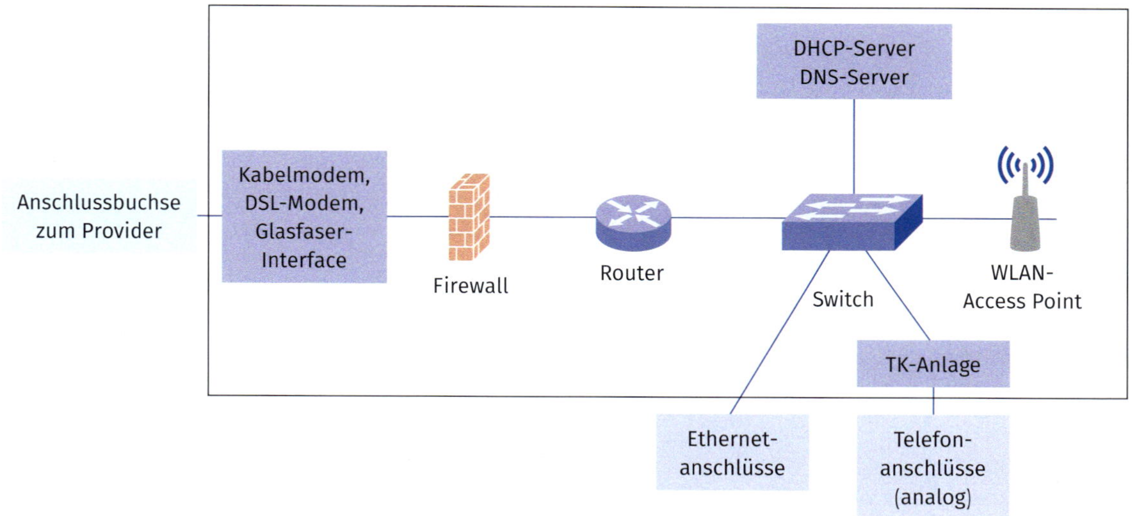

Blockdiagramm eines WLAN-Routers

Ein solcher SoHo-Router verfügt über ein Interface zum Internet (WAN-Port). Dies ist meist ein DLS-Modem, ein Kabelmodem oder auch ein Mobilfunk-Interface. Wenn Glasfaser im Gebäude vorhanden ist, hat der Router ein entsprechendes Glasfaser-Interface. Daran angeschlossen ist der eigentliche Router. Meist verfügt er über nur zwei Netze – das LAN und das Internet. Bessere Geräte verfügen über mehrere interne LANs. Am LAN-Anschluss des Routers befindet sich ein Switch mit Anschlussbuchsen, um PCs und andere Geräte anzuschließen. Ein WLAN-Access-Point ist meist intern mit dem LAN verbunden. Manche Geräte haben auch ein eigenes Netz für das WLAN. Ein DHCP-Server ist immer mit integriert. Er übernimmt das Verteilen der IP-Konfigurationen an die angeschlossenen Geräte.

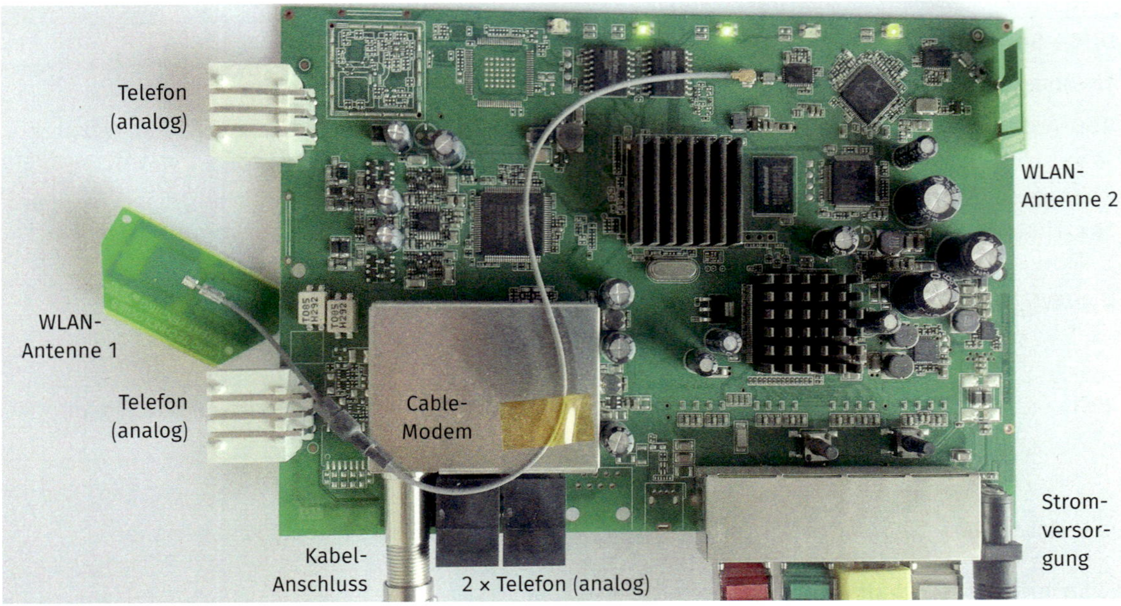

Innenleben einer Fritz!Box Cable

Das Bild zeigt das Innenleben einer Fritz!Box Cable. Deutlich zu erkennen sind die beiden WLAN-Antennen, das Kabel-Modem für das Kabelfernsehnetz und die Telefonanschlüsse. Das Board ist ein kompletter Einplatinencomputer mit eigenem (linux-ähnlichen) Betriebssystem. Gebootet wird von einem Onboard-Flash-Speicher.

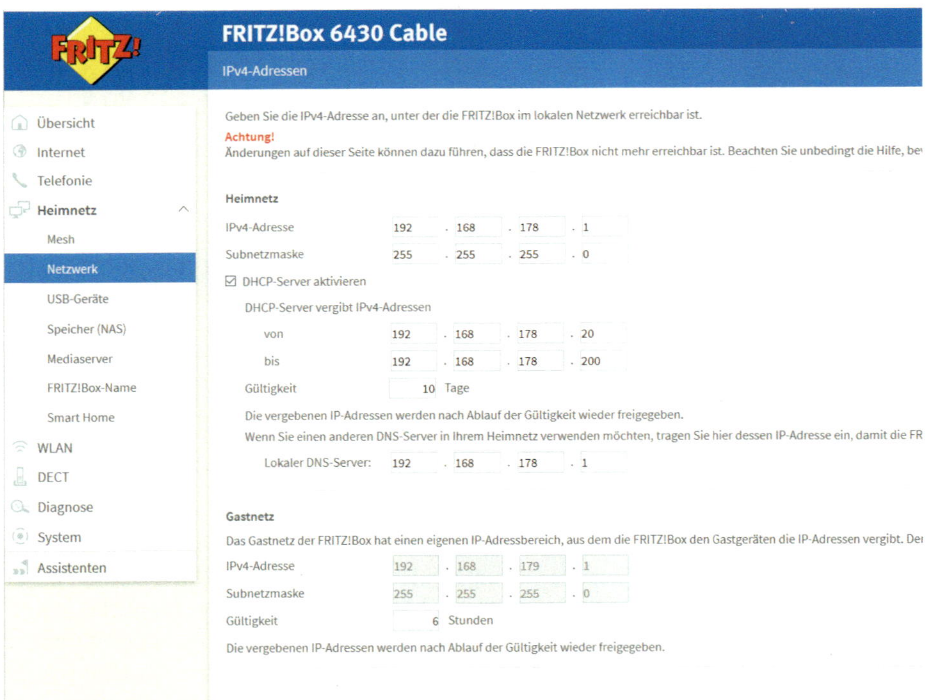

DHCP-Einstellungen eines WLAN-Routers

Der DHCP-Server ist werksseitig so voreingestellt, dass die Router nach dem Einstecken schon richtig funktionieren. Man kann aber die IP-Einstellungen beliebig verändern. Der Adressbereich, aus dem die IP-Adressen vergeben werden, ist ebenso einstellbar wie die Adresse des Routers und des DNS-Servers.

WLAN benutzt im Wesentlichen zwei Frequenzbereiche: 2,4 GHz und 5 GHz. Jeder Bereich ist in mehrere sich überlappende Frequenzkanäle eingeteilt. Am einfachsten ist es, man überlässt dem Access Point die Auswahl des Frequenzkanals. Dann wird, abhängig von der Kanalbelegung der Nachbar-WLANs, immer der beste Kanal ausgewählt.

Bei der Auswahl eines SoHo-Routers sind folgende Punkte zu beachten:[1]

Auswahl eines SoHo-Routers

Anzahl der LAN-Ports	→	Sind mehr Geräte anzuschließen, als Ports vorhanden sind, muss ein zusätzlicher Switch eingesetzt werden.
PoE[1]-Speisung möglich	→	Wenn Netzwerktelefone, WLAN-Access-Points oder andere PoE-Geräte angeschlossen werden sollen, können diese über PoE stromversorgt werden.
WLAN-Leistung[2]	→	Die Leistung und die Empfindlichkeit bestimmen die Reichweite für Mobilgeräte.
WLAN-Technologie	→	Beherrscht der Router die aktuellen WLAN-Standards?
DSL Vectoring	→	Beherrscht der DSL-Anschluss Supervectoring? Wenn der Internetprovider jetzt schon oder erst später Vectoring und eventuell Supervectoring anbietet, dann sollte der Router das beherrschen.
NAS-Funktionalität	→	Lassen sich USB-Massenspeicher an den Router anschließen und als Netzwerkspeicher nutzen? (Aus Sicherheits und Performancegründen nicht zu empfehlen.)

WLAN-Technologie ist bereits seit dem Jahr 1999 verfügbar und hat seither einige Entwicklungen durchgemacht. Die Bezeichnungen waren mit der Zeit etwas unübersichtlich. Daher wurden neue Bezeichnungen eingeführt. In Anlehnung and HiFi (High Fidelity) nennt man es nun Wi-Fi. Die genauen Bezeichnungen können in Kapitel 3.4.3 (3) nachgelesen werden.

Mobilgerät mit einem WLAN verbinden

Über ein Funknetz hat man bequemen Zugang zum Privat- oder Unternehmensnetzwerk. Dies ist eine große Gefahrenquelle. Daher muss der Zugang geregelt werden. Funknetze dürfen nicht offen sein!

Die Datenübertragung zwischen Laptop, Smartphone, ... und Access Point ist verschlüsselt. Es gibt mehrere Methoden, um sich am WLAN zu authentifizieren.

Verfahren für die Anmeldung am WLAN	
PSK, Pre Shared Key	Das Passwort zum Zugriff auf das Funknetz ist im Router hinterlegt. Beim erstmaligen Verbinden mit dem Funknetz muss das Passwort eingegeben werden.
Scannen des WLAN-QR-Codes	Der Router und mit ihm verbundene Mobilgeräte können einen QR-Code anzeigen. Dieser enthält den Namen des WLANs und das Passwort. Durch Scannen des QR-Codes mit einem Mobilgerät verbindet dieses sich automatisch mit dem WLAN.

1 *PoE = Power over Ethernet, Stromversorgung von Netzwerkgeräten über die Netzwerkleitung, z. B. bei Telefonen*

2 *Sendeleistung wird in Milliwatt oder in dBm angegeben. Dabei entsprechen 20 dBm einer Leistung von 100 mW.*

Verfahren für die Anmeldung am WLAN	
WPS, Wi-Fi Protected Setup	Durch Drücken einer Taste am Router wird der Prozess gestartet. Man kann anschließend ein neues Mobilgerät mit dem WLAN koppeln. Man benötigt dazu Zugang zum Router.
WPA, Wi-Fi Protected Access	Verschlüsselungsmethode mit dynamischen Schlüsseln für verschlüsselte Datenübertragung bei Wi-Fi. Es wird in kleinen Netzen mit PSK ebenso eingesetzt wie in großen Netzen mit RADIUS und IEEE 802.1X. Aktuell werden die Versionen WPA2 und WPA3 verwendet.
RADIUS, Remote Authentication Dial-In User Service	Die Mobilgeräte authentifizieren sich beim WLAN-Access-Point über den zentralen Anmeldeserver des Unternehmens. Der RADIUS-Server übernimmt als „Triple-A-System" die Authentifizierung (wer meldet sich an, Benutzername und Passwort), die Autorisierung (was darf der User, Zugriffsrechte) und das Accounting (Abrechnung).

(2) Professionelle Router

Im professionellen Umfeld kommen leistungsfähige und damit auch teure Router für 19" Rack-Montage zum Einsatz. Die Auswahl erfordert genaue Kenntnis der Produkte und Anforderungen. Hier spielt auch die Anbindung ans Internet eine große Rolle. Viele Funktionen, die bei SoHo-Routern integriert sind, fehlen hier. Diese Dienste werden durch dedizierte Geräte und Server erbracht. Die Konfiguration erfolgt meist durch *ssh*-Zugriff, also Konsolenbefehle über eine verschlüsselte Verbindung. Das kalifornische Unternehmen Cisco Systems ist ein sehr großer Anbieter von Netzwerkgeräten wie Router und Switches. Auf diesen Geräten läuft ein eigenes, linux-ähnliches Betriebssystem, das Internetwork Operating System (IOS). Über Befehle an der Kommandozeile lassen sich alle Einstellungen tätigen. Das bedeutet, dass diese Befehlsfolgen auch als Skript abgearbeitet werden können. Damit lassen sich größere Mengen an Geräten sehr schnell und einfach einrichten. Viele andere Hersteller haben ähnliche Kommandos zum Konfigurieren ihrer Geräte. Durch den Verzicht auf eine graphische Oberfläche werden Rechenleistung und Netzwerkdatenverkehr eingespart.

Ein ausgiebiger Blick in die Datenblätter ist hier angebracht.

3.7.4 Netzwerkgeräte konfigurieren

Netzwerkgeräte verfügen in aller Regel nicht über Ein- und Ausgabeoptionen, haben aber teilweise eine Weboberfläche zum Konfigurieren.

Im professionellen Bereich verwendet man meist einen Fernzugang über die Systemkonsole mit einer Kommandozeile. Dies ist ähnlich der Eingabeaufforderung bei einem Windows-Rechner. Der Vorteil ist, dass die Befehlsfolgen auch als Batch im Stapelbetrieb abgearbeitet werden können. Dies vereinfacht und beschleunigt das Konfigurieren von mehreren gleichartigen oder ähnlichen Geräten.

Fernkonfiguration von Netzwerkgeräten	
telnet	Konsolenprogramm zur **textbasierten Fernsteuerung** → Vorsicht: Anmeldedaten (Benutzername und Passwort) sowie sämtlicher Datenverkehr werden unverschlüsselt über das Netz übertragen! Telnet sollte nicht mehr verwendet werden!
ssh secure shell	Konsolenprogramm zur **textbasierten Fernsteuerung** mit verschlüsselter Übertragung → Die gesamte Kommunikation erfolgt verschlüsselt. Standard für Fernzugriff!

Kompetenzcheck

1. Was ist wahr, was ist falsch?
   a) Ein Access-Point ist immer ein Router.
   b) WLAN benutzt Frequenzbänder bei 2,4 MHz.
   c) WLAN benutzt Frequenzbänder bei 5 GHz.
   d) WLAN benutzt Frequenzbänder bei 60 GHz.
   e) IOS ist eine Betriebssystem für Router.
   f) SoHo-Router werden meist mit einem Linux-Betriebssystem betrieben.

2. Wählen Sie mit Aufgabe 5 im Arbeitsbuch einen Router aus, der den Anforderungen entspricht.

A5

3.8 Grundlagen der Daten- und Netzwerksicherheit beschreiben

S **Sie erarbeiten sich die Grundlagen der Datensicherheit. Sie schützen sich vor Datenverlust und stellen verloren gegangene Daten wieder her. Sie schützen Ihre Daten vor Manipulation und Diebstahl.**

Datensicherheit ist die Sicherung der Daten gegen unberechtigte Zugriffe. Ebenso geht es um die Unveränderlichkeit der Daten und das dauerhafte Speichern der Daten.

Daten- und Netzwerksicherheit

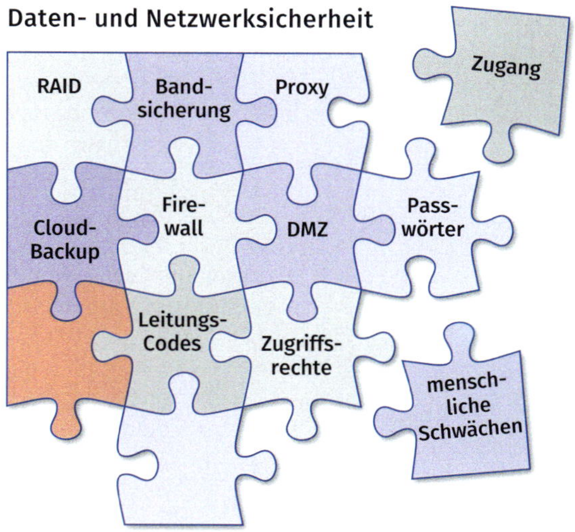

Facetten der Daten- und Netzwerksicherheit	
RAID	Festplattenverbund (RAID = Redundant Array of Independent Discs); Genormt sind verschiedene RAID-Level (0 bis 6). Bei RAID werden mehrere Festplatten zusammengeschaltet. Sie erscheinen zum Rechner hin wie eine einzige Festplatte. Das Zusammenschalten soll die Schreib- und Lesegeschwindigkeit erhöhen und (ab Level 1) auch die Verfügbarkeit der Daten erhöhen.
Backup	Sicherung der Massenspeicher auf einen anderen Datenträger, sodass die Daten bei Datenverlust (Löschen/Überschreiben von Dateien, Verlust der Daten, Defekt oder äußere Einflüsse) wiederhergestellt werden können.
Bandsicherung	Backup auf Magnetband
Cloud-Backup	Backup auf Online-Datenspeicher

<table>
<tr><th colspan="2">Facetten der Daten- und Netzwerksicherheit</th></tr>
<tr><td>Proxy</td><td>„Stellvertreter“; ein Rechner, der stellvertretend für die Arbeitsplatzrechner auf das Internet zugreift. Oft mit Zwischenspeicher ausgestattet, um bei einem erneuten Aufruf von Internetinhalten diese sehr schnell aus diesem Cache zu liefern und Internetdatenverkehr zu minimieren. In kleinen Netzen ist der Proxy oft auf dem Internetrouter integriert. In größeren professionellen Netzen werden separate Proxys im LAN mit aufwendigen Filterlisten eingesetzt.
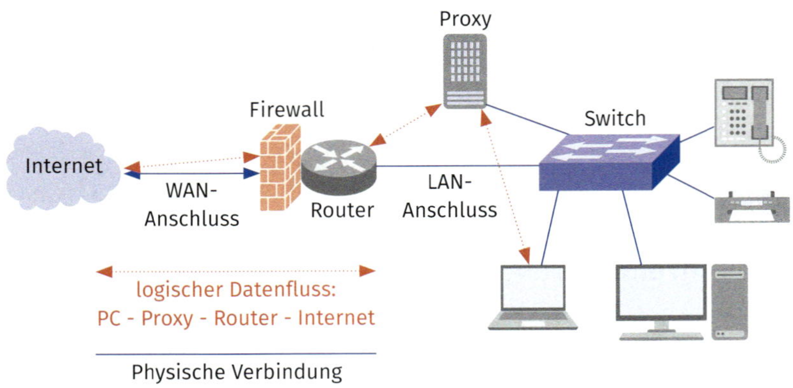
</td></tr>
<tr><td>Firewall</td><td>„Brandmauer“ zwischen internem und externem Netz, „Wächter am Tor“; unerwünschte Daten werden nicht durchgelassen, Angriffe abgeblockt.
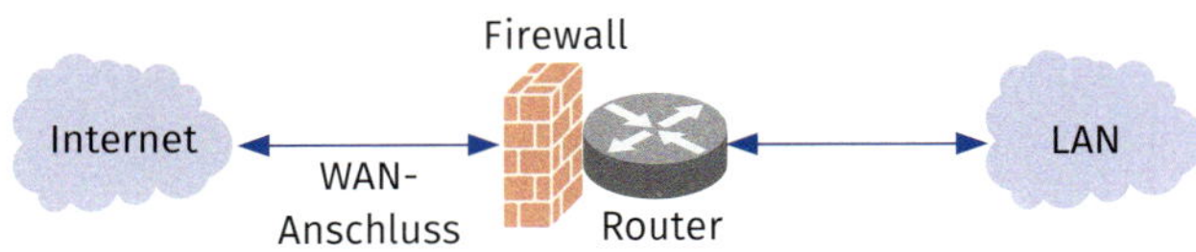
</td></tr>
<tr><td>DMZ</td><td>Demilitarisierte Zone; Netz zwischen zwei Firewalls, zwischen Internet und LAN
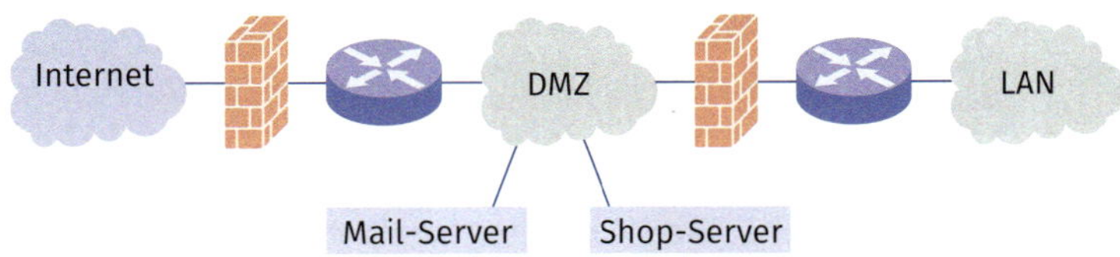
</td></tr>
<tr><td>Schutzbedarfs-analyse</td><td>Durch systematische Analyse der gesamten IT werden der notwendige Schutz für die eigenen Daten erkannt und entsprechende Schutzmechanismen erarbeitet (siehe Kapitel 4).</td></tr>
<tr><td>Zugriffsrechte/ Berechtigungen</td><td>Welcher Benutzer und welche Gruppe dürfen auf welche Daten und Ressourcen zugreifen?</td></tr>
<tr><td>Zugangskontrolle</td><td>Wer hat Zugang zum Netzwerk? Dies beinhaltet den logischen Zugang durch Login ins Netz (Passwortsicherheit!) und den physischen Zugang zum Netz und Netzwerkkomponenten (z. B. Zutritt zum Rechenzentrum, Zugang/Zugriff auf Verteiler, Switches, Arbeitsplatzrechner).</td></tr>
<tr><td>Leitungscodes</td><td>Durch Codieren der Daten auf den Leitungen werden Fehler bei der Übertragung minimiert.</td></tr>
<tr><td>„Faktor Mensch“</td><td>Menschliches Versagen und menschliche Schwächen stellen ein großes Problem (vielleicht sogar das größte Problem) bei der Datensicherheit dar.</td></tr>
</table>

3.8.1 RAID-Systeme unterscheiden

S **Sie sollen RAID-Systeme unterscheiden können.**

Redundant Array of Independant Discs (RAID) steht für redundantes Festplattenarray. Dabei werden zwei oder mehr Festplatten zusammengeschaltet und erscheinen systemseitig wie eine einzige Platte. Der Vorteil liegt darin, dass die Daten gleichzeitig von mehreren Platten gelesen werden können, wodurch sich die Ladezeit deutlich verringert. Ebenso erhöht sich der Datendurchsatz beim gleichzeitigen Schreiben auf mehrere Platten. Durch Hinzufügen von Prüfsummen zu den Daten (hier Parität genannt) kann für Ausfallsicherheit gesorgt werden.

RAID-Systeme werden in Levels eingeteilt, abhängig von Funktionsprinzip. Genormt sind die Levels 0 bis 6.

Die wichtigen RAID-Level im Überblick			
Level	**Alternative Bezeichnung**	**Beschreibung**	**Sicherheit**
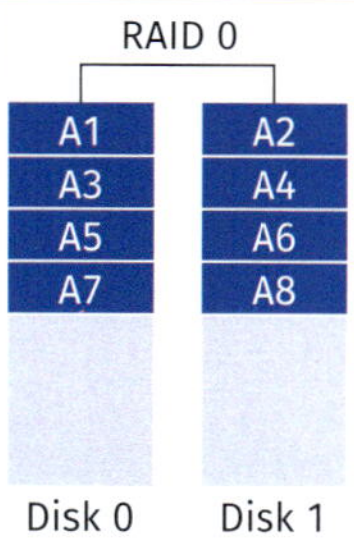	Stripe Set	Beliebig große Festplatten oder Partitionen werden zu einem Volume zusammengeschaltet. Daten werden auf mehrere Platten verteilt; höhere Datenraten beim Lesen und Schreiben.	Keinerlei Sicherheit, bei Ausfall von einer Platte ist das gesamte Volume beschädigt.
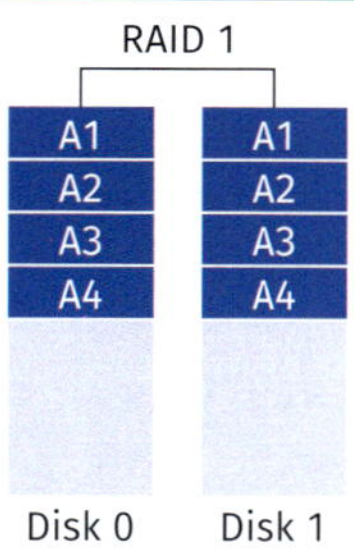	Mirroring	Zwei Platten werden miteinander gespiegelt. Einfache Lesegeschwindigkeit, doppelte Schreibgeschwindigkeit.	Eine Platte kann ausfallen ohne Datenverlust.
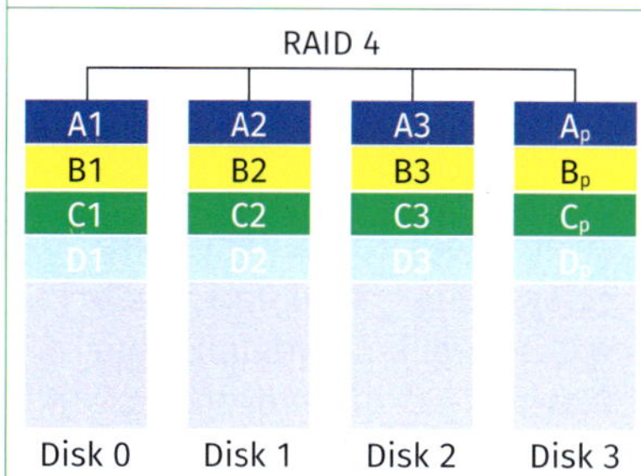	Stripe Set with Parity	Mindestens drei Platten im Verbund. Eine Platte ist die separate Paritätsplatte. Die Paritätsplatte wird stark beansprucht, da sie beim Schreiben auf jede einzelne Platte beschrieben wird.	Eine Platte kann ausfallen ohne Datenverlust.

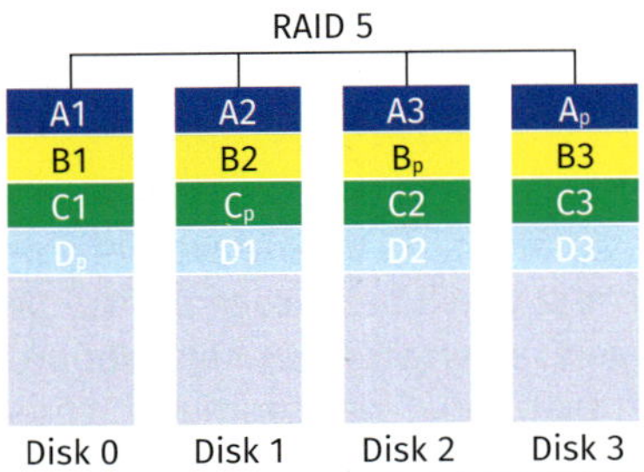	Stripe Set with Parity	Mindestens drei Platten im Verbund. Die Parität der Paritätsplatte wird auf alle Platten verteilt, damit alle Platten gleichmäßig beansprucht werden.	Eine Platte kann ausfallen ohne Datenverlust.
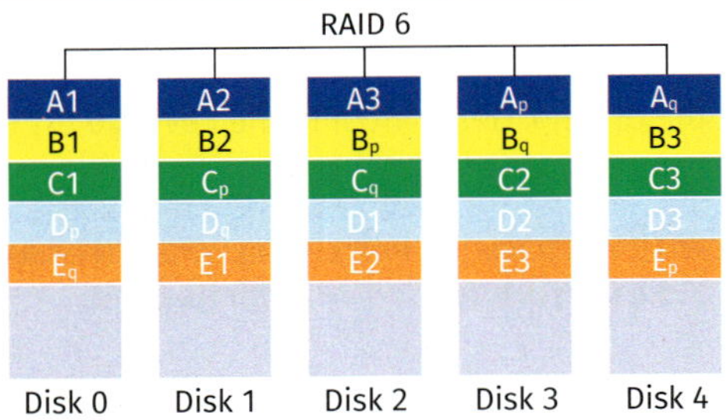	Stripe Set with Parity	Mindestens vier Platten im Verbund, davon zwei Platten für verteilte Prüfsummen.	Zwei Platten können ausfallen ohne Datenverlust.

Daneben gibt es noch Kombinationen von mehreren RAID-Systemen. RAID 10 ist ein Stripe Set (RAID 0) von zwei Spiegelsystemen (RAID 1). RAID 51 ist eine Spiegelung (RAID 1) von zwei RAID-5-Systemen. Dies liefert sehr hohe Sicherheit vor Datenverlust. Die erste Zahl gibt die RAID-Zusammenschaltung der einzelnen Platten zu einem RAID-Subsystem an. Die zweite Zahl steht für das Zusammenschalten der RAID-Subsysteme.

RAID-Systeme			
Level	**Bezeichnung**	**Beschreibung**	**Sicherheit**
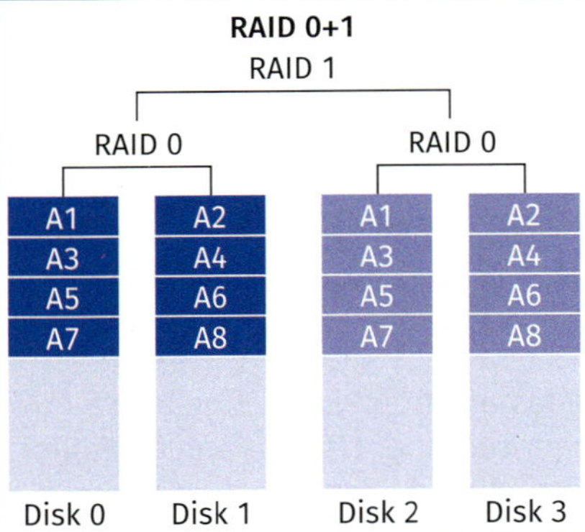	RAID 01	Zwei RAID 0 werden mit einem RAID 1 gespiegelt.	Jedes RAID 0 hat doppelte Ausfallwahrscheinlichkeit. Durch die Spiegelung darf ein RAID 0 ausfallen.
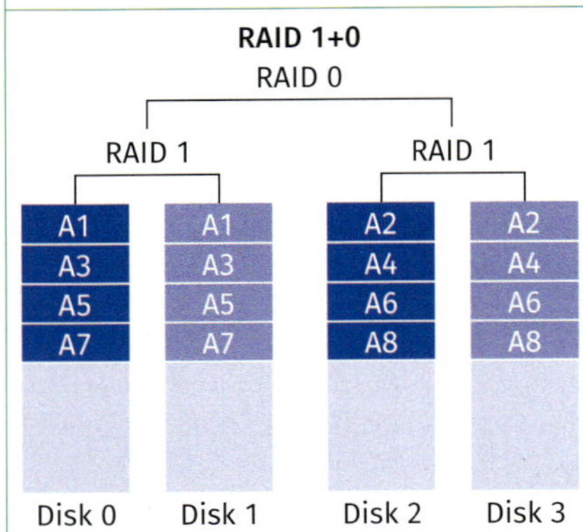	RAID 10	Zwei Spiegelsysteme mit je zwei Platten werden über RAID 0 zusammengeschaltet	In jedem RAID 1 darf eine Platte ausfallen, ohne Datenverlust. Fallen 2 Platten in einem RAID 1 aus, sind alle Daten verloren.

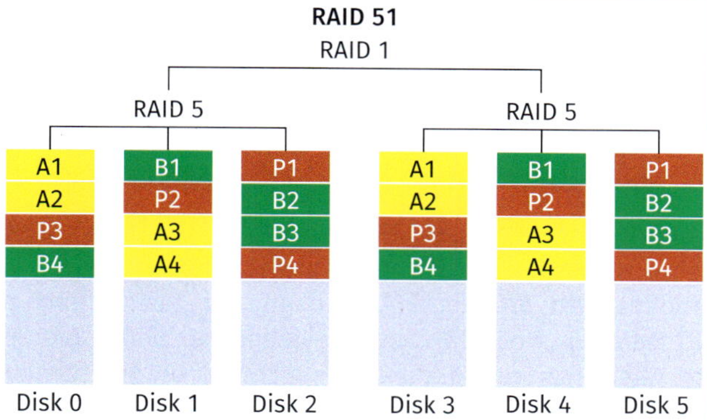	RAID 51	Zwei RAID-5-Systeme werden über ein RAID 1 gespiegelt.	Extrem hohe Ausfallsicherheit; ein RAID-5-Block kann komplett ausfallen, bei dem anderen darf eine weitere Platte ausfallen. Im gezeigten Beispiel werden sechs Platten verbaut. Man nutzt aber nur die Kapazität von zwei Platten.

RAIDs lassen sich mit Hardware-Controllern herstellen oder per Software vom Betriebssystem.

Hardware-RAID

Eine Erweiterungskarte auf dem Mainboard verfügt über mehrere Festplattenanschlüsse. Die RAID-Funktionen werden auf spezialisierter Hardware bereitgestellt. Die Erweiterungskarte wird vom Betriebssystem wie eine einzige Festplatte gesehen. Vorteile sind die hohe Geschwindigkeit und meist ein zusätzlicher Festplattencache. Nachteil sind die Kosten für den Controller.

Software-RAID

Software-RAID-Systeme lassen sich mit vielen Betriebssystemen herstellen. Voraussetzung ist, dass der Rechner über genügend Festplattenanschlüsse verfügt. Software-RAIDs gehen zulasten der CPU-Leistung, die dem Rechner für seine normalen Aufgaben fehlt. Der Vorteil sind die Kosten, da ein Software-RAID keinen zusätzlichen Controller benötigt.

Neuere Bezeichnungen von RAID-Systemen nennen nicht mehr einen RAID-Level, sondern die Anzahl der benutzten Platten und der Parity-Platten.

Beispiel: RAID (5,2) oder RAID 5+2 bedeutet, dass insgesamt fünf Platten im Verbund sind und davon maximal zwei Platten ausfallen dürfen. Dies entspricht also einem RAID 6 mit fünf Platten.

Die allgemeine Bezeichnung ist: **RAID (n,m)** oder **RAID n+m**, wobei n = Anzahl Platten gesamt angibt und m = Anzahl Platten, die ohne Datenverlust ausfallen dürfen.

Die Leserate (Datendurchsatzrate) gesamt ergibt sich = $n \cdot$ Leserate Einzelplatte.
Schreibrate gesamt ist = $(n - m) \cdot$ Schreibrate Einzelplatte.
Die Gesamt-Speicherkapazität des RAID-Systems ist = $(n - m) \cdot$ Einzelkapazität.

Beispiel: Ein RAID 5 besteht aus vier Platten zu je 1 TByte Kapazität (neue Bezeichnung RAID (4,1)). Die Gesamtkapazität ist die Summe der Kapazität von drei Platten, also 3 TByte, da die Kapazität von einer Platte für die Sicherheit benötigt wird. Der Datendurchsatz beim Lesen ist viermal so groß wie bei einer Einzelplatte. Der Durchsatz beim Schreiben ist dreimal so groß wie bei einer Einzelplatte.

Manche RAID-Controller bieten ein spezielles Feature, nämlich den Einbau von **Hot-Spare-Platten**. Dabei werden mehr Platten angeschlossen, als das RAID benötigt. Eine oder mehrere Platten sind dabei zusätzlich verbaut und angeschlossen. Erkennt der RAID-Controller, dass eine Platte defekt ist, wird automatisch eine dieser Reserveplatten in den RAID-Verbund integriert und die fehlenden Daten werden aus den vorhandenen Daten berechnet und auf diese Reserveplatte geschrieben. Während dieser Zeit sind die Zugriffszeiten auf das RAID etwas höher. Nach der Reorganisation des RAID-Verbandes läuft das System wieder mit voller Geschwindigkeit.

Oft liest man im Zusammenhang mit RAID-Controllern die Begriffe **„JBOD“** oder **„NRAID“**. Beides sind nur Zusammenschaltungen (Concatenations) von mehreren Platten (auch unterschiedlicher Größe). Sie bringen keinen Sicherheitsgewinn, da jegliche Redundanz fehlt. JBOT ist die Abkürzung für „Just a Bunch of Disks“, also etwa: „nur ein Haufen Platten“. NRAID steht für „NotRAID“. Solche Systeme verbinden mehrere Platten zu einer größeren virtuellen Festplatte. Allerdings werden die Daten nicht auf die Platten verteilt, sondern die Platten werden einfach der Reihe nach gefüllt. Man hat dadurch auch keinen Geschwindigkeitsvorteil.

Kompetenzcheck ✓

1. Wofür stehen die Abkürzungen RAID, JBOD, NRAID?
2. Welche Sicherheitsvorteile bringt RAID0, welche RAID1?
3. A1 Berechnen Sie mit Aufgabe 1 der Lernsituation 5 im Arbeitsbuch den effektiven Speicherplatz bei verschiedenen RAID-Konfigurationen.
4. A2 Vergleichen Sie mit Aufgabe 2 im Arbeitsbuch die Zuverlässigkeit von verschiedenen RAID-Systemen.

3.8.2 Backupstrategien unterscheiden

S Sie sollen Backupstrategien unterscheiden.

Laut Datenrettungsunternehmen ist die Hauptursache für Datenverlust zu 72 % ein Festplattencrash. Immerhin 15 % der Datenverluste entfallen auf RAID-Systeme und 13 % auf SSD-Platten. 66 % sind technische Defekte. Rund ein Drittel der Datenverluste sind menschliches Versagen, z. B. durch versehentliches Löschen von Daten oder Formatieren von Datenträgern.

Daten sind auf Rechnern mit RAID-Systemen zwar relativ sicher, dennoch droht laufend Datenverlust. Hier hilft nur das Sichern der Daten auf andere Server (im LAN, Off-Premises oder in einer Cloud) oder auf Magnetbänder. Ein Großteil der Unternehmen, die ihre Daten verlieren und nicht wiederherstellen können, geht innerhalb weniger Monate nach Datenverlust in Konkurs. Datensicherung ist somit ein wichtiger, sogar überlebenswichtiger Punkt.

! Egal wie die Daten gesichert werden – von größter Wichtigkeit ist der ausgiebige Test des Sicherns und des Rücksicherns. Testen Sie, wenn Sie die Datensicherung einrichten, dass Sie genau diese Daten auch wiederherstellen können.

Möglichkeiten der Datensicherung		
Bezeichnung	**Beschreibung**	**Anwendung**
Off-Premises Backup	Daten auf ein anderes Datacenter kopieren	Sinnvoll bei Betrieben, die über mehrere Niederlassungen mit zwei oder mehr Rechenzentren verfügen

Möglichkeiten der Datensicherung		
Bezeichnung	**Beschreibung**	**Anwendung**
Bandsicherung	Daten auf Band sichern	Sinnvoll für Betriebe mit nur einer Niederlassung
Cloud-Backup	Daten auf einen Cloud-Speicher im Internet kopieren	Praktikabel für Betriebe jeder Größenordnung

(1) Off-Premises Backup

Verfügt ein Betrieb über mehrere Niederlassungen mit mindestens zwei Rechenzentren, so können die Daten auf das jeweilige andere Datacenter kopiert oder gespiegelt werden. Die Datacenters sollten aber mindestens 3 km voneinander entfernt sein, damit eine Katastrophe an einem Standort nicht auch den zweiten Standort betrifft. Dies ist auch für sehr große Datenmengen eine praktikable Lösung.

(2) Bandsicherung

Ein Bandroboter greift sich aus hunderten von Bandkassetten maximal vier und steckt sie in Bandlaufwerke. So werden Daten automatisch gesichert und können nach Bedarf wieder zurückgesichert werden.

Bandroboter einer Österreichischen Mediathek

Der Bandroboter in der Abbildung sichert die Audiodateien der Österreichischen Mediathek.

Kleinere Unternehmen speichern ihre Daten auf einem einzigen Magnetband, welches täglich gewechselt wird.

Über den Bandwechsel muss man sich Gedanken machen. Immer dasselbe Band zu beschreiben ergibt wenig Sinn, wenn ältere Dateien wiederhergestellt werden sollen. Ein mögliches Schema sieht so aus:

Beispiel:

Vier Tagesbänder, Montag bis Donnerstag, die wöchentlich überschrieben werden (Mo., Di., Mi., Do.)
Vier Wochenbänder, die immer freitags überschrieben werden (Fr1, Fr2, Fr3, Fr4)
Zwölf Monatsbänder, die immer am letzten Freitag des Monats überschrieben werden

Schutz vor Zerstörung

Die Bänder sind außerhalb des Serverraumes in einem Safe aufzubewahren. Ein Feuer im Rechenzentrum darf die Bänder nicht zerstören. Am besten werden sie in einem anderen Gebäude, weit entfernt vom Rechenzentrum aufbewahrt. Monatssicherungen liegen am besten im Safe einer Bank!

(3) Backup auf Cloud-Speicher

Speichern in der Cloud wird immer einfacher, preiswerter und beliebter. Man bucht bei einem Anbieter Speicherplatz und greift übers Internet darauf zu. Die Kosten sind moderat, und man muss sich um vieles nicht mehr kümmern. Schutz vor Datenverlust des Cloud-Speichers, Wartung der Server, der Klimaanlage, der Stromversorgung usw. wird alles vom Cloud-Anbieter übernommen.

Vor Vertragsabschluss mit Cloud-Anbieter

Wie ist die Verfügbarkeit?	→	Eine Verfügbarkeit von 99,9 % bedeutet eine Ausfallzeit von 0,1 %. Das wären 0,365 Tage oder knapp 8 Stunden im Jahr.
Wie sind die Auswirkungen, wenn der Cloud-Speicher nicht verfügbar ist?	→	Kann ohne Cloud-Speicher noch im LAN gearbeitet werden?
Wie lange dauert es, bis verlorene Daten wiederhergestellt sind?	→	Die Recoverytime kann mitunter sehr lange sein. Welche Wartezeit ist tolerierbar?
Wo liegen die Daten physikalisch?	→	Liegen die Daten in Deutschland, der EU oder außerhalb? Welche rechtlichen Regelungen gelten dort? EU-Datenschutzrecht gilt weder in USA noch in Russland.
Sind die Daten vor Fremdzugriff sicher?	→	Wer hat Zugriff auf die internen Daten? Bin ich sicher vor Industriespionage (auch staatlich unterstützte Spionage) oder gar Sabotage und Datenmanipulation?

Sicherungsarten

In jedem Betrieb, in dem gearbeitet wird, werden täglich Daten erzeugt und gespeichert.

Die nebenstehende Zeichnung zeigt den Anstieg des Datenvolumens. Die Unterschiede der verschiedenen Sicherungsarten werden hier deutlich. Die Begriffe Sicherung und Backup werden synonym verwendet.

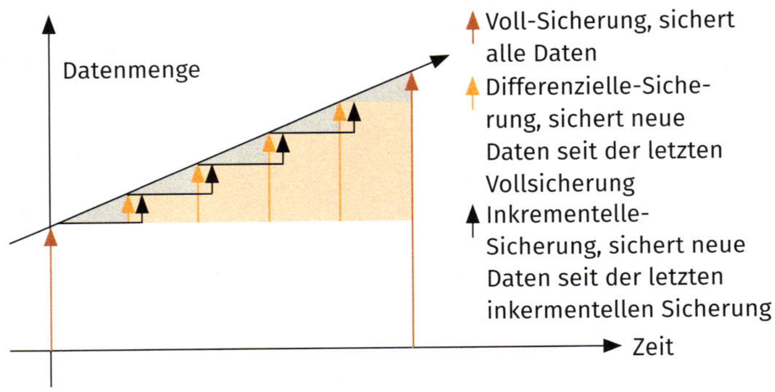

Möglichkeiten der Datensicherung	
Bezeichnung	**Beschreibung**
Speicherabbild-Backup, Image-Backup	Alle Datenblöcke einer Festplatte werden gespeichert, unabhängig vom Inhalt. Dadurch wird das Dateisystem mit gesichert. Auch gelöschte Dateien, die physisch noch auf der Platte gespeichert sind, werden gesichert. Diese Backups werden von Ermittlungsbehörden auch in der Computer-Forensik verwendet.
Voll-Backup, Komplettsicherung	Alle Dateien eines Datenträgers werden gesichert.
Differenzielles Backup	Alle Dateien, die sich seit der letzten Vollsicherung geändert haben, werden gesichert. Geänderte Dateien sind auf jedem Backup enthalten. Zum Rücksichern wird nur die letzte differenzielle Sicherung oder das letzte Vollbackup benötigt. Das Datenvolumen der Sicherung wächst stetig, ebenso die Backup-Zeit.
Inkrementelles Backup	Alle Dateien, die sich seit der letzten Vollsicherung oder inkrementellen Sicherung geändert haben, werden gesichert. Es sind nur die Dateien seit der letzten Teilsicherung auf einem Band. Beim Rücksichern werden daher alle Bänder benötigt. Viele Bänder mit relativ wenig Daten werden benötigt, die Backupzeit bleibt kurz.

Kompetenzcheck

1. Welches Backup-Verfahren speichert zwischen den Vollsicherungen die wenigsten Daten?
2. Können auf einem Backup auch alte gelöschte Daten gefunden werden?
3. Überprüfen Sie mit Aufgabe 3 im Arbeitsbuch Ihr Wissen im Arbeitsbuch über Datensicherung. A3
4. Berechnen Sie mit Aufgabe 4 im Arbeitsbuch die Backup-Zeiten eines typischen Szenarios. A4
5. Überprüfen Sie mögliche Änderungen an der Backupstrategie mit Aufgabe 5 im Arbeitsbuch. A5
6. Erstellen Sie mit Aufgabe 6 im Arbeitsbuch ein einfaches System zum Verwalten von Bandsicherungen. A6

3.8.3 Netzwerksicherheit herstellen

S Sie sollen Netzwerksicherheit herstellen.

Die Netzwerksicherheit spielt eine wichtige und immer wichtiger werdende Rolle in jedem Computernetz. Eindringlinge, die versuchen vom Internet aus in Unternehmensnetze einzudringen, um Daten zu stehlen, sind heute keine Seltenheit mehr. Ein anderer Ansatz von Kriminellen ist, dass ganze Festplatten verschlüsselt werden, der Betroffene keinen Zugriff auf seine Daten mehr hat, um dann Lösegeld zu erpressen für das Freischalten der „gekidnappten" Daten.

(1) Proxy

Ein Proxy ist ein Stellvertreter. Im Netzwerk geht dieses Gerät stellvertretend für die einzelnen Rechner ins Internet. Das heißt, eine Anfrage von einem PC ins Internet, um dort eine beliebige Seite zu besuchen, geht nicht vom PC direkt ins Internet. Diese Anfrage geht an den Proxy im Netz und dieser schickt die Anfrage weiter ins Internet. Antworten werden vom Internet an den Absender der Anfrage, also den Proxy geschickt. Dieser schickt die Antwort dann weiter an den PC, der ursprünglich angefragt hatte.

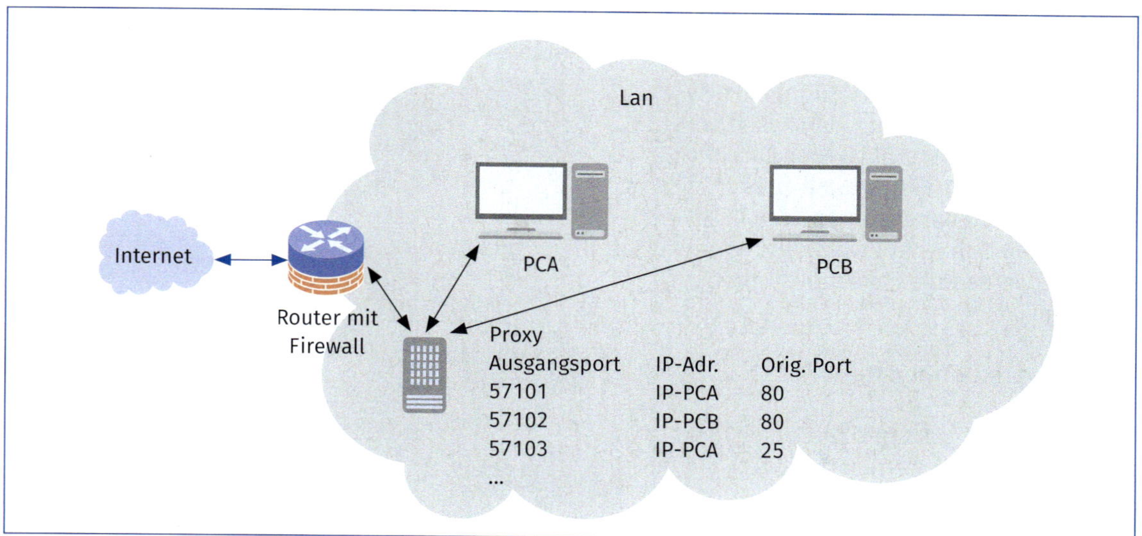

Proxy im LAN

Aber wozu dieser Umweg? Auf dem Proxy lassen sich Sperrlisten einrichten für Seiten, die nicht besucht werden dürfen. Hiermit kann man beispielsweise verhindern, dass in einem Betrieb von den Arbeitsplatzrechnern aus Filme angeschaut, Aktien gehandelt oder pornografische Seiten aufgerufen werden können. Internetseiten mit dubiosem Inhalt, die als Virenschleudern bekannt sind, können ebenso geblockt werden. Weiterhin sind Proxys meist mit einem Speicher ausgestattet, um Internetseiten zu speichern. Das typische Surfverhalten der User zeigt, dass einmal aufgerufene Seiten häufig später wieder aufgerufen werden. Wird nun eine Seite aufgerufen, die vorher schon einmal aufgerufen wurde, so befinden sich diese Daten im Speicher vom Proxy und können sehr schnell direkt vom Proxy ausgeliefert werden, ohne erneut ins Internet zu gehen. Ein Proxy spart somit zum einen Datenverkehr mit dem Internet und er beschleunigt zum anderen das Surfen.

In kleinen Netzen ist der Proxy im Internetrouter integriert. Dabei allerdings meist ohne die Speicherfunktion oder mit sehr kleinem Speicher. Unternehmensnetze verfügen meist über einen eigenen Proxy-Server, der sich im Serverraum oder Rechenzentrum befindet und alle oben genannten Funktionen erfüllt. Ein wichtiger Aspekt bei dieser Proxy-Technik ist der, dass von außen nicht die einzelnen Rechner sichtbar sind, sondern nur ein einziger, nämlich der Proxy. Er muss, um diese Aufgabe zu erfüllen, die Datenpakete auf OSI-Layer 3 verändern. Er tauscht die Absender-IP-Adresse aus und ersetzt sie durch seine. Pakete aus dem Internet, allesamt an ihn adressiert, inspiziert er wieder und ersetzt die Ziel-IP-Adresse (seine!) durch die des ursprünglichen PCs, der die Anfrage ins Internet geschickt hat. Dazu muss der Proxy eine Liste führen, welcher PC mit welchem externen Rechner eine Datenverbindung hat.

(2) Firewall/DMZ

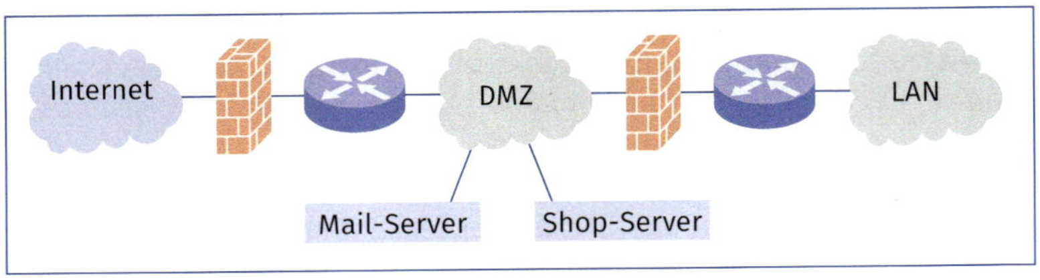

DMZ als Zwischennetz zwischen LAN und Internet

Eine Firewall ist eine Schutzwand, die Beschuss von außen abwehrt und das Netzwerk oder einen Rechner vor Angriffen schützt. Sie befindet sich am Übergang vom LAN zum Internet. Eine Firewall inspiziert die ankommenden Pakete nach vorher festgelegten Regeln. Es gibt verschiedene Firewall-Typen, abhängig davon, wie tief sie die Pakete inspizieren und wo sie installiert sind.

Eine einfache Firewall ist die **Personal Firewall** oder **Desktop-Firewall**, die auf einem Desktop-PC läuft und nur einfache Schutzmechanismen bietet. Die externen Firewalls sind zentral in einem Netzwerk befindliche Rechner, über die der gesamte Datenverkehr mit der Außenwelt abgewickelt wird. Einfache externe Firewalls inspizieren nur die Herkunft der ankommenden Pakete anhand der IP-Adresse. Bessere überprüfen die IP-Adresse und die TCP- und UDP-Ports und somit die Anwendungen. Pakete, die auf nicht geöffnete Ports treffen, werden nicht durchgelassen (analog zu einer verschlossenen Tür). Die aufwendigste Art der Firewall überprüft auch den Inhalt der ankommenden Pakete. Befinden sich nicht erwünschte Inhalte darin, werden die Pakete nicht durchgelassen.

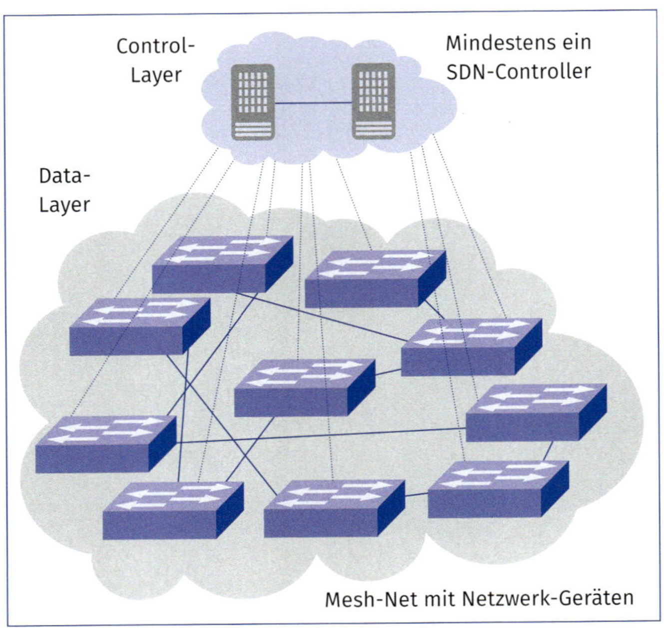

(3) Software Defined Network

Ein Trend geht zur Flexibilisierung des Netzwerkes. Bisher werden Netzwerke mit Switches und Routern fest verkabelt. Sie sind starr und unflexibel. Die Netzwerkstruktur reagiert nicht auf sich ändernde Datenflüsse und Anforderungen. Abhilfe schafft hier das Software Defined Networking (SDN). Die SDN-Switches sollen künftig außergewöhnlich preiswert werden und auf eigene Logik verzichten. Sie ersetzen die bisherigen Switches und Router. Dynamisiert wird das Ganze durch einen oder mehrere Controller. Dies sind Rechner, die das Regelwerk für das Gesamtnetz verwalten. Die Weiterleitungstabellen werden durch Weiterleitungsregeln ersetzt. Diese können in ihrer Mächtigkeit weit über das hinausgehen, was bisher mit Netzwerken möglich war.

Ein SDN-Switch kann Datenflüsse filtern, routen, kopieren, ... es hängt einzig von den definierten Regeln ab, wie er für welches Datenpaket arbeitet.

Mehr dazu lernen Sie in späteren Lernfeldern.

Kompetenzcheck

1. Zu welchem Zweck wird eine DMZ eingerichtet?
2. Welche Funktion hat ein Proxy-Server?
3. Installieren Sie eine Firewall-/DMZ-Lösung mit Aufgabe 7 im Arbeitsbuch.

A7

3.8.4 Verfügbarkeit und Ausfallzeiten von IT-Systemen berechnen

S Sie sollen Systemverfügbarkeit, Uptime und Downtime berechnen können.

Die Systemverfügbarkeit (Formelzeichen A für Availability) ist eine sehr wichtige Kenngröße. Die Wahrscheinlichkeit, mit der ein Gerät oder eine Baugruppe ausfällt, ermöglicht es abzuschätzen, wie betriebssicher ein System ist. Daher ist es wichtig zu wissen, was die Ausdrücke und Werte bedeuten.

(1) Verfügbarkeit

Systemverfügbarkeiten		
Bezeichnung	**Formel/Berechnung**	**Beschreibung**
Uptime	t_{up}	Die Zeit, in der ein System oder ein Dienst korrekt funktioniert
	$t_{up} = A \cdot t_{gesamt}$	Uptime berechnen, A = Availability, Verfügbarkeit
Downtime	t_{down}	Die Zeit, in der das System oder der Dienst nicht verfügbar ist, Ausfallzeit
	$t_{down} = t_{gesamt} - t_{up} = t_{gesamt} - A \cdot t_{gesamt}$ $t_{down} = t_{gesamt} \cdot (1 - A)$	Downtime berechnen, A = Availability, Verfügbarkeit
Gesamtzeit	$t_{gesamt} = t_{up} + t_{down}$	Uptime plus Downtime ergibt die Gesamtzeit. Ein Jahr hat 8 760 Stunden oder 525 600 Minuten

<table>
<tr><th colspan="3">Systemverfügbarkeiten</th></tr>
<tr><th>Bezeichnung</th><th>Formel/Berechnung</th><th>Beschreibung</th></tr>
<tr><td>Verfügbarkeit, Availability</td><td>

$A = \frac{t_{up}}{t_{gesamt}} = 1 - \frac{t_{down}}{t_{gesamt}}$

<table>
<tr><th>Verfügbarkeit</th><th>Verfügbarkeit in %</th><th>Ausfallzeit pro Jahr</th></tr>
<tr><td>0,99</td><td>99 %</td><td>87,6 h</td></tr>
<tr><td>0,995</td><td>99,5 %</td><td>43,8 h</td></tr>
<tr><td>0,999</td><td>99,9 %</td><td>8,7 h</td></tr>
<tr><td>0,9999</td><td>99,99 %</td><td>0,87 h = 52 min</td></tr>
<tr><td>0,99999</td><td>99,999 %</td><td>0,087 h = 5,2 min</td></tr>
<tr><td>0,999999</td><td>99,9999 %</td><td>31,6 s</td></tr>
</table>
</td><td>Verhältnis von Uptime zur Gesamtzeit: A = 1 bedeutet, dass etwas immer verfügbar ist, ohne Unterbrechungen. A = 0 bedeutet, dass etwas nie verfügbar ist.
Je höher die Verfügbarkeit, desto geringer sind die Ausfallzeiten. Je geringer die Ausfallzeiten, desto größer der technische und administrative Aufwand. Bei diesen Kennzahlen sind die geplanten Ausfallzeiten, die z. B. durch Updates und Upgrades notwendig sind, nicht berücksichtigt.</td></tr>
</table>

Beispiel: Die Stromversorgung in Deutschland hat weltweit die höchste Verfügbarkeit. Sie liegt seit Jahrzehnten dauerhaft bei über 99,997 % oder bei kleiner 0,003 % Downtime (entsprechend einer Ausfallzeit von weniger als 15 Minuten pro Jahr).

(2) Ausfallwahrscheinlichkeit p

Eine Wahrscheinlichkeit von 1 bedeutet, dass ein Ereignis ganz sicher (oder zu 100 %) eintritt. Eine Wahrscheinlichkeit von 0 bedeutet, dass ein Ereignis ganz sicher nicht (oder zu 0 %) eintritt. Eine Wahrscheinlichkeit von 0,01 bedeutet, dass ein Ereignis zu einem Hundertstel (oder zu 1 %) eintritt. Anders ausgedrückt: Wenn man 100 Festplatten hat und im Laufe eines Jahres eine kaputtgeht, dann ist die Ausfallwahrscheinlichkeit 1/100, p = 0,01 = 1 %.

(3) Erhöhen der Systemverfügbarkeit

Durch Redundanz, also das mehrfache Vorhandensein einer Baugruppe oder eines Systems, kann seine Verfügbarkeit wesentlich erhöht werden. Zwar erhöht sich mit jedem Bauteil die Wahrscheinlichkeit, dass ein Bauteil ausfällt – bei zwei Bauteilen ist die Wahrscheinlichkeit, dass eines davon ausfällt, doppelt so groß! Die Wahrscheinlichkeit, dass beide gleichzeitig ausfallen, wird aber wesentlich verringert. Sie ist das Produkt der Einzel-Ausfallwahrscheinlichkeiten.

Beispiel: Angenommen, ein Netzteil hat eine Ausfallwahrscheinlichkeit von 0,001 (also 0,1 %). Wenn zwei Netzteile parallel betrieben werden, ist die Wahrscheinlichkeit, dass ein Netzteil davon ausfällt 2 · 0,001 = 0,002 (oder 0,2 %). Die Wahrscheinlichkeit, dass beide gleichzeitig ausfallen ist aber 0,001 · 0,001 = 0,0000001 (oder 0,00001 %). Damit ist das System um den Faktor 1 000 besser geworden. Die Ausfallwahrscheinlichkeit wird damit um den Faktor 1 000 reduziert!

Ausfallwahrscheinlichkeit

Wahrscheinlichkeit $p_{ges} = p^n$ bei gleichen Wahrscheinlichkeiten

$p_{ges} = p_1 * p_2 * p_3 ....$ bei unterschiedlichen Wahrscheinlichkeiten

p = Ausfallwahrscheinlichkeit; n = Anzahl der redundanten Teile

Kompetenzcheck ✓

1 Wahr oder falsch?
a) Redundanz erhöht die Verfügbarkeit.
b) Je mehr Baugruppen ein System enthält, desto höher ist die Verfügbarkeit.
c) Eine Verfügbarkeit von 99,5 % entspricht einer Downtime von fast 3 Tagen.

2 Wie lange ist ein Drucker pro Jahr verfügbar, wenn er eine Verfügbarkeit von 95 % hat? Wie lange ist die Ausfallzeit?

3 Berechnen Sie mit Aufgabe 8 der Lernsituation 5 im Arbeitsbuch die Ausfallzeiten eines IT-Systems. A8

3.9 Geräte mit Strom versorgen

S **Sie sollen die Grundlagen der Stromversorgung der IT verstehen.**

3.9.1 Stromversorgung allgemein

Die Stromversorgung ist in der IT ein wichtiges Thema, da die komplette IT mit Strom versorgt werden muss. Wichtige Komponenten müssen sogar bei Stromausfall weiter ihren Dienst leisten. Als Fachmann in der IT muss man auch den Strombedarf seiner Geräte berechnen können und die Grundzüge der Stromversorgung kennen.

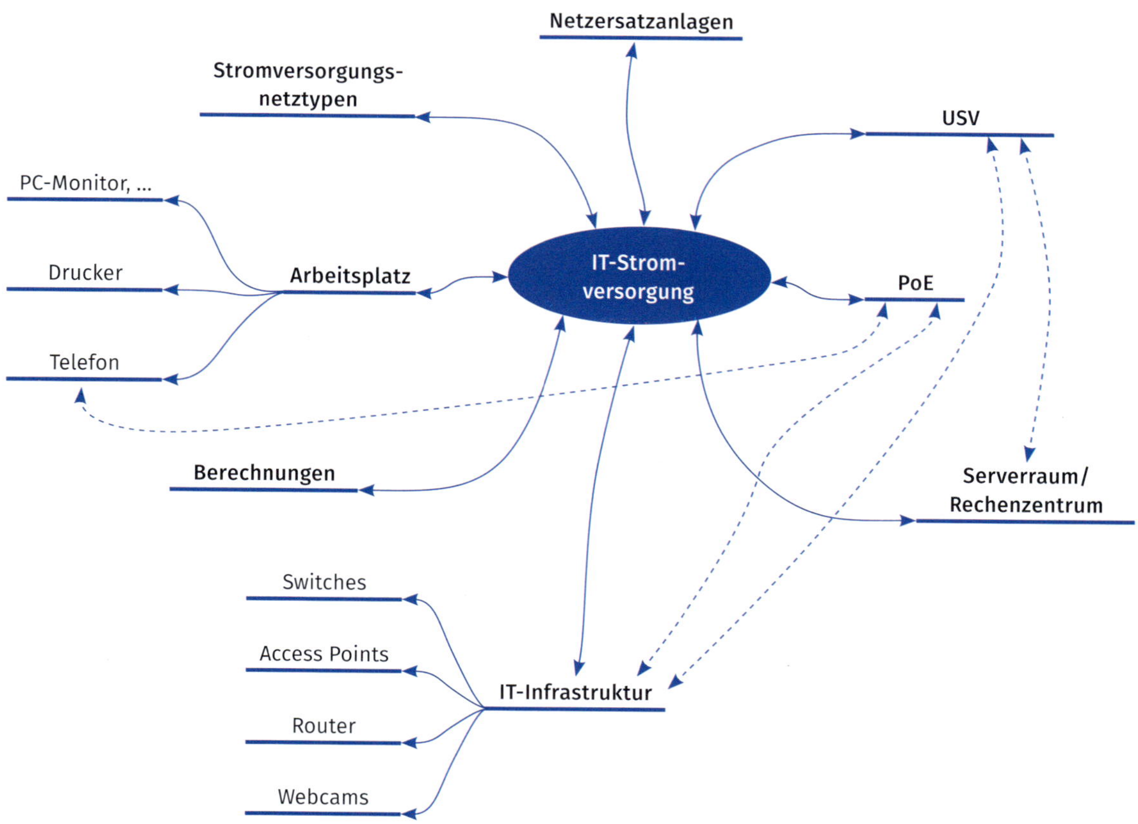

(1) Themen rund um die Stromversorgung

Komponenten der Stromversorgung

Arbeitsplatz
Die üblichen Elektrogeräte eines Arbeitsplatzes werden über die Standard-Elektroinstallation mit Strom versorgt. Die Absicherung beträgt in der Regel 16 Ampere pro Stromkreis.

Serverraum
Der Serverraum hat einen hohen Strombedarf. Er wird mit mehreren separat abgesicherten Stromkreisen angefahren. Die Stromlast muss auf allen drei Phasen etwa gleichmäßig verteilt sein. Betriebswichtige Geräte werden über eine USV (Unterbrechungsfreie Stromversorgung) angeschlossen. Die Stromversorgung des Serverraumes wird separat von der restlichen Hausinstallation ausgeführt.

IT-Infrastruktur
Switches, WLAN-Access-Points, Router, Webcams und andere Netzwerkgeräte werden in der Regel über die normale Hausinstallation stromversorgt. Die Sicherungen der Stromkreise, an denen diese Geräte angeschlossen sind, sollten nach Möglichkeit gekennzeichnet werden, um die Fehlersuche zu vereinfachen.

USV – Unterbrechungsfreie Stromversorgung
Eine USV-Anlage dient zum
- Filtern von Störungen auf der Netzspannung wie Spannungsspitzen, Überspannung, Unterspannung und Stabilisieren der Netzfrequenz
- Überbrücken von kurzzeitigen Netzausfällen
- geregelten Herunterfahren der Server bei länger anhaltenden Stromausfällen

Drei Typen von USV werden unterschieden:
- VFI (Voltage and Frequency Independent from Mains Supply): andere Bezeichnungen sind online, Double-Conversion, Dauerbetrieb oder Doppelwandler
- VI (Voltage Independent from Mains Supply): andere Bezeichnungen sind netzinteraktiv, Single-Conversion, Delta-Conversion oder aktiver Mitlaufbetrieb
- VFD (Voltage and Frequency Dependent from Mains Supply): andere Bezeichnungen sind offline, standby oder passiv

Netzersatzanlage, Ersatzstromversorgung
Stromgeneratoren, meist mit Dieselmotoren, die bei Ausfall der öffentlichen Stromversorgung die weitere Stromversorgung gewährleisten.

Netztypen der Stromversorgung
Bei den Stromversorgungsnetzen sind unterschiedliche Systeme möglich. Sie unterscheiden sich durch die Art der Erdverbindung.
- TN-System (*franz.* Terre Neutre), mit Neutralleiter von der Generatorseite und mit Schutzleiter PE (Protective Earth) auf der Anlagenseite
- TT-System (*franz.* Terre Terre), mit Neutralleiter von der Generatorseite
- IT-System (*franz.* Isolé Terre), ohne Neutralleiter von der Generatorseite, mit Erdung PE in der Hausverteilung

Power over Ethernet (PoE; IEEE 802.3bt-2018) und Power over Dataline (PoDL; IEEE 802.3bu-2016)
Stromversorgung für Netzwerkgeräte über die Ethernet-Leitung; typische Geräte sind Ethernet-Telefone (VoIP), WLAN-Access-Points, Webcams u.a.
Die ursprüngliche Norm IEEE 802.3af-2003 definiert bis 15,4 Watt Leistung. PoE+ liefert bis 25,5 Watt Leistung. Der Standard IEEE 802.3bt-2018 (auch 4PPoE) liefert Strom auf allen vier Adernpaaren mit bis zu 100 Watt Ausgangsleistung.
Endspan Devices oder Endspan Switches sind Netzwerkswitches mit PoE-Fähigkeit (sog. Power Sourcing Equipment, PSE). Midspan-Geräte oder Power Injectors sind Speisegeräte, die in die Netzwerkleitung nach einem Switch eingeschleift werden, um die Energie für Endgerät einzuspeisen.

Berechnungen

Phys. Größe und Formelzeichen	Formel	Einheit
Spannung U	$U = R \cdot I$	Volt, V
Strom I	$I = \frac{U}{R}$	Ampère, A
Widerstand R	$R = \frac{U}{I}$	Ohm, Ω
Ohm'sches Gesetz	$U = R \cdot I$	Volt, V
Wirkleistung P	$P = U \cdot I$	Watt, W
Arbeit W	$W = P \cdot t$	Wattstunde, Wh Kilowattstunde, kWh
Scheinleistung S (wenn U und I nicht in Phase sind)	$S = U \cdot I$	Voltampère, VA
Wirkungsgrad η	$\eta = \frac{P_{aus}}{P_{ein}}$ oder $\frac{\text{abgegebene Leistung}}{\text{zugeführter Leistung}}$	
Wirkfaktor cos ϕ	$\cos\phi = \frac{P}{S}$	

(2) Gefahren durch elektrischen Strom

Elektrischer Strom kann lebensgefährlich sein. Die Steuerung unserer Muskeln geschieht durch elektrische Impulse. Unsere Sensoren (die „Sinne") leiten ihre Informationen auch durch elektrische Impulse durch den Körper. Die verwendeten Leiter, die Nervenbahnen, bestehen aus Salzwasser. Isoliert werden diese Leiter durch eine nicht leitende Hülle (Myelinschicht). Kommt man mit spannungsführenden Teilen in Berührung, kann Strom durch den menschlichen Körper fließen. Dieser „Fremdstrom" benutzt dann selbstverständlich auch unsere Nervenbahnen zum Hindurchfließen. Dabei ist es entscheidend, welchen Weg der Strom durch den Körper nimmt. Am gefährlichsten ist es, wenn der Strom über die Brust, also über das Herz fließt.

Der Übergangswiderstand des Körpers hängt u. a. von der Leitfähigkeit der Haut ab. Eine feuchte, schwitzige Hand ist leitfähiger als eine staubtrockene Hand. Die Spannung beeinflusst auch den Widerstand der Haut: je höher die Spannung, desto niedriger der Hautwiderstand, desto mehr Strom kann fließen!

Ebenso entscheidend für die Wirkung auf den Körper ist die Einwirkdauer des Stromes. Auch ein geringer Strom, der längere Zeit einwirkt, kann verheerende Schäden verursachen.

Bereich	Stromstärke in Milliampere	Wirkung auf den Körper	Folgen
1	1–2 mA	Kribbeln	Evtl. Erschrecken
1	bis 10 mA	Muskelkrampf	Lähmungen
1	bis 25 mA	Blutdruckanstieg	Bewusstlosigkeit

Bereich	Stromstärke in Milliampere	Wirkung auf den Körper	Folgen
2	25–50 mA	Starke Krämpfe, Magenkrampf, Herzkammerflimmern	Starke Lähmungen
3	> 50 mA	Herzkammerflimmern	Herzstillstand
4	> 3000 mA	Starke Verbrennungen, Verkochen von Gewebe	Herzstillstand

Gefahren des elektrischen Stromes

Geringe Ströme merkt man nicht. Die Wahrnehmungsgrenze liegt bei ca. 1 mA. Die Loslassgrenze liegt bei nur 10 mA. Bei dieser geringen Stromstärke verkrampft sich bereits die Muskulatur und gehorcht nicht mehr dem Willen. Dadurch ist es unmöglich, spannungsführende Teile loszulassen. Man hängt wie festgebunden am Leiter.

Vorsichtsmaßnahmen für IT-Berufe

- Vor dem Öffnen von Geräten immer den Netzstecker ordnungsgemäß am Griff ziehen. Gerät ausschalten reicht nicht! Sicherstellen, dass der Stecker nicht versehentlich durch eine andere Person wieder eingesteckt wird.
- Beim Abschalten am Sicherungskasten muss verhindert werden, dass jemand anderes die Sicherungen wieder einschaltet. **Gegen Wiedereinschalten sichern!**

Nicht zu vernachlässigen sind die Sekundär-Unfälle. Dies sind Unfälle, die durch einen Stromschlag ausgelöst wurden, bei denen aber keine körperlichen Schäden durch den Stromunfall selbst aufgetreten sind. Als Paradebeispiel dient hier der Hobby-Elektriker, der eine Deckenlampe installiert, einen elektrischen Schlag bekommt und dadurch von der Leiter fällt und sich verletzt.

Arbeiten an elektrischen Anlagen dürfen nur von Elektrofachpersonal ausgeführt werden! IT-Fachleute, Administratoren, Fachinformatiker gelten als Laien und alle Arbeiten an Leitungen über 50 Volt Wechselspannung und 120 Volt Gleichspannung **sind verboten**!
Durch Zusatzqualifikation können auch IT-Fachleute bestimmte Arbeiten erledigen. Sie sind dann **Elektrofachkräfte für festgelegte Tätigkeiten.** Dadurch können sie auch beispielsweise Steckdosen anschließen oder Serverschränke. Beim IT-Systemelektroniker ist dies Teil der Ausbildung.

Was dürfen IT-Fachleute nicht?
X Schutzkontaktstecker an eine Stromleitung anschließen
X Steckdose anschließen
X Lampe anschließen
X Arbeiten am Sicherungskasten
X Steckdose verlegen

X Mehrfachsteckdose mit einer weiteren Mehrfachsteckdose verlängern
X Sicherung gegen eine andere mit anderem Auslösestrom oder -charakteristik tauschen

Für Arbeiten an der Elektrik muss man Elektrofachkraft sein!

(3) Energieversorgung von IT und Rechenzentren

Das Stromversorgungsnetz liefert eine sinusförmige Wechselspannung mit 230 Volt Effektivspannung und 50 Hz. Der Effektivwert ist der Wert, der der einer Gleichspannung mit gleicher Leistung entspricht. Dies sind in Deutschland 230 V. Die Spitzenspannung ist wesentlich höher. Sie beträgt $\hat{U} = \sqrt{2} \cdot U_{eff} = 1{,}41 \cdot 230\ V = 325\ V$.

Die Zeit für eine komplette Sinuswelle, also positive und negative Halbwelle, ist die Periodendauer T.

Die bei uns üblichen 50 Hz entsprechen: $T = \frac{1}{f} = \frac{1}{(50(\frac{1}{s}))} = 20\ ms$.

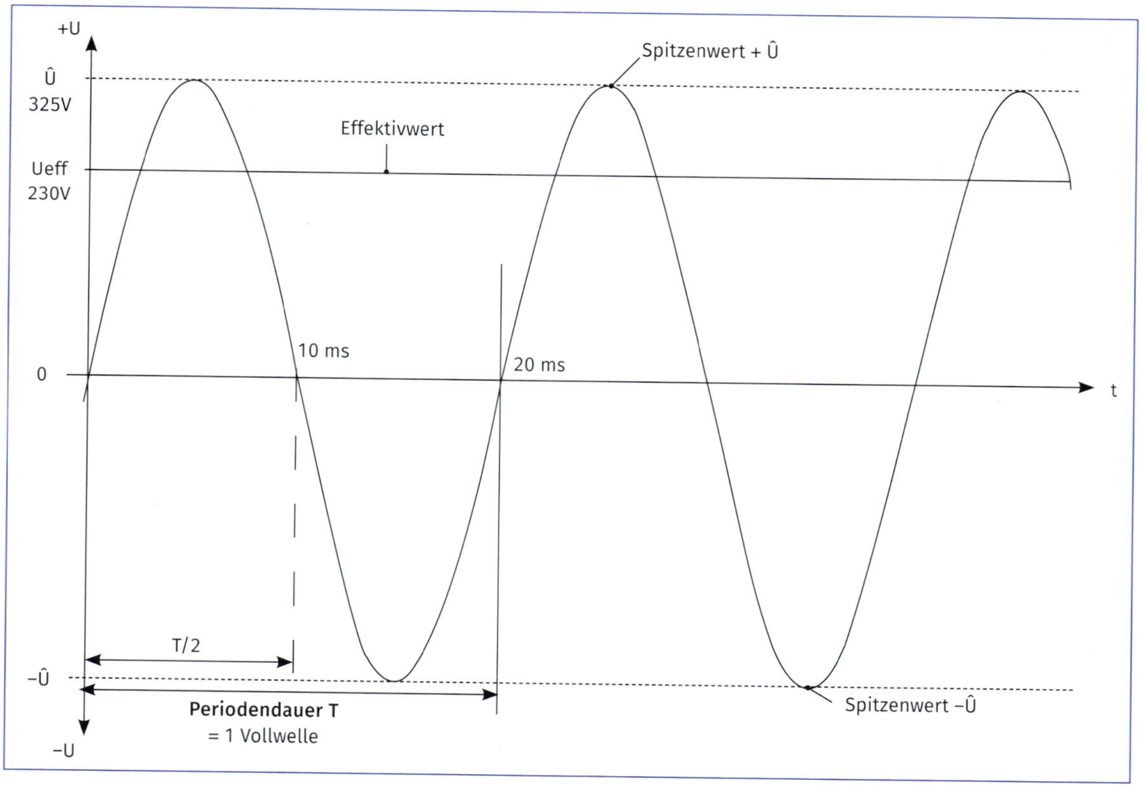

Die Leistung ist das Produkt aus Strom und Spannung: $P = U \cdot I$. Das Formelzeichen ist P, die Einheit ist Watt.

Normale Steckdosen werden mit einer 16-Ampere-Sicherung abgesichert. Die maximale Leistung, die daran angeschlossen werden kann, ist: $P_{max} = U_{eff} \cdot I_{max} = 230\ V \cdot 16\ A = 3\,680\ Watt = 3{,}68\ kW$

Eine Steckdose wird mit drei farbig isolierten Drähten angefahren. Dies sind:

braun oder schwarz	Phase, 230 V
blau	Neutralleiter, Nullleiter
gelb-grün	PE, Protective Earth, Schutzerde

Alle Verbraucher werden beim Stromnetz parallel geschaltet. Der Gesamtstrom ist die Summe aller Einzelströme. Die Gesamtleistung ist die Summe aller Einzelleistungen.

Das Stromversorgungsnetz liefert Strom auf drei Leitungen, die Phasen genannt werden. Jede Phase hat eine Spannung von 230 Volt gegenüber Erde und ist separat abgesichert. Eine Starkstromsteckdose wird mit fünf farbig isolierten Drähten angefahren. Dies sind:

Dreimal braun oder schwarz	3 Phasen, 230 V
blau	Neutralleiter, Nullleiter
gelb-grün	PE, Protective Earth, Schutzerde

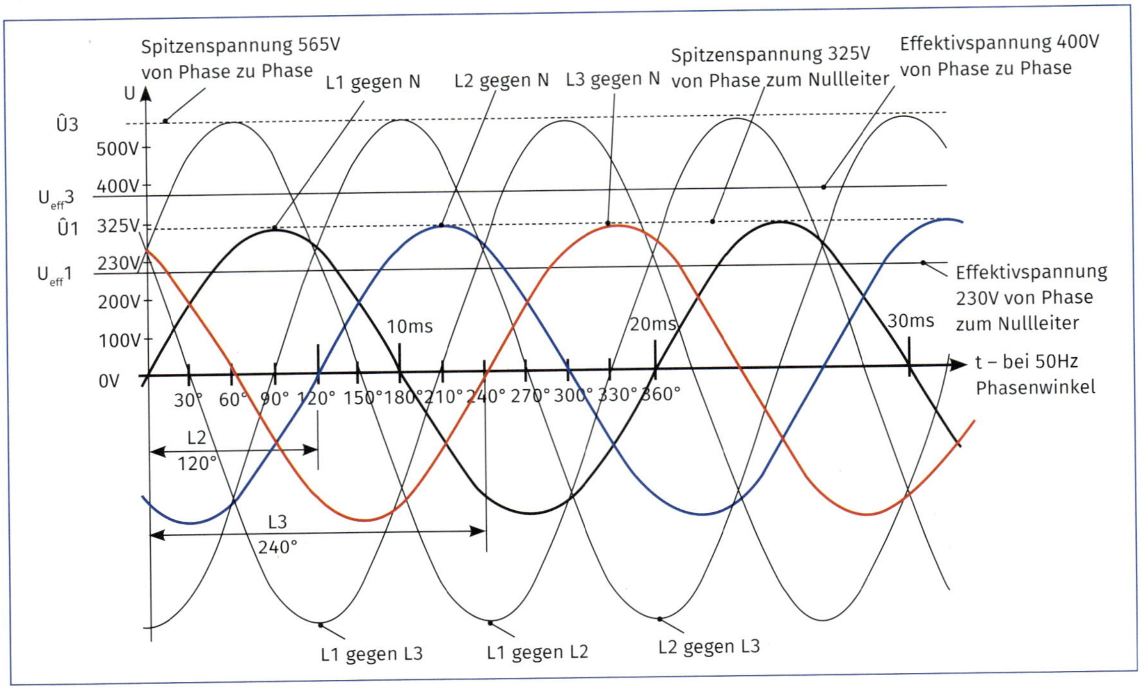

Die drei Phasen sind zeitlich zueinander versetzt – der Versatz beträgt 120° oder 6,66 ms (bei 50 Hz Netzfrequenz).

> **!** **Vorsicht!** Eine Phase hat eine Effektivspannung (rotgestrichelte Linie im Schaubild) von 230 Volt gegen Erde und damit eine Spitzenspannung von 325 Volt. Zwei Phasen haben gegeneinander 400 Volt Effektivwert und 565 Volt Spitzenspannung.
>
> **Beachten Sie unbedingt:** Arbeiten an der Stromversorgung dürfen nur von Fachkräften vorgenommen werden.

Die drei Phasen werden bei der Elektroinstallation so auf die Verbraucher verteilt, dass jeder Stromkreis etwa gleich stark belastet wird. Ein Serverraum oder Rechenzentrum wird mit allen drei Phasen angefahren und auf eindeutig gekennzeichnete Steckdosen gelegt. Wichtige Komponenten wie Server, Router und Switches sind mit doppelten Netzteilen ausgestattet. Damit bei Ausfall einer Phase der Betrieb weiter aufrechterhalten werden kann, sind die beiden Netzteile auf zwei verschiedenen Phasen anzuschließen.

Damit bei Ausfall der Stromversorgung vom Energieversorger trotzdem noch gearbeitet werden kann, werden teilweise Notstromversorgungen eingesetzt. Diese sog. Netzersatzanlage besteht meist aus einem

Dieselmotor, der einen Generator antreibt. Die Netzersatzanlage springt an, wenn das externe Netz ausfällt. Solche Anlagen sind aufwendig und teuer. Sie werden daher nur in sicherheitsrelevanten Umgebungen eingesetzt. Die „normale“ IT kommt ohne Netzersatzanlagen aus.

(4) Unterbrechungsfreie Stromversorgung (USV)

Unabhängig davon, ob Netzersatzanlagen eingesetzt werden oder nicht, werden Server und wichtige Netzwerkkomponenten mit einer unterbrechungsfreien Stromversorgung (USV, oder *engl.* UPS = Uninterruptible Power Supply) betrieben.

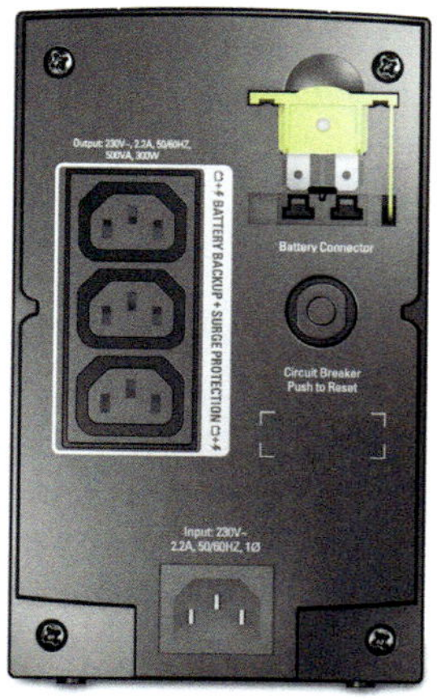

Eine USV ist ein Gerät, welches zwischen den Netzanschluss und den oder die Verbraucher geschaltet wird. Sie verfügt über einen Energiespeicher, meist eine Pufferbatterie, und kann daraus Strom liefern, wenn die Netzversorgung ausfällt.

- Vorteil: kurze Netzspannungsausfälle und Störungen der Stromversorgung werden ausgeglichen.
- Nachteil: höhere Kosten durch Anschaffung der USV, höhere Energiekosten durch Betrieb, zusätzliche Kosten für Wartung und ggf. Batterietausch.

(5) Wirkungsgrad und Laufzeit einer USV

Bei USV ist zu beachten, dass sowohl das Netzteil/Ladegerät als auch der Wechselrichter über einen gewissen Wirkungsgrad verfügen. Der Gesamtwirkungsgrad ist das Produkt aus beiden Einzelwirkungsgraden. Der Wirkungsgrad hat als Formelzeichen den griechischen Buchstaben η (Eta).

$\eta_{gesamt} = \eta_{Gleichrichter} \cdot \eta_{Wechselrichter}$

Hat ein Netzgerät/Ladegerät in einer USV einen Wirkungsgrad von 90 % und der Wechselrichter ebenfalls einen Wirkungsgrad von 90 %, dann ist der Gesamtwirkungsgrad

$\eta_{ges} = 0{,}9 \cdot 0{,}9 = 0{,}81 = 81\,\%$

Allerdings wird die Batterie nur geladen, wenn sie leer ist, also neu oder nach Stromausfall mit USV-Einsatz. Wenn die Batterie voll aufgeladen ist, fließt nur noch ein relativ geringer Ladeerhaltungsstrom in die Batterie.

Die Überbrückungszeit einer USV hängt von der Akku-Kapazität und dem Leistungsbedarf ab.

Die im Akku gespeicherte Energie ist $W = P \cdot t$.

Arbeit W	$W = P \cdot t$
Zeit t	$t = W / P$

Das bedeutet, dass beispielsweise ein Verbraucher mit 100 Watt Leistung in 10 Stunden 1 kWh Energie verbraucht. Oder andersherum gerechnet, dass ein 100 Watt Verbraucher mit 1 kWh 10 Stunden lang versorgt werden kann.

Beachten Sie bei der Dimensionierung der USV auch deren Wirkungsgrad.

Beispiel: Eine USV hat eine Kapazität von 100 Wh. Die Last, die bei Ausfall versorgt werden muss, hat eine Leistung von 100 Watt. Die Überbrückungszeit wäre dann, eine verlustfreie ideale USV vorausgesetzt: $t = W / P = 100$ Wattstunden/100 Watt = 1 Stunde.

Eine reale USV mit einem Wechselrichter-Wirkungsgrad von 90% hätte hierbei eine reale Kapazität von 90 Wh. Sie würde die Last also 0,9 Stunden mit Strom versorgen können.

Kompetenzcheck ✓

1. Was ist richtig, was ist falsch?
   a) USV-Geräte sind Luxus. Man kann bei Servern getrost darauf verzichten.
   b) Ein USV-Test muss unter möglichst realen Bedingungen erfolgen. Also alle paar Monate einmal den Netzstecker ziehen.
   c) Jeder produktive Server muss mit einer USV gepuffert werden.
   d) Jeder Desktop-PC muss mit einer USV gepuffert werden.
   e) USV-Geräte kauft man nach den genormten Bezeichnungen.

2. Eine Doppelwandler-USV (VFI) hat einen Gleichrichter (Netzteil) mit 90 % Wirkungsgrad. Der nachgeschaltete Wechselrichter hat einen Wirkungsgrad von 95 %. Berechnen Sie den Gesamtwirkungsgrad der USV.

3. Eine VFD-USV wird eingesetzt. Die Wirkungsgrade sind 90 % für die Ladeschaltung und 95 % für den Wechselrichter. Wie groß ist der Gesamtwirkungsgrad bei Netzbetrieb, wenn die Batterie vollständig geladen ist?

4. Recherchieren Sie im Internet. Die früheren (und noch gebräuchlichen) Bezeichnungen für USV lauten: offline, Line-Interactive und Double-Conversion. Wie werden diese USV heute normgerecht bezeichnet? Diskutieren Sie in der Klasse die möglichen Bezeichnungen und deren Herleitungen, sodass man sie sich besser merken kann.

5. Wenn Sie ein Gerät in den USA kaufen, welches für 60 Hz Netzfrequenz ausgelegt ist, wie groß ist dann bei dieser Netzfrequenz die Zeit von einem Nulldurchgang der Spannung bis zum nächsten?

6. Wie groß ist die Gesamtleistung, wenn Sie fünf Server mit je 500 Watt an eine Phase anschließen? Wie groß ist der Gesamtstrom? Reicht die Absicherung mit 16 A?

7. Sie möchten zwei Server und eine Speichereinheit in ein Rack schrauben. Jeder Server hat eine Leistungsaufnahme von 500 Watt. Die Speichereinheit benötigt laut Herstellerangabe maximal 400 Watt. Wie groß ist die Stromaufnahme dieses Racks? Reicht für das Rack eine Phase mit einer Absicherung von 16 A?

8. Ein Server mit 1 kVA Leistungsaufnahme laut Herstellerdatenblatt soll mit einer USV betrieben werden. Wie groß ist die Leistungsaufnahme, wenn die USV einen Wirkfaktor von 0,9 hat?

9. Wahr oder falsch?
   a) Jeder Server muss mit einer USV gepuffert werden.
   b) Eine USV muss den Betrieb der gesamten IP bei Stromausfall für mindestens 30 Minuten aufrechterhalten.
   c) Eine USV an einem Büroarbeitsplatz ist nicht notwendig.

d) IP-Telefone werden über das Ethernet mit Strom versorgt.
e) PoE steht für Power over Earth.
f) Mit PoE lassen sich bis zu 100 Watt Energie übertragen.
g) Server können Aussetzer der Stromversorgung von wenigen Millisekunden auch ohne USV selbst überbrücken.

10 Was ist richtig, was ist falsch?
a) Leistung ist Arbeit mal Zeit.
b) Arbeit ist Leistung mal Zeit.
c) Der Stromverbrauch von Gaming-PCs ist vernachlässigbar gering.
d) Neuere PCs sind leistungsfähiger bei weniger Stromverbrauch.
e) Gebrauchtgeräte sind aus Qualitätsgründen nicht empfehlenswert.
f) Energiespareinstellungen im BIOS oder im Betriebssystem sind sinnvoll.

11 Sie beobachten, dass Ihr Kollege am Feierabend nur den Monitor ausschaltet und seinen Arbeitsplatz mit laufendem Rechner verlässt. Sie machen ihn darauf aufmerksam, dass er vergessen hat, seinen Rechner herunterzufahren. Er erklärt Ihnen daraufhin, dass er dadurch morgens wieder viel schneller produktiv ist, da das lästige Hochfahren wegfällt. Sein PC zu Hause laufe auch durch, damit er, wenn er zu Hause ankommt, keine Zeit mit dem Hochfahren des Rechners verschenkt. Ihnen leuchtet dies zwar ein, aber sie haben doch große Bedenken wegen des Stromverbrauchs. Also rechnen Sie aus, was der Rechner an Stromkosten verursacht, wenn er 24 Stunden, 7 Tage die Woche an 365 Tagen im Jahr durchläuft. Diese Rechnung legen Sie Ihrem Kollegen vor. Sie rechnen mit einem Stromverbrauch von nur 100 Watt. Die Verbrauchskosten pro Kilowattstunde recherchieren Sie im Internet bei Ihrem lokalen Stromanbieter.

12 Sie wollen einen eigenen Server mit 250 Watt Leistungsaufnahme und zwei Laserdrucker mit einer aktiven Leistung von 120 Watt und 180 Watt in Ihr Büro stellen. Dazu noch einen DSL-Router mit 30 Watt und ein Switch mit 10 Watt. Wie groß ist der Strom, der durch die Leitung fließt?

13 Recherchieren Sie im Internet (auch wenn Sie damit Energie verbrauchen), wie viel Energie ein Einfamilienhaushalt und wie viel ein Handwerksbetrieb (z. B. Schreinerei) pro Jahr verbrauchen, wie viel Energie die Herstellung von einer Tonne Stahl oder Aluminium verbraucht, wie viel Energie ein kleines Rechenzentrum einer Schule oder einer Uni verbraucht.

14 Früher, zu Zeiten der Röhrenmonitore, war es üblich – nach einer gewissen Zeit der Untätigkeit – einen Bildschirmschoner zu aktivieren. Welchen Effekt hat dies in der heutigen IT, wenn ein Bildschirmschoner aktiviert wird?

15 Berechnen Sie mit Aufgabe 1 der Lernsituation 6 im Arbeitsbuch den Leistungsbedarf eines Datacenters. A1

16 Wie lange kann eine USV die Server mit Strom versorgen? Berechnen Sie es mit Aufgabe 2 im Arbeitsbuch. A2

3.9.2 Green-IT in Netzwerken berücksichtigen

S **Sie überprüfen Ihre Arbeit und die Auswahl der Komponenten in Bezug auf Energieeffizienz und Nachhaltigkeit.**

Stellen Sie sich folgende Fragen:
- Müssen immer neue Geräte eingesetzt werden oder lässt sich die Lebensdauer durch sinnvolle Nachnutzung verlängern? Vielleicht sind Gebrauchtgeräte für Customer Service und andere weniger leistungshungrige Geräte einsetzbar?

- Haben die Geräte Energiesparoptionen? Wann wird bei Inaktivität der Bildschirm abgeschaltet und wann der PC in den Standby-Modus?
- Können Steckdosenleisten mit Schaltern jeden einzelnen Arbeitsplatz stromlos machen?
- Bei Neubeschaffung von IT: Gibt es stromsparendere Alternativen? Lassen sich die Geräte am Ende der Nutzungsdauer recyceln? Wie und wo werden die Geräte hergestellt?

(1) Alternativgeräte auswählen (Refurbished IT)

Hierbei handelt es sich um IT (meist Computer, Notebooks und Server), die z. B. aus beendeten Leasingverträgen stammt. Diese werden vom Hersteller selbst oder von einem Händler generalüberholt, gereinigt, geprüft und schließlich wieder als Gebrauchtgerät verkauft. Da es sich hierbei in der Regel um Business-Geräte handelt, können diese aufgrund der hochwertigen verbauten Teile ohne Probleme noch längere Zeit genutzt werden. Refurbishing ist somit eine umweltschonende Methode, bereits bestehende Geräte wieder zu verwenden, um somit Ressourcen einzusparen.

Im konkreten Fall eines Kunden kann man sich fragen, ob vielleicht ein gebrauchter Rechner im Customer-Service eingesetzt werden kann. Dies wäre ressourcenschonender als ein neuer. Die benötigte Rechenleistung ist in dieser Anwendung nicht sehr hoch. Dagegen muss man den Stromverbrauch betrachten, den ein alter und ein leistungsstärkerer neuer Rechner hat.

Eine Alternative wäre der Einsatz eines Laptops. Dieser ist stromsparend und leistungsfähig. Mit einer Dockingstation mit großem Monitor, fest angeschlossener Tastatur und Maus, wäre dies ein vollwertiger Arbeitsplatz. Darüber hinaus könnte der Laptop auch mobil eingesetzt werden. Auch Laptops sind als „refurbished" preiswert zu erhalten.

(2) Den Energiebedarf der IT optimieren

Alle Rechner, Server und auch Netzwerkgeräte verbrauchen Strom. Dies wird häufig vergessen, besonders von jugendlichen Internetnutzern und Online-Zockern. Kleine Switches und WLAN-Access-Points verbrauchen zwar nicht viel Strom, aber alles summiert sich. Ein gängiger Router braucht, je nach Betriebsart, ca. 10 Watt bis 30 Watt. Ein einfacher 8-Port-Switch liegt bei 5 Watt bis 10 Watt. Managebare Switches und Router können ihren Energiebedarf drosseln und dem Netzaufkommen anpassen. Nicht belegte Ports werden (auch aus Sicherheitsgründen) heruntergefahren und verbrauchen keinen Strom. Access Points regeln ihre Sendeleistung je nach Empfangspegel der verbundenen Mobilgeräte.

Ein gut ausgestatteter Gaming-PC braucht, wenn er viel rechnen muss (z. B. Bilder aufbauen, Videos dekodieren), bis zu 300 Watt. Im Ruhezustand, wenn er läuft und nicht benutzt wird, kann er 50 Watt bis 100 Watt verbrauchen. Drucker verbrauchen im Standby-Modus nur wenige Watt. Beim Druckvorgang werden aber bei Laserdruckern kurzzeitig mehrere hundert Watt verbraucht. Dies kommt vom Aufheizen der Fixiereinheit. Ein leistungsfähiger Server kann mehrere hundert Watt verbrauchen.

Die Einheit für die Arbeit ist die Wattsekunde Ws, Wattstunde Wh oder Kilowattstunde kWh. Die Energieversorger verkaufen uns elektrische Arbeit nach Kilowattstunden. Im Jahr 2019 müssen etwa 25 ct/kWh bis 30 ct/kWh bezahlt werden.

Energiebedarf einer Google-Suchanfrage

Google veröffentlichte den Energiebedarf, den eine durchschnittliche Google-Suche benötigt: 0,3 Wh! Das Surfen im Internet und das Abfragen von Suchmaschinen verbrauchen sehr viel Energie. ChatGPT-Anfragen benötigen deutlich mehr Energie, abhängig von der Komplexität der Aufgabe. Der Branchenverband Bitkom geht von einem Bedarf von 350 bis 400 TWh (Terawattstunden) pro Jahr für die großen Rechenzentren der Welt aus. Der Strombedarf der IT ist aber nicht nur der Bedarf der Server und der Geräte-Hardware. Die zugeführte Energie wird letztendlich in Wärme umgewandelt und muss abgeführt werden. Rechenzentren müssen klimatisiert werden, damit die empfindliche Hardware nicht überhitzt.

Der Strombedarf eines Rechners ist nicht konstant. Er hängt ab von der benötigten Rechenleistung. Über die BIOS-Einstellung und über die Systemeinstellungen kann man Einfluss nehmen auf den Stromverbrauch. Einzelne CPU-Kerne können abgeschaltet werden und die Taktfrequenz des Systems kann reduziert werden, wenn wenig Rechenleistung benötigt wird.

Softwaretechnisch kann man als Programmierer ebenfalls Einfluss auf den Strombedarf nehmen. Umständlich programmiert konsumiert der Rechner mehr Energie als optimierte Software. Eine der Applikationen, deren Verwendung am meisten Strom frisst, ist beispielsweise das Generieren von Bitcoins.

Kompetenzcheck

1. Sind gebrauchte Geräte in der IT sinnvoll? Stellen Sie dazu Überlegungen zur Lebensdauer und Beschaffung von Laptops, Desktop-PCs und Switches an.

2. Bearbeiten Sie die Aufgabe 3 der Lernsituation 6 im Arbeitsbuch und suchen Sie nach Einsparpotenzial. A3

3. Ihre Schreibtischlampe wird mit einem 3 Watt Leuchtmittel betrieben. Wie lange könnte diese Lampe leuchten um die gleiche Energie umuzusetzen wie 5 Google-Suchanfragen? A3

4 Schutzbedarfsanalyse im eigenen Arbeitsbereich durchführen

In diesem Lernfeld erwerben Sie Wissen und Kompetenzen zu folgenden Themen:

Darüber werden wir sprechen, kompetent und aktiv uns beteiligen, genauer im Arbeitsbuch folgende Lernsituationen/Lernarrangements bearbeiten:

Lernsituation 1: Wir erarbeiten uns Grundlagen zur Informationssicherheit.

Lernsituation 2: Wir erarbeiten uns TOM und Beiträge zum Sicherheitskonzept.

Lernsituation 3: Wir erarbeiten uns die Schutzbedarfsfeststellung anhand eines Beispielunternehmens des BSI.

Lernsituation 4: Wir erarbeiten Schutzbedarfsfeststellungen bei der JIKU IT-Solutions GmbH.

In Lernfeld 4 werden Gesetze, Standards und Maßnahmen zur Sicherstellung eines IT-Grundschutzes vorgestellt. Die wichtigsten Gesetze zur Informationssicherheit werden herausgestellt und Anforderungen zum IT-Grundschutz, Schutzziele und Schadensszenarien präsentiert. Dabei wird ein Fokus auf aktuelle Bedrohungen wie Identitätsdiebstahl und Social Engineering gelegt. Zur Gewährleistung von IT-Sicherheit ist ein auf das Unternehmen zugeschnittene Sicherheitskonzept zentral, weswegen in diesem Lernfeld besonders auf technisch-organisatorische Maßnahmen und die Schutzbedarfsfeststellung eingegangen wird. Dabei orientiert sich das vorgestellte Konzept am IT-Grundschutzkurs des Bundesamtes für Sicherheit in der Informationstechnik (BSI).

Informationssicherheit ist in einem Ausbildungsbetrieb wie der JIKU IT-Solutions sehr wichtig. Die Eingangstüren sind gesichert und Kameras zeigen den Besuchern an, dass dieses Gelände videoüberwacht wird. Bei Erstbesuchen werden Auszubildende wie andere Besucher zunächst in den Warteraum begleitet und dürfen die weiteren Räume nicht ohne Begleitung von JIKU-Mitarbeitern betreten. Bis auf die Geschäftsführung sind alle Mitarbeiter einheitlich gekleidet, sodass man fremde Personen im Haus schnell erkennen kann. Alle Mitarbeiter erhalten regelmäßige Sicherheitsschulungen.

Eine ständige Arbeitsgruppe unter der Leitung eines IT-Sicherheitsbeauftragten tagt regelmäßig, um die Sicherheitslage im Systemhaus sowie die Systeme der Kunden auf dem neuesten Stand zu halten und Änderungen je nach Lage schnell vornehmen zu können.

Alle Mitarbeiter dürfen sich erst dann selbstständig in den Sicherheitszonen aufhalten, wenn sie verschiedene Grundschutzschulungen erfolgreich absolviert haben. Hierbei lernen sie auch alle Beauftragten kennen, die in Fragen der Informationssicherheit zuständig sind.

4.1 Grundlagen zur Informationssicherheit erarbeiten

S Sie sollen Gesetze, Standards und Maßnahmen zur Sicherstellung eines IT-Grundschutzes kennenlernen.

Grundschutzschulungen, wie sie in Systemhäusern wie der JIKU IT-Solutions für alle Mitarbeiter durchgeführt werden, dienen der Einführung in den IT-Grundschutz, in wichtige Gesetze und Schutzziele. Die folgende Übersichtsfolie zeigt den Ablauf beispielhaft.

Nach diesem Einführungsblock wird der erste Teiltest zum Ende der ersten Lernsituation, vgl. im Arbeitsbuch S. 233, erfolgen. Bei JIKU IT-Solutions wird betont, dass man den Test nur bestanden hat, wenn mindestens 81 % der Punkte erreicht werden. Im anderen Fall müssen Zusatzaufgaben bearbeitet werden. Ein zweiter Teiltest ist in der Lernsituation 3 im Arbeitsbuch geplant. Sind diese beiden Tests bestanden, ist der freie Zugang zum Sicherheitsbereich 2 bei JIKU erarbeitet.

Inhalt IT-Grundschutz und Schutzbedarfsanalysen für Arbeitsbereiche

JIKU

1. Einführung
2. Unsere Verantwortung, Zuständigkeiten und Sicherheitsbereiche
3. Informationssicherheit, Gesetze und Aufsichtsbehörden
4. IT-Grundschutz, Schutzziele und Gefährdungen (siehe Lernsituation 1 im Arbeitsbuch)
5. Der Faktor Mensch, Identitätsdiebstahl und Social Reengineering
6. TOM und unser Sicherheitskonzept (siehe Lernsituation 2 im Arbeitsbuch)
7. Phasen des Sicherheitsprozesses nach BSI-Grundschutz
8. Von der Sicherheitsleitlinie zur Schutzbedarfsfeststellung
9. Strukturanalyse am Beispiel RECPLAST GmbH des BSI (siehe Lernsituation 3 im Arbeitsbuch)
10. Sicherheitsleitlinie am Beispiel RECPLAST GmbH des BSI
11. Strukturanalyse am Beispiel RECPLAST GmbH des BSI
12. Schutzbedarfsfeststellung am Beispiel der RECPLAST GmbH des BSI
13. Schutzbedarfsfeststellungen bei JIKU (siehe Lernsituation 4 im Arbeitsbuch)

4.1.1 Einführung, Verantwortung, Zuständigkeiten und Sicherheitsbereiche beschreiben

S **Sie wollen die Verantwortlichkeits-, Zuständigkeits- und Sicherheitsbereiche kennenlernen.**

In Sicherheitsfragen hohe Anerkennung bei Kunden zu erfahren ist ein wichtiges Anliegen für IT-Unternehmen. Laufend muss die Sicherheitslage im Blick behalten werden, um in Notfällen sofort eingreifen zu können. Die Sammlung an Notfallplänen und die Datenbank an Bedrohungen werden laufend ergänzt und angepasst.

In der IT-Sicherheit darf man sich nicht viele Fehler leisten und es muss ständig Vorsorge getroffen werden, damit es nicht zu existenzgefährdenden Notfällen im Haus und bei den Kunden kommen kann. Von allen Mitarbeitern wird erwartet, dass sie aktiv mitarbeiten und sensibel darauf achten, dass keine Sicherheitslücken entstehen.

(1) Sensibilisierung der Verantwortlichen

Einführung
Verantwortung, Zuständigkeiten, Sicherheitsbereiche

JIKU

- Begrüßungen, Vorstellung der Beteiligten und des Schulungsablaufs
- Oberste Verantwortung: „Wir sind die Wächter und Profis der Informationssicherheit!"
- Sicherheitsbeauftragter: „Nur 100 % Sicherheit zählt hier!"
- Datenschutzbeauftragte: „Die Gesetze sind streng, die Strafen hoch!"
- Qualitätsbeauftragter: „Gegenseitiges Vertrauen, Einhaltung von Richtlinien, ständige Verbesserung und das Streben nach Exzellenz treiben uns an!"
- Ausbildungsleiter: „Ich begrüße sehr, dass IT-Berufe sich schon von Anfang an schwerpunktmäßig mit Informationssicherheit auseinandersetzen müssen!"
- Verantwortlichkeiten und Sicherheitsgemeinschaft, Sicherheitsschulungen, ISMS
- Sicherheitsbereiche intern/extern
- Downloads, Schulungsunterlagen, Informationspool
- Kursus: IT-Grundschutz – Einstieg → freier Aufenthalt in Zone 1
- Kursus: IT-Grundschutz – Praktiker JIKU → freier Aufenthalt in Zone 2

Viele Mitarbeiter sind an einem gelingenden Konzept beteiligt und die Bedeutung der IT-Sicherheit für ein Systemhaus wie JIKU IT-Solutions und die Kunden-IT kann nicht genug hervorgehoben werden.
In einem Systemhaus werden Sicherheitsregeln für viele Anwendungsbereiche erstellt, die die Mitarbeiter beachten müssen. Nur ausgebildete Mitarbeiter dürfen allein zu Kunden. Auch hier ist es wichtig, die zuständigen Beauftragten für Sicherheit zu kennen und die Sicherheitsregeln der Kunden zu befolgen.

(2) Einführung und geeignete Informationsquellen

Gefährdungen der Informationstechnik sowie die technischen und organisatorischen Maßnahmen sind zahlreich. Mitarbeiter müssen sich immer auf dem aktuellen Stand halten und sich selbstständig informieren. Der IT-Sicherheitsbeauftragte der JIKU IT-Solutions, Herr Franke, wird zentral fast täglich Sicherheitsmeldungen bekannt machen. Hunderte von Informations- und Beratungsstellen und viele Anbieter stellen Leistungen zur IT-Sicherheit zur Verfügung. Nur ein Netzwerk aller Beteiligten kann sich heute der Herausforderung der Cyberkriminalität erfolgreich stellen. Bei JIKU werden daher immer wieder weitere Informationsquellen genannt.

Die wichtigste Informationsquelle der Informationstechnik ist das **Bundesamt für Sicherheit in der Informationstechnik (BSI)**. Hier arbeiten täglich viele Mitarbeiter daran, die in Deutschland genutzte Informationstechnik sicherer zu machen. Es gibt eine Sammlung von Informationen und Beiträgen im Internet, die sich ausschließlich diesen Schwerpunktthemen widmen. Soweit es möglich ist, werden bei JIKU auch Schulungen des BSI und anderer Vereine wie Deutschland sicher im Netz e. V. (DsiN) verwendet, um zu ergänzenden Recherchen anzuregen.

Wichtige Informationsquellen zur Informationssicherheit (Auswahl)	
Bundesamt für Sicherheit in der Informationstechnik (BSI)	Das BSI als die Cyber-Sicherheitsbehörde des Bundes gestaltet Informationssicherheit in der Digitalisierung durch Prävention, Detektion und Reaktion für Staat, Wirtschaft und Gesellschaft; weitere Informationen unter www.bsi.bund.de, www.bsi-fuer-buerger.de, www.cert-bund.de
Deutschland sicher im Netz e. V. (DsiN)	DsiN ist ein gemeinnütziger Verein, unter der Führung des Bundesinnenministeriums, und bietet Verbrauchern und Unternehmen konkrete Hilfestellungen im sicheren Umgang mit dem Internet. Weitere Informationen unter www.sicher-im-netz.de, www.sicher-im-netz.de/dsin-sicherheitscheck, www.sicher-im-netz.de/it-sicherheit-am-arbeitsplatz, https://dsin-berufsschulen.de
Bundesbeauftragte für Datenschutz und Informationsfreiheit (BfDI)	Der BfDI ist eine unabhängige Datenschutzbehörde gemäß Art. 51 Absatz 1 der Datenschutz-Grundverordnung (DSGVO). Er ist zuständig für die Informationsfreiheit und Überwachung des Datenschutzes bei öffentlichen Stellen des Bundes und bei Unternehmen, die Telekommunikations- und Postdienstleistungen erbringen. Weitere Informationen unter www.bfdi.bund.de
Bundesverband IT-Sicherheit e. V. (TeleTrusT)	Der Bundesverband TeleTrusT ist ein Kompetenznetzwerk, das in- und ausländische Mitglieder aus Industrie, Verwaltung, Beratung und Wissenschaft sowie thematisch verwandte Partnerorganisationen umfasst. Weitere Informationen unter www.teletrust.de
Antispam e. V.	Gemeinnütziger deutscher Verbraucherschutzverein, der sich hauptsächlich mit dem Thema „Spam“ und dessen Vermeidung beschäftigt. Weitere Informationen unter www.antispam-ev.de
AV-TEST GmbH	Unabhängiger Anbieter für Services im Bereich IT-Sicherheit und Anti-Viren-Forschung, mit Fokussierung auf die Ermittlung und Analyse der neuesten Schadsoftware und deren Einsatz in umfassenden Vergleichstests. Weitere Informationen unter www.av-test.org, portal.av-atlas.org

! Für das Lernfeld 4 werden ergänzend die weiteren Aufgaben, Materialien und Infoboxen des Arbeitsbuches empfohlen.
Notwendige Downloads zur Grundschutzschulung der JIKU IT-Solutions GmbH:

- unter www.bsi.bund.de: IT-Grundschutz-Kompendium 2023, BSI-Standard 100-2, BSI-Standard 200-2, Recplast_Onlinekurs2018 als PDF
- unter www.bfdi.bund.de: Informationen und Möglichkeiten zum Download

Beachten Sie auch die Hinweise im Arbeitsbuch (insbesondere Lernsituation 1) auf weitere offizielle Webseiten, Informationsseiten, aktuelle Bedrohungslagen, Test-Webseiten und Anbieterwebseiten zur Informationssicherheit.

Kompetenzcheck ✓

1. Diskutieren Sie darüber, ob der IT-Sicherheitsbeauftragte bei JIKU IT-Solutions nicht etwas übertreibt, wenn er hundertprozentigen Einsatz erwartet. In der Schule gibt es schließlich bei 67 % der Leistung schon eine befriedigende Note.

2. Recherchieren Sie zu den genannten Informationsquellen in diesem Abschnitt. Laden Sie die genannten Dateien zur weiteren Bearbeitung herunter.

3. Prüfen Sie mit Aufgabe 1 der Lernsituation 1 im Arbeitsbuch die dort vorhandenen Informationsquellen und ergänzen Sie dazu Vermerke und eigene Informationsquellen. A1

(3) Verantwortliche Stellen

In den Informationen des BSI (siehe Downloads in Abschnitt (2), S. 404) wird die Verantwortung der einzelnen Stellen für die Informationssicherheit herausgestellt. Das BSI erläutert in seinen Materialien und Schulungen den IT-Grundschutz mit Beispielen. Für die Darstellung der Verantwortlichen hat das BSI beispielhafte Rollen (siehe Infobox unten) vergeben. Das erleichtert den Unternehmen, in der Ausgestaltung ihres IT-Systems für sich ähnliche Stellen festzulegen, mit ähnlichen Zuständigkeiten. Wenn Mitarbeiter in Fremdfirmen beauftragt sind, können sie leichter nach zuständigen Stellen fragen und kennen auch die üblichen Zuständigkeiten dieser Rollen.

Hinsichtlich der Übernahme von Verantwortung zur Gewährleistung von IT-Sicherheit wird bei JIKU IT-Solutions nach den Vorgaben des BSI betont, dass alle im gleichen Boot sitzen. Das heißt, kein Mitarbeiter kann seine Verantwortung auf den anderen schieben, sondern jeder sollte sich grundsätzlich zuständig fühlen und der Verpflichtung nachkommen, etwaige Vorfälle mitzuteilen. Wird bei der Formulierung der Anforderungen das Wort „Muss“ eingesetzt, ist dies nach Auffassung des BSI eine sehr dringliche Aufforderung und Verpflichtung, bei der Beschreibung mit „soll“ eine Aufforderung, dass dies in der Regel so umzusetzen ist.

Verantwortliche Stellen der Informationssicherheit

Oberste Leitungsebene
Die oberste Leitungsebene des Unternehmens und jeder Organisation ist dafür verantwortlich, dass alle Geschäftsbereiche zielgerichtet und ordnungsgemäß funktionieren, Risiken frühzeitig erkannt und minimiert werden. Sie ist somit die Instanz, die die Entscheidung über den Umgang mit allen Risiken und damit auch den Sicherheitsrisiken trifft und entsprechende Ressourcen zur Verfügung stellt. Da sie für die strategische Ausrichtung zuständig ist, legt sie in der Leitlinie zur Unternehmenssicherheit ihre Position zur Erreichung der Informationssicherheitsziele auf allen Ebenen der Organisation fest. Sie initiiert den Informationssicherheitsprozess und behält auch die Gesamtverantwortung für die laufende Umsetzung. Hat sie Aufgaben delegiert, wird sie laufend von unterstellten Sicherheitsstellen über mögliche Risiken und Konsequenzen und den Status des Informationssicherheitsmanagementsystems (ISMS) informiert. Ein Informationssicherheitsmanagementsystem (ISMS) definiert Verfahren und Regeln, mit denen sich die Informationssicherheit steuern, kontrollieren und fortlaufend optimieren lässt.

IT-Sicherheitsbeauftragte, Datenschutzbeauftragte
Operative Aufgaben der Informationssicherheit werden i.d.R. an IT-Sicherheitsbeauftragte (ISB) und Datenschutzbeauftragte bzw. Informationssicherheitsbeauftragte (BSI) sowie Stellvertreter delegiert. Die Benennung eines Datenschutzbeauftragten ist nach Art. 37 DSGVO und § 38 BDSG (neu) für Unternehmen Pflicht, soweit sie in der Regel mindestens 20 Personen ständig mit der automatisierten Verarbeitung personenbezogener Daten beschäftigen.
Zuständigkeiten (auch in einer Person)
IT-Sicherheitsbeauftragte: Sicherheit der IT-Systeme dabei Gewährleistung von Integrität, Verfügbarkeit und Vertraulichkeit von Daten, Vermeidung von Cyberbedrohungen. Zuständig für Sicherheitskonzept, Einhaltung von Gesetzen der IT-Sicherheit, insbesondere BDSG, TKG, ISO 27001, Pflicht für Unternehmen mit kritischer Infrastruktur lt. TKG § 166.
Datenschutzbeauftragte: Schutz personenbezogener Daten. Einhaltung von Gesetzen und Vorschriften wie z.B. BDSG (neu) und DSGVO, Beratung der Mitarbeiter, Bearbeitung von Anfragen und Beschwerden dazu.
Die Beauftragten sind für die Erstellung und Aktualität der Sicherheitsleitlinien und des Informationssicherheitssystems (ISMS, siehe S. 408) mit seinen Sicherheitsrichtlinien für die Mitarbeiter verantwortlich.

Rollen laut IT-Grundschutz-Kompendium (GSK)
Das BSI gibt jährlich ein aktualisiertes IT-Grundschutz-Kompendium (GSK) mit Standard-Sicherheitsmaßnahmen heraus (siehe www.bsi.bund.de/gshb). Im GSK sind beispielhaft Zuständige

für die Initiierung bzw. für die Erfüllung von Anforderungen genannt und näher beschrieben (Quelle: vgl. GSK, Edition 2023, S. 31 ff.). In den Bausteinbeschreibungen werden die Zuständigkeiten in *grundsätzlich zuständig* und *zusätzlich zuständig* beschrieben. Im GSK werden auch beispielhaft Rollen benannt und beschrieben. Die Bezeichnungen der Rollen zu kennen ist beispielsweise auch von Bedeutung, wenn man in fremden Unternehmen (bei Kunden) tätig ist und sich nach zuständigen Personen (Rollen, Zuständigkeiten) erkundigen möchte. Als Auswahl werden folgende Rollen genannt und erläutert: Auditteam, Benutzende, Bereichssicherheitsbeauftragte, Beschaffungsstelle, Brandschutzbeauftragte, Datenschutzbeauftragte, Entwickelnde, Fachabteilung, Fachverantwortliche, Haustechnik, ICS-Administratoren, Informationssicherheitsbeauftragte (ISB), IS-Revisionsteam, Leitung IT, Leitung Netze etc., Mitarbeitende, Notfallbeauftragte, Testende, Vorgesetzte usw.

Kompetenzcheck ✓

1. Diskutieren Sie über Zuständigkeiten bei einem Sicherheitsvorfall, wobei ein Mitarbeiter strikt seine Zuständigkeit und Verantwortung ablehnt.

2. Ein Sicherheitsbeauftragter beklagt sich, dass er im Unternehmen für seine Sicherheitsanforderungen weder bei den Mitarbeitern noch bei der Geschäftsleitung auf Verständnis, Rückhalt und Unterstützung stößt. Diskutieren Sie.

3. Bearbeiten Sie im Arbeitsbuch die Aufgabe 2 der Lernsituation 1 und machen Sie Vorschläge, wie man die Organisation in Sicherheitsfragen mit Ideen unterstützen kann.

A2

4.1.2 Gesetze und Standards zur Informationssicherheit unterscheiden

S Sie sollen die wichtigsten Gesetze zur Informationssicherheit unterscheiden können.

Informationssicherheit ist der **Schutzanspruch über alle Informationswerte** im Unternehmen. Unternehmen müssen aus gesetzlichen Gründen insbesondere die personenbezogenen Daten schützen, die ihnen zur Verarbeitung anvertraut wurden. Daneben sind aber auch alle anderen Unternehmensdaten wichtig, um den Unternehmenszweck erfüllen und sich im Markt behaupten zu können. Ohne eine elektronische Datenverarbeitung sind Unternehmensprozesse heute kaum denkbar. In Schadensfällen können so hohe Schäden (Schadenersatz, Rechtskosten, Bearbeitungskosten, Umsatzeinbußen, Reputationsschäden etc.) entstehen, dass insbesondere größere Unternehmen ein differenziertes Risikomanagement einsetzen, um diese Vorfälle zu vermeiden.

Beim Datenschutz geht es um den Schutz **personenbezogener Daten**, die im Unternehmen auftragsbedingt oder zu Werbezwecken verwaltet werden. Dazu kommen personenbezogene Daten der Mitarbeiter und anderer Geschäftsbeteiligte. Aufgrund der Sensibilisierung auf die rechtssichere Speicherung und Verarbeitung sind im **BDSG** (Bundesdatenschutzgesetz) und in der **DSGVO** (Datenschutz-Grundverordnung) Rechte der Betroffenen und erhebliche Pflichten der Unternehmen festgelegt, die personenbezogene Daten verarbeiten.

Was die technische Sicherheit bzw. die IT-Sicherheit der IT-Infrastruktur anbelangt, sind das **IT-Sicherheitsgesetz**, die **DSGVO** und auch die **Standards des BSI** zu beachten.

Über das **Urheberrecht** entstehen Ansprüche insbesondere der Softwarehersteller, Lizenzeinnahmen für die Nutzung ihrer Betriebssysteme, Anwenderprogramme, Apps und Online-Dienste (SaaS = Software as a Service) zu erhalten. Aufbauend auf deutschem und internationalem Urheberrecht haben die Anbieter sehr unterschiedliche **EULA-** oder **Lizenzvertragsbedingungen** erstellt und passen sie nicht selten laufend an.

Informationssicherheit, Gesetze und Aufsichtsbehörden

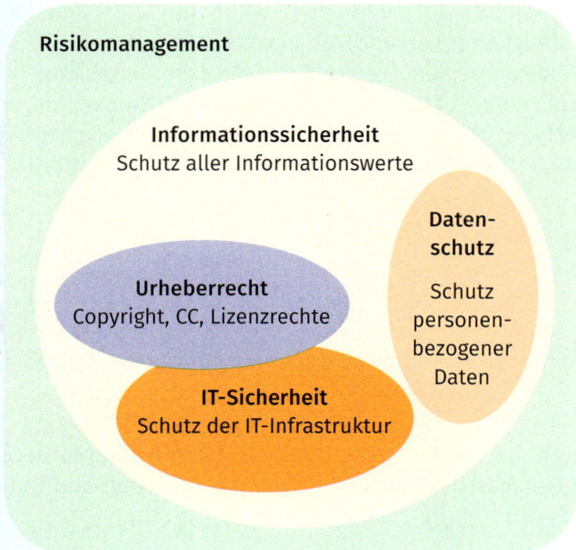

Gesetze:

- **IT-Sicherheitsgesetz (IT-SiG)**
- **BSI-Gesetz (BSIG)**
- **EU-DSGVO**
- **BDSG (neu)**

Standards/Zertifikate:

- **BSI-Standards**
- **ISO 27001:2022**
- **Bußgelder:**
  bis 20 Mio./4 % Umsatz

Aufsicht: Bundesamt für Sicherheit in der Informationstechnik (BSI)
Bundesdatenschutzbeauftragte, Landesdatenschutzbeauftragte
Strafverfolgungsbehörden

Bezogen auf die Sicherheit von Systemen und Software bieten Hersteller nicht nur laufend Softwareupdates an, um ihre Sicherheitslücken zu schließen, sondern häufig auch spezielle Tools und Dienste. Viele Unternehmen verbessern daher ihr **Informationssicherheitssystem (ISMS)** bis hin zu einem kompletten **Risikomanagementsystem**.

(1) IT-Sicherheit (IT-Security)

IT-Sicherheitsbeauftragte und Mitarbeiter, die sich mit Sicherheitstechnik, -software und -organisation beschäftigen, haben das **IT-SiG**, die **DSGVO** und das **BSI-Gesetz** zu beachten. Geht es um den Aufbau und die Zertifizierung eines Sicherheitssystems, so sind die ISO 27001 und die **Standards des BSI** wichtige Grundlagen.

IT-Sicherheitsgesetz, IT-Sicherheit in der DSGVO, BSI-Gesetz und ISO 27001

IT-Sicherheitsgesetz (IT-SiG)
Ziel des IT-Sicherheitsgesetzes ist es, die Informationssicherheit von Unternehmen, Verwaltungen und Institutionen sowie die digitalen Infrastrukturen besser zu sichern und zu schützen, ebenso die Bürgerinnen und Bürger im Internet. Das Gesetz stellt sich den Herausforderungen an Sicherheit aufgrund einer wachsenden Digitalisierung von Gesellschaft, Wirtschaft und Staat. Das IT-Sicherheitsgesetz richtet sich an Unternehmen mit kritischer IT-Infrastruktur und digitalen Diensten. Dazu gehören beispielsweise Unternehmen der Informationstechnik und der Telekommunikation. Das IT-Sicherheitsgesetz verpflichtet zudem Unternehmen mit kritischer Infrastruktur der Informationstechnik und Telekommunikation dazu, ihre Kunden zu warnen und Abhilfe zu leisten, sollten sie feststellen, dass deren persönliche Daten missbraucht wurden. Zu

digitalen Diensten zählen beispielsweise Online-Marktplätze, Suchmaschinen und Anbieter von Cloud-Computing-Diensten. Die Betreiber haben nach dem IT-Sicherheitsgesetz geeignete Maßnahmen zu treffen, um die Daten und Systeme ihrer Kunden zu schützen. Auch wird hier das BSI in die Pflicht genommen.
EU-Datenschutz-Grundverordnung (EU-DSGVO) Vorgaben der Datenschutz-Grundverordnung lassen sich nicht ohne eine gute IT-Sicherheit erfüllen. Zu beachten ist insbesondere Art. 24 der DSGVO, der alle Unternehmen verpflichtet, die personenbezogene Daten verarbeiten, technische und organisatorische Maßnahmen zum Datenschutz zu ergreifen. In Art. 32 der DSGVO wird die Pseudonymisierung und Verschlüsselung personenbezogener Daten gefordert. Es sind nach Art. 83 Bußgelder bis zu 20 Millionen Euro oder 4 % des Jahresumsatzes möglich.
BSI-Gesetz (BSIG) Das Gesetz über das Bundesamt für Sicherheit in der Informationstechnik (BSIG) regelt die rechtliche Arbeitsgrundlage und Befugnisse des BSI als Aufsichtsbehörde. So wird dem BSI eingeräumt, IT-Produkte auf ihre Sicherheit hin zu untersuchen. Unternehmen, die als kritisch gelten, müssen ihre IT-Systeme nach dem aktuellen Stand der Technik absichern und ihre Informationssicherheit mindestens alle zwei Jahre überprüfen lassen (§ 8 a BSIG). In § 8 c BSIG sind besondere Anforderungen an Anbieter digitaler Dienste formuliert. Kleinstunternehmen und andere Unternehmen sind nach § 8 d BSIG davon befreit. Das BSI ist nach § 8 b BSIG die zentrale Meldestelle für die IT-Sicherheit kritischer Infrastrukturen. Die Betreiber müssen dem BSI erhebliche Störungen ihrer IT melden, sofern sie Auswirkungen auf die Verfügbarkeit kritischer Dienstleistungen haben können.
IT-Grundschutz-Kompendium des BSI Für den Aufbau eines Informationssicherheitssystems (ISMS) in Unternehmen, Organisationen und Behörden sind im IT-Grundschutz-Kompendium und anderen Quellen des BSI (Stichwort: ISMS) wichtige Umsetzungshinweise gegeben (siehe Kapitel 4.1.3, S. 417).
IS-Management nach ISO 27001 Für die Implementierung eines Informationssicherheitssystems (ISMS) und die Zertifizierung nach ISO/IEC 27001 werden in der ISO Bausteine zur Beachtung der drei Sichten definiert: Governance-Sicht (Beachtung der Unternehmensziele), Risikosicht (Beachtung der Risiken und Chancen) und Compliance-Sicht (Einhaltung der Vorgaben); dazu Vorgaben für Audits und Zertifizierungen.

(2) Datenschutz – Schutz personenbezogener Daten

Das **BDSG** (deutsche Bundesdatenschutzgesetz) regelt zusammen mit den Datenschutzgesetzen der Länder, der DSGVO und anderen bereichsspezifischen Regelungen den Umgang mit personenbezogenen Daten in Unternehmen.

Datenschutz personenbezogener Daten

EU-DSGVO, BDSG und Landesdatenschutzgesetze

EU-DSGVO, das BDSG und die Landesdatenschutzgesetze sind Gesetze zum Schutz von Personen, deren personenbezogene Daten verwendet werden:

- Die **EU-Datenschutz-Grundverordnung (EU-DSGVO)** gilt seit 2018 für alle EU-Länder verbindlich.
- Das **Bundesdatenschutzgesetz (BDSG)** ist seit 2018 mit der Datenschutz-Grundverordnung (DSGVO) anwendbar, das BDSG konkretisiert und spezifiziert Vorgaben der DSGVO, die DSGVO ist im Zweifel vorrangig anzuwenden. Die Länder haben zusätzlich eigene Datenschutzgesetze beschlossen.

- Eine zukünftige **ePrivacy-Verordnung (ePVO)** soll die E-Privacy-Richtlinie (etwa ab 2024) ablösen, die der deutsche Gesetzgeber größtenteils im **Telemediengesetz (TMG)** und **Telekommunikationsgesetz (TKG)** umsetzte. Sie soll personenbezogene Daten in der öffentlichen elektronischen Kommunikation und Werbung noch besser schützen, vgl. e-recht24.de.
- **Gesetze zur Informationsfreiheit**, siehe www.bfdi.bund.de

Die **Aufsicht** haben der Bundesdatenschutzbeauftragte und Landesdatenschutzbeauftragte, BSI.

Telekommunikationsgesetz

Um einen besseren Schutz der Bürgerinnen und Bürger zu erreichen, sind Telekommunikationsanbieter dazu verpflichtet,

- IT-Sicherheitsmaßnahmen nach dem „Stand der Technik" nicht nur zum Schutz personenbezogener Daten, sondern auch zum Schutz vor unerlaubten Eingriffen in die Infrastruktur einzusetzen und zu erhalten (§ 109 Abs. 1 und 2 TKG),
- ihre Nutzer über Schadprogramme und ihre Erkennung und Beseitigung zu informieren (§ 109a Abs. 4 TKG) und
- erhebliche IT-Störungen sowohl an das BSI als auch an die Bundesnetzagentur zu melden (§ 109 Abs. 5 TKG).

Telemediengesetz (TMG), Telekommunikation-Telemedien-Datenschutz-Gesetz (TTDSG)

Informations- und Kommunikationsdiensteanbieter haben geschäftsmäßige Informationen, wie z.B. Namen, Anschrift, Kontaktmöglichkeiten, Mitgliedstaat etc., leicht erkennbar, unmittelbar erreichbar und ständig verfügbar zu halten (§ 5 TMG)

Datenschutz-Grundverordnung (EU-DSGVO)

Sie regelt den Schutz und Grundrechte natürlicher Personen bei der Verarbeitung personenbezogener Daten in Unternehmen aller EU-Länder. Formuliert ist neben Rechten und Pflichten beispielsweise die Rechenschaftspflicht von Unternehmen, die personenbezogene Daten verarbeiten: Sie müssen nachweisen (können), dass sie als Verantwortliche angemessene und wirksame Maßnahmen ergreifen, um die datenschutzrechtlichen Grundsätze und Verpflichtungen der DSGVO umzusetzen (§ 5 a DSGVO).

Allgemeinen Prinzipien der Verarbeitung personenbezogener Daten (Art. 5 Abs. 1 DSGVO)

- Rechtmäßigkeit, Verarbeitung nach Treu und Glauben, Transparenz
- Zweckbindung: Erhebung für festgelegte, eindeutige und rechtmäßige Zwecke
- Datenminimierung: Beschränkung auf den Zweck der Verarbeitung
- Richtigkeit: sachlich richtig und auf dem neuesten Stand
- Speicherbegrenzung: Speicherung nur so lange wie erforderlich
- Integrität, Vertraulichkeit: geeignete technisch-organisatorische Maßnahmen

Beispiele für erforderliche interne Maßnahmen (Art. 26 ff. DSGVO)

- Verzeichnis aller Verarbeitungstätigkeiten, ähnlich dem Verfahrensverzeichnis des BDSG
- Dokumentationspflicht der Vorgänge
- Bestellung eines Datenschutzbeauftragten nach Art. 37 DSGVO und § 38 BDSG

Rechte der betroffenen Personen: DSGVO Art. 1–23 (§§ 32–37 BDSG)

- Art. 12: Transparente Information, Kommunikation und Modalitäten zur Ausübung der Rechte
- Art. 13: Informationspflicht bei Erhebung von personenbezogenen Daten
- Art. 14: Informationspflicht, wenn die Daten nicht bei der betroffenen Person erhoben wurden
- Art. 15: Auskunftsrecht der betroffenen Person
- Art. 16: Recht auf Berichtigung
- Art. 17: Recht auf Löschung, „Recht auf Vergessenwerden"
- Art. 18: Recht auf Einschränkung der Verarbeitung
- Art. 19: Mitteilungspflicht im Zusammenhang mit Berichtigung, Löschung, Einschränkung
- Art. 20: Recht auf Datenübertragbarkeit
- Art. 21: Widerspruchsrecht
- Art. 22: Automatisierte Entscheidungen im Einzelfall einschließlich Profiling
- Art. 23: Beschränkungen der Rechte verhältnismäßig in besonderen Fällen

(3) Standards für Informationssicherheit nach ISO/IEC 27000

Die Reihe der ISO 27000 umfasst für Unternehmen wichtige und nützliche Standards für Informationssicherheit, auf deren Grundlage ein solides ISMS aufgebaut werden kann.

Standards zur Informationssicherheit

Standard-Reihe ISO/IEC 27000
Die Standards der Reihe ISO/IEC 27000 werden von der International Organization for Standardization (ISO) und der International Electrotechnical Commission (IEC) gepflegt und herausgegeben. Sie beschäftigen sich mit der Implementierung von Informationssicherheitsmanagementsystemen (ISMS). Den Anfang der Normenreihe bildet die Einzelnorm ISO/IEC 27000.

Die ISO-27000-Reihe umfasst 46 separat veröffentlichte Standards, hierzu gehören:

Übersicht und Vokabular	ISO 27000	
Anforderungen	ISMS ISO 27001	an Zertifizierer ISO 27006
allgemeine Richtlinien	ISO 27002 Umsetzung (Code of Practice)	ISO 27005 Risikomanagement
	ISO 27003 Implementationshinweise	ISO 27006 Audits
	ISO 27004 Messung, Evaluation	
sektorspezifische Richtlinien	In SO/IEC 27010 bis ISO/IEC 27019 finden sich fachspezifische Subnormen. Darüber hinaus existieren mit ISO/IEC 27030 bis ISO/IEC 27044 Normen für einzelne technische Bereiche der Informationssicherheit	

Eine wesentliche Änderung der Reihe wurde in 2018 vorgenommen. 2022 wurden z. B. Änderungen in den Normen ISO 27001:2022 und ISO 27002:2022 vorgenommen.

Vorteile der Berücksichtigung:
- **Neukunden gewinnen und A-Kunden halten:** Kunden ab einem bestimmten Jahresumsatz (insbesondere über 100 Mio.) verlangen eine Zertifizierung nach ISO 27001
- **Daten müssen geschützt werden:** Ein gutes ISMS (Informationssicherheits-Managementsystem) schützt geldwerte Informationen vor Cyberrisiken und menschlichen Sicherheitsfehlern.
- **Haftung vermeiden:** Vorschriften zur ISO 27001 sind einzuhalten und können bei Missachten zu Strafverfahren und Haftungszahlungen führen.
- **Richtlinien einhalten:** Laufend sind neue Richtlinien einzuhalten, wie z.B. die EU-weite Gesetzgebung zur Cybersicherheit (NIS2-Richtlinie). Nur mit einem ISMS sind laufende Neuerungen zu managen.

IT-Grundschutz des BSI:
Das BSI (Bundesamt für Sicherheit in der Informationstechnik) unterstützt diese Normen mit erarbeiten Vorgehensweisen. In einer Zuordnungstabelle in ISO/IEC 27001 sowie ISO/IEC 27002 zum IT-Grundschutz wurden Normen entsprechend den Vorgehensweisen zugeordnet.
Der IT-Grundschutz des BSI beschreibt mithilfe der BSI-Standards 200-1, 200-2 und 200-3 eine Vorgehensweise zum Aufbau und zur Aufrechterhaltung eines Managementsystems für Informationssicherheit (ISMS). Das IT-Grundschutz-Kompendium beschreibt die Umsetzung der damit einhergehenden Anforderungen. Das damit aufgebaute ISMS erfüllt die Anforderungen der ISO/IEC 27001 und verfügt über ein Äquivalent zu den Handlungsempfehlungen der ISO/IEC 27002, vgl. www.bsi.bund.de, und weitere Kapitel

Infos: https://standards.iso.org/ittf/PubliclyAvailableStandards/index.html
https://it-cybersicherheit.de, www.security-insider.de, www.bsi.bund.de, Beratungen z. B. über dataguard.de, secjur.com, iso27001-it-sicherheit.de, vorest-ag.com

(4) Regelungen für die Entwicklung und den Einsatz von KI-Systemen

Künstliche Intelligenz (KI) ist eine sich schnell entwickelnde Technologie, mit der Vorhersage, Optimierung des Betriebs, Ressourcenbündelung sowie verbesserte Services möglich sind. Hierdurch lassen sich deutliche Wettbewerbsvorteile erzielen. KI-Technologien werden vor allem in Entwicklung, Produktion, Handel und Dienstleistung zunehmend eingesetzt werden. Aber auch in Themengebieten wie Klimawandel, Umwelt und Gesundheit, Finanzen, Mobilität, Inneres und Landwirtschaft sowie im öffentlichen Sektor wird KI wertvolle Unterstützung leisten. Die gleichen Elemente und Techniken, die die sozioökonomischen Vorteile von KI antreiben, können jedoch auch neue Risiken oder negative Folgen für den Einzelnen oder die Gesellschaft mit sich bringen. Eine Technologieführerschaft liegt im Interesse der EU.

Mit der KI-Verordnung möchte die EU Risiken und Probleme im Zusammenhang mit KI angehen, ohne die technologische Entwicklung übermäßig einzuschränken oder zu behindern. Es wurden viele Interessengruppen (Stakeholder der KI) angehört. Nach Mitteilung der EU-Kommission sind sich die Interessengruppen einig, dass Maßnahmen notwendig sind. Der vorgeschlagene KI-Rahmen soll nach 5 Jahren bewertet und überprüft werden. In 12 Titeln wurden Vorgehensweisen und Regeln festgelegt. Insbesondere die Wirtschaftsverbände befürchten, dass Gesetze und Verordnungen sowie das Produkthaftungsgesetz dazu führen werden, dass bei Entwicklungen von KI-Systemen keine hinreichenden Freiheiten bestehen und somit wenig Chancen für schnelle Innovationen existieren. Möglichst noch 2024 soll die KI-Verordnung in Kraft treten, die Regelungen ab einem festgelegten Zeitrahmen je nach Risikostufe wirksam werden.

KI-Verordnung der EU (Artificial Intelligence Act)

Unter dem Kurztitel „Artificial Intelligence Act“ hat die Europäische Kommission eine KI-Verordnung erstellt und in das Gesetzgebungsverfahren gebracht.
Ein Artificial-Intelligence-System (AI) ist eine Software bzw. ein maschinengestütztes System, das für vom Menschen definierte Ziele aus den Eingaben Inhalte, Vorhersagen, Empfehlungen oder Entscheidungen generieren oder ableiten kann, die die Umgebungen beeinflussen, mit denen sie interagieren.
Der Rechtsrahmen für Künstliche Intelligenz sieht folgende spezifische Ziele vor:

- dass die auf dem EU-Markt belassenen und eingesetzten KI-Systeme einen sicheren und respektvollen Umgang mit den Grundrechten und Werten der Union gewährleisten;
- die Rechtssicherheit zur Erleichterung von Investitionen und Innovationen in KI zu gewährleisten;
- eine Verbesserung der Regierungsführung und der wirksamen Durchsetzung des bestehenden Rechts über Grundrechte und Sicherheitsanforderungen, die auf KI-Systeme anwendbar sind;
- die Entwicklung eines Binnenmarktes für rechtmäßige, sichere und vertrauenswürdige KI-Anwendungen zu erleichtern und Marktfragmentierung zu verhindern.

4 Risiko-Stufen

I. **Minimale Risiken:** Keine besonderen Pflichten vorgesehen (z. B. für KI-gestützte Empfehlungssysteme oder Spamfilter)

II. **Spezifische Transparenzrisiken ohne gefährliche Auswirkungen:** Es sind besondere Transparenzpflichten wie Kennzeichnung und Beschreibung der KI zu erfüllen (z. B. für Chatbots)

III. **Risikobehaftete Zwecke und Systeme:** Hier muss ein Qualitäts-/Risikomanagementsystem Transparenz, Datenqualität, Nachverfolgbarkeit, Cybersicherheit und Kontrolle bzw. System- und Konformitätsprüfung sicherstellen (z. B. für kritische Infrastrukturen, Sozialsysteme, Bonitätsprüfungen u. dgl).

IV. **Grundsätzlich verbotene Systeme:** In einer Liste werden bestimmte Systeme als grundsätzlich verboten eingestuft (z. B. Systeme zu Social Scoring, biometrischer Gesichtserkennung im öffentlichen Raum für Datenbanken mit Ausnahme der Strafverfolgung im engen Rahmen)

Erleichterungen Entwickler von Open-Source-Software müssen sich grundsätzlich nicht den Regeln der KI-Verordnung unterwerfen, jedoch die Anbieter und Nutzer der so entstandenen Systeme. Kleine Anbieter und Startups erhalten bevorzugte Bedingungen in der Teilhabe.
Strafen Es werden wirksame und abschreckende, jedoch auch verhältnismäßige Strafen (Geldbußen sowie Verwaltungsstrafen) festgelegt, u. a. bis zu 7 % des weltweiten Gesamtumsatzes
Info zur Verordnung: https://eur-lex.europa.eu, zu Stellungnahmen und aktuellen Informationen: https://algorithmwatch.org, https://d-64.org, https://digitalconomics.de, https://ki-campus.org, www.bsi.bund.de etc.

Kompetenzcheck ✓

1 Ordnen Sie folgende Vorfälle mindestens einem Gesetz/einer Verordnung richtig zu:
a) Ein Virus legt einen Server lahm.
b) Der Informationssicherheitsbeauftragte (ISB) erhält die Anfrage, ob Kundendaten, die seit fünf Jahren nicht mehr gekauft haben, gelöscht werden müssen.
c) Ein Mitarbeiter möchte ein Programm nutzen, dass er bei einem Mitarbeiter gesehen hat.

2 Was ist richtig?
a) Die Informationssicherheit ist der IT-Sicherheit untergeordnet.
b) Das IT-SiG regelt insbesondere, wie Unternehmen mit kritischer IT-Infrastruktur sicherer sind.
c) Das IT-SiG muss ein Betreiber eines kleinen Online-Shops beachten.
d) Das BSIG ist nur für Mitarbeiter des BSI von Bedeutung.
e) Die DSGVO gilt nur für Deutschland und gilt nachrangig zum BDSG.
f) Prinzipien der DSGVO sind Speicherbegrenzung und Datenminimierung.
g) Menschen haben das Recht, dass veraltete persönliche Daten berichtigt werden.

3 Bearbeiten Sie im Arbeitsbuch Aufgabe 3 zur IT-Sicherheit und Aufgabe 4 der Lernsituation 1 zum Schutz personenbezogener Daten. A3 A4

4 Bearbeiten Sie im Arbeitsbuch die Aufgabe 5 der Lernsituation 1 und bearbeiten Sie Aufgaben zum Einsatz und zu Risiken von KI-Technologien.

4.1.3 IT-Grundschutz, Schutzziele, Gefährdungen, Schadensszenarien unterscheiden

S **Sie sollen Anforderungen zum IT-Grundschutz präsentieren.**

Die folgenden beiden Schaubilder zeigen wichtige Grundzüge des IT-Grundschutzes des BSI im Zusammenhang auf. Mitarbeiter, die sich mit Informationssicherheit und IT-Grundschutz beschäftigen, und Mitarbeiter der IT-Berufe sollten in der Lage sein, diese Schaubilder zu erläutern. Das folgende Schaubild zeigt ein Strukturbild von Unternehmen oder Organisationen, die digitale Dienste oder Produkte anbieten und personenbezogenen Daten verarbeiten. Ihre Infrastruktur und der Betrieb eines sicheren Verarbeitungsbetriebs sind durch eine Vielfalt von Bedrohungen und laufend neue betriebliche Schwachstellen ständig gefährdet. Schutzziele bzw. Sicherheitsgrundwerte werden im Schadensfall nicht eingehalten. Hohe Strafen, Bußgelder und große wirtschaftliche Schäden aufseiten der Unternehmen und Organisationen sowie der Verlust von Persönlichkeits- und Freiheitsrechten der Betroffenen sind die Folge.

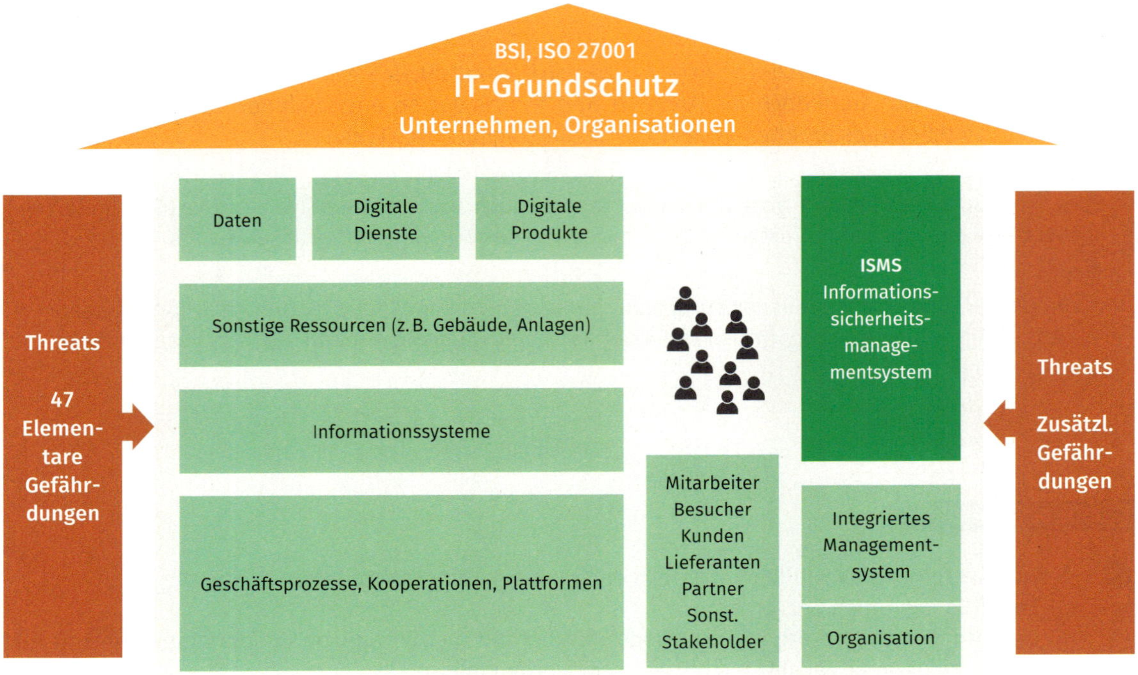

IT-Grundschutz Bausteine in 10 Schichten
3 Prozessschichten/Teilschichten/Bausteine: ORP, CON, OPS (siehe folgendes Schaubild)
5 Systemschichten/Teilschichten/Bausteine: APP, SYS, IND, NET, INF
Schicht DER: Überprüfung, Vorfallsreaktion, Vorsorge (Detection und Reaktion)
Schicht ISMS: Sicherheitsmanagementsystem

Das BSI hat Sicherheitsaspekte in Bausteinen zusammengefasst und **10 Sicherheitsbausteine im IT-Grundschutz** festgelegt. Diese sind systematisch in Zielobjekten zu untersuchen. Dazu müssen Gefährdungen den Bausteinen zugeordnet und bewertet werden, welche Anforderungen zur Sicherstellung eines Basisschutzes, eines Standardschutzes und eines Schutzes bei erhöhten Anforderungen notwendig sind. Der Prozess der Überprüfung und Entwicklung des Sicherheitssystems ist ein laufender Prozess und unterliegt dem PDCA-Zyklus (siehe Kapitel 1.3.3).

IT-Grundschutz und Schutzziele

GSK IT-Grundschutz-Kompendium des BSI Stand 2023 ff.
Glossar der Fachbegriffe: GSK S. 35–43
Sicherheitsaspekte (Bausteine):
ORP = organisatorisch/personelle
CON = Konzepte und Vorgehensweisen
OPS = operative, spezielle
APP = Anwendungen u. Dienste
SYS = IT-Systeme
IND = industrielle
NET = Netzwerk
INF = Infrastruktur
DER = Detektion/Reaktion

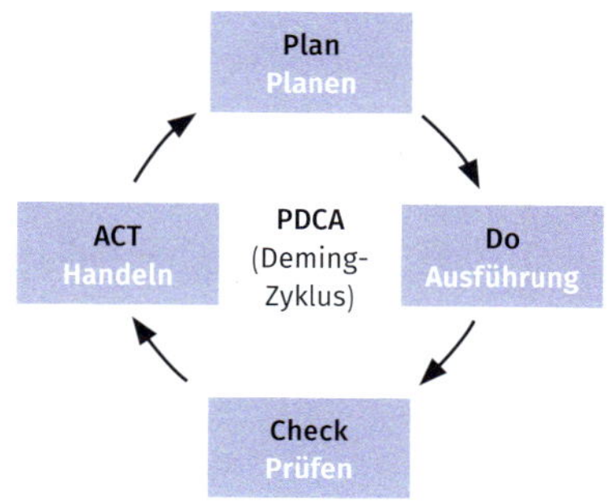

Zielobjekte: z. B. Gebäude, Räume, IT-Systeme, Komponentengruppen, übergeordnet/Informationsverbund, Anwendungen

Vorgehensweise in Reihe: R1 bis R3

Schutzziele (Security Goals): Kein Verlust der
- **V = Verfügbarkeit** (Ressourcen und Informationen)
- **I = Integrität** (Korrektheit von Informationen, **Authentizität** Echtheit und Überprüfbarkeit)
- **V = Vertraulichkeit** (personenbezogene Daten, digitale Werte)

Grundwerte (C IA A)
→ Grundwert A = Availability
→ Grundwert I = Integrity
→ *Grundwert A = Authenticity*
→ Grundwert C = Confidendiality

Anforderungen
Basis: Zwingend = MUSS
Verbot = DARF-NICHT-/KEIN
Standard/Erhöhte:
Normalerweise = SOLLTE

(1) IT-Grundschutz nach dem BSI

Das Bundesamt für Sicherheit in der Informationstechnik (BSI) ist gesetzlich als Bundesbehörde für die Informationssicherheit auf nationaler Ebene zuständig (vgl. BSIG). Es hat daher auf der Basis der ISO 27001, weiterer Normen, Praxiserfahrungen und eines systematischen Entwurfsprozesses ein Konzept zur Sicherstellung des IT-Grundschutzes entworfen. Dieses Konzept sieht Schutzziele bzw. Grundwerte der IT-Sicherheit vor, deren Einhaltung auch in Informationssicherheitsgesetzen (IT-SiG, BDSG, LDSG, EU-DSGVO) gefordert wird. Ziele sind, die Betroffenen mit ihren personenbezogenen Daten zu schützen, die Aufsicht der solche Daten verarbeitenden Unternehmen sicherzustellen. Unternehmen und Organisationen wird vielfältige Unterstützung zum Aufbau und laufenden Fortschreibung eines Informationssicherheitssystem angeboten. Unternehmen sind verpflichtet, angemessene Informationssicherheitssysteme zu installieren, wenn sie personenbezogenen Daten verarbeiten. Die Informationssicherheitssysteme sind individuell den Anforderungen der Unternehmen entsprechend zu entwickeln. Sie sind daher sehr unterschiedlich, können manuell oder elektronisch über spezielle Content-Management-Systeme bzw. ISMS-Systeme eingerichtet werden.

IT-Grundschutz nach dem BSI

Gesetzliche Grundlage
Nach Art. 29 DSGVO dürfen Beschäftigte eines Verantwortlichen (eines Unternehmens, eines Vereins, eines Verbands, eines Selbstständigen, einer Behörde usw.) oder eines Auftragsverarbeiters personenbezogene Daten ausschließlich auf Weisung des Verantwortlichen oder Auftragsverarbeiters benutzen, es sei denn, eine gesetzliche Regelung schreibt eine Verarbeitung dieser Daten vor.

In Art. 32 Abs. 4 DSGVO ist vorgegeben, dass Verantwortliche oder Auftragsverarbeiter Schritte unternehmen müssen, um sicherzustellen, dass ihnen unterstellte Personen (insbesondere Beschäftigte), die Zugang zu personenbezogenen Daten haben, diese nur auf Anweisung der Verantwortlichen oder Auftragsverarbeiter benutzen (vgl. Aufgabe 4 (3) im Arbeitsbuch).

Methodik und System

Der IT-Grundschutz nach BSI ist eine Methodik und ein System von Bausteinen, Standards und Handlungsempfehlungen zum Aufbau eines Informationssicherheitsmanagementsystems (ISMS). Dadurch sollen ein Grundschutz zur Informationssicherheit in Unternehmen und Organisationen und die gestellten Schutzziele „Verfügbarkeit – Vertraulichkeit – Integrität“ sichergestellt werden.

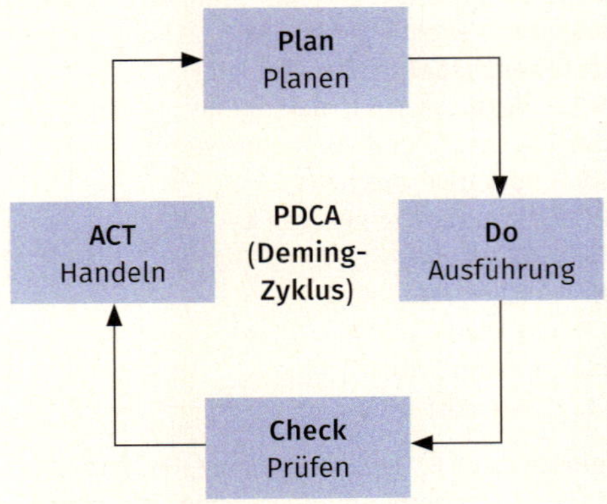

Anforderungen aus der Praxis und der ISO 27001 werden berücksichtigt. Unternehmen und Behörden werden mit den Bausteinen unterstützt, systematisch nach Schwachstellen zu suchen, die Angemessenheit umgesetzter Schutzmaßnahmen zu prüfen, Sicherheitskonzepte zu entwickeln und fortzuschreiben. Sie werden ständig in einem sog. Community Draft weiterentwickelt und ergänzt. Das BSI soll Unternehmen und Organisationen unterstützen, ihren gesetzlichen Verpflichtungen zur Informationssicherheit und zur Rechenschaft im Informationssicherheitsmanagementsystem (ISMS) nachzukommen. Unternehmen sollten ihre Sicherheitsmaßnahmen und Systeme laufend im PDCA-Prozess anpassen (siehe Kapitel 1.3.3, Abschnitt (4), S. 57).

Unterstützungsmaßnahmen

Das BSI bietet aufgrund der notwendigen Anpassungen durch ständig neue Gefährdungen verschiedene Unterstützungsmaßnahmen an, z. B.:

1. **IT-Grundschutz-Kompendium** (GSK, **jährlich aktualisiert**, Entwürfe als Drafts): Beschreibung von Elementaren Gefährdungen und Bausteinen zur Erstellung von Informationssicherheitssystemen (ISMS) in Unternehmen und Organisationen.
2. **Standards:**
   BSI-Standard 200-1 (alt 100-1): Managementsysteme für Informationssicherheit
   BSI-Standard 200-2 (alt 100-2): IT-Grundschutz-Vorgehensweise
   BSI-Standard 200-3 (alt 100-3): Risikoanalyse auf der Basis von IT-Grundschutz, Rahmenbedingungen, Zielobjekte, Gefährdungsübersicht, Risiken behandeln
   BSI-Standards 200-4 (alt 100-4): Notfallvorsorge, Business Continuity Management
3. **Weitere Unterstützungen:** Leitfaden Basisabsicherung für kleinere Unternehmen und Organisationen, Grundschutzprofile (Schablonen) für verschiedene Anwendungsgruppen (z. B. Handwerksbetriebe), Grundschutztools und Toolliste

IT-Grundschutz-Drafts, d. h. Veröffentlichung und Community von Entwürfen
Meldungen und Mitteilungen über aktuelle Gefährdungen u. v. m., siehe www.bsi.bund.de.

Inhalte des IT-Grundschutz-Kompendiums

Aufbau in zehn Schichten: Prozessbausteinschichten, System-Bausteinschichten, ISM, DER, z. B.

- Die **Schicht INF** (Infrastruktur) enthält Bausteine zum Gebäude, zu Räumen und weiterer Infrastruktur (für Lernfeld 4 INF.7 bis 10 – Büroarbeitsplatz, häuslicher Arbeitsplatz, mobiler Arbeitsplatz, Besprechungs-, Veranstaltungs- und Schulungsräume relevant).
- Die **Schicht NET** (Netze und Kommunikation) wird in Lernfeld 3 und in weiterführenden Jahrgängen behandelt.
- **SYS-Schicht** (IT-Systeme): Bezogen auf Arbeitsplätze sind hier insbesondere die Desktop-Systeme und mobilen Devices von Bedeutung. Die Schicht ORP befasst sich mit organisatorischen und personellen Sicherheitsaspekten, z. B. die Bausteine „Organisation“ und „Personal“ oder das Berechtigungsmanagement.

- Die **Schicht CON** enthält Bausteine, die sich mit Konzepten und Vorgehensweisen befassen. Typische Bausteine der Schicht CON sind u.a. Auswahl und Einsatz von Standardsoftware, Datenschutz und Datensicherungskonzept, Softwareentwicklung, Kryptokonzept (siehe Kapitel 4.4).
- **Anwendungsschicht (APP):** Hier sind für das Lernfeld 4 insbesondere die Bausteine „Client-Anwendungen" oder „Business-Anwendungen" von Bedeutung.
- Die **Schicht OPS** umfasst alle Sicherheitsaspekte des operativen IT-Betriebs, z.B. Bausteine zum Schutz vor Schadprogrammen, Cloud-Nutzung oder Telearbeit.
- In der **Schicht DER** finden sich alle Bausteine, die für die Überprüfung der umgesetzten Sicherheitsmaßnahmen, die Detektion von Sicherheitsvorfällen sowie die geeigneten Reaktionen darauf relevant sind, z.B. Bausteine zur Behandlung von Sicherheitsvorfällen (**Security Incident Management**) oder die Vorsorge für **IT-Forensik** (systematische Untersuchung krimineller Handlungen).
- **Schicht ISMS:** Hier sind Bausteine zum Aufbau und Betrieb eines Informationssicherheitsmanagementsystems aufgeführt. Diese werden in den Lernfeldern der Folgejahrgänge behandelt, in Lernfeld 4 werden ausgewählte Systembestandteile (z.B. Sicherheitsleitlinie, Risikoanalyse) auf die Arbeitsplatzanalyse eingegrenzt einbezogen.

(2) Schutzziele nach IT-Grundschutz

Im Lernfeld 1 wurden im Kapitel 1.3.3 das Unternehmensleitbild und allgemeine Ziele von Unternehmen behandelt. Ein Schaubild unterschiedlicher Unternehmensziele stellt neben wirtschaftlichen Zielen auch Qualitätsziele sowie Ziele zur IT-Sicherheit und zum Datenschutz vor. Auch in Lernfeld 2 werden im Kapitel 2.3.4 Ziele zur IT-Sicherheit und zum Datenschutz angesprochen und in Kapitel 2.10.3 die Risikoanalyse bezogen auf Arbeitsplätze durchgeführt.

In der **DSGVO** werden aus der Sicht der Betroffenen insbesondere die Schutzziele Vertraulichkeit, Integrität und Verfügbarkeit ihrer personenbezogenen Daten gefordert.

Art. 32 Abs. 1 DSGVO – Sicherheit der Verarbeitung personenbezogener Daten
Unter Berücksichtigung des Stands der Technik, der Implementierungskosten und der Art, des Umfangs, der Umstände und der Zwecke der Verarbeitung sowie der unterschiedlichen Eintrittswahrscheinlichkeit und Schwere des Risikos für **die Rechte und Freiheiten natürlicher Personen** treffen der **Verantwortliche und der Auftragsverarbeiter geeignete technische und organisatorische Maßnahmen**, um ein dem Risiko **angemessenes Schutzniveau** zu gewährleisten; diese Maßnahmen schließen gegebenenfalls unter anderem Folgendes ein:

a) die **Pseudonymisierung** und **Verschlüsselung** personenbezogener Daten;
b) die Fähigkeit, die **Vertraulichkeit**, **Integrität, Verfügbarkeit** und **Belastbarkeit der Systeme** und Dienste im Zusammenhang mit der Verarbeitung auf Dauer sicherzustellen;
c) die Fähigkeit, die **Verfügbarkeit** der personenbezogenen Daten und den Zugang zu ihnen bei einem physischen oder technischen Zwischenfall **rasch wiederherzustellen**;
d) ein Verfahren zur regelmäßigen Überprüfung, Bewertung und Evaluierung der Wirksamkeit der technischen und organisatorischen Maßnahmen zur Gewährleistung der Sicherheit der Verarbeitung.

Das BSI hat diese Schutzziele als **Grundwerte der Informationssicherheit** (siehe IT-Grundschutz-Kompendium 2023 im Glossar S. 37) festgelegt.

Schutzziele und Grundwerte der Informationssicherheit nach BSI

Der IT-Grundschutz betrachtet die drei Schutzziele bzw. Grundwerte der Informationssicherheit: **Verfügbarkeit (Availability) – Integrität (Integrity) – Vertraulichkeit (Confidendiality).**
Jedem Anwender des IT-Grundschutzes steht es frei, bei der Schutzbedarfsfeststellung weitere Grundwerte zu betrachten, wenn dies im individuellen Anwendungsfall hilfreich ist. Weitere generische Oberbegriffe der Informationssicherheit sind beispielsweise **Authentizität, Verbindlichkeit, Zuverlässigkeit** und **Nichtabstreitbarkeit.**
Mit dem Begriff **„Authentizität"** wird eine Eigenschaft bezeichnet, die gewährleistet, dass ein Kommunikationspartner tatsächlich derjenige ist, der er vorgibt zu sein. Dazu erfolgt i. d. R. eine Authentisierung (Authentication), z. B. durch Passwort-Eingabe, Chipkarte oder Biometrie. Das BSI sieht das Schutzziel bzw. den Grundwert Authentizität als Teilziel des Ziels nach Integrität (Integrity).

Das Bundesdatenschutzgesetz und die Landesdatenschutzgesetze heben in ihren Gesetzen, in den Anforderungen an die Sicherheit der automatisierten Datenverarbeitung von personenbezogenen Daten, ebenfalls diese Schutzziele bzw. Grundwerte hervor (siehe fett gesetzte Worte im Gesetzestext) und ergänzen dazu weitere Anforderungen. Diese werden in der Recherche häufig als **Gebote zum Datenschutz und zur Datensicherheit** angezeigt.

Herausgestellt wird hierbei auch, dass es sich um **technische und organisatorische Maßnahmen (TOM)** an den Datenverarbeitungsanlagen handelt. Diese Maßnahmen werden aus Praxissicht in Kapitel 4.2 genauer betrachtet.

Datensicherheit und Datenschutz

Anforderungen an die Sicherheit bei automatisierter Datenverarbeitung personenbezogener Daten
Erforderliche technische und organisatorische Maßnahmen (TOM) an den Verarbeitungsanlagen, § 64 BDSG

14 Gebote für Datensicherheit und Datenschutz
Verantwortliche und der Auftragsverarbeiter haben nach einer Risikobewertung Maßnahmen zu ergreifen, die Folgendes bezwecken (Auszüge des Gesetzes, vgl. § 64 BDSG):

1. **Zugangskontrolle:** Verwehrung des Zugangs zu Verarbeitungsanlagen
2. **Datenträgerkontrolle:** Verhinderung des unbefugten Lesens, Kopierens, Veränderns oder Löschens von Datenträgern
3. **Speicherkontrolle:** Verhinderung der unbefugten Eingabe von personenbezogenen Daten sowie der unbefugten Kenntnisnahme, Veränderung und Löschung von gespeicherten personenbezogenen Daten
4. **Benutzerkontrolle:** Verhinderung der Nutzung mithilfe von Einrichtungen zur Datenübertragung durch Unbefugte
5. **Zugriffskontrolle:** Gewährleistung, dass ausschließlich Berechtigte zu den von ihrer Zugangsberechtigung umfassten personenbezogenen Daten Zugang haben
6. **Übertragungskontrolle:** Gewährleistung, dass überprüft und festgestellt werden kann, an welche Stellen personenbezogene Daten übermittelt oder zur Verfügung gestellt wurden oder werden können
7. **Eingabekontrolle:** Gewährleistung, dass nachträglich überprüft und festgestellt werden kann, welche personenbezogenen Daten zu welcher Zeit und von wem eingegeben oder verändert worden sind
8. **Transportkontrolle:** Gewährleistung, dass bei der Übermittlung personenbezogener Daten sowie beim Transport von Datenträgern die Vertraulichkeit und Integrität der Daten geschützt werden

9. **Wiederherstellbarkeit:** Gewährleistung, dass eingesetzte Systeme im Störungsfall wiederhergestellt werden können
10. **Zuverlässigkeit:** Gewährleistung, dass alle Funktionen des Systems zur Verfügung stehen und auftretende Fehlfunktionen gemeldet werden
11. **Datenintegrität:** Gewährleistung, dass gespeicherte personenbezogene Daten nicht durch Fehlfunktionen des Systems beschädigt werden können
12. **Auftragskontrolle:** Gewährleistung, dass personenbezogene Daten, die im Auftrag verarbeitet werden, nur entsprechend den Weisungen des Auftraggebers verarbeitet werden können
13. **Verfügbarkeitskontrolle:** Gewährleistung, dass personenbezogene Daten gegen Zerstörung oder Verlust geschützt sind
14. **Trennbarkeit:** Gewährleistung, dass zu unterschiedlichen Zwecken erhobene personenbezogene Daten getrennt verarbeitet werden können

Ein Zweck nach S. 1 Nr. 2–5 kann insbesondere durch die Verwendung von dem Stand der Technik entsprechenden Verschlüsselungsverfahren erreicht werden.

! **Systemhärtung**

Durch Systemhärtung (engl. System Hardening) werden Angriffsflächen der IT-Systeme verkleinert. Maßnahmen: Im Einsatz befindliche Systeme (Hardware, Betriebssystem, Software, Cloudanwendungen) werden so konfiguriert, dass sie besser gegen Cyberattacken und ähnliche Angriffe geschützt sind, z. B. können nicht benötigte Dienste abgeschaltet werden oder im engeren Rahmen Berechtigungen vergeben werden; siehe auch Empfehlungen des BSI, des CIS (Center for Internet Security) oder von Unternehmen wie z. B. Cisco oder Microsoft zu speziellen Tools.

(3) Gefährdungen und Anforderungen

Aufgrund der Schutzziele bzw. der Grundwerte der Informationssicherheit gibt es einen hohen Schutzbedarf für die Verarbeitung von Personendaten in den Unternehmen und Organisationen. Das BSI hat dafür drei Stufungen im Schutzbedarf vorgesehen.

Das BSI hat auch eine Systematisierung von Gefährdungen vorgenommen und **47 elementare Gefährdungen** abgegrenzt. Im IT-Grundschutz-Kompendium hat sie zu jedem Basisbaustein passende Gefährdungen und Gefährdungslagen mit Bedrohungen und Schachstellen ergänzt. Als Beispiel ist unten der Baustein „Allgemeiner Client" aufgeführt.

47 elementare Gefährdungen
Bedrohungen, Schwachstellen
(Schutzziele: V, I, V/Grundwerte: A, I, C)

- G 0.1 Feuer (I,V/A)
- G 0.2 Ungünstige klimatische Bedingungen (I,V)
- G 0.3 Wasser (I, V)
- G 0.4 Verschmutzung, Staub, Korrosion (I,V)
- G 0.5 Naturkatastrophen (I, V/A)
- G 0.6 Katastrophen im Umfeld (I, V)
- G 0.7 Großereignisse im Umfeld (I, V)
- G 0.8 Ausfall oder Störung der Stromversorgung (I, V)
- G 0.9 Ausfall oder Störung von Kommunikationsnetzen (V)
- G 0.10 Ausfall oder Störung von Versorgungsnetzen (/A)
- G 0.11 Ausfall oder Störung von Dienstleistern (V, I, V)
- G 0.12 Elektromagnetische Störstrahlung
- G 0.13 Abfangen kompromittierender Strahlung
- **G 0.14 Ausspähen von Informationen (Spionage) (V)**
- G 0.15 Abhören (V/C)
- **G 0.16 Diebstahl von Geräten, Datenträgern oder Dokumenten**
- G 0.17 Verlust von Geräten, Datenträgern oder Dokumenten
- G 0.18 Fehlplanung oder fehlende Anpassung (V, I, V/C,I,A)
- G 0.19 Offenlegung schützenswerter Informationen (V)
- G 0.20 Informationen oder Produkte aus unzuverlässiger Quelle
- G 0.21 Manipulation von Hard- oder Software (V, V)
- G 0.22 Manipulation von Informationen
- **G 0.23 Unbefugtes Eindringen in IT-Systeme (V, I, V/C,I)**
- G 0.24 Zerstörung von Geräten oder Datenträgern
- G 0.25 Ausfall von Geräten oder Systemen (V, V)
- G 0.26 Fehlfunktion von Geräten oder Systemen (V, I, V/C,I,A)
- G 0.27 Ressourcenmangel (I, V)
- **G 0.28 Software-Schwachstellen oder -Fehler (V, I, V)**
- G 0.29 Verstoß gegen Gesetze oder Regelungen (V, I)

Hier blau: Auswahl, wo Mitarbeiter an Arbeitsplätzen Beiträge leisten können, fett: Gesprächsauswahl

- G 0.30 Unberechtigte Nutzung oder Administration von Geräten und Systemen (V, I, V)
- G 0.31 Fehlerhafte Nutzung oder Administration von Geräten und Systemen (V, I, V/C,I,A)
- **G 0.32 Missbrauch von Berechtigungen (V, I, V)**
- G 0.33 Personalausfall (V/A)
- G 0.34 Anschlag
- G 0.35 Nötigung, Erpressung oder Korruption
- **G 0.36 Identitätsdiebstahl (V, I, V)**
- G 0.37 Abstreiten von Handlungen
- **G 0.38 Missbrauch personenbezogener Daten (V)**
- **G 0.39 Schadprogramme (V, I, V/C,I,A)**
- **G 0.40 Verhinderung von Diensten (Denial of Service) (V)**
- G 0.41 Sabotage
- **G 0.42 Social Engineering (V, I)**
- G 0.43 Einspielen von Nachrichten
- G 0.44 Unbefugtes Eindringen in Räumlichkeiten
- G 0.45 Datenverlust (V, I, V)
- **G 0.46 Integritätsverlust schützenswerter Informationen (I/I)**
- G 0.47 Schädliche Seiteneffekte IT-gestützter Angriffe

Gefährdungen

Begriff
Gefährdungen (Applied Threats) sind angewandte Bedrohungen (Threats), die über Schwachstellen auf Objekte, hier Informationstechnik und andere IT-Ressourcen, einwirken. Bezogen auf die Informationstechnik können damit die Verfügbarkeit, Integrität oder Vertraulichkeit von Informationen beeinträchtigt werden. Dadurch kann dem Besitzer und dem Benutzer der Informationen ein Schaden entstehen, siehe Folien S. 408 f. und IT-Grundschutz-Kompendium.

47 elementare Gefährdungen
Das BSI nennt im IT-Grundschutz-Kompendium 47 elementare Gefährdungen (Quelle: vgl. GSK 2023, S. 47 ff.).

Gefährdungslagen
Im IT-Grundschutz-Kompendium ist zu jedem aufgeführten Baustein eine Gefährdungslage mit spezifischen Bedrohungen und Schwachstellen genannt. Dies hilft den Mitarbeitern bei der Schutzbedarfs- und Risikoanalyse, schneller Bedrohungen und Schwachstellen zu lokalisieren, z. B. Gefährdungslage „Allgemeiner Client“, vgl. SYS.2.1: GSK 2023, S. 551 ff.

Bedrohungen
Bedrohungen sind beispielsweise Schadprogramme, Datenverlust durch lokale Datenhaltung, unberechtigte IT-Nutzung, Installation nicht benötigter Betriebssystemkomponenten und Applikationen, Abhören von Räumen mittels Mikrofons und Kamera, fehlerhafte Administration oder Nutzung von Geräten und Systemen.

Schwachstellen
Schwachstellen sind beispielsweise Hardware-Defekte durch Fehlbedienung, Software-Schwachstellen oder -Fehler, aus denen Gefährdungslagen entstehen.

Betrachtungen der Gefährdungen und Gefährdungslagen erfolgen nach BSI in den Grundschutzbausteinen und insbesondere in der **Risikoanalyse** (siehe Lernfeld 2, Kapitel 2.10.3 und BSI-Standard 200-3). Die Risikoanalyse erfolgt im Prozessablauf des BSI erst nach den Schutzbedarfsfeststellungen und nach der Modellierung. **Modellierung** bedeutet, dass für jeden Baustein der IT-Grundschutz-Bausteine festgestellt wird, auf welche Zielobjekte im realen Informationsverbund er anzuwenden ist.

Für jeden Baustein hat das BSI entsprechend den Gefährdungslagen Anforderungen festgelegt, die den Zielobjekten zuzuweisen sind.

Anforderungen, Maßnahmenempfehlungen und Kreuztabellen

Anforderungen
Die im IT-Grundschutz-Kompendium aufgeführten Anforderungen sollten erfüllt werden, um ein angemessenes Sicherheitsniveau zu erreichen. Die Anforderungen sind in Basis- und Standard-Anforderungen sowie Anforderungen für erhöhten Schutzbedarf unterteilt.
Die Basis-Anforderungen stellen das Minimum dessen dar, was vernünftigerweise an Sicherheitsvorkehrungen umzusetzen ist (MUSS-/DARF-Anforderungen). Als Einstieg können sich die Anwender auf die Basis-Anforderungen beschränken, um zeitnah die wirkungsvollsten Anforderungen zu erfüllen. Eine angemessene Sicherheit wird allerdings erst mit der Umsetzung der Standard-Anforderungen (SOLLTE-Anforderungen) erreicht. Maßnahmenempfehlungen und Umsetzungshinweise (Best-Practice-Hinweise, ergänzende Hinweise) ergänzen die Anforderungen.

Kreuzreferenztabellen
Zu jedem Baustein wird im Anhang eine Kreuztabelle dargestellt, die Gefährdungen des Bausteins und Anforderungen in einen Zusammenhang stellt. Zu den Gefährdungen werden jeweils auch die Grundwerte angegeben.

Zielobjekte
Dies sind die direkt betroffenen Objekte der Gefährdungslagen in den Unternehmen und Organisationen. Das BSI hat allgemein als Zielobjekttypen dieser Zielobjekte, z. B. IT-System, Anwendung oder Informationsverbund, übergeordnete Aspekte festgestellt. Diese sind in den Unternehmen speziell zu bezeichnen, z. B. das ERP-System in der kaufmännischen Verwaltung, das Datennetz in der Personalverwaltung, die Benutzerverwaltung aller Arbeitsplatzsysteme, alle USB-Schnittstellen der Arbeitsplatzcomputer.

Risikoanalyse
Zur Beurteilung von Gefährdungsszenarien werden Risikoanalysen als Verfahren häufig eingesetzt. Dabei werden i. d. R. Risiken, denen Zielobjekte ausgesetzt sind, in Abhängigkeit der Eintrittswahrscheinlichkeiten der Schadensereignisse und der möglichen Schadenshöhen bewertet (vgl. BSI-Standard 200-3 und Kap. 2.10.3, S. 273).

(4) Schadenszenarien und Schadenskategorien

Durch IT-Sicherheitsvorfälle können Unternehmen bis hin zur Insolvenz Schaden erleiden. Das BSI unterscheidet zwischen direkten, materiellen, indirekten und immateriellen Schadensfällen.

Schadensszenarien

Direkte, materielle Schadensszenarien
Das sind beispielsweise finanzielle Auswirkungen wie Gewinn-/Umsatzrückgang, Verlust der Kreditwürdigkeit oder von Marktanteil, Beeinträchtigungen der Aufgabenerfüllung oder negative Auswirkungen, z. B. Absatz- und Umsatzeinbußen, Bußgelder, Rechtanwaltskosten und

kostenintensive Sicherheitsdienstleistungen, kostenintensive Pressearbeit, Verlust von Kunden, Entlassungen, Geschäftsunterbrechungen und Geschäftsstillstand, Insolvenz.
Indirekte, immaterielle Schadenszenarien Das sind beispielsweise fehlende Management- oder Steuerungsinformationen oder Verstöße gegen Gesetze, Vorschriften und Verträge, negative Innen- und Außenwirkung (Imageschaden), Beeinträchtigung der persönlichen Unversehrtheit und des informationellen Selbstbestimmungsrechts der Betroffenen bei personenbezogenen Daten, Rückgang der Mitarbeitermotivation.

Das BSI hat **vier Schadenskategorien** und vergleichbar **drei Schutzbedarfskategorien** in ihren Standards festgelegt. Unternehmen können auch differenzierter weitere Kategorien festlegen. Das BSI stellt heraus, dass es nicht immer möglich ist, die Festlegung quantitativ zu begründen, da es neben den direkten, materiellen Schutzbedarfskategorien keine materiellen, indirekten Kategorien gibt (siehe unten). Auch ist bei den Bewertungen zu beachten, dass es Gründe für eine Höher- oder Tieferstufung in der Schadenskategorie gibt.

Schadenkategorien und Schadenszenarien nach BSI

JIKU

Schadenskategorien zur Bewertung von Schadensausmaßen:

1 **(gering)**: Ausfall hat geringe, kaum spürbare Auswirkungen
2 **(mittel)**: spürbare Auswirkungen
3 **(hoch)**: nicht tolerierbare Auswirkungen
4 **(sehr hoch)**: wenn ein Ausfall oder eine Beeinträchtigung sich existenziell bedrohlich auswirkt

Schutzbedarfskategorien nach BSI:
normal, hoch, sehr hoch

Bewertungen abhängig von:
- tolerierbaren Ausfallzeiten
- Schnelligkeit der Regelung/Qualität der Notfallpläne
- negativen Kumulationseffekten von Schäden
- positiven Verteilungseffekten (Lastausgleich)
- existenziell bedrohlichen Maximalfällen

Schadenszenarien:

- **direkte, materielle und finanzielle Schäden**
- **indirekte, immaterielle Schäden**

- Ein Schaden kann mehrere Schadenszenarien zur Folge haben.
- Sie sind unterschiedlich je nach Branchen, Geschäftsbereichen, Geschäftsmodellen, Geschäftsprozessen, Kooperationen, Notfallmanagement, Reserven, Engagement der Mitarbeiter und Stakeholder im Notfall etc. feststellen

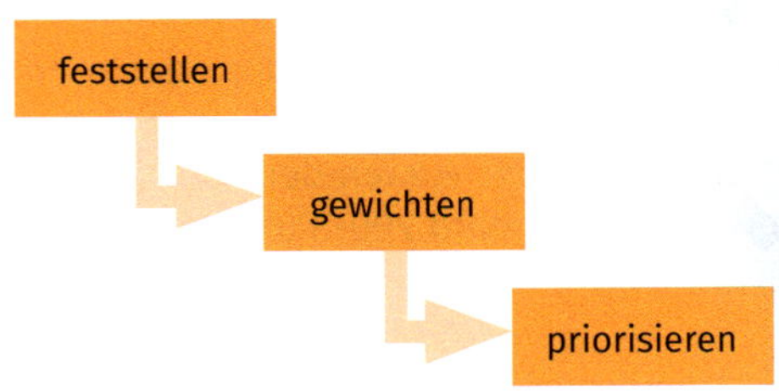

Quelle: vgl. BSI-Standards 200-4 und 200-2

Schadenskategorien		Schutzbedarfskategorien	
Bezeichnung	**Erläuterung**	**Bezeichnung**	**Erläuterung**
1 (gering)	Ausfall hat eine geringe, kaum spürbare Auswirkung.	-	-
2 (mittel)	Ausfall hat spürbare Auswirkungen.	normal	Die Schadensauswirkungen sind begrenzt und überschaubar.

Schadenskategorien		Schutzbedarfskategorien	
Bezeichnung	**Erläuterung**	**Bezeichnung**	**Erläuterung**
3 (hoch)	Ausfall hat erhebliche Auswirkungen.	hoch	Die Schadensauswirkungen können beträchtlich sein.
4 (sehr hoch)	Ausfall oder Beeinträchtigung führen zu existenziell bedrohlichen Auswirkungen.	sehr hoch	Die Schadensauswirkungen können ein existenziell bedrohliches, katastrophales Ausmaß erreichen.
Die Bewertungen sind von verschiedenen Faktoren abhängig (siehe Schaubild S. 422).			

Quelle: Bundesamt für Sicherheit in der Informationstechnik (BSI), BSI-Standard 200-4, S. 169f. und 200-2, S. 104

Kompetenzcheck ✓

1 Bereiten Sie sich auf die Präsentation zum IT-Grundschutz und den Schutzzielen vor, präsentieren Sie entsprechend der Folie auf S. 422 oder mit eigenen Präsentationen.

2 Rufen Sie das aktuell gültige Landesdatenschutzgesetz (LDSG) Ihres Landes auf und prüfen Sie, welche Maßnahmen hier zum Schutz der personenbedingten Daten aufgeführt sind.

3 Was ist richtig, was ist falsch?
a) IT-Grundschutz ist ein Fachbegriff des BSI.
b) Das IT-Grundschutz-Kompendium ist Teil des BDSG.
c) Die Systematik des BSI-Grundschutzes umfasst acht Basisbausteine.
d) Die Systematik des BSI-Grundschutzes umfasst zehn Schichten.
e) Die Schutzziele des BSI entsprechen fast den Grundwerten des BSI.
f) Authentizität ist nach BSI ein Teilziel des Integritätsziels.

4 Geben Sie die passenden Stichworte an.
a) Die drei Schutzziele des IT-Grundschutzes
b) Oberste Bundesbehörde für Datensicherheit
c) Systematische Untersuchung krimineller Aktivitäten
d) Tabelle mit Gefährdungen und Anforderungen
e) 14 TOM oder Gebote des BDSG
f) Deming-Zyklus zur geregelten Weiterentwicklung
g) Deutsches Wort für Threats.

5 Ordnen Sie Zielobjekte eines Unternehmens den folgenden Bausteinen richtig zu. APPS – CON – DER – ISMS – IND – INF – NET – ORP – OPS – SYS
a) Arbeitsplatzrechner
b) Browser
c) WLAN-Zugang
d) Sicherheitsbeauftragter des Arbeitsplatzbereichs
e) Stromschwankungen im Stromnetz
f) IoT-Sensor beim kooperativen Roboter
g) Vergabe eines Passwortes eines Arbeitsplatzes an mehrere Personen
h) Notfallrichtlinie am Arbeitsplatz im Gefährdungsfall
i) Ausspähen von Daten bei Softwaretests
j) Datenverlust bei der Datensicherung am Arbeitsplatz

6 Erstellen Sie für verschiedene Betriebsarten (z. B. Autohersteller, Medienanbieter, E-Commerce-Anbieter, Systemhäuser etc.) Listen mit möglichen Schadensszenarien und diskutieren Sie dazu.

7 Ordnen Sie die Schutzziele „Verfügbarkeit“ und „Vertraulichkeit“ den Grundwerten A und C richtig zu.

A6 **8** Bearbeiten Sie im Arbeitsbuch die Aufgabe 6 der Lernsituation 1 und bereiten Sie eine Sitzung zum IT-Grundschutz vor.

4.1.4 Aktuelle Bedrohungen zur IT-Sicherheit von Unternehmen präsentieren

S **Sie sollen für eine Sensibilisierungskampagne in der Klasse, im IT-Bereich oder der Schule aktuelle Bedrohungen präsentieren und erläutern.**

Das BSI versucht, mit seiner Systematik eines IT-Grundschutzsystems Ordnung in die vielfältigen Bedrohungen und Angriffsarten zu bringen. Die Vielfalt und Gewalt der Bedrohungen lässt sich schnell wahrnehmen, wenn Webportale aufgerufen werden, die aktuelle Bedrohungen melden.

(1) Aktuelle Sicherheitsmeldungen in Portalen

Anbieter von Firewalls und Sicherheitstechnik müssen laufend die Gefährdungslagen und Cyberangriffe in Datenbanken festhalten, analysieren und in ihren Produkten umgehend Maßnahmen zur Abwendung dieser Angriffe ergreifen. Diese Unternehmen haben auch Portale aufgesetzt, die laufend über Bedrohungen informieren. Das BSI nimmt ebenfalls Meldungen entgegen. Auch das Angebot des AV-Test-Instituts wird häufig zu Bedrohungslagen aufgerufen.

Der Bericht des BSI zur „Lage der IT-Sicherheit in Deutschland 2023" (vgl. BSI-Bericht als PDF im Internet aufrufbar) listet folgende Erkenntnisse auf:
- Ransomware ist weiterhin die größte Bedrohung
- 84 % aller betrügerischen E-Mails waren Phishing-E-Mails
- 66 % aller Spam-Mails waren Cyberangriffe
- Zuwachs neuer Schadprogramm-Varianten: etwa 300.000 täglich
- infizierte Systeme in Deutschland: etwa 21.000 täglich.
- Durch Erfolge in der Strafverfolgung konnten DDoS-Angriffe 2023 eingedämmt werden.
- Neue Bedrohungen entstehen durch KI-Einsatz

Etwa 70 % aller Malware-Ausbrüche hatten ihren Ursprung in den Geräten, die Mitarbeiter für die Arbeit einsetzten. PC, Laptops, Mobiltelefone und Tablets dienen Angreifern als Zielobjekte der Unternehmen. Wenn Unternehmensdaten und die Produktivität der Mitarbeiter effektiv geschützt werden sollen, ist ein Fokus auf diese Endpoints unumgänglich.

In aktuellen Sicherheitsmeldungen finden sich häufig martialische Begriffe wie Angriffsarten, Angriffsvektoren oder Angriffsziele. Auch ist häufig die Rede davon, dass sich Staaten, Organisationen und Unternehmen in einem „Cyberkrieg“ mit Cyberkriminellen befinden. Die Kriminalpolizei auf Bundes- und Landesebene haben eigene **Cybercrime-Dienststellen** eingerichtet, um ihrem gesetzlichen Auftrag der Strafverfolgung nachzukommen.

Cyberangriffe	
Angriffsziele	Ablenkung, Behinderung, Belauschung, Datendiebstahl, Diebstahl personenbezogener Daten, Erpressung, Ideendiebstahl, Schädigung im Wettbewerb, Systemüberlastung, Unternehmensdaten, Unternehmensziele oder politische Ziele zulasten anderer erreichen, Verschleierung durchführen, verschlossene Bereiche öffnen
Angriffsvektoren	Als Angriffsvektor wird die Kombination von Angriffsweg und -technik bezeichnet, mit der sich ein Angreifer Zugang zu IT-Systemen verschafft.
Angriffswege/ Angriffsobjekt	Datenkommunikation, Netzwerk, Web, E-Mail, Datenspeicher (Geräte, Chips, Speicher, Karten), Hardware (Netzwerk, Client, Peripherie, IoT, Adapter, USB, industrielle Steuersysteme, Schnittstellen, Leitungen, Übertragungswege), Protokolle, OS, Software, Treiber, Protokolle, Bibliotheken, Menschen, Nutzer, Social Engineering, Täuschung, Machine Learning und KI-basierte Wege und Objekte
Angriffstechnik	Code-Injection-Angriffe, Diebstahl, Network-Angriffe, Schwachstellenausnutzung, Spam, Trojaner, Malware etc.
Angriffsarten	Ausnutzung von Schwachstellen, Informationsdiebstahl, physische Manipulation von Geräten, Man-in-the-middle-Angriffe (Eindringen in die Mitte zwischen Sender und Empfänger), DoS und DDoS (Angriffe durch Botnets), Malware (Schadsoftware wie Trojaner, Backdoors, Ramsomware)

Kompetenzcheck ✓

1. Recherchieren Sie in Webportalen, die aktuelle Bedrohungen anzeigen. Verwenden Sie auch die Linksammlung zu Anfang im Arbeitsbuch. Erstellen Sie in Arbeitsgruppen Teilpräsentationen dazu und verknüpfen Sie diese zu einer gemeinsamen Präsentation. Sprechen Sie sich dazu bezüglich Form und Ablauf ab. Zur Teamarbeit siehe Lernfeld 1, Kapitel 1.5, S. 106.

2. Sie sollen entsprechend Aufgabe 7 der Lernsituation 1 im Arbeitsbuch eine Sensibilisierungskampagne in Ihrer Klasse, in Ihrem IT-Bereich oder in der Schule starten und mit Postern oder digitalen Präsentationen auf die Gefahren, Bedrohungen und Schwachstellen zur IT-Sicherheit hinweisen. Als Einstiegshilfe soll die Sensibilisierungskampagne auf der Website www.it-sicherheit-in-der-wirtschaft.de dienen. A7

Verwendete Passwörter für Angriffe

(2) Malware unterscheiden

Cyberkriminelle greifen täglich mit zehntausenden neuer Schadprogramme (Malware) Endgeräte wie Arbeitsplatzrechner, Notebooks, Tablets oder Smartphones an, um Vorteile zu erlangen oder die Zielobjekte zu schädigen. Die Infektion der Geräte erfolgt über das Herunterladen oder das Aufrufen von Schadprogrammen, die insbesondere über Links, Webseiten oder E-Mails angeboten werden. Über die vernetzten Computer verbreiten sich die Schadprogramme in wenigen Minuten über große Netzbereiche und können Unternehmen und Organisationen, aber auch Privatcomputer, in wenigen Sekunden lahmlegen.

Neue Malware und PUA pro Sekunde

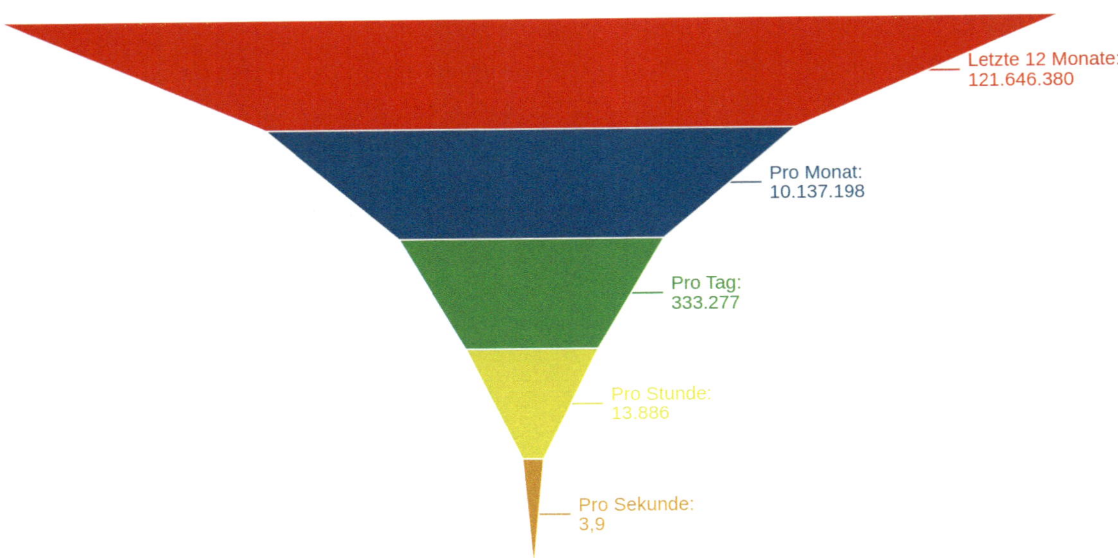

Quelle: portal.av-atlas.org

Schadsoftware – Malware

Adware
Adware ist Schadsoftware, die durch Werbung platziert wird.

Credential Stuffing
Dazu werden geleakte oder generierte Kombinationen aus Benutzernamen und Passwörtern automatisiert gegen den Login-Mechanismus von E-Commerce- und Serviceanbietern gerichtet.

Nicknapping
Nicknapping bezeichnet einen Cyber-Angriff, bei dem der Angreifer unter einem bekannten Namen oder Pseudonym auftritt.

Malware
Malware (Malicious Software) sind Schadprogramme, die wie Viren, Würmer oder Trojaner unauffällig IT-Systeme befallen, auch weitere Schadmodule nachladen können oder unbefugten Zugang („Hintertür", Backdoor) zu Systemen ermöglichen. Sie legen Rechner lahm, spionieren Daten aus oder überschwemmen mit Werbung. Es kann so weit gehen, dass Unternehmen den Betrieb einstellen und Mitarbeiter entlassen müssen. Täglich werden Zehntausende neuer Schadprogramme entwickelt, die darauf ausgelegt sind, Virenschutz-Programme zu umgehen und Sicherheitslücken auszunutzen.

Viren
Ein Virus ist ungewollt, richtet Schaden an, indem er sich in den Bootbereich eines Datenträgers einträgt (Boot-Sektor-Virus) oder in andere Dateien einbettet (Dateivirus), wird so auch weiterverteilt.

Würmer
Unterklasse des Virus, kann sich im Gegensatz zum Virus auch von selbst übertragen, indem es die vorhandene Infrastruktur nutzt (z. B. E-Mail-Programm) und sich an alle Adressen verteilt.

Trojaner
Schadprogramm, kein Virus, täuschen echte Anwendungen vor, öffnen in der Regel eine Hintertür im Computersystem, damit andere Schadprogramme darauf zugreifen können, vermehren sich nicht selbstständig.

Verbreitung
Die Verbreitung von Schadsoftware erfolgt durch
- **Herunterladen infizierter Anhänge**, die meist als Bestandteil Interesse weckender E-Mails übermittelt werden;
- **Drive-by-Infection**: cyberkriminelle Webseiten im Internet sind so präpariert, dass Schadsoftware bei Aufruf der präparierten Webseite automatisch heruntergeladen wird;
- **Soziale Netzwerke**, in denen infizierte Anhänge und entsprechende Links geteilt werden;
- **Spear-Infection**: Cyberkriminelle nehmen mittels persönlich adressierter Phishing- oder Infektionsmails gezielt zu bestimmten Personen Kontakt auf, um auf diesem Wege an Daten zu gelangen bzw. den Rechner des Opfers zu infizieren.

PUA (Potentially Unwanted Application)
Es wird im Internet und insbesondere auf Softwareportalen besonders gesuchte Software, z. B. als Freeware, angeboten, die dann aber nicht die gewünschten Leistungen bringt. Die darin integrierte Malware wird nicht sofort erkannt. Sie wird vom Anwender mit der heruntergeladenen Software installiert. Auch beim Löschen des geladenen Programms auf dem Rechner verbleibt die Malware häufig auf dem Rechner und wird bei einem bestimmten Ereignis aktiviert.

Ramsomware
Als Ransomware werden Schadprogramme bezeichnet, die den Zugriff auf Daten und Systeme einschränken oder verhindern (Verschlüsselungstrojaner) und diese Ressourcen nur gegen Zahlung eines Lösegeldes (Ransom) wieder freigeben. Es handelt sich dabei um einen Angriff auf das Sicherheitsziel der Verfügbarkeit und eine Form digitaler Erpressung.

Scareware Angstsoftware, die versucht den Nutzer dazu zu bringen, auf seinem System schädliche Software zu installieren, indem es System- und Warnmeldungen „vortäuscht".
Spam Unter Spam versteht man unerwünschte Nachrichten, die massenhaft und ungezielt per E-Mail oder über andere Kommunikationsdienste versendet werden. In der harmlosen Variante enthalten Spam-Nachrichten meist unerwünschte Werbung. Häufig enthält Spam jedoch auch Schadprogramme im Anhang, Links zu verseuchten Webseiten oder wird für Phishing-Angriffe genutzt, sog. Malware-Spam. Als Spam oder **Junk-Mail** (Müllpost) bezeichnet man im Internet den Massenversand nicht angeforderter Werbe-E-Mails, Werbebeiträge in Newsgroups, die nichts mit dem Thema der Gruppe zu tun haben, sowie Kettenbriefe. Nach deutschem Recht ist es verboten, fremden Personen unaufgefordert Werbung per E-Mail zuzusenden. Je nach Inhalt lassen sich **Spam-Mails** in die Bereiche **Phishing** (vertrauliche Daten wie Passwörter abfischen), **Spearing** oder **Spear-Phishing** (gezielt mit beschafften persönlichen Daten nach weiteren Gewinnmöglichkeiten wie mit einem Speer jagen, *engl.* spear), **Hoaxes** (Falsch- und Scherzmeldungen einsetzen) und **Skimming** (Mails mit Gewinnversprechen) unterteilen.
Prävention Generell bei E-Mails und nicht bekannten Links auf Webseiten die Seriosität des Inhalts und des Absenders prüfen, insbesondere wenn diese zur Weiterleitung oder zu sonstigen Handlungen auffordern. Für Hoax-Mails und Kettenbriefe gilt: Möglichst sofort löschen und keinesfalls weiterleiten.

(3) APT, Botnetze und DDoS-Angriffe

Botnet ist ein zusammengesetztes Wort aus den englischen Begriffen „robot" und „network" und bedeutet so viel wie „massenhafte Fernsteuerung über ein Netzwerk aus Robotern". Häufig werden mehrere tausend Rechnersysteme mit einem Schadcode infiziert und per Command-and-Control-Server (C&C-Server, Fernsteuerung) vernetzt, um dann von Cyberkriminellen zur Durchführung bestimmter Aktionen genutzt zu werden. Botnetze werden oftmals zu gezielten Angriffen auf die Verfügbarkeit von bestimmten Webseiten, sog. **Distributed-Denial-of-Service-Angriffe (DDoS-Angriffe)**, oder zum massenhaften Versand von Spam-Nachrichten eingesetzt.

Relativ einfach und für wenig Einsatz können über das Darknet Cyberkriminelle Botnetze mieten und so Cyberangriffe erfolgreich durchführen. Sie können Zielsysteme ausspähen, diese mit Fake News überschütten und damit die Meinung beeinflussen oder Menschen zu sonst nicht beabsichtigten Käufen oder Taten veranlassen. Das Risiko, Teil einer Botnetz-Attacke zu werden, vor allem bei mobilen Endgeräten, ist hoch. DDoS-Angriffe haben nicht selten Bandbreiten von 150 Gbit/s bis 300 Gbit/s. Die Attacken laufen rasend schnell. Die längsten Attacken dauern häufig nicht einmal zwei Minuten. Mit Malware wie „Emotet" werden Computer infiziert. Sie nutzt komplexe Techniken, die bisher nur bei Advanced Persistens Threats (APT) festgestellt wurden (siehe folgendes Schaubild).

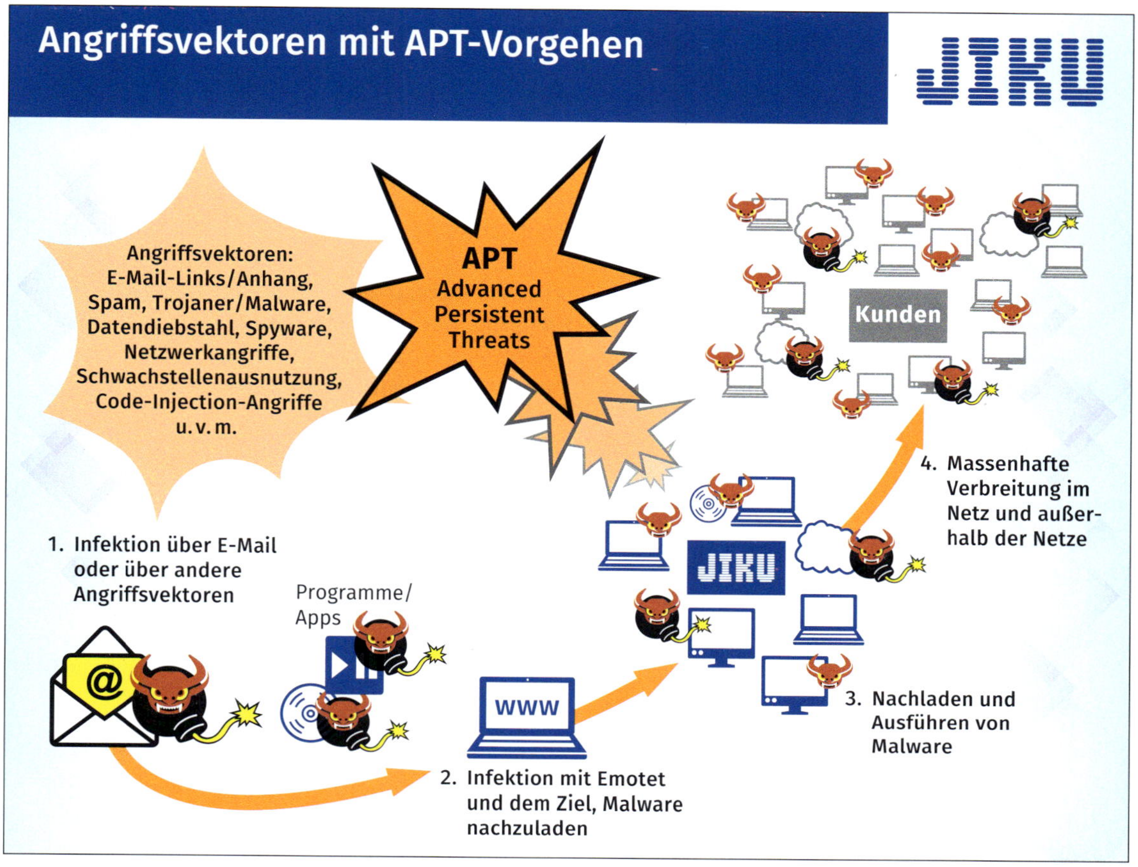

Große Cyber-Attacken

Advanced Persistent Threats (APT)
APT sind Cyber-Angriffe, die gezielt auf Unternehmen/Organisationen gerichtet sind. Cyberkriminelle versuchen, dauerhaft (persistent) Zugriff auf ein Netzwerk zu erlangen. Hoher Ressourceneinsatz und besondere Kenntnisse der Angreifer (kriminelle Energie) sind dazu notwendig.

Bot/Botnetze
Als Botnetz (Botnet von engl. robotnet = Roboternetz) wird ein Verbund von Rechnern, Smartphones u.Ä. (Systemen) bezeichnet, die von einem fernsteuerbaren Schadprogramm befallen sind. Die betroffenen Systeme werden vom Botnetz-Betreiber mittels eines Command-and-Control-Servers (C&C-Server) zentral kontrolliert und gesteuert. Die Betreiber bieten damit schädigende Attacken als Dienste an oder betreiben die automatisierten Schadsysteme eigennützig, z.B. für erpresserische Zwecke (vgl. www.botfrei.de).

DoS (Denial of Service)
Denial of Service (DoS) bedeutet „Dienstverweigerung", so viel wie etwas unzugänglich machen oder außer Betrieb setzen. Gekaperte Computer sind nicht mehr zu verwenden, verweigern ihre Dienste, da beispielsweise Webserver durch Massenanfragen zusammengebrochen sind. Formen von DoS sind beispielsweise:

- **Syn Flooding:** Bei einem Syn-Flooding-Angriff werden an ein Computersystem sog. Syn-Pakete geschickt, die anstatt der eigenen Absenderadresse eine gefälschte im Internet erreichbare IP-Adresse tragen, sodass Systemanfragen ins Leere laufen.

- **Ping Flooding:** Hier wird das Programm Ping ausgenutzt, das prüft, ob andere Rechner im Netz überhaupt erreichbar sind. Beim Ping Flooding bombardiert der Angreifer den Zielrechner mit einer gewaltigen Menge von sog. Pings.
- **Mailbombing:** Dabei wird entweder eine enorm große Nachricht oder es werden sehr viele E-Mails an die Zieladresse geschickt und damit der Mail-Server belastet.

DDoS (Distributed-Denial-of-Service-Attacken)
Der Begriff „Distributed-Denial-of-Service-Attacken“ (DDoS) bezeichnet eine Angriffsmethode im Internet, mit der versucht wird, ein Zielsystem und seine Internetservices durch Überlastung für den User nicht mehr oder nur stark eingeschränkt nutzbar zu machen. Im Gegensatz zu einem normalen Denial-of-Service-Angriff (DoS-Angriff), der auch von einem einzelnen Host ausgehen kann, besteht ein DDoS-Angriff in der Regel aus einer Vielzahl Anfragen eines ferngesteuerten Botnetzes. Je größer ein solches Botnetz ist, desto wirksamer ist der Angriff.

Kompetenzcheck ✓

1 Recherchieren Sie zu Malware, APT- und DDoS-Attacken und präsentieren Sie Ihre Ergebnisse.

2 Ordnen Sie den Aussagen die folgenden Stichwörter richtig zu:
APT – Botnetz – Hoax – Phishing – PUA – Ramsomware – Scareware – Skimming – Trojaner – Virus – Wurm
a) E-Mails, die den Anwender auffordern, etwas zu tun, um sich zu schützen
b) Eine E-Mail mit einem Link zu einer Bankwebseite und der Aufforderung, sich zu identifizieren
c) Ein Schadprogramm, dass einem anderen Schadprogramm Zugang zum Rechner verschafft
d) Ein Programm, dass sich an alle E-Mail-Adressen versendet
e) Eine E-Mail, die den Empfänger mit Gewinnaussichten verführen will
f) Freeware zum Spielen mit eingebettetem Schadprogramm
g) Programm, das den Rechner herunterfährt und nicht mehr starten lässt
h) Malware, die sich im Boot-Sektor einnistet
i) Falschmeldung in einer E-Mail, die zur Eingabe eines Passwortes verleitet
j) Cyberkriminelle versuchen andauernd, Zugriff auf das Netzwerk zu bekommen
k) Netz von vielen infizierten Rechnern legt das Unternehmensnetz lahm

4.1.5 Identitätsdiebstahl und Social Engineering begegnen

S **Sie sollen in der Sensibilisierungskampagne Identitätsdiebstahl und Social Engineering stärker herausstellen.**

Das BSI stellt die Gefahren durch Social Engineering besonders heraus. Hierbei steht der Mensch als Sicherheitsschwachstelle in der IT im Fokus und die zwischenmenschliche Ausnutzung von IT-Berechtigungen.

Der Faktor Mensch, Identitätsdiebstahl und Social Reengineering

JIKU

Gefährdungen nach IT-Grundschutz-Kompendium

Baustein ORP.3 Sensibilisierung und Schulung:

G 0.14 Ausspähen von Informationen (Spionage)
G 0.15 Abhören
G 0.19 Offenlegung schützenswerter Informationen
G 0.24 Zerstörung von Geräten oder Datenträgern
G 0.29 **Verstoß gegen Gesetze oder Regelungen**
G 0.30 Unberechtigte Nutzung oder Administration von Geräten und Systemen
G 0.31 **Fehlerhafte Nutzung oder Administration von Geräten und Systemen**
G 0.32 Missbrauch von Berechtigungen
G 0.36 **Identitätsdiebstahl**
G 0.37 Abstreiten von Handlungen
G 0.38 Missbrauch personenbezogener Daten
G 0.42 **Social Engineering**
G 0.45 Datenverlust
G 0.46 Integritätsverlust schützenswerter Informationen

Artikel und Bildgalerie

Open Source Scanner prüft Netzwerke

Social Engineering ist häufigster Betrugsversuch

Malware ist weiter auf dem Vormarsch

Whitelisting statt Virenscanner

Quelle links: BSI, IT-Grundschutz, ORP.3 Sensibilisierung und Schulung zur Informationssicherheit, veröff. Im Februar 2021, S. 6

Cyberkriminelle unterwandern über Smartphones, Tablets und Apps bei Verbindungen über unsichere Netze die klassische Sicherheitsarchitektur vieler Unternehmen, die auf die Abschirmung des Unternehmensnetzwerks durch Firewalls setzen. Auch Verlust- und Diebstahlrisiken, der Einsatz privater Geräte („Bring your own device") und die Möglichkeit zur Ortung machen mobile Geräte bevorzugt zu Angriffszielen. Neue mobile Arbeitskonzepte bedürfen einer stärkeren Sensibilisierung und Schulung der Mitarbeiter. Mit den Bausteinen ORP.3 (Sensibilisierung und Schulung zur Informationssicherheit und der Schwachstelle G 0.42 Social Engineering) sowie ORP.4 (Identitäts- und Berechtigungsmanagement) gibt das BSI Hilfestellungen, um Schwachstellen und Bedrohungen zu schließen.

Social Engineering

Begriff
Über Social Engineering versuchen Cyberkriminelle, Opfer dazu zu bewegen, ihre Daten preiszugeben, um Schutzmaßnahmen umgehen zu können, Daten zu erspähen, zu Falschhandlungen zu animieren oder Schadprogramme installieren zu können. Mit dem Begriff werden Attacken auf Informationen oder Zugänge von IT-Systemen bezeichnet, die durch „Aushorchen von Mitarbeitern" erlangt werden. Dazu baut ein Angreifer häufig einen direkten Kontakt zu einem Opfer auf, z. B. per Telefon, E-Mail oder auch über soziale Netzwerke. Angriffe laufen häufig mehrstufig. Zum Beispiel gibt der Angreifer zunächst Insiderwissen vor und appelliert gleichzeitig an die Hilfsbereitschaft, ihm zu helfen oder verdeckt unzulässig zu handeln. So werden z. B. interne Informationen weitergegeben, womit man IT-Systeme mit Schadsoftware infizieren kann oder es wird über Geschäftskonten Geld an angebliche Geschäftspartner überwiesen (CEO-Fraud, siehe unten). Sowohl im Bereich der Cyberkriminalität als auch bei der Spionage gehen die Täter geschickt vor, um vermeintliche menschliche Schwächen wie Neugier oder Angst auszunutzen und so Zugriff auf sensible Daten und Informationen zu erhalten.

Angler-Phishing Der Begriff „Angler-Phishing“ ist vom Anglerfisch abgeleitet, der mit einem leuchtenden Köder die Beute seiner Opfer imitiert. Bei der Social-Engineering-Variante schalten sich Betrüger in die Kommunikation zwischen dem Kunden und einer Marke ein. Sie geben sich als Kundenservice aus und leiten die Konversation auf einen Fake-Account in einem sozialen Netzwerk oder einer gefälschten Web-Präsenz um.
CEO-Fraud „Cheftrick“-Methode der Angreifer, „Chefmails“ an Mitarbeiter, insbesondere des Rechnungswesens, zu senden, um damit Betrügereien zu unternehmen.
Combosquatting Combosquatting ist die Nennung eines bekannten Anbieternamens zur Täuschung in der Domain, erweitert mit unüblichen Zusätzen wie Zahlen, für Phishing-E-Mails.
Drive-by-Download/Drive-by-Exploits Sie bezeichnen die automatisierte Ausnutzung von Sicherheitslücken auf einem Endpoint-Gerät. Dabei werden beim Betrachten einer Webseite ohne weitere Nutzerinteraktion Schwachstellen im Webbrowser, in Zusatzprogrammen des Browsers (z. B. Plug-ins) oder im Betriebssystem ausgenutzt, um Schadsoftware unbemerkt auf dem PC zu installieren.
Doxing Doxing bezeichnet das vorsätzliche Bloßstellen und Schädigen von Individuen oder Organisationen durch die Verbreitung und Veröffentlichung von Dokumenten, die zusammengetragene personenbezogene Daten enthalten.
E-Mail-Angriffe E-Mail-Angriffe mit infizierten Office-Dokumenten, die überwiegend über Phishing oder als Spam verbreitet werden, damit Empfänger die Mail-Anhänge oder Links mit Malware anklicken oder über Anmeldeaufforderungen Passwörtern mitteilen.
Identitätsdiebstahl Rechtswidrige Aneignung von Identifikations- und Authentisierungsdaten, z. B. Benutzername und Passwort, aber auch sonstiger privater Daten, z. B. durch Phishing, Schadsoftware oder computergesteuertes Datensammeln in Social-Media-Portalen und wenig geschützten Online-Clouds.
Jailbreak und Rooting Jailbreak (*engl.* für Gefängnisausbruch) bezeichnet das benutzergesteuerte Beschaffen von Zugriffsrechten. Dies geschieht, wenn Nutzer Nutzungsbeschränkungen deaktivieren, besonders für Smartphones (Jailbreak mit iOS-Betriebssystem, Rooting bei Android), um vom Hersteller nicht erwünschte Anwendungen zu installieren oder zusätzliche Funktionen freizuschalten. Mit Updates werden i. d. R. Jailbreaks wieder verhindert.
Man-in-the-Middle-Angriffe Cyber-Angriffe aller Art, bei denen sich jemand in eine Kommunikation einmischt, z. B. zwischen Benutzer und Online-Banking-Portal oder in die Kommunikation zweier Mitarbeiter oder Geschäftspartner, und zu schädigenden Handlungen auffordert, Weitergabe einer App oder Überweisung eines Betrages.
Keylogging Beim Keylogging wird Hard- oder Software zum Mitschneiden von Tastatureingaben eingesetzt.
Anforderungen bzw. Maßnahmen • Passwortregeln und Kennwortrichtlinien beachten • Geräte am Arbeitsplatz besser vor Diebstahl und Nutzung schützen • Apps auf Endgeräten nur mit Sicherheitsupdates installieren • Aufmerksam verfolgen, ob Daten über Apps ausgelesen werden, die für die Funktion der App nicht benötigt werden • Bildschirmsperre per PIN oder Mustersperre aktivieren

- Einstellungen zum Orten und Fernlöschen anpassen
- Sicherheitsapp installieren
- WLAN-Funknetz und Bluetooth zunächst deaktivieren
- Keine sensiblen Daten auf mobilen Endgeräten speichern
- Vorsicht bei der Nutzung öffentlicher WLAN-Hotspots, nur per WPA2-Standard-Verschlüsselung
- Dateien auf den Geräten verschlüsseln, Backups anlegen
- Tools installieren, die gefährliche E-Mails erkennen, z. B. TOrPeDO als Erweiterung des E-Mail-Programms Thunderbird; es warnt User vor Phishing-Mails
- QR-Code-Scanner installieren, die vor Aufruf die Adresse anzeigen

Um Angriffe mit Social Engineering zu unterbinden, sollten Negativlisten mit Malware oder Positivlisten vertrauenswürdiger Webseiten und sichere Passwörter eingesetzt werden.

Höhere Sicherheit durch Blacklisting und Whitelisting

Blacklisting

Blacklisting ist das Führen einer schwarzen Liste mit Dingen, die man ausschließen möchte. Suchmaschinen und Infoportale haben eine Blacklist mit unerwünschten Beiträgen oder Adressaten. In der Suchmaschinenoptimierung (SEO) gibt es Blacklists mit Internetadressen, die gegen Jugendschutz oder unlauteren Wettbewerb verstoßen. Einige Staaten führen Blacklists, um politische Kritik auszuschließen. Google durchsucht proaktiv das Netz nach Malware und setzt Seiten mit Malware auf einen Index, sperrt sie damit für die Suche und warnt User, die die Seiten besuchen (vgl. dazu auch Proxy, S. 378).

Whitelisting

Whitelisting bezeichnet die Zusammenstellung vertrauenswürdiger Quellen und Applikationen in der digitalen Kommunikation und der IT-Sicherheit in einer Positivliste. Als clientseitiges Whitelisting bieten viele E-Mail-Programme solche Funktionalitäten und Filtermöglichkeiten an. Als Application-Whitelisting bezeichnet man Apps oder Plugins, die diese Funktion unterstützen, z. B. Werbeblocker. Serverseitig werden ebenfalls Whitelists geführt, wenn Provider über eine Liste nur vertrauenswürdigen Quellen den Zugang gewähren.

Regelung des Passwortgebrauchs (siehe ORP.4.A8, GSK 2023 S. 125)

Sichere Passwörter

Ein sicheres Passwort besteht aus einer (zumindest scheinbar) zufälligen Kombination von mindestens acht Buchstaben, Ziffern und Sonderzeichen. Um sich das gut zu merken, sollte man sich einen bekannten Satz mit mindestens sechs Wörtern aussuchen und dazu die Anfangsbuchstaben verwenden. So wird z. B. aus „Auch ein blindes Huhn findet mal ein Korn“ das Passwort „AebHfmeK“), ergänzt durch Lieblingsziffern (z. B. 007) und Sonderzeichen (z. B. #, ? oder !) ergänzt, Passwort z. B. AebHfmeK007#?.

Passwortgebrauch und Kennwortrichtlinien

Jedes Unternehmen muss für den IT-Grundschutz den Passwortgebrauch verbindlich regeln (siehe ORP.4.A22 *Regelung zur Passwortqualität* und *ORP.4.A23 Regelung für passwort-verarbeitende Anwendungen und IT-Systeme*). Danach muss das Passwort geheim und sicher aufbewahrt werden und für jede Anwendung anders sein, es darf nur unbeobachtet eingegeben werden. Für einen guten Grundschutz sollten Kennwortrichtlinien in jedem Unternehmen vorhanden sein und strikt angewendet werden.

Zwei- oder Multi-Faktor-Authentifizierung (ZFA/MFA) und Single Sign-on (SSO)
Die Sicherheit von Anmeldeverfahren lässt sich durch **ZFA/MFA** und **SSO** oder die Kombination von MFA und SSO deutlich erhöhen. Der Identitätsdiebstahl wird erschwert.

- **Zwei- oder Multi-Faktor-Authentifizierung** (ZFA/MFA): Hierbei handelt es sich um ein Authentifizierungsverfahren, das zwei oder mehr Berechtigungsnachweise (Faktoren) kombiniert. Die verwendeten Faktoren basieren auf biometrischen Merkmalen, speziellem Wissen oder einem mitgeführten Gegenstand und sind voneinander unabhängig. Häufig wird nach der Passworteingabe eine Bestätigung über das Smartphone (Codeeingabe) notwendig.
- **Single Sign-on** (SSO oder „Einmalanmeldung"): Sie ermöglicht über ein SSO-System, dass der Arbeitsplatznutzer sich nur einmal anmelden muss und Zugriff auf alle Dienste und sonstige Ressourcen hat, die er im SSO-System hinterlegt hat. Er muss sich somit für die einzelnen Programme oder Dienste nicht extra anmelden.

Elektronische Siegel und Vertrauensdienste

Qualifizierte Signatur
Um elektronische Signaturen bzw. Siegel (digitale Unterschriften) per E-Mail oder als elektronische Einschreiben zu ermöglichen, wurden die gesetzlichen Grundlagen für elektronische Vertrauensdienste europaweit geschaffen.
Damit E-Mails eine rechtsverbindliche Unterschrift erhalten, können sie mit einer sog. qualifizierten Signatur (als elektronische Unterschrift, Siegel) versehen werden. Das 2017 in Kraft getretene Vertrauensdienstegesetz schafft EU-weit einheitliche Rechtsgrundlagen für elektronische Signaturen sowie neu definierte elektronische „Vertrauensdienste".
Als neuen Dienst führt die eIDAS-Verordnung die elektronischen Siegel ein. Technisch sind diese vergleichbar mit den elektronischen Signaturen. Zur sicheren Speicherung der für die Signatur-/Siegelerstellung notwendigen kryptographischen Schlüssel sind qualifizierte Signatur-/Siegelerstellungseinheiten zuständig, kurz QSEEs.
Auf www.bundesnetzagentur.de wird eine Anbieterliste der Vertrauensdienste geführt.

Erzeugung und Überprüfung
Zur Erzeugung und Überprüfung einer elektronischen qualifizierten Signatur benötigt man immer ein Schlüsselpaar aus einem privaten (geheimen) und einem passenden öffentlichen Schlüssel (mathematische Schlüssel, die einander zugeordnet sind). Hierdurch werden eine sichere Authentifizierung für Sender und Empfänger sowie Vertraulichkeit und Integrität der übermittelten Daten sichergestellt. Beide Schlüssel sind einer natürlichen Person fest zugeordnet. Der private Schlüssel darf Unbefugten nicht zugänglich gemacht werden, wird bei der Entschlüsselung eingesetzt.

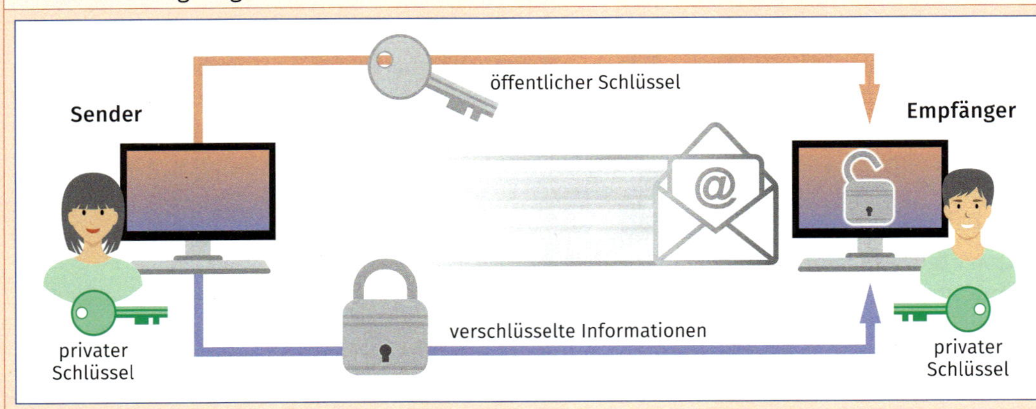

E-Mail-Verschlüsselung und Verschlüsselung per PGP und S/MIME

Verfahren Um die Vertraulichkeit von E-Mails sicherzustellen, wird von einer wachsenden Anzahl von Unternehmen flächendeckend E-Mail-Verschlüsselung eingesetzt. Diese galt bislang, insbesondere aufgrund der hierfür notwendigen Schlüsselverwaltung und der unter Umständen zusätzlich benötigten Client-Software, als aufwendig. Mittlerweile gibt es Verfahren, die die Verschlüsselung über Gateways und Plugins integrativ ermöglichen.
Transportverschlüsselung TLS Bei der TLS-Verschlüsselung handelt es sich im Gegensatz zu den anderen hier beschriebenen Verschlüsselungsverfahren nicht um eine inhaltliche Verschlüsselung, sondern lediglich um eine Transportverschlüsselung. Die Transportverschlüsselung sichert die E-Mail nach dem Verlassen des Computers bis zum eigenen Mailserver ab. Da diese Transportverschlüsselung am nächsten angesprochenen E-Mail-Server endet, dieser aber nicht zwangsläufig der finale E-Mail-Server des Empfängers sein muss, kann mithilfe TLS vom Absender in der Regel keine durchgängige Verschlüsselung bis zum eigentlichen Zielserver gewährleistet werden.
Ende-zu-Ende-Verschlüsselung der E-Mail-Inhalte Da eine E-Mail auf dem Weg zwischen verschiedenen E-Mail-Servern nur unzureichend vor dem Ausspähen geschützt ist, sollten sensible Daten des Unternehmens nur Ende-zu-Ende-verschlüsselt oder alternativ auf dem Postweg versendet werden. SMIME und OpenPGP sind zwei unterschiedliche, nicht kompatible Verfahren, die beide als sichere Verschlüsselung einzuordnen sind.
OpenPGP-Verschlüsselung OpenPGP ist ein asymmetrisches Verschlüsselungsverfahren für ein- und ausgehende E-Mails auf Basis der RFCs 4880 und 3156. Erfunden wurde diese Technologie 1991 unter dem Namen Pretty Good Privacy (PGP, deutsch „ziemlich gute Privatsphäre“) und ist nach wie vor ein verbreitetes Public-Key-Verfahren. Das OpenPGP-Verfahren ist ein sog. asymmetrisches Verschlüsselungssystem. Es basiert auf dem Prinzip, dass jeder Kommunikationsteilnehmer ein Schlüsselpaar besitzt, das aus einem geheimen und einem öffentlichen Schlüssel besteht. Die öffentlichen Schlüssel werden an die jeweils anderen Kommunikationspartner weitergegeben und dienen zum Verschlüsseln einer Nachricht (die öffentlichen Schlüssel werden beispielsweise im Anhang einer E-Mail verschickt, die vom E-Mail-Programm des Empfängers automatisch als Schlüssel erkannt und gespeichert werden. Nur mit dem zweiten, privaten Schlüssel können die Nachrichten dann wieder entschlüsselt werden. PGP unterstützt daneben auch digitale (elektronische) Signaturen. PGP erlaubt den Nutzern, ein eigenes „Web of Trust“ (Vertrauensnetz) aufzubauen, ohne dabei auf eine zentrale Authentifizierungs- oder Zertifizierungsstelle (siehe S/MIME) angewiesen zu sein.
S/MIME-Verschlüsselung: S/MIME steht für „Sichere/Multizweckmäßige Internet E-Mail Erweiterung“ (*engl.* Secure/Multipurpose Internet Mail Extension) und ist auch ein asymmetrisches Verschlüsselungsverfahren, das auf einem öffentlichen und privaten Schlüssel basiert. Der Hauptunterschied ist, dass die Schlüsselpaare vergleichbar wie bei der Transportverschlüsselung von einer Zertifizierungsstelle beglaubigt werden. Der öffentliche Schlüssel wird zu der Zertifizierungsstelle hochgeladen, die auf dessen Basis dann ein Zertifikat erstellt, das dann wiederum im Browser oder in E-Mail-Programmen gespeichert wird. S/MIME hat dadurch zwar gegenüber PGP den Nachteil, dass dem Unternehmen Kosten durch die Zertifizierungsstelle entstehen, dafür wird die S/MIME-Verschlüsselung von den meisten E-Mail-Programmen ohne zusätzliche Software unterstützt.
Domain-Verschlüsselung Dies ist die nutzertransparente asymmetrische Verschlüsselung von Maschine zu Maschine. Diese wird durch den einfachen Austausch des öffentlichen Maschinenschlüssels beider Kommunikationspartner bewerkstelligt. So wird der gesamte E-Mail-Verkehr zwischen zwei Unternehmen oder Geschäftsstellen gesichert.

Managed Domain Service Als Sonderform der Domainverschlüsselung erfolgt die Verschlüsselung automatisch über einen lokalisierten Schlüsselserver, der die öffentlichen Schlüssel publiziert.
Open-Source-Tools zur Verschlüsselung VeraCrypt, der Nachfolger von TrueCrypt gehört zu den bekanntesten Tools, wenn es darum geht, Dateien zu verstecken oder zu verschlüsseln. Das Open-Source-Tool ermöglicht das Verschlüsseln einzelner Bereiche oder ganzer Festplatten.

Nur sichere Verschlüsselungsverfahren!

Das BSI empfiehlt in der technischen Richtlinie TR-02102 eine Reihe kryptografischer Algorithmen und Protokolle, die aufgrund eingehender mathematischer Kryptoanalyse allgemein als sicher angesehen werden.

Bei personenbezogenen Daten sind besondere Schutzmaßnahmen zu treffen. Die Tabelle zeigt eine Zusammenstellung wichtiger Maßnahmen.

Personenbezogene Daten schützen	
Maßnahme	**Erläuterung**
Allgemein	Datenschutzrichtlinien als Anbieter und Nutzer beachten, alle passenden TOM (siehe folgende Seiten) und Schutzmaßnahmen nach BSI IT-Grundschutz einsetzen.
Keylogger abwehren	Hardware (Tasten-Protokollierer) über USB o. dgl. oder Software/Apps, um Tastatureingaben von Benutzern (z. B. Passwörter oder Geheiminformationen) heimlich mitzulesen und zu protokollieren. Abwehr: Durch Sicherheitssoftware prüfen, ob vorhanden, 2-Faktor-Authentifizierung, Sicherheitsupdates.
Pseudomisierte Daten verwenden	Pseudomisierung liegt vor, wenn personenbezogene Daten **ohne Hinzuziehung zusätzlicher Informationen** – gesondert aufbewahrt durch technische und organisatorische Maßnahmen – nicht mehr einer konkreten Person zugeordnet werden können, vgl. Art 4, Nr. 5 DSGVO
Anonymisierte Daten verwenden	Personenbezogene Daten werden derart verändert, dass sie **nicht mehr oder** nur mit einem **unverhältnismäßig großen Aufwand** an Zeit, Kosten und Arbeitskraft einer bestimmten oder bestimmbaren **natürlichen Person zugeordnet** werden können. Sie können z. B. für statistische Auswertungen verwendet werden.
Daten, Datenträger und WLAN verschlüsseln	S/MIME 4- und PGP-basierte Verschlüsselung E-Mail-Verschlüsselung, Web-Verschlüsselung mit HTTPS und einfache Zertifikate, SSL-Zertifikate (DV) oder SSL-Zertifikate (OV) mit erhöhtem Identitätsnachweis (EV) verwenden (vgl. sslplus.de, ssl.de/ssl-glossar.html) TLS-Zertifikate WPA2 (Wi-Fi Protected Access 2) als derzeit aktuelle Verschlüsselungsmethode für drahtlose Netzwerke (WLAN)
Geräte vor externem Zugriff schützen	Gebäude-, Raum-, Server-, Rechnerschutz, Passwortschutz, Sicherheitseinweisung für Beschäftigte

Personenbezogene Daten schützen	
Maßnahme	**Erläuterung**
Privacy by Design	Grundsätze des Datenschutzes werden **schon von Anfang an** bei der Entwicklung und Konstruktion eines Produkts oder einer Technologie berücksichtigt, z. B. von Anfang an Keylogging-Abwehr, Pseudomisierung, Verschlüsselung, Mehrfaktor-Authentifizierung berücksichtigen.
Privacy by Default	Bei einem Produkt oder einer Technologie sind standardmäßig die höchsten Datenschutzeinstellungen voreingestellt, z. B. bei einer Webseite „personenbezogene Cookies" deaktiviert, Sicherheitsabfragen aktiv etc.

Kompetenzcheck

1. Erläutern Sie anhand folgender Beispiele, warum der Cyberkriminelle so vorgegangen ist.
   a) https://www.mediarnarkt.de/
   b) http://shoppen-im-web.de/https://www.amazon.de/

2. Geben Sie das passende Schlüsselwort an.
   a) Sie geben sich als Chef aus und fordern auf, etwas zu tun.
   b) Sie tun so, als wären sie Mitarbeiter eines Lieferanten und mischen sich ein.
   c) Eine zusätzliche Passwortabsicherung.
   d) Unternehmen führen eine Liste mit gefährlichen Webadressen.
   e) Es werden personenbezogene Daten von Unternehmen bloßgestellt.
   f) Täuschung mit einer Webadresse, in der ein bekannter Name integriert ist.
   g) Nutzer schalten die Nutzerbeschränkung ab, um zusätzliche Apps zu installieren.
   h) Das Aufzeichnen von Tastatureingaben.
   i) Bekanntes Verschlüsselungsprogramm ohne Notwendigkeit einer Zertifizierungsstelle.

3. Überprüfen Sie Verschlüsselungsfunktionen Ihrer Rechner und Anwendungen und präsentieren Sie diese.

4. Bereiten Sie sich für den ersten von zwei IT-Sicherheitstests „IT-Grundschutz – Einstieg" vor. Bearbeiten Sie mit Aufgabe 8 der Lernsituation 1 den Test im Arbeitsbuch. A8

4.2 Technisch-organisatorische Maßnahmen und Beiträge zum Sicherheitskonzept erstellen

S Sie sollen in unterschiedlichen Teams Beiträge für ein Sicherheitskonzept präsentieren.

Die gesetzlichen Grundlagen für technisch-organisatorische Maßnahmen (TOM) zur Gewährleistung von IT-Sicherheit bei der Verarbeitung personenbezogener Daten wurden in Kapitel 4.1.3, Abschnitt (2) bereits dargelegt.

TOM und unser IT-Sicherheitskonzept

TOM
Technisch-organisatorische Maßnahmen nach § 64 BDSG

1. **Zugangskontrolle**
2. **Datenträgerkontrolle**
3. **Speicherkontrolle**
4. **Benutzerkontrolle**
5. **Zugriffskontrolle**
6. **Übertragungskontrolle**
7. **Eingabekontrolle**
8. **Transportkontrolle**
9. **Wiederherstellbarkeit**
10. **Zuverlässigkeit**
11. **Datenintegrität**
12. **Auftragskontrolle**
13. **Verfügbarkeitskontrolle**
14. **Trennbarkeit**

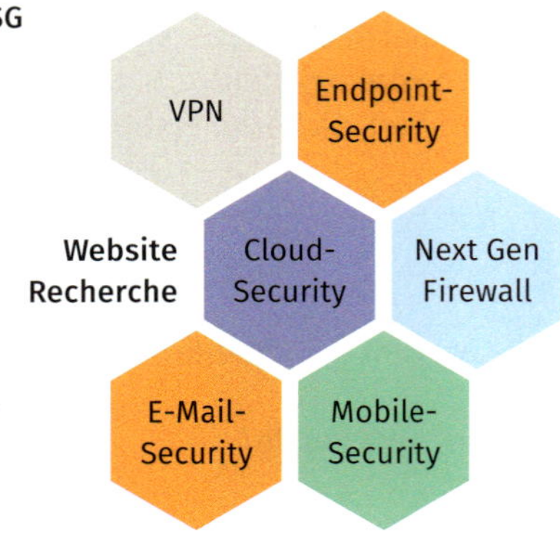

Arbeitsgrundlage: IT-Grundschutz. Lerneinheit 2.8: **Das Sicherheitskonzept**

Quelle rechts: BSI, IT-Grundschutz-Bausteine, veröff. 2020, unter: https://www.bsi.bund.de/dok/14664974 [07.06.2024]

Bausteine nach IT-GSK für Arbeitsplätze (Auswahl):

- INF.1 Allgemeines Gebäude
- **INF.7 Büroarbeitsplatz**
- **INF.8 Häuslicher Arbeitsplatz**
- **INF.9 Mobiler Arbeitsplatz**
- INF.10 Besprechungs-, Veranstaltungs- und Schulungsräume
- OPS.1.2.4 Telearbeit
- OPS.2.2 Cloud-Nutzung
- SYS.2.1 Allgemeiner Client
- SYS.3.2.1 Allgemeine Smartphones und Tablets
- SYS.4.1 Drucker, Kopierer und Multifunktionsgeräte
- SYS.4.5 Wechseldatenträger
- APP.1.1 Office-Produkte
- CON.4 Auswahl und Einsatz von Standardsoftware

Bezogen auf Netzwerksicherheit werden in Lernfeld 3 und Kapitel 3.8 die Grundlagen gelegt, z. B. Backupstrategien und der Einstieg in Firewalls. Firewalls schützen heutzutage vor vielen Arten von Malware im Rechenzentrum, im Netzwerk oder in der Cloud. Next-Generation-Firewalls (NGFW) gehen noch einen Schritt weiter, indem sie die Möglichkeit bieten, Malware nicht nur zu identifizieren, sondern auch vollständig zu blockieren und zu bekämpfen, bevor sie in das Netzwerk eindringen können.

Anbieter von IT-Sicherheitslösungen sind entsprechend dem Bedarf für Unternehmen und Privatanwender sehr zahlreich bei Webrecherchen zu finden (siehe auch Linkliste im Arbeitsbuch). Viele Anbieter haben ihre Sicherheitsprodukte und Leistungen in den Angebotsschwerpunkten der E-Mail-Security, Endpoint-Security, Firewall- und Cloud-Security gebündelt. Unter diesen Stichworten lassen sich auch eine große Anzahl Lösungsanbieter und Portale recherchieren.

Bei JIKU IT-Solutions soll ein **Sicherheitskonzept** nach BSI-Standard vorbereitet werden. Um die Sicherheitsziele zu erreichen, müssen entsprechend dem Grundschutzkonzept des BSI in einem Konzept geeignete **technisch-organisatorische Maßnahmen (TOM)** festgelegt werden. Dies sind beispielsweise:
- Maßnahmen zur physischen Absicherung von Gebäuden und Räumlichkeiten,
- technische Vorkehrungen zur Absicherung der Schnittstellen eines Netzes und seiner Segmente,
- Regelungen zum Umgang mit klassifizierten Informationen,
- ein geeignetes Identitäts- und Berechtigungsmanagement,
- die Anwendung kryptografischer Maßnahmen,
- ausreichende Datensicherungsverfahren,
- Verfahren zur Erkennung und Abwehr von Schadsoftware.

Die Erstellung eines Sicherheitskonzeptes, wie es im vorangegangenen Kapitel bereits behandelt wurde, ist der nächste Schritt im Sicherheitsprozess (siehe auch IT-Grundschutz-Schulung des BSI, Lerneinheit

2.8). Die folgende Übersicht zeigt eine Liste von Stichworten, die entsprechend den geforderten technisch-organisatorischen Maßnahmen (TOM) Lösungsansätze sind.

Stichworte von möglichen TOM zur Vorbereitung einer Checklistenerstellung
1. **Zutrittskontrolle (Gebäude, Räume):** Besuchsregelung, Gebäude und Räume verschließbar, schriftlich Richtlinien zur Zugangsberechtigung, Überwachungseinrichtungen, Regelung Wartungsarbeiten, Regelungen Schutz bei Anwesenheit, Sicherheit bei Home-/Telearbeit durch Sicherheitskonzept, Einbruchmeldeanlage, Videoüberwachung etc.
2. **Zugangskontrolle Unbefugter zu IT-Systemen/Peripherie**: automatische Systemsperren, passende Firewall, sichere Passwörter, Zwei- oder Mehrfaktor-Authentifizierung, Sperrung der Geräteanschlüsse (z. B. USB, Laufwerke) Virenschutzprogramme
3. **Zugriffskontrolle vor Zugriff nicht Berechtigter:** Berechtigungskonzepte, Datenträgerverwaltung einrichten (Fernzugriff, Handhabung, Kopieren, Pseudonymisierung, d. h. mit Pseudonym, neutral mit einer Nummer oder Ähnlichem versehen werden), Verschlüsselung, Entsorgung etc., elektronische Signaturen/Siegel bzw. Verschlüsselung von Datenträgern, gesicherte Schnittstellen (USB, Netzwerke etc.), Protokollierung von Zugriffen
4. **Weitergabe-/Transportkontrolle von personenbezogenen Daten:** Firewall, Protokolle, Richtlinien zum Transport von Datenträgern und zur Übertragung von Daten, Sicherung der elektronischen Übertragung, Übermittlung und beim Transport, Verschlüsselung, VPN
5. **Eingabekontrolle des Zugriffs auf personenbezogene Daten:** Protokollierung Log-Daten
6. **Auftragskontrolle, dass personenbezogene Daten detailliert nur entsprechend Auftrag verarbeitet werden:** Richtlinien zur eingeschränkten Verarbeitung, Verpflichtung per Vertrag oder Weisung, Kontrollen, Einsatz unabhängiger Instanzen (z. B. Wirtschaftsprüfer, DSB, Auditoren)
7. **Verfügbarkeitskontrolle, IT-Systemnutzung technisch zu jeder Zeit:** Brandschutz, Raumüberwachung, Backup-Konzept, Notfallpläne, Patch-Management, USV, Virenschutz/Firewall
8. **Trennungskontrolle bei unterschiedlichen Aufträgen/Zwecken:** Benutzerrechteverwaltung, Funktionstrennung, logische und/oder physikalische Trennung der Datenbestände, Unterweisung der Mitarbeiter zur Trennungskontrolle
9. **Organisationskontrolle als innerbetriebliche Regelung der Verantwortlichkeiten:** Informationssicherheitskonzept vorhanden
10. **Überprüfung der Wirksamkeit der Maßnahmen (TOM):** Audit, Prüfung, Evaluierung, Folgeabschätzung, Schwachstellenidentifikation, Zertifizierung nach ISO 27001
11. **Informationspflichten bzgl. Verarbeitung personenbezogener Daten betroffener Personen:** Aufsteller im Unternehmen, Informationsblätter, Hinweise auf Angebote und Rechnungen und andere Geschäftsunterlagen, ggf. mit Link auf eine Internetseite
12. **Verpflichtung der Beschäftigten zur Vertraulichkeit nach Art. 28 und 32 DSGVO:** Schulung, Sensibilisierungsmaßnahmen, Verpflichtungserklärung
13. **Verzeichnisse der Verarbeitungstätigkeiten führen:** z. B. Listen der Betroffenen und der Tätigkeiten

In den Grundschutz-Bausteinen werden jeweils Sicherheitsmaßnahmen vorgeschlagen, die typischerweise für diese Komponenten geeignet und angemessen sind. Für die Erstellung eines Sicherheitskonzeptes sollten die einzelnen Maßnahmen auf Eignung geprüft werden. Es kann notwendig sein, Maßnahmen aufgrund der anzupassenden Dimensionierung und der technischen Entwicklung weiter zu konkretisieren, eventuell andere Maßnahmen zu streichen. Bei der Auswahl und Anpassung der Maßnahmen empfiehlt das BSI eine angemessene Auswahl der Maßnahmen. Zur Härtung des Systems vgl. z. B. die Empfehlungen des BSI.

Angemessene Auswahl der Maßnahmen von TOM nach DSGVO und BSI

DSGVO Art. 32 (Ausschnitt): Unter Berücksichtigung des **Stands der Technik**, der **Implementierungskosten** und der **Art**, des **Umfangs**, der **Umstände** und der **Zwecke der Verarbeitung** sowie der unterschiedlichen **Eintrittswahrscheinlichkeit** und **Schwere des Risikos** für die Rechte und Freiheiten natürlicher Personen treffen der Verantwortliche und der Auftragsverarbeiter geeignete technische und organisatorische Maßnahmen, um ein dem Risiko angemessenes Schutzniveau zu gewährleisten; ...
Angemessene Auswahl nach BSI: Wirksamkeit, Eignung, Praktikabilität, Akzeptanz, Wirtschaftlichkeit, siehe z.B. Standard 100-2, S. 65

Kompetenzcheck ✓

1. Teilen Sie sich in kleine Arbeitsgruppen nach den Arbeitsplatzkategorien im Schaubild auf S. 438 ein, erarbeiten und präsentieren Sie passende TOM.

A1 A2 A3

2. Bearbeiten Sie mit den Aufgaben 1, 2 und 3 der Lernsituation 2 im Arbeitsbuch verschiedene Aufgaben zu TOM.

4.3 Schutzbedarfsfeststellungen anhand eines Beispielunternehmens des BSI vorbereiten

S Sie sollen vorbereitende Arbeiten und Elemente zu Schutzbedarfsfeststellungen präsentieren.

In diesem Kapitel wird ein Überblick über die Elemente der Schutzbedarfsanalyse gegeben. Weitere Details lassen sich den angegebenen Quellen, insbesondere dem IT-Grundschutzkurs des Bundesamtes für Sicherheit in der Informationstechnik (BSI), entnehmen. Da es in diesem Lernfeld 4 um die Feststellung der Schutzbedarfe in den Arbeitsbereichen der Auszubildenden geht, werden auszugsweise die Bausteine und Zielobjekte des BSI berücksichtigt.

Als Ergänzung zum Online-IT-Grundschutzkurs hat das BSI zur Veranschaulichung ein Modellunternehmen mit dem Namen RECPLAST GmbH entworfen, das auch im BSI-Standard 200-2., S. 82 ff. Verwendung findet. Daher sind in diesem Kapitel ebenfalls Beispiele dieses Modellunternehmens aufgeführt.

! Eine Beschreibung des Beispielunternehmens RECPLAST GmbH findet sich zum Download auf der Website des BSI (www.bsi.bund.de) und der Stichwortsuche „Beschreibung des Beispielunternehmens RECPLAST GmbH“.

4.3.1 Phasen des Sicherheitsprozesses nach dem BSI-Grundschutz beschreiben

S Sie sollen Phasen des BSI-Sicherheitsprozesses vorstellen.

Für einen geregelten Sicherheitsprozess empfiehlt das BSI die im Schaubild dargestellte Vorgehensweise. Wichtig ist bei der Initiierung des Sicherheitsprozesses, dass die oberste Leitung nicht nur die Bedeutung und Verantwortung für diesen wichtigen und dauerhaften Prozess herausstellt, sondern ihn auch mit eigener Tatkraft und den notwendigen Ressourcen unterstützt.

Phasen des Sicherheitsprozesses nach BSI-Grundschutz

Arbeitsgrundlage:
Lerneinheit 2.2:
Die Phasen des Sicherheitsprozesses

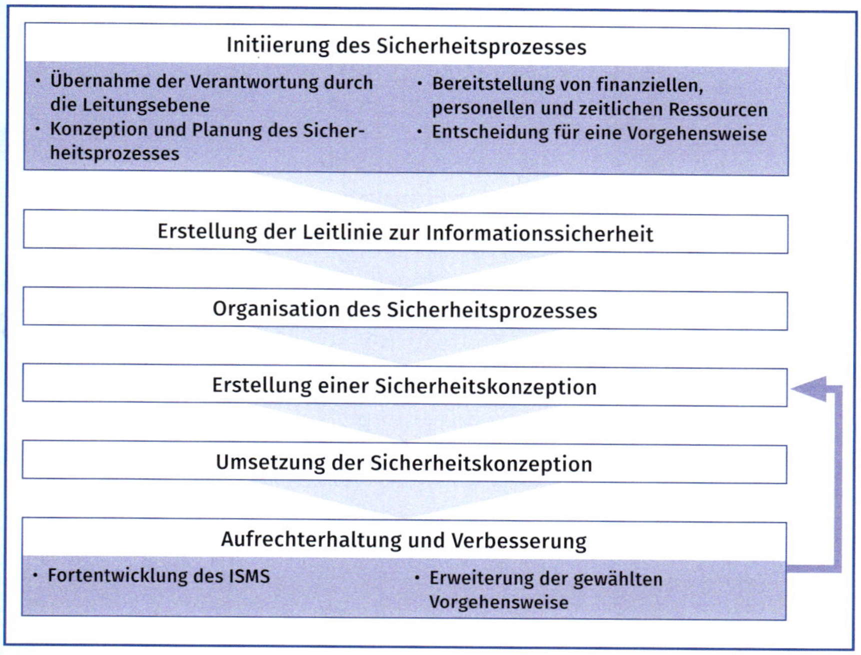

Quelle: BSI, Online-Kurs IT-Grundschutz, Lerneinheit 2.2, unter: https://www.bsi.bund.de/dok/10990492 [29.04.2024]

Die **Erstellung einer Leitlinie** zur Informationssicherheit ist daher ein wichtiges Grundsatzdokument der Leitung, um den Stellenwert, die verbindlichen Prinzipien, Ziele, Rahmenbedingungen und das anzustrebende Niveau der Informationssicherheit im Unternehmen herauszustellen. Die **Organisation eines Sicherheitsprozesses** ist erforderlich, um Verantwortlichkeiten zu schaffen und die erforderlichen Maßnahmen umzusetzen. So müssen beispielsweise neben den Zuständigkeiten die Vorgehensweise, die Art der Kommunikation, der Terminplan, die Protokollierung der Ergebnisse, die Organisation der erstellten Dokumente u.a. festgelegt werden. Die **Erstellung eines Sicherheitskonzeptes**, wie es im vorangegangenen Kapitel bereits behandelt wurde, ist der nächste Schritt im Sicherheitsprozess (siehe auch Lerneinheit 2.8 im Online-Kurs IT-Grundschutz des BSI).

4.3.2 Den Prozess von der Sicherheitsleitlinie zur Schutzbedarfsfeststellung beschreiben

S **Sie zeigen zunächst Prozessschritte, die der Schutzbedarfsfeststellung vorangehen sollen.**

Die Schutzbedarfsfeststellungen sollten auf der Basis einer Sicherheitsleitlinie, eines Sicherheitskonzepts und einer vorangegangenen Strukturanalyse erfolgen.

(1) Entwicklung einer Sicherheitsleitlinie

Eine Sicherheitsleitlinie ist nach BSI ein wichtiges **Grundsatzdokument,** in dem der Stellenwert der Informationssicherheit für die Leitung und die Mitarbeiter, die verbindlichen Prinzipien, das anzustrebende Niveau und die gesetzten Ziele sowie der organisatorische Rahmen formuliert sind. Auch sollte klar geregelt sein, welche Folgen Zuwiderhandlungen haben.

Von der Sicherheitsleitlinie zur Schutzbedarfsfeststellung am Beispiel RECPLAST GmbH des BSI

Arbeitsgrundlage: Beschreibung des Beispielunternehmens RECPLAST GmbH – Eine Ergänzung zum Online-Kurs IT-Grundschutz, S. 7 ff.

Arbeitsschritte der Schutzbedarfsanalyse

1 Entwicklung einer Sicherheitsleitlinie

Sicherheitsleitlinie
- Geltungsbereich
- Sicherheitsstrategie
- Sicherheitsziele
- Organisationsstruktur

2 Sicherheitskonzept erstellen

Informationsverbund analysieren: Gesamtheit von infrastrukturellen, organisatorischen, personellen und technischen Komponenten als Erstaufnahme beschreiben

3 Strukturanalyse
- Erfassung der **Geschäftsprozesse, Anwendungen** und **Informationen**
- Erhebung des **Netzplans**
- Erhebung der **IT-Systeme und Netze**
- Erhebung der **räumlichen Gegebenheiten**

4 Schutzbedarfsfeststellung
- Schadensszenarien identifizieren
- **Reihenfolge festlegen:** Prüfung der Zielobjekte
- Grundwerte/Schutzziele und Schutzbedarf für Zielobjekte festlegen und begründen

Eine eingesetzte Projektgruppe erarbeitet idealerweise in zwei halbtägigen Sitzungen in enger Kooperation mit der Leitung einen ersten Entwurf für eine Leitlinie. Dieser wird mit der Geschäftsführung abgestimmt und in einer weiteren Sitzung den Abteilungsleitungen und dem Betriebsrat vorgestellt. Nach einer Diskussionsrunde werden eventuell Änderungen vorgenommen, der zustimmende Beschluss der Beteiligten erlangt, die Leitlinie von der Geschäftsleitung unterschrieben und auf einer Betriebsversammlung vorgestellt. Jeder Mitarbeiter sollte eine schriftliche Ausfertigung des Dokuments erhalten bzw. diese im Intranet aufrufen können. Schulungen und Sensibilisierungsaktionen schließen sich an.

Inhalte der Leitlinie zur Informationssicherheit

- „Der Geltungsbereich wird konkretisiert.
- Die Bedeutung, die Informationssicherheit für eine Institution hat, wird hervorgehoben [...].
- Die Verantwortung der Leitung wird betont, sowohl im Hinblick auf die Initiierung des Sicherheitsprozesses als auch auf dessen kontinuierliche Verbesserung.
- Es wird auf einschlägige Gesetze und Regulierungsauflagen hingewiesen und die Mitarbeiter werden verpflichtet, diese zu beachten.
- Es werden für die Informationssicherheit besonders wichtige Geschäftsprozesse genannt [...] und auf die strikte Einhaltung von Sicherheitsregeln hingewiesen.
- Die Organisationsstruktur für Informationssicherheit und die Aufgaben der verschiedenen Sicherheitsverantwortlichen werden vorgestellt.
- Sinnvoll ist auch der Hinweis auf Sicherheitsschulungen und Sensibilisierungsmaßnahmen."

Quelle: BSI, Online-Kurs IT-Grundschutz. Lerneinheit 2.7: Die Sicherheitsleitlinien, https://www.bsi.bund.de/dok/10990446 [23.04.2024]

(2) Sicherheitskonzept

Ziel und Inhalte des Sicherheitskonzepts wurden bereits in Kapitel 4.2 aufgezeigt. Die dort erstellten Handlungsprodukte können in den Prozess eingebunden werden. (In der Lerneinheit 2.8 des Online-Kurses „IT-Grundschutz“ des BSI wird darauf näher eingegangen.) Falls Teilbereiche untersucht wurden, müssen für die Erstellung eines Gesamtkonzepts andere Teilbereiche ergänzt und damit der komplette Informationsverbund berücksichtigt werden. Es sollten aber mindestens immer Organisationsbereiche, nicht nur einzelne Stellen, im Sicherheitskonzept untersucht werden. Auch sollte darauf geachtet werden, die internen und externen Kommunikationsschnittstellen zu beschreiben. Bei den Geschäftsprozessen sollten möglichst die wichtigen Geschäftsprozesse hinsichtlich ihrer Anforderungen für die Informationssicherheit beschrieben werden. Dabei ist anzugeben, welche sehr hohen, hohen oder lediglich normalen Schutzanforderungen anzusetzen sind.

„Folgende Informationen und Detailangaben müssen dabei strukturiert (z. B. tabellarisch) zusammengetragen werden:

- Geschäftsprozesse im Informationsverbund (Name, Beschreibung, fachverantwortliche Stelle),
- Anwendungen in diesen Prozessen (Bezeichnung und Beschreibungen),
- IT-Systeme und ICS-Komponenten (Bezeichnung, Systemplattform und eventuell Aufstellungsort),
- für den Informationsverbund wichtige Räume wie Serverraum (Art, Raumnummer und Gebäude) sowie
- virtuelle Systeme (entsprechend gekennzeichnet und benannt).“

Quelle: BSI, Online-Kurs IT-Grundschutz. Lerneinheit 2.8: Das Sicherheitskonzept, https://www.bsi.bund.de/dok/10990294 [23.04.2024]

Ein grafischer Netzplan mit der Darstellung der Vernetzung der Geräte bzw. Zielobjekte wird als hilfreiche Ergänzung empfohlen.

Ein **Informationsverbund** umfasst nach BSI die Gesamtheit von infrastrukturellen, organisatorischen, personellen und technischen Komponenten, die der Aufgabenerfüllung in einem bestimmten Anwendungsbereich der Informationsverarbeitung dienen.

(3) Strukturanalyse

Strukturanalyse am Beispiel RECPLAST GmbH des BSI

Netzplan der RECPLAST GmbH (Ausschnitt)

Arbeitsgrundlage: Beschreibung des Beispielunternehmens RECPLAST GmbH – Eine Ergänzung zum Online-Kurs IT-Grundschutz

vgl.: BSI, Online-Kurs IT-Grundschutz, Lerneinheit 3.5, https://www.bsi.bund.de/dok/10990258

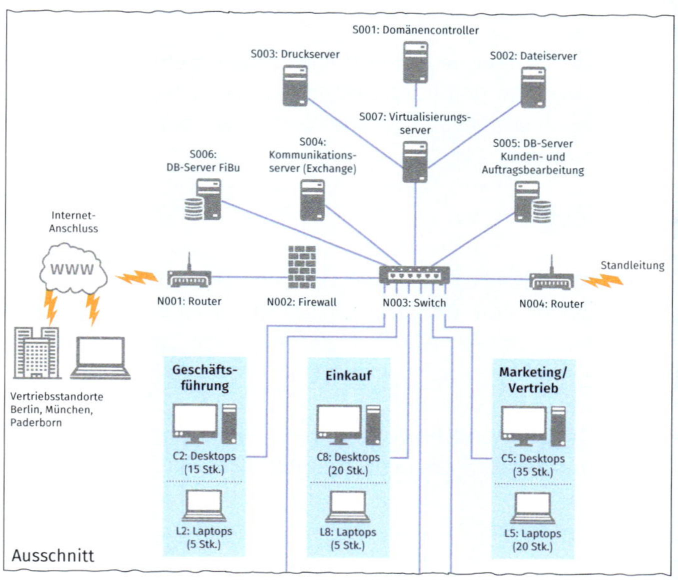

Ziel der Strukturanalyse ist es, die bisher gesammelten Informationen, insbesondere aus dem Sicherheitskonzept, systematisch aufzubereiten. In der Strukturanalyse werden die Ergebnisse der zuvor durchgeführten Erstaufnahme der Prozesse, Anwendungen und IT-Systeme vervollständigt.

Am Beispiel der RECPLAST GmbH wird aufgezeigt, mit welchen Netzplänen und Tabellen dies erfolgen kann. Im Schaubild sind die vernetzten Komponenten dargestellt. Im vollständigen Schaubild ist auch die Vernetzung zu weiteren Bereichen und zu externen Netzbereichen dargestellt.

Strukturanalyse am Beispiel RECPLAST GmbH des BSI

JIKU

Erhebung der Systeme und Zuordnung zu Anwendungen

Nr.	Beschreibung	Plattform	Standort	Anzahl	Benutzer/Administrator
C5	Desktops Marketing & Vertrieb	Windows 10	BG, R. 2.03–2.09	35	Marketing und Vertrieb/ IT-Administration
C6	Desktops von Fertigung und Lager	Windows 10	Beuel, R. 2.10–2.13	10	Mitarbeiter Fertigung und Lager/IT-Administration
C7	Desktops der Entwicklungsabteilung	Windows 10	Beuel, R. 2.14–2.20	60	Entwicklung/ IT-Administration
C8	Desktops der Einkaufsabteilung	Windows 10	BG, R. 2.13–2.17	20	Mitarbeiter des Einkaufs/ IT-Administration
C9	Laptops in den Vertriebsbüros	Windows 10	Vertriebsbüros (Be… Mü…	9	Mitarbeiter in den
L1	Laptops der Finanzbuchhaltung	Windows 10	BG, R. 2…		

Ausschnitte

Nr.	Beschreibung	C1	C2	C3	C4	C5	C6	C7	C8	C9
A001	Office-Anwendungen	X	X	X	X	X	X	X	X	X
A002	E-Mail und Terminkalender	X	X	X	X	X	X	X	X	X
A003	Internet-Recherche	X	X	X	X	X			X	X
A004	Prozessleitsystem						X	X		
A005	Entwicklungssystem						X	X		
A006	Personaldatenverarbeitung		X	X						

Arbeitsgrundlage: Beschreibung des Beispielunternehmens RECPLAST GmbH – Eine Ergänzung zum Online-Kurs IT-Grundschutz, S. 18

vgl.: BSI, Online-Kurs IT-Grundschutz, Lerneinheit 3.4, https://www.bsi.bund.de/dok/10990218

Die Tabellen zeigen die Liste der Kategorie von Systemen und Anwendungen ausschnittsweise an. Bei den Systemen werden die Standorte und Benutzer angegeben. Weiterhin wurde nach Betriebssystemen und Kategorien von Gerätenutzungen unterschieden. Die Systemkategorien wurden in der Tabelle der Anwendungen den Systemen zugeordnet.

(4) Schutzbedarfsfeststellung

Als Ziel der Schutzbedarfsfeststellung ist zu klären, wie viel Schutz Informationen, Anwendungen und die zugehörigen technischen Systeme und Infrastrukturkomponenten benötigen. Dabei ist zu prüfen und zu begründen, welche Komponenten mehr Sicherheit benötigen und wann elementare Schutzmaßnahmen genügen.

Im Beispiel wurde entschieden, bei den Prozessen und Anwendungen zu beginnen, danach die IT-Systeme, Räume und Kommunikationsverbindungen zu untersuchen.

4.3.3 Elemente der Schutzbedarfsfeststellungen im Beispielunternehmen präsentieren

S **Sie sollen Elemente zu Schutzbedarfsfeststellungen am Beispiel zeigen.**

Um den Schutzbedarf festzustellen, sind folgende Aufgaben zu bearbeiten:

Aufgaben bei der Schutzbedarfsfeststellung laut BSI

- Mithilfe von Schadensszenarien sind die Schutzbedarfskategorien für Zielobjekte zu definieren, z. B. Arbeitsrechner Standard.
- Es wird die Reihenfolge im Schutzbedarf für die verschiedenen Zielobjekt-Typen eines Informationsverbundes festgestellt, z. B. mit den Anwendungen begonnen.
- Es werden Abhängigkeiten zwischen den Zielobjekten auf die Ergebnisse der Schutzbedarfsfeststellung aufgezeigt, z. B. welche Anwendungen auf welchen Rechnern.
- Es werden Schlussfolgerungen aus den Ergebnissen der Schutzbedarfsfeststellung gezogen, welche Zielobjekte und deren Schutzziele einen sehr hohen, hohen oder normalen Schutzbedarf haben.

Vgl.: BSI, Online-Kurs IT-Grundschutz. Lektion 4: Schutzbedarfsfeststellung, https://www.bsi.bund.de/dok/10990046

Im folgenden Schaubild sind Ausschnitte aus den Schutzbedarfsfeststellungen in der RECPLAST GmbH dargestellt[1], und zwar für die Zielobjekte „IT-Systeme" und „Anwendungen".

Schutzbedarfsfeststellung am Beispiel RECPLAST GmbH des BSI

JIKU

IT-Systeme und Anwendungen

Anwendung		Schutzbedarfsfeststellung		
Nr.	Bezeichnung	Grundwert	Schutzbedarf	Begründung
A001	Office-Anwendungen	Vertraulichkeit	normal	Zwar werden unter Umständen auch vertrauliche Dokumente mit den Anwendungen angefertigt, die Anwendung selber hat dadurch jedoch noch keinen hohen Schutzbedarf bezüglich Vertraulichkeit.
		Integrität	normal	Fehlerhafte Daten können leicht erkannt und korrigiert werden. Es sind keine finanziellen Schäden zu erwarten.
		Verfügbarkeit	normal	Der Ausfall auf einem Client ist bis zu einer Woche hinnehmbar. Ersatzweise kann auf einem Laptop weitergearbeitet werden.

IT-System		Schutzbedarfsfeststellung		
Nr.	Beschreibung	Grundwert	Schutzbedarf	Begründung
CL, L1	Clients in der Finanzbuchhaltung	Vertraulichkeit	hoch	Maximumprinzip gemäß der verknüpften Anwendungen zum Beispiel A008 (Finanzbuchhaltung)
		Integrität	hoch	Maximumprinzip gemäß der verknüpften Anwendungen zum Beispiel A008 (Finanzbuchhaltung)
		Verfügbarkeit	normal	Bei Ausfall eines Clients kann die Aufgabe an einem anderen Client wahrgenommen werden oder kurzfristig ein Laptop zur Verfügung gestellt werden.
C2, L2	Clients der Geschäftsführung	Vertraulichkeit	hoch	Es werden personenbezogene Daten und vertrauliche Korrespondenz bearbeitet. Maximumprinzip von Anwendungen A001 und A006
		Integrität	normal	Integritätsverletzungen der Informationen, die auf den IT-Systemen gespeichert werden, können leicht erkannt und behoben werden.
		Verfügbarkeit	normal	Der Ausfall eines Rechners kann bis zu drei Tagen toleriert werden. Ein Laptop steht als Reserve bereit.

Ausschnitte

Arbeitsgrundlage:
Beschreibung des Beispielunternehmens RECPLAST GmbH – Eine Ergänzung zum Online-Kurs IT-Grundschutz

vgl.: BSI, Online-Kurs IT-Grundschutz, Lerneinheit 3.6, https://www.bsi.bund.de/dok/10990226

1 *siehe BSI: Arbeitsbeispiel RECPLAST GmbH, Excel-Sheet „Schutzbedarfsfeststellung" unter https://www.bsi.bund.de/SharedDocs/Downloads/DE/BSI/Grundschutz/Hilfsmittel/Recplast/Schutzbedarfsfeststellung.xlsx?__blob=publicationFile&v=3 [06.09.2014]*

Hier werden den Zielobjekttypen die Schutzziele (Grundwerte) zugeordnet und jeweils angegeben, wie hoch der Schutzbedarf ist. Das Maximumprinzip wird angezeigt, wenn maximaler Schutzbedarf gefordert wird (Schutzziele „Vertraulichkeit – Integrität – Verfügbarkeit“, siehe Kapitel 4.1.3, Abschnitt (2), S. 405 f.)

Schutzbedarfskategorien nach BSI-Standard 200-2	
Kategorie	**Erläuterung**
Sehr hoch	**Die Schadensauswirkungen können ein existenziell bedrohliches, katastrophales Ausmaß erreichen.** Der Ausfall der IT oder wesentlicher Geschäftsprozesse oder die Offenlegung bzw. Manipulation von kritischen Informationen führt zum Zusammenbruch der Institution oder hat schwerwiegende Folgen für breite gesellschaftliche oder wirtschaftliche Bereiche.
Hoch	**Die Schadensauswirkungen können beträchtlich sein.** Insgesamt gilt: Im Schadensfall tritt Handlungsunfähigkeit zentraler Bereiche der Institution ein. Schäden haben erhebliche Beeinträchtigungen der Institution selbst oder betroffener Dritter zur Folge.
Normal	**Die Schadensauswirkungen sind begrenzt und überschaubar.** Insgesamt gilt: Schäden haben Beeinträchtigungen der Institution zur Folge.

Quelle: Bundesamt für Sicherheit in der Informationstechnik (BSI), BSI-Standard 200-2, S. 104 ff. (verändert)

Schutzbedarfsfeststellung bei virtualisierten Infrastrukturen	
Kumulationseffekt beim Schutzziel „Vertraulichkeit“	Es sollte geprüft werden, ob durch die Kumulation mehrerer (z. B. kleinerer) Schäden auf dem Virtualisierungsserver ein insgesamt höherer Gesamtschaden entstehen kann. Dann erhöht sich der Schutzbedarf des Virtualisierungsservers entsprechend von „normal“ auf „hoch“
Verteilungseffekt beim Schutzziel „Verfügbarkeit“	Der Schutzbedarf kann sinken, wenn auf den Servern ein Lastausgleich möglich ist (vgl. BSI-Standard 200-2, S. 118)
Maximumprinzip	Es wird in der Begründung (siehe Tabelle IT-System, S. 432) als erster Begriff der maximale Schutzbedarf angezeigt und gefordert, durch die systemkritische Bedeutung durch Kumulation und Verknüpfung mit anderen Anwendungen oder Komponenten bedingt.

Als weiteres Element des Schutzbedarfs sollen die Tabellen der Gebäude und Räume sowie der Kommunikationsverbindungen dargestellt werden.

Schutzbedarfsfeststellung am Beispiel RECPLAST GmbH des BSI

JIKU

Gebäude/Raum				IT/ Informationen	Schutzbedarf		
Kürzel	Bezeichnung	Art	Lokation	IT-Systeme	Vertraulichkeit	Integrität	Verfügbarkeit
R4	Büros Personalabteilung (BG, R. 1.07–1.09)	Büroräume	GB1	C3, L3	hoch	normal	normal
R12	Büros Entwicklungsabteilung (Beuel, R. 2.14–2.20)	Büroräume	GB2	C7, L7	sehr hoch	normal	normal
R13	Vertriebsbüros	Häuslicher Arbeitsplatz	Berlin, Hamburg, München	C9, L9, T2	hoch	hoch	normal
R14	Außendienst	Mobiler Arbeitsplatz	Alle Standorte	L1 bis L9	hoch	hoch	normal

Kommunikationsverbindungen		Schutzbedarfsfeststellung		
Nr.	Beschreibung	Grundwert	Schutzbedarf	Begründung
K001	Internetanschluss Bad Godesberg	Vertraulichkeit	**hoch**	Abgefangene E-Mails könnten an den Wettbewerb gelangen.
		Integrität	**hoch**	Ein Großteil der Kommunikation erfolgt über das Internet. Gefälschte Informationen können z. B. den Ruf schädigen.
		Verfügbarkeit	**hoch**	Ohne diese Außenverbindung kann keine Kommunikation mehr stattfinden.

Ausschnitte

Arbeitsgrundlage: Beschreibung des Beispielunternehmens RECPLAST GmbH - Eine Ergänzung zum Online-Kurs IT-Grundschutz

vgl. BSI, Online-Kurs IT-Grundschutz, Lerneinheit 4.4, https://www.bsi.bund.de/dok/10990142

Es werden nur die für IT-Sicherheit notwendigen Informationen erfasst und die zugehörigen IT-Systeme-Kategorien ergänzt. Diese Darstellung dient dem BSI als Muster. Sie enthält den Hinweis, dass die Tabellen individuell nach Bedarf auch anders gestaltet werden können. Wichtig ist, passend zu dem jeweiligen Raumtyp den Schutzbedarf festzulegen. Einzelne Räume sollten nur dann aufgeführt werden, wenn sich Räume nicht zu Raumtypen verallgemeinern lassen bzw. der Schutzbedarf speziell auf einen Raum festgestellt werden soll.

Kompetenzcheck ✓

1. Stellen Sie für ausgewählte IT-Raumtypen (bzw. Räume) in einem Gebäude Ihrer Wahl den Schutzbedarf wie in den Tabellen auf S. 431 bis 434 dar.

2. Bereiten Sie sich für den zweiten IT-Sicherheitstest „IT-Grundschutz – Praktiker“ vor. Bearbeiten Sie mit Aufgabe 1 der Lernsituation 3 den Test im Arbeitsbuch. A1

4.4 Schutzbedarfsfeststellung in Arbeitsbereichen von JIKU IT-Solutions durchführen

S **Sie wollen den Schutzbedarf für Ihren Arbeitsbereich feststellen, mögliche Gefährdungen erkennen und geeignete Schutzmaßnahmen auswählen.**

Nachdem die Grundlagen für den IT-Grundschutz in den vorhergehenden Abschnitten behandelt wurden, werden nun exemplarisch auf Grundlage des BSI-Kompendiums der Schutzbedarf eines Arbeitsbereiches festgestellt, mögliche Bedrohungen ermittelt und geeignete Schutzmaßnahmen empfohlen. Dabei wird zunächst auf die Software und die dazugehörigen Daten eingegangen. Der Schutzbedarf von diesen bildet die Grundlage für den Schutzbedarf der IT-Systeme, auf denen die Software installiert ist und wo die Daten verarbeitet werden. Zum Schluss wird noch die Verwendung von mobilen IT-Geräten und Datenträgern näher betrachtet.

4.4.1 Den Schutzbedarf bezüglich der Arbeitsplatzsoftware feststellen

S **Sie sollen in unterschiedlichen Teams die Gefährdungen, den Schutzbedarf und entsprechende Schutzmaßnahmen bezüglich der Software in Ihrem Arbeitsbereich ermitteln.**

In diesem Kapitel wird dargestellt, wie man mit Software im eigenen Arbeitsbereich unter Sicherheitsaspekten umgehen sollte. Dieser Prozess beginnt schon, bevor die Software installiert und benutzt wird. Er beinhaltet viele Schritte, welche über die reinen Sicherheitseinstellungen innerhalb der Software hinausgehen. So sollte die Software beispielsweise schon vor dem Erwerb nach einem festen Anforderungskatalog ausgewählt werden. Der Installationsprozess ist ebenso zu betrachten wie eine geeignete Verwaltung der Lizenzen. Auch spielt die sichere Deinstallation der Software in diesem Zusammenhang eine Rolle. Dabei werden alle Anwendungen des Arbeitsbereiches betrachtet, welche zuvor bei der Strukturanalyse ermittelt wurden.

(1) Gefährdungslage

In diesem Abschnitt wird die allgemeine Gefährdungslage für Software untersucht. Besonders gefährdet sind dabei Anwendungen, welche sehr verbreitet und auf vielen Rechnern zu finden sind.

Hier handelt es sich in den meisten Fällen um Standardsoftware und deren Schwachstellen sind in der Regel hinreichend bekannt. So gehören beispielsweise **Office-Produkte** zur Standardausrüstung eines jeden Rechnern. Mithilfe von Makros in Office-Dokumenten lässt sich Schadsoftware teilweise problemlos verbreiten, wenn nicht entsprechende Maßnahmen getroffen werden. Eine weitere Anwendung, welche auf den meisten Rechnern zu finden ist, ist ein **Web-Browser**. Web-Browser dienen dem Abruf und der Darstellung von Daten aus dem Internet. Bei Nutzung eines Web-Browsers werden die Daten in der Regel auch aus nicht vertrauenswürdigen Quellen geladen. Diese Daten können schädlichen Code enthalten, z. B. Viren, Trojaner, Spyware (siehe Kapitel 4.1.4), und den Arbeitsplatzrechner unbemerkt infizieren. Des Weiteren wird manchmal eine Standardsoftware durch **Customizing** (siehe Lernfeld 5) an die Bedürfnisse des Unternehmens angepasst. Insbesondere in diesem Fall müssen auch die Auswirkungen auf die Sicherheit der Software berücksichtigt werden.

Gefährdungslage für Software

- Unzureichender Passwortschutz
- Fehlende oder unzureichende Konfiguration
- Einsatz nicht lizensierter Software
- Fehlerhafte und ungenügende Rechtevergabe
- Ausführen von Schadsoftware
- Datenverlust durch fehlerhafte Nutzung
- Nutzung von Daten aus nicht vertrauenswürdigen Quellen
- Unbekannte Schwachstellen in der Software
- Bezug von Standardsoftware und Softwareupdates aus unzuverlässiger Quelle
- Unzureichende Schulung von Mitarbeitern im Umgang mit der Software unter Sicherheitsaspekten
- Einsatz von Testversionen

(2) Schutzbedarf

Hierbei ist vor allem zu klären, welchen Schutzbedarf die Daten und Prozesse besitzen, welche beim Einsatz der entsprechenden Software bearbeitet werden. Nachfolgend ist ein Beispiel für eine Schutzbedarfsfeststellung für Software bei JIKU IT-Solutions aufgeführt. Dieses Protokoll baut auf dem Beispiel des Modellunternehmens RECPLAST GmbH (siehe Kapitel 4.3.3) des BSI auf und wurde für eine Schutzbedarfserststellung eines Arbeitsbereiches entworfen. Die Software, welche bewertet wird, ist in einer vorhergehenden Strukturanalyse ermittelt worden.

Schutzbedarfsfeststellung

JIKU IT-Solutions

Arbeitsbereich:	PC-Arbeitsplätze in der Marketingabteilung		
Thema:	Schutzbedarf „Software"		
Datum:	25.03.20..	Ersteller:	Levi Kramer

Software	Grundwert	Schutzbedarf	Begründung	Maßnahmen
MS Word	Vertraulichkeit	normal	Hier werden keine vertraulichen Dokumente erstellt oder gelesen.	
	Integrität	normal	Fehler werden leicht erkannt und behoben.	
	Verfügbarkeit	normal	Es stehen jederzeit Ersatzrechner mit MS Word zur Verfügung.	
CMU – Branchensoftware für die Erstellung von Marketingunterlagen	Vertraulichkeit	normal	Hier werden keine vertraulichen oder personenbezogenen Daten verarbeitet.	
	Integrität	hoch	Die Integrität der Marketingunterlagen muss gewährleistet sein.	
	Verfügbarkeit	hoch	Manchmal schnelle Änderungen an Marketingunterlagen notwendig; Software ist, lizenzbedingt, nur auf diesem und einem anderen Rechner installiert.	
...				

Unterschrift: L. Kramer

(3) Generelle Schutzmaßnahmen

Auf Grundlage der Schutzbedarfsfeststellung können nun entsprechende Maßnahmen vorgeschlagen werden. Diese werden dann den entsprechenden Punkten zugeordnet.

Allgemeine Schutzmaßnahmen für Software

Basismaßnahmen

- Sicherstellen der Integrität von Software
- Entwicklung einer präzisen Installationsanweisung für jedes Softwareprodukt
- Sichere Installation und Konfiguration

Standardmaßnahmen

- Festlegung der Verantwortlichkeiten im Bereich Software
- Erstellung eines Anforderungskatalogs für Standardsoftware
- Auswahl einer geeigneten Standardsoftware
- Überprüfung der Lieferung von Software
- Lizenzverwaltung und Versionskontrolle
- Vollständige und sichere Deinstallation

Maßnahmen für erhöhten Schutzbedarf

- Implementierung zusätzlicher Sicherheitsfunktionen
- Nutzung zertifizierter Standardsoftware
- Einsatz von Verschlüsselung, Checksummen oder digitalen Signaturen

Quelle: vgl. BSI: GSK 2023, Bausteine APP.6 Allgemeine Software (S. 469 ff.) und APP.7 Entwicklung von Individualsoftware (S. 475 ff.)

Die auf der Folie aufgeführten Maßnahmen gelten für alle Arten von Software. Nähere Erläuterungen von einigen Basis- und Standardmaßnahmen sind in der nachstehenden Auflistung zu finden. Ausgewählte Schutzmaßnahmen für Betriebssysteme und Office-Produkte werden in den nächsten Abschnitten behandelt.

Beschreibung von Schutzmaßnahmen für Software

Sicherstellen der Integrität von Software
Software sollte nur von Originaldatenträgern oder von geprüften identischen Kopien installiert werden. So sollen Veränderungen an der Software beispielsweise durch Malware, Bit-Fehler oder manipulierte Konfigurationsdateien vermieden werden.

Erstellung eines Anforderungskatalogs für Standardsoftware
Für viele Anwendungsgebiete stehen meistens mehrere Softwareprodukte zur Auswahl. Deswegen sollte ein Anforderungskatalog für die Auswahl einer geeigneten Standardsoftware erstellt werden, in dem neben Aspekten der Funktonalität usw. auch sicherheitsrelevante Anforderungen eine Rolle spielen.

Überprüfung der Lieferung von Standardsoftware
Eine Lieferung von Software ist anhand von vorhandenen Unterlagen zu überprüfen. Es sollte u. a. festgestellt werden, ob die Lieferung bestellt wurde, für wen sie bestimmt ist, ob Transportschäden zu erkennen sind und ob sie vollständig ist.

Vollständige und sichere Deinstallation von Software
Bei der Deinstallation von Software müssen alle Dateien entfernt werden, die für den Betrieb der Software auf dem IT-System angelegt worden sind. Dieses betrifft auch alle Einträge in die Systemdateien. Um alle Veränderungen, welche durch die Installation der Software vorgenommen wurden, wieder rückgängig zu machen, sollte diese schon beim Installationsprozess hinreichend dokumentiert werden.

(4) Beispielhafte Schutzmaßnahmen für Betriebssysteme

In diesem Abschnitt werden Schutzmaßnahmen betrachtet, mit deren Hilfe die Anzahl der Angriffspunkte auf ein Betriebssystem minimiert werden können. Eine besondere Aufmerksamkeit sollte dabei vor allem Betriebssystemen geschenkt werden, welche auf sicherheitskritischen Servern installiert sind. Allerdings werden die dafür notwendigen Schutzmaßnahmen erst im zweiten und dritten Lehrjahr genauer behandelt. An dieser Stelle gibt es nur einige grundlegende Hinweise.

Auswahl grundlegender Schutzmaßnahmen für Betriebssysteme

Sicherstellen eines minimalen Systems
Es sollten nur alle unbedingt notwendigen Programme installiert sein. Alle weiteren Programme stellen ein zusätzliches Gefahrenpotenzial dar.

Korrekte Konfiguration
Eine Standardinstallation ist für sicherheitskritische Systeme nicht zu empfehlen, weil dabei u.a. nicht benötigte Systemprogramme und Funktionalität installiert werden. In diesen Fällen ist eine individuelle Installation zu bevorzugen.

Ports sperren
Alle nicht benötigen Ports sollten gesperrt werden.

Benutzerkonten
Es sollten nur Benutzer angelegt werden, welche wirklich benötigt werden. Dabei ist darauf zu achten, dass die Benutzer nur die für sie notwendigen Rechte erhalten.

Betriebssystem aktuell halten
Unter Sicherheitsaspekten ist es vor allem wichtig, dass Sicherheitsupdates umgehend nach der Veröffentlichung eingespielt werden.

Regelmäßige Sicherheitschecks mithilfe von Log-Dateien
Mithilfe von Log-Dateien können Angriffe und Angriffsversuche aufgedeckt werden. Dazu sollten die Log-Dateien des Betriebssystems regelmäßig überprüft werden.

Verwendung von sichereren Passwörtern
Eine der Basisanforderungen ist die Verwendung von sicheren Passwörtern

Regelmäßig Daten sichern
Bei der Mehrfachnutzung von Rechnern ist das Risiko besonders groß, dass durch Bedienungsfehler oder Vireninfektionen Systeme abstürzen und Daten verloren gehen. Deshalb sollten regelmäßige Backups von den Daten gemacht werden.

(5) Schutzmaßnahmen für Office-Produkte

Office-Produkte wie Microsoft Word, Microsoft Excel, aber auch Libre-Office sind in der heutigen IT-Welt nicht mehr wegzudenken. Sie werden benötigt, um Dokumente, Kalkulationen oder Präsentationen zu erstellen. Somit gehören sie zur Grundausstattung der meisten PCs und sind weitverbreitet. Hierin liegt gleichzeitig die Gefahr dieser Softwareprodukte. Sind erst einmal Schwachstellen in der Software ausgemacht, dann lassen sich sehr viele Systeme angreifen. Office-Produkte sind einer der Hauptangriffswege, um u.a. Schadsoftware zu verbreiten. Aus diesem Grund sollte jedes Unternehmen geeignete Maßnahmen zum Schutz und sicheren Einsatz von Office-Produkten umsetzen.

Die nachstehend aufgeführten Schutzmaßnahmen sind dem Baustein APP.1.1 des BSI Grundschutzkompendiums entlehnt und werden nur auszugsweise erläutert. Für weitere Vertiefung der Kenntnisse, besonders in Bezug auf MS Office und Libre-Office, wird auf diesen Baustein verwiesen.

Schutzmaßnahmen für Office-Produkte

Basismaßnahmen

- Sicherstellen der Integrität von Office-Produkten
- Einschränken von aktiven Inhalten
- Regelungen zum Öffnen von Dokumenten aus externen Quellen
- Absichern des laufenden Betriebs von Office-Produkten

Standardmaßnahmen

- Auswahl geeigneter Office-Produkte
- Testen neuer Versionen
- Sichere Installation und Konfiguration
- Versionskontrolle von Office-Produkten
- Beseitigung von Restinformationen vor Weitergabe von Dokumenten
- Regelung der Softwareentwicklung durch Endbenutzer
- Geregelter Einsatz von Erweiterungen
- Regelung der Verwendung von Viewer-Funktionen
- Schutz gegen nachträgliche Veränderungen von Informationen

Maßnahmen für erhöhten Schutzbedarf

- Einsatz von Verschlüsselung und digitalen Signaturen
- Integritätsprüfung von Dokumenten

Quelle: vgl. BSI GSK 2023, Baustein APP.1.1 Office-Produkte, S. 353ff.

Einige der ausgewählten Maßnahmen sind bereits aus den allgemeinen Schutzmaßnahmen für Software bekannt und hier speziell auf Office-Produkte ausgelegt. So bedeutet auch in diesem Kontext, dass beim „Sicherstellen der Integrität von Office-Produkten“ die Installation nur von Originaldatenträgern zu erfolgen hat. Des Weiteren sollte sichergestellt sein, dass auf allen Arbeitsplätzen der Institution eine möglichst einheitliche Installation und Konfiguration der Office-Produkte erfolgt. Dies ermöglicht beispielsweise eine saubere Deinstallation des Produktes. Auch sollten alle Mitarbeiter in den sicheren Umgang mit Office-Produkten eingewiesen werden und die Regelungen des Unternehmens dazu kennen. Dieses betrifft beispielsweise Regelungen zur Softwareentwicklung durch den Endbenutzer, in denen festgelegt wird, inwieweit der Endbenutzer die Funktionalität des Offices-Produktes durch Makros erweitern darf. In der nachstehenden Auflistung werden einige der Basis- und Standardmaßnahmen näher erläutert.

Schutzmaßnahmen für Office-Produkte

Einschränken von aktiven Inhalten
Aktive Inhalte von Office-Produkten sind beispielsweise Makros, mit denen Berechnungen durchgeführt werden, oder Aktive-X-Steuerelemente, mit denen in Office-Dokumenten umfangreiche Formulare eingebettet werden können. Allerdings können auf diese Weise auch Schadprogramme ausgeführt und verbreitet werden. Deswegen sollte zumindest das automatische Ausführen solcher Inhalte unterbunden werden.

Regelungen zum Öffnen von Dokumenten aus externen Quellen
Das Öffnen von Dokumenten aus unbekannten externen Quellen sollte unbedingt vermieden werden. Solche Dateien sollten bis zu einer vollständigen Sicherheitsüberprüfung als „ausführbare Programme" angesehen werden.

Versionskontrolle
Es sollte dokumentiert werden, welche Versionen von einem Office-Produkt auf welchen Rechnern installiert sind und wie diese konfiguriert wurden. Um Inkompatibilitäten zwischen den einzelnen Versionen zu umgehen, ist anzustreben, dass auf allen Rechnern möglichst die gleiche Version mit einer einheitlichen Konfiguration installiert ist.

Beseitigung von Restinformationen vor der Weitergabe von Dokumenten
Office-Dokumente können eine Vielzahl an Meta-Informationen enthalten. Solche Informationen sind beispielsweise Angaben zum Autor, zur letzten Freigabe oder zur Version des Dokuments. Einige dieser Informationen können auch schützenswert sein. Deshalb sollte genau überlegt werden, welche Meta-Daten ein Dokument enthalten darf und welche nicht. Alle überflüssigen Informationen sind zu entfernen.

Regelung der Verwendung von Viewer-Funktionen
Office-Dokumente können immer Schadcode enthalten, welcher beim Öffnen der Dokumente ausgeführt wird. Dies können Makros sein oder Code, welcher Schwachstellen der Software ausnutzt. Viewer dienen nur dem Anzeigen des Dokumentes. Durch die Benutzung von Viewern wird die Gefahr eines Angriffs verringert.

Schutz gegen nachträgliche Veränderungen von Informationen
Die meisten Office-Produkte bieten Funktionen an, mit denen der weitere Umgang mit erstellten Dokumenten eingeschränkt wird. Damit kann beispielsweise ein nachträgliches Bearbeiten des Dokumentes unterbunden werden.

(6) Gefährdungslage und Schutzmaßnahmen beim Einsatz von (Software-)Containern

Aufgrund der zunehmenden Konfigurationen, Tools und Sicherheitsauflagen gestaltet es sich immer schwieriger, Anwendungen in einen anderen Kontext zu portieren. **(Software)-Container** sind eine Virtualisierungstechnik, bei der ein Wirtssystem mehrere Anwendungen parallel in separierten Umgebungen ausführt. Im Gegensatz zu einer virtuellen Maschine beinhalten Container kein eigenes Betriebssystem, sondern verwenden das des Systems, auf dem sie installiert sind. Ihr eigentliches Potenzial entfalten (Software)-Container aber erst im massenweisen Einsatz, was wiederum ein mögliches Gefahrenpotenzial darstellt. In diesem Kapitel wird kurz betrachtet, welchen Gefahren die Daten, welche in einem Container verarbeitet werden, ausgesetzt sind und welche Maßnahmen zu ihrem Schutz getroffen werden können. Zur Vertiefung des Wissens wird auf den Baustein SYS.1.6 im IT-Grundschutz-Kompendium des BSI verwiesen.

Gefährdungen beim Einsatz von Containern (Baustein SYS.1.6)	
• Schwachstellen in Images • Ausbruch aus dem Container • Administrative Zugänge ohne Absicherung • Datenverlust, z. B. durch Löschung von Containern (fehlende Persistenz)	• Tool-basierte Verwaltung beim Einsatz mehrerer Container ohne Absicherung • Sorglose Verwendung von Zugangsdaten

In vielen Fällen werden Container auf der Basis von vorgefertigten Images erstellt, welche nur noch um eigene Software ergänzt werden. Das spart Arbeit, birgt aber auch die Gefahr in sich, dass die bereits vorhandene Software des Images Schwachstellen enthält und damit das gesamte System angreifbar macht. Diese Schwachstellen sind in der Regel nicht bekannt und auch schwer zu erfassen. Auf der anderen Seite kann die Software zur Verwaltung von mehreren Containern selbst auch Schwachstellen besitzen, welche zur Gefahr werden können. Weiterhin sind die Zugangsdaten sowohl zum Verwalten der Container als auch für die Software innerhalb des Containers gefährdet. Mechanismen zur Authentisierung und Verschlüsselung der administrativen Zugänge sind häufig nicht standardmäßig aktiviert und die Aktivierung wird später auch nicht vorgenommen. Zugangsdaten für die Software innerhalb des Containers sind oftmals ungeschützt im Image zu finden. Auf diese Weise sind nicht nur die Daten selbst gefährdet. Wenn der Angreifer erst einmal in der Lage ist, eigene Programme im Container zu platzieren und auszuführen, dann könnte es ihm auch möglich sein, das Hostsystem anzugreifen. Eine andere Form der Gefährdung der Daten besteht darin, dass diese nur innerhalb des Containers abgelegt werden. Wird dieser ohne Sicherung der Daten beendet und entfernt, gehen auch alle Daten des entsprechenden Containers verloren. Auf Grundlage einer Schutzbedarfsfeststellung können nun entsprechende Maßnahmen für den Einsatz von Containern vorgeschlagen werden.

Ausgewählte Schutzmaßnahmen beim Einsatz von Containern (Baustein SYS.1.6)

JIKU

Basismaßnahmen

- Planung des Container-Einsatzes
- Planung der Anwendungen in Containern
- Planung der Verwaltung der Container
- Sicherung des Hostsystems
- Separierung der Container
- Verwendung sicherer Images
- Anwendung von Schutzmaßnahmen für die Containersoftware
- Sicherung der Zugangsdaten
- Speicherung von wichtigen Daten außerhalb des Containers

Standardmaßnahmen

- Erstellen einer Richtlinie für den Betrieb von Containern
- Erstellen einer Richtlinie für die Images von Containern
- Nur eine Anwendung bzw. Dienst pro Container
- Sicherstellung der Unveränderlichkeit von Containern
- Limitierung der Ressourcen pro Container
- Erstellung von Richtlinien für das Einbinden von Datenträgern in Containern
- Regelmäßige Überwachung von Containern

Maßnahmen für erhöhten Schutzbedarf

- Automatisierte Auditierung von Containern, eigene Trusted Registry für Container
- Erstellung erweiterter Richtlinien für Container, Host Based Intrusion Detection für Container
- Mikro-Segmentierung von Containern, Hochverfügbarkeit von Container
- Verschlüsselte Datenhaltung bei Containern, Verschlüsselung der Netzkommunikation zwischen Containern

Quelle: vgl. BSI: GSK 2023, Baustein SYS.1.6 Containerisierung, S. 517 ff.

Kompetenzcheck ✓

1. Welche Aussagen sind richtig?
   a) Office-Produkte sind weitverbreitet.
   b) Container beinhalten kein eigenes Betriebssystem.
   c) In der Regel kann man bedenkenlos jede Datei mit einem entsprechenden Programm öffnen.
   d) Betaversionen von Software sollten so schnell wie möglich installiert und genutzt werden, weil diese die neuesten Sicherheitsstandards besitzen.
   e) Zur Installation von Software sollten Originaldatenträger verwendet werden.
   f) In der Regel reicht einfach das Löschen des kompletten Verzeichnisses, in dem die Software installiert ist, um diese sicher vom PC zu entfernen.
   g) Wenn möglich sollte immer die gleiche Version eines Office-Produktes mit derselben Konfiguration auf allen Rechnern im Unternehmen installiert sein.
   h) Die Programmierung und Nutzung von Makros in Office-Produkten sollten einheitlichen Regeln unterworfen sein.
   i) Während des produktiven Einsatzes sollte die Software des Containers nicht verändert werden.

2. Beschreiben und diskutieren Sie Ihre Erfahrungen mit der Benutzung von verschiedenen Betriebssystemen unter Sicherheitsaspekten.

3. Diskutieren Sie im Team die Wirksamkeit von verschiedenen Schutzmaßnahmen in Bezug auf Office-Produkte.

A1 A2 A3

4. Bearbeiten Sie im Arbeitsbuch die Aufgaben 1, 2 und 3 der Lernsituation 4. Überprüfen Sie damit u. a. Ihr Wissen und führen Sie eine Schutzbedarfsfeststellung für Arbeitsplatzsoftware durch.

4.4.2 Den Schutzbedarf bezüglich der Clients eines Arbeitsplatzes feststellen

S **Sie sollen die Gefährdungen, den Schutzbedarf und entsprechende Schutzmaßnahmen bezüglich der Clients in Ihrem Arbeitsbereich ermitteln.**

Der Schutzbedarf eines IT-Systems generell hängt im Wesentlichen von dem Schutzbedarf der Software und den dazugehörigen Daten ab, welche mit diesem IT-System verarbeitet werden sollen. Deswegen ist der Schutzbedarf des IT-Systems mindestens ebenso hoch anzusetzen. Hier gilt das **Maximumprinzip**.

Auf der anderen Seite kann natürlich der Schutzbedarf eines IT-Systems auch höher sein als der Schutzbedarf seiner Software und seiner Daten, z. B. wenn dieses System in einem Verbund mit anderen IT-Systemen steht. In diesem Fall spricht man auch vom **Kumulationseffekt**.

In diesem Kapitel werden von den IT-Systemen speziell die Clients betrachtet. Ein Client ist mit einem Betriebssystem ausgestattet und in der Regel mit anderen Clients und Servern vernetzt (siehe Lernfeld 3). Außerdem besitzen Clients meistens Laufwerke und Schnittstellen für den Datenaustausch mithilfe von mobilen Datenträgern.

(1) Gefährdungslage

Clients sind auf unterschiedlichste Art und Weise gefährdet. Auf der einen Seite sind die Gefährdungen zu betrachten, welche im Zusammenhang mit der Hardware stehen. Auf der anderen Seite sollte der Blick auf Gefährdungen im Zusammenhang mit dem Betriebssystem und den Softwarekomponenten gerichtet werden. Als dritter, nicht zu unterschätzender Punkt kommen noch die Gefährdungen durch Fehlbedienung durch den Benutzer hinzu.

Gefährdungslage von Clients

JIKU

- Schadprogramme
- Datenverlust durch lokale Datenhaltung
- Datenverlust durch Hardwaredefekte
- Softwareschwachstellen oder Fehler
- Unberechtigte Benutzung
- Installation nicht benötigter Betriebssystemkomponenten und Applikationen
- Abhören von Räumen mittels Mikrofon und Kamera
- Fehlerhafte Administration oder Nutzung von Geräten und Systemen

Quelle: vgl. BSI GSK 2023, Baustein SYS.2.1 Allgemeiner Client, S. 551 ff.

Dieses macht Clients besonders anfällig für Schadprogramme jeglicher Art. Dabei sind die Einfallstore sehr vielfältig und reichen vom Öffnen von E-Mails mit schädlichem Inhalt bis zum Anschließen von mobilen Datenträgern, welche Schadsoftware enthalten. Dadurch, dass die Clients in der Regel vernetzt sind, können sich die Schadprogramme danach im schlechtesten Fall im ganzen Unternehmen verteilen. Eine weitere große Gefahr besteht in dem Verlust von (wichtigen) Daten, wenn diese nur lokal gespeichert werden und auf diese, durch defekte Hardware oder Bedienungsfehler, nicht mehr zugegriffen werden kann. Auch die Gefahr des Informations- und Datendiebstahls ist nicht zu unterschätzen. Dieses kann beispielsweise direkt über die unberechtigte Benutzung des Clients oder indirekt durch das Abhören von Räumen mittels des Clientmikrofons geschehen.

(2) Schutzbedarfsfeststellung

Auch bei der Schutzbedarfsfeststellung für Clients werden die drei Grundwerte „Vertraulichkeit – Integrität – Verfügbarkeit“ betrachtet. Nachfolgend ist ein Beispiel für eine Schutzbedarfsfeststellung für Clients bei JIKU IT-Solutions aufgeführt. Dieses Protokoll baut erneut auf dem Beispielunternehmen RECPLAST GmbH des BSI (siehe Kapitel 4.3.3) auf und wurde für eine Schutzbedarfserststellung eines Arbeitsbereiches entworfen. Die Clients, welche bewertet werden sollen, sind vorher in einer Strukturanalyse zu ermitteln. In dem abgebildeten Beispiel geht es um Clients in der Personalabteilung. Es ist davon auszugehen, dass dort noch mehr Clients vorhanden sind. Hier wurden nur exemplarisch zwei Clients ausgewählt.

Schutzbedarfsfeststellung

JIKU IT-Solutions

Arbeitsbereich:	PC-Arbeitsplätze in der Personalabteilung		
Thema:	Schutzbedarf „Clients“		
Datum:	12.08.20..	Ersteller:	Peter Dager

Client	Grundwert	Schutzbedarf	Begründung	Maßnahmen
PCs mit Zugriff auf die Personaldatenbank	Vertraulichkeit	hoch	Hierbei handelt es sich um personenbezogene Daten.	
	Integrität	normal	Integritätsverletzungen können leicht erkannt und behoben werden.	
	Verfügbarkeit	normal	Ein zeitweiser Ausfall kann hingenommen werden, da Ersatzrechner zur Verfügung stehen und die Personaldaten nicht lokal gespeichert werden.	
Einzel-PC für die Internetrecherche	Vertraulichkeit	normal	Hier werden keine vertraulichen oder personenbezogenen Daten verarbeitet. Es existiert keine Verbindung zur Mitarbeiterdatenbank.	
	Integrität	normal	Integritätsfehler werden leicht erkannt und behoben.	
	Verfügbarkeit	normal	Bei Ausfall steht übergangsweise ein Laptop zur Verfügung.	
...				

Unterschrift: P. Dager

(3) Schutzmaßnahmen

Basierend auf der Schutzbedarfsfeststellung und den Gefährdungen können nun entsprechende Schutzmaßnahmen angewandt werden. Eine der wichtigsten Sicherheitsmaßnahmen beim Betrieb heutiger Client-Systeme sind der Einsatz eines Virenscanners und eine regelmäßige Datensicherung.

Auf der nachfolgenden Folie sind einige wichtige Schutzmaßnahmen aufgeführt. Diese sind nur ein Auszug aus dem Baustein SYS.2.1 des IT-Grundschutz-Kompendiums des BSI, da dieser Baustein sehr umfangreich ist. Es werden dort weitere Schutzmaßnahmen aufgeführt und detailliert erläutert. Viele dieser erweiterten Inhalte werden im zweiten und dritten Lehrjahr intensiver behandelt.

Schutzmaßnahmen für Clients

JIKU

Basismaßnahmen

- Benutzerauthentisierung
- Rollentrennung
- Aktivieren von Autoupdate-Mechanismen
- Regelmäßige Datensicherung
- Bildschirmsperre
- Einsatz von Virenschutzprogrammen
- Protokollierung
- Absicherung des Boot-Vorgangs

Maßnahmen für erhöhten Schutzbedarf

- Verschlüsselung der Clients
- Systemüberwachung
- Einrichten einer Referenzinstallation für Clients
- Einrichtung lokaler Paketfilter
- Einsatz zusätzlicher Maßnahmen zum Schutz vor Exploits
- Aktive Verwaltung der Wurzelzertifikate
- Einbindung in die Notfallplanung
- Unterbrechungsfreie und stabile Stromversorgung

Standardmaßnahmen

- Festlegung einer Sicherheitsrichtlinie für Clients
- Planung des Einsatzes von Clients
- Planung der Beschaffung von Clients
- Kompatibilitätsprüfung von Software
- Zugriff auf Ausführungsumgebungen mit unbeobachteter Codeausführung
- Updaten und Patchen von Firmware, Betriebssystem und Anwendungen
- Sichere Installation und Konfiguration von Clients
- Deaktivierung und Deinstallation nicht benötigter Komponenten und Kennungen
- Nutzung von TLS
- Restriktive Rechtevergabe
- Schutz der Administrationsschnittstellen
- Verhinderung der unautorisierten Nutzung von Rechnermikrofonen und Kameras
- Nutzung von Client-Server-Diensten

Quelle: vgl. BSI GSK 2023, Baustein SYS.2.1 Allgemeiner Client, S. 551 ff.

Viele der hier aufgeführten Maßnahmen, z. B. eine regelmäßige Datensicherung oder der Einsatz von Virenschutzprogrammen, sind selbsterklärend und werden deshalb nicht weiter erläutert. Weitere Basis- und Standardmaßnahmen sind in der anschließenden Auflistung mit einer kurzen Erläuterung versehen. Für den Rest und umfangreichere Erläuterungen wird auf das entsprechende Kapitel im BSI-Schutzkonzept verwiesen.

Einige grundlegende Schutzmaßnahmen für Clients näher betrachtet

Absicherung des Boot-Vorganges
Wenn beispielsweise von Wechselmedien gebootet wird, können Sicherheitsvorkehrungen umgangen und das System angegriffen werden. Außerdem muss verhindert werden, dass eventuelle Schadprogramme auf dem Client direkt in den Boot-Vorgang eingreifen.

Zugriff auf Ausführungsumgebungen mit unbeobachteter Codeausführung Die Nutzung von Ausführungsumgebungen mit unbeobachteter Codeausführung, z.B. Intel Software Guard Extensions (SGX), sollte in der Firmware des Clients deaktiviert werden. Diese befinden sich meistens in den Sicherheitseinstellungen des BIOS.
Rollentrennung Grundsätzlich kann zwischen den Rollen „Benutzer" und „Administrator" unterschieden werden. Administratoren müssen alle Rechte bekommen, um das IT-System verwalten zu können. Alle anderen Benutzer dürfen keine Administrationsrechte besitzen. Sie sollten nur so viele Rechte erhalten, damit sie ihre Aufgaben am Client ausführen können.
Protokollierung Es sollten alle sicherheitsrelevanten Ereignisse, z.B. Versuche von unberechtigten Zugriffen, am Client protokolliert werden. Dazu ist die Protokollierung zu aktivieren und die Protokolle sind regelmäßig zu überprüfen.
Nutzung von TLS Bei der Web-Nutzung sollte das Sicherheitsprotokoll SSL/TLS verwendet werden. Mit SSL/TLS können Verbindungen u.a. durch Verschlüsselung der Verbindungsinhalte, durch Überprüfung der Vollständigkeit und Korrektheit der übertragenen Daten oder durch Prüfung der Identität des Servers abgesichert werden.
Deaktivierung und Deinstallation von nicht benötigten Komponenten und Kennungen Oft wird im Rahmen der Standardinstallation eines Betriebssystems eine größere Anzahl von Benutzerkennungen, Programmen, Diensten und sonstigen Komponenten eingerichtet, die für den Betrieb des Clients nicht notwendig sind. Es sollte deshalb geprüft werden, welche von diesen Komponenten wirklich benötigt werden. Der Rest ist zu deinstallieren oder zumindest zu deaktivieren.
Benutzerauthentisierung Benutzer müssen eindeutig identifiziert und authentisiert werden können und die Interaktion zwischen dem Benutzer und dem IT-System darf nur bei erfolgreicher Authentisierung erfolgen. Zu den Authentisierungstechniken gehören u.a. PIN, Passwörter, Zugangskarten oder die Biometrie.
Nutzung von Client-Server-Diensten Bei gleichberechtigten IT-Systemen kann jedes System Dienste anbieten oder nutzen. Damit werden die typischen Funktionen eines Servers und eines Clients auf einem IT-System vereint und es können sich mehrere IT-Systeme Ressourcen dezentral untereinander teilen, z.B. die Nutzung von einem Drucker, welcher lokal an einem IT-System angeschlossen ist.

Kompetenzcheck ✓

1 Welche Aussagen sind richtig?

a) IT-Systeme besitzen mindestens den gleichen Schutzbedarf wie die darauf gespeicherten Daten.
b) Über vernetzte Clients können sich Schadprogramme schnell auf andere Systeme übertragen.
c) Es sollte Regelungen geben, ob und inwieweit mobile Datenträger mit einzelnen Clients verbunden werden dürfen.
d) In den Clients verbaute Kameras könnten zur Spionage genutzt werden.
e) In der Regel reicht eine Standardinstallation vom Betriebssystem auf dem Client aus.
f) Das Booten sollte immer auch von mobilen Datenträgern aus möglich sein, um so im Notfall schnell agieren zu können.
g) Viren-Schutzprogramme sollten zur Grundausstattung eines Clients gehören.
h) In der Regel findet bei der Schutzbedarfsfeststellung für Clients das Minimumprinzip Anwendung.
i) Der Schutzbedarf ist für alle Clients in einem Arbeitsbereich gleich.

2 Berichten und diskutieren Sie über die Gefährdung von Clients in Ihrem Arbeitsumfeld und welche Erfahrungen Sie dies bezüglich schon gesammelt haben. Bilden Sie dazu verschiedene Gruppen.

3 Nennen und beschreiben Sie mindestens drei konkrete Schutzmaßnahmen für Clients, die in Ihrer beruflichen Praxis Anwendung finden.

4 Bearbeiten Sie im Arbeitsbuch die Aufgaben 4 und 5 der Lernsituation 4. Führen Sie dabei u.a. eine Schutzbedarfsfeststellung für die Clients eines Arbeitsplatzes durch.

A4
A5

4.4.3 Den Schutzbedarf bezüglich des Austausches von Daten mithilfe von mobilen Datenträgern feststellen

S Sie sollen die Gefährdungen, den Schutzbedarf und entsprechende Schutzmaßnahmen bezüglich des Austausches von Daten mithilfe von mobilen Datenträgern ermitteln.

Mobile Datenträger finden vielfache Verwendung. Sie werden vor allem für die Speicherung und den Transport von Daten eingesetzt. Je nach Art der Daten müssen verschiedene sicherheitstechnische Betrachtungen durchgeführt werden. Es wird aufgezeigt, wie die auf mobilen Datenträgern gespeicherten Daten sicher genutzt werden können, und andererseits, wie einer unbefugten Weitergabe von Daten über mobile Datenträger vorgebeugt werden kann. Dazu werden zunächst die Gefährdungslage und der Schutzbedarf analysiert und im Anschluss entsprechende Maßnahmen festgelegt.

Mobile Datenträger	
Auswechselbare Datenträger (Wechseldatenträger)	Wechseldatenträger werden zum Datenaustausch in Laufwerke eingelegt. Beispiele hierfür sind CD-ROM, DVD, Blu-ray Disc, Magnetbänder und Speicherkarten.
Externe Datenträger	Externe Datenträger werden zum Datenaustausch direkt an das IT-Gerät angeschlossen. Beispiele hierfür sind USB-Sticks und externe Festplatten.
Datenträger, welche in mobile IT-Geräte integriert sind	Datenträger, welche in mobile IT-Geräte integriert sind, werden zum Datenaustausch indirekt über das mobile Gerät mit einem anderen IT-Gerät verbunden. Beispiele hierfür sind Speicherkomponenten in Smartphones, Tablets und Digitalkameras.

USB-Sticks stellen dabei heutzutage den weitaus größten Anteil an mobilen Datenträgern. Fast jeder hat einen in der Tasche, um auf die Schnelle Daten zu kopieren oder auszutauschen. Sie sind klein, in der Regel gut zu handhaben und relativ preiswert, sodass ein Verlust aus finanzieller Sicht nicht allzu schmerzhaft ist. Und in diesen positiven Eigenschaften liegen gleichzeitig die Gefahren im Umgang mit ihnen begründet.

(1) Gefährdungslage

In diesem Abschnitt werden kurz die Gefährdungen betrachtet, welche beim Austausch von Daten mittels mobiler Datenträger vorhanden sind. Auf der Folie sind die wesentlichen Gefährdungen aufgeführt. Grundlage dafür bieten die Bausteine SYS.3.4, SYS.4.5 und INF.9 des Grundschutzkompendiums des BSI.

Gefährdungslage für mobile Datenträger

- Diebstahl oder Verlust von mobilen Datenträgern
- Defekte Datenträger
- Unzureichende Kenntnis über Regelungen bezüglich mobiler Datenträger
- Verbreitung von Schadprogrammen
- Sorglosigkeit im Umgang mit den Reglungen bezüglich mobiler Datenträger
- Datendiebstahl mithilfe von mobilen Datenträgern
- Ungewollte Weitergabe von Informationen durch Restdaten auf dem Datenträger
- Beeinträchtigungen der Datenträger durch wechselnde und ungünstige Einsatzumgebungen

Quelle: vgl. BSI GSK 2023, SYS.4.5 Wechseldatenträger, S. 645 ff.

Für die Gefahren für die IT-Sicherheit, welche vom Datenaustausch mittels mobiler Datenträger ausgehen, sind viele Unternehmen bereits sensibilisiert. Um diesen zu begegnen, wurden bereits eigene Regelungen dafür aufgestellt. Allerdings sind diese nicht immer allen Mitarbeitern bekannt oder es wird sehr sorglos mit ihnen umgegangen, was wiederum eine der Hauptgefahrenquellen darstellt, weil so die besten Maßnahmen ausgehebelt werden. Am Rechner vergessene oder auf Reisen verlorene USB-Sticks sind dafür nur ein Beispiel.

Aufgrund der Größe und ihres Materials sind viele mobile Datenträger zudem sehr anfällig für Beschädigungen und Ausfälle. Gründe dafür können u. a. wechselnde und ungünstige Einsatzumgebungen wie Staub, Dreck, Wasserdampf, hohe und niedrige Temperaturen sein. Aber auch leichte mechanische Einwirkungen können schon zu Beschädigungen führen. Auch beim Versand von mobilen Datenträgern ist daher mit Transportschäden oder sogar dem Verlust zu rechnen. Eine weitere große Gefahr besteht darin, dass mobile Datenträger oftmals recht sorglos an fremde IT-Systeme angeschlossen werden oder Fremde ihre mobilen Datenträger mit dem eigenen IT-Arbeitsplatz verbinden. Auf diese Weise kann man sich schnell Schadprogramme einfangen und diese auf das eigene System übertragen und so überall im Unternehmen verbreiten. Außerdem besteht immer die Gefahr, dass über mobile Datenträger größere Datenmengen unbefugt kopiert werden.

Festzuhalten ist: Je wichtiger und schutzbedürftiger die entsprechenden Daten sind, umso umfangreicher müssen auch die Schutzmaßnahmen sein. Um dieses festzustellen, wird zunächst wieder eine Schutzbedarfsfeststellung durchgeführt.

(2) **Schutzbedarfsfeststellung**

Schutzbedarfsfeststellung

JIKU IT-Solutions

Arbeitsbereich:	*PC-Arbeitsplätze in der Softwareentwicklung*	
Thema:	*Schutzbedarf bei Verwendung mobiler Datenträger*	
Datum:	*04.06.20*	Ersteller: *Laura Meier*

Daten	Grundwert	Schutzbedarf	Begründung	Maßnahmen
Kundendaten aus Kunden-datenbank	Vertraulichkeit	*hoch*	*Hierbei handelt es sich um personenbezogene Daten.*	
	Integrität	*hoch*	*Kundendaten dürfen nicht verloren gehen oder verfälscht werden.*	
	Verfügbarkeit	*normal*	*Bei Verlust oder Beschädigung des Datenträgers stehen die Daten in einer Datenbank weiterhin zur Verfügung.*	
Quellcode, Testergebnisse	Vertraulichkeit	*sehr hoch*	*Neben der Erstellung von Kundensoftware werden hier auch moderne und besondere Algorithmen entwickelt.*	
	Integrität	*sehr hoch*	*Der Quellcode und die Entwicklungspläne dürfen nicht verfälscht werden oder in dritte Hände gelangen.*	
	Verfügbarkeit	*normal*	*Die Daten werden zentral verwaltet und stehen jederzeit zur Verfügung.*	
...				

Unterschrift: *L. Meier*

Bei der Schutzbedarfsfeststellung für den Datenaustausch mithilfe mobiler Datenträger ist vor allem zu klären, um welche Art von Daten es sich handelt. Daten von einem Arbeitsplatz, an dem keine vertraulichen oder sensiblen Daten verarbeitet werden, haben einen anderen Schutzbedarf als streng vertrauliche Daten. Eine Rolle spielt auch, in welcher Art und Weise das IT-System, über das der Austausch der Daten mit dem mobilen Datenträger erfolgen soll, in das Gesamtnetz eingebunden ist. Bei wichtigen IT-Systemen sollte ein möglicher Anschluss von mobilen Datenträgern völlig unterbunden werden. Ziel der Schutzbedarfsfeststellung ist es, auch hier den Prozess der Auswahl geeigneter Sicherheitsmaßnahmen zu unterstützen.

Nachfolgend ist ein Beispiel für eine Schutzbedarfsfeststellung für mobile Datenträger bei JIKU IT-Solutions aufgeführt. Dieses Protokoll baut wieder auf dem Beispiel des Modellunternehmens RECPLAST GmbH des BSI (siehe Kapitel 4.3.3) auf und wurde für eine Schutzbedarfsfeststellung eines Arbeitsbereiches entworfen.

(3) Schutzmaßnahmen

Ausgehend von den Ergebnissen der Schutzbedarfsfeststellung werden nun entsprechende Maßnahmen für den Umgang mit mobilen Datenträgern vorgeschlagen. Bevor auf spezielle Maßnahmen eingegangen wird, werden einige allgemeine Maßnahmen erwähnt. Zunächst sollte generell festgelegt werden, welche Arten von mobilen Datenträgern wofür eingesetzt werden. Des Weiteren sind alle Mitarbeiter für den sicheren Umgang mit mobilen Datenträgern zu sensibilisieren und Schnittstellen der IT-Systeme gemäß den Sicherheitsvorgaben zu schützen. Auch sollten die Daten, welche auf den mobilen Datenträger gespeichert werden, als Sicherungskopie vorliegen.

Nachfolgend sind die wichtigsten Basis- und Standardmaßnahmen sowie Maßnahmen für den erhöhten Schutzbedarf aufgeführt. Diese stellen eine Auswahl der in den Bausteinen SYS.3.4, SYS.4.5 und INF.9 aufgeführten Schutzmaßnahmen des Grundschutz-Kompendiums des BSI dar und können dort nochmals vertiefend nachgelesen werden.

Schutzmaßnahmen für mobile Datenträger JIKU

Basismaßnahmen

- Festlegung zuverlässiger Kommunikationspartner
- Regelung des Informationsaustausches
- Schutz vor Schadsoftware
- Meldung bei Verlust oder Beschädigung des Datenträgers
- Sensibilisierung der Mitarbeiter zum sicheren Umgang mit mobilen Datenträgern
- Sicherungskopie der übermittelten Daten erstellen

Maßnahmen für erhöhten Schutzbedarf

- Verschlüsselung und digitale Signaturen
- Integritätsschutz durch Checksummen oder digitale Signaturen
- Sichere Versandart und Verpackung
- Sichere Aufbewahrung der Datenträger vor und nach dem Versand
- Verifizieren von Datenträgern vor dem Versand
- Verwendung von zertifizierten mobilen Datenträgern

Standardmaßnahmen

- Vereinbarungen zum Informationsaustausch mit externen Kommunikationspartnern
- Regelungen zum Versand von Datenträgern
- Sicheres Löschen von Datenträgern vor und nach Verwendung
- Beseitigung von Restinformationen in Dateien vor Weitergabe
- Abschluss von Vertraulichkeitsvereinbarungen
- Angemessene Kennzeichnung der Datenträger beim Versand
- Erstellung einer Richtlinie zum sicheren Umgang mit mobilen Datenträgern
- Regelung der Mitnahme von mobilen Datenträgern
- Einführung einer Datenträgerverwaltung

Quelle: vgl. BSI GSK 2023, SYS.4.5 Wechseldatenträger, S. 645 ff.

Beim Datenaustausch mittels mobiler Datenträger ist eine Reihe von Maßnahmen zu beachten, wie die Auswahl in der Abbildung zeigt. Dazu gehört der Zugriffs- und Manipulationsschutz durch Verschlüsselung genauso wie eine sichere Aufbewahrung und Verpackung der Datenträger. Des Weiteren kann eine eindeutige Kennzeichnung die Verwechslungsgefahr verringern und die Daten sollten vor und nach dem Austausch auf Viren überprüft werden. Die meisten dieser Maßnahmen sind selbsterklärend oder wurden schon in einem anderen Abschnitt dieses Kapitels erläutert, z. B. die Verschlüsselung (siehe S. 423) Deswegen werden nachfolgend nur einige der aufgeführten Maßnahmen näher betrachtet.

Beschreibung ausgewählter Maßnahmen für den sicheren Datenaustausch mittels mobiler Datenträger

Festlegung zuverlässiger Kommunikationspartner
Sollen Daten an einen Kommunikationspartner innerhalb oder außerhalb der eigenen Institution übertragen werden, so muss sichergestellt werden, dass der Empfänger die notwendigen Berechtigungen zum Erhalt und zum Weiterverarbeiten dieser Informationen besitzt. Dazu muss die Identität des Kommunikationspartner vorher überprüft werden.

Verlustmeldung
Der Verlust eines mobilen Datenträgers muss umgehend gemeldet werden. Das gilt auch für private Datenträger, die dienstlich genutzt werden. Nun sollte schnell gehandelt werden, da es hier nicht nur darum geht, die Daten zu übermitteln, sondern auch darum, den potenziellen Missbrauch der betroffenen Informationen zu verhindern. Wenn verlorene Datenträger wieder auftauchen, müssen sie auf jeden Fall auf eventuelle Manipulationen untersucht werden.

Regelung der Mitnahme von mobilen Datenträgern
Mobile Datenträger werden oft außerhalb des Unternehmens eingesetzt. Deswegen muss die Mitnahme solcher Datenträger klar geregelt werden. Dabei sollte festgelegt werden, wer, unter welchen Umständen welchen mobilen Datenträger mitnehmen darf und welche Sicherheitsmaßnahmen dabei beachtet werden müssen.

Regelungen zum Versand von Datenträgern
Beim Versand von mobilen Datenträgern dürfen diese nicht beschädigt werden. Außerdem ist die Verpackung des Datenträgers zusätzlich an seiner Schutzbedürftigkeit auszurichten. Versand- oder Transportarten, z. B. Kuriertransport, müssen genauso geregelt werden wie das Nachweisverfahren über den Versand und den Eingang beim Empfänger.

Sicheres Löschen der Datenträger vor und nach der Verwendung
Bevor wiederbeschreibbare Datenträger weitergegeben, wiederverwendet oder ausgesondert werden, sollten sie in geeigneter Weise gelöscht werden. So lässt sich z. B. eine für den normalen Schutzbedarf ausreichende physikalische Löschung erreichen, indem der Datenträger mit einem bestimmten Muster überschrieben wird. Auf jeden Fall sollte vermieden werden, die Daten nur mit einem Löschbefehl zu entfernen, da hierbei häufig Restinformationen erhalten bleiben, welche eine Rekonstruktion der gelöschten Daten ermöglichen.

Verwendung von zertifizierten mobilen Datenträgern
Das Unternehmen sollte nur zertifizierte Datenträger verwenden. Die Zertifizierung sollte besonders eine sichere Datenerhaltung und eine vorhandene Verschlüsselung einschließen.

Kompetenzcheck

1 Welche Aussagen sind richtig?
a) USB-Sticks stellen einen Großteil der mobilen Datenträger.
b) Der Verlust oder der Diebstahl von mobilen Datenträgern mit hochsensiblen Daten stellt eine große Gefahr für das Unternehmen dar.
c) Über mobile Datenträger kann keine Schadsoftware verbreitet werden.
d) Mobile Datenträger sollten zum Datenaustausch ausreichend gekennzeichnet werden.

e) Der Versand von vertraulichen Daten sollte per Kurierdienst in einer gesicherten Verpackung erfolgen.
f) In der Regel reicht einfaches Löschen der Daten vom Datenträger, um diesen für den nächsten Gebrauch vorzubereiten.
g) Der Gebrauch von privaten mobilen Datenträgern zu dienstlichen Zwecken ist in jedem Fall zu gestatten.
h) Verschlüsselung ist eine Maßnahme, um die Daten auf mobilen Datenträgern zu schützen.
i) Es sollte immer eine Sicherheitskopie von den Daten, welche ausgetauscht werden sollen, existieren.

2 Berichten Sie im Team über Ihre Erfahrungen im Umgang mit USB-Sticks und anderen mobilen Datenträgern und diskutieren Sie die unterschiedlichen Schutzmaßnahmen.

A6 A7

3 Bearbeiten Sie im Arbeitsbuch die Aufgaben 6 und 7 der Lernsituation 4. Führen Sie dabei u.a. eine Schutzbedarfsfeststellung für mobile Datenträger durch.

5 Software zur Verwaltung von Daten anpassen

In diesem Lernfeld erwerben Sie Wissen und Kompetenzen zu folgenden Themen:

SCHULBUCH

+

ARBEITSBUCH

Passgenau abgestimmt mit den Inhalten des Schulbuchs stehen Ihnen im Arbeitsbuch praxisorientierte Lernsituationen zur Verfügung:

Lernsituation 1: Wir analysieren das Umfeld der Softwareentwicklung.

Lernsituation 2: Wir erarbeiten uns die Grundlagen über die Abbildung von Informationen in IT-Systemen, überprüfen und reflektieren unsere Kompetenzen.

Lernsituation 3: Wir erarbeiten uns die Grundlagen der Softwareentwicklung und, planen die Entwicklung einfacher Anwendungen, überprüfen und reflektieren unsere Kompetenzen.

Lernsituation 4: Wir implementieren einfache Anwendungen zur Verarbeitung von Daten, überprüfen und reflektieren unsere Kompetenzen.

Lernsituation 5: Wir planen und erweitern einfache Anwendungen zur Verwaltung von Daten in einer Datenbank,überprüfen und reflektieren unsere Kompetenzen.

Lernsituation 6: Wir testen, debuggen und dokumentieren Software, überprüfen und reflektieren unsere Kompetenzen.

Informationen sind in der heutigen Informationsgesellschaft ein wertvolles Gut. Im Zeitalter der Digitalisierung werden diese Informationen in zunehmendem Maße mithilfe von informationstechnischen Systemen verwaltet und Unternehmen und privaten Personen zur Verfügung gestellt. Dazu müssen zunächst die Informationen mithilfe von Daten digital erfasst werden. Anschließend werden die Daten mit geeigneter Software aufbereitet und verwaltet, sodass sie bei Bedarf abgerufen werden können. Die Anforderungen an solche Softwarelösungen sind einem ständigen Wandel unterworfen, besonders was die Menge und die Art der zu verwaltenden Daten betrifft. Deshalb sind diese Anwendungen auch regelmäßig an neue Bedingungen anzupassen. Alternativ kann auch eine komplette Neuentwicklung in Betracht gezogen werden. Diese Überlegungen stellen die Ausgangslage für die Inhalte dieses Lernfeldes 5 dar. Es wird der gesamte Anpassungs- oder Entwicklungsprozess einer Software, angefangen mit der Spezifikation der Anforderungen, über die Planung und Programmierung bis hin zum Testen und der Dokumentation, näher betrachtet. Dazu ist es aber im Vorfeld notwendig, sich grundlegende Kenntnisse darüber anzueignen, wie Informationen mithilfe von Daten digital abgebildet werden, um welche Art von Daten es sich dabei handelt und wie verfügbar diese sind. Auch Aspekte des Datenschutzes und der Datensicherheit spielen dabei eine Rolle. Da Daten auf unterschiedliche Art und Weise in informationstechnischen Systemen verwaltet werden können, werden die dafür grundlegenden Konzepte angesprochen. In diesem Zusammenhang wird z.b. grundlegendes Wissen über Dateien, Dateiformate, Datenbanksysteme und die Datenbankabfragesprache SQL vermittelt.

5.1 Das Umfeld der Softwareentwicklung analysieren

S **Sie sollen sich mit dem vielfältigen Arbeitsumfeld der Softwareentwicklung und -anpassung bekannt machen.**

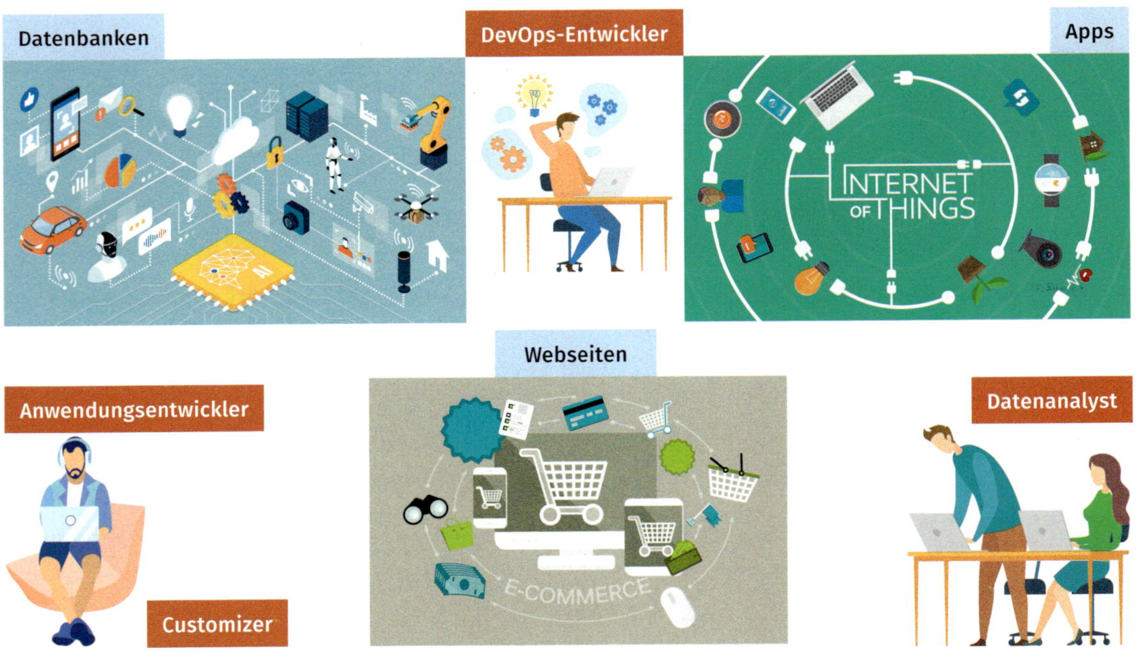

In der heutigen Arbeitswelt wird die Produktion immer mehr mit modernster Informations- und Kommunikationstechnik verzahnt. Man spricht in diesem Zusammenhang auch von industrieller Digitalisierung. Aber auch in alle anderen Bereiche des Lebens hält die Digitalisierung mehr und mehr Einzug. Eine große Rolle spielen dabei die Entwicklung moderner Software sowie die Verwaltung und Analyse von Daten. Neben der Neuentwicklung, gewinnt auch die Anpassung vorhandener Software an die Anforderungen der Digitalisierung immer mehr an Bedeutung.

5.1.1 Software und Möglichkeiten der Anpassung unterscheiden

S **Sie wollen mehr über Software und Softwarearten sowie über die verschiedenen Möglichkeiten der Softwareanpassung erfahren.**

Der Begriff „Software" ist bis heute nicht einheitlich definiert. Das Wort als solches stammt aus dem Englischen und ist ein Kunstwort, welches als Gegenstück zum Wort „Hardware" geschaffen wurde. Im Alltagsgebrauch wird der Begriff „Software" oft als Synonym für „Computerprogramme" verwendet. Diese Betrachtungsweise schränkt den Begriff allerdings zu stark auf Programme ein. Eine Erweiterung des Softwarebegriffes stellt die Definition des Institute of Electrical and Electronics Engineers dar, der IEEE Standard 610.12.

Softwaredefinition nach IEEE Standard 610.12

Software umfasst alle Programme, vorgeschriebenen Abläufe, Dokumentation und Daten, die zum Betrieb eines Rechnersystems erforderlich sind.

Das ist eine sehr allgemeine, aber für die weiteren Ausführungen nützliche Betrachtungsweise. Hierbei werden neben den eigentlichen Programmen auch Dokumentationen und Daten als Software betrachtet.

Software lässt sich auf verschiedene Art und Weise kategorisieren. Man kann Software z.B. aufgabenbezogen, nach dem Grad der Individualität oder nach dem Nutzungsrecht einteilen. Die nachfolgende Unterscheidung ist aufgabenbezogen und in der ISO/IEC 2382 festgelegt.

Systemsoftware
Unterstützt und ermöglicht das Ausführen von Anwendungssoftware
(Betriebssysteme, Treiber usw.)

Unterstützungssoftware
Programme, welche bei der Entwicklung helfen oder nicht anwendungsspezifische Leistungen erbringen
(Compiler, Editoren usw.)

Anwendersoftware
Umfasst alle Programme, die betriebswirtschaftliche, wissenschaftliche, technische oder branchenbezogene Anwendungen unterstützen
(Lern- und Unterhaltungssoftware, Buchhaltungsprogramme usw.)

Die allermeisten Softwareentwickler werden Anwendersoftware erstellen bzw. anpassen. Das Spektrum reicht dabei vom Erstellen einfacher Webseiten über Spiele bis hin zu kompletten Datenbankanwendungen. Bereiche, für welche diese Anwendersoftware erstellt wird, sind beispielsweise die Automobilindustrie, der medizinische- und Krankenhausbereich, der Finanz- und Bankensektor oder der E-Commerce-Bereich.

Neben der Einteilung der Software nach Aufgabenbereichen kann man Software auch nach dem Grad der Individualität einteilen. Hier werden Individual- und Standardsoftware unterschieden.

Einteilung von Software nach dem Grad der Individualisierung	
Standardsoftware	Standardsoftware ist frei am Markt zum Kauf angebotene Software, welche standardisierbare Aufgabenstellungen abdeckt und bei verschiedenen Anwendern in mehr oder weniger der gleichen Form zum Einsatz kommt. Sie entspricht im Gegensatz zur Individualsoftware nur zu einem gewissen Grad den Anforderungen eines konkreten Nutzers und wird mittels Customizing oder Erweiterungsprogrammierung in der Regel an die im Unternehmen vorliegenden Strukturen und Prozesse angepasst.

Einteilung von Software nach dem Grad der Individualisierung	
Individualsoftware	Individualsoftware wird speziell für einen bestimmten Geschäftsprozess entwickelt und auf die Bedürfnisse des Kunden zugeschnitten. Sie lässt sich leicht an die individuellen Unternehmensprozesse anpassen und bleibt auch weiterhin flexibel, selbst wenn sich die Anforderungen ändern. Eine Anbindung zu weiterer im Unternehmen eingesetzter Software ist in der Regel ohne großen Aufwand realisierbar.

Um eine Software verwenden zu können, muss diese zunächst einmal neu erstellt werden. In diesem Falle spricht man von einer Neuentwicklung. Im Laufe der letzten Jahrzehnte sind viele nützliche, aber auch nicht ganz so nützliche Programme entstanden. Mit der Zeit ändern sich die Anforderungen an die vorhandene Software. Um diesen gerecht zu werden muss in den meisten Fällen nicht neue Software entwickelt werden, sondern die vorhandene Software wird vielmehr an die neuen Anforderungen angepasst.

Softwareentwicklung

Unter Softwareentwicklung versteht man die Neuentwicklung oder die Verbesserung und Anpassung von Softwaresystemen und die damit verbundenen Prozesse.

Die Anpassung einer Software kann verschiedene Bereiche umfassen. Beispiele dafür sind länderspezifische Anpassungen wie Sprache und Währung oder Anpassung der Oberfläche an unternehmensspezifische Vorgaben. Bei Individualsoftware erfolgt in der Regel eine Anpassung ohne große Schwierigkeiten und man kann dabei sehr flexibel sein. Hier wird im Allgemeinen der Quellcode verändert und umgeschrieben. Die Anpassung von Standardsoftware dagegen erfolgt in der Regel durch Konfigurieren und Parametrisieren. In diesem Zusammenhang spricht man auch von Customizing. Wenn ein Customizing der Software nicht ausreicht, um die Anforderungen eines Kunden abzubilden, kann auf eine sog. Erweiterungsprogrammierung zurückgegriffen werden. Grundsätzlich sind die Möglichkeiten des Anpassens von Standardsoftware über Customizing und Erweiterungsprogrammierung aber relativ beschränkt und führen manchmal nicht zu den gewünschten Ergebnissen. In diesem Fall bleibt noch die komplette Neuentwicklung in Form einer Individualsoftware. Hierbei kann am besten auf die Belange des Kunden eingegangen werden. Kleinere Anpassungen oder Neuentwicklungen von Software können in der Regel von Mitarbeitern eines Unternehmens selber vorgenommen werden, wenn diese über die entsprechenden Kenntnisse verfügen. Größere und komplexere Anpassungen werden meistens vom Softwarehersteller, vom Softwareanbieter oder auch von externen Systemhäusern wie z. B. dem Systemhaus JIKU IT-Solutions vorgenommen.

Arten der Softwareanpassung	
Customizing	Customizing bedeutet das Anpassen von Standardsoftware an die individuellen Wünsche des Kunden. Dabei wird der Quellcode nicht verändert. Es werden folgende Vorgehensweisen unterschieden: • **Konfiguration:** Hier wird durch die Auswahl und Konfiguration von entsprechenden Modulen die Software angepasst. • **Parametrisierung:** Hier wird durch das Setzen von Parametern die Software auf den benötigten Funktionsumfang angepasst. Dabei werden Teile der Standardsoftware aktiviert bzw. deaktiviert.
Erweiterungsprogrammierung	Erweiterungsprogrammierung wird zur Anpassung einer Standardsoftware genutzt, wenn die Möglichkeiten vom Customizing nicht ausreichen. Dabei wird die Software um individuell entwickelte Programmteile erweitert, welche über definierte Schnittstellen mit dem Hauptprogramm verbunden werden.
Neuentwicklung	Reichen die Möglichkeiten von Customizing und Erweiterungsprogrammierung nicht aus, wird die Software komplett neu als Individualsoftware entwickelt.
Datenmigration	Bei der Datenmigration wird ein vorhandenes System zur Verwaltung von Daten durch ein neues ersetzt. Dabei müssen die Daten vom Altsystem auf das neue System übertragen werden.

Kompetenzcheck ✓

1. Welche Aussagen sind richtig?
   a) Neben Programmen gehören auch Daten zur Software.
   b) Windows 11 fällt in den Bereich der Anwendersoftware.
   c) Computerspiele sind Bestandteil der Systemsoftware.
   d) Standardsoftware ist beim Kauf schon speziell an die Bedürfnisse des Kunden angepasst.
   e) Die Erstellung von Individualsoftware ist mit höheren Kosten verbunden als der Kauf von Standardsoftware.
   f) Bei der Anpassung und Erweiterung von Individualsoftware wird in der Regel der Quellcode verändert.
   g) Erweiterungsprogrammierung wird eingesetzt, wenn die Konfiguration und Parametrisierung von Software nicht ausreichen.
   h) Anpassungen von Software dürfen nur der Softwarehersteller oder der Softwareanbieter vornehmen.
   i) Unter Datenmigration wird das Übertragen von Daten von einem Altsystem auf ein neues System verstanden.

2. Finden und diskutieren Sie jeweils drei konkrete Beispiele für System- und Anwendungssoftware.

3. Notieren Sie sich mindestens vier Beispiele für Standardsoftware, die Sie persönlich einsetzen.

4. Recherchieren und präsentieren Sie weitere Einteilungsmöglichkeiten von Software und geben Sie jeweils zwei Beispiele an (z. B. Einteilung nach Nutzungsrecht, Freeware: Linux, Gimp).

5. Erarbeiten Sie in Partnerarbeit ein konkretes Beispiel für Customizing einer Software, das Ihnen bekannt ist. Das Beispiel kann aus Ihrer Firma oder aus anderen persönlichen Erfahrungen stammen. Notieren Sie sich dazu, um welche Software es sich handelt, warum, was und wie diese angepasst wurde. Präsentieren Sie Ihre Ergebnisse der Klasse.

6. Bearbeiten Sie im Arbeitsbuch die Aufgaben 1 und 2 der Lernsituation 1.

A1, 2

5.1.2 Aufgaben und Kompetenzen von Softwareentwicklern beschreiben

S Sie wollen sich darüber informieren, welche Aufgaben Softwareentwickler haben und welche Kompetenzen sie besitzen müssen.

Grundsätzlich kann man sagen, dass Softwareentwickler an der Entwicklung oder Anpassung von Software oder Softwarebausteinen mitwirken. Dieses ist aber eine sehr allgemeine Aussage. In der Praxis sind die Aufgabenfelder sehr vielfältig. Je nachdem, an welcher Art Software die Entwickler mitarbeiten und welche Rolle sie dabei ausführen, kann man sie in unterschiedlichste Kategorien einordnen.

Dabei können sich die benötigten Kenntnisse und Fähigkeiten erheblich unterscheiden. So befassen sich Datenanalysten sowohl mit der Auswertung von Daten als auch mit Entwicklungsaufgaben im Umfeld von Big Data. Andere passen CRM-, ERP- oder CMS-Systeme (z. B. SAP, WordPress) an die Wünsche des Kunden an. DevOps-Entwickler optimieren wiederum Prozesse im Bereich Systemadministration und Softwareentwicklung. Sie sind sozusagen Entwickler und Administrator in einem.

An diesen Beispielen sieht man deutlich, dass der Begriff „Softwareentwicklung" nur als Oberbegriff für eine Vielzahl von Aufgaben gesehen werden kann. Je nach Aufgabe nutzen Softwareentwickler eine passende Programmiersprache (siehe Kapitel 5.6), um diese umzusetzen. Da die Programmiersprachen vom Konzept her aber oft sehr ähnlich sind, sind gute Softwareentwickler in der Lage, sich schnell in weitere Sprachen einzuarbeiten. Angefangen haben die meisten Entwickler aber mit relativ einfachen Sprachen, z. B. Python, und haben dann nach und nach ihre Programmierfähigkeiten und ihr Wissen über Konzepte von Programmiersprachen erweitert.

Wichtige Programmiersprachen

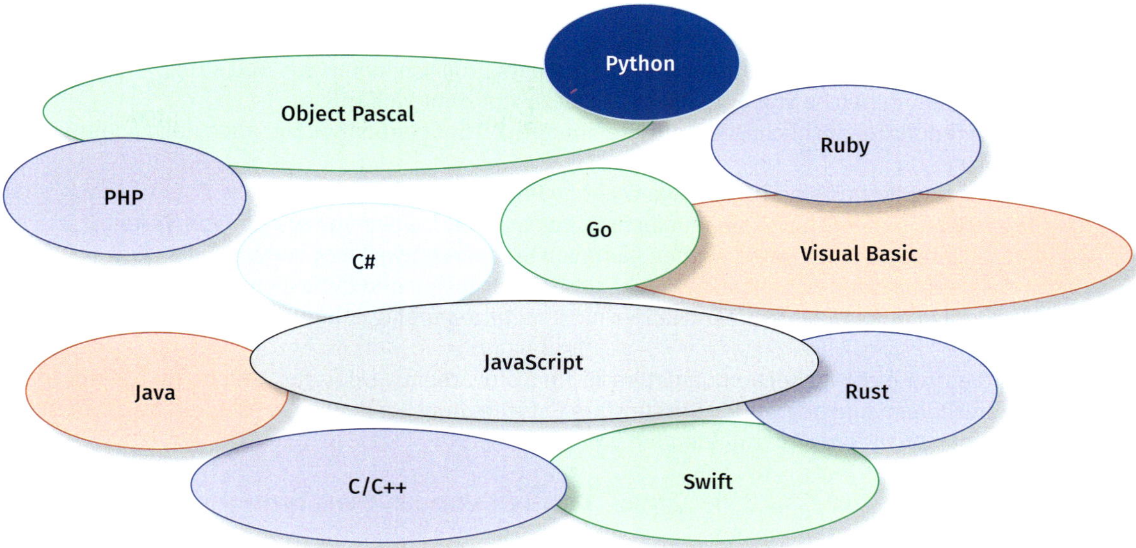

Neben den Kenntnissen in Programmiersprachen sind auch noch andere Fachkenntnisse erforderlich. Softwareentwickler müssen sich im Debuggen und Testen (siehe Kapitel 5.9) von Programmen genauso gut auskennen wie mit Vorgehensmodellen in der Programmentwicklung (siehe Kapitel 5.4.2) oder der Erstellung von Entwickler- und Benutzerdokumentationen (siehe Kapitel 5.10). Wenn man ein echter Computerenthusiast ist, kann man sich Fachkenntnisse in Programmierung und Softwareentwicklung natürlich auch in der Freizeit aneignen. Und viele haben auf diesem Weg zur Softwareentwicklung gefunden. Doch in der Regel verlangen Unternehmen eine entsprechende Ausbildung.

Weitere Kompetenzen von Softwareentwicklern betreffen in zunehmendem Maße auch die sogenannten Soft Skills, wie z. B. persönliche, soziale und methodische Kompetenzen. Oft hat man es mit komplexen Fragestellungen zu tun, die man mit Geduld und Ausdauer lösen muss. Weiterhin muss ein Softwareentwickler heutzutage zunehmend teamfähig und im Umgang mit Kunden bewandert sein.

Aufgaben und Kompetenzen von Softwareentwicklern	
Aufgaben	• Analyse von Prozessen, Architekturen und Anforderungen in der IT • Entwicklung von Front- und Backend-Lösungen • Programmierung mit einer oder mehreren Programmiersprachen • Kundenberatung und -betreuung • Planen, Durchführen und Auswerten von Tests • Pflege, Wartung und Dokumentation von Software und Prozessen
Wichtige Kompetenzen	• Technisches und mathematisches Verständnis • Analytisches Denkvermögen • Geduld und Spaß an komplexen Fragestellungen • Sehr gute Englischkenntnisse in Wort und Schrift • Interesse an innovativen Entwicklungen • Denken über den Tellerrand hinaus • Abstraktionsvermögen • Teamfähigkeit und Organisationstalent • Soziale Kompetenzen im Umgang mit Kunden • Fachkenntnisse u. a. in Programmiersprachen, Softwarearchitektur und Systemdesign, Algorithmen und Datenstrukturen, Entwicklungsplattformen, Frameworks, Stacks und Tools, Datenbanken und SQL, Versionsverwaltung, Build- und Deployment-Systeme, Testen und Debugging, Entwicklungsmethoden, Modellierungswerkzeuge

Kompetenzcheck

1. Welche Aussagen sind richtig?
   a) Softwareentwickler beschäftigen sich nur mit dem Programmieren von Software.
   b) Die Aufgabenbereiche von Softwareentwicklern sind sehr vielfältig.
   c) Neben fundierten fachlichen Kenntnissen benötigen Softwareentwickler auch noch andere Kompetenzen.
   d) Java, C# und Python sind heutzutage wichtige Programmiersprachen.
   e) Kenntnisse in mehreren Programmiersprachen sind für Softwareentwickler von Vorteil.
   f) Entwicklerdokumentationen werden nicht von Softwareentwicklern verfasst.
   g) Softwareentwickler müssen auch Fachkenntnisse im Testen und Debuggen von Software besitzen.
   h) Heutzutage müssen Softwareentwickler nicht mehr teamfähig sein.

2. Wählen Sie drei nicht fachliche Kompetenzen für Softwareentwickler aus, welche für Sie am wichtigsten erscheinen und begründen Sie kurz Ihre Entscheidung. Stellen Sie in Partnerarbeit Ihre Überlegungen einem anderen Auszubildenden vor.

A3
3. Bearbeiten Sie im Arbeitsbuch die Aufgabe 3 der Lernsituation 1 und berichten Sie über Ihre bisherigen Programmiererfahrungen.

5.2 Grundlagen zur Verwaltung von Daten in IT-Systemen erläutern

S **Sie sollen in einem Projekt mitarbeiten, welches der Anpassung einer Anwendungssoftware zur Verwaltung von Daten dient. Dazu erarbeiten Sie sich zunächst einmal grundlegendes Wissen über Informationen und Daten und wie diese in informationstechnischen Systemen abgebildet werden.**

Daten sind wertvoll und täglich nutzen wir eine Vielzahl davon, um uns zu informieren und daraus Entscheidungen für unser Handeln abzuleiten. Das gilt sowohl für Privatpersonen als auch für Unternehmen. Für letztere ist es neben der Auswertung von Daten auch notwendig eigene Daten über Unternehmens- und Standortgrenzen hinweg zugänglich und abrufbar zu machen. Daraus folgt, dass die Beschaffung, Aufbereitung und Bereitstellung von Daten wichtige Bestandteile der Tätigkeit im Unternehmen sind. Dazu ist es notwendig, zu wissen, welche Arten von Daten im Unternehmen anfallen, welche davon relevant sind und aus welchen Quellen diese bezogen werden können. Allerdings sind nicht die Daten als solches interessant, sondern die darin enthaltenden Informationen, denn Daten sind Träger von Informationen. Diese werden mithilfe von Daten abgebildet. Grundlage für die Abbildung von Informationen mithilfe von Daten ist in der Informationstechnik das duale Zahlensystem. Mit diesem werden beispielsweise numerische Daten, Text- und Bilddaten, aber auch Algorithmen zur Verarbeitung der Daten in einer für informationstechnische Systeme verständlichen Form dargestellt und in bestimmten Formaten abgespeichert.
Für die Speicherung, Übertragung und Verarbeitung von Daten spielt die Datenmenge eine große Rolle. So erfordern die großen Datenmengen im Big-Data-Bereich andere technische Lösungen als die Verwaltung einiger Word-Dokumente auf dem Heim-PC. Aus diesem Grund ist es notwendig, schon im Vorfeld abschätzen zu können, welche Datenmenge bei einem zu lösenden Problem anfallen und zu verarbeiten sein wird, um so z. B. optimale Speicherlösungen zu entwickeln. Bei allen diesen Themen dürfen Fragen der Informa-

tionssicherheit nicht vernachlässigt werden. Aspekte, wie Verfügbarkeit, Integrität und Vertraulichkeit gewinnen im Zusammenhang mit der Verarbeitung und Verwaltung von Daten immer mehr an Bedeutung.

5.2.1 Informationen und Daten unterscheiden

S Sie sollen sich Wissen darüber erarbeiten, wodurch sich Informationen von Daten unterscheiden und wie Informationen mithilfe von Daten verarbeitet, übertragen und gespeichert werden.

Im Alltagsgebrauch werden die Begriffe „Daten“ und „Information“ kaum voneinander abgegrenzt und teilweise sogar sinngleich verwendet. Dabei gibt es einige wichtige Unterschiede.

(1) Definition der Begriffe „Information“ und „Daten“

Im allgemeinen Sprachgebrauch wird Information mit „Bedeutung“ oder „Wissen“ gleichgesetzt. Dagegen versteht man in der Informationstechnik unter Information das Wissen, welches ein Absender einem Empfänger übermittelt. Die Information führt dann bei Empfänger zu einem Zuwachs oder einer Veränderung an Wissen. Man kann auch sagen, dass eine Information die Beseitigung von Unwissenheit beim Empfänger ist.

„Information“ in der Informationstechnik

Information ist der Transfer von Wissen, welche beim Empfänger zu einer Veränderung bisherigen Wissens führt.

Informationen besitzen eine Reihe von Eigenschaften, welche den alltäglichen Umgang mit ihnen maßgeblich beeinflussen. So sind Informationen in der Regel
- immateriell, d.h., sie verbrauchen sich nicht,
- gebunden an einen „Träger“,
- nicht kostenlos, d.h., sie verursachen durch ihre Beschaffung, Bearbeitung, Speicherung usw. irgendeine Art von Kosten,
- leicht übertragbar, z.B. mündlich, schriftlich, optisch usw.,
- beliebig oft vervielfältigbar, z.B. Erstellung von Kopien usw.

Darüber hinaus besitzen Informationen einen bestimmten Wert (Nutzen). Dieser hängt maßgeblich von der Art ihrer Verwendung und von den potenziellen Empfängern ab. Daher können Informationen auch als Ware auftreten, welche verkauft werden kann. Im Vergleich dazu werden Daten im allgemeinen Sprachgebrauch mit Werten oder Angaben zu Sachverhalten und Vorgängen verbunden, welche durch Messung, Beobachtung oder Ähnliches gewonnen werden. In der Informationstechnik hingegen dienen Daten der Abbildung von Informationen. Die Daten können dann verarbeitet, übertragen und gespeichert werden. Die in den Daten enthaltene Information ist in der Regel jederzeit wieder reproduzierbar.

Daten nach ISO/IEC 2382-1

Daten sind eine wiederverwendbare Darstellung der Information in einer formalisierten Art, passend gemacht für Kommunikation, Interpretation oder Prozesse.

Für die Abbildung von Informationen mithilfe von Daten wurden in der Informationstechnik geeignete Formen entwickelt, durch welche auf der einen Seite eine automatische Verarbeitung der Daten ermöglicht wird und auf der anderen Seite diese auch vom Menschen interpretiert werden können. Als Grundlage dafür wird der binäre Code, oder auch Binärcode, verwendet. Dieser besteht aus den Zuständen „0“ und „1“.

Alle Daten, welche verarbeitet, übertragen oder gespeichert werden sollen, z.B. Zahlen, Text oder Bilder, müssen zunächst in eine Folge von Nullen und Einsen umgewandelt werden. Eine solche Folge wird auch

Bit-Folge genannt. Für die Umwandlung selbst wird vorher festgelegt, welcher Binärcode für welche Zahl oder welches Zeichen verwendet wird. Nach der Verarbeitung muss der Binärcode wieder decodiert werden. Dazu wird wieder auf die festgelegten Codes für Zahlen, Zeichen oder Datenformate zurückgegriffen. Wie diese Codes aussehen, wird in den nachfolgenden Abschnitten dieses Kapitels behandelt.

Beispiele für die Darstellung von Daten in Binärcode	
Darstellung der Dezimalzahl 13	**Darstellung des Buchstabens B**
Zahl in Binärcode: 0000 1101	Dezimalcode in der ASCII-Tabelle: 66 Dezimalcode 66 in Binärcode: 0100 0010

(2) Abbildung und Verarbeitung von Informationen mithilfe von Daten

Informationen werden in Form von Nachrichten übertragen. Dazu muss zunächst die Information durch Daten dargestellt werden, welche danach verarbeitet, übertragen oder gespeichert werden. Eine Nachricht kann mehr Daten enthalten als nur eine Darstellung der eigentlichen Information. Dies können beispielsweise Absender- und Empfängerdaten sein oder weitere Daten, welche zur Übertragung der Information erforderlich sind.

EVA-Prinzip

EVA steht für „Eingabe – Verarbeitung – Ausgabe“ und ist ein Grundprinzip der Datenverarbeitung. Die drei Begriffe stehen stellvertretend für die Reihenfolge, in der die Daten verarbeitet werden.

Die in den Daten enthaltene Information stellt die Bedeutung der Daten dar. Man kann an diese Information erst durch Interpretation der Daten gelangen. Dabei ist zu beachten, dass die Zuordnung zwischen Daten und Information nicht immer eindeutig ist und die Interpretation einer Nachricht stark von dem Bezugssystem abhängt.

So können beispielsweise die aktuellen Wetterdaten auf einer Webseite verschieden interpretiert werden und somit auch zu unterschiedlichen Schlussfolgerungen führen. Ohne ein entsprechendes Bezugssystem kann man nicht sagen, ob eine Tagesdurchschnittstemperatur von 20 °C für einen Ort zu warm, zu kalt oder normal ist. Bei unterschiedlichen Bezugssystemen kann sowohl das eine als auch das andere als Information gewonnen werden. Ein weiteres Beispiel ist auf S. 477 aufgeführt.

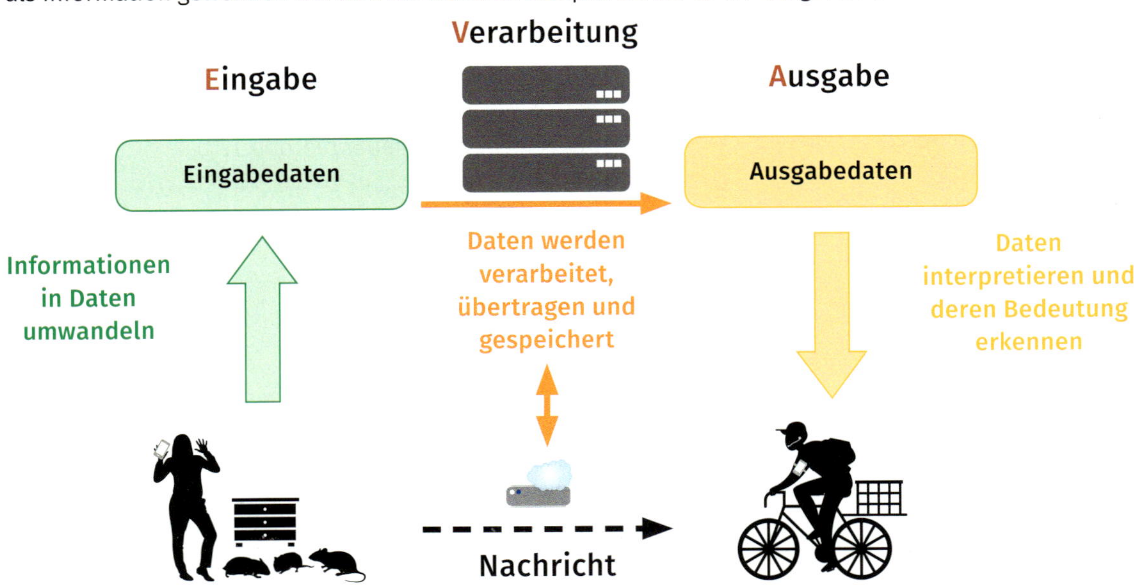

Generell kann man sagen, dass die Abbildung von Information durch Daten und die Interpretation der Daten als Information eine gedankliche Leistung des Menschen ist und nicht im datenverarbeitenden System stattfindet. Das datenverarbeitende System kann allerdings durch Verarbeitung vorhandener Daten neue Daten erzeugen und bereitstellen. Durch die Interpretation dieser Daten können dann wiederum neue Informationen gewonnen werden. Hier können auch Systeme künstlicher Intelligenz helfen.

Beispiel für die Interpretation von Daten in Abhängigkeit vom Bezugssystem
Daten 1000001
Im Dezimalsystem würde es die Zahl „Eine Million eins“ bedeuten. Im Dualsystem würde so die Dezimalzahl 65 dargestellt. In der ASCII-Tabelle dagegen entspricht es dem Zeichen A.

Kompetenzcheck ✓

1. Welche Aussagen sind richtig?
   a) Mithilfe von Daten werden Informationen abgebildet.
   b) Eine Information ist die Beseitigung von Unwissenheit beim Empfänger.
   c) Die Interpretation von Daten ist immer eindeutig.
   d) EVA ist eine Abkürzung für Eingabe – Verarbeitung – Ausgabe.
   e) Zur Übertragung von Nachrichten werden Daten verwendet.
   f) Daten werden in der Informatik mithilfe von Zeichen und Symbolen dargestellt.
   g) Der Binärcode kann drei Zustände abbilden.
   h) Daten können nur eine Information enthalten.
   i) Informationen besitzen einen gewissen Wert und sind relativ leicht übertragbar.

2. Finden und diskutieren Sie weitere Beispiele für verschiedene Interpretationen von gegebenen Daten.

3. Überprüfen Sie Ihr Wissen über Daten und Informationen, indem Sie im Arbeitsbuch die Aufgabe 1 der Lernsituation 2 bearbeiten. A1

5.2.2 Daten hinsichtlich ihrer Art und ihrer Herkunft vergleichen

S **Sie sollen Daten nach ihrer Art, ihrer Herkunft und deren Verfügbarkeit unterscheiden.**

Durch die Auswertung und Analyse von Daten können Unternehmen nützliche Informationen gewinnen, die ihnen z.B. Vorteile in ihrem Geschäftsumfeld bringen. Dazu müssen in der Regel große Mengen an Daten verarbeitet werden. Heutzutage ist dieser Prozess weitestgehend automatisiert. Für die Automatisierung muss die Art der zu verarbeitenden Daten bekannt sein. Strukturierte Daten lassen sich leichter verarbeiten als unstrukturierte, grafische Daten müssen anderes behandelt werden als akustische usw. Die Datenmenge sagt noch nichts über den Informationsgehalt der Daten aus. So muss im Vorfeld z.B. schon bestimmt werden, ob die enthaltenden Informationen überhaupt relevant oder korrekt sind. Dazu ist es notwendig, die Quelle der Daten zu kennen. Die Nutzung von verschiedenen Datenquellen kann dazu beitragen, die Qualität der gewonnenen Informationen zu verbessern.

(1) Einteilung von Daten

Daten können auf unterschiedliche Art und Weise eingeteilt werden. Einige Kategorien sind in folgendem Schaubild aufgeführt. Die Art der Daten wirkt sich sehr stark auf ihre Darstellung, Verarbeitung und Speicherung aus und beeinflusst damit viele Teile der Informationstechnik. Wenn zum Beispiel die Daten im Unternehmen ordentlich klassifiziert sind, ist es für IT-Abteilungen deutlich einfacher, die kritischen Daten richtig zu schützen.

Einteilung von Daten nach

- **Sicherheitsstufe** – z. B. öffentliche, vertrauliche Daten
- **Struktur** – z. B. strukturiert, unstrukturiert
- **Verwendung** – z. B. Anwendungs-, Sicherungsdaten
- **Erscheinungsform** – z. B. Ton, Bild
- **Repräsentation** – z. B. analog, digital
- **Grad der Beständigkeit** – z. B. dauerhaft, flüchtig

Die Einteilung der Daten nach der Erscheinungsform – wie Ton, Bild, Text – wurde in den Abschnitten davor behandelt. Nachfolgend sind die weiteren Einteilungsformen etwas konkretisiert. Bei der Einteilung nach der Repräsentation spielen im IT-Bereich nur die digitalen Daten eine Rolle.

Einteilung nach Repräsentation	
Analoge Daten	Analoge Daten werden durch kontinuierliche Funktionen dargestellt, d. h. die Funktion kann im Prinzip jeden beliebigen Zwischenwert annehmen. Ein Beispiel für die analoge Ausgabe von Daten sind Zeigerinstrumente, z. B. Tachometer in Autos oder Zeigeruhren. Mit analogen Daten können Computer nicht ohne Weiteres umgehen. Dazu müssen die Daten erst digitalisiert werden.
Digitale Daten	Digitale Daten sind all jene Daten, die aus einer Folge von diskreten Werten bestehen und sich damit maschinell verarbeiten lassen. Digitale Daten können nur endlich viele Werte annehmen. So können die Zeiger einer Analoguhr beliebig viele Stellungen auch zwischen den einzelnen Stunden, Minuten und Sekunden einnehmen, während in einer Digitaluhr nur diskrete Werte für die Stunde, Minute und Sekunde angezeigt werden können.

Eine weitere wichtige Einteilung ist die Einteilung nach der Struktur. Diese ist für die Verarbeitung und Speicherung von Daten von großer Bedeutung. So lassen sich unstrukturierte Daten schwer verarbeiten, stellen aber in einigen Unternehmen die Hauptmasse der Daten dar.

Einteilung nach Struktur	
Unstrukturierte Daten	Wie der Name es schon vermuten lässt, ist bei unstrukturierten Daten keine einheitliche Struktur zu bestimmen. Dadurch ist es schwer diese Daten zu analysieren und zu verarbeiten. Daraus ergibt sich, dass die Nutzbarkeit von unstrukturierten Daten mithilfe von Software und automatisierten Prozessen sehr eingeschränkt ist. Beispiele für unstrukturierte Daten sind Textdateien, Präsentationen, Videos, Audiodaten, aufgezeichnete Sprache oder Bilder und ähnliches.
Semistrukturierte Daten	Gegenüber unstrukturierten Daten weisen semistrukturierte Daten eine gewisse Grundstruktur auf. Als gutes Beispiel für semistrukturierte Daten gilt die E-Mail. Sie besitzt mit Absender, Empfänger und Betreff sowie weiteren Informationen des Nachrichtenkopfes eine Grundstruktur. Der eigentliche Inhalt der Mail besteht jedoch aus Text, welcher wiederum strukturlos ist.
Strukturierte Daten	Strukturierte Daten haben ein vorgegebenes Format, in das sich alle Daten gezielt einordnen lassen. Dadurch können diese Daten auch leicht maschinell verarbeitet werden.

Auch die Sicherheitsstufen, welche die Daten verlangen, sind von immenser Bedeutung. Besonders betrifft dieses den Bereich des Datenschutzes und der Datensicherheit.

Einteilung nach Sicherheitsstufen	
Öffentliche Daten	Öffentliche Daten sind für jedermann zugänglich. Dabei handelt es sich beispielsweise um Informationen (Daten), die auf einer öffentlichen Webseite im Internet dargeboten werden.
Interne Daten	Interne Daten werden lediglich den Mitarbeitern des Unternehmens zugänglich gemacht. Dies können beispielsweise Telefonverzeichnisse, Weisungen oder allgemeine Strategiedokumente sein. Eine Veröffentlichung dieser Daten könnte eventuell zu Nachteilen für das Unternehmens führen.
Vertrauliche Daten	Hierbei handelt es sich in der Regel um Informationen (Daten), die sehr wichtig für das Unternehmen sind, z. B. Gehaltslisten. Die Herausgabe dieser Daten ist teilweise sogar gesetzlich geregelt und ein Verstoß gegen die Vorschriften würde juristische Folgen nach sich ziehen. Deswegen sind vertrauliche Daten nur einer begrenzten Anzahl an Mitarbeiter zugänglich.
Geheime Daten	Die höchste Sicherheitsstufe weisen geheime Daten auf. Solche Daten sind unmittelbar für den Bestand des Unternehmens von Bedeutung, z. B. die Kundeninformationen eines Nummernkontos einer Bank. Deswegen hat zu diesen Daten nur ein sehr kleiner Personenkreis Zugang.

(2) Datenherkunft

Zur Beantwortung der Frage, woher Daten stammen bzw. Informationen bezogen werden, kann allgemein die nachfolgende Statistik (Stand 2019) herangezogen werden.

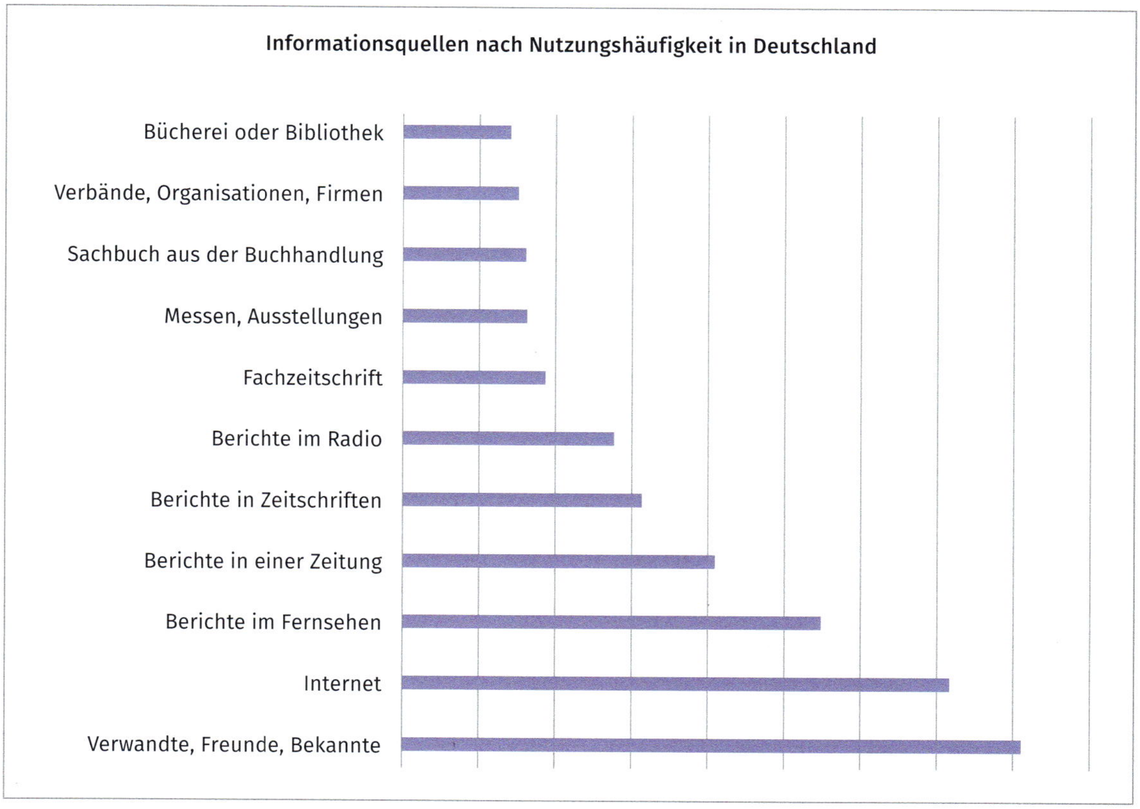

Diese Statistik zeigt das Ergebnis einer Umfrage in Deutschland zu Informationsquellen, welche von der Bevölkerung hauptsächlich genutzt werden. Dabei ergab sich, dass rund 70 % der Bevölkerung das Internet nutzen, wenn sie sich über etwas informieren wollen. Am meisten werden aber mit über 80 % Verwandte und Freunde als Informationsquelle genannt. Die Bezugsquellen von Unternehmensdaten sind ähnlich gelagert, auch wenn Freunde und Bekannte hier weniger eine Rolle spielen, sondern eher die Kunden, andere Unternehmen und die Mitarbeiter des eigenen Unternehmens. Digitale Kommunikationsmittel erlangen hierbei eine immer größere Bedeutung.

Unternehmensdaten

Bestandsdaten:
Kunden
Altkunden
Interessenten

Vertrieb:
Messen
Außendienst
Roadshows

Internet:
Social Media
Homepage
Newsletter
Blog

Zukauf:
Externe Anbieter
Umfragen

Marketing/PR:
E-Mail
Pressemitteilung
Redaktionelle Beiträge

Call Center:
Kundenservice
Rechnungsstelle

Die für die Informationsbeschaffung potenziell nutzbaren Informationsquellen kann man in unternehmensinterne und unternehmensexterne Quellen unterscheiden. Hierbei sollten zuerst die unternehmensinternen Quellen genutzt werden. Der Zugang ist in der Regel problemloser, schneller und preiswerter. Beispiele dafür sind Auftrags- und Bestellstatistiken, Kundendienst- oder Außendienstberichte. Gute unternehmensexterne Daten sind meist sehr teuer, aufwendig zu beschaffen und müssen sorgfältig geprüft werden.

Eine weitere Unterscheidung der Datenquellen ist die Unterscheidung in Primärdaten und Sekundärdaten. Auch hier bestimmt die Aufgabe, auf welche Datenquelle man zugreifen sollte, da sich Primär- und Sekundärdaten sowohl in Verfügbarkeit, Kosten, Qualität und Zuverlässigkeit unterscheiden.

Datenquellen	
	Beschreibung
Primärdaten	Primärdaten sind Daten, die vom Unternehmen eigenständig erhoben werden. Meistens sind diese Daten noch nicht vorhanden und müssen erst gesammelt werden. Dieses ist teilweise sehr zeit- und kostenintensiv. Dafür sind die Daten dann in aller Regel auch sehr aktuell und genau auf die Problemstellung bezogen. **Quellen** • Mündliche oder schriftliche Befragung • Interview • Fragebogen • Computergestützte Befragung • Beobachtung

Datenquellen	
	Beschreibung
Sekundärdaten	Wird eine große Menge an Daten benötigt, wird in der Regel auf bereits verfügbare Daten, sog. Sekundärdaten, zurückgegriffen. Sekundärdaten wurden bereits früher für ähnliche oder andere Zwecke erhoben. Sie haben den Vorteil, schnell verfügbar zu sein und sind oft kostengünstiger und von einer Qualität, die eine eigene Analyse nicht erreichen kann. Häufig sind diese Daten jedoch nicht aktuell oder für das Problem nur bedingt geeignet. Auch die Zuverlässigkeit der Daten ist nicht immer einfach zu beurteilen.
Sekundärdaten	Quellen • Unternehmensinterne Datenquellen • Datenbanken • Vertriebserfolgsanalyse • Berichte der Außendienstmitarbeiter und des Kundendienstes, Kundenkorrespondenz • Archive • Unternehmensexterne Datenquellen • Statistisches Bundesamt • Statistische Landesämter • Ministerien und sonstige staatliche Institutionen • Wirtschaftsverbände • Branchenberichte und -statistiken, Betriebsvergleiche • Aufbereitung von Daten amtlicher und nicht amtlicher Quellen • Informationen von wissenschaftlichen Instituten • Bibliografien • Fachliteratur • Zeitungen und Zeitschriften • Informationen von internationalen Organisationen • Statistische Ämter der Europäischen Union und anderer supranationaler Organisationen

Kompetenzcheck ✓

1 Welche Aussagen sind richtig?
a) Die Verarbeitung von analogen Daten spielt in der IT eine Hauptrolle.
b) Unstrukturierte Daten lassen sich leichter verarbeiten als strukturierte Daten.
c) Vertrauliche Daten sind nur bestimmten Mitarbeitern des Unternehmens zugänglich.
d) Öffentliche Daten sind nur für den internen Gebrauch bestimmt.
e) Freunde und Bekannte sind im privaten Bereich die Hauptinformationsquelle für die Menschen.
f) Im Unternehmensbereich unterscheidet man unternehmensinterne und -externe Daten.
g) Primärdaten werden von Unternehmen selbst erhoben.
h) Sekundärdaten können aus Fachliteratur oder über statistische Ämter bezogen werden.
i) Sekundärdaten sind immer auf dem aktuellsten Stand.

2 Bearbeiten Sie im Arbeitsbuch die Aufgaben 2 und 3 der Lernsituation 2, indem Sie u.a. einen englischen Text über quantitative und qualitative Daten auswerten.

A2
A3

5.2.3 Zahlensysteme für die Digitalisierung von Daten beschreiben und umrechnen

S **Sie sollen sich über die wichtigsten Zahlensysteme, welche in der Informationstechnik verwendet werden, einen Überblick verschaffen und diese ineinander umrechnen können.**

Ein Zahlensystem wird für die Darstellung von Zahlen genutzt, welche als eine Folge von Zeichen (Ziffern, Symbole) abgebildet werden. Die verwendeten Zeichen und deren Anzahl hängen von dem entsprechenden Zahlensystem ab. Einige wichtige Zahlensysteme, welche in der Informationstechnik verwendet werden, sind nachstehend aufgeführt.

Neben den aufgeführten gibt es noch weitere Zahlensysteme wie z. B. das Oktalsystem (Achtersystem) oder das Vigesimalsystem (Zwanzigersystem) der Maya. Diese spielen in der IT aber nur eine untergeordnete oder keine Rolle.

Wichtige Zahlensysteme in der IT		
Dezimalsystem (Zehnersystem)	**Dualsystem** (Zweiersystem)	**Hexadezimalsystem** (Sechzehnersystem)

Alle diese Zahlensysteme sind sog. Stellenwertsysteme. Ein **Stellenwertsystem** ist ein Zahlensystem, bei dem die Wertigkeit eines Zeichens von seiner Stellung in der Zeichenfolge abhängig ist. Der Vorteil von solchen Systemen ist, dass mit wenigen Zeichen große Zahlen dargestellt werden können.

(1) Dezimalsystem (Zehnersystem)

2371858_{10}

Das Dezimalsystem oder auch Zehnersystem ist das bekannteste Zahlensystem. Dieses ist der Tatsache geschuldet, dass das Dezimalsystem heutzutage im Alltagsgebrauch zur Darstellung von Zahlen verwendet wird. Die natürlichen Grundlagen des Dezimalsystems liegen in den zehn Fingern des Menschen, welche als Zähl- und Rechenhilfe benutzt wurden. Dementsprechend finden auch zehn Zeichen (Ziffern) Verwendung. Die von uns verwendeten Zeichen für das dezimale Zahlensystem sind arabischen Ursprungs, welche über Spanien nach Europa gekommen sind.

Kenngrößen und Beispiele des Dezimalsystems	
Basis	10
Zeichen	0, 1, 2, 3, 4, 5, 6, 7, 8, 9
Mögliche unterschiedliche Zeichen pro Stelle	10
Stellenwerte	$10^0 = 1$, $10^1 = 10$, $10^2 = 100$ usw.
Beispiele	15, 22 345, 701

Beispiel für die Darstellung einer Zahl im Dezimalsystem							
Beispielzahl	7	0	4	2	,	3	1
Stelle	4	3	2	1		1	2
Stellenwert	$10^3 = 1000$	$10^2 = 100$	$10^1 = 10$	$10^0 = 1$		$10^{-1} = 0{,}1$	$10^{-2} = 0{,}01$
Zahlenwert im Dezimalsystem	$(7 \cdot 1000) + (0 \cdot 100) + (4 \cdot 10) + (2 \cdot 1) + (3 \cdot 0{,}1) + (1 \cdot 0{,}01)$ $= 7000 + 0 + 40 + 2 + 0{,}3 + 0{,}01$ $= 7042{,}31_{10}$						

(2) Dualsystem (Zweiersystem)

01101111_2

Obwohl das Dualsystem der Menschheit schon sehr lange bekannt ist, erlangte es seine heutige Bedeutung erst mit der Entwicklung von Rechenmaschinen und der Digitaltechnik. In der Digitaltechnik werden nur zwei Zustände unterschieden. Zum Beispiel „Ein Signal liegt an“ oder „kein Signal liegt an“. Diese beiden Zustände lassen sich auch durch Zeichen beschreiben. In der Regel werden dafür die Ziffern 0 und

1 verwendet. Dadurch, dass nur zwei Zeichen zur Darstellung einer Zahl zu Verfügung stehen, wird eine Zeichenfolge im Dualsystem länger ausfallen als eine entsprechende Zeichenfolge im Dezimal- oder im Hexadezimalsystem. Das duale Zahlensystem ist das Basis-Zahlensystem in der Informationstechnik.

Kenngrößen und Beispiele des Dualsystems	
Basis	2
Zeichen	0, 1
Mögliche unterschiedliche Zeichen pro Stelle	2
Stellenwerte	$2^0 = 1$, $2^1 = 2$, $2^2 = 4$, $2^3 = 8$ usw.
Beispiele	1100, 1010 1111 0001 1001

Beispiel für die Darstellung einer Zahl im Dualsystem							
Beispielzahl	1	0	1	1	,	1	1
Stelle	4	3	2	1		1	2
Stellenwert	$2^3 = 8$	$2^2 = 4$	$2^1 = 2$	$2^0 = 1$		$2^{-1} = 0{,}5$	$2^{-2} = 0{,}25$
Zahlenwert im Dezimalsystem	$(1 \cdot 8) + (0 \cdot 4) + (1 \cdot 2) + (1 \cdot 1) + (1 \cdot 0{,}5) + (1 \cdot 0{,}25)$ $= 8 + 0 + 2 + 1 + 0{,}5 + 0{,}25$ $= 11{,}75_{10}$						

(3) Hexadezimalsystem (Sechzehnersystem)

$C3AA1F78_{16}$

Wie schon festgestellt wurde, ist in der Informationstechnik das Dualsystem das vorherrschende Zahlensystem. Allerdings kann es bei der Darstellung von größeren Zahlen sehr schnell dazu kommen, dass die Zeichenfolgen aus Nullen und Einsen sehr lang und unübersichtlich werden. Um Abhilfe zu schaffen, hat man das Hexadezimalsystem eingeführt. Dabei werden 4 Bit einer Dualzahl durch ein hexadezimales Zeichen ersetzt. Auf diese Weise entsteht aus einer langen Folge von Nullen und Einsen eine kürzere hexadezimale Zahl. Somit dient das Hexadezimalsystem hauptsächlich einer übersichtlicheren Darstellung des Dualsystems und erhöht damit gleichzeitig die Lesbarkeit der Zahlen. Außerdem können auf diese Weise Daten mit weniger Zeichen abgebildet und somit komprimiert werden. Für die Darstellung von Zahlen im hexadezimalen System werden insgesamt 16 Zeichen benötigt. Dieses resultiert aus der Tatsache, dass sich mit 4 Bit insgesamt 16 Zahlen im dualen System darstellen lassen. Deswegen werden dem hexadezimalen System noch die sechs Buchstaben A bis F als Zeichen hinzugefügt. Anwendung finden Hexadezimalzahlen unter anderem als Farbcode für Farben oder zur Angabe von Speicheradressen.

Kenngrößen und Beispiele des Hexadezimalsystems	
Basis	16
Zeichen	0, 1, 2, 3, 4, 5, 6, 7, 8, 9, A, B, C, D, E, F
Mögliche unterschiedliche Zeichen pro Stelle	16
Stellenwerte	$16^0 = 1$, $16^1 = 16$, $16^2 = 256$ usw.
Beispiele	FF, A3 1E, BC F3 71 C0

Beispiel für die Darstellung einer Zahl im Hexadezimalsystem							
Beispielzahl	2	A	7	F	,	5	C
Stelle	4	3	2	1		1	2
Stellenwert	$16^3 = 4096$	$16^2 = 256$	$16^1 = 16$	$16^0 = 1$		$16^{-1} = 1/16$	$16^{-2} = 1/256$
Zahlenwert im Dezimalsystem	$(2 \cdot 4096) + (10 \cdot 256) + (7 \cdot 16) + (15 \cdot 1) + (5 \cdot 0{,}0625) + (12 \cdot 0{,}00390625)$ $= 8192 + 2560 + 112 + 15 + 0{,}3125 + 0{,}046875$ $= 10879{,}359375_{10}$						

(4) Kennzeichnung von Zahlensystemen in Theorie und Praxis

> Es gibt 10 Arten von Menschen.
> Diejenigen, die das Dualsystem verstehen
> und jene, die es nicht verstehen.

In dieser Aussage erkennt man sehr gut ein Problem, welches beim Interpretieren von Zahlen auftritt. Zahlensysteme benutzen teilweise die gleichen Zeichen für die Darstellung einer Zahl. In diesem Fall werden die Ziffern 0 und 1 sowohl vom Dezimal- als auch vom Dual- und vom Hexadezimalsystem verwendet. Je nachdem welches Zahlensystem man als Bezugsystem zum Interpretieren wählt, fällt die Information anders aus. Um Verwechselungen zu vermeiden, wird zur eigentlichen Zahl noch ein Index oder ein Buchstabe hinzugefügt, welcher das Zahlensystem genau bestimmt. Die Indizierung sollte aber nur dann vorgenommen werden, wenn eine Verwechselungsgefahr besteht. Ansonsten wird auf den Index verzichtet. Korrekterweise sollte im mathematischen Sinne der Index als Zahl dargestellt werden und der Basis der Zahl entsprechen. Schreibweisen mit Buchstaben sind zwar erlaubt, aber wegen ihrer Ähnlichkeit zur hexadezimalen Darstellung zu vermeiden.

System und Index	Beispiel	Zahl im Dezimalsystem
Dezimalsystem: 10 oder d	1100_{10} 1100_d	1100
Dualsystem: 2 oder b	1100_2 1100_b	12
Hexadezimalsystem: 16 oder h	1100_{16} 1100_h	4352

Darstellung der Zahlen 0 bis 15 in verschiedenen Zahlensystemen		
Dezimalsystem	**Dualsystem**	**Hexadezimalsystem**
00	0000	0
01	0001	1
02	0010	2
03	0011	3
04	0100	4
05	0101	5
06	0110	6
07	0111	7
08	1000	8
09	1001	9
10	1010	A
11	1011	B
12	1100	C
13	1101	D
14	1110	E
15	1111	F

Die Kennzeichnung von Zahlensystemen in der IT-Praxis unterscheidet sich aus praktischen Gründen von der mathematischen Kennzeichnung. Standardmäßig werden alle Zahlen ohne Kennzeichnung, z. B. im Quellcode, als Dezimalzahlen vom Computer interpretiert. Hexadezimal- und Dualzahlen müssen dagegen zur Unterscheidung speziell gekennzeichnet werden. Tiefergestellte Zahlenangaben sind zur Kennzeichnung des entsprechenden Zahlensystems nicht praxistauglich. Deswegen wurden andere, praxistauglichere Kennzeichnungen entwickelt.

Kennzeichnung von Zahlensystemen in der IT-Praxis		
Zahlensystem	**Kennzeichnung**	**Beispiele**
Dezimalsystem	Ist als Standard gesetzt und wird nicht extra gekennzeichnet. Allerdings darf einer Dezimalzahl keine Null vorangestellt werden (z. B. 012), weil diese dann von einigen Systemen z. B. als eine Zahl aus dem Oktalsystem (Basis 8) interpretiert werden könnte.	anzahl = 20 preis = 127,9
Dualsystem	Duale Zahlen werden durch das Präfix 0b gekennzeichnet. Dualzahlen werden in der Praxis kaum verwendet, weil sie für Menschen zu unübersichtlich und schwer zu lesen sind.	halbbyte = 0b1101 byte = 0b01110001
Hexadezimalsystem	Hexadezimale Zahlen werden in der Regel durch das Präfix 0x oder auch 0X gekennzeichnet. Es werden aber auch andere Kennzeichnungen verwendet. Bei Farbcodes werden z. B. hexadezimale Zahlen durch das Präfix # eingeleitet. Weiterhin wird manchmal auch ein $ als Präfix verwendet.	h1 = 0xFA h2 = 0X00B3 farbe = "#000000" zahl = $CD

(5) Umrechnen von Zahlensystemen

Manchmal ist es notwendig, die Zahl eines Zahlensystems in ein anderes Zahlensystem umzurechnen. Dazu kann man heutzutage einfach einen Rechner verwenden. Das Umrechnen ist aber nicht schwer, sodass schnell auch eine Umrechnung ohne Rechner vorgenommen werden kann, wenn man über die entsprechenden Grundkenntnisse verfügt.

Zahlensysteme umrechnen	
Dezimalzahlen in Dualzahlen (Divisionsmethode)	**Dualzahlen in Dezimalzahlen (Additionsmethode)**
Die Dezimalzahl wird solange durch 2 geteilt bis nur noch eine dezimale 0 übrig bleibt. Bei jedem Divisionsergebnis ohne Rest wird eine 0 und bei einem Ergebnis mit Rest eine 1 notiert. Das Divisionsergebnis ist dann die nächste Ziffer.	Hier wird jeder Stelle der Dualzahl eine dezimale Wertigkeit zugewiesen. Für die Umrechnung addiert man alle dezimalen Wertigkeiten von den Stellen der Dualzahl, welche eine 1 aufweisen.
Beispiel: $233_{10} \rightarrow 11101001_2$ 233 ÷ 2 = 116 Rest 1 *niedrigstes Bit* 116 ÷ 2 = 58 Rest 0 58 ÷ 2 = 29 Rest 0 29 ÷ 2 = 14 Rest 1 14 ÷ 2 = 7 Rest 0 7 ÷ 2 = 3 Rest 1 3 ÷ 2 = 1 Rest 1 1 ÷ 2 = 0 Rest 1 *höchstes Bit* 0	**Beispiel:** $11101001_2 \rightarrow 233_{10}$ 1 1 1 0 1 0 0 1 2^7 2^6 2^5 2^4 2^3 2^2 2^1 2^0 128 64 32 16 8 4 2 1 ↓ ↓ ↓ ↓ ↓ ↓ ↓ ↓ 128 + 64 + 32 + 0 + 8 + 0 + 0 + 1 = 233

Zahlensysteme umrechnen	
Dualzahlen in Hexadezimalzahlen	**Hexadezimalzahlen in Dualzahlen**
Jeweils vier Binärstellen werden zu einer Hexadezimalstelle zusammengefasst. Daher ist die Umrechnung sehr einfach (siehe auch Tabelle S. 484). **Beispiel:** $11101001_2 \rightarrow E9_{16}$ 1110 1001 E 9	Jeweils eine Hexadezimalstelle entspricht vier Binärstellen. Daher ist die Umrechnung sehr einfach (siehe auch Tabelle S. 484). **Beispiel:** $E9_{16} \rightarrow 11101001_2$ E 9 1110 1001

Kompetenzcheck

1. Welche Aussagen sind richtig?
   a) Das Dualsystem benutzt zwei Ziffern zur Darstellung einer Zahl.
   b) Das letzte Zeichen des hexadezimalen Zahlensystems ist das „G“.
   c) Es gibt nur vier Zahlensysteme.
   d) Es gibt Zeichen, welche in mehreren Zahlensystemen verwendet werden.
   e) Zahlen des Dezimalsystems können zur Unterscheidung mit einem „d“ gekennzeichnet werden.
   f) Dualzahlen lassen sich nur sehr schwer in Hexadezimalzahlen umwandeln.
   g) Hexadezimalzahlen werden in der Programmierung mit dem Präfix 0b versehen.
   h) „#110000“ ist eine Dualzahl, welche einen Farbcode enthält.

2. Schreiben Sie die Kenngrößen eines oktalen Zahlensystems auf.

3. Stellen Sie folgenden hexadezimale Zahlen als Dual- und als Dezimalzahl dar: FE33, 11, D3, 7A04, F002. (Rechnen Sie bitte ohne elektronische Hilfsmittel.)

4. Stellen Sie folgenden dezimale Zahlen als Dual- und als Hexadezimalzahl dar: 1000, 256, 13, 347, 2189. (Rechnen Sie bitte ohne elektronische Hilfsmittel.)

5. Informieren Sie sich auch über die Umrechnung von Zahlensystemen mithilfe der Subtraktions- und der Multiplikationsmethode.

6. Informieren Sie sich im Internet über das Zahlensystem der Maya und über das römische Zahlensystem. Machen Sie sich Notizen und stellen Sie diese Zahlensysteme in einer Kurzpräsentation vor.

7. Überprüfen und erweitern Sie Ihr Wissen über Zahlensysteme, indem Sie die Aufgaben 4, 5 und 6 der Lernsituation 2 im Arbeitsbuch lösen.

A4
A5
A6

5.2.4 Darstellungsformen von Daten in IT-Systemen beschreiben

S **Sie sollen sich grundlegendes Wissen darüber aneignen, wie Zahlen, Text oder grafische Daten in informationstechnischen Systemen abgebildet werden.**

Die Grundlage für die Darstellung von Daten in IT-Systemen bildet das duale Zahlensystem (siehe Kapitel 5.2.3), weil IT-Systeme nur Nullen und Einsen verarbeiten können. Somit müssen alle erdenklichen Daten unserer Umwelt in dieser Form dargestellt werden. Die Umwandlung von Daten in Nullen und Einsen nennt man auch allgemein die Digitalisierung von Daten.

(1) Darstellung von Zahlen und numerischen Daten

Man kann eine Zahl mithilfe von Zeichen eines definierten Zeichensatzes, z.B. dem ASCII-Code, oder gemäß dem Dualsystem direkt abbilden. Zahlen, welche mithilfe von Zeichen eines Zeichensatzes dargestellt werden, werden vor allem in Texten verwendet. Hierbei werden die Zahlen über den Umweg der Zeichentabelle in den Binärcode überführt. Für schnelle mathematische Berechnungen mithilfe eines Computers ist diese Form der Darstellung in der Regel nicht geeignet. Hierfür hat sich die direkte Darstellung der Zahlen mithilfe des dualen Zahlensystems als weitaus besser erwiesen. Dabei ist zwischen der Darstellung von positiven und negativen Ganz- und Fließkommazahlen zu unterscheiden.

Ganze Zahlen
71 135 −14

Ganze Zahlen sind Zahlen ohne Nachkommastellen. Entsprechend dem dualen Zahlensystem wird eine ganze Zahl mithilfe einer Folge von Nullen und Einsen abgebildet. Allerdings besitzt das Dualsystem kein (Vor-)Zeichen für negative Zahlen. Deshalb wird für die Darstellung von negativen Zahlen in der Regel das erste linke Bit einer Zahlenfolge als Hilfsmittel verwendet. Dabei steht eine „0“ für eine positive Zahl und eine „1“ für eine negative Zahl. Zahlen mit einem Vorzeichen werden meistens als Zweierkomplement dargestellt (siehe Tabelle). Wird das erste Bit nicht zur Darstellung des Vorzeichens verwendet, dann sind alle dargestellten Zahlen nur positive Zahlen. Man spricht in diesem Zusammenhang auch von vorzeichenlosen ganzen Zahlen. In den meisten Programmiersprachen gibt es entsprechende Datentypen, z. B. Integer, unsigned int usw.

	Darstellung ganzer Zahlen ohne Vorzeichen		**Darstellung ganzer Zahlen mit Vorzeichen (Zweierkomplement)**	
Beschreibung	Die Darstellung der Zahlen erfolgt gemäß dem dualen Zahlensystem (siehe auch Kapitel 5.2.3).		Hier wird das erste linke Bit als Vorzeichen-Bit verwendet. Eine „0“ steht für eine positive und eine „1“ für eine negative Zahl. Negative Zahlen werden in der Regel, um eine +0 und eine −0 zu vermeiden, als Zweierkomplement dargestellt.	
Alle Zahlen, welche sich mit 4 Bit darstellen lassen	0000 = 0	1000 = 8	0000 = 0	1000 = −8
	0001 = 1	1001 = 9	0001 = 1	1001 = −7
	0010 = 2	1010 = 10	0010 = 2	1010 = −6
	0011 = 3	1011 = 11	0011 = 3	1011 = −5
	0100 = 4	1100 = 12	0100 = 4	1100 = −4
	0101 = 5	1101 = 13	0101 = 5	1101 = −3
	0110 = 6	1110 = 14	0110 = 6	1110 = −2
	0111 = 7	1111 = 15	0111 = 7	1111 = −1
Weitere Beispiele	0000 0000 = 0		0000 0000 = 0	
	1111 1111 = 255		1111 1111 = −1	
	0111 1111 = 127		0111 1111 = 127	
	1000 0000 = 128		1000 0000 = −128	

Gleitkommazahlen
13 005,12 −14,23011

Gleitkommazahlen (Fließkommazahlen) sind Zahlen, welche Stellen vor und nach dem Komma besitzen. Die Grundlage für die Abbildung bildet wieder das duale Zahlensystem. Allerdings stellt sich hier die Frage, an welcher Stelle der Bit-Folge das Komma gesetzt wird. Da sich eine festgelegte Anzahl für die Vor- und Nachkommastellen nicht als praktikabel erwiesen hat, wurde eine Darstellung gewählt, bei der das Komma jede beliebige Stelle einnehmen kann. Es „gleitet“ oder „fließt“ sozusagen. Daher stammen auch die Wörter „Gleitkomma“ oder „Fließkomma“. Das bedeutet, wenn eine Zahl vor dem Komma viele Stellen hat, dann ist der Platz für die Anzahl der Stellen nach dem Komma geringer oder umgekehrt. Auch hierfür gibt es in den meisten Programmiersprachen entsprechende Datentypen, z. B. float (einfache Genauigkeit) oder double (doppelte Genauigkeit).

Gleitkommazahlen nach IEEE 754/IEC 60559

Die Darstellung der Gleitkommazahlen ist in der IEEE 754-2008 für 32, 64 und 128 Bit definiert. Die binäre Form einer Gleitkommazahl entspricht: Vorzeichen (V) + Exponent (E) + Mantisse (M) und ist als Standard festgelegt. Die Genauigkeit der Gleitkommazahl hängt davon ab, wie viele Bit die Mantisse umfasst.

32-Bit Gleitkommazahl: 1 Bit Vorzeichen – 8 Bit Exponent – 23 Bit Mantisse

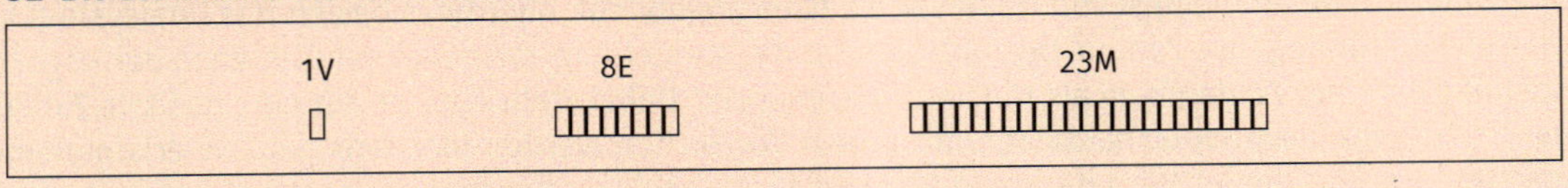

64-Bit Gleitkommazahl: 1 Bit Vorzeichen – 11 Bit Exponent – 52 Bit Mantisse

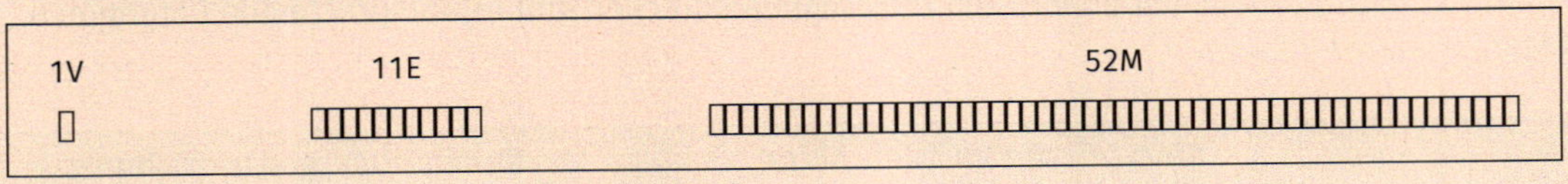

Kompetenzcheck ✓

1. Welche Aussagen sind richtig?
   a) Für die Darstellung eines negativen Vorzeichens wird das erste Bit einer Bit-Folge verwendet.
   b) Ganze Zahlen und Gleitkommazahlen werden auf die gleiche Weise dargestellt.
   c) Zur Darstellung von negativen ganzen Zahlen wird überwiegend das Zweierkomplement verwendet.
   d) Die Genauigkeit von Gleitkommazahlen hängt von der Anzahl der Bit der Mantisse ab.

2. Stellen Sie folgende dezimale Zahlen als Dualzahl dar: –71, –126, –3, –16.

3. Stellen Sie folgende duale Zahlen als Dezimalzahl dar. Dabei wird das erste Bit als Vorzeichen-Bit verwendet: 0110, 1010, 1001 1111, 0110 0000, 1111 0000

A7
A8

4. Bearbeiten Sie die Aufgaben 7 und 8 der Lernsituation 2 im Arbeitsbuch und ermitteln dabei u. a. die numerischen Datentypen einer Programmiersprache.

(2) Darstellung von Zeichen und Text

Ein Text ist eine Folge von Zeichen, welche z. B. Buchstaben, Zahlen oder andere Symbole repräsentieren. Diese Zeichen müssen für die Verarbeitung in informationstechnischen Systemen wieder als Bit-Folge aus Nullen und Einsen dargestellt werden. Dazu wird ein sogenannter Zeichensatz definiert. Ein Zeichensatz ist eine Sammlung von Zeichen zur Darstellung von Zahlen, Buchstaben, Umlauten, Satzzeichen, Symbolen, Sonderzeichen, Steuerzeichen usw. Jedem Zeichen in dem Zeichensatz ist ein eindeutiger Binärcode zugeordnet. Beispiele für solche Zeichensätze sind der ASCII-Zeichensatz oder der Unicode. Einige der wichtigsten Zeichensätze werden nachfolgend näher betrachtet.

ASCII-Zeichensatz

ASCII-Zeichensatz
0 1 2 A B C a b c < = > {|} ,.

Der **ASCII-Zeichensatz** (**A**merican **S**tandard **C**ode for **I**nformation **I**nterchange) wurde 1963 entwickelt. ASCII ist eine 7-Bit-Zeichenkodierung und enthält druckbare Zeichen und Steuerzeichen. Da jedes Bit zwei Werte annehmen kann, ergeben sich $2^7 = 128$ verschiedene Bit-Muster, mit denen sich dementsprechend viele Zeichen darstellen lassen. Das achte Bit ist das Paritätsbit (Ergänzungsbit zur Überprüfung auf Fehlern) und wurde früher nicht zur Zeichendarstellung verwendet. Heutzutage dient es aber oft zur Erweiterung vom ASCII-Zeichensatz auf 8 Bit, welcher 256 Zeichen enthält.

ASCII-Tabelle											
Zeichen	**Dez**	**Hex**	**Zeichen**	**Dez**	**Hex**	**Zeichen**	**Dez**	**Hex**	**Zeichen**	**Dez**	**Hex**
NUL	0	00	SP	32	20	@	64	40	`	96	60
SOH	1	01	!	33	21	A	65	41	a	97	61
STX	2	02	„	34	22	B	66	42	b	98	62
ETX	3	03	#	35	23	C	67	43	c	99	63
EOT	4	04	$	36	24	D	68	44	d	100	64
ENQ	5	05	%	37	25	E	69	45	e	101	65
ACK	6	06	&	38	26	F	70	46	f	102	66
BEL	7	07	,	39	27	G	71	47	g	103	67
BS	8	08	(	40	28	H	72	48	h	104	68
TAB	9	09	)	41	29	I	73	49	i	105	69
LF	10	0A	*	42	2A	J	74	4A	j	106	6A
VT	11	0B	+	43	2B	K	75	4B	k	107	6B
FF	12	0C	,	44	2C	L	76	4C	l	108	6C
CR	13	0D	-	45	2D	M	77	4D	m	109	6D
SO	14	0E	.	46	2E	N	78	4E	n	110	6E
SI	15	0F	/	47	2F	O	79	4F	o	111	6F
DLE	16	10	0	48	30	P	80	50	p	112	70
DC1	17	11	1	49	31	Q	81	51	q	113	71
DC2	18	12	2	50	32	R	82	52	r	114	72
DC3	19	13	3	51	33	S	83	53	s	115	73
DC4	20	14	4	52	34	T	84	54	t	116	74
NAK	21	15	5	53	35	U	85	55	u	117	75
SYN	22	16	6	54	36	V	86	56	v	118	76
ETB	23	17	7	55	37	W	87	57	w	119	77
CAN	24	18	8	56	38	X	88	58	x	120	78
EM	25	19	9	57	39	Y	89	59	y	121	79
SUB	26	1A	:	58	3A	Z	90	5A	z	122	7A
ESC	27	1B	;	59	3B	[	91	5B	{	123	7B
FS	28	1C	<	60	3C	\	92	5C	|	124	7C
GS	29	1D	=	61	3D	]	93	5D	}	125	7D
RS	30	1E	>	62	3E	^	94	5E	—	126	7E
US	31	1F	?	63	3F	_	95	5F	DEL	127	7F

Die ersten 32 Zeichen sind Steuerzeichen. Diese Zeichen stellen keine Schriftzeichen dar, sondern dienen zur Steuerung von Geräten, die den ASCII verwenden. *SP* ist das Leerzeichen. Danach kommen die druckbaren Zeichen. Das letzte Zeichen *DEL* (Löschzeichen) ist ein Sonderzeichen.

Aufruf von ASCII-Zeichen
a) NUM-Tastatur rechts aktivieren b) ALT-Taste drücken und dabei Dezimalzahl der Tabelle über Zahlenblock rechts eingeben (Alt + 64 zeigt @ z. B. im Textdokument an)

ISO-8859-Norm

ISO 8859-15: Latin-9 Westeuropäisch

Die **ISO 8859** stellt eine Erweiterung des ASCII-Zeichensatzes dar. Sie umfasst insgesamt 15 Zeichensätze, welche alle 8-Bit-Zeichensätze sind. Die ersten 128 Zeichen sind mit den Zeichen vom ASCII identisch. Die Belegung der restlichen Zeichen ist nicht definiert, wobei allerdings die letzten 96 Positionen regionale Sonderzeichen enthalten. Diese machen auch den Hauptunterschied zwischen den einzelnen Zeichensätzen aus.

Zeichensätze der ISO-8859-Norm

- ISO 8859-1: Latin-1, Westeuropäisch
- ISO 8859-2: Latin-2, Mitteleuropäisch
- ISO 8859-3: Latin-3, Südeuropäisch
- ISO 8859-4: Latin-4, Nordeuropäisch
- ISO 8859-5: Kyrillisch
- ISO 8859-6: Arabisch
- ISO 8859-7: Griechisch
- ISO 8859-8: Hebräisch
- ISO 8859-9: Latin-5, Türkisch
- ISO 8859-10: Latin-6, Nordisch
- ISO 8859-11: Thai
- ISO 8859-12: wurde entwickelt, aber nie spezifiziert
- ISO 8859-13: Latin-7, Baltisch
- ISO 8859-14: Latin-8, Keltisch
- ISO 8859-15: Latin-9, Westeuropäisch
- ISO 8859-16: Latin-10, Südosteuropäisch

Latin-1 ist der Zeichensatz, welcher am häufigsten genutzt wird. Die 256 Zeichen dieses Zeichensatzes sind auch identisch mit den ersten 256 Zeichen des Unicode-Zeichensatzes. Eine etwas modernere Variante vom Latin-1-Zeichensatz ist der Latin-9-Zeichensatz. Dieser enthält nur acht andere Zeichen. So wurde z. B. das allgemeine Währungszeichen ¤ durch das Eurozeichen € ersetzt. Es hat sich allerdings in der Praxis erwiesen, dass eine Anzahl von 256 Stellen zu gering ist, um alle internationalen Zeichen abzubilden. Um dieses Problem zu lösen, wurde der Unicode-Standard entwickelt und die ISO-8859-Norm durch die ISO/IEC 10646 ersetzt, welche praktisch dem Unicode-Standard entspricht. Aus diesem Grunde wird die ISO-8859-Norm auch nicht mehr aktiv weiterentwickelt.

Unicode

Unicode ist ein internationaler Standard, der jedes Schriftzeichen oder Textelement aller bekannten Schriftkulturen und Zeichensysteme in einem digitalen Code festlegt. Dementsprechend umfangreich ist die Anzahl der Unicode-Zeichen, welche zur Zeit 149 186 Zeichen umfasst (Unicode 15.0, September 2022). Die Veröffentlichung von Unicode 16.0 wird für Ende 2024 oder Anfang 2025 erwartet.. Das Ziel des Unicode-Standards ist die Beseitigung unterschiedlicher und inkompatibler Zeichensätze aus verschiedenen Ländern und Kulturkreisen. Die erste Version erschien im Jahre 1990. Mit der Zeit wurde der Unicode um weitere Zeichen ergänzt und hatte schnell die 8-Bit-Grenze durchbrochen. Heutzutage gibt es den Unicode auch auf der Basis von 16 bzw. 32 Bit und ist in der ISO/IEC 10646 genormt.

Unicode Transformation Format (UTF)

Es gibt verschiedene Transformationsformate. Mit jedem Format lassen sich alle im Unicode-Standard enthaltenen Zeichen darstellen.

- **UTF-8:** Ein Zeichen wird mit 1 bis 4 Byte dargestellt. Die variable Zeichenlänge spart Speicherplatz, aber es ist ein intelligenter Algorithmus zur Kodierung der Zeichen notwendig.
- **UTF-16:** Hierbei handelte es sich um ein Kodierungsverfahren, bei dem 2 oder 4 Byte zur Kodierung eines Zeichens verwendet werden.
- **UTF-32:** Zur Darstellung eines Zeichens werden immer genau 4 Byte verwendet. Ist die einfachste Darstellungsform, welche aber auf Kosten der Speichergröße geht. So werden z.B. auch für einfache ASCII- Zeichen 4 Byte verwendet.

Beispiele für Unicode-Zeichen

Kompetenzcheck

1. Welche Aussagen sind richtig?
   a) Ursprünglich wurden für den ASCII-Zeichensatz nur 7 Bit für die Darstellung der Zeichen verwendet.
   b) Das Zeichen A steht an der Stelle 0x41 in der ASCII-Tabelle.
   c) Die ISO 8859 besteht aus 15 Zeichensätzen.
   d) Die Zeichensätze der ISO 8859 werden noch aktiv weiterentwickelt.
   e) Der Latin-1-Zeichensatz und der Latin-9-Zeichensatz unterscheiden sich kaum.
   f) Ziel der Einführung vom Unicode war es, einen einheitlichen Standard für die Darstellung aller bekannten Zeichen zu schaffen.
   g) Um alle Zeichen vom Unicode darzustellen, reichen 16-Bit aus.

2. Bearbeiten Sie die Aufgaben 9 und 10 der Lernsituation 2 im Arbeitsbuch und werten dabei u. a. einen englischen Text zu Unicode aus. A9 A10

(3) Darstellung von grafischen Daten

Um die grafischen Daten von Bildern, Fotos oder Grafiken digital darzustellen, gibt es prinzipiell zwei Möglichkeiten: zum einen als Vektorgrafik und zum anderen als Rastergrafik (Bitmap).

<table>
<tr><th colspan="4">Darstellungsmöglichkeiten von grafischen Daten</th></tr>
<tr><td rowspan="2">Rastergrafik</td><td colspan="2">Eine Rastergrafik (Bitmap) besteht aus einer Folge von Bildpunkten (Pixel). Jeder Bildpunkt wird mit einer Bit-Folge beschrieben, in der die Helligkeit und die Farbe codiert sind. Je nach Farbtiefe (siehe S. 483) kann die Anzahl der Bit pro Bildpunkt variieren. Aus der Höhe und Breite eines Bildes kann die Gesamtanzahl der Bildpunkte ermittelt werden. Zum Beispiel 600 · 400 = 240 000 Pixel. Rastergrafiken lassen sich nicht ohne Qualitätsverlust skalieren.</td><td>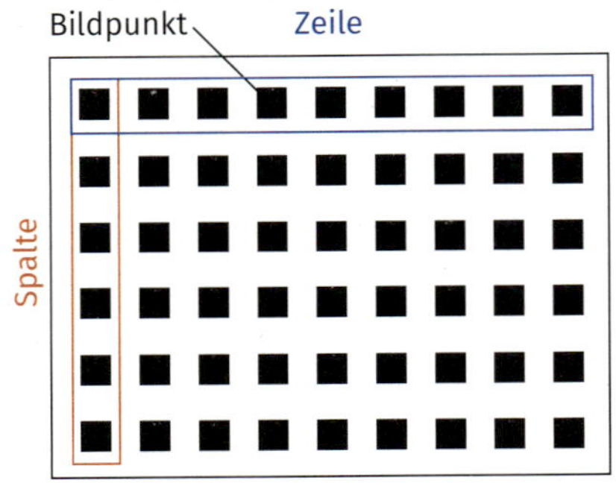

Bitmap</td></tr>
<tr><td></td><td></td><td></td></tr>
<tr><td rowspan="2">Vektorgrafik</td><td colspan="2">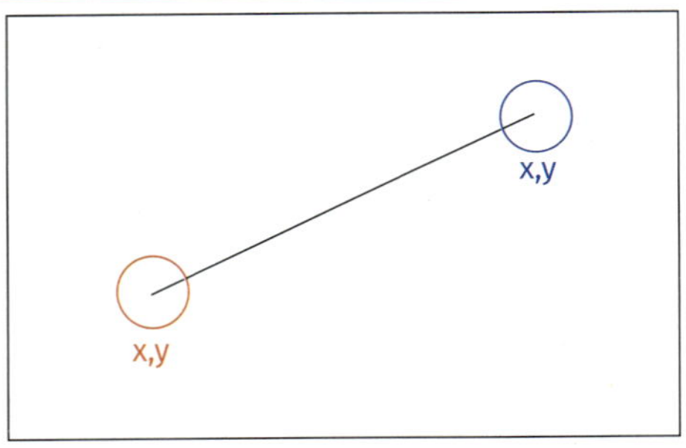

Vektor</td><td>Bei der Vektorgrafik wird das Bild aus Linien, Kreisen, Polygonen usw. zusammengesetzt. So kann eine Linie beispielsweise über die Koordinaten des Anfangs- und Endpunktes, der Linienstärke und der Farbe vollständig beschrieben werden. Da nur diese Parameter gespeichert werden, benötigen Vektorgrafiken in der Regel weniger Speicherplatz als Rastergrafiken. Ein weiterer Vorteil von Vektorgrafiken ist ihre verlustfreie Skalierbarkeit.</td></tr>
<tr><td colspan="2">
</td><td></td></tr>
</table>

Raster- bzw. Vektorgrafiken werden z. B. in folgenden Dateiformaten verwendet.

Rastergrafiken
- .gif (graphic interchange format)
- .tif oder .tiff (tagged image file format)
- .jpg oder .jpeg (joint photographic experts group)
- .png (portable network graphics)
- .psd (Adobe Photoshop)

Vektorgrafiken
- .ai (Adobe Illustrator)
- .eps (encapsulated postscript)
- .svg (scaleable vector graphics)
- .pdf (portable document format)

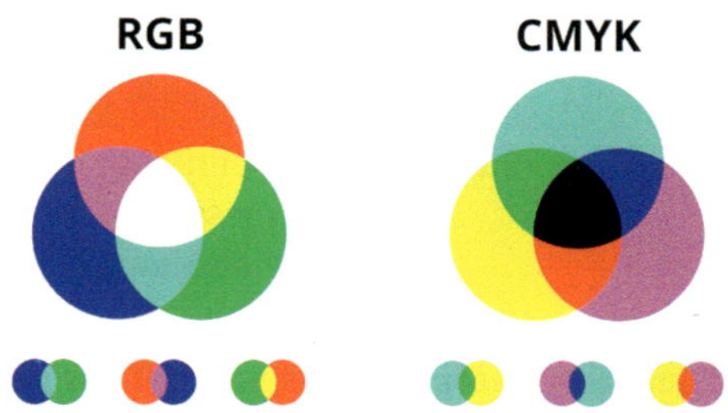

Für die Abbildung von grafischen Daten ist es auch unbedingt notwendig, Farben digital darzustellen. Dazu wurden verschiedene Farbmodelle entwickelt, welche alle ihre Vor- und Nachteile besitzen. Bei den jeweiligen Farbmodellen werden die Einzelfarben aus Grundfarben zusammengesetzt. Es gibt z. B. die additive Farbmischung der Lichtfarben Rot, Grün und Blau (RGB) oder die subtraktive Mischung der Druckfarben Cyan, Magenta, Gelb und Schwarz (CMYK). Normalerweise wird für die Intensität jeder einzelnen Grundfarbe ein Wert angeben. Dabei wird durch die Farbtiefe bestimmt, wie viele Bit zur Speicherung der Farbinformation verwendet werden. Je nach Farbtiefe kann nur eine bestimmte Anzahl verschiedener Farben abgebildet werden. So ermöglicht eine Farbtiefe von 8 Bit nur die Darstellung von 256 verschiedenen Farben. Mit 16 Bit können schon 65 536 und mit 24 Bit sogar mehr als 16,7 Millionen (True Color) dargestellt werden.

Farbtiefe

Die Farbtiefe bestimmt, wie viele Bit zur Speicherung der Farbinformation verwendet werden.

Kompetenzcheck

1. Welche Aussagen sind richtig?
   a) Die gewählte Farbtiefe einer Rastergrafik hängt von der Anzahl der Farben ab, welche dargestellt werden sollen.
   b) Die Anzahl der Bildpunkte einer Bitmap kann aus deren Höhe und Breite in Pixel berechnet werden.
   c) Vektorgrafiken benötigen weniger Speicherplatz als Rastergrafiken.
   d) Vektor- und Rastergrafiken skalieren ohne Qualitätsverlust.
   e) Es gibt additive und subtraktive Farbmodelle.

2. Informieren Sie sich über ein weiteres Farbmodell und präsentieren Sie Ihre Ergebnisse.

3. Bearbeiten Sie im Arbeitsbuch die Aufgabe 11 der Lernsituation 2 und stellen Sie Farben digital dar. A11

(4) Darstellung von Audiodaten

Töne werden mithilfe eines Verfahrens digitalisiert, das man Sampling nennt. Beim Sampling wird das Audiosignal (die Amplitude) in bestimmten Zeitabständen gemessen und die Werte der einzelnen Abtastvorgänge als numerischer Wert digital abgespeichert. Die Frequenz (Tonhöhe) ergibt sich dabei aus der zeitlichen Verteilung der Amplituden. Wie bei grafischen Daten die Qualität und die Menge der gespeicherten Informationen beispielsweise durch die Farbtiefe beeinflusst wird, so gibt es auch bei Audiodaten entsprechende Kenngrößen, z. B. die Sampling-Rate, die Sampling-Tiefe und die Anzahl der Tonkanäle.

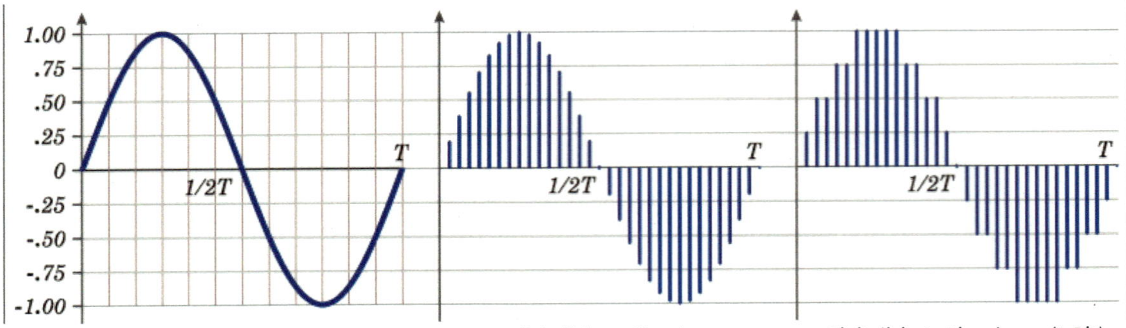

Analoge Sinuskurve — *Digitalisierte Sinuskurve* — *Digitalisierte Sinuskurve (4 Bit)*

Kenngrößen der digitalen Abbildung von Audiodaten	
Sampling-Rate	Die Sampling-Rate gibt die Anzahl der Messungen pro Sekunde an. Je höher die Frequenz dieser Messungen, desto höher ist die Tonqualität. Audio-CDs haben beispielsweise eine Sampling-Rate von 44,1 kHz. Es wird also 44 100 Mal pro Sekunde gemessen. Computerspiele verwenden in der Regel eine Sampling-Rate von 22,05 kHz.
Sampling-Tiefe	Die Sampling-Tiefe gibt an, wie viele Bit pro gespeichertem Ton verwendet werden. Dadurch wird die Anzahl der möglichen Amplituden unterschieden. Bei Audio-CDs sorgt eine Sampling-Tiefe von 16 Bit (65 536 unterschiedliche Amplituden) für eine gute Tonqualität.
Anzahl der Tonkanäle	Die Anzahl der Tonkanäle bestimmt, ob Raumklänge gespeichert werden oder nicht. Je höher die Anzahl der Kanäle ist, umso realistischer wird das Hörerlebnis. Bei der Verwendung von nur einem Kanal werden die Audiodaten mono gespeichert. Für Stereo werden zwei Kanäle verwendet. Noch mehr Kanäle finden bei Quadrophonie, Dolby Surround oder 5.1-Sound Anwendung.

Kompetenzcheck

1 Welche Aussagen sind richtig?
a) Das Verfahren, mit dem Audiodaten digitalisiert werden, nennt sich Sampling.
b) Die Tonhöhe ergibt sich aus der zeitlichen Verteilung der Amplituden.
c) Die Sampling-Rate bestimmt, wie viele Bit zur Speicherung von einem Ton verwendet werden.
d) Die Anzahl der Tonkanäle beeinflusst das Hörerlebnis.
e) Für Stereo braucht nur ein Kanal verwendet zu werden.

A12 A13
2 Bearbeiten Sie die Aufgaben 12 und 13 der Lernsituation 2 im Arbeitsbuch. Überprüfen Sie Ihr Wissen und vergleichen Sie digitale Tonformate.

(5) Darstellung von Datums- und Zeitangaben

Um die für Menschen gebräuchlichen Datums- bzw. Zeitangaben, wie z. B. 23.05.2024 oder 19:45 Uhr, darzustellen, werden die Zeichen von Zeichensätzen, wie z. B. Unicode verwendet. Solche Angaben sind erst einmal nichts als Zeichenfolgen, die dann vom Menschen interpretiert werden. Diese Art der Datums- bzw. Zeitangaben lassen sich jedoch von Computersystemen nur schwer verarbeiten, weil es sich um Text handelt. Viel effektiver für Computersysteme hat sich die Darstellung der Zeit in Form von Ganzzahlen herausgestellt. Auf diese Weise lassen sich z. B. Zeitdifferenzen viel schneller berechnen und es wird für Zeitangaben weniger Speicherplatz benötigt. Weiterhin spielen Bedingungen wie Winter- und Sommerzeit oder Zeitzonen zunächst einmal keine Rolle mehr. Der bekannteste Wert zur Zeitdarstellung in Betriebssystemen ist die Systemzeit.

Durch die Systemzeit werden das aktuelle Datum und die aktuelle Uhrzeit des jeweiligen Tages basierend auf der koordinierten Weltzeit (UTC) abgebildet. Diese wird von einer Systemuhr gemessen. Dazu werden einfach die Anzahl der Ticks, die seit einem beliebigen Startdatum vergangen sind, gezählt und in der Systemzeit gespeichert. Bei Unix- und POSIX-kompatiblen Systemen stellt z. B. die Systemzeit (Unix-Zeit) die Anzahl der Sekunden dar, die seit Beginn der Unix-Epoche am 1. Januar 1970 um 00:00:00 UTC vergangen sind.

Unix-Zeit

Die Unix-Zeit entstand als Systemzeit von Unix-Betriebssystemen. Sie repräsentiert die vergangenen Sekunden seit dem 1. Januar 1970, 00:00 Uhr UTC (Wert 0 in Unix-Zeit) und ist in der Regel als vorzeichenbehaftete Ganzzahl codiert. Jeder Tag besteht aus 86.400 Sekunden und so hatte die Unix-Zeit am 2. Januar 1970, 00:00 Uhr UTC, also einen Tag nach Beginn der Zählung, einen Wert von 86.400. Negative Werte geben Zeiten vor dem 1. Januar 1970, 00:00 Uhr UTC an, wobei der Wert um 1 abnimmt.

Beispiele:

UTC	**Unix-Zeit**
01. März 2024 05:37:12	1709271432
01. März 1924 05:37:12	−1446488568

Das Jahr-2038-Problem (Y2K38)
Am 19. Januar 2038 um 03:14:07 Uhr UTC könnte es auf 32-Bit-Systemen, welche die Linux-Zeit verwenden zu Problemen kommen. Ab diesem Zeitpunkt funktioniert die Unix-Zeit aufgrund eines 32-Bit-Überlaufs nicht mehr, weil die Anzahl der vergangenen Sekunden die Kapazität einer vorzeichenbehafteten 32-Bit-Ganzzahl überschreiten wird. Bis dahin müssen sehr viele bestehende Anwendungen entweder eine neue Konvention für die Systemzeit erhalten oder auf 64-Bit-Systeme umgestellt werden. Der Aufwand dafür ist mit dem Aufwand zur Lösung des Jahr-2000-Problems vergleichbar.

Andere Betriebssysteme verwenden ein anderes Startdatum und auch die Ticks können andere Zeiteinheiten repräsentierten, z. B. die Anzahl der Millisekunden seit dem 1. Januar 1601, 00:00:00 UTC usw.

In den nachfolgenden Tabellen sind einige Beispiele für die Umsetzung und das Abrufen der Systemzeit von verschiedenen Betriebssystemen aufgeführt. Je nach System und Version können diese sich aber unterscheiden und sind für die konkrete Betriebssystemversion speziell zu ermitteln.

Beispiele für Systemzeit in verschiedenen Betriebssystemen		
Betriebssystem	**Funktion zum Abrufen**	**Bereich**
Windows	GetSystemTime() Gibt das aktuelle Systemdatum und die aktuelle Systemzeit im UTC-Format zurück.	1. Januar 1601 bis 14. September 30828
Linux	time() Gibt die aktuelle Systemzeit als Anzahl von Sekunden ab dem Referenzdatum zurück.	Vor Linux 5.10 1. Januar 1970 bis 19. Januar 2038 Ab Linux 5.10 1. Januar 1970 ± 292 Milliarden Jahre
macOS	CFAbsoluteTimeGetCurrent() Gibt die aktuelle Systemzeit als Anzahl von Sekunden ab dem Referenzdatum zurück.	1. Januar 2001 ± 10.000 Jahre

In Programmiersprachen sind verschiedene Funktionen zum Abrufen der Systemzeit implementiert. Allerdings können Menschen z. B. mit Zeitangaben als Ganzzahl in Sekunden nicht viel anfangen. Die Umwandlung der Systemzeit in eine vom Menschen lesbare Form (Kalenderzeit) wird von anderen Funktionen übernommen. Hier werden dann auch Zeitzonen, Sommer- und Winterzeiten oder Schaltjahre berücksichtigt. Umgekehrt ermöglichen verschiedene Funktionen die Umwandlung von Kalenderzeiten in Systemzeiten.

Beispiele für Funktionen zur Ermittlung der Systemzeit in verschiedenen Programmiersprachen	
Programmiersprache	**Funktionen**
Python	time(),asctime(time), mktime(time)
Java	java.util.Date(), System.currentTimeMillis(), Date.getTime(), Date.toString()
C#	DateTime.Now, DateTime.UtcNow, DateTime.Now.ToString(), DateTime.Parse()
SQL	CURDATE(), CURTIME(), GETUTCDATE(), NOW()

Wie schon erwähnt, erfolgt die Darstellung der Kalenderzeit als Zeichenfolge, wie z. B. 02-06-24, die dann vom Menschen interpretiert werden kann. In Abhängigkeit vom Bezugssystem kann es dabei aber zu verschiedenen Interpretationen kommen. Die Datumsangabe 02-06-24 könnte z. B. als 2. Juni 2024 (DIN 1355-1), als 6. Februar 2024 (US-Format) oder als 24. Juni 2002 (ISO 8601) interpretiert werden. Eine Fehlinterpretation kann gegebenenfalls fatale Folgen nach sich ziehen. Deswegen wurde ein internationaler Standard für Datums- und Zeitangaben eingeführt, der in der ISO 8601 beschrieben wird.

ISO 8601

Die ISO 8601 ist eine internationale Norm zur Darstellung von Zeiten, Daten oder Zeitspannen. Allerdings spezifiziert die ISO 8601 nur die numerische Notation von Datums- und Zeitangaben und keine, in denen Wörter verwendet werden, wie z. B. bei der Angabe 2. Juni 2024.
In der ISO-8601 ist festgelegt, dass die Zeitangaben immer mit der größten Einheit beginnen, dann die nächst kleinere folgt usw. Für die Datumsangabe gilt also das Format: JJJJ-MM-TT (z. B. 2024-06-02 für den zweiten Juni des Jahres 2024). Diese Schreibweise entspricht auch der natürlichen mathematischen Wertigkeit von Zahlen (siehe auch Zahlensysteme Kapitel 5.2.3) und ermöglicht es, Datumsangaben auch ohne Trennzeichen zu schreiben, wie z. B. 20240602. Analog sind Uhrzeiten in Stunden, Minuten und Sekunden unterteilt, wie z. B. 14:19:02.
Bei Angaben von Zeitspannen werden das Startdatum oder die Startzeit mit dem Buchstaben „P“ von der nachfolgenden Zeitspanne getrennt, wie z. B. in 2024-06-02P2025-02-21. Nach den Datums- und Zeitangaben ist zusätzlich oft die Differenz zur anerkannten Weltzeit (UTC) angegeben. So berücksichtigt das Format eventuelle Zeitzonenunterschiede oder landesspezifische Sommerzeiten, z. B. in 2024-06-02T10:43+01:00.
Im September 2006 löste die DIN ISO 8601 die in Deutschland geltenden Normen DIN 1355 und DIN 1355-1 ab. Darüber hinaus ist die ISO 8601 auch in die DIN 5008 (Schreib- und Gestaltungsregeln für die Text- und Informationsverarbeitung) mit eingeflossen.

Der Geltungsbereich der Jahreszahlen in der ISO 8601 umfasst allerdings nur die Jahre von 1583 bis 9999. Der Grund dafür ist die Einführung des gregorianischen Kalenders im Jahre 1583. Für Jahreszahlen vor 1583 kann die ISO 8601 verwendet werden, ist allerdings kein Standard.

Gregorianischer Kalender

Der gregorianische Kalender entstand gegen Ende des 16. Jahrhunderts. Er ging aus dem julianischen Kalender hervor und präzisierte dessen Schaltjahresregelung. Er löste sowohl diesen als auch zahlreiche andere, bis dahin gebräuchliche Kalender ab und wird heutzutage weltweit am häufigsten verwendet.

Die ISO 8601 hat sich in der Informationstechnik durchgesetzt, weil sie viele Vorteile bietet, wie z. B.:

- leichte Les- und Schreibbarkeit durch Software
- leichte Vergleichbarkeit und Sortierbarkeit
- Sprachunabhängigkeit
- kann nicht mit anderen gängigen Datumsbezeichnungen verwechselt werden
- Notation ist kurz und hat eine konstante Länge
- identisch mit den verwendeten Datumsangaben vieler Nationen

Kompetenzcheck

1 Welche Aussagen sind richtig?

a) Zeitangaben werden nur als Zeichenfolge in IT-Systemen abgebildet.
b) Die Unix-Zeit beginnt am 1. Januar 1970 MEZ.
c) Das Y2K38 ist ein Problem, das auf 32-Bit-Systemen, die die Unix-Zeit verwenden, auftreten kann.
d) Alle Betriebssysteme verwenden für die Systemzeit das gleiche Startdatum.
e) Die ISO 8601 ist eine internationale Norm für die numerische Darstellung von Zeiten, Daten oder Zeitspannen.
f) Der julianische Kalender löste den gregorianischen Kalender ab.

2 Bearbeiten Sie die Aufgabe 14 der Lernsituation 2 im Arbeitsbuch und stellen Sie Zeitangaben im ISO 8601-Format dar. A14

(6) Darstellung von Algorithmen und Programmen

Algorithmus

Ein Algorithmus ist eine definierte und endliche Vorgehensweise, mit der ein Problem gelöst werden kann. Er besteht aus Anweisungen, welche Schritt für Schritt und in der definierten Reihenfolge abgearbeitet werden.

Dem Begriff „Algorithmus" begegnet man heutzutage sehr häufig. In vielen Fällen wird er mit den Begriffen „Programm" oder sogar „Software" synonym verwendet. Dabei gibt es jedoch einige Unterschiede. Ein Algorithmus ist erst einmal nichts weiter als eine Handlungsvorschrift, mit der man ein Problem lösen kann. Algorithmen werden dann mithilfe von Programmen auf IT-Systemen umgesetzt. Dazu bedient man sich einer Programmiersprache, in welcher das Programm geschrieben wird. Der Algorithmus selbst ist aber programmiersprachenunabhängig. Der älteste bekannte Algorithmus ist z. B. der Euklidische Algorithmus, mit dessen Hilfe der größte gemeinsame Teiler zweier natürlicher Zahlen ermittelt werden kann.

```python
#--------------------------------
# Euklidischer Algorithmus
#--------------------------------
def ggt(a, b):
    if a == 0:
        return b
    while b != 0:
        if a > b:
            a = a - b
        else:
            b = b - a
    return a
```

Quellcode für den Euklidischen Algorithmus in Python

Unter einem Programm kann man einen Text (Quellcode) verstehen, der aus Befehlen und Speicheradressen, in welchen Daten gespeichert werden, besteht. Ein Programm wird deswegen in Textform geschrieben, weil der Mensch so das Programm besser lesen und verstehen kann. Ein Compiler (siehe Kapitel 5.6) übersetzt diesen Text, welcher in einer bestimmten Programmiersprache verfasst ist, in Maschinenbefehle. Jedem Maschinenbefehl ist wie einem Zeichen in einem Zeichensatz eine bestimmte Folge aus Nullen und Einsen zugeordnet. Diese Bit-Folge kann dann vom Prozessor verarbeitet werden. Durch die Ausführung von Programmen können wiederum andere Daten in IT-Systeme eingegeben, verarbeitet und ausgegeben werden.

Kompetenzcheck ✓

1. Welche Aussagen sind richtig?
   a) Algorithmus und Programm sind identische Begriffe.
   b) Algorithmen sind an Programmiersprachen gebunden.
   c) Programme bestehen aus Maschinenbefehlen und Speicheradressen.
   d) Mithilfe von Programmen werden Algorithmen abgebildet.

A15 A16

2. Überprüfen Sie Ihr Wissen, indem Sie die Aufgaben 15 und 16 der Lernsituation 2 im Arbeitsbuch bearbeiten.

5.2.5 Datenmengen bestimmen

S **Sie sollen sich die digitalen Dateneinheiten erarbeiten und mit deren Hilfe Datenmengen berechnen können.**

Durch die Bestimmung einer Datenmenge wird ermittelt, wie viele Daten zu verarbeiten oder zu speichern sind. Dabei ist zu beachten, dass die Datenmenge nicht mit der Informationsmenge die diese Daten enthalten, identisch ist.

Die Datenmenge, die benötigt wird, um eine Information zu speichern, hängt einerseits von der Komplexität der Information und andererseits vom Verfahren ab, wie diese Information binär abgebildet wurde (siehe auch Kapitel 5.2.4).

Datenmenge

Die Datenmenge ist ein Maß für die Menge von Daten. Die Grundeinheit der Datenmenge ist das Bit. Durch die Datenmenge kann aber nicht der Informationsgehalt der Daten bestimmt werden.

Die Datenmenge wird durch die Anzahl der digitalen Dateneinheiten bestimmt. Die kleinste darstellbare binäre Dateneinheit ist das Bit. Ein Bit kann auf einem Speicherplatz nur zwei Zustände (0,1) darstellen.

Bit

Ein Bit ist die kleinste darstellbare binäre Dateneinheit. Bit ist die Kurzform für „binary digit" (Binärziffer).

Wenn einzelne Bit aneinandergereiht werden, dann spricht man von einer Bit-Folge. Bit-Folgen mit einer bestimmten Anzahl an Bit haben wiederum eigene Namen, welche weitere Dateneinheiten bezeichnen. Eine Bit-Folge von 8 Bit bezeichnet man typischerweise als Byte. Weitere grundlegende Dateneinheiten sind in der folgenden Tabelle aufgeführt. Die Bezeichnungen und die Anzahl der Bit hängen teilweise aber sehr stark von dem benutzten System ab.

Grundlegende binäre Dateneinheiten	
Bit	Kleinste Einheit; kann nur zwei Zustände annehmen
Byte	Bit-Folge aus 8 Bit; neben dem Bit die gebräuchlichste Dateneinheit
Halb-Byte oder Nibbel	Bit-Folge aus 4 Bit oder ein halbes Byte
Word	Entspricht auf den meisten Systemen einer Länge von 2 Byte oder 16 Bit
Double Word	Entspricht auf den meisten Systemen einer Länge von 4 Byte oder 32 Bit

Um den Umgang mit großen Zahlen zu erleichtern, existieren im gewohnten metrischen System sog. SI-Präfixe, wie Kilo, Mega, Zenti, Milli usw. Zum Beispiel kann die Länge in Meter, aber auch in Zentimeter oder Kilometer angegeben werden. Alle SI-Präfixe des metrischen Systems sind jeweils ein Vielfaches oder ein Teiler von 10 hoch 3 (1 000). Diese Präfixe können und werden auch für die Maßeinheiten Bit und Byte verwendet. Daraus ergibt sich aber ein Problem, weil den Dateneinheiten Bit und Byte das binäre Zahlensystem zugrunde liegt und nicht das dezimale. Um in diesem Bereich Verwechslungen zu vermeiden, wurden 1996 neue Einheitenvorsätze entwickelt, die nur in der binären Bedeutung verwendet werden. Dabei wird eine den SI-Präfixen ähnlich lautende Vorsilbe ergänzt um die Silbe „bi", die klarstellt, dass es sich um binäre Vielfache handelt, z. B. Kibi, Mebi, Gibi usw.

Dezimalpräfixe	Binärpräfixe laut IEC	Beispiele
Kilobyte (KB) 10^3 Byte = 1 000 Byte	**Kibibyte (KiB)** 2^{10} Byte = 1 024 Byte	ca. 1 bis 2 KB: eine Normseite als Text (ANSI/ASCII-kodiert)
Megabyte (MB) 10^6 Byte= 1 000 000 Byte	**Mebibyte (MiB)** 2^{20} Byte = 1 048 576 Byte	1 MB bis ca. 500 Textseiten
Gigabyte (GB) 10^9 Byte = 1 000 000 000 Byte	**Gibibyte (GiB)** 2^{30} Byte = 1 073 741 824 Byte	128 GB Speicherplatz auf modernem Smartphone; ca. 250 Filme oder 500 Stunden HD-Videos
Terabyte (TB) 10^{12} Byte = 1 000 000 000 000 Byte	**Tebibyte (TiB)** 2^{40} Byte = 1 099 511 627 776 Byte	1 TB Speicherplatz von ungefähr acht Smartphones
Petabyte (PB) 10^{15} Byte = 1 000 000 000 000 000 Byte	**Pebibyte (PiB)** 2^{50} Byte = 1 125 899 906 842 624 Byte	Für YouTube werden 1,5 Petabyte Speicherplatz pro Tag benötigt
Exabyte (EB) 10^{18} Byte = 1 000 000 TB	**Exbibyte (EiB)** 2^{60} Byte = 1 152 921 504 606 846 976 Byte	Größenordnung des „menschlichen Wissens", beträgt heutzutage geschätzt mehrere Hundert Exabyte
Zettabyte (ZB) 10^{21} Byte = 1 000 000 000 TB	**Zebibyte (ZiB)** 2^{70} Byte = 1 180 591 620 717 411 303 424 Byte	Geschätzte weltweite Datenmenge bis ins Jahr 2020 44 Zettabyte.
Yottabyte (YB) 10^{24} Byte = 1 000 000 000 000 TB	**Yobibyte (YiB)** 2^{80} Byte = 1 208 925 819 614 629 174 706 176 Byte	100 Milliarden Festplatten zu 10 Terabyte

Mithilfe dieser Einheiten kann nun die Datenmenge von bestimmten Daten berechnet werden, wie das nachfolgende Beispiel verdeutlicht.

Beispielaufgabe

Beispielaufgabe für die Berechnung von Speicherbedarf
Es soll der Speicherbedarf für 500 Bilder in GiB berechnet werden. Gegeben sind folgende Daten pro Bild: Höhe: 1500 Pixel, Breite: 2000 Pixel, Farbkanäle pro Pixel: 3 (RGB), Farbtiefe = 8 Bit pro Farbkanal = 1 Byte.
Der Speicherbedarf für ein Bild in Byte berechnet sich aus der Anzahl der Pixel pro Bild und dem Speicherbedarf für einen Pixel.

Lösung:

Pixelanzahl pro Bild	= 1500 · 2000 Pixel = 3000000 Pixel/Bild
Byte pro Pixel	= (Anzahl Farbkanäle · Bit pro Farbkanal) ÷ 8 = (3 · 8 Bit/Pixel) ÷ 8 Bit/Byte = 3 Byte/Pixel
Speicherbedarf pro Bild	= 3000000 Pixel/Bild · 3 Byte/Pixel = 9000000 Byte/Bild
Speicherbedarf gesamt	= 9000000 Byte/Bild · 500 Bilder = 4500000000 Byte = 4500000000 Byte ÷ 1024 = 4394531,25 KiB ÷ 1024 = 4291,53 MiB ÷ 1024 = 4,19 GiB

Kompetenzcheck ✓

1. Welche Aussagen sind richtig?
   a) Ein Bit besteht aus 8 Byte.
   b) Ein Halb-Byte besteht 12 Bit.
   c) Ein **DWORD** (**Double Word**) besteht aus 32 Bit.
   d) GB und GiB sind unterschiedliche Dateneinheiten.
   e) Die Umrechnungszahl von TiB in MiB ist 1000000.
   f) Datenmengen im Bereich von Zettabyte werden erst in einigen Jahrzenten erreicht werden.

2. Es sollen von 1000 Kunden die Bestellungen über einen Zeitraum von 20 Jahren gespeichert werden. Gegeben sind folgende Fakten:
   - Ein Kunde gibt pro Monat im Schnitt fünf Bestellungen auf.
   - Daten pro Bestellung: ID (4 Byte), Datum (4 Byte), Artikelname (30 Byte), Menge (8 Byte), Kundenname (30 Byte), Bemerkungen (100 Byte)

   Berechnen Sie den Speicherbedarf in MB und in MiB.

A17
A18

3. Berechnen Sie weitere Speicheranforderungen und überprüfen Sie Ihr Wissen, indem Sie die Aufgaben 17 und 18 der Lernsituation 2 im Arbeitsbuch bearbeiten.

5.2.6 Daten speichern und Dateiformate unterscheiden

S **Sie sollen sich grundlegendes Wissen die Speicherung von Daten in Dateien erarbeiten und verschiedene geläufige Dateiformate unterscheiden können.**

Digitalisierte Daten werden von den IT-Systemen nicht nur übertragen und verarbeitet, sondern müssen auch von diesen für eine längere Aufbewahrung gespeichert werden (siehe auch Kapitel 5.2.1). In der Regel werden Daten für einen schnellen und effizienten Zugriff im Arbeitsspeicher des Computers gehalten und sind dort an bestimmten Adressen abgelegt. Allerdings benötigt der Arbeitsspeicher ständige Energiezufuhr, mit der Unterbrechung oder Abschaltung der Energiezufuhr verliert er seinen Inhalt. Somit eignet sich der Arbeitsspeicher nicht zur dauerhaften Speicherung von Daten. Hierfür ist eine Speichertechnologie erforderlich, die ohne ständige Energiezufuhr die digitalen Daten erhält. Zuerst waren es Lochstreifen und -karten, dann Magnetbänder oder Festplatten mit magnetisierbaren Oberflächen, jetzt sind es optische Speicher oder Feststoffspeicher mit veränderbarer Kristallstruktur (siehe für weitere Informationen Lernfeld 2). Auf diesen Datenträgern können die Daten dauerhaft gespeichert werden.

Daten werden aber nicht ungeordnet auf dem Datenträger abgelegt, sondern in einer bestimmten Form. Nachfolgend sind die einige Formen von Speicherlösungen aufgeführt.

Mögliche Speicherlösungen	
File-Storage	Ein File-Storage speichert die Daten in Form von Dateien. Diese Dateien sind in einer hierarchischen Struktur in Verzeichnissen abgelegt. Verzeichnisse können ein oder mehrere Unterverzeichnisse haben. Im sogenannten File-System eines Speichermediums sind die Pfadinformationen gespeichert, über die der Rechner auf die Dateien zugreift.
Block-Storage	Beim Block-Storage werden Daten in Blöcke aufgeteilt und separat gespeichert. Jeder dieser Blöcke erhält eine eindeutige Kennzeichnung, was es dem Storage-System ermöglicht, kleinere Datenmengen dort abzulegen, wo es am praktischsten ist.
Object-Storage	Während File-Storage bei der Speicherung von Daten auf komplette Dateien setzt und Block-Storage Dateien in gleich große Blöcke aufteilt, werden Daten im Object-Storage als Objekte gesichert. Hier werden neben den eigentlichen Daten noch zahlreiche Metadaten gespeichert.

Das klassische File-Storage die bekannteste und am meisten verwendete Variante. Hierbei werden Daten in einer sogenannten „Datei“ (engl.: file) nach einer vorherfestgelegten Struktur gespeichert. Die Datei erhält einen Namen und wird dann in einem Verzeichnis abgelegt. Dieses System ist einem analogen Karteisystem sehr ähnlich. So ist auch das deutsche Wort „Datei“ entstanden. Es wurde aus den Wörtern „Daten“ und „Kartei“ zusammengesetzt.

Datei

Eine Datei sind logisch zusammenhängende Daten, welche sequenziell angeordnet, durch einen Namen identifizierbar und dauerhaft auf einem Speichermedium gespeichert sind.

Eine Datei hat eine eindimensionale Struktur und kann beliebig viele Daten enthalten. Die Größe einer Datei beschreibt die Anzahl der enthaltenen Bytes (Datenmenge) und wird deshalb in Byte, KB, MB, GB oder TB angegeben (siehe auch Kapitel 5.2.5). Einzig die Größe des Datenträgers bestimmt die maximale Größe einer Datei.

Daten werden nach einer bestimmten Struktur in den Dateien abgelegt. So ist es möglich, die Dateien maschinell zu verarbeiten, d.h. die Daten auf einem Datenträger abzulegen und wieder einzulesen. Dazu wird ein Dateiformat für eine Datei festgelegt. Das Dateiformat beschreibt die innere Struktur von Dateien, d.h. welche Daten (z.B. Text-, Grafik-, Video-, Audiodaten) wie angeordnet sind.

Dateiformat

Ein Dateiformat beschreibt die erlaubten Daten, wie diese abgelegt werden und ihre Bedeutung innerhalb einer Datei.

Dabei kann jedes Programm sein individuelles Dateiformat definieren. Hieraus ergibt sich jedoch das Problem, dass auch ein anderes Programm das Format der Datei kennen muss, damit es mit dieser Datei arbeiten kann. Ohne das Wissen über die Struktur der Daten ist es fast unmöglich, die Daten in den Dateien sinnvoll zu verarbeiten. Für die heutige digitale Welt wäre das ein fatales Hindernis. Deswegen gibt es mehrere Ansätze, dieses Problem zu lösen.

Lösungsansätze zur Bereitstellung von Daten für unterschiedliche Programme

1. Man fügt dem Dateinamen eine Information hinzu, aus der man auf die Struktur der Daten schließen kann. So entstand der Namensteil „Typenbezeichnung" nach dem Punkt im Dateinamen. Beispiele: Daten.txt, Projektarbeit.docx usw.
2. Durch die Festlegung einer einheitlichen Dateistruktur „kennt" jedes Programm die Struktur und kann sie lesen. Ein Beispiel für ein solches Dateiformat ist das CSV-Format (Comma-Separated Values). Hier werden die Daten hintereinander abgelegt und durch ein beliebiges Trennzeichen voneinander getrennt. In der Regel ist das Trennzeichen ein Komma.
3. Noch komplizierter, aber wesentlich flexibler wird es, wenn man eine Sprache zur Beschreibung der Dateistruktur definiert und verwendet. XML oder HTML sind derartige beschreibende Sprachen.
4. Die universellste Lösung zur Bereitstellung von Daten für unterschiedliche Programme ist die Entkopplung der Datenverwaltung von den Programmen. Die Datenverwaltung wird unabhängigen Datenbanksystemen übertragen, mit denen die Programme über definierte Schnittstellen zusammenarbeiten können. Diese Lösung wird im Kapitel 5.7 näher betrachtet.

Die Kenntnis des Dateiformats ist somit grundlegend für die Arbeit mit Dateien. Dateiformate werden in der Regel durch den Softwarehersteller oder durch ein Gremium festgelegt. Dabei wird zwischen proprietären Formaten und Standardformaten unterschieden. Proprietäre Dateiformate werden erst einmal durch den Softwarehersteller für seine eigene Software entwickelt und festgelegt. Aus diesen können dann aber später Standardformate werden. Durch Standardformate ist es leichter, Daten zwischen unterschiedlichen Anwendungen auszutauschen, weil alle mit den gleichen Dateiformaten arbeiten.

In einer Spezifikation sollten die Art der Codierung und die Anordnung der Daten innerhalb eines Dateiformats genau beschrieben werden. Für viele Dateiformate sind die Spezifikationen öffentlich. Andere Spezifikationen dagegen werden streng gehütet. Damit die Dateiformate von den Programmen erkannt werden, gibt es die sog. Dateinamenserweiterung (File Extension), landläufig auch als Dateiendung bezeichnet. Die Namenserweiterung wird als zwei-, drei- oder vierbuchstabige Endung an den Dateinamen angehängt und durch einen Punkt getrennt.

Es gibt sehr viele unterschiedliche Dateiformate und damit auch entsprechend viele Endungen für alle möglichen Arten von Dateien, sodass hier nur eine Auswahl vorgestellt wird. Die am häufigsten benutzten Dateiformate sind die für Texte, Bilder, Audios und Videos.

(1) Videoformate

Unter einem Videoformat kann die Struktur verstanden werden, nach der Filme in Form von digitalen Daten in Dateien gespeichert werden. Videoformate legen z. B. fest, welche Auflösung und Farbtiefe ein Videofilm besitzt. Außerdem bestimmen Videoformate, ob die Bilder als Halb- oder Vollbilder, in welchem Seitenverhältnis und wie viele Bilder pro Sekunde gespeichert werden.

Videoformate	
Dateiendung	**Beschreibung**
.mpg/.mpeg	MPEG-2 ist ein 1994 eingeführter Standard für die Speicherung von Bewegtbildern und zugehörigen Audiodaten. Es beschreibt eine Kombination von verlustbehafteten Videokompressions- und verlustbehafteten Audiodatenkompressionsmethoden.
.mp4	MPEG-4 enthält viele der Funktionen von MPEG-1 und MPEG-2 und anderen verwandten Standards und fügt neue Funktionen wie erweiterte VRML-Unterstützung für 3D-Rendering, objektorientierte Composite-Dateien (einschließlich Audio-, Video- und VRML-Objekte) hinzu. MPEG-4 ist auf eine hohe HD-Bildqualität bei geringer Speicherkapazität ausgelegt.
.mov	QuickTime ist ein erweiterbares Multimedia-Framework, das von Apple Inc. entwickelt wurde und verschiedene Formate für digitale Video-, Bild- und Audiodaten verarbeiten kann.
.mkv	Der Matroska Multimedia Container ist ein Videoformat, das eine unbegrenzte Anzahl von Video-, Audio-, Bild- oder Untertitelspuren in einer Datei enthalten kann. Es ist ein universelles Format zum Speichern von gängigen Multimedia-Inhalten.
.avi	Audio Video Interleave ist ein Multimedia-Containerformat, das 1992 von Microsoft als Teil seiner Video-for-Windows-Software eingeführt wurde. AVI-Dateien können sowohl Audio- als auch Videodaten in einem Dateicontainer enthalten, der eine synchrone Audio-mit-Video-Wiedergabe ermöglicht.
.3gp, .3g2, .3gpp	Bezeichnen Multimedia-Containerformate für mobile Geräte wie Mobiltelefone. Es wird auf 3G-Mobiltelefonen verwendet, kann aber auch auf einigen 2G- und 4G-Telefonen abgespielt werden.

(2) Audioformate

Unter einem Audioformat kann die Struktur verstanden werden, nach der Töne in Form von digitalen Daten in Dateien gespeichert werden. Hier spielen sowohl die Dateigröße als auch die Qualität der gespeicherten Daten eine große Rolle. Je höher die Qualität der gespeicherten Daten ist, umso größer ist die Datei. Für eine platzsparende Speicherung von Audiodaten werden bestimmte Algorithmen zur Datenreduzierung verwendet.

Generell kann zwischen verlustfreien und verlustbehafteten Audioformaten unterschieden werden. Verlustfreie Audioformate komprimieren die Daten, ohne dass ein Informationsverlust auftritt. Das heißt die Originaldaten können immer reproduziert werden. Verlustfreie Audioformate reduzieren die Datenmenge zwischen 25 und 70 %. Da Audiodateien unterschiedliche, zufällige Strukturen besitzen und keine sich wiederholenden Muster wie etwa bei Bildern, kann ihre Kompression nicht weiter optimiert werden.

Verlustfreie Audioformate	
Dateiendung	**Beschreibung**
.flac	FLAC (Free Lossless Audio Codec) ist ein Audioformat, welches von der Xiph.Org Foundation entwickelt wurde. Er ist frei verfügbar und in seiner Nutzung nicht durch Softwarepatente beschränkt.
.wv/.wvc	WavPack ist ein freies quelloffenes Audioformat, welches von David Bryant entwickelt wurde.

Im Gegensatz zu verlustfreien Audioformaten reduzieren verlustbehaftete Audioformate die Datenmenge mittels Weglassens von Daten. Deshalb entsteht keine originalgetreue Kopie des Ursprungsmaterials. Die

Herausforderung besteht darin, dass sich die entstehenden Qualitätsverluste nicht auf die Hör- und Soundqualität auswirken.

Verlustbehaftete Audioformate	
Dateiendung	**Beschreibung**
.mp3	MP3 bedient sich zur Reduzierung der Datenmenge der Psychoakustik mit dem Ziel, nur für den Menschen wahrnehmbare Signalanteile zu speichern. Dadurch wird eine starke Reduktion der Datenmenge möglich, ohne dass die Qualität des Höreindruckes leidet.
.aiff/.aif	AIFF (Audio Interchange File Format) ist ein von Apple entwickeltes Audioformat. Es handelt sich um ein Containerformat, das als Standard-Audioformat auf Apple-Geräten eingesetzt wird.
.wav	WAVE File Format ist ein von Microsoft entwickeltes plattformübergreifendes Audioformat.

(3) Textformate

Unter einem Textformat kann die Struktur verstanden werden, nach der Zeichen in Form von digitalen Daten in Dateien gespeichert werden. Wie die Zeichen in der Textdatei codiert sind, legt die sog. Zeichencodierung über einen Zeichensatz fest (siehe Kapitel 5.2.4 Abschnitt 2).

Textformate	
Dateiendung	**Beschreibung**
.txt	Das Textformat enthält je nach Zeichensatz verschiedene Buchstaben, Sonderzeichen wie Umlaute, Symbole oder Buchstaben aus anderen Alphabeten und einfache Formatierungszeichen. Spezielle Formate wie Fett, Unterstreichung usw. sind nicht im einfachen Textformat enthalten. Die Daten sind unformatiert gespeichert.
.rtf	RTF (Rich Text Format) ist ein Textformat mit speziellen Zeichenformatierungen, wie man sie von der Textverarbeitung kennt (Fett, Schriftart, Unterstreichung usw.). Das Textformat wird auf verschiedenen Systemen eingesetzt, z. B. Windows, Apple, UNIX.
.pdf	PDF (Portable Document Format) ist ein plattformunabhängiges Dateiformat. Es wurde von Adobe Inc. entwickelt und wird aktuell von der PDF Association weiterentwickelt. Heutzutage ist es ein weitverbreitetes Textformat.
.doc/.docx	DOCX ist das Standard-Dateiformat von Textdateien, welche in Microsoft Word erstellt werden. Dieses Textformat besitzt eine sehr große Bedeutung, da Word das meistgenutzte Textverarbeitungsprogramm ist. Bis zur Einführung der Dateierweiterung .docx war .doc die Standarderweiterung für Worddokumente.

(4) Grafikformate

Unter einem Grafikformat kann die Struktur verstanden werden, nach der Grafiken, Bilder, Fotos in Form von digitalen Daten in Dateien gespeichert werden. Es wurden verschiedene Grafikformate entwickelt. Kein Grafikformat ist universell einsetzbar. Bei den Formaten wird grundsätzlich zwischen pixel- und vektororientierten Grafikformaten unterschieden (siehe auch Kapitel 5.2.4 Abschnitt 3). Pixelorientierte Formate eignen sich am besten zum Speichern von gescannten oder digital aufgenommenen Bildern. Diese Formate speichern einzelne Pixel und sind deshalb nicht skalierbar. Vektororientierte Formate dienen vor allem dem Austausch von Zeichnungen, Grafiken und 3D-Modellen/-Darstellungen. Sie sind stufenlos und verlustfrei skalierbar. Vektororientierte Formate eignen sich nicht zum Speichern von Fotos und anderen Formaten, die bereits einmal als Pixelgrafik abgespeichert waren. Sie werden vor allem im CAD-Anwendungsbereich sowie im Buchdruck verwendet.

Grafikformate	
Dateiendung	**Beschreibung**
.bmp	BITMAP (Windows Bitmap) ist ein Grafikformat von Microsoft; schwache Komprimierung.
.gif	GIF (Graphics Interchange Format) ist verlustfrei komprimiert, weitverbreitet und unterstützt auch einfache Animationen und Transparenzen.
.jpg/.jpeg	Ist eine von der Joint Photographic Experts Group (JPEG) entwickelte Norm, welche festlegt, wie ein Bild zu komprimieren ist. Die Komprimierung ist verlustbehaftet und darauf ausgerichtet die Datenmenge digitaler Bilder so klein wie möglich zu halten. Ist für die Speicherung digitaler Fotos sehr verbreitet. JPG ist eine Unterart von JPEG, welche die Norm erweitert.
.psd	Grafikformat für Photoshop-Dateien; speichert alle verwendeten Bilddaten, Informationen über Ebenen, Kanäle, Vektoren etc. verlustfrei.
.tif/.tiff	TIFF (Tagged Image File Format) ist vielseitig einsetzbar. Wegen der Unterstützung des CMYK-Farbraums wird es in Druckereien in der Druckvorstufe verwendet.

Kompetenzcheck ✓

1 Welche Aussagen sind richtig?

a) Im Arbeitsspeicher können die Daten dauerhaft gespeichert werden.
b) File-Storage ist eine klassische Speicherlösung von Daten.
c) In einer Datei werden Daten strukturiert gespeichert.
d) Dateien haben einen Dateinamen.
e) Die Dateigröße gibt die Anzahl der gespeicherten Bytes in einer Datei an.
f) Dateiformate beschreiben die Struktur, wie die Daten in der Datei abgelegt sind.
g) Standardisierte Dateiformate dienen dem erleichterten Austausch von Daten.
h) In CSV-Dateien werden die Daten durch ein Trennzeichen voneinander getrennt.
i) Durch XML-Dateien wird die Datenverwaltung unabhängig von den Programmen.
j) Es gibt nur sehr wenige Dateiformate.
k) GIF und JPEG sind Audioformate.
l) PDF ist ein Dateiformat, welches von Adobe Inc. entwickelt wurde.
m) Verlustbehaftete Audioformate beeinträchtigen das Hörerlebnis.
n) Das Quick-Time-Videoformat wurde von Microsoft entwickelt.

2 Überprüfen und erweitern Sie Ihr Wissen über Dateien und Dateiformate, indem Sie die Aufgaben 19, 21 und 22 der Lernsituation 2 im Arbeitsbuch bearbeiten. A19 A21 A22

3 Werten Sie einen englischen Text zum CSV-Format aus und überführen Sie anschließend verschiedene Daten in dieses Format. Bearbeiten Sie dazu die Aufgabe 20 der Lernsituation 2 im Arbeitsbuch. A20

5.2.7 Aspekte der Informationssicherheit präsentieren

S **Sie sollen sich grundlegende Aspekte der Informationssicherheit bei der Verwaltung von Daten erarbeiten.**

Informationssicherheit, Datenschutz und Datensicherheit spielen eine große Rolle bei der Verarbeitung und Verwaltung von Daten. So speichern viele Unternehmen z. B. zu Marketing- und Forschungszwecken große Mengen an personenbezogene Daten. Aus diesen Daten können ohne Problem einzelne Personen identifiziert und z. B. Informationen über deren Lebensstil oder deren Gesundheit geschlussfolgert werden. Deswegen ist es für die Kunden dieser Unternehmen wichtig, dass sorgfältig mit ihren Daten umgegangen wird und Dritte keinen Zugriff auf diese Daten erhalten. Da das Thema der Informationssicherheit ein sehr weites Feld ist, soll an dieser Stelle nur ein genereller Überblick über die grundlegendsten Aspekte gegeben und für das Thema sensibilisiert werden. Für tiefergehende Betrachtungen in diesem Bereich wird auf das Lernfeld 4 verwiesen.

Begriffserläuterungen	
Datenschutz	Bei dem Datenschutz geht es um den Schutz der Privatsphäre eines Menschen. Datenschutz garantiert allen Bürgerinnen und Bürgern ein Recht auf informationelle Selbstbestimmung und schützt sie vor missbräuchlicher Verwendung ihrer Daten. Für die Verarbeitung personenbezogener Daten gibt es Regeln, die hauptsächlich im BDSG bzw. den Datenschutzgesetzen der Länder niedergelegt sind. Hier wird also danach gefragt, ob personenbezogene Daten überhaupt verarbeitet werden dürfen.
Datensicherheit	Im Unterschied zum Datenschutz befasst sich die Datensicherheit mit dem Schutz von Daten, unabhängig davon, ob diese einen Personenbezug aufweisen oder nicht. Unter den Begriff Datensicherheit fallen daher grundsätzlich auch Daten, die keinen Personenbezug haben. Datensicherheit soll Sicherheitsrisiken begegnen und die Daten vor Manipulation, Verlust oder unberechtigter Kenntnisnahme schützen. Hier geht es also nicht um die Frage, ob Daten überhaupt erhoben und verarbeitet werden, sondern um die Frage, welche Maßnahmen zur Sicherheit der Daten ergriffen werden müssen.
Informationssicherheit	Informationssicherheit hat den Schutz von Informationen als Ziel. Hier ist es unerheblich, ob es sich um digitale oder analoge Informationen handelt oder ob diese einen Personenbezug haben. Teilweise wird die Datensicherheit als ein Teil der Informationssicherheit angesehen, da Letzteres umfassender ist.

Informationssicherheit		
Vertraulichkeit	**Integrität**	**Verfügbarkeit**
Informationen dürfen nicht in die falschen Hände gelangen.	Sensible Informationen dürfen nicht verfälscht werden.	Notwendige Informationen müssen abrufbar sein.

Einige Aspekte der Informationssicherheit sollen an dieser Stelle nochmals etwas genauer betrachtet werden.

Schutzziele	
Verfügbarkeit	Der Zugriff auf Daten muss innerhalb eines vereinbarten Zeitrahmens gewährleistet sein. Verfügbarkeit bedeutet, dass Daten und IT-Systeme zur Verfügung stehen und von autorisierten Personen genutzt werden können, wenn dies benötigt wird. Eine 99-prozentige Datenverfügbarkeit klingt zwar gut, ist aber im kommerziellen Einsatz nicht ausreichend. Die Datenverfügbarkeit kann durch geeignete Maßnahmen wie RAID-Systeme oder Cluster-Rechner deutlich verbessert werden (siehe Lernfeld 3). Es wird eine Verfügbarkeit von 99,999 % oder besser angestrebt.
Integrität	Integrität bedeutet, dass die Daten über einen bestimmten Zeitraum vollständig und unverändert sind. Sie umfasst Datensicherheit (Schutz vor Verlust) und Fälschungssicherheit (Schutz vor vorsätzlicher Veränderung). Die Integrität ist gewährleistet, wenn die Daten vom angegebenen Absender stammen und vollständig sowie unverändert an den Empfänger übertragen worden sind.
Vertraulichkeit	Vertraulichkeit bedeutet, dass nur bestimmte Personen von der Existenz der Daten oder dem Inhalt der Daten Kenntnis haben. Bei der Vertraulichkeit müssen Sicherheitsmaßnahmen erhoben werden, damit kein Unbefugter Zugriff auf gespeicherte sowie auch nicht auf übermittelte Daten bekommt.

Kompetenzcheck ✓

1. Welche Aussagen sind richtig?
   a) Datenschutz und Datensicherheit spielen eine große Rolle bei der Verwaltung von Daten.
   b) Der Datenschutz bezieht sich auf den Umgang mit personenbezogenen Daten.
   c) Die Informationssicherheit ist ein Teilaspekt der Datensicherheit.
   d) Eine Datenverfügbarkeit von 90 % ist heutzutage ausreichend.
   e) Wenn Daten nur sehr wenig bei der Übertragung verändert wurden, ist die Integrität noch gewährleistet.
   f) Um die Vertraulichkeit in der Informationssicherheit zu gewährleisten, ist es notwendig die Sicherheitsstufe der entsprechenden Daten zu kennen.

2. Bearbeiten Sie die Aufgabe 23 der Lernsituation 2 im Arbeitsbuch. A23

3. Absolvieren Sie den Abschlusstest zur Lernsituation 2 mithilfe der Aufgabe 24 im Arbeitsbuch. A24

5.3 Software im Rahmen von Projekten entwickeln

S **Sie sollen sich grundlegendes Wissen über Softwareprojekte, deren Struktur und Ablauf aneignen und die Aufgaben des Projektmanagement beschreiben können.**

Die Entwicklung oder Anpassung von Software erfolgt in den meisten Fällen als Softwareprojekt. Dieses kann auch als Teilprojekt im Rahmen eines größeren Projektes geschehen. Zu Beginn der Ausbildung wird man an Softwareprojekten teilnehmen, welche schon geplant wurden, und dort mehr oder weniger komplexe Aufgabenstellungen realisieren. Später wird man als Softwareentwickler an der Projektplanung und -organisation mitwirken oder diese sogar selbst vornehmen. Deswegen soll an dieser Stelle nur eine kurze, überblickartige Einführung die Themen „Projekt“ und „Projektmanagement“ vorgenommen werden. Eine vertiefende Betrachtungsweise zu diesen Themen erfolgt in dieser Buchreihe zum zweiten und dritten Ausbildungsjahr.

5.3.1 Das Wesen von Projekten erläutern und Projektphasen differenzieren

S **Sie sollen sich die Merkmale von Projekten erarbeiten und die einzelnen Projektphasen unterscheiden können.**

Die Arbeit in Projekten unterscheidet sich stark von täglicher Routinearbeit. Routinearbeit ist normalerweise dauerhaft strukturiert, wird ständig wiederholt und von den Beschäftigten ohne große Probleme beherrscht. Routineaufgaben sind gut automatisierbar und können teilweise durch künstliche Intelligenz (KI) ausgeführt werden. Projekte dagegen sind einmalige Vorhaben, welche einen definierten Anfang und einen definierten Abschluss besitzen und durch eine zeitliche Befristung und eine relative Neuartigkeit gekennzeichnet sind. Das bedeutet, die Aufgabenstellung wiederholt sich nicht und es kann bei der Projektabwicklung nur teilweise auf eine bereits vorhandene Planung zurückgegriffen werden.

Projektdefinition nach DIN 69901

Als Projekt wird ein Vorhaben bezeichnet, welches im Wesentlichen durch die Einmaligkeit der Bedingungen in ihrer Gesamtheit gekennzeichnet ist, z. B.
- Zielvorgaben,
- zeitliche, finanzielle, personelle oder andere Begrenzungen,
- Abgrenzungen gegenüber anderen Vorhaben,
- projektspezifische Organisation.

Dabei spielen der Umfang, die Komplexität sowie der Schwierigkeitsgrad der Aufgabenstellung nur eine untergeordnete Rolle. Ob etwas als einfach oder schwer, als komplex oder simpel oder als umfangreich oder überschaubar wahrgenommen wird, ist sehr subjektiv.

Selbst einfache Aufgaben können als Projekt bearbeitet werden. Die meisten Softwareprojekte weisen aber eine höhere Komplexität auf und erfordern die Zusammenarbeit verschiedener Fachbereiche. Softwareprojekte lassen sich auf unterschiedliche Art und Weise kategorisieren. Einige davon sind in der folgenden Tabelle aufgeführt.

Mögliche Einteilungen von Softwareprojekten	
Einteilung nach	**Beispiele**
Projektträger	Unternehmensprojekte, Projekte von öffentlichen Einrichtungen usw.
zu erstellender Leistung	Datenbankprojekte, Spieleprojekte usw.
Auftraggeber	interne Projekte (innerhalb des Unternehmens), externe Projekte (für Kunden)
Komplexität	Kleinprojekte, mittlere Projekte, Großprojekte
Anlass	Neuentwicklungs-, Anpassungs-, Migrationsprojekte

Ein Projekt durchläuft in der Regel verschiedene Phasen. Die Einteilung in Phasen hilft, die Projekte zeitlich zu strukturieren und die Übersicht zu behalten. Die einzelnen Projektphasen stellen in sich abgeschlossene Zeiträume innerhalb des Projektes dar und können sehr unterschiedlich gestaltet sein. Die Gestaltung hängt dabei u. a. von dem Auftrag, der Größe des Projektes und von der Branche ab.

Phase	**Beschreibung**
Projektstart	In dieser Phase bewerten Entscheider den Bedarf und Nutzen des geplanten Projektes für ihr Unternehmen. Fällt die Bewertung positiv aus, wird das Projekt initiiert und der Projektleiter und das Projektteam werden benannt. Es liegt ein Projektauftrag vor, welcher die Ziele und Inhalte des Projektes beschreibt. Aus Sicht des Projektteams startet das Projekt mit dem ersten offiziellen Treffen, dem Kick-off Meeting.
Projektplanung	Die Planung beginnt teilweise schon vor dem eigentlichen Projektstart und wird nach diesem intensiviert. Zu den üblichen Planungsgegenständen gehören u. a. Inhalt, Zeit, Budget, benötigte Ressourcen, Qualität, Kommunikation, Risiko, Stakeholder, Teilprojekte. Der Projektleiter und sein Team planen alle Arbeiten, die notwendig sind, um das Projektziel zu erreichen.

Phase	Beschreibung
Projekt-durchführung	Sobald die Durchführungsphase gestartet ist, nimmt der Planungsanteil drastisch ab und das Projektteam beginnt mit der Realisierung. Bei späteren Änderungswünschen werden zunächst die Machbarkeit überprüft und der Realisierungsaufwand abgeschätzt. Je nachdem wie das Ergebnis ausfällt, fließen die Änderungen in die bereits gestartete Realisierung mit ein. In dieser Phase ist die Kommunikation zwischen den Teammitgliedern untereinander und mit dem Projektleiter am intensivsten. Es wird sich regelmäßig auf Teambesprechungen und Meetings über den Arbeitsstand ausgetauscht.
Projekt-kontrolle	Diese Phase erfolgt parallel zur Durchführungsphase und stellt gleichzeitig auch eine eigene Phase dar. Dabei steuert und überwacht der Projektleiter alle relevanten Projektaktivitäten. Er kontrolliert u. a. die Budgeteinhaltung, achtet auf das termingerechte Abliefern, priorisiert Aufgaben, aktualisiert den Projektplan und löst Ressourcenkonflikte. Bei umfangreichen Projekten werden auch autonome Kontrollteams gebildet.
Projekt-abschluss	Sobald die Software fertiggestellt wurde, wird sie zusammen mit allen nötigen Unterlagen, z. B. der Kundendokumentation, dem Kunden übergeben. Wenn dieser die Software abgenommen hat, wird das Projekt beendet. Zum internen Projektabschluss gehören folgende Tätigkeiten: • Erstellen eines Abschlussberichtes • Evaluieren des Projektablaufes • Archivieren der Projektunterlagen • Wertschätzen der Arbeit des Projektteams und dessen Auflösung

Kompetenzcheck ✓

1 Welche Aussagen sind richtig?

a) Das Arbeiten in Projekten ist der Arbeit an Routineaufgaben sehr ähnlich.
b) Projekte besitzen einen definierten Anfangs- und Endpunkt.
c) Projekte lassen sich u. a. nach der Größe und nach dem Anlass einteilen.
d) Ein Projekt kann aus mehreren Teilprojekten bestehen.
e) Das Arbeiten in Projekten kann mehrere Tätigkeiten umfassen.
f) Für das Projektteam startet das Projekt mit dem Kick-off-Meeting.
g) Die Kontrolle und Überwachung des Projektes können auch von speziellen Kontrollteams übernommen werden.
h) Das Wertschätzen der Arbeit des Projektteams durch die Projektleitung spielt eine untergeordnete Rolle.

2 Überprüfen Sie Ihr Wissen und berichten Sie über Ihre bisherigen Projekterfahrungen. Bearbeiten Sie dazu die Aufgaben 1 und 2 der Lernsituation 3 im Arbeitsbuch.

A1
A2

5.3.2 Projektorganisation und Projektmanagement beschreiben

S **Sie sollen sich einen Überblick über die Projektinstanzen und deren Aufgaben erarbeiten.**

Die Projektorganisation hängt stark von Art und Umfang des zu entwickelnden Softwareprojekts ab. Bei kleinen Projekten können beispielsweise das Projektmanagement und die Durchführung des Projekts in einer Hand liegen und von nur einer Person übernommen werden. Bei mittleren und großen Projekten wird die Projektorganisation meistens von mehreren Instanzen gestaltet, wie z. B. in der folgenden Abbildung dargestellt.

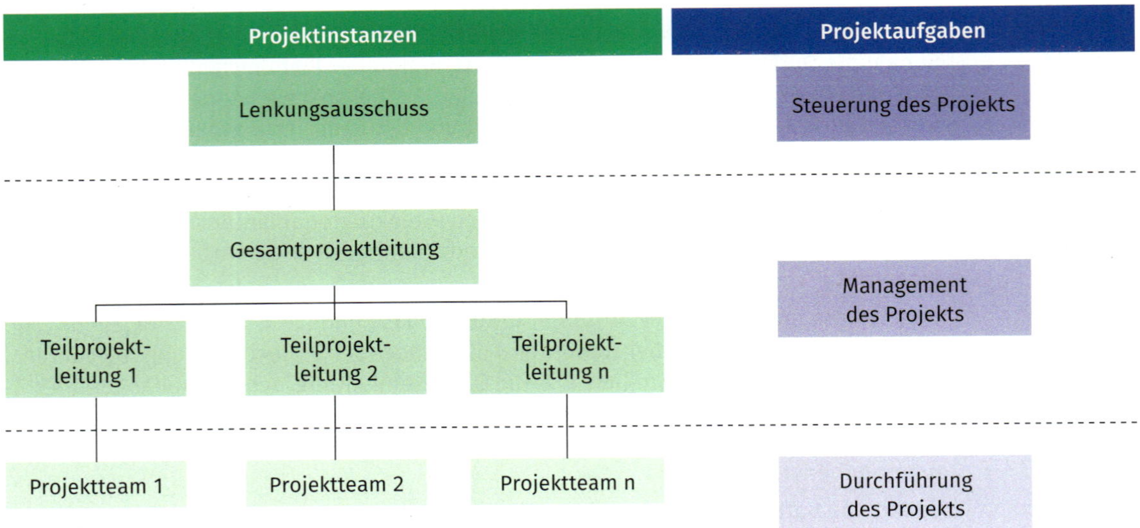

Der Lenkungsausschuss ist üblicherweise für die Erteilung des Projektauftrags sowie die Freigabe der Projektziele und -planung zuständig. Er verfolgt den Projektfortschritt, legt zudem Projektprioritäten fest und trifft Grundsatzentscheidungen im Projektablauf. Die Projektleitung berichtet dem Lenkungsausschuss und ist für das Projektmanagement zuständig. Im Falle von großen Projekten werden Teilprojekte mit Teilprojektleitungen gebildet. In den Projektteams arbeiten dann ein oder mehrere Softwareentwickler an der Umsetzung eines Softwareprojekts. Dazu wird die Software in einzelne Einheiten aufgeteilt und von spezialisierten Entwicklern entworfen und programmiert. Einige Softwareentwickler übernehmen z. B. die Entwicklung von Algorithmen oder Hintergrunddiensten, andere kümmern sich um die Benutzerführung und die Gestaltung der grafischen Oberfläche und wieder andere gestalten und entwickeln die Datenbank. Um Projekte in eine bestehende Unternehmensstruktur zu integrieren, spielen noch weitere Organisationsformen, wie die reine, die Stab- oder die Matrix-Projektorganisation, eine Rolle. Diese werden an dieser Stelle aber nicht weiter betrachtet (siehe dazu Fachstufenbuch 2 – Anwendungsentwicklung).

Wie aus dem Schema oben zu entnehmen ist, spielen neben der korrekten fachlichen Umsetzung und Durchführung auch die Steuerung und das Management des Projektes eine entscheidende Rolle. Ein professionelles Projektmanagement ist z. B. bei großen und komplexen Projekten das zentrale Erfolgskriterium, denn jedes Projekt ist immer ein Balanceakt zwischen Umfang, Zeit und Kosten. Die Änderung eines dieser Faktoren bewirkt unweigerlich auch Änderungen bei den anderen Faktoren und jede negative Entwicklung bei diesen kann ein Scheitern des Projektes zur Folge haben. Deshalb ist es wichtig die zentralen Aufgaben des Projektmanagements zu kennen und diese sorgfältig umzusetzen. Dabei spielen die Größe und der Umfang des Softwareprojektes keine Rolle. Die Aufgaben sind im Prinzip immer gleich.

Projektmanagement

Unter Projektmanagement ist die Planung, die Überwachung, die Steuerung und der Abschluss eines Projekts zu verstehen. Zu den Aufgaben des Projektmanagements gehören u. a.:

- Projektziele abstimmen,
- organisatorische Gestaltung des Projektes,
- Planung der Projektleistung, der Termine, der Ressourcen und der Kosten,
- Aufgaben-, Kompetenz- und Verantwortungsverteilung,
- Risikoabschätzung,

- Teambildung,
- Rollen, Werte und Regeln festlegen,
- Personalmanagement, Mitarbeiterführung,
- Koordination und Kommunikation intern und extern,
- Dokumentation und Berichte,
- Projektsteuerung und Projektcontrolling: Termine, Kosten und Leistungsfortschritt überwachen, das Budget einhalten,
- Vorbereitung und Durchführung von Projektbesprechungen,
- Projekt abschließen.

Ob Projekte erfolgreich sind oder scheitern, hängt von vielen Faktoren ab. Einige davon sind nachfolgend aufgeführt.

Faktoren für den Projekterfolg	
Erfolgsfaktoren	**Risikofaktoren**
• Genaue Definition von Projektzielen • Entwicklung präziser Projektpläne und Kontrolle von deren Einhaltung • Projektspezifische Gestaltung von Projektorganisation und Projektkultur • Zusammenstellen eines geeigneten Projektteams • Optimale Kommunikationsbedingungen	• Schlechte Kommunikation (z. B. Sprachbarrieren, unvereinbare Persönlichkeiten, schlechte Kommunikationskanäle) • Schlechte Planung (z. B. knappe Ressourcen, zu wenig Zeit) • Mangelnder Überblick über die Projektdetails • Verwendung der falschen Projektmanagementtools (z. B. Software nicht flexibel genug für das Projekt) • Mangelnde Überwachung und Kontrolle • Kein Risikomanagement • Änderungen im Umfang (z. B. Fristen werden verschoben, Aufgaben geändert)

Kompetenzcheck ✓

1 Aussagen sind richtig?
   a) Ein Projekt kann aus mehreren Teilprojekten bestehen.
   b) Für das Projektmanagement ist in der Regel die Projektleitung zuständig.
   c) Neben der fachlichen Planung werden bei Projekten u. a. auch auftretende Kosten kalkuliert und das Risiko abgewogen.
   d) Die Kontrolle des Projektfortschritts ist in der heutigen Zeit nicht mehr so wichtig.
   e) In größeren Projekten übernehmen die Softwareentwickler spezielle Teilaufgaben wie z. B. die Programmierung von Schnittstellen.

2 Bearbeiten Sie dazu die Aufgabe 3 der Lernsituation 3 im Arbeitsbuch.

A3

5.4 Den Prozess der Softwareentwicklung analysieren

S **Sie sollen sich zunächst einmal grundlegendes Wissen über den Prozess der Softwareentwicklung erarbeiten.**

In der Regel wird angenommen, dass die Entwicklung von Software ein Prozess ist, der einen klar definierten Anfang und ein klar definiertes Ende hat. Das ist heutzutage aber selten noch der Fall. Der Entwicklungsprozess, vor allem bei größeren Softwareprojekten, ist wesentlich komplexer geworden und erstreckt sich meistens über einen langen Zeitraum. Dabei werden die einzelnen Phasen dieses Prozesses in der Regel nicht mehr geradlinig durchlaufen, sondern eher spiralförmig . Auf diese Art und Weise werden die einzelnen Komponenten der Software entwickelt, verbessert und an die Bedürfnisse der Kunden optimal angepasst. Die geradlinige Entwicklung findet aber z. B. in kleinen Projekten noch Anwendung. Über die letzten Jahrzehnte sind so verschiedene Vorgehensmodelle entstanden, um den unterschiedlichsten Herausforderungen im Softwareentwicklungsprozess gerecht zu werden.

5.4.1 Die Prozessphasen beschreiben

S **Sie sollen die Phasen der Softwareentwicklung kennenlernen und beschreiben können.**

Egal, wie komplex oder übersichtlich die zu entwickelnde Software auch sein mag, der Prozess der Entwicklung enthält immer mehrere grundlegende Phasen. Grundlage für den Softwareentwicklungsprozess bildet der Softwarelebenszyklus. Dieser beschreibt insgesamt die Phasen, welche ein Softwareprodukt bei seiner Herstellung und dem späteren Einsatz durchläuft. Die einzelnen Entwicklungsphasen können auf verschiedene Art und Weise, zu unterschiedlichen Zeitpunkten und in unterschiedlicher Ausprägung durchlaufen werden.

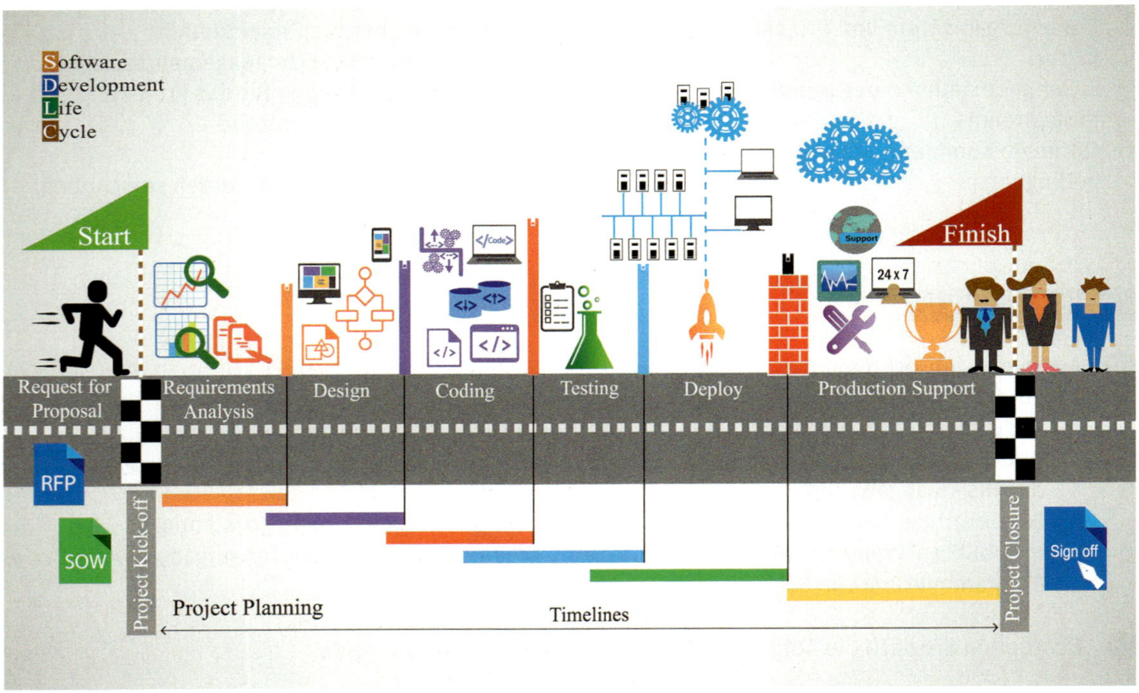

Grundsätzlich steht am Anfang einer jeden Neuentwicklung oder Anpassung von Software eine Idee, welche ein Problem lösen soll. Allerdings sind von der Idee bis zum fertigen Softwareprodukt viele Überlegungen und Handlungsschritte notwendig, welche man einzelnen Prozessphasen zuordnen kann.

Phasen des Softwareentwicklungsprozesses nach IEEE-Standard 12207

Anforderungsanalyse und Erstellung einer Spezifikation
In der Analysephase werden die Anforderungen an die zu entwickelnde Software festgelegt. Dabei ist es das Ziel, die konkreten Wünsche und Vorstellungen des Auftraggebers zu erfassen und festzuhalten. Wenn kein Kundenbezug vorhanden ist, wird präzise beschrieben, was die zukünftige Software leisten soll. In der Analysephase werden u. a. Ist-Zustände erfasst und Geschäftsprozesse und Daten, welche für zukünftige Software von Bedeutung sind, analysiert und beschrieben. Dabei kann beispielsweise ein Pflichtenheft entstehen, welches genau angibt, welche Anforderungen auf welche Art umgesetzt werden. Auch die Erstellung eines Lastenheftes kann zu einem frühen Zeitpunkt in der Analysephase erfolgen, wenn es nicht schon im Vorfeld geschehen ist. Außerdem wird eine Aufwandsabschätzung vorgenommen.

Design (Entwurf)
In der Designphase wird die Software mithilfe von Modellen entworfen. Es werden beispielsweise mithilfe der grafischen Modellierungssprache UML Klassendiagramme erstellt oder wichtige Algorithmen mithilfe von Struktogrammen beschrieben. Handelt es sich um eine Anwendung, welche Daten verwalten soll, dann sind die relevanten Daten abzugrenzen und das Datenmodell zu beschreiben. Auch eine Spezifizierung des Datenbanksystems ist notwendig. Wenn eine Einbindung in ein bestehendes System erfolgen soll, dann ist auch eine Planung der Schnittstellen von Bedarf. Außerdem sollte in dieser Phase auch schon das Testen der Anwendung geplant werden.

Umsetzung (Implementierung)
In der Umsetzungsphase erfolgt die eigentliche Programmierung der Software in der gewählten Programmiersprache. In der Endphase der Implementierung geht dieser Prozess fließend in die Testphase über.

Testen
In der Testphase wird überprüft, ob die entwickelte Software die vorgegebenen Anforderungen erfüllt. Dabei werden verschiedene Arten von Tests, z. B. Modul-, Integrations-, System- und Akzeptanztests, durchgeführt.

Dokumentation
In der Dokumentationsphase werden alle notwendigen Dokumente erstellt bzw. geordnet. Solche Dokumente sind das Lasten- und Pflichtenheft, Planungsmodelle und Testprotokolle. Es zählen aber auch Bedienungsanleitungen, Schulungsunterlagen u. a. dazu.

Auslieferung
In der Auslieferungsphase wird die Software dem Auftraggeber bzw. Anwender zur Verfügung gestellt und gegebenenfalls installiert und konfiguriert.

Wartung und Support
In der Wartungsphase werden Veränderungen an der Software vorgenommen, um nach deren Auslieferung Fehler zu beheben, die Effizienz zu verbessern oder Anpassungen an neue Anforderungen vorzunehmen.

Kompetenzcheck ✓

1 Welche Aussagen sind richtig?

a) Grundlage der Softwareentwicklung ist der Softwarelebenszyklus.
b) In der Analysephase werden die Anforderungen an die zu entwickelnde Software beschrieben.
c) In der Planungsphase kommen Modellierungssprachen zu Einsatz.
d) In der Umsetzungsphase wird die Software programmiert und notfalls an eine Datenbank angebunden.
e) Die Testphase kann neben Modultests auch andere Tests enthalten.
f) Die Kommentierung von Quellcode gehört zur Dokumentationsphase.
g) Die Phasen der Softwareentwicklung werden immer auf die gleiche Art und Weise durchlaufen.

A4 **2** Bearbeiten Sie im Arbeitsbuch die Aufgabe 4 der Lernsituation 3 und ordnen Sie den einzelnen Prozessphasen konkrete Tätigkeiten zu.

5.4.2 Vorgehensmodelle unterscheiden

S Sie sollen wichtige Vorgehensmodelle der Softwareentwicklung kennen und unterscheiden.

Der Prozess der Softwareentwicklung kann verschiedene Phasen umfassen, z. B. Analyse, Planung, Implementierung, Testen. Je nach Art der Problemstellung und Dynamik der Anforderungen werden diese Phasen unterschiedlich ausgeprägt sein und notfalls häufiger durchlaufen werden. Abläufe, welche sich in der Praxis bewährt haben, werden in den sog. Vorgehensmodellen beschrieben. In der Regel bedient man sich eines oder mehrerer der nachfolgend aufgeführten Vorgehensmodelle, um eine Software zu entwickeln.

Vorgehensmodelle (Beispiele)	
Klassische Vorgehensmodelle	**Agile Vorgehensmodelle**
• Wasserfallmodell • Spiralmodell • V-Modell • Rational Unified Process (RUP) • ...	• Scrum • DevOps-Ansatz • Extreme Programming (XP) • Kanban • ...

Die klassischen Vorgehensmodelle entsprechen am ehesten der Idee eines Entwicklungsplanes für das Erstellen einer Software. Dabei geht man davon aus, dass alle Anforderungen bekannt sind und sich über den Entwicklungszeitraum hinweg kaum verändern. Der Einsatz agiler Vorgehensmodelle bietet dagegen mehr Flexibilität und die Möglichkeit schneller Anpassung an neue Anforderungen. Dabei sind Codeentwicklung und -ausführung eng miteinander verzahnt, damit Fehler zeitnah gefunden und behoben werden können.

(1) Wasserfallmodell

Das Wasserfallmodell ist ein lineares Vorgehensmodell, welches seinen Namen der grafischen Darstellung der einzelnen Phasen als Kaskade verdankt. Es ist in verschiedene Phasen unterteilt, welche nacheinander abgearbeitet werden. Jeder Phase werden zu Beginn ein Startpunkt, verschiedene Meilensteine und ein Endpunkt zugewiesen, wodurch eine klare Kontrolle des Entwicklungsablaufes möglich ist. Die Dokumentation wird über den gesamten Entwicklungszeitraum parallel zu den einzelnen Phasen erstellt. In der Praxis ist es ein weitverbreitetes Vorgehensmodell, von dem es viele Varianten gibt. Es wird meistens dort eingesetzt, wo sich die Anforderungen an die Software relativ präzise beschreiben lassen. Allerdings kann man beim Wasserfallmodell nur sehr eingeschränkt auf geänderte Anforderungen reagieren. Da größere Softwareprojekte meist eine längere Entwicklungszeit aufweisen, kann es vorkommen, dass die „neue" Software bereits zum Zeitpunkt ihrer Einführung inhaltlich veraltet ist.

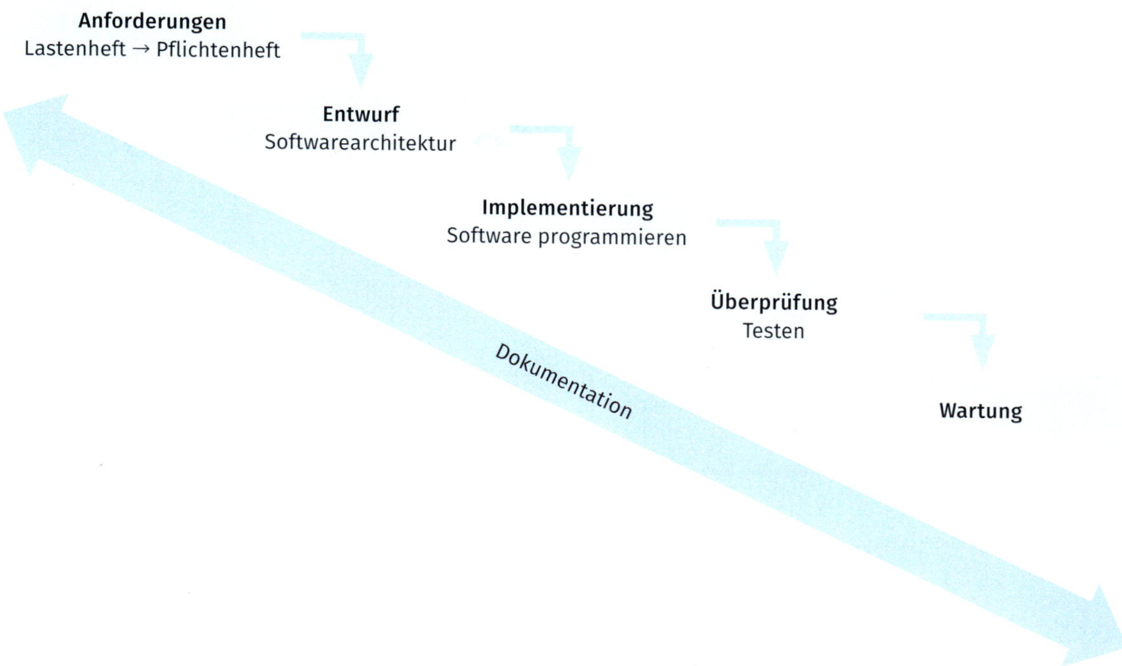

Wasserfallmodell	
Vorteile	**Nachteile**
• Anforderungen sind präzise definiert. • Phasen sind klar voneinander abgegrenzt. • Relativ einfache Planung und Kontrolle möglich. • Anfallende Kosten und benötigte Zeiten lassen sich relativ einfach kalkulieren. • Entwicklung wird ausführlich dokumentiert.	• Komplexe Softwareprojekte lassen sich nur schwer in klar abgegrenzte Phasen unterteilen. • Geringer Spielraum für Anpassungen aufgrund veränderter Anforderungen. • Der Auftraggeber ist nicht in den Entwicklungsprozess eingebunden. • Fehler werden teilweise erst am Ende des Entwicklungsprozesses erkannt.

(2) Spiralmodell

Das Spiralmodell ist im Gegensatz zum Wasserfallmodell ein iterativer Prozess, d.h. ein Prozess, in dem sich bestimmte Phasen stets wiederholen. Damit sollen die Projektrisiken minimiert werden. Es werden folgende vier Grundphasen unterschieden:

1. Festlegung von Zielen und Rahmenbedingungen
2. Betrachtung von Alternativen und Erkennen und Reduzieren von Risiken
3. Entwicklung und Überprüfung (Verifikation, Validierung, Tests) des Zwischenprodukts
4. Auswertung des aktuellen und Planung des nächsten Zyklus'

Das Spiralmodell setzt zwar voraus, dass alle Phasen linear durchlaufen werden. Es können aber auch Phasen übersprungen werden, wenn es sich als notwendig erweist. Das Spiralmodell gilt als eine Weiterentwicklung des Wasserfallmodells. Es ist flexibler als dieses und auch für große Projekte geeignet. Wird bei Projekten noch mehr Flexibilität gefordert, dann bieten sich agile Vorgehensmodelle an. Dies geht jedoch zu Lasten des Risikomanagements.

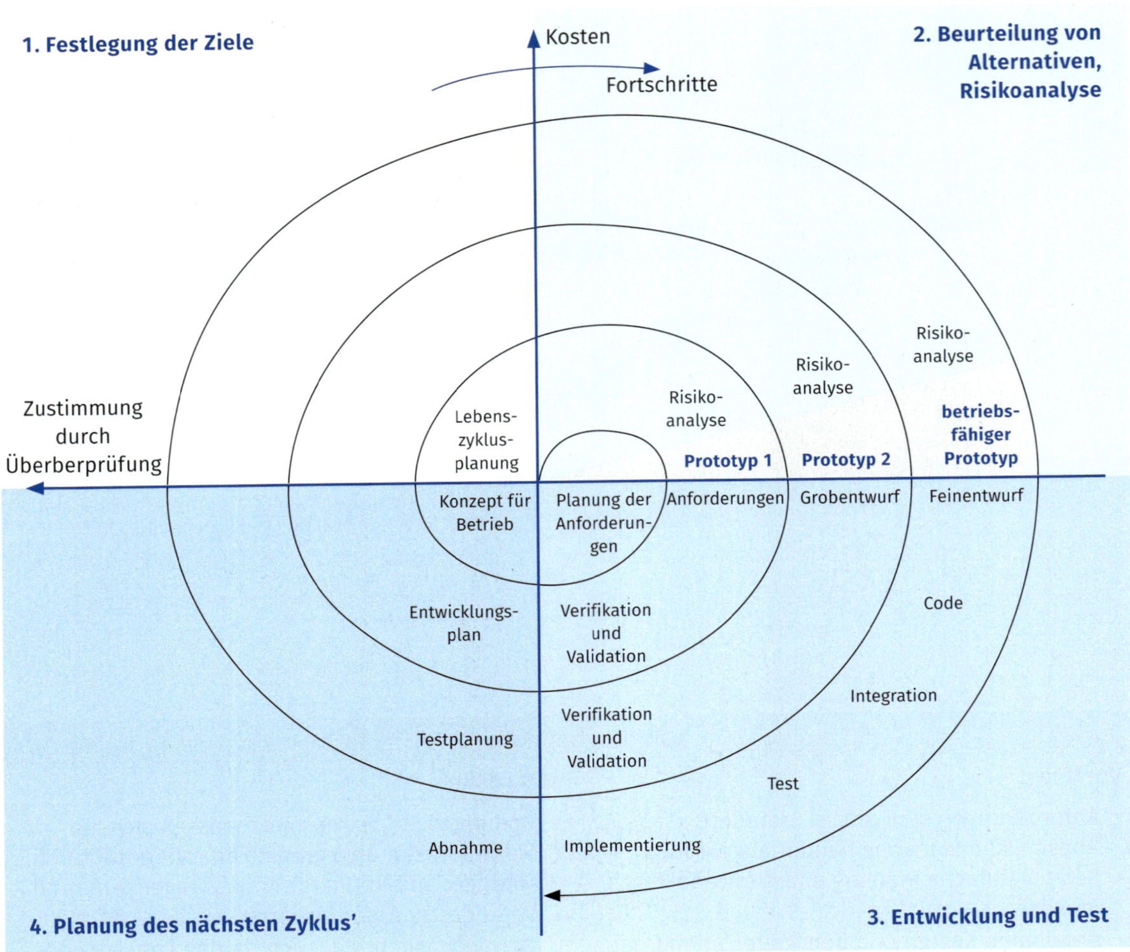

Spiralmodell	
Vorteile	**Nachteile**
• Es besitzt eine hohe Flexibilität hinsichtlich geänderter Anforderungen. • Eine unabhängige Planung und Budgetierung der einzelnen Zyklen sind möglich. • Es wird eine flexible, rein risikoorientierte und dennoch kontrollierte Reaktion auf den momentanen Projektstand ermöglicht. • Eine integrierte Qualitätssicherung ist gewährleistet.	• Auch dieses Modell ist durch die linearen Zyklen schlecht zu parallelisieren. • Die Risikobewertung ist schwierig durchzuführen. • Es besteht ein hoher Managementaufwand.

(3) V-Modell

Das V-Modell ist ein sehr umfangreiches Softwareentwicklungsmodell. Es deckt alle Bereiche eines Softwareprojektes vom Projektmanagement über die Qualitätssicherung bis hin zur eigentlichen Entwicklung des Softwareproduktes ab. Es ist durch den öffentlichen Auftraggeber verpflichtend im Rahmen von Ausschreibungen anzuwenden und besitzt somit auch für die Wirtschaft eine hohe Relevanz.

Das V-Modell strukturiert den Softwareentwicklungsprozess ähnlich wie das Wasserfallmodell in einer sequenziellen Abfolge von Phasen. Ein wesentlicher Unterschied besteht in der Zusammengehörigkeit von Entwicklungsphasen und Tests. Auf der linken Seite des „Vs“ sind die Entwicklungsphasen aufgeführt und auf der rechten Seite die dazugehörigen Testphasen. Zu den Testphasen zählen der Unit-, der Integrations-, der System- und der Akzeptanztest (siehe Kapitel 5.9.1).

Alle Tests werden bereits während der Entwicklungszeit spezifiziert. Die Qualitätssicherung steht somit im Mittelpunkt der Überlegungen zum V-Modell. Im V-Modell werden alle Entwicklungs- und die dazugehörigen Testphasen umfangreich dokumentiert. Die Entwicklung des V-Modells begann Ende der 1970er-Jahre und wurde bis zum dem aktuell gebräuchlichen V-Modell XT weiterentwickelt. Das V-Modell XT wird in Unternehmen, Behörden und im militärischen Bereich für die Planung und Durchführung von Systementwicklungsprojekten genutzt und berücksichtigt auch moderne Entwicklungsansätze.

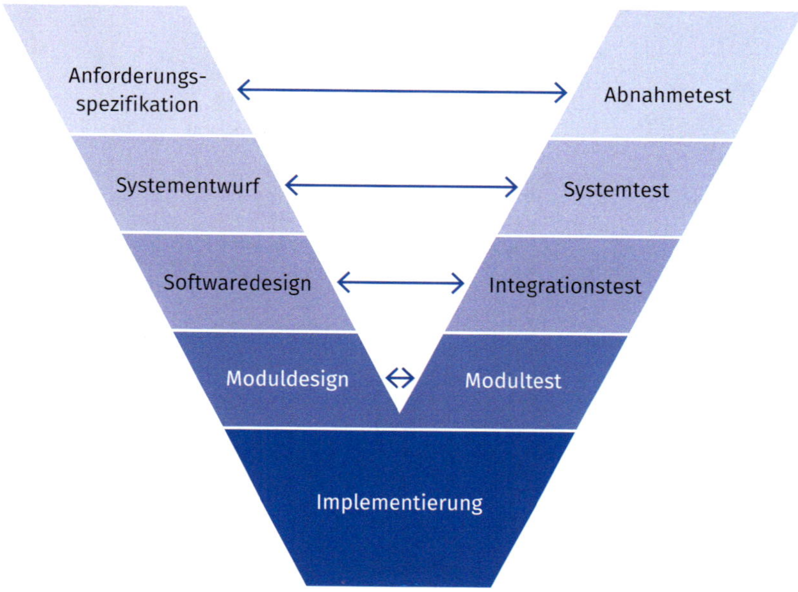

V-Modell	
Vorteile	**Nachteile**
• Verbesserung der Kommunikation zwischen den Beteiligten • Minimierung der Projektrisiken • Gewährleistung von Qualität • Eindämmung der Gesamtkosten für das gesamte Projekt • Verbesserung der Informationssicherheit • Für große und sehr große Projekte geeignet	• Komplexität und Umfang des Modells • Parallelisierung von Aufgaben ist schwierig • Änderungswünsche lassen sich nicht leicht integrieren • Abgrenzung verschiedener Projektphasen funktioniert schlecht • Überbetonung der Dokumentenerstellung • Für kleine Projekte ungeeignet

(4) Scrum

Scrum stellt eine agile Vorgehensweise der Softwareentwicklung dar. Der Begriff „Scrum“ kommt ursprünglich aus dem Rugby und bedeutet etwa so viel wie „Gedränge“. Das Vorgehensmodell von Scrum ist einfach zu verstehen, jedoch schwierig zu meistern. Die Grundannahme bei diesem Modell ist, dass die Entwicklung einer Software nicht von Anfang bis Ende präzise durchgeplant werden kann. Deshalb erfolgt die Produktentwicklung iterativ (wiederholend) in Feedback-Schleifen von wenigen Wochen, den sog. Sprints.

Am Anfang eines Sprints steht eine Liste mit Anforderungen (Product Backlog). Daraus werden vom Entwicklungsteam bestimmte Anforderungen ausgewählt (Sprint Backlog), welche dann in einem Sprint umgesetzt werden. Die Verteilung der Arbeit wird durch das Team selbst organisiert. Am Ende von jedem Sprint soll eine verwendbare Produktversion entstehen. Danach beginnt der Zyklus von vorn und die nächsten Anforderungen werden abgearbeitet. Scrum ist für Teams mit einer Größe von drei bis neun Entwicklern konzipiert. Für größere Projekte werden weitere Organisationsformen benötigt, damit die Arbeit mehrerer Teams koordiniert werden kann.

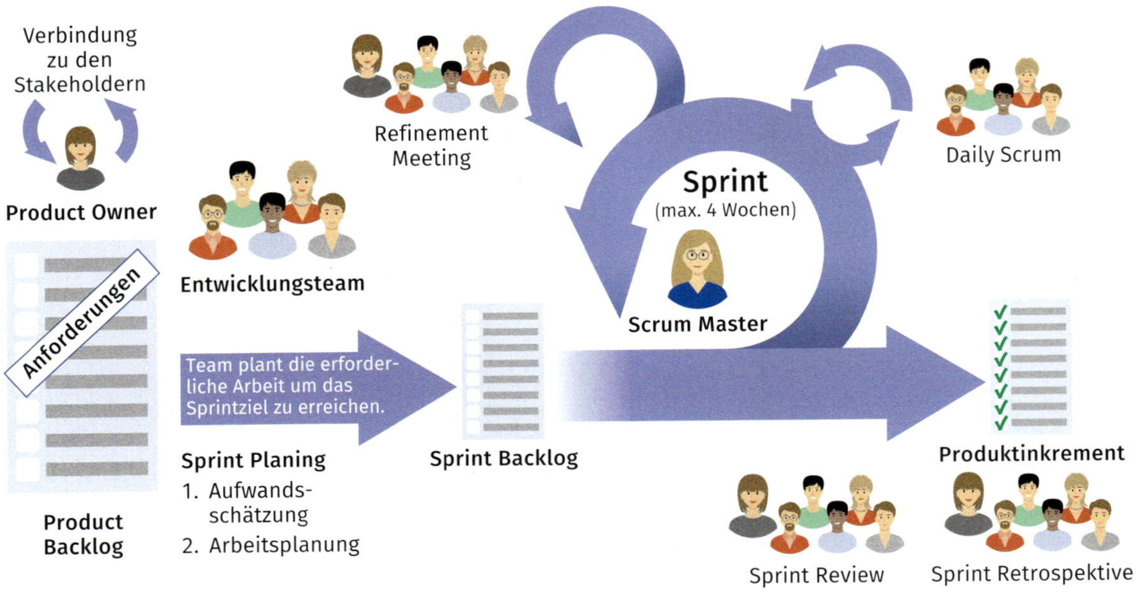

Scrum	
Vorteile	**Nachteile**
• Wenige Regeln und leicht verständlich • Kurze Kommunikationswege • Hohe Flexibilität • Hohe Effektivität durch Selbstorganisation • Hohe Transparenz durch regelmäßige Meetings und Backlogs • Kontinuierlicher Verbesserungsprozess • Geringer Administrations- und Dokumentationsaufwand	• Kein Gesamtüberblick über die komplette Projektstrecke • Hoher Kommunikations- und Abstimmungsaufwand • Wenige konkrete Handlungsempfehlungen • Erschwerte Koordination mehrerer Entwicklungsteams bei Großprojekten • Potenzielle Unvereinbarkeit mit bestehenden Unternehmensstrukturen

(5) DevOps-Ansatz

Üblicherweise beschränken sich agile Modelle wie Scrum auf die reine Softwareentwicklung. Mit dem DevOps-Ansatz wird die agile Vorgehensweise weiterentwickelt und diese auch auf den Betrieb der Software bezogen, um noch schneller auf Änderungen reagieren zu können. Der Begriff „DevOps" ist ein Kunstwort, welches sich aus den Wörtern „Development" und „Operations" zusammensetzt. Der DevOps-Ansatz wird von integrierten IT-Teams umgesetzt, welche die Verantwortung sowohl für die Entwicklung als auch für den Betrieb der Software übernehmen.

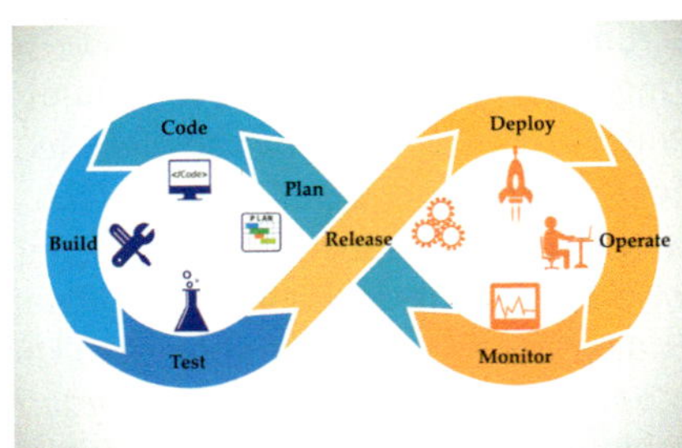

DevOps-Prozesse und -Methoden kombinieren somit den Ansatz der agilen Softwareentwicklung mit weiteren Prinzipien, z. B. dem des Systems Management, oder anders ausgedrückt, es werden die agilen Methoden der Entwicklung mit den stabilen Methoden des Betriebs von Software vereint. Als Ergebnis entsteht ein hochagiles Gesamtkonzept, welches das regelmäßige Ausliefern von Softwareversionen ermöglicht, welche sich trotz ihrer kurzen Entwicklungszeit durch eine hohe Qualität auszeichnen. DevOps ist ein großer Schritt zu einem Wandel in der Softwareentwicklung und ein wichtiger Baustein auf dem Weg in die Cloud.

DevOps-Ansatz	
Vorteile	**Nachteile**
• Schnelleres Time-to-Market • Hohe Liefertreue • Kurze Kommunikationswege • Transparentes Arbeiten • Kürzere Problemlösungszeiten • Erwartungen des Auftraggebers können präzise erfüllt werden • Verbesserter Support	• Potenzielle Unvereinbarkeit mit bestehenden Unternehmensstrukturen • Mitarbeiter müssen teilweise massiv umdenken und sich an neue Methoden und Tools gewöhnen

Kompetenzcheck ✓

1 Welche Aussagen sind richtig?

a) Mit agilen Vorgehensmodellen lässt sich nicht sehr flexibel auf veränderte Anforderungen reagieren.
b) Im Wasserfallmodell werden die einzelnen Phasen linear durchlaufen.
c) Ein großer Vorteil des Wasserfallmodells ist, dass der Auftraggeber in den Entwicklungsprozess stark eingebunden ist.
d) Beim Spiralmodell werden einzelnen Phasen auch linear durchlaufen.
e) Das Spiralmodell ist nicht für größere Projekte geeignet.
f) Kleine Softwareprojekte werden am besten mit dem V-Modell umgesetzt.
g) Für größere Softwareprojekte im öffentlichen Dienst ist das V-Modell XT von großer Bedeutung.
h) Mit Scrum kann man flexibel auf geänderte Anforderungen reagieren.
i) Ein Sprint bei Scrum dauert mindestens vier Wochen.
j) Der DevOps-Ansatz verbindet die Softwareentwicklung mit dem Betrieb der Software.
k) Beim DevOps-Ansatz wird auf das Testen der Software meistens ganz verzichtet.

2 Überprüfen Sie u. a. Ihr Wissen und werten Sie einen englischen Text zu Scrum aus, indem Sie im Arbeitsbuch die Aufgaben 5, 6 und 7 der Lernsituation 3 bearbeiten.

A5
A6
A7

5.5 Den Prozess der Anforderungsspezifikation und der Softwareplanung beschreiben

S **Sie informieren sich über die Anforderungsspezifikation und wie man diese Anforderungen zum Entwurf der Software sowie zur Auswahl der Entwicklungswerkzeuge verwendet.**

Am Anfang eines jeden Softwareprojekts müssen zunächst die Anforderungen an die zukünftige Software genau spezifiziert werden. Dabei spielt es keine Rolle, ob ein Problem für einen externen Auftraggeber gelöst oder eine eigene Idee umgesetzt werden soll.

Eines der wichtigsten Instrumente für eine gute Planung ist die Anforderungsspezifikation. In diesem Zusammenhang spielt, vor allem im deutschsprachigen Raum, das sog. Lasten- und Pflichtenheft eine große Rolle. Im Anschluss an die Anforderungsspezifikation erfolgt der Entwurf oder das Design der Software.
Alle diese Themen werden in diesem Kapitel näher betrachtet.

5.5.1 Anforderungen an eine Software spezifizieren

S **Sie sollen sich Wissen über den Prozess der Anforderungsspezifikation aneignen.**

Anforderungsspezifikation

Der Prozess der Anforderungsspezifikation umfasst das Ermitteln, Analysieren, Spezifizieren und Validieren (Überprüfen) aller Eigenschaften und Rahmenbedingungen eines Softwaresystems.

Das IEEE (Insitute of Electrical and Electronic Engineers) hat den Prozess der Anforderungsspezifikation von Softwaresystemen in der IEEE 29148-2018 standardisiert. Je nach Art und Umfang des Projektes können Einzelpersonen bis hin zu ganzen Projektteams in diesen Prozess involviert sein. Die Aktivitäten in diesem Prozess sind nicht starr und laufen in aller Regel auch nicht linear ab, sondern sind durch Rücksprünge und Wiederholungen gekennzeichnet. Unabhängig von der Anforderungsart und den an diesem Prozess Beteiligten sollten die Anforderungen sehr präzise formuliert werden, um spätere Unstimmigkeiten zu vermeiden. Allgemeingültige Kriterien bei der Formulierung der Anforderungen sind:

- **Korrektheit:** Die Anforderung muss sehr genau den Bedürfnissen des Auftraggebers entsprechen. Außerdem muss die Gesamtheit der Anforderungen vollständig sein.
- **Eindeutigkeit:** Die Formulierung der Anforderung erlaubt nur eine gültige Interpretation. Es darf zu keinen Überschneidungen kommen und Anforderungen dürfen sich nicht widersprechen.
- **Prüfbarkeit:** Es muss Möglichkeiten geben, um nachzuweisen, ob die Anforderung erfüllt ist oder nicht.
- **Nachverfolgbarkeit:** Der Umsetzungsprozess der Anforderung muss nachvollziehbar sein.

Die Anforderungen als solche lassen sich in verschiedene Kategorien einteilen.

Anforderungen		
Funktionale Anforderungen	Nicht funktionale Anforderungen	
	Qualitätsanforderungen	Rahmenbedingungen

(1) Funktionale Anforderungen

Funktionale Anforderungen beziehen sich darauf, was das System leisten und welche einzelnen Funktionen und Funktionskomplexe die zu entwickelnde Software haben soll. Die benötigten Eingabedaten, die zwingend erforderlichen Verarbeitungsschritte und die erwarteten Ausgaben werden dazu genau spezifiziert. Die funktionalen Anforderungen sind von Software zu Software sehr unterschiedlich und spezifisch.

(2) Nicht funktionale Anforderungen

Nicht funktionale Anforderungen beziehen sich darauf, wie das System seine Leistungen erbringen soll. Sie werden in der Anforderungsspezifikation genau wie die funktionalen Anforderungen beschrieben. Allerdings unterliegen manche dieser Anforderungen einer gewissen Subjektivität und deren Umsetzung und die Abnahmekriterien lassen sich schwerer beschreiben. Bei den nicht funktionalen Anforderungen wird zwischen

Qualitätsanforderungen und Randbedingungen unterschieden. Die Qualitätsanforderungen werden dabei meistens an den Softwarequalitätskriterien ausgerichtet. Leider wird die Bedeutung der nicht funktionalen Qualitätsanforderungen meistens unterschätzt. Dabei spielen sie eine entscheidende Rolle, hinsichtlich der Kundenzufriedenheit. Wenn diese Anforderungen nicht spezifiziert wurden, dann wird meistens zu spät bemerkt, dass das System zu umständlich zu bedienen ist oder die Performance nicht ausreicht.

Nichtfunktionale Qualitätsanforderungen	
Benutzbarkeit	Hier werden die Anforderungen an die Benutzerfreundlichkeit der Software definiert. Dabei wird auch berücksichtigt, wie gut der Umgang mit der Software zu erlernen ist. In den meisten Fällen wird auch schon eine Skizze der grafischen Oberfläche angefertigt.
Zuverlässigkeit	Hier werden beispielsweise Anforderungen beschrieben, welche Fehlertoleranz die Software haben muss oder wie bei einem Softwareversagen die Daten und alten Zustände wiederhergestellt werden können.
Effizienz	Hier werden die Anforderungen an das Zeit- und Verbrauchsverhalten der Software definiert.
Änderbarkeit	Hier werden die Anforderungen beschrieben, wie gut und schnell die Software in der Zukunft an neue Anforderungen angepasst werden kann.
Übertragbarkeit	Hier werden Anforderungen beschrieben, wie schnell und mit wie viel Aufwand die Software auf neue Umgebungen übertragen werden kann.

Weitere wesentliche nicht funktionale Anforderungen werden durch die Rahmenbedingungen vorgegeben und müssen damit Beachtung finden. Diese Faktoren sind kaum beeinflussbar, schränken aber die möglichen Lösungen in den meisten Fällen ein.

Rahmenbedingungen	Beispiele
Technologisch	Vorhandene, technische IT-Infrastruktur (Plattformen, Schnittstellen, Nachbarsysteme usw.)
Organisatorisch	Aufbau und Prozessabläufe der Abteilungen, welche die Software nutzen sollen, unverrückbare Projekttermine
Normativ	Einzuhaltende Gesetze, Verordnungen oder Normen, kulturelle Aspekte: Sprache, Gebräuche, Traditionen

Kompetenzcheck ✓

1 Welche Aussagen sind richtig?

a) Der Prozess der Anforderungsspezifikation erfolgt in streng abgegrenzten Schritten.
b) Die Anforderungen müssen eindeutig formuliert sein.
c) Es werden funktionale und nicht funktionale Anforderungen unterschieden.
d) Qualitätsanforderungen sind nicht besonders wichtig, können aber vollständigkeitshalber erwähnt werden.
e) Die Fehlertoleranz gehört zu den nicht funktionalen Anforderungen.
f) Anforderungen an die Effizienz gehören zu den funktionalen Anforderungen.
g) Kulturelle Aspekte spielen bei der Anforderungsanalyse keine Rolle.

2 Bearbeiten Sie im Arbeitsbuch die Aufgaben 8 und 9 der Lernsituation 3 und werten Sie u.a. einen englischen Text zur Anforderungsspezifikation aus.

A8
A9

5.5.2 Lasten- und Pflichtenheft unterscheiden

S Sie sollen sich grundlegende Kenntnisse über das Lasten- und Pflichtenheft erarbeiten und dessen Inhalte unterscheiden.

Im deutschsprachigen Raum werden für die Beschreibung der Anforderungen oft Lasten- und Pflichtenhefte verwendet. Die Begriffe „Lasten- und Pflichtenheft" sind in der deutschen Norm zum Projektmanagement DIN 69901-5 definiert. Die Gliederung und die Inhalte sind aber nicht vorgeschrieben. In der Regel hat jedes Unternehmen seinen eigenen Standard.

	Beschreibung	Synonyme
Lastenheft (User Specification)	**„Was und Wofür"** Vom Auftraggeber festgelegte Gesamtheit der Forderungen an die Lieferungen und Leistungen eines Auftragnehmers innerhalb eines (Projekt-)Auftrags.	Leistungsverzeichnis, Anforderungskatalog, Produktskizze, Kundenspezifikation, Customer Requirements Specification (CRS), Requirements Specification
Pflichtenheft (Functional Specification)	**„Wie und Womit"** Vom Auftragnehmer erarbeitete Realisierungsvorgaben auf der Basis des vom Auftraggeber vorgegebenen Lastenheftes.	Systemspezifikation, Fachspezifikation, Sollkonzept, Gesamtsystemspezifikation, System Requirements Specification (SRS), Design Specification

Beispiel für Inhalte und Gliederung	
Lastenheft	**Pflichtenheft**
1 Ausgangssituation und Zielsetzung 1.1 Ausgangssituation 1.2 Zielsetzung **2 Funktionale Anforderungen** 2.1 Muss-Kriterien 2.2 Kann-Kriterien 2.3 Abgrenzungskriterien **3 Nicht funktionale Anforderungen** 3.1 Einsatzumgebung Hardware 3.2 Einsatzumgebung Software 3.3 Einsatzumgebung Orgware 3.4 Datenvolumen 3.5 Verarbeitungsgeschwindigkeit **4 Lebenszyklus des Gesamtsystems** 4.1 Zeitpunkt des Einsatzes 4.2 Abzulösende Systeme 4.3 Zukünftige Anforderungen **5 Lieferumfang** 5.1 Zu übergebende Dokumente 5.2 Softwarebereitstellung 5.3 Installation und Datentransfer 5.4 Schulungsleistungen 5.5 Supportleistungen **6 Abnahmekriterien** 6.1 Qualitätsziele 6.2 Testszenarien	**1 Ausgangssituation und Zielsetzung** 1.1 Ausgangssituation 1.2 Zielsetzung **2 Funktionale Anforderungen** 2.1 Softwarearchitektur, Leistungen der Komponenten 2.2 Anwendungsfälle (Use Cases) 2.3 Datenmodell 2.4 Abgrenzungskriterien **3 Nicht funktionale Anforderungen** 3.1 Einsatzumgebung Hardware 3.2 Einsatzumgebung Software 3.3 Einsatzumgebung Orgware 3.4 Datenvolumen 3.5 Benutzerführung 3.6 Verarbeitungsgeschwindigkeit **4 Lebenszyklus des Gesamtsystems** **5 Schnittstellenübersicht** **6 Lieferumfang** 6.1 Zu übergebende Dokumente 6.2 Softwarebereitstellung 6.3 Installation und Datentransfer 6.4 Schulungsleistungen 6.5 Supportleistungen **7 Abnahmekriterien** 7.1 Qualitätsziele 7.2 Testszenarien

Der Aufbau eines Lastenheftes ist in der Regel immer ähnlich. Der Inhalt unterscheidet sich jedoch stark, je nachdem, ob es sich um ein reales Produkt, eine Dienstleistung oder eine Software handelt. Vor dem eigentlichen Projektstart, d.h. während der Initialisierungs- und Definitionsphase, wird auf Basis des Lastenhefts ein Pflichtenheft erstellt. Dieses Pflichtenheft ist die Grundlage des Abnahmekatalogs und führt zum Kundenvertrag. Erst mit Unterzeichnung des Kundenvertrags startet das Projekt. Das Pflichtenheft kann jedoch im Laufe des Projekts weiter ergänzt werden.

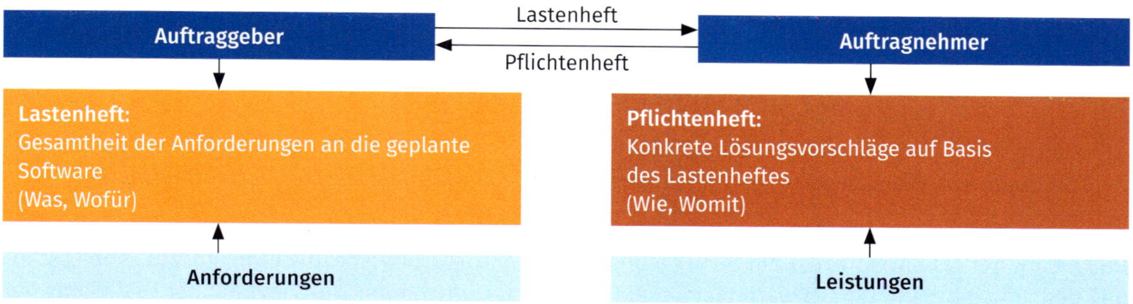

Ein idealtypischer Ablauf von der Erstellung des Lastenhefts über die Erstellung des Pflichtenheftes bis zum Projektstart kann in folgenden Einzelschritten ablaufen.

Idealtypischer Ablauf bis zum Projektbeginn

1. Der Auftraggeber erstellt das Lastenheft.
2. Der Auftraggeber übergibt das Lastenheft an den Auftragnehmer.
3. Der Auftragnehmer überprüft das Lastenheft und übergibt es dem Projektmanagement.
4. Das Projektmanagement erstellt ein Pflichtenheft.
5. Das Pflichtenheft wird dem Auftraggeber übergeben.
6. Auf der Basis der Angaben im Pflichtenheft wird ein Vertrag durch den Auftragnehmer erstellt.
7. Der Vertrag wird an den Auftraggeber weitergereicht.
8. Der Vertrag wird vom Auftraggeber geprüft, unterzeichnet und zurückgegeben.
9. Nach Freigabe des Vertrags wird der Projektauftrag freigegeben und das Projekt wird gestartet.

In der Praxis läuft dieser Vorgang aber nicht ganz so reibungslos und linear ab. Es müssen viele Details geklärt werden und so finden viele Rücksprünge und Wiederholungen statt.

Kompetenzcheck

1 Welche Aussagen sind richtig?

a) Das Lastenheft wird vom Auftraggeber erstellt.
b) Das Pflichtenheft wird vom Auftragnehmer erstellt.
c) Das Lastenheft wird auf Grundlage des Pflichtenheftes erstellt.
d) Nicht funktionale Anforderungen werden nur im Pflichtenheft formuliert.
e) Das Pflichtenheft enthält konkrete Lösungsvorschläge.
f) Das Pflichtenheft ist die Grundlage für den Vertrag zwischen dem Auftraggeber und dem Auftragnehmer.

2 Bearbeiten Sie im Arbeitsbuch die Aufgaben 10 und 11 der Lernsituation 3 und führen Sie u.a. im Team eine Anforderungsspezifikation durch. Entwickeln Sie daraus ein Pflichtenheft und stellen Sie ihre Ergebnisse vor. A10 A11

5.5.3 Den Entwurfsprozess beschreiben

S **Sie sollen die Aufgaben des Entwurfsprozesses präsentieren.**

Der Softwareentwurf gehört zu den Hauptaktivitäten der Softwareentwicklung. Nach der Problemanalyse und der Anforderungsspezifikation wird hierbei die Grundlage für die Implementierung der Software geschaffen.

Softwareentwurf

Nach IEEE ist unter einem Softwareentwurf ein Prozess zu verstehen, in dem die Architektur, die Komponenten, die Schnittstellen und andere Merkmale eines Softwaresystems definiert werden.

Dabei baut der Entwurfsprozess auf den Ergebnissen der Anforderungsspezifikation auf, z. B. dem Lasten- und dem Pflichtenheft. Der Schwerpunkt der Aufgaben beim Softwareentwurf liegt auf der Festlegung der Architekturbausteine (z. B. Module, Klassen oder Softwarekomponenten) und deren Beziehungen zueinander, der Spezifikation von Schnittstellen, der Modellierung eines Datenmodells und dem Entwurf von einzelnen Funktionen und Algorithmen.

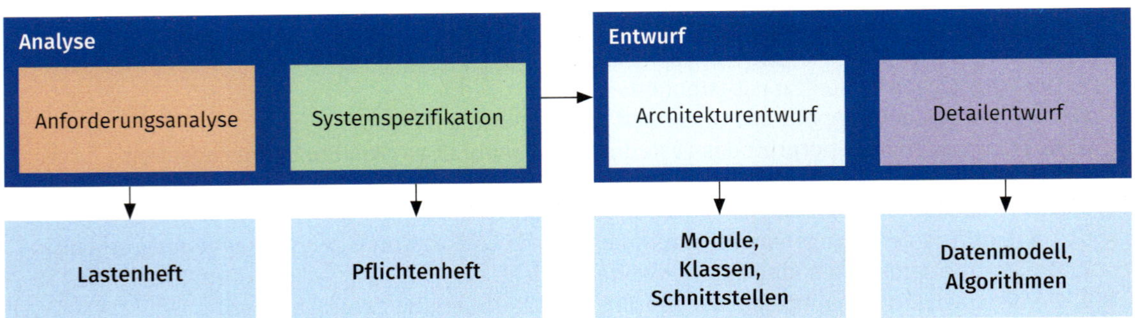

Der Entwurf der Software erfolgt zunächst unabhängig von der gewählten Programmiersprache. Es kommen die unterschiedlichsten Modellierungssprachen (siehe Kapitel 5.5.4) zum Einsatz. Zum Beispiel wird UML, insbesondere das Klassendiagramm, zur Modellierung von objektorientierten Programmen eingesetzt oder zum Entwurf des Datenmodells für relationale Datenbanken das ERM (siehe Kapitel 5.8.2).

Entwicklungsmethoden

Grundsätzlich werden beim Entwurf der Software zwei Entwicklungsmethoden unterscheiden. Zu einem die Top-down-Methode und zum anderen die Bottom-up-Methode.

! **Top-down-Methode**

Bei dieser Vorgehensweise wird vom Allgemeinen zum Speziellen hin entworfen und geplant. Zuerst wird z. B. die Architektur des Gesamtsystems entworfen und beschrieben. Danach wird das System in kleinere Module unterteilt und diese werden dann geplant. Im Anschluss folgen die Untermodule usw. Der Code wird erst dann geschrieben, wenn das System detailliert genug geplant ist. Dieser Ansatz hat sich besonders bei größeren Softwareprojekten bewährt.

! Bottom-up-Methode

Bei dieser Vorgehensweise wird vom Speziellen zum Allgemeinen hin geplant und entwickelt. Zunächst werden einzelne Programmbestandteile (z. B. Funktionen, Klassen) entworfen und vielleicht auch schon implementiert. Diese einzelnen Teile werden dann zu größeren Modulen zusammengesetzt, welche wiederum zusammengefügt werden, bis am Ende das vollständige System erstellt ist. Bei diesem Ansatz kann schnell mit der Programmierung begonnen werden. Allerdings ist es möglich, dass bei größeren Projekten der Blick für das Gesamtsystem verloren geht. Deswegen findet diese Methode vor allem bei kleineren Softwareprojekten Anwendung.

In der Praxis kommen beide Formen nur selten in Reinform vor, sie werden zumeist in Kombination verwendet. Vor allem bei mittleren und großen Projekten. Hier ist es unabdingbar, zunächst die Architektur des Gesamtsystems zu planen. Danach kann aber schon damit begonnen werden einzelne, schon existierende Funktionen oder Klassen zu größeren Funktionseinheiten zusammenzufassen. Welcher Ansatz verwendet wird hängt viel vom verwendeten Vorgehensmodell (siehe Kapitel 5.4.2) ab.

Kompetenzcheck ✓

1 Welche Aussagen sind richtig?

a) Beim Entwurf einer Software wird u. a. die Architektur der Software festgelegt.
b) Mit dem Design der Software kann schon vor der Analysephase begonnen werden.
c) Die Entwicklung von Algorithmen gehört zum Detailentwurf.
d) Beim Top-down-Ansatz erfolgt die Planung vom Abstrakten zum Konkreten hin.
e) Die Bottom-up-Methode eignet sich besonders für sehr große Projekte.
f) Beim Softwareentwurf kommen Modellierungssprachen zum Einsatz.

2 Bearbeiten Sie im Arbeitsbuch die Aufgabe 12 der Lernsituation 3 und überprüfen Sie Ihr Wissen. A12

5.5.4 Modellierungssprachen unterscheiden

S Sie diskutieren Möglichkeiten, den Entwurf und die Dokumentation von Software mithilfe von Beschreibungsmitteln zu unterstützen.

Sowohl für die Planung und Dokumentation von Softwareprojekten als auch für die Kommunikation zwischen Auftraggeber und Entwickler hat es sich als vorteilhaft erwiesen, Sachverhalte mithilfe von grafischen Modellen zu beschreiben und darzustellen. Damit ist es möglich, eigene Gedankengänge kompakt und übersichtlich dem Kommunikationspartner zu vermitteln, was wiederum die Kommunikation sehr erleichtert. Außerdem werden Missverständnisse bei der Planung und Dokumentation erheblich reduziert.

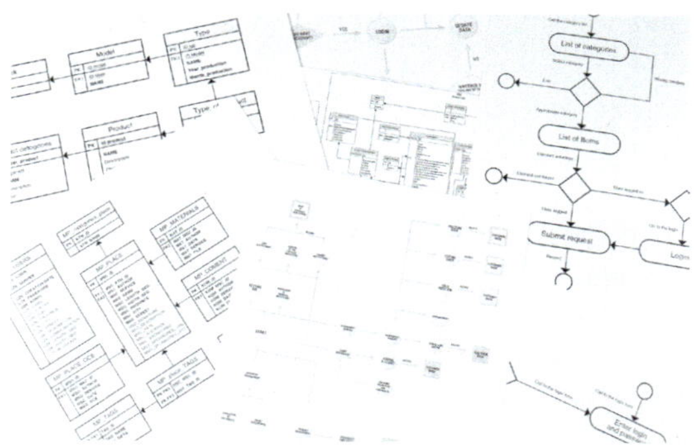

Um grafische Modelle für die Softwareentwicklung zu erstellen, wurden verschiedene grafische Beschreibungsmittel entwickelt, welche sich weit verbreitet haben und meistens auf wenigen eindeutigen Symbolen basieren. Für einige wurden sogar DIN-Normen entwickelt. Andere dieser Beschreibungsmittel sind bereits veraltet und werden nach und nach von modernen Modellierungssprachen abgelöst. Nachfolgend sind einige grafische Modelle für die Planung und Dokumentation von Software aufgeführt.

<table>
<tr><th colspan="3">Grafische Beschreibungsmodelle</th></tr>
<tr><td>Programm-ablaufplan (PAP)</td><td>Darstellungsform für Programmabläufe, welche für die imperative (strukturierte) Programmierung entwickelt wurde. Es wird auch als Flussdiagramm oder Programmstrukturplan bezeichnet. Die Symbole für Programmablaufpläne sind nach der DIN 66001 genormt.</td><td>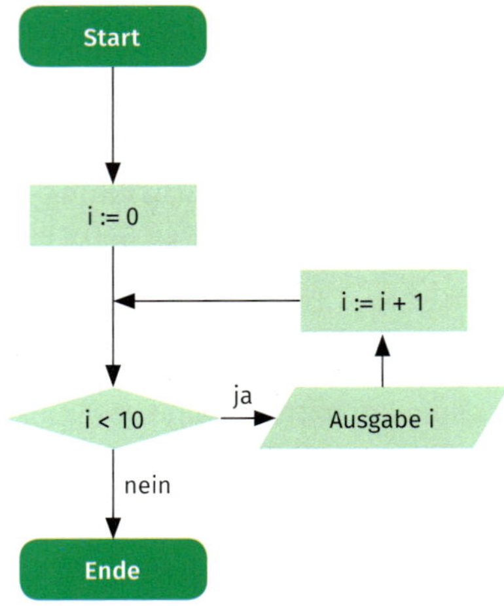
</td></tr>
<tr><td>Strukto-gramm</td><td>Es dient zur Darstellung von Programmentwürfen im Rahmen der imperativen (strukturierten) Programmierung. Es wird nach seinen Entwicklern auch als Nassi-Schneiderman-Diagramm bezeichnet. Die Symbole sind nach der DIN 66261 genormt.</td><td>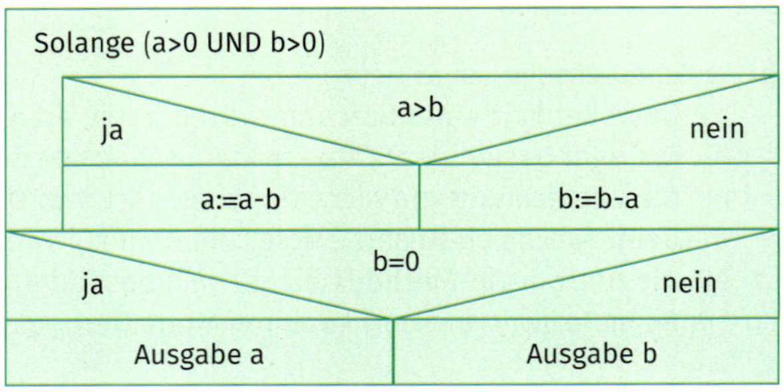
</td></tr>
<tr><td>Datenfluss-plan</td><td>Diese alte Darstellungsform stellt den Fluss von Daten durch ein Programmsystem dar und kommt heutzutage in der betrieblichen Praxis selten bis gar nicht vor.</td><td>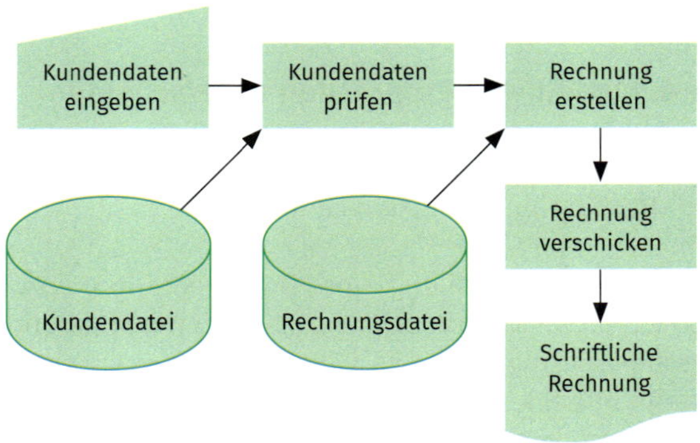
</td></tr>
<tr><td>Entschei-dungs-tabellen</td><td>Sie werden eingesetzt, um Abhängigkeiten zwischen verschiedenen Bedingungen und den jeweils auszuführenden Aktionen übersichtlich darzustellen. Sie unterstützen beispielsweise den Entwurf von Computerprogrammen oder speicherprogrammierbaren Steuerungen (SPS). Entscheidungstabellen sind in der DIN 66241 genormt.</td><td>
<table>
<tr><th>Entscheidungs-tabelle</th><th colspan="4">Regeln</th></tr>
<tr><td>Bedingungen</td><td>R1</td><td>R2</td><td>R3</td><td>R4</td></tr>
<tr><td>Es regnet</td><td>J</td><td>J</td><td>N</td><td>N</td></tr>
<tr><td>Es ist kalt</td><td>J</td><td>N</td><td>J</td><td>N</td></tr>
<tr><td>Aktionen</td><td colspan="4"></td></tr>
<tr><td>Regenschirm mitnehmen</td><td>x</td><td>x</td><td>–</td><td>–</td></tr>
<tr><td>Jacke anziehen</td><td>x</td><td>–</td><td>x</td><td>–</td></tr>
</table>
</td></tr>
</table>

Unified Modeling Language (UML)	UML ist eine grafische Modellierungssprache, welche zur Planung von objektorientierter Software eingesetzt wird. Sie ist heute das am meisten eingesetzte Modellierungsmittel für die Softwaresystemmodellierung. Sie wird von der Object Management Group (OMG) entwickelt und ist in der **ISO/IEC 19505** genormt.	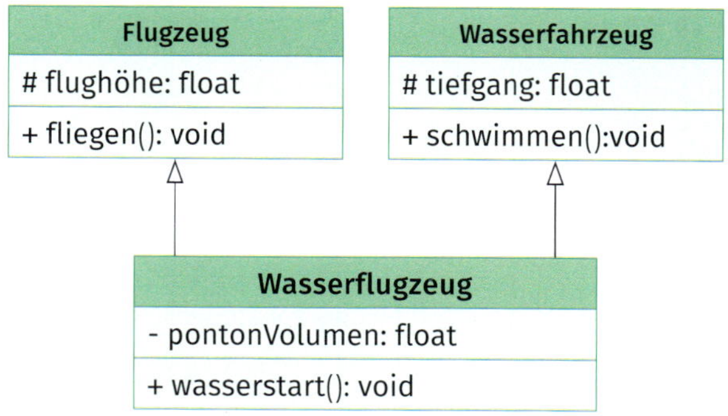
Entity-Relationship-Modell (ERM)	ERM ist ein in der Praxis weitverbreiteter Standard für die Datenmodellierung. Es bildet meist die Grundlage für die Entwicklung einer relationalen Datenbank.	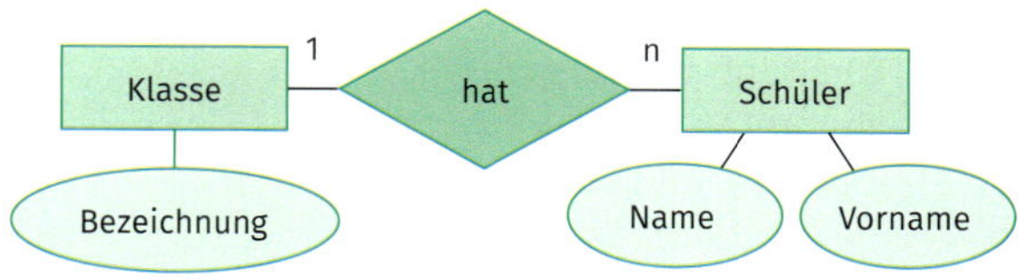

Der Programmablaufplan, das Struktogramm, die Entscheidungstabelle sowie das Beschreibungsmittel „Pseudocode“ sollen im Folgenden näher erläutert werden.

(1) Programmablaufplan und Struktogramm

Der Programmablaufplan und das Struktogramm gehören zu den ältesten grafischen Modellen für die Softwareentwicklung. Beide sind durch eine DIN-Norm standardisiert. Die wichtigen Darstellungselemente beider Modelle lassen sich in die Ablaufstrukturen Verarbeitung, Folge, Auswahl und Wiederholung unterteilen.

Name	Beschreibung	Symbol	
		Programmablaufplan nach DIN 66001	**Nassi-Schneidermann-Struktogramm nach DIN 66261**
Verarbeitung (Prozess)	Dient zur Darstellung von Anweisungen, Unterprogrammen	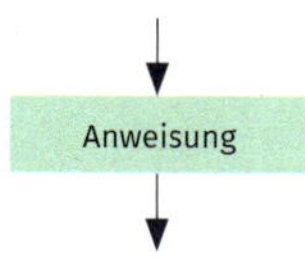	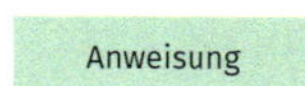
Folge (Sequenz)	Aneinanderreihung von mehreren Anweisungen	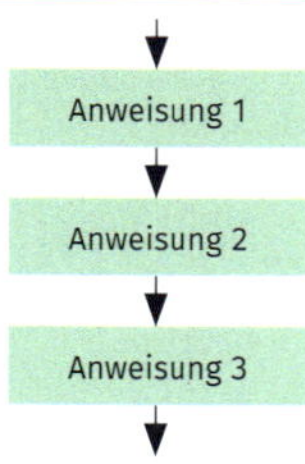	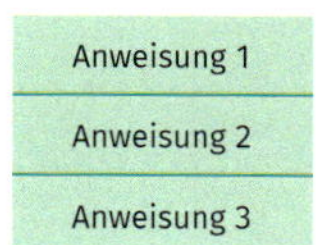

Name	Beschreibung	Symbol	
		Programmablaufplan nach DIN 66001	**Nassi-Schneidermann-Struktogramm nach DIN 66261**
Auswahl, Alternative (Verzweigung)	Mit einer Verzweigung wird eine Bedingung dargestellt. Ist die Bedingung erfüllt, dann wird der Block A ausgeführt, ansonsten der Block B.	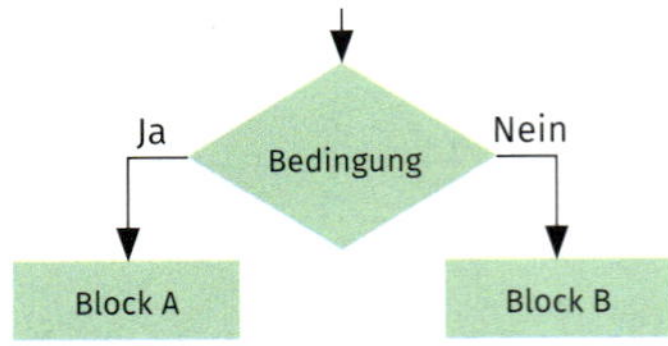	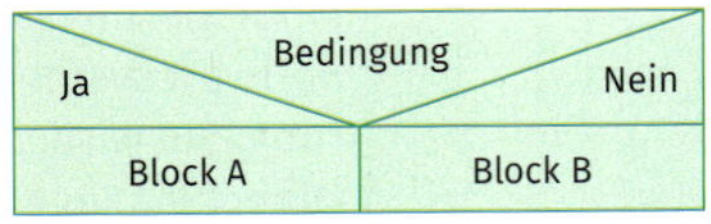
Fallunterscheidung (Mehrfachauswahl)	Bei der Mehrfachauswahl wird aus mehreren Vorgaben ein Fall ausgewählt und der entsprechende Block abgearbeitet. Ist der Fall in den Vorgaben nicht vorhanden, dann wird ein Alternativblock durchlaufen.	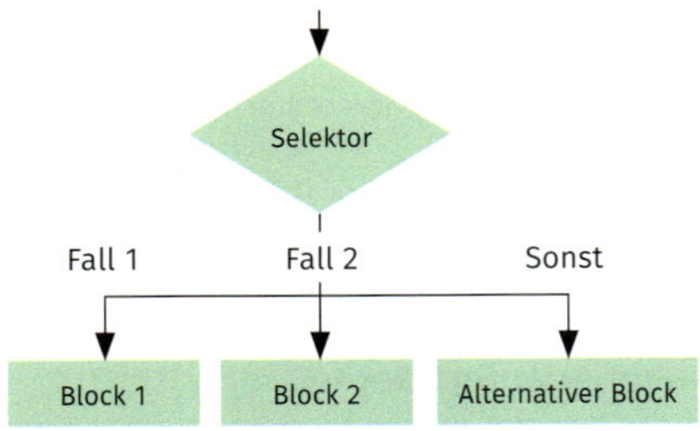	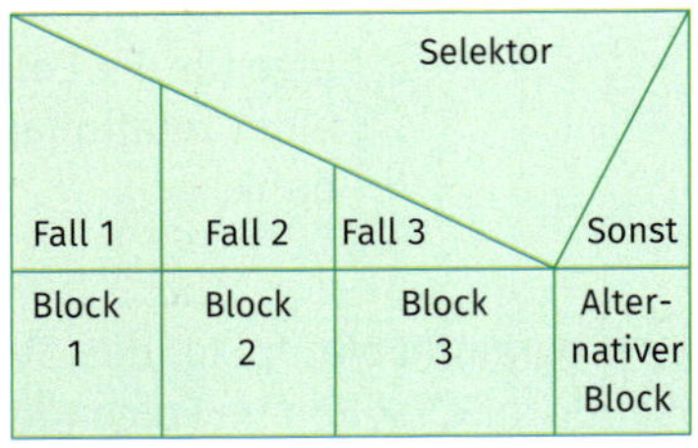
Wiederholung (kopfgesteuerte Schleife)	Ein Anweisungsblock wird wiederholt, solange die Schleifenbedingung erfüllt ist. Die Abfrage der Bedingung erfolgt vor der Verarbeitung. Ist die Bedingung schon bei der ersten Abfrage nicht erfüllt, dann wird die Schleife nicht durchlaufen.	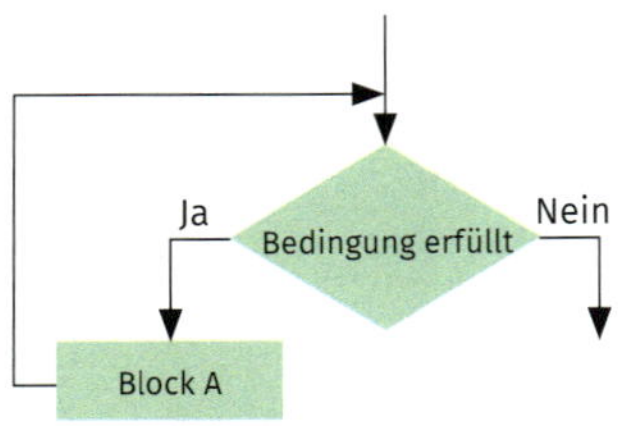	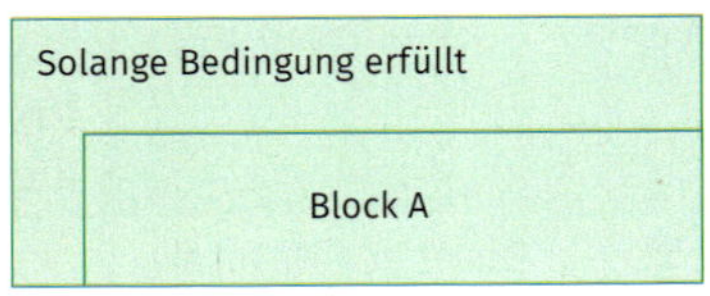

Name	Beschreibung	Symbol	
		Programmablaufplan nach DIN 66001	**Nassi-Schneidermann-Struktogramm nach DIN 66261**
Wiederholung (fußgesteuerte Schleife)	Ein Strukturblock wird wiederholt, solange die Schleifenbedingung erfüllt ist. Die Abfrage der Bedingung erfolgt nach der Verarbeitung. Ist die Bedingung schon vorher nicht erfüllt, wird diese Schleife trotzdem einmal durchlaufen.	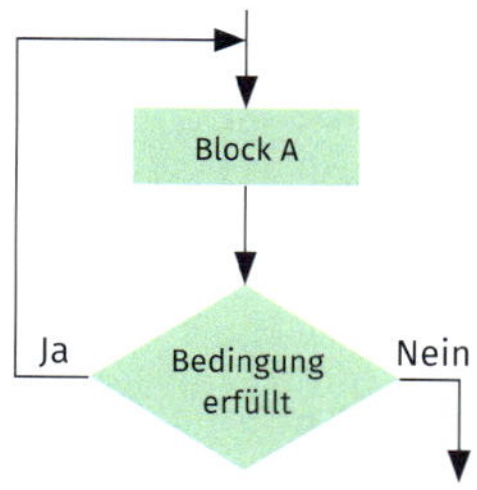	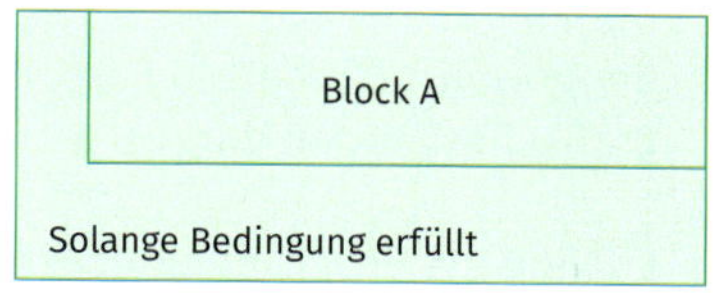
Grenzstelle	Dient zum Darstellen von Start und Ende		Nicht definiert

In Programmablaufplänen werden die Schritte symbolisch durch Sinnbilder dargestellt und der Steuerungsablauf durch Ablauflinien hergestellt. Der Steuerungsablauf kann beliebig gestaltet werden, da die Verwendung der Pfeile zur Darstellung des Steuerungsablaufes keinerlei Einschränkungen unterliegt. Daher sind auch Abläufe möglich, welche nicht den gängigen Regeln der strukturierten Programmierung entsprechen. Deshalb werden Programmablaufpläne im Bereich der Softwareerstellung nur noch selten verwendet. Pseudocode bietet einen ähnlichen Abstraktionsgrad, ist jedoch einfacher zu erstellen und in der Regel sehr viel einfacher zu verändern als ein Programmablaufdiagramm.

Im Gegensatz zu Programmablaufplänen lassen sich in Struktogrammen die Abläufe nicht beliebig darstellen. Die grafische Darstellung erfolgt hier in einem geschlossenen Block. Ziel dieser Darstellung soll es sein, einen definierten Eingangspunkt (oben) und einen definierten Ausgangspunkt (unten) zu haben. Bei der Entwicklung eines Struktogramms wird nach dem Top-Down-Prinzip ein komplexes Ausgangsproblem Ebene für Ebene in übersichtlichere Teilprobleme zerlegt. Auch Struktogramme kommen nur noch sehr selten zum Einsatz. Grund dafür ist die Verfügbarkeit komplexerer Beschreibungssprachen, z. B. UML. Trotzdem sind Struktogramme besonders beim Einstieg in die Programmierung sehr nützlich, um den Ablauf von Algorithmen zu verstehen oder selbst welche zu planen. Deswegen sind sie auch noch ein fester Bestandteil des Lehrstoffes an Schulen und Universitäten. Der Einsatz von Programmablaufplänen und Struktogrammen wird nachfolgend anhand eines Beispiels dargestellt.

Beispielaufgabe

Es soll ein Algorithmus für die automatische Berechnung eines Rabattes bei einer Online-Bestellung entwickelt werden. Es wurden in den funktionalen Anforderungen folgende Rabattregelungen festgelegt:

10 % Preisnachlass, wenn der Bestellwert 100,00 € übersteigt

Die Eingabe ist der Bestellwert und die Ausgabe ist der gewährte Rabatt in Euro. Der Algorithmus soll als grafisches Modell dargestellt werden.

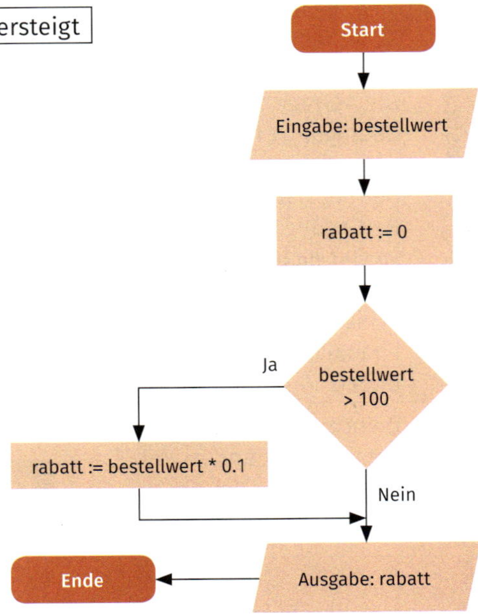

Lösung als Programmablaufplan
Jeder Programmablaufplan hat ein Start- und mindestens ein Ende-Symbol. Nach der Eingabe des Bestellwertes wird zunächst der Rabatt auf 0 gesetzt. Danach wird überprüft, ob der Wert der Bestellung 100,00 € überschreitet. In diesem Fall werden vom Bestellwert 10 % berechnet (Bestellwert * 0.1) und als Rabatt gespeichert. Wenn der Bestellwert nicht über 100,00 € liegt, wird das Programm einfach weiter abgearbeitet. Zum Schluss wird der Rabatt ausgeben.

Lösung als Struktogramm
Im Gegensatz zum Programmablaufplan hat das Struktogramm kein Start- und Ende-Symbol, da Einstiegs- und Ausstiegspunkte klar definiert sind. Nach der Eingabe des Bestellwertes wird zunächst der Rabatt auf 0 gesetzt. Danach wird überprüft, ob der Wert der Bestellung 100,00 € überschreitet. In diesem Fall werden vom Bestellwert 10 % berechnet (Bestellwert * 0.1) und als Rabatt gespeichert. Wenn der Bestellwert nicht über 100,00 € liegt, wird das Programm einfach weiter abgearbeitet. Ein leerer Nein-Zweig wird durch ein „%" oder durch vollständiges Leerlassen des Zweiges gekennzeichnet. Am Ende wird der Rabatt ausgeben.

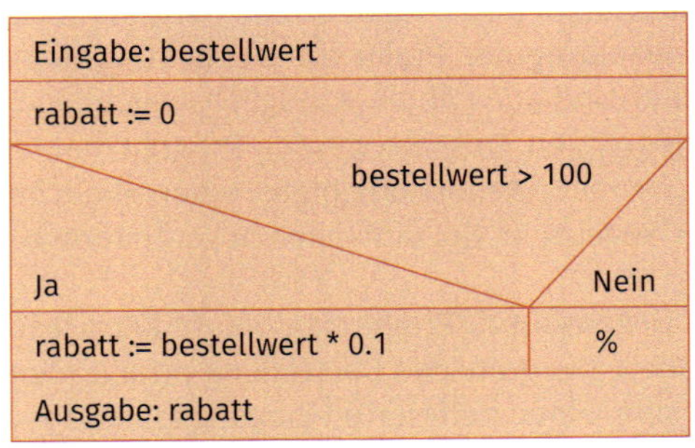

(2) Entscheidungstabelle

Entscheidungstabellen sind eine weitere Möglichkeit, komplexe Sachverhalte übersichtlich darzustellen. Sie finden überall dort Anwendung, wo eine rein verbale Beschreibung des Systems zu ungenau, unvollständig und mehrdeutig ist. So werden Entscheidungstabellen etwa beim Design von Softwaresystemen oder im Zusammenhang mit speicherprogrammierbaren Steuerungen (SPS) eingesetzt.

Entscheidungstabellen beschreiben immer Sachverhalte, bei denen eine Folge von Bedingungen zu gewissen Aktionen führen. Diese „Vorschriften", unter welchen Bedingungen welche Aktionen erfolgen, werden in der Entscheidungstabelle „Regeln" genannt. Nachfolgend ist der grundlegende Aufbau einer Entscheidungstabelle dargestellt.

Hier werden die Bedingungen aufgelistet, z. B.: Ist das Material verfügbar?

Entscheidungstabelle	Regeln							
Bedingungen	R1	R2	R3	R4	R5	R6	R7	R8
Bedingung 1	J	J	J	J	N	N	N	N
Bedingung 2	J	J	N	N	J	J	N	N
Bedingung 3	J	N	J	N	J	N	J	N
Aktionen								
Aktion 1	-	x	-	-	x	-	-	x
Aktion 2	-	-	x	-	x	x	x	-
Aktion 3	-	-	-	x	x	x	-	x
...								

Hier werden die Regeln festgelegt. Dabei steht ein „J“ für Bedingung erfüllt und ein "N“ für Bedingung nicht erfüllt. Alternativ kann auch „0“ und „1“ verwendet werden.

Hier werden alle Aktionen aufgelistet, z. B. Material nachbestellen.

In diesem Bereich wird durch ein „x“ gekennzeichnet, welche Aktion unter welchen Bedingungen ausgeführt wird.

Beispielaufgabe

Es soll eine Entscheidungstabelle für die Bestimmung eines Rabattes bei einer Online-Bestellung entwickelt werden. Es wurden in den funktionalen Anforderungen folgende Rabattregelungen festgelegt:

10 % Preisnachlass, wenn der Bestellwert 100,00 € übersteigt

3 % Rabatt vom Bestellwert bei Vorkasse

Lösung als Entscheidungstabelle

Für die Beispielaufgabe in diesem Abschnitt würde die Entscheidungstabelle aus zwei Bedingungen und drei Aktionen bestehen. Aus der Anzahl der Bedingungen ergibt sich auch die Anzahl der Regeln. Diese ermittelt sich aus der Formel:

$\text{Anzahl Regeln} = 2^{\text{Anzahl Bedingungen}}$

Damit hat die Entscheidungstabelle der Beispielaufgabe vier Regeln und sieht wie folgt aus:

Entscheidungstabelle	**Regeln**			
Bedingungen	**R1**	**R2**	**R3**	**R4**
Bestellwert > 100,00 €	J	J	N	N
Zahlungsart: Vorkasse	J	N	J	N
Aktionen				
kein Rabatt	-	-	-	x
Rabatt: 10 % vom Bestellwert	x	x	-	-
Rabatt: 3 % vom Bestellwert	x	-	x	-

(3) Pseudocode

Der Pseudocode ist die umgangssprachliche Beschreibung eines Programmablaufs, der sich syntaktisch an eine Programmiersprache anlehnt. Pseudocode ist nicht genormt und kann deshalb relativ frei formuliert werden. In der Regel sollte sich die Syntax vom Pseudocode aber an die Programmiersprache anlehnen, in der das Programm geschrieben wird. Dabei können Variablen- und Konstanten-Deklarationen schon mit enthalten sein. Möchte man seinen Pseudocode stärker programmiersprachenunabhängig formulieren, dann kann man auch die Wörter der eigenen Muttersprache verwenden. Da erst in den nächsten Abschnitten die Syntax von Programmiersprachen behandelt wird, soll hier kurz ein programmiersprachenunabhängiger Pseudocode vorgestellt werden.

Struktur	Pseudocode	Beispiel
Verarbeitung	`Anweisung1`	`durchschnitt := gesamt / anzahl`

Folge (Sequenz)	`Anweisung1`
	`Anweisung2`
	…
		`anzahl := 20`
		`gesamt := 200`
		`durchschnitt := gesamt / anzahl`

Auswahl (Verzweigung)	`Wenn` *`Bedingung`* `dann`
	…
	`sonst`
	…
		`Wenn anzahl > 30 dann`
		`        x := anzahl *2`
		`        y := anzahl /2`
		`sonst`
		`        Ausgabe: „Fehler"`
		`Ende Verzweigung`

Wiederholung (kopfgesteuerte Schleife)	`Wiederhole solange`
	`Bedingung`
	…
		`Wiederhole solange x < 10`
		`        Ausgabe: x`
		`        x := x + 1`
		`Ende Schleife`

Wiederholung (fußgesteuerte Schleife)	`Wiederhole`
	…
	`solange` *`Bedingung`*
		`Wiederhole`
		`        Ausgabe: x`
		`        x := x + 1`
		`solange x < 10`

Wiederholung (Zählschleife)	`Von` *`Anfangswert`* `Bis`
	`Endwert`
	…
		`Von i:=0 Bis 10`
		`        Ausgabe: x`
		`Ende Schleife`

Beispielaufgabe

Es soll die Summe aller ganzen Zahlen, welche durch 3 teilbar sind, aus einem bestimmen Bereich berechnet und ausgegeben werden. Der Bereich beginnt mit der Zahl 1 und endet mit der Zahl 100. Es soll ein entsprechender Algorithmus in Pseudocode entwickelt werden.

Lösung als Pseudocode

```
summe := 0
Von zahl:=1 Bis 100
        Wenn zahl modulo 3 = 0 dann
                summe := summe + zahl
        Ende Verzweigung
Ende Schleife
Ausgabe: summe
```

Hinweis: Modulo liefert den ganzzahligen Rest einer Division

(4) Unified Modeling Language (UML)

Die Unified Modeling Language (UML) ist eine moderne grafische Modellierungssprache, welche zur Beschreibung von Softwaresystemen eingesetzt wird. UML besitzt mehrere Diagrammtypen, um verschiedene Aspekte von Softwaresystemen zu beschreiben. Deshalb gilt UML auch als eine der umfassendsten Modellierungssprachen in der Softwareentwicklung.

Besonderen Einsatz findet UML im Rahmen der objektorientierten Programmierung und der erste Kontakt besteht häufig darin, dass einzelne UML-Diagramme im Rahmen von Softwareprojekten zu verstehen oder zu beurteilen sind. An dieser Stelle wird nur eine kurze Übersicht über die UML-Diagrammarten gegeben. Eine ausführliche Beschäftigung mit UML erfolgt im zweiten und dritten Ausbildungsjahr (siehe Fachstufenband 1 und Fachstufenbad 2 – Anwendungsentwicklung).

UML-Diagrammarten			
Verhaltensdiagramme		**Strukturdiagramme**	
Anwendungsfalldiagramm	Sequenzdiagramm	Klassendiagramm	Objektdiagramm
Zustandsdiagramm	Zeitverlaufsdiagramm	Komponentendiagramm	Verteilungsdiagramm
Aktivitätsdiagramm	Kommunikationsdiagramm	Paketdiagramm	Profildiagramm
Interaktionsübersichtdiagramm		Kompositionsstrukturdiagramm	

Kompetenzcheck

1. Welche Aussagen sind richtig?
   a) PAP und Struktogramm sind grafische Modellierungssprachen.
   b) UML ist eine veraltete grafische Modellierungssprache.
   c) Das ER-Modell findet bei der Planung von relationalen Datenbanken Anwendung.
   d) Bei Struktogrammen werden die einzelnen Elemente durch Pfeile verbunden.
   e) Entscheidungstabellen haben immer drei Bedingungen.
   f) Pseudocode ist an die Programmiersprache Java angelehnt.
   g) Das Klassen- und das Anwendungsfalldiagramm sind UML-Diagramme.

2. Entwickeln Sie einen Programmablaufplan, welcher das Betanken eines Autos an der Tankstelle darstellt.

3. Entwickeln Sie ein Struktogramm für folgende Aufgabenstellung: Nach Eingabe von drei Zahlen soll der höchste Wert dieser Zahlen ausgeben werden.

4. Es soll ein Algorithmus entwickelt werden, welcher den Speicherbedarf für digitale Bilder berechnet und in MiB ausgibt. Eingabewerte sind: Anzahl der Bilder, Höhe und Breite eines einzelnen Bildes in Pixeln und die Farbtiefe pro Pixel in Bit. Erstellen Sie für den Algorithmus ein Struktogramm.

5. Ein Unternehmen beschließt, seinen Mitarbeitern Aktien zur Vorzugskonditionen anzubieten. Folgende Bezugsberechtigungen wurden festgelegt. Mitarbeiter mit mehr als zehn Jahren Betriebszugehörigkeit können 50 Aktien erwerben. Mitarbeiter, welche mehr als zwei Jahre zum Betrieb gehören, können max. 20 Aktien beziehen. Mitarbeiter, welche außertariflich bezahlt werden oder sich in einem gekündigten Arbeitsverhältnis befinden, haben in keinem Fall einen Anspruch auf den Erwerb der Aktien. Entwerfen Sie eine Entscheidungstabelle.

6. Beschreiben Sie mithilfe von Pseudocode einen Algorithmus, welcher das Produkt aller ganzen Zahlen, welche durch 5 und durch 7 teilbar sind, berechnet und ausgibt. Der Zahlenbereich beginnt bei 1 und endet bei einem Endwert, welcher größer als 1 ist und von dem Benutzer eingegeben wird. Hinweis: Es kann der Modulo-Operator (siehe Beispielaufgabe) genutzt werden. Es gibt aber auch andere Lösungen.

7. Bewerten, erweitern, ändern und entwickeln Sie Algorithmen im Arbeitsbuch mit den Aufgaben 13 und 14 der Lernsituation 3. A13 A14

8. Bearbeiten Sie Aufgabe 15 und 16 der Lernsituation 3 im Arbeitsbuch. A15 A16

5.6 Programmiersprachen und -werkzeuge unterscheiden und auswählen

S **Sie sollen verschiedene Programmiersprachen und Programmierwerkzeuge unterscheiden und für Ihr Projekt die geeigneten auswählen.**

Seit der ersten höheren Programmiersprache „Plankalkül“, welche Konrad Zuse in den Jahren 1942 bis 1946 entwickelte, sind bis heute mehr als 1 000 Programmiersprachen entstanden. Einige sind in Vergessenheit geraten, andere dagegen erfreuen sich seit Jahrzehnten ungebrochener Beliebtheit. Mithilfe von Programmiersprachen lassen sich Algorithmen und Daten zu Programmen zusammenfassen, welche nach der Übersetzung in Binärcode vom Rechner ausgeführt werden können.

5.6.1 Den Aufbau von Programmiersprachen beschreiben

Programmiersprache und Quelltext

Unter einer Programmiersprache versteht man nach DIN 44300, Teil 4, eine formale Sprache zum Abfassen (Formulieren) von Verarbeitungsanweisungen für Rechnersysteme. Die mithilfe einer Programmiersprache ausgedrückte, von einem Menschen lesbare Beschreibung heißt Quelltext (oder auch Quellcode bzw. Programmcode).

Programmiersprachen sind den natürlichen Sprachen wie Deutsch oder English sehr ähnlich. Sie werden allerdings im Unterschied zu den natürlichen Sprachen künstlich entworfen. Der Aufbau einer Programmiersprache unterliegt strengen Regeln und lässt sich anhand verschiedener Informationen genau definieren. Zu diesen Informationen zählen die Syntax, die Schlüsselwörter und der Zeichensatz. Die Schlüsselwörter der meisten Programmiersprachen sind heutzutage aus dem Englischen entlehnt.

Bestandteile einer Programmiersprache	
Syntax	Die Syntax einer Programmiersprache ist deren „Grammatik“. Sie beschreibt sowohl die zulässigen Sprachelemente als auch, wie diese Sprachelemente zu verwenden sind.
Schlüsselwörter	Schlüsselwörter sind Bezeichner, welche von der Programmiersprache für ihre Syntaxausdrücke verwendet werden. Diese dürfen somit auch nicht als Namen für Variablen oder Funktionen gewählt werden. Schlüsselwörter von weitverbreiteten Programmiersprachen sind meist an die englische Sprache angelehnt.
Zeichensatz	Der Zeichensatz einer Programmiersprache besteht in der Regel aus festgelegten alphabetischen und numerischen Zeichen sowie aus Sonderzeichen.

Wie leistungsfähig eine Programmiersprache ist, wird durch den Umfang ihres Befehlssatzes bestimmt. Im Allgemeinen sind mindestens die folgenden Grundfunktionen vorhanden:

- Befehle zur Ein- und Ausgabe von Daten,
- Befehle zur Deklaration von Variablen und Datenstrukturen,
- Funktionen zur Verarbeitung von Zeichenketten,
- mathematische Grundfunktionen,
- Kontrollstrukturen für die bedingte Ausführung oder die wiederholte Ausführung bestimmter Programmteile.

Aus der Kombination dieser Grundfunktionen lassen sich dann komplexere Programme erstellen. Bei modernen Sprachen wird diese Grundfunktionalität meist noch um moderne Sprachbestandteile, z.B. objektorientierte Elemente, erweitert.

5.6.2 Programmiersprachen unterscheiden

Die Anfänge der Programmiersprachen liegen bereits mehr als 200 Jahre zurück und haben ihren Ursprung in den Lochstreifen für mechanische Webstühle. Auf den Lochstreifen waren Informationen über das zu webende Muster enthalten. Das erste mathematisch logische Programm hat die britische Mathematikerin Ada Lovelace im Jahre 1843 geschrieben. Nach ihr wurde auch später die Programmiersprache „Ada" benannt. Die Programmiersprache, die sie benutzte, war den heutigen Assemblersprachen sehr ähnlich. Allerdings entwickelte sich diese Programmiersprache nicht weiter, weil die entsprechende Hardware fehlte. Erst mit der Erfindung des ersten Computers von Konrad Zuse und der damit verbundenen Entwicklung der Informatik entwickelten sich auch die Programmiersprachen weiter.

Die ersten Programme wurden in Maschinensprache geschrieben, d.h., die Daten und Befehle wurden durch eine lange Reihe von Nullen und Einsen angegeben. Allerdings zeigte sich schnell, dass komplexere Programme in dieser Form nicht umgesetzt werden konnten. So wurden Auswege gesucht und die Entwicklung der höheren Programmiersprachen begann. Höhere Programmiersprachen wurden mit dem Ziel entworfen komplexe Programme in einer für den Menschen leicht verständlichen Sprache schreiben zu können. Allerdings entfernte sich dadurch die Syntax dieser Sprachen stark von der für den Computer benötigten Maschinensprache. So war es notwendig, weitere Programme zu entwickeln, deren Aufgabe darin bestand, den Quelltext der höheren Programmiersprache in Maschinensprache zu übersetzen. Das war die Geburtsstunde der Compiler. Das folgende Schaubild zeigt die Vielfalt der Programmiersprachen, die aus unterschiedlichen Zielvorstellungen entwickelt und weiterentwickelt wurden. .

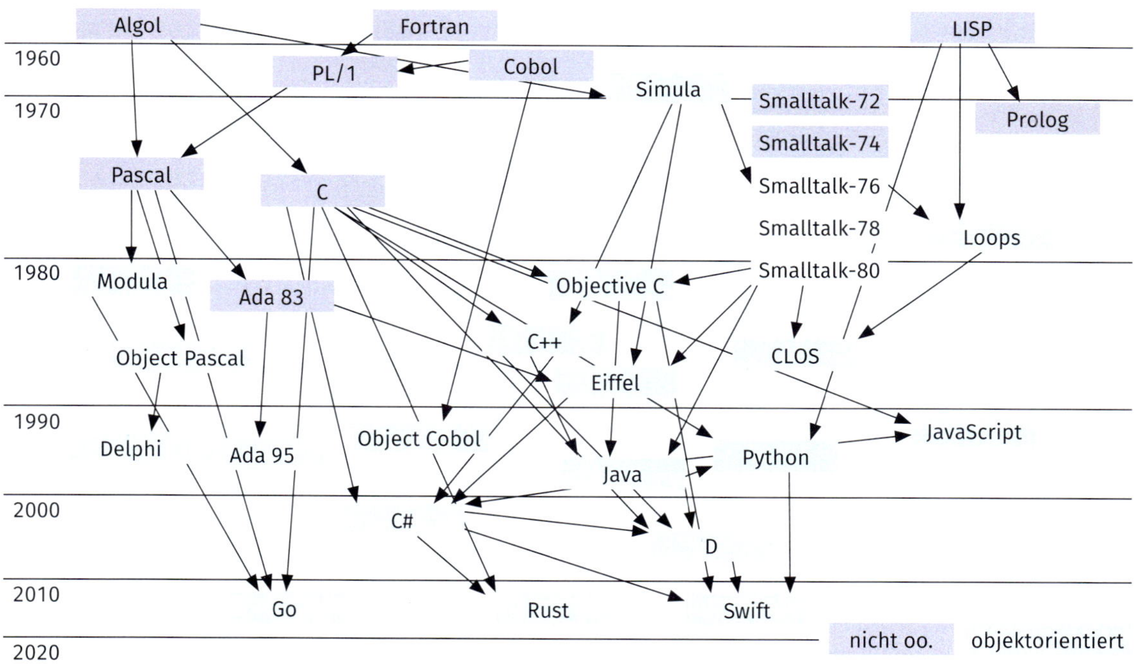

Geschichte ausgewählter Programmiersprachen

Im Jahr 1953 wurde die erste höhere Programmiersprache von John Warner Backus bei IBM entwickelt. Sie erhielt den Namen Fortran (Formular Translator). Ihr folgten dann ziemlich schnell weitere Programmiersprachen wie Algol, COBOL oder Lisp, welche die Grundlagen für viele der modernen Programmiersprachen legten. So auch für die Programmiersprache **„C"**. In C sind sehr viele Programme geschrieben worden, z. B. Betriebssysteme wie Linux oder Datenbankmanagementsysteme. Programmiersprachen wie C++, Java, C#, PHP, Python usw. basieren alle auf der C-Syntax, auch wenn diese sehr stark weiterentwickelt wurde.

Die bekannteste und am weitesten verbreitete Sprache der Welt ist heutzutage **Java**. Aber auch Python gewinnt immer mehr an Bedeutung. Trotz der Vielfalt an vorhandenen Sprachen werden aus den unterschiedlichsten Gründen immer noch neue Programmiersprachen entwickelt, meistens, um Unzulänglichkeiten von etablierten Programmiersprachen zu verbessern. Bekannte Neuentwicklungen in diesem Bereich sind die Sprachen Go, Rust und Swift.

Um die Vielzahl der Programmiersprachen unterscheiden und bewerten zu können, werden diese nach unterschiedlichen Kriterien eingeteilt. Die Einteilung hilft dabei, die optimale Sprache für die Lösung der jeweiligen Programmieraufgabe herauszusuchen.

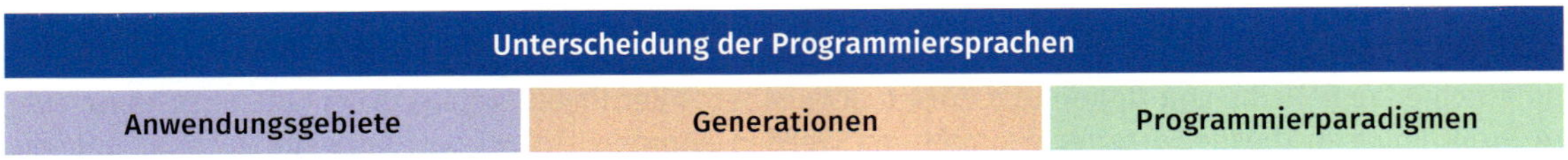

(1) Unterscheidung nach Anwendungsgebieten

Programmiersprachen können sehr allgemein oder speziell für ein bestimmtes Gebiet ausgelegt sein. Spezialisierte Sprachen sind für das entsprechende Gebiet optimiert, d. h., es lassen sich mit relativ wenig Quelltext komplexe Sachverhalte aus diesem Gebiet beschreiben. Universellere Sprachen dagegen lassen sich auf vielen Gebieten einsetzen, auch wenn sie nicht immer optimal zum Problem passen. Zu den universell einsetzbaren Sprachen gehören u. a. C, C++, Java, Pascal oder Python. Einige Beispiele für verschiedene Anwendungsgebiete mit den entsprechenden Programmiersprachen sind nachfolgend aufgeführt.

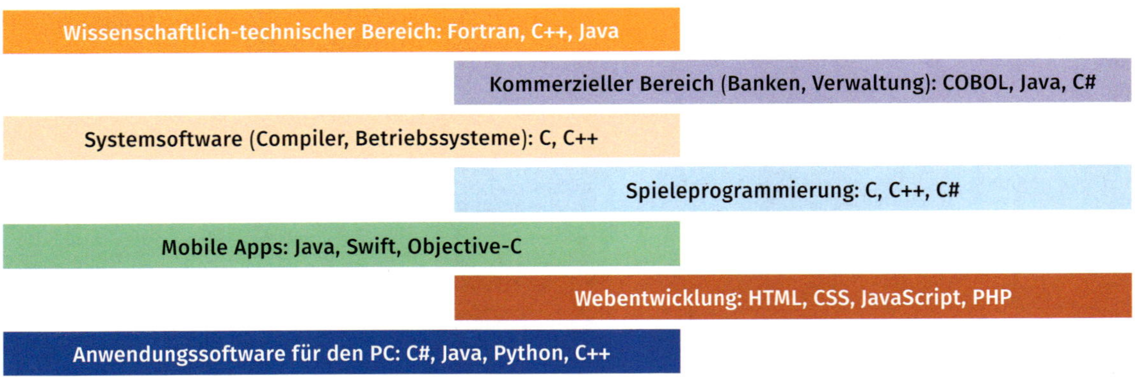

(2) Unterscheidung nach Generationen

Die Einteilung der Programmiersprachen nach Generationen ist eine klassische Einteilung, welche heute nur noch eine untergeordnete Rolle spielt, weil die Art der Unterscheidung zu unübersichtlich ist und bei der Auswahl der Programmiersprache nicht viel weiterhilft. Die Übersicht dient nur der Vollständigkeit.

Name	Art der Sprache	Merkmale	Beispiel
1. Generation	Maschinensprache	Binärer Code; maschinennahe Programmierung; direkt auf dem Computer lauffähig; schwer verständlich	`Maschinencode für IBM-Großrechner OS/390` `0001 1010 0011 0100 0001 0000 1101`

2. Generation	Assemblersprache	Leichter verständliche Symbole (Mnemonics); nicht direkt auf dem Computer lauffähig	`Verschiedene Assembler:`
			`mov ds, ax`
			`mov ax, 09h`
			`int 21h`

3. Generation	Höhere prozedurale Sprachen	Prozeduraler Aufbau in Funktionen; der menschlichen Sprache angenähert; unabhängig vom Computersystem	`C, Fortran, Java, C#, Python u.a.`
			`z1 = 1.5`
			`z2 = 6.3`
			`summe = float(z1) + float(z2)`
			`print(summe)`

4. Generation	Sprachen für Datenbanken	Einsatz z. B. für DB-Abfragen, Tabellenkalkulation	`SQL, Natural` `SELECT * FROM Artikel`

5. Generation	Sprachen der künstlichen Intelligenz	Wurden dazu entwickelt, um Programme schreiben zu können, die menschliches Denken nachahmen	`LISP, PROLOG, HASKELL`
			`defun f(x) (/`
			`(+ (* x x) 3)`
			`(- a x)))`

(3) Unterscheidung nach Programmierparadigmen

Die Unterscheidung der Programmiersprachen nach Generationen ist nicht mehr hilfreich bei der Auswahl einer geeigneten Sprache. Die Unterscheidung nach Programmierparadigmen bietet wesentlich mehr Unterstützung. An dieser soll nur ein kleiner Einstieg in das Thema der Programmierparadigmen gegeben werden. Das Thema wird im 2. Ausbildungsjahr ausführlich behandelt (siehe Fachstufenband 1).

Programmierparadigma

Ein Programmierparadigma ist das grundlegende Konzept (Grundauffassungen, Methoden und Prinzipien), welches einer Programmiersprache zugrunde liegt.

Unterscheidung nach Programmierparadigmen

Imperative maschinennahe Sprachen	Höhere imperative Sprachen	Objektorientierte Sprachen	Deklarative logische Sprachen	Deklarative funktionale Sprachen
z. B. Assembler	z. B. C, Fortran, COBOL, Pascal	z. B. C#, Java, Smalltalk	z. B. Prolog	z. B. Lisp, Haskell

Man kann das imperative, das objektorientierte und das deklarative Programmierparadigma unterscheiden. Bei **imperativen Programmiersprachen** besteht ein Computerprogramm aus einer Folge von Anweisungen, die genau vorgibt, zu welchem Zeitpunkt was vom Rechner erledigt werden soll. Um die

Befehlsausführung zu steuern, werden bestimmte Kontrollstrukturen wie Schleifen oder Verzweigungen verwendet. Die imperative Programmierung ist das älteste Paradigma. Im Gegensatz dazu betrachtet man in der **deklarativen Programmierung** nicht, *wie* etwas berechnet werden soll, sondern *was* berechnet wird. Das heißt, es wird nicht mehr der Lösungsweg programmiert, sondern nur noch angegeben, welches Ergebnis gewünscht ist. Bei den **objektorientierten Programmiersprachen** wiederum werden Daten und Programmcode in übersichtlichen, wiederverwendbaren Objekten gekapselt. Dies reduziert den Programmieraufwand und hilft, Fehler zu vermeiden. Diese Grundparadigmen lassen sich noch weiter unterteilen. Darauf wird hier aber nicht weiter eingegangen. Viele Programmiersprachen lassen sich klar in ein Programmierparadigma einordnen. Andere stellen eine Art Mischform dar und können mehreren Paradigmen zugeordnet werden. Die Beispiele in der Übersicht sind nur dem Hauptparadigma zugeteilt.

5.6.3 Programmiersprachen für ein Projekt auswählen

Bei der Auswahl einer geeigneten Programmiersprache für ein Softwareprojekt spielen mehrere Faktoren eine Rolle. Zunächst sollte sich die Sprachwahl nach der zu programmierenden Anwendung und dem Anwendungsgebiet richten. In den meisten Fällen ergibt sich die Programmiersprache schon von selbst, entweder weil es für die Zielplattform konkrete Empfehlungen von dem Hersteller gibt oder wenn eine Anwendung erweitert und angepasst werden soll und die Programmiersprache somit schon feststeht.

Anwendungsbeispiele für Programmiersprachen

Zum Beispiel wird man für eine Android-App eher Java und für eine iOS-App Objective-C oder das moderne Swift verwenden. Anwendungssoftware für Windows wird meistens mithilfe von C#, C++ oder Visual Basic entwickelt. Für systemnahe Programme sind C oder Rust die Sprachen der Wahl. Web-Anwendungen werden heutzutage meist in JavaScript geschrieben, aber auch PHP findet in diesem Bereich noch seine Verwendung. Die Sprache „R“ ist spezialisiert auf die statistische Auswertung von Daten und SQL eignet sich perfekt zur Abfrage von Datenbanken. Python ist momentan die angesagte Sprache für das Programmieren auf dem Raspberry Pi, eignet sich aber auch sehr gut zum Erlernen des Programmierens als solches und findet auf vielen Plattformen ihre Anwendung.

In vielen Fällen hat man aber auch einige Alternativen zur Auswahl. In diesem Fall spielt die Erfahrung, welche man selbst oder das gesamte Team in den einzelnen Programmiersprachen besitzt, eine große Rolle. Der Einarbeitungsaufwand in eine neue Programmiersprache schwankt mitunter sehr und kann das Projekt unnötig verzögern. Hier sollte, wenn möglich, immer eine Sprache gewählt werden, mit der man sich gut genug auskennt. Allerdings sind auch das Erlernen und Einarbeiten in neue Sprachen zu empfehlen, nur sollten dafür nicht unbedingt wichtige Softwareprojekte gewählt werden.

Platz	RedMonk (Q1/2024)	TIOBE (6/2024)	PYPL (6/2026)
1	JavaScript	Python	Python
2	Python	C++	Java
3	Java	C	JavaScript
4	PHP	Java	C#
5	C#	C#	C/C++
6	TypeScript	JavaScript	R
7	CSS	Go	PHP
8	C++	SQL	TypeScript
9	Ruby	VB.net	Swift
10	C	Fortran	Rust

Meistgenutzte Programmiersprachen nach unterschiedlichen Rankingverfahren

Generell kann man aber sagen, dass das Programmieren mit jeder Sprache erlernt werden kann. Die Programmiersprachen sind sich teilweise sehr ähnlich, besonders wenn sie dem gleichen Programmierparadigma zugeordnet sind. Wer etwa die Grundlagen in Python beherrscht, findet sich schnell in C, JavaScript, Visual Basic oder PHP zurecht. Auch die Methoden zum Testen des Codes und zur Fehlersuche sind bei allen Sprachen ähnlich. Außerdem findet die meiste Arbeit bei der Programmierung, völlig unabhängig von der Sprache, im Kopf statt. Das heißt, das Schreiben eines Programms in der konkreten Syntax einer Programmiersprache spielt beim Programmieren keine so große Rolle, wie meist angenommen wird. Wenn das zu lösende Problem nicht verstanden wird und man auch keine Idee für einen Algorithmus hat, dann kann man noch so gut eine Programmiersprache beherrschen, ein zufriedenstellendes Programm wird man nicht zustande bekommen.

Für Programmieranfänger ist es aber nicht unerheblich, mit welcher Programmiersprache sie beginnen. Die einzelnen Sprachen sind nämlich unterschiedlich komplex und damit mehr oder weniger leicht zu erlernen. Bei einigen Sprachen, z. B. Python, kann man einfach drauflostippen und hat sehr schnell ein Programm fertig. Bei anderen Sprachen muss man sich im Vorfeld einige grundlegende Konzepte aneignen, bevor man beginnen kann. Dementsprechend sind die Lernkurven auch unterschiedlich steil. Deswegen empfiehlt es sich, mit einer einfachen, aber mächtigen Sprache wie Python zu starten, weil man dort schnell Ergebnisse erzielt, motiviert bleibt und trotzdem viel erreichen kann.

Ein weiterer Aspekt beim Erlernen einer Sprache ist deren Verbreitung und Popularität, weil man mit einer Sprache, welche sehr häufig Anwendung findet, an vielen Softwareprojekten mitarbeiten kann. Um einen Überblick über aktuelle und häufig verwendete Sprachen zu erhalten, können Programmiersprachen-Rankings wie RedMonk, TIOBE-Index oder PYPL genutzt werden (siehe auch S. 505).

RedMonk benutzt für das Ranking ein Verfahren, dass sich besonders stark an der Entwickler-Community orientiert. So werden die Hashtags bei Stackoverflow und die Anzahl an GitHub-Projekten, die eine bestimmte Sprache nutzen, miteinander in Bezug gesetzt und auf einer Skala von 1 bis 100 gewertet.

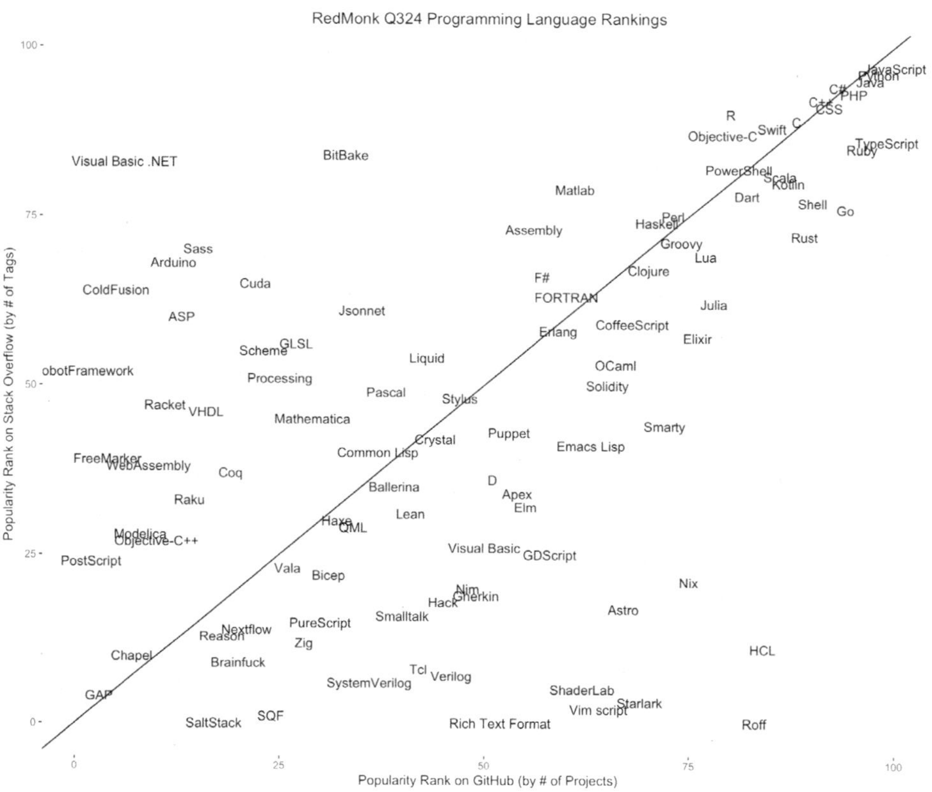

RedMonk Ranking, Quelle: RedMonk, Stephen O'Grady, in: redmonk.com/sogrady/2024/09/12/; veröff. 12.09.2024

Der **TIOBE**-Index nutzt als Grundlage seiner Auswertung die Zahl der Treffer für die Suchanfrage „Sprache + programming" in den populärsten Suchmaschinen und Internetportalen wie Google, Wikipedia oder YouTube. Damit wird versucht, eine Übersicht über den aktuellen Markt zu geben und Trends aufzuzeigen.

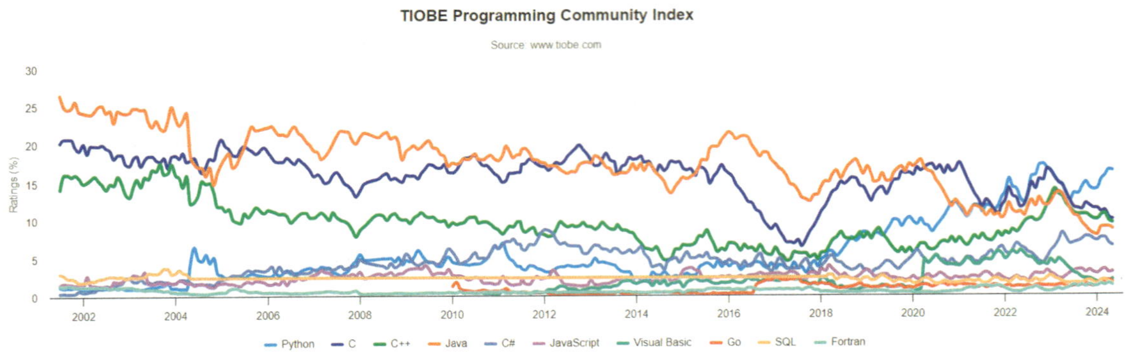

TIOBE Index, vollständiges Ranking unter www.tiobe.com/tiobe-index/

PYPL (Popularity of Programming Languages) verfolgt einen anderen Ansatz als TIOBE. Während TIOBE nach Treffern der Suchanfrage „Sprache + programming" sucht, wird bei PYPL der Zusatz „Sprache + tutorial" gewählt. Dieses führt laut den Aussagen des Erstellers zu besseren Rankings.

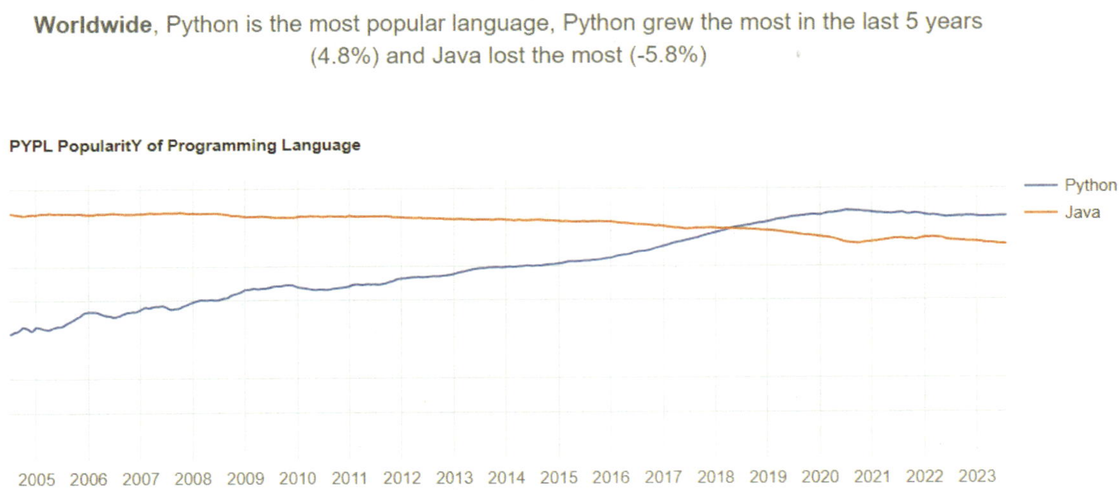

PYPL Index, vollständiges Ranking unter pypl.github.io

Nachfolgend werden einige Programmiersprachen, basierend auf diesen Rankings, vorgestellt.

Programmiersprachen

Python

Python ist eine der meist verwendeten Programmiersprachen. Die Syntax der Sprache ist benutzerfreundlich und leicht verständlich und eignet sich somit sehr gut zum

```
x = 10
y = 20
summe = x + y
print("Summe: ", summe)
```

Erlernen des Programmierens. Die Sprache selbst ist sehr vielseitig und kann für viele Anwendungsbereiche eingesetzt werden. Dank verschiedener Bibliotheken kann die Sprache auch im Bereich der künstlichen Intelligenz und bei Big-Data-Anwendungen eingesetzt werden. Auch bei der Web-Entwicklung, insbesondere durch die Frameworks Django oder Flask, spielt Python eine Rolle.

Java

Java ist eine universell einsetzbare Programmiersprache, die objektorientiert ist und auf möglichst geringe Abhängigkeiten bei der Implementierung ausgelegt wurde.

```
int x = 10;
int y = 20;
int summe = x + y;
System.out.println("Summe: " + summe);
```

Mit dieser Programmiersprache können Anwendungen für verschiedenste Plattformen, u.a. mobile Endgeräte, Terminals oder Desktop-PCs, entwickelt werden. Java gehört noch immer zu den meist verwendeten Sprachen, auch wenn die objektorientierte Programmiersprache Kotlin an Popularität gewinnt.

C#

C# (C-Sharp) wurde von Microsoft entwickelt und dient hauptsächlich der Erstellung von Anwendungen für Windowsplattformen. Die Grundlage dafür bietet das .NET-Framework, welches explizit für Windows entwickelt wurde. Trotzdem wird die Sprache vielfältig in den verschiedensten Bereichen eingesetzt. Klassische Desktop-Anwendungen lassen sich damit genauso gut erstellen wie Webseiten (ASP.NET-Framework) oder mobile Anwendungen. Aufgrund von Unity spielt C# auch bei der Entwicklung von Spielen eine sehr große Rolle.

```
int x = 10;
int y = 20;
int summe = x + y;
Console.WriteLine("Summe: " + summe);
```

C/C++

C wurde schon sehr früh entwickelt und ist eine rein prozedurale Sprache. Die Anwendungsbereiche von C sind auch sehr vielfältig. Sie reichen vom Einsatz in der Systemprogrammierung (z. B. Linux Kernel) über Datenbanken bis hin zur Spieleprogrammierung. Teilweise ist die Popularität dieser recht „alten" Sprache auch historisch bedingt, da früher sehr viele Programme in C geschrieben wurden, welche bis heute gewartet und weiterentwickelt werden müssen. Viele andere Sprachen orientieren sich an der Syntax von C. C++ ist eine Programmiersprache, die als Erweiterung der C-Sprache entstanden ist, um objektorientiert programmieren zu können. Zum Einsatz kommt C++ in den gleichen Bereichen wie C, bietet aber durch seine objektorientierten Elemente zusätzliche Möglichkeiten. C++ gilt als eine sehr komplexe Sprache und es bedarf einiger Zeit, diese vollständig zu erlernen.

```
int x = 10;
int y = 20;
int summe = x + y;
printf("Summe: %d", summe);
```

JavaScript

JavaScript ist eine Prototypenbasierte Programmiersprache, die als integrierter Bestandteil eines jeden Web-Browsers verwendet wird. Das bedeutet, dass keine Kompilierung erforderlich ist, da der Browser selbst den Code liest und die angegebenen Aktionen ausführt. Dies macht JavaScript zu einer der besten Sprachen für die Erstellung von Websites. Aufgrund der Funktionen von HTML5 und von 2D- und 3D-Grafikbibliotheken spielt JavaScript auch bei der Entwicklung von Browserspielen eine wichtige Rolle.

```
<script>
var x = 10;
var y = 20;
var summe = x + y;
alert("Summe: " + summe);
</script>
```

PHP

PHP ist eine an C und Perl angelehnte Programmiersprache für Server-Side-Codes. Diese Sprache garantiert eine gute Kommunikation zwischen Webseiten und Servern, was bedeutet, dass die damit entwickelten Webseiten stabil sind und gute Performance bieten. So konnte sich die Scriptsprache PHP zur einer der beliebtesten Programmiersprachen für das Erstellen von Webseiten und Webanwendungen entwickeln. Viele Content-Management-Systeme wie WordPress oder Joomla sowie auch Shopsysteme für E-Commerce-Anwendungen beruhen auf PHP.

```
<?php
$x = 10;
$y = 20;
$summe = $x + $y;
echo "Summe: $summe";
?>
```

5.6.4 Programmierwerkzeuge und Frameworks unterscheiden

Nach der Auswahl der Programmiersprache müssen noch Programmierwerkzeuge und eventuell Framewor̈ls, welche zum Einsatz kommen sollen, bestimmt werden.

(1) Programmierwerkzeuge

Um ein Programm zu schreiben, bedarf es nicht vieler Programmierwerkzeuge. Im einfachsten Fall reicht ein Editor, ein Compiler oder Interpreter.

Programmierwerkzeuge

Unter Programmierwerkzeugen werden Softwareanwendungen verstanden, durch welche die Erstellung von Computerprogrammen unterstützt wird.

Wenn die Programme umfangreicher werden, dann sollte über den Einsatz einer integrierten Entwicklungsumgebung (IDE) nachgedacht werden. In einer IDE sind neben einem Texteditor mit Syntaxhervorhebung, einem Compiler oder Interpreter auch Debugger, Profiler, Projekt- und Versionsverwaltung unter einer gemeinsamen Oberfläche zusammengefasst. Durch Plugin-Schnittstellen lassen sich die meisten Entwicklungsumgebungen auch um weitere Funktionalitäten erweitern.

Integrierte Entwicklungsumgebung (IDE)

Bei einer IDE sind die wichtigsten Softwareentwicklungswerkzeuge in einem Programm unter einer einheitlichen Oberfläche zusammengefasst. Das hat das Ziel, die Arbeit der Programmierer bei der Programmerstellung zu vereinfachen, z.B. indem viele Aufgaben schon vorkonfiguriert und teilweise automatisiert sind.

So ist es mit modernen IDE möglich, in mehreren Programmiersprachen und für verschiedene Plattformen Programme zu entwickeln. Bekannte IDE sind z.B. Eclipse, VisualStudio oder PyCharm. Für manche Entwickler sind die heutigen IDE schon mit zu vielen Funktionen überladen, von denen sie nur einen Bruchteil benötigen. Deshalb hat ein Trend eingesetzt, wieder auf leichtgewichtige Editoren zurückzugehen, welche durch Plugins an die persönlichen Bedürfnisse angepasst werden können. Ein Beispiel dafür ist Visual Studio Code, ein moderner Texteditor, welcher plattformübergreifend eingesetzt werden kann. PYPL führt neben einem Programmiersprachenranking auch einen Index über die am häufigsten verwendeten IDEs.

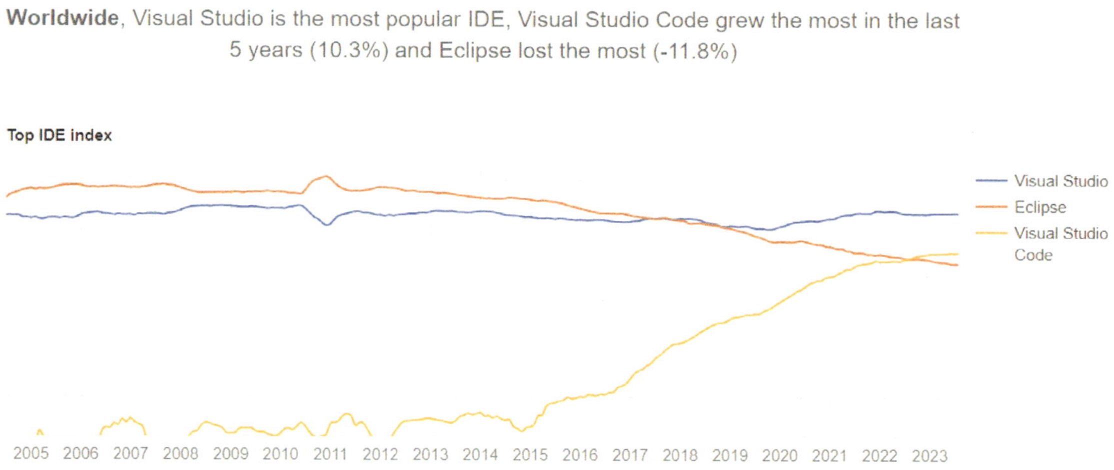

IDE Index, vollständiges Ranking unter pypl.github.io/IDE

Einige wichtige Programmierwerkzeuge sind in der nachfolgenden Tabelle näher erläutert.

Wichtige Programmierwerkzeuge	
Texteditor	Texteditoren werden zur Eingabe und Änderung des Quelltexts von Programmen verwendet. Für eine bessere Lesbarkeit des Quelltextes bieten die meisten für die Programmierung ausgelegten Texteditoren Syntaxhervorhebung (Syntax-Highlighting) an.
GUI-Editor (GUI-Builder)	GUI-Editoren erleichtern das Design von grafischen Benutzeroberflächen, indem sie das Anordnen von Steuerelementen per Drag-and-drop ermöglichen. Auch wird in der Regel das Programmieren von Events unterstützt.
Compiler, Interpreter, Assembler	Die Hauptaufgabe dieser Werkzeuge ist die Übersetzung des Quellcodes in ausführbare Maschinensprache. Es gibt für viele Programmiersprachen sowohl Compiler als auch Interpreter oder eine Kombination aus beiden.
Debugger	Der Debugger (von engl. „Entlausen“, Bug = Schädling, Fehlfunktion) ist ein Entwicklungswerkzeug, welches den Entwickler bei der Fehlersuche unterstützt. Mithilfe des Debuggers kann das Programm Schritt für Schritt ausgeführt und die einzelnen Programmzustände untersucht werden.
Versionsverwaltung	Eine Versionsverwaltung ist eine Software zur Speicherung und Verwaltung von Dateien und Dokumenten, welche bei der Entwicklung von Programmen erstellt werden.

An dieser Stelle werden die Entwicklungswerkzeuge Compiler und Interpreter noch einmal genauer betrachtet, weil sie essenziell für die Erstellung von Programmen sind. Alle Programme müssen vor der Laufzeit in Maschinenbefehle umgewandelt werden, die der Prozessor versteht und schnell ausführen kann. Diese Aufgabe übernehmen Compiler oder Interpreter. Ein Compiler übersetzt den Quelltext einmal in ein fertiges Programm und wird danach nicht mehr benötigt.

Compiler

Ein Compiler übersetzt den Quelltext von einem Programm in einen Maschinencode, ohne jedoch die Befehle auszuführen. Die Programmiersprache, aus der die übersetzten Programme stammen, wird als Quellsprache bezeichnet. Dementsprechend nennt man das zu übersetzende Programm Quelltext.

Ein Nachteil besteht darin, dass die kompilierten Programme maschinenabhängig sind und somit nicht auf jeder Computerplattform ausgeführt werden können. Wenn das Programm auf einer anderen Plattform laufen soll, dann muss es angepasst und neu für diese Plattform von einem entsprechenden Compiler übersetzt werden. Interpreter hingegen übersetzen das Programm erst zur Laufzeit. Die Übersetzung wird bei jedem neuen Start des Programms wiederholt. Deshalb wird der Interpreter für Ausführung des Programms immer zwingend benötigt. Der Vorteil von Interpretern besteht darin, dass die Programme in der Regel plattformunabhängig sind, d. h., sie müssen nur einmal geschrieben werden und laufen auf allen Plattformen, auf denen ein entsprechender Interpreter installiert ist. Dieser Vorteil wird aber mit einer geringeren Ausführungsgeschwindigkeit erkauft, weil der Übersetzungsvorgang etwas Zeit kostet. In den meisten Fällen fällt das aber gar nicht auf.

Interpreter

Ein Interpreter übersetzt während der Laufzeit eines Programms den vorhandenen Quelltext Anweisung für Anweisung in eine maschinenverständliche Form, d. h., er bearbeitet ein Programm zeilenweise, wobei jede Zeile einer Syntaxprüfung unterzogen wird.

Für viele Sprachen gibt es sowohl Compiler als auch Interpreter, wobei es immer, je nach Einsatzgebiet, eine bevorzugte Art gibt. Andere Programmiersprachen wie Java setzen auf eine Kombination aus Compiler und Interpreter. Hier wird der Quelltext in einen Bytecode kompiliert, welcher dann von einem Interpreter ausgeführt wird.

Neben diesen Werkzeugen, welche die Programmentwicklung unmittelbar unterstützen, kommen auch weitere Werkzeuge zum Einsatz, welche viele andere Tätigkeiten im Softwareentwicklungsprozess vereinfachen. Beispielhaft werden hier nur Werkzeuge zur grafischen Datenmodellierung oder Softwareprogramme zur Unterstützung des Projektmanagement genannt.

(2) Frameworks

Für häufig sich wiederholende Aufgaben gibt es **Frameworks**, die einem viel Arbeit abnehmen. Mit einem Framework wird das Grundgerüst für eine spätere Softwarelösung geschaffen. Es stellt eine Struktur zur Verfügung, die von sämtlichen Anwendungen gleichermaßen genutzt werden kann.

Die genaue Ausgestaltung eines Frameworks ist jedoch nicht eindeutig definiert. In der Praxis gibt es eine Vielzahl von Frameworks, die in unterschiedlichen Bereichen zum Einsatz kommen. Dazu gehören u. a.:

- **Application Frameworks:** Sie dienen als Programmiergerüst für eine bestimmte Klasse von Anwendungen, die ihrerseits der Bereitstellung von Funktionen und Programmstrukturen dienen.
- **Domain Frameworks:** Sie dienen als Programmiergerüst für einen bestimmten Problembereich. Sie enthalten typischerweise Funktionen und Strukturen, die zu einer Lösung des Problems benötigt werden.
- **Test Frameworks:** Sie dienen der Ausführung von Softwaretests, etwa für Programm- und Webentwicklungen.
- **Web Frameworks:** Sie dienen als Grundlage für die Entwicklung von Webanwendungen. Sie sind in der Regel dynamisch verwendbar.

Durch den Einsatz von Frameworks wird Programmierern Routinearbeit abgenommen, sodass sie sich auf die eigentliche Aufgabe konzentrieren können. Man kann sich beispielsweise durch den Einsatz von Spiele-Engines wie Unity oder der Cry-Engine um den eigentlichen Inhalt des Spiels kümmern, ohne sich mit den konkreten Belangen der Grafikausgabe auseinandersetzen zu müssen. Web-Frameworks wiederum erleichtern das Entwickeln von Web-Anwendungen. Bekannte Frameworks in diesem Bereich sind Symfony für PHP, Ruby on Rails, Django für Python und Play für Java. Für grafische Anwendungen auf dem Desktop empfiehlt sich für Windows das .NET-Framework. Für plattformunabhängige Anwendungen bieten sich Gtk+ oder Qt-Framework an.

Kompetenzcheck ✓

1 Welche Aussagen sind richtig?
a) Es gibt nur sehr wenige Programmiersprachen.
b) Programmiersprachen besitzen eine Syntax und Schlüsselwörter.
c) Es gibt imperative und deklarative Programmiersprachen.
d) Die Auswahl einer Programmiersprache für eine Programmieraufgabe ist in aller Regel unabhängig vom jeweiligen Aufgabengebiet.
e) Um die Popularität der Programmiersprachen zu messen, gibt es Indizes wie RedMonk oder den TIOBE-Index.
f) Ein Framework stellt dem Programmierer verschiedene Bibliotheken und Module für bestimmte Programmieraufgaben zur Verfügung und erleichtert somit die Programmierarbeit.
g) C ist eine neue Programmiersprache.
h) Python ist leicht zu erlernen und eignet sich sehr gut für den Einstieg in die Programmierung.
i) Eine IDE ist ein spezieller Texteditor.
j) Ein Debugger findet logische Fehler in einem Programm.
k) Interpreter übersetzen den Quelltext bei jedem Programmstart neu.
l) Kompilierte Programme sind in der Regel langsamer in der Programmausführung als interpretierte Programme.

2 Überprüfen und erweitern Sie Ihr Wissen über Programmiersprachen und -werkzeuge, indem Sie im Arbeitsbuch die Aufgaben 17, 18 und 19 der Lernsituation 3 bearbeiten. A17 A18 A19

3 Absolvieren Sie den Abschlusstest zur Lernsituation 3 mithilfe der Aufgabe 20 im Arbeitsbuch. A20

5.7 Einfache Anwendungen in Python implementieren

S **Sie eignen sich die Grundlagen des Programmierens von Anwendungen an. Dazu verwenden Sie die einsteigerfreundliche Programmiersprache Python.**

Jede Reise beginnt mit dem ersten Schritt, sagt ein altes Sprichwort. Dieses gilt sowohl für das Erlernen des Programmierens von Anwendungen im Allgemeinen als auch für das Erlernen einer Programmiersprache im Speziellen. Wenn schon Vorkenntnisse durch das Programmieren mit anderen Programmiersprachen vorhanden sind, dann wird eine neue Sprache in der Regel einfacher und schneller erlernt, besonders wenn die Syntax ähnlich ist.

Sehr komplexe Programmiersprachen, z. B. C++, sind häufig nicht sehr einsteigerfreundlich und können schnell zu Frustration führen. Für den Einstieg sind übersichtlichere Programmiersprachen wie Python besser geeignet.

5.7.1 Python beschreiben und eine Entwicklungsumgebung auswählen

S **Sie lernen die Programmiersprache Python und geeignete Entwicklungsumgebungen kennen und installieren diese auf Ihrem Rechner.**

Python ist eine leicht zu erlernende Programmiersprache, welche sich sowohl für Programmieranfänger als auch für Programmierer mit Erfahrung in anderen Programmiersprachen eignet. In der Praxis wird Python sehr häufig bei der Programmierung eingesetzt und deswegen gibt es auch entsprechend viele Entwicklungsumgebungen, welche Python unterstützen.

(1) Die Programmiersprache Python und geeignete Entwicklungsumgebungen

Im Vergleich zu anderen Sprachen wie C++, Java oder C# besitzt Python eine einfache, aber sehr mächtige Syntax. Python wurde von Guido van Rossum mit dem Ziel entworfen, mithilfe von wenigen Schlüsselwörtern komplexe Programme schreiben zu können, welche trotzdem sehr übersichtlich sind. Dabei legte er großen Wert auf eine einfache Standardbibliothek, welche aber leicht und flexibel erweitert werden kann. Python ist eine interpretierte Sprache, wodurch sich bei der Programmentwicklung erheblich Zeit sparen lässt, da Kompilieren und Linken nicht nötig sind. Außerdem kann der Interpreter interaktiv genutzt werden, sodass man einfach mit den Fähigkeiten der Sprache experimentieren kann.

Ende der 1980er-Jahre begann die Entwicklung von Python und Python 1.0 erschien 1994. Im Jahre 2008 wurde Python 3.0 freigegeben. Bei dieser Version wurden größere Veränderungen an der Sprache vorgenommen. Dadurch ist Python 3.0 allerdings teilweise inkompatibel mit früheren Versionen, z. B. Python 2.0.

! Python ist in den meisten Linux-Distributionen vorinstalliert. Bei Windows muss eine Nachinstallation erfolgen. Dazu kann die Sprache auf der Seite www.python.org/downloads heruntergeladen und danach auf dem Rechner installiert werden.

Nach der Installation können Python-Programme auf verschiedene Arten und Weisen erstellt und ausgeführt werden. Zu einen kann der Python-Interpreter im interaktiven Modus genutzt werden. Diese Vorgehensweise ist immer dann nützlich, wenn man „schnell" etwas ausprobieren möchte. Für das Schreiben und Ausführen von komplexen Python-Programmen ist der interaktive Modus aber nicht geeignet und soll hier nicht weiter vertieft werden. Bei der zweiten Variante handelt es sich um die klassische Vorgehensweise, bei der mit einem beliebigen Texteditor eine Python-Datei erstellt und dann per Konsolenanweisung ausgeführt wird. Diese wird hier auch nur vollständigkeitshalber erwähnt, da sie heutzutage selten in Gebrauch ist.

In der Regel wird für die Programmentwicklung eine Entwicklungsumgebung (IDE) verwendet. Fast alle bekannten IDE bieten Erweiterungen (Extensions) für Python an, sodass diese zum Entwickeln von Python-Programmen genutzt werden können. Einige wichtige sind in der folgenden Tabelle aufgeführt.

Entwicklungsumgebungen für Python	
IDLE	Ist eine einfache und leicht zu bedienende Entwicklungsumgebung, welche automatisch mit Python installiert wird. Läuft unter Windows, Linux und MacOS.
PyCharm	Ist eine moderne und leistungsfähige Entwicklungsumgebung des Unternehmens JetBrains für die Programmiersprache Python. Läuft unter Windows, Linux und MacOS.
Visual Studio Code	Ist ein freier Quelltext-Editor von Microsoft, welcher durch Extensions für die Python-Programmierung erweitert werden kann. Läuft unter Windows, Linux und MacOS.
Visual Studio	Ist eine IDE, welche von Microsoft für verschiedene Programmiersprachen, u. a. Python, entwickelt wird. Es gibt Versionen für Windows und MacOS.

Da PyCharm die am häufigsten eingesetzte IDE für die Entwicklung von Python-Programmen ist, wird diese im Folgenden näher betrachtet.

(2) Entwicklungsumgebung PyCharm

PyCharm ist eine integrierte Entwicklungsumgebung des Unternehmens JetBrains für die Programmiersprache Python. Es existieren eine kostenlose, quelloffene Community-Version sowie eine Version für professionelle Belange. Diese IDE gilt als komfortable Entwicklungsumgebung mit vielen Funktionen und enthält u. a. mehrere Editoren, einen Debugger und unterstützt vorzüglich die Verwaltung großer Projekte. PyCharm kann schnell und einfach installiert werden und es sind Versionen für Windows, MacOS und Linux verfügbar. Deswegen wird diese IDE von sehr vielen Python-Entwicklern genutzt.

> ! Die aktuelle Version von PyCharm kann unter https://www.jetbrains.com/de-de/pycharm/ heruntergeladen und installiert werden.

Kompetenzcheck

1. Welche Aussagen sind richtig?
   a) Python ist eine einfach zu erlernende Programmiersprache.
   b) Python 2.0 und Python 3.0 unterscheiden sich erheblich.
   c) Visual Studio kann durch Extensions für die Erstellung von Python-Programmen erweitert werden.
   d) Von PyCharm gibt es Versionen für Windows, Linux und MacOS.

2. Laden Sie die aktuelle Version von Python und PyCharm auf Ihren Computer und installieren Sie die Programme.

3. Werten Sie u. a. einen englischen Text zu Python aus, indem Sie die Aufgaben 1 und 2 der Lernsituation 4 im Arbeitsbuch bearbeiten. A1 A2

5.7.2 Ein erstes Programm implementieren und ausführen

S Sie erarbeiten sich Wissen darüber, wie man Python-Programme in PyCharm erstellt und ausführt.

Nach der Installation von Python und PyCharm kann ein Python-Programm erstellt und ausgeführt werden. Dazu sind folgende Schritte notwendig:

(1) Ein Projekt und eine Projektdatei anlegen

Gestartet wird PyCharm durch einen Doppelklick auf das Programmsymbol. Nach dem Start ist das Fenster der rechten Abbildung zu sehen.

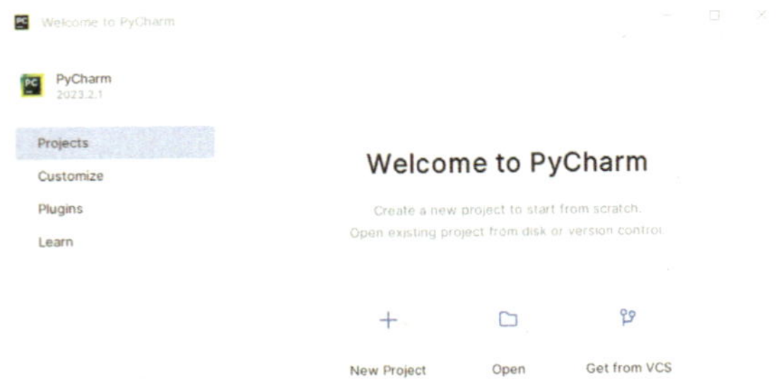

Durch *New Project* wird ein neues Projekt angelegt. Es erscheint ein Fenster, in dem das Projektverzeichnis und der Projektname eingegeben werden können.

In diesem Fall wird im Verzeichnis „Python_Projekte" das Projekt „Erstes_Projekt" erstellt. Durch Betätigen des *Create*-Buttons wird dieser Vorgang abgeschlossen, ein neues Projekt wird angelegt und in der Entwicklungsumgebung angezeigt.

Zu diesem Projekt kann man nun verschiedene Python-Dateien hinzufügen. Dazu klickt man zunächst auf das Symbol „=" und wählt dann im angezeigten Menü den Punkt *File* aus. Dort wiederum den Punkt *New* und in dem Fenster, welches danach angezeigt wird, den Punkt *Python File*. Alternative kann man auch einen Rechtsklick auf den Ordner "Erstes_Projekt" machen.

Wenn alles richtig gemacht wurde, erscheint ein Eingabefenster, in welchem der Name einer Datei eingeben werden kann. In diesem Beispiel wird der Name „MeinErstesProgramm" eingegeben. Die Eingabe wird mit *ENTER* bestätigt und somit die entsprechende Datei im Projektordner erzeugt.

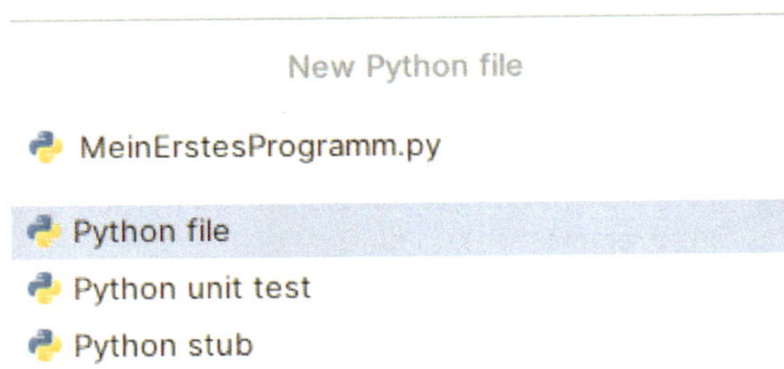

(2) Programm schreiben und ausführen

Nun kann der Quelltext für das Programm eingegeben werden. In Python reicht es aus, folgende Anweisung einzugeben, um bereits ein kleines, aber ausführbares Programm zu haben:

```python
print("Mein erstes Python-Programm")
```

Um das Programm zu starten, wird in der Menüleiste nun der Menüpunkt *Run* ausgewählt und in dem darauffolgenden Fenster „MeinErstesProgramm" gestartet. Alternativ kann auch die Tastenkombination [Alt + Umschalt – F10] verwendet werden. Das Programm wird nun ausgeführt und das Ergebnis in einem Extra-Fenster im unteren Teil von PyCharm dargestellt.

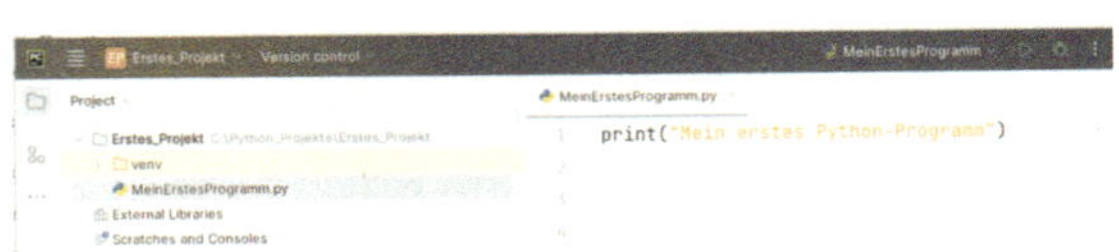

PyCharm kann nun geschlossen werden. Nach erneutem Start von PyCharm steht das Projekt wieder zur Verfügung. Mit dem Befehl *File | New Project* kann ein weiteres Projekt angelegt werden. Allerdings sollte das aktuelle Projekt vorher und natürlich auch zwischendurch gespeichert werden. Dazu dient der Menübefehl *File | Save All*. Hiermit werden alle notwendigen Dateien für das Projekt angelegt und gesichert.

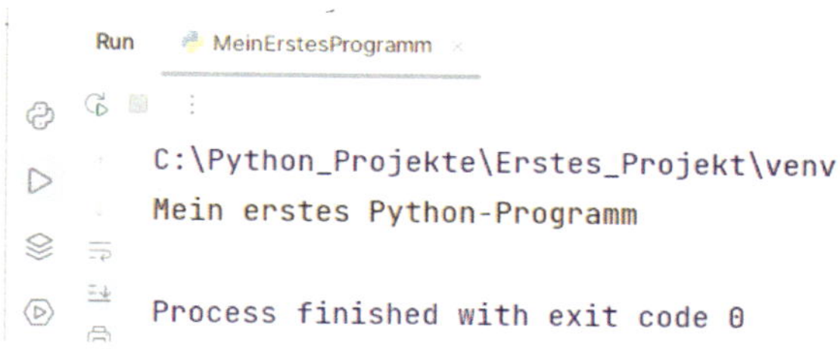

Kompetenzcheck

1. Legen Sie ein Projekt und eine neue Datei an und geben Sie den Quelltext von „MeinErstesProgramm" ein. Führen Sie das Programm danach aus.
2. Verändern Sie den Quelltext so, dass Ihr Name ausgegeben wird.
3. Speichern Sie das Projekt ab und ermitteln Sie, wo welche Dateien angelegt werden.
4. Bearbeiten Sie im Arbeitsbuch die Aufgabe 3 der Lernsituation 4.

A3

5.7.3 Syntaktische Grundlagen beschreiben

S Sie sollen die syntaktischen Grundlagen von Python beschreiben.

Wenn man eine Programmiersprache benutzen möchte, dann muss man die Syntaxregeln dieser Sprache beachten. Das Wort „Syntax" kommt aus dem Griechischen und bedeutet „Satzbau". Die Syntax beschreibt, welche Schlüsselwörter wie benutzt werden dürfen. Außerdem gibt es ist eine Art Grammatik, an die sich Programmierer zu halten haben. Wenn gegen die Regeln verstoßen wird, wird ein sog. Syntax-Error angezeigt.

Syntax einer Programmiersprache

Die Syntax einer Programmiersprache sind formale Regeln über die zulässigen Sprachelemente und über die zulässigen Möglichkeiten ihrer Verwendung in einem Programm.

(1) Aufbau eines Python-Programms, Blöcke und Leerzeichen

Grundsätzlich besteht ein Python-Programm aus einzelnen Anweisungen oder Anweisungsblöcken. Im einfachsten Fall enthält das ganze Programm nur eine Anweisung, welche dann interpretiert und ausgeführt wird. Die Anweisung

```
print("Mein erstes Programm")
```

besteht aus dem Befehl *„print"*, welcher etwas auf dem Bildschirm ausgibt, und dem Text, welcher ausgegeben werden soll. Dieser wird innerhalb der runden Klammern angegeben und als Text oder String in Anführungszeichen eingeschlossen. Allerdings sind Programme in der Regel nicht derart simpel aufgebaut, sondern bestehen aus vielen Anweisungen, welche sinnvoll strukturiert werden müssen. Python macht hier den Programmierern genaue Vorgaben, an die sie sich zu halten haben. Die Strukturierung oder auch die Bildung von Programmblöcken von Python-Programmen unterscheidet sich wesentlich von anderen Sprachen. Viele Programmiersprachen benutzen geschweifte Klammern oder „begin" und „end" oder Ähnliches, um Programmblöcke zu kennzeichnen. Leerzeichen werden in der Regel vom Compiler bzw. Interpreter ignoriert und Programmblöcke müssen weder eingerückt noch anders strukturiert werden. Der Lesbarkeit wegen wird das Einrücken aber empfohlen und in der Praxis auch so gehandhabt.

Python beschreitet hier einen anderen Weg. Leerzeichen haben eine Bedeutung und das Einrücken von Programmzeilen ist zur Bildung von Programmblöcken unbedingt notwendig. Dieses führt automatisch dazu, lesbaren Quellcode zu schreiben.

Beispiel für Anweisungsblöcke

```
if a > b:
        a = a + 2
        print(a)
else:
        b = b - 3
        print(b)
```

In der Praxis bedeutet das, dass Anweisungen, die zusammengehören, die gleiche Einrückungstiefe haben müssen. Jeder solcher Abschnitte von Anweisungen mit der gleichen Einrückungstiefe wird auch *Block* genannt. Blöcke können auch ineinander verschachtelt werden. Dazu wird der Unterblock wieder eingerückt.

Leerzeichen in Python

Da die Anzahl der Leerzeichen und wie diese erzeugt werden, eine große Rolle in Python spielt, gibt es Empfehlungen und Hinweise, an die man sich halten sollte. Damit werden später Probleme in der Programmierpraxis vermieden.

- Es sollte auf keinen Fall ein Mix aus Tabulator und Leerzeichen benutzt werden.
- Auch wenn man nur den Tabulator benutzen könnte, ist es ratsam, diesen ganz zu vermeiden und stattdessen Leerzeichen zu verwenden.
- In der Regel werden zwei oder vier Leerzeilen pro Einrückungszeile verwendet.
- Es sollte immer ein einheitlicher Stil für das ganze Programm eingehalten werden.

(2) Groß- und Kleinschreibung, Semikolons

Python ist *case sensitive*, d.h. es wird zwischen Groß- und Kleinschreibung unterschieden. So sind in Python „print“ und „Print“ zwei unterschiedliche Bezeichner. Hier schleichen sich, besonders am Anfang, oft Syntaxfehler ein. Viele Schreibfehler sind auf den ersten Blick kaum zu erkennen.

Der Gebrauch von Semikolons in Python hat eine andere Bedeutung als in Sprachen wie C++ oder Java. In der Regel braucht zum Abschluss einer Anweisung kein Semikolon gesetzt zu werden. Das Semikolon wird dazu verwendet, mehrere Anweisungen hintereinander in eine Zeile zu schreiben. Das Semikolon dient in diesem Fall als Separator. Da es aber aus Lesbarkeitsgründen vermieden werden sollte, mehrere Anweisungen in eine Zeile zu schreiben, spielt die Verwendung eines Semikolons in Python-Programmen nur eine untergeordnete Rolle.

Beispiel für die Verwendung von Semikolons

```
print("Hello World"); print("Mein erstes Programm")

a = 20; b = 30; c = 40;
```

(3) Bezeichner und Literale

Mithilfe von Bezeichnern wird beispielsweise eine Variable, eine Klasse oder eine Methode eindeutig identifiziert. Man spricht in diesem Zusammenhang auch von Variablen- oder Funktionsnamen.

Diese Namen müssen innerhalb eines Namensraums eindeutig sein und können im Rahmen einiger Regeln frei gewählt werden.

Regeln für Bezeichner

- Ein Bezeichner darf nur alphanumerische Zeichen und Unterstriche enthalten.
- Leerzeichen und andere Sonderzeichen wie #, §, $ usw. sind nicht zugelassen.
- Ein einzelner Unterstrich allein ist in Python zulässig.
- Ein Bezeichner muss mit einem Buchstaben oder dem Unterstrich anfangen.

Beispiele: Person, umsatz_, _name, anzahl_autos, x_abstand, y1, z, Artikel

Bei einem Literal handelt es sich um ein Programmelement, das direkt einen Wert darstellt. Es gibt u. a. Ganzzahl-, Gleitkomma-, Zeichenliterale, Boolesche Literale und binäre Literale.

Typ	Beispiel	
Ganzzahlliteral	133 0x5ffff oder 0x5FFFF	*# dezimal Literal* *# hexadezimal Literal*
Komplexe Zahlen	6j	*# komplexe Zahl*
Gleitkommaliteral	66.45 66.45e0 66.45E1	*# 66,45* *# 66,45* *# 664,5*
Zeichen- und Zeichenfolgenliterale	'a' "Hello World“	
Boolesche Literale	True False	*# Groß- und Kleinschreibung* *# beachten!*
Binäre Literale	0B00001101 0b00001101 0B0000_1101	*# dezimal 13* *# dezimal 13* *# dezimal 13*

(4) Schlüsselwörter

Bei den Schlüsselwörtern handelt es sich um reservierte Wörter, die eine besondere Bedeutung in Python besitzen. Sie können nur im vorgesehenen Zusammenhang verwendet werden und sind als Bezeichner (z. B. für Variablen) nicht erlaubt. Im Gegensatz zu anderen Programmiersprachen besitzt Python eine recht überschaubare Anzahl an Schlüsselwörtern.

Schlüsselwörter				
and	as	assert	async	await
break	class	continue	def	del
elif	else	except	False	finally
for	from	global	if	import

Schlüsselwörter				
in	is	lambda	None	nonelocal
not	or	pass	raise	return
try	True	while	with	yield

Einige Schlüsselwörter sind nur für bestimmte Kontexte reserviert, d. h. ihre Verwendung als Schlüsselwort ist in einem speziellen Kontext möglich, während gleichzeitig die Kompatibilität mit vorhandenem Code gewahrt bleibt, der diese Namen als Bezeichner verwendet. Solche Schlüsselwörter werden auch als Soft-Schlüsselwörter bezeichnet.

Soft-Schlüsselwörter			
match	case	_	type

Schlüsselwörter können in PyCharm leicht erkannt werden, weil sie sich farblich von anderen Wörtern unterscheiden. Man spricht in diesem Zusammenhang auch von **Syntaxhervorhebung** oder von Syntax-Highlighting.

(5) Kommentare

Kommentare dienen dazu, Notizen oder Bemerkungen direkt in den Quelltext aufzunehmen. Der Text innerhalb von Kommentaren unterliegt dabei keinen Einschränkungen und ist beliebig zu gestalten. In PyCharm werden Kommentare auch syntaktisch hervorgehoben und können somit leicht vom Rest des Quellcodes unterschieden werden.

Kommentare

Kommentare dienen dazu, Notizen oder Bemerkungen direkt in den Quelltext des Programms aufzunehmen. Alle Kommentare werden später beim Ausführen des Programms ignoriert.

Syntax-Kommentare

#	– einzeilige Kommentare
""" ...... """	– mehrzeilige Kommentare (drei Anführungsstriche oben am Anfang und am Ende ohne Leerzeichen dazwischen).

Beispiele:

```
# Dies ist ein Einzeilenkommentar
""" Dieser Kommentar
      geht über
      mehrere Zeilen """
```

Mithilfe von Kommentaren ist der Programmierer in der Lage, sein Programm für die Leser verständlicher zu machen. Aber wenn es auch verlockend erscheint, jede Programmzeile zu kommentieren, sollten Kommentare trotzdem nur sehr gezielt eingesetzt werden. Dieser Aspekt wird noch ausführlicher im Abschnitt der Dokumentation von Quellcode betrachtet (siehe auch Kapitel 5.10.3). Die Kommentarfunktionalität wird von Programmierern auch gerne zum Testen von Programmen verwendet. Dazu werden unvollständige, fehlerhafte oder im Augenblick überflüssige Programmteile nicht gelöscht, sondern erst einmal „auskommentiert". Somit steht der Quellcode weiterhin zur Verfügung, wird aber bei der Programmausführung ignoriert.

(6) Module und Namensräume

In Python ist ein Modul eine Datei, welche Definitionen und Anweisungen enthält. Der Modulname entspricht dem Dateinamen. Jedes Modul hat seinen eigenen Namensraum, und die Bezeichner, welche innerhalb dieses Modules definiert wurden, sind auch nur in diesem gültig. Unter einem Namensraum versteht man einen Raum innerhalb eines Programmes, in dem ein Bezeichner (z. B. der Name einer Variablen oder einer Funktion) gültig ist. Durch die Definition von Namensräumen werden beispielsweise Konflikte vermieden, welche auftreten, wenn Bezeichner aus unterschiedlichen Modulen denselben Namen besitzen.

Namensräume in Python

Generell gibt es in Python nur drei Namensräume:
- **Lokaler Namensraum:** Hier sind die Bezeichner nur innerhalb einer Methode gültig.
- **Modularer Namensraum:** Hier sind die Bezeichner nur innerhalb des Moduls (Datei) gültig.
- **Namensraum von Python:** Alle Bezeichner, welche von Python selbst zur Verfügung gestellt werden, sind überall im Programm gültig.

Das Importieren von Modulen erfolgt mithilfe des Schlüsselwortes *„import"*, gefolgt von dem Namen des Moduls, welches importiert werden soll.

In dem nachstehenden Beispiel wird die mathematische Bibliothek eingebunden, um die Sinus- und die Cosinus-Funktion zu benutzen. Generell hat es sich als Standard durchgesetzt, dass alle Module, welche später gebraucht werden, gleich am Anfang in den Quelltext mit eingebunden werden. Dieses dient vor allem der Lesbarkeit des Quelltextes. Eine Notwendigkeit, gleich am Anfang alle Module zu importieren, besteht aber nicht.

Beispiel für das Importieren von Modulen

```
import math
winkel = 30
sinus = math.sin(winkel)
cosinus = math.cos(winkel)
```

(7) Built-in-Funktionen

Nicht alle Funktionen und Methoden müssen durch eine *import*-Anweisung eines entsprechenden Moduls in das Programm mit eingebunden werden. So kann beispielsweise die Funktion *„print(...)"* verwendet werden, ohne dass ein Modul importiert werden muss. Der Python-Interpreter kennt eine Reihe solcher Funktionen. Diese werden Built-in-Funktionen genannt. Built-in-Funktionen sind immer in Python-Programmen verfügbar. Die folgende Tabelle zeigt eine Liste dieser Funktionen.

Built-in-Funktionen						
abs()	aiter()	all()	anext()	any()	ascii()	bin()
bool()	breakpoint()	bytearray()	bytes()	callable()	chr()	classmethod()
compile()	complex()	delattr()	dict()	dir()	divmod()	enumerate()
eval()	exec()	filter()	float()	format()	frozenset()	getattr()
globals()	hasattr()	hash()	help()	hex()	id()	input()

Built-in-Funktionen						
int()	isinstance()	issubclass()	iter()	len()	list()	locals()
map()	max()	memoryview()	min()	next()	object()	oct()
open()	ord()	pow()	print()	property()	range()	repr()
reversed()	round()	set()	setattr()	slice()	sorted()	staticmethod()
str()	sum()	super()	tuple()	type()	vars()	zip()
__import__()						

Kompetenzcheck ✓

1 Welche Aussagen sind richtig?

a) Einrückungen spielen in Python keine Rolle.
b) Für Einrückungen sollten Leerzeichen verwendet werden.
c) In Python wird Groß- und Kleinschreibung unterschieden.
d) *PreisIn$* ist ein gültiger Bezeichner.
e) *77,12e2* ist ein gültiges Gleitkommaliteral.
f) *Return*, *while* und *repeat* sind Schlüsselwörter in Python.
g) Das Einbinden von Modulen in ein Programm erfolgt durch das Schlüsselwort *„import"*.
h) Built-in-Funktionen müssen nicht extra ins Programm importiert werden.

2 Im nachstehenden Quelltext sind neun Syntaxfehler enthalten. Finden Sie diese ohne Hilfe eines Editors und überprüfen Sie Ihr Ergebnis erst dann durch Eingabe des Quelltextes. (Hinweis: Syntaxfehler werden in PyCharm mit einer roten Wellenlinie gekennzeichnet.)

```
"" print(‚Das ist mein erstes Programm') """
# print(‚----------------------------')
Print(Hello World");; printt „Das hat geklappt")
```

3 Formatieren Sie den folgenden Quellcode durch Einrückungen so, dass korrekte Blöcke entstehen. Zu welchem Block eine Ausgabe gehört, ist in dem Ausgabetext angegeben. (Hinweis: *if a < 10:* soll ein Unterblock von dem *else*-Block darüber sein)

```
a = 33
print("Block1")
if a == 3:
print("Block2")
print("Block2")
else:
print("Block3")
print("Block3")
if a < 10:
print("Block4")
print("Block4")
print("Block4")
print("Block3")
print("Block1")
```

4 Kennzeichnen Sie im folgenden Quelltext sämtliche Schlüsselwörter. Überprüfen Sie Ihr Ergebnis in PyCharm.

```
import berechnungsmodul as bm

a = 3
b = 4
if a == 4 and b == 4:
        print("a und b haben den Wert 4")
        bm.berechne_variante_x(a,b)
else:
        print("a und b haben nicht gemeinsam den Wert 4")
        bm.berechne_variante_y(a,b)
```

5 Bearbeiten Sie im Arbeitsbuch die Aufgaben 4, 5 und 6 der Lernsituation 4.

A4
A5
A6

5.7.4 Anweisungsfolgen programmieren und Exceptions abfangen

S **Sie sollen lernen, einfache Algorithmen, welche nur aus einer Abfolge von Anweisungen bestehen, mithilfe eines Struktogramms zu planen und diese dann als Konsolenprogramme in Python umzusetzen.**

Um Daten in ein Programm ein- und auszugeben, bieten Programmiersprachen meistens mehrere Möglichkeiten. Eine davon ist die Arbeit mit der Konsole. Dieses hat den Vorteil, dass man sich auf den zu entwickelnden Algorithmus, welcher die Daten verarbeiten soll, konzentrieren kann und sich nicht mit den Details der Oberflächenprogrammierung auseinandersetzen muss. Mit Anweisungsfolgen lassen sich sehr einfache Algorithmen zu Datenverarbeitung entwickeln und bieten einen idealen Einstieg in diese Materie.

(1) Anweisungsfolge (Sequenz)

Anweisungen beschreiben einzelne Arbeitsschritte, die zur Lösung einer Problemstellung erforderlich sind. Anweisungen werden nacheinander (sequenziell) von oben nach unten und genau einmal abgearbeitet. Einzelne Anweisungen in Programmen können beispielsweise Zuweisungen, Berechnungen oder Ein- und Ausgaben sein.

Anweisung und Anweisungsfolgen	
Darstellung im Struktogramm	Beispiele in Python
Anweisung Anweisung 1 / Anweisung 2 / Anweisung n	x = float(input("Geben Sie eine Zahl ein:")) y = x * x print("Das Quadart der Zahl ist: ", y)

Als Beispiel soll ein Programm zur Berechnung einer Durchschnittstemperatur dienen.

Beispielaufgabe

Funktionale Anforderungen: Es soll ein Programm entwickelt werden, in das der Benutzer drei Temperaturwerte eingeben kann und das anschließend die Durchschnittstemperatur berechnet und ausgibt.

Lösung als Struktogramm
Zuerst wird ein Struktogramm für den Algorithmus entwickelt. Mithilfe des Struktogramms kann dann ein Programm in Python geschrieben werden. Das Struktogramm für den Algorithmus sieht wie folgt aus:

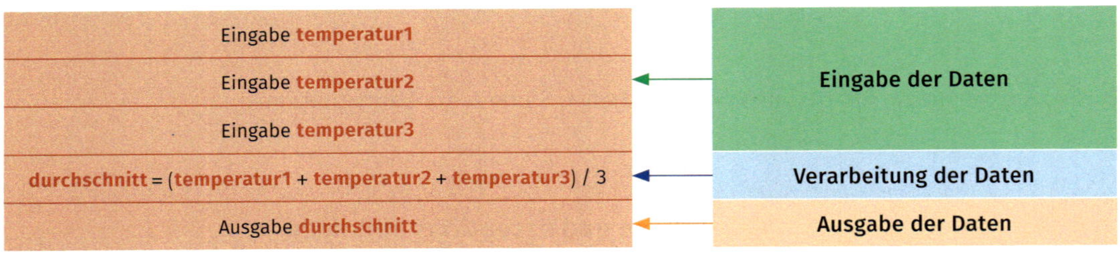

(2) Ein- und Ausgabe von Daten in der Konsole

Konsolenprogramme sind zum „schnellen Ausprobieren" von Algorithmen sehr nützlich, ohne mit hohem Aufwand eine Benutzeroberfläche erstellen zu müssen. Man kann sich so auf das Wesentliche im Algorithmus konzentrieren. Trotzdem ist es notwendig, grundlegende Ein- und Ausgabebefehle zu kennen, um Daten in das Programm ein- bzw. ausgeben zu können. Hierfür werden die Built-in-Methoden verwendet.

Konsolenausgabe in Python

```
# Ausgabe ohne Zeilenwechsel
print(…)

# Ausgabe mit Zeilenwechsel
print("…\n")
```

Die Ausgabe über die Konsole bewerkstelligt man in Python vorzugsweise mit der Built-in-Funktion *„print(…)"*. In die runden Klammern wird der Inhalt geschrieben, welcher ausgegeben werden soll. Dies können einfacher Text, Zahlen, der Inhalt von Variablen oder eine Kombination aus allen sein. Durch ein Komma können verschiedene Inhalte miteinander verknüpft werden. Es ist auch möglich, Berechnungen und Vergleiche innerhalb des Ausgabebefehls auszuführen und das Ergebnis anzuzeigen. Dabei wandelt der Befehl für die Ausgabe automatisch alle Datentypen in Text um und verknüpft sie zu einer einzigen Zeichenkette.

Beispiel für die Konsolenausgabe

```
print("Das ist mein erstes Programm")
print("Die Summe der beiden Zahlen ist ", summe)
print()                             # Leerzeile
print("Ausgabe: ", 23 + 23)         # Ausgabe: 66
```

Um die Ausgabe von Gleitkommazahlen zu formatieren, kann eine Variante von *print(...)* genutzt werden, die mit nummerierten Platzhaltern arbeitet. Dabei wird an die entsprechenden Stellen der Ausgabe der Zahlen eine fortlaufende Nummer in geschweifte Klammern gesetzt. Am Ende des Textes werden dann, durch Komma getrennt, die Inhalte in der *.format (...)*-Funktion aufgelistet, welche an die Stellen der Platzhalter geschrieben werden sollen.

Beispiel für die Konsolenausgabe

```
print("Der erste Wert ist {0} und der zweite Wert ist {1}"
      .format(wert1, wert2))
print("Die Abweichung beträgt {0:6.8f} ".format(abweichung))
print("Exponentialschreibweise {0:e} ".format(x))
```

Es gibt noch weitere Möglichkeiten, die Ausgabe zu formatieren. Wie bereits erwähnt wurde, wird die Arbeit mit der Konsole aber auf das Wesentliche beschränkt, damit wir uns auf die Algorithmen konzentrieren können.

Mit **Escape-Sequenzen** lassen sich Ausgaben weiter formatieren. Für alle Escape-Sequenzen gilt, dass sie durch einen Backslash eingeleitet werden müssen. Ansonsten können sie an beliebiger Stelle in die Ausgabe eingebaut werden.

Escape-Sequenz	Bedeutung	Beispiel
****	Ausgabe des Backslashs	`print("Ausgabe eines Backslashs \\")`
\"	Ausgabe von Anführungs-strichen	`print("\"")`
\n	Zeilenumbruch	`print("Hello World \n")`
\t	Standardtabulator	`print("Artikel \t Preis ")`

Konsoleneingabe in Python

```
# Eingabe ohne Parameter
input()
# Eingabe mit Text als Übergabeparameter
input("Ausgabetext")
```

Benutzereingaben über die Konsole realisiert man in Python vorzugsweise mit der Funktion *„input(...)“*. Diese Funktion gehört ebenfalls zu den Built-in-Funktionen und kann mit oder ohne Übergabeparameter verwendet werden. Als optionaler Übergabeparameter kann ein Text übergeben werden, welcher beim Ausführen der Funktion auf dem Bildschirm angezeigt wird. Wenn die Anweisung *„input()“* ausgeführt wird, wartet das Programm auf eine Eingabe vom Benutzer, welche dieser durch Drücken der Enter-Taste abschließen muss. Danach übergibt die Methode die Eingabe des Benutzers an das Programm. Dies erfolgt immer in Form einer Zeichenkette, egal, ob es sich um einen Text, eine ganze Zahl oder eine Gleitkommazahl handelt.

Diese Zeichenkette muss nun zur weiteren Verarbeitung gespeichert werden. Dazu werden in der Regel Variablen verwendet (siehe Seite 548). Wenn die Eingabe als Text gespeichert werden soll, ergibt sich kein weiteres Problem. Soll die Eingabe allerdings an eine Variable mit einem anderen Datentyp übergeben werden, muss erst noch eine Typumwandlung vorgenommen werden.

Beispiel für die Konsoleneingabe

```
name = input()
ort = intput("Geben Sie den Ausstellungsort ein: ")
x = int(input()) # Typumwandlung in eine ganze Zahl
anzahl = int(input("Geben Sie die Anzahl der Mitarbeiter ein: "))
y = float(input()) # Typumwandlung in eine Gleitkommazahl
preis = float(input("Geben Sie den Grundpreis ein: "))
```

Mit dem Wissen über die Eingabe- und Ausgabemöglichkeiten kann ein Teil des Programmes zur Berechnung einer Durchschnittstemperatur realisiert werden. Die Daten werden bereits in Variablen gespeichert. Dieses Thema wird aber erst im nächsten Abschnitt behandelt. Allerdings werden die Eingabedaten noch nicht verarbeitet, sondern nur zur Kontrolle ausgegeben.

Ein- und Ausgabe für das Programm zur Berechnung der Durchschnittstemperatur

```
print("Programm zur Berechnung einer Durchschnittstemperatur \n")
print("Geben Sie bitte drei Temperaturwerte in °C ein!")
temperatur1 = float(input("1. Wert: "))
temperatur2 = float(input("2. Wert: "))
temperatur3 = float(input("3. Wert: "))
print("Sie haben folgende Temperaturen eingeben: {0} °C, {1} °C, {2} °C"
      .format(temperatur1,temperatur2,temperatur3))
```

Nach dem Starten des Programms können drei beliebige Temperaturen eingegeben werden. Diese werden danach angezeigt. Eine mögliche Variante der Programmausführung ist im Screenshot dargestellt.

```
Programm zur Berechnung einer Durchschnittstemperatur

Geben Sie bitte drei Temperaturwerte in °C ein!
1. Wert: 23.4
2. Wert: -4.33
3. Wert: 9.2
Sie haben folgende Temperaturen eingeben: 23.4 °C, -4.33 °C, 9.2 °C

Process finished with exit code 0
```

(3) Datentypen und Variablen

Wie in dem Programm aus dem letzten Abschnitt zu sehen ist, müssen die Daten, welche in das Programm eingegeben wurden, gespeichert werden, damit man später damit weiterarbeiten kann. Dafür werden Variablen verwendet. Generell kann man also sagen, dass Variablen zum temporären Speichern von Daten dienen.

Variablen

Variablen werden in Programmen zur temporären Speicherung von Daten verwendet.

In den meisten Programmiersprachen ist es so, dass die Variablen einen Datentyp und einen frei wählbaren Namen besitzen. Der Datentyp einer Variablen legt deren Wertebereich sowie die Größe ihres Speicherplatzes fest. Außerdem bestimmt er die Operationen und Funktionen, die für diesen Datentyp angewendet werden können. In Python wird dies etwas anders gehandhabt. Zunächst einmal haben die Variablen in Python keinen bestimmten Datentyp. Deshalb müssen sie auch nicht extra deklariert werden. Benötigt man beispielsweise eine Variable x mit dem Wert 100, so erreicht man dies einfach mit der folgenden Anweisung:

```
x = 100
```

Der Name ist dabei frei wählbar, muss aber ein gültiger Bezeichner sein (siehe S. 541). Über den Namen kann später die Variable angesprochen werden. Variablen können an beliebiger Stelle innerhalb einer Klasse oder Funktion angelegt und verwendet werden. Konstanten, bei denen die Werte nach der Zuweisung nicht mehr geändert werden können, gibt es in Python nicht. Hier gilt nur die Regel, dass man normale Variablen verwendet und diese nach der Initialisierung nicht mehr verändert werden.

Bei der Variablendeklaration in Python müssen keine Datentypen angegeben werden (anders als z.B. in C# oder Java). Python kennt diese Datentypen intern aber trotzdem. So ist es u.a. manchmal notwendig, Variablen in einen anderen Datentyp umzuwandeln. Deshalb ist es wichtig, die einzelnen Datentypen von Python zu kennen. Es gibt die folgenden drei elementaren Datentypen: Zahlen (numerische Datentypen), Zeichen und Boolesche Datentypen.

Datentypen von Python		
Datentyp	**Beschreibung**	**Beispiel**

Ganzzahldatentyp	Der Ganzzahldatentyp besitzt keine Nachkommastellen und wird im Computer immer genau dargestellt. Andere Datentypen werden mit der Befehl *„int(...)“* in den Ganzzahldatentyp konvertiert.	`anzahl_monate = 12`
		`einwohner = 4300971`
		`x_wert = -4477`
		`summe = 0`

Gleitkommazahldatentyp	Der Gleitkommadatentyp enthält Kommastellen. Der Computer kann jedoch nicht jede Zahl genau darstellen. Dies kann selbst bei einfachen Rechnungen zu Rundungsfehlern führen. Andere Datentypen werden mit dem Befehl *„float(...)“* in den Gleitkommazahldatentyp konvertiert.	`preis = 12.34`
		`faktor = 1.33344`
		`abweichung = -34.5555`
		`preis = 234.`

Datentyp für komplexe Zahlen	Komplexe Zahlen haben einen realen und einen imaginären Teil. Beide Teile sind aber Gleitkommazahlen. Den realen bzw. den imaginären Teil einer komplexen Zahl z kann man sich durch *z.real* bzw. *z.imag* anzeigen lassen. Wenn man an eine normale Zahl ein „j“ anhängt, wird diese Zahl als komplexe Zahl interpretiert.	`x = 81.444j` `z = 45j`

Zeichendatentyp	Zeichen und Zeichenfolgen werden in Python als sog. Strings gespeichert. Ein String kann beliebig viele Zeichen enthalten. Dabei wird der Unicode-Standard voll unterstützt und die Speicherung von Zeichen geht somit weit über die Möglichkeiten des ASCII-Codes hinaus. Andere Datentypen lassen sich mit dem Befehl *„str(...)“* in den Zeichendatentyp konvertieren.	`zeichen = "a"`
		`name = "Lehmann"`
		`ausgabe = "Dies ist eine wichtige Mitteilung"`
		`print("Hallo")`

Datentypen von Python		
Datentyp	**Beschreibung**	**Beispiel**

Boolescher Datentyp	Im eigentlichen Sinne gehört der Boolesche Datentyp in Python auch zu den numerischen Datentypen. Allerdings kann dieser als Wert nur die Literale *„True“* oder *„False“* annehmen.	`anmeldung_ok = False`
		`ist_eingabe_ok = True`
		`is_running = False`

(4) Verarbeitung von Daten in Form von Berechnungen

Daten, welche in ein Programm eingegeben wurden, sollen in der Regel auch verarbeitet werden. Eine Art der Verarbeitung besteht darin, dass aus diesen Daten neue Daten berechnet werden. Für einfache Rechenvorgänge wie Addition oder Multiplikation werden sog. arithmetische Operatoren benutzt. Für komplexere Berechnungen, z. B. die Sinusberechnung, stehen in der mathematischen Bibliothek *math* entsprechende Funktionen zur Verfügung. Diese müssen aber zuvor mit dem *import*-Befehl in das Programm eingebunden werden (siehe S. 553).

Arithmetische Operatoren in Python

Arithmetische Operatoren, auch Rechenoperatoren genannt, führen mathematische Berechnungen durch, wobei sie in der Eingabe Ganz- oder Gleitkommazahlen erwarten und ein numerisches Ergebnis liefern. Python rechnet nach den üblichen mathematischen Regeln, d. h., es gilt Punkt- vor Strichrechnung. Allerdings kann diese Regelung – wie in der Mathematik auch – durch das Setzen von runden Klammern geändert werden.

Arithmetische Operatoren			
Operator	**Bezeichnung**	**Bedeutung**	**Beispiel**

+	Addition	a + b ergibt die Summe von a und b.	`x = 2`
			`y = 3`
			`# Die Summe ist 5.`
			`summe = x + y`

–	Subtraktion	a – b ergibt die Differenz von a und b.	`x = 2`
			`y = 3`
			`# Die Differenz ist -1.`
			`differenz = x - y`

*	Multiplikation	a * b ist das Produkt aus a und b.	`x = 2`
			`y = 3`
			`# Das Produkt ist 6.`
			`produkt = x * y`

/	Division	a / b ist der Quotient von a und b. Dabei ergibt die Division zweier Ganzzahlwerte immer ein Gleitkommawert.	`x = 2`
			`y = 3`
			`# Der Quotient ist 0,666.`
			`quotient = x / y`

//	Floor Division (Ganzzahldivision)	a // b ist der Quotient von a und b. Allerdings wird hier als Ergebnis ein Ganzzahlwert erzeugt. Die Nachkommastellen werden verworfen.	`x = 2`
			`y = 3`
			`# Der Quotient ist 0.`
			`quotient = x // y`

%	Modulo	a % b ist der Rest der ganzzahligen Division von a und b.	`x = 2`
			`y = 3`
			`# Der Rest ist 2.`
			`rest = x % y`

Arithmetische Operatoren			
Operator	**Bezeichnung**	**Bedeutung**	**Beispiel**

**	Exponential	a**b ist der Potenzwert von a hoch b. a ist die Basis und b der Exponent. Es wird ein Gleitkommawert zurückgegeben, wenn der Exponent negativ ist.	`x = 2`
			`y = 3`
			`# Das Ergebnis ist 8.`
			`ergebnis = x**y`

Neben den Rechenoperatoren wird für eine Berechnung auch noch der Zuweisungsoperator benötig. Die einfache Zuweisung wurde bereits in den vorangegangenen Beispielen verwendet.

Der einfache Zuweisungsoperator in Python

Der einfache Zuweisungsoperator = bewirkt, dass in einem gegebenen Objekt ein Wert gespeichert wird. Dabei steht auf der linken Seite immer das Objekt, dem etwas zugewiesen werden soll, und auf der rechten Seite immer der Wert, der zugewiesen wird.

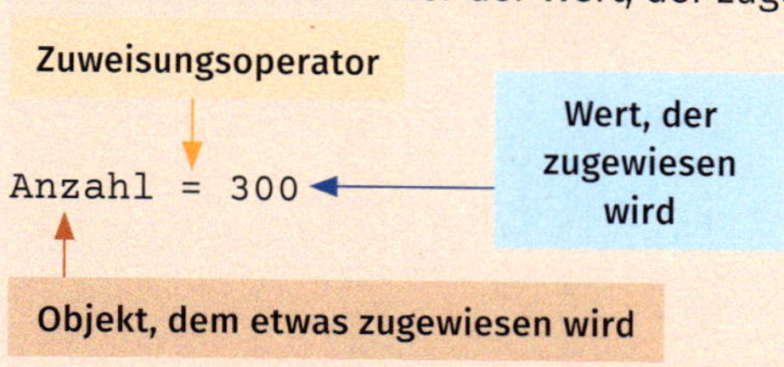

Es gibt aber auch Zuweisungsoperatoren, die im Zusammenhang mit anderen Operatoren eine verkürzte Schreibweise für Ausdrücke darstellen (siehe Tabelle, S. 540).

Zuweisungsoperatoren			
Operator	**Bezeichnung**	**Bedeutung**	**Beispiel**
=	Einfache Zuweisung	Speicherung des Werts in einem Objekt	`a = a + 3`

+=	Zuweisung mit Addition	Addition eines Werts zum Objekt mit gleichzeitiger Zuweisung des Ergebnisses	`a += 3`
			`entspricht auch:`
			`a = a + 3`

-=	Zuweisung mit Subtraktion	Subtraktion eines Werts vom Objekt mit gleichzeitiger Zuweisung des Ergebnisses	`a -= 3`
			`entspricht auch:`
			`a = a - 3`

*=	Zuweisung mit Multiplikation	Multiplikation eines Werts mit einem Objekt mit gleichzeitiger Zuweisung des Ergebnisses	`a *= 3`
			`entspricht auch:`
			`a = a * 3`

/=	Zuweisung mit Division	Division des Objekts durch einen Wert mit gleichzeitiger Zuweisung des Ergebnisses	`a /= 3`
			`entspricht auch:`
			`a = a / 3`

//=	Zuweisung mit ganzzahliger Division	Ganzzahlige Division des Objekts durch einen Wert mit gleichzeitiger Zuweisung des Ergebnisses	`a //= 3`
			`entspricht auch:`
			`a = a // 3`

%=	Zuweisung mit Modulo	Berechnung von Modulo mit gleichzeitiger Zuweisung des Ergebnisses	`a %= 3`
			`entspricht auch:`
			`a = a % 3`

**/	Zuweisung mit Potenzrechnung	Berechnung des Potenzwertes mit gleichzeitiger Zuweisung des Ergebnisses	`a **= 3`
			`entspricht auch:`
			`a = a ** 3`

Mithilfe dieser Operatoren kann nun das Programm vervollständigt werden. Wie im Struktogramm geplant wird nun die Berechnung der Durchschnittstemperatur implementiert und diese im Anschluss ausgegeben. Dazu wird der bestehende Quelltext angepasst und um die Berechnung erweitert.

Programm zur Berechnung der Durchschnittstemperatur

```
print("Programm zur Berechnung einer Durchschnittstemperatur \n")
print("Geben Sie bitte drei Temperaturwerte in °C ein!")
temperatur1 = float(input("1. Wert: "))
temperatur2 = float(input("2. Wert: "))
temperatur3 = float(input("3. Wert: "))
durchschnitt = (temperatur1 + temperatur2 + temperatur3) / 3
print("Sie haben folgende Temperaturen eingeben: {0} °C, {1} °C, {2} °C"
      .format(temperatur1,temperatur2,temperatur3))
print("Die Durchschnittstemperatur beträgt: {0:.2f} °C"
      .format(durchschnitt))
```

Nach dem Start könnte eine mögliche Ausgabe wie folgt aussehen:

```
Programm zur Berechnung einer Durchschnittstemperatur

Geben Sie bitte drei Temperaturwerte in °C ein!
1. Wert: 24.0
2. Wert: -4.33
3. Wert: 7.663
Sie haben folgende Temperaturen eingeben: 24.0 °C, -4.33 °C, 7.663 °C
Die Durchschnittstemperatur beträgt: 9.11 °C

Process finished with exit code 0
```

(5) Exception Handling

Syntax: Exception Handling in Python

```
try:
        # Hier werden alle Anweisungen aufgeführt,
        # bei denen eine Exception auftreten könnte
except Exceptiontyp as Name:
        # Behandlung der Exception
else:
        # Alternativer Zweig, welcher nur ausgeführt wird,
        # wenn zuvor keine Exception abgefangen wurde.
        # Dieser Zweig ist optional.
finally:
        # Dieser Block wird immer durchlaufen, egal ob
        # eine Exception auftritt oder nicht. Ist aber
        # optional.
```

Es ist nicht zu vermeiden, dass beim Programmieren Fehler entstehen. Logische Fehler lassen sich durch Testen des Programmes finden und können im Anschluss beseitigt werden. Schwieriger wird es mit dem Erkennen und Beseitigen von nicht vorhersagbaren Fehlern, z. B. falsche Benutzereingaben. In älteren Programmiersprachen (z. B. C) werden Fehler in Funktionen durch einen sog. Fehlercode angezeigt, den die jeweilige Funktion zurückgibt. Dieser Fehlercode besitzt aber meist nur beschränkten Informationsgehalt. Python bietet die elegante Methode des Exception Handlings, um mit Fehlern flexibel umzugehen. Dabei wird der Programmfluss nicht durch Abfrage der Fehlercodes unterbrochen, sondern ein besonders ausgezeichneter Block übernimmt beim Aufkommen einer Exception (Ausnahme/Fehler im Programm) die Kontrolle. Ein überwachter Block wird durch das Schlüsselwort *„try“* eingeleitet und durch *„except“* beendet. Hinter *except* folgt der Programmblock, der dann wichtig wird, wenn eine Exception „gefangen“ wird. Somit umgibt dieser *try-/except*-Block einen Bereich, in dem Exceptions abgefangen und behandelt werden.

Programm zur Berechnung der Durchschnittstemperatur mit Exception Handling

```
try:
    print("Programm zur Berechnung einer Durchschnittstemperatur \n")
    print("Geben Sie bitte drei Temperaturwerte in °C ein!")
    temperatur1 = float(input("1. Wert: "))
    temperatur2 = float(input("2. Wert: "))
    temperatur3 = float(input("3. Wert: "))
    durchschnitt = (temperatur1 + temperatur2 + temperatur3) / 3
    print("Sie haben folgende Temperaturen eingeben: {0} °C, {1} °C, {2} °C"
          .format(temperatur1,temperatur2,temperatur3))
    print("Die Durchschnittstemperatur beträgt: {0:.2f} °C"
          .format(durchschnitt))
except Exception as e:
    print("Es ist folgender Fehler aufgetreten: \n" + e.args[0])
```

Das Konzept des Exception Handlings wird nun als Beispiel auf das Programm zur Berechnung der Durchschnittstemperatur angewandt. Bis jetzt wurde vorausgesetzt, dass der Benutzer korrekte Eingaben vornimmt. Falls er aber anstatt einer Temperatur beispielsweise einen Text eingibt, stürzt das Programm einfach ab. Das liegt daran, dass Buchstaben von Python nicht in Gleitkommazahlen umgewandelt werden können. Um solchen Fehleingaben vorzubeugen, wird der bisherige Quelltext in einen *try*-Block gesetzt und die eventuell auftretenden Ausnahmen in einem darauffolgenden *except*-Block behandelt. Nachfolgend ist ein Beispiel für eine Fehleingabe abgebildet und wie das Programm darauf reagiert.

```
Programm zur Berechnung einer Durchschnittstemperatur

Geben Sie bitte drei Temperaturwerte in °C ein!
1. Wert: Das ist ein Text
Es ist folgender Fehler aufgetreten:
could not convert string to float: 'Das ist ein Text'

Process finished with exit code 0
```

(6) Weitere Beispielaufgabe

Beispielaufgabe

Funktionale Anforderungen: Es soll ein Programm entwickelt werden, in welches die Anzahl der gekauften Artikel, der Preis eines Artikels und der gewährte Rabatt eingegeben werden. Der zu zahlende Preis soll vom Programm berechnet und ausgeben werden. Zunächst soll für den Algorithmus ein Struktogramm erstellt werden, um es dann in Python zu implementieren.

Lösung als Struktogramm

Zuerst wird ein Struktogramm für den Algorithmus entwickelt. Mithilfe des Struktogramms kann dann ein Programm in Python geschrieben werden. Das Struktogramm für den Algorithmus sieht wie folgt aus:

Eingabe: **anzahl**
Eingabe: **preis**
Eingabe: **rabatt**
normal_preis := (**anzahl** * **preis**)
gesamt_preis := **normal_preis** - (**normal_preis** * **rabatt** / 100)
Ausgabe: **gesamt_preis**

Lösung als Python-Programm

```
try:
        print("Programm zur Berechnung des Einkaufpreises")
        print("Bitte geben Sie folgende Werte ein:")
        anzahl = int(input("Anzahl der Artikel: "))
        preis = float(input("Preis pro Artikel: "))
        rabatt = float(input("Rabatt in Prozent: "))
        normal_preis = anzahl * preis
        gesamt_preis = normal_preis - (normal_preis * rabatt / 100)
        print("Der Einkaufspreis beträgt: {0:.2f} Euro"
              .format(gesamt_preis))
except Exception as e:
        print("Es ist folgender Fehler aufgetreten: \n" +
              e.args[0])
```

Kompetenzcheck

1 Welche Aussagen sind richtig?

a) Die Funktion *„print(...)“* ist eine Built-in Funktion.
b) Mit „*\n*“ wird ein Zeilenumbruch erreicht.
c) *„True“* und *„False“* sind die einzigen Werte, die ein Boolescher Datentyp annehmen kann.
d) Der Potenzwert zweier Zahlen wird wie folgt berechnet: *e = z1* *** *z2*.
e) U += 1 ist die verkürzte Schreibweise für U = U + 1.
f) Der *finally*-Block wird immer durchlaufen.

2 Legen Sie für alle einzelnen Daten in der Tabelle eine Variable an. Wählen Sie sinnvolle Variablennamen. Bestimmen Sie, um welchen Datentyp es sich handelt.

Mitarbeiterdaten	
Laufende Nummer	3
Name des Mitarbeiters	Müller, Karl
Alter des Mitarbeiters	34
Adresse	Mühlenweg 1A, 01069 Dresden
Telefonnummer	0177-1234567
Beruf	Fachinformatiker
Verheiratet, Lohnsteuerkasse	Ja, 3
Kinder	2
Lohn/Gehalt	2 870,00

3 Lösen Sie die nachfolgenden Aufgaben erst schriftlich und überprüfen Sie dann die Ergebnisse mithilfe eines Konsolenprogramms, indem Sie sich die Ergebnisse durch den Befehl *„print(...)“* anzeigen lassen.
Beispiel: print(123 % 7)
Was kommt als ganzzahliger Rest heraus?
123 % 7, 12 345 % 100, 121 % 11, 8 % 2, 9 % 2, 3 % 5

4 Welchen Wert hat x nach jeder Anweisung? Gegeben ist immer x = 12.
x += 12, x −= 12, x *= 12, x /= 12, x %= 12

5 Schreiben Sie ein Programm, das den Durchschnittsverbrauch an Kraftstoff von Fahrzeugen auf 100 km berechnet. Einzugeben sind die gefahrenen Kilometer und die getankte Menge an Kraftstoff.

6 Schreiben Sie ein Programm, das nach Eingabe der elektrischen Spannung in Volt und der elektrischen Stromstärke in Ampere den elektrischen Widerstand in Ohm ausrechnet und ausgibt.

7 In einem Programm sollen die Höhe und die Breite eines Bildes in Pixeln eingegeben werden. Des Weiteren soll der Benutzer den Speicherbedarf pro Pixel in Byte eingeben können sowie die Anzahl der Bilder, die er speichern möchte. Ausgegeben werden soll der Speicherplatzbedarf in Gibibyte (GiB).

8 Bearbeiten Sie im Arbeitsbuch die Aufgaben 7, 8 und 9 der Lernsituation 4.

A7
A8
A9

5.7.5 Verzweigungen und Funktionen implementieren

S **Sie sollen Verzweigungen und Funktionen verstehen und diese in Python implementieren können.**

Bisher wurden nur Anweisungsfolgen betrachtet, welche sequenziell (hintereinander) abgearbeitet werden. Oft ist es jedoch erforderlich, dass Programmteile mehrmals oder gar nicht durchlaufen werden sollen. Dafür gibt es Kontrollstrukturen. Eine solche Kontrollstruktur ist die Verzweigung.

(1) Verzweigungen (Selektion)

Die Verzweigung (Selektion, Auswahlstruktur, Alternative) unterstützt den Programmablauf, wenn er von einer oder mehreren Bedingungen abhängt. In Abhängigkeit von einer Bedingung können Anweisungen ausgeführt oder weggelassen werden. Die Bedingungen sind in der Regel an die relationalen

Operatoren geknüpft. Mehrere Bedingungen können durch logische Operatoren miteinander gekoppelt werden (siehe dazu auch Abschnitt [2], S. 548) Im Allgemeinen werden drei Arten von Verzweigungen unterschieden:

Verzweigungen		
Einseitige Verzweigungen	Zweiseitige Verzweigungen	Fallunterscheidung

In den nachfolgenden Tabellen sind die einzelnen Arten und ihre Umsetzung in Python näher beschrieben.

Einseitige Verzweigung	
Beschreibung	Hier wird nur ein Programmabschnitt unter einer bestimmten Bedingung ausgeführt.
Darstellung im Struktogramm	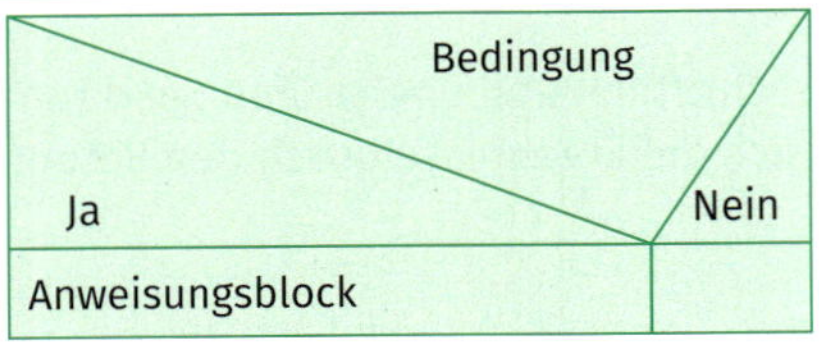
Umsetzung in Python	`if` *`Bedingung`*`:` `Anweisungsblock`

Beispiel	`zahl = int(input("Geben Sie eine ganze Zahl ein:"))`
	`if zahl > 0:`
	        `print("Die Zahl {0} ist größer als Null"`
	                `.format(zahl))`

Zweiseitige Verzweigung	
Beschreibung	Hier wird je nach Bedingung einer von zwei Programmabschnitten ausgeführt.
Darstellung im Struktogramm	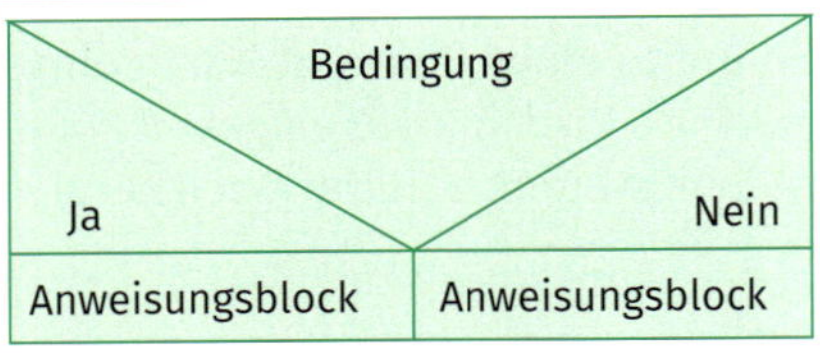

Umsetzung in Python	`if Bedingung:`
	        `Anweisungsblock`
	`else:`
	        `Anweisungsblock`

Beispiel	`zahl = float(input("Geben Sie eine Gleitkommazahl ein:"))`
	`if zahl >= 10.0 and zahl <= 20.0:`
	    `print("Die Zahl {0} liegt im Bereich von 10 bis 20"`
	            `.format(zahl))`
	`else:`
	    `print("Die Zahl {0} liegt nicht im Bereich von 10 bis 20"`
	            `.format(zahl))`

Fallunterscheidung

Beschreibung

Mit einer Fallunterscheidung kann eine Variable (Selektor) auf verschiedene Werte überprüft werden.

Darstellung im Struktogramm

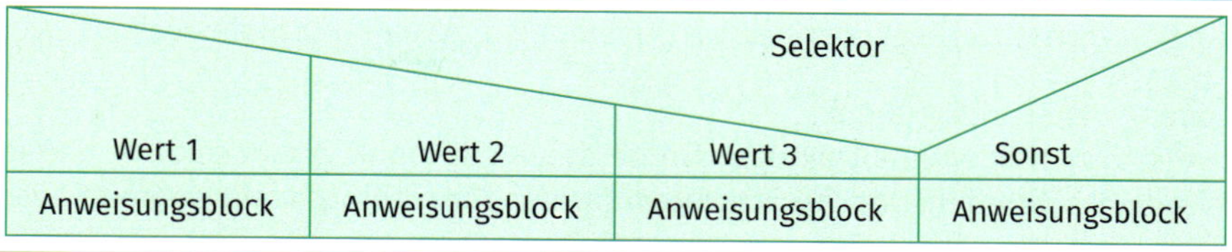

Umsetzung in Python

Bis zur Version 3.10 gab es kein sprachliches Mittel, um diese Struktur direkt in Python zu implementieren. Um dieses abzubilden, wurde eine *if*-Anweisung um einen oder mehrere *elif*-Zweige erweitert. Die Bedingung eines solchen Zweiges wird nur dann überprüft, wenn alle vorhergehenden *if*- bzw. *elif*-Anweisungen *„False“* ergeben haben.

```
if Bedingung:
       Anweisungsblock
elif Bedingung:
       Anweisungsblock
elif Bedingung:
       Anweisungsblock
```

Ab der Version Python 3.10 steht die match-case-Anweisung zur Verfügung. Gestartet wird der Block mit dem Schlüsselwort „match“ gefolgt durch den Selektor. Anschließend wird mithilfe des Schlüsselworts „case“ auf verschiedene Fälle zurückgegriffen. Für den Fall, dass keine Übereinstimmung vorliegt, ist das Soft-Schüsselwort „_“ vorgesehen.

```
match Selektor:
  case Wert1:
       Anweisungsblock
  case Wert2:
       Anweisungsblock
  .............
  case _:
       Anweisungsblock
```

Beispiel

```
auswahl = int(input("Geben Sie eine ganze Zahl ein:"))
if auswahl == 1:
       print("Es wurde eine 1 eingeben.")
elif auswahl == 2:
       print("Es wurde eine 2 eingeben.")
elif auswahl == 3:
       print("Es wurde eine 3 eingeben.")
elif auswahl < 1 or auswahl > 3:
       print("Es wurde keine 1, 2 oder 3 eingeben.")
```

oder

```
auswahl = int(input("Geben Sie eine ganze Zahl ein:"))
match auswahl:
case 1:
       print("Es wurde eine 1 eingeben.")
case 2:
       print("Es wurde eine 2 eingeben.")
case 3:
       print("Es wurde eine 3 eingeben.")
case _:
       print("Es wurde keine 1, 2 oder 3 eingeben.")
```

Als Beispiel wird nun das Programm zur Berechnung einer Durchschnittstemperatur angepasst und erweitert.

Beispielaufgabe

Funktionale Anforderungen: Es soll der berechnete Durchschnitt mit einem langjährigen Mittel verglichen werden. Dabei soll festgestellt werden, ob die Durchschnittstemperatur über oder unter dem langjährigen Mittel liegt oder gleich ist. Das langjährige Mittel ist als fester Wert im Programm hinterlegt.

Lösung als Struktogramm
Zuerst wird wieder ein Struktogramm für den Algorithmus entwickelt und danach das Programm in Python geschrieben. Das Struktogramm für den Algorithmus sieht wie folgt aus:

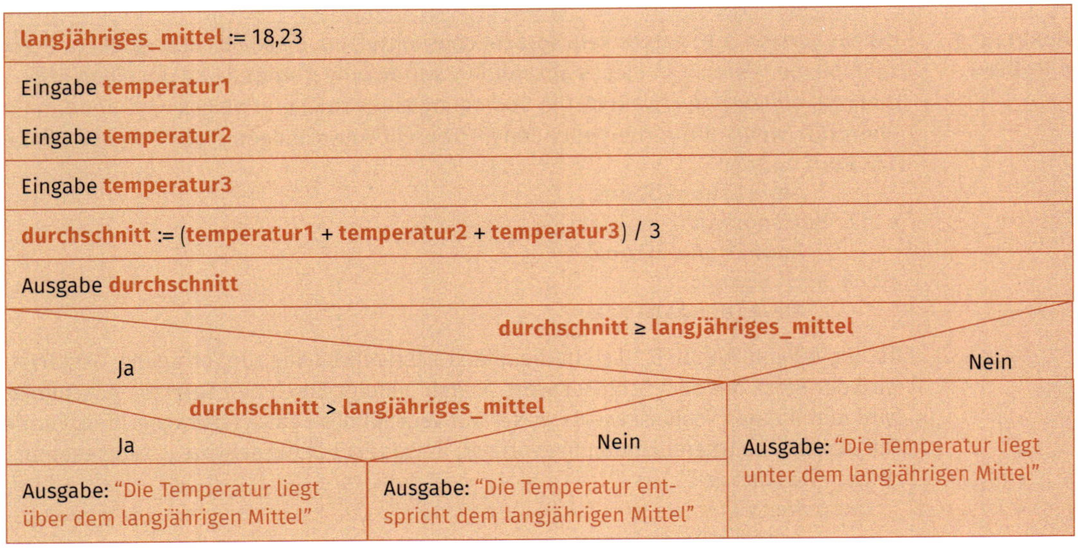

Nun muss noch das Programm in Python implementiert werden. Dazu wird der bisherige Quellcode angepasst und um die entsprechenden Verzweigungen erweitert.

Lösung: Programm zur Berechnung der Durchschnittstemperatur: Anpassung 1

```
try:
   langjähriges_mittel = 18.23
   print("Programm zur Berechnung einer Durchschnittstemperatur \n")
   print("Geben Sie bitte drei Temperaturwerte in °C ein!")
   temperatur1 = float(input("1. Wert: "))
   temperatur2 = float(input("2. Wert: "))
   temperatur3 = float(input("3. Wert: "))
   durchschnitt = (temperatur1 + temperatur2 + temperatur3) / 3
   print("Sie haben folgende Temperaturen eingeben: {0} °C, {1} °C, {2}
         °C"
         .format(temperatur1,temperatur2,temperatur3))
   print("Die Durchschnittstemperatur beträgt: {0:.2f} °C"
         .format(durchschnitt))
   if durchschnitt >= langjähriges_mittel:
        if durchschnitt > langjähriges_mittel:
               print("Die Temperatur liegt über dem langjährigen Mittel")
        else:
               print("Die Temperatur entspricht dem langjährigen Mittel")
   else:
        print("Die Temperatur liegt unter dem langjährigen Mittel")
except Exception as e:
   print("Es ist folgender Fehler aufgetreten: \n" + e.args[0])
```

Nach dem Start des Programms und den entsprechenden Eingaben könnte folgende Ausgabe beobachtet werden:

```
Programm zur Berechnung einer Durchschnittstemperatur

Geben Sie bitte drei Temperaturwerte in °C ein!
1. Wert: 22.34
2. Wert: 12.4
3. Wert: 19.4
Sie haben folgende Temperaturen eingeben: 22.34 °C, 12.4 °C, 19.4 °C
Die Durchschnittstemperatur beträgt: 18.05 °C
Die Temperatur liegt unter dem langjährigen Mittel

Process finished with exit code 0
```

(2) Relationale und Boolesche Operatoren

Um in Verzweigungen und später auch in Schleifen zwei Werte miteinander zu vergleichen, werden relationale Operatoren benötigt. Relationale Operatoren werden auch Vergleichsoperatoren genannt, da sie Ausdrücke miteinander vergleichen und ein logisches Ergebnis liefern, entweder *„True“* (wahr) oder *„False“* (falsch).

Relationale Operatoren			
Operator	**Bezeichnung**	**Bedeutung**	**Beispiel**
==	Gleichheit	a == b ergibt True, wenn a und b gleich sind.	`if x == 10:` ...
!=	Ungleichheit	a != b ergibt True, wenn a und b ungleich sind.	`if x != 10:` ...
<	kleiner	a < b ergibt True, wenn a kleiner b ist.	`if x < 10:` ...
>	größer	a > b ergibt True, wenn a größer b ist.	`if x > 10:` ...
<=	kleiner gleich	a <= b ergibt True, wenn a kleiner oder gleich b ist.	`if x <= 10:` ...
>=	größer gleich	a >= b ergibt True, wenn a größer oder gleich b ist.	`if x >= 10:` ...

Boolesche Operatoren werden auch logische Operatoren genannt. Sie stammen aus der Booleschen Algebra und dienen der logischen Verknüpfung von Aussagen. Mit ihrer Hilfe werden einzelne Vergleichsoperationen zu komplexeren Bedingungen zusammengefügt.

Boolesche Operatoren			
Operator	**Name**	**Bedeutung**	**Beispiel**
not	Negation	Invertiert den Ausdruck, d. h. kehrt ihn um	`if not x == 10:` ...
and	Und	Ergibt *True*, wenn beide Operanten *True* sind	`if x == 10 and y < 20:` ...
or	Oder	Ergibt *True*, wenn mindestens ein Operant *True* ist	`if x == 10 or y == 10:` ...

Die Wahrheitstabelle der einzelnen Operatoren sieht wie folgt aus:

x	y	x and y	x or y	not x	not y	not (x and y)	not (x or y)
True	**True**	True	True	False	False	False	False
True	**False**	False	True	False	True	True	False
False	**True**	False	True	True	False	True	False
False	**False**	False	False	True	True	True	True

(3) Identitätsoperatoren

Um zu testen, ob zwei Objekte in Python auf den gleichen Speicherort verweisen, werden die Schlüsselwörter „is“ und „is not“ verwendet.

Identitätsoperatoren		
Operator	**Bedeutung**	**Beispiel**
is	a is b ergibt True, wenn a und b auf den gleichen Speicherort verweisen.	`if x is y:` ...
is not	a is not b ergibt True, wenn a und b nicht auf den gleichen Speicherort verweisen.	`if x is not y:` ...

Wenn zwei Objekte den gleichen Speicherort aufweisen, dann haben diese auch den gleichen Wert. Deswegen wird für diesen Fall bei den Vergleichen x == y und x is y jeweils True ausgegeben. Der Unterschied besteht darin, dass zwei Objekte den gleichen Wert haben können, aber nicht auf denselben Speicherbereich verweisen.

Dieses wird in dem nachfolgenden Beispiel nochmal verdeutlicht.

Beispiel 1: Zwei Listen haben die gleichen Werte, besitzen aber unterschiedliche Speicherplätze.

```
x = [1, 2, 3]
y = [1, 2, 3]
print(x == y)     # Ausgabe: True
print(x is y)     # Ausgabe: False
```

Beispiel 2: Zwei Listen haben die gleichen Werte und haben den gleichen Speicherplatz.

```
x = [1, 2, 3]
y = x
print(x == y)     # Ausgabe: True
print(x is y)     # Ausgabe: False
```

(4) Funktionen

In Python können Programmteile innerhalb einer Funktion ausgeführt werden. Unter einer Funktion kann man einen Codeblock verstehen, welcher eine Reihe von Anweisungen enthält. Ein Programm führt diese Anweisungen aus, indem die entsprechende Funktion im Programm aufgerufen wird.

Vorteile von Funktionen

Übersichtlichkeit
Komplexe Programme werden in kleine Teilprogramme zerlegt, damit die Komplexität heruntergebrochen wird. So ist der Kontrollfluss leichter zu erkennen.

Vermeidung von Redundanzen (Wiederholungen) im Quellcode
Wiederkehrende Programmteile sollen nicht immer wieder neu programmiert, sondern an einer Stelle angeboten werden. Änderungen an der Funktionalität oder die Suche nach Fehlern lassen sich leichter durchführen.

Hohe Wiederverwendbarkeit von Quellcode
Programmteile, die einmal geschrieben wurden, können auch in andere Programme eingebunden werden. So spart man Entwicklungsaufwand.

Theoretisch könnte auf Funktionen ganz verzichtet und der ganze Code einfach hintereinandergeschrieben werden. Diese Vorgehensweise würde den Quelltext aber sehr schnell unübersichtlich machen. Daher werden einzelne Programmteile in Funktionen zusammengefasst und diese dann an den entsprechenden Stellen aufgerufen. Funktionen bestehen generell aus einer Funktionssignatur und einem Funktionsrumpf. In Python setzt sich die Signatur aus dem Namen der Funktion (Funktionsname), der Anzahl und Reihenfolge der Übergabeparameter (Parameterliste) und dem Schlüsselwort „*def*" zusammen.

```
def funktions_name(Parameterliste):   <-- Signatur der Funktion
    Anweisung1                        <-- Funktionsrumpf
    ...
    AnweisungN                        <-- Funktionsrumpf
```

Die Übergabeparameter werden zwischen den beiden runden Klammern aufgezählt. Werden keine Parameter übergeben, bleibt dieser Bereich leer. Die Funktionssignatur wird durch einen Doppelpunkt „:" abgeschlossen. Da der Funktionsrumpf einen eigenen Block darstellt, müssen alle Anweisungen, welche zu dieser Funktion gehören, entsprechend eingerückt werden.

In der Regel werden Funktionen mit und ohne Übergabeparametern und mit und ohne Rückgabewert unterschieden. Beispiele dafür sind in der nachfolgenden Tabelle zu finden.

Beispiele für Funktionen

Funktionen

ohne Übergabe- und Rückgabeparameter:

```
def zeichne_kreis():
    radius = 25
    ...
```

mit Übergabe- und ohne Rückgabeparameter:

```
def zeichne_kreis(radius):
    ...
```

ohne Übergabe- und mit Rückgabeparameter:

```
def berechne_durchmesser():
    radius = 25
    durchmesser = 2 * radius
    return durchmesser
```

mit Übergabe- und mit Rückgabeparameter:

```
def berechne_durchmesser(radius):
    durchmesser = 2 * radius
    return durchmesser
```

Als Beispiel für den Einsatz von Funktionen wird wieder das Programm zur Berechnung des Temperaturdurchschnittes angepasst.

Beispielaufgabe

Funktionale Anforderungen: Es soll der Codeblock, welcher bestimmt, wie die Durchschnittstemperatur im Vergleich zu einem langjährigen Mittel einzuordnen ist, in eine Funktion *„vergleiche_temperatur"* ausgelagert werden. Diese Funktion soll als Übergabeparameter die Durchschnittstemperatur übergeben bekommen und nach der Auswertung einen entsprechenden Text zurückgegeben. Außerdem soll der Rest des Programms angepasst und in eine Funktion mit dem Namen *„main"* ausgelagert werden.

Lösung als Struktogramm

Die Lösung für den Anpassungsauftrag ist in der Abbildung auf S. 558 zu sehen.

Lösung: Programm zur Berechnung der Durchschnittstemperatur: Anpassung 2

```
# ----------------------------------------------------------------
# Funktion zum Temperaturvergleich mit dem langjährigen Mittel
# ----------------------------------------------------------------
def vergleiche_temperatur(temperatur):
    langjähriges_mittel = 18.23
    if temperatur >= langjähriges_mittel:
        if temperatur > langjähriges_mittel:
            return "Die Temperatur liegt über dem langjährigen Mittel"
        else:
            return "Die Temperatur entspricht dem langjährigen Mittel"
    else:
        return "Die Temperatur liegt unter dem langjährigen Mittel"

# ----------------------------------------------------------------
# Hauptfunktion des Programms
# ----------------------------------------------------------------
def main():
 try:
  print("Programm zur Berechnung einer Durchschnittstemperatur \n")
  print("Geben Sie bitte drei Temperaturwerte in °C ein!")
  temperatur1 = float(input("1. Wert: "))
  temperatur2 = float(input("2. Wert: "))
  temperatur3 = float(input("3. Wert: "))
  durchschnitt = (temperatur1 + temperatur2 + temperatur3) / 3
  print("Sie haben folgende Temperaturen eingeben: {0} °C, {1} °C, {2} °C"
        .format(temperatur1,temperatur2,temperatur3))
  print("Die Durchschnittstemperatur beträgt: {0:.2f} °C"
       .format(durchschnitt))
  text = vergleiche_temperatur(durchschnitt) # Funktionsaufruf
  print(text)
 except Exception as e:
  print("Es ist folgender Fehler aufgetreten: \n" + e.args[0])

main() # Aufruf der Hauptfunktion
```

Für den Benutzer des Programms hat sich im Erscheinungsbild und in der Funktionalität nichts geändert. Das Programm ist aber übersichtlicher und damit wartbarer geworden. Außerdem kann die Funktion „vergleiche_temperatur“ bei Bedarf wiederverwendet werden.

(4) Rekursion

Bisher haben wir kennengelernt, dass in einer Funktion eine oder mehrere andere Funktionen aufgerufen werden. Es ist aber auch möglich, dass eine Funktion sich selbst aufruft. Dieses wird auch rekursiver Funktionsaufruf genannt. Ein klassisches Beispiel für eine Anwendung dieser Technik ist die Berechnung der Fakultät. Einige Programmierprobleme lassen sich mit dieser Technik sehr elegant lösen. So wird die Rekursion beispielsweise bei manchen Sortieralgorithmen angewandt.

Beispiel für rekursiven Funktionsaufruf

```
def fakultaet(n):
    if n < 1:
        return 1
    return fakultaet(n-1) * n # hier ruft sich die Funktion selbst auf

# Beispielanwendung
print(fakultaet(4))
```

Trotzdem ist Vorsicht geboten. Rekursive Funktionen sind meist ebenso elegant wie gefährlich. Es ist wichtig, sich das Ende der Rekursion genau zu überlegen. Ist der Algorithmus fehlerhaft und findet die Rekursion kein Ende, gibt es mit Sicherheit einen Programmabsturz. In der Regel lassen sich die meisten Probleme auch ohne Rekursion lösen. Deshalb wurde diese Technik hier nur vollständigkeitshalber erwähnt und soll nicht weiter vertieft werden.

(5) Weitere Beispielaufgabe

Beispielaufgabe

Funktionale Anforderungen: Es soll ein Programm entwickelt werden, welches nach Eingabe des Body-Mass-Index (BMI) die Kategorie des Körpergewichts ausgibt.

BMI	Gewichtskategorie
Unter 18,5	Untergewicht
Ab 18,5 und unter 25	Normalgewicht
Ab 25 und unter 30	Übergewicht
Ab 30	Adipositas

Entwickeln Sie zunächst für den Algorithmus ein Struktogramm und implementieren danach das Programm in Python. Schreiben Sie dabei für den Algorithmus eine extra Methode *„ermittle_gewichtskategorie()“*, welche dann aufgerufen wird.

Lösung als Struktogramm

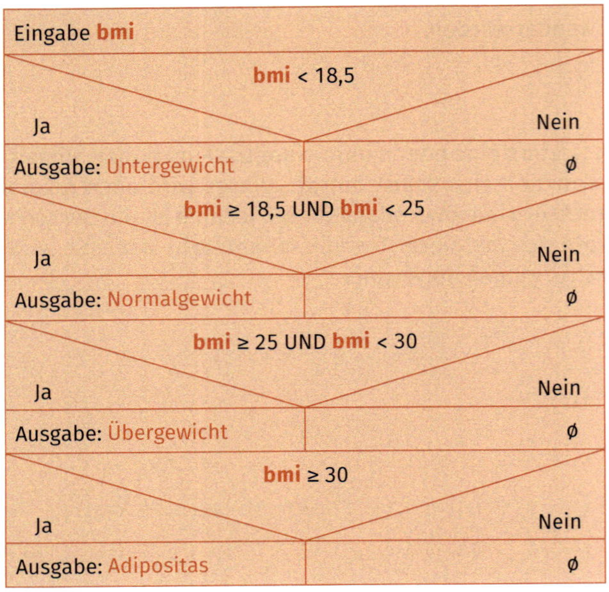

Hinweis: Die abgebildete Lösung stellt nur eine mögliche Variante dar.

Lösung als Python-Programm

```
def ermittle_gewichtskategorie():
    try:
        bmi = float(input("Bitte geben Sie den BMI ein: "))
        if bmi < 18.5:
            print("Gewichtskategorie: Untergewicht")
        if bmi >= 18.5 and bmi < 25:
            print("Gewichtskategorie: Normalgewicht")
        if bmi >= 25 and bmi < 30:
            print("Gewichtskategorie: Übergewicht")
        if bmi >= 30:
            print("Gewichtskategorie: Adipositas")
    except Exception as e:
        print("Es ist folgender Fehler aufgetreten: \n" + e.args[0])

ermittle_gewichtskategorie()
```

Kompetenzcheck ✓

1 Welche Aussagen sind richtig?

a) Es wird immer jeder Block einer zweiseitigen Verzweigung durchlaufen.
b) In Python gibt es kein Schlüsselwort „*switch*“.
c) Das Zeichen „=“ ist ein gültiger Vergleichsoperator.
d) Das logische UND wird in Python durch die Symbole „&&“ dargestellt.
e) Eine Funktion kann Übergabeparameter besitzen.
f) Das Schlüsselwort für die Rückgabe von Werten heißt „*return*“.

2 Schreiben Sie ein Programm, dass nach der Eingabe zweier Gleitkommazahlen die kleinste Zahl ausgibt.

3 Schreiben Sie ein Programm, dass nach der Eingabe dreier Gleitkommazahlen die größte Zahl ausgibt.

4 Schreiben Sie ein Programm, welches nach der Eingabe einer positiven ganzen Zahl ausgibt, ob die Zahl gerade oder ungerade ist.

5 Schreiben Sie ein Programm, welches nach der Eingabe einer Jahreszahl ausgibt, ob es sich um ein Schaltjahr handelt oder nicht. Ein Jahr ist ein Schaltjahr, wenn die Jahreszahl durch 4 und nicht durch 100 teilbar ist. Ausnahme: Ein Jahr ist ein Schaltjahr, wenn es durch 4 und durch 100 und durch 400 teilbar ist.

6 Bearbeiten Sie im Arbeitsbuch die Aufgaben 10, 11 und 12 der Lernsituation 4. A10 A11 A12

5.7.6 Schleifen und Listen implementieren

S **Sie sollen Schleifen und Listen verstehen und diese in Python implementieren können.**

Neben den Verzweigungen gibt es noch weitere nützliche Kontrollstrukturen. Dieses sind die Schleifen. Mit Schleifen können Programmblöcke wiederholt durchlaufen werden. Sie werden oft im Zusammenhang mit Listen eingesetzt.

(1) Schleifen (Iteration)

Es kommt immer wieder vor, dass Anweisungen oder Anweisungsblöcke mehrmals wiederholt werden müssen. Es ist unnötig und auch unübersichtlich, jede Anweisung so oft zu schreiben, wie sie wiederholt werden soll. In vielen Fällen steht auch gar nicht fest, wie oft Anweisungen ausgeführt werden müssen. Hier schaffen Schleifen eine Abhilfe. Traditionell werden Schleifen in drei Kategorien eingeteilt.

Schleifen		
Kopfgesteuerte Schleifen	Fußgesteuerte Schleifen	Zählschleifen

In den nachfolgenden Tabellen werden diese Schleifen näher beschrieben und ihre Umsetzung in Python erläutert. Dabei gilt es zu beachten, dass es keine äquivalente Umsetzung einer fußgesteuerten Schleife in Python gibt. Diese wird vollständigkeitshalber aber theoretisch betrachtet. Für die Formulierung der Schleifenbedingungen werden wieder die relationalen und Booleschen Operatoren aus Kapitel 5.5.5 Abschnitt 2 verwendet.

Kopfgesteuerte Schleife	
Beschreibung	Bei einer kopfgesteuerten Schleife steht die Schleifenbedingung am Anfang (Kopf) der Schleife. Sie wird auch abweisende Schleife genannt, weil sie nicht durchlaufen wird, wenn die Schleifenbedingung schon vor dem ersten Schleifendurchlauf nicht erfüllt ist.
Darstellung im Struktogramm	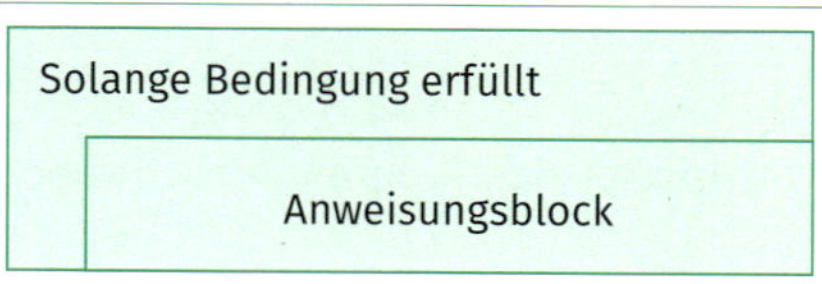

<table>
<tr><th colspan="2">Kopfgesteuerte Schleife</th></tr>
<tr><td>Umsetzung in Python</td><td><pre>while Bedingung:
    Anweisungsblock</pre></td></tr>
<tr><td>Beispiel</td><td><pre>def ausgabe_zahlen():
    i = 0
    while i <= 10:
        print(i)
        i = i + 1

ausgabe_zahlen()</pre></td></tr>
</table>

<table>
<tr><th colspan="2">Fußgesteuerte Schleife</th></tr>
<tr><td>Beschreibung</td><td>Bei einer fußgesteuerten Schleife steht die Schleifenbedingung am Ende (Fuß) der Schleife. Im Gegensatz zur kopfgesteuerten Schleife wird der Schleifenkörper mindestens einmal durchlaufen, auch wenn die Schleifenbedingung nicht erfüllt ist. Deswegen wird diese Form der Schleife auch nichtabweisende Schleife genannt.</td></tr>
<tr><td>Darstellung im Struktogramm</td><td>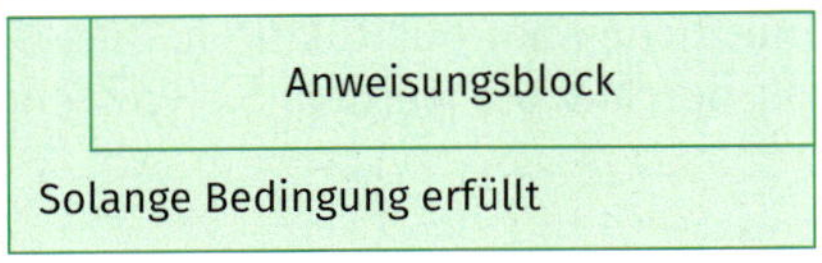
</td></tr>
<tr><td>Umsetzung in Python</td><td>In Python gibt es keine direkte Umsetzung einer fußgesteuerten Schleife wie beispielsweise in C. Diese muss bei Bedarf aus anderen Kontrollstrukturen, z. B. einer kopfgesteuerten Schleife und einer Verzweigung mit break, zusammengesetzt werden. Hierauf wird an dieser Stelle nicht vertiefend eingegangen.</td></tr>
</table>

<table>
<tr><th colspan="2">Zählschleife</th></tr>
<tr><td>Beschreibung</td><td>Die Zählschleife ist eine Struktur, bei der von Anfang an feststeht, wie viele Wiederholungen des Schleifenkörpers ausgeführt werden. Dabei wird ein Zähler (genannt Laufvariable) mitgeführt und verändert. Die Laufvariable ändert sich von einem Anfangswert bis zu einem Endwert. In der Regel wird sie um 1 erhöht, es sind aber auch andere Schrittweiten möglich.</td></tr>
<tr><td>Darstellung im Struktogramm</td><td>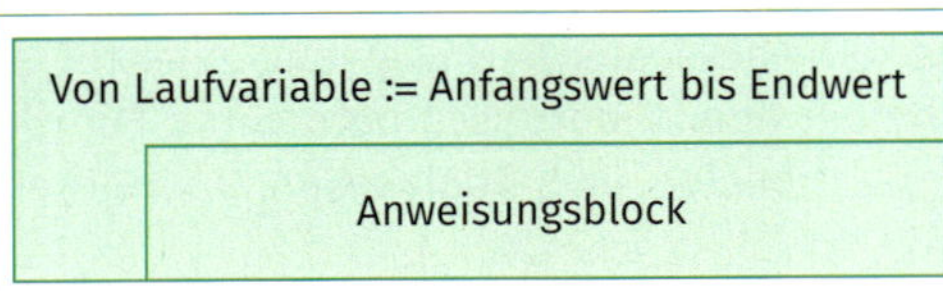
</td></tr>
<tr><td>Umsetzung in Python</td><td><pre>for Laufvariable in range(Anfangswert, Endwert, Schrittweite):
    Anweisungsblock</pre></td></tr>
<tr><td>Beispiel</td><td><pre>def ausgabe_sterne():
    for i in range(0, 10):
        print ("*", end=" ")

ausgabe_sterne()</pre></td></tr>
</table>

Als Beispiel für die Verwendung von Schleifen wird erneut das Programm zur Berechnung einer Durchschnittstemperatur angepasst und erweitert.

Beispielaufgabe

Funktionale Anforderungen: Es soll mithilfe einer Schleife die Eingabe von sechs Temperaturdaten ermöglicht und die gleichzeitige Berechnung der Durchschnittstemperatur durchgeführt werden. Dazu wird zuerst ein Struktogramm erstellt, in dem der Algorithmus geplant wird. In diesem Fall wird nur der relevante Codeabschnitt dargestellt. Verwendet wird eine kopfgesteuerte Schleife.

Lösung als Struktogramm

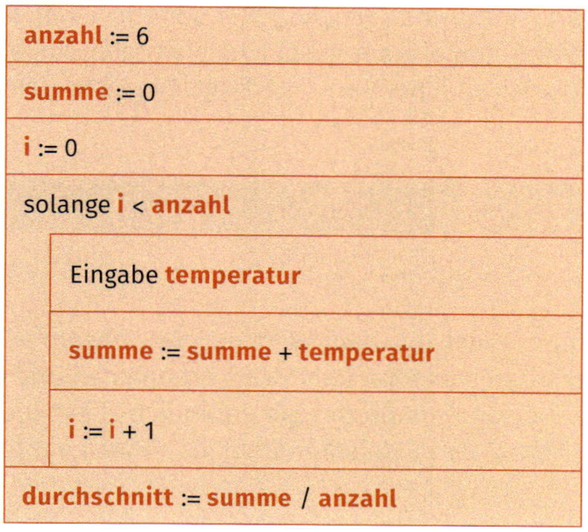

Hinweis: Die abgebildete Lösung stellt nur eine mögliche Variante dar. In diesem Fall wird eine kopfgesteuerte Schleife verwendet.

Lösung: Programm zur Berechnung der Durchschnittstemperatur: Anpassung 3

```
anzahl = 6
i = 0
summe = 0
while i < anzahl:
        print("Geben Sie die {0}. Temperatur in °C ein: ".format(i+1))
        temperatur = float(input())
        summe = summe + temperatur
        i = i + 1
durchschnitt = summe / anzahl
```

Im bisherigen Quelltext müssen die Eingabe der drei Temperaturen und die Berechnung des Durchschnittes durch den Quelltext der neuen Lösung ersetzt werden. Allerdings ist das Programm noch nicht lauffähig, weil bisher am Ende die eingegebenen Werte ausgeben werden. Dieses kann im Augenblick nicht geschehen, weil die Werte im Programm nicht gespeichert werden. Auf diesen Punkt wird im nächsten Abschnitt eingegangen. Um das Programm trotzdem zu starten, muss erst einmal die entsprechende Zeile zur Ausgabe auskommentiert werden.

(2) Listen

Die bisher verwendeten Variablen können nur genau einen Wert des entsprechenden Datentyps speichern. Wenn man beispielsweise 100 verschiedene Daten im Programm speichern möchte, müsste man theoretisch 100 Variablen anlegen. Dieses ist mit sehr viel Aufwand verbunden und außerdem sehr unübersichtlich.

Beispiel für Listen

```
liste1 = [1, 2, 33, -23, 63]
liste2 = ["Januar", "Februar"]
liste3 = ["Berlin", 3644826, 891.68]
temperaturen = [1.3, 2.0, 33.01, -23.22, 5.23]
```

Um viele Daten zu speichern stellt Python Listen zur Verfügung. In einer Liste werden mehrere Werte hintereinander abgespeichert. Dabei müssen diese Werte nicht vom gleichen Typ sein. In einer Liste können sowohl Ganzzahlen, Kommazahlen als auch Strings gemeinsam gespeichert werden. Angelegt wird eine Liste, indem eine Aufzählung ihrer Elemente in eckigen Klammern [ ] erfolgt. Die Liste *„temperaturen"* aus dem Beispiel hat folgenden Aufbau:

Index	0	1	2	3	4
Wert	1.3	2.0	33.01	–23.22	5.23

Der Index einer Liste beginnt immer mit dem Wert 0 und endet mit dem Wert *anzahlElemente –1*. In diesem Fall endet die Liste mit dem Index 4. Die einzelnen Daten werden über den Listennamen und den Index angesprochen. Wird ein Index verwendet, dessen Wert außerhalb des Listenbereichs liegt (negativer Index oder der Index ist gleich bzw. größer als die Anzahl der Listenelemente), dann wird ein Laufzeitfehler (Exception) erzeugt.

Beispiel für den Zugriff auf Listenelemente

```
temperaturen[0] = 20.3
temperaturen[3] = -1.6
temperaturen[4] = (x * 1.34) / 5.0
print(temperaturen[5]) # Fehler, weil das Listenelement nicht existiert
```

Mit dieser Vorgehensweise kann auf einzelne Elemente einer Liste zugegriffen werden. Es ist möglich, Elemente aus der Liste zu löschen oder Elemente der Liste hinzuzufügen. Das Löschen eines Elementes aus der Liste erfolgt mit dem Schlüsselwort *„del"*. Hinter dem *del* wird das Element angeben, welches gelöscht werden soll.

Beispiel für das Löschen eines Listenelements

```
temperaturen = [1.3, 2.0, 33.01, -23.22, 5.23]
print(temperaturen[0])      # Ausgabe 1.3
del temperaturen[0]         # Löschen des ersten Listenelements
print(temperaturen[0])      # Ausgabe 2.0
```

Um ein Element in die Liste einzufügen, wird die Liste an der entsprechenden Stelle geteilt, das neue Element oder die Liste mit Elementen eingefügt und am Ende der Rest der alten Liste angehängt. Der folgende Quellcode verdeutlicht diese Vorgehensweise.

Beispiel für das Einfügen eines Listenelements

```
temperaturen = [1.3, 2.0, 33.01, -23.22, 5.23]
print(temperaturen[2]) # Ausgabe 33.01
temperaturen = temperaturen[:2] + [8] + temperaturen[2:] # An dritter Stelle
                                                         # den Wert 8 einfügen
print(temperaturen[2]) # Ausgabe 8
```

Des Weiteren verfügen Listen über verschiedene Methoden, mit deren Hilfe sie bearbeitet werden können. Diese sind in der nachfolgenden Tabelle zu finden.

Methode	Beschreibung
`append(value)`	Hängt den Wert von *value* an das Ende der Liste an.
`extend(liste)`	Hängt alle Werte der Liste „*liste*“ an das Ende der bestehenden Liste an.
`insert(index, value)`	Fügt den Wert „*value*“ an der Stelle „*index*“ in die Liste ein.
`pop(index)`	Gibt den Wert des Elementes an der Stelle „*index*“ zurück und entfernt anschließend das Element. Wird kein Index angegeben, dann wird das letzte Element entfernt.
`remove(value)`	Entfernt das erste Vorkommen des Wertes „*value*“ aus der Liste.
`reverse()`	Kehrt die Reihenfolge der Elemente in der Liste um.
`sort()`	Sortiert die Liste.

Als Beispiel für die Verwendung von Listen wird nun wieder das Programm zur Berechnung einer Durchschnittstemperatur angepasst und erweitert.

Beispielaufgabe

Funktionale Anforderungen: Es soll die Eingabe der Temperaturen so gestaltet werden, dass diese in einer Liste für weitere Verwendungen gespeichert werden.

Lösung als Struktogramm
Diesmal kann auf das Struktogramm verzichtet werden, weil der eigentliche Algorithmus sich nicht ändert. Der angepasste Quellcode in Python sieht dann wie folgt aus:

Lösung: Programm zur Berechnung der Durchschnittstemperatur: Anpassung 4

```python
anzahl = 6
i = 0
summe = 0
temperaturen = [] # Anlegen einer leeren Liste
while i < anzahl:
    print("Geben Sie die {0}. Temperatur in °C ein: ".format(i+1))
    eingabe = float(input())
    temperaturen.append(eingabe) # Element am Ende der Liste hinzufügen
    summe = summe + temperaturen[i] # auf Listenelement zugreifen
    i = i + 1
durchschnitt = summe / anzahl
```

Nun sind die eingegebenen Temperaturen im Programm in der Liste gespeichert und können zur Ausgabe abgerufen werden. Die Verwendung einer Schleife bietet sich natürlich auch für diesen Fall an.

(3) Zufallszahlen

Um Listen mit sehr vielen Elementen zu testen, wäre es sehr umständlich, alle Testdaten per Hand einzugeben. Stattdessen ist es einfacher, Testdaten automatisch zu erzeugen und diese mithilfe einer Schleife in die Liste zu schreiben. Damit man unterschiedliche Testdaten bekommt, bietet es sich an, diese per Zufallsgenerator zu erzeugen. Um Zufallszahlen zu generieren, muss zunächst das Modul „*random*“ importiert werden. Danach sind zwei Schritte notwendig: Als Erstes muss der Zufallsgenerator mit der

Funktion *„seed()“* initialisiert werden. Als Zweites wird mit einer entsprechenden Funktion eine Zufallszahl erzeugt. Einige dieser Funktionen sind in der folgenden Tabelle aufgelistet.

Funktion	Beschreibung	Beispiel

`randint` `(anfangswert, endwert)`	Erzeugt eine ganzzahlige Zufallszahl in dem Bereich, welcher durch den Anfangswert und den Endwert begrenzt wird. Der Anfangs- und Endwert können auch gültige Ergebnisse sein.	`import random`
		`value = random.randint(10, 100)`
		`print(value) # Ausgabe`
		`# z.B. 21`

`random()`	Erzeugt als Zufallszahl eine Gleitkommazahl im Bereich zwischen 0 und 1.	`import random`
		`value = random.random()`
		`print(value) # Ausgabe`
		`#z.B 0.8213041462081855`

`uniform` `(anfangswert, endwert)`	Erzeugt eine Gleitkommazahl in dem Bereich vom Anfangswert bis zum Endwert.	`import random`
		`value = random.uniform(2, 6)`
		`print(value) # Ausgabe`
		`#z.B. 2.6648315000379617`

`gauss` `(anfangswert, endwert)`	Erzeugt auch eine Gleitkommazahl in dem angegebenen Bereich. Allerdings ist die Wahrscheinlichkeitsverteilung nicht gleichverteilt, sondern entspricht der Gaußschen Normalverteilung.	`import random`
		`value = random.gauss(0, 10)`
		`print(value) # Ausgabe`
		`z.B. 7.863158861974248`

Nun kann auch die Anzahl der zu verarbeitenden Temperaturen hochgesetzt werden, z. B. auf 100. Wenn die Konsoleneingabe durch zufallsgenerierte Daten ersetzt wird, dann ist auch das Testen der Anwendung mit höheren Anzahlen kein Problem mehr.

(4) Weitere Beispielaufgabe

Beispielaufgabe

Funktionale Anforderungen: Es soll ein Programm entwickelt werden, welches folgende Figur auf dem Bildschirm ausgibt:

-----|-----|-----|-----

Hinweis: Es sind 23 Zeichen. Nach jeweils fünf waagerechten Strichen kommt ein senkrechter Strich. Verwenden Sie eine kopfgesteuerte Schleife. Bitte jedes Zeichen einzeln ausgeben und nicht die Möglichkeiten von *print* verwenden.

Entwickeln Sie zunächst einen Algorithmus als Struktogramm und implementieren Sie im Abschluss diesen in Python.

Lösung als Struktogramm

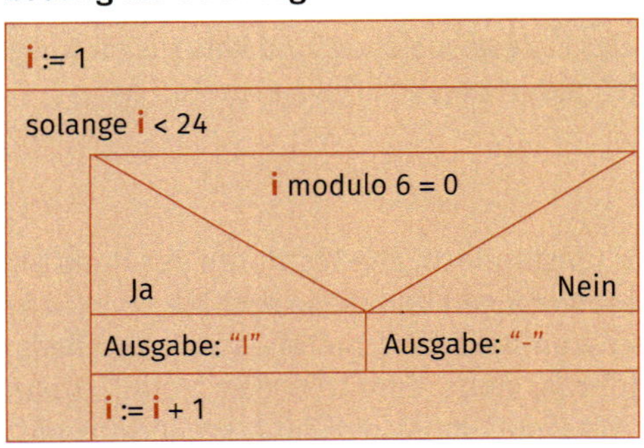

Hinweis: Die abgebildete Lösung stellt nur eine mögliche Variante dar.

Lösung Python-Programm

```
i = 1
while i < 24:
    if i % 6 == 0:
        print(end = "|")
    else:
        print(end = "-")
    i= i + 1
```

Kompetenzcheck ✓

1. Welche Aussagen sind richtig?
   a) Schleifen werden immer einmal durchlaufen.
   b) Die fußgesteuerte Schleife beginnt in Python mit dem Schlüsselwort *„repeat"*.
   c) Alle Elemente einer Liste müssen den gleichen Datentyp besitzen.
   d) Das erste Listenelement hat immer den Index 1.
   e) Um Zufallszahlen in Python zu erzeugen, muss das Modul *„random"* eingebunden werden.
   f) Es gibt nur eine Funktion in Python, um Zufallszahlen zu erzeugen.

2. Passen Sie das Beispielprogramm aus diesem Abschnitt so an, dass die eingegebenen Temperaturen aus der Liste mithilfe einer Schleife am Ende angezeigt werden.

3. Passen Sie das Beispielprogramm aus diesem Abschnitt so an, dass die Konsoleneingabe durch Zufallszahlen ersetzt wird und erhöhen Sie die Anzahl der Temperaturen, welche eingegeben werden können.

4. Schreiben Sie ein Programm, welches alle geraden Zahlen von 0 bis 20 ausgibt.

5. Geben Sie mithilfe von Schleifen folgende Figur aus Sternen auf dem Bildschirm aus.
   Hinweis: Pro Schreibvorgang darf jeweils immer nur ein Stern ausgeben werden.

```
*******   7 Sterne
 *****    5 Sterne
  ***     3 Sterne
   *      1 Stern
```

6. Schreiben Sie ein Programm, in das der Benutzer eine ganze Zahl eingibt und das im Anschluss die Fakultät dieser Zahl berechnet und ausgibt. Verwenden Sie keine Rekursion zur Lösung der Aufgabe. (Hinweis: 0! = 1)

7. Bearbeiten Sie im Arbeitsbuch die Aufgabe 13 der Lernsituation 4. A13

8. Bearbeiten Sie im Arbeitsbuch die Aufgaben 14 und 15 der Lernsituation 4 und entwickeln Sie im Team eine etwas größere Python-Anwendung. A14 A15

5.7.7 Daten in Dateien verwalten

S Sie stellen fest, dass Sie mit Ihrem bisherigen Wissen Programme schreiben können, in denen Daten eingelesen, verarbeitet und ausgegeben werden. Allerdings gehen die Daten nach dem Schließen der Anwendung verloren. Sie wollen Ihr Wissen dahingehend erweitern, dass Sie Daten dauerhaft in Dateien speichern und wieder einlesen können.

Aus der Anfangszeit der Magnetbänder stammt das Verständnis des Schreibens und Lesens der Daten als Datenstrom. Beim Schreiben „fließen" die Daten hinaus auf den Datenträgen und beim Lesen „fließen" sie wieder hinein in den Arbeitsspeicher. Jedes Betriebssystem unterstützt diese Form der Datenströme. Im Konzept der UNIX-Betriebssysteme ist der **Stream** ein elementares Konstrukt.

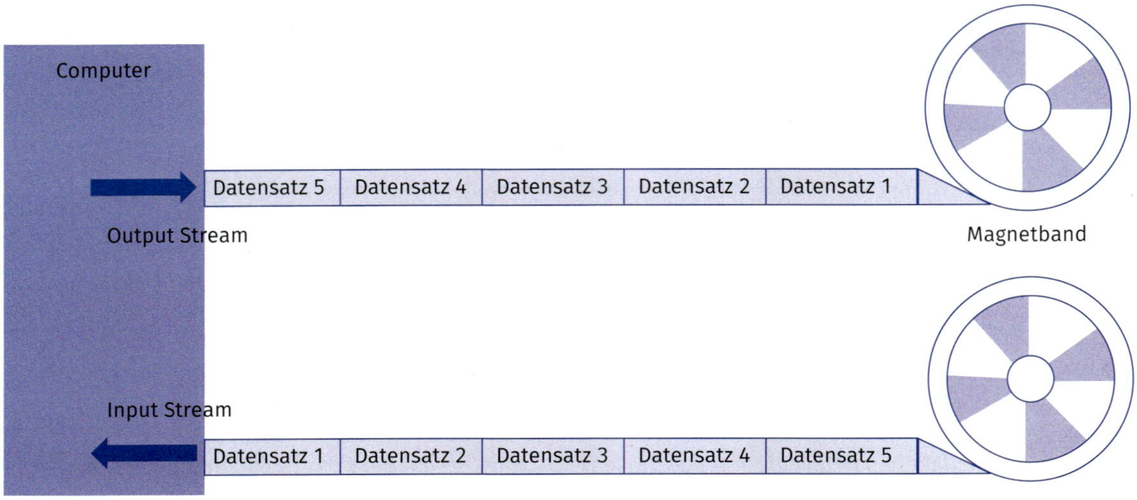

Datenstrom (Data Stream)

Ein Data Stream (Datenstrom) ist ein kontinuierlicher Fluss von Daten von einer Quelle zu einem Ziel, dessen Ende nicht bekannt ist. Ausgehende Datenströme werden Output-Stream genannt, eingehende Datenströme Input-Stream.

Einige Betriebssysteme, darunter Windows und Linux, erlauben es, Datenströme im Text- und Binärmodus zu öffnen. Im Textmodus werden bestimmte binäre Steuerzeichen berücksichtigt, z.B. das sog. EOF-Zeichen (EOF – End of File), welches das Ende einer Datei kennzeichnet. Im Binärmodus hingegen wird der komplette Inhalt des Datenstroms eingelesen.

Stream-Art	Beschreibung
Binär-Stream	Bestehen aus einer Folge von Bytes und sind für den Menschen nicht lesbar.
Text-Stream	Bestehen aus einer Folge von Zeichen (Unicode), welche in der Regel von Menschen lesbar sind.

Außerdem gibt es Datenströme, welche man an beliebiger Stelle bearbeiten kann. Eine Datei ist beispielsweise ein solcher Datenstrom, in dem die Schreib-/Leseposition beliebig festgelegt werden kann. Beispiele für Datenströme, in denen das nicht funktioniert, sind etwa der Eingabestrom oder eine Netzwerkverbindung.

Ein Datenstrom kann auch in eine Datei fließen. Damit können Dateien Text-, Audio-, Grafik- oder beliebige andere Daten enthalten. In der Regel werden die Daten in einer Datei in einer festgelegten Struktur abgelegt. So ist es möglich, die Dateien maschinell zu verarbeiten, d. h. die Daten auf einem Datenträger abzulegen, wieder einzulesen und zu verarbeiten.

Dateien öffnen, bearbeiten und schließen mithilfe von Python

Python bietet einige Möglichkeiten, um mit Dateien zu arbeiten. Die Basis aller Dateizugriffe bilden auch hier die Streams, auch wenn das nicht immer augenscheinlich ist. Dateien können sowohl im Text- oder Binärmodus angesprochen werden. Grundlegend ist aber immer die folgende Vorgehensweise:
- Verknüpfung zum Stream herstellen (z. B. Datei öffnen),
- Bearbeiten der Daten (lesen/schreiben),
- Schließen des Streams (z. B. Datei schließen).

(1) Öffnen von Dateien

Eine der wichtigsten Funktionen, um mit Dateien zu arbeiten, ist die Built-in-Funktion *„open(...)"*. Diese Funktion öffnet eine Datei im angegebenen Modus und gibt ein Objekt auf die Datei zurück. Einige wichtige Übergabeparameter sind in der nachfolgenden Tabelle zusammengefasst. Dabei ist es möglich, einzelne Parameter miteinander zu kombinieren, z. B.:

```
handle = open("beispiel.txt", "rb")
```

Parameter	Beschreibung
r	*Read:* Öffnet eine Datei zum Lesen. Wenn die Datei nicht existiert, wird ein Fehler ausgegeben (Standardeinstellung).
a	*Append:* Öffnet eine Datei zum Schreiben, um diese zu erweitern. Legt eine neue Datei an, wenn diese noch nicht existiert.
w	*Write:* Öffnet eine Datei zum Schreiben. Dabei wird der bestehende Inhalt überschrieben. Existiert die Datei noch nicht, wird diese neu angelegt.
x	*Create:* Legt eine neue leere Datei an. Wenn die Datei schon existiert, wird eine Fehlermeldung zurückgegeben.
+	Öffnet eine Datei zum Lesen und Schreiben.
t	Öffnet eine Datei im Textmodus (Standardeinstellung).
b	Öffnet eine Datei im Binärmodus.

In den folgenden Abschnitt werden nur die wesentlichen Grundlagen für das Lesen und Schreiben von Textdateien in Python vorgestellt.

(2) Lesen von Textdateien

Zum Lesen einer Datei wird diese im Lesemodus mit der Built-in-Funktion *„open(...)"* geöffnet. Da der Parameter „t" für das Öffnen einer Datei im Textmodus standardmäßig vorgegeben ist, muss dieser nicht extra mit angegeben werden. Die Funktion *„open(...)"* liefert ein Objekt zurück, welches verschiedene Funktionen zum Lesen und zum Schließen einer Datei enthält.

Funktion	Beschreibung
`read(n)`	Liest n Bytes der Datei ein, oder weniger, wenn vorher das Ende der Datei erreicht wurde. Wird n nicht angegeben, so wird die Datei vollständig eingelesen.
`readline(n)`	Liest eine Zeile der Datei ein. Durch die Angabe von n wird die Anzahl der zu lesenden Bytes begrenzt.
`readlines()`	Liest alle Zeilen und gibt sie in Form einer Liste von Strings zurück.

In dem folgenden Beispiel zeigt ein Programm den Inhalt seiner eigenen Quellcode-Datei in einem Konsolenfenster an.

Beispiel für das Lesen von Textdateien in Python

```
import sys

try:
    file = open("textdatei_lesen.py","r")
    text = file.read()
    print(text)
    file.close()
except IOError:
    print("Datei kann nicht geöffnet werden")
except:
    print("Es ist folgender Fehler ausgetreten:",sys.exc_info()[0])
```

Zunächst wird die Datei „textdatei_lesen.py" zum Lesen geöffnet. Mithilfe des Befehls *„read()"* wird der komplette Inhalt der Datei ausgelesen und im Konsolenfenster angezeigt. Danach wird die Datei wieder geschlossen. Eventuelle Exceptions werden angefangen und mit den entsprechenden *except*-Blöcken ausgewertet.

(3) Schreiben von Textdateien

Zum Schreiben in eine Datei wird diese im Schreibmodus mit der Built-in-Funktion *„open(...)"* geöffnet. Da der Parameter „t" für das Öffnen einer Datei im Textmodus standardmäßig vorgegeben ist, muss dieser nicht extra angeben werden. Die Funktion *„open(...)"* liefert ein Objekt zurück, welches verschiedene Funktionen zum Schreiben in eine Datei und zum Schließen enthält.

Funktion	Beschreibung
`write(text)`	Schreibt den Text, welcher übergeben wird, in eine Datei.
`writelines(stringliste)`	Schreibt eine Liste von Strings in eine Datei.

Im nachfolgenden Beispiel soll ein Text, welcher vom Anwender eingegeben wird, in eine Datei mit dem Dateinamen „Beispiel.txt" geschrieben werden. Eventuelle Ausnahmen werden wieder mithilfe eines *try-except*-Blockes behandelt.

Beispiel für das Schreiben von Textdateien in Python

```
import sys

try:
    text = input("Geben Sie bitte einen Text ein: \n")
    file = open("Beispiel.txt","w")
    file.write(text)
    file.close()
    print("Der Text wurde erfolgreich gespeichert")
except IOError:
    print("Datei kann nicht geöffnet werden")
except:
    print("Es ist folgender Fehler ausgetreten:",sys.exc_info()[0])
```

Zu Beginn kann der Benutzer einen Text in das Konsolenfenster eingeben. Danach wird die Datei „Beispiel.txt“ geöffnet oder neu angelegt und der Text in die Datei geschrieben. Zum Schluss wird die Datei wieder geschlossen und eine Erfolgsmeldung ausgegeben. Exceptions werden auch hier wieder abgefangen.

(4) Schließen von Dateien

Zum Schließen einer offenen Datei wird die Funktion *„close()“* verwendet. Sie wird durch eine bestehendes Datenobjekt zur Verfügung gestellt. Dabei spielt es keine Rolle, ob die Datei zum Lesen und/oder Schreiben geöffnet wurde.

Funktion	Beschreibung
`close( )`	Schließt ein bestehendes Datenobjekt.

Kompetenzcheck

1. Welche Aussagen sind richtig?
   a) Die Basis aller Dateizugriffe in Python sind Streams.
   b) Dateien können in Python im Binär- und im Textmodus geöffnet werden.
   c) Um Dateien zu öffnen, wird in Python die *open()*-Funktion verwendet. Sie muss vorher importiert werden.
   d) Die Funktion *„close()“* schließt eine Datei.
   e) Mit der Funktion *„read()“* ohne Parameter wird der komplette Dateiinhalt ausgelesen.
   f) Zum Schreiben müssen Textdateien in Python nicht geöffnet werden.
   g) Der Parameter für das Öffnen einer Datei im Textmodus ist das „t“.
   h) Mit dem Befehl *„writeln(...)“* kann ein Text in eine Datei geschrieben werden.
   i) Mit *try-except* werden Dateien vor fremdem Zugriff geschützt.

2. Legen Sie ein neues Projekt an, übernehmen Sie den Quelltext und führen Sie das Programm aus. Hinweis: Die Datei, welche Sie öffnen wollen, muss in demselben Verzeichnis wie das ausführbare Programm liegen.

3. Verändern Sie das Programm so, dass der Benutzer den Pfad, wo die zu lesende Datei zu finden ist, eingeben kann.

4. Passen Sie das Programm so an, dass der Benutzer die Anzahl der anzuzeigenden Zeilen zuvor eingeben kann.

5. Passen Sie das Beispielprogramm aus Kapitel 5.7.6 so an, dass die eingegebenen Temperaturen in einer CSV-Datei gespeichert und wieder eingelesen werden können.

6. Entwickeln Sie Programme zum Lesen und Schreiben von CSV-Dateien, indem Sie im Arbeitsbuch die Aufgaben 16 und 17 der Lernsituation 4 bearbeiten. A16 A17

7. Absolvieren Sie den Abschlusstest zur Lernsituation 4 mithilfe der Aufgabe 18 im Arbeitsbuch. A18

5.8 Die Verwaltung von Daten mithilfe von Datenbanken planen und umsetzen

S **Durch Gespräche mit Projektkollegen haben Sie erfahren, dass sich relationale Datenbanken zum Speichern und Verwalten von umfangreichen Datenmengen sehr gut eignen und diese in der Praxis sehr häufig eingesetzt werden. Sie möchten sich daher die Grundlagen von relationalen Datenbanken aneignen, diese mithilfe eines ER-Modells planen und die Datenbankabfragesprache SQL einsetzen können.**

Durch Probleme wie z. B. Datenredundanz, welche bei der Speicherung von Daten in Dateien auftreten, wurden schon sehr früh neue Formen der Verwaltung von Daten entwickelt. Dazu entstanden in den 1960er-Jahren erste Programme, die zwischen den Daten und den Anwendungsprogrammen die Verwaltung der Daten übernahmen. Daraus entwickelten sich später die Datenbankmanagementsysteme, welche ein wesentlicher Teil von Datenbanksystemen sind.

Datenbanksysteme, landläufig auch einfach als Datenbanken bezeichnet, sind heutzutage für viele Unternehmen und Behörden ein zentraler und unersetzlicher Bestandteil bei der Speicherung von Daten. Dabei müssen die Verfügbarkeit, die Vollständigkeit, die Richtigkeit sowie die Sicherheit und der Schutz der gespeicherten Informationen gewährleistet werden.

5.8.1 Datenbanksysteme beschreiben

S **Sie sollen den Aufbau von Datenbanksystemen präsentieren.**

Datenbanksysteme sind ein weitverbreitetes technisches Hilfsmittel zur effizienten, rechnergestützten Organisation, Speicherung, Manipulation, Integration und Verwaltung großer Datensammlungen.

(1) Bestandteile

Ein Datenbanksystem besteht aus zwei Teilen: einer Datenbasis und einem Datenbankmanagementsystem. Datenbanksysteme kapseln die Datenverwaltung, d. h. sie überlagern die Daten mit dem Datenbankmanagementsystem, welches den Zugriff auf die Daten organisiert. Über eine definierte Schnittstelle erhalten die Anwendungsprogramme so den Zugriff auf die Daten.

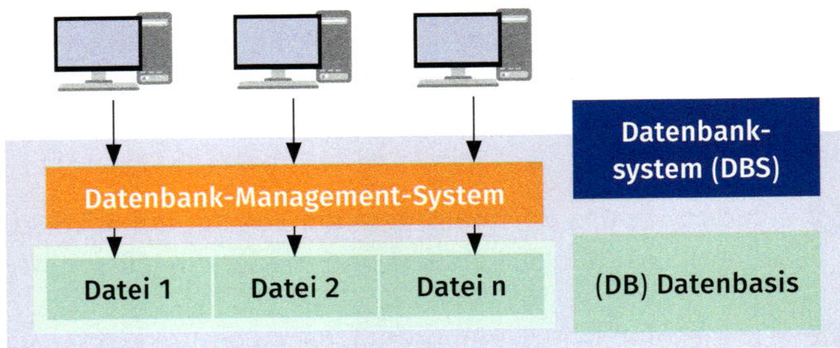

Als „Zugriffssprache" wird in vielen Fällen SQL verwendet. Die Datenverwaltung geschieht somit unabhängig von den Anwendungsprogrammen. Datenbanksysteme haben einen standardisierten Aufbau, der dem ANSI/SPARC-Architekturmodell folgt.

Bestandteile eines Datenbanksystems

Datenbasis
Die Datenbasis ist der eigentliche Datenbestand, welcher eine strukturierte Sammlung von Daten darstellt. Der Datenbestand wird grafisch oft noch als Zylinder dargestellt, was an den rotierenden Stapel von magnetisierbaren Oberflächen aus einem Festplattenlaufwerk erinnern soll.

Datenbankmanagementsystem
Das Datenbankmanagementsystem dient der Verwaltung der Zugriffe auf den Datenbestand. Es umschließt (kapselt) den Datenbestand. Aufgaben des Datenbankmanagementsystems sind u. a. die Durchführung der Datenspeicherung, die Verwaltung der Daten auf Basis des zugrunde gelegten Datenmodells, die Gewährleistung des Mehrbenutzerzugriffs auf die Daten über eine entsprechende Kommunikationsschnittstelle, die Sicherstellung des „optimalen“ Zugriffs auf die Daten und die Gewährleistung der Datensicherheit sowie des Datenschutzes.
Beispiele für Datenmanagementsysteme sind: MS Access, MySQL, MS SQLServer, SAP HANA, IBM DB2, PostgreSQL oder Oracle DB.

(2) ANSI/SPARC-Architektur für Datenbanksysteme

Die ANSI/SPARC-Architektur wurde 1975 vom „Standards Planning and Requirements Committee“ (SPARC) des „American National Standards Institute“ (ANSI) entwickelt. Das American National Standards Institute ist der nationale Normenausschuss der USA, der dem DIN in Deutschland entspricht. Mit dem Architekturmodell unterbreitete ANSI einen Vorschlag für die prinzipielle Architektur von Datenbanksystemen, an dem sich sowohl die Hersteller von Datenbanksoftware als auch die Betreiber von Datenbanken orientieren sollten. Ziel war die Entkopplung von Anwendung und Datenspeicherung, um einerseits den Benutzer einer Datenbank vor nachteiligen Auswirkungen von Änderungen in der Datenbankstruktur zu schützen und andererseits den Entwicklern von Datenbankmanagementsystemen den Raum für kreative Lösungen zu geben.

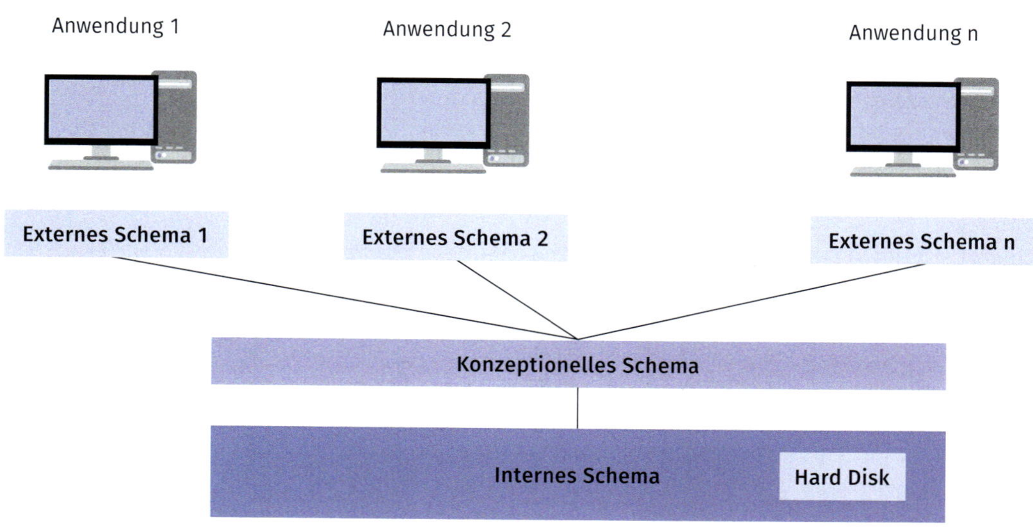

Im Zentrum dieser Architektur liegt das konzeptionelle Schema (Ebene). In diesem Schema werden alle Daten und ihre Beziehungen zueinander modelliert. Hier liegen nicht die Daten, hier liegen die Informationen über die Struktur der Daten. Der Inhalt des konzeptionellen Schemas ist unabhängig von der eingesetzten Hardware zur Datenspeicherung und unabhängig von den Anforderungen einzelner Benutzer. Dadurch erreicht man die Entkopplung der Anwendungsprogramme von der physischen Datenspeicherung.

Über bzw. unter dem konzeptionellen Schema liegen das externe und das interne Schema. Im internen Schema wird die Speicherung der Daten mit ihren Zugriffspfaden auf den physischen Speicher festgelegt. Das externe Schema regelt, welche Daten bestimmte Benutzer bzw. Programme sehen und bearbeiten können. Außerdem definiert das ANSI-Architekturmodell noch die Zuordnung von personellen Instanzen, die als Anwendungs-, Unternehmens- und Datenbankadministrator bezeichnet werden und die für das externe, konzeptionelle oder interne Schema zuständig sind.

ANSI/SPARC-Architektur

Externes Schema (Ebene)
Das externe Schema beschreibt die Benutzersichten auf die Daten. Das auf die Bedürfnisse einer Benutzergruppe abgestimmte externe Schema soll die Dateneinheiten und Beziehungen nicht enthalten, die diese Benutzer nicht sehen wollen oder nicht sehen sollen. In einem Unternehmen existieren in der Regel mehrere Benutzergruppen. Es sind daher mehrere unterschiedliche Schemata zu entwickeln – je ein Schema pro Benutzergruppe. Mehrere unterschiedliche externe Subschemata ermöglichen den Multi-User-Betrieb, mehrere Anwender können aus mehreren unterschiedlichen Anwendungen gleichzeitig auf die Daten in dem Datenbanksystem zugreifen. Das stellt einen gewaltigen Fortschritt gegenüber der Arbeit mit Dateien dar, verlangt aber zusätzlich die Einrichtung eines Berechtigungskonzepts, welches sicherstellt, dass nur Anwender auf die Daten zugreifen, die hierzu aus ihrer Tätigkeit heraus auch berechtigt sind.

Konzeptionelles Schema (Ebene)
Das konzeptionelle Schema benennt und beschreibt alle logischen Dateneinheiten (Entity) sowie die Beziehungen (Relationship) zwischen den Dateneinheiten. Das konzeptionelle Schema enthält keine Datenwerte (Values). Es beschreibt lediglich deren Struktur in anwendungsübergreifender Form.
Die Form der Beschreibung und die Beschreibungsmöglichkeiten werden durch das Datenmodell festgelegt, das zur Erstellung des konzeptionellen Schemas herangezogen wird. So kann ein hierarchisches, ein netzwerkartiges oder ein relationales Datenmodell infrage kommen. Keinesfalls enthält ein konzeptionelles Schema Angaben zur physischen Organisation der Speicherung. Angaben dieser Art bleiben dem internen Schema vorbehalten.
Als ein anwendungsunabhängiges Instrument zur Beschreibung der Struktur der Daten eines Unternehmens zeichnet sich das konzeptionelle Schema durch folgende Vorteile aus:

- Es bildet eine relativ stabile Beschreibung der Datenbasis für alle aktuellen und künftigen Anwendungen eines Unternehmens.
- Es dokumentiert die Informationszusammenhänge eines Unternehmens in einer einheitlichen Form.
- Es ändert sich im Vergleich zu den einzelnen Anwendungen nur langsam.

Internes Schema (Ebene)
Als internes Schema bezeichnet man die Organisation der physischen Datenspeicherung zu den in einem konzeptionellen Schema definierten logischen Datenstrukturen. Das interne Schema legt also die physikalische Realisierung auf den Speichermedien fest. Es enthält die Algorithmen zur Speicherung, zur Indizierung, Sortierung und Selektion der Daten aus dem Datenbestand. Diese Informationen sind das eigentliche Know-how des Entwicklers des Datenbankmanagementsystems. Sie bleiben dem Anwender allgemein verborgen.

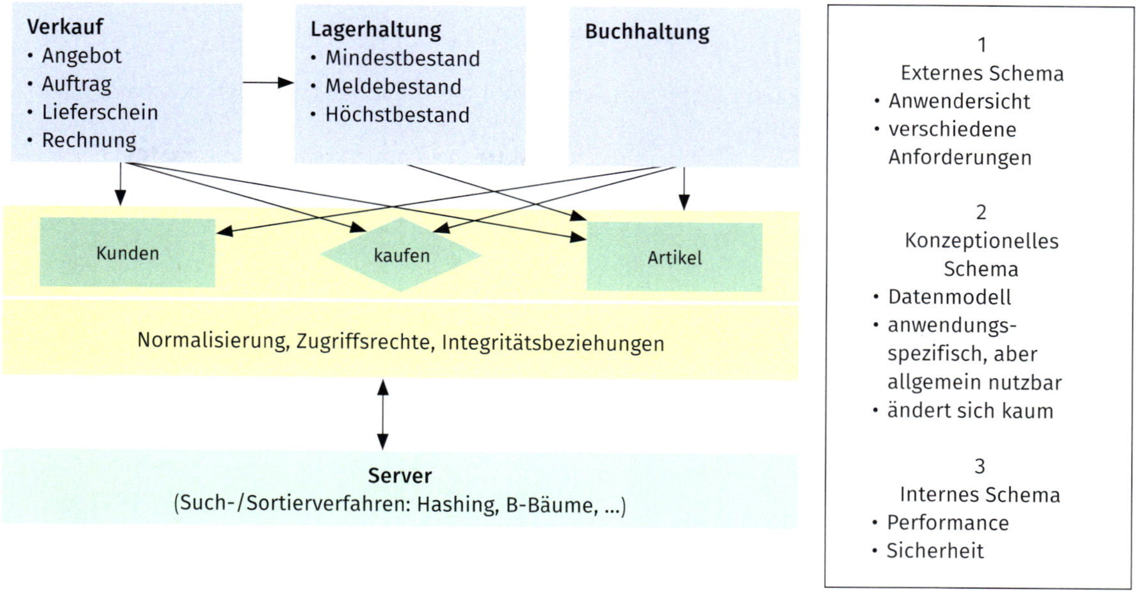

Beispiel für das externe, konzeptionelle und interne Schema

Trotz der einheitlichen ANSI/SPARC-Architektur wurden in der Vergangenheit von den Softwarefirmen und wissenschaftlichen Instituten eine Vielzahl von Datenbankmanagementsystemen entwickelt, denen unterschiedliche Anforderungen und Konzepte zugrunde liegen. Diese Grundzüge sollte man kennen und die Datenbankmanagementsysteme dahingehend unterscheiden können, um den Anforderungen entsprechend das richtige Datenbankmanagementsystem auszuwählen.

(1) Unterscheidung nach dem Betriebskonzept

Datenbankmanagementsysteme lassen sich in verschiedene Kategorien einteilen. Eine mögliche Kategorisierung ist die nach dem Betriebskonzept, d. h. auf welche Art auf die Datenbank zugegriffen wird und wie das Backend und das Frontend zusammenarbeiten. Eine Einteilung von Datenbanken nach ihrem Betriebskonzept ist in der folgenden Übersicht dargestellt.

Einteilung nach Betriebsart		
Stand-Alone-Datenbank	File-Share-Datenbank	Client-Server-Datenbank

Stand-Alone-Datenbank

Sie stellt die einfachste Form einer Datenbank dar. In der Regel handelt es sich um eine lokale Datenbank, die weder für Mehrfachzugriffe noch ausgefeilte Zugangsberechtigungen für unterschiedliche Benutzer ausgelegt ist. Sie ist lediglich dazu da, von einem Benutzer immer über das gleiche Programm angesteuert zu werden. Typische Beispiele dafür sind Adresskarteien, elektronische Telefonbücher oder Buchhaltungsprogramme, die mit dBase, Access, Filemaker, FoxPro, Paradox oder ähnlichen Programmen erstellt wurden und ihrem Benutzer auf einfache Weise einen mehr oder weniger guten elektronischen Karteikasten zur Verfügung stellen. Sie können teilweise sogar als einfaches Dateisystem realisiert werden, besitzen somit ein sehr einfaches internes Schema und haben mit komplexen Datenbanken wenig gemein.

DB

Stand-Alone-Datenbank

Bei einer Stand-Alone-Datenbank befinden sich sowohl die Datenbank als auch das Datenbankprogramm auf einer Workstation.

File-Share-Datenbank

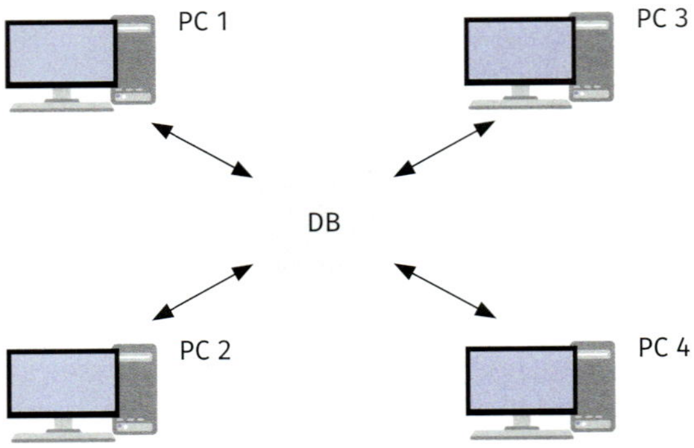

Im Gegensatz zu einer Stand-Alone-Datenbank können bei einer File-Share-Datenbank innerhalb eines Netzwerkes mehrere Benutzer gleichzeitig auf denselben Datenbestand zugreifen. Innerhalb eines Netzes wird der jeweilige Datenbestand quasi als „Datei" an einer Stelle allen berechtigten Nutzern zur Verfügung gestellt, die von ihren Clients auf diese Datenbank zugreifen.

Der Zugriff auf die Datenbank erfolgt dabei über ein spezielles als Database Engine bezeichnetes Programmmodul, das auf der jeweiligen Workstation ausgeführt werden muss. Die Datenbank liegt zwar auf dem Server, der jedoch bezüglich der Verwaltung dieser Datenbank keine eigene „Intelligenz" aufbringt. Die gesamte dafür erforderliche Kompetenz befindet sich separiert auf jedem einzelnen Client. Der Hauptvorteil solcher Datenbanken besteht darin, dass damit die redundante (mehrfach vorhandene) Datenhaltung überwunden wird und Datenänderungen sofort allen Benutzern redundanzfrei zur Verfügung stehen. Probleme gibt es allerdings dann, wenn viele simultane und vor allem ändernde Zugriffe auf den Datenbestand erfolgen (z. B. bei der Auftragserfassung) oder häufig umfangreiche Auswertungen erstellt werden müssen. Da bei diesem Konzept die Datenbank letztlich von jeder Workstation im lokalen Arbeitsspeicher Satz für Satz betrachtet und ausgewertet werden muss, führt dies zu einem umfangreichen Netzwerkverkehr mit all seinen negativen Folgen. Bei konkurrierenden Zugriffen lassen sich dabei nur sehr ineffiziente Mechanismen zur Wahrung der operationalen Integrität realisieren, sodass letztlich immer recht große Datenbereiche so lange gesperrt werden müssen, bis der nächste lokale Client an der Reihe ist.

File-Share-Datenbank

Bei der File-Share-Datenbank befindet sich die Datenbank auf dem Server, das Datenbankprogramm läuft auf jedem einzelnen Client.

Client-Server-Datenbank

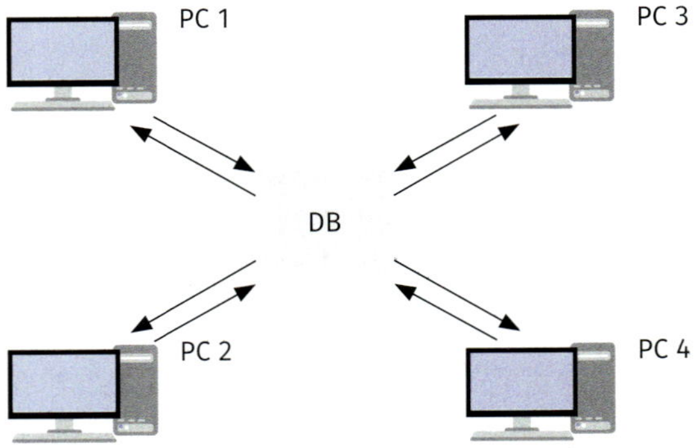

Der Kern einer solchen Datenbank ist ein sog. Datenbankserver (Softwaresystem), der innerhalb eines Netzwerkes auf einer dedizierten Maschine läuft. Dieser Server kapselt die komplette Datenbank und bietet im gesamten Netzwerk seine Dienste an. Programme oder Clients, für die der Server Anfragen erledigt, greifen nicht selbst auf die Daten zu, sondern wenden sich lediglich an den Server zur weiteren Bearbeitung ihrer „Wünsche". Die Datenverwaltung ist hier konsequent vom Datenbankzugriff getrennt. Die Clients wenden sich lediglich an die standardisierte Schnittstelle des Servers. Wo und wie der Server seine Daten verwaltet, ist für die Clients nicht transparent. Client-Server-Datenbanken bieten viele Sicherheits-, Leistungs- und Flexibilitätsvorteile, erfordern allerdings auch die Betreuung durch einen Datenbankadministrator. Zu den Produkten aus diesem Bereich gehören u. a. Oracle, DB2, Microsoft SQL-Server, MySQL oder MAXDB.

Client-Server-Datenbank

Bei einer Client-Server-Datenbank befinden sich Datenbank und Datenbankmanagementsystem auf dem Server, während auf den Clients nur ein Programm als Zugriffsoberfläche ausgeführt wird.

(2) Unterscheidung nach dem Datenmodell

Eine weitere mögliche Kategorisierung ist die nach dem zugrunde liegenden Datenmodell. Hier wird das Konzept betrachtet, nach dem die Daten in der Datenbank organisiert sind. Eine Einteilung von Datenbanken nach dem zugrunde liegenden Datenmodell ist in der folgenden Übersicht dargestellt.

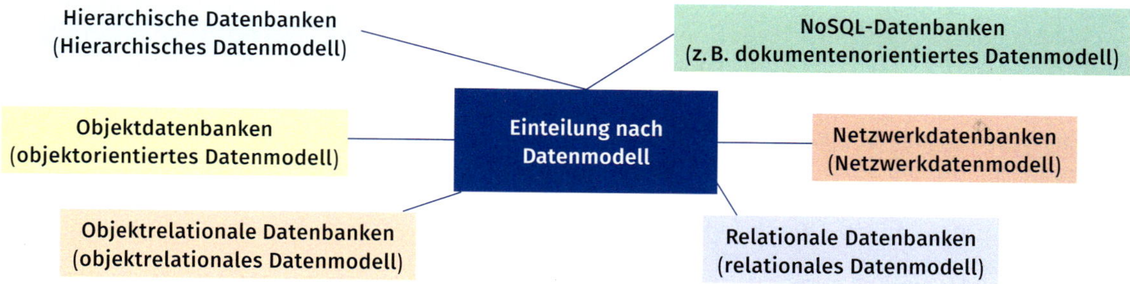

Arten von Datenbanken und deren zugrundeliegenden Datenmodelle

Hierarchische Datenbank (hierarchisches Datenmodell)
Das hierarchisches Datenmodell ist das älteste Datenmodell. Dabei werden die Daten in einer Baumstruktur verwaltet. Bis auf die Wurzel hat jeder Datensatz genau einen Vorgänger. In diesem Datenmodell lässt sich Datenredundanz nicht vermeiden. Die Dateisysteme von Betriebssystemen nutzen noch teilweise dieses Modell um ihre Daten abzubilden. Im Bereich der XML-Entwicklung hat dieses Modell heutzutage aber wieder etwas an Bedeutung gewonnen. Beispiel: IMS DB von IBM

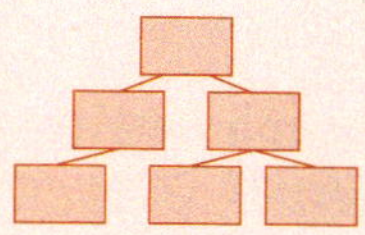

Netzwerkdatenbank (Netzwerkdatenmodell)
Das Netzwerkdatenmodell ist eine Erweiterung des hierarchischen Datenmodells. Dabei ist es möglich, dass ein Datensatz auch mehrere Vorgänger hat. Dadurch können m:n Beziehungen abgebildet werden und Datenredundanz wird i. d. R. vermieden.

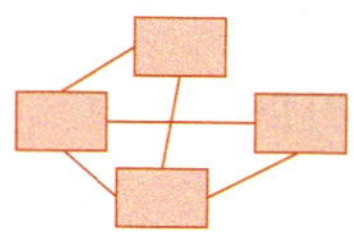

Relationale Datenbank (relationales Datenmodell)
Im relationalen Datenmodell werden die Daten in verschiedenen Tabellen gespeichert, welche untereinander in Beziehung stehen. Dieses Modell wurde im Jahre 1970 von E.F. Codd vorgestellt und hat sich von da an als Standard in der Datenbankwelt etabliert. Allerdings unterliegt auch das relationale Datenmodell einigen Einschränkungen in Bezug auf der Speicherung und schnellen Verarbeitung von sehr großen Datenmengen wie sie z. B. im Big-Data-Bereich auftreten. Beispiele. MySQL, MS Access, MS SQL Server, SAP MaxDB, SQLite

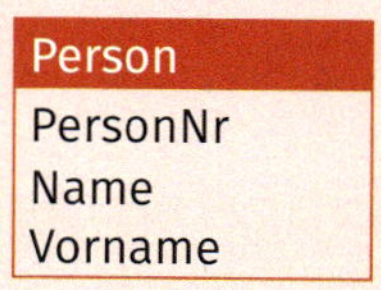

Objektdatenbank (objektorientiertes Datenmodell)
Beim objektorientieren Datenmodell werden die Daten mit den dazugehörigen Funktionen abgelegt. Das Datenmodell basiert auf den objektorientierten Programmierparadigma. Dieses Datenmodell ist recht mächtig, aber auch sehr komplex. Durch die Entwicklung der NoSQL-Datenmodelle hat dieses Datenmodell aber an Bedeutung verloren. Beispiele: db4o, Gemstone

Objektrelationale Datenbank (objektrelationales Datenmodell)
Bei dem objektrelationalen Datenmodell wird versucht die Vorteile des relationalen Datenmodells mit denen des objektorientierten Datenmodells zu verbinden. Hier werden z.B. die Daten als Relation von komplexen Objekten gespeichert. Beispiel: PostgreSQL

NoSQL-Datenbanken (Not only SQL) wurden entwickelt, um sehr große Datenmengen wie sie z.B. im Big-Data Bereich anfallen effizient zu speichern und zu verarbeiten. Sie lassen sich für Anwendungen nutzen, bei denen relationale Datenbanken an ihre Grenzen stoßen und sind sehr gut skalierbar. So sind sie im Laufe der Zeit zu einer etablierten Alternative für relationale Datenbanken geworden. Die meisten von diesen Datenbanken sind aber auf eine bestimmte Aufgabe spezialisiert, für die sich hervorragend eigenen. Bei anderen Aufgaben bieten sie in der Regel eine schlechtere Performance oder eigenen sich gar nicht.

NoSQL-Datenbanken und deren zugrundeliegenden Datenmodelle

Key-Value Datenbank (Key-Value Datenmodell)
In diesem Datenmodell werden die Daten in Form von Schlüssel-Wertepaaren abgespeichert. Der Schlüssel dient dabei als Index über den auf die Daten zugegriffen werden kann. Die Werte selber bestehen aus strukturierten oder unstrukturierten Daten (siehe auch S. 482) Beispiele: Amazon Dynamo, Google BigTable

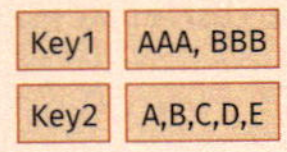

Dokumenten-Datenbank (dokumentenorientiertes Datenmodell)
Das dokumentenorientierte Datenmodell nutzt Dokumente als Grundeinheit zur Speicherung der Daten. Ein Dokument können strukturierte als auch unstrukturierte Daten enthalten. (siehe auch S. 482) Eingesetzt werden solchen Datenbaken z.B. bei Blogs, Wikis oder Content-Management-Systemen (CMS). Beispiele: BaseX, MongoDB

```
{
  "Nr": 1,
  "Vorname": "Hans",
  "Name": "Meier"
}
```
JSON-Dokument

Graph-Datenbank (graphenorientiertes Datenmodell)
Dieses Datenmodell stellt eine Art Weiterentwicklung des Netzwerkdatenmodells dar. Es benutzt Graphen zur Darstellung und Speicherung stark vernetzter Informationen. Hier spielen neben den eigentlichen Daten auch deren Beziehungen untereinander eine große Rolle, wie z.B. bei Twitter die Beziehungen der Follower untereinander. Beispiele: Neo4j, HyperGraphDB

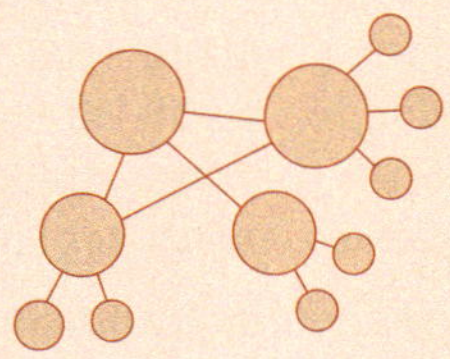

Spaltenorientierte Datenbank (spaltenorientiertes Datenmodell)
In diesem Datenmodell werden die Daten, anders als beim relationalen Datenmodell, nicht Zeile für Zeile, sondern spaltenweise im Speicher abgelegt. Das macht sie besonders für analytische Aufgaben interessant. Beispiele: Apache Cassandra, Sybase IQ

Kompetenzcheck

1 Welche Aussagen sind richtig?

a) Ein Datenbanksystem besteht aus einer Datenbasis und einem Datenbankmanagementsystem.
b) MySQL ist eine Datenbasis.
c) PostgreSQL ist ein DMBS.
d) Ziel der ANSI/SPARC-Architektur ist die Entkopplung der Anwendung von der Datenspeicherung.
e) Das interne Schema ist Bestandteil der ANSI/SPARC-Architektur.
f) Das externe Schema ermöglicht die Bildung unterschiedlicher Benutzergruppen.
g) Das externe und das interne Schema hängen stark voneinander ab.
h) Das interne Schema beschreibt, auf welchen Speichermedien die Daten gespeichert werden.
i) Das konzeptionelle Schema beschreibt die Beziehungen zwischen den Daten.

j) Bei Stand-Alone-Datenbanken befinden sich Datenbank und -programm auf einem System.
k) File-Share-Datenbanken erzeugen redundante Daten.
l) Bei Client-Server-Datenbanken befinden sich die Datenbasis und das Datenbankmanagementsystem auf dem Client.
m) MySQL ist ein Client-Server-Datenbanksystem.
n) Relationale Datenbanken sind sehr weitverbreitet.
o) Spaltenorientierte Datenbanken gehören zu den NoSQL-Datenbanken.
p) Dokumentenorientierte Datenbanken sind eine Unterart von relationalen Datenbanken.
q) MongoDB ist eine Graphdatenbank.
r) Bei hierarchischen Datenbanken werden die Daten in einer Baumstruktur verwaltet.

2 Bearbeiten Sie im Arbeitsbuch die Aufgaben 1, 2 und 3 der Lernsituation 5 und überprüfen Sie u.a. Ihr Wissen über Datenbankmanagementsysteme.

A1
A2
A3

5.8.2 Daten und deren Beziehungen mithilfe eines ER-Modells beschreiben

S Sie sollen sich grundlegendes Wissen über die Symbole und den Einsatz des ER-Modells aneignen und ER-Modelle nach Vorgaben entwerfen.

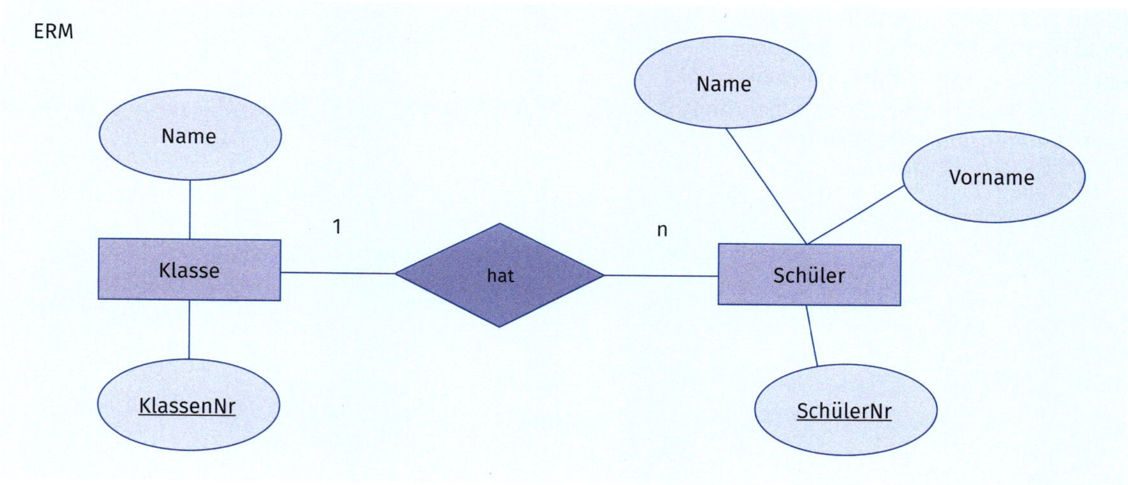

Bei der Datenanalyse für eine neue Datenbank oder Datenbankerweiterung werden zuerst alle projektrelevanten Informationen ermittelt. Das können beispielsweise Informationen über Arbeitsprozesse, Personen oder verschiedene Objekte sein, die später in der Datenbank erfasst werden sollen. Die Erhebung der Daten kann im Rahmen einer Bedarfsanalyse, einer Fragebogenaktion oder ganz einfach in einem oder mehreren Gesprächen mit dem Auftraggeber erfolgen. Am Ende dieser Phase steht eine Anforderungsliste, die mit dem Auftraggeber abgestimmt ist und als Vorlage für den Datenbankentwurf dient. Aus den erhobenen Daten werden dann Entitäten mit ihren Attributen und deren Beziehungen untereinander abgeleitet und dargestellt.

Das Entity-Relationship-Modell (ER-Modell) wird benutzt, um Daten darzustellen, die bei der Datenanalyse erhoben wurden. Dieses Modell kommt u.a. in der Planungsphase zum Einsatz und dient zur Verständigung zwischen dem Anwender und dem Entwickler der Datenbank. Das ER-Modell wurde im Jahre 1976 das erste Mal von Peter Chen vorgestellt und ist inzwischen zum De-facto-Standard für die Datenmodellierung geworden. Nachfolgend werden der Aufbau und die Bestandteile eines ER-Modells näher betrachtet.

(1) Entität und Entitätstypen

Eine Entität (Entity) ist vergleichbar mit einem Objekt. Die konkreten Daten eines Kunden beispielsweise sind eine solche Entität. Eine Datenbank besteht demnach aus vielen Entitäten, wobei die Entitäten gleichen Typs zu einem Entitätstyp zusammengefasst werden. Entitäten sind z. B. Herr Maier, Frau Schulz oder Herr Müller. Der dazugehörige Entitätstyp wäre z. B. Person.

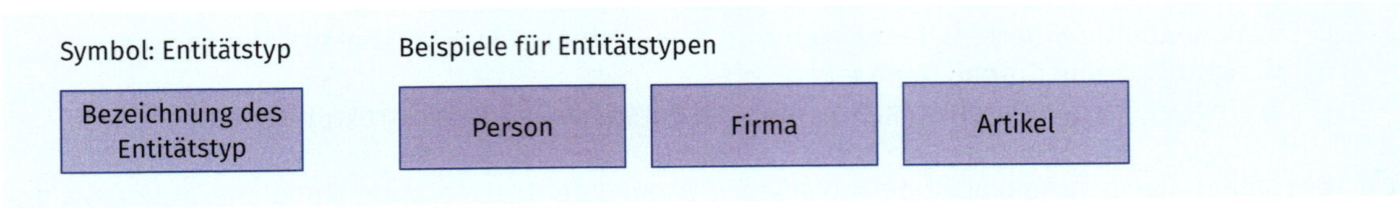

(2) Attribute

Attribute werden als „Daten“ der Entität bezeichnet. Wenn die Entität ein eindeutig identifizierbares Attribut besitzt (z. B. Kundennummer), dann wird dieses Attribut unterstrichen. Die Attribute werden den entsprechenden Entitätstypen oder auch den Beziehungen direkt zugeordnet, d. h., die Attribute werden mit Entitätstypen verbunden. Dabei kann die Anordnung frei erfolgen.

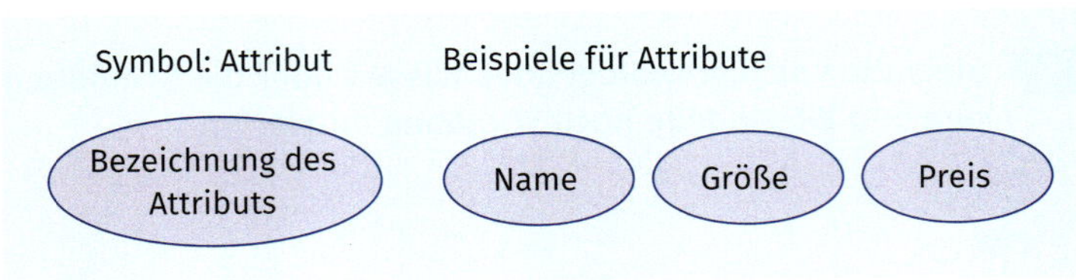

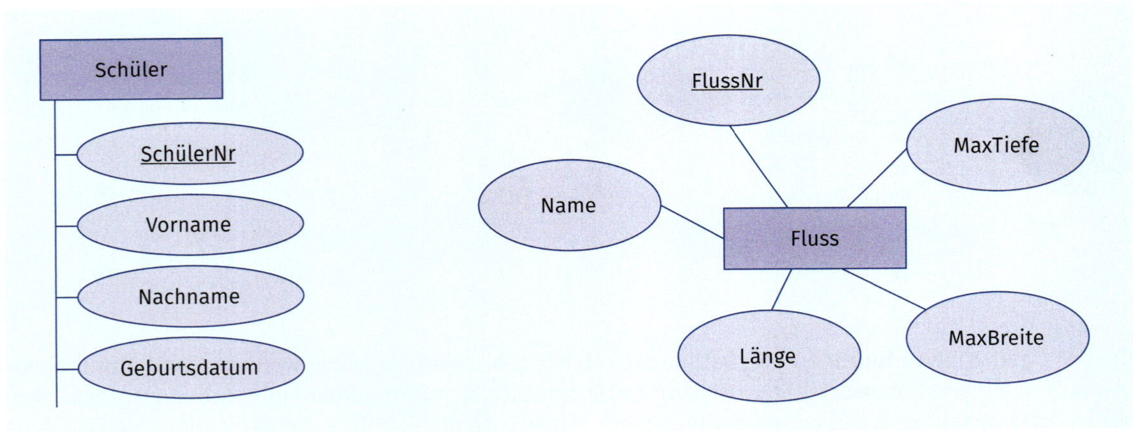

Beispiele für Entitätstypen mit Attributen

(3) Beziehungstyp

Durch eine Beziehung, auch Relation genannt, wird eine semantische Verbindung zwischen zwei Entitätstypen dargestellt. Das ER-Modell kennzeichnet die Beziehungen der Entitätstypen mithilfe einer Raute. Im Falle einer m:n-Beziehung können der Beziehung auch Attribute direkt zugeordnet werden.

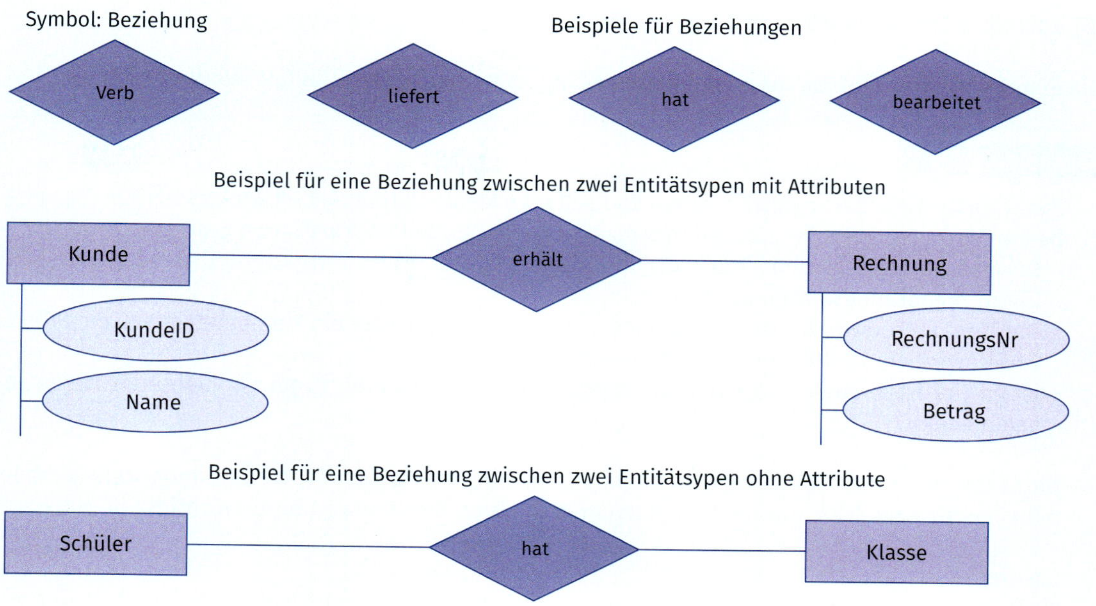

(4) Kardinalitäten

Die Kardinalität dient der genauen Charakterisierung von Beziehungen und gibt an, in welchem Verhältnis die beteiligten Entitätstypen zueinander in Beziehung stehen.

Kardinalität	Beschreibung	Beispiel
1:1	Ein Mitarbeiter hat genau eine Personalakte und jede Personalakte ist genau einem Mitarbeiter zugeordnet.	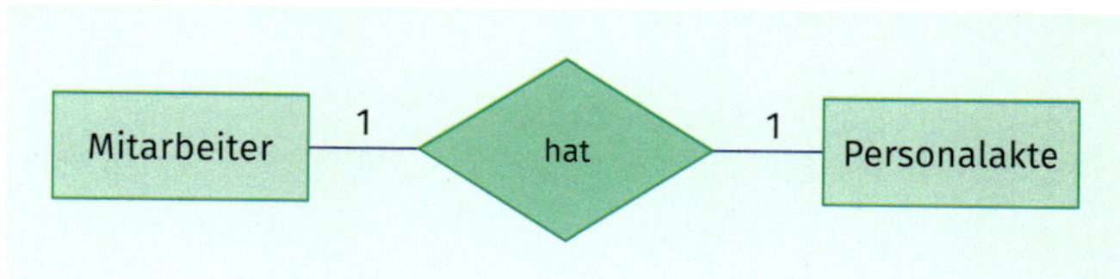
1:n	Ein Gebäude hat einen oder mehrere Räume. Aber ein Raum kann nur in einem Gebäude sein.	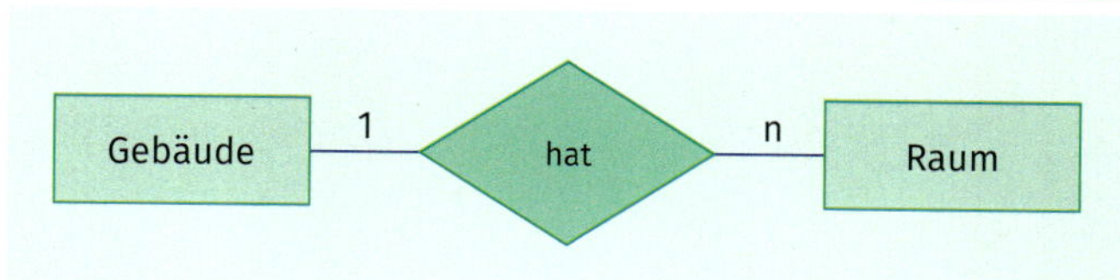
m:n	Ein Kunde kauft mehrere Artikel. Aber ein Artikel kann auch von mehreren Kunden gekauft werden.	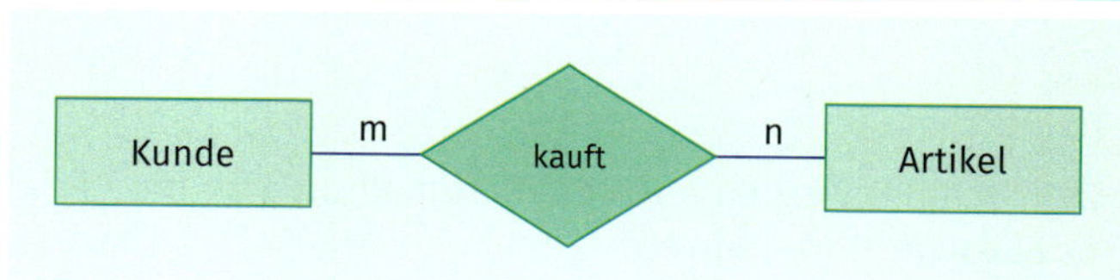

(5) Beispiele für die Erstellung eines ER-Modells

Die Erstellung eines ER-Modells soll nun anhand von zwei Beispielen erläutert werden.

Beispielaufgabe 1

Funktionale Anforderungen: Für einen Zoo soll eine kleine Datenbank entwickelt werden. Dazu haben im Vorfeld Gespräche stattgefunden, in denen folgenden Informationen gesammelt wurden:

- Der Zoo hat verschiedene Tiere, die jeweils einer bestimmten Tiergattung (z. B. Säugetier, Reptilien) zugeordnet werden können.
- Die Tiere im Zoo werden durch Tierpfleger versorgt. Dabei ist für ein Tier immer genau ein Pfleger verantwortlich. Ein Pfleger versorgt immer mehrere Tiere.
- Jedes Tier ist in einer Unterkunft untergebracht, in der es in der Regel mit mehreren Tieren zusammenlebt.

Diese Informationen sollen nun in einem ersten Schritt in einem ER-Modell dargestellt werden. Dabei werden zunächst nur die Entitätstypen und deren Beziehungen berücksichtigt.

Lösung

Zunächst werden alle im Text vorhandenen Entitätstypen herausgesucht. In diesem Fall sind es: Tier, Tiergattung, Tierpfleger und Unterkunft. Der Zoo als Entitätstyp spielt in dieser Aufgabe keine Rolle. Anders würde es sich verhalten, wenn z. B. alle Zoos aus Deutschland verwaltet werden sollten.

Die Entitätstypen werden nun aufgezeichnet und es wird gleichzeitig geklärt, welche Entitätstypen miteinander in Beziehung stehen. Diese werden dann auch in das Modell mit übernommen. Laut Aufgabenstellung steht der Entitätstyp „Tier“ mit Tiergattung, Tierpfleger und Unterkunft in Beziehung. Zwischen den anderen Entitätstypen besteht keine weitere Beziehung. Das ER-Modell für diese Aufgabe sieht demnach wie folgt aus:

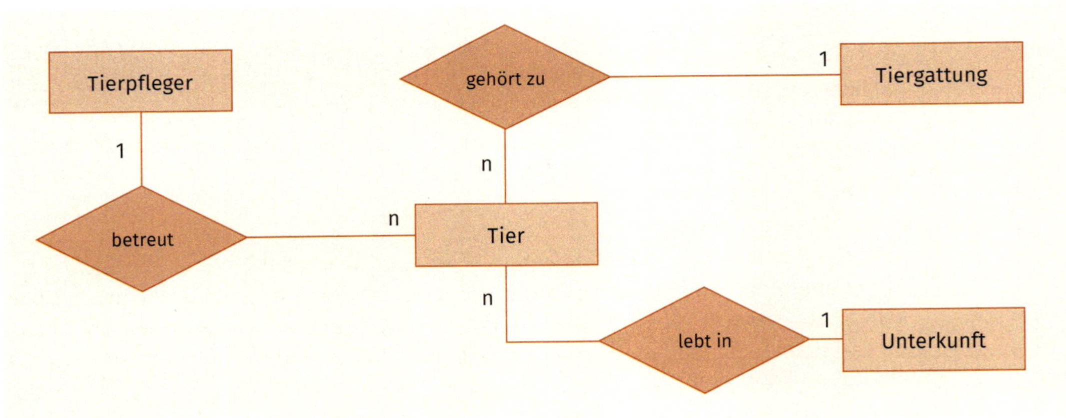

Zum Schluss werden noch die Kardinalitäten an die Beziehungen geschrieben. In diesem Fall sind es alles 1:n-Beziehungen.

Beispielaufgabe 2

Eine Arztpraxis hat bisher ihre Patientendaten und die Behandlungstermine in Exceltabellen verwaltet. Zukünftig sollen diese Daten nun in einer kleinen Datenbank gespeichert werden. Als Erstes soll nun aus den vorhandenen Exceltabellen ein ER-Modell erstellt werden.

Exceltabellen mit fiktiven Beispieldaten:

Patienten						
PatientenNr	**Name**	**Vorname**	**Geburtsdatum**	**Ort**	**Straße**	**PLZ**
1	Maier	Hans	12.12.1999	Berlin	Brunnenstraße	10115
2	Müller	Klara	01.07.1981	Berlin	Gartenstraße	10115
3	Schulz	Simone	29.03.2004	Berlin	Bergstraße	10115

Behandlungstermine				
TerminNr	**Datum**	**Uhrzeit**	**Name**	**Vorname**
1	20.02.2019	15:00	Maier	Hans
2	20.02.2019	15:30	Müller	Klara
3	21.02.2019	15:00	Schulz	Simone

Zunächst müssen die Entitätstypen ermittelt werden. Das ist in diesem Fall relativ einfach, weil diese den Exceltabellen entsprechen: Patient und Behandlungstermin. Diesen werden nun die entsprechenden Attribute zugeordnet. Da in der Exceltabelle „Behandlungstermine" die Patientennamen redundant vorkommen, werden diese durch einen Verweis auf die Patiententabelle ersetzt. Da beide Entitätstypen in Beziehung miteinander stehen, wird diese eingezeichnet und die Kardinalität bestimmt. Es handelt sich dabei um eine 1:n-Beziehung, da ein Patient mehrere Behandlungstermine haben kann, aber ein Termin nur für einen Patienten vergeben wird. Die Lösung der Aufgabe sieht dann wie folgt aus:

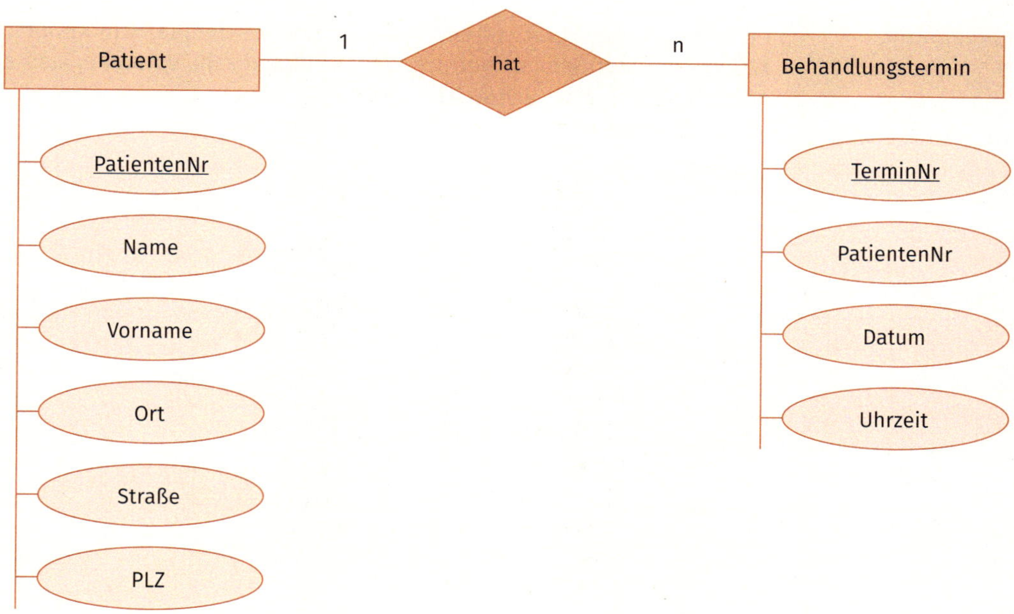

Kompetenzcheck ✓

1 Welche Aussagen sind richtig?

a) Das ER-Modell dient der Darstellung von Algorithmen.
b) Entitätstypen werden im ER-Modell als Ellipse dargestellt.
c) m:n ist eine Kardinalität.
d) Durch eine Relation wird die semantische Verbindung zwischen zwei Entitätstypen dargestellt.
e) Die Anordnung der Attribute zum Entitätstyp kann frei erfolgen.

2 Untersuchen und diskutieren Sie, welche Kardinalitäten die folgenden Beziehungen haben und zeichnen Sie jeweils ein ER-Modell.

a) Postleitzahl – Ort
b) Planet – Mond
c) Kunde – Versicherung
d) Volleyballspiel – Mannschaft
e) Buch – Verlag
f) Kino – Film
g) Land – Fluss
h) Klasse – Schüler
i) Mitarbeiter – Gehalt
j) Auto – Automarke

3 Zeichnen Sie ein ER-Modell für folgende Entitätstypen und deren Beziehungen.

Entitätstypen:
Artikel; Attribute: ArtikelNr, Bezeichnung, Listenpreis, Bestand, Mindestbestand
MwSt_Satz; Attribute: MwStNr, Prozent, Beschreibung
Kunde; Attribute: KundenNr, Name, Straße, PLZ, Ort
Beschreibung der Beziehungen:
Ein Artikel hat genau einen MwSt_Satz.
Ein Kunde kauft eine bestimmte Menge von verschiedenen Artikeln an unterschiedlichen Tagen.

4 Erstellen Sie mithilfe der folgenden Begriffe ein ER-Modell.

Entitätstypen	Schüler, Schule, Ort, Klasse, Schulart
Attribute	PLZ, Einwohnerzahl, Ortsname, Schülername, Schulname, Schülernummer, Klassennummer, Schulartbezeichnung, Schüleranzahl, Vorname, Klassenname, Schulnummer, Schulartnummer *(Unterstreichen des eindeutigen Attributs nicht vergessen!)*
Beziehungen	wohnt, besucht, liegt in, gehört zu, hat

5 Erstellen Sie für die folgenden Aufgaben ein ER-Modell ohne Attribute. Es werden nur die Entitätstypen, Beziehungen und Kardinalitäten eingezeichnet.

a) Es soll eine Datenbank zum Speichern von Bestellungen und Rechnungen entwickelt werden. Dazu liegen folgende Informationen vor:
Ein Kunde tätigt mehrere Bestellungen und bekommt dafür die Rechnungen.
Eine Bestellung wird von genau einem Mitarbeiter bearbeitet.
Eine Bestellung besteht aus mehreren Bestellpositionen.
Mehrere Bestellpositionen werden zu einer Rechnungsposition zusammengefasst.
Mehrere Rechnungspositionen werden zu einer Rechnung zusammengefasst.

b) Für eine Veranstaltungsdatenbank wurden folgende Daten erhoben:
Eine Veranstaltung findet immer an einem Ort statt.
Es gibt verschiedene Veranstaltungsarten und jede Veranstaltung kann einer Veranstaltungsart immer eindeutig zugeordnet werden.
Es können mehrere Künstler gleichzeitig bei einer Veranstaltung auftreten. Künstler werden auch für mehrere Veranstaltungen gebucht.

c) Es soll eine Datenbank für Stundenpläne erstellt werden, die folgende Informationen enthält: Welche Klasse hat in welchem Raum mit welchem Lehrer in welchem Fach Unterricht?
Es wird erst einmal davon ausgegangen, dass eine Klasse pro Unterrichtsstunde nur von einem Lehrer in einem Fach unterrichtet wird. Dafür steht immer genau ein Raum zur Verfügung. Erweitern Sie das Modell um sinnvolle Zeitangaben.
Wie sieht das Modell aus, wenn davon ausgegangen wird, dass pro Unterrichtsstunde auch zwei Lehrer in einer Klasse unterrichten können oder dass die Klasse geteilt und in zwei Räumen in verschiedenen Fächern unterrichtet wird?

6 Bearbeiten Sie im Arbeitsbuch die Aufgaben 4 und 5 der Lernsituation 5 und überprüfen Sie Ihr Wissen über ER-Modelle. A4 A5

5.8.3 Grundlagen des relationalen Datenmodells erläutern

S Sie sollen sich Grundkenntnisse über den Aufbau und die Darstellung eines relationalen Datenmodells erarbeiten und diese mit Mitschülerinnen und Mitschülern diskutieren.

In der Gegenwart werden meist „relationale Datenbanken“ genutzt. Anfang der 1970er-Jahre entwickelte der Mathematiker Edgar F. Codd das relationale Datenmodell, das bereits Anfang der 1980er-Jahre unter der Bezeichnung „dBase“ auf Personal Computern implementiert wurde und sich bis heute allgemein für Datenbanken durchgesetzt hat. In relationalen Datenbanken werden die Daten meist in mehreren Tabellen, die miteinander in Beziehung stehen, unabhängig voneinander gespeichert.

Relationales Datenmodell

Ein relationales Datenmodell ist eine Sammlung von Tabellen (Relationen), die miteinander verknüpft sind, d. h. miteinander in Beziehung stehen.

(1) Tabellen

Tabelle

Eine Tabelle (Relation) besteht aus einem Tabellennamen (Relationsname) sowie den Spalten (Attribute, Felder) und den Datensätzen (Zeilen, Tupel).

Datensatz

Ein Datensatz besteht aus Datenfeldern (= entsprechend der Spaltenbezeichnung). In einem Datenfeld wird eine bestimmte Eigenschaft (Attributwert) des Objektes beschrieben.

Es ist möglich, die Tabellen auf zwei Arten darzustellen. Einmal als Tabelle mit Datensätzen (siehe linke Seite in Abbildung) oder als Tabelle nur mit Attributen (siehe rechte Seite in Abbildung). Die erste Variante wird meistens nur zu Erklärungszwecken verwendet. Für die eigentliche Darstellung des Modells wird immer die zweite Variante verwendet.

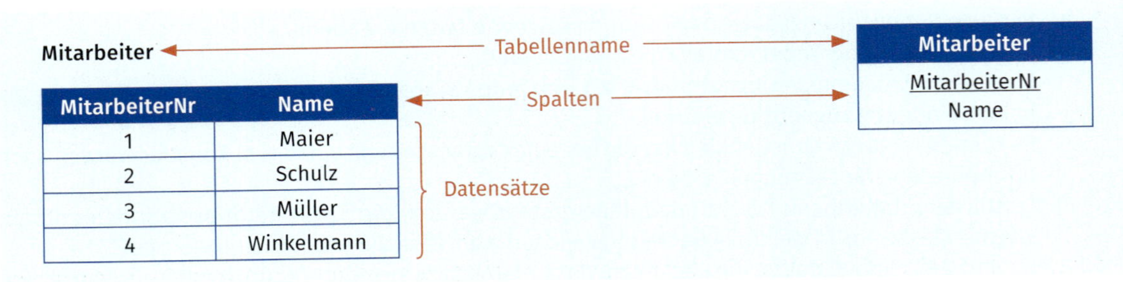

MitarbeiterNr	Name
1	Maier
2	Schulz
3	Müller
4	Winkelmann

Beispiel einer Tabelle

(2) Schlüssel

Primärschlüssel (Primary Key)

Der Primärschlüssel (Primary Key) einer Tabelle ist eine minimale Kombination von Spalten (Attributen), mit dessen Hilfe jeder Datensatz eindeutig identifiziert werden kann. Jede Tabelle muss genau einen Primärschlüssel besitzen. Der Primärschlüssel muss folgende Bedingungen erfüllen:

- **Eindeutigkeit:** Die Werte des Primärschlüssels müssen eindeutig sein.
- **Minimalität:** Der Primärschlüssel sollte aus so wenig wie möglich Spalten bestehen. In der Regel reicht eine Spalte aus.
- **Unveränderbarkeit:** Die Werte des Primärschlüssels sollten sich nicht ändern.

Im relationalen Datenmodell werden in den Tabellen nur die reinen Daten gespeichert. Wie diese Werte miteinander in Beziehung stehen, muss in Form von Verknüpfungen realisiert werden. Damit eine Verknüpfung von zwei Tabellen überhaupt funktionieren kann, muss jeder einzelne Datensatz eindeutig identifiziert werden. Dieses Merkmal nennt man Primärschlüssel (PK).

Im Prinzip kann jedes natürliche Attribut verwendet werden. Dadurch entstehen aber oft Probleme mit der Eindeutigkeit. Gleiche Namen existieren oft mehrfach für verschiedene Personen. Deshalb verwendet man meist eine Nummer (Nr) oder einen sog. Identifier (ID). Dieser künstliche Schlüssel kann stets so gewählt werden, dass er eindeutig ist. Der künstliche, willkürlich gewählte Schlüssel besitzt noch einen weiteren Vorteil, denn er dient ausschließlich der Identifikation des Datensatzes und enthält keinerlei weitere Informationen. Anders verhält es sich, wenn beispielsweise die Postleitzahl ein Bestandteil des Schlüssels ist. Dieser „sprechende Schlüssel“ enthält eine zusätzliche Information. Ändert sich aber das Merkmal, weil der Kunde umzieht, so wird der Schlüssel fortan mit „gespaltener Zunge“ sprechen, weil ja der Schlüssel nicht geändert werden darf. Wird jedoch bei einem Kunden der Schlüssel nachträglich geändert, gehen alle bisherigen Verknüpfungen verloren bzw. müssen alle Verknüpfungen erneut angepasst werden.

MitarbeiterNr	Name
1	Maier
2	Schulz
3	Müller
4	Winkelmann

Beispiel für Primärschlüssel

Fremdschlüssel (Foreign Key)

Der Fremdschlüssel ist eine Spalte (Attribut) einer Tabelle, die auf den Primarschlüssel einer anderen oder der gleichen Tabelle verweist, d. h., die Werte des Primarschlüssels werden in diese Spalte eingetragen. Dabei muss der Fremdschüssel vom gleichen Datentyp wie der Primarschlüssel sein. Eine Tabelle kann keinen, einen oder mehrere Fremdschlüssel besitzen.

Der Fremdschlüssel wird benötigt, um Beziehungen zwischen den Tabellen herzustellen. Er dient als Verweis zwischen zwei Tabellen und zeigt an, welche Datensätze der Tabellen inhaltlich miteinander in Verbindung stehen.

Mitarbeiter (Primärschlüssel (PK): MitarbeiterNr; Fremdschlüssel (FK): AbteilungNr)

MitarbeiterNr	Name	AbteilungNr
1	Maier	2
2	Schulz	2
3	Müller	1
4	Winkelmann	2

Abteilung (Primärschlüssel (PK): AbteilungNr)

AbteilungNr	Name
1	Einkauf
2	Buchhaltung
3	Produktion

n:1

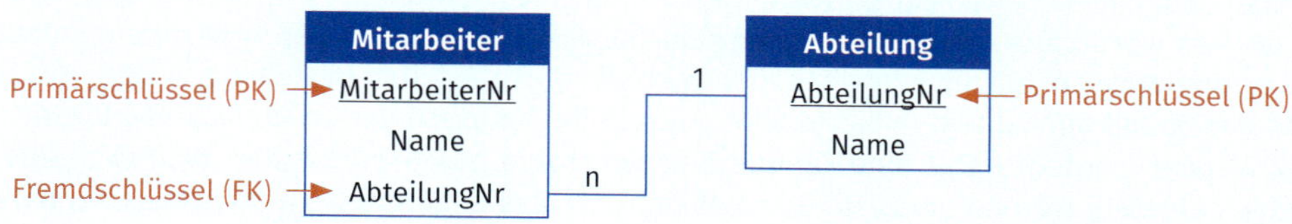

Beispiel für Primär- und Fremdschlüssel

(3) Kardinalitäten

Kardinalität

Die Kardinalität dient der genauen Charakterisierung von Beziehungen. Sie gibt an, in welchem Verhältnis die beteiligten Tabellen zueinander in Beziehung stehen. Im relationalen Datenmodell werden folgende Kardinalitäten unterschieden:

- 1:1 (eins zu eins)
- 1:n (eins zu viele)
- m:n (viele zu viele)

Nachfolgend werden die einzelnen Kardinalitäten anhand von Beispielen näher erläutert.

1:1-Beziehung

Eine 1:1-Beziehung liegt vor, wenn jedem Datensatz der ersten Tabelle genau ein Datensatz der zweiten Tabelle zugeordnet ist.

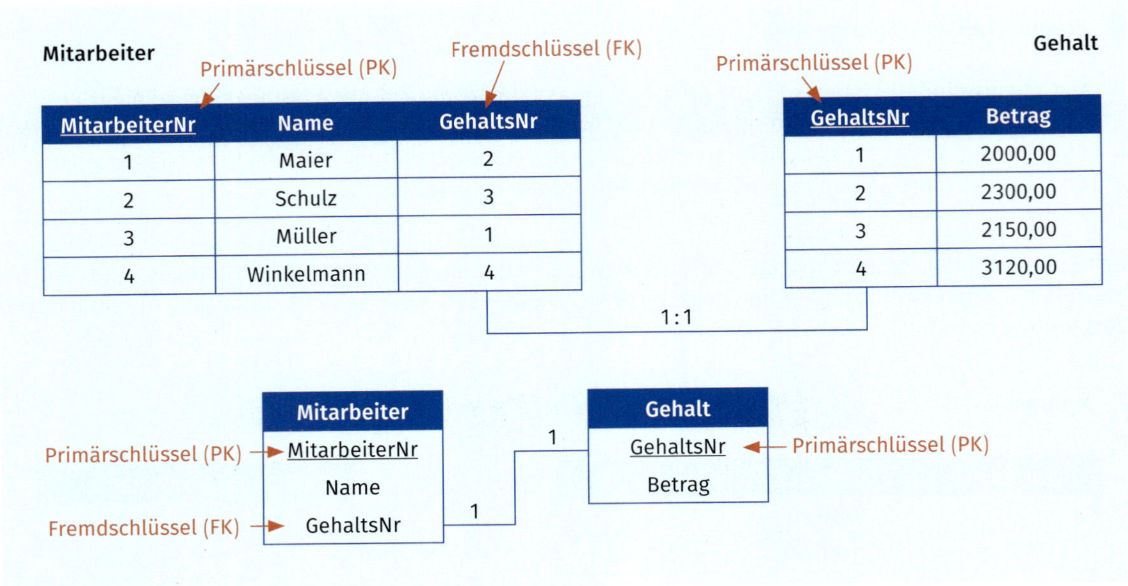

Beispiel für 1:1-Beziehung

Im Beispiel erhält jeder Mitarbeiter ein individuelles Gehalt, nicht eine Lohngruppe, wo eine andere Kardinalität zutreffen würde. Die meisten Daten, die auf diese Weise miteinander in Beziehung stehen, befinden sich normalerweise nur in einer Tabelle, weshalb diese Art der Beziehung selten ist. Zum Beispiel könnte das Gehalt auch direkt in die Tabelle „Mitarbeiter“ eingetragen werden. Sinnvoll kann die Kardinalität verwendet werden, wenn eine Tabelle beispielsweise aus Gründen der Rechtevergabe in mehrere Tabellen aufgeteilt werden muss. Im Beispiel kann der Zustand hinterlegt sein, dass ein Benutzer die Daten der Gehaltstabelle nur lesen, während ein anderer Benutzer sie zusätzlich noch bearbeiten kann. Beide Benutzer besitzen aber die gleichen Rechte an der Tabelle „Mitarbeiter“. Ein anderer Grund für eine 1:1-Beziehung besteht, wenn Attribute wegen der Übersichtlichkeit in andere Tabellen ausgelagert werden müssen.

1:n-Beziehung

Eine 1:n-Beziehung liegt vor, wenn ein Datensatz der ersten Tabelle mit keinem, einem oder mehreren Datensätzen der zweiten Tabelle in Beziehung steht.

Im nachfolgenden Beispiel ist jeder Mitarbeiter genau einer Abteilung zugeordnet. Jede Abteilung hat aber mehrere Mitarbeiter.

Mitarbeiter

Primärschlüssel (PK) → MitarbeiterNr; Fremdschlüssel (FK) → AbteilungsNr

MitarbeiterNr	Name	AbteilungsNr
1	Maier	2
2	Schulz	2
3	Müller	1
4	Winkelmann	2

Abteilung

Primärschlüssel (PK) → AbteilungsNr

AbteilungsNr	Name
1	Einkauf
2	Buchhaltung
3	Produktion

n:1

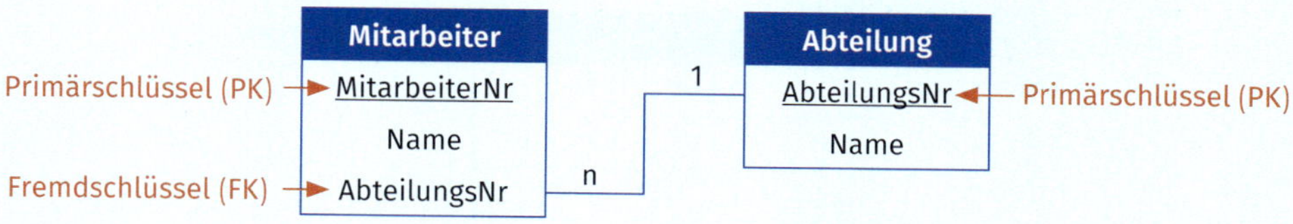

Beispiel für 1:n-Beziehung

m:n-Beziehung

Eine m:n-Beziehung liegt vor, wenn ein Datensatz der ersten Tabelle mit keinem, einem oder mehreren Datensätzen der zweiten Tabelle in Beziehung steht und umgekehrt.

Die m:n-Beziehung kann in einem relationalen Datenmodell nicht direkt dargestellt werden. Um diese Beziehungsart abzubilden, ist normalerweise eine dritte Tabelle notwendig, eine sog. Zwischen- oder Kreuztabelle. In dieser Kreuztabelle sind als Attribute meistens nur zwei Fremdschlüssel enthalten, worüber sie mit den beiden anderen Tabellen verbunden wird. Die beiden Fremdschlüssel ergeben in Kombination auch einen zusammengesetzten Primärschüssel. Daraus resultiert, dass die m:n-Beziehung in zwei 1:n-Beziehungen aufgelöst werden kann. Im Beispiel 1 (siehe S. 587) gehören zu einem Projekt mehrere Mitarbeiter, aber ein Mitarbeiter kann auch an verschiedenen Projekten beteiligt sein. Findet sich für die Kreuztabelle kein geeigneter Name, wird er aus den Namen der beiden anderen Tabellen gebildet (z. B. Mitarbeiter_Projekt).

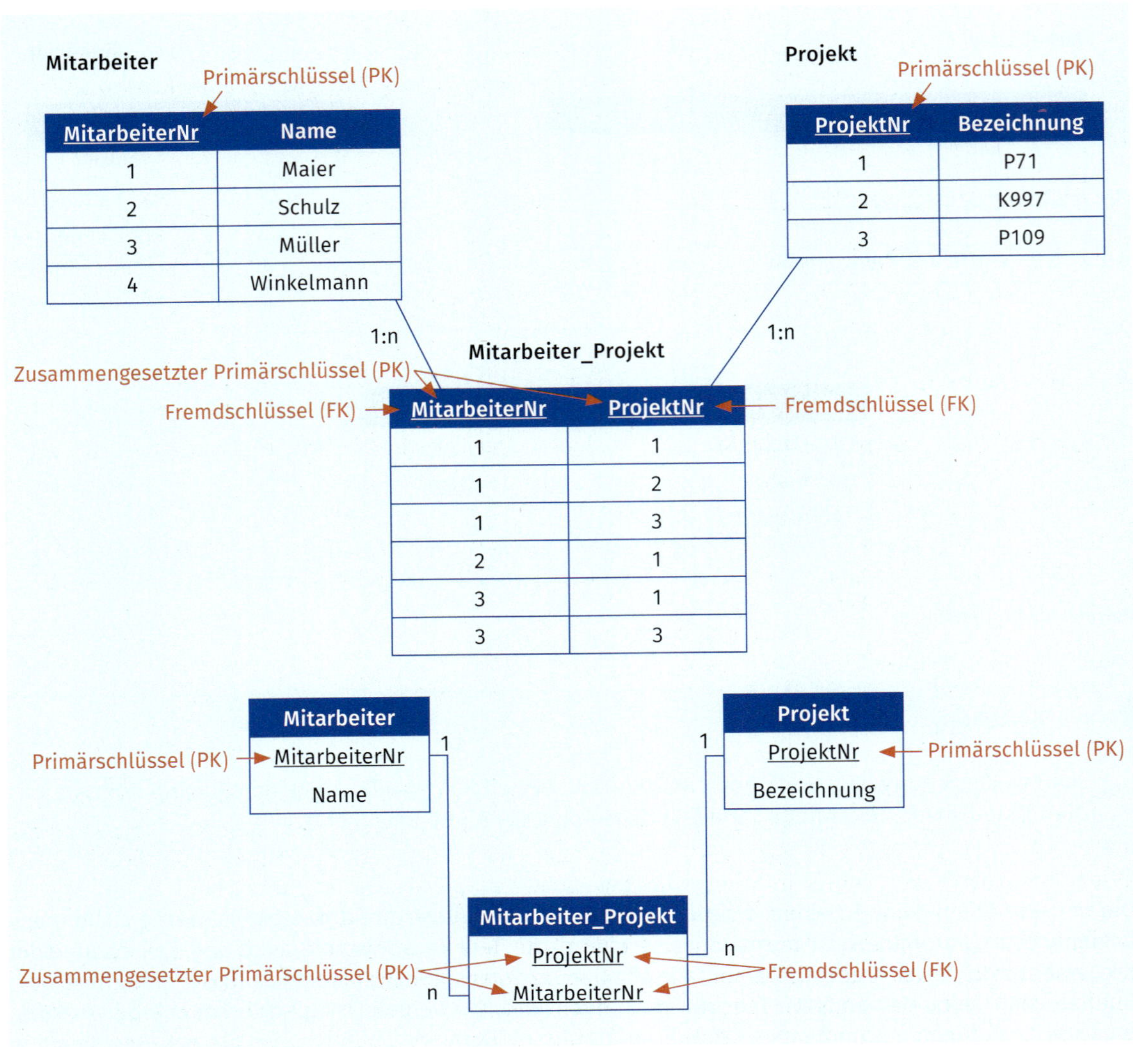

Beispiel 1 für m:n-Beziehung

Normalerweise wird jede m:n-Beziehung durch die Einführung einer Kreuztabelle dargestellt. In einigen Fällen ist es aber auch möglich, darauf zu verzichten und eine andere Abbildungsform zu wählen, wie im Beispiel 2 zu sehen ist.

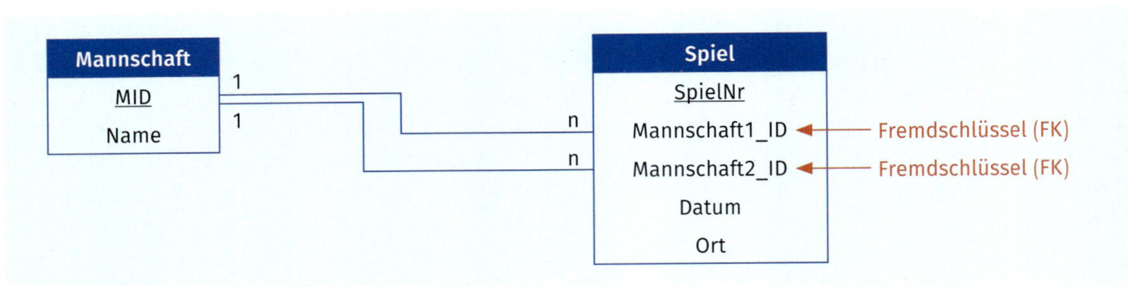

Beispiel 2 für m:n-Beziehung

Im Beispiel 2 existiert eine m:n-Beziehung zwischen der Tabelle „Mannschaft“ und der Tabelle „Spiel“. Eine Mannschaft kann an mehreren Spielen teilnehmen und ein Spiel (z. B. Fußball) besteht immer aus mehreren Mannschaften. Das Besondere daran ist, dass an einem Spiel genau zwei Mannschaften teilnehmen und dass sich diese Anzahl auch nicht ändern wird. In solchen Fällen kann auf eine Kreuztabelle verzichtet werden.

(4) Wichtige Grundbegriffe

Nach der Darlegung der grundlegenden Struktur des relationalen Datenmodells müssen noch einige Begriffe geklärt werden, die für die Arbeit mit relationalen Datenbanken wichtig sind.

Datenredundanz

Datenredundanz besteht, wenn dieselbe Information mehrfach in einer Datenbank vorhanden ist.

Datenredundanz liegt vor, wenn beispielsweise der Name einer Person mehrfach in der Datenbank abgespeichert ist, d. h., es existiert derselbe Datenwert an verschiedenen Stellen. Eine weitere, mehr versteckte Form der Datenredundanz liegt in der folgenden Tabelle vor.

ID	ArtikelNr	Preis	Anzahl	Gesamtbetrag
1	45	200,00	3	600,00

Auf den ersten Blick existiert kein Wert mehrfach in der Tabelle. Trotzdem ist die Information über den Gesamtbetrag zweimal vorhanden. Sie steht als Datenwert in der Spalte „Gesamtbetrag“ und kann als Produkt aus Preis und Anzahl berechnet werden. Deswegen liegt auch hier Datenredundanz vor. Bei einer Datenredundanz kann die Speicherplatzverschwendung als das kleinere Problem angesehen werden. Viel problematischer ist die Gefahr, dass sich eine Dateninkonsistenz „einschleicht“. Diese kann durch Änderungen von Daten erzeugt werden. Änderungen an Daten sind nie ganz zu vermeiden, z. B. eine Namensänderung nach einer Heirat. Wird bei einer solchen Änderung vergessen, sämtliche redundanten Daten ebenfalls anzupassen, dann entstehen widersprüchliche oder inkonsistente Datensätze, die auch als Datenanomalien bezeichnet werden. Deshalb ist Datenredundanz weitestgehend zu vermeiden.

Datenkonsistenz

Als Datenkonsistenz wird die Korrektheit der in der Datenbank gespeicherten Daten bezeichnet. Daten sind konsistent, wenn sie widerspruchsfrei sind.

Konsistente Datenbestände zeugen von einer hohen Qualität des Datenbestandes. Dadurch werden schwerwiegende Fehler und damit Mehrkosten zur Pflege des Datenbestandes vermieden. Sind die Datenbestände nicht konsistent, wird von Dateninkonsistenz gesprochen (Datenanomalien). Im Einzelnutzerbetrieb können solche Anomalien beispielsweise durch Datenredundanz verursacht werden. Im Mehrbenutzerbetrieb kommen Anomalien hinzu, welche durch den parallelen Zugriff auf die Daten auftreten.

Bezeichnung	Beschreibung
Änderungs-anomalie	Wenn dieselben Daten an verschiedenen Stellen gespeichert wurden (Datenredundanz) und diese Daten geändert werden sollen, können beim Ändern einige Datensätze vergessen werden. In diesem Fall spricht man von einer Änderungsanomalie. Ändert etwa ein Mitarbeiter seinen Namen, muss diese Änderung an allen Stellen vorgenommen werden.
Einfüge-anomalie	Eine Einfügeanomalie liegt vor, wenn bestimmte Daten nur in Verbindung mit anderen Daten erfasst werden können. Soll beispielsweise ein Mitarbeiter erfasst werden, muss ihm auch eine Abteilung zugewiesen werden. Steht die Abteilung zum Erfassungszeitpunkt aber noch nicht fest, so muss dem Mitarbeiter zunächst eine „Dummy-Abteilung“ zugewiesen werden.
Lösch-anomalie	Eine Löschanomalie tritt auf, wenn beim Löschen bestimmter Daten ungewollt andere Daten gelöscht werden. Wird beispielsweise eine Abteilung gelöscht, werden ggf. auch alle Daten der Mitarbeiter dieser Abteilung gelöscht, obwohl diese Mitarbeiter in andere Abteilungen aufgeteilt werden.

Referenzielle Integrität

Referenzielle Integrität besagt, dass die Werte des Fremdschlüssels der Fremdschlüsseltabelle auch als Werte beim Primarschlüssel der Primarschlüsseltabelle vorhanden sein müssen. Dadurch wird Dateninkonsistenz vermieden.

Um die referenzielle Integrität zu gewährleisten, muss ein Datensatz zuerst mit einem entsprechenden Wert in der Tabelle mit dem Primärschlüssel vorhanden sein, bevor dieser Wert in die Tabelle mit dem Fremdschüssel eingetragen wird. Beim Löschen eines Datensatzes aus der Primärschlüsseltabelle verhält es sich umgekehrt. Zuerst müssen alle Datensätze aus der Fremdschlüsseltabelle entfernt werden, deren Wert mit dem des Primärschlüssels im Datensatz der Primärschlüsseltabelle übereinstimmt.

Normalisierung

Normalisierung ist ein Verfahren zur Verringerung von Datenredundanz in relationalen Datenmodellen, verbunden mit den Zielen Anomalien zu vermeiden und die Datenkonsistenz zu erhöhen.

Die Einhaltung der Integrität bei einer relationalen Datenbank erzwingt bestimmte Anforderungen an die Form der Tabellen, die über den Weg der Normalisierung erreicht werden kann. Am Ende der Normalisierung stehen Relationen, die einer vorgegebenen Normalform entsprechen. Je höher die gewählte Normalform definiert wird, desto höher sind die Anforderungen an die innere Struktur der Relation. Durch die Normalisierung sollen einerseits die Relationen aufgebaut und andererseits die Redundanzen verringert bzw. ganz vermieden werden. In der Praxis beschränkt man sich auf die erste bis dritte Normalform. Die vierte und fünfte Normalform werden nur in seltenen Fällen angewandt. Normalisierung wird im zweiten Ausbildungsjahr intensiver behandelt.

(5) Beispiele für die Erstellung eines relationalen Datenmodells

Beispielaufgabe

Funktionale Anforderungen: Es soll ein relationales Datenmodell für die Verwaltung von Kundenbestellungen erstellt werden. Folgende Fakten sind bekannt:
- Ein Kunde (Name, KundenNr) macht mehrere Bestellungen.
- Jede Bestellung (BestellNr, Datum) kann mehrere Bestellpositionen haben, in denen der Artikel (ArtikelNr, Name) und die bestellte Anzahl aufgeführt werden.

Lösung

Zunächst werden die Tabellen „Kunde", „Bestellung", „Bestellposition" und „Artikel" mit den entsprechenden Attributen angelegt. Danach wird in jeder Tabelle der Primärschlüssel festgelegt. Wenn kein Attribut oder eine Kombination aus Attributen sich als Primärschlüssel eignet, dann wird ein künstlicher Primärschlüssel eingefügt. In diesem Fall ist zu jeder Tabelle ein Primärschlüssel vorhanden, z. B. die BestellNr. In der Tabelle „Bestellposition" wird ein zusammengesetzter Primärschlüssel aus BestellNr und Pos gebildet. Danach werden die Beziehungen zwischen den Tabellen festgelegt und dementsprechende Fremdschlüssel in die Tabellen eingetragen. Es sind alles 1:n-Beziehungen, z. B. ein Kunde kann mehrere Bestellungen machen oder ein Artikel kann in mehreren Bestellpositionen vorkommen. Die Lösung für die Aufgabe ist in folgender Abbildung zu sehen.

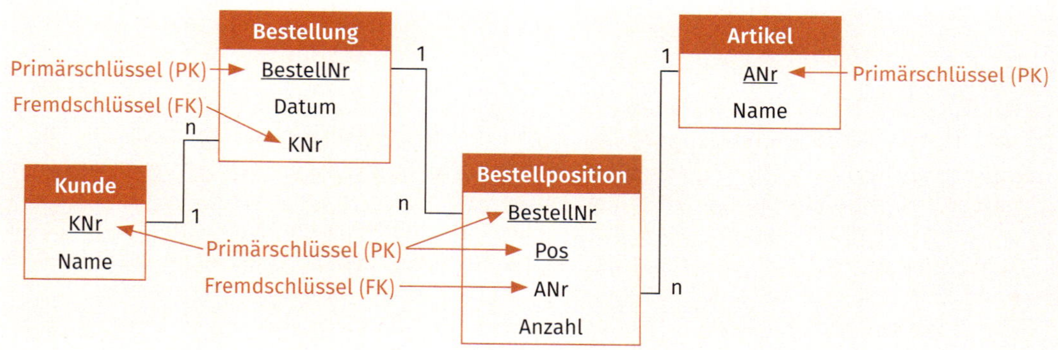

Kompetenzcheck

1 Welche Aussagen sind richtig?
a) Das relationale Datenmodell ist nicht weitverbreitet.
b) Die Werte eines Primärschlüssels müssen immer eindeutig sein.
c) m:n-Beziehungen erfordern immer eine Kreuztabelle.
d) Dateninkonsistenz ist ein gewollter Zustand der Datenbank.
e) Ein Primärschlüssel besteht immer nur aus einem Attribut.
f) Jede Tabelle muss mindestens einen Fremdschlüssel enthalten.
g) Änderungsanomalien können durch Datenredundanz entstehen.

2 Erweitern Sie nachfolgendes Datenmodell dahingehend, dass Sie eine Tabelle mit den Autoren (Name, Vorname) hinzufügen und diese mit der Tabelle Buch in Beziehung setzten. Hinweis: Ein Buch kann auch von mehreren Autoren geschrieben worden sein.

Buch
BuchID
ISBN
Titel

3 Erweitern Sie die Tabelle „Auto“ um folgende Attribute: Kennzeichen, Farbe, Schäden, Kraftstoffart, Hersteller und kmStand. Versuchen Sie mögliche Datenredundanzen zu vermeiden, indem Sie die entsprechenden Attribute in neue Tabellen auslagern und diese mit der Tabelle „Auto“ in Beziehung setzen.

Auto
AutoID

4 Es sollen die Anbaupläne für Felder (Feldname) verwaltet werden. Dabei soll erfasst werden, welche Pflanze (Pflanzenname) von wann bis wann, auf welchem Feld angebaut wird. Entwickeln Sie ein relationales Datenmodell.

A6 A7 5 Bearbeiten Sie im Arbeitsbuch die Aufgaben 6 und 7 der Lernsituation 5.

5.8.4 ER-Modelle in relationale Datenmodelle überführen

S Sie sollen ER-Modelle in relationale Modelle überführen.

Nach der Datenanalyse und der Erstellung eines ER-Modells muss dieses in ein relationales Datenmodell überführt werden. Zur Unterstützung dieses Prozesses gibt es mehrere Regeln.

Transformationsregeln

1. Ein Entitätstyp wird mit all seinen Attributen zu jeweils einer Tabelle zusammengefasst.
2. Jede Tabelle erhält einen Primärschlüssel aus einem Attribut oder einer Kombination aus Attributen, welche im ER-Modell gekennzeichnet wurden. Sind solche Attribute nicht vorhanden, dann wird ein künstlicher Primärschlüssel eingeführt.
3. Jede m:n-Beziehung wird in einer eigenen Tabelle abgebildet. Diese Tabelle enthält die Primarschlüssel der beteiligten Entitätstypen als Fremdschlüssel und die Attribute, welche der Beziehung direkt zugeordnet sind.
4. Die Umsetzung der 1:n-Beziehungen erfolgt, indem der Primärschlüssel der einen Tabelle als Fremdschlüssel in die andere Tabelle eingefügt wird.

Der gesamte Vorgang wird nachfolgend erläutert. Als Beispiel liegt folgendes ER-Modell vor:

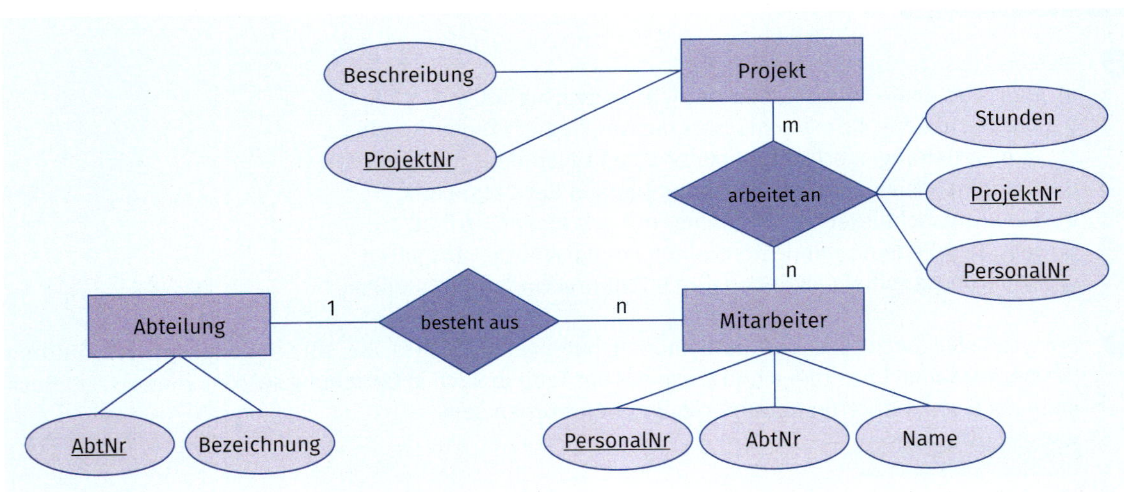

ER-Modell

In diesem Beispiel sind die Entitätstypen „Abteilung", „Mitarbeiter" und „Projekt" mit entsprechenden Attributen abgebildet. Eine Abteilung besitzt mehrere Mitarbeiter und die Mitarbeiter arbeiten in verschiedenen Projekten mit. Durch die m:n-Beziehung zwischen Mitarbeiter und Projekt können auch Attribute direkt an der Beziehung angegeben werden.

Man kann wie folgt vorgehen, um daraus ein relationales Datenmodell zu entwickeln:

1. Aus jedem Entitätstyp des ER-Modells wird eine Tabelle mit dem entsprechenden Namen erstellt. Die Attribute der einzelnen Entitätstypen werden zu Attributen der jeweiligen Tabelle.
2. Die Primärschlüssel werden festgelegt. Diese können in diesem Fall direkt aus dem ER-Modell übernommen werden.
3. Die 1:n-Beziehung zwischen Abteilung und Mitarbeiter wird ohne Veränderung übernommen. Der Primärschlüssel AbtNr ist schon als Attribut in der Mitarbeitertabelle vorhanden und wird zum Fremdschlüssel.
4. Die m:n-Beziehung zwischen Mitarbeiter und Projekt wird aufgelöst und in zwei 1:n-Beziehungen überführt. Dazu wird die m:n-Beziehung und deren Attribute in einer neuen Tabelle dargestellt, der sog. Kreuztabelle.

Das relationale Datenmodell entspricht im Ergebnis der nachfolgenden Abbildung.

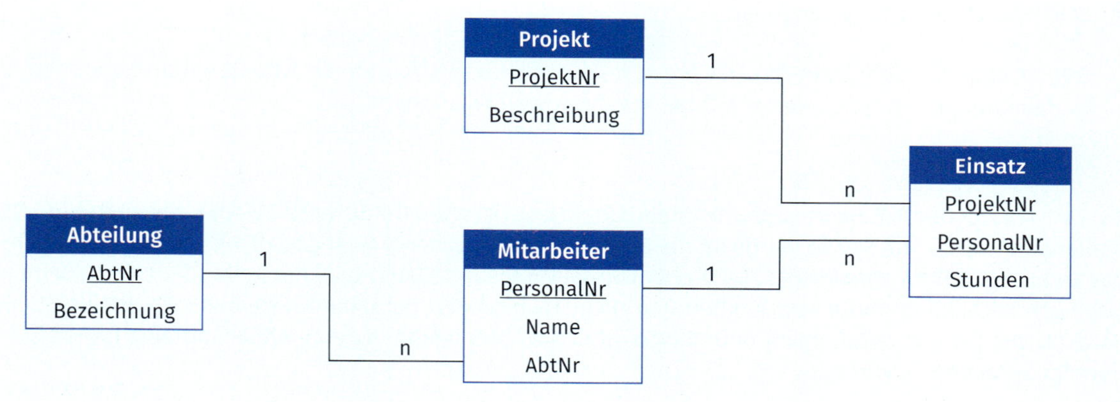

Kompetenzcheck

1 Wandeln Sie folgendes ER-Modell in ein relationales Modell um.

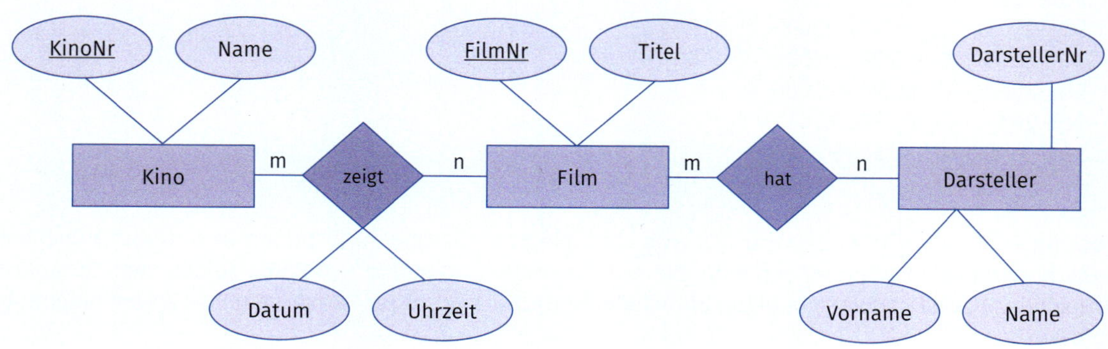

2 Bearbeiten Sie im Arbeitsbuch die Aufgabe 8 der Lernsituation 5.

A8

5.8.5 Die Datenbanksprache SQL anwenden

S Sie sollen grundlegende SQL-Befehle kennen und anwenden.

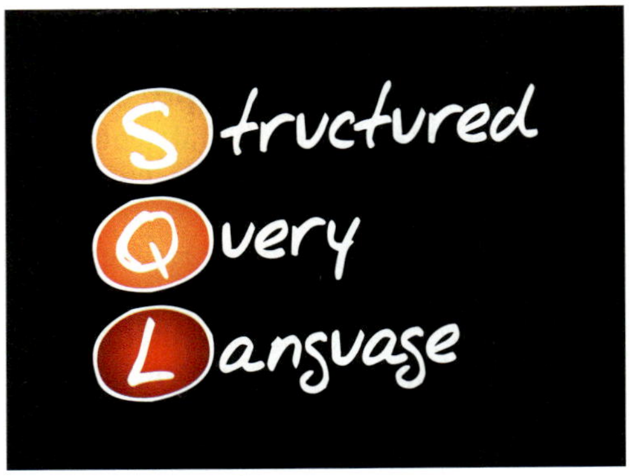

Gegenwärtig ist SQL (Structured Query Language) unbestritten die verbreitetste Sprache für relationale Datenbanken. Auch in Zukunft wird diese Sprache keine Konkurrenz bekommen, da mittlerweile alle Hersteller relationaler Datenbanken ihr System auf diese Sprache umgestellt haben.

Die Entwicklung von SQL begann Anfang der 1970er-Jahre. Zu dieser Zeit begann in den IBM-Forschungslaboratorien in San Jose im US-Bundesstaat Kalifornien ein Forschungsprojekt, das sich „System R" nannte. Es sollte die Praktizierbarkeit der relationalen Theorien untersuchen.

SQL (Structured Query Language)

SQL ist eine Datenbanksprache, mit der in relationalen Datenbanken die Datenstrukturen definiert und die Datenbestände bearbeitet bzw. abgefragt werden können.

Die IBM-Mitarbeiter R. F. Boyce und D. D. Chamberlain entwickelten die Sprache SEQUEL, die später in SQL umbenannt wurde. Die Syntax wurde an die Begriffe der englischen Umgangssprache angelehnt, erkennbar an SELECT, FROM oder WHERE. Seither entwickelten fast alle Datenbankhersteller die erforderlichen SQL-Schnittstellen zu ihren relationalen und nicht relationalen Datenbanksystemen. SQL ist als Standardsprache für alle relationalen Datenbanksysteme zu betrachten, da eine ANSI- und eine ISO-Definition der Sprache SQL vorliegt.

SQL-Standards

SQL-87: ISO 9075:1987
SQL-89: ISO/IEC 9075:1989
SQL-92: ISO/IEC 9075:1992
SQL-1999: ISO/IEC 9075:1999
SQL-2003: ISO/IEC 9075:2003
SQL-2006: ISO/IEC 9075:2006
SQL-2008: ISO/IEC 9075:2008
SQL-2011: ISO/IEC 9075:2011
SQL-2016: ISO/IEC 9075:2016

Trotz ihrer Standardfunktion wird SQL von den gängigen Datenbanksystemen in unterschiedlichem Maße unterstützt. Außerdem können die verschiedenen „Dialekte" von SQL leicht vom Standard abweichen. SQL besitzt verschiedene Sprachelemente, die nach ihrer Funktion in Kategorien eingeteilt werden.

Sprache	Beschreibung
Data Definition Language (DDL) – Datendefinitionssprache	Die DDL umfasst alle Anweisungen, die verwendet werden, um Datenstrukturen und verwandte Elemente zu beschreiben, zu ändern oder zu entfernen. Zum Beispiel können damit Tabellen erzeugt oder vorhandene Tabellenstrukturen verändert werden. Zu den SQL-Befehlen der DDL gehören u. a. CREATE TABLE oder DROP VIEW.
Data Manipulation Language (DML) – Datenbearbeitungssprache	Die DML umfasst alle Anweisungen an das Datenbanksystem, die dazu dienen, grundlegende Operationen an Datensätzen auszuführen, z. B. das Auswählen von Datensätzen aus einer Tabelle, das Einfügen neuer Datensätze, das Löschen von Datensätzen oder die Veränderung von bestehenden Datensätzen. Zu den SQL-Befehlen der DML gehören u. a. SELECT, UPDATE oder INSERT INTO.
Data Control Language (DCL) – Datenüberwachungssprache	Die DCL enthält Befehle, um an Nutzer der Datenbank Berechtigungen zu vergeben oder ihnen Berechtigungen zu entziehen. Typische Befehle der DCL sind u. a. GRANT und REVOKE.
Transaction Control Language (TCL) – Transaktionsüberwachungssprache	Die Transaktionsbefehle der SQL stellen die Datenintegrität sicher, indem logisch zusammenhängende Anweisungen entweder komplett oder gar nicht ausgeführt werden. Zu den SQL-Befehlen der TCL gehören u. a. COMMIT oder ROLLBACK.

Im ersten Lehrjahr werden vor allem die Befehle der DDL und DML in sehr einfacher Form betrachtet. Im zweiten bzw. dritten Lehrjahr werden diese vertieft und es kommen die Befehle der DCL und TCL hinzu.

(1) Syntaktische Grundlagen und Operatoren

SQL ist bewusst sehr einfach gehalten. Es wird nicht zwischen Groß- und Kleinschreibung unterschieden. Es ist also unerheblich, ob in der SQL-Anweisung alles groß, alles klein oder als Kombination geschrieben wird. Allerdings existiert ein üblicher Standard, wonach SQL-Befehle nur mit Großbuchstaben geschrieben werden. Im Normalfall wird eine SQL-Anweisung mit einem Semikolon beendet. Allerdings gibt es auch hier Ausnahmen. Im Zweifelsfall sollte immer ein Semikolon gesetzt werden. In der folgenden Tabelle sind weitere Sprachelemente und Operatoren aufgeführt.

<table>
<tr><th>Sprachelement</th><th colspan="2">Beschreibung</th></tr>
<tr><td>Anführungszeichen und Hochkommata</td><td colspan="2">Sie werden immer dann genutzt, wenn in der SQL-Anweisung Zeichenketten enthalten sind. Der entsprechende Text erscheint in einfachen Hochkommata oder in normalen Anführungszeichen oben, z. B.: WHERE Name = ‘Maier’ oder WHERE Name = “Maier”.</td></tr>
<tr><td>Vergleichsoperatoren</td><td>Sie kommen hauptsächlich in WHERE-Klauseln vor, die in verschiedenen Zusammenhängen verwendet werden. Mit den Operatoren werden die Bedingungen beschrieben, unter denen die SQL-Anweisung ausgeführt wird.</td><td><table><tr><th>Operator</th><th>Beschreibung</th></tr><tr><td>=</td><td>gleich</td></tr><tr><td>></td><td>größer</td></tr><tr><td>>=</td><td>größer gleich</td></tr><tr><td><</td><td>kleiner</td></tr><tr><td><=</td><td>kleiner gleich</td></tr><tr><td><></td><td>ungleich</td></tr></table></td></tr>
<tr><td>Logische Operatoren</td><td>Für die logischen Operatoren gilt wie für die Vergleichsoperatoren, dass sie bevorzugt in der WHERE-Klausel verwendet werden und verschiedene Bedingungen miteinander verknüpfen. Mithilfe von Klammern können diese Operatoren zu logischen Einheiten gebündelt werden.</td><td><table><tr><th>Operator</th><th>Beschreibung</th></tr><tr><td>AND</td><td>logisches UND</td></tr><tr><td>OR</td><td>logisches ODER</td></tr><tr><td>NOT</td><td>logisches NICHT</td></tr></table></td></tr>
</table>

<table>
<tr><th>Sprachelement</th><th colspan="2">Beschreibung</th></tr>
<tr><td>Rechen-operatoren</td><td>Sie können an verschiedenen Stellen einer SQL-Anweisung angewendet werden. Durch den Einsatz von Klammern wird ein mathematischer Ausdruck gezielt beschrieben.</td><td><table><tr><th>Operator</th><th>Beschreibung</th></tr><tr><td>+</td><td>Addition</td></tr><tr><td>–</td><td>Subtraktion</td></tr><tr><td>*</td><td>Multiplikation</td></tr><tr><td>/</td><td>Division</td></tr></table></td></tr>
<tr><td>Zuweisungs-operator</td><td>Er ist identisch mit dem Vergleichsoperator, wird hauptsächlich benutzt, um die Werte einer Spalte zu verändern.</td><td><table><tr><th>Operator</th><th>Beschreibung</th></tr><tr><td>=</td><td>Zuweisung</td></tr></table></td></tr>
<tr><td>NULL</td><td colspan="2">Der Wert NULL steht für einen nicht definierten Wert und ist nicht vergleichbar mit der Ziffer „0“ oder einem Leerstring "". Man verwendet den Vergleich IS NULL, um zu testen, ob eine Spalte einen nicht definierten Wert enthält, z. B.: WHERE Ort IS NULL.</td></tr>
</table>

Des Weiteren werden beispielsweise für das Anlegen von Tabellen oder für das Hinzufügen von Spalten Datentypen benötigt. Auch hier gibt es Standardvorgaben, die von den meisten Datenbankmanagementsystemen unterstützt werden. Darüber hinaus hat aber fast jeder Datenbankhersteller seine eignen Erweiterungen geschaffen, welche sich teilweise erheblich unterscheiden. Es ist zu empfehlen, sich die Datentypen für das Datenbankmanagementsystem, welches konkret verwendet wird, zu erarbeiten.

ANSI-SQL-Datentyp	Beschreibung
INTEGER, BIGINT	Ganze Zahlen
NUMERIC, NUMBER(n,m)	Festkommazahlen
FLOAT, DOUBLE	Gleitkommazahlen
VARCHAR(n)	Zeichenkette variabler Länge
CHARACTER(n), CHAR(n)	Zeichenkette mit fester Länge
DATE, TIME, TIMESTAMP	Datums- und Zeitangaben
BOOLEAN	Wahrheitswerte

In den nachfolgenden Abschnitten werden die wichtigsten Befehle der SQL näher betrachtet und an Beispielen erläutert. Als Grundlage für alle Beispiele dient ein relationales Datenmodell der Beispieldatenbank „Personenverwaltung“. Zum Testen der Beispiele für die SELECT-Anweisungen müssen die Tabellen noch mit entsprechenden Datensätzen gefüllt werden.

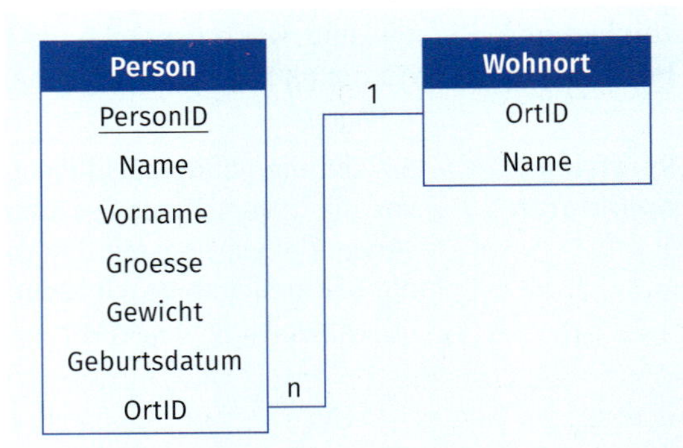

Beispieldatenbank „Personenverwaltung“

(2) Anlegen, Ändern, Löschen von Tabellen

Zum Anlegen einer Tabelle wird der Befehl „CREATE TABLE“ verwendet. Dessen Syntax kann anhand des folgenden Beispiels beschrieben werden, indem die Tabelle „Person“ mit den entsprechenden Spalten erzeugt wird. Eine Spalte wird durch die Angabe des Spaltennamens, des Datentyps und verschiedener Optionen (Constraints) definiert. Es bestehen zwei Möglichkeiten, um den Primär- und die Fremdschlüssel festzulegen: beim Definieren der Spalte oder nach der Definition aller Spalten. Im Beispiel „Personalverwaltung“ muss die Tabelle „Wohnort“ für das Anlegen des Fremdschlüssels bereits existieren, d. h., die Tabelle muss schon vorab mithilfe des Befehls „CREATE TABLE“ erzeugt werden.

Anlegen einer Tabelle	
Syntax	**CREATE TABLE** *Tabellenname (* *Spaltenname1 Datentyp1 Optionen* *Spaltenname2 Datentyp2 Optionen* ...);
Erläuterung	Tabellenname = Name der Tabelle Spaltenname = Name der jeweiligen Spalte Datentyp = Datentyp der jeweiligen Spalte (z. B. INT, VARCHAR(50) etc.) Optionen = Zusätzliche Regeln (z. B. NOT NULL, PRIMARY KEY ect.)
Beispiele für Optionen (Constraints)	PRIMARY KEY = Spalte wird zum Primarschlüssel FOREIGN KEY = Spalte wird zum Fremdschlüssel REFERENCES = Verknüpfung mit dem Primarschlüssel einer anderen Tabelle AUTOINCREMENT = Zahl wird bei jedem neuen Datensatz automatisch um eins erhöht NOT NULL = Wert der Spalte darf nicht NULL sein UNIQUE = Alle Werte in einer Spalte müssen unterschiedlich sein DEFAULT = Standardwert für eine Spalte, wenn kein Wert angegeben wurde
Beispiele	**CREATE TABLE** Person (PersonID **INT NOT NULL AUTOINCREMENT PRIMARY KEY,** Name **VARCHAR(50) NOT NULL,** Vorname **VARCHAR (50),** Groesse **FLOAT,** Gewicht **FLOAT,** Geburtsdatum **DATE.** OrtID **INT FOREIGN KEY REFERENCES** Ort(OrtID));
	Alternative
	CREATE TABLE Person (PersonID **INT NOT NULL AUTOINCREMENT,** Name **VARCHAR(50) NOT NULL,** Vorname **VARCHAR (50),** Groesse **FLOAT,** Gewicht **FLOAT,** Geburtsdatum **DATE,** OrtID **INT,** **PRIMARY KEY** (PersonID), **FOREIGN KEY** (OrtID) **REFERENCES** Ort(OrtID));

Mithilfe des Befehls „ALTER TABLE" können bereits existierende Tabelle angepasst werden. Um eine Spalte hinzuzufügen, wird dieser Befehl um die Schlüsselwörter „ADD COLUMN" erweitert. Dabei müssen auf jeden Fall der Spaltenname und der Datentyp angegeben werden. Die Angabe von weiteren Optionen ist möglich. Dazu zählt etwa die Kennzeichnung als Primär- oder Fremdschlüssel oder die Angabe von NOT NULL. Im Beispiel wird in die Tabelle „Person" die neue Spalte „Bemerkungen" eingefügt. Als Datentyp wird ein Text mit einer Länge von 30 Zeichen festgelegt. Weitere Optionen existieren nicht.

Ändern einer Tabelle: Spalte hinzufügen	
Syntax	**ALTER TABLE** *Tabellenname* **ADD COLUMN** *Spaltenname Datentyp Optionen;*
Erläuterung	Tabellenname = Name der Tabelle, in welcher eine neue Spalte eingefügt werden soll Spaltenname = Name der neuen Spalte Datentyp = Datentyp der neuen Spalte (z. B. INT, VARCHAR(50) etc.) Optionen = Zusätzliche Regeln (z. B. NOT NULL, PRIMARY KEY etc.)
Beispiel	**ALTER TABLE** Person **ADD COLUMN** Bemerkungen **VARCHAR(30);**

Wird ALTER TABLE in Verbindung mit MODIFY COLUMN verwendet, kann einer bereits vorhandenen Spalte ein neuer Datentyp zugewiesen werden. Im Beispiel wird der Datentyp der Spalte „Bemerkungen" auf eine Länge mit 250 Zeichen verändert.

Ändern einer Tabelle: Datentyp einer Spalte ändern	
Syntax	**ALTER TABLE** *Tabellenname* **MODIFY COLUMN** *Spaltenname Datentyp;*
Erläuterung	Tabellenname = Name der Tabelle, in welcher eine Spalte bearbeitet werden soll Spaltenname = Name der zu bearbeitenden Spalte Datentyp = neuer Datentyp der ausgewählten Spalte
Beispiel	**ALTER TABLE** Person **MODIFY COLUMN** Bemerkungen **VARCHAR(250);**

Die Anweisung „DROP COLUMN" löscht in Verbindung mit ALTER TABLE eine Spalte aus der Tabelle.

Ändern einer Tabelle: Spalte löschen	
Syntax	**ALTER TABLE** *Tabellenname* **DROP COLUMN** *Spaltenname;*
Erläuterung	Tabellenname = Name der Tabelle, in der eine Spalte gelöscht werden soll. Spaltenname = Name der zu löschenden Spalte
Beispiel	**ALTER TABLE** Person **DROP COLUMN** Bemerkungen;

Der Befehl zum Löschen einer Tabelle ist einfach, aber wirkungsvoll. Nach DROP TABLE wird der Name der zu löschenden Tabelle angeben. Im Beispiel wird die Tabelle „Person" gelöscht.

Löschen einer Tabelle	
Syntax	**DROP TABLE** *Tabellenname;*
Erläuterung	Tabellenname = Name der zu löschenden Tabelle
Beispiel	**DROP TABLE** Person;

(3) Einfügen, Ändern, Löschen von Datensätzen

Zum Einfügen von Datensätzen dient der Befehl „INSERT". Im Beispiel wird ein neuer Datensatz in die Tabelle „Person" geschrieben, wobei nur die Spalten „Vorname", „Name" und „Gewicht" Werte erhalten. Da der Primärschlüssel „PersonID" als Autowert gekennzeichnet ist, wird dieser Wert automatisch erzeugt und muss nicht extra vergeben werden.

Einfügen von Datensätzen	
Syntax	**INSERT INTO** *Tabellenname* **(***Spalte1, Spalte2, …* **) VALUES (***Wert1, Wert2, …..***);**
Erläuterung	Tabellenname = Name der Tabelle, in die etwas geschrieben werden soll Spalte = Name der Spalte, in die ein Wert geschrieben werden soll Wert = Wert, der in die entsprechende Spalte geschrieben werden soll
Beispiel	**INSERT INTO** Person **(**Vorname, Name, Gewicht**) VALUES** ("Hans", "Müller", 80.5);

Sollen die Werte von vorhandenen Datensätzen verändert werden, kommt der Befehl „UPDATE" zum Einsatz. Mithilfe der Bedingungen in der WHERE-Klausel werden jene Datensätze ausgewählt, bei denen der Wert geändert werden soll. Entfällt die WHERE-Klausel, erfolgt die Änderung bei allen Datensätzen der Tabelle. Im Beispiel soll das Gewicht einer bestimmten Person geändert werden, welche durch die PersonID bestimmt wird. Der Befehl „UPDATE" kann auch zum Löschen von einzelnen Werten verwendet werden. Dazu wird der Wert der entsprechenden Spalte auf NULL gesetzt. Der Datensatz bleibt dabei aber erhalten.

Ändern von Daten	
Syntax	**UPDATE** *Tabellenname* **SET** *Spalte = Wert* **WHERE** *Bedingungen;*
Erläuterung	Tabellenname = Name der Tabelle, welche aktualisiert werden soll Spalte = Name der Spalte, in welcher der Wert geändert werden soll Wert = neuer Wert, der in die Spalte geschrieben wird Bedingungen = Einschränkung der Datensätze, die einen neuen Wert erhalten
Beispiele	Ändern des Wertes eines Datensatzes: **UPDATE** Person **SET** Gewicht = 79.25 **WHERE** PersonID = 10;
	Löschen (auf NULL setzen) von Werten eines Datensatzes: **UPDATE** Person **SET** Gewicht = **NULL WHERE** PersonID = 21 **OR** PersonID = 43;

Zum Löschen von Datensätzen wird der Befehl „DELETE" verwendet. Mit diesem Befehl werden immer komplette Datensätze gelöscht. Deswegen ist es auch nicht nötig, nach DELETE Spalten anzugeben. Auf den Befehl „DELETE" folgt stattdessen das Schlüsselwort „FROM". Mithilfe der Angabe von Bedingungen in der WHERE-Klausel können die zu löschenden Datensätze eingegrenzt werden. Fehlt die Angabe von Bedingungen, werden alle Datensätze der Tabelle gelöscht. Im Beispiel werden alle Datensätze aus der Tabelle „Person" gelöscht, in denen kein Name enthalten ist.

Löschen von Datensätzen	
Syntax	**DELETE FROM** *Tabellenname* **WHERE** *Bedingungen;*
Erläuterung	Tabellenname = Name der Tabelle, aus der Datensätze gelöscht werden sollen Bedingungen = Einschränkung auf jene Datensätze, die gelöscht werden
Beispiel	**DELETE FROM** Person **WHERE** Name **IS NULL**;

(4) Abfragen von Daten

Die Datenabfrage erfolgt mithilfe des Befehls „SELECT". Dabei reicht das Spektrum der Abfragen von „sehr einfach" bis „sehr komplex", weil der Befehl „SELECT" durch verschiedene Befehle erweitert werden kann. Im ersten Lehrjahr werden erst einmal nur einfache SQL-Abfragen betrachtet. Diese werden dann im zweiten bzw. dritten Lehrjahr komplexer. Die Möglichkeiten für die Befehlserweiterungen werden in der folgenden Abbildung veranschaulicht.

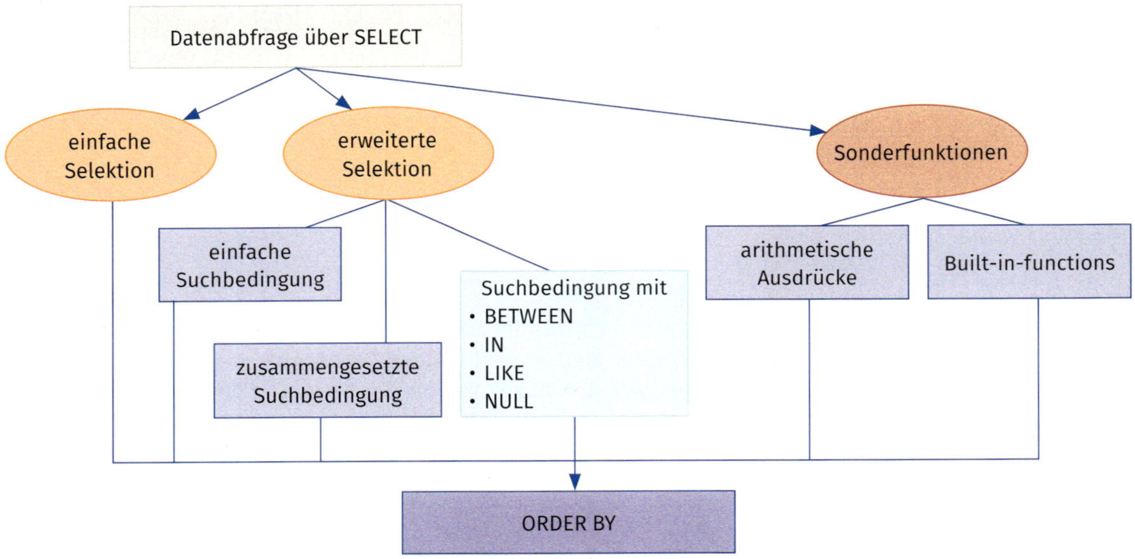

Die Erläuterungen zur allgemeinen Syntax des Befehls „SELECT" sollen die Verständlichkeit erhöhen.

Datenabfrage mit SELECT	
Syntax	`SELECT [DISTINCT] Spalte1 [AS Alias], Spalte2, ……. FROM Tabelle1 [Alias], Tabelle2 [Alias] … [WHERE Bedingungen] [GROUP BY Spalte [HAVING Bedingungen]] [ORDER BY Spalte1 [ASC | DESC], Spalte2…];`
Erläuterung	Spalte = Angabe der Spalten, deren Werte abgefragt werden sollen Alias = Temporärer Name der Spalte oder der Tabelle Tabelle = Angabe der Tabellen, aus denen die Datensätze abgefragt werden WHERE Bedingung = dient zum Filtern der Datensätze GROUP BY und HAVING = dient zum Gruppieren der Datensätze ORDER BY = dient zum Sortieren der Datensätze

In unserem Beispiel werden für eine einfache SQL-Abfrage „Name", „Vorname" und „Geburtsdatum" aller Personen abgefragt. Dabei wird immer der Tabellenname vor dem Spaltennamen angegeben. Es kann auch ein Alias für den Tabellennamen vergeben und benutzt werden, um Schreibarbeit zu sparen. Die entsprechende SQL-Anweisung sieht wie folgt aus:

Einfache SQL-Abfragen	
Beispiele	`SELECT Person.Name, Person.Vorname, Person.Geburtsdatum FROM Person;` *oder alternativ*: `SELECT P.Name, P.Vorname, P.Geburtsdatum FROM Person P;`

Die Ergebnismenge innerhalb einer SELECT-Abfrage kann mit dem Befehl „DISTINCT" zusätzlich reduziert werden, sodass mehrfach auftretende Werte nur einmal angezeigt werden. Mit der SQL-Anweisung

```
SELECT Person.Name FROM Person
```

werden die Namen aller Personen angezeigt. Dabei ist die Wahrscheinlichkeit groß, dass Namen in der Ergebnismenge mehrfach auftreten, z. B. die Namen „Müller", „Maier" oder „Schulz". Wenn man aber nur wissen möchte, welche unterschiedlichen Namen es gibt, dann muss die Ergebnismenge entsprechend eingeschränkt werden. Hier kommt der Befehl „DISTINCT" zum Einsatz. Mit

```
SELECT DISTINCT Person.Name FROM Person
```

werden alle redundanten Namen aus der Ergebnismenge entfernt.

(5) Abfrage mit Bedingungen

In den wenigsten Fällen wird die Anzeige aller Datensätze einer Tabelle angestrebt. Es ist eher so, dass ganz bestimme Datensätze herausgefiltert werden sollen. Hier kommt die WHERE-Klausel zum Einsatz. Mehrere Bedingungen in der WHERE-Klausel werden mithilfe von logischen Operatoren verknüpft, die durch Klammern zu logischen Blöcken zusammengefasst werden können. Im Beispiel werden alle Personen mit ihren Namen aufgelistet, deren Größe über 1,80 m beträgt, deren Gewicht unter 100,00 kg liegt und die „Müller“ heißen.

```
SELECT P.Name, P.Vorname FROM Person P
WHERE P.Groesse > 1.80 AND P.Gewicht < 100 AND P.Name = 'Müller';
```

Sollen alle Personen in einem bestimmten Größenbereich (z.B. von 1,60 m bis 1,80 m) ermittelt werden, bestehen zwei Möglichkeiten für die Gestaltung der Abfrage. Die erste Möglichkeit entspricht der Verfahrensweise einer Abfrage mit Bedingungen (siehe vorheriges Beispiel). Die zweite Möglichkeit besteht in einer SQL-Abfrage mit dem **Operator „BETWEEN“**.

```
SELECT P.Name, P.Vorname FROM Person P
WHERE P.Groesse BETWEEN 1.60 AND 1.80;
```

Der **Operator „LIKE“** ermöglicht den Vergleich eines Strings mit einem Muster. Das Muster kann ein einzelnes Zeichen oder ein Teilstring sein. Dazu können Platzhalter verwendet werden. Im Beispiel einer SQL-Abfrage mit LIKE werden alle Personen abgefragt, die ein „m“ im Namen tragen.

Platzhalter	
%	Prozentzeichen: steht für kein Zeichen, ein Zeichen oder mehrere Zeichen.
_	Unterstrich: repräsentiert immer genau ein Zeichen.

```
SELECT P.Name, P.Vorname FROM Person P WHERE P.Name LIKE '%m%';
```

Weitere Beispiele	
P.Name LIKE 'm%'	Der Name beginnt mit einem „m“.
P.Name LIKE '_m%'	Der Name hat an der zweiten Stelle ein „m“.
P.Name LIKE '%m'	Der Name endet mit einem „m“.
P.Name LIKE 'st_m%'	Der Name beginnt mit „st“, dann folgt erst ein beliebiges Zeichen, darauf ein „m“, gefolgt von beliebigen Zeichen.

(6) Rechnen in Abfragen

In SQL-Abfragen können auch Berechnungen mit den bereits erwähnten Rechenoperatoren ausgeführt werden. Sollen beispielsweise alle Personen und der dazugehörige Body-Mass-Index (BMI) ausgegeben werden, besteht zunächst das Problem, dass in der Tabelle „Person“ keine Spalte „BMI“ mit entsprechenden Werten existiert. Dieses Problem kann aber durch die Berechnung des BMI aus dem Gewicht und der Größe nachfolgender Formel gelöst werden:

$$\text{BMI} = \frac{\text{Gewicht}}{(\text{Groesse} * \text{Groesse})}$$

Das Gewicht wird in Kilogramm und die Größe in Metern angegeben. In der SQL-Anweisung für die Berechnung erscheint zusätzlich der vergebene Alias „BMI“.

```
SELECT P.Name, P.Vorname, (P.Gewicht / (P.Groesse * P.Groesse)) AS BMI FROM
Person P;
```

(7) Sortieren der Ergebnismenge

Das Schlüsselwort „ORDER BY“ wird zum Sortieren der Ergebnismenge verwendet. Dabei kann die Reihenfolge der Sortierung angegeben werden. Mit dem Schlüsselwort „ASC“ (ASCENDING) wird aufsteigend und mit dem Schlüsselwort „DESC“ (DESCENDING) absteigend sortiert. ASC ist standardmäßig voreingestellt und muss nicht angegeben werden. Es ist auch möglich, mehrere Spalten anzugeben, nach denen sortiert werden soll. So kann beispielsweise zuerst nach „Name“ und innerhalb der Namen nach „Groesse“ sortiert werden. Im Beispiel der SQL-Abfrage mit Sortierung werden alle Personen absteigend nach Namen ausgegeben.

```
SELECT P.Name, P.Vorname FROM Person P ORDER BY P.Name DESC;
```

(8) Aggregatfunktionen und Gruppen

SQL verfügt über Aggregatfunktionen bzw. arithmetische Funktionen. In der folgenden Übersicht sind diese Funktionen, deren Bedeutung und jeweils ein Beispiel dargestellt.

Aggregatfunktion	Bedeutung	Beispiel
COUNT (Spalte)	Liefert die Anzahl der Datensätze, die in der Spalte einen definierten Wert enthalten. Werte, die NULL sind, werden nicht gezählt.	`SELECT COUNT (P.PersonID) FROM Person P`
SUM (Spalte)	Liefert die Summe der Werte der Spalte.	`SELECT SUM (P.Gewicht) FROM Person P`
MIN (Spalte)	Liefert den kleinsten Wert der Spalte.	`SELECT MIN (P.Gewicht) FROM Person P`
MAX (Spalte)	Liefert den größten Wert der Spalte.	`SELECT MAX (P.Groesse) FROM Person P`
AVG (Spalte)	Liefert den Durchschnittswert über alle Werte der Spalte.	`SELECT AVG (P.Groesse) FROM Person P`

In den aufgeführten Beispielen werden die Aggregatfunktionen immer nur auf eine ganze Tabelle angewendet. Daher besteht das Abfrageergebnis immer nur aus einem Datensatz. In SQL ist es aber auch möglich, eine Tabelle in Gruppen „aufzuteilen“, d.h., die Datensätze einer Tabelle zu gruppieren und die Aggregatfunktionen jeweils auf die Gruppen anzuwenden. Dazu dient die Anweisung „GROUP BY“. Im Beispiel für die SQL-Abfrage mit GROUP BY soll die Durchschnittsgröße von allen Personen gruppiert nach Wohnort ermittelt werden.

Gruppieren von Ergebnismengen	
Syntax	**SELECT …. FROM … GROUP BY** *Spalte* **HAVING** *Bedingungen;*
Erläuterung	Spalte = Spalte, nach der gruppiert werden soll Bedingungen = Bedingungen, nach denen die Gruppen gefiltert werden
Beispiel	**SELECT AVG** (P.Groesse) **FROM** Person P **GROUP BY** P.OrtID;

(9) Abfragen über mehrere Tabellen

Alle Abfragen bezogen sich bisher nur auf eine Tabelle. In vielen Fällen werden aber Informationen aus mehreren Tabellen benötigt. Dazu müssen die entsprechenden Tabellen in der FROM-Klausel angegeben und der Primärschüssel der einen Tabelle mit dem dazugehörigen Fremdschlüssel der anderen Tabelle gleichgesetzt werden. Das geschieht mithilfe der WHERE-Klausel oder mithilfe des Schlüsselworts „INNER JOIN" in der FROM-Klausel.

Im Beispiel einer SQL-Abfrage über zwei Tabellen sollen alle Personen ausgegeben werden, die in Hamburg wohnen. Die Verknüpfung der Tabellen erfolgt in der WHERE-Klausel.

Beispiel ohne INNER JOIN

```
SELECT P.Name, P.Vorname, O.Name FROM Person P, Wohnort O WHERE O.OrtID =
P.OrtID AND O.Name = 'Hamburg';
```

Die gleiche Ergebnismenge erhält man auch mithilfe von INNER JOIN.

Beispiel mit INNER JOIN

```
SELECT P.Name, P.Vorname, O.Name FROM Person P INNER JOIN Wohnort O ON
P.OrtID = O.OrtID WHERE O.Name = 'Hamburg';
```

Außer INNER JOIN gibt es noch andere Verknüpfungsmöglichkeiten wie „LEFT JOIN", „RIGHT JOIN" oder „FULL JOIN", die wie INNER JOIN verwendet werden, aber eine unterschiedliche Ergebnismenge liefern. Diese werden im Fachstufenband 1 ausführlicher betrachtet.

(10) Datums- und Zeitfunktionen

Es gibt viele nützliche Funktionen zur Berechnung von Zeitangaben. Welche Funktionen zur Verfügung stehen, hängt sehr stark vom benutzten Datenbankmanagementsystem ab. Exemplarisch werden hier nur kurz die SQLite-Funktionen *„date(…)"*, *„time(…)"* und *„datetime(…)"* vorgestellt.

Funktion	Beschreibung
date(*timestring, modifier, …*)	Gibt ein Datum im Format YYYY-MM-DD zurück.
time(*timestring, modifier, …*)	Gibt eine Zeit im Format HH:MM:SS zurück.
datetime(*timestring, modifier, …*)	Gibt ein Datum und eine Zeit im Format YYYY-MM-DD HH:MM:SS zurück.

```
SELECT date('now');

SELECT date('now','start of month',
                  '+1 month','-1 day');
```

Gibt das aktuelle Datum zurück.

Gibt den letzten Tag des aktuellen Monats zurück.

(11) Begrenzen der Anzahl der zurückgelieferten Datensätze von Abfragen

Auch wenn durch die WHERE-Klausel die Anzahl der zurückgegebenen Datensätze einer Abfrage erheblich eingeschränkt wird, gibt es Fälle, in denen die Datenmenge trotzdem noch groß ist und die Performance des Systems erheblich beeinträchtigt wird. Die Anzahl der zurückgegebenen Datensätze lässt sich weiter mithilfe von LIMIT bzw. TOP einschränken. Hiermit kann die maximale Anzahl der gelieferten Datensätze festgelegt werden. Allerdings hängt das verwendet Schlüsselwort auch wieder vom DBMS ab. So verwenden SQLite oder MYSQL das Schlüsselwort LIMIT, Microsoft verwendet in seinen Datenbankmanagementsystemen dagegen das Schlüsselwort TOP. Somit ist es erforderlich, das entsprechende Schlüsselwort und die spezifische Syntax für das jeweilige DBMS zu ermitteln. In der nachfolgenden Übersicht wird sich an LIMIT von SQLite orientiert.

Festlegen der Anzahl der zurückgegebenen Datensätze	
Syntax	**SELECT ... FROM ... WHERE ... ORDER BY ...** **LIMIT** *Anzahl* **OFFSET** *Startwert*
Erläuterung	Anzahl = maximale Anzahl an Datensätzen, welche zurückgegeben werden sollen. Startwert = bestimmt mit welchem Datensatz begonnen werden soll. Diese Abgabe von OFFSET ist optional. Ist OFFSET nicht angegeben, wird mit dem ersten Datensatz begonnen.
Beispiel	**SELECT** P.Name, P.Vorname **FROM** Person P **LIMIT** 5; oder **SELECT** P.Name, P.Vorname **FROM** Person P **LIMIT** 3 **OFFSET** 10;

In dem ersten Beispiel werden der Name und der Vorname der ersten fünf Personen aus der Tabelle Person zurückgegeben. Im zweiten Beispiel der Name und der Vorname von drei Personen. Allerdings wird erst mit dem Datensatz 10 begonnen. Es werden also die Datenätze 10, 11, 12 zurückgegeben.

(12) Erstellen von Indizes

Indizes werden vergeben, um die Suche nach Datensätzen zu erleichtern und zu beschleunigen. Die Indizierung von Spalten bietet hier vor allem bei sehr großen Datenmengen enorme Geschwindigkeitsvorteile. Ein Nachteil ist allerdings, dass beim Einfügen oder Löschen von Datensätzen in einer Tabelle alle definierten Indizes aktualisiert werden müssen. Dieses kann zu Verzögerungen beim Programmablauf führen. Deshalb werden Indizes i. d. R. erst dann vergeben, wenn die überwiegende Anzahl an Datensätzen schon in der Tabelle vorhanden ist und die Abfrage der Daten im Vordergrund steht. Ein Index wird meistens für eine oder mehrere Spalten vergeben, nach denen häufig in Abfragen gesucht oder sortiert wird. Die Schlüssel einer Tabelle werden i. d. R. schon automatisch indiziert. Nachfolgend werden einige Richtlinien vorgestellt, welche bei der Indizierung beachtet werden sollten.

! **Kriterien für die Indizierung**

- Es sollten nur Tabellen, welche sehr viele Datensätze enthalten, indiziert werden.
- Es sollten nicht alle Spalten einer Tabelle indiziert werden.
- Primär- und Fremdschlüssel werden i. d. R. automatisch indiziert und benötigen deshalb keinen zusätzlichen Index.
- Es sollten nur Spalten indiziert werden, welche sehr häufig in Abfragen verwendet werden.
- Spalten, welche nur in Aggregatfunktionen verwendet werden, müssen nicht indiziert werden, da Aggregatfunktionen keine Indizes verwenden.

Mit dem Befehl „CREATE INDEX“ kann ein Index angelegt und mit dem Befehl „DROP INDEX“ gelöscht werden. Allerdings kann sich die Syntax zum Löschen eines Indizes von Datenbankmanagementsystem zu Datenbankmanagementsystem unterscheiden.

Anlegen von Indizes	
Syntax	**CREATE INDEX** *Indexname* **ON** *Tabellenname (Spaltenname)*;
Erläuterung	Indexname = Name des Index für die interne Verwaltung Tabellenname = Name der Tabelle, in der die zu indizierende Spalte vorhanden ist Spaltenname = Name der zu indizierenden Spalte
Beispiel	**CREATE INDEX** index_personenname **ON** Person (Name)

Löschen von Indizes	
Syntax	**DROP INDEX** *Indexname* **ON** *Tabellenname*;
Erläuterung	Indexname = Name des zu löschenden Index Tabellenname = Name der Tabelle, die den zu löschenden Index enthält
Beispiel	**DROP INDEX** index_personenname **ON** Person

Kompetenzcheck

1 Welche Aussagen sind richtig?

a) DKL ist ein Bestandteil von SQL.
b) Mithilfe der Befehle der TCL kann die Datenintegrität sichergestellt werden.
c) Texte werden mit den Klammern {} gekennzeichnet.
d) VARCHAR ist der Datentyp für variable Texte.
e) In SQL-Abfragen kann nicht gerechnet werden.
f) Abfragen beginnen mit dem Schlüsselwort „GET“.
g) Platzhalter in SQL sind „%“ und „_“.
h) COUNT(...) liefert die Anzahl der Datensätze der Spalte, welche einen Wert enthalten.
i) Mit DELETE FROM... werden immer komplette Datensätze gelöscht.

2 Erstellen Sie zu den folgenden Aufgaben die nötigen SQL-Anweisungen. Die gesamte Aufgabenstellung bezieht sich auf das abgebildete Datenmodell.
Es kann eine SQLite-Datenbank „mitarbeiterverwaltung.db“ im Downloadbereich heruntergeladen werden. Dort sind die Tabellen mit einigen Datensätzen zur Kontrolle vorhanden. Die Datenbank kann z.B. mit kostenlosen Open-Source-Tool „DB-Browser für SQLite“ geöffnet und bearbeitet werden. Damit ist es auch möglich, die SQL-Anweisungen zu testen. Download-Link für diesen DB-Browser: https://sqlitebrowser.org/dl/

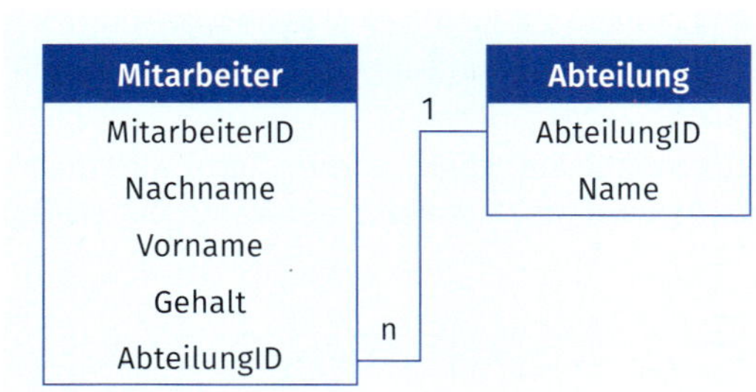

1. Es sollen beide Tabellen angelegt werden. Dabei sind sinnvolle Datentypen zu wählen.
2. Es soll in die Tabelle „Mitarbeiter“ eine Spalte „Wohnort“ mit einer Textlänge von 10 eingefügt werden.

3. Es soll der Datentyp der Spalte „Wohnort“ auf eine Textlänge von 50 geändert werden.
4. Es soll ein neuer Mitarbeiter mit folgenden Daten in die Datenbank aufgenommen werden. (Klaus Müller, Gehalt: 2 500,00 €, Abteilung: noch unbekannt)
5. Es soll die Abteilung „Einkauf“ eingefügt werden.
6. Es sollen von allen Mitarbeitern der Nachname, der Vorname und das Gehalt ausgegeben werden. Die Liste soll alphabetisch nach Nachnamen aufsteigend sortiert sein.
7. Es sollen von den Mitarbeitern der Abteilung Buchhaltung der Nachname der Vorname ausgegeben werden.
8. Es soll eine Namenliste aller Mitarbeiter mit Gehältern zwischen 2 000,00 € und 2 500,00 € ausgegeben werden.
9. Es soll eine Namenliste aller Mitarbeiter ausgegeben werden, deren Nachname mit „Sch“ beginnt.
10. Es soll eine Namenliste aller Mitarbeiter ausgegeben werden, in deren Nachname die Zeichenkette „mann“ vorkommt.
11. Es soll das durchschnittliche Gehalt aller Mitarbeiter angezeigt werden.
12. Alle Gehälter werden um 1,5 % erhöht.
13. Es sind alle Mitarbeiter zu löschen, für die in der Datenbank kein Nachname angegeben ist.
14. Es ist die Spalte „Wohnort“ in der Tabelle „Mitarbeiter“ zu löschen.
15. Es ist die Tabelle „Abteilung“ zu löschen.

A9
A10
A11

3 Bearbeiten Sie im Arbeitsbuch die Aufgaben 9, 10 und 11 der Lernsituation 5 und werten Sie u. a. einen englischen Text zu SQL aus.

5.8.6 Eine SQLite Datenbank mit Python ansprechen

S **Sie sollen lernen, eine SQLite-Datenbank mit einem Python-Programm zu verbinden und SQL-Anweisungen aus dem Programm heraus auszuführen.**

Mit Python kann eine Verbindung zu allen gängigen relationalen Datenbanken aufgebaut werden. SQLite ist ein kleines relationales Datenbanksystem, welches schon in Python integriert ist. Es kommt ganz ohne Datenbankserver aus und die Daten werden in einer einzigen Datei abgespeichert. Ursprünglich wurde SQLite für den Einsatz in eingebetteten Datenbanksystemen entworfen und wird heute u. a. in Betriebssystemen für Mobiltelefone eingesetzt. Trotz der Einfachheit von SQLite werden alle wesentlichen Sprachelemente von SQL unterstützt.

(1) Verbindung herstellen, SQL-Anweisungen ausführen und Verbindung schließen

Um mit SQLite in Python zu arbeiten, muss nur das Modul *„sqlite3“* importiert werden.

```
import sqlite3
```

Danach kann schon eine Verbindung zu einer SQLite-Datenbank aufgebaut werden. Dazu wird die Methode *„connect(...)“* aus dem Modul verwendet. Der Methode wird als Parameter der Name der Datenbank, welche geöffnet werden soll, übergeben.

```
connection = sqlite3.connect("personenverwaltung.db")
```

Die Methode gibt ein Objekt zurück, mit dessen Hilfe auf die Datenbank zugegriffen werden kann. Um mit der verbundenen Datenbank arbeiten zu können, muss in Python ein sog. Cursor erzeugt werden. Dieses geschieht mithilfe der Methode *„cursor()“* des Datenbankobjektes.

```
cursor = connection.cursor()
```

Mithilfe des Cursors können nun SQL-Anweisungen an die Datenbank gesendet und ausgeführt werden. Dazu wird die Methode *„execute(...)"* verwendet. Dieser wird die SQL-Anweisung, welche auf der Datenbank ausgeführt werden soll, übergeben. Als Beispiel wird die Tabelle „Person" aus dem vorherigen Abschnitt angelegt.

```
sql_anweisung = "CREATE TABLE Person( " \
    "PersonID INTEGER PRIMARY KEY AUTOINCREMENT, " \
    "Name TEXT, " \
    "Vorname TEXT, " \
    "Groesse REAL, " \
    "Gewicht REAL, " \
    "Geburtsdatum DATE " \
    "OrtID INTEGER " \
    ")"
cursor.execute(sql_anweisung)
```

In dem Beispiel wird die SQL-Anweisung „CREATE TABLE..." verwendet, um die gewünschte Tabelle zu erzeugen. Auf die einzelnen Bestandteile des SQL-Befehls wird nicht weiter eingegangen (siehe dazu Kapitel 5.8.5).

Der grundsätzliche Ablauf bei der Arbeit mit Datenbanken besteht darin, eine Datenbank zu öffnen, eine oder mehrere Aktionen dort auszuführen und danach die Datenbank zu schließen. Das Schließen der Datenbank kann durch die Methode *„close()"* erreicht werden.

```
connection.close()
```

Beispiel: Anlegen einer Tabelle in SQLite

```
import sqlite3
import os.path
def personentabelle_anlegen():
    try:
      is_db_open = False
      if os.path.exists("personenverwaltung.db"):
         connection = sqlite3.connect("personenverwaltung.db")
         is_db_open = True
         cursor = connection.cursor()
         sql_anweisung = "CREATE TABLE Person( " \
            "PersonID INTEGER PRIMARY KEY AUTOINCREMENT, " \
            "Name TEXT, " \
            "Vorname TEXT, " \
            "Groesse REAL, " \
            "Gewicht REAL, " \
            "Geburtsdatum DATE, " \
            "OrtID INTEGER " \
            ")"
         cursor.execute(sql_anweisung)
```

```
    except Exception as e:
        print("Es ist folgender Fehler aufgetreten: \n"
            + e.args[0])
    finally:
     if is_db_open == True:
        connection.close()
```

Da es bei der Arbeit mit Datenbanken immer zu unvorhersehbaren Ausnahmen kommen kann, wird dieser Code in einem *try*-Block ausgeführt und auftretende Exceptions in einem *except*-Block behandelt. Im Beispiel wird nur eine einfache Fehlermeldung mit der aufgetretenen Exception ausgegeben. Dazu kommt noch ein *finally*-Block, der in jedem Fall ausgeführt wird. In diesem wird die Datenbank geschlossen, falls sie noch offen sein sollte (siehe auch Exception Handling in Python, Kapitel 5.7.4).

Auf diese Art und Weise können alle möglichen SQL-Anweisungen ausgeführt werden. Hierbei ist aber zu beachten, dass beim Einfügen, Ändern oder Löschen von Datensätzen mittels SQL die Änderungen nicht sofort in SQLite übernommen werden. Die neuen Datensätze liegen erst einmal nur im Arbeitsspeicher. Um die Änderungen dauerhaft in die Datenbank zu übertragen, muss noch die Methode *„commit()"* des Connection-Objektes ausgeführt werden.

```
cursor = connection.cursor()
sql_anweisung = "INSERT INTO Person(Name, Vorname, Groesse, Gewicht,
Geburtsdatum, OrtID) VALUES('Winkelmann','Frank',1.80,80.00,'23.4.2020',1)"
cursor.execute(sql_anweisung)
connection.commit()
```

(2) Daten abfragen und in der Konsole anzeigen

Ein besonderes Augenmerk wird auf die Abfrage von Daten und deren Anzeige in der Konsole gelegt. Im Prinzip ist die Vorgehensweise der Abfrage bereits bekannt. Zunächst wird wieder die Datenbankverbindung hergestellt und ein Cursor erzeugt. Danach wird eine der Aufgabe entsprechende SQL-Anweisung ausgeführt und die Datenbankverbindung wird wieder geschlossen. Es soll folgende SQL-Abfrage ausgeführt werden:

```
sql_anweisung = "SELECT * FROM Person"
cursor.execute(sql_anweisung)
```

Diese wird durch die *execute()*-Methode ausgeführt und die Datensätze stehen nun im *cursor*-Objekt zur weiteren Verarbeitung zur Verfügung. Die einzelnen Datensätze können nun mithilfe einer Schleife durchlaufen und angezeigt werden. Dabei ist jedes abgefragte Attribut durch einen Index ansprechbar. In unserem Beispiel werden alle Attribute der Tabelle „Person" mittels der SQL-Abfrage erfasst. Somit besteht ein Datensatz aus sieben Indizes.

Beispiel: Anzeigen von Daten

```
for datensatz in cursor:
    print(str(datensatz[0]) + "    " +  # PersonID
          str(datensatz[1]) + "    " +  # Name
          str(datensatz[2]) + "    " +  # Vorname
          str(datensatz[3]) + "    " +  # Groesse
          str(datensatz[4]) + "    " +  # Gewicht
          str(datensatz[5]) + "    " +  # Geburtsdatum
          str(datensatz[6]) + "\n")     # OrtID
```

Den kompletten Quellcode zum Anlegen der Tabelle, Einfügen eines Datensatzes und der Abfrage der Datensätze sowie die SQLite-Datenbank „personenverwaltung.db" finden Sie im Downloadbereich zum Buch. Die Datenbank kann mit dem kostenlosen Open-Source-Tool „DB Browser für SQLite" angesehen und bearbeitet werden. Download-Link für diesen DB-Browser: https://sqlitebrowser.org/dl/

Kompetenzcheck ✓

1. Welche Aussagen sind richtig?
   a) SQLite liegt das relationale Datenmodell zugrunde.
   b) SQLite muss zusätzlich zu Python installiert werden.
   c) Um in Python mit SQLite zu arbeiten, muss das Modul *„sqlite3"* importiert werden.
   d) Mit dem *make(...)*-Befehl werden SQL-Anweisungen in SQLite ausgeführt.
   e) Die Datensätze einer SQL-Abfrage stehen im Cursor-Objekt zur Verfügung.

2. Bearbeiten Sie im Arbeitsbuch die Aufgabe 12 der Lernsituation 5 und entwickeln Sie im Team mithilfe von Python und SQLite eine eigene Datenbankanwendung. A12

3. Absolvieren Sie den Abschlusstest zur Lernsituation 5 mithilfe der Aufgabe 13 im Arbeitsbuch. A13

5.9 Software testen und debuggen

S **Sie haben erfolgreich eine Anwendung zur Verwaltung von Daten erstellt. Nun wollen Sie diese Anwendung abschließend testen und eventuelle Fehler beseitigen.**

Das Testen und Debuggen von Software gehören genauso zum Alltag der Softwareentwicklung wie das Programmieren selbst. Auch wenn das Testen von Software oftmals nicht die gebührende Aufmerksamkeit erfährt, kann ihre Bedeutung für die Entwicklung und Erweiterung von Software nicht hoch genug eingeschätzt werden. Dabei sollte mit dem Testen so früh wie möglich im Softwareprojekt begonnen werden, denn die Korrektur von Fehlern verursacht umso weniger Kosten, je früher diese entdeckt werden. Fehler, welche sich in der Entwicklungsphase in der Regel leicht korrigieren lassen, sind im Live-Betrieb einer Software nur noch mit erheblichem Mehraufwand zu beseitigen. Der Grund, warum Fehler nicht bereits während der Entwicklung entdeckt werden, ist meist ein mangelhafter oder nicht vorhandener Testprozess.

5.9.1 Den Testprozess beschreiben und Testverfahren, Testarten sowie Teststufen unterscheiden

S **Sie sollen den Testprozess von Software präsentieren.**

Das Testen von Software verfolgt das Ziel, mit vertretbarem Aufwand an Zeit und Personal möglichst verlässliche Aussagen über das Verhalten von Software zu machen und darüber, ob die gestellten Anforderungen erfüllt werden.

In vielen Fällen wird das Testen auf die funktionalen Anforderungen reduziert, dabei sind die nicht funktionalen Anforderungen genauso wichtig. Allerdings sind diese schwerer zu testen, weil sie stärker subjektiven Einflüssen unterliegen. Die gewonnenen Erkenntnisse aus den einzelnen Tests werden zur Behebung von Fehlern genutzt oder um nicht funktionale Qualitätsanforderungen (siehe Kapitel 5.5.1) zu optimieren. Trotz aller Maßnahmen sind Tests nur als Stichproben anzusehen, welche nicht den vollständigen Nachweis der Korrektheit einer Software erbringen. Das heißt, es kann nicht mit Bestimmtheit gesagt werden, ob die Software fehlerfrei ist oder nicht. Ein Test kann lediglich feststellen, ob bestimmte Testfälle erfolgreich oder nicht erfolgreich waren. Dem begegnet man in der Softwareentwicklung mit einer Reihe von Maßnahmen. Das Testen wird beispielsweise nicht mehr als isolierte Phase im Softwareentwicklungsprozess angesehen, welche erst nach der Implementierung einsetzt, sondern als eine wichtige Maßnahme zur Qualitätssicherung, welche sich durch alle Phasen der Softwareentwicklung zieht. In größeren Softwareprojekten werden zusätzlich manuelle Prüfverfahren eingesetzt, bei denen die Software von unabhängigen Sachverständigen auf die Erfüllung vorgegebener Prüfkriterien hin untersucht wird.

(1) Prozessschritte

Egal, ob eine Software nach einem agilen oder klassischen Vorgehensmodell entwickelt wird: Die Grundlagen für das Testen von Software bleiben dieselben. Folgende Punkte müssen beim Testen von Software geplant und beachtet werden:

- Definition der Fehlerklassen und Bewertung der Schwere der Fehler,
- Testkriterien, Abnahmekriterien,
- Testumfang, Testabdeckung,
- Umfang der Testobjekte,
- Prioritäten im Test, Risikobewertung,
- Testarten, Teststufen,
- Testdaten,
- Testumgebung,
- Ressourcen- und Testteamplanung,
- Teststeuerung und Überwachung,
- Dokumentation des Testprozesses.

Das Testen kann in verschiedene grundlegende Prozessschritte eingeteilt werden. Diese fallen je nach Vorgehensmodell unterschiedlich stark aus, werden anders durchlaufen und werden auch teilweise anders bezeichnet, aber bleiben im Kern identisch.

Prozessschritt	Beschreibung
Testplanung	Die Testplanung beschreibt den vollständigen Testprozess des jeweiligen Softwareprojektes. Der Testplan sollte so früh wie möglich im Prozess der Softwareentwicklung erstellt werden. Allerdings muss er dann während des Projektablaufes regelmäßig angepasst werden, sodass die Einzeltests im Umfang zweckmäßig und effizient ausgeführt werden können. Inhalte des Testplans sind u.a. die Teststrategie, die Testziele, die Kriterien für den Testbeginn und das Testende, die zu verwendenden Testarten, die Hilfsmittel und Werkzeuge zum Testen, die Richtlinien zur Dokumentation und alle Angaben zur Testorganisation.
Testentwurf	In dieser Phase betrachtet man die Details der einzelnen Testobjekte und entwirft dafür die einzelnen Tests. Dazu werden die Testziele der Testplanung in konkrete Testfälle übersetzt und eine Testspezifikation angefertigt. Aktivitäten beim Testentwurf sind u.a. die Testfallfindung für die einzelnen Testobjekte, das Festlegen der Testabläufe und deren Testreihenfolge, das Bestimmen der Testdaten und ob es sich um manuelle oder automatisierte Tests handeln soll.
Testvorbereitung	Aufbauend auf der Testspezifikation werden die dort festgelegten Testszenarien vorbereitet und die benötigten Ressourcen zur Verfügung gestellt. Dazu zählen z.B. die Auswahl der durchzuführenden Testfälle, das Aufbauen der Testumgebung, das Vorbereiten und Bereitstellen der Testdaten, das Bereitstellen aller notwendigen Dokumente.
Testdurchführung	Alle Tests werden auf Grundlage der Testspezifikation durchgeführt und dokumentiert. Bei dynamischen Tests wird dazu das zu testende Programm ausgeführt und bei statischen Tests einer analytischen Prüfung unterzogen. Dabei ist eine Empfehlung, dass ein Testobjekt nicht vom Entwickler selbst, sondern von anderen unabhängigen Personen getestet wird.

Prozessschritt	Beschreibung
Test-auswertung	In diesem Schritt wird jedes Testobjekt einzeln bewertet, die Ergebnisse je Testfall überprüft und eine Liste aller gefundenen Abweichungen erstellt. Dazu wird das Testergebnis mit dem erwarteten Ergebnis verglichen und anschließend eine Entscheidung über das Testergebnis gefällt. Nach dem Okay gilt der Testfall als erledigt. Ansonsten wird der Fehler beschrieben und der Testfall bleibt offen. Am Ende bekommt jedes einzelne Testobjekt eine Empfehlung über die Freigabe.
Test-abschluss	Nach Freigabe der gesamten Software kann der Testprozess abgeschlossen werden. Alle Testdokumente werden vervollständigt und im Anschluss archiviert.

(2) Testverfahren

Testverfahren geben an, wie etwas getestet wird. Bei den Testverfahren wird grundsätzlich zwischen statischen und dynamischen Verfahren unterschieden.

Testverfahren			
Statische Testverfahren		**Dynamische Testverfahren**	
Inspektion	Review	Whitebox-Test	Blackbox-Test
Walkthrough	Audit		
Statische Code-Analyse			

Statische Testverfahren dienen hauptsächlich dem Testen von Software, ohne diese auf einem Rechner auszuführen. Bei den Prüfobjekten handelt es sich meistens um Entwicklungsdokumente oder um den Quellcode selbst. Prinzipiell kann aber jedes Arbeitsergebnis der Softwareentwicklung durch statische Testtechniken überprüft werden, z. B. die Anforderungsspezifikation, die Testspezifikation oder das Benutzerhandbuch für den Kunden.

Zu den statischen Testverfahren gehören Inspektion, Review, Walkthrough und Audit. Diese Verfahren sind häufig Bestandteil formalisierter Qualitätsmanagementansätze im Projektalltag. Sie werden in fast allen Phasen einer Entwicklung angewendet. Teammitglieder, externe Spezialisten oder auch Benutzer überprüfen dabei anhand einer aufgestellten Checkliste oder spontan die Korrektheit des erstellten Programms. Ein Beispiel für einen kontinuierlichen Code Review ist das Pair Programming, welches vor allem bei agilen Vorgehensmodellen zum Einsatz kommt. Hierbei arbeiten zwei Softwareentwickler gleichzeitig an einem Quellcode. Der eine programmiert und der andere kontrolliert den Quellcode und denkt über das zu lösende Problem nach (Code Review). Diese Arbeitsweise führt am Ende zu einer höheren Softwarequalität.

Testverfahren	Beschreibung
Inspektion	Stark formalisiertes Verfahren, bei dem der Programmcode nach genau festgelegter Vorgehensweise durch ein Gutachterteam untersucht wird. Nach empirischen Untersuchungen können durch Inspektionen 50 % bis 75 % aller Entwurfsfehler gefunden werden.
Review	Ist im Vergleich zur Inspektion weniger formal und durch weniger Aufwand gekennzeichnet. Das Verfahren bewirkt einen ähnlichen Nutzen, d. h., 60 % bis 70 % aller Fehler werden gefunden.
Walkthrough	Unstrukturierte Vorgehensweise; der Entwickler präsentiert sein Programm und ein oder mehrere Gutachter stellen spontan Fragen.
Audit	Strukturiertere Vorgehensweise als bei Walkthrough; der Entwickler präsentiert sein Programm und der oder die Gutachter stellen Fragen nach einem vorher festgelegten Prüfkatalog.
Statische Code-Analyse	Eine statische Code-Analyse kann beispielsweise bezüglich der Architektur, dem Design oder dem einheitlichen Einsatz der Programmiersprache und dem Einhalten von Namenskonventionen durchgeführt werden. Hier werden mehr die nicht funktionalen Aspekte des Programms beachtet. In aller Regel erfolgt die Überprüfung auch durch Werkzeugunterstützung.

Die statischen Testverfahren haben sowohl Vor- als auch Nachteile:

Statische Testverfahren	
Vorteile	**Nachteile**
• Frühe Fehlererkennung • Fehlerzustände werden direkt aufgedeckt • Verringert die Anzahl aufwendiger und teurer dynamischer Testtechniken • Prüft auch auf Programmierkonventionen, Standards, Design • Prüfung erfasst auch nicht funktionale Qualitätskriterien wie die Wartbarkeit • Wissensaustausch zwischen Teammitgliedern	• Weniger geeignet für Integrations- und Systemtests • Fehler, welche nur bei der Programmausführung entstehen, z. B. Laufzeitfehler, werden nicht gefunden

Dynamische Testverfahren dienen dem Auffinden von Fehlern durch Ausführen des Programms in einer Testumgebung. Die wichtigsten dynamischen Testverfahren sind der Whitebox- und der Blackbox-Test.

Testverfahren	Beschreibung
Whitebox-Test	Dieses Testverfahren zählt zu den am meisten angewendeten dynamischen Testverfahren. Die Tests werden hierbei unter Kenntnis des Quellcodes und der Softwarestruktur entwickelt und durchgeführt. Diese Testtechnik wird deshalb auch als strukturbasiertes oder strukturelles Testverfahren bezeichnet. Die Verfahren für das strukturbasierte Testen beruhen entweder auf der Überdeckung des Kontrollflusses oder des Datenflusses. Beim kontrollflussorientierten Ansatz werden Kontrollstrukturen wie Anweisungen, Verzweigungen oder Bedingungen genutzt, um Testziele zu definieren. Zu den bekanntesten Verfahren aus diesem Bereich gehören: • Anweisungsüberdeckung, • Zweigüberdeckung, • Pfadüberdeckung,

Testverfahren	Beschreibung
	Allen diesen Verfahren ist gemeinsam, dass mit einer bestimmten Anzahl von Testfällen alle vorhandenen Kontrollstrukturen und deren Pfade ausgeführt werden sollen. Der jeweilige Überdeckungsgrad muss dann unter Zuhilfenahme von Werkzeugen gemessen werden. Whitebox-Tests finden vorwiegend bei Unit- und Komponententests Anwendung.
Blackbox-Test	Der Blackbox-Test gilt als Standardtest in der Softwareentwicklung. Bei diesem Verfahren wird das Verhalten des Testobjektes überprüft, ohne dass Softwarestruktur oder Quellcode bekannt sind. Die Testfälle werden auf Basis der Softwarespezifikation entworfen und entsprechende Testdaten abgeleitet. Beim eigentlichen Testen werden die realen Testergebnisse mit den erwarteten Ergebnissen verglichen und ausgewertet. Das Blackbox-Verfahren kann in allen Teststufen zum Einsatz kommen. Beim Komponenten- und Integrationstest ist aber eine entsprechende Testumgebung notwendig. Es ist relativ aufwendig, alle Testfälle für den Blackbox-Test aus der Softwarespezifikation abzuleiten und teilweise sogar unmöglich, weshalb komplette Blackbox-Tests manchmal wirtschaftlich nicht vertretbar sind. Um die Anzahl der Testfälle gezielt zu verkleinern, gibt es verschiedene Methoden, z. B. • Äquivalenzklassenbildung, • Grenzwertanalyse.

Auch bei den dynamischen Testverfahren gibt es Vor- und Nachteile.

Vorteile	Nachteile
• Programm wird tatsächlich ausgeführt; so können u. a. auch Laufzeitfehler gefunden werden • Zusammenspiel von einzelnen Systemteilen kann gut getestet werden • Testen nicht funktionaler Qualitätsanforderungen wie das Zeitverhalten oder der Ressourcenverbrauch möglich	• Lauffähige Testumgebung ist Voraussetzung; muss manchmal erst aufwendig geschaffen werden • Testen nur jener Programmteile, welche auch ausgeführt werden • Nur das Fehlverhalten als solches wird aufgedeckt; der Grund dafür muss später genau spezifiziert werden, z. B. durch Debugging

(3) Testarten

Testarten geben an, was getestet werden soll. Dabei wird zwischen funktionalen und nicht funktionalen Tests unterschieden. Diese Tests beziehen sich in der Regel auf die Überprüfung der funktionalen und nicht funktionalen Anforderungen an die Software. Die Grundlage dafür sind die Qualitätsmerkmale der ISO/IEC 9126.

Zu testendes Qualitätsmerkmal	Beschreibung von Testarten
Funktionalität	**Funktionstests** beziehen sich darauf, ob die Software die in der Anforderungsspezifikation gestellten funktionalen Anforderungen erfüllt. **Testbereiche** • **Richtigkeit:** Fähigkeit, vereinbarte Ergebnisse oder Wirkungen zu liefern • **Angemessenheit:** Eignung der Funktionen für die festgelegten Aufgaben • **Interoperabilität:** Fähigkeit, mit den vorgegebenen Systemen zusammenzuwirken • **Ordnungsmäßigkeit:** Erfüllung anwendungsspezifischer Normen, Vereinbarungen und gesetzlicher Bestimmungen • **Sicherheit:** Fähigkeit, einen unberechtigten Zugriff auf das Programm und Daten zu verhindern
Zuverlässigkeit	**Zuverlässigkeitstests** prüfen, ob das Testobjekt ein bestimmtes Leistungsniveau unter bestimmten Bedingungen über einen bestimmten Zeitraum aufrechterhalten kann. Hierzu gehören Robustheitstests sowie Tests, die prüfen, wie schnell das System im Fehlerfall wieder einsatzfähig ist (Recovery-Tests). Auch Stresstests fallen in diesen Bereich: Sie beobachten das Systemverhalten bei Überlastung. **Testbereiche** • **Reife:** Häufigkeit des Versagens durch Fehlerzustände • **Fehlertoleranz:** Fähigkeit, ein spezifiziertes Leistungsniveau bei Softwarefehlern oder Nichteinhaltung der spezifizierten Schnittstellen zu bewahren • **Wiederherstellbarkeit:** Fähigkeit, bei einem Versagen das Leistungsniveau wiederherzustellen und die direkt betroffenen Daten wiederzugewinnen
Benutzbarkeit	**Benutzbarkeitstests** (Usability-Tests) prüfen typischerweise, wie gut und wie einfach ein System für die Benutzer zu bedienen ist. **Testbereiche** • **Verständlichkeit:** Aufwand für den Benutzer, das Konzept und die Anwendung zu verstehen • **Erlernbarkeit:** Aufwand für den Benutzer, die Anwendung zu erlernen (z. B. Bedienung, Ein- und Ausgabe) • **Bedienbarkeit:** Aufwand für den Benutzer, die Anwendung zu bedienen
Effizienz	Effizienz wird durch **Performance-Tests** (z. B. Testen von Antwortzeiten oder der Verarbeitungsgeschwindigkeit) und Lasttests (z. B. Systemauslastung bei vielen gleichzeitigen Zugriffen) überprüft. **Testbereiche** • **Zeitverhalten:** Antwort- und Verarbeitungszeiten sowie Durchsatz bei der Funktionsausführung • **Verbrauchsverhalten:** Anzahl und Umfang der benötigten Betriebsmittel für die Erfüllung der Funktionen
Änderbarkeit/ Wartbarkeit	Dieses Qualitätsmerkmal wird typischerweise durch **Reviews** und werkzeuggestützte statische **Code-Analyse** geprüft (Wartbarkeitstests). **Testbereiche** • **Analysierbarkeit:** Aufwand, um Mängel oder Ursachen von einem Versagen zu diagnostizieren oder um änderungsbedürftige Teile zu bestimmen • **Modifizierbarkeit:** Aufwand zur Ausführung von Verbesserungen, zur Fehlerbeseitigung oder Anpassung an Veränderungen in der Einsatzumgebung • **Stabilität:** Wahrscheinlichkeit des Auftretens unerwarteter Wirkungen von Änderungen • **Prüfbarkeit:** Aufwand, der zur Prüfung der geänderten Software notwendig ist

Zu testendes Qualitätsmerkmal	Beschreibung von Testarten
Übertragbarkeit	Durch **Portabilitätstests** wird geprüft, wie leicht sich die Software in eine andere Umgebung übertragen lässt. **Testbereiche** • **Anpassbarkeit:** Besteht die Möglichkeit, Software an verschiedene, festgelegte Umgebungen anzupassen? • **Installierbarkeit:** Aufwand, der zum Installieren der Software in einer festgelegten Umgebung notwendig ist • **Austauschbarkeit:** Möglichkeit, diese Software anstelle einer anderen Software zu verwenden, sowie der dafür notwendige Aufwand

(4) Teststufen

Die geplanten Tests werden in einem Softwareprojekt in der Regel nicht zur gleichen Zeit durchgeführt, sondern sie erfolgen in Abhängigkeit vom Entwicklungsstand der zu entwickelnden Software. Dabei werden je nach Entwicklungsstand verschiedene Aspekte der Software getestet.

Test	Beschreibung
Modul-, Unit-, Komponententest	Test einer einzelnen Einheit oder Teile dieser Einheit auf Funktionalität
Integrationstest	Überprüfung des fehlerfreien Zusammenwirkens voneinander abhängiger Systemkomponenten; Testschwerpunkt sind die Schnittstellen zwischen den Komponenten
Systemtest	Abschließender Test des Gesamtsystems hinsichtlich der funktionellen und nicht funktionalen Anforderungen, welche zu erfüllen sind
Abnahmetest	Test des Gesamtsystems in der Kundenumgebung; wird in der Regel durch den Kunden selbst oder mit dessen Beteiligung durchgeführt; dieser Test bildet die Grundlage für die Entscheidung zur Abnahme des Projektes

Eine weitere Einteilung von Softwaretests richtet sich nach den Softwareversionen, welche den Entwicklungstand der Software widerspiegeln. Solche Versionen sind beispielsweise die Alpha- und die Betaversion einer Software oder der Release Candidate. Dementsprechend gibt es auch entsprechend benannte Tests wie den Alpha- oder den Betatest.

Der Alphatest hängt somit mit der gleichnamigen Alphaphase der Software zusammen, ebenso wie es eine Betaphase und Betatests gibt. Beide Phasen sind wichtige Abschnitte in der Entwicklung eines Softwareprojekts, unterscheiden sich jedoch in einem wichtigen Aspekt. Alphatests werden meistens noch „intern" von den jeweiligen Entwicklern und einem kleinen Kreis ausgewählter externer Tester durchgeführt, während die verschiedenen Betatests unter realitätsnahen Bedingungen durch mögliche spätere Benutzer durchgeführt werden. Diese Art von Tests betrifft insbesondere Standardsoftware, z. B. Spiele, die einem bestimmten Personenkreis zum Test zur Verfügung gestellt werden.

Test	Beschreibung
Alphatest	Der Alphatest ist der erste Test, welcher nicht nur durch die Entwickler allein durchgeführt wird. Getestet wird die sog. Alphaversion der Software. Obwohl dieser Begriff nicht genau bestimmt ist, enthält die Alphaversion in der Regel bereits die wesentlichen Bestandteile des Softwareprodukts, muss aber noch um viele Funktionen erweitert werden. Durch den frühen Beginn des Testens können schon rechtzeitig grundlegende Fehler gefunden und beseitigt werden. Die Alphaversion wird zum Testen, neben den Entwicklern, meist einem kleinen exklusiven Kreis von externen Testern zur Verfügung gestellt.
Betatest	Ein Betatest ist normalerweise die zweite große Testphase bei der Entwicklung von Software. Während eines Betatests wird das neue Produkt einem Teil der Zielgruppe vorgeführt und zum Testen überlassen. In der Betaversion sind schon alle Funktionen des Programms implementiert. Diese wurden aber noch nicht ausreichend genug getestet. Das Programm kann daher noch viele Fehler enthalten, die einen produktiven Einsatz nicht empfehlenswert machen.
Release Candidate	Ein Release Candidate ist die abschließende Testversion der Software. Darin sind alle Funktionen schon verfügbar und die meisten Fehler sind behoben. Aus dem Release Candidate wird die endgültige Version erstellt, um einen abschließenden Systemtest durchzuführen.

(5) Testdokumentation

Die einzelnen Testschritte und deren Ergebnisse müssen protokolliert und dokumentiert werden. Dazu hat das IEEE einen Standard veröffentlicht, nach dem man sich richten kann. Im **IEEE 829** (Standard for Software Test Documentation) wurden der Inhalt und die Form von acht Basisdokumenten beschrieben. Dieser Standard wurde dann durch die **ISO/IEC/IEEE 29119** ersetzt. Es müssen nicht alle acht Dokumente für die Dokumentation des Testprozesses verwendet werden. Welche Dokumente Anwendung finden, hängt auch ganz entscheidend von Art und Größe des Softwareprojektes ab. Die Dokumente lassen sich in drei große Kategorien einteilen, welche hier nur kurz überblicksmäßig dargestellt werden.

Kategorie	Dokumente
Übersicht	• Testkonzept
Testspezifikation	• Testentwurfsspezifikation • Testfallspezifikation • Testablaufspezifikation
Testbericht	• Testobjektübergabebericht • Testprotokoll • Testabweichungsbericht • Testabschlussbericht

Das erste Dokument, welches Auszubildende erstellen oder bearbeiten müssen, ist das Testprotokoll, welches zu den Testberichten gehört. In einem Testprotokoll werden alle Ergebnisse eines Tests festgehalten, die während des Testens auftraten. Das heißt, der Tester führt die in den Testfällen definierten Aufgaben durch und dokumentiert die Ergebnisse. Das kann im einfachsten Fall schlicht ein „OK" oder „Fehler" sein. In der Praxis wird es oftmals aber auch eine Beschreibung sein, was im Fehlerfall die genaue Fehlermeldung bzw. das exakte Fehlverhalten war. Im Folgenden ist ausschnittsweise ein Testprotokoll für das Testen der Korrektheit eines Datums dargestellt.

Testprotokoll Nr. 1

Datum: 03.05.20.. Tester: Karin Mäuser

Uhrzeit: 11:00 Uhr Aufsicht: Felix Schmidt

Verwendetes Testszenario: Testszenario 1

Eingabe eines Datums. Wenn das Datum korrekt ist, dann soll dieses angezeigt werden. Ansonsten wird auf die fehlerhafte Eingabe hingewiesen.

Beim Test bitte ausfüllen:

Nr.	Testdaten	Erwartete Ausgabe	Ergebnis	Bemerkungen
1	10.03.2020	10.03.2020	Ok	
2	29.02.1900	Datum inkorrekt	Fehler	Datum wird angezeigt
3	29.02.2000	29.02.2000	Ok	
4	abc	fehlerhafte Eingabe	Ok	
5	0.13.1000	Datum inkorrekt	Ok	
6	...	...	...	
...				

Anzahl der positiv verlaufenden Tests: 4

Anzahl der negativ verlaufenden Tests: 1

Notwendige Korrektur: Schaltjahre werden nicht richtig erkannt.

Karin Mäuser
Unterschrift des Testers

Felix Schmidt
Unterschrift der Aufsicht

Kompetenzcheck

1 Welche Aussagen sind richtig?

a) Mit Softwaretests sollen Aussagen darüber getroffen werden, ob die spezifizierten Anforderungen erfüllt wurden oder nicht.
b) Durch umfangreiche Tests kann sichergestellt werden, dass die Software keine Fehler mehr enthält.
c) Zum Testen muss die Software in jedem Fall ausgeführt werden.
d) Durch Testen wird die Qualität von Software erhöht.
e) Bei manchen Vorgehensmodellen müssen keine Testdaten bestimmt werden.
f) Der Testprozess lässt sich grob in die Schritte Testplanung, Testentwurf, Testvorbereitung, Testdurchführung, Testauswertung und Testabschluss einteilen.
g) Am Ende des Testentwurfes wird eine Testspezifikation angefertigt.
h) Die Testverfahren lassen sich in dynamische und in statische Testverfahren einteilen.
i) Beim Review wird der Quellcode von einem Gutachterteam durchsucht, der Programmierer ist aber nicht dabei.
j) Beim Audit stellt der Programmierer sein Programm vor und die Gutachter stellen ohne weitere Vorbereitung Fragen.
k) Beim Whitebox-Test sind die Struktur des Programms und der Quellcode bekannt.
l) Beim Blackbox-Test werden sämtliche Programmpfade getestet.
m) Die Effizienz eines Programms kann durch Performancetests überprüft werden.

n) Die Analysierbarkeit und die Modifizierbarkeit eines Programms werden im Rahmen der nicht funktionalen Anforderungen getestet.
o) Beim Integrationstest wird überprüft, inwieweit sich fremde Bibliotheken in eine Klasse integrieren lassen.
p) Der Abnahmetest findet am Ende des Projektes zusammen mit dem Auftraggeber statt.
q) Zum Alphatest werden sehr viele externe Tester hinzugezogen.
r) Das fertige Testprotokoll ist fester Bestandteil der Testspezifikation.
s) Der Testbericht enthält auch Angaben zum Abschluss des Testprozesses.

A1 A2 A3

2 Überprüfen Sie u. a. Ihr Wissen über das Testen von Software und führen Sie Softwaretests durch, indem Sie die Aufgaben 1, 2 und 3 der Lernsituation 6 im Arbeitsbuch bearbeiten.

A4

3 Bearbeiten Sie die Aufgabe 4 der Lernsituation 6 im Arbeitsbuch und führen Sie einen Walkthrough durch. Die Grundlage dafür bietet die Datenbankanwendung aus dem letzten Kapitel.

5.9.2 Den Prozess des Debuggens von Software analysieren

S **Sie erarbeiten sich die Grundlagen um Fehler in Anwendungen zu lokalisieren und diese zu beseitigen.**

Nach dem Testen einer Software müssen die Ursachen für eventuell aufgetretende Fehler gefunden und beseitigt werden. Dieser Prozess wird auch als Debugging bezeichnet. Das Debugging von Programmen kann in Abhängigkeit von der Größe und der Komplexität des Quellcodes relativ schnell gehen oder sehr viel Zeit in Anspruch nehmen.

Debugging von Software

Beim Debugging werden in einer Software Ursachen für ein Problem analysiert und wenn möglich behoben.

Es gibt verschiedene Möglichkeiten ein Programm zu debuggen. Der erste Ansatz ist die statische Codeanalyse. Hierbei wird der Code durchsucht ohne das Programm auszuführen. Diese Vorgehensweise ist bei größeren Programmen sehr mühsam und es können keine Laufzeitfehler gefunden werden.

Ein weiterer Ansatz besteht darin, im Quellcode an verschiedenen Stellen temporär zusätzliche Programmausgaben einzufügen. Hierbei werden dann z. B. Zwischenwerte von Variablen auf dem Bildschirm ausgegeben oder in eine Logdatei geschrieben. Auf diese Weise kann herausgefunden werden, an welcher Stelle im Programm unerwartete Werte auftauchen, wo die Berechnung falsch ist oder wo es einfach abstürzt.

Das nachfolgende Beispielprogramm soll aus gegebenen Gewichten das Durchschnittsgewicht berechnen und ausgeben. Beim Testen wurde festgestellt, dass das Programm anstatt 80.0 kg für den Durchschnitt, einen Wert von 85.0 kg ausgibt.

```
C:\Python_Projekte\Erstes_Projekt\venv\S
Körpergewichte in kg:  [80, 90, 70]
Durchschnittsgewicht:  85.0 kg

Process finished with exit code 0
```

Beispiel für die Fehlersuche im vorliegenden Quellcode:

```
anzahl = 2
i = 0
summe = 0
gewichte = [80, 90, 70]
while i < anzahl:
    summe = summe + gewichte[i]
    i = i + 1
print(„Körpergewichte in kg: „, gewichte)
print(„Durchschnittsgewicht: „, summe / anzahl, „kg")
```

Natürlich kann der Fehler im Quellcode auch durch statische Codeanalyse gefunden werden, weil es sich im Beispiel um ein sehr kleines Programm handelt. Aber zur Verdeutlichung der oben erwähnten Vorgehensweise beim Debugging werden nun zwei zusätzliche Print-Ausgaben eingefügt. Dadurch werden die Zwischenwerte der Summe und vom Zähler i ausgegeben.

```
anzahl = 2
i = 0
summe = 0
gewichte = [80, 90, 70]
while i < anzahl:
    summe = summe + gewichte[i]
    print(„summe: „, summe)  # Ausgabe des aktuellen Wertes der Summe
    i = i + 1
    print(„i: „, i)          # Ausgabe des aktuellen Wertes von i
print(„Körpergewichte in kg: „, gewichte)
print(„Durchschnittsgewicht: „, summe / anzahl, „kg")
```

Wenn das Programm nun ausgeführt wird, ist die Ausgabe wie folgt:

```
C:\Python_Projekte\Erstes_Projekt\venv\S
summe:  80
i:  1
summe:  170
i:  2
Körpergewichte in kg:  [80, 90, 70]
Durchschnittsgewicht:  85.0 kg
```

Aus den Ergebnissen können folgende Schlussfolgerungen gezogen werden: Im ersten und im zweiten Schleifendurchlauf wird sowohl die Summe richtig berechnet als auch i richtig hochgezählt. Allerdings fehlt die Ausgabe für den dritten Schleifendurchlauf. Vermutlich wird die Schleife einmal zu wenig durchlaufen. Das Programm wird daraufhin durchsucht und es wird festgestellt, dass die Variable *anzahl* mit Wert 2 anstatt mit 3 initialisiert wurde. Dieser Fehler kann nun korrigiert und das Programm erneut getestet werden. Ist alles Ok, müssen zum Schluss noch die hinzugefügten Zeilen für die Ausgaben entfernt werden.

Auf diese Art und Weise können einfache Programme schnell „debuggt" werden. Sobald die Programme komplexer werden, wird aber in der Regel auf diese Vorgehensweise verzichtet und es kommt ein Debugger (siehe auch S. 509) zum Einsatz. Obwohl der Debugger ein eigenständiges Werkzeug ist, ist er heutzutage Bestandteil jeder modernen IDE und kann von dort aus verwendet werden. Mithilfe des

Debuggers kann der Programmierer direkt im Quellcode des Programms sogenannte Breakpoints setzen. An den Breakpoints wird bei der Programmausführung das Programm angehalten und es kann der aktuelle Zustand von z. B. Variablen überprüft werden. Außerdem kann mithilfe des Debuggers das Programm auch Zeile für Zeile ausgeführt werden. So lassen sich u. a. unerwartete Sprünge im Programm finden.

Nachfolgend sind die wesentlichen Grundfunktionen, welche alle modernen Debugger bieten zusammengefasst.

> **!** **Grundfunktionen von modernen Debuggern**
>
> **Steuerung des Programmablaufs**
> Durch das Setzen von Haltepunkten und die Möglichkeit, Befehle einzeln auszuführen, lässt sich der Programmablauf gezielt steuern.
>
> **Anzeigen von aktuellen Datenwerten im Programm**
> Mithilfe des Debuggers lassen sich die Werte von z. B. Variablen, Feldern, Registern usw. zum aktuellen Zeitpunkt des Programmablaufes anzeigen.
>
> **Modifizieren von Speichern**
> Hierdurch besteht die Möglichkeit, z. B. den Inhalt des Hauptspeichers oder der Prozessorregistern zu modifizieren.

Der Python-Debugger ist in der Standardbibliothek integriert und kann von PyCharm aus verwendet werden. Dazu werden im Programm Breakpoints gesetzt. In PyCharm erfolgt dies durch Anklicken einer Zeilennummer. An dieser Stelle erscheint ein roter Kreis und das Programm wird im Debug-Modus in dieser Zeile angehalten. Siehe nachfolgendes Beispiel.

Ein Programm wird im Debug-Modus, z. B. mit „Run → Debug…“ gestartet. Danach wird es bis zum ersten Breakpoint ausgeführt und die aktuellen Werte werden angezeigt. Mit F9 kann das Programm bis zum nächsten Breakpoint fortgesetzt werden. Es folgt die Anzeige für die Werte des Beispielprogramms nach dem ersten Schleifendurchlauf. Auf diese Weise können auch die Fehler in komplexeren Algorithmen gefunden werden. Allerdings stellt das Debuggen von parallelen Anwendungen den Programmierer vor weitere Herausforderungen, auf die an dieser Stelle aber nicht weiter eingegangen werden soll.

Kompetenzcheck ✓

1 Welche Aussagen sind richtig?

a) Um die Ursachen für syntaktische Fehler zu finden, werden Programme debuggt.
b) Um logische Fehler im Quellcode zu finden, muss das Programm immer ausgeführt werden.
c) Beim Print-Debugging werden zusätzliche Ausgaben im Quelltext eingeführt.
d) Ein Debugger ist ein Softwaretool, welches semantische Fehler im Quellcode findet.
e) Debugger sind oftmals in eine IDE integriert.
f) An Breakpoints wird die Programmausführung angehalten.

A5
A6

2 Bearbeiten Sie im Arbeitsbuch die Aufgaben 5 und 6 der Lernsituation 6.

5.9.3 Testgetriebene Entwicklung erläutern

S **Sie diskutieren mit Ihren Mitschülerinnen und Mitschülern den Begriff der testgetriebenen Entwicklung und können diese Art der Softwareentwicklung erläutern.**

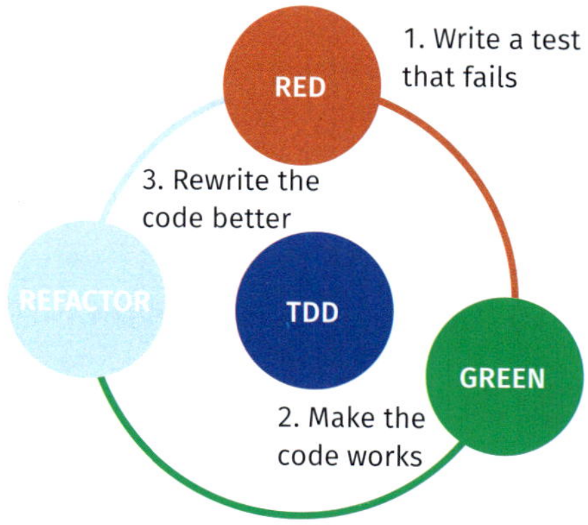

Bei der **testgetriebenen Entwicklung** (**Test Driven Development – TDD**) wird das Testen der Software dazu verwendet, den gesamten Prozess der Softwareentwicklung zu steuern. TDD ist also mehr eine Designstrategie als eine Teststrategie, welche die Entwicklung der Tests vor dem Erstellen des eigentlichen Quellcodes ansiedelt.

Das Ziel besteht darin, die Qualität der Software zu erhöhen und den Wartungsaufwand zu verringern. TDD wird meistens im Rahmen agiler Vorgehensmodelle verwendet, kommt aber in abgewandelter Form auch immer häufiger bei klassischen Vorgehensmodellen zum Einsatz. Durch das frühe Erstellen der Tests erhalten Entwickler schon sehr zeitig ein Feedback zur implementierten Lösung. So können Probleme rechtzeitig erkannt werden. Im Gegensatz zum nachgeschalteten Testen, welches noch häufig bei den klassischen Vorgehensmodellen wie dem Wasserfallmodell eingesetzt wird, sind die Tests im TDD der Ausgangspunkt für folgendes Vorgehen:

Schritte im Test Driven Development	
Schritt	**Beschreibung**
Schreiben eines Tests	Zuerst wird ein Test geschrieben, welcher natürlich meistens fehlschlägt. Es ist ein Grundprinzip der TDD, die einzelnen Tests noch vor der eigentlichen Programmierung der Komponenten zu schreiben (Test First).
Implementierung des Programmcodes	Danach wird genauso viel an Programmcode geschrieben, dass der Test erfolgreich durchlaufen wird. Dabei wird erst einmal die einfachste Lösung implementiert, durch die der Test erfüllt werden kann.
Refaktorisierung der Lösung	Zum Schluss wird der Programmcode nochmals überarbeitet und aufgeräumt, um eventuelle Redundanzen zu vermeiden und die Struktur zu verbessern. Dabei wird das Prinzip des Programmes als solches aber nicht mehr verändert.

Dieses Vorgehen wird solange wiederholt, bis alle Anforderungen an die Software erfüllt werden und der Code in das Produktivsystem übertragen werden kann. Die testgetriebene Entwicklung besitzt sowohl Vor- als auch Nachteile, welche in der folgenden Tabelle aufgeführt sind.

Test Driven Development	
Vorteile	**Nachteile**
• Software auf qualitativ hochwertigem Niveau • Software weniger wartungsintensiv und fehleranfällig • Fehleranalyse und eventuelle Wartungsarbeiten sind einfacher und schneller durchzuführen • Sowohl Code als auch Systemarchitektur sind sauber strukturiert und klar verständlich • Effektive Vermeidung von Redundanzen und nicht benötigten Codebestandteile	• Setzt nur auf der Ebene der Komponenten und Units an; Integrations- und Systemtest nicht berücksichtigt • Viele kleine Einzeltests, welche eventuell im Entwicklungsprozess der Software ihren Sinn verlieren, aber trotzdem nicht entfernt werden • Kein ganzheitlicher Blick, da immer nur kleine Teilausschnitte betrachtet werden • Entwicklung einer guten Systemarchitektur gestaltet sich schwierig

Kompetenzcheck ✓

1. Welche Aussagen sind richtig?
   a) Bei der TDD werden die Tests vor der eigentlichen Implementation des Programmcodes geschrieben.
   b) Bei der Programmierung versucht man dann, den Test so einfach wie möglich zu erfüllen.
   c) In der Refaktorisierungsphase wird der Test an das Programm angepasst.
   d) Ein Vorteil der TDD ist, dass man viele kleine Einzeltests erhält.
   e) Ein weiterer Vorteil ist, dass Code-Redundanzen vermieden werden.
   f) Die Entwicklung einer guten Systemarchitektur ist mit dieser Vorgehensweise schwierig.

5.10 Software und deren Entwicklung dokumentieren

S Sie sollen sich Basiswissen über die Dokumentation von Software und deren Entwicklungsprozess aneignen.

Die Dokumentation von Software hat die Aufgabe, digitale Prozesse, wie z.B. den Gebrauch oder den Entwicklungsprozess der Software verständlich zu erläutern. Dabei ist zu beachten, dass es verschiedene Zielgruppen gibt, welche jeweils einen anderen Blickwinkel auf die Software haben und somit spezielle Dokumentationen benötigen. Zum Beispiel erweist sich zur Wartung von Software eine gute Entwicklungsdokumentation als besonders wertvoll. Oft sind die ursprünglichen Entwickler nicht mehr erreichbar oder die Hauptentwicklung liegt schon zu lange zurück. In diesen Fällen erleichtert eine gute Dokumentation das Verständnis der Software und verkürzt wesentlich die notwendige Einarbeitungszeit. Mit dieser Art von Dokumentation können die Benutzer der Software in der Regel nicht viel anfangen. Für sie ist eine ausreichende und gute Benutzerdokumentation erforderlich.

Dokumentation

Unter einer Dokumentation ist die Nutzbarmachung von Informationen zum Zwecke der weiteren Verwendung zu verstehen. Sie dient dazu, diese gezielt auffindbar zu machen. Die enthaltenen Informationen sollten vollständig, übersichtlich, verständlich und inhaltlich korrekt sein. Dokumentationen erfolgen meistens in schriftlicher Form. Jedoch können auch Bilder, Videos oder Tonaufzeichnungen als Dokumentation dienen.

Das Erstellen der jeweiligen Dokumentationen ist nicht eine einzelne, in sich abgeschlossene Phase, welche erst nach der eigentlichen Fertigstellung der Software erfolgt, sondern ein kontinuierlicher Prozess, welcher sich über die gesamte Entwicklungszeit erstreckt. Deswegen stehen die nachfolgenden Ausführungen unter der Prämisse, dass jeder Softwareentwicklungs- und Wartungsprozess zugleich auch ein Dokumentationsprozess ist.

5.10.1 Dokumentationsunterlagen unterscheiden

S Sie sollen Dokumentationen, welche für eine Software geschrieben werden müssen, unterscheiden.

Der Inhalt und damit die Art der Dokumentation richten sich zuerst nach den Zielgruppen. Diese können grob in die Gruppen „Entwickler" und „Benutzer" eingeteilt werden. Die Entwickler benötigen die Dokumente zur Planung, Durchführung und Absicherung des Entwicklungsprozesses sowie im späteren Lebenszyklus zur Wartung der Software. Die Benutzer müssen die Software installieren und betreiben können. Weitere Benutzerdokumente dienen zum Erlernen und Bedienen der Software. Auch Marketingunterlagen können indirekt zur Benutzerdokumentation einer Software gezählt werden.

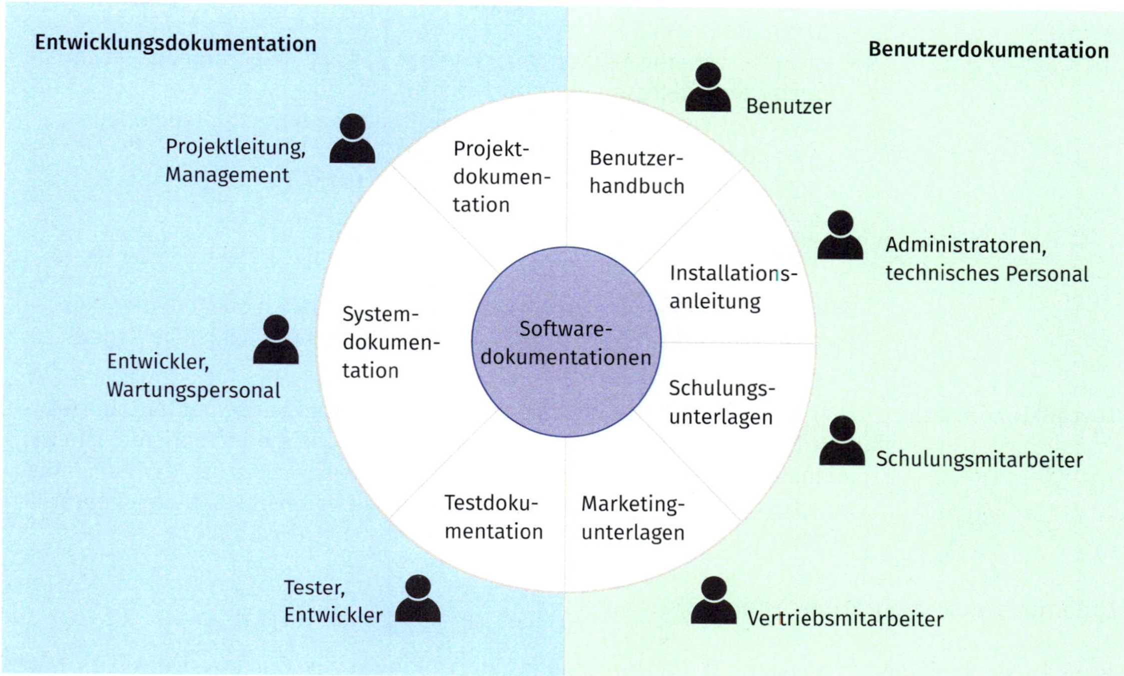

(1) Entwicklungsdokumentation

Nicht nur die Benutzer erwarten gut dokumentierte Software. Auch Softwareentwickler und die Projektleitung benötigen sie, um ihre Aufgaben und Ziele zu realisieren. Wird ein Softwaresystem entwickelt, wird es in der Regel auch dokumentiert. Die Entwicklungsdokumentation dient im Wesentlichen dazu, den Entwicklungsprozess nachvollziehbar zu dokumentieren und Systemdetails zu beschreiben, um die Software ohne Probleme auch nach Jahren beispielsweise warten zu können.

Dokument	Beschreibung
Projekt-dokumentation	Hier wird die Planung und Leitung des Projektes festgehalten, z. B. der Projektauftrag, der Projektplan, die Projektstatusberichte und der Projektabschlussbericht.

Dokument	Beschreibung
System-dokumentation	Hierzu zählen alle Dokumente, welche für die Konstruktion und die Wartung der Software benötigt werden. Inhalte der Dokumente sind z. B.: • Anforderungsspezifikation (Lasten- und Pflichtenheft), • Abnahmespezifikation • Vorgehensmodell, • Entwurf der Software (Systemarchitektur, spezielle Algorithmen, Entwurfsmuster, Schnittstellen usw.), • Fragen der Verwendung und der Verwaltung von Daten (Datenmodelle, verwendete Dateien, Zugriffsrechte usw.), • Fragen des Datenschutzes und der Datensicherheit, • kommentierter Quellcode, • Programmversionen, Versionsverwaltung. Zur Dokumentation werden bevorzugt Beschreibungs- und Modellierungssprachen wie UML-Diagramme, ER-Modelle usw. eingesetzt (siehe Kapitel 5.4.4).
Testdokumentation	Hier werden alle Maßnahmen der Qualitätssicherung dokumentiert. Dieses betrifft die Testplanung, die Testspezifikation sowie die Testberichte. Inhalte können u. a. sein: Audit-Protokolle, Test- und Review-Berichte, der Abnahmebericht, Testfälle, Verfahren und Szenarien, mit denen die Software überprüft wurde.

(2) Benutzerdokumentation

Dieser Teil der Dokumentation richtet sich an die Kunden, die die Software kaufen oder lizensieren. Nachdem sie als potenzielle Kunden von der Leistung und Qualität des Produktes überzeugt sind, müssen sie die Software meistens in Eigenregie installieren und nutzbar machen, um sie benutzen zu können. Dazu werden Installationsanweisungen benötigt, bei größeren Softwaresystemen sogar speziell für Administratoren erstellte Administrationshandbücher. Die eigentlichen Benutzer benötigen in der Regel zur leichteren Einarbeitung in die Software ein Benutzerhandbuch. Bei Software mit größerem Funktionsumfang werden sehr oft Schulungen angeboten und auch von den Kunden eingefordert. Dazu sind neben dem Benutzerhandbuch auch speziell aufbereitete Schulungsunterlagen erforderlich. Die wirtschaftlichen Entscheider bzw. das Management bei potenziellen Kunden müssen auf der anderen Seite mit überzeugenden Marketingunterlagen versorgt werden.

Dokument	Beschreibung
Benutzerhandbuch	Ist eine Sammlung von Informationen, welche dem Benutzer einen sicheren und ordnungsgemäßen Umgang mit der Software ermöglichen, wobei das Benutzerhandbuch in vielen Fällen nicht mehr in gedruckter Form zur Verfügung gestellt wird, sondern in Form von Online-Hilfen. Inhalte sind zum Beispiel: • Funktionsumfang der Software, • konkrete Beschreibung der Funktion der einzelnen Oberflächenelemente (Menü, Buttons usw.), • praxisnahe Beispiele, • Verhalten bei eventuell auftretenden Fehlern der Software, mögliche Fehlermeldungen, • Kontaktdaten zur Hotline bei eventuellen Fragen.

Dokument	Beschreibung
Installations-anleitung	Liefert eine Beschreibung der erforderlichen Hardware und Software, um das Softwareprodukt auszuführen und eine Anleitung für die Installation von diesem auf dem System. Inhalte könnten sein: • benötigte Betriebssysteme und deren Versionen, • vorausgesetzte Software-Umgebungen, z. B. Standardbibliotheken oder Laufzeitsysteme, • Erläuterung der Verfahrensweisen zur Installation und Deinstallation der Software, • Verfahrensweisen, um die Software zu aktualisieren (Updates).
Schulungs-unterlagen	Speziell für die Schulung von Kunden erstellte Unterlagen; ergänzen die Inhalte des Benutzerhandbuches um didaktische und methodische Ansätze zur Vermittlung dieser Inhalte und entsprechende Übungsaufgaben.
Marketing-unterlagen	Hier werden alle Dokumente zusammengefasst, welche im Zusammenhang mit der Vermarktung des Produktes stehen. Marketingunterlagen müssen optisch ansprechend, kurz und aussagekräftig zu inhaltlichen Aspekten informieren. Wichtig sind auch Referenzen auf andere erfolgreiche Anwender der Software. Praktisch wird das beispielsweise realisiert durch Flyer, Präsentationen im Internet oder Whitepapers mit Managementinformationen.

Kompetenzcheck

1 Welche Aussagen sind richtig?
a) Die Projektdokumentation enthält in der Regel dieselben Informationen wie die Systemdokumentation, welche nur für eine andere Zielgruppe aufbereitet wurde.
b) Systemdokumentationen können UML-Diagramme oder Datenmodelle enthalten.
c) Auf die Erstellung einer Testdokumentation kann in aller Regel verzichtet werden.
d) Ein Benutzerhandbuch muss den sicheren Umgang mit der Software ermöglichen.
e) In Installationsanleitungen sind auch Informationen zum Deinstallieren der Software zu finden.
f) Marketingunterlagen werden u. a. von Vertriebsmitarbeitern des Softwareunternehmens genutzt.

2 Bearbeiten Sie im Arbeitsbuch die Aufgabe 7 der Lernsituation 6.

A7

5.10.2 Kriterien für eine gute Softwaredokumentation beschreiben

S **Sie sollen sich die Kriterien für eine gute Softwaredokumentation erarbeiten.**

Eine gute Softwaredokumentation soll der Person, die sie benutzt, dabei helfen, die entsprechenden Informationen zur Software schnell und zielgerichtet zu ermitteln. Sie sollte daher spezifisch, präzise und relevant sein. Leider ist es in der Praxis oft so, dass der größte Teil der Dokumentation (z. B. Projekt-, System- bzw. Benutzerdokumentation) nicht aktuell, unvollständig und oft schwer zu lesen und zu verstehen ist. Dies liegt u. a. daran, dass viele Entwickler der Meinung sind, dass eine ausreichende Dokumentation der Arbeitsergebnisse den Arbeitsfortschritt nur verzögert, was teilweise vom Management unterstützt wird, um möglichst schnell zu laufenden Applikationen zu gelangen. Außerdem wird das eigentliche Schreiben der Dokumentation von den Entwicklern im Vergleich zur Programmierung als monotoner Prozess empfunden. Ein weiterer Punkt ist, dass Dokumentationen von Zeit zu Zeit an neue Entwicklungsstände angepasst werden müssen, wofür meistens die Zeit fehlt.

Für das Schreiben guter Dokumentationen gibt es einige grundlegende Anforderungen, welche allgemeingültig sind und die Qualität entscheidend verbessern. Außerdem sollte darüber nachgedacht werden, wer welche Dokumentation verfasst. Auch dieser Punkt kann entscheidend die Qualität der jeweiligen Dokumenation beeinflussen.

(1) Grundlegende Anforderungen

Eine der wichtigsten Anforderungen an eine gute Dokumentation ist, dass die benötigten Informationen schnell und einfach zu finden sind. Dazu muss die Dokumentation gut strukturiert und verständlich geschrieben sein.

Kriterien einer guten Dokumentation

- Die Informationen werden schnell und einfach gefunden.
- Es sind nur die relevanten Informationen enthalten.
- Die Informationen sind verständlich dargestellt.
- Die Informationen sind zielgruppengerecht aufbereitet.
- Die Informationen können praxisnah nachvollzogen werden.
- Das Dokument ist schnell zu lesen.
- Die Inhalte sind aktuell.
- Die Inhalte sind widerspruchsfrei.
- Die Inhalte sind vollständig.

Der schwierigste Teil bei der Erstellung einer Dokumentation ist, diese so zu verfassen, dass sie der Zielgruppe entspricht. Dies gilt insbesondere für die Entwicklungsdokumentation. Diese Dokumente werden gleichermaßen von Programmierern, Testern aber auch von Projektleitern oder Auftraggebern gelesen. Durch die unterschiedlichen Vorkenntnisse dieser Gruppen ist es in der Regel sinnvoll, die einzelnen Entwicklungsdokumente nochmals zu differenzieren. Eine Benutzerdokumentation hingegen muss anderen Ansprüchen genügen. Sie muss die Fragen von Benutzern präzise beantworten und sie befähigen, das Produkt vollständig und effizient zu nutzen. So haben in einem Benutzerhandbuch technische Details ebensowenig verloren wie hochtrabende Phrasen und Schlagwörter aus der Marketingabteilung. Notwendige Schulungsunterlagen müssen wiederum anders aufgebaut als ein Benutzerhandbuch. An dieser Stelle stellt sich nun die Frage, wer die einzelnen Dokumente erstellen sollte.

(2) Ersteller von Softwaredokumentationen

Ein Großteil der Dokumentationen, insbesondere die Entwicklungsdokumenation, wird von den Entwicklern geschrieben. Allerdings empfinden diese die Arbeit oft als lästiges Übel. Wenn Entwickler die Dokumentationen schreiben, hat dies Vor- und Nachteile. Ein Vorteil ist die unmittelbare Beteiligung an der Entwicklung. Entwickler können Details beschreiben, die einem Unbeteiligten möglicherweise entgehen. Dieser Vorteil stellt aber in vielen Fällen auch einen Nachteil dar. Weil die Entwickler sehr tief in der Materie stecken, können die Informationen für Außenstehende nur schwer verständlich sein. Dieses gilt ganz besonders für die Benutzerdokumentation. Um eine gute Benutzerdokumentation zu schreiben, muss man die Sicht des Benutzers einnehmen können und sich von der rein technischen Sichtweise lösen. Dies fällt nicht allen Entwicklern leicht. Sinnvoll ist es daher die Erstellung von Benutzerdokumentation zwischen Entwicklern und technischen Redakteuren aufzuteilen. Die Entwickler stellen die wichtigen Fakten zusammen und schreiben eine erste Fassung der Dokumentation. Sie konzentrieren sich dabei ausschließlich auf die Inhalte und liefern alle benötigten Informationen. In einem zweiten Schritt bereiten technische Redakteure die Inhalte so auf, dass daraus eine für Benutzer verständliche Dokumentation entsteht. Schulungs- und Marktingunterlagen werden in der Regel von Mitarbeitern erstellt, welche auf die Erstellung von Dokumenten dieser Art spezialisiert sind bzw. aus den jeweiligen Abteilungen stammen.

(3) Grundlegende Überlegungen zur Erstellung von Softwaredokumentationen

Egal, welche Art von Dokumentation erstellt werden soll, es sind in jedem Fall im Vorfeld grundlegende Überlegungen anzustellen. Einige von den nachfolgend aufgeführten Punkten könnten durch firmeneigene Standards schon feststehen, andere müssen mindestens in Teilen für jedes Softwareprodukt neu bestimmt werden.

! Entscheidungen, welche im Vorfeld der Softwaredokumentation getroffen werden müssen

Bestimmung der Dokumente, welche mindestens für das Softwareprodukt erstellt werden müssen
Je nach Art, Umfang und Einsatz des Softwareproduktes sind verschiedene Dokumente notwendig. Für einen Webauftritt sind z. B. andere Dokumente erforderlich als für ein komplexes Warenwirtschaftssystem, für welches noch zusätzliche Schulungen angeboten werden sollen. In anderen Fällen ist eine Dokumentation erforderlich, um bestimmten gesetzlichen Anforderungen und Verordnungen nachzukommen. Auf jeden Fall sollte die Softwaredokumentation kein Ersatz für ein schlechtes Softwaredesign z. B. bezüglich der Wartbarkeit oder der Benutzeroberfläche sein.

Bestimmung der Inhalte, welche in den einzelnen Dokumenten enthalten sein müssen
Eine Systemdokumentation muss andere Inhalte enthalten als Schulungsunterlagen. Die Inhalte sollten im Vorfeld festgelegt werden. Dabei muss die Zielgruppe, für welche die Unterlagen erstellt werden, unbedingt berücksichtigt werden. Grundlegende Voraussetzung ist es, die Bedürfnisse der Zielgruppe zu verstehen und die Inhalte entsprechend auszuwählen.

Bestimmung der Form, in welcher die einzelnen Dokumente zur Verfügung gestellt werden sollen
Softwaredokumentationen können in vielen Formen erstellt werden. Die Bandbreite reicht von gedruckten Handbüchern, über PDF-Dokumente bis hin zu Online-Hilfen mit eingebunden Videos. Jede Form hat ihre Vor- und Nachteile, welche sorgfältig gegeneinander abgewogen werden sollten.

Bestimmung, welche Tools im Dokumentationsprozess verwendet werden sollen
Einfache gedruckte oder digitale Dokumente werden in der Regel mit einem Textverarbeitungsprogramm wie z. B. MS Word oder Libre Office erstellt. Für umfangreichere Dokumente oder Dokumente mit anspruchsvollen Grafiken oder Design z. B. Werbeunterlagen kommen meistens professionelle Tools zu Einsatz. Alternativ werden nur die Inhalte geliefert und mit dem Design und der Erstellung der Dokumente wird ein externer Dienstleister beauftragt. Auch für Online-Dokumentationen gibt es verschiedene Tools auf dem Markt, welche bei der Erstellung unterstützen.

Kompetenzcheck ✓

1. Welche Aussagen sind richtig?
   a) Bei einer guten Dokumentation des Quellcodes und des Softwareentwurfs ist es möglich, dass sich neue Entwickler schnell in das Softwareprojekt und den Quellcode einarbeiten.
   b) Jede Dokumentation muss alle verfügbaren Informationen enthalten.
   c) Dokumentationen müssen auf ihre Zielgruppe zugeschnitten sein.
   d) Gute Dokumentationen sind schnell zu lesen.
   e) Dokumentationen müssen nicht aktuell und vollständig sein.
   f) Eine Software sollte immer erst nach ihrer Erstellung dokumentiert werden.
   g) Dokumentationen werden immer von den Entwicklern der Software geschrieben.
   h) Für jedes Softwareprodukt müssen entsprechende Schulungsunterlagen erstellt werden.

2. Bearbeiten Sie im Arbeitsbuch die Aufgaben 8 und 9 der Lernsituation 6 und werten u. a. einen englischen Text zur Dokumentation von Software aus. A8 A9

5.10.3 Den Quellcode von Programmen kommentieren

S Sie sollen sich grundlegendes Wissen über das Kommentieren von Quellcode erarbeiten.

Ein umstrittender Punkt in der Softwareentwicklung ist die Dokumentation von Quellcode mithilfe von Kommentaren. Für die einen kann es nicht ausführlich genug sein, für die anderen ist jeder Kommentar ein Kommentar zu viel. Für beide Sichtweisen gibt es gute Gründe. In der Regel werden aber diese beiden extremen Sichtweisen in der Praxis nur selten vollständig umgesetzt, sondern die meisten Programmierer wählen einen Mittelweg. Dazu müssen aber die Vor- und Nachteile von Kommentaren im Quellcode gegeneinander abgewogen und sinnvolle von nichtsinnvollen Kommentaren unterschieden werden.

Vor- und Nachteile der Dokumentation von Quellcode mithilfe von Kommentaren	
Vorteile	**Nachteile**
• Quellcode kann verständlicher werden • es können zusätzliche wichtige Informationen, welche sich nicht unmittelbar aus dem Quellcode ergeben, vermerkt werden • kann dabei helfen den Quellcode zu strukturieren	• höherer Zeitaufwand • müssen gewartet werden (z. B. akualisiert) • können schnell unübersichtlich werden • es werden unwichtige Informationen vermerkt • der Kommentarstil wird nicht durchgehalten und ist nicht einheitlich

Wie aufgezeigt bringt das Kommentieren von Quellcode durchaus Vorteile. Es stellt sich die Frage, welche Art von Informationen in Form von Kommentaren mit in den Quellcode mit aufgenommen werden sollten. Als grobe Richtlinie dazu gilt: Alles, was sich nicht durch den Programmcode erschliesst, aber unmittelbar Einfluss darauf hatte, wie der Code ausgefallen ist. Das setzt natürlich voraus, dass der Code auch verständlich geschrieben ist. So sollte z. B. die Namensgebung für Variablen und Funktionen so gewählt werden, dass diese für andere Entwickler intuitiv und verständlich sind. Dazu kommen noch weitere Informationen, wie z. B. Kommentare, welche später zur Erstellung von Schnittstellendokumenten dienen. Nachfolgend sind verschiedene Arten von Kommentaren aufgeführt. Zum einen welche sinnvoll sein können und zum anderen welche zu vermeiden sind.

Sinnvolle und zu vermeidene Kommentare

Sinnvolle Kommentare
- rechtliche Informationen, wie wie z. B. Lizenzinformationen
- informative Kommentare, welche zusätzliche Informationen über ansonsten schwer nachvollziehbare oder unverständliche Quellcodestellen liefern.
- warnende Kommentare, wie z. B. das etwas Unvorhergesehenes geschehen kann
- API-Kommentare zur Dokumentation von öffentlichen Schnittstellen für Bibliotheken oder Frameworks
- Work-In-Progress-Kommentare, wie z. B. TODO für unfertige Programmteile

Wichtig dabei ist es immer, die Kommentare aktuell zu halten. Veraltete Kommentare, welche nicht mehr dem aktuellen Stand des Progamms entsprechen stellen die größte Gefahr dar.

Kommentare die zu vermeiden sind
- erläuternde Kommentare, die den Aufbau und den Ablauf des Quellcodes beschreiben
- redundante Kommentare, die nochmal wiederholen, was schon im Quellcode steht, wie z. B.
  `x = 10  # der Variablen x den Wert 10 zu weisen`
- Frustkommentare, wie z. B. `# schon wieder eine neue Variante`
- Spaßkommentare, welche z. B. nur zur Belustigung nachfolgender Entwickler verfasst wurden

Auskommentierter Quellcode
In sehr vielen Fällen wird z. B. unfertiger oder veralteter Quellcode aus dem Programm herausgenommen in dem er zunächst einmal „auskommentiert" und nicht gelöscht wird. Teile davon könnten ja doch noch gebraucht werden und müssten sonst neu geschrieben werden. Diese Vogehensweise ist sinnvoll, zumal viele Entwickler das Verfahren auch zum Debuggen des Quellcodes benutzen. Leider wird in vielen Fällen vergessen nach der Lösung des Problems, den nicht mehr benötigten auskommentierten Quellcode zu löschen. Auf diese Weise erreichen auskommentierte und nutzlose Programmteile eine beeindruckende lange Lebensdauer.

Bevor ein Kommentar geschrieben wird, sollte der Entwickler auf jeden Fall über den Sinn und den Mehrwert des geplanten Kommentars nachdenken. In vielen Fällen lässt sich die entsprechende Information auch über Quellcode ausdrücken.

Nützliche Hinweise für das Kommentieren von Quellcodes

- Nicht beschreiben was der Code macht.
- Beschreiben, warum der Code so geschrieben wurde.
- Ein Kommentar sollte immer dort stehen, wo er auch benötigt wird.
- Spass- oder Frustkommentare vermeiden
- Korrigieren oder löschen von falschen oder irreführenden Kommentaren.
- Nicht beschreiben wie der Code abläuft.
- Kommentare sollen schnell gelesen und verstanden werden können.
- TODO – Kommentare aktuell halten.
- Einen einheitlichen Kommentarstil im ganzen Programm verwenden.
- Redundante Kommentare vermeiden.
- Löschen von nicht mehr benötigtem auskommentierten Programmcode.
- Löschen von automatisch generierten Kommentaren.

Kompetenzcheck ✓

1. Welche Aussagen sind richtig?
   a) Um so mehr Kommentare im Quellcode stehen, um so besser ist dieser dokumentiert.
   b) Kommentare können durch aussagekräftige Bezeichner im Quellcode vermieden werden.
   c) Es sollte vermieden werden, bestehenden Quellcode „auszukommentieren“.
   d) Es sollte immer nur kommentiert werden, warum das Programm so geschrieben wurde, nicht was das Programm macht.
   e) Von der IDE automatisch generierte dürfen nicht gelöscht werden.
2. Bearbeiten Sie im Arbeitsbuch die Aufgaben 10 und 11 der Lernsituation 6 und erstellen Sie u. a. ein Benutzerhandbuch für Ihre Datenbanklösung. A10 A11
3. Absolvieren Sie den Abschlusstest zur Lernsituation 6 mithilfe der Aufgabe 12 im Arbeitsbuch. A12

5.11 Den Prozess der Softwareentwicklung evaluieren

S **Sie sollen den gesamten Prozess der Softwareentwicklung evaluieren und daraus Schlussfolgerungen für Ihre weitere Arbeit ziehen.**

Evaluation
Unter einer Evaluation wird die Bewertung oder Begutachtung von Projekten, Prozessen usw. verstanden.

Eine Evaluation dient der rückblickenden Wirkungskontrolle oder der Reflexion und dem Verständnis von didaktischen Situationen und Problemen. Dabei wird untersucht, ob und inwieweit die Vorgehensweise und die eingesetzten Ressourcen geeignet waren, den angestrebten Zweck zu erfüllen. Durch eine Evaluation werden nützliche und gesicherte Daten ermittelt, welche zur Verbesserung des Softwareentwicklungsprozesses beitragen können. Standardverfahren zur Datenerfassung sind Befragung, Beobachtung, Test und Datenanalyse. Nachfolgend sind einige Fragen, welche bei einer Evaluierung des Softwareprozesses gestellt werden können, aufgeführt.

Befragung im Rahmen der Evaluierung des Softwareprozesses

1. War das Vorgehensmodell für die Aufgabenstellung geeignet?
2. Konnte mit der gewählten Programmiersprache die Aufgabe gelöst werden?
3. Hat die gewählte IDE die Programmierung und Projektverwaltung optimal unterstützt?
4. Hat die Kommunikation im Team funktioniert?
5. Welche Probleme sind bei der Teamarbeit aufgetreten und warum?
6. War die Projektplanung ausreichend?
7. An welchen Stellen und warum musste von der Projektplanung abgewichen werden?
8. Wurde die Software ausreichend getestet?
9. Welche Schwierigkeiten sind beim Testprozess aufgetreten?
10. Konnte eine vollständige Dokumentation erstellt werden?

Kompetenzcheck ✓

1 Führen eine Evaluation über den Entwicklungsprozess Ihrer Software durch. Bearbeiten Sie dabei folgende Schritte:

a) Finden Sie oder Ihr Projektteam für die Evaluation relevante Fragen und beantworten Sie diese.
b) Leiten Sie aus den Antworten Schlussfolgerungen über den Softwareentwicklungsprozess ab.
c) Stellen Sie Ihr Projekt und die Ergebnisse der Evaluation den Mitschülerinnen und Mitschülern vor.

Sachwortverzeichnis

Symbole

1:1 595, 601
1:n 595, 602
3 Phasen 394
80-Plus-Initiative 164
.aiff/.aif 504
.avi 503
.bmp 505
.doc/.docx 504
.flac 503
.gif 505
.jpg/.jpeg 505
.mkv 503
.mov 503
.mp3 504
.mp4 503
.mpg/.mpeg 503
.pdf 504
.psd 505
.rtf 504
.tif/.tiff 505
.txt 504
.wav 504

A

ABC-Analyse 257
ABC-Kunden 103, 206
Ablauforganisation 66
Abnahmeerklärung 268
Abnahmetest 631
Abschlussprüfung 19
Access-Point 341
Accounting 364
Active Directory (AD) 364
ADD COLUMN 614
Additionsmethode 485
Adressen im Netzwerk 298
Adressierungsarten 303
Aftersales 186
AGB 264
agiles Vorgehensmodell 514
AIDA-Prinzip 208
AI, KI 120
Aktoren 195
Algorithmus 496, 497
Alphatest 632
ALTER TABLE 614
analoge Daten 478
and 570
Änderbarkeit 521
Änderungsanomalie 606
Anforderungen 163
Anforderungsanalyse 222, 230, 513
Anforderungsspezifikation 519
Anfrage 204
Angebotseinholung 255
Anonymisierung 436
Anschaffungskosten 253
ANSI/SPARC-Architektur 587, 588, 591, 592
Anweisungsfolge 555
Anwenderprogramme 191
Anwendersoftware 469
Anycast 303
APT 429
Arbeitsplatztypen 223
Arbeitsraumgestaltung 132
Arbeitsrecht 28
Arbeitsschutz 270
Arbeitssicherheit 62, 269
Arbeitsteilung 46
Arbeitszeitgesetz 28
Arbeitszeitmodelle 38
arithmetische Operatoren 560
ARP 326
ARP Adressauflösung 326
ASC (ASCENDING) 618
ASCII-Tabelle 489
ASCII-Zeichensatz 489
ASP 201
Assembler 537, 543
Assessment 39
Attribut 594
Audioformat 503
Audit 55, 628
Aufbauorganisation 66
Aufgabenanalyse 66
Ausbildender 15
Ausbildungsordnung 14
Ausbildungsplan 14, 41
Ausbildungsvergütung 26
Ausbildungsvertrag 23
Ausfallsicherung 313
Ausfallwahrscheinlichkeit p 388
Ausfallzeiten 387
Ausgabedaten 476
aushangpflichtige Gesetze 30
Auswahl 532
Authentifizierung 364, 434
Autorisierung 364
AVG 618

B

Backup 382
Backup auf Cloud-Speicher 383
Backupstrategien 382
Bandbreiten – Längenprodukt B 319
Bandsicherung 383
Barebone 229

Barrierefreiheit 187
Bauformen 134
BDSG 409
bearbeiten 305
Bedarfsanalyse 208, 222
Behörden 50
Beleuchtung 132
Benutzbarkeit 521, 630
Benutzer 363
Benutzerdokumentation 640
Benutzerhandbuch 640
Beschaffungsplanung 256
Beschaffungsprozess 255
Betatest 632
Betrieb 47
Betriebsrat 31
Betriebssystem 150, 452
Betriebsvereinbarung 31
BETWEEN 617
Bewerbung 39
Bezeichner 551
Beziehungstyp 594
Bildwiederholfrequenz 177
binäre Literale 551
Binärpräfixe 299, 499
Binär-Stream 582
BIOS 151
BIP 105
Bit 498
Bitmap 492
Blackbox-Test 629
Blacklisting 433
Block-Storage 501
boolesche Literale 551
boolesche Operatoren 570
boolescher Datentyp 560
Botnetz 428
Bottom-up-Methode 525
BPM 90
Breakpoint 636
Bridge 340
Broadcast 303
BSI 404
BSIG 409
Built-in-Funktion 553
Bundesbeauftragte 405
Bürokonzepte 132
Bus 310
Businessplan 38
BYOD 292
Byte 498

C

C 536, 538
C# 473, 536, 538, 541
Cache 155, 157, 167
C/C++ 473, 541
CEO-Fraud 432
Channel Link 313
Chipsatz 155
CIO 68
Citrix Workspace 240
Client 229, 240, 290
Client-Server-Datenbank 590
Client-Server-Netz 294
close 623
Cloudcomputing 196
CMS 191
CMYK 493
COBOL 535, 536
Colocation 296
Combosquatting 432
commit 624
Compiler 543
Compliance 50
Computernetz 283
connect 622
Container 454
Convertible 233
COUNT 618
CPU 153
CREATE INDEX 621
CREATE TABLE 613
Credential Stuffing 427
CRM 89, 193
CSMA/CA 305
CSMA/CD 305
cursor 623
Curved Screen 173
Customizing 448, 471
Cut-Through-Switch 342
Cyberangriffe 425
Cyberkriminalität 60
Cyber-physische Systeme 129, 196, 292

D

DaaS 237, 242
Darlehensarten 243
Datacenter 62
Data Control Language 611
Data Definition Language 611
Data Manipulation Language 611
Daten 477
Datenarten 190
Datenbankmanagementsystem 587
Datenbanksystem 586
Datenbasis 587
Datenflussplan 526
Datenherkunft 479
Datenkonsistenz 605
Datenmenge 498
Datenmigration 471

Datenquellen 480
Datenredundanz 605
Datensatz 599
Datenschutz 147
Datensicherheit 377
Datenstrom 582
Datentyp (für komplexe Zahlen) 559
Datenübertragung 297
Datenübertragungsrate 299, 301
Datenübertragungsrate C 300
DCL 611
DDL 611
DDoS 430
DDR 159
Debugger 543, 635
Debugging 634
def 571
deklarative Programmierparadigma 537
DELETE 615
Denial of Service 429
DESC (DESCENDING) 618
Design 513
Desktop 229
Desktop as a Service 238
Desktop-PC 134
Detachable 233
DevOps-Ansatz 518
Dezimalpräfixe 299, 499
Dezimalsystem 482, 484
DHCP 326, 327
DHCP-Protocol 359
Dienst-Protokolle
digitale Daten 478
digitale Disruption 84
digitale Plattformen 85
digitale Transformation 84
Digitalisierung 84
Digital Workplace 43
DIMM 157
DIN 66001 527
DIN 66261 527
Disposition 66
dispositiver Faktor 91
DISTINCT 617
Divisionsmethode 485
DML 611
DMS 90
DMZ 378, 386
DNS 326, 368
Dokumentation 513, 638
Dokumentation von Software 638
Dokumenten-Datenbank 592
Domain Name Systems 368
doppelte Buchführung 246
Double Word 498
Downtime 387
DRAM 158
Drive-by-Exploits 432
DROP COLUMN 614
DROP INDEX 621
DROP TABLE 614
Drucker 178
Druckkostenvergleich 182
Drucktechnologie 179
DSGVO 409
Duales Studium 12
Dualsystem 482, 484
dynamische Testverfahren 627, 628

E

ECC 159
Effektivspannung 393
Effizienz 521, 630
Einfügeanomalie 606
Eingabedaten 476
einseitige Verzweigung 566
Einwandbehandlung 209
elektrische Anlagen 271
elif 567
else 566
Embedded Systems 129
End-to-End-VPN 289
End-to-Site-VPN 289
Energieeffizienz 173
Energieversorgung 393
Energy Star 144
Entgeltformen 30
Entität 594
Entitätstyp 594
Entity-Relationship-Modell (ERM) 527, 593
Entscheidungstabelle 526, 530
Entwicklungsdokumentation 639
E-Procurement 89, 257
ER-Modelle 593, 608
ERP 90, 191
Erweiterter Stern (Extended Star) 309
Erweiterungsprogrammierung 471
Escape-Sequenz 557
Ethernet 306
Ethernet-Frame 306
Euklidischer Algorithmus 497
Europäische Sozialcharta 35
Europass 37
EVA-Prinzip 119, 476
except 562
Exception Handling 562
execute 623
Existenzgründung 38
Existenzsicherung 37
externe Datenträger 461
externes Rechenzentrum 295
externes Schema 588

F

Fallunterscheidung 567
Farbmodell 493
Farbtiefe 493
Fast-Forward-Switch 342
Fat Clients 292
F. Codd 599
Fernabsatzvertrag 263
Festplatte 165
File-Share-Datenbank 590
File-Storage 501
finally 562
Finanzbuchhaltung 245
Firewall 378, 386
Firewire 161
Firma 75
Fließkommazahlen 487
Floor Division 560
for 576
Formfaktor 142, 153
Fortran 536
Fragment-free-Switch 342
Frame-Aufbau 306
Framework 544
Franchise 49
Freeware 137
Fremdschlüssel 601
FROM 616
FSB 159
Führungsstil 70
Funktion 571
funktionale Anforderungen 520
Funktionalität 630
Funktionsrumpf 571
Funktionssignatur 571
Funk, WLAN/Wi-Fi 320
Fusion 49
fußgesteuerte Schleife 532, 576

G

ganze Zahlen 487
Ganzzahldatentyp 559
Ganzzahlliteral 551
gauss 580
Gefährdungen 420
Gefährdungsbeurteilung 270
Gefährdungslage 448, 454, 456, 461
Gefahren durch elektrischen Strom 391
geheime Daten 479
Generation 4.0 129
Geschäftsprozesse 88
Geschichte IT 121
Gesundheitsschutz 62
Gewinnkalkulation 249
Gleitkommaliteral 551
Gleitkommazahldatentyp 559
Gleitkommazahlen 487
Globalisierung 46
Go 473, 535
GPGPU 157
Grafikformat 504
Graph-Datenbank 592
Green-IT 143, 145, 397
Gregorianischer Kalender 496
GROUP BY 619
Grundschutz-Kompendium 409
Grundwerte 415
GUI-Editor 543
Günstigkeitsprinzip 28
Güterarten 92
GWB 98

H

Handelskalkulation 247
Handelskauf 267
Handelsregister 74
Handelsspanne 250
Handlungskompetenz 17, 18
Handlungskosten 246
Handlungsvollmachten 75
Härtung 419
HDMI 177
Helpdesk 43
Hexadezimalsystem 483, 484
hierarchische Datenbank 591
Hoaxes 428
Hotspot 341
HTML 536
Hub 340
Hyper-Converged Infrastructure 239

I

ICMP 326
Identitätsoperator 570
IDLE 546
IEEE 520
if 566, 567
imperatives Programmierparadigma 537
Implementierung 513
IMS 55
Index 620
Individualsoftware 470
Industrie 4.0 128, 194
Informationsbeschaffung 480
Informationssicherheit 60, 506
Informationssicherheitsbeauftragte 406
input 557
Input-Stream 582
in range 576
INSERT INTO 615

Inspektion 628
Installationsanleitung 641
Instanz 67
Integrationstest 631
integrierte Entwicklungsumgebung (IDE) 542
Integrität 506
interne Daten 479
internes Schema 588
Internet-Protocol 308
Interpreter 543, 544
IP 308
IP-Adressen
IP-Adressklassen , 333
ip-Befehl 350
ipconfig 350
IPERKA 108
IP-Konfiguration 349, 356
IP-Konfiguration einstellen 356
IP-Spezialadressen , 334
IP-Tunneling 289
IPv4-Adressen 331
IPv6 334
IPv6-Adresstypen 336
is 570
ISMS 409, 417
is not 570
ISO 55
ISO 8601 496
ISO-8859-Norm 490
ISO/IEC 9126 629
ISO/IEC 10646 490
ISO/OSI-Schichtenmodell 322
Ist-Analyse 226
Ist-Aufnahme 348
Istaufnahmetechniken 64
Iteration 575
IT-Grundschutz 414
IT-Hersteller 125
ITK-Branche 47
IT-Sicherheit 148
IT-Sicherheitsbeauftragte 406
IT-Sicherheitsgesetz 408
IT-SiG 408
IT-Zubehör 186

J

Jailbreak 432
JAV 33
Java 473, 536, 538, 541
JavaScript 473, 535, 536, 541
JIKU 40
Jobenlargement 38
Jobenrichment 38
Jobrotation 38, 70
Jugendarbeitsschutzgesetz 25

K

Kaizen 58
Kardinalität 595, 601
Kartell 49
Kartellgesetz 98
Käufermarkt 100
Kaufvertrag 262
Keylogging 432, 436
Key-Value Datenbank 592
klassische Vorgehensmodelle 514
KMU 45
Kollaboration 93
kollaborierende Roboter 129
kollektives Vertragsrecht 28
Kommentar 552
Kommunikation 210
Kommunikationsregeln 209
Kompatibilität 125
komplexe Zahlen 551
Konfiguration 119, 133, 471
Konfliktsituationen 210
Konjunkturpolitik 105
Konrad Zuse 121
Konsolenausgabe 556
Konsoleneingabe 557
Konsortium 49
konzeptionelles Schema 588
koordinierten Weltzeit 495
kopfgesteuerte Schleife 532, 575
Kumulationseffekt 456
Kundenarten 206
Kundenstruktur 102
Kundenzufriedenheit 57
Kündigungsschutzgesetz 28
künstliche Intelligenz 123
Kupferleitungen 318
KVP 59

L

Laptops 134
Lärmentwicklung 133
Lastenheft 224, 522
Latenz 159
Latin-1, Westeuropäisch 490
Latin-9, Westeuropäisch 490
Laufzeit einer USV 395
LCD 175
LCD-Technologie 173
Leasing 243
LED 175
Leistungsangebot 104
Leistungsportfolio 42, 128, 139
Leistungsprozess 203
Leitbild 52
Leitungssysteme 71
Lenkungsausschuss 510

Libre-Office 453
Lichtwellenleiter 318
LIKE 617
LIMIT 620
Liquidität 56
Listen 577
logische Operatoren 611
Lohnsteuer 36
lokales Rechenzentrum 295
Löschanomalie 606

M

M.2-Format 167
M.2-Port 162
MAC-Adressen , 331
Mainboard 152
Malware 148, 427
Managed-IT-Services 201
Managed-Services 201
Management 70, 369
Mängelanzeige 266
Mängelarten 140
Man-in-the-Middle-Angriffe 432
Marketing 213
Marketingunterlagen 641
Marktanalyse 103
Marktarten 96
Marktbeobachtung 215
Markterkundung 215
marktgängige IT-Systeme 133, 137, 199
Marktsegmentierung 103
Marktsituation 101
Marktumfeld 93
Masche 310
Maschinensprache 537
match 567
Matrixorganisation 73
MAX 618
Maximumprinzip 91, 446, 456
Medienzugriffsverfahren 304
Mehrlinienorganisation 73
Meilenstein 216
Methode Fünf Warum 58
Mikroprozessor 122, 153
MIN 618
Mitbestimmung 27
Mitbestimmungsgesetze 31
m:n 595, 603
mobile Datenträger 461
MODIFY COLUMN 614
Modul 553
Modulo 560
Monitor 171
Monopol 97
MRP 193
MS Access 587
MS Office 453
Multicast 303
Multimode-Fasern 319
Multimomentaufnahme 64
Multi-Prozessor 156
Multi-Threading 156
MySQL 587

N

Nachhaltigkeit 63, 183
Nachricht 476
Namensraum 553
NAND 167
NAS 167
Netzabdeckung 349
Netzbereiche 286
Netzplantechnik 220
Netzteil 163
Netzwerk 280
Netzwerkdatenbank 591
Netzwerkgeräte 297
Netzwerkkarte 339, 371
Netzwerkkategorien 315
Netzwerkknoten 297
Netzwerk-Medien 298
Netzwerk-Protokolle 298
Netzwerkprotokollstapel 323
Netzwerksicherheit 377, 385
Netzwerktopologien 309
NFC 196
nicht funktionale Anforderungen 520
Nicknapping 427
Nodes 297
Normalisierung 606
Normen 142
Normungsgremien , 344
not 570
Notebook 233
NUC 241
NULL 612
Nutzwertanalyse 260

O

Object-Storage 501
Objektdatenbank 591
objektorientiertes Programmierparadigma 537
objektrelationale Datenbank 592
OEM 124
öffentliche Daten 479
Office-Produkte 448, 453
Off-Premises 295
Off-Premises Backup 383
ökonomische Prinzipien 91
Ökosysteme 86, 124
OLED 176
Oligopol 97

On-Premises 137, 295
open 583
Open-Source-Software 137
or 570
ORDER BY 618
Organigramm 71
Organisation 66
Organisationsmittel 93
Output-Stream 582
Outsourcing 201

P

Panel 176
Parallelisierung 156
Parametrisierung 471
Passwort 433
Patch 313
PCIe 167
PCI-Steckplätze 160
PC-Vergleich 134
PDCA 58, 416
Peer-to-Peer-Netz 293
Permanent Link 313
Personalakte 30
Pflichtenheft 224, 228, 522
Phablet 233
Phase 394
Phasen des Softwareentwicklungsprozesses 513
Phishing 428
PHP 473, 536, 542
Ping 365
Ping-Befehl 365
Pioniere 120
Pipelining 156
Platzhalter 617
Polypol 97
Port-Nummern 337
PostgreSQL 587
PPS 89
Präsentation 110
Präsentationsregeln 115
Preisbildung 98
Preiskalkulation 247
Primärdaten 480
Primärschlüssel 600
Primärverkabelung 312
print 556
Privacy by Default 437
Privacy by Design 437
Private IP-Adressbereiche 334
Product Backlog 518
Produktionsfaktoren 90
Produktivität 56
Profitcenter 71
Programm 497
Programmablaufplan 526, 527
Programmierparadigma 537
Programmiersprache 534
Programmierwerkzeuge 542
Projekt 508
Projektablaufplan 218
Projektabschluss 509
Projektdokumentation 639
Projektdurchführung 509
Projektinstanzen 510
Projektkontrolle 509
Projektmanagement 215, 510
Projektmerkmale 216
Projektplanung 508
Projektstart 508
Projektstrukturplan 218
Projektteam 510
Prokura 76
proprietäre Software 137
Proxy 378, 385
Prozessoren 153
Pseudocode 531
Pseudomisierung 436
PUA 427
Public-Domain-Software 137
Punkt-zu-Punkt (Point-to-Point, P2P) 310
PyCharm 546, 547
PYPL 540
Python 473, 536, 538, 540, 545

Q

qualifizierte Signatur 434
Qualitätsmanagement 55, 57
Qualitätszirkel 58
Quantencomputer 123
Quellcode 497
Quelltext 534

R

RADIUS 364
RAID 379
RAID-Systeme 379
RAM 158
Ramsomware 427
randint 580
random 580
Raspberry Pi 241
Rastergrafik 492
RDS 239
read 583
readline 583
readlines 583
Rechenoperatoren 612
Rechenzentrum 62
Rechtsformen 77
Recycling 227, 275

RedMonk 538
referenzielle Integrität 606
Reflexionsstrategie 116
Refurbishing 227
Registrierte Ports 338
Rekursion 573
Relation 599
relationale Datenbank 591
relationale Operatoren 569
relationales Datenmodell 599
Release Candidate 632
Remarketing 43, 227
Repeater 340
return 572
Review 628
Rezession 106
RFID 196
RGB 493
Ring 310
Risikoanalyse 273
ROI 253
Rollout 242
Router 372
Routing Table 344
Rückwärtskalkulation 248
Rust 473, 535

S

SaaS 197
Sampling 493
Sampling-Rate 494
Sampling-Tiefe 494
SAN 168
SATA 161
Scanner 185
Scareware 428
Schadenskategorien 422
Schadenszenarien 421
Schichtenmodelle 321
Schleifen 575
Schlüsselwörter 534, 551
Schnittstellen 160
Schulungsunterlagen 641
Schutzbedarf 446, 449
Schutzbedarfsanalyse 440
Schutzbedarfsfeststellung 444, 448, 457, 463
Schutzmaßnahmen 451
- bei Containern 454
- für Betriebssysteme 452
- für Clients 459
- für mobile Datenträger 464
- für Office-Produkte 452
Schutzziele 415, 446, 506
SCM 89, 193
Scrum 517
Sekundärdaten 481
Sekundärverkabelung 312
SELECT 616
Selektion 565
semistrukturierte Daten 478
Sensoren 196
Sequenz 532, 555
Serverdienste 294
Shareware 137
Sicherheitskennzeichen 271
Sicherheitskonzept 438, 443
Sicherheitsleitlinie 442
Sicherheitsprozess 441
Sicherheitsregeln 271
Sicherungsarten 384
Signalgeschwindigkeit 299
Site-to-Site-VPN 289
SLA 202
SMART 54
Smart Devices 135
Smart Factory 193
SNMP 326
Social Engineering 431
Social-Media-Marketing 89
Social Responsibility 44
Sockel 160
Socket 308
Soft-Schlüsselwörter 552
Software 469
Softwarearten 190
Software Defined Network 386
Softwareentwicklung 511
Softwareentwurf 524
Softwarelebenszyklus 512
Sourcing 43, 201
Soziale Marktwirtschaft 35
Sozialgerichtsbarkeit 36
Sozialpartner 36
Sozialversicherungsträger 35
spaltenorientierte Datenbank 592
Spam 428
Spiralmodell 515
Sponsoring 214
Sprint 518
SQL 538, 610
SQLite 622
SRM 89
SSD 166
Stabliniensystem 73
Stabsstelle 67
Stakeholder 49, 54
Stand-Alone-Datenbank 589
Standardsoftware 448, 469
statische Code-Analyse 628
statische Testverfahren 627
Stellenbildung 66
Stellenwertsystem 482

Stern (Star) 309
Stick-PC 135
Store-and-Forward-Switch 342
Stream 582
Streik 32
Stromversorgung 389
Struktogramm 526, 527
Strukturanalyse 443
Strukturdiagramme 533
strukturierte Daten 478
strukturierte Verkabelung 311
Strukturierte Verkabelung 298
Stundensatzkalkulation 251
Subsidiarität 35
SUM 618
Support 513
Swift 473
Switch 340, 371
Switchtypen , 342
Syntax 534, 549
Systemdokumentation 640
Systemlieferung 276
Systemsoftware 469
Systemtest 631
Systemüberwachung 370

T

Tabelle 599
Tablet 233
Taktfrequenz 155
Tarifvertrag 32
Tastatur 169
TCL 611
TCO 253
TCP 308
TCP/IP 307
TCP/IP-Modell 322
TDP 156
Teamarbeit 107
Teamentwicklung 110
Teilzeitausbildung 27
Teilzeit- und Befristungsgesetz 28
Telemediengesetz 410
Tertiärverkabelung 312
Testabschluss 627
Testarten 629
Testauswertung 627
Testbericht 632
Testdokumentation 632, 640
Testdurchführung 626
Testen 513
Testentwurf 626
testgetriebene Entwicklung 637
Testplanung 626
Testprotokoll 632
Testprozess 625
Testspezifikation 626, 632
Teststufen 631
Testvorbereitung 626
Texteditor 543
Textformat 504
Text-Stream 582
Thin Client 135, 236, 240, 292
Thunderbolt 161
TIOBE-Index 540
TLS 328
TOM 61, 418, 438
TOP 620
Top-down-Methode 524
TQM 58
Traceroute 367
Transaction Control Language (TCL) 611
Transaktionsbereiche 96
Transformationsregeln 608
Transmission Control Protocol 308
Trojaner 427
True Color 493
Trunk 288
try 562
Tupel 599
Turbo Boost 156

U

Übertragbarkeit 521, 631
Übertragungsarten 302
UDP 308
UEFI 151
UML-Diagrammarten 533
Umweltmanagement 63
Umwelt- und Prüfzeichen 144
Unicast 303
Unicode 490
Unified Modeling Language (UML) 527, 532
uniform 580
Unittest 631
Unix-Zeit 495
unstrukturierte Daten 478
unterbrechungsfreie Stromversorgung (USV) 395
Unternehmen 46
Unternehmensdaten 480
Unternehmensleitbild 52
Unternehmenssoftware 90, 189
Unternehmensziele 53
Unterstützungssoftware 469
unvollständige Masche (Incomplete Mesh) 310
UPDATE 615
UPS 395
Uptime 387
USB 161
USB-Sticks 461
User Datagram Protocol (UDP) 308

User-Helpdesk 201
USV 395
UTC 495
UTF-8 491
UTF-16 491
UTF-32 491

V

Variable 558
VDI 239
VDI Connection Broker 239
Vektorgrafik 492
Verbindungstest 365
Verfügbarkeit 387, 506
Vergleichsoperatoren 611
Verhaltensdiagramme 533
Verkabelung 311
Verkabelungsklassen 314
Verkäufermarkt 100
Verpackungsgesetz 275
Verschlüsselung 328, 435
Verschwendung 35
Versicherungen 36
Versionsverwaltung 543
Vertragsabschluss 204
Vertragsarten 263
Vertragsfreiheit 28
Vertrauensdienste 434
vertrauliche Daten 479
Vertraulichkeit 506
Verzweigung 532
VESA 174
Videoformat 502
Videokonferenzsysteme 211
Viren 427
Virtual Desktop Infrastructure 239
virtuelle Maschinen 151
Visual Basic 473
Visual Studio 546
Visual Studio Code 546
VLAN 288, 307
V-Modell 516
V-Modell XT 517
Vollmachten 76
vollständige Masche (Complete Mesh) 310
Von-Neumann-Rechner-Architektur 121
vorbeugende Wartung 369
Vorgehensmodell 514
VPN 288

W

Walkthrough 628
Warenannahme 267
Wartbarkeit 630
Wartung 513
Wasserfallmodell 514
Web-Browser 448
Webhosting 44
Wechseldatenträger 461
Weiterleitungstabelle 344
well known Ports 337
Werkvertrag 263
Wertschöpfung 56, 82
Wertschöpfungsketten 81
WHERE 616, 617
while 576
Whitebox-Test 628
Wiederholung 532
Wi-Fi 320
Wirkungsgrad 395
wirtschaftliche Verflechtungen 48
wirtschaftliche Ziele 55
Wirtschaftlichkeit 56, 146
Wirtschaftskreislauf 93
Wirtschaftszweig 47
WLAN 320
Word 498
Work-Life-Balance 62
Workstation 134, 229
write 584
writelines 584
Würmer 427

Z

Zahlensystem 481
Zählschleife 532, 576
Zeichendatentyp 559
Zeichenliteral 551
Zelle (Cell) 310
Zentraleinheit 134, 150
Zero Client 135, 240
Zeugnisarten 39
Zielformulierung 54
Zielgruppen 205
Zufallszahlen 579
Zuschlagskalkulation 247
Zuverlässigkeit 521, 630
Zuweisungsoperator 561, 612
Zweierkomplement 487
zweiseitige Verzweigung 566

Bildquellenverzeichnis

Alamy Stock Photo (RMB), Abingdon/Oxfordshire: BSIP SA 187.1; Nedopekin, Yuriy 392.1; zlikovec 186.1.
ASUS Computer GmbH, Ratingen: 162.2.
AV-TEST GmbH, Magdeburg: https://portal.av-atlas.org/ 426.1, 426.2.
AVM GmbH, Berlin: 374.2.
BC GmbH Verlags- und Medien-, Forschungs- und Beratungsgesellschaft, Ingelheim: 271.1, 272.1, 272.2, 272.3, 272.4, 272.5.
Bitkom e.V., Berlin: 46.1, 60.1, 61.1, 424.1.
Brauner, Angelika, Hohenpeißenberg: 9.2, 117.2, 401.2, 467.2.
Bundesverband Brandschutz-Fachbetriebe e.V. (bvbf), Berlin: 271.2.
Canonical Ltd. Ubuntu, London: 358.1.
Carbonnelle, Pierre: 540.2, 543.1.
DFA Digital für alle GmbH, Berlin: 124.1.
Europäische Kommission, Berlin: 38.1, 38.2, 144.1, 144.3, 173.1.
fotolia.com, New York: Do Ra 490.1; Gracchus, Tiberius 40.3, 107.1; Moon 112.1; nerthuz 178.2; Raths, Alexander 16.1; Robert Kneschke 16.2; Rudyi, Denys 276.2; singkham 178.1; TAlexTech 276.5; Tieck, Michael 276.4; vektorisiert 449.2, 457.2, 462.2.
GEWATEC GmbH & Co. KG, Wehingen: 194.1.
Gratzke, Jürgen, Adendorf: 212.2, 246.1, 247.1, 249.1, 249.2, 252.1, 259.1, 259.2.
Gratzke, Jürgen, Adendorf: bearbeitet von Hild, Claudia, Angelburg 40.1, 40.2, 41.1, 42.1, 43.1, 44.1, 51.1, 57.1, 58.1, 58.2, 63.1, 64.1, 65.1, 80.1, 88.1, 91.1, 139.1, 199.1, 200.1, 207.1, 212.1, 217.1, 220.1, 230.1, 235.1, 266.1, 273.1, 280.1, 402.1, 403.1, 404.1, 404.2, 408.1, 415.1, 420.1, 420.2, 422.1, 429.1, 429.2, 431.1, 438.1, 441.1, 442.1, 442.2, 443.1, 443.2, 444.1, 445.1, 447.1, 449.1, 450.1, 451.1, 453.1, 455.1, 457.1, 458.1, 459.1, 462.1, 463.1, 464.1, 470.1, 472.1, 645.1.
Hauser, Bernhard, Bisingen: 291.9, 298.1, 312.1, 312.2, 312.3, 312.4, 313.1, 314.1, 315.1, 326.1, 327.1, 327.2, 328.1, 349.1, 349.2, 349.3, 349.4, 374.1.
Hild, Claudia, Angelburg: 62.1, 119.1, 175.1, 176.1, 240.1, 318.1, 319.1, 319.2, 377.1, 434.1, 454.1, 476.1, 476.2, 476.3.
Hipp, Wyrick & Company, Inc., Charlotte: 622.1.
HP Deutschland GmbH, Böblingen: 134.8.
Ingo Patett, Rostock: bearbeitet von Hild, Claudia, Angelburg 518.1.
Intel Deutschland GmbH, Feldkirchen: 157.1.
International Electrotechnical Commission®, Geneva: 344.2.
International Organization for Standardization, Vernier, Geneva: 344.1.
International Telecommunication Union (ITU), Geneva 20: 345.1.
Internet Engineering Task Force (IETF), Wilmington: 345.2.
iStockphoto.com, Calgary: 178.3, 178.4, 185.2, 276.6; Bet_Noire 306.1; Daft_Lion_Studio 165.3; Hasan As Ari 199.3; krasnopolski 525.1.
JetBrains s.r.o., Praha 4: 548.1, 548.2, 548.3, 548.4, 548.5, 549.1, 634.1, 635.1, 636.1, 636.2; JetBrains and PyCharm are registered trademarks of JetBrains s.r.o. and/or its affiliates. 547.1, 558.1, 562.1, 563.1, 569.1.
Larry Ewing, Linux: 347.2, 370.2.
Lexware, Freiburg: 189.1, 190.1, 190.2.
Microsoft Deutschland GmbH, München: 237.1, 237.2, 347.1, 355.1, 355.2, 355.3, 355.4, 356.1, 356.2, 357.1, 363.1, 364.1, 364.2, 370.1.
NETGEAR Deutschland GmbH, München: 343.1.
Picture-Alliance GmbH, Frankfurt a.M.: dpa-infografik 45.1; dpa/Burgi, Arno 91.2; dpa/Jens Büttner 16.6; imageBROKER/Maksymenko, Oleksiy 152.1, 160.1; Mirgeler, Lino/dpa 186.2; Stache, Sören 120.1.
rakudave: 353.1, 353.2, 354.1.
RedMonk, Portland: 539.1.
Schneider Electric GmbH, Ratingen: 395.1, 395.2.
Shutterstock.com, New York: 185.1; andromina 501.2; Aniczkania 300.1; Ashalatha 512.2, 518.2; Bimbim 512.1; chuyuss 112.5; Creative Travel Projects 492.1; fizkes 212.3, 212.4, 212.5; Golden Sikorka 501.1;

Iconic Bestiary 129.8; Jacomo 162.1; jamesteohart 299.1; Kddss 129.5; Khadzhyoglo, Alona 199.2; Le Moal, Olivier 631.1; LeManna 300.2; leo_photo 294.1; Macrovector 129.10; Manko, Roman 291.1; Manzyuk, Timofey 488.1; Maxx-Studio 456.1; metamorworks 431.3; MicroOne 493.1; Midnight Studio TH 185.3; miniaria 129.11; NicoElNino 507.1; nullplus 520.1; Pixel-Shot 517.1; ppart 173.3; Saad, Fouad A. 494.1; Sararoom Design 492.3; Sashkin 534.1; sbko 112.7; Shell, Andy 187.2; Siberian Art 129.12; STILLFX 494.2; Tashatuvango 519.1; Techapanupreeda, Joe 586.1; tele52 129.9; Toltemara 129.7; Ton Snoei 627.1; Ungureanu, Alexandra 492.2; vchal 625.1; venimo 492.4; wan wei 129.6; wavebreakmedia 269.1; yaichatchai 492.5.

stock.adobe.com, Dublin: 291.7, 297.2, 365.1; 300dpi 165.4; airborne77 276.1; ashumskiy 165.5; bakhtiarzein 468.2; bbbastien 134.3; blankvoid 112.2; BUEHNER, MATTHIAS 298.3; CandyBox Images 16.3; Caspar Camille Rubin casparrubin 172.3; Coloures-Pic 142.1; Diesing, Dominik 291.3; dizain 292.2, 610.1; elenabsl 468.1; Elro 291.5; Elvina, Dian 414.1, 414.2, 414.3, 414.4, 414.5, 414.6, 414.7, 414.8, 414.9, 414.10, 639.1, 639.2, 639.3, 639.4, 639.5, 639.6, 639.7; Eshma 134.2; eshma 291.8; evencake 468.4; foto_don 298.5; Fredex 431.2; georgejmclittle 134.9; GoodIdeas 638.1; Gorodenkoff 172.4, 403.2; Grimm, Andy 169.3; Grinvalds, Kaspars 134.5; Gurkov, Eugene 134.4; HeGraDe 172.1; i-picture 291.2; improvize 134.7, 292.1; jo.weber 461.1; Kneschke, Robert 16.4; kokliang1981 391.1; krasyuk 157.2; Kujansuu, Tuomas 545.1; kupchynskyi12 169.1; LIGHTFIELD STUDIOS 297.1; Look! 131.2; Losevsky, Pavel 131.4; lucadp 112.4; Lucky Dragon 169.2; Mimi Potter 129.13; Mykola 468.3, 468.5, 468.6; Natascha 298.2; O'Keene, Michael 131.3; Pavel 115.1, 115.2, 115.3, 115.4, 115.5, 115.6, 115.7, 115.8, 115.9, 115.10, 115.11; Peterman, Sergey 134.6; peterschreiber.media 431.5; Petrov, Michail 510.1; phive2015 448.1; photowahn 131.5; PikePicture 172.2; Racle Fotodesign 9.1, 16.5, 117.1, 279.1, 401.1, 467.1; Reservoir Dots 169.4; Rodrigues, Mauro 165.2; Rusyanto, Paulus 169.6; skiminok 134.1; Solovev, Andrey 112.3; Thew, James 431.4; thingamajiggs 298.4; Trueffelpix 49.1; ulzanna 169.5; Vectimus 129.1, 129.2, 129.3, 129.4; vetkit 291.4; Visual Generation Titel, Titel; vodolej 131.1; Vtls 291.6; xiaoliangge 292.3; Yantra 112.6; Yemelyanov, Maksym 165.1; zastol'skiy, victor 107.2; zhu difeng 131.6.

TCO Development, Stockholm: 144.4, 173.4.

Technisches Museum Wien mit Österreichischer Mediathek, Wien: 383.1.

The Unicode Consortium, Mountain View, CA: 491.1, 491.2, 491.3, 491.4, 491.5, 491.6, 491.7, 491.8.

TIOBE Software BV, TL Eindhoven: 540.1.

TÜV Rheinland AG, Köln: 144.2.

Umweltbundesamt, Dessau-Roßlau: 173.2, 276.3.

Wi-Fi Alliance, Austin, Texas: 375.1.